VUES AFRICAINES DE DROIT PUBLIC ET DE SCIENCE POLITIQUE

À partir des thèses dirigées par le Professeur Ismaïla Madior Fall

Vol. 1

Textes rassemblés et réunis par :

Abdou Aziz Daba Kébé, Boubacar Ba, Meïssa Diakhaté et
Moustapha Fall

VUES AFRICAINES DE DROIT PUBLIC ET DE SCIENCE POLITIQUE

**À partir des thèses dirigées
par le Professeur Ismaïla Madior Fall**

Vol. 1

L'Harmattan Sénégal

10 VDN, Sicap Amitié 3, Lotissement Cité Police, DAKAR
senharmattan@gmail.com
senlibrairie@gmail.com

ISBN : 978-2-343-24042-8
EAN : 9782343240428

COMITÉ SCIENTIFIQUE

SOMMAIRE

PRÉFACE

Le début d'une belle aventure scientifique

Assurément, cet ouvrage est l'aboutissement des péripéties d'une belle aventure scientifique collective, avec pour point de départ des rencontres orchestrées par la Providence autour de projets de thèse entre un professeur et ses étudiants qui sont, pour la plupart d'entre eux, devenus ses collègues et, au fil du temps et du travail en intelligence, ses amis.

Promptement, sans que ceci ne soit prévisible ni recherché, la relation, née de ces rapports de travail forgés par le hasard et les nécessités de la vie universitaire, a été réellement fusionnelle du fait des motivations spirituelles des protagonistes. En effet, le premier était, suite à sa réussite au concours d'agrégation en 2007, en quête de jeunes chercheurs désireux de s'engager dans la voie de la recherche qu'il fallait accompagner à réaliser une carrière universitaire ou une vie de chercheur en dehors de celle professionnelle pour ceux qui voulaient faire une thèse sans forcément poursuivre une carrière d'enseignant-chercheur. Quant aux seconds, ils étaient, eux, dans un contexte de raréfaction des professeurs habilités à diriger des travaux, en quête de directeur pour réaliser leur rêve de soutenir une thèse.

Automatiquement, le destin scella alors le rendez-vous pour la réalisation de notre (eux et moi) commun dessein.

La sélection des thématiques de recherche et des profils

Rigoureusement, malgré le volontarisme à former en quantité des docteurs pour les Universités africaines, nous mettons en œuvre, dans une perspective de nivellement par le haut motivée par le souci de qualité, des critères pour sélectionner des doctorants ayant le profil de la besogne, ne s'inscrivant pas en thèse seulement en attendant de trouver mieux mais sincèrement engagés dans la recherche et ayant les aptitudes intellectuelles à mener un projet de recherche doctorale à bon port. Le filtre établi a permis d'avoir de bons sujets faits pour être au service de l'Université, entendue ici comme communauté autonome de maîtres et d'étudiants réunis par la Providence scientifique et pour l'idéal du savoir en vue d'assurer à un niveau supérieur l'enseignement d'un certain nombre de disciplines dont les configurations varient selon les traditions et trajectoires intellectuelles d'un pays.

Quasiment, tous ceux qui s'étaient inscrits en thèse sous notre direction ont honoré leur engagement de la soutenir devant un jury. Ces parcours, honorables pour l'obtention du titre de docteur, sont des histoires personnelles : d'abord, pour chaque doctorant ; ensuite, pour chaque doctorant et nous ; enfin, en dernière instance, une histoire institutionnelle pour nous tous et l'Alma Mater.

Opportunément, cette préface, instance éditoriale d'honneur et tribune de libre propos, nous paraît être un lieu approprié pour une brève évocation d'un récit de ces travaux scientifiques réalisés sur une échelle temporelle d'une quinzaine d'années (2007-2021) à l'Université Cheikh Anta Diop de Dakar, théâtre de ce jeu exaltant d'acteurs universitaires.

Sincèrement, nos plans initiaux pour les charges du doctorat ont été déjoués par les péripéties de l'évolution des besoins des bénéficiaires. L'ajustement de notre ambition aux leurs fut, dès lors, un impératif. En effet, notre option première était d'offrir d'encadrer des étudiants désireux de faire une thèse en droit constitutionnel, avec notamment des sujets rentrant dans le champ de nos préoccupations scientifiques. La prétention intellectuelle initiale était, alors, d'approfondir, en compagnie des jeunes chercheurs, les segments du droit constitutionnel africain en pleine mutation, dans le cadre de travaux approfondis menés de concert et suivis de bout en bout. Le référentiel institutionnel, ici, était les grands centres et laboratoires de recherche d'Europe et d'Amérique du Nord spécialisés sur des thématiques sur lesquelles portent exclusivement ou en priorité les sujets de thèse des étudiants y inscrits ou y rattachés.

Heureusement, cette prétention, à dire vrai, encore sophistiquée pour nos pays faute de l'existence d'une masse critique de spécialistes dans les divers domaines du droit et de la science politique, se heurta à la réalité du marché de la recherche marqué par un décalage abyssal entre une demande d'encadrement en explosion du fait de l'accroissement de la population d'étudiants et une offre d'encadrement comprimée par la lenteur du rythme de production des professeurs de rang magistral. À cet égard, l'étendue de la demande nous poussa à revoir nos ambitions, ni à la hausse ni à la baisse, mais plutôt dans le sens de l'élargissement du spectre des matières aux fins d'allongement de la liste des impétrants. En effet, le nombre croissant d'étudiants voulant s'inscrire en thèse, la diversité disciplinaire de leurs projets de recherche et les besoins pédagogiques de nos Universités conjugués à l'indisponibilité ou la disponibilité limitée d'encadreurs nous ont alors incité à être réaliste et à admettre la recevabilité de toute demande émanant d'un étudiant présentant le profil évoqué plus haut, pourvu que son sujet portât sur le droit public interne ou la science politique. Seuls les étudiants voulant s'engager dans une thèse de droit international étaient alors orientés, voire recommandés à des collègues spécialistes de cette matière dont le nombre est relativement important.

Honnêtement, cette large ouverture du système d'encadrement comporte des avantages et des inconvénients. L'avantage évident est qu'on donnait, ainsi, à plus d'étudiants la chance de faire une thèse sur les disciplines de leur choix (droit constitutionnel, droit administratif, finances publiques, droit communautaire et science politique). Bien entendu, l'inconvénient est le risque de ne pas pouvoir durcir certains aspects des thèses portant sur des disciplines hors de notre cœur de métier. Mais, le jeu en valait la chandelle parce qu'il nous contraignit à accorder davantage de confiance aux étudiants et d'attention à ces disciplines dont l'interconnexion est le principal marqueur des nouvelles tendances de l'évolution des sciences juridiques et politiques. C'est le lieu de confesser que ça a été l'occasion de re-fréquenter, d'une certaine manière, ces matières parfois négligées par l'éloignement de ne pas les enseigner, mais dont la revisite est d'une haute importance lorsqu'on est intéressé par la perspective de globalisation juridique de l'analyse des problèmes politiques et sociaux contemporains. Le décloisonnement du champ disciplinaire des thèses a aussi permis aux étudiants d'éviter les pièges et limites de l'enfermement mono-disciplinaire et de s'essayer souvent, avec succès, à l'approche pluridisciplinaire. Concrètement ceci les a poussés à aller quérir les armes méthodologiques et substantielles de leur raisonnement dans la sphère disciplinaire où elles se trouvent en faisant abstraction des frontières, quelques fois artificielles, imposées par les commodités pédagogiques. À cet égard, l'on ne manquait pas de rappeler en particulier aux juristes qu'ils devaient surtout avoir à l'esprit de faire d'abord une thèse de droit public, avant d'être de droit constitutionnel, de droit administratif ou de finances publiques. L'esprit du droit public devait être compris comme la matrice référentielle de toutes les thèses qui se devaient d'être générales avant d'être spécialisées. Au surplus, l'attitude hospitalière vis-à-vis des porteurs de sujets portant sur des disciplines relativement éloignées de nos préoccupations immédiates nous a également fourni l'occasion de beaucoup apprendre de leurs travaux. Nous leur faisions observer qu'un des plus grands compliments que puisse recevoir un doctorant est qu'un des membres de son jury de soutenance lui dise qu'on apprend beaucoup en vous lisant.

Concrètement, le modus operandi, pour ce qui est du choix des sujets de thèse, a été variable selon le tempérament de chaque étudiant. Tantôt, nous avons, spontanément ou progressivement, dicté à l'étudiant un sujet, souvent préoccupation intellectuelle qui nous était chère. Tantôt celui-ci nous suggérait son sujet qu'on validait s'il nous paraissait digne d'intérêt. Tantôt le sujet choisi était le fruit de longues et itératives discussions entre nous. Cette dernière modalité de dénouement de plusieurs rencontres constitue la règle. Un point de convergence entre les doctorants et nous est l'aversion pour les sujets plats qui permettent certes d'obtenir le titre de docteur, mais sans un apport significatif à la science. Aussi, les sujets portant obligatoirement sur le droit et les systèmes politiques africains étaient-ils, en général, mûrement réfléchis pour éviter des impasses fatales aux doctorants, toujours provisoirement formulés pour pouvoir être ajustés en permanence à la dynamique de la recherche, bien circonscrits pour éviter les généralités préjudiciables au souci de précision requis par la démarche scientifique, souvent techniques pour éviter le piège de la vulgarisation, idéalement de droit comparé ou de politique comparée pour ne pas donner l'impression de s'enfermer dans le territoire de son pays et de récuser la curiosité d'ailleurs. Aussi recommandation était-elle fortement faite aux doctorants de ne pas figer le sujet ou le plan (de recherche ou de rédaction chers aux juristes) et de s'octroyer la prérogative discrétionnaire de le modifier à tout moment en l'ajustant à la cohérence fondamentale forcément évolutive du travail et à la dynamique de la rédaction du document qu'est la thèse.

Relativement à la conduite du projet doctoral, consigne était strictement donnée aux étudiants que chaque thèse (document) recèle une thèse (opinion scientifique), soit structurée selon un format méthodologique standard connu de tous nos doctorants, bien écrite sans pédantisme nuisible et fort documentée avec une attention à prêter rigoureusement à la qualité et à la quantité des notes de bas de page dont les fonctions sont de « sourcer » l'information, d'illustrer le propos, d'attester l'érudition de la thèse, d'alimenter une bibliographie respectable, en un mot de légitimer la scientificité du travail. Dans le même sillage, conseil était strictement donné aux doctorants de ne pas prendre les objets et sujets africains comme simple prétexte auxquels on plaque des analyses produites ailleurs et pour d'autres contrées mais d'axer la dynamique analytique essentielle sur les réalités africaines et d'analyser celles-ci d'après leur propre rationalité et un matériau normatif, jurisprudentiel et empirique endogène avec, bien entendu, un appareil conceptuel universel.

Le militantisme pour la thèse

Malheureusement, en l'absence de cadre institutionnel approprié pour les doctorants (inexistence d'école doctorale pendant longtemps), les études doctorales ne sont pas formellement organisées et les doctorants se retrouvent plus ou moins abandonnés à leur sort. Ici, l'encadrement d'une thèse se fait, pour ainsi dire, dans l'informel. L'étudiant inscrit en thèse n'a, en dehors de sa carte d'étudiant, pas de contact institutionnel avec l'Université. Le directeur, quant à lui, jouit d'une liberté totale dans la façon d'encadrer ou de ne pas encadrer ses étudiants. Toutes les études doctorales se réduisaient alors à la thèse. Ni cours fondamentaux, ni encadrement méthodologique, ni conférence de méthode n'étaient systématiquement organisés. Aussi, la réussite d'une bonne thèse dépend-elle dans ce contexte en grande partie, non pas tellement de la qualité des enseignements méthodologiques et substantiels dispensés par la formation doctorale parce qu'ils n'existaient quasiment pas jusqu'à l'avènement récent des écoles doctorales, mais de l'engagement personnel pour ne pas dire du militantisme du doctorant et de la disponibilité de son directeur de recherche. La chance a fait coïncider les deux dans le cadre de notre aventure collective. Nous nous employons à dégager du temps pour trouver les espaces et canaux appropriés (conférences de méthode, entrevues bilatérales, travaux en groupe, messages email, téléphone...) en vue de faire connaître au doctorant ce qu'il devait connaître pour faire une bonne thèse. Les doctorants, aussi, se débrouillaient pour acquérir le savoir méthodologique et le matériau scientifique afin d'être capables de présenter leur travail, en ayant à l'esprit que toute justification de non atteinte des résultats est irrecevable.

Évidemment, la thèse étant, dans une large mesure, une aventure individuelle et solitaire pour le thésard, nous nous sommes employés, autant que faire se peut, à faire en sorte qu'il ne soit pas trop seul dans cette quête du savoir qui peut s'avérer être un vrai parcours du combattant voire un chemin de croix. Pourtant, la thèse est, quelle que soit sa fortune, d'une double paternité assumée ou non, l'œuvre du directeur (qu'il le veuille ou pas) et de son étudiant qui, lui, n'a pas le choix. C'est le lieu de rappeler que les critiques à l'endroit d'une thèse, sur toute sa chaîne de valeur (sujet, méthodologie, conduite du travail, forme, fond, résultats de recherche...), sont équitablement partagées entre le directeur et le doctorant. Sans nul doute, les deux sont forcément justiciables du tribunal des thèses, avec un système de responsabilité peut être limitée pour le premier et illimitée pour le second, mais en tous les cas d'une solidarité indissoluble.

Un bilan satisfaisant pour l'Université

Finalement, en guise de bilan rapide et nécessairement provisoire, entre 2007 et 2021, soit sur une quinzaine d'années, c'est une quarantaine de thèses qui ont été conduites, sous notre direction, par de jeunes chercheurs et soutenues devant des jurys qui leur ont décerné de bonnes mentions. La postérité a confirmé les honneurs décernés à ces docteurs devenus, par leur mérite, qui professeurs agrégés commençant, au surplus, à prendre le relais de l'exaltante mission de direction de thèses, qui, maîtres de conférences, se préparent au concours d'agrégation, qui, hauts cadres dans les hautes sphères de l'administration, du secteur privé ou des organisations internationales sont, pour certains d'entre eux, tentés par le basculement dans l'enseignement et la recherche, au surplus déjà effectué quelques-uns, comme on l'a vu au Mali ou des inspecteurs des finances et des magistrats de l'ordre administratif ont fait le choix de l'Université.

Globalement, s'il faut caractériser ces thèses par un mot, ce serait pluralité, notamment une pluralité disciplinaire qui n'est pas forcément la pluridisciplinarité car les travaux se rattachent, pour des raisons évoquées plus haut, à diverses disciplines, avec près d'une vingtaine de thèses portant sur le droit constitutionnel, trois sur le droit administratif, six sur les finances publiques, deux sur le droit communautaire et treize sur la science politique. À cet égard, cet ouvrage donne un aperçu théorique, une photographie doctrinale de quelques tendances du droit public et de la science politique en Afrique sur les deux dernières décennies, notamment sur les disciplines du droit constitutionnel, du droit administratif, des finances publiques, du droit communautaire et de la science politique. Chaque série de thèses comporte sa propre rationalité intellectuelle et induit sa portée scientifique spécifique.

Premièrement, les thèses de droit constitutionnel portent sur des sujets de leur temps, ce temps d'effervescence du constitutionnalisme africain. Les problématiques chaudes et refroidies ont mobilisé l'attention des doctorants qui ont analysé institutions et notions fondamentales du droit constitutionnel et des régimes politiques dans une perspective généralement comparative, exceptionnellement monographique. Dans sa branche qu'est le droit des institutions, l'émergence d'un droit électoral spécifique aux régimes en gestation démocratique a été étudiée, dans le cadre d'une thèse pionnière sur la question, par Meïssa Diakhaté devenu professeur agrégé. Boubacar Ba, lui aussi reçu au concours d'agrégation et responsable de la formation doctorale d'État, a remis en perspective l'étude de l'institution présidentielle dans le cadre d'un échantillon inédit composé des régimes politiques africains (anglophones et francophones) et des régimes politiques d'Amérique latine. Ibrahima Diouf s'est, quant à lui, focalisé sur un aspect relativement négligé du statut du Président de la République par les études africaines, à savoir sa responsabilité. Sur le même registre, l'émergence d'une ingénierie constitutionnelle de type africain a fait l'objet d'étude en tant qu'instrument de régulation du pouvoir par Sévérin Andzoka Atsimou et de protection des minorités par Mor Fall. Pour rendre compte de la réalité émergente qu'est la domination des régimes politiques africains par la figure du juge constitutionnel, le curseur des thèses a souvent été mis sur celui-ci. Il est étudié, au travers de ses méthodes et techniques d'interprétation (Momar Diop), de sa jurisprudence (Mohamed Keita), en tant que juge des élections en général (Allaye Niangaly), de l'élection présidentielle en particulier (Allamaye Golbey), régulateur de la vie politique et sociale à la lumière des expériences de l'Afrique du Sud, du Bénin et du Sénégal (Thierno Saïdy Nourou Sall), sa posture par rapport aux révisions constitutionnelles (Boubacar Diawara). Les dynamiques constitutionnelles de quelques pays ont fait l'objet d'études spécifiques. L'on peut citer la thèse de Saliou Bobo Taran Diallo, encadrée en co-direction avec le professeur Albert Bourgi et portant sur l'évolution constitutionnelle de la Guinée jusqu'à la constitution de 2010, celle Ousmane K. Houzibe consacrée à l'hyper présidentialisme au Tchad (elle aussi en co-direction avec le professeur Philippe Lagrange) et celle de Madou Nimaga axée sur la succession des républiques au Mali. On peut citer dans la même veine la thèse Abraham Hervé Diompy intitulée « Le paradoxe de l'internationalisation du droit constitutionnel en Afrique. Réflexions sur les interactions normatives, institutionnelles et politiques dans l'espace CEDEAO » co-dirigée avec le professeur Alioune Badara Fall et soutenue à l'Université de Bordeaux. Ndèye Sophie Thiandoum s'est penchée sur les mécanismes constitutionnels de protection de l'environnement au Sénégal et en France. Ahmedou Al Bachir Seck, dans une thèse audacieuse sur les interactions entre le droit constitutionnel et les systèmes juridiques supranationaux, analyse la portée de la puissance normative de l'État dans l'ordre juridique international.

Deuxièmement, les thèses de droit administratif, accueillies au début avec quelques réserves liées au fait que nous en orientions beaucoup vers d'autres collègues plus assidus sur la matière, ne furent pas nombreuses. On peut en compter trois de bonne facture. Kalilou Doumbia a rédigé une très bonne thèse de systématisation du contentieux administratif malien. Ousmane Cissé a enrichi l'Université d'une thèse sur les conventions minières au Sénégal. Papa Makha Diao a traité de l'office du juge de la passation des marchés publics.

Troisièmement, les thèses de finances sont celles que nous avons encadrées avec beaucoup d'enthousiasme du fait du décalage constaté entre l'intérêt croissant de la matière et le manque d'intérêt des enseignants pour cette discipline qui ne fut pendant longtemps enseignée que par des expatriés. Abdou Aziz Kébé a soutenu une brillante thèse sur le partage des compétences entre la loi et le règlement en matière fiscale au Sénégal co-dirigée avec le professeur Eloi Diarra. Premier Sénégalais agrégé avec une spécialisation en finances publiques, il a ouvert la voie à l'arrivée massive de jeunes chercheurs dans une discipline dont l'influence met en évidence, avec les succès de la notion de gouvernance, un mouvement de « financiérisation » du droit public. Son activisme scientifique (chef du département de droit public, Président de l'Association sénégalaise de droit constitutionnel et directeur du Centre d'études et de recherches sur l'ingénierie juridique et financière) est à saluer. Issoufou Adamou lui a emboîté le pas en soutenant une thèse de référence à cheval entre le droit administratif et les finances publiques portant sur la réglementation des marchés publics dans les pays de l'UEMOA co-dirigée avec le professeur Eloi Diarra. La réglementation financière engendrée par cette organisation a fait l'objet de trois thèses très intéressantes : celle du colonel Mbaye Ndiaye portant sur le cadre harmonisé des finances publiques de l'UEMOA et logique de performance et celle de Paul Traoré sur l'exécution de la dépense publique dans ledit espace. Modibo Kanté a travaillé sur les recettes douanières dans les espaces communautaires.

Quatrièmement, les thèses de droit communautaire ont suscité notre intérêt avec deux soutenances : celle de Gory Ndiaye portant sur les juridictions communautaires de l'espace ouest-africain et celle de Moustapha Fall auteur d'une thèse de qualité sur la contribution des juridictions communautaires à la consolidation de l'intégration dont l'encadrement du travail fut, du fait de notre proximité, personnel et plutôt informel, car sa thèse a été co-dirigée par les professeurs Jean-Christophe Barbato et Alioune Sall.

Cinquièmement, les thèses de science politique, dont l'encadrement est en partie dû à notre statut de coordinateur du master éponyme pendant quelques années, nous ont apporté beaucoup de satisfaction. C'est à une époque où la Faculté ne comptait encore ni département de science politique, ni professeur de rang A exclusivement spécialisé dans la discipline. Fort heureusement, la dénomination du titre de notre agrégation de droit public et de science politique nous légitimait à prendre le risque d'encadrer des thèses sur une discipline qui a, depuis fort longtemps, pris ses distances épistémologiques et notamment méthodologiques vis-à-vis du droit public ; risque d'autant plus avéré qu'il s'agit, tout de même, de thèses qui seront évaluées par des spécialistes purs et durs avec notamment l'instauration du concours de science politique à partir de 2009. À cet égard, exigence était faite aux doctorants (notamment ceux venant du droit ou de disciplines différentes de la science politique) d'intégrer la reconversion disciplinaire dans leurs approches. La reconversion fut réussie par bien d'entre eux. Les mamelles de la science politique furent étudiées dans le cadre du Sénégal avec notamment la thèse de Mouhamoudou Moustapha Thioune sur la régulation des partis politiques et celle de Seynabou Ndiaye sur les coalitions de partis. La sociologie électorale a été visitée par les thèses de Serigne Ahmadou Gaye sur les comportements électoraux, d'Adramé Ngom sur les attitudes politiques sénégalaises appliquées aux élections et de Ndèye Seynabou Niane qui s'est particulièrement intéressée aux campagnes électorales des élections présidentielles. Jinel Abidine Ndiaye a travaillé sur les politiques de corruption. L'analyse de l'administration et des politiques publiques du pays aussi a mobilisé les chercheurs. Boubacar Diarisso a rédigé une thèse sur la gouvernance institutionnelle et les mutations dans l'administration publique sénégalaise. Le Général Cheikh Sène a traité de la participation des forces de défense et de sécurité à la démocratisation. Dans une perspective de politique comparée, Cheikh Diallo a analysé les paradoxes de la gouvernance démocratiques dans les États d'Afrique francophone avec une approche néo-institutionnelle et stratégique. Les dynamiques politiques d'autres pays ont fait l'objet de thèses : Emmanuel Dovi a étudié les vicissitudes de la transition démocratique togolaise. Hervé Lubunga a analysé les ressources minières en tant que facteur des conflits armés en République démocratique du Congo. Gaspard Nduwayo a étudié l'impact politique des mobilisations identitaires des élites politiques du Burundi. Mamadou Traoré a consacré sa thèse à l'analyse des politiques agricoles au Burkina Faso, avec l'exemple de la culture de rente et de la culture vivrière. On peut signaler sur le registre de la philosophie politique la thèse de Boubacar Camara traitant de « l'esprit des lois chez Habermas » dont la co-direction a débuté avec le regretté professeur Sémou Pathé Guèye et soutenue à la Faculté des Lettres et Sciences humaines de l'Université Cheikh Anta Diop de Dakar.

Une communauté plurinationale

Majoritairement sénégalais, les doctorants sont plutôt de composition plurinationale et proviennent de diverses universités de différents pays comme le Mali, la Guinée, la République du Congo, la République démocratique du Congo, le Niger, le Togo, le Burundi, le Tchad. Devenus docteurs, la plupart d'entre eux ont choisi de faire carrière à l'Université. C'est une suite logique de poursuivre une carrière d'enseignant-chercheur lorsqu'on est auréolé du titre de docteur. Et puis, la qualité de la thèse de doctorat garantit ultérieurement les succès de carrière, notamment l'admission au concours d'agrégation, ainsi que l'illustrent les exemples des professeurs Abdou Aziz Kébé, Meïssa Diakhaté et Boubacar Ba. Nonobstant, certains d'entre ces docteurs ne sont pas enseignants chercheurs, mais des amoureux de la recherche positionnés en dehors de l'Université, cependant toujours connectés à celle-ci.

Seulement, deux regrets doivent être exprimés : le premier, la gent féminine est encore faiblement représentée puisqu'il y en a que trois sur une quarantaine de docteurs. Le second, la disparition à la fleur de l'âge, la veille de sa soutenance, d'un des plus brillants d'entre nous Jinel Abidine Ndiaye assistant à l'Université Gaston Berger.

Un hommage à une œuvre collective

Spontanément, ces chercheurs, avec qui nous nous sentons en communauté, ont décidé, pour rendre hommage, non pas à un maître car c'est trop tôt et il est à une douzaine d'années de la retraite, qui plus est, disposé à encore encadrer bien des thèses, mais à ce travail commun, en reproduisant dans cet ouvrage, fruit d'un travail collectif, intitulé « Quelques tendances du droit public et de la science politique en Afrique », chacun, un aspect de sa thèse pouvant être diffusé dans un format plus approprié au grand public.

Naturellement, notre gratitude à l'endroit des professeurs Boubacar Ba, Méissa Diakhaté et Abdou Aziz Daba Kébé qui ont promu l'idée et la réalisation de cet ouvrage de capitalisation scientifique auquel ont accepté de contribuer promptement tous les auteurs.

Véritablement, par sa nature intrinsèque et sa consistance intellectuelle, cet ouvrage, inédit en son genre, a pour fonction primaire manifeste de sortir des thèses, fruit de plusieurs années de labeur de doctorants et de leur professeur, des bibliothèques des Universités de soutenance et de l'éventuel oubli en en partageant quelques aspects avec la communauté scientifique et, au-delà, le grand public.

Ismaila Madior Fall

Agrégé de Droit public et de Science politique, Professeur titulaire des Universités (Université Cheikh Anta Diop/Sénégal)

Ministre d'État auprès du Président de la République ; Ancien ministre de la Justice/Garde des sceaux

PREMIÈRE PARTIE
DROIT CONSTITUTIONNEL

Les vices des règles électorales et le juge constitutionnel en Afrique

Allamaye Golbey Levi

Docteur en Droit public
Enseignant-Chercheur à l'Université de N'Djamena
Enseignant-Associé à l'Université La Francophonie de N'Djamena

Introduction

En démocratie, les règles constitutionnelles sont l'émanation du souverain, c'est-à-dire le peuple. En Afrique, le mécanisme d'élaboration des règles constitutionnelles échappe largement au souverain désigné, le peuple. Si dans certaines mesures l'adoption de la Constitution, notamment l'exercice du pouvoir constituant originel est relativement maîtrisé par le peuple, en revanche, les révisions de la Constitution, à travers l'exercice du pouvoir constituant dérivé, l'échappe largement. Ce cafouillage du mécanisme d'élaboration des règles constitutionnelles électorales a des répercussions sur son application et ne fait surgir qu'un échange conflictuel d'arguments textuels et d'interprétations en perpétuelle opposition. Surtout qu'aujourd'hui chacun tire vers lui la couverture constitutionnelle comme Jean du Bois de Gaudusson le note : « L'argument constitutionnel est privilégié dans les débats politiques et la référence au droit est devenue un passage obligé de la légitimité tant vis-à-vis de l'opinion nationale que la communauté internationale.»[1]

L'adoption des lois électorales, tantôt de la compétence du législateur organique, tantôt du législateur ordinaire, n'échappe pas à la manipulation non plus. On est tenté de dire que chaque élection présidentielle vient avec sa loi électorale si celle-ci n'a pas subi elle-même des modifications en vertu de la volonté du « prince ». Toutes les dispositions sont prises dans les textes pour gagner l'élection dès le premier tour parce qu'aller au second tour, c'est prendre des risques supplémentaires comme pour donner raison à Cocteau qui affirme « qu'il n'y a pas de démocratie, mais seulement, en Afrique, des preuves de démocratie »[2]. Car justement « la démocratie, c'est d'abord la clarté de la règle de droit », écrit Yves Lemoine[3]. Nous pouvons convenir à

---

[1]J. D. B. De Gaudusson, « Constitution sans culture constitutionnelle n'est que ruine du constitutionnalisme », *in Démocratie et liberté : tension, dialogue, confrontation, Mélanges en l'honneur de Slobodan Milacic*. Bruxelles, Bruylant, 2008, p. 336.

[2] Cité par L. Zinsou, « Dynamiques économique et politiques », *in Pouvoirs, n° 129, op.cit.*, p. 169.

[3] Y. Lemoine, X. De Roux, *Mais quelle justice ? Suivi d'un entretien avec Bernard Lefort*. Paris, Le félin, 2002, p.63.

juste titre avec l'auteur que le mal premier de la démocratie en Afrique, c'est que le juge constitutionnel se retrouve à « trancher le salmigondis législatif que l'on entasse, comme un ivrogne les soucoupes sur le bar de son cabaret préféré »[4]. Les mêmes qui font des lois s'étonnent que le juge constitutionnel puisse choisir une seule solution parmi les multitudes que présente le sens équivoque du texte. Si la loi était mieux faite, élaguée et claire, le rôle électoral du juge constitutionnel ne serait pas trop critiqué et les menaces et les intimidations dont il fait l'objet aujourd'hui n'auront pas droit de cité. Le droit électoral en tant que « corpus des règles constitutionnelles, législatives, réglementaires, administratives (...) et jurisprudentielles (...) applicables en matière d'élections, auquel les instruments internationaux (...) sont susceptibles de s'agréger »[5], est le plus sensible. Pour se convaincre des vices du droit électoral, il suffit de procéder à l'identification des textes applicables par le juge constitutionnel (I) qui est souvent réfractaire aux normes internationales en principe applicables en la matière. En effet, il faut noter que les préjudices au rôle électoral du juge constitutionnel résultent du changement chaotique des dispositions électorales qui entraîne une ambiguïté (II).

I. L'identification des textes applicables par le juge constitutionnel

Les textes applicables par le juge constitutionnel à l'occasion de son office électoral sont d'une part, d'origine interne (A) et d'autre part, ils relèvent de l'ordre juridique international (B).

A. Les textes d'origine interne

Les textes applicables ou effectivement appliqués par le juge constitutionnel à l'occasion de son office électoral, et qui sont d'origine interne, ne sont pas au préalable listés par la loi. Le juge constitutionnel dispose de la liberté du choix des textes électoraux (1) quand bien même que ce choix n'est pas illimité. C'est le choix opéré par le juge qui confère en réalité la validité (2) aux textes par leur application.

1. La liberté du juge dans le choix des textes électoraux

Si dans la plupart des Constitutions africaines, il est fait mention que la Cour ou le Conseil constitutionnel est juge de la constitutionnalité de la loi, en revanche dans le cadre de l'élection, il ou elle est chargé(e) de veiller à la régularité de celle-ci ou d'en connaître uniquement le contentieux qui en résulte. Dans le cadre du contrôle de constitutionnalité, le juge constitutionnel utilise la Constitution comme texte de base en vertu des dispositions constitutionnelles qui l'habilitent car on ne peut contrôler la constitutionnalité

---

[4] *Idem,* p. 64.

[5] B. Maligner, *Droit électoral*. Paris, ellipses, 2007, p. 12.

de la loi qu'au regard de la Constitution[6]. Par contre veiller à la régularité des élections, autrement dit veiller à la conformité de l'élection à la règle électorale, signifierait que le juge doit utiliser toutes les règles valides susceptibles de régir les élections. La double faculté reconnue au juge constitutionnel, comme en Côte d'Ivoire[7] et au Tchad[8] de veiller à la régularité du scrutin et d'en connaître le contentieux qui en résulte ou la faculté de connaître uniquement le contentieux comme c'est le cas du juge sénégalais[9], exige de sa part la détermination et l'application des règles électorales valides. Il importe de rappeler, au passage, que le juge constitutionnel ivoirien veille à la régularité du scrutin présidentiel uniquement à sa phase de dépouillement.

Traditionnellement, le juge constitutionnel, pour veiller à la régularité de l'élection et traiter les contentieux qui en résultent, fonde son action sur deux textes : la Constitution et les dispositions législatives, exceptionnellement réglementaires. C'est généralement la position que le juge constitutionnel adopte en toute souveraineté. Rien ne l'empêche, en tant que juge de la régularité des élections ou du contentieux électoral, de fonder sa décision sur toute autre norme valide par exemple les normes internationales en matière d'élection dès lors que les élections sont un exemple de mise en application des droits de l'homme. Par exemple, au Tchad, à l'absence de toute contrainte constitutionnelle, la loi organique dispose simplement que « le Conseil constitutionnel exerce sa compétence en matière électorale dans les conditions définies par le code électoral.»[10]. Ainsi, la loi électorale ne cantonne pas non plus le juge constitutionnel à utiliser tel ou tel texte électoral. Ce qui veut dire que le juge constitutionnel tchadien, à l'instar de ses homologues ivoirien et sénégalais, a une très grande liberté de choix des textes électoraux à appliquer. C'est à lui donc de conférer une validité à un texte électoral susceptible d'être appliqué. Le juge constitutionnel, lorsqu'il fonde son action uniquement sur la Constitution et les dispositions législatives pour contrôler l'élection présidentielle, se comporte en sa qualité de juge de constitutionnalité et de la

[6] Lorsque le préambule de la Constitution renvoie à d'autres textes, le juge constitutionnel peut à l'instar du Conseil constitutionnel français en dégager un certain nombre pour former ce qui est qualifié de bloc de constitutionnalité. Voir Décision 71-44 DC, Rec. 29, RJC I-24, in L. Favoreu, Ph. Loïc, *Les grandes décisions du Conseil constitutionnel*. Paris, Dalloz, 12e édition, 2003, p. 237; ou encore comme le Conseil constitutionnel ivoirien qui en fait référence directement dans les considérants de ses décisions. Voir Décision n° CI-2009-EP-026/28-10/CC/SG du 28 octobre 2009, *in Recueil des décisions et avis du Conseil constitutionnel, 1980-2012*. Abidjan, novembre 2012, p. 147.

[7] Article 12 de la loi n° 94-439 déterminant la composition, l'organisation, les attributions et les règles de fonctionnement du Conseil constitutionnel, *in Journal Officiel de la République de Côte d'Ivoire*, n° 40 du jeudi 29 septembre 1994, p. 737.

[8] Articles 68 & 166 de la Constitution tchadienne du 31 mars 1996.

[9] Article 35, alinéa 2 de la Constitution sénégalaise du 22 janvier 2001. Il faut souligner que la régularité du scrutin est confiée par ce même article aux Cours et Tribunaux.

[10] Article 31, alinéa 1 de la loi n° 019/PR/98 du 2 novembre 1998 portant organisation et fonctionnement du Conseil constitutionnel.

légalité de l'élection. C'est du moins ce qu'en pense Kossi Somali lorsqu'il estime que la vérification de la régularité externe de l'élection par le juge constitutionnel est de s'assurer du bon accomplissement des formes, des procédures et des opérations qui l'accompagnent en conformité avec ce qu'exige la Constitution[11]. Le choix des textes effectué par le juge constitutionnel leur confère la validité.

2. La validité des règles électorales

La légitimité de la décision électorale du juge constitutionnel dépend en grande partie de la validité des règles électorales appliquées par ce dernier. On entend ici de la légitimité en termes de qualité attribuée ou reconnue à la décision du juge par le système de valeurs, notamment la morale, la philosophie politique et le droit lui-même[12]. Cependant, il est vrai que la décision du juge peut être formellement conforme au droit mais contraire à un principe de légitimité politique ou morale. Dire que la décision du juge est légitime, c'est affirmer juste qu'elle existe et qu'on doit s'y plier. La définition de la validité n'est pas aussi aisée ainsi que le reconnaît Aleksander Peczenik : « Si le concept de norme valide est impossible à définir, il est aussi impossible de s'en passer. »[13] À cet effet, nous admettrons simplement ici que sont valides les normes qui appartiennent à un système juridique, et qui sont effectivement mises en œuvre par les autorités d'application du droit, notamment le juge constitutionnel[14]. De même, la validité est attribuée par le droit et la légitimité par un jugement moral ou politique. La validité est une qualité objective en ce sens qu'elle est indépendante du jugement et des préférences du juge, dès lors que celui-ci se borne à la décrire.

La légitimité de la décision du juge constitutionnel ne doit pas seulement être sa conformité à des valeurs, mais encore que cette conformité soit affirmée par le droit. L'obéissance à la décision du juge ne doit pas seulement être en raison de l'autorité attachée à ladite décision, mais bien plus en raison du contenu de la décision, donc de l'application du droit. Ainsi, la validité ou le caractère obligatoire de la norme applicable est son appartenance au système juridique. Le juge constitutionnel a souvent usé de son pouvoir souverain de décider de faire entrer une norme ou non dans un système juridique, donc de lui conférer une validité. Par exemple, le juge constitutionnel ivoirien, de même attitude que ses homologues sénégalais et tchadien, a tenu à l'écart pendant longtemps les instruments internationaux

---

[11] K. Somali, « Les élections présidentielles devant le juge constitutionnel. Étude de cas des États d'Afrique noire francophone », *RDP*, 1er septembre 2013, n° 5, p. 1291.

[12] Pour la définition donnée par Michel Troper, voir M. Troper, *Le droit et la nécessité*. Paris, PUF, 2011, p. 47.

[13] A. Peczenik, Essays *in* Legal Theory, *New Social Science Monographs*, 1970, p. 94 cité Ch. Agostini, « Pour une théorie réaliste de la validité », *in L'architecture du droit, Mélanges en l'honneur de Michel Troper*. Paris, Economica, 2006, p. 1.

[14] *Idem*, p. 10.

des droits de l'homme dans son office électoral. C'est enfin dans sa décision électorale de 2009 qu'il fera référence pour la première fois à la Déclaration universelle des Droits de l'Homme et à la Charte africaine des Droits de l'Homme et des Peuples de 1981, au regard de la référence expresse fait par la Constitution. La légitimité du juge constitutionnel en ce qu'il doit ses prérogatives en matière d'élection de la Constitution, pour traduire l'affirmation de son caractère légitime par la Constitution[15], lui permet de conférer juridiquement la validité à une règle électorale, pourvu que la règle satisfasse aux conditions prescrites par une norme supérieure dont la Constitution en est le sommet. En définitive, sont valides les règles électorales appliquées par le juge constitutionnel car considérées comme appartenant au système juridique concerné. Ainsi le juge constitutionnel, qu'il soit ivoirien, sénégalais ou tchadien, considère, pour la plupart du temps, comme valides les règles électorales essentiellement d'origine constitutionnelle, législative ou réglementaire, exceptionnellement internationale, ainsi qu'en a procédé le juge ivoirien 2009.

B. Les normes internationales en principe applicables

Les États choisissent souvent de se regrouper[16] pour exercer certaines compétences en commun, mais ils restent souverains. Nous avons de bonnes raisons de croire que leur souveraineté peut être considérée comme limitée du fait de l'intervention du groupement dans certaines de leurs compétences, en particulier les compétences dites régaliennes. Mais, aussi longtemps que l'État est libre de se retirer de l'organisation à laquelle il a fait le choix d'adhérer, on peut estimer que son autonomie est autolimitée librement et sous son contrôle permanent et donc que sa souveraineté n'est pas supprimée. Selon Marie-Anne Cohendet, l'essentiel reste que le peuple choisisse et contrôle ces limitations de sa souveraineté et reste toujours libre d'y consentir ou non[17]. Les normes électorales internationales sont pour l'essentiel contenues dans les traités des droits de l'homme, notamment la Déclaration universelle des Droits de l'homme de 1948 et ses deux pactes, et la Charte africaine des Droits de l'Homme et des Peuples de 1981. Les États africains, au lendemain de l'indépendance, ont unanimement exprimé leur adhésion aux instruments juridiques internationaux et leurs Constitutions ont consacré les procédures d'unité de l'ordre juridique. Les Constitutions de l'ère dite démocratique des années 1990 ont toutes confirmé cette position déjà prise au début de l'indépendance et ont réservé une place de choix au droit international dans l'ordre juridique interne (1). Cependant, les normes électorales,

---

[15] M. Troper, *Le droit et la nécessité, op.cit.*, p. 50.
[16] Par exemple sur le plan universel, nous avons l'Organisation des Nations unies (ONU, sur le plan régional, l'Union africaine et sur le plan sous-régional, la CEDEAO ou la CEMAC).
[17] M-A. Cohendet, *Droit constitutionnel*. Paris, lextenso éditions, 2013, p. 207.

principalement contenues dans les instruments internationaux des droits de l'homme, présentent-elles des spécificités (2).

1. La place du droit international dans l'ordre juridique interne

Malgré le monisme[18] juridique consacré par les Constitutions de la plupart des pays africains, l'application du droit international en matière d'élection par le juge constitutionnel est quasi inexistante. Le monisme, qui est l'articulation du droit international et du droit national dans le sens le plus souvent de l'adaptation de ce dernier aux normes définies internationalement, peine à être effectif par l'inapplication qu'en fait le juge. Pourtant dans ces pays, les Constitutions ont définitivement tranché en faveur de la supériorité du droit international sur les dispositions législatives internes. Dès lors que les traités sont ratifiés, ils acquièrent une valeur juridique infra constitutionnelle mais supra légale[19]. Si certains États du monde - les uns ayant choisi de placer le droit international au-dessus de la Constitution, les autres au même niveau que celle-ci, la plupart des États africains ont préféré le placer en dessous de la Constitution mais au-dessus de la loi. Ainsi que le soutient Monique Chemillier-Gendreau, l'application entravée des normes internationales en matière d'élection dans le champ national sur les arguments tirés de la logique particulière de l'ordre interne met l'État en contradiction avec lui-même[20]. Dans ces États d'Afrique, la question de la cohérence matérielle du droit, par la mise en conformité du droit interne avec le droit international, ne souffre d'aucune lacune en ce qu'elle est systématiquement effectuée dès la signature des traités et avant leur ratification.

La possibilité que le juge se retrouve en présence de deux normes électorales contradictoires, l'une nationale du moins constitutionnelle et l'autre internationale, est écartée. En Côte d'Ivoire[21], au Sénégal[22] et au Tchad[23], tous les instruments juridiques internationaux par eux ratifiés sont présumés conformes à la Constitution. Dès lors qu'aucun texte international ne peut être ratifié lorsqu'il comporte des clauses contraires à la Constitution en vertu de la décision du juge constitutionnel. Prétendre à une quelconque impossibilité d'application dans l'ordre interne par l'effet des dispositions

---

[18] Contrairement, par l'effet de la souveraineté nationale s'exprimant au niveau constitutionnel, un État peut faire le choix du dualisme et les traités auxquels il adhère ne peuvent alors être intégrés dans l'ordre juridique interne que par une procédure spécifique. Dans ce cas les ordres juridiques sont en effet cloisonnés.

[19] Article 221 de la Constitution tchadienne de 1996 ; Article 87 de la Constitution ivoirienne de 2000 ; Article 98 de la Constitution sénégalaise de 2001.

[20] M. Chemillier-Gendreau, « Sur les rapports du droit interne et du droit international dans l'ordre constitutionnel », *in L'esprit des institutions, l'équilibre des pouvoirs, Mélanges en l'honneur de Pierre Pactet*, Paris, Dalloz, 2003, p. 110.

[21] Article 86 de la Constitution ivoirienne de 2000.

[22] Article 97 de la Constitution sénégalaise de 2001.

[23] Article 220 de la Constitution de 1996 révisée par loi constitutionnelle n° 008/PR/2005 du 15 juillet 2005.

constitutionnelles ou même de l'imprécision des stipulations des textes internationaux en matière d'élections, c'est réduire l'effectivité de ces derniers à néant, dans la mesure où le droit international ne disposant pas de territoire d'application directe, ni de population directement concernée, il ne trouve sa réalité concrète et son efficacité juridique qu'à travers les ordres internes et notamment par le fait que le juge interne soit contraint de l'appliquer[24]. L'inapplication des normes électorales internationales par le juge constitutionnel cantonne souvent le droit international électoral dans l'irréel. Ce refus supposé par le juge ouvre souvent la voie à l'application des dispositions législatives électorales antidémocratiques quand bien même que la loi avait été jugée conforme à la Constitution. Pourtant, les normes électorales internationales se trouvent bien intégrées dans les Constitutions faisant même, avec elles, un seul bloc. De plus, les normes électorales internationales présentent leur spécificité.

2. Les spécificités des normes électorales internationales

Les instruments internationaux contenant des normes électorales sont presque incorporés dans la plupart des Constitutions. Ainsi, les préambules des Constitutions ivoirienne, sénégalaise et tchadienne renvoient à la Déclaration universelle des Droits de l'Homme de 1948 et à la Charte africaine des Droits de l'Homme et des Peuples de 1981. Les deux Constitutions, sénégalaise et tchadienne, présentent chacune une spécificité en ce que la première renvoie en outre à la Déclaration des droits de l'homme et du citoyen de 1789[25] et la seconde à la charte même des Nations unies de 1945. En plus du fait que les normes électorales internationales bénéficient du statut de droit international, elles font partie intégrante du droit constitutionnel national par le fait les instruments internationaux les portant ont un statut préambulaire.

Les instruments internationaux portant les normes électorales sont des instruments des droits de l'homme. À ce titre, l'universalité des droits de l'homme, qui est aujourd'hui incontestable, tend à conférer à ces normes une certaine intangibilité[26]. C'est pourquoi, les élections qui sont considérées comme un exemple de mise en application des droits de l'homme, bénéficient des soutiens multiformes de la communauté internationale. Pour la Commission européenne, réussir un processus électoral démocratique fait partie de la mise en place d'un système de gouvernement qui veille au respect

---

[24] M. Chemillier-Gendreau, « Sur les rapports du droit interne et du droit international dans l'ordre constitutionnel », *op.cit.* p. 110.

[25] Il faut rappeler que la déclaration des droits de l'homme et du citoyen de 1789 malgré sa portée très abstraite, était adoptée lors de la Révolution française par les Français et pour les Français suite à l'abus de la monarchie absolue qui prévalait à l'époque.

[26] H. Tigroudja, « Violations de droits de l'homme et engagement de la « Responsabilité aggravée » de l'État : Quelle contribution du droit international des droits de l'homme au droit international de la responsabilité ? », *in L'homme et le droit, Mélanges en l'honneur au professeur Jean-François Flauss*. Paris, Pédone, 2014, p. 755.

des droits de l'homme, à l'État de droit et au développement d'institutions démocratiques[27].

À cet égard, les normes internationales pour les élections, établies par des traités universels et régionaux et par des engagements politiques, offrent une base pour le contrôle d'un processus électoral, dit-elle. Dans un traité que les États individuellement ratifient, les normes, qu'elles soient universelles ou régionales, contiennent des obligations juridiquement contraignantes[28]. Il s'agit des instruments ayant des forces obligatoires car l'État concerné a pris un engagement explicite envers ces normes. Les normes non soumises à un traité sont des documents ou instruments qui ne sont pas juridiquement contraignants[29]. Les engagements politiques sont des promesses faites par les États qui ne sont pas juridiquement contraignantes. Ils expriment simplement une intention des États concernés.

Il est sans doute dans la défense de valeurs liées à une conception de la démocratie dont le juge constitutionnel se fait souvent le dépositaire et le garant dans le cadre national qui est celui où il exerce son pouvoir, il doit véritablement s'approprier l'application des normes électorales internationales. L'invocation par le juge constitutionnel ivoirien, dans sa décision électorale de 2009, de ces instruments peut marquer le début d'une espérance pour l'application effective de ces instruments par le juge africain dans son office électoral. Le juge constitutionnel sénégalais, bien qu'ayant fait référence dans sa décision électorale de 1993 mais sans grande portée en ce que sa décision s'apparente à une « décision de règlement » à l'image de l'arrêt de règlement prohibé en matière civile par le Code civil français, n'a pas non plus suivi sa décision par la suite. Si ces normes électorales internationales ont l'avantage d'échapper aux modifications que peuvent opérer les autorités internes, il n'en est pas ainsi pour les normes nationales qui subissent des changements chaotiques.

II. Les changements chaotiques entraînant l'ambiguïté des règles électorales

Le retour du multipartisme, l'expression du pluralisme démocratique dans les années 1990, a permis de mettre en place, dans presque tous les pays, des assemblées représentatives du corps électoral distinctes du pouvoir exécutif et chargées de l'adoption des lois dans l'esprit du principe de séparation des pouvoirs prôné par Montesquieu et admis aujourd'hui dans toutes les

---

[27] Préface *du Recueil des normes internationales pour les élections*, troisième édition, Commission européenne.

[28] Il s'agit par exemple de la Charte africaine des Droits de l'Homme et des peuples de 1981, le Pacte international relatif aux Droits civils et politiques des Nations unies de 1966.

[29] Il en est ainsi, par exemple, de la Déclaration universelle des Droits de l'Homme adoptée en 1948 par l'Assemblée générale des Nations unies.

Constitutions démocratiques modernes[30]. Le rapport entre la loi et la Constitution qui caractérise actuellement l'ordre juridique en vigueur dans les États modernes à Constitution rigide n'est plus à démontrer quant à la suprématie de la seconde sur la première[31]. C'est ce qui a souvent présidé à la création des Cours et Conseils constitutionnels d'abord en Europe dans les cours du XXe siècle[32], puis sur le continent africain après les indépendances des années soixante. Le juge constitutionnel étant juge de la constitutionnalité des lois, toute loi relative aux élections qui entre en vigueur est présumée constitutionnelle dès lors que le contrôle se fait *a priori*.

Le développement chaotique et lacunaire du droit électoral (A), dans la plupart de ces pays, rend plus que difficile le rôle électoral du juge constitutionnel. En conséquence, les moyens invoqués par les requérants sont souvent inopérants à cause des ambiguïtés résultant soit des changements soit des modifications intempestives des règles électorales (B).

A. Les changements chaotiques de règles électorales

Les changements chaotiques et les modifications intempestives des règles électorales peuvent en partie s'expliquer par leur procédure d'élaboration plus ou moins facile liée au régime de la loi électorale (1). L'ineffectivité du mécanisme de contrôle de la loi électorale (2) n'est pas sans conséquence sur la qualité des règles.

1. Les facilités liées au régime de la loi électorale

La procédure d'élaboration de la loi électorale s'inscrit pour la plupart dans la procédure générale d'élaboration de la loi. Ainsi, la loi électorale peut être de la compétence du législateur organique comme au Sénégal, ou de la compétence du législateur ordinaire notamment au Tchad et en Côte d'Ivoire, rarement d'une ordonnance de l'exécutif[33]. La modification de la loi électorale suit une procédure différente selon que son régime juridique est celui de la loi organique ou de la loi ordinaire. Le régime de la loi organique électorale est le mieux en ce que celle-ci est obligatoirement déférée au juge constitutionnel par le Président de la République. Le régime de la loi électorale ordinaire rend facultative la saisine du juge. Ainsi, l'absence de saisine de ce dernier laisse

---

[30] Pour la notion de séparation des pouvoirs, voir M. Barberis, « La séparation des pouvoirs », *in Traité international de droit constitutionnel, Théorie de la constitution,* M. Troper, D. Chagnollaud, *op. cit.*, pp. 705-732.

[31] On peut se rappeler encore de la célèbre décision 5 U.S (1 Cranch 137 (24 février 1083 Marbury v. Madison de la Cour suprême des États-Unis. Voir E. Zoller, *Les grands arrêts de la Cour suprême des États-Unis*. Paris, Dalloz, 2010, pp. 1-28.

[32] A. Pizzorusso, « La loi », *in Traité international de droit constitutionnel, Théorie de la constitution,* M. Troper, D. Chagnollaud, *op. cit.*, p. 328.

[33] En France par exemple, l'ordonnance du 7 novembre 1958 portant loi organique relative à l'élection du Président de la République a été abrogée par la loi référendaire du 6 novembre 1962.

subsister des dispositions législatives électorales contraires aux côtés des normes constitutionnelles correspondantes. Ce qui constitue souvent des difficultés pour le juge dans son rôle électoral. Si le régime de la loi électorale est un élément déterminant dans son élaboration, en revanche sa promulgation ne varie presque pas d'un régime à un autre.

La procédure de formation et de modification des lois organiques est bien plus semblable à celle des lois ordinaires qu'à celle des lois constitutionnelles et leur contenu normatif peut être soumis au contrôle de constitutionnalité formel et substantiel comme celui des lois ordinaires. Il en ressort une différence assez nette avec les sources constitutionnelles dont elles ne se rapprochent que par une certaine proximité de leur contenu normatif. « La loi organique est une loi qui précise ou complète une ou plusieurs dispositions constitutionnelles »[34], tel est précisément le sens des prescriptions constitutionnelles au Tchad. Cependant, la loi électorale au Tchad n'est pas du domaine organique. Dans le système tchadien, si la loi organique a une certaine légitimité par rapport à la loi ordinaire, le mécanisme de son élaboration relève du règlement des assemblées que des dispositions constitutionnelles à l'instar des systèmes ivoirien et sénégalais. Au sens de la Constitution ivoirienne de 2000, « sont des lois organiques celles qui ont pour objet de régir les différentes institutions, structures et systèmes prévus ou qualifiés comme tels par la Constitution ». De ce fait, la Constitution ivoirienne exclut la loi électorale du domaine organique. Or, dans ce système, la loi organique n'est adoptée que par une majorité qualifiée de deux tiers, ce qui permet d'avoir une loi électorale plus consensuelle et plus démocratique, si elle avait été du domaine organique. Au Sénégal, les dispositions constitutionnelles ne donnent pas une définition de la loi organique, mais est seulement organique ce que la Constitution qualifie comme tel.

La légitimité de la loi organique s'explique par l'obligation du Président de la République de saisir le juge constitutionnel pour le contrôle de sa conformité à la Constitution avant toute promulgation, notamment en Côte d'Ivoire, au Sénégal et au Tchad. Au Sénégal, c'est la loi constitutionnelle du 05 avril 2016 qui va conférer la saisine obligatoire par le Président de la République la valeur constitutionnelle. La loi organique ne peut non plus faire l'objet d'une loi d'habilitation parlementaire. C'est en ce sens qu'Alessandro Pizzorusso affirme que les lois organiques constituent une source en tant que telle, qui se différencie des sources constitutionnelles comme des sources législatives tant du point de vue de la procédure de formation, que de celui de la capacité d'abroger ou de résister à l'abrogation qui dérive des dispositions constitutionnelles particulières qui les prévoit.

Lorsque la Constitution prévoit que le régime électoral est du domaine de la loi organique, les règles qui en dérivent ne sont pas justement

[34] Article 127, alinéa 1 de la Constitution tchadienne du 31 mars 1996.

constitutionnelles mais seulement présupposées par la source constitutionnelle. Dans beaucoup d'États[35], les lois électorales appartiennent à la catégorie des lois organiques. Ainsi, il n'est pas bon que les règles qui définissent l'élection du Président de la République et qui ont une incidence sur le fonctionnement des institutions ne puissent pas être du domaine organique, notamment au Tchad et en Côte d'Ivoire, car le régime de loi ordinaire présente un certain degré de réflexibilité.

Le régime de la loi électorale peut être celui des lois ordinaires. Dans ce cas, la procédure d'adoption suit celle de la loi ordinaire. Il en est ainsi des lois électorales ivoirienne et tchadienne. L'expression de la volonté des représentants du corps électoral, est soumise au contrôle du juge constitutionnel pour le respect de la volonté du constituant. Il est vrai que « non seulement la loi proprement dite n'a valeur de droit positif que si elle est délibérée par une autorité constitutionnelle, mais aussi aucune règle de droit positif ayant même matière que la loi ne saurait s'établir sans la délibération d'une autorité constitutionnelle compétente »[36]. Au Tchad, après l'adoption de la loi électorale par l'Assemblée nationale, le juge constitutionnel peut être saisi par le Président de la République, le Premier ministre, le Président de l'Assemblée nationale ou un dixième (1/10) des députés à l'Assemblée nationale aux fins de contrôle de constitutionnalité. Au Sénégal, la saisine est réservée uniquement au Président de la République et à un dixième des députés. En Côte d'Ivoire, sont habilités à saisir le juge constitutionnel, le Président de la République, le Président de l'Assemblée nationale, tout groupe parlementaire ou un dixième des députés. Au Tchad, à l'instar de deux autres pays, le juge constitutionnel ne peut s'autosaisir pour le contrôle de la conformité à la Constitution de la loi en général et de la loi électorale en particulier.

Cependant, si le juge constitutionnel est souvent saisi aux fins de contrôle de la constitutionnalité de la loi électorale, les moyens des saisissants parlementaires n'ont pas souvent prospéré. Ainsi, dans la perspective de la préparation de l'élection présidentielle de 2001 au Tchad, une loi électorale avait été adoptée par la majorité à l'Assemblée nationale. Vingt-deux (22) députés de l'opposition saisissent le juge constitutionnel en inconstitutionnalité de la loi[37] du 18 septembre 2000 portant Code électoral. Les requérants estimaient que la durée de quatre (4) jours de vote accordée par les dispositions législatives aux nomades et aux Tchadiens de l'étranger est contraire au principe constitutionnel d'égalité des citoyens tel qu'affirmé par les dispositions constitutionnelles[38]. Néanmoins, le juge constitutionnel a

---

[35] Par exemple, la Constitution espagnole de 1978.

[36] M. Hauriou cité par R. C. De Malberg, *contribution à la théorie générale de l'État*, Paris, Dalloz, 2004, p. 330.

[37] Loi n° 021/PR/2000 du 2000 du 18 septembre 2000 portant Code électoral.

[38] Article 13 et 14 de la Constitution du 31 mars 1996 du Tchad.

considéré que le principe d'égalité des citoyens tel que proclamé par la Constitution ne fait pas obstacle à ce que des aménagements soient opérés au profit de certaines catégories de citoyens se trouvant dans des situations particulières pour leur permettre d'exercer leur droit de vote et que, en l'espèce, « il convient de dire que l'argument tiré de la rupture d'égalité entre les citoyens n'est pas fondé »[39]. Justement, la différence de nombre de jours de vote accordé aux électeurs est une potentielle source de fraude et de contestation comme en attestent les griefs des requérants à chaque vote dans ce pays. Les personnes se déclarant comme nomades ont souvent été épinglées comme des personnes qui votent plusieurs fois. Les griefs des opposants à l'occasion des élections devant le juge constitutionnel font souvent mention de ces doubles votes. Dans la pratique, une nouvelle catégorie de loi fait son apparition par son adoption en interposition avec la loi électorale principale.

On entend par « lois adoptées en interposition »[40] avec une loi électorale, les lois qui ne sont pas prévues expressément par la Constitution mais qui sont adoptées en application ou en prolongement[41] d'autres lois qui sont expressément prévues en vue de régir une élection. La plupart du temps ces lois sont les causes de violation subtile de la Constitution. Ainsi, au Tchad, la Constitution prévoit qu'une loi détermine le régime électoral[42]. L'existence de la loi portant Code électoral peut s'analyser comme la mise en œuvre de la prescription constitutionnelle. L'adoption d'une loi portant création d'un organe chargé de gérer essentiellement les élections, à notre entendement, ne fait pas œuvre d'application de la Constitution. Elle est une loi d'application ou de prolongement d'une autre loi en l'occurrence la loi électorale. Si la loi électorale[43] confie l'exécution de l'ensemble des opérations électorales à cet organe dont l'existence n'est pas encore matérialisée, on peut parler d'application. Car la loi de création de l'organe applique la loi électorale qui se contente de fixer les objectifs de l'organe. Par contre, si la création de l'organe est matérialisée avant la loi électorale, on peut parler du

[39] Décision n° 007/PCC/SG/00 du 8 septembre 2000 sur la requête de vingt-deux (22 députés) relative à la loi portant Code électoral.

[40] Terme emprunté d'Alessandro Pizzorusso lorsqu'en référence de la doctrine constitutionnaliste italienne, il parle de « normes interposées » entre la disposition ou norme constitutionnelle et la disposition ou norme de loi ordinaire dont on doit contrôler la constitutionnalité. Voir A. Pizzorusso, Fonti, del dirrito, 2e édition, p. 110 cité A. Pizzorusso, « La loi », *in Traité international de droit constitutionnel, Théorie de la constitution*, M. Troper, D. Chagnollaud, *op.cit.*, p. 348.

[41] Par exemple au Tchad, la loi n° 015/PR/2000 du 18 août 2000 portant création d'une commission électorale nationale indépendante peut être vue comme le prolongement d'une loi future en l'occurrence la loi n°012/PR/2000 du 18 septembre 2000 portant code électoral prise en application de l'article 125 de la constitution de 1996 qui dispose que la loi fixe les règles concernant le régime électoral.

[42] Article 121 de la Constitution tchadienne du 31 mars 1996 révisée.

[43] Par exemple article 1, alinéa 2 de la loi n° 003/PR/2009 du 7 janvier 2009 portant Code électoral.

prolongement d'une loi électorale future car la loi de création de l'organe ne peut appliquer des dispositions qui n'existent pas encore[44].

Par exemple au Tchad, l'habilitation de la commission électorale par la loi du 19 décembre 2008 de « veiller à la régularité des scrutins » est une preuve de la violation de la Constitution lorsqu'elle met en concurrence l'organe administratif de gestion des élections et le juge constitutionnel sur un même objet lorsque les prescriptions constitutionnelles disposent que : « Le Conseil constitutionnel veille à la régularité du scrutin et constate les résultats. »[45]. Il s'agit ici pour le Conseil constitutionnel du scrutin présidentiel. Il apparaît clairement un vice de constitutionnalité qui met en conflit de compétence la haute juridiction en matière d'élection avec un simple organe administratif de gestion des élections. Ce conflit est palpable sur le terrain entre les délégués du Conseil et les membres de la commission électorale. La preuve éloquente de ce conflit est la révélation du contenu du rapport de l'élection présidentielle du 3 mai 2006 d'un délégué du Conseil constitutionnel. Aux termes de ce rapport, le délégué du Conseil constitutionnel s'est vu interdire l'accès à certaines activités des membres de la commission électorale au motif que seule cette dernière est habilitée à veiller sur la régularité du scrutin et que le Conseil constitutionnel devrait se contenter à recevoir de la part de celle-ci les procès-verbaux à lui transmis[46].

En votant la loi portant création d'un organe de gestion des élections postérieurement à la loi électorale censée régir le régime électoral au sens des dispositions constitutionnelles, le législateur se comporterait comme un organe d'exécution et la loi adoptée s'apparente à une décision qui se ramène à l'exécution d'une loi en vigueur. Or, la Constitution dispose que la loi fixe les règles concernant le régime électoral. L'absence d'une prescription constitutionnelle ne peut pas profiter au législateur. Bien plus au pouvoir réglementaire lorsque la Constitution dispose que : « Les matières autres que celles qui sont du domaine de la loi ont un caractère réglementaire. »[47] Ce désordre de légalité qui a échappé au juge constitutionnel, trouve son point d'ancrage avec la création par décret du Président de la République des démembrements de cette commission électorale. Une même matière est divisée entre l'autorité législative et l'autorité réglementaire. Le législateur ne peut prendre une décision qui se rattache à une loi antérieure dont elle forme l'exécution. Le domaine de la loi n'est pas indéfini car la Constitution

---

[44] C'est le cas de la loi n° 015/PR/2000 du 18 août 2000 portant création d'une commission électorale nationale indépendante et de la loi n° 021/PR/2000 du 18 septembre 2000 portant code électoral.

[45] Article 68, alinéa 1 de la Constitution tchadienne du 31 mars 1996.

[46] Voir le rapport du 04 mai 2006 du juge de paix de Dourbali, délégué du Conseil constitutionnel de l'élection présidentielle du 03 mai 2006 dans la Sous-préfecture de Dourbali.

[47] Article 122 de la Constitution tchadienne du 31 mars 1996.

tchadienne comme à l'instar des autres, a bien énuméré limitativement des matières qui sont spécialement réservées au législateur.

En l'occurrence, la création de la commission électorale aurait dû être effectuée par voie réglementaire dès lors que son habilitation par la loi électorale est une constatation qui vaut création implicite. Le décret de création jouera bien, au cas d'espèce, son rôle d'acte d'application.

Relativement à la promulgation de la loi électorale, Raymond Carré De Malberg pense à l'acte par lequel l'autorité désignée à cet effet par la Constitution constate et atteste l'existence d'une loi qui vient d'être adoptée par l'organe législatif. L'objet de la promulgation ou son effet, c'est de faire entrer dans sa phase d'exécution la loi qui jusque-là n'était pas exécutoire. Pour lui, c'est la promulgation qui rend la loi exécutoire[48]. Au Tchad, à l'instar du Sénégal et de la Côte d'Ivoire, la promulgation de la loi électorale s'inscrit dans le cadre général de la promulgation des lois. Il n'existe pas en principe un traitement spécifique réservé à la loi électorale. Aux termes des prescriptions constitutionnelles, le Président de la République promulgue les lois définitivement adoptées. Cette promulgation est souvent enfermée dans un délai. Il est, par exemple, au Tchad de quinze jours qui suivent la transmission au Gouvernement de la loi définitivement adoptée[49]. Mais lorsque l'urgence est signalée, il est ramené à huit jours.

La formule employée pour la promulgation obéit à un minimum de standard comme suit « vu la Constitution[50] ; l'Assemblée nationale a délibéré[51] et adopté en sa séance du… ; Le Président de la République promulgue la loi dont la teneur suit : (…)[52] La présente loi sera enregistrée et publiée au Journal Officiel de la République de (…) [53]et exécutée comme loi de l'État. Fait à …le… ».

Cependant, la Constitution ouvre des possibilités au Président de la République notamment au Tchad, au Sénégal et en Côte d'Ivoire de différer la promulgation par la demande d'une nouvelle délibération qui ne peut être refusée ou saisir le juge constitutionnel pour le contrôle de constitutionnalité de la loi votée. La nouvelle délibération est l'occasion offerte au Président de demander aux députés de revoir leur copie que Marcel Prelo qualifie de « véto législatif temporaire ». Si la nouvelle délibération ne peut être refusée, elle

---

[48] R. C. De Malberg, *Contribution à la théorie générale de l'État*, *op.cit.*, p. 404.

[49] Article 81 de la Constitution tchadienne du 31 mars 1996 révisée en 2005.

[50] La formule employée au Sénégal et en Côte d'Ivoire ne commence pas par viser la Constitution comme au Tchad.

[51] Si la formule au Tchad mentionne la délibération puis l'adoption de la loi, elle n'indique simplement l'adoption au Sénégal et en Côte d'Ivoire.

[52] Les points de suspension représentent les textes de la loi.

[53] La formule au Sénégal ne précise pas que la loi sera publiée au *Journal officiel* malgré que la publication a lieu systématiquement ; la formule au Tchad n'indique pas le nom du pays après le mot république comme en Côte d'Ivoire.

n'est pas pour autant enfermée dans un délai. Mais, comme elle suspend celui de la promulgation, exécutif et législatif n'ont de choix qu'entre procéder à la nouvelle délibération ou se résigner à ce que la loi précédemment votée n'entre pas en vigueur[54].

2. L'ineffectivité du mécanisme du contrôle de la loi électorale

Le contrôle sérieux de la loi électorale par le juge constitutionnel ne doit pas seulement se baser sur le contrôle de la loi aux dispositions de la Constitution dès lors que la Constitution adhère au principe de la démocratie aux fins de son instauration. Le juge a toujours conquis et forgé ses compétences à haute lutte. Ainsi, aux États-Unis par exemple, la décision[55] Marbury de 1803 en est une illustration. En Europe aussi, « la conception qui mettait en relief la nature d'acte juridique de la Constitution a rencontré de fortes résistances jusqu'à la moitié du XXe siècle au moins, et il n'en était fait face aux problèmes qui y étaient attachés qu'au fur et à mesure que les circonstances s'y prêtaient », écrit Alessandro Pizzorusso[56]. Si le juge constitutionnel africain entend jouer un rôle dans la construction de l'État de droit démocratique[57], il doit être sévère sur le contrôle et l'application de la loi électorale. C'est là tout le sens de la célèbre affirmation du Président de la Cour suprême des États-Unis, John Marshall, selon laquelle « a legislative act contrary to the constitution is not law »[58] et doit, à cause de son inconstitutionnalité, être écarté par qui que ce soit, qui se trouverait également amené à l'appliquer[59]. C'est dans ce sens aussi qu'on peut ranger la célèbre formule du Conseil constitutionnel français, selon laquelle « la loi votée [...] n'exprime la volonté générale que dans le respect de la Constitution »[60].

Le système du contrôle des lois est prévu par les dispositions constitutionnelles[61]. Le contrôle préventif et abstrait qui se fait *priori*[62] et le contrôle concret qui se fait *a posteriori* par voie de question préjudicielle[63].

---

[54] G. Carcassonne, *La constitution introduite et commentée*. Paris, 9e édition, Seuil 2009, p. 91.
[55] Voir E. Zoller, *Les grands arrêts de la Cour suprême des États-Unis*. Paris, Dalloz, 2010, p. 1.
[56] A. Pizzorusso, « La loi », *in traité international de droit constitutionnel, théorie de la constitution, op. cit.* p. 331.
[57] M-M Mborantsuo, *Cours constitutionnelles africaines et État de droit*, thèse de doctorat en droit, l'Université de Droit, d'Économie et des Sciences d'Aix-Marseille, 24 janvier 2002.
[58] Ce qui signifie littéralement tout acte législatif qui est contraire à la constitution n'est pas une loi.
[59] Cité par A. Pizzorusso, « La loi », *in traité international de droit constitutionnel, théorie de la constitution, op.cit.*, p. 332.
[60] Décision n°85-197 DC, considérant 27 du 23 août 1985 du Conseil constitutionnel français. Voir L. Favoreu, L. Philip, *Les grandes décisions du Conseil constitutionnel*. Paris, 12e édition, Dalloz, 2003, p. 640.
[61] Article 127, alinéa 2& article 161, alinéa 1 de la Constitution tchadienne du 31 mars 1996.
[62] Article 165 de la Constitution tchadienne du 31 mars 1996 ; Article 88 de la Constitution ivoirienne de 2000 ; Article 92 de la Constitution sénégalaise de 2001.
[63] Article 166 de la Constitution tchadienne du 31 mars 1996.

Dans les trois systèmes étudiés, notamment ivoirien, sénégalais et tchadien, rien n'est prévu par le droit concernant la contestation de la constitutionnalité d'une loi à l'occasion d'un recours contre une autre loi. Cependant, le juge peut, en principe statuer sur l'ensemble des arsenaux juridiques relatifs à l'élection par principe de connexité dès lors que la Constitution a pour objectif d'instaurer la démocratie. Par exemple, la jurisprudence comparée nous renseigne que le juge constitutionnel français en l'absence de dispositions le permettant explicitement a estimé que « si la régularité au regard de la Constitution des termes de la loi promulguée peut être utilement contestée à l'occasion de l'examen de dispositions législatives qui la modifient, la complètent ou affectent son domaine, il ne saurait en être de même lorsqu'il s'agit de la simple mise en application d'une telle loi »[64]. C'est vrai, le refus du contrôle de la loi par voie d'exception existe en matière électorale.

En France par exemple, le Conseil constitutionnel n'accepte pas, dans le cadre d'un contentieux électoral de contrôler, la constitutionnalité d'un texte législatif par voie de l'exception d'inconstitutionnalité[65]. Le juge constitutionnel africain, à cause des ambiguïtés çà et là des règles électorales applicables que nous évoquons, a tout intérêt à gagner en se reconnaissant le pouvoir de contrôle par voie d'exception des lois électorales déjà promulguées en ce que ces lois ont de fortes chances d'échapper au contrôle de constitutionnalité *a priori* par l'insuffisance de la saisine du juge. Les irrégularités dans des saisines du juge constitutionnel font souvent aussi échapper au juge le contrôle de la loi. Tous ces vices ne sont pas sans conséquence sur le rôle du juge.

En effet, la saisine parlementaire est une occasion donnée à la minorité parlementaire de contester devant le juge constitutionnel la loi qui vient d'être adoptée par la majorité. Si la loi votée est l'expression de la volonté de la majorité, il faut que cette volonté se fasse dans le respect de la Constitution. Malheureusement, ce droit ouvert à la minorité est insuffisamment exploité. L'absence de la saisine du juge constitutionnel ou la saisine avec un retard, donc après l'expiration du délai, par les parlementaires peut s'expliquer par deux choses. Premièrement, dans la plupart des cas, les parlementaires sont élus sur la base soit des votes ethniques ou favorisés par le parti qui a un ancrage dans la région. Lorsque les considérations ethniques ou le clientélisme des partis politiques entrent en jeu, le niveau de formation et la personnalité du candidat à investir à l'élection législative et son élection ne sont plus les critères déterminants pour être élu. Du coup, le parlement devient truffé de parlementaires qui savent à peine écrire la langue de travail, notamment le français dans les pays des ex-colonies françaises. Deuxièmement, les

---

[64] Rapport du 2e congrès de l'Association des Cours Constitutionnelles ayant en Partage l'Usage du français, *L'accès au juge constitutionnel : modalités et procédures*, Libreville-septembre 2000, p. 584.

[65] B. Maligner, *Droit électoral*. Paris, ellipses, 2007, p. 59.

parlementaires qui sont élus n'ont pas de formation juridique ou même une culture du droit. Ils ne bénéficient pas de l'assistance juridique parce que ça n'a pas été prévu par l'institution ou encore la pauvreté aidant, ils préfèrent s'occuper de leur base électorale ou de leur famille au moyen du montant alloué pour l'assistance juridique. En l'espèce, ils sont une mécanique de vote « pour » ou « contre » sans savoir pourquoi, et ne savent pas s'il faut saisir le juge constitutionnel pour une disposition inconstitutionnelle de la loi qu'ils viennent de voter. Même s'ils arrivaient à déclencher la saisine, les irrégularités qui l'entourent, la rendent inefficace.

Pour un État de droit démocratique, les saisines du juge constitutionnel par les autorités publiques prévues par les dispositions constitutionnelles doivent être indépendantes les unes des autres. Les organes de saisine n'ont pas toujours les mêmes intérêts. Mieux, l'existence des autorités de saisines différentes obéit à l'esprit de séparation des pouvoirs. À ce titre, l'inaction de l'un des organes ne doit pas empêcher les autres d'exercer régulièrement leur droit ou obligation de saisine du juge constitutionnel. En l'espèce, les prescriptions constitutionnelles[66] au Tchad habilitent le Président de la République, le Premier ministre, le Président de l'Assemblée nationale et un dixième (1/10) des députés à saisir valablement le juge constitutionnel. En Côte d'Ivoire, si les autres voies de saisine existent, en lieu et place de la saisine du Premier ministre, c'est tout groupe parlementaire qui a la faculté de saisir le juge constitutionnel[67]. Une quatrième voie de saisine existe dans ce pays, notamment la saisine par les associations de défense des droits de l'homme qui sont uniquement habilitées pour les lois relatives aux libertés publiques. Au Sénégal, il n'existe que deux voies de saisine du juge constitutionnel pour le contrôle de la constitutionnalité des lois, notamment la saisine par le Président de la République et la saisine par un dixième (1/10) des députés.

Les différentes procédures de saisine sont essentiellement indépen-dantes les unes des autres pour la préservation du fonctionnement démocratique des institutions et un contrôle efficace des lois. Cependant, il existe des pratiques qui rendent inopérante la séparation de ces saisines, et dès lors entachent le mécanisme de saisine parlementaire. Il en est ainsi au Tchad où se développe une pratique antidémocratique et inconstitutionnelle à l'occasion de la saisine parlementaire du juge constitutionnel à l'indifférence totale de ce dernier. En effet, la requête[68] d'un dixième (1/10) des députés doit être déposée au bureau

---

[66] Article 165 de la Constitution tchadienne du 31 mars 1996.

[67] Article 95 de la Constitution ivoirienne du 1er août 2000.

[68] Par exemple la requête n° 09/AN/00 du 16 août 2000 formulée par 23 députés pour inconstitutionnalité de la loi portant création de la commission électorale nationale indépendante.

du Président de l'Assemblée nationale afin qu'elle soit transmise[69] par ce dernier au juge constitutionnel. Dans ces conditions, il est loisible au Président de l'Assemblée nationale qui est le plus souvent l'homme de main du Président de la République en ce qu'il est toujours issu de son parti, de retarder la transmission au juge constitutionnel la requête des requérants parlementaires, le temps de permettre la promulgation accélérée au motif qu'aucune contestation de la constitutionnalité n'est déclarée à ce jour. Cette voie est possible seulement parce que dans ce pays, aucun délai minimum devant être absolument observé avant la promulgation même si le juge constitutionnel n'a pas été saisi, n'existe.

Loin d'être un cas d'école, la requête[70]du 16 août 2000 de vingt-deux (22) parlementaires est très illustrative. À deux jours de l'expiration du délai de promulgation par le Président de la République de la loi[71] portant création de l'organe de gestion des élections, vingt-deux (22) parlementaires de l'opposition saisissent le juge constitutionnel aux fins de le voir déclarer inconstitutionnelle ladite loi. C'est au lendemain, le 17 du même mois que le Président de l'Assemblée nationale transmet[72] la requête des requérants au juge à la fin de la journée. Le 18 août 2000, à la date limite de l'expiration du délai de promulgation, le Président de la République promulgue effectivement la loi. Ainsi, le juge constitutionnel a estimé dans sa décision du 30 août 2000 qu'il ne lui appartient pas de connaître, par voie d'action, du contrôle de constitutionnalité d'une loi déjà promulguée et qu'il échet de dire qu'il est incompétent pour statuer. Par ces motifs, le juge a décidé[73]qu'il est incompétent pour apprécier, par voie d'action, la conformité à la Constitution d'une loi déjà promulguée. Cependant, dans le système constitutionnel comme celui du Sénégal où le Président de la République ne peut promulguer[74] la loi qu'à l'expiration du délai accordé aux autorités de saisine, cette crainte est dissipée.

Dans ce système perverti par le fait majoritaire, la saisine du juge constitutionnel par le Président de l'Assemblée nationale perd également de son

---

[69] La lettre n° 226/PAN/C/00 du 17 août 2000 émanant du président de l'Assemblée nationale ayant pour objet la transmission de la requête n° 09/AN/00 du 16 août 2000 en inconstitutionnalité de la loi portant création de la commission électorale nationale indépendante des 23 députés.

[70] Requête n°09/AN/00 du 16 août 2000 (Voir la décision n°0005/PCC/SG/00 sur la conformité à la Constitution de la loi portant création de la Commission électorale nationale indépendante (CENI du 30 août 2000.

[71] Loi n° 15/PR/2000 portant création d'une Commission électorale nationale indépendante (CENI). Voir *Journal Officiel de la République du Tchad*, août 2000, pp. 425-428.

[72] Lettre n° 256/PAN/C/00 du 17 août 2000 émanant du Président de l'Assemblée nationale. Voir la décision n°0005/PCC/SG/00 sur la conformité à la Constitution de la loi portant création de la Commission électorale nationale indépendante (CENI du 30 août 2000.

[73] Décision n°0005/PCC/SG/00 sur la conformité à la Constitution de la loi portant création de la Commission électorale nationale indépendante (CENI du 30 août 2000.

[74] Article 72 de la Constitution sénégalaise du 22 janvier 2001.

efficacité. Le Président de l'Assemblée est non seulement désigné parmi les hommes de confiance, mais encore qu'il doit être issu de la majorité parlementaire qui coïncide avec la majorité présidentielle. L'ineffectivité du mécanisme de contrôle de la loi par l'influence des faits majoritaires et les irrégularités dans ces saisines quelquefois entretenues par le juge constitutionnel lui-même, est de nature à mettre en péril la sécurité juridique électorale.

Au demeurant, les modifications intempestives sont source de conséquences non négligeables. La sécurité juridique considérée comme le nouvel opium des juges[75] est trop souvent malmenée en Afrique au sud du Sahara. La définition juridique nous renseigne que la sécurité juridique elle-même est « dans un sens abstrait, toute garantie, tout système juridique de protection tendant à assurer, sans surprise, la bonne exécution des obligations, à exclure ou au moins à réduire l'incertitude dans la réalisation du droit »[76]. Cela veut dire que les candidats à l'élection présidentielle sachent à l'avance quel comportement juridique est attendu d'eux et qu'ils ont la certitude que les règles électorales seront respectées telles qu'elles sont, car « la sécurité juridique est l'essence même du droit »[77]. La sécurité juridique en tant qu'« une pièce maîtresse de l'architecture juridique et politique dans les pays se réclamant du libéralisme »[78] au mieux de la démocratie, doit guider en principe dans la prise des actes dans le cadre des élections. Le principe de sécurité, de par son contenu, reste un principe relatif à la norme et à l'ordre juridique.

Des cas d'insécurité juridique ne manquent pas en Afrique au sud du Sahara. Il en est ainsi, par exemple, à l'élection présidentielle du 28 octobre 1990 en Côte d'Ivoire. En effet, le 10 octobre 1990, alors qu'il ne restait que dix-huit jours seulement pour le début des opérations électorales, une nouvelle loi[79] modificative de la loi électorale est promulguée, créant ainsi un changement de comportement chez les candidats. Cette loi intervient alors que certaines candidatures sont déjà déposées auprès du juge constitutionnel en vertu de l'ouverture officielle de dépôt de candidature. Le but de cette loi était

---

[75]P. Brunet, « La sécurité juridique, nouvel opium des juges », Frontières du droit, critique des droits. Billets d'humeur en l'honneur de Danielle Lochak, LGDJ 2007, p. 247 cité par R. Abbes, « Le principe de sécurité juridique en droit administratif tunisien », *in Droit et Politique, Revue Tunisienne d'études Juridiques et Politiques*, n°1/2012, p. 217.

[76] G. Cornu (dir, *Vocabulaire juridique*, Paris, association Henri Capitant, PUF, 1996, p. 853.

[77] F. Douet, *Contribution à l'étude de la sécurité juridique en droit fiscal interne français*. Paris, LGDJ, 1997, p. 9 cité par R. Abbes, « Le principe de sécurité juridique en droit administratif Tunisien », *in Droit et Politique*, *op.cit.*, p. 220.

[78] J. Chevallier, « La dimension symbolique du principe de légalité », *RDP*, n°6, 1990, p. 1651, cité par R. Abbes, « Le principe de sécurité juridique en droit administratif tunisien », *in Droit et Politique*, *op.cit.*, p. 221.

[79] Loi n° 90-1167 du 10 octobre 1990 portant modification de la loi n° 85-1073 du 12 octobre 1985 relative à l'élection du Président de la République, *in Journal Officiel* de la République de Côte d'Ivoire.

justement d'écarter de la course à la présidence certains candidats sérieux mais gênants pour le Président sortant. Le juge constitutionnel, qui a été saisi par le requérant de la question, a estimé tout simplement que « l'examen de toutes les candidatures devrait se faire en considération de la loi telle qu'elle existe au moment des délibérations »[80]. Il a estimé, en outre, qu'il ne revient pas au juge d'apprécier l'opportunité de la loi. L'application de la loi nouvelle par le juge a permis d'écarter même les candidats ayant déjà déposé leur candidature bien avant la promulgation de la loi. Cette situation d'insécurité juridique électorale est plus que fragilisante du rôle électoral du juge constitutionnel.

La sécurité juridique suppose également l'intangibilité des situations juridiques[81]. Ainsi, dès l'ouverture du processus électoral, la situation existentielle est établie au regard des règles électorales en vigueur et, par conséquent, la situation juridique alors établie reste intangible jusqu'à la fin du processus à moins que l'unanimité l'emporte au bénéfice de la démocratie. La sécurité juridique suppose également la clarté et la précision du droit. Les candidats aux élections doivent prévoir à peu près la solution que leur réserve le juge lorsqu'il jugera leur dossier de candidature. Pour cela, les règles électorales doivent être claires. La confiance légitime des candidats dans l'élection présidentielle est tributaire de la clarté des règles électorales. L'exigence de protéger la confiance des candidats à l'élection doit également être un impératif pour la sécurité juridique. La confiance du candidat doit être comprise comme un état psychologique dans lequel se trouve ou doit se trouver le candidat au moment où il fait acte de candidature, de croire que son sort sera traité conformément aux règles de droit électoral dont il a pris préalablement connaissance. Or, ne dit-on pas que « l'objet même de toute entreprise juridique, qu'elle soit législative, administrative ou juridictionnelle, est d'introduire dans la vie sociale une dose aussi forte que possible de sécurité »[82] ? Au moment de déposer ses dossiers, le candidat a légitimement confiance dans les règles électorales en vigueur, et cette confiance doit être protégée. Quand il y a violation de cette confiance légitime par des modifications brutales et sauvages des règles électorales, les règles de jeu démocratiques sont faussées. La prévisibilité du droit est un élément de la confiance du candidat, sinon il peut être perturbé par des modifications souvent inattendues du droit. La prévisibilité qui est « une représentation actuelle de l'avenir »[83], permet au candidat de mesurer sa chance de succès

---

[80] Arrêt n° 1 du 12 octobre 1990, n°90-1-CC de la Cour suprême de la Côte d'Ivoire, *in Recueil des décisions et avis du Conseil constitutionnel*, 1980-2012, Abidjan 2012, p. 105.

[81] R. Abbes, « Le principe de sécurité juridique en droit administratif tunisien », *op.cit.*, p. 227.

[82] J.-P. Puissochet, H. Legal, « Le principe de sécurité juridique dans la jurisprudence de la Cour de justice des communautés européennes », *in Cahiers du Conseil constitutionnel*, 2001, p. 98.

[83] P. Habraud, « Observations sur la notion du temps dans le droit civil », *in Mélanges en l'honneur de Pierre Kayser*, II, 1979, p.28 cité par R. Abbes, « Le principe de sécurité juridique en droit administratif tunisien », *op.cit.*, p. 242.

d'abord de sa candidature ensuite de gagner les élections au cours d'un processus électoral régulier. Pour reprendre Rym Abbes, la confiance du candidat est légitime lorsque les règles électorales sont prévisibles, ce qui interdit toute modification inattendue du droit tel « un coup de tonnerre dans un ciel serein »[84]. La confiance légitime du candidat impose de ne pas tromper la confiance que le candidat a pu, de manière légitime et fondée, placer dans la stabilité de la situation juridique électorale en ne modifiant pas trop brutalement des règles de droit. Tout comme la confiance peut être entendue comme étant une certaine forme de certitude, l'évolution dans un environnement stable et prévisible, elle désigne également la foi en ce juge qui est chargé de l'application de ces règles. Ces modifications du droit remettent en cause non seulement la sécurité juridique électorale, mais fragilisent en même temps le rôle du juge en charge de l'application du droit électoral.

Au Sénégal, la situation n'est pas non plus heureuse car le tripatouillage des règles constitutionnelles relatives à la durée du mandat présidentiel a atteint un niveau inhabituel. Les lois électorales plus que les dispositions constitutionnelles électorales, subissent elles aussi les affres de la modification. Au Sénégal, la loi électorale hybride[85], en l'espace d'une année seulement avant l'élection présidentielle du 21 février 1993, a été modifiée trois[86] fois de suite. Au Tchad, c'est la même situation qui prévaut. En cinq élections présidentielles, de 1996 à 2016, ce pays a connu quatre lois électorales sans préjudice des multiples modifications qu'elles ont subies. D'abord, la loi[87]électorale du 22 mars 1995 adoptée par le parlement de transition mis en place par la Conférence nationale souveraine de 1993, a été modifiée[88] trois fois en l'espace d'une année seulement avant l'élection présidentielle de 1996. Avant l'élection présidentielle du 20 mai 2001, une nouvelle loi électorale[89] est promulguée le 18 septembre 2000, c'est-à-dire quelque huit mois avant le début des opérations électorales. Cette loi va échapper cependant un tout petit peu aux modifications. Si cette loi a battu le record de longévité de toutes les lois électorales parce qu'elle a régi les élections présidentielles de 2001 et 2006, à deux mois de l'élection présidentielle de 2006, elle va subir sa première modification pour être

---

[84] Il s'agit des termes de l'avocat général Mayras dans ses conclusions sur CJCE 26 janvier 1978 Union c/commission, affaires 44 à 51/77, Rec. P.57 cité par R. Abbes, « Le principe de sécurité juridique en droit administratif Tunisien », *op.cit,.* p. 242.

[85] La loi électorale au Sénégal est hybride en ce qu'elle est composée à l'exclusion de la partie règlementaire, de deux parties : une partie législative organique (loi n° 92-15) du 15 février 1992 et une partie législative ordinaire (loi n 92-16) du 7 février 1992.

[86] Loi organique n° 92-23 du 30 mai 1992 ; loi n° 92-55 du 3 septembre 1992 et la loi n° 92-56 du 3 septembre 1992.

[87] Loi n° n° 004/PR/95 du 22 mars 1995 portant Code électoral.

[88] Modifiée par les lois n°008/PR/96 du 17/02/96 ; n° 17/PR/96 du 16 avril 1996 ; n° 18/PR/96 du 18/04/96

[89] Loi n° 021/PR/2000 du 18 septembre 2000 portant Code électoral.

abrogée par la loi[90] du 7 janvier 2009. La nouvelle loi avait pour vocation de régir l'élection présidentielle de 2011. Pourtant, cette loi était adoptée, dit-on, pour pallier les insuffisances des élections passées mais avant même l'échéance électorale, elle n'échappera pas au sort qui a été réservé aux lois électorales précédentes c'est-à-dire des modifications intempestives. En effet, en deux ans et quatre mois, le temps qui correspondait à sa durée de vie avant les élections, elle a été modifiée[91] quatre fois de suite. L'élection présidentielle du 10 avril 2016 est venue elle aussi avec sa « propre » loi électorale[92]. Dans ce pays, on ne peut légitimement soutenir que ces modifications ou changements fréquents des lois avaient pour but de moderniser ou même de démocratiser l'organisation de l'élection présidentielle. Sinon comment comprendre que le greffe du juge constitutionnel soit encore encombré de requêtes à chaque élection.

Les modifications intempestives des textes électoraux ne peuvent se faire sans altérer la qualité des dispositions édictées entretenant ainsi des ambiguïtés sur leur sens.

B. Les ambiguïtés des règles juridiques

Le juge constitutionnel, pour vider le contentieux de l'élection fonde sa décision sur le droit électoral généralement d'origine constitutionnelle ou législative rarement internationale.

Le droit électoral connaît des questions liées à l'état des personnes, les questions de nationalité, d'âge, de domicile et de résidence concernant les candidats. Les conditions d'éligibilité souvent entachées des ambiguïtés sont des subterfuges permettant d'écarter de la course à la présidence des candidats jugés sérieux pouvant menacer le fauteuil du « prince ». Les dispositions législatives électorales sont souvent éparpillées dans plusieurs textes. La loi électorale unique connue souvent sous le vocable du code électoral est le siège textuel principal du droit électoral. Ce dernier peut être composé de la partie législative organique, de la partie législative ordinaire et de la partie réglementaire comme au Sénégal. En Côte d'Ivoire et au Tchad, le code électoral est composé uniquement de la partie législative ordinaire. Dans ces deux derniers pays, la partie réglementaire portant application des dispositions législatives électorales ne fait pas partie du code électoral mais reçoit une application par le juge. En outre, des dispositions législatives électorales se trouvent éparpillées dans d'autres textes, notamment des lois portant création des commissions électorales. En l'espèce, on est tenté de dire qu'à l'instar du Conseil constitutionnel français qui a construit un bloc de constitutionnalité dans le cadre du contrôle de constitutionnalité des lois, le juge constitutionnel

---

[90] Loi n° 003/PR/2009 du 7 janvier 2009 portant Code électoral.

[91] Par les lois n° 008/PR/2009 du 31 mars 2009 ; n° 007/PR/2009 du 8 février 2010 ; n° 020/PR/2010 du 10 novembre 2010 ; n° 020/PR/2011 du 11 octobre 2011.

[92] Loi n° 036/PR/2015 portant code électoral du Tchad.

en Afrique construit à l'occasion de l'élection un « bloc de légalité électorale ». Les deux branches du droit électoral, notamment le droit électoral substantiel et le droit électoral processuel, contiennent chacune des susceptibilités d'interprétations divergentes (1) et même contradictoires que leur application par le juge constitutionnel peine à gagner l'adhésion d'une partie du public. Les règles régissant le juge n'échappent pas non plus à ces ambiguïtés (2).

1. Les ambiguïtés des règles électorales applicables

Les ambiguïtés du droit électoral applicable par le juge constitutionnel, et qui soulèvent plus de problèmes, tiennent essentiellement aux personnes qui sont candidates à l'élection présidentielle et aux incompatibilités entre les règles d'ordre constitutionnel et d'ordre législatif.

Les précisions apportées par des dispositions constitutionnelles selon lesquelles les nationaux des deux sexes peuvent faire acte de candidature aux fonctions de Président de la République[93] ne laissent aucun doute quant à la possibilité qu'une femme ou un homme soit candidat à l'élection présidentielle au Tchad. Ainsi, aucune disposition législative ne peut recevoir l'approbation d'écarter l'un des deux sexes dans la course à la présidence de la République. Au Sénégal, malgré l'existence d'une loi sur la parité, aucune disposition constitutionnelle ne lève l'ambiguïté sur le genre des candidats à la Présidence de la République. Cependant, l'utilisation du genre masculin[94] pouvait laisser croire qu'il s'agit uniquement des candidats masculins ! De cette imprécision, rien ne peut empêcher le parlement d'adopter une loi d'exclusion des candidatures féminines si le juge constitutionnel lui-même refuse de contrôler la loi aux principes du droit international interdisant la discrimination fondée sur le sexe. Heureusement, le juge constitutionnel n'a pas fait une interprétation restrictive en validant pour la première fois dans l'histoire politique du Sénégal à l'élection présidentielle de 2012 deux candidatures féminines[95].

Les dispositions législatives électorales qui sont censées préciser les dispositions constitutionnelles électorales n'apportent pas elles aussi cette précision. Au contraire, elles entretiennent ces flous par l'utilisation du genre masculin. Cependant, cette hypothèse est atténuée par des dispositions constitutionnelles générales qui disposent que « la loi favorise l'égal accès des femmes et des hommes aux mandats et fonctions »[96], consacrant ainsi la parité

---

[93] La Constitution tchadienne du 31 mars 1996.

[94] Par exemple différents articles de la Constitution sénégalaise du 22 janvier 2001 disposent : article 22 : « Tout candidat à la présidence de la République… » ; Article 29, alinéa 2 : « Toutefois, en cas de décès d'un candidat,… », Et alinéa 5 : « Les candidats indépendants, comme les partis politiques sont… ».

[95] Il s'agissait de Madame le Professeur de droit privé Amsatou Sow Sidibé et de la styliste Diouma Dieng Diakhaté.

[96] Article 7, alinéa 5 de la Constitution sénégalaise du 22 janvier 2001.

au Sénégal. Cette même situation est observable en Côte d'Ivoire, tant du point de vue constitutionnel que législatif, par l'utilisation du genre masculin à propos des personnes pouvant être candidates aux élections présidentielles. Dans le cas ivoirien, seul le principe de l'égalité[97] consacrée par la Constitution peut être légitimement invoqué pour la validation de la candidature féminine à l'élection présidentielle. À l'instar du juge constitutionnel sénégalais, le juge constitutionnel ivoirien valide pour la première fois dans l'histoire politique de la Côte d'Ivoire une candidature féminine à l'élection présidentielle de 2010. Dans ces deux derniers pays, la validation des candidatures féminines est beaucoup plus fondée sur le principe de l'égalité et de non-discrimination fondée sur le sexe que sur un droit essentiellement électoral.

Les fonctions de l'État étant des fonctions civiles, les Constitutions indiquent que les membres des forces armées et de sécurité doivent au préalable se mettre en position de disponibilité pour faire acte de candidature à la Présidence de la République[98]. Cependant, la loi n'exige pas souvent expressément que la déclaration de candidature soit accompagnée de l'acte de mise en disponibilité. Cette imprécision est souvent cause de réclamation contre la liste des candidats en ce que le candidat qui avait quitté le corps bien avant voit sa candidature rejetée au motif qu'il n'a pas fourni la preuve de sa mise en disponibilité. Ce recours n'est d'ailleurs possible que dans un système qui l'autorise et qui le fait fonctionner comme en Côte d'Ivoire. Au contraire, au Sénégal, le recours bien qu'autorisé mais ne pouvant fonctionner à cause de l'ambiguïté des dispositions y afférentes, le candidat ne peut que perdre son droit de candidature restreignant ainsi la liberté de candidature. Au Tchad, le rejet pour ce motif, et qui peut être non fondé, ne pourra être que définitif en ce que la réclamation contre la liste des candidats à l'élection présidentielle n'existe pas dans ce système. Les conditions de candidature à l'élection présidentielle sont si ambiguës que les candidats ne savent pas quelquefois pourquoi ils sont empêchés d'être en lice. Les ambiguïtés tenant notamment à la validité du mandat présidentiel en transition entre deux Constitutions et à la législation fiscale sont souvent des controverses fragilisant le rôle électoral du juge constitutionnel.

Les personnes juridiquement présidentiables doivent remplir un certain nombre de conditions pour que leur candidature soit recevable par le juge constitutionnel. Les dispositions relatives à la candidature à l'élection du Président de la République sont parfois truffées d'incongruités. Lorsque ces incongruités sont d'ordre législatif, on peut espérer encore que le juge constitutionnel fasse preuve de sagacité pour rendre la justice. Cependant, la couleuvre sera avalée si ces dispositions sont d'ordre constitutionnel car le

---

[97] Article 2 de la Constitution ivoirienne du 1er août 2000.

[98] Par exemple article 62 de la Constitution tchadienne du 31 mars 1996 ; article 50 du code électoral ivoirien de 2000.

juge constitutionnel ne peut se substituer au constituant pour abroger une disposition constitutionnelle. L'adoption de ces dispositions constitutionnelles incongrues se fait souvent par des subterfuges. Les gouvernants déploient tout un arsenal de moyens non démocratiques tels que le recours à la fraude au référendum constitutionnel, la diabolisation de ceux qui s'opposent à l'adoption du texte, ou l'achat de conscience des électeurs qui sont généralement pauvres et pour la plupart analphabètes.

La candidature à l'élection présidentielle est revêtue d'un certain nombre de conditions qui sont pour la plupart communes aux trois systèmes pris pour exemple dans le cadre de notre étude. Il s'agit pour la plupart des conditions relatives à la nationalité « renforcée », à la majorité présidentiable et la limite à ne pas dépasser, à la jouissance des droits civiques et politiques, à la jouissance de la bonne santé physique et mentale, à la bonne moralité, à la résidence et au versement d'un cautionnement.

Si l'exigence de la nationalité comme condition de candidature à l'élection du Président de la République peut être justifiée, et son contrôle par le juge est simple en ce que l'intéressé doit simplement fournir un acte justifiant cette nationalité, l'exclusivité exigée par la loi, notamment au Sénégal est non seulement difficile à contrôler par le juge, mais porte en elle-même le germe de l'arbitraire donc d'un potentiel conflit. Le candidat à l'élection présidentielle s'il est élu doit au préalable s'identifier et être identifié à cette communauté. De ce fait, il doit porter la nationalité de cette communauté en ce que la nationalité est un lieu juridique et politique défini par la loi de cette communauté et unissant l'individu à elle[99]. Mais, elle ne doit pas être entourée des mécanismes difficiles à mettre en œuvre. En plus de cette condition de nationalité, il est souvent exigé du candidat qu'il ait une certaine maturité dont l'âge devient un élément déterminant.

Les dispositions constitutionnelles électorales, notamment au Tchad[100] et en Côte d'Ivoire[101], exigent que les candidats présentent un état complet de bien-être physique et mental. Par contre au Sénégal aucun état de santé n'est exigé au candidat à l'élection présidentielle tant du point de vue constitutionnel que législatif. Si en Côte d'Ivoire, c'est un collège de trois médecins assermentés qui est habilité à constater dûment le bien-être du candidat, au Tchad, n'importe quel médecin en est capable. Ainsi, dans ce dernier pays, la loi électorale exige la production du seul certificat médical pour la preuve de la bonne santé physique et mentale du candidat. La loi exige que le certificat médical soit daté de moins de trois mois. Mais, une imprécision de taille demeure car les délais de trois mois se situent entre la date de la délivrance du certificat et la date de l'examen des dossiers de

---

[99] G. Cornu (dir., *Vocabulaire juridique*, *op.cit.*, p. 606.
[100] Article 62 de la Constitution tchadienne du 31 mars 1996.
[101] Article 35 de la Constitution ivoirienne du 22 janvier 2000.

candidature par le juge, ou la date du scrutin d'autant plus qu'un délai de 30 jours francs existe entre la date de publication de la liste définitive et la date du premier tour du scrutin[102]. Il peut paraître loisible au juge de considérer la date de décompte à partir de la date du scrutin. Dans ce cas, un certificat peut être valide le jour de la publication de la liste, mais invalide à la date du scrutin. Un autre problème qui se pose est celui de la vérification de l'état de santé du candidat pendant les délais de trois mois de la délivrance du certificat. L'inaptitude physique ou mentale du candidat qui survient dans ces délais de trois mois peut-elle disqualifier le candidat alors même que le certificat délivré antérieurement et soumis à la vérification du juge est d'une validité incontestable ? Si le juge constitutionnel prononçait l'invalidation de la candidature, il aurait fait dans ce cas œuvre non pas d'un juge mais d'un médecin non habilité. Même doté de son pouvoir d'investigation, le juge constitutionnel ne peut invalider cette candidature en ce que son pouvoir d'investigation doit s'entendre simplement de la vérification des conditions de délivrance du certificat.

La résidence continue sur le territoire national est une des conditions exigées pour les candidats à l'élection présidentielle, soit en vertu des dispositions constitutionnelles comme en Côte d'Ivoire[103], soit en vertu des dispositions législatives électorales comme au Tchad. Le système sénégalais ne prévoit pas la condition de résidence pour être candidat à l'élection du Président de la République. Ainsi, le terme de résidence continue du candidat à l'élection, utilisé dans le système ivoirien, prête largement à confusion. Il peut même être confondu avec le domicile. Le renforcement de la condition par une résidence continue de cinq (5) années et d'une présence effective de dix ans soulève des interprétations équivoques de ces dispositions. Même si le juge constitutionnel, notamment ivoirien et tchadien n'est pas encore confronté à la question de résidence des candidats, toute invalidation de la candidature d'un opposant pour ce motif sera considérée comme une cabale contre ce dernier et le Conseil constitutionnel sera accusé à tort ou à raison comme inféodé au « prince ».

D'ailleurs au Tchad, cette condition de résidence, qui n'a pas été prévue par les dispositions de la Constitution de 1996, se retrouve malicieusement codifiée par les lois électorales successives.

La condition de cautionnement est prévue par des dispositions constitutionnelles, notamment au Tchad et législatives comme en Côte d'Ivoire et au Sénégal. Le cautionnement de candidature à l'élection présidentielle peut s'expliquer comme une garantie que le candidat apporte pour montrer qu'il est légitime auprès des électeurs et qu'il peut apporter une

---

[102] Article 63, alinéa 2 de la Constitution tchadienne du 31 mars 1996 dispose : « Trente (30 jours francs avant le premier tour du scrutin, le Conseil constitutionnel arrête et publie la liste des candidats. »

[103] Article 35 de la Constitution ivoirienne du 1er août 2000.

touche à la démocratie élective. C'est pourquoi d'ailleurs, son remboursement est prévu sous certaines conditions. Son montant[104] est tantôt fixé par des dispositions législatives comme au Tchad et en Côte d'Ivoire, tantôt par voie des arrêtés du ministre comme au Sénégal. La fixation du montant par voie législative passe pour être stable par rapport à la voie des arrêtés en ce que la procédure législative est complexe par rapport à la prise d'un arrêté ministériel[105]. Son remboursement est prévu lorsque le candidat, ayant effectivement participé à l'élection, obtient au moins 10 % de suffrages exprimés au premier tour au Tchad, et au minimum 5 % au Sénégal. Aucune voie de remboursement du cautionnement n'est prévue en Côte d'Ivoire. Le contrôle par le juge constitutionnel du cautionnement est très simple. L'attestation[106] de versement effectué auprès de l'autorité habilitée suffit. Pour les candidats ayant effectivement participé aux élections, la mise en œuvre du mécanisme de remboursement du cautionnement se limite souvent à deux candidats.

Les ambiguïtés des dispositions relatives au cautionnement ne permettent pas de savoir qui doit ordonner le remboursement. Que ce soit au Tchad, au Sénégal ou en Côte d'Ivoire, le versement du cautionnement ne s'effectue pas auprès du juge constitutionnel. En principe, l'organe chargé de l'encaissement devrait être chargé du remboursement. Mais, lorsque le candidat n'obtient pas le remboursement pour quelques raisons que ce soit, le juge constitutionnel peut-il exercer un quelconque pouvoir d'injonction ? En principe, c'est le juge constitutionnel qui doit ordonner le remboursement en ce que c'est en fonction de sa décision électorale que le candidat peut prétendre ou non au remboursement.

Les inéligibilités sont une incapacité juridique. Selon Bernard Maligner, elles sont des « règles restreignant le droit de tout citoyen d'assumer des charges électives »[107]. Elles sont une inaptitude légale à acquérir un mandat électif. Les dispositions électorales frappent d'inéligibilité certaines catégories de personnes. En vertu de la fonction qu'elles occupent ou de leur profession, la loi exige qu'elles les quittent avant de faire acte de candidature. Si en Côte d'Ivoire[108], les fonctions et les professions frappées d'inéligibilités

---

[104] Il est de cinq (5 millions au Tchad, vingt (20 000 en Côte d'Ivoire et au Sénégal, aux dernières présidentielles de 2012, il est passé de six (6 à soixante-cinq (65) millions) de francs CFA.

[105] Par exemple au Sénégal, l'arrêté portant fixation du montant du cautionnement est pris après avis des partis politiques légalement constitués. Mais il ne paraît pas lié le ministre.

[106] Un récépissé du versement du cautionnement au Tchad, une quittance confirmée par une attestation signée par le Directeur Général de la Caisse des Dépôts et Consignations au Sénégal, et un reçu de cautionnement en Côte d'Ivoire.

[107] B. Maligner, *Droit électoral*, Paris, ellipses, 2007, p. 140.

[108] En Côte d'Ivoire sont inéligibles au sens de la loi, les membres du Conseil constitutionnel et des juridictions suprêmes ; les magistrats, les Agents comptables central et départemental ; Le Président et le Directeur d'établissement ou d'entreprises à participation financière

sont limitativement connues, par contre au Sénégal[109] et au Tchad[110], la loi ne les énumère pas de façon exhaustive. Cette imprécision élargit souvent les textes électoraux devant servir de base aux décisions du juge constitutionnel. La méconnaissance des statuts particuliers de ces personnes frappées d'inéligibilité peut être source de tromperie et peut amener le juge constitutionnel à déclarer apte un candidat qui est en principe frappé d'inéligibilité. Si ces interdictions légales se justifient par les privilèges qu'ont certaines fonctions ou professions par rapport aux autres, l'inéligibilité doit en principe être interprétée avec souplesse pour le respect des règles démocratiques comme l'a rappelé le juge constitutionnel français dans sa décision du 11 mai 1967 : « Toute inéligibilité qui a pour effet de porter atteinte à la liberté des candidatures doit être interprétée restrictivement. »[111]

Selon le *vocabulaire juridique* de Gérard Cornu, la déclaration est une « formalité, souvent enfermée dans un délai, consistant pour celui qui l'accomplit à révéler à une autorité un fait dont il a personnellement connaissance généralement imposée en vue d'assujettir le déclarant à certaines obligations ou au contrôle de l'autorité »[112]. La déclaration de candidature à l'élection présidentielle est donc une formalité enfermée dans un délai et accomplie par celui qui veut briguer la présidence de la République de révéler au juge constitutionnel qu'il est personnellement candidat tout en indiquant les informations pertinentes. Le document contenant la déclaration lui est assimilable. C'est au vu de la déclaration et les pièces jointes que le juge établit et publie la liste des candidats à l'élection. La déclaration de candidature qui doit obéir à la forme et au fond définis par la loi ne peut intervenir hors délai.

Le délai dans lequel doit intervenir la déclaration n'est généralement pas long. Il est soit constitutionnel, notamment au Sénégal[113] et au Tchad[114], soit légal comme en Côte d'Ivoire[115]. L'expiration du délai est toujours prise en référence à la date du premier tour du scrutin et dépasse rarement deux mois, ou ne peut être inférieur à un mois. Le délai dans lequel doit intervenir la déclaration est solidaire du délai devant intervenir toutes les pièces qui accompagnent la déclaration. Le délai franc comme dans le système tchadien

---

publique ; le fonctionnaire, le militaire et l'assimilé ; le Membre de la Commission chargée des élections.

109 Au Sénégal, en plus des membres des corps militaires et paramilitaires, la loi indique simplement que les fonctionnaires et agents de l'État régis par un statut particulier.

110 Au Tchad, en plus des membres des forces publiques, la loi indique simplement aussi que les fonctionnaires dont le statut particulier leur enlève le droit d'éligibilité.

111 Conseil constitutionnel français, 11 mai 1967, AN Meurthe-et-Moselle, 1re cir., Rec. Cons. Const., p. 69 cité par B. Maligner, *Droit électoral, op.cit.*, p. 141.

112 G. Cornu (dir., *Vocabulaire juridique, op.cit.*, p. 269.

113 Article 29 de la Constitution sénégalaise du 22 janvier 2001.

114 Article 63 de la Constitution tchadienne du 31 mars 1996.

115 Article 52 du Code électoral de la Côte d'Ivoire.

et sénégalais ne laisse aucun doute quant au décompte devant être effectué par le juge constitutionnel. Le système ivoirien ne précise pas si le délai, devant intervenir à la déclaration, est un délai simple ou un délai franc. Cette imprécision pouvait bien alimenter des suspicions sur la décision du juge constitutionnel s'il venait à invalider une candidature dans un sens ou dans un autre de la nature du délai. Aussi le système ivoirien, contrairement aux systèmes tchadien et sénégalais, n'encadre pas le délai de dépôt de la déclaration.

2. Les vices des règles régissant le juge constitutionnel

Le juge constitutionnel tient son autorité de sa compétence et de son indépendance. En effet, un juge constitutionnel doit disposer des moyens nécessaires pour exercer sa mission. Il doit délibérer dans des conditions permettant la sérénité de ses réflexions et le sérieux de ses décisions. Le mode de désignation est un élément indispensable de cette sérénité. La désignation-nomination qui est consacrée pour la plupart par les Constitutions, notamment au Tchad, au Sénégal et en Côte d'Ivoire, n'est pas sans conséquence sur le rôle électoral du juge constitutionnel. Au-delà, la qualité requise pour être nommé et l'exercice effectif du mandat du juge sont autant des facteurs déterminants. Le pouvoir du Président de la juridiction dans la confection de la décision lui attire souvent de sérieux ennuis.

Dans la plupart des cas, le juge constitutionnel africain n'est pas désigné et nommé par la même autorité. Si l'autorité de nomination est pratiquement la même dans les pays sous étude, l'acte de désignation est partagé entre plusieurs organes. La désignation est pour partie faite par le Président de la République et pour partie par le Président d'au moins une chambre du Parlement, notamment au Tchad[116]et en Côte d'Ivoire[117]. Au Sénégal, tous les cinq membres du Conseil constitutionnel étaient désignés puis nommés par le Président de la République[118] avant la révision constitutionnelle de 2016. En effet, en vertu de la loi constitutionnelle du 05 avril 2016, le nombre de membres du Conseil constitutionnel est passé du cinq (5) à sept (7) tous nommés toujours par le Président de la République.

Dans le système comme celui du Tchad et de la Côte d'Ivoire où l'autorité de désignation peut être différente de l'autorité de nomination, la seconde est en principe liée par la première. Mais, lorsque la nomination est refusée à la suite de la désignation, il n'existe dans ce système aucune disposition dont l'interprétation permet de décanter le conflit. Le Conseil constitutionnel peut-il se prononcer sur l'acte de nomination de ses membres ou le juge administratif peut-il être valablement saisi ? Déjà ces actes dispensés de contreseing, le juge constitutionnel tchadien les qualifie d'actes propres du

[116] Article 160 de la Constitution tchadienne du 31 mars 1996.
[117] Article 89 de la Constitution ivoirienne du 1er août 2000.
[118] Article 89 de la Constitution sénégalaise du 22 janvier 2000.

Président de la République et refuse que le pouvoir d'édiction de ces actes soit délégué[119]. Dans le cas du Sénégal, il n'existait pas avant la révision du 20 mars 2016, un éventuel conflit entre l'autorité de désignation et l'autorité de nomination en ce que seul le Président de la République désignait puis nommait tous les cinq membres du Conseil constitutionnel. Il détenait un pouvoir discrétionnaire de nomination. Même avec la nouvelle révision, le Président de la République n'est pas totalement lié en ce que le Président de l'Assemblée nationale doit lui présenter une liste de quatre personnalités parmi lesquelles il nomme deux.

Le Président de la juridiction n'est pas un membre comme les autres au regard de ses prérogatives en ce qu'il exerce des influences sur la confection de la décision. Le statut du Président du Conseil constitutionnel diffère en plusieurs points de celui des autres membres du Conseil et cela d'autant plus qu'il exerce, au sein de ce Conseil, d'importantes prérogatives. Le mode de désignation du Président du Conseil, la question de sa démission ainsi que ses prérogatives, sont des éléments qui cristallisent la tension autour de lui. Le Président du Conseil constitutionnel peut être élu par ses collègues pour la durée de son mandat ou pour une durée plus courte que son mandat. Il en est ainsi au Tchad où le Président du Conseil constitutionnel est élu par ses pairs au scrutin uninominal majoritaire à deux tours pour une durée de trois ans renouvelables[120]. L'élection est entérinée par un décret du Président de la République. L'élection confère en principe l'indépendance du Président du Conseil vis-à-vis de l'autorité de nomination. Le mode de nomination directe du Président du Conseil constitutionnel par le Chef de l'État comme en Côte d'Ivoire ou au Sénégal présente encore des effets pervers. En Côte d'Ivoire, il est nommé pour six (6) ans non renouvelables[121]. En l'espèce, on peut estimer que la non « renouve-labilité » du mandat du Président du Conseil peut l'affranchir de l'autorité de nomination. L'indépendance, du point de vue interne, peut être obtenue pourvu que l'individu nommé fasse preuve d'ingratitude. Or, le plus souvent la nomination relevant du pouvoir discrétionnaire, le Chef de l'État prend toujours le soin de nommer une personne reconnue pour sa docilité et sa loyauté. L'indépendance du point de vue externe, ne peut gagner en légitimité en ce que le public a toujours une forte suspicion vis-à-vis du nommé estimant qu'il ne peut être non redevable à l'autorité de nomination. Il en est ainsi par exemple à l'élection présidentielle de 2012 au Sénégal lorsque *Les Jeunes de la Convergence*

---

[119] Le Conseil constitutionnel tchadien qualifie ainsi les actes du président de la République qui sont dispensés de contreseing. Voir le premier considérant de sa décision n° 007/PCC/SG/99 portant retour de la proposition de loi organique objet de la lettre de transmission n° 482/PR/SGP/CAJ/99 du 31 mai 1999 de monsieur le Secrétaire général de la présidence de la République.

[120] Article 163 de la Constitution tchadienne du 31 mars 1996 révisée.

[121] Article 90, alinéa 1 de la Constitution ivoirienne du 1er août 2000. Maintenant article 129 de la Constitution ivoirienne de 2016.

socialiste, un mouvement affilié à un parti politique de l'opposition[122], adressaient une lettre écrite en des termes très durs à l'endroit du Président du Conseil constitutionnel le taxant d'un « affidé du Chef de l'État » qui briguait un autre mandat contesté par l'opposition politique dans ce pays. La lettre était dirigée non pas contre le Conseil constitutionnel qui prend en compte tous ses membres, mais uniquement contre le Président de ladite institution ce qui se justifie uniquement par le fait que ce dernier est nommé par le Chef de l'État contre qui le grief de la candidature à l'élection présidentielle est soulevé. Toujours au Sénégal, l'imprécision de la durée du mandat du Président du Conseil constitutionnel rend ce dernier encore plus vulnérable vis-à-vis du Président de la République qui le nomme. En effet, les formulations normatives indiquent tout simplement que « le Président du Conseil constitutionnel est nommé par le Président de la République »[123]. De cette imprécision normative, il est loisible au Président de la République de démettre le Président du Conseil constitutionnel et de le remplacer par un autre membre du Conseil si celui-ci ne suit pas ses orientations. En principe, la nomination du Président du Conseil doit être pour la durée de son mandat au Conseil comme en Côte d'Ivoire. Si le mode de désignation du Président du Conseil constitutionnel soulève des difficultés, la cessation de son mandat présidentiel en soulève davantage.

En principe, le titulaire d'une présidence du Conseil constitutionnel acquise par élection ne peut être révoqué qu'au terme de son mandat s'il n'est pas prévu par des dispositions particulières des cas d'exception. Les exceptions sont d'ailleurs souvent des subterfuges utilisés pour suspendre l'épée de Damoclès sur la tête du Président. On commence à l'agiter si le Président refuse d'accomplir la sale besogne commandée par le « prince ». Dans certains cas, en Afrique, les dirigeants exercent une pression pour obtenir du Président du Conseil constitutionnel une démission volontaire. Cette pression peut prendre la forme de la diminution du budget du Conseil pour créer des tensions et faire la promesse d'augmentation du budget au départ du Président. On se rappelle encore du cas du Président de la commission électorale sénégalaise lorsqu'il était convoqué par le Chef de l'État au palais pour être sommé de démissionner parce qu'il n'avait plus la confiance du Chef de l'État.

Une autre pratique à laquelle le Président du Conseil constitutionnel est confronté, c'est l'écartement de ce dernier pour une supposée promotion. En effet, la possibilité de nommer le Président du Conseil constitutionnel en exercice à une autre fonction qui entraîne sa démission est une stratégie d'écarter ce dernier lorsque le Conseil ne rend plus des décisions favorables

---

[122] Il s'agissait du Parti Socialiste (PS) d'Ousmane Tanor Dieng.

[123] Loi constitutionnelle n° 2016-10 du 05 avril 2016 portant révision de la Constitution, *in Journal Officiel* de la République du Sénégal, n° 6926, numéro spécial, jeudi 07 avril 2016, p. 555.

au Président de la République. Par exemple au Sénégal, le Président du Conseil constitutionnel qui était en fonction en vertu du décret du 2 mars 1993 et reconduit en 1998 par un nouveau décret, est nommé membre du gouvernement avant la fin de son mandat au Conseil. Il est vrai qu'en théorie le Président du Conseil a présenté sa démission[124], avant de prendre fonction au gouvernement, mais c'est une pratique subtile que le Président de la République utilise pour écarter du Conseil un Président insoumis.

En guise de dernier mot, nous retenons que les règles juridiques impliquant le juge constitutionnel présentent des ambiguïtés et des vices qui altèrent le rôle électoral de ce dernier. La contrainte qui peut provenir de leur application n'est pas indifférente du rôle électoral du juge constitutionnel. Ainsi, il y a des situations juridiques électorales dans lesquelles le comportement du juge constitutionnel apparaît comme les produits du système et qui permettent d'affirmer que le système juridique électoral ne crée pas seulement des obligations pour le juge, mais aussi des contraintes.

[124] Décision n° 89 - Affaire n° 4/2002 du 5 novembre 2002 du Conseil constitutionnel du Sénégal, *in* I. M. Fall, *Les décisions et avis du Conseil constitutionnel du Sénégal, op. cit.*, p. 465.

Le juge constitutionnel africain à l'épreuve de la protection des droits fondamentaux des citoyens : analyse à partir des exemples du Bénin, du Mali et du Niger

Amadou Hassane Boubacar
Docteur en Droit public
Enseignant chercheur
Université Abdou Moumouni de Niamey (UAM) de Niamey/ Niger

« Toute Société dans laquelle la garantie des droits n'est pas assurée ni la séparation des pouvoirs déterminée n'a point de Constitution »[1]. Cette disposition lie l'existence de la Constitution à la détermination de la séparation des pouvoirs qui est essentielle à la protection des droits et libertés des citoyens. Tout serait perdu pour la liberté politique, écrivait en ce sens Montesquieu, « si le même homme ou le même corps des principaux, ou des nobles ou du peuple exerçait ces trois pouvoirs, celui de faire des lois, celui d'exécuter les résolutions publiques, et celui de juger les crimes ou les différends des particuliers »[2]. C'est ainsi que la Constitution est perçue aujourd'hui comme un moyen de limitation de pouvoir. Du fait de la logique du fait majoritaire, on assiste aujourd'hui partout à ce que D. Rousseau appelle « l'effacement de la Constitution-séparation des pouvoirs au profit de la Constitution-garantie des droits des citoyens ».

Le constitutionnalisme africain des années 90 s'est traduit, par la mise en place des juridictions constitutionnelles autonomes dotées d'importantes attributions spécifiques[3]. Au demeurant, dans le cadre de la présente étude, la notion de juge constitutionnel doit s'entendre justement de ces cours constitutionnelles, juridictions ou justice constitutionnelle. Parmi les nombreuses définitions de ces notions, nous retiendrons celles proposées par les professeurs L. Favoreu et L. Philip qui semblent rendre le mieux compte de notre préoccupation quant à la fonction de protection des droits

---

[1] Article 16 de la Déclaration universelle des droits de l'homme et du citoyen de 1989.

[2] Montesquieu, *De l'esprit des lois,* Livre XI, Chapitre 6, PUF, 1989.

[3] Selon M. Favoreu, trois points principaux marquent la différence entre le juge constitutionnel et les autres juges : *primo*, son statut et ses attributions sont inscrits dans la Constitution, ce qui le met à l'abri de « toutes représailles » des pouvoirs publics qu'il est chargé de contrôler. En plus, le droit processuel constitutionnel est contenu, soit dans les Constitutions, soit dans des textes adoptés par le juge constitutionnel lui-même ou sur sa proposition. Il va sans dire qu'une loi, encore moins un règlement, ne saurait modifier ce statut. *Secundo*, le juge constitutionnel jouit d'une indépendance, confortée par son autonomie administrative et financière. *Tertio*, la portée de ses décisions est souvent et inévitablement politique, même si ses méthodes sont de nature juridique *in* L. Favoreu, « Le juge administratif a-t-il un statut constitutionnel ? », *op. cit.*, p. 124 et « Rapport général introductif », *R.I.D.C.*, n° 2, 1981, p. 259.

fondamentaux dans le cadre de la présente étude. Ainsi, pour le Doyen L. Favoreu, l'expression justice constitutionnelle désigne « l'ensemble des institutions et techniques grâce auxquelles est assurée sans restrictions, la suprématie de la Constitution »[4]. Quant à la Cour constitutionnelle, selon toujours le Doyen Favoreu, elle est « une juridiction créée pour connaître spécialement et exclusivement du contentieux constitutionnel, située hors de l'appareil juridictionnel ordinaire et indépendante de celui-ci comme des pouvoirs publics"[5].

Pour L. Philip, « une Cour constitutionnelle est un organe prévu par la constitution, distinct du pouvoir législatif et du pouvoir exécutif, dont le rôle est de trancher des questions d'ordre constitutionnel et qui exerce un contrôle de constitutionnalité des lois »[6]. C'est ainsi que les juridictions constitutionnelles instituées par ces constitutions ont entre autres principales attributions, le contrôle de constitutionnalité des lois et la garantie des droits fondamentaux de la personne humaine et des libertés publiques[7]. À cet effet, il est donc clair que l'une des fonctions essentielles de la justice constitutionnelle est la reconnaissance et la protection des droits fondamentaux[8]. Ce qui fait dire au Doyen Favoreu que : « la protection et la reconnaissance des libertés et droits fondamentaux constituent l'une des branches les plus importantes du droit constitutionnel. »[9] Toujours dans la même logique, P. Ardant soutient « [...] Pour qu'une Constitution soit bonne, il faut qu'elle soit fondée sur les droits de l'homme et qu'elle les protège évidemment »[10]. Donc, parmi les fonctions de la justice constitutionnelle, celle relative à la protection des droits fondamentaux semble être la forme la plus achevée de l'État de droit[11]. Dès lors, il est impérieux de s'interroger sur la signification réelle du concept des droits fondamentaux pour la suite de l'étude. En effet, la notion des droits fondamentaux était longtemps ignorée du droit public français[12] au profit de la notion de libertés publiques qui fondait la garantie des droits et libertés sur la loi

---

[4] L. Favoreu et ali, *Droit Constitutionnel*, Paris, Dalloz, 1999, p. 185.

[5] L. Favoreu, *Les Cours constitutionnelles*. Paris, PUF, Coll. *Que sais-je* ?, 1986, p. 3.

[6] L. Philip, *Les Cours constitutionnelles*, *in* J. Leca et M. Grawitz. *Traité de science politique*, Paris, PUF, tome II, 1985, p. 407.

[7] Cf. S. Baldé, *in* « Juge constitutionnel et transition démocratique. Étude de cas en Afrique subsaharienne francophone », in www.la-constitution-en-afrique.org, 20 pages.

[8] G. Drago, *Contentieux constitutionnel français, op. cit.*

[9] L. Favoreu, « Le droit constitutionnel, droit de la Constitution et constitution du droit », *op. cit.*, p. 77.

[10] J.-J. Mounier, cité par P. Ardant, « Les Constitutions et les libertés », *Pouvoirs*, n° 84, 1998, p. 61.

[11] G. Drago, *Contentieux constitutionnel français,* Paris, PUF, 3e éd. refondue, 2011, p. 64.

[12] Selon J. A. Casanova, l'expression « droits fondamentaux », envisagée comme recouvrant les droits et libertés qui s'imposent au législateur, n'a fait son apparition en droit français qu'assez tardivement, par le biais de la jurisprudence du Conseil constitutionnel. Cf. « La notion de droits fondamentaux en droit français », *in Les droits fondamentaux, inventaire et théorie générale*, Bruylant, 2005, p. 221.

et dont le respect s'impose au juge. Aujourd'hui le passage de l'État légal à l'État de droit[13] témoigne de l'importance des droits fondamentaux garantis par le juge constitutionnel, gardien de la Constitution. Toutefois, la notion de droits fondamentaux[14] dont la définition pose problème car ne faisant pas toujours l'unanimité au sein de la doctrine ne doit pas être confondue avec les notions de libertés publiques et des droits de l'homme. La notion de droits fondamentaux est née en Allemagne, au sortir de la Seconde Guerre Mondiale. Ainsi, selon P. Segur, sont considérés droits fondamentaux « l'ensemble des droits et libertés qui sont mentionnés, proclamés et garantis par un texte constitutionnel, et comme tels, protégés par la juridiction constitutionnelle »[15].

L'existence d'une telle garantie[16] contre la loi n'apparaît en France qu'avec la fameuse décision du Conseil constitutionnel du 16 juillet 1971 sur la liberté d'association[17], alors que le concept de droits fondamentaux existait déjà dans la Loi fondamentale allemande de 1949[18]. Toutefois, tout droit est censé être assorti de sanction juridictionnelle en cas de violation car, comme le souligne, P. Segur, « à défaut de sanction, la proclamation des droits et libertés par un texte peut en effet être réduite à une simple déclaration d'intention sans portée réelle »[19]. Comme on peut s'en rendre compte, le droit fondamental est ce droit qui est protégé principalement contre le législateur dans le cadre du contrôle de constitutionnalité et souvent de celui de conventionalité. Le droit fondamental considéré comme permission d'agir est un droit subjectif dont la protection juridictionnelle peut être demandée aux tribunaux ordinaires à défaut de pouvoir le faire devant le juge constitutionnel, comme l'affirme L. Favoreu : « la justiciabilité des droits fondamentaux n'est pas nécessairement liée à leur caractère de droits subjectifs car le contrôle abstrait de constitutionnalité

---

[13] Cf. M. M. Sy, *La protection constitutionnelle des droits fondamentaux en Afrique. L'exemple du Sénégal, op.cit.*, p.21.

[14] Cf. E. Picard, « L'émergence des droits fondamentaux en France », *in Les droits fondamentaux, une nouvelle catégorie juridique* ? *AJDA*, 1998, n° spécial, p.7 cité par M. M. Sy, *La protection constitutionnelle des droits fondamentaux en Afrique. L'exemple du Sénégal, op. cit.*, p. 21.

[15] P. Segur (sous la dir. de, *Droit constitutionnel,* notamment P. Esplugas « Protection des droits et libertés », Ellipses, 2002, p. 89, cité par M. M. Sy, *La protection constitutionnelle des droits fondamentaux en Afrique. L'exemple du Sénégal, op. cit.*, p. 22.

[16] Cf. M. J. Redor, « Garantie juridictionnelle et droits fondamentaux » *in C. R. D. F.*, n° 1 /2002 lu sur C. R. D. F., n° 1 /2002 le 23 novembre 2012.

[17] Cf. Décision n° 71-44 DC du 16 juillet 1971 du Conseil constitutionnel.

[18] Cf. les articles 1 à 19 de la Loi fondamentale allemande de 1949. En effet, le concept de droits fondamentaux est apparu pour la première fois dans le chapitre premier de la Loi fondamentale allemande du 23 mai 1949 consacré aux droits fondamentaux. Ainsi l'article 9 de celle-ci dispose : « En aucun cas il ne peut être porté atteinte à la substance d'un droit fondamental ». Toutefois, au regard de la politique jurisprudentielle du Conseil constitutionnel notamment à la lumière de sa décision du 22 janvier 1990 sur les droits des étrangers, Rec. p. 972, les droits fondamentaux peuvent s'entendre comme ceux « qui sont explicitement affirmés dans les constitutions aussi bien dans les préambules que dans le corps ».

[19] P. Segur sous la dir., *Droit constitutionnel.*

permet notamment le contrôle de type français de faire protéger les droits et libertés fondamentaux à l'initiative d'autorités publiques et non d'individus. Toutefois, du fait qu'il s'agit de droits subjectifs, les individus pourront demander aux tribunaux ordinaires la protection de leurs droits fondamentaux à défaut de pouvoir le faire devant le juge constitutionnel. »[20]

À défaut d'une définition unanimement admise des droits fondamentaux par la doctrine, on peut retenir celle donnée par la Loi fondamentale allemande[21] qui précise que « les droits fondamentaux sont des droits énumérés dans la Constitution qui bénéficient d'un statut spécial leur assurant une protection particulière tant par l'interdiction constitutionnelle de porter atteinte à la substance de ces droits[22] que par l'institution d'un recours spécifique devant la Cour constitutionnelle qui permet de les protéger contre toute atteinte »[23]. En France, la doctrine dominante met l'accent sur le rang normatif notamment constitutionnel qui consacre le droit ou la liberté et sur l'existence d'un contrôle juridictionnel[24] pour définir un droit fondamental. C'est ce que d'ailleurs estiment O. Pfersmann et L. Favoreu pour qui « il n'y a pas de droit fondamental sans formalisation de la Constitution ou sans convention internationale aux caractéristiques particulières et sans contrôle approprié par un organe juridictionnel »[25].

À côté de ces définitions, le juge constitutionnel dont la fonction première est la protection des droits fondamentaux[26] participe également à ce processus de définition des droits fondamentaux à l'occasion du contrôle de constitutionnalité, en particulier de la loi. En effet, le Conseil constitutionnel français a dégagé plusieurs principes à valeur constitutionnelle grâce à l'interprétation parfois très large qu'il fait des textes constitutionnels ou de leurs préambules. Il en est ainsi, entre autres, du principe de sauvegarde de la

---

[20] Cf. L. Favoreu, Droit *constitutionnel,* éd. Dalloz, 1998, p. 788.

[21] Contrairement à la Constitution française du 04 octobre 1958 qui ne mentionne pas explicitement l'existence des droits fondamentaux, les constitutions du Bénin et du Mali parlent clairement des droits fondamentaux de la personne humaine et confient leur garantie à la Cour constitutionnelle.

[22] Cf. Article 19 alinéa 2 de la Loi fondamentale allemande de 1949 cité par de la Loi fondamentale allemande de 1949.

[23] Article 93 alinéa 4 de la Loi fondamentale allemande.

[24] Cf. notamment L. Favoreu,"Rapport général introductif', *Cours constitutionnelles européennes et droits fondamentaux;* Actes du colloque d'Aix en Provence 1981, éd. PUAM 1987.
25-51, notamment p. 41 ; 1. Pini, "Le droit à l'environnement, droit fondamental ?", Association française des constitutionnalistes, *deuxième congrès français de droit constitutionnel.* Bordeaux, mai 1993, pp. 400-412.

[25] Cf. O. Pfersmann cité par op.cit. *in* L. Favoreu et ali, *Droit des libertés fondamentales,* éd. Dalloz 2000, p. 92. Cf. aussi L. Favoreu, *Droit constitutionnel,* éd. Dalloz 1998, p 787. : *«Comme le dit très justement M. Autexier* (... « La caractéristique primordiale d'un droit fondamental est d'être justiciable », c'est-à-dire « susceptible d'être mis en oeuvre par un juge » (... Ceci est évidemment transposable en droit français aujourd'hui ».

[26] G. Drago, *Contentieux constitutionnel français.* Paris, PUF, 2e éd. refondue, 2011, p. 64.

dignité humaine[27] tiré du préambule de la Constitution de 1946, du droit au respect de la vie privée[28], du principe de l'inviolabilité du domicile[29].

Ainsi à l'image du Conseil constitutionnel français, les juridictions constitutionnelles des États francophones d'Afrique ont également contribué par leur interprétation à définir des droits fondamentaux dans le contexte africain d'instauration de l'État de droit. Toutefois pour Rivero « une sorte de flou enveloppe la notion même des droits fondamentaux »[30], d'où la nécessité de nuancer la notion de droits fondamentaux avec celles de droits de l'homme et de libertés publiques.

La notion de droits de l'homme relève de la conception du droit naturel, selon laquelle, parce qu'il est un humain, la personne humaine possède un ensemble de droits inhérents à sa nature, et qu'on ne peut méconnaître sans porter atteinte à celle-ci.[31]

Ainsi selon la doctrine, les droits de l'homme sont définis comme des « prérogatives gouvernées par des règles que la personne détient en propre dans ses relations avec les particuliers et le pouvoir »[32].

Les libertés publiques contrairement aux droits de l'homme sont forcément consacrées par les textes et du fait de leur reconnaissance formelle et de leur aménagement par l'État, sont insérées dans le droit positif. Les libertés publiques sont donc des droits de l'homme reconnus, définis et protégés juridiquement[33]. Toutefois, si les libertés publiques sont bien des droits de l'homme, tous les droits de l'homme ne sont pas des libertés publiques. De

---

[27] Cf. Décision n° 94-343/344 DC, 27 juillet 1994, *Rec.*100 *in* G. Drago, *Contentieux constitutionnel français.*

[28] Cf. Décision n° 94-352 DC, 18 janv. 1995, *Rec* 170, *idem.*

[29] Cf. Décision n° 83-164 DC, 29 déc. 1983, *Rec.*67.

[30] J. Rivero, « La loi et les droits fondamentaux », *in* L. Favoreu (sous la dir. de, *Le Conseil constitutionnel et les Libertés*, Economica-PUAM, mars 1984, p.170 cité par M. M. Sy, *La protection constitutionnelle des droits fondamentaux en Afrique. L'exemple du Sénégal,op. cit.*

[31] Y. B. Vibnon, « La protection des droits fondamentaux dans les nouvelles constitutions africaines », *Revue Nigérienne de droit, n° 03 décembre 2000,* p *.80.*

[32] Cf. T. Holo, *in* « Démocratie revitalisée ou démocratie émasculée ? Les constitutions du renouveau démocratique dans les États de l'espace francophone africain : régimes juridiques et systèmes politiques », *Revue Béninoise des Sciences Juridiques et Administratives*, n° 16, année 2006, p.23.

[33] Sur la notion de libertés publiques, on peut utilement consulter G. Jeze, « Signification juridique des libertés publiques », *Annuaire de l'Institut de Droit public*, 1929, p.162 et s. ; P. Duze, « Esquisse d'une théorie réaliste des droits individuels », *Mélanges Carré de Malberg*, 1933, p.111 et s. ; G. M. Orange, *Contribution à la théorie générale des libertés publiques.* Thèse, Nancy, 1940 ; Ph. Braud, *La notion de liberté publique en droit français.* Paris, LGDJ, 1968, J. Rivero, *les libertés publiques*, Tome 1 : Les droits de l'homme. Paris, PUF, 1991, p. 19 et 19 et s. J-M. Pontier *Libertés publiques,* coll. « Les Fondamentaux », Paris, Hachette, 1997, p. 5 et s. J. Robert, H. Oberdorff, *Libertés fondamentales et droits de l'homme*, Paris, Montchrestien, 6e éd., 1997. Cf. à cet effet, Y. B. Vignon, « La protection des droits fondamentaux dans les nouvelles constitutions africaines », *Revue Nigérienne de droit*, n° 03 décembre 2000, p. 80.

toute évidence, il faut retenir que la doctrine française considère le niveau hiérarchique de reconnaissance des droits et libertés comme critère essentiel de la distinction entre les notions de libertés publiques et de droits fondamentaux notamment la loi ou la Constitution. Le passage des droits de l'homme et des libertés publiques aux droits fondamentaux est essentiellement un effort de la doctrine constitutionnaliste en France. La consécration juridique des droits de l'homme donnera naissance d'abord aux libertés publiques[34] et ensuite, par souci de protection plus efficace et plus effective, aux droits fondamentaux[35].

Cependant, ces « droits proclamés »[36] par les constituants africains de 1990 ne seraient pas effectifs si leur protection n'était pas assurée par une juridiction spécialisée, notamment, le juge constitutionnel[37].

Pour ce faire, les juges constitutionnels béninois, malien et nigérien se doivent dans leur mission de protection, d'asseoir leurs décisions sur un bloc de constitutionnalité prenant en compte les instruments juridiques internationaux.

À cet effet, on peut s'interroger sur les types des droits fondamentaux effectivement protégés par ces juges constitutionnels ? Quelles sont les techniques utilisées par ces derniers dans leur office de protection des droits et libertés des citoyens ? Quels actes peuvent être déférés ? Qui peut saisir le juge et comment ?

En somme, cette problématique témoigne de toute l'importance pratique de la fonction essentielle du juge constitutionnel du champ de l'étude. Cependant dans le cadre de cette mission l'audace n'est pas le même chez tous ces juges. Le juge constitutionnel béninois semble se démarquer de ses collègues malien et nigérien même si cela peut s'expliquer en partie par la

---

[34] Selon L. Favoreu, *in Droit des Libertés fondamentales, op. cit.*

[35] Cf. M. M. Sy, *La protection constitutionnelle des droits fondamentaux en Afrique. L'exemple du Sénégal, op. cit.*, p. 30.

[36] Pour reprendre l'expression de R. Degni-Segui, *Les droits de l'homme en Afrique noire francophone (théories et réalités)*. Abidjan, 1998, p. I. Par rapport aux études sur les diverses catégories de droits constitutionnalisés, Cf. T. Holo, « Les droits et devoirs de la personne dans le constitutionnalisme africain », *R.B.S.J.A.*, n° 18, pp. 7-24 ; J-N. Tama, « Les droits de l'homme dans la Constitution béninoise du 11 décembre 1990 et leurs applications par le juge constitutionnel », *op. cit.*, pp. 213 et s. ; A. Cabanis et M. L. Martin, « Droits et libertés en Afrique francophone : perspectives constitutionnelles contemporaines », *Pouvoirs et libertés. Etudes offertes à Jacques MOURGEON*. Bruxelles, Bruylant, 1998, pp. 319-342; A. Diarra, « La protection constitutionnelle des droits et libertés en Afrique noire francophone depuis 1990. Les cas du Mali et du Bénin », *op. cit.*, pp. 6 et s.

[37] Cf. DRAGO (G., « Justice constitutionnelle », op.cit., p. 127 ; L. Philip, « Les cours constitutionnelles », *op. cit.*, p. 422, note à ce propos, que la protection des droits et libertés fondamentaux est la mission essentielle du juge constitutionnel. Elle est souvent à l'origine de la création des juridictions constitutionnelles ; A. Diarra, « La protection constitutionnelle des droits et libertés en Afrique noire francophone depuis 1990. Les cas du Mali et du Bénin », *op. cit.*, 30 p. ; E. Ahouanka, « Le juge constitutionnel béninois et la protection des droits fondamentaux de la personne », *R.B.S.J.A.*, n° 15, pp. 99-129.

nature des actes contrôlés et par l'existence d'une grande ouverture pour la saisine au profit du citoyen. Dès lors, il procède à l'application du droit constitutionnel substantiel[38] à l'occasion de son contrôle.

Par ce contrôle juridictionnel, le juge constitutionnel a l'occasion de sanctionner les atteintes portées aux droits constitutionnels par les lois liberticides, c'est-à-dire des lois attentatoires aux libertés fondamentales[39].

Cependant, il importe de souligner que le législateur n'est pas le seul à subir la rigueur du juge des droits et libertés. L'administration n'est pas non plus épargnée par la sanction du juge. Il en résulte que le contrôle du juge constitutionnel en Afrique ne porte pas uniquement sur les lois votées par le législateur. Il concerne aussi les actes et les faits de l'administration. C'est dire donc que le juge constitutionnel, dans sa mission de protection des droits et libertés fondamentaux, n'est pas seulement juge des actes mais aussi des faits.

Il s'agira donc en premier lieu de voir la batterie des droits et libertés consacrés par le constituant africain et dont le principe constitutionnel est réaffirmé par le juge constitutionnel (**I**) et, en second lieu d'analyser les moyens et techniques à la disposition des individus pour la défense de leurs droits ainsi consacrés (**II**).

I. La typologie des droits et libertés garantis

À partir du renouveau démocratique des années 90, le continent africain n'est plus le terrain privilégié de la négation des droits et libertés fondamentaux des citoyens. Depuis lors, les États africains ne se considéraient plus comme ce que Vedel appelle l'« État malheureux, dans lequel les libertés et droits proclamés par la Constitution ou la Déclaration des droits de l'homme et du citoyen, ne sont que des « âmes sans corps ».[40]

La dimension sociale des lois fondamentales africaines des années 90 intègre l'État de droit en consacrant une liste d'un noyau dur des droits protégés dits « matriciels »[41] qu'on peut qualifier des droits essentiels, qui sont en vérité des droits fondamentaux inaliénables dits de première génération,

[38] Le droit constitutionnel substantiel s'entend de l'ensemble des droits et libertés individuels et collectifs garantis par la Constitution.

[39] T. Holo, « Emergence de la justice constitutionnelle », *op.cit.*, p. 109 ; D. Rousseau, « Les grandes avancées de la jurisprudence du Conseil constitutionnel », *Libertés. Mélanges Jacques ROBERT*. Paris, Montchrestien, 1998, p. 297, résume bien le sujet quand il pense que la mission du juge constitutionnel est de répondre à la question constitutionnelle moderne, c'est-à-dire traiter de la relation qui doit exister entre la logique de la volonté de la majorité issue des élections et celle du respect des droits fondamentaux.

[40] G. Vedel, « Le Conseil constitutionnel, gardien du droit positif ou défenseur de la transcendance des droits de l'homme », *Pouvoirs* 45, 1988, p. 149-159.

[41] B. Mathieu, « Pour la reconnaissance de principes matriciels », D. 1995, chron. p. 211, cité par K. Hounake, *Les juridictions constitutionnelles dans les démocraties émergentes de l'Afrique noire francophone : les cas du Bénin, du Gabon, du Niger, du Sénégal et du Togo, op. cit.*

consistant essentiellement en un système de limitations imposées au pouvoir (A). À côté de ces obligations négatives pour l'État, il existe d'autres droits consacrés et protégés par le juge (B).

A. Les droits essentiels

Les droits essentiels sont des droits protégés par le juge. Mais, il s'agit d'une catégorie particulière de droits. En effet, il s'agit des droits indispensables à l'effectivité ou à la réalisation d'autres droits. En vérité, il s'agit des droits absolument nécessaires pour la compréhension des autres droits fondamentaux. Il s'agit, entre autres, du droit au respect de la dignité humaine (1), du droit à l'égalité et du droit d'accès au juge (2).

1. Le droit au respect de la dignité humaine

Le principe du respect de la dignité humaine[42] est reconnu non seulement par les constitutions respectives des pays étudiés, mais également par les divers instruments internationaux qu'ils ont ratifiés[43]. Ce principe vise à préserver la personne humaine contre l'humiliation, la dégradation, l'avilissement et toute autre forme d'atteinte et qui dénie « en elle sa dignité d'être humain »[44]. Force est de reconnaître, même si d'autres juridictions constitutionnelles africaines assurent la sauvegarde des libertés des citoyens, la Cour constitutionnelle du Bénin se distingue en cette matière dans la mesure où la Constitution du 11 décembre 1990 lui reconnaît la compétence exclusive

---

[42] Pour un approfondissement de la notion de dignité humaine, voir B. Maurer, *Le principe de respect de*
la dignité humaine et la Convention européenne des droits de l'homme, C.E.R.I.C., La documentation française, 1999, 555 p. ; B. Edelman, « la dignité de la personne humaine, un concept nouveau », D., 1997, p. 185-188 ; H. Moutouh, « La dignité de l'homme en droit », *R.D.P.*, 1999, p. 159-196 ; M-L. Pavia, T. Revet, *La dignité de la personne humaine*, Economica, 1999, 181 p. ; B. Mathieu, *Contentieux constitutionnel des droit fondamentaux.* LGDJ, 2002, p. 506 et s. D. Breillat, « La dignité en droit constitutionnel », Communication au colloque *la dignité : dimension et protection*, 13, 14 et 15 avril 2000, Université Saint esprit de Kaslik.

[43] La première proclamation universelle remarquée du principe de la dignité, est celle opérée par le préambule de la Charte des Nations unies du 26 juin 1945. Celle-ci dès son Préambule proclame « la foi » des Peuples des Nations unies « dans les droits fondamentaux de l'homme, dans la dignité et la valeur de la personne humaine ». Le principe est repris par la Déclaration universelle des Droits de l'Homme adoptée par l'Assemblée générale des Nations-Unies le 10 décembre 1948. À l'échelle africaine, la dignité de la personne humaine est assurément un principe prééminent. Inscrite au Préambule de la Charte de 1981, qui énonce que, « la liberté, l'égalité et la dignité sont des objectifs essentiels à la réalisation des aspirations légitimes des peuples africains ».

[44] R. Degni-Segui, *Les droits de l'homme en Afrique noire francophone. Théories et réalités.* Abidjan, CEDA, 2001, p. 243 K. Hounake, *Les juridictions constitutionnelles dans les démocraties émergentes de l'Afrique noire francophone : Les cas du Bénin, du Gabon, du Niger, du Sénégal et du Togo, op.cit.*

en matière de droits de l'homme[45]. En tant que pilier, le juge constitutionnel béninois, « juge du droit mais aussi du fond, juge de l'excès de pouvoir autant que juge du contentieux de pleine juridiction a exercé son impérium pour apprécier la constitutionnalité des tortures, sévices, traitements cruels, inhumains et dégradants »[46], en ouvrant aux profits des victimes, un droit à réparation. Cette évolution est opérée dans la décision DCC 02-052 du 31 mai 2002 par laquelle la Cour renforce la sanction des traitements inhumains et dégradants en ouvrant le droit à réparation du préjudice subi sur le fondement non seulement de la Constitution et de la Charte africaine des droits de l'homme et des peuples, mais encore de la doctrine et de la coutume internationales. Ainsi, il ressort, selon la Cour constitutionnelle du Bénin, que « (…) de tels préjudices subis ouvrent droit à réparation ; que dans le cas d'espèce, monsieur Fanou a droit à réparation pour les préjudices subis »[47].

Cette jurisprudence, progressiste à bien des égards, dans la mesure où le juge constitutionnel fonde rarement sa décision sur la doctrine, fut confirmée par d'autres décisions tout aussi importantes, notamment les décisions DCC 02-58 du 4 juin 2002 où la Cour a sanctionné le comportement de la garde rapprochée du président de la République en décidant que constitue « un traitement inhumain, cruel et dégradant le fait de la garde rapprochée du Chef de l'État d'avoir soumis Madame FAVI à des bastonnades, des coups de pied de rangers, des chicotes et l'avoir traînée par terre jusqu'à une distance de 50 mètres avant de la laisser inerte sans connaissance »[48].

Le principe de la dignité humaine est, donc, un ensemble de faisceaux d'indices auxquels le juge se réfère, dont la résultante doit montrer le caractère grave des traitements ou des atteintes dénoncées.

Le constituant africain a consacré également le principe d'égalité et celui d'accès au juge.

---

[45] Sans trop exagérer le modèle béninois de protection des droits peut être comparé à l'*amparo* qui fait l'originalité du système latino-américain. Michel Fromont note à ce sujet que l'*amparo* vise à faire cesser un acte en raison de son inconstitutionnalité et le requérant doit invoquer l'atteinte à un droit garanti par la Constitution. Ce recours peut être exercé contre tout acte public, acte administratif, loi. C'est une voie de recours parallèle au recours contentieux en matière civile, pénale ou administrative. Cf. M. Fromont, *La justice constitutionnelle dans le mond, op. cit.*, p. 30.

[46] Cf. N. Médé, *Les grandes décisions de la Cour constitutionnelle du Bénin.* Éditions universitaires européennes, 2012, observations sur la Décision DCC 02-058 du 04 juin 2002, FAVI Adèle, Recueil, 2002, p. 243 p. 22.

[47] Cf. Considérant. 7 de la Décision DCC 02-052 du 31 mai 2002.

[48] Décision DCC 02-058 du 04 juin 2002, *Recueil des décisions et avis de la Cour constitutionnelle du Bénin*, Affaire Favi Adèle. Est également constitutive de traitement inhumain et dégradant le fait de détenir *« ... pendant 15 jours dans un local non aéré, à peine éclairé, dans les odeurs pestilentielles d'urines et parfois même des matières fécales est bien constitutive de traitements inhumains et dégradants »* : Décision DCC 99-011 du 04 février 1999.

2. Le droit à l'égalité et à l'accès au juge

Le droit à l'égalité tire son fondement de plusieurs sources[49]. En effet, le principe de l'égalité est considéré comme un solide pilier de l'État de droit[50]. Ainsi comme l'a si bien affirmé le Professeur Soucramanien, « le principe d'égalité évoque l'image de ces temples polystyles dont la voûte est supportée par de nombreuses colonnes »[51]. Généralement assimilé au principe de non-discrimination, il est l'un des principes cardinaux des droits de l'homme qui signifie que tous les êtres humains doivent jouir de tous les droits sans discrimination, ni distinction d'aucune sorte puisqu'ils « ... naissent libres et égaux en dignité et en droits »[52].

Ce principe a plusieurs fois été réaffirmé par le juge constitutionnel béninois dans sa mission de protection des droits de la personne humaine. Ainsi, dans sa décision DCC 18-94 du 03 juin 1994, le juge béninois a jugé contraire à la Constitution l'arrêté interministériel n° 93-068/MFPRA/MF/DA du 04 août 1993 portant fixation des modalités et programmes du test de sélection des préposés des douanes. Ledit arrêté limite aux seuls fonctionnaires en service au ministère des Finances, la possibilité de se présenter audit test de recrutement. Dans sa solution, le juge considère que « si les exigences du Programme d'ajustement structurel et l'effectif pléthorique des Agents en service au ministère des Finances peuvent justifier que le test en cause ne soit pas ouvert à tous les citoyens, il doit néanmoins être accessible à tous les Agents permanents de l'État de la catégorie concernée qui doivent bénéficier tous d'un droit égal dans le déroulement de carrière ; qu'en limitant, comme il l'a fait, aux seuls agents en service dans le ministère des Finances, l'accès audit test, l'Arrêté critiqué pose une mesure discriminatoire non conforme à la Constitution »[53].

---

[49] Tous les instruments juridiques internationaux ont formellement consacré le principe de l'égalité.

[50] R. Jacques, « Le principe d'égalité dans le droit constitutionnel francophone », *Cahiers du Conseil constitutionnel* n° 3 - novembre 1997.

[51] F. Melin-Soucramanien, *Le principe d'égalité dans la jurisprudence du Conseil constitutionnel,* Economica/PUAM, 1997, p. 70. Selon le professeur L. Favoreu, l'une des caractéristiques les plus notoires du principe d'égalité par rapport aux autres droits fondamentaux est qu'il constitue un principe gigogne. V. en ce sens L. Favoreu, RDP, 1975, p. 1316. V. à ce propos O. Duhamel, Y. Meny, *op. cit.*, p. 347. Le principe de l'égalité devant les charges publiques est conçu par le Conseil constitutionnel français comme un corollaire du principe d'égalité devant la loi (C.C. n° 79-107 DC, 12 juillet 1979, p. 31. Il considère qu'il s'applique aussi bien dans l'hypothèse où la loi prévoit l'octroi de prestations que dans le cas où elle impose des sujétions (CC., n° 87-237 DC, 30 décembre 1987, p. 9.

[52] Article 1er de la Déclaration universelle des droits de l'homme. Mais cette affirmation doit être relativisée car comme le précise à juste titre le Professeur A. Kpodar, *« En réalité, tous les êtres humains ne naissent pas libres et égaux en dignité et en droit. Voilà pourquoi il y a des droits catégoriels »* Cf. à ce propos A. Kpodar, « Les droits catégoriels : Philosophie et spécificité », *R.B.S.J.A.*, n° 18, Année 2007, p. 27-56.

[53] Cf. Considérant 6 de la Décision DCC 18-94 du 03 juin 1994.

Le juge malien, comme son homologue béninois sanctionne également la rupture du principe d'égalité entre les citoyens. L'examen de la loi organique n° 96-50/AN-RM déterminant les règles d'organisation et de fonctionnement de la Cour constitutionnelle ainsi que la procédure devant elle, adoptée le 27 septembre 1996 lui en a donné l'occasion. Ainsi, l'article 4 de ladite loi dispose que les membres de la Cour constitutionnelle ne doivent ni recevoir une promotion au choix, ni à titre exceptionnel s'ils sont fonctionnaires publics. Ceci relève, à n'en point douter, d'une erreur d'appréciation de la part du législateur organique. Car, comment comprendre que tout fonctionnaire public, qu'il soit « en activité », « en détachement » ou « sous les drapeaux » ait droit à un avancement de grade ou d'échelon, et que les conseillers de la Cour constitutionnelle ayant la qualité de fonctionnaire public, et étant, du fait de leur nomination à la Cour dans l'une des positions précitées, ne doivent pas bénéficier d'un avancement d'échelon ou de grade. Le juge constitutionnel estime dès lors, « qu'en ne permettant pas aux membres de la Cour constitutionnelle, fonctionnaires publics, d'avancer de grade, les dispositions de cet article 4 méconnaissent le principe constitutionnel d'égalité »[54].

Cela implique qu'« à situations semblables, il soit fait application de solutions semblables, il n'en résulte pas que des situations différentes ne puissent faire l'objet de solutions différentes »[55].

En revanche, le principe d'égalité n'interdit pas que le législateur crée certaines discriminations[56]. Selon le juge béninois, ces discriminations peuvent être justifiées aussi bien par les besoins d'intérêt général que de continuité de service public. Aussi, a-t-il jugé que, « … le législateur peut déroger au principe d'égalité en ce qui concerne les personnes handicapées en matière de droit de la Fonction publique pour des raisons d'intérêt général et de continuité de service public »[57]. Toutefois, les juridictions constitutionnelles africaines n'excluent pas, à l'image du Conseil constitutionnel français « que des situations différentes ne puissent faire l'objet de solutions différentes »[58]. Ils s'opposent à ce que soient traitées de manière identique, sans qu'apparaisse une justification objective et raisonnable, des catégories de personnes se trouvant dans des situations qui, au regard de la mesure

---

[54] Cf. Arrêt n° CC 96-004 du 11 novembre 1996 de la Cour constitutionnelle du Mali.

[55] Conseil constitutionnel français : Cons. const., 17 janvier 1979, Loi portant modification des dispositions du titre 1er du livre V du code du travail relatives aux conseils de prud'hommes, n° 78-101 DC ; Cons.const., 12 juillet 1979, Loi relative à certains ouvrages reliant les voies nationales ou départementales, n° 79-107 DC.

[56] V. en ce sens F. Melin-Soucramanien, *Le principe d'égalité dans la jurisprudence du Conseil constitutionnel op. cit.* A. Frank, « Les critères objectifs et rationnels dans le contrôle constitutionnel de l'égalité », *R.D.P.* n° 1-2009, p. 77-98.

[57] Décision DCC 01-005 du 11 janvier 2001, *Recueil des décisions et avis de la Cour constitutionnelle du Bénin*, 2001, p. 27-31.

[58] V. la Décision Cons. Const., décision n° 79-107 DC, 12 juillet 1979, Rec., 31 ; *RDP*, 1979. 1691, obs. L. Favoreu.

considérée, sont essentiellement différentes. Telle a été la position du juge constitutionnel nigérien dans son arrêt du 12 décembre 2008 relatif à la poursuite de l'ancien ministre de la Justice Maty Elhadj Moussa pour enrichissement illicite devant la Cour suprême qui estimait que les dispositions des articles 638 et 639 du code de procédure pénale opèrent une rupture d'égalité des citoyens devant la loi lorsqu'il soutient : « Considérant que le principe d'égalité est un droit constitutionnellement protégé ; qu'aux termes de l'article 8 alinéa 2 de la Constitution, la République du Niger « assure à tous l'égalité devant la loi sans distinction de sexe, d'origine sociale, raciale, ethnique ou religieuse » ; que l'article 7 de la déclaration Universelle des Droits de l'homme formulé dans les mêmes termes que l'article 3 de la Charte Africaine des Droits de l'homme et des Peuples dispose que « tous sont égaux devant la loi et ont droit à une égale protection de la loi ».

Considérant que le principe d'égalité ne fait pas obstacle à ce qu'une loi établisse des règles non identiques à l'égard de catégories de personnes se trouvant dans des situations différentes, dès lors que cette non-identité est justifiée par la différence de situation et n'est pas incompatible avec la finalité de la loi ;

Considérant que le système dit du privilège de juridiction applicable aux magistrats et à certains fonctionnaires a été institué en vue de garantir une bonne administration de la justice... que les articles incriminés ne sont pas contraires au principe d'égalité des citoyens devant la loi... qu'il résulte de toutes ces énonciations que les articles 638 et 639 de la loi déférée ne contiennent aucune disposition contraire à la Constitution. »[59]

De même, cette Cour constitutionnelle n'a pas hésité à annuler une loi au motif qu'elle rompt le principe d'égalité en réservant une représentation spécifique aux femmes dans la composition du Conseil Économique Social et Culturel[60].

Quant au Mali, c'est en matière électorale que le juge constitutionnel a relevé la violation du principe d'égalité des citoyens devant la loi dans un arrêt de 1996 à propos d'une loi adoptée par l'Assemblée nationale le 27 septembre 1996 instituant un mode d'élection des députés favorisant les intérêts du parti au pouvoir, en déclarant : « Considérant que les requérants soutiennent que la

---

[59] Cf. Arrêt n° 08/08/CC/MC du 12 décembre 2008 de la Cour constitutionnelle du Niger sur www.cour-constitutionnelle-niger.org.

[60] Cf. Arrêt n° 2002-011/CC du 18 janvier 2002, Rec. 2001-2005, p .58-60. Cette jurisprudence doit subir une évolution future puisque la Constitution de la VIIe République nigérienne dispose désormais en son article 10 que « Tous les nigériens naissent et demeurent libres et égaux en droits. Toutefois, l'accès de certaines catégories de citoyens aux mandats électoraux, aux fonctions électives et aux emplois publics peut être favorisé par des mesures particulières prévues par la loi ». Par catégories de citoyens, on peut entendre non seulement les femmes, mais également les minorités ethniques ou religieuses par exemple.

loi en question prévoit trois modes de scrutin : un scrutin majoritaire simple uninominal, un scrutin de liste majoritaire simple et un scrutin proportionnel que ces trois scrutins par leur mécanisme propre, aboutissent toujours à des résultats différents qu'ainsi le résultat du vote des citoyens se trouve modifié selon le système appliqué qu'en instituant trois modes de scrutin selon les localités, pour la même élection, à la même chambre et pour la même législature, la loi attaquée viole le principe constitutionnel de l'égalité des citoyens affirmée par l'article 2 de la Constitution, qu'à l'évidence les citoyens maliens, selon leurs localités, si cette loi devait connaître application, ne seront pas «égaux en droit qu'il s'agit d'une discrimination fondée apparemment sur la densité de population qu'ainsi les citoyens voteront différemment selon leur localité qu'une telle discrimination, fondée, semble-t-il sur le nombre est contraire au préambule de la Constitution qui dispose que "le peuple souverain du Mali réaffirme sa détermination à maintenir et à consolider l'unité nationale que seule une loi uniforme instituant un seul mode de scrutin saurait remplir cette exigence, qu'au contraire la loi contestée instaure la division en ce qu'elle impose des modes de scrutin différents selon que le citoyen ressortisse de tel ou tel cercle que la volonté aveugle de se maintenir au pouvoir ne peut avoir raison du principe constitutionnel du maintien de l'unité nationale"»[61].

Au Bénin, la Cour constitutionnelle considère que la loi portant code des personnes et de la famille viole le principe de l'égal traitement de l'homme et de la femme « ... en ce que l'option prévue à l'alinéa 2 de l'article 143 permet à l'homme d'être polygame alors que la femme ne peut être que monogame »[62]. Pour le juge, il vaudra mieux supprimer l'inégalité plutôt que de la rétablir en accordant à la femme un droit semblable à celui reconnu à l'homme[63]. Plus récemment, il affirme que le législateur viole la Constitution lorsque par l'article 3 alinéa 4 de la loi n° 2010-35, il oblige les partis politiques à faire figurer sur leurs listes de candidatures au moins 20% de candidatures féminines. En l'espèce, le juge considère que « le rôle du législateur dans son domaine de compétence, est de garantir l'égal accès des hommes et des femmes aux mandats électifs et électoraux ; qu'en réservant aux femmes un quota de vingt pour cent au moins sur les listes de candidature, le législateur établit une disparité fondée sur le sexe entre les candidats masculins et féminins éligibles à une même fonction ; qu'une telle répartition ne répond ni à la lettre ni à l'esprit des dispositions constitutionnelles »[64]. Ainsi, la Cour

---

[61] Cf. Arrêt CC 96-003 des 24 et 25 octobre 1996 de la Cour constitutionnelle du Mali précité.
[62] Cf. Décision DCC 02-144 du 23 décembre 2002. V. aussi Cour constitutionnelle du Bénin, DCC 18-94 du 03 juin 1994. Cette décision porte la marque de la présidente de la Cour Mme Conceptia Ouinsou, professeur agrégée de Droit privé et ardente défenseur des droits des femmes. V. également Cour constitutionnelle du Bénin Décision DCC 09-081 du 30 juillet 2009.
[63] La polyandrie est acceptée dans quelques rares pays comme le Népal.
[64] Décision DCC 10-117 du 08 septembre 2010.

constitutionnelle refuse que dans des conditions identiques l'homme et la femme soient soumis à des règles de nature différente[65].

Ce faisant, elle rejoint le Conseil constitutionnel sénégalais qui bien avant, avait opté pour une solution identique[66].

Quant au principe de l'accès au juge, il suppose que « toute personne doit pouvoir accéder à la justice pour obtenir une décision juridiction-nelle qui assure la garantie de ses droits, le respect et la sécurité de sa personne et de ses biens. »[67] L'État de droit constitutionnel se conçoit alors comme un État de justiciables. Cela veut dire que le droit d'ester en justice est considéré, dans le cadre de l'État de droit démocratique, comme étant un droit fondamental qui doit être nécessairement garanti[68] en ce qu'il permet d'assurer la sauvegarde de tous les autres droits[69]. Dans les faits, ce droit bénéficie à la fois de garanties générales et spéciales.

Concernant les garanties générales, le professeur R. Dégni-Ségui précise qu'elles se ramènent pour l'essentiel à deux. Il s'agit d'abord du droit à un recours, ensuite du droit à un tribunal compétent, impartial et indépendant, toutes garanties nécessaires à un procès équitable. En exigeant à la fois l'indépendance et l'impartialité du juge, le constituant africain n'a pas commis une redondance. En effet, « ... s'il est certain qu'un juge dépendant ne sera pas impartial, il est également vrai qu'un juge indépendant n'est pas forcément impartial »[70].

---

[65] Par contre, le constituant Nigérien, tout en reconnaissant l'égalité des droits et devoirs entre tous les Nigériens admet que « Toutefois, l'accès de certaines catégories de citoyens aux mandats électoraux, aux fonctions électives et aux emplois publics peut être favorisé par des mesures particulières prévues par la loi » article 10 de la Constitution. En effet, c'est cette disposition constitutionnelle qui fonde la discrimination positive de la loi instituant le système de quota dans les fonctions électives, au Gouvernement et dans l'Administration de l'État.

[66] En prélude aux élections législatives de juin 2007, le mouvement féministe sénégalais agita l'étendard de la parité. Cette revendication sera concrétisée quelques jours plus tard. Ainsi, le 27 mars 2007, l'Assemblée nationale a adopté la loi n° 23/2007 du 27 mars 2007 modifiant l'article L 146 du Code électoral qui institue la parité dans la liste des candidats au scrutin de représentation proportionnelle pour les élections législatives. L'opposition parlementaire introduit le 2 avril auprès du Conseil constitutionnel un recours demandant l'invalidation de la loi instaurant la parité sur le fondement du Préambule de la Constitution qui proclame « l'accès de tous les citoyens sans distinction, à l'exercice du pouvoir à tous les niveaux ; [...] à tous les services publics ».

[67] Cf. J. Andriantsimbazovina *et al.*, *Dictionnaire des droits de l'homme*. Paris, PUF, 2008, p. 305, cité par K. Hounake, *Les juridictions constitutionnelles dans les démocraties émergentes de l'Afrique noire francophone : les cas du Bénin, du Gabon, du Niger, du Sénégal et du Togo*, *op. cit.*

[68] BANDRAC (M.), « L'action en justice, droit fondamental », in *Mélanges Robert Perrot*. Dalloz, 1995, p. 1.

[69] T. S. Renoux, « Le droit au recours juridictionnel », *J.C.P.*, 1993, I, p. 367.

[70] P. Crocq, « Le droit à un tribunal impartial » *in* R. Cabrillac, M. A. Frison-Roche et T. Revet, *Libertés et droits fondamentaux*, Paris, Dalloz, 13e éd., 2007, p. 480.

L'indépendance constitue une condition préalable de l'impartialité : le juge, pour être impartial, doit être libre de toute influence extérieure. Le droit à un juge indépendant implique donc le droit de recourir à une juridiction qui juge par elle-même et qui n'abdique pas son pouvoir de juger au profit d'une autre autorité. L'indépendance du juge suppose également qu'il n'ait rien à craindre ni à espérer du pouvoir politique. Il revient alors au juge constitutionnel de garantir l'indépendance de ce pouvoir aux côtés du Président de la République[71].

Dans sa décision du 9 mai 2001, la Cour constitutionnelle béninoise a déclaré que viole le principe de l'indépendance du pouvoir judiciaire reconnu par les articles 125, 126 et 127 de la Constitution, le fait pour le ministre de la Justice de s'immiscer dans une procédure judiciaire en demandant la libération d'un citoyen en détention[72]. De même, viole le principe de l'indépendance des magistrats, un décret mettant fin avant l'expiration du délai de cinq ans au mandat du Président de la Cour suprême[73].

Les garanties spéciales, quant à elles, comprennent une diversité de droits notamment le droit à la présomption d'innocence, le droit à la défense, le droit d'être jugé dans un délai raisonnable.

Le premier découle entre autres de l'article 7 de la Charte africaine des Droits de l'homme et des Peuples aux termes duquel *:* « Toute personne a droit à ce que sa cause soit entendue. Ce droit comprend ; …d) le droit d'être jugé dans un délai raisonnable. » À cet égard, constitue une violation de ce droit, le fait « … qu'il s'est écoulé plus de huit ans sans que la poursuite pénale exercée contre Monsieur Marcel Joseph Ekuè Kangni ait connu un aboutissement »[74]. Selon le juge, ce droit doit être sauvegardé quelles que soient les circonstances. En conséquence, « les affectations, le dysfonctionnement du greffe et le départ en congé du Président de Chambre ne sauraient justifier les dix ans que dure une procédure »[75].

Mieux, dans une décision de 2006, la Cour constitutionnelle a reconnu le droit à réparation de Monsieur P. Akoueikou qui avait passé plus de vingt-quatre (24) ans sans que la poursuite pénale exercée contre lui ait connu un quelconque aboutissement depuis la décision de sa mise en liberté provisoire

---

[71] La plupart des constitutions des pays étudiés font du Président de la République le garant du respect de la Constitution et partant de l'indépendance du pouvoir judiciaire affirmée par ces constitutions.

[72] Cf. la décision DCC 01-018 du 09 mai 2001, Rec. p. 87 de la Cour constitutionnelle du Bénin.

[73] Cf. les décisions DCC 14-94 du 23 mai 1994, Rec. 47 et Décision DCC 98-009 du 16 janvier 1998 de la même Cour.

[74] Cf. Décision DCC 01-008 du 11 janvier 2001, Rec. 2001, p. 39-42.

[75] Cf. Ces décisions de la Cour constitutionnelle du Bénin ; Décision DCC 01-23 du 16 mai 2001. Décision DCC 03-144 du 16 octobre 2003, Rec. p. 587-591. Décision DCC 05-127 du 25 octobre 2005.

sous caution[76]. Comme on peut s'en rendre compte à travers cette décision, le juge constitutionnel a non seulement réitéré, le droit d'être jugé dans le temps relativement court, mais également en reconnaissant le droit à réparation du Sieur Akoueikou retient la responsabilité des magistrats qui sont intervenus dans la chaîne pénale[77]. Mais, ne viole pas ce droit, le délai de deux ans dix mois mis par un juge pour vider un dossier[78] ou celui de trois ans et demi[79] ou encore celui de onze ans[80].

Malgré les éventuelles protestations des justiciables faisant face souvent au non-respect du délai raisonnable, la meilleure protection de leurs droits demeure celle assurée par le juge.

B. Les droits protégés

Sous ce vocable sont regroupés les droits qui sont garantis grâce à la mise en œuvre des droits fondamentaux inaliénables. Il s'agit de la plupart des droits constitutionnellement garantis. Théoriquement, tous les individus doivent jouir de ces droits de façon identique. Mais, dans les faits, cela n'est pas toujours le cas. La jouissance de ces droits est loin d'être effective pour certains. Ainsi, même si le juge s'efforce à offrir une garantie identique à tous ces droits, il est indéniable que certains droits sont à jouissance relativement facile (1) alors que d'autres sont difficiles (2).

1. Les droits à jouissance relativement aisée

Ce sont les droits dont la jouissance est aujourd'hui une réalité dans tous les pays de notre champ d'études. Les gouvernants admettent sans grandes difficultés l'exercice de tels droits par les citoyens. Parmi ces acquis démocratiques, dont le principe constitutionnel de diverses libertés de la personne humaine a été réaffirmé par le juge constitutionnel africain, on peut citer entre autres : la liberté d'association, la liberté de la presse, la liberté syndicale et le droit de grève.

La liberté d'association est le droit reconnu à chaque individu de s'assembler durablement avec autrui[81]. À l'instar de la liberté de réunion, elle

---

[76] Cf. Décision DCC 03-144 du 16 octobre 2006 *in Annuaire Béninois de Justice Constitutionnelle, Dossier spécial, 21 ans de jurisprudence de la Cour constitutionnelle du Bénin (1991-2012).* Presses Universitaires du Bénin (pub), I-2013, pp. 590-591.

[77] Cf. observations de J. Djogbenou *in* « Décision DCC 03-144 du 16 octobre 2006 » in *Annuaire béninois de justice constitutionnelle, op. cit.*, pp.593-595.

[78] Cf. Les décisions suivantes de la même Cour Décision DCC 04-041 du 23 avril 2004 ; Décision DCC 03-167 du 11 novembre 2003.

[79] Cf. Décision DCC 05-016 du 03 mars 2005.

[80] Cf. Décision DCC 98-059 du 04 juin 1998.

[81] On se rappelle que c'est dans le cadre de la protection de cette liberté, à la suite de l'arrêt du Conseil d'État « Amicale des Annamites de Paris » du 11 juillet 1956, que le Conseil constitutionnel français s'est transformé en protecteur des droits et des libertés fondamentaux : Décision 71-44DC du 16 juillet 1971 Liberté d'Association. D'après l'article 1er de la loi du 1er juillet 1901, « l'association est la convention par laquelle deux ou plusieurs personnes mettent

suppose donc un regroupement ; mais contrairement à cette dernière, elle suppose qu'une certaine permanence s'établisse dans les relations entre participants. De ce fait, il s'agit d'une liberté dont la mise en œuvre inquiète compte tenu de certains obstacles. On comprend alors aisément la raison pour laquelle, les gouvernants cherchent très souvent à encadrer strictement son exercice et pourquoi en vue de la protéger, le constituant africain l'a constitutionnalisée[82].

Toutefois, cette liberté est consacrée sous forme de droit par l'article 10 de la Charte africaine des Droits de l'Homme et des Peuples qui précise : « Toute personne a le droit de constituer librement des associations avec d'autres... ».

En tout état de cause, les constituants béninois, malien et nigérien la consacrent sous la forme de liberté[83]. Or, « il est généralement admis que les atteintes les plus graves aux libertés publiques sont le fait du pouvoir politique et, plus particulièrement, du pouvoir législatif investi de la fonction législative et du pouvoir exécutif chargé de la gestion des affaires publiques. »[84]. En effet, « chargée de l'exécution des lois et du maintien de l'ordre public, l'administration est souvent conduite à réglementer ou à restreindre les libertés publiques lorsque les circonstances, solennelles, l'exigent. Le souci de l'efficacité, la défense de l'intérêt général, l'impératif de l'ordre public sont les prétextes à cette restriction des libertés »[85]. La Cour constitutionnelle du Bénin s'érige en protecteur des libertés en déclarant contraire à la Constitution, la restriction apportée à la liberté d'association par l'intermédiaire d'un arrêté[86]. Ainsi, la Cour a décidé que « l'arrêté querellé viole la Constitution » car en édictant par acte réglementaire « qu'il ne sera enregistré qu'une seule association de développement par entité administrative», « qu'une association régulièrement déclarée peut obtenir son titre d'enregistrement après enquête de moralité » et que « les associations auxquelles l'autorisation est refusée ou retirée doivent cesser immédiatement

---

en commun d'une façon permanente leurs connaissances ou leur activité dans un but autre que le partage de bénéfices ». Voir. K. Rodriguez, *Le droit des associations. Les règles générales.* L'Harmattan, 2004. La liberté d'association et le droit. Actes du colloque du Conseil constitutionnel, 2001 ; E. Alfandari, « La liberté d'association », *in* Liberté et droit économique, actes du Colloque de l'AIDE, De Boeck éditeur, 1992 ; MORANGE (J.), *La liberté d'association en droit public français*, 1977.

[82] Cf. Article 25 de la Constitution du Bénin, Article 5 de la Constitution du Mali et 32 de la Constitution de la VIIe République du Niger.

[83] *Idem.*

[84] T. Holo, « Émergence de la justice constitutionnelle », *in Pouvoirs, op. cit.*, p. 109.

[85] Idem. Cf. aussi K. Rodriguez, *Le droit des associations. Les règles générales,* L'Harmattan, 2004, « La liberté d'association et le droit », Actes du colloque du Conseil constitutionnel, 2001 ; E. Alfandari, « La liberté d'association », *in Liberté et droit économique*, actes du Colloque de l'AIDE, De Boeck éditeur, 1992.

[86] Il s'agit de l'arrêté n° 260/MISAT/DC/DAI/SAAP du 22 novembre 1993 portant conditions et modalités d'enregistrement des associations dont Le sieur Moïse BOSSOU a soulevé l'inconstitutionnalité.

leurs activités et procéder à la liquidation de leurs biens dans le délai d'un mois à compter de la date de notification de la décision en se conformant aux dispositions de leurs statuts et à la loi du 1er juillet 1901 »[87], le ministre de l'Intérieur, de la Sécurité et de l'Administration territoriale a, aux termes des articles 8,10 et 12 dudit arrêté, « posé des conditions limitatives à l'exercice de la liberté d'association ». La Cour a également estimé dans ses motifs que l'arrêté querellé « a empiété sur le domaine réservé à la loi par les articles 25 et 28 de la Constitution et 10 de la Charte africaine des Droits de l'homme et des Peuples ». Il en est ainsi de la décision de la Cour relative à l'affaire de l'Union nationale des Scolaires et Étudiants du Bénin (UNSEB) contre le ministre de l'Intérieur, décision à travers laquelle elle a déclaré que « la décision d'annulation par le ministre de l'Intérieur, de la Sécurité et de l'Administration Territoriale du 28 novembre 1994, de l'enregistrement de l'UNSEB est contraire à la Constitution, nulle et de nul effet »[88].

Ainsi, le juge constitutionnel africain assure par son contrôle une protection effective des libertés contre tout empiètement du pouvoir politique quel qu'il soit. Cette protection reste valable pour toutes les libertés démocratiques notamment celle de la presse.

La liberté de la presse en tant que corollaire de la liberté d'expression, est un pilier fondamental de la démocratie car la presse est considérée comme étant le quatrième pouvoir. Cette liberté est consacrée aussi bien au Mali qu'au Niger. Au Bénin, la Constitution dispose en son article 24 que « La liberté de la presse est reconnue par l'État ». La liberté de la presse bénéficie donc de toute l'attention requise dans sa mise en œuvre. Toutefois, tous les constituants s'empressent de préciser que « tous ces droits et libertés s'exercent dans le cadre fixé par la loi et les règlements ». Cette consécration éclatante inclut ainsi ses propres limites, en cas d'abus prévus par la loi. La conception anglo-saxonne de la liberté d'expression récuse à l'inverse de telles limites. En effet, le premier amendement à la Constitution américaine, adopté le 27 septembre 1789 est fondé sur le principe selon lequel « le Congrès ne fera aucune loi… restreignant la liberté de la parole ou de la presse ».

La liberté de la presse se manifeste généralement par la création de plusieurs organes privés appartenant à des particuliers et surtout à l'opposition.

Ainsi, la liberté de la presse suppose d'abord qu'il n'y ait pas de la part des autorités de restriction illégale. Elle suppose aussi que les procédures de désignation des membres des organes en charge de sa protection soient régulières. En conséquence, doit être déclaré non conforme à la Constitution

---

[87] Cf. Décision DCC 16 – 94 du 27 mai 1994, Cour constitutionnelle du Bénin, Recueil des décisions et avis, 1994, p. 60, Cf. aussi F. J. Aivo, *in le juge constitutionnel et l'État de droit en Afrique : l'exemple du modèle béninois, op.cit.*, p. 177-178.

[88] Cf. Décision DCC95-033 du 1er septembre 1995, article 1er.

un décret, portant nomination de trois membres de la HAAC, sur la base d'une loi organique non soumise au contrôle obligatoire du juge constitutionnel[89].

Cette jurisprudence atteste de la détermination des juridictions constitutionnelles à faire des droits fondamentaux une réalité tangible. Aujourd'hui, sont à jamais révolus les temps où les pouvoirs publics pourraient impunément violer les droits de l'homme.

Deux journalistes poursuivis pour offense au Chef de l'État défèrent à la Cour pour inconstitutionnalité de l'article 23 de la loi 60-12 du 30 juin 1960 sur la liberté de presse. Pour les requérants, une poursuite ne peut être engagée contre eux dans la mesure où « l'article 23 ne mentionne pas le Président de la République parmi les personnes qui peuvent se plaindre d'offense ». L'article 23 est déféré au contrôle de conformité à la Constitution, en ce qu'il édicte au profit du Président de la République le droit de se plaindre devant les juridictions du délit d'offense et d'injure et qu'il viole le principe de l'égalité proclamé et garanti par la Constitution en son article 26.

Mais, pour la Cour constitutionnelle « le principe d'interprétation stricte en matière pénale s'oppose à ce qu'on assimile par analogie le Président de la République au Président de la Communauté ou son représentant ; Considérant que s'il est constant que le droit pénal est d'interprétation stricte, il est également du devoir du juge pénal d'analyser le texte qui lui est soumis pour y découvrir la volonté du législateur ; que chaque expression et chaque mot utilisé par le texte recouvrent une réalité concrète et que ce ne serait point une méthode analogique que de vouloir identifier les personnes visées par l'article 23 ; que la méthode littérale qui est proposée pour la compréhension de l'article 23 conduirait à une impasse »[90].

La Cour procède à une démonstration pour expliquer pourquoi le Président de la Communauté de 1960 n'est autre que le président du Bénin actuel « il résulte de l'application de ces textes qu'il existait un Chef de gouvernement dénommé Premier ministre et un Président de la Communauté. Que le pouvoir exécutif que détenait ce Premier ministre est passé au Président de la République en application de l'article 12 de la Constitution du 11 novembre 1960 ; Que tous les Présidents de la République qui se sont succédé ont gardé les mêmes attributions ; Qu'il s'ensuit que le Premier ministre de l'article 23 n'est autre que le Président de la République du Bénin »[91]. Ainsi, le souci de protéger le Président a emporté l'adhésion de la Cour à fournir une interprétation assimilant le Président du Conseil des années 50 au Président de la République des années 90. Le juge constitutionnel africain protège aussi

[89] Cf. Décision DCC 15-94 du 27 mai 1994, *Cour constitutionnel du Bénin*, Recueil, 1994, p. 53 et s.
[90] Cf. DCC 17-94 du 31 mai 1994.
[91] *Idem.*

la liberté syndicale de chaque citoyen telle que consacrée par les différentes constitutions issues du renouveau démocratique.

La liberté syndicale est expressément énoncée dans les différentes constitutions africaines ainsi que dans les divers instruments juridiques internationaux auxquels celles-ci font référence[92]. En effet, la liberté syndicale signifie d'une part, la faculté reconnue à chacun d'adhérer au syndicat de son choix ou de n'adhérer à aucun syndicat du tout. D'autre part, elle consiste dans la liberté des syndicats de se créer librement, de s'organiser et d'agir. Cette liberté, à valeur constitutionnelle, exige de la part des pouvoirs publics ainsi que des simples particuliers de s'abstenir de tout acte susceptible d'entraver le libre exercice de ce droit syndical.

C'est ainsi qu'au Bénin, la Cour constitutionnelle retient en ce qui concerne la liberté d'aller et venir, la liberté d'association, de réunion, de cortège et de manifestation, « Dès qu'une autorité administrative... n'a pas motivé sa décision d'interdiction d'une de ces libertés, et s'il n'est pas démontré que la jouissance de la liberté peut porter atteinte à l'ordre public, alors, il y a violation de la Constitution »[93].

S'agissant particulièrement de l'exercice de la liberté syndicale, cette Cour a été saisie de deux recours par lesquels il lui est demandé de déclarer contraire à la Constitution, la lettre du Directeur Général de la Police nationale portant suspension provisoire de la tenue du Congrès Constitutif du syndicat de la police et des mesures coercitives qui ont été prises par ce dernier à l'encontre des membres du comité préparatoire dudit congrès. Dans sa décision, la Cour relève d'abord que « les textes régissant le personnel de la Police nationale...

---

[92] L'article 34 de la Constitution nigérienne du 25 novembre 2010 dispose « L'État reconnaît et garantit le droit syndical ... », conformément à l'article 9 de cette même Constitution qui dispose « Dans le cadre de la liberté d'association reconnue et garantie par la présente Constitution, les syndicats se forment et exercent leurs activités librement, dans le respect des lois et règlements en vigueur ». Quant au Bénin, la liberté syndicale peut être déduite de la Constitution du 11 décembre 1990 à travers une lecture croisée des dispositions des articles 31 qui énonce que « ...Tout travailleur peut défendre, dans les conditions prévues par la loi, ses droits et ses intérêts soit individuellement, soit collectivement ou par l'action syndicale » et 25 qui garantit quant à lui la liberté d'association ; la liberté syndicale étant une forme particulière de la liberté d'association. Cette analyse est d'ailleurs corroborée par la jurisprudence constitutionnelle Cf. à cet effet Décision DCC 01-038 du 13 juin 2001, Rec., 2001, p. 165. Cf. également en France CE 3 décembre 1958, fédération syndicale mondiale, Rec., p. 844 ; Cass. Soc., 5 juillet 1956, IV, n° 623. De même, les articles 22 du PIDCP et 11 de la CEDH envisagent la liberté syndicale comme une catégorie particulière de la liberté d'association : « Toute personne a le droit à la liberté d'association, y compris le droit de fonder avec d'autres des syndicats et de s'affilier à des syndicats pour la défense de ses intérêts. » En ce qui concerne le Mali, cette liberté est clairement affirmée par l'article 20 de la Constitution du 25 février 1992 qui dispose : « La liberté syndicale est garantie. Les syndicats exercent leurs activités sans contrainte et sans limites autres que celles prévues par la loi. »

[93] Cf. DCC 00-003 du 20 janvier 2000 ; *Recueil des décisions et avis*, 2000, p. 19 - DCC 03-134 du 21 août 2003
Recueil des décisions et avis, 2003, p. 543.

reconnaissent au personnel de la Police nationale le droit de s'organiser en formation syndicale ». Ensuite, « elle constate que le ministre de l'Intérieur, de la Sécurité et de la Décentralisation ne rapporte pas la preuve de ce que la tenue du congrès constitutif du syndicat de la police serait de nature à porter atteinte à l'ordre public »[94]. En conséquence, elle déclare contraire à la Constitution la lettre du Directeur général de la Police nationale portant suspension provisoire de la tenue du congrès constitutif du syndicat de la police[95]. Ce faisant, le juge constitutionnel s'affirme comme l'ultime rempart contre l'arbitraire des pouvoirs publics dans un État de droit.

Qu'en est-il du droit de grève, corollaire du droit syndical, consacré également par ces constitutions africaines ?

La grève est généralement définie comme une cessation collective et concertée du travail en vue d'appuyer des revendications professionnelles. Il s'agit donc d'un moyen de défense des intérêts professionnels.

En effet, le libre exercice du droit de grève est consacré par les constitutions du Bénin, du Mali, du Niger tout comme celles des autres États africains.

C'est ainsi que comme déjà indiqué, la Constitution du Bénin dispose en son article 31 que « L'État reconnaît et garantit le droit de grève. Tout travailleur peut défendre, dans les conditions prévues par la loi, ses droits et ses intérêts soit individuellement, soit collectivement ou par l'action syndicale. Le droit de grève s'exerce dans les conditions définies par la loi ».

Le droit de grève a donc une valeur constitutionnelle. Par conséquent, en principe, ni le législateur et, encore moins, le pouvoir exécutif, ne peuvent supprimer ce droit constitutionnel à une catégorie de salariés, du secteur public comme du secteur privé[96].

---

[94] Décision DCC 05-059 du 07 juillet 2005, Rec., p. 305 et ss.

[95] *Idem.*

[96] Mais, le législateur peut toutefois apporter des limitations à l'exercice de ce droit. L'article 34 de la Constitution du Niger dispose à cet égard que « *L'État reconnaît et garantit le droit syndical et le droit de grève qui s'exercent dans les conditions prévues par les lois et règlements en vigueur* ». On en déduit que pour le constituant nigérien, les pouvoirs législatif et exécutif peuvent encadrer, voire limiter ou interdire le droit de grève. C'est ainsi que l'article 6 alinéa 1 de l'Ordonnance n° 2010-75 du 09 décembre 2010, portant Statut du personnel militaire des Forces Armées dispose : « Le militaire n'a ni le droit de grève ni le droit de manifestation. » C'est d'ailleurs la position du Conseil constitutionnel français qui a appliqué à la lettre le Préambule de 1946 dès sa première décision rendue en la matière le 25 juillet 1979: le Conseil a admis que la loi peut aller « jusqu'à l'interdiction du droit de grève aux agents dont la présence est indispensable pour assurer le fonctionnement des éléments du service (public) dont l'interruption porterait atteinte aux besoins essentiels du pays ». Ce qu'il a ensuite confirmé dans ses décisions n° 86-217 DC du 18 septembre 1986 et 87-230 DC du 28 juillet 1987.
Quant au Conseil d'État français, il est resté fidèle à sa jurisprudence Dehaene (CE Ass., 7 juillet 1950, Rec., p. 426 selon laquelle, « En l'État actuel de la législation, il appartient au Gouvernement, responsable du bon fonctionnement des services, de fixer lui-même, sous le contrôle du juge… la nature et l'étendue desdites limitations… ». On pourrait également

Mais, le droit de grève comme la plupart des droits constitutionnel-lement garantis n'est pas un droit absolu, il est limité. En conséquence, le législateur est habilité à tracer ces limites « ... en opérant la conciliation nécessaire entre la défense des intérêts professionnels dont la grève est un moyen et la sauvegarde de l'intérêt général auquel la grève peut être de nature à porter atteinte »[97].

Mais, comme l'a rappelé la Cour constitutionnelle du Bénin, un message qui constitue une négation du droit de grève tel que garanti par l'article 31 de la Constitution viole la loi fondamentale[98]. Cette jurisprudence a d'ailleurs été réaffirmée récemment par la Cour constitutionnelle béninoise à l'occasion du contrôle de constitutionnalité de la nouvelle loi portant statut de la magistrature en République du Bénin qui retirait le droit de grève aux magistrats en précisant clairement dans sa décision DCC 18-003 du 22 janvier 2018 que l'interdiction de la grève aux magistrats énoncée à l'article 20 dernier alinéa de ladite loi est contraire à la constitution.

2. Les droits à jouissance sensible et conditionnée

Il s'agit des droits dont la jouissance effective est susceptible d'être compromise non seulement par les agissements des pouvoirs publics, mais également par leur inaction. À ce niveau, il s'agit des droits dont la jouissance ou l'exercice est extrêmement sensible et des droits-créances tel que le droit à la santé.

Les droits à exercice sensible sont en effet, les droits politiques dont la jouissance est très souvent redoutée, du fait des conséquences qu'ils peuvent engendrer sur le plan sociopolitique.

C'est pourquoi les pouvoirs publics ont tendance à restreindre ou à empêcher leur exercice. Il s'agit, entre autres, de la liberté de réunion et de manifestation.

Les libertés de réunion et de manifestation font partie des libertés fondamentales garanties dans un État démocratique. Ces principes sont

---

rappeler jusqu'en 1946, le principe de continuité a justifié l'interdiction du droit de grève dans les services publics (CE, 7 août 1909, Winkell.

[97] Décision 79-105 DC du 25 juillet 1979, *Droit de grève à la radio et à la télévision.*
S'agissant de la grève dans les services publics, des limitations peuvent être apportées à l'exercice du droit de grève au nom du principe de continuité conformément à la jurisprudence antérieure du Conseil d'État que le Conseil constitutionnel a entérinée (Décision 79-105 DC *préc.* Le législateur peut donc instaurer une obligation de « service minimum », mais celle-ci ne peut excéder ce qui est nécessaire en interdisant en pratique de recourir à la grève aux agents dont la présence n'est pas indispensable au fonctionnement du service (Décision 79-105 DC *préc.* Il peut même aller jusqu'à l'interdiction du droit de grève aux agents dont la présence est indispensable pour assurer « le fonctionnement des éléments du service dont l'interruption porterait atteinte aux besoins essentiels du pays » (Décision 86-217 DC).

[98] Décision DCC 03-004 du 18 février 2003, Rec., p.25 et ss. Décision DCC 03-003 du 18 février 2003, Rec., p. 21 et ss.

reconnus par tous les pays qui se réclament de la démocratie comme ceux de notre champ d'études. Ils ont été consacrés par la Déclaration universelle des Droits de l'homme de 1948 et par le Pacte international relatif aux droits civils et politiques de 1966, auxquels se réfèrent expressément les Constitutions de ces pays. Les libertés de réunion et de manifestation sont deux modes d'expression démocratique, mais de nature différente que les pouvoirs publics, les formations politiques et l'opinion publique ont aujourd'hui tendance à confondre.

La liberté de réunion est définie comme la liberté de se réunir, dans un groupement momentané et concerté, destiné à l'échange en commun d'idées dans un lieu déterminé, en vue de s'accorder pour la défense d'intérêts. La réunion rassemble trois éléments : une pluralité de participants, une rencontre épisodique limitée dans le temps, une rencontre concertée dans un but particulier commun à tous les participants.

Quant à la liberté de manifestation, c'est celle de se rassembler sur la voie publique afin d'exprimer une volonté collective.

En un mot, la liberté de réunion est le droit qui se traduit par la formation des groupes momentanés en vue d'échanger en commun des idées et d'exercer collectivement l'activité politique. Il s'agit, en réalité, de ce droit reconnu à chaque individu de s'assembler avec l'autre[99]. Cela suppose, le cas échéant, aussi bien la possibilité d'organiser de tels évènements que la faculté d'y participer. Toujours est-il que la liberté de réunion doit s'entendre de la réunion pacifique excluant toute manifestation violente. Ce qui fait que seul le droit à la liberté de réunion ou manifestation pacifique est reconnu. Mais parfois, les organisateurs et les manifestants sont animés d'intentions violentes. D'où la crainte que suscite parfois la liberté de réunion et de manifestation. En effet, selon certains, « lorsque les citoyens se regroupent ne serait-ce que pour souper ou dîner, le pouvoir politique digère mal ». Cependant, l'interdiction de réunions publiques sur la voie publique est justifiée, entre autres, par l'obligation de respecter une autre liberté fondamentale, la liberté de circulation ou liberté d'aller et venir.

Les manifestations ont par contre lieu sur la voie publique, mais sont soumises à l'obligation d'une déclaration préalable. Toutefois, à l'instar de

---

[99] G. Lebreton, « Réunion et manifestation (Liberté de », *in* D. Chagnollaud, G. Drago, (dir., *Dictionnaire des droits fondamentaux*, Dalloz, 2006, p. 656. Selon le commissaire du gouvernement Michel dans la célèbre Affaire *Benjamin* (aujourd'hui Rapporteur public. (CE., 19 mai 1933, Benjamin, R. p. 541, la réunion constitue « un groupement momentané de personnes formées en vue d'entendre l'exposé d'idées ou d'opinions, en vue de se concerter pour la défense d'intérêts ». La réunion se distingue de l'association en ce que cette dernière implique un lien permanent avec ses membres. La réunion constitue donc un groupement, ce qui suppose un minimum d'organisation. De ce point de vue, la réunion se distingue de l'attroupement défini comme « tout rassemblement de personnes sur la voie publique ou dans un lieu public susceptible de troubler l'ordre public ».

toute liberté publique, celle de réunion et de manifestation reste une liberté-conquête de l'individu contre l'État. En a-t-il été ainsi des mouvements de contestation accompagnés de manifestations sur la voie publique et autres réunions politiques, qui ont fait écrouler comme des châteaux de cartes, les dictatures africaines du début des années 1990 en prélude à la démocratie respectueuse des libertés consacrées par les constitutions africaines issues de ces vagues de contestations de cette période[100].

Comme on le constate, la liberté de réunion et de manifestation est un droit fondamental dont les restrictions doivent être interprétées strictement.

C'est pourquoi sa protection juridictionnelle est une garantie de son existence voire de sa survie. Cette protection est assurée grâce au contrôle de proportionnalité défini comme « L'exigence d'un rapport, d'une adéquation, entre les moyens employés par l'Administration et le but qu'elle vise »[101]. Il s'agit dans les faits, d'un contrôle qui sert à concilier l'ordre public et les libertés. En d'autres termes, le contrôle de proportionnalité est pour le juge un instrument de conciliation entre des exigences constitutionnelles ou un instrument de respect d'une exigence constitutionnelle.

En effet, selon ce principe, « toute action de l'État pour être constitutionnelle doit être nécessaire, appropriée et non excessive »[102]. Il en résulte un droit de contrôle général du juge constitutionnel sur l'activité des pouvoirs publics.[103] Il s'agit, en effet, d'un puissant instrument de contrôle puisqu'il permet au juge constitutionnel « d'apprécier le caractère non disproportionné, non excessif, opportun, raisonnable des choix… » par les pouvoirs publics dans le cadre du respect des droits et libertés fondamentaux. En somme, c'est « une condition de la constitutionnalité des restrictions apportées aux droits et libertés »[104].

Ce que le juge constitutionnel béninois a vite compris lorsqu'il a estimé que, la lettre par laquelle le Chef de la Circonscription Urbaine de Cotonou a interdit la marche programmée par la Renaissance du Bénin viole la Constitution. Ainsi, le juge fait droit au requérant qui demande une annulation de la décision d'interdiction au motif que « l'analyse de la correspondance de la Renaissance du Bénin ne révèle aucun élément susceptible de faire craindre des troubles à l'ordre public ; que les raisons invoquées sont sans rapport avec

---

[100] Cf. article 25 de la Constitution du Bénin, article 5 de la constitution du Mali et article 32 de la Constitution du Niger.

[101] G. Braibant, « Le principe de proportionnalité », *Mélanges offerts à Marcel WALLINE. Le juge et le droit public*. Paris, L.G.D.J., t. 2, 1974, p. 298.

[102] Cf. C. P. T. Soglohoun, *in Le rôle du juge constitutionnel dans le processus de démocratisation en Afrique. Les cas du Bénin, du Mali, du Sénégal et du Togo*, *op. cit.*

[103] L. Philip, « Les Cours constitutionnelles », *op.cit.*, p. 425.

[104] Cf. ACCPUF, « La proportionnalité dans la jurisprudence constitutionnelle », *Bulletin* n° 9, mai 2010, p. 67.

l'exception d'ordre public et l'effectif suffisant d'agents de Force de Sécurité Publique disponible »[105].

En revanche, il estime conforme à la Constitution l'arrêté d'un préfet qui interdit la cérémonie de consécration de la Chefferie d'une communauté, alors qu'il l'autorise pour une autre voisine de la première, parce qu'il vise à préserver l'ordre public. Pour le juge, cette interdiction est motivée par le fait que les manifestations doivent se dérouler le même jour et qu'il résulte « des éléments du dossier qu'il existe entre les deux clans antagonistes des tensions susceptibles d'engendrer des affrontements »[106]. Selon toute vraisemblance, le juge constitutionnel béninois a respecté le principe de proportionnalité dont les mesures de police et la protection des libertés constituent le domaine privilégié de ce principe[107].

Ainsi, et ce conformément aux dispositions constitutionnelles, les pouvoirs publics peuvent, en cas de risque de menace de trouble à l'ordre public, restreindre ou interdire l'exercice de certaines libertés. Mais, le juge apprécie toujours les restrictions en vue de prévenir toute atteinte abusive aux droits et libertés individuelles.

Les juges constitutionnels n'ont pas manqué de s'illustrer dans la protection du droit à la santé.

Le droit à la santé est consacré par la Charte africaine des Droits de l'homme et des Peuples.

Celle-ci dispose, en son article 16, que « Toute personne a le droit de jouir du meilleur état de santé physique et mentale qu'elle soit capable d'atteindre ».

En effet, le droit à la santé est consubstantiel à d'autres droits. C'est ainsi que dans un avis en date du 25 avril 2013, la Cour constitutionnelle du Niger interprétant le droit à la santé[108] affirme que celui-ci « comprend le droit pour chaque personne de contrôler sa propre santé et son propre corps et d'avoir accès à un système de protection de la santé. Le droit à la santé s'étend au droit à des soins de santé appropriés et aux déterminants de la santé, comme l'accès à l'eau potable et à des moyens d'assainissement adéquats, l'approvisionnement adéquat en produits alimentaires, la nutrition et le logement, une bonne hygiène industrielle et l'accès à l'éducation et à l'information relatives à la santé, notamment la santé sexuelle et génésique »[109]. Elle poursuit en précisant qu'« il ressort que le droit de jouir

[105] Décision DCC 03-134 du 21 août 2003, *Recueil des décisions et avis*, 2003, p. 544-545 ; v. aussi Décision DCC 03-052 du 14 mars 2003, Rec., p. 209 et s.
[106] Cf. Cour constitutionnelle du Bénin, Décision DCC 01-097 du 7 novembre 2001, Rec., p. 389.
[107] J. P. Costa, « Le principe de proportionnalité dans la jurisprudence du Conseil d'État », *A.J.D.A.*, 1988, p. 434.
[108] Le droit à la santé est consacré par les articles 12 et 13 de la Constitution du Niger.
[109] Cf. Avis n° 16/CC/2013 du 25 avril 2013 sur le site www.cour-constitutionnelle-niger.org.

du meilleur état de santé physique et morale inclut non seulement le droit d'être en bonne santé, mais aussi le droit d'avoir accès aux prestations des services médicaux et sociaux assurant la protection de la santé. Pour l'atteinte de cet objectif, l'État est appelé à mettre en place et à faire fonctionner des services médicaux, à lutter contre les maladies ou les fléaux sociaux et à assurer une aide médicale ».

Comme il est aisé de le constater, le droit à la santé n'est pas directement justiciable[110]. En effet le constituant nigérien à l'instar de ses homologues africains dans une formulation vague et souple affirme : « L'État veille à la création des conditions propres à assurer à tous, des services médicaux et une aide médicale »[111]. Il en découle donc que tant que l'État n'a pas la possibilité, il ne peut garantir effectivement ce droit à la santé.

Mais, que vaudraient donc ces « droits abondamment proclamés »[112] par les constituants africains des années 1990 s'ils ne sont pas effectifs et si leur protection n'est pas assurée par une juridiction spéciale et privilégiée, en l'occurrence, le juge constitutionnel[113] ?

La garantie des droits et libertés par la Constitution n'est pas une fin en soi. La caractéristique d'un droit fondamental est d'être justiciable, c'est-à-dire qu'il y ait la possibilité pour une personne de s'en prévaloir devant une juridiction. C'est là une condition essentielle à la reconnaissance d'un droit ou d'une liberté fondamentale[114].

Force est cependant de reconnaître que malgré quelques insuffisances constatables, surtout du fait que tous les droits proclamés par les lois fondamentales ne sont pas garantis par le juge constitutionnel africain du renouveau démocratique, celui-ci œuvre néanmoins en faveur d'une meilleure garantie des droits proclamés. On peut donc aujourd'hui affirmer que

---

[110] Cela transparaît clairement dans les dispositions de l'article 1er 8e tiret de la Constitution gabonaise qui dispose : « l'État selon ses possibilités, garantit à tous, la protection de la santé.»

[111] Cf. article 13 alinéa 2 de la Constitution nigérienne du 25 novembre 2010.

[112] R. Degni-Segui, *Les droits de l'homme en Afrique noire francophone (théories et réalités*, Cf. aussi T. Holo, « Les droits et devoirs de la personne dans le constitutionnalisme africain », *R.B.S.J.A.*, n° 18, pp. 7-24 ; J. N. Tama, « Les droits de l'homme dans la Constitution béninoise du 11 décembre 1990 et leurs applications par le juge constitutionnel », *op.cit.*, pp. 213 et s. ; A. Cabanis, et M. L. Martin, « Droits et libertés en Afrique francophone : perspectives constitutionnelles contemporaines », A. Diarra, « La protection constitutionnelle des droits et libertés en Afrique noire francophone depuis 1990. Les cas du Mali et du Bénin », *op.cit.*, pp. 6 et s.

[113] Cf. G. Drago, « Justice constitutionnelle », *op.cit.*, p. 127 ; L. Philip, « Les cours constitutionnelles », *op.cit.*, p. 422,.note à ce propos, que la protection des droits et libertés fondamentaux est la mission essentielle du juge constitutionnel. Elle est souvent à l'origine de la création des juridictions constitutionnelles ; A. Diarra, « La protection constitutionnelle des droits et libertés en Afrique noire francophone depuis 1990. Les cas du Mali et du Bénin », *op.cit.*, 30 p.

[114] Cf. B. Mathieu, M. Verpeaux, *Contentieux constitutionnel des droits fondamentaux*. Paris, LGDJ, 2002, p. 435.

l'Afrique du renouveau démocratique et du néo-constitutionnalisme n'est pas le cimetière des libertés[115], mais plutôt un continent du printemps des libertés[116].

Aujourd'hui, les citoyens africains jouissent dans une certaine mesure de leurs droits et libertés fondamentaux au quotidien. Nous verrons alors comment le juge constitutionnel africain du renouveau démocratique est-il parvenu à assurer cette garantie, en examinant ses techniques opératoires dans la garantie de ces droits fondamentaux.

II. Les techniques usitées dans la protection des droits fondamentaux

La consécration constitutionnelle d'une panoplie de droits et libertés ne suffit pas à les garantir. Faudrait-il encore que leur protection soit effectivement assurée par le juge constitutionnel. À cet effet, ce dernier très sollicité recourt généralement à différents types de techniques opératoires dans sa mission de protection des droits fondamentaux.

Le juge constitutionnel accomplit ainsi cette importante mission à travers d'une part, les techniques constitutionnelles (A) et d'autre part, les techniques prétoriennes (B).

A. Les techniques constitutionnelles

Le citoyen étant la « pierre angulaire de la justice constitutionnelle », le constituant africain lui reconnaît le droit d'agir en contentieux constitutionnel des droits fondamentaux. En effet, le citoyen africain peut mettre en mouvement, de sa propre initiative le procès constitutionnel soit par la saisine directe soit indirectement par la voie de l'exception d'inconstitutionnalité, ou les deux à la fois.

Cependant l'originalité du contentieux de protection des droits fondamentaux dans les pays étudiés, précisément au Bénin, réside dans le fait que le constituant béninois a investi le juge constitutionnel, non seulement comme clé de voûte de son architecture démocratique, mais encore comme instrument privilégié de l'édification de l'État de droit[117] : c'est le sens de son pouvoir d'auto-saisine en cas d'atteinte portée aux droits fondamentaux de la personne humaine et aux libertés publiques[118].

---

[115] T. Holo, « Démocratie revitalisée ou démocratie émasculée ? Les constitutions du renouveau démocratique dans les États de l'espace francophone africain : régimes juridiques et systèmes politiques », *RBSJA*, n° 16, 2006, p. 32.
[116] *Idem*, p. 23.
[117] Cf. T. Holo, « Émergence de la justice constitutionnelle », *Pouvoirs* 2009/2, n° 129, p. 101-114.
[118] Cf. Article 121 alinéa 2 de la constitution béninoise.

Outre l'individu, qui se trouve au centre de la problématique de la protection des droits fondamentaux (1), le juge et les autorités politiques peuvent aussi saisir le juge constitutionnel (2).

1. Les techniques à la disposition des citoyens

L'une des grandes innovations du modèle de justice constitutionnelle africaine aujourd'hui réside incontestablement dans le droit de saisine du juge constitutionnel reconnu au citoyen dès lors qu'il s'estime que ses droits et libertés sont violés par les actes des pouvoirs publics. En est-il ainsi, de tout acte individuel ou réglementaire ? À cet effet, le constituant africain a prévu la saisine directe du juge constitutionnel qui constitue une forme de plainte, de violation des droits fondamentaux et des libertés publiques qu'on peut qualifier de plainte constitutionnelle[119] et l'exception d'inconstitutionnalité.

Cette technique de plainte en violation des libertés publiques et des droits humains est reconnue aujourd'hui comme l'une des prérogatives inhérentes à tout être humain[120]. Ainsi, ce recours direct proche de l'amparo, hérité des systèmes constitutionnels allemand et espagnol[121] est consacré en Afrique par les constituants béninois[122] et gabonais[123]. Les autres pays, notamment, le Mali et le Niger, ne l'ont pas expressément consacré.

Cette technique de protection d'un droit constitutionnellement protégé permet à toute personne de saisir directement le juge constitutionnel lorsqu'elle estime être lésée dans ses droits par un texte ou un comportement. Elle donne ainsi toute sa vitalité à la justice constitutionnelle africaine en étant le rempart légitime des droits fondamentaux[124]. En effet, le recours direct est institué par le constituant béninois pour permettre aux individus de se protéger à travers le contrôle de constitutionnalité de toute loi ou acte réglementaire

---

[119] Selon T. Holo, *in* « Émergence de la justice constitutionnelle », *Pouvoirs*, *op. cit.*, « la notion de plainte suppose aussi que le juge constitutionnel peut connaître, en matière de protection des libertés, des faits et comportements attentatoires aux droits fondamentaux du citoyen », p. 109. Cf. également K. Hounake, *Les juridictions constitutionnelles dans les démocraties émergentes de l'Afrique noire francophone : Les cas du Bénin, du Gabon, du Niger, du Sénégal et du Togo, op. cit.*

[120] *Idem.*

[121] J. L. Cascajo Castro, « Les droits invocables dans les recours constitutionnels », *in* Actes du Séminaire : La protection des droits fondamentaux par la cour constitutionnelle, Brioni, Croatie, 23-25 septembre 1995, Coll. Science et technique de la démocratie, n° 15, p. 17.

[122] Cf. les articles 3 al. 3 et 122 de la constitution béninoise qui dispose : « Toute loi, tout texte réglementaire et tout acte administratif contraires à ces dispositions sont nuls et non avenus. En conséquence, tout citoyen a le droit de se pourvoir devant la Cour constitutionnelle contre les lois, textes et actes présumés inconstitutionnels ».

[123] Selon l'article 85 alinéa 2 de la constitution gabonaise du 26 mars 1991 « Les autres catégories de lois (lois non organiques ainsi que les actes réglementaires peuvent être déférés à la cour constitutionnelle, (… par tous citoyens ou toute personne morale lésée par la loi ou l'acte querellé ».

[124] T. Holo, « Émergence de la justice constitutionnelle », *Pouvoirs* 2009/2, *op.cit.*, p. 108.

censé porter atteinte aux droits fondamentaux de la personne humaine et aux libertés publiques.

Ainsi, l'article 3 de la Constitution du Bénin dispose, en son alinéa 3 que « Tout citoyen a le droit de se pourvoir devant la Cour constitutionnelle contre les lois et actes présumés inconstitutionnels ». Ces dispositions sont complétées par la loi organique sur la Cour constitutionnelle béninoise[125], en son article 24 alinéa 1er, qui précise que « tout citoyen peut, par une lettre comportant ses noms, prénoms et adresse précise, saisir directement la Cour constitutionnelle… ». Toutefois, s'agissant des personnes morales, le juge constitutionnel conditionne la recevabilité de leurs requêtes à la justification par celles-ci, de leur capacité juridique pour agir en justice. En effet, le juge constitutionnel béninois déclare à propos d'une requête de l'Union des Éditeurs et Journalistes de la Presse Indépendante du Bénin (UEJPIB) qu'« une association non déclarée ni enregistrée au ministère de l'Intérieur, de la Sécurité et de l'Administration territoriale n'a pas la capacité juridique pour agir en justice »[126].

Le juge constitutionnel béninois est habilité, en cas de violation des droits fondamentaux de la personne humaine et des libertés publiques, à s'autosaisir en se prononçant d'office sur la constitutionnalité de toute loi ou acte réglementaire censé leur porter atteinte[127]. Cela signifie que la Cour doit s'autosaisir et se prononcer d'office[128] dès qu'il y a une présomption de violation des droits de l'homme.

Cette volonté clairement affirmée du constituant béninois prouve, si besoin est, sa foi en la protection des droits de l'homme et fait écho à la détermination du peuple béninois de « créer un État de droit et de démocratie pluraliste, dans lequel les droits fondamentaux de l'homme, les libertés publiques, la dignité de la personne humaine… sont garantis, protégés et promus »[129].

Du reste, la meilleure protection des droits de l'homme est fonction de l'efficacité et de l'effectivité de leur garantie juridictionnelle. L'ouverture de l'accès direct du juge constitutionnel au citoyen béninois en cas de violation, par la plainte constitutionnelle, constitue l'originalité et l'efficacité de la protection constitutionnelle des droits fondamentaux de la personne au sein des pays étudiés en particulier au Bénin.

---

[125] Il s'agit de la loi organique 91-009 du 4 mars 1991 portant Loi organique sur la Cour constitutionnelle.

[126] Cf. la décision DCC 15-94 du 27 mai 1994, Cf. également dans ce sens la Décision DCC 28-94 du 02 septembre 1994.

[127] Cf. les dispositions de l'article 121 al. 2 de la Constitution du Bénin.

[128] Cf. Décision DCC 03-065 du 19 mars 2003, in *Recueil des décisions et avis de la Cour constitutionnelle*, 2003, p. 257.

[129] Cf. le préambule de la constitution béninoise.

Outre, la technique de la saisine directe, le constituant africain a prévu aussi la saisine indirecte du juge constitutionnel par le citoyen grâce à l'exception d'inconstitutionnalité.

« L'exception d'inconstitutionnalité est une technique procédurale par laquelle une partie à un procès oppose à son adversaire la non-conformité à la constitution de la loi invoquée contre lui ». [130]

Pratiquée aux États-Unis depuis la célèbre affaire Marbury contre Madison de 1803, l'exception d'inconstitutionnalité fait du juge ordinaire, c'est-à-dire le juge saisi du litige, juge constitutionnel pour statuer sur l'exception, dans le modèle américain.

En revanche, dans le modèle européen de justice constitutionnelle, l'apanage pour statuer sur l'inconstitutionnalité d'une loi est confié à une juridiction unique et spécialisée. En effet, selon ce modèle, le juge ordinaire, devant lequel un justiciable excipe de l'inconstitutionnalité de la loi que l'on veut lui appliquer, est tenu de surseoir à statuer et de renvoyer la question de constitutionnalité au juge constitutionnel spécialisé, dont il attendra la décision, avant de pouvoir trancher l'affaire dont il est saisi.

La spécificité de cette technique est qu'elle porte sur les lois déjà promulguées[131]. Cette technique apparaît incontestablement, dans les pays africains, comme un instrument privilégié et efficace à la disposition du citoyen pour la protection de ses droits et libertés. Car, très « souvent, c'est seulement lors de son application qu'une loi révèle les dangers qu'elle fait courir aux libertés »[132].

À la faveur du néo-constitutionnalisme africain des années 90 que le professeur Ahadzi appelle troisième vague du constitutionnalisme[133], le

---

[130] Cf. M. De-Villiers et A. Le Divellec, *Dictionnaire du droit constitutionnel.* Paris, Sirey, 8e éd., 2011. p. 399.

[131] Cf. en ce sens F-X. Millet, « L'exception d'inconstitutionnalité en France ou l'impossibilité du souhaitable ? Réflexions à travers le prisme de l'interprétation constitutionnelle authentique », *RDP*, n° 5-2008, p. 1307, Cf. également M. Fromont, « La justice constitutionnelle en Europe ou l'exception française », *in Mélanges en l'honneur de G. Conac*, Economica, 2002, p. 107, G. Drago, « Exception d'inconstitutionnalité : Prolégomènes d'une pratique contentieuse », *JCP/La Semaine Juridique-Edition générale*, numéro 49.3 décembre 2008, p. 14. Pour le cas spécifique des constitutions africaines Cf. J. Du Bois De Gaudusson, « Les procédures de garantie et leurs limites dans les constitutions francophones africaines », *Revue trimestrielle des droits de l'homme*, 1990/3, M. Kamto, « Actes de gouvernement et droits de l'homme au Cameroun », Lex Lata, 026, 1996, p. 9-14.

[132] Fromont (M., « Rapport sur la Suisse, Autriche, République Fédérale d'Allemagne », in CONAC (G. D. Maus, *L'exception d'inconstitutionnalité, Expériences étrangères, situation française*, Editions STH, Collection « Les grands Colloques », 1989, p. 20.

[133] K. Ahadzi-Nonou distingue dans l'évolution constitutionnelle de ces pays trois cycles constitutionnels. Le premier va des années 1958-59 à 1964-1965 et correspond à l'accélération du mouvement de décolonisation et à l'accession à l'indépendance de la plupart des pays africains. Le second a débuté aux alentours de 1964-1965 et a couru jusqu'à 1990. Le troisième a commencé en 1990 avec la chute des dictatures et l'avènement de la démocratie ; cité par K.

constituant africain a introduit la technique de l'exception d'inconstitutionnalité qui est un contrôle concret dans la plupart[134] des États francophones d'Afrique noire. À cet effet, il faut rappeler que le système constitutionnel des États d'Afrique noire francophone est plus protecteur des droits fondamentaux du citoyen que la France jusqu'à la question prioritaire de constitutionnalité introduite dans la Constitution française[135] avec la révision constitutionnelle du 23 juillet 2008[136]. Toutefois, on peut rappeler au passage que cela n'est que l'aboutissement d'une politique jurisprudentielle amorcée par le Conseil constitutionnel français depuis les années 80[137].

Toutefois, le système retenu par ces pays présente quelques différences intéressantes. Ainsi, la constitution béninoise consacre le terme « tout citoyen »[138] alors qu'au Niger le constituant a employé « toute personne »[139]. Cependant dans la pratique, l'accès des citoyens à la juridiction

---

Hounake, *Les juridictions constitutionnelles dans les démocraties émergentes de l'Afrique noire francophone : les cas du Bénin, du Gabon, du Niger, du Sénégal et du Togo, op.cit.*

[134] Cf. article 122 de la Constitution du Bénin, article 132 de la Constitution nigérienne du 25 novembre 2013. La constitution malienne du 25 février 1992 ne consacre pas la technique de l'exception d'inconstitutionnalité au profit du citoyen pour saisir le juge constitutionnel malien pour la défense de ses droits fondamentaux. Contrairement aux deux autres pays du champ de notre étude, le constituant malien a confié la garde des libertés consacrées par la Constitution au pouvoir judiciaire exercé par la Cour suprême et les autres Cours et tribunaux qui doivent veiller aux droits et libertés consacrés par la constitution selon l'article 81 de la constitution.

[135] La question prioritaire de constitutionnalité a été introduite dans la Constitution française par la Loi constitutionnelle n° 2008-724 du 23 juillet 2008 (*JORF*, du 24 juillet 2008, p. 11890).

[136] Loi n° 2008-724, 23 juillet 2008 : *JO* 24 juillet 2008, p. 11890, - Révision de la Constitution : la Ve République rénovée ? - À propos de la loi constitutionnelle du 23 juillet 2008 de modernisation des institutions de la Ve République, Dossier (dir. M. Verpeaux : JCP 2008, numéro 31, I, études 169 à 178. V. en ce sens l'article 61-1 de la Constitution française. La Loi organique du 10 décembre 2009 précise à la suite de la Constitution que le juge devant lequel la question est soulevée doit l'examiner sans délai et la transmettre dans les huit jours au Conseil d'État ou au juge du fond si trois conditions sont remplies : la disposition contestée est applicable au litige ; elle n'a pas déjà été déclarée conforme à la Constitution dans les motifs et le dispositif d'une décision du Conseil constitutionnel, sauf changement des circonstances ; elle n'est pas dépourvue de caractère sérieux.

[137] En tant que juge constitutionnel, protecteur des droits et libertés des citoyens, le Conseil constitutionnel français a admis le contrôle d'une loi déjà promulguée « à l'occasion de l'examen de dispositions législatives qui la modifient, la complètent ou affectent son domaine ». D'ailleurs, « ce contrôle n'est pas théorique puisque le Conseil a, sur ce fondement, déclaré contraires à la Constitution des dispositions d'une loi promulguée à l'occasion du contrôle de dispositions nouvelles comparables ». Cons. const, déc. n° 85-187 DC, 25 janvier 1985, État d'urgence en Nouvelle-Calédonie : Rec. Cons. Const. 1985, p. 43 ; Cons. Const., déc. n° 99-410 DC, 15 mars 1999, p. 51. La décision examine les dispositions relatives au redressement et à la liquidation judiciaires des entreprises reprises de la loi de 1985 (L. n° 85-98, 25 janv. 1985 et conclut à l'inconstitutionnalité des dispositions des lois de 1999 et de 1985 alors même que ces dernières avaient déjà été jugées conformes à la Constitution par le Conseil constitutionnel (déc. n ° 84-183 DC, 18 janvier 1985 : Rec. Cons. Const. 1985, p. 32 ; Cohen-Tanuggi, *La métamorphose de la Démocratie*, cité par B. Granrut, art. préc., p. 31.

[138] Cf. article 122 de la constitution du Bénin.

[139] Cf. Article 132 de la Constitution du Niger.

constitutionnelle est ouvert à « tout justiciable » c'est-à-dire à « toute personne » et par voie de conséquence aux personnes morales.

Mais, quels actes peuvent faire l'objet d'un tel recours ? Manifestement, au Bénin comme au Niger, l'exception d'inconstitutionnalité, ne peut être soulevée qu'à l'encontre d'une loi[140]. Ce que d'ailleurs réaffirme le juge constitutionnel béninois dans une des décisions lorsqu'elle affirme « (...) l'exception d'inconstitutionnalité doit porter sur une loi et non sur le fait... »[141].

En effet, toute exception d'inconstitutionnalité qui porterait sur un acte d'une autre nature serait irrecevable. C'est ce qui ressort d'une décision de la Cour constitutionnelle béninoise qui a jugé qu'« une exception d'inconstitutionnalité doit porter sur une loi et non une décision de justice»[142] et par conséquent « qu'il y a lieu de déclarer l'exception d'inconstitutionnalité soulevée... irrecevable de ce chef ». De même la Haute Juridiction béninoise a jugé irrecevable, « une requête de citoyens qui soulève l'exception d'inconstitutionnalité non pas d'une loi, mais plutôt d'un arrêté sous-préfectoral »[143], confirmant ainsi son abondante jurisprudence selon laquelle l'exception d'inconstitutionnalité ne peut concerner qu'une loi.

Faudrait-il le rappeler, si l'exception d'inconstitutionnalité peut être soulevée devant toute juridiction au Niger [144]et peut être invoquée par tout citoyen dans une affaire qui le concerne devant une juridiction[145], par contre, au Sénégal comme en France, cette voie de recours est limitée dans sa mise en œuvre, car l'exception ne peut être soulevée que devant le Conseil d'État et la Cour de cassation[146]. Toutefois, la juridiction devant laquelle l'exception est soulevée, doit surseoir à statuer, puis saisir la juridiction constitutionnelle. Cependant, la preuve de l'exception d'inconstitutionnalité soulevée au cours d'un procès devant une juridiction doit être rapportée notamment par la

---

[140] Cf. les articles 122 de la constitution béninoise et 132 de la constitution nigérienne.

[141] Cf. 2e Considérant de la décision DCC 09-043 du 24 mars 2009 *in Recueil des décisions de la Cour constitutionnelle*, 2009, p. 235.

[142] Cf. Décision DCC 04-091 du 08 octobre 2004, Cour d'Appel de Cotonou, *Recueil des décisions et avis de la Cour constitutionnelle du Bénin*, 2004, pp. 415-418, Cf. aussi DCC 09-043 du 24 mars 2009 précitée.

[143] Cf. Décision DCC04-108 du 09 décembre 2004, Rec., p. 487 v. aussi Décision DCC 04-009 du 08 janvier 2004, Rec. p. 47-49.

[144]Selon l'article 132 alinéa 1er de la constitution nigérienne : « Toute personne partie à un procès peut soulever l'inconstitutionnalité d'une loi devant toute juridiction, par voie d'exception. Celle-ci doit surseoir à statuer jusqu'à la décision de la Cour constitutionnelle, qui doit intervenir dans un délai de trente (30 jours). »

[145] Cf. article 122 de la constitution béninoise.

[146] Conformément à l'article 61-1 de la Constitution française du 04 octobre 1958 « lorsque, à l'occasion d'une instance en cours devant une juridiction, il est soutenu qu'une disposition législative porte atteinte aux droits et libertés que la Constitution garantit, le Conseil constitutionnel peut être saisi de cette question sur renvoi du Conseil d'État ou de la Cour de cassation qui se prononce dans un délai déterminé ».

production d'un jugement avant dire droit pour que l'exception soit recevable. Telle est la position du juge constitutionnel nigérien qui exige même qu'à l'appui de la requête en inconstitutionnalité, le requérant produise un acte juridictionnel prouvant que l'exception a été soulevée dans le cadre d'un procès en ces termes : « Considérant que de l'examen de l'ensemble des pièces du dossier il ne ressort aucun acte émanant de la juridiction saisie apportant la preuve que c'est à l'occasion d'un procès que le requérant a soulevé l'exception d'inconstitutionnalité relative à l'application du Code CIMA, il se contente simplement de soutenir que conformément à la jurisprudence devenue constante devant les juridictions nigériennes nul doute que le Code CIMA sera appliqué au litige ;

Qu'en conséquence de tout ce qui précède, il y a lieu de déclarer la requête de Maître Yahaya Abdou, Avocat à la Cour, irrecevable. »[147]

Outre les recours aux techniques prévues par les constitutions africaines elles-mêmes, que les citoyens ou les individus utilisent très souvent pour défendre leurs droits et libertés, il y a également quelques techniques réservées aux autres acteurs.

2. Les techniques réservées aux juges et aux autorités politiques

Le juge constitutionnel béninois « se prononce d'office sur la constitutionnalité des lois et de tout texte réglementaire censés porter atteinte aux droits fondamentaux de la personne humaine et aux libertés publiques ».[148]

Ce qu'avait d'ailleurs affirmé le juriste autrichien H. Kelsen en ces termes : « Il peut (…) se faire que le tribunal constitutionnel introduise d'office la procédure de contrôle contre une norme générale qu'il devait appliquer dans une espèce quelconque, mais sur la régularité de laquelle il a des doutes »[149]. Toutefois, il serait judicieux de distinguer de prime abord la saisine d'office de l'auto-saisine afin de ne pas confondre les deux notions.

L'auto-saisine se définit comme « l'initiative prise par le juge constitutionnel d'ouvrir son office pour contrôler la constitutionnalité d'une norme ou la régularité d'un acte ou d'une situation juridique donnée ». En d'autres termes, « c'est l'évocation par le juge d'une question juridique et la réponse apportée dans une décision revêtue de l'autorité de la chose jugée en dehors de toute instance engagée devant lui »[150]. Ainsi, il peut s'agir par exemple d'une

---

[147] Cf. Arrêt n° 2002-012/CC du 30 avril 2002, *in* Recueil des décisions (contrôle de conformité à la Constitution), 2001-2005, p. 62.

[148] Cf. Article 121 de la constitution du Bénin.

[149] Cf. H. Kelsen, « La garantie juridictionnelle de la Constitution », *op. cit.*, p. 247.

Cf. P. Jan, *La saisine du Conseil constitutionnel.* Thèse pour le doctorat en Droit public, Université François Rabelais de Tours, Faculté de Droit, d'Économie et des Sciences Sociales, décembre, 1997, p. 181.

[150] *Idem.*

situation dans laquelle le juge constitutionnel déclenche de son propre chef une procédure pour rectifier une erreur matérielle qui s'est glissée dans une précédente décision.

Par contre, la saisine d'office, comme c'est le cas chez le juge béninois, est une technique qui permet au juge constitutionnel de se saisir, au cours d'une instance engagée devant lui, de toute l'affaire et de statuer au fond.

En a-t-il été ainsi lorsque dans une décision en date du 19 décembre 2002, le juge constitutionnel déclare que la Cour doit se déclarer incompétente. Mais, il précise : « toutefois la requête fait état de violation des droits de la personne humaine ; qu'en vertu de l'article 121 alinéa 2 de la Constitution, il y a lieu pour la Haute juridiction de se prononcer d'office »[151].

Il en est de même dans l'affaire qui a opposé le Sieur Sven Pedersen à l'Administration fiscale béninoise. Il faut le rappeler, la Cour a été saisie d'une requête par laquelle un particulier soumet à son contrôle, les décisions administratives de retrait et de rétention de son passeport prises et exécutées par l'administration. En soutien à sa demande, le plaignant allègue d'une part, qu'un tel agissement ayant pour but de le garder à la disposition d'une administration constitue un acte de police judiciaire ; et que les actes de police judiciaire relèvent exclusivement de la compétence des autorités judiciaires et constituent par conséquent l'exercice du pouvoir judiciaire. D'autre part, il estime qu'il y a violation caractérisée de sa liberté d'aller et venir en ce qu'aucune loi ne donne à l'Administration le pouvoir de retirer et/ou de retenir un passeport pour des raisons purement fiscales. Le juge constitutionnel s'est prononcé d'office sur la constitutionnalité de l'article 1145 alinéa 3 du Code général des impôts avant de statuer sur la légalité ou non de la procédure de retrait et de rétention du passeport du Sieur Sven Pedersen en précisant « que l'article 1145 alinéa 3 apporte effectivement une restriction à la liberté d'aller et venir »[152]. La Cour constitutionnelle conclut que « le retrait et la rétention du passeport de Monsieur Sven Pedersen... sont arbitraires et constituent une violation de la Constitution »[153] Il semble que cette précision est nécessaire d'autant plus qu'elle a l'avantage de permettre de savoir à quel moment le juge se saisit d'office d'une affaire ou s'autosaisit. Cependant, dans le contexte africain, l'auto-saisine[154] peut sembler dangereuse car elle

[151] Cf. Décision DCC 02-138 du 19 décembre 2002, Rec., 2002, p. 555-558.

[152]Cf. Décision DCC 97-045 du 13 août 1997, Recueil des décisions et avis de la Cour constitutionnelle du Bénin, 1997, p. 191-195.

[153] *Idem.*

[154] L'auto-saisine n'existe que dans les modèles constitutionnels d'inspiration marxiste où les organes chargés du respect des dispositions constitutionnelles et particulièrement de la constitutionnalité des normes sont dotés d'un pouvoir d'auto-saisine. En dehors du continent européen, il existe aussi des systèmes consacrant ce mécanisme, J. Tao, « Le contrôle de constitutionnalité en République populaire de Chine », *RDP*, 1987, pp. 579 et ss. Sur la question de l'auto-saisine Cf. également T. Di Manno, *Le Conseil constitutionnel et les moyens et conclusions soulevés d'office,* Economica-PUAM, 1994, p. 11, note 11. Cité *par* K. Hounake,

permettrait au juge constitutionnel de s'immiscer dans les débats politiques, au risque d'opérer des contrôles opportunistes.

S'agissant des autorités politiques pouvant déclencher le contrôle de constitutionnalité, elles sont dans la plupart des cas limitativement énumérées par la constitution[155].

En effet, l'ouverture de la saisine du juge constitutionnel aux autorités politiques, permet surtout à la minorité parlementaire d'imposer à la majorité parlementaire, très souvent une caisse de résonnance de l'exécutif le respect de la Constitution, en maintenant l'expression de la volonté de cette majorité dans le respect de la Constitution d'autant plus que la saisine de la majorité parlementaire ou du gouvernement est rare dans les systèmes contemporains actuels du phénomène majoritaire[156].

Ainsi, grâce aux techniques que le constituant a mises à sa disposition, le juge constitutionnel africain se présente aujourd'hui comme un véritable « chien de garde » des droits et libertés fondamentaux, et partant de la démocratie.

---

in Les juridictions constitutionnelles dans les démocraties émergentes de l'Afrique noire francophone : les cas du Bénin, du Gabon, du Niger, du Sénégal et du Togo, op. cit.

[155] Cf. Les articles 121 alinéa 1 de la Constitution du Bénin qui dispose : « La Cour constitutionnelle, à la demande du Président de la République ou de tout membre de l'Assemblée nationale, se prononce sur la constitutionnalité des lois avant leur promulgation.», 88 de la Constitution malienne qui dispose : « Les lois organiques sont soumises par le Premier Ministre à la Cour constitutionnelle avant leur promulgation.

Les autres catégories de lois, avant leur promulgation, peuvent être déférées à la Cour constitutionnelle soit par le Président de l'Assemblée nationale ou un dixième des députés, soit par le Président Haut Conseil des Collectivités ou un dixième des Conseillers Nationaux, soit par le Président de la Cour suprême » et 131 alinéas 2 et 3 de la constitution nigérienne qui dispose : « Les lois organiques, avant leur promulgation, et le Règlement intérieur de l'Assemblée nationale, avant sa mise en application ainsi que leurs modifications, doivent être soumis à la Cour constitutionnelle qui se prononce sur leur conformité à la Constitution.

Aux mêmes fins, avant leur promulgation, les lois peuvent être déférées à la Cour constitutionnelle par le Président de la République, le Premier ministre, le président de l'Assemblée nationale ou un dixième (1/10) des députés. ».

[156] Dans les démocraties modernes, le Parlement ne joue plus fondamentalement son rôle de contrôle de l'action gouvernementale. La théorie traditionnelle de la séparation des pouvoirs n'est plus apte aujourd'hui à rendre compte des modalités réelles de fonctionnement des démocraties. Le fait majoritaire avec son corollaire, la discipline parlementaire, a pour conséquence d'engendrer une majorité parlementaire fidèle soudée au gouvernement. La réelle séparation des pouvoirs est entre la majorité et le gouvernement d'une part, (le pouvoir de direction et d'action et la minorité parlementaire (le pouvoir de contrôle, d'autre part. Ceci explique pourquoi les saisines de la majorité parlementaire ou du gouvernement sont rares. Les saisines parlementaires sont conditionnées à la fois par les rapports de forces qui animent la minorité parlementaire et la majorité gouvernementale, et par ceux internes à l'opposition parlementaire. Il est, en effet, improbable qu'un membre du Parlement signe une requête visant un acte adopté par la majorité à laquelle il appartient pour violation de la Constitution. Cette règle a d'ailleurs été formulée en Slovénie où il est interdit aux requérants de « demander l'ouverture d'une procédure de contrôle des actes [...] qu'ils ont eux-mêmes adoptés » (cf. article 23, alinéa 2 de la loi sur la Cour constitutionnelle slovène.

Toutefois, ces techniques recèlent quelques insuffisances. Ce qui a certainement conduit le juge constitutionnel à emprunter au contentieux administratif ses techniques de contrôle pour mieux garantir les droits et libertés consacrés par le constituant.

B. Les techniques prétoriennes

Il s'agit de pures créations du juge constitutionnel, garant des droits fondamentaux. En effet en cette matière, le juge constitutionnel lorsqu'il est saisi fait appel à des techniques ayant fait fortune dans d'autres disciplines juridiques pour protéger les droits fondamentaux de la personne humaine. Cette imagination fertile du juge constitutionnel comble les insuffisances des textes constitutionnels. Parmi ces techniques, nous retiendrons dans le cadre de cette réflexion principalement la technique de l'effet cliquet (1) et celle des standards (2).

1. L'effet cliquet

Dans sa lourde mission de protection des droits et libertés constitutionnels, le juge constitutionnel peut opposer au législateur le refus de remettre en cause des droits déjà acquis par les citoyens. Cela explique toute l'importance de la technique de l'effet cliquet[157] dans l'activité du juge constitutionnel en tant que protecteur des droits et libertés fondamentaux de la personne humaine.

Cette technique est « un levier s'opposant à tout retour en arrière, à toute régression »[158].

En effet, comme le souligne le Professeur G. Drago, « C'est à la fois une technique contentieuse mais aux effets tellement généraux qu'elle en devient aussi un type de décisions rendues par le Conseil, décisions de "refus d'abrogation" par lesquelles le Conseil refuse l'abrogation par le législateur de dispositions législatives parce qu'elles expriment une garantie législative d'un principe constitutionnel »[159]. Ce rôle primordial du juge constitutionnel a été affirmé pour la première fois en 1984 dans une décision[160] du Conseil constitutionnel français relative aux libertés universitaires.

---

[157] L'expression est de G. Pepy, AJDA, 1986, p. 527 et s. spéc., p. 534.

[158] L. Gay, « L'Effet cliquet » dans la jurisprudence du Conseil constitutionnel », IVe Congrès français de droit constitutionnel 10, 11 et 12 juin 1999, Association française des constitutionnalistes, Université d'Aix-Marseille III, 1999, p. 1 cité par K. Hounake, *in Les juridictions constitutionnelles dans les démocraties émergentes de l'Afrique noire francophone : les cas du Bénin, du Gabon, du Niger, du Sénégal et du Togo, op. cit.*, Cf. aussi F. Hamon, C. Weiner, *La loi sous surveillance*, Paris, Odile Jacob, 1999, p.131.

[159] G. Drago, *Contentieux constitutionnel français, op. cit.* p. 408.

[160] Cf. décision CC., *83-165 DC du 20 janvier 1984, R.J.C.,* Libertés universitaires. En effet, La première manifestation de cette jurisprudence remonte à cette décision du Conseil constitutionnel sur les Libertés universitaires. Selon cette jurisprudence, lorsqu'une loi abroge les dispositions d'une loi précédente, sans reprendre à son compte les garanties que prévoyait le premier texte, elle est inconstitutionnelle. C'est ce qu'a décidé le Conseil constitutionnel, à propos de l'abrogation de la loi du 12 novembre 1968 par la loi Savary, en des termes tout à

Celle-ci sera confirmée par la suite par le juge constitutionnel français qui affirme : « …s'il incombe au législateur… d'édicter des règles concernant l'exercice du droit de libre communication et de liberté de parler et d'écrire, il ne saurait le faire, s'agissant d'une liberté fondamentale d'autant plus précieuse que son existence est une des garanties essentielles du respect des autres droits et libertés, qu'en vue d'en rendre l'exercice plus effectif ou de le concilier avec d'autres règles ou principes de valeur constitutionnelle. »[161]

En effet, pour le juge constitutionnel, le législateur ne peut donc modifier que pour accroître les droits et libertés constitutionnels protégés et non pour les restreindre. Il s'agit donc d'un « cliquet anti-retour »[162]. Ainsi, le législateur ne peut modifier les garanties constitutionnelles que dans le sens d'une plus grande protection, d'un plus grand renforcement des droits et libertés et non de les restreindre[163]. Cette théorie affirme donc l'interdiction faite au législateur « d'abroger des dispositions législatives garantissant ces libertés sans les remplacer par d'autres, d'efficacité équivalente ; il ne peut intervenir que pour renforcer ces garanties »[164]. En faisant usage de cette technique, le juge constitutionnel donne la preuve qu'il est le gardien des droits de l'homme et refuse ainsi l'abrogation par le législateur des dispositions d'une loi parce qu'elles expriment la garantie législative d'un

---

fait explicites : « Considérant que si l'abrogation des dispositions de la loi ancienne contraires aux dispositions de la loi nouvelle, ainsi que le maintien en vigueur de la réglementation ancienne jusqu'à son remplacement par une réglementation nouvelle n'appellent pas d'observations du point de vue de leur conformité à la Constitution, en revanche l'abrogation totale de la loi d'orientation du 12 novembre 1968 dont certaines dispositions donnaient aux enseignants des garanties conformes aux exigences constitutionnelles qui n'ont pas été remplacées dans la présente loi par des garanties équivalentes n'est pas conforme à la Constitution ». La même année, le juge déclare, à propos de la liberté de communication des pensées et des opinions (décision CC., 84-181 DC 10 -11 octobre 1984, Entreprises de Presse, que la loi « ne peut en réglementer l'exercice qu'en vue de le rendre plus effectif ou de le concilier avec celui d'autres règles ou principes de valeur constitutionnelle ». Plus tard, une position de principe est, semble-t-il, adoptée en 1986. Dans deux affaires (C.C., 86-210 DC du 29 juillet 1986, Régime de la Presse et CC., 86-217 DC du 18 septembre 1986), Liberté de communication concernant à nouveau l'article 11 de la Déclaration de 1789, le Conseil constitutionnel rappelle ainsi la compétence dont jouit le législateur pour abroger ou modifier les textes antérieurs ; il ajoute « que, cependant, l'exercice de ce pouvoir ne saurait aboutir à priver de garanties légales des exigences de caractères constitutionnel ».

161 Cf. Décision 94-345 DC du 29 juillet 1994 du Conseil constitutionnel français.

162 Il s'agit d'un terme particulièrement évocateur qui, à l'image d'une roue comportant un taquet qui l'empêcherait d'aller en sens inverse. Mais cette notion n'a jamais été reprise par le juge constitutionnel français, cf., A. Vidal-Naquet, *Les* « garanties légales des exigences constitutionnelles » *dans la jurisprudence du Conseil constitutionnel, op. cit.*, pp. 16 et s; Cf. aussi, G. Mollion, « Les garanties légales des exigences constitutionnelles », *R.F.D.C.*, n° 62, 2005, p. 264, note de bas de page n° 34.

163 G. Drago, *Contentieux constitutionnel français*, Paris, PUF, 3e éd., 2011, p. 400.

164 L. Favoreu et L. Philip, *Les grandes décisions du Conseil constitutionnel*. Dalloz, 15e éd., 2009, p. 527.

principe constitutionnel[165] et déclare inconstitutionnelle une nouvelle disposition législative au motif qu'elle ne maintient pas les droits et libertés fondamentaux qui existaient dans le texte ancien que la loi nouvelle est censée modifier ou remplacer.

Pour sa part, le juge constitutionnel béninois qui est la référence en matière de protection des droits fondamentaux des citoyens parmi les pays de notre champ d'étude n'a consacré véritablement la technique dite de l'effet cliquet que dans une décision du 5 avril 2010[166].

Cette décision est rendue suite à la saisine de la Cour par huit (8) requérants qui lui demandent de se prononcer sur la conformité à la Constitution de la loi n° 2010-12 portant abrogation de la loi n° 2009-10 du 13 mai 2009 portant organisation du Recensement Electoral National Approfondi (RENA) et établissement de la Liste Electorale Permanente Informatisée (LEPI) votée par l'Assemblée nationale le 18 mars 2010. La Cour fait droit à la demande des saisissants. Elle considère à cette occasion « qu'en votant la loi 2009-10 du 13 mai 2009 portant organisation du RENA et de la L.E.P.I., l'Assemblée nationale a entendu donner au peuple un moyen efficace pour exercer dans la transparence sa souveraineté par le vote… », « qu'il est unanimement acquis que la LEPI garantit une élection transparente ; qu'en tout état de cause, la confection d'une telle liste constitue une avancée par rapport à l'ancienne méthode d'enregistrement manuel des électeurs, souvent sujette à des contestations ; qu'ainsi, toute nouvelle législation devant intervenir en cette matière, doit être de nature à accélérer et faire progresser la transparence et le processus d'élaboration de la liste électorale permanente informatisée en cours et non l'arrêter, le ralentir ou le faire reculer ; qu'en conséquence, il échet pour la Cour de dire et juger que l'adoption de la loi n° 2010-12 par les députés le 18 mars 2010 constitue une négation de la libre et transparente expression de la souveraineté du peuple, et par conséquent une violation de la Constitution »[167]. Ce raisonnement rappelle de loin celui du juge constitutionnel français dans sa décision « Entreprises de Presse »[168].

---

165 G. Drago, *Contentieux constitutionnel français*, *op. cit.*, p. 400.

166 Cf. décision DCC 10-049 du 5 avril 2010 de la Cour constitutionnelle du Bénin.

167 *Idem.*

168 En réalité, la décision *Entreprises de Presse*, fait partie d'un ensemble de décisions par lesquelles le juge Constitutionnel français a entendu accorder une garantie particulière aux libertés dites fondamentales. La première pierre de l'édifice est posée dans sa décision *Libertés universitaires de 1984* (C.C., 83-165 DC du 20 janvier 1984, R.J.C., I- 171. Consulter à ce propos L. Favoreu, « Libertés locales et libertés universitaires, Les décisions du Conseil constitutionnel du 20 janvier 1984 », *R.D.P.*, 1984, p. 687-719.

C'est en raison de cette première invalidation que la Haute instance soulevait d'office, s'agissant de l'article 68 alinéa 1er de la loi, la conclusion suivante : « Considérant que… l'abrogation totale de la loi d'orientation du 12 novembre 1968 dont certaines dispositions donnaient aux enseignants des garanties conformes aux exigences constitutionnelles qui n'ont pas été remplacées dans la présente loi par des garanties équivalentes n'est pas conforme à la Constitution ». Cette première manifestation de la jurisprudence dite du cliquet », voit ses

Les jurisprudences constitutionnelles au Mali et au Niger n'offrent pas encore des décisions en la matière.

Le recours à la technique dite de l'effet cliquet, consistant à imposer au législateur le respect des droits acquis est une technique très efficace de garantie des droits fondamentaux des citoyens contre les lois liberticides. Par cette technique, c'est le pouvoir d'abrogation du législateur qui se trouve ainsi limité par des exigences qu'il a eu à poser lui-même dans une loi antérieure et qui constituent des garanties légales des principes de valeur constitutionnelle[169]. En somme, l'effet cliquet équivaut à une décision de « refus d'abrogation »[170].

Cependant, le juge constitutionnel africain ne néglige pas d'autres techniques comme celle des standards.

2. La technique des standards[171]

La technique du standard a fait fortune surtout en droit administratif aussi bien en Afrique[172] qu'en Europe[173]. Elle est cependant apparue assez rapidement que son utilité en droit public ne pouvait qu'aboutir à une adaptation à ses méthodes propres par le juge constitutionnel[174].

Les standards sont des « (…) notions morales ou intellectuelles qui servent d'étalon pour apprécier la validité des interventions des pouvoirs publics, y compris celles du législateur »[175]. Il peut s'agir aussi bien de règles positives ou jurisprudentielles, exprimées en termes suffisamment généraux pour laisser une grande liberté d'appréciation au juge, et suffisamment précis néanmoins pour donner un point de repère conceptuel à son évaluation. En effet, la notion de standard fait appel à une appréciation de proportionnalité par rapport à une expression de la normalité posée par la règle. Le contrôle de proportionnalité est défini généralement comme « l'exigence d'un rapport, d'une adéquation,

---

contours précisés par la décision *Entreprises de Presse* des 10 et 11 octobre 1984. L. Gay, *op.cit.*, p. 4-5.

[169] P. Blacher, *Contrôle de constitutionnalité et volonté générale*, Paris, PUF 2001, p. 142.

[170] G. Drago, *L'exécution des décisions du Conseil constitutionnel. L'effectivité du contrôle de constitutionnalité des lois*, op.cit., pp. 172 et s. G. Mollion, « Les garanties légales des exigences constitutionnelles », *op.cit.*, p. 257.

[171] Les standards s'expriment à travers des concepts tels que le « juste », le « nécessaire » ou de la « nécessité publique ». Il peut s'agir également du « raisonnable » ou par opposition au « grave » ou du normal par opposition à l'« anormal » même dans tous les cas, il appartient au juge de déterminer leur contenu.

[172] N. M. Diagne, *Les méthodes et techniques du juge en droit administratif sénégalais*, Thèse, Université Cheikh Anta Diop de Dakar, 1995.

[173] S. Rials, *Le juge administratif français et la technique du standard, Essai sur le traitement juridictionnel de l'idée de normalité.* L.G.D.J., 1980.

[174] S. Leturcq, *Standards et droits fondamentaux devant le Conseil constitutionnel français et la Cour européenne des droits de l'homme.* Paris, LGDJ, 2005.

[175] F. Hamon, C. Wiener, *La loi sous surveillance, op. cit.*, p. 133. Cf. également S. Rials, *Le juge administratif et la technique du standard, op. cit.*, p. 4.

entre les moyens employés par l'Administration et le but qu'elle vise »[176]. Contrairement au contrôle de l'erreur manifeste d'appréciation[177], il s'agit ici d'un contrôle approfondi où le juge « pèse au plus juste les proportions entre le fait, la fin et l'acte »[178].

Appliqué au contentieux constitutionnel, la proportionnalité sert à concilier l'ordre public et les libertés. En d'autres termes, le contrôle de proportionnalité est pour le juge un instrument de conciliation entre des exigences constitutionnelles ou un instrument de respect d'une exigence constitutionnelle[179]. En effet, selon ce principe, « toute action de l'État pour être constitutionnelle doit être nécessaire, appropriée et non excessive ». Il en résulte un droit de contrôle général du juge constitutionnel sur l'activité des pouvoirs publics[180]. Pour Rousseau, il s'agit d'un puissant instrument de contrôle puisqu'il permet au juge constitutionnel « d'apprécier le caractère non disproportionné, non excessif, opportun, raisonnable des choix opérés par le législateur... »[181] En somme, c'est « une condition de la constitutionnalité des restrictions apportées aux droits et libertés »[182].

Dans ce cas, il effectue un contrôle délicat visant la conciliation opérée par l'administration ou le législateur entre deux exigences constitutionnelles, le respect de l'ordre public et la garantie des droits et libertés. Mais, comme l'a souligné M. Costa, les mesures de police et la protection des libertés constituent le domaine d'élection du principe de proportionnalité[183].

Le juge constitutionnel béninois a appliqué ce principe dans l'affaire Gbadamassi Rachidi, destitué en sa qualité de Maire de la ville de Parakou. En effet, à peine sorti de détention préventive, M. Rachidi a été sommé par un acte d'huissier du préfet des départements du Borgou et de l'Alibori de passer service dans les quarante-huit (48) heures à compter du 12 septembre 2006 à 12 heures. Sur ce, l'intéressé a été interpellé par les agents de sécurité dans la nuit du 14 septembre 2006, placé sous surveillance au commissariat central à

---

[176] G. Braibant, « Le principe de proportionnalité », *Mélanges offerts à Marcel WALLINE. Le juge et le droit public*. Paris, *LGDJ*, tome 2, 1974, p. 298.

[177] La doctrine a diversement défini la notion d'erreur manifeste. Ainsi Vedel définit l'erreur manifeste d'appréciation comme « *une erreur qui saute aux yeux sans qu'il soit besoin d'être un expert très averti* » *in* G. Vedel et P. Delvolvé, *Droit administratif, op. cit.*, p. 800. Pour Rivero, elle consacre « *une méconnaissance de la logique ou du bon sens* », Cf. J. Rivero, *Droit administratif.* Paris, Dalloz, 9e éd., 1980, p. 263. M. Braibant précisera, quant à lui, qu'il s'agit d'« *une erreur évidente... et qui ne fait aucun doute pour un esprit éclairé* » *in* G. Braibant.

[178] G. Braibant, id., p. 302.

[179] B. Mathieu, M. Verpeaux, *Contentieux constitutionnel des droits fondamentaux, op. cit.*, pp. 485-487.

[180] L. Philip, « Les Cours constitutionnelles », *op.cit.*, p. 425.

[181] D. Rousseau, *Droit du contentieux constitutionnel.* Paris, Montchrestien, Clefs, 1996 p. 155.

[182] ACCPUF, « La proportionnalité dans la jurisprudence constitutionnelle », *Bulletin* n° 9, mai 2010, p. 67.

[183] J.-P. Costa, « Le principe de proportionnalité dans la jurisprudence du Conseil d'État », *op. cit.*

Cotonou et conduit sous escorte à Parakou, où il a passé service le 15 septembre 2006, avant d'être libre de ses mouvements. En réponse à la mesure d'instruction de la Cour constitutionnelle, le Directeur général de la police nationale affirme que « c'est pour des raisons d'ordre public et pour assurer la sécurité de l'intéressé », dont la libération n'a pas manqué de susciter dans certains milieux une vive tension et qu'il méritait la prise de quelques dispositions sécuritaires pour éviter le pire. Le juge considère que « … si la prévention d'atteinte à l'ordre public, notamment d'atteinte à la sécurité des personnes est nécessaire à la sauvegarde des principes et des droits ayant valeur constitutionnelle, elle ne peut justifier dans le cas d'espèce, l'arrestation et la conduite sous escorte de Monsieur Rachidi Gbadamassi aux fins de passation de service à la mairie de Parakou ; qu'en conséquence, il y a violation de la Constitution »[184].

Dans la même logique, le juge béninois considère que « l'exécution, même forcée, d'une décision de justice » ne saurait justifier que les membres de toute une famille soient soumis à des actes de violence de la part de la police[185]. Il estime, par ailleurs, que « les exigences de la surveillance du territoire et de la garantie de la sécurité des personnes et des biens impliquent qu'il soit tenu compte du droit reconnu à chaque citoyen par la Constitution d'aller et de venir librement… [et] qu'il est du reste surprenant qu'une vérification d'identité des personnes gardées à vue puisse durer 13 heures… »[186].

En ce qui concerne la concrétisation du délai raisonnable[187], le juge constitutionnel béninois a toujours su faire preuve d'imagination et de vigilance en matière de protection des droits de l'homme. En effet, il a su trouver dans les textes, des réponses aux plaintes des citoyens lorsqu'il a été saisi, d'un recours par lequel il lui est demandé de satisfaire à trois requêtes.

Des différentes investigations faites par la Cour auprès des deux juridictions, il ressort d'une part, que : « … au niveau du tribunal de Cotonou, vingt-six dossiers… ont été jugés entre 1997 et 1998 après un délai de 4 à 9 ans, cinq après un délai de 11 à 27 ans, trois sont encore pendants depuis 4 à 11 ans… quatre autres affaires radiées et remises au rôle sont en instance depuis 5 à 17 ans »[188] et d'autre part, « au niveau de la Cour d'Appel sur dix affaires…, six ont été jugées après un délai de 12 à 13 ans, et quatre ne le sont

[184] Cf. Dernier considérant de la Décision DCC 08-010 du 17 janvier 2008.
[185] Cf. Dernier considérant de la Décision DCC 02-109 du 22 août 2002.
[186] Cf. Dernier considérant de la Décision DCC 01-089 du 31 octobre 2001.
[187] Cf. E. Montcho-Agbassa, *Contribution à l'étude d'une notion à contenu variable : le délai raisonnable en droit privé.* Thèse de doctorat en Droit privé, Université d'Abomey-Calavi, juillet 2009, 426 p. Référence citée par C.P.T. Soglohoun in *Le rôle du juge constitutionnel dans le processus de démocratisation en Afrique. Les cas du Bénin, du Mali, du Sénégal et du Togo, op.cit.*
[188] Cf. Décision DCC 00-007 du 02 février 2000, Rec. p. 33, Cf. aussi K. Hounake, *in Les juridictions constitutionnelles dans les démocraties émergentes de l'Afrique noire francophone : les cas du Bénin, du Gabon, du Niger, du Sénégal et du Togo, op.cit.*

pas encore après 11 à 13 ans »[189]. Au regard de toutes ces constatations, la Cour considère que « … les délais mis par le tribunal de première instance de Cotonou et la Cour d'Appel pour rendre les décisions sont anormalement longs »[190].

La première décision véritable du juge constitutionnel africain relative à la condamnation des délais anormalement longs auxquels s'habitue la justice africaine en général, et béninoise en particulier, est sans doute la décision DCC 97-011 du 06 mars 1997[191]. À la suite du raisonnement du juge constitutionnel, on peut retenir que le délai raisonnable est « un temps légitime, légalement fixé ou non, accordé au juge pour statuer définitivement sur un contentieux », lequel délai constitue une garantie fondamentale pour une bonne administration de la justice.

Par ailleurs, le juge constitutionnel a eu à préciser les contours de ce standard[192] qui, par nature est une notion floue et indéterminée à travers une jurisprudence abondante. Ainsi, « le caractère raisonnable de la durée d'une procédure s'apprécie suivant les circonstances de la cause, la complexité et la

---

[189] *Idem*

[190] *Idem*. Le non-respect du délai raisonnable, peut résulter également du retard accusé dans l'exécution d'une procédure. Ainsi, est contraire à la Charte africaine des Droits de l'homme et des Peuples, pour avoir accusé un délai anormalement long « *une procédure de flagrant délit qui a duré environ quatorze mois dix jours* » (Décision DCC 97-006 du 18 février 1997, Rec. p. 27-30. En revanche, il a estimé que le délai de dix-neuf mois au cours desquels un requérant est placé sous mandat de dépôt ne peut être qualifié d'anormalement long (Cour constitutionnelle du Bénin), Décision DCC 04-034 du 30 mars 2004, Rec., 2004, p. 149 et s. Cf. aussi Décision DCC 04-041 du 23 avril 2004, p. 179 et s. À ce propos on peut légitimement s'interroger sur cette différence de traitement et sur le critère d'appréciation du caractère normal ou non du délai. Critère qu'il n'est pas jusque-là précisé.

[191] Cette décision a été rendue suite à la saisine de M. Hounmènou Jean-Marie qui lui demandait de contrôler la constitutionnalité du silence qui lui est préjudiciable, affiché par le Tribunal de première instance de Porto-Novo pour le règlement d'une affaire domaniale qui l'oppose à M. Chitou Mouftaou. Dans son jugement, le juge estime que le Tribunal de première instance de Porto-Novo viole la Constitution en ce que ce délai anormalement long - une procédure qui dure depuis près de quatorze ans – ne respecte pas les dispositions de l'article 7 de la Charte africaine des Droits de l'Homme et des peuples précité. L'alinéa d de l'article 7 dispose « *Toute personne a le droit que sa cause soit entendue. Ce droit comprend : le droit d'être jugé dans un délai raisonnable par une juridiction impartiale* ».

[192] Selon Y. Gaudemet, *Les méthodes du juge administratif.* Paris, L.G.D.J., 1972, p. 47, cité par C. P. T. Soglohoun *in Le rôle du juge constitutionnel dans le processus de démocratisation en Afrique. Les cas du Bénin, du Mali, du Sénégal et du Togo*, op.cit., le standard permet d'établir une sorte d'échelle de comportements et de préciser de façon générale et antécédente à chaque espèce, la limite du permis et du fautif. Cf. F. Hamon, C. Wiener, *La loi sous surveillance*, Paris, Odile Jacob, 1999, p. 133 ; Cf. surtout S. Rials, *Le juge administratif français et la technique du standard.* Paris, L.G.D.J., 1980, pp. 61 et s., qui considère le standard comme « un type de disposition indéterminée, plutôt utilisée par le juge, dont le caractère normatif fait l'objet de contestation et qui met en jeu certaines valeurs fondamentales de normalité, de moralité ou de rationalité… ». Sur la différence entre les deux notions, Cf. A. Essono Ovono, *Théorie de l'interprétation et pouvoir créateur du juge constitutionnel français.* Thèse pour le doctorat en droit, Université des Sciences sociales de Toulouse, 2000.

multiplicité des procédures, le comportement du requérant et celui des autorités juridictionnelles ». Ainsi, il estime que la complexité de la procédure et de l'affaire, la difficulté des preuves, l'incertitude de la règle de droit, le comportement du requérant peuvent justifier un retard dans le jugement. En revanche, la négligence des parties dans l'accomplissement des actes de procédure, la composition irrégulière des chambres, l'empêchement des juges, les grèves, les sessions de la Cour d'assises, les mutations des magistrats[193], etc. ne sauraient justifier un délai anormalement long de jugement, ni exonérer les juridictions de leur mission constitutionnelle de rendre la justice dans un délai raisonnable. En ce qui concerne le standard du « juste », la Cour constitutionnelle a eu à juger que « ... le Gouvernement et l'Assemblée nationale n'ayant pas permis aux requérants de bénéficier de la juste rétribution de leurs services par le vote d'une loi, ont de fait violé les dispositions... de l'article 30 de la Constitution »[194].

Conclusion

Plus qu'une simple exigence du moment, la protection constitutionnelle des droits et libertés est une des dimensions les plus essentielles du constitutionnalisme[195] contemporain.

Fruit d'une longue évolution, la démocratie constitutionnelle[196] et précisément, l'État de droit se veut un État respectueux des droits fondamentaux, qui en sont ainsi une composante capitale.

Le recours à la riche et importante jurisprudence constitutionnelle dégagée par les juridictions constitutionnelles des pays de l'étude en particulier le Bénin, modèle de démocratie revitalisée, offre sans nul doute l'occasion d'apprécier non seulement le rôle mais aussi la place du juge constitutionnel[197] africain, dans la protection des droits fondamentaux des citoyens, garantis par les différentes constitutions nationales.

---

[193] Décision DCC 07-170 du 27 décembre 2007 ; Décision DCC 06-122 du 1er septembre 2006.

[194] Cf. Décision DCC 02-069 du 19 juin 2002. En l'espèce la Cour est saisie d'un recours par lequel un groupe d'anciens juges constitutionnels demande à la Haute juridiction de leur «... faire bénéficier de la loi n° 2001-28 du 11 décembre 2001 portant détermination du traitement, des indemnités et autres avantages dus aux membres de la Cour constitutionnelle ».

[195] R. B. Achour, « Le contrôle de constitutionnalité des lois : quelles procédures ? », *www.bibliotheque.refer.org/livre59/l5905.pdf*, consulté le 26 juin 2008, p. 395 ; A. Diarra, « La protection constitutionnelle des droits et libertés en Afrique noire francophone depuis 1990. Les cas du Mali et du Bénin », *op. cit.*, 30 p.

[196] La paternité de cette notion revient à Carl Friedrich, professeur à Harvard, dans son ouvrage intitulé *Constitutional Government and Democracy* (1950 et traduit sous le titre de *Démocratie constitutionnelle* aux Presses universitaires de France (PUF (Collection Bibliothèque de la Science politique en 1958.

[197] «...la Cour constitutionnelle est la pierre angulaire de cet édifice qu'est la démocratie constitutionnelle » laissait entendre M. A. La Pergola, dans son Allocution d'ouverture aux Actes du Colloque de Bucarest sur « Le rôle de la Cour constitutionnelle dans la consolidation de l'État de droit » 8-10 juin 1994, coll. Science et technique de la démocratie, n° 10, p. 15.

Le rôle décisif des juridictions constitutionnelles africaines, en matière de protection de droits fondamentaux est aujourd'hui une réalité tangible. Ainsi, « Autrefois champ de ruines des droits de l'homme et du citoyen, l'Afrique semble aujourd'hui poser les fondations de sa liberté » grâce à l'action constructive du juge constitutionnel.

Ce faisant, la nouvelle génération des juridictions constitutionnelles africaines, s'éloignent fondamentalement de leurs devancières des années 1960. Mieux, elles s'évertuent, dans les limites de leurs compétences, à se présenter comme les vraies gardiennes des droits et libertés constitutionnellement garantis.

Du reste on peut fermement affirmer, qu'à travers les procédés techniques qu'il développe et les raisonnements qu'il mène, le juge constitutionnel africain fait de la protection des droits et libertés constitutionnels une des priorités de sa mission. Mieux, il se fait volontariste en se montrant actif, imaginatif, et va très souvent au-delà du cadre strictement constitutionnel pour évoquer les textes régionaux, voire internationaux. Cette hardiesse du juge constitutionnel, qui se manifeste par l'élaboration de techniques innovantes nourrit, comme on a pu s'en rendre compte, une jurisprudence riche et protectrice des droits fondamentaux des citoyens.

Force est cependant de reconnaître que, quelle que soit l'étendue des pouvoirs dont dispose le juge constitutionnel africain, il ne pourra cependant jouer efficacement son rôle protecteur des droits de l'homme que s'il est véritablement indépendant et audacieux et que ses décisions ont une réelle portée.

Toutefois, même si les constitutions africaines confèrent aux décisions de la juridiction constitutionnelle, une autorité absolue de chose jugée, l'obligation de se conformer à ces décisions de la juridiction constitutionnelle n'est assortie d'aucune sanction[198]. Cette protection ne saurait donc être effective que sous certaines conditions qui restent à préciser davantage.

---

[198] E. Kayisson Pognon, « La Cour constitutionnelle et la protection juridique des droits de l'homme en République du Bénin », *op.cit.*, p. 25.

La participation des juridictions constitutionnelles au pouvoir constituant en Afrique

Séverin Andzoka Atsimou
Docteur en Droit public
Enseignant-Chercheur à l'Université
Marien N'Gouabi de Brazzaville

L'hypothèse suivant laquelle le juge constitutionnel est un « troisième pouvoir constituant de l'interprète[1] », peut être vérifiée dans le droit constitutionnel jurisprudentiel[2] des États africains. En effet, le pouvoir constituant se définit comme un organe doté de la compétence constitutionnelle, c'est-à-dire susceptible d'abroger ou de modifier une Constitution en vigueur[3]. On distingue deux types de pouvoir constituant : le pouvoir constituant originaire et le pouvoir constituant dérivé. Le premier crée une nouvelle Constitution, tandis que le second se limite à réviser la Constitution suivant la procédure prévue par celle-ci[4]. Cette opération de révision fait appel au pouvoir constituant dérivé, c'est-à-dire aux organes de l'État qui sont constitutionnellement habilités à réviser la Constitution. Quant à la juridiction constitutionnelle, elle peut être entendue comme un ensemble des institutions et techniques assurant, sans restriction, la suprématie de la Constitution[5]. Ainsi que l'affirme Hans Kelsen, la justice constitutionnelle est « la garantie juridictionnelle de la Constitution[6] ».

Il en est de même de Charles Eisenmann qui estime que « la justice constitutionnelle est cette sorte de justice ou mieux de juridiction qui porte sur les lois constitutionnelles[7] ». En dehors du juge constitutionnel, le respect de la Constitution peut être assuré non seulement par les organes du pouvoir juridictionnel[8], mais aussi par toutes autres composantes du système

[1] M. Troper « Le juge constitutionnel comme pouvoir constituant », *in* Colloque *Le pouvoir constituant aujourd'hui, Cinquièmes journées tuniso-françaises de droit constitutionnel*. Tunis, 16-17 nov. 2006, inédite.

[2] L. Sindjoun, *Les grandes décisions de la justice constitutionnelle africaine. Droit constitutionnel jurisprudentiel et politiques constitutionnelles au prisme des systèmes politiques africains*. Bruxelles, Bruylant, 2009, p. 579.

[3] O. Duhamel et Y. Meny, *Dictionnaire constitutionnel*. Paris, PUF, 1992, p. 777.

[4] C. Klein, *La théorie et pratique du pouvoir constituant*. Paris, PUF, 1996, pp. 4-5, O. Beaud, « Maastricht et la théorie constitutionnelle : la nécessaire et inévitable distinction entre le pouvoir constituant et le pouvoir de révision constitutionnelle », *PA*, 1993, n° 39, p. 15.

[5] O. Duhamel et Y. Meny, *Dictionnaire constitutionnel*, *op. cit.*, p. 777.

[6] H. Kelsen, « La garantie juridictionnelle de la Constitution », *RDP*, 1928.

7 Ch. Eisenmann, *La justice constitutionnelle et la Haute Cour constitutionnelle d'Autriche*. Paris, 1928.

[8] F. Hourquebie, *Le pouvoir juridictionnel en France*. Paris, LGDJ, 2010.

constitutionnel. C'est le cas des pouvoirs exécutifs et législatifs. Ainsi, en adoptant la loi, le Parlement est tenu de prendre en considération la constitutionnalité du projet ou de la proposition de loi. Il en est de même du pouvoir exécutif, où le président de la République est « le garant de la Constitution[9] ». Dès lors, tous les organes publics sont tenus de veiller au respect de la Constitution[10]. Au regard des théories classiques de droit constitutionnel, et si l'on se réfère par ailleurs aux trois raisons avancées par Michel Troper, la participation des juridictions constitutionnelles au pouvoir constituant est une idée choquante[11].

Premièrement, le fait que le pouvoir constituant se distingue des pouvoirs constitués[12], les juridictions constitutionnelles sont des pouvoirs constitués, donc exclues, par principe, du pouvoir constituant originaire[13].

Deuxièmement, le pouvoir constituant originaire se distingue par ailleurs du pouvoir constituant dérivé[14]. En effet, si la juridiction constitutionnelle ne peut être un pouvoir constituant originaire, elle ne peut être davantage un pouvoir constituant dérivé, dans la mesure où ce dernier se définit comme étant expressément habilité à réviser la Constitution, conformément aux procédures prescrites dans celle-ci[15]. Or, aucune Constitution moderne ne fait de la juridiction constitution-nelle un organe de révision ; pas plus qu'il ne l'est en se fondant sur la théorie de la représentation, parce que le pouvoir constituant originaire ou dérivé est toujours réputé être représentant du souverain. Cela justifie à la fois, sa capacité à créer des normes constitutionnelles, sa puissance, ainsi que la suprématie de la Constitution sur toutes les autres normes du système. Toutefois, les juridictions constitutionnelles dont les membres ne sont pas élus, donc pas censés exprimer une volonté, ne sont pas considérées comme des représentants du souverain[16].

Troisièmement, la distinction entre application et modification d'une norme, est dans le sens où les juridictions constitutionnelles sont susceptibles d'appliquer des normes posées par d'autres organes. Hans Kelsen n'affirmait-

---

[9] Cf. Art. 80 de la loi fondamentale Russe de 1993.

[10] Cf. K. Complak, « Le pouvoir constituant et la justice constitutionnelle », *Cours polycopié de l'académie internationale de droit constitutionnel de* Tunis 2013, p. 8. V. aussi G. Tusseau, « Un oublié du constitutionalisme contemporain : le contrôle politique de constitutionnalité », *in* Mélanges en l'honneur de Jean du Bois de Gaudusson, *Espaces du service public*. Bordeaux, PUB, 2013, p. 711.

[11] M. Troper, « Le juge constitutionnel comme pouvoir constituant », *op. cit.*

[12] R. Bonnard, *Les actes constitutionnels de 1940*. Paris, LGDJ, 1942, p. 36, M. G. Burdeau, *Le statut du pouvoir dans l'État, Traité de science politique*, 3e éd. Paris, LGDJ, t. IV, 1984, p. 196.

[13] C. Klein, *La théorie et pratique du pouvoir constituant, op. cit.*, p. 115.

[14] O. Beaud, « Maastricht et...», *op. cit.*, p. 17, C. Schmitt, *Théorie de la Constitution*, trad. de l'allemand par Lilyane Déroche. Paris, PUF, 1993, p. 213.

[15] M. Troper, « Le juge constitutionnel comme pouvoir constituant », *op. cit.*

[16] *Idem.*

il pas que toute création du droit est en même temps application ?[17] Cependant, cette réflexion ne concerne pas le pouvoir constituant, « qui est, par définition, création sans jamais être application[18] ». Les autres organes, selon Kelsen, créent et appliquent. En tout état de cause, les normes qu'ils créent ne sont pas celles qu'ils appliquent. Une juridiction constitutionnelle crée des normes comme par exemple, celles qui annulent des lois au Bénin en 2006, et en Afrique du Sud en 1995. Elle le fait en appliquant des normes constitutionnelles, mais en aucun cas, elle ne participe à la création de celles-ci[19].

Dans les États africains et ailleurs[20], nous observons deux dynamiques en matière de contrôle de loi constitutionnelle, qui permettent d'illustrer la participation du juge au pouvoir constituant. Il y a, d'une part, les juridictions qui disposent expressément du pouvoir de vérifier la conformité d'une loi constitutionnelle, tel qu'en Afrique du Sud, au Congo, au Burkina-Faso et au Sénégal[21] et, d'autre part, celles qui l'ont obtenu suite à l'élargissement de leurs propres pouvoirs. Tel est le cas du Mali, du Bénin, du Tchad, du Niger. Ainsi, il n'est pas inconcevable de confier à une juridiction constitutionnelle, un rôle dans le processus de révision constitutionnelle. Cependant, il est tout à fait exceptionnel, dans certains États africains, que le constituant confie à la juridiction constitutionnelle la compétence de contrôler la loi de révision constitutionnelle.

Au Congo, dans la Constitution de 2002 abrogée, le constituant fait de la Cour constitutionnelle un acteur parmi tant d'autres dans la procédure de révision constitutionnelle[22] ; au Burkina-Faso, « le Conseil constitutionnel veille au respect de la procédure de révision[23]». Cela fut le cas dans certaines premières Constitutions des États américains qui avaient institué les conseils de censeurs[24]. Sieyès l'avait envisagé pour son *jury constitutionnaire*[25]. Toutefois, ces organes ne sont pas considérés comme des juridictions à cause de cette compétence (pouvoir constituant), parce que les juridictions sont généralement des autorités de pure application. Il en résulte une conclusion normative à savoir que les juridictions constitutionnelles ne doivent pas disposer du pouvoir constituant, et aucune Constitution moderne ne le leur attribue expressément.

---

[17] H. Kelsen, *Théorie générale du droit et de l'État suivi de la doctrine du droit naturel et positivisme juridique*, trad. B. Laroche, V. Faure, *introduction* S. L Paulson. Paris, LGDJ, Bruxelles, Bruylant, Coll, « La pensée juridique », 1997, p. 186-188.
[18] M. Troper, « Le juge constitutionnel comme pouvoir constituant », *op. cit.*
[19] *Idem.*
[20] Comme en Inde, en Allemagne, en Autriche et en Italie, Cf. Le Dossier : contrôle de constitutionnalité des lois constitutionnelles. *Cahiers du Conseil constitutionnel*, n° 27, 2010.
[21] Cf. Art. 2-3 de loi organique n° 2016-23 du juillet 2016 relative au Conseil constitutionnel
[22] Cf. L'Art. 186 de la Constitution du 20 janvier 2002 (abrogée).
[23] Cf. Art. 154 de la Constitution du 27 janvier 1997.
[24] M. Troper, « Le juge constitutionnel comme pouvoir constituant », *op. cit.*
[25] E. Sieyès, *Qu'est-ce que le tiers-État ?* Paris, PUF, éd. 1989, p. 67.

En effet, il est probable que les constituants ne leur ont pas attribué formellement ce pouvoir, mais qu'ils leur ont donné les moyens de l'exercer dans les faits[26] ; c'est le cas au Mali en 2001, au Niger en 2003, au Tchad en 2004, au Bénin en 2006, au Burkina-Faso en 2012 et au Sénégal en 2016 ; comme ce fut le cas aux États-Unis en 1803[27] et en France en 1971[28]. Ces juridictions ont exercé le contrôle dans les matières auxquelles elles ne semblent pas avoir de compétences formelles.

En faisant une analyse logique, on peut soutenir que le juge constitutionnel a acquis le statut de co-législateur[29] par le contrôle de la constitutionnalité des lois[30]. Il devient co-constituant par le contrôle de lois de révision constitutionnelle[31] en exerçant ses attributions propres ou en fait. Ces deux contrôles permettent aux juges constitutionnels de réviser la Constitution, ce que certains qualifient de « révision jurisprudentielle[32] » de la Constitution. En France, par exemple, la Constitution est modifiée sans cesse dans son équilibre interne par le développement d'une jurisprudence multipliant les principes constitutionnels en matière des droits fondamentaux[33].

On peut relever que certaines Constitutions des États africains et d'ailleurs connaissent des « révisions constitutionnelles par l'interprétation[34] » du juge. Les juridictions font les normes constitutionnelles en exerçant le pouvoir d'interprétation à travers le contrôle des lois ou des lois de révision. C'est à l'issue de celui-ci qu'elles adoptent des décisions et avis inédites dont certaines tendent à la réécriture pure et simple de la Constitution[35]. Ainsi, ces juridictions ne sont pas exemptées des critiques, pour certains, elles en font trop[36] ; pour d'autres, elles abusent de leur pouvoir[37]. Au-delà des critiques,

---

[26] M. Troper, « Le juge constitutionnel... », *op. cit.*

[27] Arrêt du 24 fév. 1803, Marbury v. Madison.

[28] Déc. du 16 juillet 1971, *Liberté d'association.*

[29] M. Troper, « Le bon usage des spectres. Du gouvernement des juges », *Le nouveau constitutionnalisme*, Mélanges en l'honneur de Gérard Conac. Paris, Economica, p. 63.

[30] E. Zoller, *Les grands arrêts de la Cour suprême des États-Unis, op. cit.*, p. 1.

[31] Cf. C. Klein, « Le contrôle des lois constitutionnelles », *Cahier du Conseil constitutionnel*, n° 27 (*Dossier : Contrôle de constitutionnalité des lois constitutionnelles* 2010, A. Soma, « Le contrôle de la constitutionnalité des lois constitutionnelles en Afrique noire francophone », *AJP/PJA*5/2011. M. M. Aïdara, « Le juge constitutionnel africain et le contrôle des lois portant révision de la constitution : contribution à un débat », *Afrilex,* 2011. Afrilex.u-bordeaux4.fr.

[32] F. J. Aïvo, *Constitution de la République du Bénin. La Constitution de tous les records en Afrique*, 2010. p. 66.

[33] D. Rousseau, « Une résurrection : la notion de la constitution », *RDP*, 1990, p. 6.

[34] S. Emiko, « La révision constitutionnelle par la pratique au Japon », *in* (dir A. Viala, *La constitution et le temps, V^e^ séminaire franco-japonais de droit public*, du 4 au 10 sept. 2002, Lyon, L'Hermes, pp. 223 - 233.

[35] F. J. Aïvo, « La crise de normativité de la Constitution en Afrique », *RDP*, n° 1-2012, p.162.

[36] D. Gnamou, « La cour constitutionnelle en fait-elle trop ? », *in La Constitution béninoise du 11décembre 1992 : un modèle pour l'Afrique ?* Mélanges en l'honneur de Maurice Ahanhanzo-Glélé. Paris, Harmattan, 2014. pp. 687-715.

[37] M. M. Aïdara, « Le juge constitutionnel africain... », *op. cit.*

certains auteurs n'hésitent plus à invoquer le juge constitutionnel comme constituant[38].

L'objet de cette étude portera sur l'exercice de ce pouvoir dans les faits, c'est-à-dire sur le pouvoir d'interprétation, qui est une opération par laquelle on attribue une signification à un texte[39], car « le juge en interprétant crée[40] » la norme. C'est l'un des procédés par lesquels les juridictions constitutionnelles produisent les normes[41]. En effet, c'est au cours d'un contrôle d'une loi (lois organiques, ordinaires et lois de révision) et par la mise en œuvre des méthodes et techniques de rédaction utilisées, que les juridictions déterminent les nouvelles normes constitutionnelles. L'effet est avéré, il reste à mesurer l'amplitude du phénomène. Ainsi, dans quelle mesure les juridictions participent-elles au pouvoir constituant ? Dans l'affirmative, quelles sont les manifestations de cette participation du juge constitutionnel au pouvoir constituant ?

Dans la vie institutionnelle, la Constitution, telle qu'elle se pratique est différente de la Constitution telle qu'elle a été adoptée. On le dit par exemple des Constitutions des grandes démocraties[42] dont les concepts varient d'un État à un autre[43]. En Afrique, certaines Constitutions ne sont plus les mêmes[44]. Au Bénin par exemple, la Constitution de 1990 n'a jamais connu une révision formelle mais la version originale du texte n'est plus la même[45]. Quand on cherche à expliquer le phénomène, on a recours à de multiples théories : la coutume constitutionnelle, les conventions de la Constitution[46], la révision informelle[47] etc. En effet, en Afrique comme ailleurs, « la Constitution devient de plus en plus jurisprudentielle ; un acte toujours écrit sans doute, mais écrit par le juge constitutionnel »[48].

---

[38] M. Troper, *op. cit.*, L. Sindjoun, *op. cit.* p. 579, E. H. Mbodj, *op. cit.,* D. Gnamou, *op. cit.*,etc.

[39] M. Troper, *Pour une théorie juridique de l'État*, Paris, PUF, 1994, p. 293, F. Hamon et M. Troper, *Droit constitutionnel,* 31e éd. Paris, LGDJ, 2009, p. 49.

[40] Ch. Eisenmann et L. Hamon, « La juridiction constitutionnelle en Droit français (1875-1961 », *Communication au Colloque de Heidelberg sur la juridiction constitutionnelle à l'époque contemporaine* (1961 ; cité Par Michel Troper, *Pour une théorie juridique de l'État, op. cit.*, p. 308.

[41] F. Hamon et M. Troper, *Droit constitutionnel, op. cit.*, pp. 41-54.

[42] F. Mélin-Soucramanien, *Les grandes démocraties, Constitutions des États-Unis, de l'Allemagne, de l'Espagne et de l'Italie*, Paris, Dalloz, 2010.

[43] La « constitution vivante », aux États-Unis et en France, et « la 2e République » en Italie.

[44] En Côte d'Ivoire, c'est du fait de la crise politique de 2000 à 2010 que la constitution n'est plus la même.

[45] F. J. Aïvo, Constitution de la République du Bénin., *op. cit.* p. 50.

[46] P. Avril, « Coutume constitutionnelle et conventions de la constitution », *in* (dir. M. Troper et D. Chagnollaud, *Traité international de droit constitutionnel, Théorie de la constitution*, t. 1. Paris, Dalloz, 2012, p. 375-404.

[47] B. Ackermen, *We the People: Transformations, Cambridge, Londres, The Belknap, Harvard University Press*, 1998.

[48] D. Rousseau, « Une résurrection : la notion de constitution », *RDP*, 1990, p. 5.

Faut-il alors craindre la mort de la notion de la Constitution jadis annoncée par Burdeau[49], du fait de la réalisation des révisions constitutionnelles informelles par « l'écrit juridictionnel[50] », ou bien, est-ce la manifestation de l'énoncé qui se concrétise et se traduit par le juge à travers l'interprétation, comme acte de volonté ?[51] L'un des acteurs de ces transformations constitutionnelles est le pouvoir juridictionnel[52] dans ses rapports stratégiques avec les autres organes[53].

Cette analyse sera basée sur la variété terminologique des espèces jurisprudentielles des actes des juridictions constitutionnelles, à travers laquelle le contrôle de la constitutionnalité des lois[54] est exercé, et non celles qui peuvent produire des interprétations de la Constitution[55]. Elles peuvent être citées pour illustrer certains points.

La présente étude privilégie d'abord, la démarche empirique, celle du contentieux, basée sur le dépouillement de la jurisprudence des États d'Afrique francophone[56], et d'un État anglophone[57]. Ce choix est dicté par la nécessité d'analyser la participation des juridictions constitutionnelles au pouvoir constituant qui se sont distinguées ces dernières années par l'ampleur des décisions rendues. Ensuite, il s'agit, dans le cadre d'une méthode qui est celle du droit constitutionnel[58], d'analyser dans une démarche comparative le pouvoir constituant du juge constitutionnel tel qu'il est « révélé » par la jurisprudence de ces États[59]. Car, le pouvoir constituant du juge

---

[49] G. Burdeau, *Une survivance : la notion de constitution*. Paris, Sirey, 1956, p. 53.
[50] *Idem*.
[51] F. Hamon et M. Troper, *Droit constitutionnel*, *op. cit.*, p. 49.
[52] F. Hourquebie, *Le pouvoir juridictionnel en France, op. cit.*
[53] G. Tusseau, « Le pouvoir des juges constitutionnels », *in* M. Troper et D. Chagnollaud, *Traité international de droit constitutionnel, suprématie de la Constitution*, t. 3. Paris, Dalloz, 2012, p.173.
[54] E. Zoller, *Les grands arrêts…, op. cit.*, p. 1. A. Soma « Le contrôle…», *op. cit.*
[55] Ce qui devrait englober en France, le Conseil d'État et la Cour de cassation.
[56] Les États de l'échantillon de l'étude sont : le Bénin, le Mali, la Côte d'Ivoire, le Sénégal, le Congo, le Niger, Madagascar, les Comores, le Burkina Faso, le Gabon et le Togo. Il s'agit des États appartenant à la même tradition juridique, les constitutions et la jurisprudence constitutionnelle de ces États est d'accès facile grâce au site de l'Association des Cours constitutionnelles ayant en partage l'usage du français (ACCPUF) www.accpuf.org où ont été consultées les décisions évoquées dans la présente étude. La jurisprudence relative à cette problématique est assez édifiante à ce propos.
[57] L'Afrique du Sud, par la singularité de la Cour constitutionnelle, son rôle quasiment constituant.
[58] F. Luchaire, « De la méthode en droit constitutionnel », *RDP*, 1981, pp. 276-329.
[59] Cf. Les recueils disponibles sur la jurisprudence des juridictions constitutionnelles africaines. F. Mélèdje Djedjro, *Les grands arrêts de la jurisprudence constitutionnelle ivoirienne*, Abidjan, CNDJ, 2012. N. Médé, *Les grandes décisions de la Cour constitutionnelle du Bénin*, Editions universitaires européennes, 2012. L. Sindjoun, *Les grandes décisions de la justice constitutionnelle africaine. Droit constitutionnel jurisprudentiel et politiques constitutionnelles au prisme des systèmes politiques africains*, Bruxelles, Bruylant, 2009. A. Kpodar, *Commentaire des grands avis et décisions de la Cour Constitutionnelle togolaise*. Lomé, Presses de l'UL, 2007.

constitutionnel est dégagé de façon différente selon la matière et la motivation des juridictions. Enfin, il peut être question d'illustrer par la pratique de certaines juridictions étrangères. L'approche jurisprudentielle est sans doute le meilleur moyen d'examiner la participation des juridictions au pouvoir constituant qui n'a pas de consécration formelle. Cette analyse révèle en général des constantes s'expliquant par l'appartenance commune des États à la tradition juridique francophone et des variantes liées aux trajectoires de chacun d'eux. Cette réflexion s'intéresse aux décisions et avis adoptés dans la séquence temporelle 1990-2018.

L'examen intensif des systèmes juridiques met en évidence trois idées révélatrices de l'intérêt du sujet. D'abord, l'émergence d'un « troisième pouvoir constituant », que le juge constitutionnel exerce pour compléter les vides laissés par le pouvoir constituant originaire ou dérivé et du législateur[60] *en action complétive*[61]. Ainsi, un droit constitutionnel jurisprudentiel qui traduit l'existence définitive d'une juridiction constitutionnelle. Ensuite, au-delà des tendances communes qui se dégagent dans la jurisprudence, certaines juridictions adoptent des décisions et avis qui ont une variabilité significative, révélatrice de cette nouvelle hypothèse du pouvoir constituant des juridictions. En effet, c'est l'autorité d'application qui énonce la norme qu'elle applique, car si interpréter, c'est déterminer la signification d'un texte, donc interpréter, c'est déterminer la norme contenue dans le texte[62]. Enfin, l'attitude du juge face aux lois, la vigueur et l'ingéniosité du contrôle qu'il exerce sur leur régularité sont remarquables. En ce sens, le « bloc de la constitutionnalité[63] » de certains États est constamment interprété, élargi, précisé et adapté à l'évolution des situations socio-politiques[64] par le juge. À ce titre, le bloc rassemble l'ensemble des textes auxquels se réfère le juge constitutionnel dans le cadre de sa mission de contrôle de constitutionnalité. Il constitue en somme la base juridique des

---

A. Loada (dir.), *Les avis et décisions commentés de la justice constitutionnelle burkinabé de 1960 à 2007*, Ouagadougou, CGD, 2009. I. M. Fall (dir., *Les décisions et avis du Conseil constitutionnel du Sénégal*, Dakar, CREDILA, 2008.

[60] D. Ribes, « Le juge constitutionnel peut-il se faire législateur ? De la Cour constitutionnelle d'Afrique du Sud du 2 décembre 1990 », *in Cahiers du Conseil constitutionnel,* n° 9, 2000.

[61] *Idem*, p. 86.

[62] M. Troper, « Kelsen, la théorie de l'interprétation et la structure de l'ordre juridique », *RIP*, 1981 p.518-529, *Pour une théorie juridique de l'État*, Léviathan. Paris, PUF, 1994, p. 335.

[63] L'expression a été lancée dans les années 1969 par Claude Emeri lorsqu'il commentait la décision du Conseil constitutionnel du 21 nov. 1969 relative aux modifications apportées au règlement de l'Assemblée. Pour l'auteur : « *[...] la Haute juridiction construise ainsi un véritable « bloc de la constitutionnalité* » composé de la Constitution et des ordonnances. V. C. Denizeau, *Existe-t-il un bloc de constitutionnalité* ?. Paris, L.G.D.J., 1997, p. 11. Cet auteur peut donc affirmer que Claude Emeri reste le « père géniteur » de l'expression et le doyen Louis Favoreu le « *père adoptif* ». V. également, L. Favoreu, « Le principe de constitutionnalité. Essai de définition d'après la jurisprudence du Conseil constitutionnel », *in* Mélanges Charles Eisenman. Paris, CUJAS, 1975, p. 33.

[64] G. Tusseau, « Le pouvoir des juges constitutionnels », *op. cit.*, p.171.

décisions qu'il rend[65]. Ainsi, ce pouvoir auto-institué du juge mérite qu'on lui accorde une attention particulière en raison de son développement quantitatif (nombre de décisions rendues) et qualitatif (les matières faisant l'objet des décisions) de nos jours.

L'étude s'emploie à analyser la participation des juridictions au pouvoir constituant dans la création des nouvelles normes constitutionnelles à travers l'interprétation, car « interpréter la loi, c'est en réalité la refaire[66] ». En un premier temps, c'est à l'occasion du contrôle de la loi constitutionnelle que les juridictions neutralisent totalement le pouvoir constituant dérivé. À cette occasion, elles n'hésitent pas à annuler des lois de révision. En un second temps, elles développent de manière significative leur ingéniosité en mettant en œuvre des méthodes et techniques de contrôle pour s'auto-octroyer un pouvoir constituant supplétif, qui détermine la régulation de droit politique et la réinvention des normes. À la lumière de ces considérations, le juge constitutionnel apparaît à travers le contrôle de lois comme un organe neutralisateur du pouvoir constituant dérivé (I) et s'auto-octroie le pouvoir constituant supplétif (II).

I. La neutralisation du pouvoir constituant dérivé par les juridictions constitutionnelles

Le pouvoir constituant dérivé est un organe chargé d'adopter des lois de révision constitutionnelle suivant la procédure prescrite par la Constitution. Mais, certaines juridictions se permettent d'empêcher ou de neutraliser les actions considérées abusives de celui-ci à travers le contrôle des lois de révisions (A) et le recours aux instruments de neutralisation (B).

A. L'intensité de la neutralisation

À la lumière de la jurisprudence constitutionnelle dépouillée, nous pouvons distinguer deux types de contrôles en matière de lois de révision : le contrôle assumé et le contrôle non assumé. En effet, le premier, est celui dans lequel le juge constitutionnel contrôle des lois de révision (1). Alors que le second, est celui dans lequel le juge refuse de contrôler celles-ci[67] (2).

1. Le contrôle assumé des lois de révision

Depuis 1990 en Afrique, on peut observer deux types de situation. Il y a des États dans lesquels le pouvoir constituant semble être attribué formellement au juge constitutionnel. En effet, certaines dispositions constitutionnelles font de la juridiction constitutionnelle un acteur parmi

---

[65] I. M. Fall, « La loi organique dans les ordonnancements juridiques des États d'Afrique francophone. Réflexion sur une norme particulière », *RBSJA*, n° 32, 2014, p. 188.
[66] M. Troper, *Pour une théorie juridique de l'État, op. cit.*, p. 100.
[67] Cf. I. M. Fall, (dir, *Les décisions, op. cit.*, p. 189-192, L. Sindjoun, *Les grandes décisions, op. cit*, p. 337.

d'autres dans le processus constituant comme en Afrique du Sud[68], et un acteur dans le processus de révision constitutionnelle comme au Congo-Brazzaville[69], au Burkina-Faso[70], en Afrique du Sud[71], au Sénégal[72]. Le constituant confère à ces juridictions le pouvoir de vérifier la conformité des lois de révision. Il y a certains États comme le Tchad, le Mali, le Bénin[73], où la Cour s'auto-habilite dans l'exercice du contrôle de la constitutionnalité des lois de révision constitutionnelle[74]. Ici la Cour crée des principes qu'elle considère comme de nature à limiter le pouvoir constituant. Comme on le sait, les décisions de la Cour constitutionnelle font autorité devant les pouvoirs publics et les particuliers[75]. La Cour limite ainsi les compétences du pouvoir constituant dérivé, puisque le juge constitutionnel contrôle et annule la loi de révision[76]. Dans ce contexte, on peut observer deux catégories de nouvelles missions aux juridictions constitutionnelles.

Les juridictions constitutionnelles qui font partie des acteurs d'élaboration constitutionnelle ; c'est le cas de l'Afrique du Sud où le processus constituant s'effectua en plusieurs étapes : tout d'abord, il fut adopté en 1994 une Constitution intérimaire ; qui prévoyait que la nouvelle Constitution devrait être adoptée par une Assemblée constituante ; ensuite, elle devrait se conformer à une liste de trente-quatre principes constitutionnels, dont le respect serait évalué par la Cour constitutionnelle[77]. La certification des actes de l'Assemblée constituante, actes que l'on peut qualifier avec Olivier Beaud de « décisions constituantes[78] », par rapport aux principes constitutionnels, appelle certaines réserves au regard du droit constitutionnel classique[79]. La

[68] X. Philippe, « La cour constitutionnelle sud-africaine », *Cahiers du Conseil constitutionnel*, n° 9, 2000, p. 42. A. Abotsi, « De la régulation des choix de société par la promotion des droits fondamentaux. Les enseignements de la Cour constitutionnelle sud-africaine », *RJT*, 20, p. 388.
[69] Au Congo, l'art. 186 de la Constitution du 20 janvier 2002 abrogée.
[70] Cf. Art. 154 de la constitution du 27 janvier 1997.
[71] Cf. Session 167 al. 4b. « decide on the constitutionaly of any amentment to the constitution », voir H. Klug, « South Africa : From Constitutional Promise to Social Transformation », *in : J. Goldsworthy, Interpreting Constitutions, A Comparative Study, Oxford, University Press*, 2006, p. 266-320.
[72] Article 51 de la Constitution de 2001.
[73] Comme en Inde, en Italie, en Allemagne et en Autriche, v. O. Lepsius, « Le contrôle par la Cour constitutionnelle des lois de révision constitutionnelle…», *Cahiers du Conseil constitutionnel*, n° 27, 2010.
[74] L'exemple emblématique est celui de la Cour béninoise qui s'est auto-habilitée les compétences en s'imposant comme un troisième acteur incontournable de la révision. Cf. DCC 06-074 du 8 juillet 2006.
[75] Cf. D. E. Emmanuel Adouki, « Contribution à l'étude de l'autorité des décisions du juge constitutionnel en Afrique », *RFDC*, 2013/3, n° 95, p. 611-638. Th. Ondo, « L'autorité des décisions des juridictions constitutionnelles en Afrique noire francophone », *RJP*, 2012, n° 4, pp. 453-480.
[76] DCC 06-074 du 8 juillet 2006.
[77] 171. X. Philippe, « La Cour constitutionnelle sud-africaine », *op. cit.*, p. 42.
[78] O. Beaud, *La puissance de l'État, op. cit.*, p. 265.
[79] X. Philippe, « La Cour… », *op. cit.*, p. 42.

Cour se trouve dotée d'une mission inhabituelle de « vérifier la conformité de la constitution définitive aux principes constitutionnels[80] ».

Dans le cas sud-africain, le pouvoir constituant du juge constitutionnel est un pouvoir d'attribution formelle. Ainsi, on observe une véritable œuvre constituante confiée à la Cour constitutionnelle. Selon Pierre Pactet, « l'œuvre constituante n'est pas épuisée par le texte initial de la constitution, ses compléments et ses révisions, car il faut aussi tenir le plus grand compte de certaines décisions du Conseil constitutionnel[81] ». C'est pourquoi, on peut en déduire par cette œuvre de certification que la Cour constitutionnelle sud-africaine peut être perçue comme un « troisième pouvoir constituant de l'interprète[82] » ou comme « un pouvoir constituant de type judiciaire[83] ». Ici, la Cour a opéré des choix constitutionnels dans le processus constituant au même titre et aux côtés des institutions démocratiquement élues et habilitées. Ainsi, certains n'ont pas hésité de la qualifier de « co-constituant[84] ».

Il y a, en outre, le cas où les juridictions constitutionnelles complètent amplement les Constitutions, puisque le juge constitutionnel exerce le contrôle de constitutionnalité des lois de révision et interprète la Constitution en ajoutant des mots dans la norme de référence. À l'instar de la Cour suprême des États-Unis[85], du Tribunal constitutionnel de *Karlsruhe* (Allemagne), les justices constitutionnelles des États africains, en l'absence de texte formel, osent contrôler et surtout annuler la loi de révision constitutionnelle. Au Bénin, la Cour constitutionnelle, en exerçant le contrôle de constitutionnalité ou en interprétant la Constitution *extenso sensu*, a neutralisé le 8 juillet 2006 le législateur constituant[86]. La Cour met en échec une révision consacrée sur l'article 80 de la Constitution de 1990. Ainsi, pour y parvenir, la Cour va « exhumer de l'esprit de la constitution » « le consensus national » désormais érigé en « principe à valeur constitutionnelle[87] ».

Dans le même sens, la Cour du Mali contrôle la loi de révision, le juge constitutionnel, a déclaré d'inconstitutionnalité[88] la loi de révision adoptée à une très large majorité des députés[89], en attendant la ratification par le peuple.

---

[80] *Idem.*

[81] P. Pactet, « Le Conseil constitutionnel et l'œuvre constituante », *in Renouveau du droit constitutionnel : Mélange en l'honneur de* Louis Favoreu,. Paris, Dalloz, 2007, p. 1374.

[82] M. Troper, « Le pouvoir constituant et le droit international », *op. cit.*, p. 18.

[83] L. Sindjoun, *Les grandes décisions…, op. cit.*, p. 297.

[84] A. Abotsi, « De la régulation des choix de société…», *op. cit.*, p. 388.

[85] La Cour n'est en effet jamais allée jusqu'à déclarer un amendement inconstitutionnel, A. Le Pillouer, « Le pouvoir de révision », *in* (dir. M. Troper et D. Chargnollaud, *Traité international de droit constitutionnel, Suprématie de la constitution*, t.3. Paris, Dalloz, 2012, p. 61.

[86] B. Coulibaley, « La neutralisation du parlement constituant (à propos de la décision, n° DCC 06-074 du 8 juillet de la Cour constitutionnelle du Bénin », *RDP*, n° 5, p. 1494-1515.

[87] F. J. Aïvo, « La crise de normativité de la Constitution en Afrique », *op. cit.*, p. 164.

[88] Cf. Arrêt n° 01-128 du 12 décembre 2001.

[89] Cf. La loi n° 005/AN/RM du 21 juin 2000 modifie la moitié des articles de la Constitution et fut adoptée par 120 voix, pour, 7 contre et 0 abstention.

L'activisme du juge ici réside dans son auto-habilitation à vérifier la constitutionnalité d'une loi de révision qui, obéissant à une procédure spéciale, est rangée parmi « les autres catégories de lois[90] ». En l'absence d'une compétence expresse attribuée par le constituant originaire[91], le juge soutient que la loi de révision est de même rang que d'autres lois organiques et ordinaires : « considérant que la loi portant révision de la constitution qui est l'objet du référendum n'étant pas une loi organique fait donc partie des autres catégories de lois prévues à l'article 88 de la constitution ; qu'en conséquence, elle est susceptible de recours en contrôle de constitutionnalité devant la Cour constitutionnelle[92]. »

Au Burkina-Faso, le juge va exercer une interprétation extensive de ses compétences[93] pour contrôler et juger contraire à la Constitution la constitutionnalité matérielle d'une loi constitutionnelle. En ces termes : « Considérant que la loi constitutionnelle, [...] du 22 mars 2012 en complétant l'article 81 de la Constitution a disposé de manière spécifique sur une situation précise, en l'espèce la durée de la législature tirée des élections du 06 mai 2007, qu'elle a de ce fait, dérogé aux principes généraux de droit sur la nature juridique de la Constitution, que les principes qui constituent le fondement de la Constitution ont été de ce fait méconnus ; qu'il s'ensuit que la loi susvisée n'est pas conforme à la Constitution. »[94] Dans un autre registre, le juge déclare inconstitutionnelles la totalité ou certaines dispositions d'un projet de loi référendaire. Au Niger, dans un avis, la Cour a jugé inconstitutionnelle la totalité de l'initiative du Chef de l'État de vouloir changer la Constitution. Pour la Cour : ayant « juré de respecter et faire respecter la Constitution que le peuple s'est librement donnée », le président de la République « ne saurait engager ou poursuivre le changement de la Constitution sans violer son serment[95] ». La conséquence de cet avis vaudra à la Cour et au Parlement une dissolution[96], et l'arrêt du scénario par un coup d'État[97]. Alors qu'au Sénégal, le Conseil constitutionnel estime dans un avis que l'article du projet de révision sur l'application de la réduction du mandat en cours du président de la République « n'est conforme ni à l'esprit de la Constitution, ni à la pratique

[90] Vise dans l'art. 88 al. 2 de la constitution du Mali, V. Arrêt n° 01-128 du 12 décembre 2001.
[91] La Constitution malienne de 1992, Cf. F. J. Aïvo, « La crise de normativité... », *op. cit.*, p. 164.
[92] Cf. Arrêt n° 01-128 du 12 décembre 2001, Cour constitutionnelle du Mali.
[93] J. du Bois de Gaudusson, « A l'occasion du quinzième anniversaire de la création de la Cour constitutionnelle de l'Union des Comores : revue de jurisprudence d'un acteur d'une transition constitutionnelle », *RFDC*, 2016/3, n°107, p. 723.
[94] Décision n° 2012 – 008/CC du 26 avril 2012.
[95] Cf. Avis n° 2/CC du 25 mai 2009.
[96] F. J. Aïvo, « La crise de normativité de la Constitution en Afrique », *op. cit.*, p. 165.
[97] Z. Gandou, « L'autopsie d'un changement anticonstitutionnel de régime : naissance de la 6e République au Niger », *Révue de droit, de science politique, d'économie et de gestion de la Faculté de droit de l'Université d'Abdou Mounouni*, n° 00 août 2011, p. 48, B. Gueye, « Les coups d'État en Afrique entre légalité et légitimité », *Droit sénégalais*, n° 9, *Afrilex*.

constitutionnelle »[98]. En définitive, le juge béninois ajoute de nouvelles conditions à la procédure de révision constitutionnelle. Le juge malien consacre la loi de révision au même rang que les actes de catégories des lois, avant de s'arroger les pouvoirs de contrôle. Il s'agit donc de l'exercice d'un pouvoir constituant. En faisant le constat des révisions constitutionnelles, les questions constitutionnelles sont propulsées au-devant de la scène politique et juridique. Le rôle de la justice constitutionnelle se trouve renforcé soit par une collaboration soit par une opposition avec le pouvoir constituant dérivé.

2. Le refus du contrôle des lois de révision

Dans plusieurs États d'Afrique francophone les juges constitutionnels ne contrôlent pas la loi de révision constitutionnelle comme c'est le cas en France. Ces juges ne s'opposent pas aux volontés politiques des élus, mais se contentent de leur indiquer la voie législative ou constitutionnelle adéquate pour opérer leurs réformes[99]. C'est ce que Louis Favoreu qualifie de « théorie de l'aiguilleur[100] ». Il en est de même du Doyen Vedel avec sa « théorie du lit de justice[101] ». Cette position, qui affaiblit en quelque sorte la technique de contrôle de constitutionnalité des lois, contraste nettement avec certaines juridictions constitutionnelles africaines qui préfèrent se limiter à un rôle de *juge spectateur*[102]. Il arrive que celles-ci opèrent le contrôle de constitutionnalité sur la loi, en excluant d'office la loi constitutionnelle ou en restreignant les normes de référence de contrôle comme au Sénégal[103]. Leur autolimitation en matière de régulation de l'activité des pouvoirs publics apparaît clairement ; le juge ne veut pas endosser le costume d'un opposant politique[104].

L'incompétence du juge constitutionnel est liée dans un premier temps à son pouvoir d'attribution[105], car rares sont les États africains[106] où le constituant vise expressément les lois de révision[107] ; on observe sur ce point le silence dans plusieurs Constitutions[108]. Ainsi, certaines juridictions

---

[98] Décision n° 1/C/2016.

[99] A. Le Pillouer, « Le pouvoir de révision », *op. cit.*, p. 61.

[100] L'aiguilleur, cette terminologie ne provient pas de Kelsen, elle a été forgée par L. Favoreu (RDP 1982 puis reprise par le doyen Vedel », Cf. L. Favoreu, « Le pouvoir constituant et le juge constitutionnel », *Mélanges Jacques Robert*. Paris, Montchrestien, 1998. p. 135.

[101] G. Vedel, « Schengen et Maastricht », *RFDA*, 1992, n° 2, p. 180.

[102] L. Sindjoun, *Les grandes décisions*, *op. cit.*, p. 311, F. J. Aïvo, « La crise...», *op. cit.*, p. 165.

[103] Déc. 30/98 du 9 mars 1998, *in* I. M. Fall, (dir.), *Les décisions op. cit.*, p. 189-192 et Déc. n°1/C/2018 du 9 mai 2018.

[104] A. Le Pillouer, « Le pouvoir de révision », *op. cit.*, p. 61.

[105] M. Bléou, « Le juge constitutionnel et les révisions constitutionnelles », *CJCA,* Cotonou, juin 2014.

[106] Comme en Afrique du Sud, au Congo, au Burkina-Faso et au Sénégal.

[107] Au Congo, l'art. 186 de la Constitution du 20 janvier 2002 abrogée.

[108] M. Bléou, « Le juge constitutionnel et les révisions constitutionnelles », *op. cit*

constitutionnelles développent une position minimaliste de leurs prérogatives et manquent de hardiesse dans l'interprétation de la Constitution[109]. C'est le cas au Sénégal, en Côte d'Ivoire et en RDC où le juge constitutionnel ne contrôle pas la loi de révision. Au Sénégal, le Conseil constitutionnel se déclare incompétent pour contrôler la loi constitutionnelle[110]. Pour Ismaïla Madior Fall le juge constitutionnel sénégalais « a construit à travers plusieurs décisions une véritable doctrine d'incompétence[111] ». Car le juge constitutionnel a toujours rappelé qu'il est « une juridiction d'attribution dont la compétence est strictement limitée par les textes » ; par conséquent, « il ne saurait se prononcer que sur les cas expressément prévus par ces textes[112] ».

Dans le même sens, le Conseil constitutionnel ivoirien refuse de contrôler la constitutionnalité de l'article 35 de la loi du 1er août 2000 portant Constitution. Le Conseil constitutionnel rappelle qu'il « a le pouvoir de contrôler un texte législatif, il n'entre pas dans sa compétence de censurer une disposition constitutionnelle qui demeure intangible à son égard[113] ». Enfin, en RDC, le juge constitutionnel a utilisé le même argument, que les justices constitutionnelles ne disposent formellement que d'une compétence d'attribution strictement délimitée qui n'inclut pas expressément la censure des lois constitutionnelles. On observe une sorte de convergence de juges dans ces politiques jurisprudentielles d'incompétence. Ici les juges restent dans l'idéologie de Montesquieu, selon laquelle le juge est « la bouche qui prononce les paroles de la loi[114] », c'est-à-dire, le juge ne doit dire que le droit constitutionnel positif[115]. Donc, selon ces jurisprudences, il n'existe pas de normes supra-constitutionnelles internes pour ces pays[116]. Ces juridictions ne sauraient être des concurrentes des pouvoirs constituants au sens de cette étude, car elles renoncent manifestement à leurs pouvoirs d'interprétation.

L'incompétence du juge constitutionnel est liée, en second lieu, au respect de la souveraineté du pouvoir constituant dérivé[117]. Cette position jurisprudentielle des lois constitutionnelles qu'adopte le juge constitutionnel sénégalais équivaut en quelque sorte en Afrique à l'argument du juge constitutionnel français sur le contrôle des lois de révision constitutionnelle[118]. En effet, le Conseil constitutionnel sénégalais, a appelé à statuer sur la loi constitutionnelle n° 29/2005, prorogeant le mandat des députés élus à l'issue

[109] L. Sindjoun, *Les grandes décisions... op. cit.*, p. 337.
[110] Décision 92/2009 du 18 janvier 2006, *in* L. Sindjoun, *Les grandes décisions... op. cit.*, p.337.
[111] Décision 44/98 du 9 mars 1998 ; Décision 92/2009 du 18 janvier 2006, *in* I. M. Fall, (dir.), *op. cit.*
[112] Décision 92/2009 du 18 janvier 2006 et Déc. n°1/C/2018 du 9 mai 2018.
[113] Décision CC n° 001/SG/CC du 4 novembre 2003.
[114] Ch. Montesquieu, *L'esprit des lois*, 1748, Livre XI chapitre VI.
[115] L. Sindjoun, *Les grandes décisions.., op. cit.*, p. 337.
[116] G. Vedel, « Souveraineté et supra-constitutionnalité », *Pouvoir*, n° 67, p. 80.
[117] A. Soma « Le contrôle de constitutionnalité…», *op. cit.*, p. 624.
[118] Déc. 62-20 DC du 6 nov. 1962.

des élections du 29 avril 2001, votée par l'Assemblée nationale le 16 décembre 2005, considère que « le pouvoir constituant est souverain ; que sous réserve, d'une part, des limitations qui résultent des articles 39, 40 et 52 du texte constitutionnel touchant aux périodes au cours desquelles une révision de la Constitution ne peut être engagée ou poursuivie et, d'autre part, du respect des prescriptions de l'alinéa 7 de l'article 103 en vertu desquelles la forme républicaine de l'État ne peut faire l'objet d'une révision[119] ». Le Conseil constitutionnel sénégalais conclut, dans une position plus rigide, comme son homologue français[120] que sa « compétence [...] est strictement délimitée par la Constitution et la loi organique [...] ; que le Conseil ne saurait être appelé à se prononcer dans d'autres cas que ceux limitativement prévus par ces textes ; qu' [il] ne tient ni des articles 74 et 103 de la Constitution ni d'aucune disposition de la loi organique le pouvoir de statuer sur une révision constitutionnelle[121] ».

Ainsi, certains pensent que cette « immunité d'inconstitutionnalité des lois constitutionnelles est totale »[122] en France comme en Afrique.

Cependant, cette immunité est peut-être à relativiser, car on observe une évolution en la matière. Dans les rares États où le constituant fait du juge constitutionnel un acteur dans le processus de révisions, figure le Sénégal, dont il faut rappeler le cadre juridique constitutionnel. En effet, la Constitution sénégalaise consacre deux voies de révisions : celle prévue à l'article 103 qui constitue la procédure de droit commun de révision constitutionnelle et celle prévue à l'article 51 de la Constitution qui permet au chef de l'État de soumettre tout projet de loi constitutionnelle au référendum, après avoir recueilli l'avis du juge constitutionnel. À ce titre, il y a deux modes de révision de la Constitution : l'article 103 et l'article 51 comme en France depuis 1962[123]. Ainsi, on peut remarquer que, lorsqu'il s'agit de l'article 103 de la Constitution le juge constitutionnel déclare son incompétence[124].

En revanche, lorsqu'il s'agit de l'article 51 de la Constitution, le juge déclare sa compétence. Ici, il refuse de se refermer dans son carcan d'origine tel que défini par le droit en vigueur[125]. En France, on peut observer une sorte de contrôle indirect des lois de révision. Depuis un certain temps, une voie

---

[119] Considérant n° 3 de la Décision 92/2009 du 18 janvier 2006.
[120] Décision n° 2003–469 DC, 26 mars 2003. Certains pensent que le Conseil aurait pu aboutir à une décision contraire. Cf. Th. Meindl, « Le Conseil constitutionnel aurait pu se reconnaître compétent », *RDP*, n° 3, 2003, p. 741–765 ; Ch. Geslot, « La loi constitutionnelle relative à l'organisation décentralisée de la République devant le Conseil constitutionnel », *RDP*, n° 3, 2003, p. 793-80.
[121] Considérant n° 12 de la Décision 92/2009 du 18 janvier 2006.
[122] D. Rousseau, *Droit du contentieux constitutionnel* (n. 44), p. 213.
[123] Cf. Art. 89 et 11 de la Constitution, V. F. Mitterrand, *Interviewé* par Olivier Duhamel, *Pouvoirs*, n° 45, 1998, p. 138. Déc. 62-20 DC du 6 nov. 1962.
[124] Cf. La récente décision en matière de révision, v. Déc. n°1/C/2018 du 9 mai 2018.
[125] Décision n°1/C/2016 du 15 janvier 2016.

semble se dessiner dans la jurisprudence du Conseil constitutionnel en faveur d'une remise en cause indirecte des lois constitutionnelles[126]. Ainsi, on se trouve en face d'un contrôle plus ou moins assumé et l'immunité d'inconstitutionnalité des lois constitutionnelles n'est plus totale en ce sens que les actes du Parlement constituant peuvent être limités par le juge constitutionnel. Ainsi, il existe d'autres instruments qui permettent au juge d'être l'égal ou le « *suppléant du pouvoir constituant*[127] ».

B. Les armes de la neutralisation

Il s'agit des outils tels que les *obiter dicta*, les réserves d'interprétation etc. pour limiter le pouvoir constituant (1). Ces instruments sont utilisés par le juge constitutionnel. Il y a d'autres armes utilisées par les organes comme : le président de la République lorsque ses actes ne sont pas justiciables[128], l'ONU, lorsqu'elle produit dans certain cas les actes à valeur constitutionnelle. Ici, les rapports entre les organes sont de type stratégique et il faudrait analyser en détail les armes dont dispose chacun. À travers ces armes le juge élargit son office (2).

1. L'usage efficace de techniques jurisprudentielles

La justice constitutionnelle, avec ses moyens privilégiés comme l'auto-saisine et les *obiter dicta*, et le pouvoir exécutif sont dans les rapports stratégiques pour la création des normes constitutionnelles. L'autosaisine est consacrée dans certains États africains et d'ailleurs. Quelques Constitutions prévoient expressément les possibilités d'auto-saisine de la Cour constitutionnelle[129]. Au Bénin, la Cour constitutionnelle, « se prononce d'office sur la constitutionnalité des lois et de tout texte réglementaire censés porter atteinte aux droits fondamentaux de la personne humaine et aux libertés publiques[130] ». En 2001, la Cour s'auto-saisit pour clarifier une arrestation jugée arbitraire[131]. Il existe par ailleurs d'autres auto-saisines tel que l'indique Roussillon[132]. Le juge constitutionnel est législateur unique, parce qu'il prend une décision d'inconstitutionnalité qui ne peut être surmontée que par

---

126 L. Favoreu, « Le Parlement...», *op. cit.*, p. 241.

127. G. Vedel, « Excès de pouvoir législatif et excès de pouvoir administratif 1 », *Cahier du Conseil constitutionnel*, n° 1, 1996.

128 P. Duez, *Les actes de gouvernements, op. cit.*

129 Hongrie, « *la Cour peut se saisir du problème* », Art. 21 de la const., *in* G. Tusseau, *op. cit.*, p. 179.

130 Article 121 al. 2 de la Constitution de 1990. V. aussi M. Ouedraogo, « L'extension de la compétence du juge constitutionnel africain par le biais du droit d'auto-saine », *Politeia*, n° 23, 2013, p. 337-411.

131 DCC 01 – 046 du 21 juin 2001.

132 H. Roussillon, « La saisine du Conseil constitutionnel, contribution à un débat », *RIDC*, 2-2002, p. 496.

une révision. Dès lors, ses décisions finissent par avoir une portée générale parce que toute règle contraire serait considérée comme inconstitutionnelle[133].

C'est ce qui fait que ce type de justice constitutionnelle est un véritable pouvoir constituant.

S'agissant des « réserves d'interprétation[134] » ; le juge constitutionnel essaiera de ne pas annuler la loi, mais de la déclarer conforme à la Constitution sous condition que cette loi soit interprétée ou appliquée de la façon qu'il indique[135]. En effet, « dans la réserve africaine, le juge impose les corrections législatives au Parlement, alors que dans le système juridique européen, il propose des solutions pouvant rendre la loi conforme à la Constitution[136] ». Cette technique permet au juge africain d'« élaboration », de « correction », ou d'« écriture » de la loi conditionnant sa constitutionnalité et son entrée en vigueur[137]. Avec l'autorité de la chose interprétée qui s'attache aux décisions des juridictions[138], il arrive parfois à une juridiction de dicter sa conduite au Parlement ou de vider la Constitution de son sens initial comme ce fut le cas au Bénin[139]. Ce sont des réserves neutralisantes[140] du constituant dérivé.

Cet inventaire est évidemment incomplet, mais, il suffit de mettre en évidence le caractère collectif et systémique du pouvoir constituant. Les *obiter dicta* sont, parmi les techniques de rédaction des décisions constitutionnelles, qui permettent au juge de produire le droit en Afrique. *L'obiter dictum* reste peu étudié ou quasiment pas en Afrique francophone. Classiquement, l'*obiter dictum* se définit comme une opinion que le juge livre à titre indicatif et qui demeure sans rapport direct ou indirect avec la justification de la solution d'espèce[141]. Il consiste, pour la juridiction suprême, à insérer dans une décision une opinion étrangère en l'espèce, tout en participant à la portée de

---

[133] La jurisprudence de la Cour suprême américaine dite *affirmative action*, offre un bon exemple d'une législation. (Cf. M. Troper, *Pour une théorie juridique de l'État, op. cit*., p. 337. Le véritable législateur, l'auteur de la loi, n'est pas le Parlement, c'est l'ensemble de ceux qui participent à la confection, y compris le juge Cf. M. Troper, *Pour une théorie juridique de l'État, op. cit*., p. 337.

[134] A. Viala, *Les réserves d'interprétation dans la jurisprudence du Conseil constitutionnel*. Paris, LGDJ, 1999, p. 45.

[135] A. A. D. Kébé, « Les réserves d'interprétation dans la jurisprudence constitutionnelle des États de l'Afrique noire francophone », *Annales Africaines, Nouvelle Série*, Vol. 1, avril 2015, pp. 255 294.

[136]. *Idem*.

[137]. *Ibid*.

[138] D. Emmanuel Adouki, « Contribution à l'étude de l'autorité des décisions du juge...», *op.cit*.

[139] D. Gnamou, « La Cour constitutionnelle..» ?, *op. cit*., p. 23. I. M. Fall, « La loi organique..», *op. cit*., p. 36.

[140] A. Loada (dir.), *Les avis et décisions..., op. cit.*, p. 49.

[141] Les *obiter dicta* sont « *les opinions émises par le juge en passant* ». Cf. P. Blachèr, « *L'obiter dictum* dans la jurisprudence du Conseil constitutionnel », *REDP*, 2000, 12, 3, p. 897.

la décision rendue[142]. Mais pour certains, les *obiter dicta* ne constituent pas toujours des règles de droit[143].

En Afrique, on peut au regard des décisions dépouillées des systèmes juridiques, les *obiter dicta* semblent être les règles de droit contrairement en France. Au Bénin, par exemple, on peut relever les *obiter dicta* dans les décisions les plus célèbres du juge constitutionnel[144]. Dans deux décisions, le juge modifie la Constitution à travers un « dit en passant ». Dans la première décision, la Cour énonce un nouveau principe, dit « consensus national », qui n'est à aucun moment évoqué par le constituant de 1990. En examinant la décision, ce principe n'avait pas de rapport direct avec la justification d'espèce[145] qui était celui d'un contrôle de lois. Cette technique a été juste un moyen pour le juge d'énoncer une nouvelle règle contrainte en matière de révision. Ici la Cour a créé un nouveau droit de révision. Dans la seconde décision, alors que saisi pour le contrôle d'une loi organique relative au référendum, le juge s'arroge le pouvoir constituant pour préciser dans un *obiter dictum* ce qu'elle appelle les « options fondamentales de la conférence nationale », en annonçant des nouvelles normes constitutionnelles interdites à toute procédure de révision et élève en même tant ladite loi à une norme à valeur supra constitutionnelle[146]. Le juge vient d'exercer un « dit en passant » très contraignant et cela produit le droit. Ainsi on observe par ces *obiter dicta*, la « construction d'un bloc jurisprudentiel de principes d'éternité constitutionnelle[147] ».

Au Mali, dans l'arrêt du 12 décembre 2001 relatif à la loi de révision, on peut voir aussi un *obiter dictum*[148]. En effet, la Cour énonce une nouvelle règle par un « dit en passant » que la loi de révision est de la même classe que les « autres catégories des lois[149] ».

Les *orbiter dicta* peuvent être considérés aussi comme un outil pour le juge de pallier l'absence d'« opinions dissidentes[150] ». Contrairement au juge

---

[142] Est une expression latine qui signifie littéralement « dit en passant » ou une « déclaration en passant ».
[143] D. Frison, *Droit anglais et institutions britanniques*, col. Ellipse, 1993, p. 74.
[144] Décision DCC 06-074 du 8 juillet 2006 et décision DCC 11-067 du 20 octobre 2011.
[145] Cf. DCC 06- 074 du 8 juillet 2006.
[146] « Ne peuvent faire l'objet de questions à soumettre au référendum, les options fondamentales de la Conférence Nationale de février 1990, à savoir : - l'atteinte à l'intégrité du territoire national ; […] - le type présidentiel du régime politique au Bénin », Cf. DCC 11-067 du 20 octobre 2011.
[147] A. Kpodar, « Controverse doctrinale », *Annuaire Béninois de Justice Constitutionnelle, Dossier spécial, 21 ans de jurisprudence de la Cour constitutionnelle du Bénin* (1991-2012), Presses Universitaires du Bénin, 2013, p. 715.
[148] A. Soma, « Le contrôle de constitutionnalité des lois constitutionnelles en Afrique », *op. cit.*, p. 629.
[149] Cf. Arrêt n° 01–128 du 12 décembre 2001.
[150] Dossier in *Cahier du Conseil constitutionnel*, n° 8.

constitutionnel sénégalais[151], le juge congolais a adopté un avis de non-conformité sur le traité de l'OHADA à l'acte fondamental de 1997[152]. Et en même temps, il soulève l'immutabilité de révision du texte constitutionnel[153]. C'est une façon pour le juge de neutraliser l'entrée en vigueur du traité dans l'ordre juridique congolais. Effectivement, l'acte fondamental de transition de 1997 « ne prévoit pas les mécanismes de sa propre révision[154] ». Il ressort dans ce considérant, un *orbiter dictum* pour couvrir une sorte « d'opinion dissidente collective » de la part du juge congolais contre le traité de l'OHADA[155], et en créant une nouvelle catégorie de Constitution : une « constitution immuable » au côté des deux formes classiques[156]. Ce faisant, le juge constitutionnel, à travers les techniques des *orbiter dicta,* neutralise le pouvoir constituant. Le juge constitutionnel est concurrencé par d'autres organes constituants informels.

La juridiction constitutionnelle et le pouvoir exécutif sont co-constituants ou co-auteurs de la Constitution. C'est le cas pour l'exécutif, lorsque certains chefs d'État africains s'érigent en pouvoir constituant pour désamorcer des crises institutionnelles. En Côte d'Ivoire, par exemple, les décisions exceptionnelles du président de la République, prises en vertu de l'article 48 de la Constitution pour formaliser les dérogations à l'article 35 de la Constitution, exigées par les accords politiques et les résolutions de l'ONU du 21 octobre 2005, sont les décisions par leur finalité « non normative ». À la suite de ses actes le président de la République était investi en véritable « pouvoir constituant informel[157] ».

La production des actes présidentiels non justiciables comme en témoignent les actes et les ordonnances du président Laurent Gbagbo pendant la crise aux fins d'organiser les élections pour la légitimation de la transition. L'excroissance de ces actes tient à la volonté politique d'un « président-législateur », encadré par les différents accords politiques. Ces actes présidentiels neutralisent l'œuvre du constituant initial et du Parlement. Ainsi, le président devient un « pouvoir constituant informel[158] ».

Il y a d'autres types de pouvoir constituant informel émergent. C'est le cas de l'ONU qui s'arroge de nouveaux pouvoirs inédits à travers son Conseil de Sécurité. Cet organe adopte des résolutions relatives à la crise ivoirienne qui

---

[151] A. Sall, « Observations » sur la Décision 3/C93 du 16 décembre 1993, Traité OHADA, *in*, I. M. Fall, *Les décisions et avis du Conseil constitutionnel du Sénégal, op. cit*., p. 104.
[152] Cf. Avis du 1er octobre 1998.
[153] En raison de transfert des compétences de cassation de la Cour suprême au profit de la Cour commune de justice et d'arbitrage. V. B. Boumakani, « La constitution congolaise et le traité relatif à l'harmonisation du droit des affaires en Afrique », *Penant*, n° 836, p. 213.
[154] Avis du 1er octobre 1998.
[155] B. Boumakani, « La constitution congolaise et le traité relatif… », *op. cit*., 207.
[156] *Idem*., p. 206.
[157] M. Troper, « Le juge constitutionnel comme pouvoir constituant », *op. cit.*
[158] *Idem*.

peuvent être qualifiées de « résolutions constitutionnelles ». Ainsi, certains auteurs parlent du « pouvoir constituant de fait du Conseil de Sécurité[159] », tel qu'il s'exprime dans la résolution 1721. En effet, la résolution étant devenue une sorte de Constitution matérielle du fait de l'organisation des pouvoirs publics[160] dans le processus de sortie de crise en Côte d'Ivoire. Là où la Constitution est « muette », la résolution 1633 décide comme une Constitution ; la Constitution s'en trouvant, de fait, suspendue en ses dispositions, l'essentiel est renvoyé à la Résolution, qui se substitue à la Constitution[161]. Ainsi, le juge offre des nouvelles normes constitutionnelles en élargissant son office.

2. L'extension audacieuse de sa sphère de compétence

En réalité, c'est en sa qualité de plus haute juridiction que le juge constitutionnel interprète la Constitution et étend son office[162], en créant des normes en matière législative et constitutionnelle, voire des actes administratifs en se substituant à l'administrateur des institutions électorales comme un « super administrateur électoral[163] ». En effet, le pouvoir juridictionnel[164] entraîne des révisions informelles de la Constitution au détriment du Parlement constituant. Celui qui interprète la Constitution, détermine la norme constitutionnelle ou contribue à la détermination des compétences des organes constitués, y compris ses propres compétences. Le juge constitutionnel élargit le « carcan d'origine[165] » de son office pour intégrer des nouvelles prérogatives à savoir : constituantes, législatives et administratives. Ainsi, Guillaume Tusseau remarque : « les juges s'intègrent, à l'égal d'autres autorités tels le constituant, le législateur, l'administration, etc. au processus de création du droit[166]. »

En Afrique comme nous l'avons souligné plus haut, il y a certaines juridictions constitutionnelles qui disposent formellement de la compétence constituante au même rond que les autres organes. C'est le cas inédit en Afrique du Sud pendant le processus constituant où il était question pour la Cour de certifier les actes de l'Assemblée constituante élue par le peuple avec une liste de 34 principes constitutionnels issus du consensus politique. La Cour constitutionnelle ne s'est pas contentée d'assurer le respect de ceux-ci

---

[159] L. Sindjoun, *Les grandes décisions... op. cit.*, p. 311.
[160] *Idem.*
[161] F. Wodié, *Le conflit ivoirien, Solution juridique ou solution politique ?* Abidjan, éd. CERAP, 2007, p. 17.
[162] M. Troper, *Pour une théorie juridique de l'État, op. cit.*, p. 311.
[163] E. H. Mbodj, « Le juge : un déterminant du processus électoral en Afrique ? », *in Espace du service public*, Mélanges en l'honneur de Jean du Bois de Gaudusson, t. 1, *PUB*, 2013, pp. 428-442.
164. F. Hourquebie, *Le pouvoir juridictionnel en France, op. cit.*
[165] R. Badinter, « Une longue marche du Conseil à la Cour constitutionnelle », *NCCC*, n° 25, 20 août 2005.
[166] G. Tusseau, « Le pouvoir des juges constitutionnels », *op. cit.*, p. 173.

mais elle est allée jusqu'à reformuler plusieurs actes[167]. Cette certification des actes d'une assemblée constituante est une véritable œuvre constituante.

En Côte d'Ivoire, le juge constitutionnel s'est octroyé le pouvoir constituant pour aller au-delà des conditions d'éligibilité fixées par l'article 52 de la Constitution[168] et des modalités issues des accords politiques, en prescrivant deux nouvelles conditions[169]. Comme ce fut le cas en France où le Conseil se donne ainsi compétence pour exercer un contrôle des lois par rapport à toutes ces normes, notamment la déclaration des droits de l'homme et du citoyen de 1789 et les principes fondamentaux reconnus par les lois de la République[170]. Non seulement le juge élargit sa propre compétence, mais il restreint, d'ailleurs de façon considérable, celle du Parlement, puisque celui-ci, qui avait jusque-là le pouvoir de faire des lois portant atteinte aux principes contenus dans la déclaration des droits ou reconnus par une loi antérieure de la République, ne le peut plus[171].

On observe l'élargissement de compétence constituante en matière de lois de révision : au Tchad, au Mali, au Bénin, au Burkina-Faso, où les juges élargissent leurs propres compétences dans les procédures de révision et limitent le cas échéant celles du Parlement[172] en verrouillant les modalités de la révision constitutionnelle comme au Bénin. En Côte d'Ivoire, le juge a osé contrôler la résolution de l'ONU[173]. En RDC, le juge constitutionnel s'est érigé en constituant dérivé, afin de maintenir et de prolonger la durée de fonctionnement de la Commission électorale indépendante[174]. Toutes ces décisions sont adoptées en déphasage des normes constitutionnelles. Ainsi, le juge procède à l'extension de ses compétences en matière constituante.

En effet, l'analyse de Kelsen néglige l'hypothèse selon laquelle le juge est, ou devient, le seul organe législatif ou constituant[175]. Cela est possible lorsqu'il est, comme aux États-Unis, placé au sommet de l'ordre judiciaire[176]. En Afrique, cette option est également possible dans certaines juridictions constitutionnelles. En effet, l'examen de certaines décisions montre que la juridiction constitutionnelle joue quasiment le rôle d'une troisième chambre parlementaire, pour les États qui ont deux chambres comme en Afrique du Sud, et d'une deuxième chambre, pour ceux des États qui ont une

---

[167] X. Philippe, « La cour constitutionnelle sud-africaine », *op. cit.*, p. 42, A. Abotsi, *op. cit.*, p. 388.
[168] Décision n° CI-2009-EP-026/28-10/CC/SG.
[169] Cf. E. H. Mbodj, « Le juge : un déterminant du processus électoral...», *op. cit.*, p. 428.
[170] Décision du 16 juillet 1971, *Liberté d'association.*
[171] M. Troper, « Le juge constitutionnel comme pouvoir constituant », *op. cit.*
[172] D. Kokoroko, « Réflexions sur la limitation jurisprudentielle…», *op. cit.*, p. 329.
[173] Qui s'interférait en quelque sorte dans les compétences des organes internes de l'État. V. L. Sindjoun, *Les grandes décisions, op. cit.*, p. 303.
[174] CSJ, du 27 août 2007.
[175] M. Troper, *Pour une théorie juridique de l'État, op. cit.*, p. 308.
[176] Cf. Arrêt du 26 juin 2015, *Le monde* du 27 juin 2015.

seule chambre comme au Bénin et au Mali, où la Cour constitutionnelle se détermine désormais comme une deuxième chambre parlementaire[177]. En effet, la Cour peut interpréter la Constitution dans tel ou tel sens et le résultat est que la loi est ou non conforme. On sait parfois qu'il y a des juridictions qui émettent des « réserves d'interprétation[178] » qui renvoient à une réécriture de la loi et qui annulent des lois. En Afrique du Sud[179], la Cour décide seule de l'abolition de la peine de mort en l'absence de textes formels prohibant clairement ce type de solution[180]. Il s'agit d'une interprétation libre de la Constitution dans le cadre de laquelle la Cour fait œuvre constituante[181]. Cette annulation est un exercice qui fait évoluer le pouvoir de la Cour d'une législation négative à une législation positive. Au Bénin, le juge constitutionnel a osé contrôler et annuler la loi de révision constitutionnelle sans pouvoir formel[182].

Aux Comores, la Cour devient à la fois le législatif, le constituant et le médiateur[183]. Tel a été le cas, pendant une période incertaine où était affichée la volonté du président, non rééligible de vouloir prolonger son mandat. Saisie d'un recours contre la loi du Congrès, fixant la date des élections sans compétence expresse, la Cour s'arroge la compétence de juge de toutes les élections aux Comores[184], censure la loi et s'érige du coup en pouvoir constituant. Le juge constitutionnel décide qu'à partir de la date d'expiration du mandat telle que prévue par la Constitution, le président de la République demeure au pouvoir à titre provisoire, jusqu'au déroulement des élections devant être organisées dans un délai rapproché[185]. Le juge consacre une Constitution intérimaire pour prescrire un exercice consensuel du pouvoir, en attendant la fixation d'une date acceptée par tous les acteurs politiques. La Haute Cour malgache a ordonné un gouvernement de transition accompagné d'un cahier de charge[186]. On se trouve dans une hypothèse d'un « droit singulier[187] » de transition adopté par le juge constitutionnel. La juridiction, par l'existence de ce pouvoir, modifie l'œuvre du constituant originaire. Il ne sert à rien d'affirmer, comme on le fait parfois, que le juge constitutionnel ne statue pas en opportunité, contrairement à un Parlement, et qu'il se borne à appliquer la Constitution, parce que la Constitution qu'il applique est celle qu'il interprète, et que le choix des significations est discrétionnaire. C'est à

---

[177] D. Gnamou, « La Cour constitutionnelle en fait-elle trop ? », *op. cit.*

[178] A.-A. D. Kébé, « Les réserves d'interprétation dans la jurisprudence constitutionnelle », *op. cit.*

[179] D. Ribes, « Le juge constitutionnel peut-il se faire législateur ?... », *op. cit*, pp. 84-89.

[180] Décision n°. CCT/3/94 du 6 juillet 1995, L. Sindjoun, *op. cit*, p. 428.

[181] L. Sindjoun, *Les grandes décisions, op. cit.*, p. 428.

[182] Décision DCC, 06-074, n° 019/CC/SG du 6 décembre 2006.

[183] J. du Bois de Gaudusson, « À l'occasion… », *op. cit.*, p. 728.

[184] Arrêt n° 10-005/CC du mai 2010.

[185] J. du Bois de Gaudusson, « Le rôle de l'expertise… », *op. cit.*, pp. 145-146.

[186] Décision n° 18-HCC/D3 du 25 mai 2018.

[187] *Idem.*

ce titre que le juge obéit aussi à des considérations d'opportunité[188]. Ceci montre bien que l'office des juridictions constitutionnelles connaît de véritables mutations.

Les juridictions élargissent considérablement leur office et s'offrent un véritable pouvoir normatif, il ressort que les juridictions constitutionnelles peuvent être considérées comme des organes de production du droit sur tous les domaines. Il sied de rappeler que l'expression « gouvernement des juges[189] », à différents degrés, doit se présenter d'une manière neutre de nos jours, dans la mesure où il existe « un pouvoir normatif exercé par les juges[190] ». Ainsi, la juridiction constitutionnelle s'auto-octroie un pouvoir constituant supplétif, qui refait la Constitution dans son équilibre entre les pouvoirs.

II. L'auto-octroi d'un pouvoir constituant supplétif par les juridictions constitutionnelles

Deux hypothèses dans lesquelles les juridictions se donnent un pouvoir constituant supplétif, peuvent être envisageables. Premièrement, le juge régule le droit politique, en dégage une réglementation de façon autoritaire en matière des élections. En d'autres termes, il affirme à la marge des lois, les nouvelles modalités des élections présidentielles et la limitation de nombre de mandats présidentiels (A). Deuxièmement, les juridictions refont les Constitutions en précisant la séparation des pouvoirs et les relations entre les normes (B).

A. La régulation du droit politique

Le juge constitutionnel fait partie des acteurs de la transformation et de la constitutionnalisation de tout ordre juridique[191]. À l'observation des décisions dépouillées, les juridictions semblent s'ériger en pouvoir constituant supplétif de l'interprète dans les contextes politiques parfois difficiles. C'est au cours d'un contrôle de lois, de validation de candidature à l'élection présidentielle ou d'une saisine d'interprétation que les juridictions dégagent des nouvelles règles de façon autoritaire (1), délimitent et sécurisent la question de limitation du nombre de mandats présidentiels (2).

---

[188] M. Troper, « Le juge constitutionnel comme pouvoir constituant », *op. cit.*

[189] L'expression qui connaît à l'origine un caractère péjoratif, Cf. E. Lambert, *Le gouvernement des juges et la lutte contre la législation sociale aux Etats-Unis. L'expérience américaine du contrôle de la constitutionnalité des lois* (1921). Paris, Dalloz, 2005.

[190] M. Troper, « Le bon usage des spectres. Du gouvernement des juges... », *op. cit.*, pp. 49-65, *Cahiers du Conseil constitutionnel*, n° 24, 2008, *Dossier : le pouvoir normatif du juge constitutionnel* et D. E. Emmanuel Adouki, « Le pouvoir normatif de la Cour constitutionnelle d'Afrique du Sud », *RDP*, n° 6, 2015.

[191] N. Diouf, « Préface », I. M. Fall, *Evolution constitutionnelle du Sénégal, de la veille de l'indépendance aux élections de* 2007, Dakar, CREDILA, 2007, p. 4.

1. La réglementation autoritaire de la présidentielle

Le juge constitutionnel détermine des nouvelles règles en matière électorale et l'élévation de certains principes au rang constitutionnel au cours d'un contrôle des lois. En matière électorale, à la suite du dépouillement de certaines décisions, on constate que le juge constitutionnel détermine de façon autoritaire les nouvelles normes constitutionnelles de l'élection présidentielle. Tantôt, il respecte les textes, tantôt, il va au-delà de la volonté des auteurs de ceux-ci, en exerçant son pouvoir d'interprétation maximum, afin de compléter ou d'écarter les règles juridiques qu'il trouve inapplicables. Cela se fait, suivant l'État et le contexte dans lequel le juge constitutionnel se trouve.

Nous observons trois réglementations de façon autoritaire. Le premier cas est celui de la Côte d'Ivoire. Pendant l'élection présidentielle de la légitimation[192] du processus de sortie de crise politique, le Conseil constitutionnel a été appelé, en vertu de ses pouvoirs formels, à vérifier la régularité des différents dossiers de candidatures à l'élection présidentielle. Le Conseil doit statuer dans un environnement juridique complexe, où on trouve une dualité de droits : le droit régulier et le droit dérogatoire ; le premier est un droit commun, tandis que le second est un droit issu du consensus politique des différents accords politiques adoptés à cet effet. À l'issue de ce droit de consensus, la Côte d'Ivoire se retrouve avec deux types de candidats soumis à des régimes juridiques différents en matière électorale.

Il y a, d'une part, les candidats issus des partis politiques signataires de l'Accord de Linas-Marcoussis, qui ne devaient présenter, comme dossier de candidature, que leur seule déclaration de candidature, éventuellement accompagnée de la lettre d'investiture des partis ou groupements politiques les parrainant ; d'autre part, les autres candidats, qui étaient tenus, eux, de produire au soutien de leur déclaration de candidature, toutes les pièces exigées par les dispositions constitutionnelles, législatives et réglementaires en vigueur[193]. C'est dans ce cadre, d'imbrication de la règle juridique et des acteurs politiques mixtes, qu'il revenait au juge constitutionnel de vérifier la régularité des dossiers de candidature, en tenant compte de la dualité de ces droits. Dans sa décision du 26 octobre 2009, le Conseil se permet d'aller au-delà des deux types de régimes de droit applicables, en prescrivant des nouvelles conditions d'éligibilité parmi tant d'autres : « qu'il convient, dès lors, de soumettre tous les candidats aux mêmes conditions d'éligibilité et de leur exiger les pièces suivantes : une déclaration personnelle de candidature revêtue de la signature du candidat ; [...] – un extrait d'acte de naissance du candidat ou le jugement supplétif en tenant lieu ; - une attestation de régularité

---

[192] B. Guèye et M. P. Tine, « La légitimité et la légitimation de la transition constitutionnelle par les élections en Afrique », *in Transitions constitutionnelles et constitutions transitionnelles, quelle solution pour une meilleure gestion des fins de conflit* ? Diffusion, LGDJ-Lextenso, 2014.

[193] Décision n° CI-2009-EP-026/28-10/CC/SG.

fiscale ou - tout autre document permettant de s'acquitter de ses impôts[194] ». Deux nouvelles conditions d'éligibilité s'imposent à l'ensemble des candidats[195]. Ainsi, le juge constitutionnel s'arroge le pouvoir constituant de l'interprète afin de déterminer amplement les nouvelles modalités d'éligibilité à la fonction présidentielle.

Il va sans dire que sa démarche adoptée dans la décision de 2009 et celle de 2015 sont dérogatoires à la volonté du constituant de 2000. On remarque que la jurisprudence constante ivoirienne en matière électorale depuis 2005 pendant ou après la crise politique est révélatrice d'un pouvoir constituant supplétif du juge constitutionnel, en ce sens qu'il détermine par son contrôle, des nouvelles règles constitutionnelles. Certains auteurs comme D. F. Meledje le qualifient d'« un nouveau droit dans les conditions d'éligibilité à la présidence de la République[196] ».

Le deuxième cas concerne le Burundi et Madagascar. Il porte sur le contrôle de validation des candidatures à la présidentielle. La Cour constitutionnelle s'arroge le pouvoir constituant pour accorder un « droit à un troisième mandat » au président de la République arrivé à la fin de son deuxième mandat consécutif. C'est le cas de la Haute Cour constitutionnelle de Madagascar qui a validé la candidature du président sortant, alors qu'elle constate qu'il ne remplissait pas les conditions prévues dans le Code électoral ; elle l'a fait en invoquant le nécessaire apaisement de la vie politique malgache[197].

Au Burundi, la juridiction constitutionnelle a été saisie par 14 sénateurs aux fins de vérification de la conformité de la candidature du président sortant à la lumière des articles 96 et 302 de la Constitution[198]. Dans le cadre de cette disposition, le président qui doit conduire le Burundi pendant la période post-transition devrait être élu au suffrage universel indirect, c'est-à-dire par le Parlement réuni en Congrès, pour une durée de 5 ans. Après cette période le président doit être élu au suffrage universel direct selon l'article 96 de la Constitution, qui dispose : « le président de la République est élu au suffrage universel direct pour un mandat de cinq ans renouvelable une fois. » L'actuel président a eu l'honneur de faire ses deux mandats consécutifs suivant les termes de la Constitution. Le problème qui se posait était de savoir si le

---

[194] Décision CC-CI du 26 octobre 2009.

[195] Cf. E. H. Mbodj, « Le juge : un déterminant du processus électoral en Afrique ? », *in Espace du service public*, Mélanges en l'honneur de Jean du Bois de Gaudusson, t. 1, *PUB*, 2013, p. 428.

[196] D. F. Meledje, *Les grands arrêts*, *op. cit.*, p. 569.

[197] Déc. du 3 mai 2013, Cf. J. de Bois de Gaudusson, « Jurisprudences constitutionnelles et transitions politiques en Afrique : arrêt sur quelques cas concrets », *In Institution et libertés*, Mélanges du Doyen Jean-Pière Machelon, Paris, Machel-book, 2015.

[198] L'article 302 dit que « à titre exceptionnel, le premier Président de la période post-transition est élu par l'Assemblée nationale et le Sénat élus réunis en congrès, à la majorité des deux tiers des membres. (… ».

président sortant peut être candidat après avoir exercé deux mandats consécutifs. C'est ainsi que les requérants ont, par une demande d'interprétation de la Constitution, demandé que la haute Cour constitutionnelle vérifie et détermine, si le président est en droit de briguer un troisième mandat.

Dans sa décision du 30 avril 2015, la Cour burundaise de façon autoritaire, est allée d'abord exhumer l'esprit et la lettre de la Constitution dans les actes pré-constituants[199] (accords politiques d'Arusha), ayant conduit à l'adoption de celle-ci. Ensuite, la Cour remit en question le constituant de 2005 au motif que ce dernier avait mal repris la recommandation des Accords politiques[200], dans la mesure où il crée une exception au mode d'élection de l'article 96, comme prévu par les accords. Pour le juge, l'article 302 est indépendant de l'article 96 de la Constitution, car il crée un mandat tout à fait exceptionnel et spécial qui se détache de l'article 96 qui est le reflet des accords politiques. Enfin, la haute Cour conclut en déclarant : « que donc, bien que les accords d'Arusha pour la paix et la Réconciliation eussent recommandé qu'aucun président ne fasse plus de deux mandats, le flou entretenu dans l'article 302 de la constitution a ouvert un troisième mandat pour un Président qui aurait dirigé la première période post-transition ». Elle ajoute que « le président qui a été élu sur la base de l'article 302 de l'actuelle constitution peut renouveler une seule fois le mandat auquel il a été élu au suffrage universel direct sans violer la constitution[201] ». Le juge constitutionnel vient de chausser les bottes d'un constituant afin de permettre au président, à la fin de deux mandats consécutifs, d'être un candidat pour un troisième mandat présidentiel.

Le troisième cas est celui de la RDC. Dans une décision[202], la Cour constitutionnelle s'est transformée en pouvoir constituant dérivé, en ajoutant d'office les nouvelles réglementations non consacrées par le constituant[203], en renvoyant à plus de 45 jours le deuxième tour de l'élection présidentielle que la Constitution, en son article 71, avait fixé à 15 jours. Dans une autre décision[204], relative à l'administration électorale, la Cour s'arroge encore le pouvoir constituant de l'interprète pour maintenir la durée de fonctionnement de la Commission électorale indépendante ; une institution constitutionnelle qui, par principe, devait être dissoute de « plein droit dès l'installation du nouveau Parlement[205] » avec les autres institutions d'appui à la démocratie.

---

[199] S. A. Andzoka, *L'ingénierie constitutionnelle, solution de sortie de crise en Afrique, à travers les exemples de l'Afrique du Sud, de la RDC, du Burundi, et du Congo-Brazzaville*. Paris, Harmattan, 2015, p. 181.
[200] Cf. Le 26e attendu de l'arrêt.
[201] Décision du 30 avril 2015.
[202] CSJ du 1er sept. 2007, R. const 38/TSR.
[203] E. H. Mbodj, « Le juge : un déterminant du processus électoral en Afrique ? », *op. cit.*, p. 428.
[204] CSJ, du 27 août 2007.
[205] Art. 39 de la loi organique n° 05 du 5 juin 2004.

La Commission électorale indépendante demeure et continue à exercer ses activités en matière électorale le temps d'installer la nouvelle administration Electorale. Cette situation transitoire de l'institution non prévue par la Constitution de transition de 2003, soulève alors le problème de la constitutionnalité de l'existence de l'administration électorale. Saisie par le président de la Cour suprême de justice, la Cour « ré-institutionnalise » l'administration électorale, en invoquant dans ses motifs le principe de la continuité et de la régularité des services publics pour éviter un vide institutionnel, afin que l'administration électorale « poursuive et parachève le processus électoral commencé depuis 2005, jusqu'à l'installation effective de la Commission électorale nationale indépendante »[206].

La Cour a encore invoqué la continuité de l'État, dans une décision du 11 mai 2016 pour prolonger le mandat du président de la République et des parlementaires[207]. Ainsi, ces réglementations autoritaires permettent aux présidents de la République d'être réélus ou entraînent un glissement constitutionnel[208]. On peut relever les révisions constitutionnelles informelles. Certains juges redéfinissent les éléments dans la supra-constitutionnalité et ils semblent clôturer le débat sur la limitation du nombre de mandats présidentiels.

2. La clôture jurisprudentielle du débat sur la limitation des mandats

Les juridictions élargissent considérablement la supra-constitutionnalité[209] en matière de limitation du nombre de mandats présidentiels afin de sauvegarder définitivement l'ordre constitutionnel et sa pérennité[210] ; de préserver les acquis démocratiques inscrits dans la Constitution et empêcher les révisions opportunistes que connaissent les États africains. Le juge constitutionnel élève certaines spécificités et certains textes législatifs à valeur constitutionnelle. En effet, certaines juridictions constitutionnelles sont celles qui prescrivent des limites au pouvoir constituant dérivé pour éviter les révisions, sources de menaces pour la transmission du pouvoir[211]. D'autres créent des normes intangibles au-delà des limites matérielles consacrées par le pouvoir constituant initial. Ainsi, c'est dans un contrôle de loi que le juge s'attache à développer de nouvelles normes, qui entraînent la clôture du débat

---

[206] E. H. Mbodj, « Le juge : un déterminant du processus électoral en Afrique ? », *op. cit.*
[207] Arrêt, R. Const. 262, du 11 mai 2016 et Arrêt, R. Const 0338, du 17 octobre 2016.
[208] S. A. Andzoka, « L'insurrection populaire, un patriotisme constitutionnel de défiance des pouvoirs publics en Afrique francophone », *In 10e Congrès français de droit constitutionnel*, 22, 23 et 24 juin 2017, AFDC droit constitutionnel, www.droitconstitutionnel.org.
[209] G. Vedel, « Souveraineté et supra-constitutionnalité », *op. cit.* p. 80. M. Kamara, « Supra-constitutionnalité et exercice du pouvoir constituant dérivé », *Revue de la Recherche Juridique Droit Prospectif*, n° 3, 2008, pp.1431-1476.
[210] J. de Bois de Gaudusson, « Jurisprudences constitutionnelles...», *op. cit.*, 103.
[211] V. Décision du 8 juillet 2006 de la Cour constitutionnelle béninoise.

sur la limitation du nombre de mandats dans le bloc de la supra-constitutionnalité.

Dans la jurisprudence dépouillée, il y a les cas du Bénin et du Sénégal. Au Bénin, dans un contrôle de loi en 2011, la Cour s'arroge le pouvoir constituant pour développer un super « bloc de supra-constitutionnalité[212] » en précisant les éléments des « options fondamentales » de la conférence nationale souveraine pour lesquelles aucune procédure de la révision n'est possible même effectuées par voie référendaire. La Cour développe les options fondamentales qui constituent la supa-constitutionnalité pour clôturer définitivement avec la question de mandat en ces termes : « considérant que l'examen de la loi fait ressortir que l'article 6 est contraire à la Constitution en ce qu'il ne cite pas toutes les options fondamentales de la Conférence nationale de février 1990 et qui sont reprises par les articles 42, 44 et 54 de la Constitution ; qu'il s'agit du nombre de mandats présidentiels, de la limitation d'âge pour les candidats à l'élection présidentielle et de la nature présidentielle du régime politique dans notre pays ; que l'article 6 doit donc être reformulé comme suit : « Ne peuvent faire l'objet de questions à soumettre au référendum, les options fondamentales de la Conférence nationale de février 1990, à savoir : – la forme républicaine et la laïcité de l'État ; – l'atteinte à l'intégrité du territoire national ; – le mandat présidentiel de cinq ans, renouvelable une seule fois ; – la limite d'âge de 40 ans au moins et 70 ans au plus pour tout candidat à l'élection présidentielle ; – le type présidentiel du régime politique au Bénin[213] ».

La Cour, par ces décisions, construit un véritable « bloc jurisprudentiel[214] » susceptible de s'opposer à la volonté souveraine du peuple. Saisie pour un contrôle banal de la constitutionnalité d'une loi organique, la Cour va davantage forcer son rôle de gardien de la Constitution en réécrivant amplement les dispositions de celle-ci consacrant l'intangibilité de certaines normes constitutionnelles[215]. Il ressort de cette décision[216] que la Cour vient de préserver de façon radicale le domaine des normes intangibles[217]. Ainsi, cette décision est un « verrou jurisprudentiel quasi-insurmontable[218] ». Le juge constitutionnel intègre dans les normes insusceptibles de révision constitutionnelle prévues dans l'article 156 de la Constitution d'autres normes intouchables comme : le « type présidentiel du régime politique au Bénin »,

---

[212] J. de Bois de Gaudusson, « Jurisprudences constitutionnelles...», *op. cit.*, p. 104.
[213] Déc. 20 oct. 2011.
[214] Le point de vue de Dodzi Kokoroko, *in Annuaire Béninois de Justice Constitutionnelle, Dossier spécial, 21 ans de jurisprudence de la Cour constitutionnelle du Bénin* (1991-2012), Presses Universitaires du Bénin, 2013, p. 727.
[215] F. J. Aïvo, *Constitution de la République du Bénin, op. cit.*, p. 62.
[216] DCC11- 067 du 20 octobre 2011.
[217] DCC11- 067 du 20 oct. 2011.
[218] I. Salami, « Le pouvoir constituant dérivé à l'épreuve de la justice constitutionnelle », *Revue Togolaise de Sciences Juridiques*, 2011 n° 0000, p. 50.

« la limitation d'âge de 40 ans au moins et 70 ans au plus pour tout candidat à l'élection présidentielle », le « mandat présidentiel de cinq ans, renouvelable une seule fois ». Ces normes sont élevées et elles sont opposables au pouvoir de révision, dans la mesure où le juge constitutionnel va jusqu'à limiter le pouvoir du peuple souverain en prescrivant : « ne peuvent faire l'objet de questions à soumettre au référendum[219] ». Il exclut ces questions de la révision, même par référendum ; c'est une sorte de sauvegarde totale, voire totalitaire de la Constitution.

La Cour après avoir consacré le nouveau principe dans la Constitution, l'« option fondamentale de la Conférence nationale[220] », la définit en précisant les nouvelles normes constitutionnelles en matière d'acquis démocratiques de toute procédure de révision même par référendum. Pour pérenniser ces options fondamentales, la Cour a, en outre, considéré que ces interdictions s'imposaient aussi aux citoyens et notamment à un ministre par des propos tenus dans une émission d'une chaîne télévisée ; selon la Cour, le ministre transgressait les principes consacrés par la jurisprudence dite options fondamentales. Dans une décision de 2014, la Cour rappelle un précédent d'une décision de 2013. Elle a dit et jugé que si « l'usage de la liberté d'expression ne saurait constituer en lui-même une violation de la loi [...] le contenu de la parole peut être de nature à enfreindre la loi y compris la loi constitutionnelle[221] ». C'est pourquoi, cette liberté d'opinion consacrée par la Constitution n'exonère pas le citoyen du respect de la Constitution ; que cette exigence constitutionnelle est plus grande s'agissant d'un ministre de la République dont l'impact de l'opinion sur la conscience collective est plus fort que celui d'un citoyen ordinaire. À ce titre, « [...] les propos du ministre [...] s'analysent comme une invitation à soumettre au Peuple béninois la question de la limitation à deux du nombre de mandats présidentiels ; que remettre en cause le principe de la limitation du nombre de mandats présidentiels prévu par la Constitution constitue une violation, non seulement de l'article 42 de la Constitution, mais aussi de l'article 124 alinéa 3 de la Constitution, la Haute Juridiction ayant dit et jugé que sont exclues de toute révision de la Constitution les options fondamentales de la Conférence des Forces Vives dont, entre autres, la limitation à deux du nombre de mandats présidentiels ; qu'eu égard à tout ce qui précède, il échet pour la Cour de dire et juger que [...], le ministre [...] a, dans ses propos tenus au cours de l'émission "Zone Franche" du 20 juillet 2014 sur la chaîne de Télévision Canal 3, violé les articles 34, 42 et 124 précités de la Constitution[222] ».

---

[219] DCC11- 067 du 20 octobre 2011.
[220] Déc. 20 oct. 2011.
[221] Déc. DCC 13-071 du 11 juillet 2013.
[222] Décision du 19 août 2014.

Au Sénégal, le Conseil constitutionnel a adopté un avis[223] relatif au projet de loi constitutionnelle sur la disposition de la réduction du mandat en cours du président de la République. Le juge estime que la réduction du mandat du Chef de l'État : « n'est conforme ni à l'esprit de la Constitution, ni à la pratique constitutionnelle ». Et, il dit : « la sécurité juridique et la stabilité des institutions constituent des objectifs à valeur constitutionnelle que toute révision doit prendre en considération pour être conforme à l'esprit de la Constitution. Elles ne seraient pas garanties si à l'occasion de changements de majorité […] la durée des mandats politiques en cours régulièrement fixée au moment où ceux-ci ont été conférés pouvait (sic !) quel que soit au demeurant l'objectif recherché, être réduite ou prolongée »[224]. Pour le Conseil le mandat en cours ne peut pas être réduit ou prolongé. Le juge semble créer et ajouter une norme intangible au côté de la forme républicaine de l'État, qui constitue la limite matérielle au pouvoir de révision au droit sénégalais.

Nous observons un développement d'une supra-constitutionnalité quasi-insurmontable, la limitation des compétences du Parlement en matière de révision et celles du peuple. En d'autres termes, le peuple souverain [ne] peut paraître en majesté[225]. Ainsi, certains n'ont pas hésité à dénoncer cette usurpation des prérogatives constituantes et la limitation condamnable du pouvoir du peuple souverain, d'un « coup d'État de droit : la créature ayant détrôné son créateur[226] » ; d'autres la qualifient d'une « erreur de droit[227] ». Il résulte de ces décisions une réécriture fondamentale de la Constitution du 11 décembre 1990 par la Cour ; elle est inévitablement un pouvoir constituant supplétif. Par conséquent, on remarque une révision constitutionnelle informelle entreprise par le juge constitutionnel. En effet, il existe une Constitution comme énoncé et une Constitution comme norme. C'est pourquoi, certains auteurs comme Dodzi Kokoroko ont pu qualifier de « constitution bis[228] » à la suite de l'adoption de plusieurs décisions en particulier celle du 20 octobre 2011, par la Cour béninoise. Ce qui consacre un nouveau cadre de la supra-constitutionnalité et du droit de révision. Pour Guillaume Tusseau, le juge constitutionnel « est donc législateur, constituant et supra-constituant[229] ». En effet, la Constitution n'est rien d'autre que ce que les juridictions constitutionnelles en disent. Comme l'affirmait le *chief justice* Charles Evans Hughes de la Cour suprême des États-Unis : « nous vivons sous

---

223 Un avis dont les allures d'une décision (saisine, visas, considérants, dispositif, et dans le dispositif, il dit « […] par ces motifs, est d'avis ». Cf. Décision n° 1/C/2016.

224 Décision n° 1/C/2016.

225 G. Vedel, « Schengen et Maastricht », *RFDA*, 1992, p. 173.

226 Le point de vue de Dodzi Kokoroko, *op. cit.*, p. 727.

227 F. J. Aïvo, « Un juge hyperactif, mais pas paresseux », *Le Label, Politique*, n° 011, 2013, p. 8.

228 D. Kokoroko, « De l'indépendance à l'autolimitation du juge constitutionnel en Afrique », *CJCA,* Cotonou, 11, 12 et 13 juin 2014.

229 G. Tusseau, « Le pouvoir des juges constitutionnels », *op. cit.*, p.174.

l'empire d'une constitution, mais la constitution est ce que les juges disent qu'elle est »[230]. Ainsi, les juridictions constitutionnelles réinventent les normes acquises.

B. La réinvention des normes

Certaines juridictions refont des Constitutions en réinventant des normes. Or, une Constitution, c'est principalement une répartition des compétences, une organisation de la hiérarchie des normes. Comme le juge constitutionnel a acquis à la fois un pouvoir législatif et un pouvoir constituant, on ne peut non plus déclarer que l'un est la clé de l'autre. En effet, « toutes autorités chargées d'appliquer la constitution l'interprètent et la recréent de concert[231] ». Pour ce faire, elles s'arrogent le pouvoir constituant[232], en supplantant ainsi le pouvoir constituant dérivé[233], par la redéfinition de la séparation des pouvoirs (1) et par la construction de nouvelles pyramides (2).

1. La redéfinition de la séparation des pouvoirs

Les juridictions constitutionnelles répartissent les compétences entre l'exécutif et le législatif[234]. Dans un État fédéral cette répartition se fait entre l'État fédéral et les États membres (aux Comores). Le juge peut entreprendre cette redéfinition à travers plusieurs domaines : le contrôle de la conformité d'une résolution à la Constitution[235], la garantie des droits fondamentaux, parce qu'il s'agit des limites que le pouvoir législatif ne peut pas franchir. La jurisprudence constitutionnelle africaine est révélatrice de ces transformations ; tantôt elle réaffirme les principes de la séparation des pouvoirs, de la souveraineté, tantôt elle adopte la supériorité de ses propres décisions par rapport à celles des autres Cours (Cours suprêmes). Les juridictions constitutionnelles réécrivent les Constitutions à travers le contrôle et l'interprétation active et audacieuse[236]. Aux Comores, la Cour constitutionnelle assure l'équilibre entre l'État central et les îles. Dans un État complexe tel que celui-ci, compétente qu'elle est non seulement pour garantir le respect de la Constitution, notamment par le contrôle des lois et la protection des droits de l'homme mais aussi pour assurer la régulation des relations entre les composantes (les îles) et entre celles-ci et l'État central (l'Union). Les

---

[230] E. Lambert, *Le gouvernement des juges... op. cit.*

[231] *Idem*. p. 313.

[232] F. Hourquebie, « Pouvoir constituant dérivé et contrôle du respect des limites », *Internet*, avril 2016.

[233] D. Gnamou, « La Cour constitutionnelle du Bénin en fait-elle trop ? », *op. cit.*, p. 17.

[234] En France, par exemple la délimitation des compétences dans les articles 34-37 de la Constitution.

[235] En Côte d'Ivoire. Cf. L. Sindjoun, *Les grandes décisions, op. cit.*, p. 303.

[236] D. Kokoroko, « Réflexions sur la limitation jurisprudentielle du pouvoir de révision...», *op. cit.*, p. 329.

arrêts de la Cour façonnent l'équilibre institutionnel et notamment les rôles respectifs de chacun[237].

Au Mali, le juge garantit le respect du principe de la séparation des pouvoirs. En effet, en 1997 le règlement intérieur de l'Assemblée nationale après adoption, fut soumis à la Cour pour le contrôle de sa constitutionnalité. La Cour a jugé non conforme à la Constitution un article qui autorisait le président de la République à demander à l'Assemblée nationale la discussion à tout moment d'un projet ou d'une proposition de loi. C'est par ces motifs que le juge déclare que, « le principe de valeur constitutionnelle de la séparation des pouvoirs exclut l'intervention du président de la République dans la procédure législative au niveau de la discussion d'un projet ou d'une proposition de loi[238] ». Le juge réaffirme le principe de la séparation des pouvoirs entre l'exécutif et le législatif, en rappelant les prérogatives de ces deux pouvoirs. Au Niger, dans un avis, le juge constitutionnel s'oppose à la tentative de l'exécutif de s'immiscer dans le domaine législatif par effraction pour modifier la Constitution. Le juge estime que « les questions de nature constitutionnelle telles que la durée du mandat du président de la République (…) ne peuvent (…) être directement soumises à référendum » et que « l'article 49 ne saurait ainsi servir de fondement à une révision de la constitution...[239] ». Qu'une nouvelle Constitution ne peut donc être envisagée qu'à travers la révision intégrale de la loi fondamentale, rendue impossible, par ailleurs, du fait des restrictions imposées par l'article 136 de la Constitution. Au Togo en 1995, c'est à la suite d'un avis du 4 juin 1996 de la Cour suprême statuant en chambre constitutionnelle que la Constitution a été révisée conformément aux directives de celui-ci dans ses articles 77 et 78 pour redéfinir les prérogatives des deux têtes au sein du pouvoir exécutif où le Premier ministre s'est considéré comme un vrai chef de l'exécutif[240]. Pour certains, cet avis de la Cour est révélateur du pouvoir normatif[241].

Dans le cadre de la sortie de crise en Côte d'Ivoire, la résolution 1721 du Conseil de Sécurité des Nations-Unies adopte une répartition de compétences entre le président de la République et le Premier ministre, contraire à la Constitution de 2000. Le Conseil constitutionnel est saisi par le président de la République pour vérifier la conformité de ladite résolution à la Constitution. En effet, selon la résolution du Conseil de Sécurité dans ses paragraphes 7 et 8, le premier ministre peut prendre toutes décisions, notamment des

---

237 Arrêt 09-017 du 22 octobre 2009 ; J. du Bois de Gaudusson, « À l'occasion… », *op. cit.*, p. 722.

238 Arrêt n° 97-58, sept. 1997, Cf. M. S. Aboudou-Salami, « Les pouvoirs du juge constitutionnel », *SCJCA* de Cotonou, 11, 12 et 13 juin 2014.

239 Avis n° 02/CC du 25 mai 2009.

240 Pour une analyse approfondie de l'avis V. K. Ahadzi-Nonou, « Le Premier ministre en Afrique noire francophone : étude de quelques exemples récents », *Revue Nigérienne de droit*, n° 1, 1999, pp. 25-76.

241 M. S. Aboudou-Salami, « Les pouvoirs du juge constitutionnel », *op. cit.*

ordonnances pour restaurer les forces armées. Le juge constitutionnel, s'auto-instituant le pouvoir de contrôler une résolution du Conseil de Sécurité des Nations unies, a jugé que la résolution était non conforme à la Constitution ivoirienne. Il a réaffirmé avec force le principe de la séparation des pouvoirs, en déclarant : « la résolution viole la Constitution dont l'article 71, précise que la détermination des principes fondamentaux de l'organisation de la défense nationale relève de la loi, donc de l'Assemblée nationale et non du pouvoir exécutif dont le Premier ministre n'est pas détenteur[242] ».

Le Conseil constitutionnel ivoirien rappelle que la Constitution exprime la souveraineté de la Côte d'Ivoire et qu'elle fait du président de la République, le détenteur exclusif du pouvoir exécutif, le chef suprême des armées. Le Conseil semble « consacre[r] la priorité du droit constitutionnel sur le droit international public[243] ». La résolution 1721 aurait eu pour effet, la mise à l'écart du Conseil constitutionnel. La résolution étant devenue une sorte de nouvelle norme de référence normative d'autant plus qu'elle est, dans une certaine mesure, « une constitution matérielle du fait de la réorganisation des pouvoirs publics[244] ». Le Conseil constitutionnel procède à cet effet à une double opération de restauration et d'élargissement de ses propres compétences limitées par la résolution 1721. Il réaffirme les principes de la répartition des pouvoirs exécutif et législatif. Le juge constitutionnel estime que l'ONU a outrepassé ses pouvoirs[245].

Au Bénin, la Cour constitutionnelle a modifié la disposition constitutionnelle qui fait obligation de recueillir l'avis obligatoire de la Cour suprême. En effet, se prononçant sur l'absence d'avis motivé de la Cour suprême avant la transmission du projet de loi à l'Assemblée nationale, la Cour constitutionnelle relève qu'il découle des termes des articles 105 al. 2 et 132 de la Constitution, « que même si la consultation de la Cour suprême est obligatoire, le gouvernement n'est pas lié par son avis ; que par ailleurs le vote intervenu sur la loi querellée par le parlement, purge le projet de la loi déposé par le gouvernement de ce vice de forme ; qu'en conséquence, il n'y a pas violation de la constitution[246] ». Le juge rend inutile l'obligation de recueillir l'avis motivé de la Cour suprême prévue par la Constitution. Ce faisant, la Cour constitutionnelle, par cette décision, redéfinit les compétences entre les pouvoirs et le cas échéant, il réécrit la Constitution[247].

Dans une autre décision du 13 août 2009 sur la garantie des droits fondamentaux, « la Cour constitutionnelle s'auto-institue, Cour suprême de la

---

[242] L. Sindjoun, *Les grandes décisions...*, *op. cit.*, p. 303.
[243] *Idem.*, p. 308.
[244] *Ibid.*
[245] *Ibid.*
[246] Décision du 27 juillet 2011.
[247] D. Gnamou, « La Cour constitutionnelle du Bénin en fait-elle trop ? », *op. cit.*, p. 17.

Cour suprême[248] ». Dans cette décision, la Cour, s'est reconnue compétente pour examiner des arrêts de la Cour suprême, pourtant insusceptibles de recours selon l'article 131 al. 3 de la Constitution. La Cour constitutionnelle exerce une sorte de révision de la Constitution en se substituant au pouvoir constituant pour s'auto-instituer comme une Cour suprême de l'ensemble de l'ordre juridictionnel béninois[249], puisqu'elle s'est donnée la compétence de contrôler les arrêts de la Cour suprême, tout en relevant que ses propres décisions demeurent insusceptibles de recours. Elle devient une sorte de Cour suprême de toutes les juridictions du pays, comme aux États-Unis d'Amérique[250], ou un Tribunal des conflits.

À ce titre, la Cour vient de redéfinir les compétences, voire instaurer la hiérarchie entre les deux ordres juridictionnels : judiciaire et constitutionnel. Ainsi, il y a une sorte d'unité de juridiction retrouvée, comme en France, depuis la consécration de la question prioritaire de constitutionnalité (QPC), où l'on tend vers l'unité de juridiction dans les faits[251], où le regroupement de tout le contentieux auprès du juge constitutionnel. En effet, l'avis motivé n'est plus une obligation constitutionnelle selon l'interprétation du juge et les arrêts de la Cour suprême en matière de droit de l'homme deviennent susceptibles de recours devant la Cour constitutionnelle. Le juge béninois révise la Constitution afin de combler une lacune constitutionnelle qui existait entre les deux ordres de juridictions. Cela démontre bien que les juridictions constitutionnelles réinventent des nouvelles normes de référence[252], en redéfinissant les compétences entre organes. Ainsi, il n'y a que le pouvoir constituant pour le faire. C'est à ce titre que, le juge constitutionnel se fait l'égal du pouvoir constituant dérivé en organisant les relations entre les lois.

2. La construction de nouvelles pyramides juridiques

Les juridictions organisent la hiérarchie des normes en instituant la Constitution comme norme supérieure. On présente souvent la supériorité de la Constitution comme la justification de la compétence de la justice constitutionnelle. Mais que signifie *supériorité ?* Dans ce contexte, rien d'autre qu'une relation entre deux normes, en ce sens que si l'une est contraire à l'autre, celle-ci peut être annulée[253]. La supériorité ainsi entendue ne peut donc pas justifier le pouvoir d'annuler, puisqu'elle se confond avec lui. En réalité, la supériorité est créée par la juridiction constitutionnelle, lorsqu'elle décide de contrôler et d'annuler la loi de révision constitutionnelle, comme l'a

---

[248] S. Bolle, « Constitution, dis-moi qui est la plus suprême des Cours suprêmes », http//www.la-constitution-en-afrique.org/. D. Gnamou, « La Cour… », *op. cit.*, p. 19.

[249] D. Gnamou, « La Cour constitutionnelle du Bénin en fait-elle trop ? », *op. cit.*, p. 19.

[250] F. Borella, « La situation actuelle du droit constitutionnel », *RFDC*, 2012, n° 89, p. 10.

[251] B. Jean-Antoine, « Chronique de question prioritaire de constitutionnalité », *RFFP*, n° 113, 2011.

[252] D. Gnamou, « La Cour constitutionnelle du Bénin en fait-elle trop ? », *op. cit.*, p. 19.

[253] M. Troper, « Le juge constitutionnel comme pouvoir constituant », *op. cit.*

fait, par exemple la Cour béninoise en 2006[254]. Ce faisant, elle construit de nouvelles pyramides.

Depuis les années 1990, on observe les audaces prétoriennes des différentes juridictions constitutionnelles, qu'il s'agisse d'interpréter les normes constitutionnelles pour ainsi ériger le « bloc constitutionnel[255] », ou de procéder à l'interprétation des lois non soumises au contrôle de constitutionnalité. C'est d'ailleurs, l'attitude des juges gabonais, nigérien et malgache, ces juridictions ont délivré un « certificat de normativité à l'ensemble du préambule[256] ». Elles ont étendu leur office afin de réceptionner le préambule dans le bloc de constitutionnalité[257] comme ce fut le cas en France en 1971[258].

Autrement dit, les juges peuvent décider que certains textes, qui n'étaient pas compris comme ayant la signification de normes juridiques, ont désormais la signification d'une norme constitutionnelle. C'est le cas au Gabon et au Niger où on peut observer une certaine convergence de solution juridictionnelle. Le juge gabonais déclare que « la conformité d'un texte de loi à la Constitution doit s'apprécier non seulement par rapport aux dispositions de celle-ci, mais aussi par rapport au contenu des textes et normes de valeur constitutionnelle énumérés dans le préambule de la Constitution[259] ». On peut retrouver le même considérant dans l'arrêt du 18 janvier 2002 de la Cour constitutionnelle du Niger. Et elle intègre la Déclaration Universelle des Droits de l'Homme de 1948 dans le bloc de constitutionnalité[260]. Ainsi, les juridictions construisent les nouvelles pyramides en déterminant le niveau de chaque norme. Elles peuvent décider de placer certaines normes au niveau constitutionnel, c'est-à-dire supra-législatif : ce sont les normes dites « constitutionnelles ». Il s'agit en réalité des dispositions de la Constitution non écrites auxquelles le juge constitutionnel donne la signification de normes constitutionnelles.

Les juges peuvent promouvoir également au niveau constitutionnel des normes tenues pour législatives, les principes fondamentaux reconnus par les lois de la République tel qu'en France[261]. C'est le cas au Bénin, où la Cour décide que les dispositions du règlement intérieur de l'Assemblée nationale « constituent la mise en œuvre des dispositions constitutionnelles et font partie

---

[254] L. Sindjoun, *Les grandes décisions…*, *op. cit*., p. 311, N. Médé, *Les grandes, op. cit*., p. 118.
[255] N. Molfessis, « L'irrigation du droit par les décisions du Conseil constitutionnel », *Pouvoirs*, n° 105, 2003, p. 90.
[256] D. E. Emmanuel Adouki, « Contribution à l'étude de l'autorité des décisions du juge », *op. cit*, p. 620.
[257] B. Ba, « Le préambule de la constitution et le juge constitutionnel en Afrique », *Afrilex*, 2016, p. 9.
[258] DC. n° 71-44 du 16 juillet 2016, *Liberté d'association.*
[259] Décision n° 001-CC du 28 février 1992.
[260] V. Arrêt n° 2002-004/CC du 16 janvier 2002.
[261] Le Conseil d'État a décidé de la place respective de la norme constitutionnelle et d'un traité international. CE Ass. 3 juillet 1996, Kone, *Rec*. 255, cf. aussi le « point de vue sur l'affaire Koné », de L. Favoreu, *RFDA*, 1996, p. 882.

dès lors du bloc de constitutionnalité[262] ». Ici la haute Cour constitutionnelle fixe la place et la valeur de chaque loi. C'est elle qui réorganise la hiérarchie des normes. Cette interprétation a soulevé quelques réserves de la part de certains auteurs[263] notamment sur l'usurpation du pouvoir constituant. La Cour va préciser dans ce qu'elle qualifie d'« option fondamentale de la conférence nationale[264] les matières et la place de celles-ci dans la hiérarchie des normes. Saisie pour un contrôle d'une loi organique, la Cour va davantage forcer son rôle de gardien de la Constitution en réorganisant la hiérarchie des normes afin d'assurer la suprématie de celle-ci. Comme on l'a souligné plus haut, dans ce contrôle, le juge constitutionnel intègre certaines dispositions au niveau supra-constitutionnelle : le « type présidentiel du régime politique au Bénin », « la limitation d'âge de 40 ans au moins et 70 ans au plus pour tout candidat à l'élection présidentielle » et le « mandat présidentiel de cinq ans, renouvelable une seule fois ». La Cour élève les dispositions d'une loi organique au niveau supra-législatif, c'est-à-dire à valeur constitutionnelle ; ainsi, le juge constitutionnel construit la nouvelle hiérarchie des normes. À ce titre, « la question de la hiérarchie des normes n'est pas une donnée, mais le produit d'une manipulation[265] » des juridictions.

En Côte d'Ivoire, le juge constitutionnel réaffirme la supériorité de la Constitution par une interprétation exercée à la suite d'un contrôle sur un acte qui ne pouvait pas être soumis au contrôle de constitutionnalité des lois notamment la résolution du Conseil de Sécurité des Nations unies. Le Conseil constitutionnel ivoirien a osé contrôler la résolution du Conseil de Sécurité des Nations unies. En effet, le problème qui se pose alors était de savoir si la résolution 1721 du Conseil de Sécurité des Nations unies pouvait se substituer à la Constitution de la Côte d'Ivoire. À cet effet, le juge constitutionnel « réaffirme la suprématie de la Constitution par rapport à la résolution du Conseil de Sécurité des Nations unies[266] ». Le Conseil constitutionnel entend réaffirmer la Constitution comme la norme de référence cardinale, comme unique source d'organisation des pouvoirs publics de la République de Côte d'Ivoire. Selon le juge, l'attachement de l'ONU « au respect de la souveraineté, de l'indépendance, de l'intégrité du territoire et de l'unité de la Côte d'Ivoire devrait avoir comme conséquence le respect des normes juridiques nationales[267] ». On peut noter ici avec Djédjro Francisco Meledje que dans ce recours « d'excès de pouvoir du Conseil de sécurité des Nations-

---

[262] DCC 06 – 074 du 8 juillet 2006.

[263] A. Soma, « Le contrôle de constitutionnalité des normes supra-législatives », *in* (dir.) J. F. Aïvo, *Annuaire Béninois de justice constitutionnelle, Dossier spécial 21 ans de jurisprudence de la cour constitutionnelle du Bénin* 1991-2012, Presses Universitaires du Bénin (pub.), 2013, p. 120.

[264] DCC11- 067 du 20 octobre 2011.

[265] M. Troper, « Le pouvoir constituant et le droit international », *op. cit.*

[266] Décision du 6 décembre 2006.

[267] *Idem.*

Unies », le juge fait une « incursion dans une catégorie d'engagements internationaux autres que les traités internationaux[268] », afin de réaffirmer la suprématie de la Constitution ivoirienne par rapport à la résolution du Conseil de sécurité des Nations unies. Le Conseil constitutionnel restaure l'ordre d'un système constitutionnel déstabilisé dans son équilibre institutionnel par un acte des Nations unies.

Certaines juridictions réorganisent la hiérarchie des normes en élevant certains principes spécifiques. C'est le cas en Afrique du Sud, où le juge constitutionnel exhume et élève certaines « spécificités africaines » aux normes à valeur constitutionnelle. Le juge use de son pouvoir d'interprétation active sur le préambule de la Constitution intérimaire de 1993, afin de trouver un *modus vivendi* juridique de « Ubuntu[269] », pour ensuite abolir la loi sur la peine de mort. Il ne s'est pas limité à appliquer un droit préexistant, il crée la norme constitutionnelle de référence. Ainsi, on est en face d'un véritable pouvoir normatif[270]. Ainsi, le juge constitutionnel réinvente les normes pour construire les nouvelles pyramides juridiques et le cas échéant sauvegarde et assure la suprématie de la Constitution, avec les autres organes.

Conclusion

Au-delà de ce que l'hypothèse du pouvoir constituant du juge constitutionnel peut soulever comme débat doctrinal ainsi d'ailleurs que sur la question de la légitimité de son action, la jurisprudence constitutionnelle peut entraîner une banalisation des Constitutions. Le juge constitutionnel dans les États africains est un organe composé des personnalités qualifiées et nommées, ne procédant donc pas d'une élection. Pourtant, il se trouve à interpréter le texte constitutionnel. Autrement dit, il dégage la signification de ces textes selon sa propre estimation, à étendre, à réduire la portée, ou encore à préciser les modalités et aménagement de droit constitutionnel.

Cependant, au sortir de cette réflexion, il semble s'établir que le juge constitutionnel participe au pouvoir constituant dérivé à travers le contrôle les lois. Le juge contrôle et dit le droit de manière active sur les points qui lui sont soumis. C'est pourquoi, l'idée du pouvoir constituant du juge est novatrice dans la mesure où l'activisme de celui-ci traverse désormais toutes les matières juridiques : du décret à la loi constitutionnelle. Il devient « le juge du tout », un acteur incontournable quel que soit le moment : de crise politique ou de paix. Le droit constitutionnel jurisprudentiel des États africains semble devenir, à l'« identique » de ce qu'il est dans les grandes démocraties : un « droit vivant ». C'est par l'influence active des juridictions dans la

---

[268] D. F. Meledje, *Les grands arrêts.., op. cit.*, p. 543.

[269] Un concept *xhosa* et *zoulou*, qui exprime une norme de comportement sociale, qui renvoie à « l'ensemble des valeurs humanistes africaines », A. Abotsi, *op. cit.*, p. 407, Sindjoun, *op. cit.*, p. 428.

[270] D. E. Emmanuel Adouki, « Le pouvoir normatif..», *op. cit.*

reformulation des Constitutions à travers leurs jurisprudences que celles-ci jouent leur rôle en matière de contrôle a *priori* et a *posteriori*. Elles jouent ainsi le rôle d'aiguilleur, de censeur, de pédagogue et de co-législateur[271], et de nos jours, on peut ajouter, celui du co-constituant, de juge administratif[272], d'administrateur, du médiateur[273]. Du fait de la jurisprudence constitutionnelle, l'État de droit dans certains pays africains semble gagner en progrès.

En définitive, cette analyse de la participation des juridictions constitutionnelles au pouvoir constituant en Afrique a permis de comprendre que, le constituant qui a créé la Constitution, est concurrencé par le juge constitutionnel chargé de contrôle de constitutionnalité des lois. C'est pourquoi, suivant le principe dégagé par le Conseil constitutionnel français : « la loi n'exprime la volonté générale que dans le respect de la Constitution ». À la suite de cette étude, on peut ajouter, dans le « respect de la Constitution telle que interprétée par le juge constitutionnel », que ceci montre bien la marge de liberté d'interprétation du juge constitutionnel. Et de rependre en partie avec Olivier Beaud à la question de savoir : où va le droit constitutionnel ? « Là où le juge constitutionnel lui prescrit d'aller, et selon son bon plaisir »[274]. C'est ainsi que l'on peut affirmer désormais avec Michel Troper, et bien d'autres auteurs, que le juge constitutionnel est un « troisième pouvoir constituant de l'interprète », aux côtés du pouvoir constituant originaire et du pouvoir constituant dérivé.

---

[271] I. M. Fall, « La loi organique dans les ordonnancements juridiques des États d'Afrique… », *op. cit.*

[272] Cf. P. Delvolvé, « Le Conseil constitutionnel, juge administratif », *in Mélanges en l'honneur de Benoit Jeanneau*. Paris, Dalloz, 2002, p. 59.

[273] J. du Bois de Gaudusson, « À l'occasion… », *op. cit.*, p. 728.

[274] O. Beaud, « Où va le droit ? – Où va le droit (constitutionnel ? », *in Lexis* 360, 2018, p. 2.

De l'esquisse d'un dialogue « interposé » entre juges constitutionnels africains et latino-américains

Boubacar Ba
Maître de Conférences agrégé
Université Cheikh Anta Diop de Dakar

Introduction

Il faudrait sans doute rendre justice à la pensée de l'auteur qui eut célébré que « les constitutionnalistes sont depuis toujours comparatistes par vocation »[1]. Le contredire de nos jours, exposerait incontestablement à une *hérésie*. En effet, l'observation attentive de la trajectoire des normes constitutionnelles renseigne, que même les systèmes anciennement rétifs[2] à toute pénétration de normes juridiques étrangères, sont en train de céder du terrain, en laissant, quoique timidement, infiltrer quelques solutions ou règles étrangères.

La circulation des règles juridiques et des solutions juridictionnelles amène à se plier au paradigme de la globalisation du droit[3], phénomène qui répudie toute volonté de cloisonnement, de repli d'un système normatif donné sur lui-même. Le double mouvement d'évolution du droit constitutionnel, très tôt perçu et soutenu par l'école d'Aix[4], articulé en direction du *comparatisme* et de l'exégèse du *contentieux constitutionnel* charrie l'avantage à découvrir des « gisements » propices aux recherches dans cette discipline, d'où l'idée de « (re)nouveau du droit constitutionnel »[5].

---

[1] M-C Ponthoreau, *Droit(s) constitutionnel(s) comparé(s)*. Paris, Economica, 2010, p.40.

[2] M-C Ponthoreau a cherché à mesurer jusqu'en 2010 les références explicites aux précédents étrangers dans les jurisprudences constitutionnelles. L'éminente spécialiste du Droit constitutionnel comparé recense entre autres résultats que la Cour constitutionnelle sud-africaine, de 1995 à 2010 a vu 52% des affaires traitées, se réfèrent aux précédents étrangers ; en Namibie, de 1990 à 2010, le taux de référence est encore plus important (93%) alors que la Cour suprême japonaise, sur 234 affaires constitutionnelles, ne s'est référée qu'à une seule reprise aux précédents étrangers de 1992 à 2011. Cf. « La globalisation du droit constitutionnel en question(s) », *Espaces du service public, Mélanges en l'honneur de Jean Du Bois De Gaudusson*, Tome 1. Bordeaux, Presses Universitaires de Bordeaux, 2013, pp. 551-552.

[3] V. J. B. Auby, *La globalisation, l'État et le droit*. Paris, LGDJ, 2010, 272 p.

[4] En l'occurrence le Doyen L. Favoreu et toute l'école d'Aix. Notamment à travers son article programmatique : « Le droit constitutionnel, droit de la constitution et constitution du droit », *RFDC*, 1990-1.

[5] V. *Le renouveau du Droit constitutionnel, Mélanges en l'honneur de Louis Favoreu*, Dalloz, 2007, 1783 p. Plus globalement, se reporter à la compilation des travaux du Doyen L. Favoreu, *La Constitution et son juge*, Marseille, Economica, 2014, 1250 p.

L'attention prêtée à d'autres systèmes normatifs, à travers le recours aux « précédents étrangers »[6], à la métaphore[7] du « dialogue » des « jurisprudences »[8], ou bien alors au « dialogue jurisprudentiel »[9], autorise à déceler un ensemble de *vertus* ou alors de *vices* non immédiatement visibles dans l'armature nationale, à l'effet de les corriger ou de s'en inspirer pour améliorer l'existant.

Entendu comme « l'échange d'arguments, d'interprétations et de solutions juridiques entre magistrats, notamment dans le délibéré, à travers la jurisprudence ou par le biais de la coopération entre juridictions »[10], le « dialogue des juges »[11] se révèle être un merveilleux outil de promotion de la justice constitutionnelle[12], dont

---

[6] D. Maus, « Le recours aux précédents étrangers et le dialogue des Cours constitutionnelles », *RFDC*, N° 80, octobre 2009, pp. 675-695.

[7] « Utiliser la métaphore en droit est une technique avérée. Elle a les atouts indéniables de l'explication imagée, instantanément compréhensible. Elle a également les défauts de ses avantages, une simplification outrancière, voire une dénaturation dangereuse de la réalité juridique … ». Cf. L. Burgorgue-Larsen, « Les occupants du "territoire constitutionnel". État des lieux des contraintes jurisprudentielles administrative et européenne pesant sur le Conseil constitutionnel français », *Le Conseil constitutionnel en question*, (sous dir.) de D. Rousseau. Paris, L'Harmattan, 2004, pp. 45-75.

[8] J. Allard et L. Van Den Eynde, « Le dialogue des jurisprudences comme source du droit. Arguments entre idéalisation et scepticisme », *in Les sources du droit revisitées*, Volume 3. Bruxelles, Ed. Anthemis, 2013, pp. 285-315. Pour les auteures, « Le dialogue des jurisprudences est en effet un phénomène plus étroit que le dialogue des juges proprement dit, car il désigne l'emprunt explicite d'éléments étrangers au sein d'une décision. Comme tel, il est une manifestation visible du dialogue des juges, ce dernier comprenant en outre des influences secrètes ou cachées, des rencontres informelles et des réseaux plus ou moins institutionnels de juges… », pp. 286-287.

[9] J. Silva Meza, « L'internationalisation des droits de l'homme : autour de la justice mexicaine », *in Un dialogue des juges, Travaux du Sommet des Présidents des Cours Suprêmes, Constitutionnelles et Régionales, Mexico, 2012*. Mexico, Editions Aquarela Gráfica, 2014, p. 74.

[10] J. Allard, « Le dialogue des juges dans la mondialisation », in *Le dialogue des juges. Actes du colloque organisé le 28 avril 2006 à l'Université Libre de Bruxelles*. Bruxelles, Bruylant, *Les cahiers de l'Institut d'Études de la justice,* N° 9, 2007, p. 77. Citée par J. Allard et A.Van Waeyenberge, « De la bouche à l'oreille ? Quelques réflexions autour du dialogue des juges et de la montée en puissance de la fonction de juger », *Revue interdisciplinaire d'études juridiques*, 2008/2 (Volume 61), p. 109-129.

[11] La fortune du concept de « dialogue des juges » doit beaucoup à son auteur, puisque sa paternité est attribuée à Bruno Genevois, qui, à travers ses *Conclusions* dans l'arrêt *Cohn-Bendit* du 22 décembre 1978, défend l'idée qu'« à l'échelle de la Communauté européenne, il ne doit y avoir ni gouvernement des juges ni guerre des juges. Il doit y avoir place pour le dialogue des juges », *in Dalloz* 1979, Jurisclasseur spécial, p. 161. Cf. aussi, *Le dialogue des juges, Mélanges en l'honneur de Bruno Genevois*. Paris, Dalloz, 2009, 1166 p ; V. *Un dialogue des juges, Travaux du Sommet des Présidents des Cours Suprêmes, Constitutionnelles et Régionales, Mexico, 2012*, Mexico, Editions Aquarela Gráfica, 2014, 460 p.

[12] M. Fromont, *La justice constitutionnelle dans le monde*. Paris, Dalloz, 1996, 140 p ; G. Drago, « Justice constitutionnelle », *Droits*, 2001/2 (N° 34), pp. 119-130.

la « territorialité »[13] n'est désormais plus uniquement saisissable dans les grandes démocraties occidentales. Celles-ci, ayant eu le mérite d'avoir largement distillé le réflexe de la « défense de la Constitution »[14] en tant que loi *supérieure*, *positive* et *obligatoire*, semblent aujourd'hui subir l'intenable concurrence[15] d'autres univers démocratiques, jadis réfractaires[16] aux valeurs du constitutionnalisme[17]. Réceptacles de l'expansion des idéaux du droit et de

---

[13] M. Verpeaux, « Territoire et Constitution ou les relations ambigües entre la Géographie et le Droit », *En hommage à Francis Delperee, Itinéraires d'un constitutionnaliste*. Bruxelles, Bruylant, 2007, pp. 1677-1686. Peter Haberle parle de *« théorie constitutionnelle de l'espace »*. V. *L'État constitutionnel*, Ed. Economica, PUAM, 2004, p. 56 ; Pour sa part, Paulo Ferreira Da Cunha évoque le concept de *« géographie constitutionnelle »*. Cf. *Traité de Droit constitutionnel. Constitution universelle et mondialisation des valeurs fondamentales*. Ed. Buenos Books International, Coll. Humanitas, 2010, p. 31.

[14] Concept au contenu générique, la « défense de la Constitution » peut être le fait de nombres d'organes institués (Exécutif, Législatif, Judiciaire, autorités administratives investies de missions particulières...) ou non (le peuple en l'occurrence). L'épisode des « Printemps arabes » à partir des années 2011-2012, le prouve éloquemment. Cf. A. S. Ould Bouboutt, « Le printemps des Constitutions arabes », *in Espaces du service public, Mélanges Jean Du Bois De Gaudusson*, Presses Universitaires de Bordeaux, 2013, pp. 479-509 ; S. Mouton, « Les "printemps constitutionnels". Analyse comparée des relations entre Révolutions et Constitutions à la lumière des expériences actuelles », *Le pouvoir, mythes et réalité, Mélanges en hommage à Henry Roussillon*. Presses de l'Université de Toulouse 1 Capitole, 2014, pp. 547-573 ; R. El Mossadeq, « À propos de la version marocaine du "printemps arabe". Constitution suprême ou Constitution discrétionnaire ? », *Le pouvoir, mythes et réalité, Mélanges Henry Roussillon, op.cit.*, pp. 329-346.

[15] L'on peut renvoyer aux écrits, tout de même, *polémiques* du Doyen G. Vedel, à propos de l'allusion faite par la doctrine française à la Cour constitutionnelle d'Inde, portant sur le contrôle de constitutionnalité des lois de révision constitutionnelle : « (...) Il faut se défaire de l'idée que telle ou telle théorie, telle ou telle pratique adoptée par une Cour constitutionnelle étrangère dans une démocratie parfois juvénile s'impose comme le dernier cri de la mode féminine lancé dans les collections de printemps ». V. « Souveraineté et supra constitutionnalité », *Pouvoirs* n° 67, 1993, p. 96.

[16] C'est le cas de la Cour suprême des États-Unis, qui pendant longtemps, s'était refusée à l'évocation des solutions juridictionnelles rendues sur des cas d'espèce similaires (Cf. Arrêt *Bowers v/ Hardwick*, 478 US 186, 1986). La donne semble avoir changé. Dans l'arrêt *Lawrence v/ Texas*, 539 US 558 (2003), en effet, la Cour suprême s'est autorisée à se référer à la jurisprudence des Cours européennes pour invalider une loi texane qui prohibait des relations de nature sexuelle entre personnes de même sexe. Ce qui fait dire à Marc Verdussen : « Même la Cour suprême des États-Unis commence à participer à ce dialogue transnational mené au sein de la communauté mondiale des juges constitutionnels ». « Le droit constitutionnel sera comparé ou ne le sera plus », *En hommage à Francis Delpèrée, Itinéraires d'un constitutionnaliste*. Bruxelles, Bruylant, 2007, p. 1651.

[17] J. Du Bois De Gaudusson, « Constitution sans culture constitutionnelle n'est que ruine du constitutionnalisme. Poursuite d'un dialogue après quinze années de "transition" en Afrique et en Europe », *Mélanges en l'honneur de Slobodan Milacic, Démocratie et libertés : tension, dialogue, confrontation*. Bruxelles, Bruylant, 2008, pp. 333-348. *A contrario*, Cf. E. Jakhian, « Constitution et culture : une rencontre incertaine », *En hommage à Francis Delperee, Itinéraires d'un constitutionnaliste*. Bruxelles, Bruylant, 2007, pp. 673-683 ; M.-C. Ponthoreau, « Cultures constitutionnelles et comparaison en droit constitutionnel », *Mélanges en l'honneur de Slobodan Milacic, Démocratie et libertés : tension, dialogue, confrontation*. Bruxelles, Bruylant, 2008. pp. 219-238.

la pratique contentieuse, sous diverses formes dans leurs Constitutions[18], les États d'Afrique et d'Amérique latine avaient à cœur de se positionner à un niveau analogue à celui des systèmes judiciaires occidentaux dont l'aura[19] ne souffrait guère de contestations majeures. La *« magie »* du droit comparé[20] conjuguée à l'ancrage de l'office de juge constitutionnel, témoignent aujourd'hui, d'une incontestable implantation de la *judicial review*[21] en Afrique et en Amérique latine[22].

À considérer avec M. Delmas-Marty, que « le dialogue s'exprime par une intensification des échanges entre juges, facilitée par les nouvelles technologies informatiques et la mise en place de réseaux judiciaires »[23], la

---

[18] La formule de chambre constitutionnelle est adoptée par la Constitution guatémaltèque de 1983 (art.174) ; la formule de Cour constitutionnelle est prévue par l'Afrique du Sud (Constitution de 1994), le Bénin (Constitution de 1990), Colombie (Constitution de 1991), un Tribunal constitutionnel au Chili (Constitution de 1980) alors que d'autres États optent pour une Cour suprême à qui des compétences de juge constitutionnel suprême sont reconnues. C'est le cas de l'Argentine (avec la Cour suprême de la Nation), du Brésil avec la Supremo Tribunal Federal (avec la Constitution de 1988), du Mexique (Cour suprême de Justice de la Nation de 1917).

[19] Notamment le prestige de la Cour suprême américaine, celui de la Cour constitutionnelle allemande. Comme le fait remarquer A. Roux, «(…) Si le XIXe siècle a été incontestablement celui d'une justice constitutionnelle inspirée par le système américain, le XXe siècle a vu l'apparition et le développement d'un nouveau mode de contrôle de constitutionnalité des lois devenu aujourd'hui largement dominant en Europe, et présent aussi en Amérique latine, voire en Afrique (…) ». A. Roux, « Contrôle de constitutionnalité. Organisations juridictionnelles », *Traité international de droit constitutionnel*, Tome 3, sous la dir. de M. Troper et D. Chagnollaud. Paris, Dalloz, 2012, pp. 108-109.

[20] V. M.-C Ponthoreau, *Droit(s) constitutionnel(s) comparé(s)*. Paris, Economica, 2010, 401 p. ; M. Verdussen, « Le droit constitutionnel sera comparé ou ne le sera plus », *En hommage à Francis Delperee, Itinéraires d'un constitutionnaliste*. Bruxelles, Bruylant, 2007, pp. 1643-1676 ; P. D. De Gusmao, « Droit comparé », *Études offertes* à *Jacques Lambert*. Paris, Cujas, 1975, pp.489-494. Pour P. Gélard, le droit comparé est un véritable service public. Cf. l'auteur, « Un véritable service public : le droit comparé », *Espaces du service public, Mélanges en l'honneur de Jean Du Bois De Gaudusson*, Tome 1, Bordeaux, Presses Universitaires de Bordeaux, 2013, pp. 291-298 ; F. Jacquelot, « Le juge constitutionnel et le droit comparé », *Les Petites Affiches*, n° 12, jan. 2007, 8 p.

[21] Suivant des adaptations, le modèle américain de la *judicial review* par lequel tous les tribunaux reçoivent compétence pour connaître du contrôle de la constitutionnalité des lois, a été exporté au XIXème siècle dans de nombreux pays du continent sud-américain : République Dominicaine en 1844, Mexique en 1847 (même si la Charte de l'État du Yucatán du 16 mai 1841 semble être le premier texte à consacrer le contrôle de constitutionnalité en Amérique centrale), Argentine en 1860, Brésil en 1891) alors qu'en Afrique des États comme le Nigeria, l'Ouganda, le Kenya perpétuent actuellement cette forme d'organisation. V. A. Roux, « Contrôle de constitutionnalité. Organisations juridictionnelles », *Traité international de droit constitutionnel*, Tome 3, sous la dir. de M. Troper et D. Chagnollaud. Paris, Dalloz, 2012, p. 108 ; E. Zoller, « L'américanisation du droit constitutionnel : préjugés et ignorances », *Archives de la Philosophie du Droit*, n° 45, 2001, pp. 77-87.

[22] A. L. Lyra Tavares, « Aspects de l'acclimatation du "Judicial Review" au droit brésilien », *Revue Internationale de Droit Comparé*, Vol. 38, N°4, octobre-décembre 1986, pp. 1135-1159.

[23] « Du dialogue à la montée en puissance des juges », *in Le dialogue des juges, Mélanges en l'honneur de Bruno Genevois*. Paris, Dalloz, 2009, p. 310.

doctrine en rajoute d'autres variables[24] pour matérialiser son opérationnalité. Dans ces conditions, tout semble indiquer que l'évocation du *dialogue*[25] *des juges* n'est point inconnue des professionnels de la justice au sein des espaces considérés. Déjà au sein de chaque ordre juridique, *la communication judiciaire*, rendue possible par le jeu des « appels » ou « voies de recours » juridictionnelles, renvoie à une certaine forme de coopération, d'échanges entre autorités judiciaires. Et les expériences contentieuses cumulées ont fini d'établir une culture dialogique entre les juges constitutionnels nationaux et ceux communautaires latino-américains[26], si bien que des spécialistes[27] louent la créativité de la Cour interaméricaine des droits de l'homme.

---

[24] Pour J. Allard et L. Van Den Eynde : « Le dialogue dépend d'une variété de facteurs: l'organisation institutionnelle du dialogue, la tradition juridique, la personnalité du juge, son expérience, son attitude quant aux sources du droit et à l'interprétation, son affinité avec un corpus juridique étranger, sa connaissance d'une langue étrangère, la disponibilité et l'accès qu'il a à des données étrangères (par un service interne de recherches, par des experts, par les parties, par les amici curiae, par des law clerks), le prestige des cours étrangères, les affinités entre cours et approches interprétatives, les méthodes de travail, le style du raisonnement, l'existence ou non d'une « licence » textuelle ou politique, les rencontres entre juges, l'existence de réseaux de juges ainsi que de réseaux faisant pression sur l'appareil judiciaire, l'existence de liens généalogiques ou historiques entre des normes, la volonté des juges de faire avancer la démocratie ou d'accroître leur influence sur la création de normes ailleurs, de montrer leur appartenance à une communauté particulière, etc. ». In, « Le dialogue des jurisprudences comme source du droit. Arguments entre idéalisation et scepticisme », *op.cit.*, pp. 289-290.

[25] J. Allard, *in Le dialogue des juges. Actes du colloque organisé le 28 avril 2006 à l'Université Libre de Bruxelles*. Bruxelles, Bruylant, *Les cahiers de l'Institut d'Études de la justice,* n° 9, 2007, p. 77 ; N. Lepoutre, « Le renvoi préjudiciel et l'instauration d'un dialogue des juges. Le cas de la Cour de justice de l'Union européenne et du juge administratif français », *Jurisdoctoria* n° 6, 2011, p. 45.

[26] On peut renvoyer à deux affaires *Castillo Páez c/ Pérou* et *Loyaza Tamayo c/ Pérou*, rendues toutes les deux le 28 novembre 1998. La Cour Interaméricaine constate dans la première affaire que les lois d'amnistie péruviennes sont un obstacle de droit interne qui empêche l'enquête sur les faits et l'accès à la justice. Alors que dans la seconde, elle fait valoir que l'État ne peut alléguer des dispositions de droit interne pour se soustraire au respect de ses obligations internationales. Cf. I. Piacentini De Andrade, « Les lois d'amnistie dans la jurisprudence de la Cour interaméricaine des droits de l'homme », *in Droits de l'homme et consolidation démocratique en Amérique du Sud*, sous la dir. de Renée Fregosi et Rodrigo España. Paris, L'Harmattan, 2009, p. 268. Cette position suivant laquelle l'État-partie ne puisse invoquer le droit interne pour se libérer de ses obligations internationales n'est point inconnue des juges d'intégration européens (Affaires CJCE, 15 juillet 1965 *Costa c/ENEL* ; CJCE, 9 mars 1978, *Simmenthal*) et africains (l'Avis rendu le 18 mars 2003 par la Cour de Justice de l'UEMOA). Cf. A. Sall, *La justice de l'intégration, Réflexions sur les institutions judiciaires de la CEDEAO et de l'UEMOA*, Dakar, 2e éd., L'Harmattan, 2018, pp. 184 et s.

[27] L. Burgorgue-Larsen, « Chronique d'une théorie en vogue en Amérique latine. Décryptage du discours doctrinal sur le contrôle de conventionalité », *Revue Française de Droit Constitutionnel* 2014/4, n° 100, pp. 831-863 ; Du même auteur, « Prendre les droits communautaires au sérieux. La force d'attraction de l'expérience européenne en Afrique et en Amérique latine », *Les dynamiques du droit européen en début de siècle. Études en l'honneur*

En Afrique aussi, les juges constitutionnels et communautaires restent réciproquement sous une dynamique conversationnelle influente[28]. Les *« sacrifices de souverainetés "*[29] énoncés dans les Chartes fondamentales et confirmés par les juges constitutionnels[30] autorisent à reconnaître la portée des décisions rendues par le juge de l'intégration, en dépit des résistances par moment notées de la part du juge interne[31].

Peut-on à la lumière de ce qui précède admettre l'existence d'un *dialogue* entre juges constitutionnels africains et latino-américains ? Répondre par l'affirmative paraîtrait risqué puisque le répertoire des espèces jurisprudentielles n'incite guère à se convaincre de *précédents* au moyen desquels les juges « se citeraient » *littéralement* et *réciproquement* (la barrière de la langue n'y est certainement pas étrangère). Pour autant, cette hypothèse ne semble guère totalement exclue car les deux juges ont coutume de mobiliser tous les outils méthodologiques et argumentatifs communs à tous juges constitutionnels. Ainsi, le dialogue, pour peu qu'il existât, ne pourra être qu'*indirect*, ou si l'on veut, « interposé ». L'allusion à un dialogue *interposé* dans le cadre de cette étude, se projette sur une interface propice à la rencontre des jurisprudences par l'entremise de thématiques et des techniques en cours dans le contentieux constitutionnel.

C'est dire que la manière de concevoir ici le dialogue ne consiste pas pour un juge constitutionnel d'un espace considéré, à recourir *systématiquement* et

---

du Professeur Jean-Claude Gautron. Paris, Pedone, 2004, pp. 563-580 ; P. Daillier, M. Benlolo-Carabot, N. Susani, A.-L Chaumette, « La jurisprudence des tribunaux des organisations d'intégration latino-américaines », *Annuaire Français de Droit International*, vol. 53, 2007. pp. 718-777 ; A. D. Olinga, « Les emprunts normatifs de la Commission africaine des droits de l'homme et des peuples aux systèmes européen et interaméricain de garantie des droits de l'homme », *Revue Trimestrielle des Droits de l'Homme*, n° 62, 2005, pp. 499-537.

[28] E. H. O. Diop, « Justice constitutionnelle et justice de l'intégration en Afrique », *Mélanges en l'honneur de Babacar Kanté, Actualités du Droit public et de la Science politique en Afrique*. Dakar, L'Harmattan, 2017, pp. 381-423 ; Y. Ouedraogo, « Retour sur une décision controversée : l'arrêt de la Cour de justice de la CEDEAO du 13 juillet 2015, *CDP et autres c/ État du Burkina* », *Les Annales de droit* [En ligne], 10, 2016, consulté le 20 janvier 2018, 37 pages.

[29] Le préambule de la Constitution togolaise du 27 septembre 1992, indique que le peuple togolais s'engage « résolument à défendre la cause de l'Unité nationale, de l'Unité africaine et à œuvrer à la réalisation de l'intégration sous-régionale et régionale ». Le préambule réaffirme l'attachement du peuple burundais à « la cause de l'unité africaine conformément à la Charte de l'Organisation de l'Unité Africaine du 25 mai 1963 ». Au Sénégal, l'article 96 *in fine*, de la Constitution de 2001 dispose que « La République du Sénégal peut conclure avec tout État africain des accords d'association ou de communauté comprenant abandon partiel ou total de souveraineté en vue de réaliser l'unité africaine ».

[30] Le juge béninois, dans sa décision DCC 19-94 du 30 juin 1994, estime qu'« un abandon partiel de souveraineté dans le cadre d'un traité ne saurait constituer une violation de la Constitution dans la mesure où (....) ledit traité se justifie au surplus, par la nécessité de l'intégration régionale ou sous-régionale affirmée par le préambule… ».

[31] E. H. O. Diop, « Justice constitutionnelle et justice de l'intégration en Afrique », *Mélanges en l'honneur de Babacar Kanté, Actualités du Droit public et de la Science politique en Afrique*. Dakar, L'Harmattan, 2017, pp. 381-423.

littéralement à une *solution* rendue par son homologue de l'autre espace. Il s'agit plus précisément de sous-entendre, combien à travers la production jurisprudentielle, il peut être possible de tracer une certaine lecture concurrente, voire convergente des solutions, eu égard aux idéaux de justice constitutionnelle que tous les systèmes normatifs partagent. En tous les cas, le dialogue en question se veut constructif, en perspective de la consolidation des idéaux de justice constitutionnelle[32] tant dans le continent africain[33] que latino-américain[34], à la faveur d'un processus d'inspiration et d'adaptation des modèles jusque-là connus[35], mais contestés[36] de plus en plus.

Le prestige de la justice constitutionnelle est tributaire de son accessibilité[37]. Les constituants ont eu la sagesse de considérer que « le droit

---

[32] La justice constitutionnelle peut être entendue comme « le contrôle juridictionnel de la constitutionnalité de tous les actes de l'État, qu'ils soient législatifs, administratifs ou juridictionnels ». V. M. Fromont, « La diversité de la justice constitutionnelle en Europe », *Anuario Iberoamericano de Justicia Constitucional*, núm. 9, Madrid, 2005, p. 89.

[33] T. Holo, « Emergence de la justice constitutionnelle », *Pouvoirs* n° 129, 2009, pp. 101-114. ; V. aussi, I. Diallo, « À la recherche d'un modèle africain de justice constitutionnelle », *Annuaire International de Justice Constitutionnelle*, 2004, Vol. 20, pp. 93-120 ; A. Kpodar, « Réflexions sur la justice constitutionnelle à travers le contrôle de la constitutionnalité de la loi dans le nouveau constitutionnalisme : les cas du Bénin, du Mali, du Sénégal et du Togo », *RBSJA*, 2006, n° 16, pp. 104 et s. ; A. Soma, « Modélisation d'un système de justice constitutionnelle pour une meilleure protection des droits de l'homme : trans-constitutionnalisme et droit constitutionnel comparé », *Revue trimestrielle des droits de l'homme*, 2009, vol. 20, n° 78, pp. 437-466.

[34] V. L. R. Alvarez, « Concepto, caracterización y estatuto constitucional básico de los tribunales constitucionales de Latinoamérica », *Anuario de Derecho Constitucional Latinoaméricano*, 2007, pp. 283-300 ; *Expériences démocratiques et Droit constitutionnel en Amérique latine*, sous dir. de Arnaud Martin, Paris, L'Harmattan, 2017, 200 p. ; V. aussi, sous la direction du même auteur, *Le glaive et la balance*, Paris, L'Harmattan, 2012, p. 358.

[35] Il s'agit principalement des modèles *américain* et *européen*. D. Rousseau tente ainsi d'en dégager les différences originelles des deux modèles de justice, en ces termes : « À la différence du système américain de contrôle de constitutionnalité des lois né de la pratique et dans le silence des textes, le modèle européen est le fruit d'un travail théorique d'un grand juriste autrichien, H. Kelsen, qui s'est efforcé de fonder, en raison pure, la garantie juridictionnelle de la Constitution ». Cf. *Droit du contentieux constitutionnel*, Paris, 10ᵉ éd. LGDJ, 2013, p. 16. V. aussi, A. Panagopoulos, *Modèle américain ou modèle européen de justice constitutionnelle ? Etude comparative à travers le cas hellénique*, Thèse de Doctorat de Droit, Université Aix-Marseille, 2011, 404 p. ; V. G. Tusseau, « Les causes du choix d'un modèle de contrôle de constitutionnalité. Observations critiques sur un dogme explicatif de l'étude du contentieux constitutionnel », *Jus Politicum* n° 13, Hiver 2014, 20 p.

[36] « La justice constitutionnelle ne doit plus s'appréhender à travers le clivage opposant le modèle européen au modèle américain. Cette distinction a présenté pendant un temps indéniable intérêt pédagogique. Mais à l'instar de toute classification, elle s'est révélée insatisfaisante sur le plan scientifique. Si l'on peut soutenir sans trop de difficulté qu'il existe un modèle américain, l'analogie pour le continent européen ne résiste à aucun test rigoureux ». L. Favoreu, W. Mastor, *Les Cours constitutionnelles*, Paris, Dalloz, 2011, p. 2.

[37] Pour L. Sindjoun, « la saisine d'une juridiction constitutionnelle comme recours est un indice de confiance ». V. *Les grandes décisions de la justice constitutionnelle africaine*. Bruxelles, Bruylant, 2009, p. 586. À propos du succès incontestable du modèle béninois de justice

au juge »[38] relevait certes d'une bonne administration de la Justice, mais aussi constitue le point de départ de la production foisonnante des travaux sur le contentieux constitutionnel en Afrique[39] et en Amérique latine[40]. En effet, dans l'absolu, l'Afrique comme l'Amérique latine ont fini de révéler au grand jour leur statut de « laboratoires » ouverts à l'expérimentation de nombres de solutions singulières[41]. Si bien que le *rivage* démocratique tant scruté a

constitutionnelle, le Doyen F. J. Aïvo révèle que « la facilité de la saisine garantit son succès ». Cf. « Radioscopie sommaire de la justice constitutionnelle au Bénin », *Les Nouveaux Cahiers du Conseil constitutionnel*, n° 47, 2015, p. 103 ; Sur l'Afrique Voir G. Aïvo, « Les recours individuels devant le juge constitutionnel béninois », *La Constitution béninoise du 11 décembre 1990 : un modèle pour l'Afrique ?, Mélanges en l'honneur de Maurice Ahanhanzo-Glélé*. Paris, L'Harmattan, 2014, pp. 535-565 ; M. Nguele Abada, « Le recours des particuliers devant le juge constitutionnel », *La justice constitutionnelle, Actes du Colloque international de l'ANDC*, sous la dir. de Oumarou Narey. Paris, L'Harmattan, 2016, pp. 331-353 ; En Amérique latine, notamment au Brésil, la Constitution de 1988 en vigueur aménage différentes actions permettant de saisir pour inconstitutionnalité le juge constitutionnel (Tribunal Fédéral Suprême) : l'action directe d'inconstitutionnalité (article 102, I, a), l'action directe d'inconstitutionnalité pour omission (article 103, § 2), l'action déclaratoire de constitutionnalité (qui a pour finalité la confirmation de la constitutionnalité d'une loi fédérale) (article 102, I, a) et le jugement des allégations d'inobservance de préceptes fondamentaux (dont l'objectif est d'éviter ou réparer l'inobservance d'un précepte fondamental, résultant d'un acte d'une autorité publique (article 102, § 1). Cf. M. L. P. Gonçalves Da Silva, « Les "súmulas viculantes": la compétence constitutionnelle de production des normes juridiques générales par le Tribunal fédéral suprême brésilien », *RFDC* n° 108, 2016, p. 903.

[38] G. Cohn-Bendit, « Le droit au juge », *Liber amicorum Jean Waline, Gouverner, administrer, juger*. Paris, Dalloz, 2002, pp. 471-504.

[39] M. N. Samba-Vouka, « La saisine des juridictions constitutionnelles dans le nouveau constitutionnalisme en Afrique : les cas du Bénin et du Congo », *Annales de l'Université Marien Ngouabi*, 2015-2017, 16 (1), pp. 54-71 ; D. Sy, « Les fonctions de la justice constitutionnelle en Afrique », *in La justice constitutionnelle, Actes du Colloque international de l'ANDC*, sous la dir. de O. Narey. Paris, L'Harmattan, 2016, pp. 43-64.

[40] J. L. Cea Egaña, « Les droits de l'homme dans la jurisprudence du Tribunal constitutionnel chilien », *Le glaive et la balance. Droits de l'homme, justice constitutionnelle et démocratie en Amérique latine*, sous la direction d'A. Martin. Paris, L'Harmattan, 2012, pp. 107-126 ; M. Figueiredo, « Évolutions récentes du constitutionnalisme brésilien », *RDP* n° 5, 2010, pp. 1509-1535 ; A. Martin, « L'indépendance de la justice constitutionnelle en Amérique latine », *Le glaive et la balance. Droits de l'homme, justice constitutionnelle et démocratie en Amérique latine*, sous sa direction. Paris, L'Harmattan, 2012, pp. 151-190 ; J. C. H. Pérez, « La Cour constitutionnelle colombienne, son système de contrôle de constitutionnalité et les évolutions jurisprudentielles récentes », *Les Nouveaux Cahiers du Conseil constitutionnel*, n° 34, 2012, pp. 205-212 ; Th. Passos Martins, « La judiciarisation de l'action politique au Brésil et la migration des acteurs sociaux vers la Cour suprême », *RIDC* n° 1, 2013, pp. 7-34.

[41] À titre d'exemple, les premières formes de constitutionnalisation de la notion de *« justice transitionnelle »* sont le fait des textes constitutionnels récents ou dernièrement réformées des États africains et latino-américains. Elle n'apparaît sauf erreur, que dans la Constitution de la Colombie de 1991 (suite à l'amendement de l'article 66 transitoire, en 2012), de la Tunisie (article 148 de la Constitution de 2014) et celle de l'Egypte (article 241 de la Constitution de 2014). Voir L. M. G. Ramírez, « La constitutionnalisation de la justice transitionnelle », *Revista Derecho del Estado*, núm. 34, enero-junio, 2015, p. 106 ; V. aussi, M. Wella, *La justice transitionnelle dans la reconstruction post-crise des États*, Thèse de Doctorat en Droit public, Université de Lomé, 2018, 502 p. Sur le plan de la consécration jurisprudentielle, la Cour

rapidement tourné au *virage* démocratique à partir des années 1980-1990, sous le regard avisé et protecteur du juge constitutionnel.

À cet égard, le portrait qu'il est possible de dresser de la figure du juge ne pourrait occulter l'influence plurielle et déterminante des règles et traditions[42] juridiques dans l'aménagement de ses compétences. L'organisation de la fonction contentieuse, comme la mise en œuvre des compétences du juge suffisent à dégager quelques-uns des traits caractéristiques du juge constitutionnel.

Suivant la fonction contentieuse, l'encadrement juridique se révèle tranché. Dans certains États (Sénégal, Gabon, Mali, Bénin par exemples), le juge constitutionnel est le seul à officier en matière de contrôle de constitutionnalité. Il exerce un pouvoir d'interprétation concentré de la Loi fondamentale. On parle d'un système *concentré* (ou *centralisé*). Alors que pour l'autre groupe d'États (Colombie, Afrique du Sud), la distribution des fonctions en matière de contentieux constitutionnel s'opère entre plusieurs juridictions de l'ordre judiciaire. On parle d'un système *diffus*. Entre ces deux systèmes, s'intercalent, aux yeux de certains auteurs, un système dit *mixte*[43]. La préférence à l'une ou l'autre des formes d'organisation juridictionnelle

constitutionnelle d'Afrique du Sud a fait cas de la « justice transitoire » depuis sa Décision CCT 117/96 du 25 juillet de 1996, *Azapo v/ The President of the Republic of South Africa*, en admettant que « l'amnistie en matière pénale participe du phénomène de réconciliation nationale et que, même si les conséquences sont dissymétriques, elles résultent du caractère transitoire de la justice associé à l'établissement de l'État de droit ». Voir X. Philippe, « La justice dans les constitutions de transition : régime dérogatoire ou justice d'exception ? L'exemple de la Commission vérité et réconciliation en Afrique du Sud », *Pouvoirs*, n° 95, 2000, p. 165.

[42] Cf. V. Robin Azevedo, « La Constitution à l'épreuve du multiculturalisme en Amérique latine. Réflexions d'une anthropologue à partir des cas péruvien et bolivien », Communication à la Journée d'études *Perceptions extra-juridiques de la Constitution*, organisée par Lauréline Fontaine à La Sorbonne, le 15 octobre 2015, 11 p.

[43] D'après T. Bustamente, « Bien que le système brésilien de contrôle de la constitutionnalité des lois se soit inspiré du modèle américain, lequel ignore la technique de contrôle concentré de la constitutionnalité des lois et prévoit, au contraire, l'universalité de la juridiction constitutionnelle, le droit brésilien a évolué vers un système mixte qui combine la forme diffuse de la juridiction constitutionnelle, selon laquelle l'ensemble de la magistrature est compétent en matière de constitutionnalité des lois, et un modèle concentré, qui attribue à une seule cour constitutionnelle, soit la Cour suprême fédérale, le pouvoir de connaître des recours en déclaration d'inconstitutionnalité des lois ». Cf. « L'interprétation juridique et la Cour suprême fédérale du Brésil : considérations sur le récent dépassement du positivisme juridique et sur la révision de la théorie du "législateur négatif" », *Les Cahiers de droit*, vol. 54, n° 1, 2013, p. 15. Cette position est défendue par certains auteurs africains. Pour C. M. Fombad, « ... Parmi les exemples types du modèle mixte, on peut citer : celui de l'Éthiopie qui associe des mécanismes judiciaires et non judiciaires ; celui du Ghana où certaines affaires peuvent être traitées par la Haute Cour et d'autres peuvent être traitées par la Cour suprême ; et enfin celui d'Afrique du Sud qui combine le système centralisé et le système décentralisé ». Cf. « Pouvoir judiciaire et jurisprudentiel des juges de la Cour constitutionnelle en Afrique », *Recueil des Actes du Séminaire de Cotonou (Bénin), sur le Thème Juge constitutionnel et Pouvoir politique*, Cotonou, du 11 au 13 juin 2014, pp. 59-60 (inédit).

dictée par une option stratégique ou liée à la forme unitaire ou fédérale de l'État, semble peu déterminante à partir du moment où la « vérité constitutionnelle »[44] est prononcée par la juridiction suprême compétente.

Suivant le terrain juridique de recherche en présence, l'activité du juge n'obéit point à une même intensité. De part et d'autre de l'Océan Atlantique, les juges constitutionnels sud-africain, colombien, béninois, brésilien, mexicain, sud-africain, nigérien...se démarquent dans le façonnage de décisions typiques[45] densément motivées[46], loin devant les autres[47]. Bien évidemment, cet « activisme »[48] remarqué est généralement rendu possible par « une machine » normative « souple », mais aussi une « hardiesse »

---

[44] D. Rousseau, *Droit du contentieux constitutionnel*, Paris, 10e éd. LGDJ, 2013, p. 17.

[45] En Afrique du Sud, la Cour constitutionnelle a certifié la première mouture de la Constitution au respect des 34 principes constitutionnels arrêtés dans la Constitution intérimaire. À propos de ce précédent sud-africain, le Pr. D. Sy fera observer que « cette caution juridictionnelle d'une Constitution n'a pas de précédent historique. C'est l'une des contributions originales de ce pays au constitutionnalisme ». V. « La renaissance du droit constitutionnel en Afrique : question de méthode », *Revue Droit Sénégalais*, n° 3, juin 2004, p. 52.

[46] Sur le plan *textuel*, les Constitutions latino-américaines imposent aux juges de *motiver* leurs décisions. Il en est ainsi du Brésil, article 93-IX ; Équateur, article 185-2 C ; Guatemala, article 272 C ; Mexique, article 16 C ; Pérou, article 139-5 C ; Uruguay, article 239-1 C. Cf. A. Le Quinio, « La motivation des décisions du Conseil constitutionnel au prisme du modèle ibéro américain », *Les Nouveaux Cahiers du Conseil constitutionnel*, 2017/2 N° 55-56. Sur le plan de la *densité* de la motivation, les juridictions latino-américaines sont exemplaires. Dans son arrêt rendu le 14 juin 2005 qui a déclaré inconstitutionnelles les lois d'amnistie (dites « lois point final ») en faveur des auteurs des violations des droits de l'homme entre 1976 et 1983 durant la période de la dictature, la Cour suprême de Justice de la Nation statuant en matière constitutionnelle, a étalé sa décision sur quelque 400 p. Voir H. Tigroudja, « Le droit international dans les États d'Amérique latine : regards sur l'ordre juridique argentin », *Revue Internationale de Droit Comparé*, n° 1, 2008, p. 90. De même, la Cour constitutionnelle colombienne est exemplaire. Dans sa décision C-141 de 2010 qui a refermé la probabilité d'un troisième mandat présidentiel consécutif au Président A. Uribe, la Cour a été amenée à présenter une décision comportant quelque « cinq cent vingt-neuf pages dont la majorité consiste en une analyse des vices de procédures ». Cf. R. D. P. Trujillo Sosa, « Le pouvoir constituant et la jurisprudence constitutionnelle en Colombie de 1989 à 2012 », *Jus Politicum*, n° 14, juin 2015, p. 74. Quant aux juges africains, ils ne sont pas en reste, même si leurs efforts de motivations sont très en deçà de leurs homologues. En Afrique du Sud, dans sa décision historique sur la peine de mort, CCT 23/96 du 6 septembre 1996, *Makwanyane*, la Cour s'est prêtée à un argumentaire de 288 p. Mais en général, c'est à l'occasion des élections nationales que les juridictions constitutionnelles rendent des sentences prodigieusement motivées. Il est possible de citer en exemple l'arrêt n° 02-144/CC-EL du 9 août 2002, portant proclamation des résultats définitifs de l'élection des députés à l'Assemblée nationale (Scrutin du 28 juillet 2002), avec quelque 102 p.

[47] Le Conseil constitutionnel du Sénégal, le Tribunal constitutionnel chilien.

[48] "L'activisme judiciaire" permet de caractériser « le dépassement des lignes qui définissent la fonction judiciaire, soit au détriment du pouvoir législatif, soit de l'exécutif ». J. Veloso Peleja, « As sentenças aditivas na jurisdição conctitucional », *Processo constitucional*, Rio de Janeiro, Forense, 2013, p. 173. Référence citée par Mayara Lemos Paes Gonçalves Da Silva, « Les "súmulas viculantes" : la compétence constitutionnelle de production des normes juridiques générales par le Tribunal fédéral suprême brésilien », *RFDC.* n° 108, 2016, p. 905.

constructive du juge ? On ne peut détacher cette attitude engagée du juge de l'histoire politique des peuples concernés, confrontés qu'ils étaient à des soucis de justiciabilité de leurs droits fondamentaux, à une époque de leur trajectoire politique[49].

En ramenant tout ceci à des proportions aussi serrées que celles d'une hypothèse de vérification d'un *dialogue* « interposé » entre les juges constitutionnels africains et latino-américains, il semble nécessaire de soulever cette interrogation : « Comment se décrit ce dialogue entre juges constitutionnels africains et latino-américains ? ».

L'on conçoit bien dans ces conditions que l'esquisse d'une réflexion sur l'office véritable du juge constitutionnel dans l'espace choisi ne puisse s'avérer que souhaitable dans la dynamique de la diffusion d'une « culture constitutionnelle »[50]. « Musées de curiosités jurisprudentielles », pour

---

[49] Évoquant la large liberté d'action qui fait de la Cour constitutionnelle sud-africaine, une juridiction réputée, A. Abotsi relève : « La grande marge dont bénéficie la Cour sud-africaine ne peut se comprendre que dans le contexte sud-africain (...). En effet, l'Afrique du Sud, ne l'oublions pas, a subi l'apartheid durant un demi-siècle, et les séquelles de ce régime resteront encore longtemps visibles. Pendant plus de trois cents ans, les gouvernements qui se sont succédé avant 1994 ainsi que les tribunaux n'avaient aucune culture en matière de respect de droits humains. Ils passaient leur quotidien à nier à l'écrasante majorité des citoyens ses droits les plus élémentaires. C'est en réponse à ce passé sinistre et douloureux que le pays s'est doté d'une charte prolixe justiciable devant les tribunaux. C'est également en réponse à cette histoire singulière que la Cour constitutionnelle a été créée et investie d'un champ de compétence large. Il est attendu de cette Cour, non seulement qu'elle gère le quotidien des droits comme le font les cours des pays ayant une tradition en matière de respect des droits humains, mais aussi, comme une pionnière, qu'elle aille plus loin pour assurer l'ancrage de ces droits et accompagner l'État et la société dans leur renaissance. Le contexte lui donne la légitimité d'être la plus généreuse possible dans la garantie des droits ». Cf. « De la régulation des choix de société par la promotion des droits fondamentaux. Les enseignements de la Cour constitutionnelle sud-africaine », *Revue Juridique Thémis*, N° 43, 2009, p. 405.

[50] « La culture constitutionnelle est l'environnement et le moyen par lequel nous vivons et appréhendons la réalité constitutionnelle ». Voir P. Ferreira Da Cunha, *Traité de Droit constitutionnel. Constitution universelle et mondialisation des valeurs fondamentales*. Ed. Buenos Books International, Coll. Humanitas, 2010, p. 22. M.-C. Ponthoreau, estime pour sa part que la notion de "*culture constitutionnelle*" « a été introduite trop récemment et elle n'est donc pas encore complètement absorbée par les chercheurs en droit constitutionnel ». Cf. *Droit(s) constitutionnel(s) comparé(s)*, *op.cit.*, p. 125. Cependant, de tels propos méritent d'être nuancés dans le contexte latino-américain et africain où les « revendications constitutionnelles populaires » (dans les années 1990 en Amérique latine) et en Afrique (et les "printemps" arabes depuis 2010 en Afrique), traduisent l'idée d'une véritable « culture constitutionnelle ». Voir. E. H. Mbodj, « Émergence d'une culture constitutionnelle inclusive en Afrique. Expérience vécue du processus d'élaboration de la Constitution de la République Démocratique du Congo du 18 février 2006 », *Mélanges en l'honneur de Babacar Kanté, Actualités du Droit public et de la Science politique en Afrique*. Dakar, L'Harmattan, 2017, pp. 221-263 ; Cf. F. C. Valencia, *Le contrôle a posteriori de la constitutionnalité des lois en droit français et colombien, éléments de compréhension d'une culture constitutionnelle*. Thèse de Doctorat de Droit Public, Université de Paris-1, 2016, 684 p.

paraphraser L. Sindjoun[51], l'Afrique comme l'Amérique latine sont en droit de faire « honneur au relativisme constitutionnel et au pluralisme jurisprudentiel »[52], dans le « Grand forum » d'échanges de procédés juridictionnels. Ainsi, à la notable exception de la Cour constitutionnelle[53] d'Afrique du Sud, la contribution des juridictions[54] suprêmes des pays du Sud dans la mouvance mondiale du dialogue des juges constitutionnels apparaît aux yeux de certains penseurs[55] comme marginale, ou à tout le moins, embryonnaire. Ceci s'explique par le fait que le problème reste souvent envisagé et apprécié sous l'angle exclusif de l'influence des juridictions suprêmes du « Nord » vers celles du « Sud », ce qui n'incite pas à mesurer l'office véritable du « juge du Sud » . Or, l'angle de traitement privilégié dans la présente étude, reste essentiellement orienté vers la confrontation des pratiques juridictionnelles des pays d'Afrique et d'Amérique latine, où a été enregistrée une progression, tout de même saccadée, d'une justice constitutionnelle ajustée aux standards universels. Même s'il reste vrai que les *clichés* de « mimétisme »[56] juridique demeurent toujours tenaces, il faudrait néanmoins, accorder la place qui convienne aux particularismes[57] des systèmes normatifs

---

[51] L'auteur parle de « musée de curiosités politiques », en parlant de l'Afrique. Cf. « Les nouvelles Constitutions africaines et la politique internationale : contribution à une économie internationale des biens politico-constitutionnels », *Études internationales*, vol. 26, n° 2, 1995, p. 334.

[52] L. Sindjoun, *Les grandes décisions de la justice constitutionnelle africaine*, *op. cit.*, p. 10.

[53] En sa qualité de Rapporteur Général du Congrès de Viennes (Autriche) en 2014 de l'Association Internationale de Droit Comparé qui portait sur « Le recours aux précédents étrangers » M.-C. Ponthoreau place la Cour constitutionnelle sud-africaine parmi les quatre premières juridictions les plus influentes sur quelques dix-huit (18) autres pays. Elle écrit à cet effet que « Les rapports confirment que les cours les plus influentes sont : la Cour suprême des États-Unis, la Cour suprême du Canada, la Cour constitutionnelle sud-africaine et la Cour constitutionnelle allemande ». Cf. « Le recours aux précédents étrangers par le juge constitutionnel », p. 14.

[54] Pour ce qui est de l'Afrique, Voir M.-M. Mborantsuo, *La contribution des Cours constitutionnelles à l'État de droit en Afrique*. Paris, Economica, 2007, 365 p.

[55] J. Du Bois De Gaudusson, « La complexité de la participation des Cours suprêmes des pays en développement au dialogue des juges », *Les petites affiches*, 4 juin 2008, pp. 22-25.

[56] Même s'il faut beaucoup tempérer cette idée. Loin de refléter ce système structuré et cohérent, le droit occidental peut receler des insuffisances dont les éléments de solution sont à puiser dans les systèmes normatifs étrangers. À titre illustratif, le système de responsabilité pénale du Président de la République issu de la réforme constitutionnelle française de 2008 n'a point méconnu les différentes expériences latino-américaines sur la question. V. en ce sens, Bertrand Mathieu, « De la prise en compte de la situation de certains États d'Amérique du Sud dans les propositions de la "Commission Avril" relatives à la responsabilité du président de la République », *Mélanges Franck Moderne, Le mouvement du droit public*. Paris, Dalloz, 2004, pp. 1135-1144.

[57] Certains éléments du contentieux constitutionnel révèlent des particularismes. À titre illustratif, de par son arrêt R.Const.0143 en date du 21 novembre 2015, la Cour constitutionnelle de la République démocratique du Congo fait droit à une requête en interprétation d'un arrêt précédent R.Const.0089/2015 du 8 septembre 2015, qu'elle avait rendu, dans lequel elle ordonnait au gouvernement de prendre des « mesures transitoires exceptionnelles » pour pallier

respectifs, produits de la sédimentation marqués par des influences normatives[58] et sociétales variées. Et l'étude que voici, s'attache à cet objectif.

C'est dire donc que le présent exercice s'inscrit dans ce que la doctrine américaine dénomme la « communication juridictionnelle transnationale »[59]. Compte tenu de la productivité jurisprudentielle luxuriante dans les deux espaces, l'approche sera fatalement justiciable d'une sélection des espèces aptes à étayer la dynamique argumentative. Sachant que « le dialogue entre juridictions exige de se mettre d'accord sur un standard minimum »[60], l'approche panoramique des solutions juridictionnelles révèle qu'elles partagent globalement un ensemble de vertus qui laissent place à peu de différences particulières. Si bien, qu'à une certaine connexité des juges dans l'activité contentieuse (I), s'établit une véritable complicité dans la politique jurisprudentielle (II).

---

le blocage institutionnel dû au retard dans l'installation des nouvelles provinces, en attendant la mise en place des exécutifs provinciaux à l'issue des élections. Typique est donc ce contentieux en rapport avec l'interprétation des arrêts de Cour constitutionnelle par elle-même. Voir B. Kahombo, « Constitution congolaise et adoption des mesures exceptionnelles : commentaire sur l'arrêt R. Const.0143 de la Cour constitutionnelle de la République démocratique du Congo du 21 novembre 2015 relatif à l'interprétation de l'arrêt R. Const.0089/2015 du 8 septembre 2015 », *Recht in Afrika – Law in Africa – Droit en Afrique* 19 (2016), pp. 112 et s. Un tel contentieux remet tout de même en question l'autorité qui s'attache aux décisions rendues en dernière instance par la Cour (article 168, 1, de la Constitution du 18 février 2006 de la République démocratique du Congo), même si le contentieux des actes juridictionnels intègre parfaitement la définition de la *justice constitutionnelle* proposée par certains spécialistes. Pour M. Fromont, la justice constitutionnelle s'entend comme « le contrôle juridictionnel de la constitutionnalité de tous les actes de l'État, qu'ils soient législatifs, administratifs ou juridictionnels ». Cf. « La diversité de la justice constitutionnelle en Europe », *Anuario Iberoamericano de Justicia Constitucional*, núm. 9, Madrid, 2005, p. 89.

C'est le cas aussi en matière de « déclarations sous réserve » sur lesquelles des études montrent clairement que le juge constitutionnel africain s'adresse au législateur, sans détour, ce que le juge occidental, notamment européen ne semble point risquer à faire pour le gêner. Voir A. A. D. Kébé, « Les réserves d'interprétation dans la jurisprudence constitutionnelle des États de l'Afrique noire francophone » *Mélanges en l'honneur de Babacar Kanté, Actualités du Droit public et de la Science politique en Afrique*. Dakar, L'Harmattan, 2017, pp. 425-471.

[58] En dehors des normes autochtones ou intrinsèques dont est en droit de revendiquer chaque communauté, il faut s'accorder à reconnaître qu'en Afrique comme en Amérique latine, l'inspiration du droit romano-germanique a été décisive dans la structuration des règles, même si par ailleurs, les systèmes normatifs de ces deux espaces continentaux n'auront pu réussir à se détourner des influences anglo-saxonnes auxquelles ils semblent de plus en plus réceptifs.

[59] Ch. Mccrudden, « A common law of Human Rights? Transnational judicial conservations on Constitutional rights", *Oxforfd Journal of legal Studies*, Vol. 20, 2000, p. 499. Cité par Th. Rambaud, *Introduction au droit comparé. Les grandes traditions juridiques dans le monde*. Paris, PUF, 2014, p. 253.

[60] J. Silva Meza, « L'internationalisation des droits de l'homme : autour de la justice mexicaine », in *Un dialogue des juges, Travaux du Sommet des Présidents des Cours Suprêmes, Constitutionnelles et Régionales, Mexico, 2012*, Mexico, Editions Aquarela Gráfica, 2014, p. 76.

I. Une connexité dans l'activité contentieuse

La mission de rendre justice est singulière. Elle obéit spécifiquement à la maîtrise d'un ensemble de procédés s'inscrivant dans une cohérence particulière dont la finalité consiste à indiquer la voie de dénouement du litige. L'armature du juge reste globalement le fruit d'un legs dont les vestiges sont à rechercher dans le droit occidental. Mais cet héritage par moment est « réadapté », « acclimaté » au gré des communautés. C'est pourquoi, à l'analyse de l'activité contentieuse dans les deux espaces continentaux, il est possible d'apprécier l'existence de cette complicité suivant le domaine de l'activité (A), ainsi que ses modalités d'exercice (B).

A. À travers le domaine de l'activité contentieuse

« Contrôler la constitutionnalité d'un acte normatif signifie empêcher qu'une norme contraire à la Constitution soit efficace »[61]. Classiquement, le domaine d'activité du juge est circonscrit autour du contrôle de la constitutionnalité de la loi. La loi ici est envisagée dans son acception protéiforme, impliquant la loi ordinaire, organique, ou constitutionnelle. Eu égard aux dispositifs qui organisent l'activité contentieuse des juges constitutionnels africains et latino-américains, il est permis d'établir une certaine confluence au regard du contrôle permanent dont la loi fait l'objet (1), bien que les autres normes (2) soient point défalquées de leur office.

1. Le contrôle permanent de la loi

Pour A. de Tocqueville, en reconnaissant au juge américain le pouvoir de fonder sa décision sur la Constitution plutôt que sur la loi, il hérite de la faculté de contrôler la constitutionnalité des lois, ce qui allait constituer « l'une des barrières les plus puissantes jamais érigées contre la tyrannie des assemblées politiques »[62]. Cette idée semble avoir fidèlement été retranscrite dans les textures juridiques suprêmes étudiées. En effet, le compromis issu de la saison des *grand-messes constitutionnelles*[63] en Amérique latine et en Afrique assigne au juge constitutionnel la fonction d'assurer un contrôle efficace de la constitutionnalité des lois. Mais cette fonction n'est point accomplie de la

[61] M. Temer, *Elementos de dereito constitucional*, 11e éd. Saraiva, 1984, p. 28. Référence citée par Carlos Maria da Silva Velloso, « Le contrôle de constitutionnalité », *La nouvelle Constitution brésilienne : études sur la Constitution du 5 octobre 1988*, sous la dir. de Pierre Bon et Didier Maus, Paris, Economica, 1991, p. 167.

[62] A. De Tocqueville, *La Démocratie en Amérique*, Madrid, vol. 1, 2e réimpression de la 1ère éd., dans « El Libro de Bolsillo », Alianza Editorial, 1989, en particulier, les pages 92-97.

[63] Comme celles relevées dans les expériences de la Constitution brésilienne de 1988, de la Constitution béninoise du 11 décembre 1990, de la Constitution sud-africaine du 18 décembre 1996 (entrée en vigueur le 5 février 1997). Voir B. Ba, *L'institution présidentielle dans le nouveau constitutionnalisme des États d'Afrique et d'Amérique latine*. Thèse de Droit public, UCAD, 2013, pp. 332 et s.

même manière, elle est justiciable des modalités[64] typiques. Certaines d'entre elles s'attachent principalement à censurer une loi en devenir (a), alors que d'autres n'ont pu forger leur notoriété qu'eu égard aux lois déjà en vigueur (b).

a. La loi en devenir

L'évolution des modalités de contrôle de constitutionnalité laisse intact le dispositif qui permet d'anticiper sur les effets de la loi non encore en vigueur. Cet aménagement est plus prononcé en Afrique qu'en Amérique latine[65] davantage inféodée à la tradition du contrôle de la loi en vigueur. Certains juges constitutionnels ont fondé leur réputation dans l'anticipation des effets d'une loi en devenir. Le succès rencontré par ce mécanisme de contrôle ne souffre d'aucune contestation. Le Conseil constitutionnel français[66], de sa création en 1958 jusqu'en mars 2010 (entrée en vigueur de la *Question Prioritaire de Constitutionnalité*), n'aura pu construire son aura que grâce à l'exercice du contrôle de constitutionnalité avant la promulgation[67] (le contrôle par voie d'action). Plébiscité par certains spécialistes comme le Doyen L. Favoreu[68], ce mécanisme pourtant, n'est point méconnu des systèmes où la saisine du juge constitutionnel est largement ouverte, comme le démontre la pratique contentieuse sud-africaine[69]. La particularité d'une telle modalité de contrôle réside dans le fait que ce sont les autorités politiques

---

[64] S. Y. Lath, « L'évolution des modalités du contrôle de constitutionnalité des lois en Afrique noire francophone », *in La justice constitutionnelle, Actes du Colloque international de l'ANDC*, sous la dir. de Oumarou Narey. Paris, L'Harmattan, 2016, pp. 145-179.

[65] « Le contrôle de constitutionnalité au Brésil est exclusivement a posteriori et juridictionnel », fait observer Newton Tavares Filho. V. *Juger les lois : l'activisme juridictionnel du Tribunal Fédéral Suprême du Brésil dans le cadre de la Constitution de 1988*. Thèse de Doctorat en Droit public, Université Paris 1, 2016, p. 85.

[66] Voir L. Favoreu, L. Philip, *Les grandes décisions du Conseil constitutionnel* ; V. aussi, M. Verpeaux, P. Montalivet, A. Roblot-Troizier et A. Vidal-Naquet, *Droit constitutionnel. Les grandes décisions de la jurisprudence*. Paris, Thémis Droit PUF, 2017, 686 p.

[67] En France, « c'est la promulgation qui délimite la frontière entre l'a priori *et* l'a posteriori ». O. Le Bot, « Contrôles de constitutionnalité *a priori* et *a posteriori* en Europe », *Les Nouveaux Cahiers du Conseil constitutionnel* 2013/3 (n° 40), p. 118.

[68] Il considérait que « l'avantage d'un contrôle a priori est qu'il coupe coût très vite à la contestation sur la régularité de la loi, tandis que si un contrôle a posteriori est possible malgré un contrôle a priori, cela pose un sérieux problème et annule les bénéfices du contrôle a priori ». Cf. « La légitimité du juge constitutionnel », *RIDC*, n° 2, 1994, p. 565. La pratique postérieure laisse relativiser une telle idée, car la coexistence des deux modalités de contrôle ne fait que renforcer la cohérence recherchée dans l'ordre juridique.

[69] Notamment, l'arrêt de la Cour constitutionnelle CCT 80/08 du 3 juin 2009, *Van Straaten v/ President of the RSA*. En l'espèce, la Cour a été saisie par M. Van Straaten d'un recours portant sur le contrôle *a priori*, donc avant promulgation portant sur un projet de dissolution des « Scorpions », une unité spéciale d'enquêtes (*National Prosecuting Authority Amendment Bill 2008* et *SAPS Amendment Bill 2008*). La Cour a rejeté le recours pour défaut de qualité pour agir du requérant, dans le cadre du contrôle de constitutionnalité *a priori*. Voir F. Dau et X. Philippe, « L'actualité constitutionnelle en Afrique du Sud. L'actualité de la jurisprudence constitutionnelle », *RFDC* 2011/4, n° 88, p. 894.

qui sont en général habilitées à saisir le juge constitutionnel et à provoquer, par voie de conséquence, la décision.

Incontestablement préventif, objectif et abstrait, ce type de contrôle juridictionnel met en jeu la confrontation « de la norme législative à la norme constitutionnelle, indépendamment de toute instance judiciaire en cours »[70]. Il est possible dans cette perspective d'y associer quasiment tous les États africains. La particularité d'un tel contrôle s'explique par son efficacité puisqu'il a pour effet d'anéantir toutes les traces de la loi en devenir. Suivant les ordres juridiques en présence, certains d'entre eux ont érigé un contrôle systématique sur toute norme habilitée à devenir une loi (Colombie)[71] alors que pour d'autres, la mise en branle du contrôle est tributaire, sauf disposition expresse[72], des humeurs et positions des saisissants. Cet aménagement rétroagit sur les conséquences de la production contentieuse.

Dans l'exercice de son contrôle préventif prévu à l'article 93 de la Constitution de 1980, le Tribunal constitutionnel du Chili a semblé même faire place à une certaine *pudeur* surtout lorsque la machine législative réformiste vise à accroître injustement les chefs de compétences dévolues au juge constitutionnel. Telle est la lecture subséquente à l'affaire dite *Projet de loi organique des partis politiques* tranchée par le Tribunal constitutionnel[73] chilien, entre 1986-1987. Dans son jugement en date du 24 février 1987, le juge décide « que ce pouvoir qui donne au Tribunal une nouvelle attribution non contenue parmi celles qu'indiquent exhaustivement l'article 82 de la Charte fondamentale (…) est inconstitutionnel, car il viole l'article 82 de la Charte fondamentale »[74]. En fait, le Tribunal s'est insurgé contre les

---

[70] A. Roux, « Contrôle de constitutionnalité. Organisations juridictionnelles », *Traité international de droit constitutionnel*, Tome 3, sous la dir. de M. Troper et D. Chagnollaud, Paris, Dalloz, 2012, p. 120.

[71] Suivant l'article 241 de la Constitution de 1991, la Cour constitutionnelle exerce un contrôle automatique sur quatre (4) types d'actes : les projets de lois statutaires, les décrets législatifs pris par le pouvoir exécutif pour autoriser les états d'exception (guerre extérieure, bouleversement intérieur ou urgence sociale, économique ou écologique), les traités internationaux, ainsi que les lois organisant des référendums ou créant des assemblées constituantes dans le but de modifier la Constitution

[72] L'adoption de certaines catégories de lois met les autorités exécutives dans une position de saisir obligatoirement le juge constitutionnel en vue de l'examen de leur constitutionnalité. Il en est ainsi au Sénégal, des lois organiques, qui ont été réhabilitées à la faveur de la réforme constitutionnelle de 2016, à travers la Constitution de 2001. Cette forme de contrôle de la constitutionnalité obligatoire des lois organiques se retrouve aussi dans le droit chilien où l'article 93, al. 1 de la Constitution de 1980. Cf. A. Le Quinio, « La réforme du système de justice constitutionnelle chilien », *AIJC*, XXI, 2005, p. 65.

[73] Le Tribunal constitutionnel chilien a été institué en 1970. Cf. R. Bertelsen Repetto, « Fisonomí del Tribunal constitucional de Chile », *Long cours, Mélanges en l'honneur de Pierre BON*. Paris, Dalloz, 2014, pp. 57-69.

[74] Décision contenue dans Rol. n° 43, « Proyecto de ley organica constitucional de los partidos politicos », disponible sur l'adresse du Tribunal, http://www._tribunalconstitucional.cl/,

manœuvres du Chef de l'État et de sa majorité, tendant à conférer à la juridiction un nouveau chef de compétence qui n'était pas contenu dans l'éventail énuméré par l'article 82 de la Constitution de 1980.

Le souci de se dresser en gardien de l'ordonnancement juridique érige le juge constitutionnel africain à une certaine tribune d'évaluation parfois systématique, des normes (législative, et même constitutionnelle) en devenir, afin de se prémunir des incongruités susceptibles de générer une situation d'insécurité. À cet égard, la Cour constitutionnelle du Mali, dans son arrêt, n° 2017-04/CCM/Réf. du 04 juillet 2017, s'est récemment signalée à propos de scories que contenaient le projet d'amendement de la Constitution (Loi n° 2017-31/AN-RM du 02 juin 2017 portant révision de la Constitution du 25 février 1992), en considérant que dans le projet en gestation, « l'article 37 occulte dans la formulation du serment du Président de la République, sans aucun amendement relatif à cette disposition, la garantie de 'l'indépendance de la patrie et l'intégrité du territoire national', deux préceptes de valeur constitutionnelle non dissociables du serment prévu dans l'article 37 de la Constitution du 25 février 1992. Qu'il y a lieu en conséquence de réintégrer ce membre de phrase dans le serment ». Cette lecture proactive reste salutaire, eu égard aux susceptibilités que cette négligence pourrait raviver dans le contexte de pacification encore chancelante.

Il revient donc au juge constitutionnel de soupeser les différentes « offres » législatives au regard des valeurs fondamentales promues dans les textes constitutionnels afin d'anticiper sur les goulots susceptibles de les affecter. À défaut, il aura l'occasion de revenir sur l'examen de la loi, une fois en vigueur.

b. La loi en vigueur

En remontant la trajectoire politique de certains États comme l'Afrique du Sud ou le Chili, l'on peut remarquer que le « Parlement pouvait nuire »[75]. Ceci revient à dire qu'une loi adoptée ne puisse toujours être regardée comme enveloppée d'une présupposée vertu de régularité. Pendant longtemps, l'examen de constitutionnalité de la loi en vigueur, c'est-à-dire celle qui a fini de franchir l'étape de la promulgation, a reçu les résistances de quelques-unes des démocraties occidentales[76], réfugiées derrière la souveraineté de la loi ; alors qu'en Amérique latine, le mécanisme pouvait se targuer d'un siècle

---

référence citée par A. Le Quinio, « La réforme du système de justice constitutionnelle chilien », *AIJC*, XXI, 2005, p. 65.

[75] A. Abotsi, « De la régulation des choix de société par la promotion des droits fondamentaux. Les enseignements de la Cour constitutionnelle sud-africaine », *Revue Juridique Thémis*, n° 43, 2009, p. 378.

[76] Notamment de la France. En dépit des tentatives avortées de 1990 et de 1993, la *Question Prioritaire de Constitutionnalité* n'a été introduite qu'avec la loi constitutionnelle n° 2008-724 du 23 juillet 2008, précisée par la loi du 10 mars 2010.

d'existence[77]. Cette hospitalité héritée du *voisin du Nord* (États-Unis) est assumée pleinement par le Tribunal Suprême Fédéral (Supremo Tribunal Federal-STF-) du Brésil, qui « n'exerce pas un contrôle a priori de la constitutionnalité des lois mais un contrôle a posteriori »[78].

L'action en contestation d'une loi en vigueur épouse plusieurs configurations, suivant les ordres juridiques. Mais ce qui semble se dégager comme dénominateur commun, c'est l'aménagement d'une certaine forme de contestation par un recours direct ou à l'occasion d'un procès.

Pour ce qui concerne les recours directs, il convient de faire remarquer qu'en Amérique latine, l'irradiation du recours d'*amparo*[79] (et de ses équivalents comme la *tutela*[80] en droit colombien) aura largement amplifié une jurisprudence propre à provoquer l'examen par un juge d'une loi en vigueur. Il est d'opinion souvent admise qu'historiquement, le mécanisme d'*amparo* a été forgé au XIXe siècle au Mexique. Comme s'en défend le Président de la Cour suprême de Justice de la Nation, J. Silva Meza[81], cette technique illustre « la contribution de notre pays au droit constitutionnel », en ce que : « Instauré pour la première fois en 1841 dans l'État de Yucatan, ce recours en justice a été instauré pour contester autant des agissements des pouvoirs publics portant atteinte aux droits individuels que pour dénoncer l'inconstitutionnalité des lois en vigueur ». Le legs que ce mécanisme donna à la science du contentieux constitutionnel est tout simplement prodigieux.

En Afrique, les premières traces du mécanisme sont décelables dans les textures constitutionnelles issues de la vague des démocratisations. À cet égard, l'exemple béninois se révèle être intéressant. Inspiré des « recours constitutionnels » (« Verfassungsbeschwerde ») en droit allemand, ce recours « est ouvert à tout citoyen qui prétend être lésé par un acte quelconque de

---

[77] En Colombie, l'un des mécanismes les plus efficaces, l'action directe en inconstitutionnalité, a vu le jour le 31 octobre 1910, réformée et renforcée par l'art. 241-4 de la Constitution en vigueur du 4 juillet 1991. Cf. F. Calderon Valencia, *Le contrôle a posteriori de la constitutionnalité des lois en droit français et colombien, éléments de compréhension d'une culture constitutionnelle*. Thèse de Doctorat de Droit public, Université de Paris-1, 2016, p. 13.

[78] E. R. Grau, « L'évolution du contrôle de constitutionnalité au Brésil », *Nouveaux Cahiers du Conseil constitutionnel*, n° 26, août 2009, p. 1.

[79] En Bolivie, articles 128 et 129 de la Constitution de 2009. Plus globalement, Voir C. Landa, « Le recours d'amparo en Amérique latine », *Le glaive et la balance*, sous la dir. De Arnaud Martin. Paris, L'Harmattan, 2012, pp. 127 et s.

[80] La *tutela* ou l'*action de tutelle,* définie par l'article 86 de la Constitution de 1991 « est une action très rapide et très effective. Les juges délibèrent et rendent leur arrêt en dix jours et peuvent donner un ordre qui doit être accompli dans 48 heures ». G. A. Lopez Dazza, « Le droit social à l'eau et le droit á l'alimentation dans la jurisprudence de la Cour constitutionnelle Colombienne », *Opinión Jurídica*, Vol. 14, n° 27, 2015, p. 82 (Note de bas de page n° 12).

[81] V. « La Cour suprême de justice de la Nation du Mexique. La Révolution mexicaine des droits de l'homme », *Nouveaux Cahiers du Conseil constitutionnel* n° 39 - avril 2013, p. 1.

l'État dans un de ses droits fondamentaux »[82]. Plaçant le citoyen comme « pierre angulaire de la justice constitutionnelle au Bénin »[83], la Constitution de 1990 « lui ouvre un très large accès au prétoire constitutionnel »[84].

Quant au recours à l'occasion d'un procès, cette forme de contrôle de constitutionnalité a acquis ses lettres de noblesse grâce aux précédents posés par la Cour suprême américaine. À l'occasion d'une instance en cours, une partie au procès peut bien s'opposer à l'application d'une loi qu'elle estime contraire à la Constitution. Si cette question ne pose pour le juge d'instance aucune difficulté dans les systèmes juridiques diffus, elle devrait nécessiter un renvoi préjudiciel auprès de la juridiction constitutionnelle dans les systèmes juridiques dits concentrés. Dans ces conditions, la saisine du juge constitutionnel par renvoi[85], pose le problème de la « systématicité » ou pas. À cet égard, la position du Conseil constitutionnel sénégalais est constante depuis sa Décision *Affaire n° 2/C/95 du 13 février 1995, Moussa Ouattara et autres*, que la juridiction d'instance, notamment la Cour suprême « doit se prononcer avant toute saisine du Conseil constitutionnel, sur sa compétence et sur la recevabilité du pourvoi ou la déchéance, tout examen de la "solution du litige" leur étant subordonné » puis « qu'un pourvoi non purgé de toute fin de non-recevoir ou simplement fantaisiste, ne saurait servir de prétexte pour saisir le Conseil constitutionnel d'une exception d'inconstitutionnalité qui, si elle devait être reçue et examinée par le Conseil, constituerait un véritable détournement de procédure »[86].

L'idée de revenir sur une loi déjà en vigueur, au moyen d'un examen juridictionnel, procède de la « faillibilité de la loi », ou plus précisément du législateur. Si les lois disposent pour l'avenir, cette faculté ne saurait s'accommoder de toutes les situations et de tous les cas de figure que les vicissitudes du temps exposent à des ajustements nécessaires. C'est fort de

---

[82] J. Chevallier, *L'État de droit*, Paris 5e éd. Montchrestien, 2010, p. 78. Toutefois, précise l'auteur, ce recours est « pratiquement dirigé contre un jugement, compte tenu de la règle de l'épuisement préalable des voies de recours ordinaires ».

[83] T. Holo, « Le citoyen : pierre angulaire de la justice constitutionnelle au Bénin », communication au 6e Congrès de l'Association des Cours et septembre 2000, *ACCPUF Conseils Constitutionnels ayant en partage l'usage du français (ACCPUF)*, Marrakech-Royaume du Maroc, les 4, 5 et 6 juillet 2012.

[84] S. Bolle, « Les leçons de Giessen Documentation de l'atelier de recherche : le défi de la démocratisation et le rôle des Cours Constitutionnelles – la justice constitutionnelle en Afrique de l'Ouest francophone », Communication sur *Le défi de la démocratisation et le rôle des Cours constitutionnelles*, 24-25 mai 2013, Université de Giessen, – *Judicial review in francophone West Africa*", 2013, p. 9.

[85] Traditionnellement, ce renvoi n'était possible que si le litige atterrissait devant la Cour suprême. Cependant depuis l'entrée en vigueur de la réforme constitutionnelle du 5 avril 2016, et conséquemment l'adoption d'une nouvelle loi organique sur le Conseil constitutionnel (2016-23 du 14 juillet 2016), la Cour d'Appel est érigée en instance où on peut soulever l'exception d'inconstitutionnalité, à l'image de la Cour suprême.

[86] Cf. I. M. Fall (sous la dir.), *Les décisions et avis du Conseil constitutionnel du Sénégal*. Dakar, CREDILA, 2008, p. 122.

toutes ces considérations que les juridictions constitutionnelles sud-américaines et africaines ont su développer une ligne jurisprudentielle à même de censurer des lois de vigueur.

2. Le contrôle intermittent des autres normes

Il serait réducteur de considérer les seules normes législatives comme entrant dans l'office du juge constitutionnel. Il reste possible, en fonction des systèmes juridiques, de voir bien d'autres catégories normatives interpeller sa compétence. Il en est ainsi des conventions (a) ou des actes administratifs (b), notamment ceux pris par les autorités exécutives.

a. Les conventions

L'abord de la norme internationale par le juge constitutionnel est sujet à des traitements fluctuants. La raison tient à ce que la norme internationale balaye, perturbe et écrase la norme interne, si elle n'excuse pas sa violation[87]. Par-delà l'*invocabilité* interne de la norme internationale, l'office du juge se déploie aussi sur l'examen des règles de *forme* et de *fond* de l'engagement international et ce, suivant la distinction classique des systèmes *moniste* ou *dualiste*[88]. Ces considérations indisposent le juge qui, dans son dessein d'exercer ou non, un contrôle de *conventionalité*[89], de *régularité formelle* (la procédure de conclusion de l'engagement) ou enfin, de *contrariété*, « examine si un engagement international ne comporte pas de clauses contraires à la

---

[87] I. Diallo, « Normes internationales et normes constitutionnelles dans l'ordre juridique interne sénégalais », *Annales Africaines, Nouvelle Série*, Vol. 2, décembre 2014, p. 2.

[88] La thèse du *monisme*, défendue par des auteurs comme J. Verhoeven, H. Kelsen, ou G. Scelle repose sur l'idée que la règle de droit international peut se dispenser d'une mesure interne d'exécution et serait d'applicabilité directe car l'ordre juridique interne et l'ordre juridique international ne seraient qu'un système juridique, même si la primauté du droit international sur le droit interne reste maintenue. En revanche, la thèse du *dualisme*, promue par des auteurs comme H. Triepel ou D. Anzilotti, avance l'idée qu'il faille « réceptionner » en droit interne la règle de droit international, car les deux ordres juridiques interne et international sont nettement distincts avec des champs d'application fondamentalement différents, d'où le rejet de toute application directe de la règle conventionnelle en droit interne. Sur la question, Cf. M. Kamara, « De l'applicabilité du droit international des droits de l'homme dans l'ordre juridique interne », *Anuario Colombiano de Derecho Internacional*, Vol. 4, 2011, pp. 97-162.

[89] Dans sa Décision n° 1 et 2/C/2005 du 12 février 2005, le Conseil constitutionnel du Sénégal a décliné sa compétence en matière de contrôle de conventionalité en estimant que les dispositions de l'article 98 de la Constitution de 2001, « ne prescrivent ni n'impliquent le contrôle de la conventionalité des lois dans le cadre du contrôle de conformité des lois à la Constitution prévu à l'article 74 de celle-ci ». Alors que dans d'autres affaires (Affaire n° 2/C/2013 du 18 juillet 2013, *Pape Djidjam Diop* ; Affaire N° 1/C/2014 du 3 mars 2014, *Karim Wade*), le juge constitutionnel, s'appuie sur des Conventions internationales et même des *Rapports* internationaux de l'Organisation internationale du Travail (OIT), pour rejeter le moyen invoqué par le requérant.

Constitution, avant sa révision »[90]. Alors que la Constitution gabonaise du 26 mars 1991[91] oblige le juge à contrôler tout engagement international, la plupart des autres systèmes juridiques optent pour un contrôle plutôt aléatoire. Le cas échéant, en accord avec la législation en vigueur, les États africains[92] comme latino-américains[93] ont globalement opté de faire prévaloir le Traité régulièrement intégré en droit interne, sur la loi, et non sur la Constitution. Cette position a connu différentes applications jurisprudentielles.

Fondamentalement, en effet, le traitement que le juge constitutionnel africain et latino-américain réserve au texte conventionnel reste tiraillé entre préséance de certaines catégories de Conventions (celles en rapport avec les droits de l'Homme[94]) sur l'ordre interne et aménagement d'une valeur *constitutionnelle*[95], *infra-constitutionnelle*[96], voire *législative*. Dans ce dernier cas de figure, (valeur *législative* de certains instruments internationaux), il serait fortuit de se tourner vers le juge constitutionnel brésilien. Ainsi, dans sa décision STF, Tribunal Pleno, rendue le 4 septembre 1997, *Confederação Nacional des Transportes e Confederação Nacional da Indústria v/ Presidente da República e Congresso Nacional*, la haute juridiction a reconnu que « les accords et conventions internationales, et notamment ceux de caractère normatif, s'incorporent au droit interne en tant que lois ordinaires »[97]. Sur le fondement de cette espèce, l'on peut opiner quelques nuances entre le juge brésilien et ses homologues d'outre-Atlantique. Cette assimilation *législative* du Traité n'est pas usuelle dans la jurisprudence constitutionnelle africaine. Mieux encore, ni la législation, ni le juge ne « dégradent » la norme conventionnelle jusqu'à la teneur *législative*. Ainsi, la Cour constitutionnelle

---

[90] S. N. Tall, « Les références au droit international public dans les Constitutions africaines francophones : exemples du Bénin, du Sénégal et du Togo », *Démocratie en questions, Mélanges en l'honneur du Professeur Théodore HOLO*. Toulouse, PUT, 2017, p. 130.

[91] Notamment en son article 87 : « Les engagements internationaux doivent être déférés avant leur ratification à la Cour constitutionnelle. »

[92] Sénégal, article 98 de la Constitution de 2001.

[93] L'article 75 alinéa 22 de la Constitution argentine de 1853 admet clairement que « Les traités et concordats ratifiés ont une autorité supérieure à celle des lois ».

[94] En la matière, il est demandé au juge d'interpréter les dispositions en rapport avec les droits de l'homme à la lumière des traités sur les Droits de l'Homme. C'est le cas de l'Afrique du Sud, du Brésil, de l'Argentine…

[95] La Constitution argentine de 1853 énonce en son article 75, point 22, « Après ratification par le Parlement, les autres traités et conventions sur les droits humains n'ont une autorité constitutionnelle qu'au vote des deux tiers des suffrages exprimés des membres composant chaque chambre ».

[96] C'est le cas de l'article 151 de la Constitution du Burkina Faso du 02 juin 1991 : « Les traités et accords régulièrement ratifiés ou approuvés ont, dès leur publication, une autorité supérieure à celle des lois, sous réserve, pour chaque accord ou traité, de son application par l'autre partie. ».

[97] Cf. L. Richieri Hanania, « La contribution du Brésil au Droit International Public », *Introduction au droit brésilien*, sous la dir. de Domingos Païva De Almeïda. Paris, L'Harmattan, 2007, pp. 426-427.

du Niger rappelle dans son arrêt du 27 mai 2013, que l'article 171 de la Constitution qui pose la primauté des Traités sur les lois « ne confère pas au traité et aux actes uniformes de l'OHADA une valeur constitutionnelle ». Il n'en faut pas moins bien comprendre, selon A. Ondoua que « par déduction, ces instruments auraient une valeur infra-constitutionnelle »[98].

Il peut aussi sembler risqué d'être péremptoire en généralisant cette position du juge brésilien à toute l'Amérique latine. L'autonomie des systèmes juridiques et l'attitude décomplexée du juge dans la construction de son approche exhortent à subodorer des tempéraments. Ainsi, en Argentine, même si la Cour suprême de Justice de la Nation (CSJN), a fait observer dans son arrêt du 14 juin 2005, *Julio Hector Simon*[99], qu'avant 1994, le droit international conventionnel se voyait reconnaître une valeur d'abord simplement législative, la jurisprudence ultérieure, en particulier CSJN, 7 juillet 1993, *Fibraca constructora S.C.A. c/. Comision tecnica mixta de Salto Grande*, s'attachera à élargir sa *valeur supra-législative* aux autres Traités et accords internationaux.

On remarquera que le traitement juridictionnel réservé à l'engagement international est l'une des questions les plus versatiles[100] du contentieux constitutionnel. Ceci ne devrait pas surprendre, dans la mesure où en fonction de l'*objet* de l'instrument international, le juge constitutionnel peut être appelé à en faire une norme de référence, ou alors une norme auxiliaire, subalterne.

Par ailleurs, qu'en est-il du contrôle de la constitutionnalité des actes administratifs ?

b. Les actes administratifs

« La suprématie constitutionnelle signifie que la Constitution fournit l'étalon de mesure de la validité des produits du processus législatif ainsi que les actions de la branche exécutive du gouvernement »[101]. Certains systèmes normatifs en effet, aménagent l'examen de constitutionnalité des actes réglementaires. Il ne s'agit pas d'un procédé très récent, car « en Autriche, le

---

[98] A. Ondoua, « La jurisprudence internationale des juridictions constitutionnelles des États d'Afrique noire francophone », *La justice constitutionnelle, Actes du Colloque international de l'ANDC*, sous dir. de Oumarou Narey. Paris, L'Harmattan, 2016, p. 302.

[99] H. Tigroudja, « Le droit international dans les États d'Amérique latine : regards sur l'ordre juridique argentin », *Revue Internationale de Droit Comparé*, Vol. 60 n° 1, 2008, p. 94.

[100] Cette complexité se retrouve aussi dans le contentieux administratif. En effet, le Conseil d'État français, dans son arrêt d'Assemblée du 3 juillet 1996, *Koné*, affirmait sans ambages la supériorité de la Constitution sur les engagements internationaux, alors que deux années plus tard, le 30 octobre 1998, dans son arrêt d'Assemblée, *Sarran, Levacher et autres*, il estime, en interprétant l'article 55 de la Constitution française, que la primauté conférée aux engagements internationaux, ne s'appliquaient pas aux dispositions internes, de nature constitutionnelle. Cf. *Les grands arrêts de la jurisprudence administrative*, 21e Ed. Paris, Dalloz, 2017, 1018 p.

[101] T. Van Reenen, « Tendances actuelles dans l'interprétation de la Constitution de l'Afrique du Sud », *RFDC*, n° 50, 2002, p. 356.

Tribunal de l'Empire avait reçu compétence dès 1867 pour exercer un contrôle de la constitutionnalité d'un acte administratif »[102]. La pratique reste bien présente dans les espaces sous étude. Bien évidemment, la nature de l'opération ne doit pas prêter à confusion, puisqu'il est bien question de contrôle de constitutionnalité et non de légalité[103] de l'acte en cause. D'ailleurs, en application des dispositions constitutionnelles qui encadrent la fonction du juge, il est possible de trouver un fondement à cette fonction du juge. Si le constituant gabonais a retiré cette compétence à la Cour constitutionnelle en 2018[104], son homologue béninois l'a maintenue[105]. En fait, le juge constitutionnel se le dispute avec son homologue administratif, longtemps présenté en Afrique comme un véritable rempart en matière de protection des droits des citoyens[106]. Depuis les années 1990, sur le terrain très

---

[102] M. Fromont, « La diversité de la justice constitutionnelle en Europe », *in Mélanges Philippe Ardant, Droits et politique à la croisée des cultures*. Paris, LGDJ, 1999, p. 47 et s. Cité par A.-A. Djimadoumngar, « Le contrôle de la constitutionnalité des lois au Tchad », *FoloFolo*, décembre 2016, p. 8.

[103] Ainsi, la Cour constitutionnelle, suivant une jurisprudence constante, s'est toujours déclarée incompétente lorsque les requérants allèguent devant elle « un contrôle de légalité » d'un acte administratif. Il en est ainsi, de DCC-05-36 du 19 mai 2006, DCC-05-108 du 6 septembre 2005. Pour plus d'illustration, Voir I. D. Salami, « Le contrôle de la constitutionnalité des actes administratifs au Bénin », *Démocratie en questions, Mélanges en l'honneur du Professeur Théodore Holo*. Toulouse, Presses de l'Université de Toulouse 1 Capitole, 2017, pp. 429-444 (et en particulier p. 443).

[104] En référence à la Loi N° 001/2018 du 12 janvier 2018 portant révision de la Constitution de la République gabonaise, l'article 84 nouveau dispose : « La Cour Constitutionnelle statue obligatoirement sur : les traités et accords internationaux avant leur entrée en vigueur, quant à leur conformité à la Constitution, après adoption par le Parlement de la loi d'autorisation ; la constitutionnalité des lois organiques et des lois avant leur promulgation ainsi que des ordonnances après leur publication ; les règlements de l'Assemblée Nationale et du Sénat, le règlement de procédure de la Cour Constitutionnelle et le règlement du Conseil Économique, Social et Environnemental, avant leur mise en application, quant à leur conformité à la Constitution ; les règlements des autorités administratives indépendantes déterminées par la loi, avant leur mise en application, quant à leur conformité à la Constitution ; les conflits d'attribution entre les institutions de l'État ; la régularité des élections présidentielles, parlementaires et des opérations de référendum dont elle proclame les résultats. La Cour Constitutionnelle est saisie, en cas de contestation sur la validité d'une élection, par tout électeur, tout candidat, tout parti politique ou délégué du Gouvernement dans les conditions prévues par la loi organique sur la Cour Constitutionnelle. » *Journal Officiel* de la République gabonaise, n° 382, du 24 au 31 janvier 2018, pp. 3711 et s.

[105] La loi n° 2019-40 du 7 novembre 2019 portant révision de la Constitution du Bénin n'a pas modifié l'article 3 qui dispose que « tout citoyen a le droit de se pourvoir devant la Cour constitutionnelle contre les lois, textes et actes présumés inconstitutionnels », tandis que l'article 117 nouveau fait obligation à la Cour constitutionnelle de statuer obligatoirement sur « la constitutionnalité [...] des actes réglementaires censés porter atteinte aux droits fondamentaux de la personne humaine et aux libertés publiques en général, sur la violation des droits de la personne humaine ».

[106] M. Bléou, « Le contentieux administratif dans l'espace AA-HJF : bilan et perspectives », Communication à l'occasion du Colloque international de l'AA-HJF, Lomé (Togo), 12-14 décembre 2016, 38 p.

singulier des actes administratifs, les juges constitutionnels gabonais comme béninois se révèlent être également des pionniers en même temps qu'ils sont des références, eu égard à la diversité des affaires examinées. À cet égard, appelée à se prononcer sur un certain nombre de décrets portant affectations de magistrats du siège, la Cour constitutionnelle du Bénin décide que le « respect du principe d'inamovibilité exige que le magistrat du siège ait été individuellement consulté à la fois sur les nouvelles fonctions qui lui sont proposées et lieux précis où il est appelé à les exercer ; que les éléments de cette consultation constituent les conditions de la procédure minimale exigée pour garantir l'indépendance des magistrats du siège ; (...) que dès lors, les décrets d'affectation déférés ne sont pas conformes à la Constitution »[107].

Du reste, en Amérique latine, la plupart des textes constitutionnels établissent cette forme de contrôle. Au Chili, la Constitution de 1980 en son article 93[108], assigne au Tribunal constitutionnel la fonction d'exercer un contrôle de constitutionnalité des actes administratifs du Gouvernement (comprenant ceux du Président de la République, des ministres d'État, ceux relatifs aux bases générales de l'Administration de l'État et enfin, ceux liés à l'« état d'exception constitutionnel »)[109]. En général, l'action des juridictions constitutionnelles s'est parfois orientée vers la sanction des actes de l'Exécutif, manifestement illustratifs d'un excès de pouvoir, au nom de la défense de la Constitution. En mai 1993 en effet, le Président de la République du Guatemala J. Serrano Elías, par message, annonça avoir signé un décret prévoyant la suspension de l'application de plus de quarante (40) articles de la Constitution, relatifs aux garanties fondamentales des droits et libertés des individus, du Congrès, de la Cour suprême, ainsi que de la Cour de constitutionnalité. En réaction[110], dès le lendemain, sept (7) membres de la Cour de constitutionnalité se réunirent et invalident par la Sentence n° 225-93 du 25 mai 1993 ledit décret en excipant de la violation directe de la Constitution en ces termes : « Quand les actes des pouvoirs publics sont réalisés hors de la compétence prévue par la Constitution, il est recevable de mettre en œuvre l'activité de la justice constitutionnelle afin de garantir l'État de droit (...). Les actes réalisés par le Président de la République rapportés précédemment et les actes qui en découlent, non seulement transgressent certains articles de la Constitution, mais représentent une rupture de l'ordre

---

[107] DCC 97-033 du 10 juin 1997.

[108] Le contrôle de constitutionnalité aménagé par l'article 93 intègre une diversité de normes : lois, décrets, lois organiques, réformes constitutionnelles, traités internationaux, ainsi que des arrêts rendus par la Cour suprême et les Cours d'appel, dans les cas où ces décisions de justice affecteraient les droits fondamentaux de particuliers.

[109] Cf. A. Le Quinio, « La réforme du système de justice constitutionnelle chilien », *AIJC*, XXI, 2005, p. 65.

[110] Il s'agit bien d'une réaction, car la Cour n'avait aucune compétence d'auto-saisine, même si elle fait valoir le recours au « droit de résistance » prévu par l'article 45 et la « défense de l'ordre constitutionnel » énoncée par l'art. 268 de la Constitution guatémaltèque.

constitutionnel, situation qui ne peut être ignorée par cette Cour dont la fonction essentielle est la défense de l'ordre constitutionnel »[111]. S'ensuivit un « bras de fer »[112] dont l'issue a provoqué le départ en exil du Président.

Qui plus est, pour d'autres cas de figure, le contentieux constitutionnel des actes de l'Exécutif peut être d'une portée moins dramatique que celle visée plutôt. Au Brésil, dans l'arrêt *Espólio de Alceu Pereira Nunes e Outros c/ Presidente da República*, rendu le 23 janvier 1997, les juges de la Cour suprême (STF) ont mis fin à la polémique qui divisait la doctrine administrativiste brésilienne à propos de l'impact du contreseing ministériel sur la validité de l'acte présidentiel soumis à cette règle. Ils ont conclu par cette sentence que l'absence de contreseing n'entachait nullement la validité de l'acte présidentiel[113].

Le parallèle peut bien être établi avec l'autre juridiction à la pointe Sud de l'Afrique. En effet, dans le sillage de l'affaire *Hugo*[114], la Décision, 2000 (2) SA 674 (CC), du 10 septembre 1999 *President of the Republic of South Africa and Others v/. South African Rugby and Football Union and Others*[115] plus connue sous le nom de *SARFU III,* permet à la Cour, en l'absence de disposition expresse qui fonde sa compétence, de forger ce que la doctrine qualifia de « convention de la Constitution »[116], pour distinguer les actes du Chef de l'État qui relèvent de sa compétence propre et ceux relevant de son statut de Chef de gouvernement. Ceci, en vue éventuellement de comparaître devant les juridictions, comme le souhaitaient les requérants qui contestaient l'acte de nomination d'une Commission d'enquête.

Si donc une connexité existe entre les juges dans le domaine contentieux, elle se prolonge également dans l'accomplissement de leur office.

B. À travers l'exercice de l'activité contentieuse

La « confection » d'une décision de justice est un art dont il faut avoir renfermé la pleine maîtrise des arcanes. Elle appelle une technologie propre à allier des connaissances pointues dans la matière considérée, mais aussi de la subtilité se traduisant *in fine* par un dispositif résolutoire raisonné. C'est en ce sens que H. Kelsen affirmait que « si un organe juridique doit appliquer le droit,

---

[111] Référence citée par Arnaud Martin, « L'indépendance de la justice constitutionnelle en Amérique latine », *Le glaive et la balance*, sous sa direction. Paris, l'Harmattan, 2012, pp. 166-167.

[112] *Idem*, pp. 167-168.

[113] L. Tupiassu, « Le Droit constitutionnel : les institutions politiques », *Introduction au droit brésilien, op.cit.*, p. 35.

[114] Par son arrêt *President of the Republic of South Africa v/ Hugo*, rendue en 1997, la Cour admet la justiciabilité des actes présidentiels.

[115] Voir en ce sens, X. Philippe, « Afrique du Sud », Table ronde sur *les Immunités constitutionnelles et privilèges de juridiction, AIJC*, XVII, 2001, p. 118.

[116] X. Philippe, « Afrique du Sud », Table ronde sur les *Immunités constitutionnelles et privilèges de juridiction, AIJC*, XVII, 2001, p. 117.

il faut nécessairement qu'il établisse le sens des normes qu'il a mission d'appliquer, il faut nécessairement qu'il interprète ces normes »[117]. Dès lors, il ne serait pas inopportun d'insister sur le travail interprétatif soutenu (1) qui livre quelques indices d'un pouvoir normateur du juge (2).

1. Le travail interprétatif soutenu

Selon B. Kanté, « Lorsque le juge se déclare compétent pour connaître d'un recours en inconstitutionnalité, qu'il le veuille ou non, il est appelé à interpréter la Constitution »[118]. Celle-ci devient dans ce cas une norme de référence pour la norme à contrôler. C'est parce que les dispositions de la Charte fondamentale ne sont pas à l'abri de variations sémantiques, et donc d'une *compréhensibilité contradictoire* que l'expertise judiciaire sera réclamée pour valider juridiquement l'*unique* version qui vaille. Fort de son sobriquet de « gardien de l'orthodoxie constitutionnelle », le juge cherche à mettre fin au caractère équivoque des dispositions à l'égard desquelles son office est sollicité, en vertu de l'exigence d'*intelligibilité de la loi*[119]. De par sa portée obligatoire, le travail *herméneutique* attendu des juges constitutionnels africains et latino-américains est chevillé à l'objectif de veiller à la cohérence d'ensemble de l'ordre juridique grâce à des interprétations constructives (a), même si à d'autres occasions, ce travail peut se révéler impopulaire, déformant (b).

a. L'interprétation constructive

« … Remplir les vides législatifs afin d'assurer à la Constitution une force normative pleine et entière »[120], tel semble être un pan de l'office du juge constitutionnel dans les systèmes normatifs contemporains. En effet, la carence qui fait suite au législateur de ne point exercer pleinement sa compétence, entraînant de ce fait, des conséquences regrettables, ne laisse point indifférent le juge constitutionnel. Connue sous l'appellation d'« incompétence négative »[121] par la doctrine francophone, assimilable aux

---

[117] Cité par E-H. Addala, « L'interprétation constitutionnelle face aux pouvoirs de l'État », *in Un dialogue des juges, Travaux du Sommet des Présidents des Cours Suprêmes, Constitutionnelles et Régionales, Mexico, 2012*, Mexico, Editions Aquarela Gráfica, 2014, p. 202.

[118] B. Kanté, « Les méthodes et techniques d'interprétation de la Constitution : l'exemple des pays d'Afrique occidentale francophone », *L'interprétation constitutionnelle*, sous la dir. de Ferdinand Mélin-Soucramanien. Paris, Dalloz, 2005, p. 162.

[119] Cf. A. Gounou, « L'intelligibilité de la loi devant le juge constitutionnel béninois », *Démocratie en questions, Mélanges en l'honneur du Professeur Théodore Holo*. Toulouse, Presses de l'Université de Toulouse 1 Capitole, 2017, pp. 547-586.

[120] E. R. Grau, « L'évolution du contrôle de constitutionnalité au Brésil », *Nouveaux Cahiers du Conseil constitutionnel*, n° 26, août 2009, p. 1.

[121] A. Vidal-Naquet, « L'état de la jurisprudence du Conseil constitutionnel sur l'incompétence négative », *Nouveaux Cahiers du Conseil constitutionnel* 2015/1 n° 46, pp. 5-19. Voir F. Priet, « L'incompétence négative du législateur », *RFDC*, n° 17, 1994, pp. 59-85.

« omissions législatives »[122] inconstitu-tionnelles dans la doctrine latine[123], ce manquement imputable au législateur a généré nombre d'affaires intéressantes. À cet égard, il est important de faire observer que les juridictions constitutionnelles de tradition latine sont promptes à sanctionner cette incompétence négative, ou plus précisément *« l'abstention du législateur à produire la norme nécessaire à la concrétisation d'un droit prévu par le texte de la Constitution »*[124]. Dans sa décision d'inconstitutionnalité n° 53-2005/ 55-2005 en date du 1er février 2013, la Chambre constitutionnelle du Salvador a déclaré qu'« il y a inconstitutionnalité par omission totale »[125] telle que alléguée par les requérants, pour manquement du Parlement à son obligation de légiférer sur « l'indemnisation universelle des travailleurs du secteur privé en cas de démission ou de départ volontaire », comme le prévoit depuis 1983, l'article 38 de la Constitution[126].

Dans le continent africain, bien que la conquête d'une interprétation constructive soit décelable dans les primes décisions[127] consécutives aux

---

[122] Les omissions législatives sont prévues par les textes constitutionnels latino-américaines : Article 336 de la Constitution du Venezuela de 1999 : « La division constitutionnelle du Tribunal Suprême de Justice aura les fonctions suivantes : (7) Déclarer l'inconstitutionnalité des omissions [...] législatives entraînant le défaut de promulgation des règles ou mesures essentielles en vue de garantir la conformité à la Constitution ou en les promulguant de manière incomplète ; et établir un délai et, si nécessaire, des directives afin de corriger ces déficiences » ; Article 8 (al.2) de la Constitution du 20 octobre 2008 de l'Équateur : « Sera inconstitutionnelle toute action ou omission de caractère régressif qui diminue, porte atteinte ou empêche de manière injustifiée l'exercice des droits » ; Article 102 § de la Constitution du 5 octobre 1988 : « Lorsque l'inconstitutionnalité est déclarée par défaut de mesures devant rendre effective une norme constitutionnelle, il en est donné connaissance au Pouvoir compétent pour qu'il prenne les mesures nécessaires ». Cf. J. Arlettaz, « L'incompétence négative à l'étranger », *Les Nouveaux Cahiers du Conseil constitutionnel* 2015/1, n° 46, p. 66.

[123] Voir D. Teixeira De Oliveira, « Le contrôle juridictionnel des omissions législatives inconstitutionnelles au Brésil : voie de démocratie continue, instrument inachevé de contre-pouvoir ? *», Communication au IXe Congrès Français de Droit Constitutionnel*, Lyon, 2014, 40 p. ; L. Rangel Hernández, « La acción de inconstitucionalidad por omisión legislativa en la Constitución mexicana. Un avance en el acceso a la justicia constitucional », *Cuestiones constitucionales*, Núm. 18, enero-junio 2008, pp. 201-226.

[124] *Idem*, p. 1.

[125] V. Décision disponible sur : www.jurisprudencia.gob.sv/visormlx/pdf/53-2005-55-2005.pdf, consulté ce 16-03-2018.

[126] Voir F. Meléndez, « La Chambre constitutionnelle de la République du Salvador », *Les Nouveaux Cahiers du Conseil constitutionnel* 2015/3 (n° 48), p. 74.

[127] À titre d'exemple, au Bénin, le Haut Conseil de la République officiant comme juge constitutionnel dans la période de transition, a pu juger : « La Cour constitutionnelle doit se prononcer toutes les fois qu'elle est requise pour statuer sur l'interprétation à donner au contenu de la Constitution ; cette prérogative n'est conférée à aucune autre institution. » (Décision 15 DC du 16 mars 1993). Dans le même ordre d'idées, au Niger, la Chambre constitutionnelle de la Cour suprême, dans son arrêt n° 95-05/CH.CONS du 5 septembre 1995 sur la cohabitation, déclare : « les constituants ont dans leur esprit voulu donner à la Cour suprême seule, à travers sa Chambre Constitutionnelle, le pouvoir d'interpréter et d'apprécier toutes les dispositions de la Constitution qui feront l'objet de contestations entre le pouvoir exécutif et le pouvoir législatif, quand bien même cette compétence n'est pas mentionnée de manière expresse ; ... la

ouvertures démocratiques de 1990, le constat semble établi que les Constitutions et textes juridiques de la plupart des pays « n'accordent pas explicitement aux juridictions chargées de la justice constitutionnelle la compétence de statuer sur les cas d'omissions par le pouvoir législatif »[128]. Cette déficience de la norme écrite n'entame point l'engagement de certaines juridictions comme la Cour constitutionnelle du Bénin, de « débusquer » l'omission de la loi et le cas échéant de prononcer la sanction appropriée. Elle a estimé dans sa décision DCC 08-072 du 25 juillet 2008, que « l'Assemblée nationale dont l'une des missions principales est de voter les lois s'est abstenue d'autoriser la ratification des accords de prêt devant contribuer à la lutte contre l'érosion côtière ; que ce faisant, les députés à l'Assemblée nationale ont violé l'article 35 de la Constitution... »[129].

En tout état de cause, si en dépit de la décision de justice, l'inertie parlementaire persiste (ou dépasse le délai prescrit), les juges vénézuélien[130] comme équatorien[131] sont habilités à y pourvoir. On le voit, dans ce cas limite, l'intervention du juge n'est subordonnée qu'à la constatation de l'absence de réactivité du Parlement.

Sur un autre registre, la mission de veille sur la cohérence de l'ordre juridique, justifie que les juges constitutionnels perpétuent des mécanismes qui accordent une force obligatoire à leurs décisions d'inconstitutionnalité vis-à-vis des juridictions inférieures. C'est la traduction de l'autorité de la chose interprétée dont « la fonction d'assurer la cohérence de l'interprétation d'une norme constitutive d'un ordre juridique »[132]. Ainsi, au Brésil, depuis l'amendement constitutionnel n° 45 du 8 décembre 2004, « Réforme

---

Cour suprême, juge naturel de l'interprétation des dispositions constitutionnelles, devant le vide juridique en matière d'interprétation et en l'absence de toute juridiction compétente en la matière, ne peut refuser de statuer sous prétexte du silence, de l'obscurité ou de l'insuffisance de la loi. » B. Bâ, « Le préambule de la Constitution et le juge constitutionnel en Afrique », *Afrilex*, 2016, p. 36.

[128] B. Kanté, H. K. Prempeh, « Les autres attributions des juridictions compétentes en matière de contrôle de constitutionnalité », *in Les juridictions constitutionnelles en Afrique de l'Ouest Analyse comparée*, Munich, Fondation Hanns Seidel, IDEA, 2016, p. 120.

[129] Cf. http://www.cour-constitutionnelle-benin.org/doss_decisions/08072.pdf, consulté le 11-01-2018.

[130] Tribunal suprême de Justice, décision du 4 août 2003, Exp. nos 03-1254 et 03-1308. Référence citée par J. Arlettaz, « L'incompétence négative à l'étranger », *Les Nouveaux Cahiers du Conseil constitutionnel* 2015/1, n° 46, p. 71.

[131] Selon l'article 436-10 de la Constitution équatorienne de 2008, la Cour constitutionnelle pourra « déclarer l'inconstitutionnalité que commettent les institutions de l'État ou les autorités publiques qui par omission n'ont pas respecté, de manière totale ou partielle, les mandats contenus dans les normes constitutionnelles, dans un délai établi par la Constitution ou jugé raisonnable par la Cour constitutionnelle. Si, une fois le délai épuisé, l'omission persiste, la Cour, de manière provisoire, élaborera la norme ou exécutera l'acte omis ».

[132] J. Andriantsimbazovina, « L'autorité de la chose interprétée et le dialogue des juges. En théorie et en pratique un couple juridiquement inséparable », in *Le dialogue des juges, Mélanges en l'honneur de Bruno Genevois*. Paris, Dalloz, 2009, p. 24.

judiciaire », la nouvelle tournure rédactionnelle de l'article 103-A de la Constitution de 1988 a conféré un véritable pouvoir normateur à la Cour suprême (STF), apte depuis lors, à prendre des « súmulas viculantes », c'est-à-dire des « énoncés de nature éminemment constitutionnelle produits par le Tribunal Fédéral Suprême, sur la validité, l'interprétation et l'efficacité des normes déterminées, qui ont une force obligatoire à l'égard d'autres organes du pouvoir judiciaire et de l'administration publique »[133]. Détenant le dernier mot en matière d'interprétation constitutionnelle, ce mécanisme s'apparente à celui de *stare decisis*[134] en cours dans la *Common Law*. En Afrique du Sud, la pratique de la *règle du précédent*[135], qui impose à toute juridiction inférieure de respecter et de tirer les conséquences d'un arrêt rendu par la juridiction suprême en matière d'interprétation de la Constitution, a cours dans la jurisprudence constitutionnelle.

Si l'interprétation peut être constructive, elle reste aussi passible de dévoiement.

b. L'interprétation déformante

La crainte de voir la *norme* se transformer en « objet de cire soumise [aux] caprices »[136] des juges, hante l'esprit des spécialistes. Il s'agit en effet d'une impression qui se dégage à chaque fois que la juridiction constitutionnelle s'en trouve *imbue* de son pouvoir interprétatif, renvoyant à l'image « de l'argile aux mains du potier qui lui donne des formes au gré des circonstances »[137]. En effet, la lecture à laquelle se prête le juge constitutionnel en rendant sa décision n'emporte pas systématiquement l'effet d'adhésion escomptée. Le propos ne vise pas à mettre en doute la sentence encore moins à en encourager l'inexécution ou l'inobservation. L'*impopularité* ou la *déviance* d'une décision de justice à laquelle allusion est faite, demeure la perspective par laquelle la sentence *ébranle* l'opinion, de par son caractère surprenant, donc inattendu. Elle peut donner l'impression de saper les garanties de la sécurité juridique des justiciables ou de perturber les fondations de l'ordre juridique jusque-là entretenues. Les sentences de cet acabit ne sont guère étrangères aux univers qui nous intéressent ici.

---

[133] M. L. P. Gonçalves Da Silva, « Les "súmulas viculantes" : la compétence constitutionnelle de production des normes juridiques générales par le Tribunal fédéral suprême brésilien », *RFDC,* n° 108, 2016, p. 905.

[134] Cf. T. Van Reenen, « Tendances actuelles de l'interprétation de la Constitution de l'Afrique du Sud », *RFDC*, n° 50, 2002, p. 358.

[135] R. Royal, « La règle du précédent, méthode d'identification de normes jurisprudentielles : concepts, applications et limites », *Jurisdoctoria*, n° 13, 2016, pp. 109-137.

[136] D. A. Emmanuel, « Le pouvoir normatif de la Cour constitutionnelle d'Afrique du Sud », *RDP,* n° 6, 2015, p. 1625.

[137] A. Kpodar, « Contribution doctrinale sur la fausse vraie idée du contrôle de constitutionnalité. Quand l'interprétation constitutionnelle menace la lisibilité du bloc référentiel », *La justice constitutionnelle, Actes du Colloque international de l'ANDC*, sous la dir. de Oumarou Narey, Paris, L'Harmattan, 2016, p. 214.

En Bolivie, le Tribunal constitutionnel dans son office, donne quelque raison de penser qu'il se prête à cette forme d'interprétation dévoyée, ces dernières années. Le juge n'aura pas hésité à distinguer parmi les dispositions de la Constitution en vigueur une partie « dogmatique » et une autre « organique » pour fonder une interprétation tendancieuse du dispositif qui organise la réélection du Président en exercice. Alors que ladite Constitution adoptée en 2009 sous son magistère innovait à travers l'interdiction de la réélection immédiate, le Président devrait alors obtenir de la part du juge constitutionnel, avant le terme du deuxième mandat, les gages « juridiques » d'un probable troisième mandat à partir de 2014. Dans cette perspective, le Tribunal, par sa Déclaration constitutionnelle n° 0003/2013 du 15 avril 2013[138] « dégrade » le dispositif constitutionnel en cause pour laisser à l'Assemblée nationale la liberté de préciser par des lois organiques, les articles 168 de la Constitution et la Première Disposition Transitoire qui concernaient la réélection.

Révélateur d'une certaine forme de « récriture » des dispositions de la Constitution, le rapport qu'entretient le juge avec celle-ci s'en trouve dénaturé parce que transcendant de son office classique[139]. Ce genre de « débordements » se retrouve pareillement en Afrique. Dans sa décision en date du 18 janvier 2006, le Conseil constitutionnel du Sénégal a estimé que « dans le cas de la révision de la Constitution par la seule assemblée nationale, le vote à la majorité qualifiée des trois cinquièmes (3/5) réalise à la fois l'adoption et l'approbation »[140]. La « fusion » ainsi promue entre deux phases nettement distinctes de la procédure de modification constitutionnelle, altère

---

[138] Selon le juge, « …il doit être précisé que dans tout État constitutionnel de droit, qui est une caractéristique de l'État plurinational de Bolivie, la partie dogmatique de la Constitution se caractérise par son application directe, c'est-à-dire que sa matérialisation et donc le phénomène de constitutionnalisation dans l'ordre juridique ne nécessitent pas de loi de développement ; au contraire, à la lumière du principe de légalité qui constitue un des piliers pour l'exercice de la fonction publique au principe de sécurité et de continuité juridiques comme axes essentiels de l'État constitutionnel de droit, la partie organique pour son application, nécessite des lois organiques de développement, lesquelles doivent émaner de l'Assemblée législative plurinationale… ». Cf. V. Audubert, « Le "continuisme" des mandats présidentiels, une dérive "caudilliste" du pouvoir exécutif ? Réflexions à partir de la Constitution bolivienne de 2009 », *RFDC,* n° 108, décembre 2016, p. 759.

[139] « Nous rendons la justice les mains tremblantes » affirmait le Premier Président de la Cour de Cassation française, Guy Canivet, dans l'affaire politico-judiciaire dite « d'Outreau », Cf. *Le monde* du 6 janvier 2006. Cette assertion est à rapprocher de la métaphore utilisée par le Doyen G. Vedel pour qui le juge constitutionnel français « a droit à la gomme, pas au crayon », « même si le recours à la technique des réserves d'interprétation (…) lui confère une marge d'appréciation considérable (…) ». Cf. J. Gicquel et J.-E. Gicquel, *Droit constitutionnel et institutions politiques*. Paris, 31e éd., LGDJ, 2017-2018, p. 248.

[140] Cf. I. M. Fall (dir.), *Les décisions et avis du Conseil constitutionnel du Sénégal*. Dakar, CREDILA, 2008, p. 492 ; V. du même auteur, *Les révisions constitutionnelles au Sénégal. Révisions consolidantes et révisions déconsolidantes de la démocratie sénégalaise*. Dakar, CREDILA, 2011, 218 p.

la lettre de l'article 103 de la Constitution de 2001 en même temps qu'elle indispose les spécialistes. Au nom d'une certaine volonté de « raccourcir » en une seule étape une procédure pourtant clairement décomposée en deux étapes, il se révèle dangereux pour l'« aiguilleur »[141] qu'est censé incarner le juge, de tenir une lecture aussi déformante et attentatoire à ce qu'on considère globalement comme l'un des piliers fondamentaux en matière de « protection » des Constitutions.

Par ailleurs, il arrive par moment que le juge inflige à sa sentence des circonvolutions qui se révèlent être inopportunes, vis-à-vis des « consensus » ou « acquis ». Ce sentiment peut s'apprécier à l'aune de deux espèces rendues par les juges constitutionnels argentin et sud-africain.

L'impopularité qui peut affecter certaines de ses décisions peut être en relation avec les libertés individuelles ou collectives. Ainsi, dans la trajectoire dictatoriale de nombre d'États africains et latino-américains, la vertu investie en la *justice transitionnelle*[142] pour *absoudre* les crimes perpétrés par ceux identifiés comme des tortionnaires, a croisé le refus catégorique du juge constitutionnel. Tel est du moins le sens de l'arrêt rendu par la Cour suprême de Justice de la Nation argentine, le 14 juin 2005, *Julio Hector Simon*, dans lequel elle a reconnu inconstitutionnelles les lois adoptées en faveur des tortionnaires sous la dictature militaire entre 1976 et 1983[143]. La critique ici, réside davantage dans la crainte d'une déstabilisation sociale pour des faits réputés « dépassés », que dans le souci de mettre en doute les propriétés réparatrices que le juge a visées dans cette sentence.

En écho à cet exemple de précédent *surprenant*, le juge constitu-tionnel sud-africain a essuyé auparavant, une réprobation populaire exprimée consécutivement à la décision de la Cour sur *la peine de mort*. En effet, dans l'affaire N° CCT/3/1994 du 6 juin 1995, *S. v/ Makwanyane*, inscrite dans le marbre de l'éternité comme « pierre angulaire de la jurisprudence de la Cour constitutionnelle sud-africaine »[144], le juge est allé à contre-courant de l'opinion publique majoritaire, en déclarant la peine de mort non compatible

---

[141] L. Favoreu, « Souveraineté et supra-constitutionnalité », *Pouvoirs*, n° 67, 1993, p. 74.

[142] M. Wella (Mazamesso), *La justice transitionnelle dans la reconstruction post-crise des Etats*. Thèse de Droit public. Universités de Lomé et Bordeaux 4, 2017, 502 p.

[143] Cf. H. Tigroudja, « Le droit international dans les États d'Amérique latine : regards sur l'ordre juridique argentin », *Revue Internationale de Droit Comparé*, Vol. 60 n° 1, 2008, pp. 89-119.

[144] X. Philippe, « Présentation de la Cour constitutionnelle sud-africaine », *Cahiers du Conseil constitutionnel*, n° 9, Dossier « Afrique du Sud », février 2001 ; V. aussi, N. Courtin, « La Cour constitutionnelle, un acteur-clé du renouveau constitutionnel sud-africain », *Afrique contemporaine* 2012/2 (n° 242), p. 119.

avec les droits fondamentaux (droit à la vie) inscrits dans le texte constitutionnel[145].

En outre, l'interprétation soutenue insinue en règle générale l'existence d'un pouvoir normateur du juge constitutionnel.

2. Les indices d'un pouvoir normateur

L'idée qui vise à admettre l'existence d'un *pouvoir normateur* du juge est une question très controversée dans la doctrine. En effet, alors que certains auteurs[146] restent toujours acquis à la conception classique qui cantonne le juge à la « bouche de la loi » lui déniant ainsi toute idée de « pouvoir normateur », d'autres auteurs en revanche, se plient au fait que dans certaines circonstances, le juge puisse faire œuvre de créativité. À cette thèse *évolutionniste*, on pourrait rapprocher toutes les juridictions constitutionnelles qualifiées d'« engagées », comme celles de la Colombie, du Bénin, de l'Afrique du Sud... Dès lors, la tentation du pouvoir normateur (a) du juge constitutionnel est contrebalancée par le réflexe d'autolimitation (b) qui préserve le champ d'action des autres pouvoirs en même temps que cela récuse toute insinuation de « gouvernement des juges ».

a. La tentation du pouvoir normateur

« La féconde liberté créatrice du juge », à laquelle faisait allusion J. Rivero[147] est évocatrice d'un pouvoir normateur (ou normatif)[148]. Il est en soi guidé par le constat d'une situation où la législation est *défaillante*, (absence ou carence), ou *inadaptée* à la situation en présence. La conscience d'incarner le dernier rempart en matière contentieuse oblige le juge à faire usage de son pouvoir normatif et de faire donc œuvre de jurisprudence[149].

D'ailleurs, cette idée est mise en lumière par le Conseil constitutionnel du Sénégal dans sa prime jurisprudence. Il a estimé dans sa décision 5/93, 6/E/93 du 2 mars 1993, qu'« après s'être déclaré valablement saisi et malgré le silence des textes, il a l'obligation de se prononcer sur la question portée devant lui ; qu'en effet, ni le silence de la loi, ni l'insuffisance de ses dispositions,

---

[145] F. Hourquebie, « La diffusion du constitutionnalisme en Afrique du Sud : une analyse à partir de la décision de la Cour constitutionnelle du 6 juin 1995 portant inconstitutionnalité de la peine de mort », *Politeia*, n° 7, 2005, pp. 649-675.

[146] M. Troper est d'avis que « la seule source de droit étant la loi, qui est l'expression de la volonté générale, parce qu'elle émane du peuple ou de ses représentants, un juge qui produirait du droit serait une institution antidémocratique ». Cf. « Le bon usage des spectres. Du gouvernement des juges au gouvernement par les juges », *Mélanges Gérard Conac*, *Le nouveau constitutionnalisme*. Paris, Economica, 2001, p. 50.

[147] J. Rivero, « Sur la rétroactivité de la règle jurisprudentielle », *AJDA*, 1968, p. 16.

[148] Cf. D. Adouki-Emmanuel, « Le pouvoir normatif de la Cour constitutionnelle d'Afrique du Sud », *RDP*, n° 6, 2015, pp. 1583-1626. Plus largement, Cf. le Dossier des *Cahiers du Conseil constitutionnel*, n° 24, 2008, consacré au *Pouvoir normatif*.

[149] S. Andzoka Atsimou, « La participation des juridictions constitutionnelles au pouvoir constituant en Afrique », *RFDC*, n° 110, 2017/2, pp. 279-316.

n'autorisent le Conseil compétent en l'espèce, à s'abstenir de régler le différend porté devant lui ; ... »[150]. Si la portée d'une telle conception originelle n'aura pas toujours été suivie d'effet, eu égard à la jurisprudence postérieure, il n'en reste pas moins qu'en mettant en branle son pouvoir normatif, le juge arrive à « secouer » les dispositions juridiques afin d'en livrer la lecture qu'il estime appropriée. Ainsi, dans le contentieux de l'éligibilité des candidats à l'élection présidentielle ivoirienne de 2015, le Conseil constitutionnel, dans sa Décision n° CI-2015 EP-159/09-09/CC/SG du 9 septembre 2015, *portant publication de la liste définitive des candidats à l'élection présidentielle*, a fait œuvre de jurisprudence en distinguant entre « éligibilité originelle » et « éligibilité dérivée »[151]. Avenante aux yeux du juge, cette construction jurisprudentielle n'aura pas réussi à emporter l'adhésion d'une partie de la doctrine ivoirienne qui y décèle la preuve d'une « distorsion entre la Constitution et les pratiques du juge »[152]. En outre, c'est à un effort similaire de décryptage que s'est prêté le juge constitutionnel du Niger, dans son arrêt n° 03/CC/MC du 30 mars 2018, à propos de la notion de « convention de la constitution »[153].

En Amérique latine également, cet exercice d'érudition sémantique a entretenu le juge constitutionnel. Au Pérou, le juge constitutionnel qui était confronté à déterminer l'acception qui convenait à la notion d'*incapacité*, s'est prêté à une séduisante délimitation du champ définitionnel. Dans sa sentence du 4 décembre 2006, le Tribunal constitutionnel considère que « (...) l'incapacité politique est une sanction politique discrétionnaire mais elle est soumise à des critères constitutionnels de proportionnalité qu'impose le

---

[150] Cf. I. M. Fall (dir.), *Les décisions et avis du Conseil constitutionnel du Sénégal*, Dakar, CREDILA, 2008, p. 47.

[151] Pour le juge ivoirien, l' « éligibilité originelle » implique « les candidats n'ayant jamais accédé à la fonction de Président de la République et qui, de ce fait, sont tenus d'apporter la preuve qu'ils remplissent toutes les conditions énumérées par les textes en vigueur », alors que l' « éligibilité dérivée » est celle « qui s'applique au Président de la République sortant qui, à l'occasion du scrutin l'ayant porté au pouvoir, avait déjà fait la preuve de son éligibilité originelle ; que cette éligibilité dérivée (...) se décline en réalité en terme de "rééligibilité" ».

[152] F. D. Melèdje, « Les distorsions entre la Constitution et les pratiques jurisprudentielles dans l'interprétation par le juge constitutionnel ivoirien de ses attributions : le juge entre immobilisme et spéculations », *Mélanges en l'honneur de Babacar Kanté, Actualités du Droit public et de la Science politique en Afrique*. Dakar, L'Harmattan, 2017, pp. 97-109.

[153] Pour la Cour, « ... la convention de la constitution évoquée par les requérants se définit comme étant " une pratique implicite ou explicite, non écrite, acceptée et suivie par les acteurs politiques d'un État, ou éventuellement, par les partis politiques" ; qu'il ressort de cette définition que la convention de la constitution n'est pas consacrée par un texte ; qu'elle résulte des usages et des accords informels visant à pallier les silences d'un texte ; que cette convention de la constitution est un contrat entre acteurs politiques qui peut être modifié librement et dont le non-respect n'entraine aucune sanction juridictionnelle ». Disponible : http://www.cour-constitutionnelle-niger.org/documents/arrets/matiere_constitutionnelle/2018/arret_n_003_18_cc_mc.pdf, consulté le 26-04-2018.

Congrès de la République. Cela la distingue, précisément par sa nature, de l'incapacité pénale (prévue à l'article 36 du Code pénal) et de l'incapacité administrative (comme l'établit l'article 30 de la loi sur la carrière administrative, l'article 159 de son règlement d'application, et la loi-cadre relative à l'emploi public), lesquelles sont de caractère strictement juridique »[154].

D'autres juridictions constitutionnelles se montreront plus constantes dans la mise en évidence de leur pouvoir normateur, notamment dans l'admission du contrôle de constitutionnalité des *lois constitutionnelles*[155], en dehors de toute habilitation par une règle écrite. À cette cohorte de juridictions constitutionnelles portées à la conquête de nouveaux espaces de compétences, il est possible d'associer les juridictions constitutionnelles malienne, burkinabé ou tchadienne[156]. Autant alors considérer que dans le dessein de parfaire la production normative, le juge de « l'excès du pouvoir législatif » participe au « pouvoir législatif »[157].

Enfin, le pouvoir normatif du juge s'opère eu égard aux revirements[158] de jurisprudence, et en particulier lorsque celui-ci est gagné par l'ambition de reconquérir une sphère matérielle qu'il avait initialement délaissée. À cet égard, ce qui semble être un revirement de jurisprudence opéré par le Tribunal constitutionnel péruvien en 2014, laisse accréditer l'idée de « défalquer » les tribunaux administratifs de leur faculté d'exercer un contrôle de constitutionnalité « diffus » comme l'avait pourtant admis la sentence établie en 2005-2006 par les décisions du 10 octobre 2005 (STC n°00024-2003-AI/TC) et 2006 (STC n° 03741-2004-AA/TC)[159]. En effet, dans sa sentence consécutive au recours d'*amparo* en date du 18 mars 2014, 04293-2012-PA 2012, le juge arrive à la conclusion « d'annuler sans effet le précédent contenu dans le STC 03741-2004-PA/TC, selon lequel tout tribunal ou organe collégial de l'administration publique était autorisé à renoncer à une disposition infra-

---

[154] Cf. J. El-Hage, « La protection des droits politiques en Amérique latine. Une analyse en Droit international des droits de l'homme et en droit constitutionnel comparé », *in Le glaive et la balance. Droits de l'homme, justice constitutionnelle et démocratie en Amérique latine*, sous dir. de Arnaud Martin. Paris, L'Harmattan, 2012, p. 322 (note de bas de page n° 137).

[155] A. Soma, « Le contrôle de constitutionnalité des lois constitutionnelles en Afrique francophone », *AJP/PJA* 5/2011, pp. 619-640 ; P. M. Sy, « Le contrôle des normes constitutionnelles au Sénégal », *Revue EDJA*, 2015, pp. 15-38.

[156] A. Soma, « Le contrôle de constitutionnalité des lois constitutionnelles en Afrique francophone », *AJP/PJA* 5/2011, pp. 619-640.

[157] I. M. Fall, « La loi organique dans les ordonnancements juridiques des États d'Afrique francophone. Réflexion sur une norme particulière », *Revue Béninoise des Sciences Juridiques et Administratives,* n° 32, 2014, p. 188.

[158] P. E. Togbé, « La justice constitutionnelle béninoise à l'épreuve des revirements de jurisprudence », *La Constitution béninoise du 11 décembre 1990 : un modèle pour l'Afrique ?... op.cit.*, pp. 661-686.

[159] Voir D. Connil, « Vers la fin (partielle) du contrôle diffus de constitutionnalité au Pérou », *in La lettre ibérique et ibéro-américaine*, n° 2, juin 2014, p. 6.

constitutionnelle lorsqu'il considère qu'elle viole manifestement la Constitution, que ce soit par la forme ou la substance » (n° 4, du dispositif de la STC 04293-2012-PA 2012)[160].

Il reste donc clair qu'en ayant recours à la fonction normatrice, donc créatrice du droit, l'on ne peut manquer de partager ainsi l'interrogation de P. Wafeu Toko, « Le juge qui crée le droit est-il un juge qui gouverne ? »[161]. Sans y prétendre apporter quelque réponse satisfaisante, le juge gagnerait par moment, à fournir quelques indices d'autolimitation.

b. Le réflexe de l'autolimitation

Aux « errements » potentiels d'un pouvoir juridictionnel « débridé », devrait contrebalancer une « auto-conduite », de la « retenue ». Celle-ci est d'abord intrinsèquement inféodée à la prise de conscience de la gravité de la censure d'une norme.

Ainsi, la Cour suprême de Justice de la Nation argentine, officiant en juge constitutionnel, a servi l'une des transcriptions les plus rigoureuses du niveau de responsabilité devant accompagner le juge constitutionnel dans son office. Elle a considéré dans son arrêt du 15 mai 2007, *Gianola, Raúl Alberto y otros c/ El Estado national y otros*, que, « la déclaration d'inconstitutionnalité d'une disposition est la plus délicate des fonctions susceptibles d'être attribuées à un tribunal, qu'elle constitue un acte d'une telle gravité qu'elle doit être considérée comme l'ultima ratio de l'ordre juridique ». Selon la Cour, « la déclaration d'inconstitutionnalité ne doit donc être prononcée que lorsqu'un examen approfondi de la disposition conduit à la ferme conviction que son application viole le droit ou la garantie constitutionnelle invoquée »[162].

La vérité est que le reproche de « gouvernement des juges » n'est jamais très éloigné, à chaque fois que l'autorité juridictionnelle suprême *renverse* une norme ointe de « légitimité ». Face à de tels risques, supposés ou réels, l'attitude la mieux attendue du juge consisterait à se confiner dans une posture équilibrée qui récuserait toute formalisation d'une hyperpuissance, tout en dissipant toute velléité de faiblesse devant l'affaire en présence. Il est juste question d'*auto-limitation* (*self-restraint*), pour ne pas laisser intacte l'impression d'en faire plus que ne lui autorisent les textes. La fonction juridictionnelle ne pouvant se substituer à celle du Parlement, il apparaît alors indispensable de respecter le « périmètre de la loi »[163], en fournissant toutes les garanties qui le situent dans une

---

[160] Cf. C. R. Núñez (dir.), *Jurisprudencia relevante del Tribunal Constitucional – Tomo Sexto*, junio 2014- diciembre 2015, Lima, Edición Oficial del Tribunal Constitucional del Perú, 2016, 1184 p.

[161] P. Wafeu Toko, « Le juge qui crée le droit est-il un juge qui gouverne ? », *Les Cahiers de droit*, vol. 54, n° 1, 2013, pp. 145-174.

[162] P. O. Gallegos Fedriani, « Le contrôle de constitutionnalité en Argentine », *Nouveaux Cahiers du Conseil constitutionnel*, n°43, avril 2014, p. 2.

[163] G. Drago, « Le périmètre de la loi », *Mélanges en l'honneur de Louis Favoreu, Renouveau du droit constitutionnel*. Paris, Dalloz, 2007, pp. 661-672.

logique neutre. La tendance constatée de l'« activisme militant du juge constitutionnel »[164] ne devrait point opprimer la nécessité de « réguler le régulateur »[165], ou de « faire garder les gardiens »[166] de la Constitution à travers notamment une modération ajustée à une démarche auto-limitative, et donc responsable. Ainsi, dans l'affaire rendue le 12 septembre 1996 *Tsotetsi v/. Mutual and Federal Insurance Co Ltd*[167], la Cour constitutionnelle sud-africaine a jugé qu'elle ne pouvait rendre une décision dont les effets financiers seraient démesurés.

En écho d'une telle posture, il est loisible d'ajouter les récurrentes déclarations d'incompétence du juge constitutionnel sénégalais. Bien qu'habilité par les textes pour arbitrer les litiges entre l'Exécutif et le Législatif, le juge constitutionnel « s'emprisonne », à tort ou à raison, dans une interprétation restrictive de ses compétences. Dans une formule qui passe pour une « rengaine », le juge considère « que la compétence du Conseil constitutionnel est strictement déterminée par la Constitution et la loi organique sur le Conseil constitutionnel ; que le Conseil ne saurait être appelé à se prononcer dans d'autres cas que ceux limitativement prévus par ces textes. »[168].

En Amérique latine, les juridictions compétentes en matière de contrôle de constitutionnalité ne se gênent guère à mettre en avant leur fonction de « législateur-négatif » et non de « législateur positif » pour cantonner clairement leurs compétences. Dans une affaire rendue le 10 décembre 1999, la Cour suprême (STF) estime que, si la thèse du demandeur devait être accueillie, la déclaration d'inconstitutionnalité, telle qu'elle était demandée, « modifierait l'économie de la loi en en altérant le sens », ce qui « constitue une impossibilité juridique, puisque le Pouvoir judiciaire, lorsqu'il contrôle la constitutionnalité des actes normatifs, agit uniquement en tant que législateur

---

[164] F. Hourquebie et W. Mastor, « Les Cours constitutionnelles et suprêmes étrangères et les élections présidentielles », *Les Nouveaux Cahiers du Conseil constitutionnel*, n° 34, 2012, p. 158 ; N. Tavares Filho, *Juger les lois : l'activisme juridictionnel du Tribunal Fédéral Suprême du Brésil dans le cadre de la Constitution de 1988*. Thèse de Doctorat en Droit public, Université Paris 1, 2016, 500 p.

[165] M. Nicaise, « La fonction de régulation des juridictions constitutionnelles en Afrique francophone », *AIJC*, XXIII, 2007, p. 55.

[166] M. Troper, « Le bon usage des spectres. Du gouvernement des juges au gouvernement par les juges », *Mélanges Gérard Conac, Le nouveau constitutionnalisme*. Paris, Economica, 2001, p. 54.

[167] V. D. Ribes, « L'incidence financière des décisions du juge constitutionnel », *Cahiers du Conseil constitutionnel*, n° 24, juillet 2008, p. 2.

[168] Cf. Décision rendue le 18 janvier 2006 ; Décision du n° 2/C/2009 du 18 juin 2009. V. F. Mbodji, « Les compétences du Conseil constitutionnel à l'épreuve des saisines. Quelques remarques sur le pouvoir jurisprudentiel du juge constitutionnel au Sénégal », *Revue EDJA*, n° 78, 2008, pp. 7-37.

négatif et non positif »[169]. Cette position a été confortée dans son arrêt S.T.F., du 28 mars 2008, par lequel il juge que : « L'interprétation (...) qui reconnaîtrait aux juges cette fonction juridique anormale, reviendrait en dernière analyse à faire du Pouvoir judiciaire un législateur positif, ce qui est irrecevable. La Loi fondamentale de l'État lui refuse cette place dans l'ordre institutionnel. En ce qui concerne le contrôle de la constitutionnalité des actes de l'État, le Pouvoir judiciaire ne peut agir que comme un législateur négatif »[170]. C'est donc confesser que la *conscience du bon sens* doit éclairer le juge supérieur afin de se prémunir de toute critique visant à en faire un « juge libre et créateur, concurrent du législateur parce que maître de l'interprétation des textes constitutionnels »[171], porté à réduire la Constitution en « argile aux mains des potiers »[172].

À l'inverse de cette thèse acquise à *l'auto-limitation* du juge, se démarquent dans la doctrine[173], des voix favorables à la conception du « législateur positif » que le juge est appelé à établir. Mieux encore, la Cour constitutionnelle sud-africaine a jugé dans sa Décision CCT 10/99, du 2 décembre 1999, § 67, qu'« il n'existe en principe aucune différence entre une Cour qui déclare qu'une disposition législative est conforme à la Constitution moyennant suppression de la partie incriminée par annulation totale ou partielle, et une Cour qui ajoute des termes manquants. Dans les deux cas, l'acte du Parlement, tel qu'il s'exprime dans une disposition législative, est modifié par la décision d'une Cour. Dans le premier cas par suppression, et dans l'autre par ajout »[174].Ce qui encourage à croire que « le législateur-négatif est donc aussi un législateur-positif »[175], mettant en mal cette distinction doctrinale.

---

[169] Référence citée par T. Bustamente « L'interprétation juridique et la Cour suprême fédérale du Brésil : considérations sur le récent dépassement du positivisme juridique et sur la révision de la théorie du "législateur négatif" », *Les Cahiers de droit*, vol. 54, n° 1, 2013, p. 21.

[170] *Idem.* (S.T.F., 2e chambre, A.I. 360.461-Ag.R./M.G., juge Celso de Mello, Rapporteur, D.J.28.03.2008, p. 1078).

[171] J. Meunier, « La rhétorique du gouvernement des juges et la répartition des compétences normatives dans les travaux préparatoires à la Constitution de 1958 », *Mélanges en l'honneur de Patrice Gélard.* Paris, Montchrestien, 1999, p. 119.

[172] Propos cités par Francis Delpérée, « L'interprétation de la Constitution ou la leçon de musique », *L'interprétation constitutionnelle*, sous dir. de Ferdinand Mélin-Soucramanien, Paris, Dalloz, 2005, p. 155.

[173] Certains auteurs en arrivent à bien admettre la fonction de « législateur positif » que remplit le juge constitutionnel. Cf. B. Mathieu, « Le Conseil constitutionnel, "législateur positif" ou la question des interventions du juge constitutionnel français dans l'exercice de la fonction législative », *RIDC*, n° 2, 2010, pp. 507-531 ; Ch. Behrendt, *Le juge constitutionnel, un législateur-cadre positif.* Bruxelles, Bruylant, 2010, 576 p.

[174] Cf. *Cahiers du Conseil constitutionnel* n° 9 (Dossier sur l'Afrique du Sud), février 2001. (Version française de la décision disponible sur : http://www.concourt.gov.za/judgments/1999/natcoal.wp, consulté le 12-08-2018.

[175] J. Arlettaz, « L'incompétence négative à l'étranger », *op. cit.*, p. 73.

D'une certaine connexité dans l'activité contentieuse, les juges constitutionnels africains et latino-américains paraissent, par ailleurs, cultiver une certaine complicité au moyen de la politique jurisprudentielle.

II. Une complicité dans la politique jurisprudentielle

Le concept de « politique jurisprudentielle »[176] emprunté à la doctrine *administrativiste*[177] pourrait correspondre à « un ensemble d'orientations décidées par un ordre juridictionnel donné, au sujet de problématiques sociétales, politiques, juridiques ou morales »[178]. En matière de justice constitutionnelle, la politique jurisprudentielle en œuvre dans les espaces africain et latino-américain, semble ouvertement acquise aux vertus du libéralisme démocratique[179]. Dans son office, en effet, le juge s'aligne dans une certaine ligne de standardisation qui assure une protection des valeurs universellement promues par les sociétés démocratiques. Ce qui ne fait guère obstacle à la promotion de valeurs spécifiques. Dans ces conditions, les solutions dégagées par les juges respectifs africains et latino-américains ne s'éloignent guère d'un certain noyau cristallisant à la fois l'univers des droits fondamentaux (A) et la protection de l'État de droit (B).

A. En matière de droits fondamentaux

Acquis à la sensibilité d'une doctrine bienveillante[180], les droits fondamentaux polarisent un *quantum* élevé de décisions, occasionné par la multiplication d'actions spécifiques[181] aux contentieux. Cet engouement

---

[176] B. Camguilhem, « Les politiques jurisprudentielles : fonctions d'un pléonasme », *in Les politiques jurisprudentielles, Actes de la journée d'études des jeunes chercheurs de l'Institut d'Études de Droit public (IEDP)*, sous dir. J. Aspiro Sedky et autres, PU de Sceaux, 2015, p. 26.

[177] Notamment Prosper Weil, dans son article : « Le Conseil d'État statuant au contentieux : politique jurisprudentielle ou jurisprudence politique ? », *Annales de la Faculté de Droit d'Aix-en-Provence*, 1959, p. 281.

[178] J. Aspiro Sedky, « Présentation », *Les politiques jurisprudentielles, Actes de la journée d'études des jeunes chercheurs de l'Institut d'Études de Droit public (IEDP)*, PU de Sceaux, 2015, p. 8.

[179] D. Sy, « La renaissance du droit constitutionnel en Afrique : question de méthode », *Revue Droit Sénégalais*, n° 3, juin 2004, p. 46.

[180] B. Kanté, « Les droits fondamentaux constituent-ils une nouvelle catégorie juridique en Afrique ? », *L'homme et le droit, En hommage au Professeur Jean-François Flauss*. Paris, Ed. Pedone, 2014, pp. 445-462. C. Bernal Pulido, « Droits fondamentaux, juristocratie et hyperprésidentialisme en Amérique latine », *Le glaive et la balance. op. cit.*, pp.27-48. Toutefois, J. Rivero n'avait pas manqué de critiquer le concept en considérant qu'une « sorte de flou enveloppe la notion même de droits fondamentaux ». Cf. l'auteur, « La loi et les droits fondamentaux », *Le Conseil constitutionnel et les libertés*, sous dir. de L. Favoreu. Presses Universitaires d'Aix-Marseille, Économica, 1984, p. 170.

[181] Il en est ainsi, en droit processuel latino-américain, de *la Acción de Tutela* en Colombie, *el Juicio de Amparo* en Mexique, *Recurso de Amparo* en Costa Rica, *el Recurso de Exhibición Personal o de Amparo* au Nicaragua o *la Acción de Amparo Constitucional* en Argentine, au Venezuela ou au Pérou. Cf. G. A. Lopez Daza, « Constitutionnalisation et protection judiciaire des droits sociaux en Amérique latine », *in Perspectives nationales et internationales des droits*

processuel, doublé de celui *doctrinal*[182] en direction des droits fondamentaux, « conduit à considérer que ce ne sont pas des règles constitutionnelles comme les autres »[183]. Ce qui est justificatif du regain de protection investi sur le juge constitutionnel. Si leur assimilation aux *droits de l'homme* et aux *libertés publiques* ne date pas d'aujourd'hui, certains membres de la doctrine[184] insistent sur la nécessité de bien les spécifier. Tout compte fait, les juges africains et latino-américains développent des solutions assez proches (1) en dépit de quelques fluctuations (2).

1. Le rapprochement de solutions en général

La réputation actuelle de la justice constitutionnelle est inséparable de la protection systématique accordée aux droits fondamentaux. D'ailleurs, l'on considère que le souci de les garantir vaut au juge constitutionnel une interprétation extensive de ses compétences[185]. Aussi, le constituant sud-africain de 1996 a-t-il été si proactif qu'il a posé dans l'article 39 (1) de la Constitution, le principe selon lequel l'interprétation juridictionnelle des droits fondamentaux puisse prendre en considération le droit international et éventuellement le droit comparé[186]. Ainsi, entre juges constitutionnels, le rapprochement des solutions tient au caractère universel des droits fondamentaux (a) au sein desquels on peut singulariser les droits politico-électoraux (b).

a. En raison de l'universalité des droits fondamentaux

La justice constitutionnelle accorde une place prééminente à la protection des droits fondamentaux. Dans cette perspective, les juges ne se sont pas privés de « rechercher » dans des instruments juridiques transnationaux pour tenter d'établir une connexité entre les ordres juridiques internes et

---

sociaux. National and international perspectives on social rights. Bruxelles, Bruylant, Sakkoulas, 2008, p. 145.

[182] M. M. Sy, *La protection constitutionnelle des droits fondamentaux en Afrique. L'exemple du Sénégal*. Paris, L'Harmattan, 2007, 562 p. ; F-J Aïvo, « Contribution à l'étude de la garantie juridictionnelle des droits fondamentaux », *Afrilex*, 2016, 31 p. ; J. R Keudjeu De Keudjeu, « L'effectivité de la protection des droits fondamentaux en Afrique subsaharienne francophone », *Revue CAMES/SJP*, n° 001/2017, p. 99-129.

[183] M. Fantin-Rouge Steffani, « Le référendum et la protection des droits fondamentaux », *RFDC*, n° 53, 2003, p. 87.

[184] B. Kanté, « Les droits fondamentaux constituent-ils une nouvelle catégorie juridique en Afrique ? », *L'homme et le droit, En hommage au Professeur Jean-François Flauss*. Paris, Ed. Pedone, 2014, pp. 445-462.

[185] A. Martin, « L'indépendance de la justice constitutionnelle en Amérique latine », *in Le glaive et la balance. Droits de l'homme, justice constitutionnelle et démocratie en Amérique latine*, sous dir. de l'auteur. Paris, L'Harmattan, 2012, p. 171.

[186] T. Rambaud, *Introduction au droit comparé. Les grandes traditions juridiques dans le monde*. Paris, PUF, 2014, pp. 247-248.

communautaires[187], voire universel. Cet intérêt manifeste dans la quête et la concrétisation des droits fondamentaux et des droits de l'homme plus spécifiquement est une *catharsis* contre les trajectoires politiques marquées des régimes militaires, dictatoriaux et révolutionnaires, de part et d'autre de l'océan Atlantique. Si bien qu'au tournant démocratique, les autorités judicaires aient été amenées à construire progressivement une jurisprudence élaborée, suscitée par l'aspiration des peuples concernés à plus de libertés et de droits. Dans ces conditions, les juges constitutionnels se sont efforcés d'établir des logiques argumentatives qui ont autant puisé dans les racines de dispositifs internes qu'externes.

Typique a été la logique d'intégration des instruments communautaires au secours de la défense des questions de droits fondamentaux et de droits de l'homme[188], eu égard aux affaires dont étaient saisis les juges constitutionnels. Ce succès est en partie dû à l'accueil hospitalier réservé au concept de « bloc de constitutionnalité » à la fois par les constituants et les juges constitutionnels africains[189] et latino-américains[190].

Au Gabon, par sa décision CC 001-92 du 28 février 1992, la Cour constitutionnelle laisse admettre que : « ...le contrôle de conformité d'un texte de loi à la Constitution doit s'apprécier non seulement par rapport aux dispositions de la Constitution, mais aussi par rapport au contenu des textes et principes de valeur constitutionnelle énumérés dans le préambule de la Constitution qui forment avec elle, ce qui est convenu d'appeler "le bloc de la constitutionnalité ». Récemment, dans son arrêt n° 02/CC/MC du 21 mars 2018, le juge constitutionnel nigérien visant la Déclaration universelle des Droits de l'Homme de 1948, le Pacte International relatif aux Droits civils et Politiques de 1966, entre autres textes, déclare que « ces instruments juridiques régionaux et internationaux de protection des droits humains font désormais partie du bloc de constitutionnalité au Niger »[191].

En Amérique du Sud, une préoccupation similaire se fait ressentir. Ainsi, dès 1995, à travers la sentence C-225/95, la Cour constitutionnelle colombienne a convoqué au soutien de son raisonnement que : « ...le bloc de constitutionnalité est composé de ces normes et de ces principes qui, sans

---

187 H. Gaudin (sous dir.), *Droit constitutionnel et droit communautaire. Vers un respect réciproque mutuel.* Paris, Economica, 1999, 393 p.

188 Pour une vue d'ensemble, V. *Un dialogue des juges, Travaux du Sommet des Présidents des Cours Suprêmes, Constitutionnelles et Régionales*, Mexico, 2012, Mexico, Editions Aquarela Gráfica, 2014, 460 p.

189 Cf. H. Akérékoro, « La Cour constitutionnelle et le bloc de constitutionnalité au Bénin », *Afrilex*, 2016, 44 p.

190 M. R. Guevara, « Le Tribunal constitutionnel et la garantie des droits fondamentaux : le tribunal constitutionnel et son rôle dans la construction d'un bloc de constitutionnalité » : 273-290, in : *Un dialogue des juges, Travaux du Sommet des Présidents des Cours Suprêmes, Constitutionnelles et Régionales, Mexico, 2012*, Mexico, Editions Aquarela Gráfica, 2014.

191 Disponible sur : http://www.cour-constitutionnelle-niger.org, consulté le 26-05-2018.

apparaître formellement dans le texte constitutionnel, sont utilisés comme des paramètres de contrôle de constitutionnalité des lois, dans la mesure où, sur le plan normatif, ils ont été intégrés dans la Constitution par diverses lois et par mandat de la Constitution elle-même. Ce sont donc de véritables principes et règles à valeur constitutionnelle… ». Quant au juge constitutionnel de la Républicaine dominicaine, par une série de décisions dont la première est celle n° 1920-2003[192] du 13 novembre 2003, il s'est évertué à structurer le *bloc de constitutionnalité*, en partant d'abord de la notion de « bloc constitutionnel »[193], avant que le constituant ne l'eût systématisé[194].

Sur un autre registre relatif aux droits *intrinsèques* à l'individu, une politique jurisprudentielle assez prodigieuse a été développée autour du respect de la dignité humaine[195], en direction du système de

---

[192] « Attendu que la République dominicaine possède un système constitutionnel composé de dispositions de même niveau hiérarchique émanant de deux sources normatives essentielles, à savoir : a) la source nationale, constituée par la Constitution et la jurisprudence constitutionnelle locale prononcée dans le cadre du contrôle diffus ou du contrôle concentré et, b) par les sources juridiques internationales soit les conventions et accords internationaux, les avis consultatifs et les décisions de la Cour interaméricaine des droits de l'homme, et que ces sources normatives, prises dans leur ensemble, conformément à la meilleure doctrine, constitue ce qu'on appelle le bloc constitutionnel à la lumière duquel doit être soumise la validité formelle et matérielle de toute la législation adjective ou secondaire ». La Cour poursuit : « Attendu que le bloc de constitutionnalité renferme dans ses principes et dans ses normes toute une série de valeurs telles que l'ordre, la paix, la sécurité, l'égalité, la justice, la liberté et d'autres principes qui, dès lors où ils sont repris par notre système juridique, deviennent des modèles de caractère raisonnable conformément au principe établi par le point 5 de l'article 8 de la Constitution. » Référence citée par Milton Ray Guevara, « Le Tribunal et la garantie effective des droits fondamentaux : le Tribunal constitutionnel et son rôle dans la construction d'un bloc de constitutionnalité », *Un dialogue des juges, Travaux du Sommet des Présidents des Cours Suprêmes, Constitutionnelles et Régionales, Mexico, 2012*. Mexico, Editions Aquarela Gráfica, 2014, p. 274.

[193] Selon J.-M. Blanquer, la notion de « bloc constitutionnel » est apparue en 1960 dans les premières recherches effectuées sur le Conseil constitutionnel français. Cf. « Bloc de constitutionnalité ou ordre constitutionnel », *Mélanges Jacques Robert*, *Libertés,* Paris, Montchrestien, 1998, p. 228.

[194] Par la réforme constitutionnelle du 26 janvier 2010, l'article 184 de la Constitution est ainsi réécrit : « Un Tribunal constitutionnel sera institué afin de veiller à la suprématie de la Constitution, à la défense de l'ordre constitutionnel et au respect des droits fondamentaux. Ses décisions seront définitives et irrévocables et constitueront des précédents contraignants pour les pouvoirs publics et les organes de l'État. Le Tribunal jouira d'une autorité administrative et budgétaire ».

[195] En la matière, le Tribunal constitutionnel du Chili s'est référé dans sa sentence du 29 septembre 2009 à un droit non expressément contenu dans la Constitution de 1980 : *le droit à l'identité propre*. Il estime que la notion de dignité humaine (article 1er de la Constitution) et le droit à une identité propre sont fondamentalement liés, car la personne jouit de la sécurité de connaître ses origines. Par conséquent, ce droit (notamment prévu à l'article 24§ 2 du Pacte International pour les Droits Civils et Politiques) pourrait aussi être compris comme l'un des « droits essentiels émanant de la nature humaine » prévus à l'article 5 de la Constitution de 1980. Cf. Sentence du Tribunal Constitutionnel (attendu n° 10), du 29 septembre 2009, Rol. n° 1340-2009, http://www.tribunalconstitucional.cl/wp/expedientes. Consulté le 12-02-2018.

santé[196] en général, et de la problématique de l'interruption volontaire de grossesse (IVG) en particulier.

D'une part, en matière d'IVG, les positions exprimées par les juges constitutionnels latino-américains sont tranchées. Le juge brésilien, dans sa sentence *Confederação Nacional dos Trabalhadores na Saúde*, du 12 avril 2012, opère un *revirement* de jurisprudence en autorisant l'interruption volontaire de grossesse en cas d'anencéphalie du fœtus[197]. Si le juge constitutionnel de Bolivie s'est opposé dans sa sentence 206/2014 du 5 février 2014, à toute forme d'IVG, son homologue chilien a vu sa position évoluer vers l'admission de la pratique. Dans sa sentence du 28 août 2017, portant sur l'examen du *projet de loi réglementant la dépénalisation de l'avortement thérapeutique*, le Tribunal constitutionnel accède à la pratique suivant trois (3) cas de figure : si la vie de la mère est en danger ; pour les femmes qui ont subi un acte de viol suivi de grossesse ; et le fœtus jugé non viable. Il est question ici d'un encadrement strict de la pratique de l'IVG.

Il est clair que la prise en charge des droits fondamentaux se révèle être une préoccupation essentielle des juges constitutionnels. Cette même ferveur se déporte aussi sur les droits politico-électoraux.

b. À travers les droits politico-électoraux

Dans les espaces africain et latino-américain, les rendez-vous électoraux sont de véritables moments de ferveur et d'activisme généralisé du juge, appelé à y jouer une partition incontestable. La problématique de la répartition[198] des compétences en matière électorale conditionne l'intervention *soutenue* ou *effacée* du juge constitutionnel. Si l'intervention d'organes indépendants de régulation des élections (les Commissions électorales indépendantes) et/ou de juridictions spécialisées en matière électorale (comme les Tribunaux électoraux en Afrique du Sud, au Brésil, au Chili...) est de nature à réduire la sphère d'action du juge constitutionnel, celui-ci n'en est pas pour autant totalement « délesté ». En la matière, l'article 99 de la Constitution du Mexique, énonce que le *Tribunal Electoral* est « la plus haute autorité juridictionnelle en la matière », et intègre dans le registre de ses compétences de traiter en dernier ressort les recours relatifs à l'élection des députés et sénateurs, des recours relatifs à l'élection du Président de la République, de trancher les transgressions des droits politico-électoraux des

---

[196] R. Behrens, *Le système de santé brésilien et le droit des usagers*, Thèse de Doctorant en Droit public, Université de Lille 2, 2014, 464 p.

[197] T. Passos Martins, « La judiciarisation de l'action politique au Brésil et la migration des acteurs sociaux vers la Cour suprême », *Revue Internationale de Droit Comparé*. Vol. 65, n° 1, 2013, p. 7.

[198] A. Zinzindohoué, « La répartition des compétences entre l'administration électorale et le juge électoral en Afrique » : 397-410, in : *La Constitution béninoise du 11 décembre 1990 : un modèle pour l'Afrique ?, Mélanges en l'honneur de Maurice Ahanhanzo-Glélé*. Paris, L'Harmattan, 2014.

individus sur la base des dispositions constitutionnelles et légales applicables… Et la Cour suprême mexicaine (juge constitutionnel suprême) d'être assignée à résoudre « les controverses constitutionnelles, tant que celles-ci n'incluent pas des questions électorales » (article 105, I de la Constitution). Dans le droit chilien par exemple, le Tribunal constitutionnel hérite du contentieux des opérations référendaires (organisation du plébiscite) alors que l'instance « de droit commun » est le « Tribunal qualificateur des élections » (article 95 de la Constitution de 1980). Pour autant, le juge constitutionnel agit en dernier ressort lorsque le processus électoral, ou plus spécifiquement les droits politico-électoraux, sont en passe d'être enfreints.

Toutes choses qui exhortent à conclure à la *maigreur* du contentieux électoral généré par les juges constitutionnels sud-américains. Malgré tout, le label de crédibilité tant recherché dans la conduite des institutions juridictionnelles oblige à ce que, face au choix d'une personnalité dont les convictions politiques antérieures ne garantissent pas l'indépendance et l'impartialité, à quereller l'acte de nomination devant le juge constitutionnel. C'est le sens de l'arrêt d'inconstitutionnalité 61-2009 rendu public en 2009, par lequel la Chambre constitutionnelle salvadorienne a invalidé la nomination d'un dirigeant de parti politique à la fonction de Président du Tribunal suprême électoral, en raison de l'incompatibilité des deux fonctions avec le principe d'indépendance judiciaire consacré par l'article 172 de la Constitution[199].

À l'opposé de leurs homologues d'Amérique latine, les juges africains semblent davantage à la pointe lorsqu'il s'agit de développer une ligne jurisprudentielle soucieuse de la protection des droits politico-électoraux. Ceux-ci peuvent couvrir plusieurs aspects. Il en est ainsi de la faculté pour l'électeur de voter en dépit de la situation d'insécurité préoccupante. À cet égard, la Cour constitutionnelle centrafricaine de Transition a estimé dans sa Décision n° 005/15/CCT du 15 avril 2015 que « si les situations complexes du moment mettent en relief les difficultés du vote des citoyens centrafricains déplacés et réfugiés, cette question d'organisation technique et matérielle ne permet pas de dénier aux citoyens centrafricains qui ont craint pour leur vie, leur droit de vote, énoncé à l'article 20 alinéa 6 de la Charte constitutionnelle de Transition du 18 juillet 2013 et réaffirmé fortement par les recommandations du Forum de Bangui du 11 mai 2015 (page 26) ».

Un autre aspect concerne la « sincérité des élections »[200]. Le rôle déterminant qui y est joué par les juges constitutionnels explique incontestablement l'idée d'une « juridictionnalisation des élections nationales

---

199 Voir F. Meléndez, « La Chambre constitutionnelle de la République du Salvador », *Les Nouveaux Cahiers du Conseil constitutionnel* 2015/3 (n° 48), p. 81.

200 O. Khouma, « La sincérité du scrutin présidentiel devant les juridictions constitutionnelles africaines », *Afrilex*, 44 p.

en Afrique »[201]. À cet effet, face aux contestations post-électorales fréquentes, le juge constitutionnel, se fondant sur le contrôle très répandu de « l'influence déterminante »[202], cherchera à apprécier si les irrégularités sont de nature à influencer le résultat des élections ou pas. En tout état de cause, le juge s'inscrit de manière *proactive*, comme *curative*, à l'élimination de tous les facteurs nocifs de l'élection, comme le démontre P. Soglohoun[203], dans le cas du Bénin.

En dehors d'un certain rapprochement sur le traitement des affaires impliquant les droits fondamentaux, il subsiste des fluctuations à propos de certaines solutions rendues par les juges africains et latino-américains.

2. Les fluctuations des solutions

Le système des droits fondamentaux ne saurait être abordé de manière analogue dans tous les espaces juridiques, au risque d'aboutir à des solutions et appréciations erronées. Toute conclusion y afférente ne peut être appréciée qu'à l'aune des *us* et *coutumes* en cours dans l'univers normatif considéré. Dans les espaces considérés, l'argument de la relativité des solutions aide à mieux encaisser ou s'émouvoir de la teneur des décisions, lesquelles peuvent connaître des évolutions réversibles. Ainsi, l'appréhension juridictionnelle des droits socio-économiques (a) comme celle des droits socio-politiques (b) laisse supposer quelques fluctuations.

a. À propos des droits socio-économiques

L'édification d'une « démocratie sociale »[204] se déportant sur une *justiciabilité des droits socio-économiques*, est l'un des défis majeurs qui interpellent l'office des juges constitutionnels. Perçue comme « la soumission potentielle à l'examen et au contrôle sur la juridiction »[205], la *justiciabilité* des droits socio-économiques livre une lecture généralement contingente en fonction des systèmes normatifs. Sans doute, le poids économique

---

[201] M. Sène, *La juridictionnalisation des élections nationales en Afrique noire francophone : les exemples du Bénin, de la Côte d'Ivoire et du Sénégal. Analyse politico-Juridique*. Thèse de Doctorat en Droit public, Université de Toulouse 1, 2017, 660 p.

[202] La Cour constitutionnelle du Mali a estimé dans son arrêt du 12 mai 2007, portant proclamation des résultats définitifs de l'élection du Président de la République que : « pour qu'une élection contestée soit annulée, il faut non seulement qu'une irrégularité [...] ait été effectivement commise, mais aussi que l'écart qui sépare les candidats soit si étroit que l'on puisse valablement en déduire que cette irrégularité a pu exercer une influence déterminante sur les résultats du scrutin. »

[203] P. Soglohoun, « Le juge constitutionnel béninois et la régulation du processus électoral », *Démocratie en questions, Mélanges en l'honneur du Professeur Théodore Holo*. Toulouse, PUT, 2017, pp. 379-401.

[204] A. Martin, « La consolidation démocratique en Amérique latine à l'aube du XXIe siècle : une quête inaboutie », *Mélanges en l'honneur de Slobodan Milacic, Démocratie et libertés : tension, dialogue, confrontation*. Bruxelles, Bruylant, 2008, p. 564 et s.

[205] C. Nivard, *La justiciabilité des droits sociaux. Étude de droit conventionnel européen*. Thèse de Doctorat en Droit public, Université de Montpellier 1, 2009, p. 18 et s.

moyennement modeste des États considérés explique la retenue[206] des juges suprêmes à faire large place aux droits sociaux, malgré leur assise constitutionnelle avérée[207] qui proclame des « obligations positives » imputables aux pouvoirs publics.

De part et d'autre de l'océan Atlantique, l'office du juge constitutionnel aura été sollicité dans la perspective d'une correcte prise en charge des droits fondamentaux à incidence socio-économique. Certes, la diversité des champs investis par les droits sociaux (droit de grève[208], la liberté syndicale, le droit au travail, l'accès à l'électricité[209], les personnes infectées de VIH...) est

---

[206] En général, la prise en charge de ces droits-créances en Afrique, semble encore rudimentaire, et en la matière, le juge constitutionnel ne manque jamais d'occasion de déterminer les bornes de ce que lui permettent les lois en vigueur afin de ne point obérer les charges publiques. Ce constat est partagé par certains spécialistes qui regrettent la faible protection des droits sociaux et économiques. Cf. F.-J. Aïvo, « Radioscopie sommaire de la justice constitutionnelle au Bénin », *Les Nouveaux Cahiers du Conseil constitutionnel*, n° 47, 2015, p. 104. À titre d'exemple, le juge constitutionnel béninois, à travers la décision DCC 18-003 du 22 janvier 2018 a considéré, face à une requête d'un magistrat pour réclamer une prise en charge de l'État qu'« aucune spécificité de la fonction de magistrat ne lui confère plus de droit à être pris en charge de manière particulière par l'État en cas de maladie que les autres agents de l'État ». En Afrique du Sud, dans l'arrêt CCT 32/97 du 27 novembre 1997, *Soobramoney* v/. *Minister of Health (KwaZulu-Natal)*, un patient souffrant de problèmes cardiaques et d'une insuffisance rénale irréversible s'adressa à la Cour afin qu'elle oblige un hôpital, sur la base du droit à des soins de santé reconnu à l'article 27 de la Constitution, à lui prodiguer des traitements qu'on lui avait refusés en raison de l'équipement limité et vétusté dont disposait l'institution, ainsi que des nombreux autres patients à soigner. La Cour rejeta cette demande au motif, principalement, que la mise en œuvre des droits économiques et sociaux dépend des ressources limitées dont dispose l'État, et non aux tribunaux de faire des choix sociopolitiques et budgétaires complexes. Cf. D. Robitaille, « L'interprétation des droits socioéconomiques en Inde et en Afrique du Sud : par-delà le texte, la volonté judiciaire », *Revue générale de droit*, Volume 41, n° 2, 2011, pp. 514-515.

[207] Au Sénégal, l'article 8 de la Constitution énonce : « La République du Sénégal garantit à tous les citoyens les libertés individuelles fondamentales, les droits économiques et sociaux... ».

[208] Dans sa décision Affaire n° 2/C/2013 en date du 18 juillet 2013, le Conseil constitutionnel du Sénégal rappelle que « le personnel des Douanes, corps paramilitaire, assure une mission de service public qui ne peut s'accommoder d'interruption volontaire de nature à mettre en péril le fonctionnement de l'État ; que l'intérêt général est donc à même de justifier l'interdiction par le législateur du droit de grève et du droit syndical au personnel des douanes ». Cette haute prise en compte de l'exigence de la continuité du service public transparaît dans la Décision de la Cour constitutionnelle du Bénin DCC 18-001 du 18 janvier 2018, par laquelle elle précise : « qu'en ce qui concerne les services publics, la reconnaissance du droit de grève par le constituant ne saurait avoir pour effet de faire obstacle au pouvoir du législateur d'apporter à l'exercice de ce droit les limitations nécessaires en vue d'assurer la continuité du service public, la satisfaction de l'intérêt général, la sécurité publique, la sûreté d'autrui, la santé, la morale ou les droits et libertés des personnes. » Voir E. Sohouénou, « La justice constitutionnelle et le droit de grève dans l'espace francophone » : 355-392, in : *La justice constitutionnelle. Actes du Colloque de Niamey..., op. cit.*

[209] Dans l'affaire CCT 43/09 du 9 octobre 2009. *Joseph and Others v/. City of Johannesburg and Others*, la Cour constitutionnelle d'Afrique du Sud a été saisie d'une requête contre l'arrêt de la Haute Cour de Johannesbourg, par laquelle elle faisait droit à la Société d'électricité (La

ample, cependant il faudrait reconnaître que certaines problématiques semblent transversales pour le contentieux constitutionnel des États considérés. Le problème d'accès à l'eau potable, de plus en plus pris en charge par les textes constitutionnels[210], suscite des fortunes diverses auprès des juges sud-africains, béninois et colombiens, par exemple.

Dans le continent africain, le juge constitutionnel sud-africain se positionne comme étant particulièrement sensible aux situations socio-économiques dont il est saisi. De l'avis de certains auteurs, la « Cour constitutionnelle devrait pouvoir indiquer la voie, et porter la voix de l'opposabilité des droits économiques et sociaux »[211]. En effet, la pertinence d'une telle remarque se confond à la posture défendue par la Cour sud-africaine dans l'affaire *Government of RSA v/. Grootboom*, confirmée à plusieurs reprises[212]. Pour la Cour « la question n'est pas de savoir si les droits sociaux sont justiciables en vertu de la Constitution, mais comment les garantir dans un cas donné »[213]. En matière d'accès à l'eau, l'arrêt de la Cour CCT 39/9 en date du 8 octobre 2009, *Mazibuko and Others v City of Johannesburg and Others* reste mémorable, car elle était pour la première fois confrontée à la mise en œuvre et à l'interprétation du droit constitutionnel d'accès à l'eau (en quantité suffisante), prévu par l'article 27.1.b de la Constitution[214]. À l'origine de cette espèce, des usagers (dont Mme Lindiwe Mazibuko et quatre autres usagers) ont été affectés par un programme de réinstallation de compteurs fixant dorénavant pour chaque bénéficiaire une

---

City Power) qui avait procédé à l'interruption, sans préavis, de la fourniture d'électricité de l'habitation de certains usagers insolvables. Pour renverser cette décision de la Haute Cour, la Cour constitutionnelle sud-africaine excipe de l'inobservation par la Société d'électricité, de la procédure administrative appropriée (la notification de l'interruption de fourniture d'électricité), suivant la *Promotion of Administrative Justice Act 3 of 2000* et déclare à l'unanimité que l'interruption du service d'électricité est inconstitutionnelle. Voir F. Dau et X. Philippe, « L'actualité constitutionnelle en Afrique du Sud. L'actualité de la jurisprudence constitutionnelle », *RFDC*, 2011/4, n° 88, pp. 885-886.

[210] En Bolivie, l'article 16-I de la Constitution de 2009 dispose : « Toute personne a droit à l'eau et à la nourriture. L'État a l'obligation d'assurer la sécurité alimentaire, à travers l'alimentation saine, adéquate et suffisante pour l'ensemble de la population. » Pour sa part, la Constitution équatorienne de 2008 dispose en son article 12 : « Le droit humain à l'eau est un élément fondamental et indispensable. L'eau est partie du patrimoine national, stratégique d'utilisation publique, imprescriptible, inaliénable et essentielle pour la vie » ; Colombie, article 366 de la Constitution de 1991 ; Afrique du Sud, article 27 de la Constitution de 1996 ; Au Salvador, la réforme du 20 avril 2012, a inséré dans la Constitution de 1983, le droit à l'eau.

[211] A. Gadji, « L'économie dans les nouvelles Constitutions des États d'Afrique francophone », *La Constitution béninoise du 11 décembre 1990 : un modèle pour l'Afrique ?... op.cit.*, p. 783.

[212] À propos de la constitutionnalité des ordres d'expulsion adressés à des personnes « défavorisées », V. (CCT 99/08 du 26 mars 2009, *Machele and 67 Others v. Mailula and Others ;* CCT 22/08 du 10 juin 2009, *Joe Slovo Community v. Thubelisha Homes and Others).*

[213] Citée par D. Roman, « La justiciabilité du droit au logement et du droit à la sécurité sociale », *La Revue des droits de l'homme*, n° 1, 2012, mis en ligne le 30 juin 2012, p. 287.

[214] Voir F. Dau et X. Philippe, « L'actualité constitutionnelle en Afrique du Sud. L'actualité de la jurisprudence constitutionnelle », *RFDC* 2011/4, n° 88, p. 884.

dotation mensuelle de consommation, sous peine de sanctions. Ce programme social, porté par la Société chargée de la distribution d'eau (City of Johannesburg), était aux yeux de certains usagers discriminatoire et attentatoire à leur droit constitutionnel à disposer d'une quantité d'eau suffisante. Suivant le jeu des *appels*, le litige atterrit devant la Cour constitutionnelle. Attendue sur la *quantification maximaliste* du droit à l'eau en volume suffisant, la Cour s'est abstenue, en déclarant le projet en question convaincant et bien-fondé[215].

Pour sa part, la Cour constitutionnelle du Bénin a été saisie en 2009 d'une requête l'ayant amenée à se prononcer sur une question en rapport avec l'accès à l'eau potable[216]. La requérante, Mme F. Apovo soulève une série de griefs contre le Gouvernement, parmi lesquels « l'augmentation du prix de l'eau (...), le Gouvernent béninois fuit ses obligations de respecter, de protéger et de donner les effets qui résultent des droits à l'alimentation et à l'eau... ». Dans sa décision DCC 12-124 du 7 juin 2012, la Cour réfute les allégations de la requérante, en se fondant, par un exercice comparatif des prix de cession de l'eau potable, sur les efforts déployés par le Gouvernement dans la matérialisation d'un tel objectif. La Cour avait tout de même, pris la liberté de rappeler dans cette espèce, que « le droit du citoyen à l'eau potable fait partie de ses droits fondamentaux ; (...) il s'agit d'un droit-créance opposable à l'État ; toutefois, l'État ne peut couvrir l'intégralité d'un tel droit que dans la progressivité d'une politique donnée comprenant une contrepartie à supporter par tout bénéficiaire ».

On remarquera que les juges constitutionnels africains restent tout de même préoccupés par l'impact financier propre à assurer la prise en charge effective de ce droit. Qu'en est-il de leurs homologues latino-américains sur la question ?

La doctrine s'accorde de prime abord à considérer le Mexique et le Brésil comme précurseurs du « constitutionnalisme social »[217]. Toutefois sur le plan du contentieux des droits sociaux dans l'espace latino-américain, la Cour constitutionnelle colombienne, parmi d'autres[218], se démarque assez singulièrement. En effet, elle a su développer une politique jurisprudentielle

---

[215] *Idem*, p. 885.

[216] G. Badet, « Les droits économiques, sociaux et culturels devant les juridictions constitutionnelles : cas du Bénin » : 398-399, in : *La justice constitutionnelle, Actes du Colloque international de l'ANDC, op. cit.*

[217] V. Champeil-Desplats, « La justiciabilité des droits sociaux en Amérique du Sud», *La Revue des droits de l'homme,* 1, 2012, p. 120 ; C. Herrera, « Sur le statut des droits sociaux. La constitutionnalisation du social », *RUDH*, 2004, vol. 16, n° 1-4, p.33

[218] Les autres juridictions s'illustrent également. En Argentine, la Cour suprême de Justice de la Nation a reçu de nombreux recours d'Amparo, à titre individuel ou collectif qui invoquaient la protection du droit à la santé ou à l'éducation (C.S., *Ferrer De Leonard, Josefina Y Otros C. Superior Gobierno De La Provincia De Tucumán S/Amparo*, 12 août 2003).

tendanciellement acquise à la cause de la protection sociale[219], au point d'ailleurs que l'on ait parlé de « contribution sociale de la Cour »[220]. La sensibilité du juge colombien se confond à l'accueil de nombre de requêtes sur fond de détresse ou d'indigence. En matière d'accès à l'eau, il s'est construit un réservoir jurisprudentiel[221] substantiellement éloquent, que les spécialistes cernent suivant deux dimensions. Un premier groupe de décisions[222] magnifie le droit à l'eau, comme un *élément essentiel de la vie*. Et dans ce lot, la décision SU-442/1997 du 16 septembre 1997 se particularise en ayant ordonné à un Maire du District (Santa Marta), d'engager la construction d'une nouvelle station de traitement de l'eau potable et d'assurer « la surveillance continue du système d'eau afin de contrôler la qualité de la ressource et de fournir en permanence le traitement préalable nécessaire ». Le second lot de décisions amène le juge à ériger le droit à l'eau comme *un droit fondamental autonome*, en assurant une protection du « droit fondamental à l'eau à partir de trois points de vue : selon les garanties minimales de la disponibilité, l'accessibilité, la qualité et la non-discrimination dans la distribution »[223].

Dans tous les cas, les réponses jurisprudentielles apportées à la justiciabilité des droits socio-économiques laissent une impression mitigée. Quid alors des droits socio-politiques ?

b. À propos des droits socio-politiques

Le processus d'intégration des « nouveaux droits »[224] dans les différents ordres juridiques a polarisé, par-delà, les réticences et oppositions tranchées

---

219 Par exemple, la Cour constitutionnelle a reconnu le droit fondamental à un salaire décent, si le salaire ou la pension est la seule source de revenu pour le travailleur ou sa famille (C.C. Arrêt, T-597 de 1998) ; elle reconnaît aux retraités le droit de conserver la substance de leur droit à une pension de retraite ou d'invalidité en dépit des contrecoups de la crise économique que traverse l'État (C.C. Arrêt, T-426 de 1992, SU-995 de 1999) ; elle fournit une protection temporaire aux personnes âgées et pour les travailleurs domestiques qui n'ont pas accès à la retraite (C.C. Arrêt, SU-062 de 1999, T-092 de 2000 y T-1055 de 2001), etc. V. sur ce point, Carlos Molina, « La protection des droits sociaux en Colombie », *Revue des droits de l'homme*, 3/ 2013, pp. 3 et s., *in* http://revdh.revues.org/432. Consulté le 05-01-2018.

220 C. Molina, « La protection des droits sociaux en Colombie », *Revue des droits de l'homme*, 3/ 2013, p. 3, *in* http://revdh.revues.org/432. Consulté le 05-01-2018.

221 G. A. Lopez Dazza, « Le droit social à l'eau et le droit à l'alimentation dans la jurisprudence de la Cour constitutionnelle Colombienne », *Opinión Jurídica*, Vol. 14, n° 27, 2015, pp. 73-86.

222 Cour constitutionnelle de la Colombie Arrêt T-616/2010 (2010), T-244/1994 (1994), Arrêt, T-092/1995 (1995A), Arrêt, T-379/1995 (1995B).

223 G. A. Lopez Dazza, « Le droit social à l'eau et le droit à l'alimentation dans la jurisprudence de la Cour constitutionnelle Colombienne », *op. cit.*, p. 81. L'auteur renvoie à plusieurs décisions : Arrêt T-616/2010 (2010) ; Arrêt T-279/2011 (2011A) ; Arrêt T-410/2003 (2013A) ; Arrêt T-749/2012, 2012A du 26 septembre 2012. Dans cette dernière espèce, la Cour argue que : « Le droit à l'eau, comme tout autre droit dans un état de droit social, n'est pas absolu. Il peut être soumis à des restrictions spécifiques et raisonnables. »

224 On peut entendre les droits en rapport avec l'homosexualité, le lesbianisme, les transgenres, les gays, …

des populations, l'attention des juridictions constitutionnelles. Visiblement, l'attachement des sociétés africaines et latino-américaines aux valeurs religieuses s'opposait viscéralement à toute idée d'admission de tels droits dans les textures juridiques, et alimentait en même temps une batterie de réprobations et de protestations de toutes parts. Si des résistances ont pu s'organiser dans certains États, la question cruciale des nouveaux droits a si profondément démarqué les juges constitutionnels[225] que toute hypothèse de catégorisation des espèces jurisprudentielles favorables ou hostiles s'avérerait malaisée. C'est en cela, qu'il semble nécessaire de raisonner, au cas par cas, quand bien même dans les deux espaces continentaux considérés, les juges latino-américains aient été plus hospitaliers à la reconnaissance de tels droits que les juges africains, avec l'exception remarquée de la Cour constitutionnelle sud-africaine[226].

En Amérique latine, alors que certains juges constitutionnels[227], avec la complicité de la législation ont franchi l'étape de la reconnaissance, d'autres s'y sont pris de manière graduelle dans la dynamique d'acceptation des droits des couples de même sexe. Dans une série de décisions[228] à partir de son arrêt C-075/07 du 7 février 2007, la Cour constitutionnelle de Colombie admet en direction des couples homosexuels des droits patrimoniaux analogues à ceux reconnus aux couples hétérosexuels.

Quant au Tribunal constitutionnel du Chili, il s'est inscrit dans cette mouvance de requalification de la conception traditionnelle du mariage. Il a déclaré, à travers la sentence n° 1881-10 du 3 novembre 2011, que l'article 102 du Code civil qui exige que le mariage soit contracté entre un homme et une femme est inapplicable pour inconstitutionnalité[229].

Cette ouverture tendancielle des juges constitutionnels d'Amérique du Sud aux unions de personnes de même sexe se heurte à la résistance d'autres États périphériques comme Haïti, où le Sénat a fait adopter une loi en août 2017,

---

[225] M. D. Poli, « Le mariage homosexuel dans les jurisprudences constitutionnelles », *RIDC*, n° 3, Vol. 66, 2014. pp. 843-856.

[226] La Cour avait fait admettre l'Afrique du Sud dans « le petit cercle des pays », qui ont consacré les droits homosexuels depuis l'arrêt rendu en 1998, *National Coalition for Gay and Lesbian Equality and Another* v/. *Minister of Justice and Others*, 1998 (12) BCLR 1517 (CC), 1999 (1) SA 6 (CC). V. pour plus de précisions, A. Abotsi, « De la régulation des choix de société par la promotion des droits fondamentaux. Les enseignements de la Cour constitutionnelle sud-africaine », *Revue Juridique Thémis*, n° 43, 2009, p. 426.

[227] C'est le cas au Paraguay, en Argentine, au Mexique...

[228] Arrêts d'*amparo*, T-911/09 du 7 décembre 2009 ; T-051/10 du 2 février 2010 ; C-029/09 du 28 janvier 2009 ; C-283/11 du 13 avril 2011. Cf. G. de J. Sierra Cadena, « Ibéro-amérique », *AIJC*, *Étude sur le mariage des personnes de même sexe en droit constitutionnel comparé*, 2014-2015, p. 109.

[229] Cf. A. Lucas Garín, « Les particularités du principe de la séparation des pouvoirs dans le système constitutionnel chilien et son influence sur le présidentialisme », *Expériences démocratiques et Droit constitutionnel en Amérique latine*, sous la dir. de Arnaud Martin. Paris, L'Harmattan, 2017, p. 116.

pour réprimer l'homosexualité. C'est dans cette atmosphère de présentation *manichéenne* de l'intégration de tels droits que la Cour interaméricaine des Droits de l'homme a, suite à une requête consultative introduite par la République de Costa Rica, décidé dans son arrêt du 9 janvier 2018 qu'« Il est nécessaire que le mariage ne se restreigne plus aux seules unions hétérosexuelles »[230].

En attendant de mesurer la portée d'une telle opinion consultative dans l'univers latino-américain, quels semblent alors être les termes du débat, de l'autre côté de l'Atlantique ?

En Afrique, en revanche, en dehors de l'Afrique du Sud et sans doute de quelques autres pays, l'on peut s'interroger si la problématique est de nature à être « remontée » jusqu'à l'office du juge constitutionnel. Car il s'entend qu'il n'a pas eu d'occasion, sinon que rarement à se prononcer sur une question de mariage homosexuel. Ceci trouve justification dans le fait que trente-quatre (34) des cinquante-quatre (54) États africains criminalisent[231] la pratique et que les litiges en la matière s'épuisent très souvent au niveau du juge (inférieur) de droit commun. Dans ces conditions, il n'est pas douteux que la question puisse paraître épisodique, pour ne pas dire rare dans sa jurisprudence.

La moralité est que cette question sociétale épineuse, instaure une claire ligne de démarcation entre juges constitutionnels africains et leurs homologues latino-américains. La conciliation entre une liberté fondamentale (le mariage) et une autre liberté individuelle (la libre détermination de l'orientation sexuelle) connaît une solide résistance en Afrique. Tandis que la courbe de reconnaissance de ces droits *nouveaux* en Amérique latine est tendanciellement ascendante, ceci, non sans récriminations d'une partie du peuple, infailliblement enracinée dans le conservatisme de valeurs religieuses traditionnelles.

En somme, la politique jurisprudentielle en direction des droits fondamentaux est substantiellement remarquable en Afrique comme en Amérique latine. Elle laisse suggérer un dialogue *indirect* se prolongeant sur le terrain de la protection de l'État de droit.

---

230 *Opinión consultiva OC-24/17* du 24 novembre 2017, sollicitée par la République de Costa Rica. Disponible sur :
http://www.corteidh.or.cr/docs/opiniones/seriea_24_esp.pdf, consulté le 26-04-2018.

231 Selon le *Rapport ILGA. Homophobie d'État 2016 – Une enquête mondiale sur le droit à l'orientation sexuelle : criminalisation, protection et reconnaissance,* Genève, ILGA, mai 2016, p. 182. Disponible sur
http://ilga.org/downloads/State_Sponsored_Homophobia_October_2016_FRENCH.pdf, consulté le 02-03-2018.

B. En matière de protection de l'État de droit

« Pour l'État de droit en Afrique »[232]. Ce vœu exprimé par le Doyen M. A.-Glélé au milieu des années 1980, semble aujourd'hui prendre forme sous le double mouvement du virage vers la démocratisation et de la contribution remarquée du juge constitutionnel. Cette lecture est parfaitement transposable dans le continent latino-américain car, les nouvelles juridictions issues des réformes constitutionnelles majeures durant les années 1980-1990, mesurent l'intérêt de la protection de l'État de droit. S'il est indéniable que le juge dans son office, s'efforce de protéger l'État de droit (1), il paraîtrait risqué de succomber à la tentation d'un propos apologétique, car dans la pratique le spectre du pouvoir exécutif (2) pourchasse et manipule, le cas échéant, la juridiction constitutionnelle dans les deux espaces considérés.

1. L'effort de protection juridictionnelle

Selon J. Chevallier, « le contrôle de constitutionnalité des lois est (...) la condition essentielle de l'État de droit puisqu'il garantit la suprématie effective de la Constitution, acte juridique suprême sur lequel s'appuie l'ordre juridique tout entier »[233]. En mettant à sa charge la protection de l'État de droit, le juge s'attache à garantir la suprématie constitutionnelle (a) en résolvant en outre les conflits institutionnels (b).

a. La garantie de la suprématie constitutionnelle

L'un des symboles les plus édifiants de la « réalisation de l'État de droit »[234], consiste fondamentalement à garantir la suprématie constitutionnelle. En effet, sauf à perdre de son lustre, le texte constitutionnel, pour mériter son sobriquet de « norme des normes », doit être à l'abri des contingences épisodiques susceptibles de menacer son existence. Or, c'est connu, les espaces latino-américain et africain ont été épisodiquement secoués par des crises qui, par le passé, ont hypothéqué la *survie* de la Constitution. C'est pour assurer la garantie[235] de cette charte fondamentale qu'il est attendu du juge constitutionnel de « déployer un trésor d'ingéniosité pour solutionner les problèmes de droit »[236] qui sont portés à sa connaissance. En même temps

---

[232] M. Ahahanzo- Glélé, « Pour l'État de droit en Afrique », *Mélanges Pierre-François Gonidec, L'État moderne. Horizon 2000. Aspects internes et externes*. Paris, LGDJ, 1985, pp. 181-193.

[233] *L'État de droit*, Paris, Montchrestien, 5e éd., 2010, p. 77.

[234] L. Favoreu « L'achèvement de l'État de droit sous la Ve République », www.juridicas.unam.mx/libros/2/641/12.pdf, pp. 167-179.

[235] H. Kelsen, « La garantie juridictionnelle de la Constitution : la justice constitutionnelle », *RDP*, 1928, pp. 197-257.

[236] S. Bolle, « La Constitution Compaoré ? Sur la décision n° 2005-007/CC/EPF du 14 octobre 2005 du Conseil constitutionnel du Burkina Faso », *Afrilex,* n° 5, décembre 2005, p. 254.

qu'il assure la protection de l'ordre constitutionnel[237], le juge veille à sauvegarder la place prééminente de la Constitution dans la pyramide normative. Ces deux fonctions confondues expliquent sans doute, que la plupart des Constitutions en vigueur aient opté d'en faire le « Gardien »[238] de la Constitution, c'est-à-dire le détenteur du « o monopólio da ultima palavra » (« le monopole du dernier mot »), comme le rappelle la Cour suprême fédérale (STF) brésilienne dans plusieurs de ses décisions[239]. Il s'agit, à l'évidence, d'une condition nécessaire à tout projet d'édification d'une démocratie constitutionnelle.

De part et d'autre des espaces considérés, les juges constitutionnels ne manquent pas, à chaque fois que cela se révèle opportun, d'appuyer une logique méthodique qui raffermit l'ancrage du texte constitutionnel. Pour ce faire, que ce soit une perspective *sanctionnatrice* d'une norme contraire au texte de référence, ou alors celle *approbatrice* des initiatives normatives qui confortent le texte constitutionnel.

En Afrique du Sud, classique est aujourd'hui l'évocation de la décision CCT 23/96 du 6 septembre 1996, *Certification de la Constitution définitive*, par laquelle la Cour constitutionnelle était investie du « soin de vérifier le texte constitutionnel final à l'aune des 34 Principes constitutionnels adoptés lors des "négociations constitutionnelles multipartis'de 1992-1993, sur lesquels les différents protagonistes de la transition avaient réussi à trouver un accord »[240].

---

[237] C. M. Ndiaye, *La protection juridictionnelle de l'ordre constitutionnel au Sénégal*, Thèse de Droit public, UCAD, 2016, 525 p.

[238] Au Brésil, l'article 102 de la Constitution fait de la Cour suprême Fédérale, la « gardienne de la Constitution ». Au Sénégal, en revanche, l'article 42 de la Loi fondamentale dispose que « Le Président de la République est le gardien de la Constitution » alors qu'en même temps, le Conseil constitutionnel est la seule juridiction compétente pour contrôler la Constitutionnalité des normes (article 92). Cette répartition concurrente des attributions constitutionnelles est génératrice de tensions comme d'ailleurs l'a illustré cet épisode d'échange épistolaire épique entre le Président Wade et le Conseil constitutionnel à la suite de l'arrêt rendu le 26 mars 2001. Dans une lettre qu'il a adressée aux intéressés au courant du mois de mars 2001, le Président Wade, nanti de son privilège de *« Gardien »* de la Constitution reprochait, à tort d'ailleurs, aux juges constitutionnels d'avoir méconnu certaines dispositions de la loi et même de la Constitution. Ces derniers dans leur réponse, ont nettement *« démonté »* les prétentions du Président en lui servant une appréciation lumineuse sur certains amalgames que renfermait la missive présidentielle. Cf. D. Ndoye, *La Constitution sénégalaise du 7 janvier 2001 commentée*, Dakar, EDJA, 2001, pp. 31-32.

[239] STF, Tribunal Pleno, RE-AgR 477554 / Minas Gerais, (Rel. Min. Celso de Mello), Carmem Mello de Aquino netta c/ Instituto de Previdência dos servidores, 16/08/2011 ; STF, Tribunal Pleno, MS 26603 / DF, (Rel. Min. Celso de Mello), *Partido da social democracia brasileira c/ Presidente da Câmara dos deputados*, 04/10/2007 ; STF, Tribunal Pleno, ADI 3345 / DF, (Rel. Min. Celso de Mello), Partido progressista c/ Tribunal Superior Eleitoral, 25/08/2005. Références citées par T. Passos Martins, « La judiciarisation de l'action politique au Brésil et la migration des acteurs sociaux vers la Cour suprême », *Revue Internationale de Droit Comparé*. Vol. 65 n° 1, 2013. pp.9-10.

[240] Cf. X. Philippe, « Le contrôle des lois constitutionnelles en Afrique du Sud », *Cahiers du Conseil constitutionnel*, n° 27, janvier 2010, p. 1.

Se souciant de la valeur fondamentalement principielle de ce que représentent ces « 34 principes » eu égard à l'ordre juridique à édifier, la Cour constitutionnelle ne se sera pas gênée de déclarer inconstitutionnelles certaines dispositions contenues dans la *première mouture* de la Constitution dite « définitive ». Par la suite, les indications de correction formulées dans cette première décision étant prises en compte par l'Assemblée constituante, l'*homologation juridictionnelle* pouvait ainsi s'opérer par le truchement d'une seconde décision de vérification de conformité (CCT 37/96 du 4 décembre 1996, *Certification of the Amended Text of the Constitution of The Republic Of South Africa*,). Ce qui rendit possible la promulgation de la Constitution « définitive » le 10 décembre 1996, entrée en vigueur le 4 février 1997.

En outre, l'effort de garantir la suprématie constitutionnelle n'est pas seulement appréciable sous le prisme *sanctionnateur*. Rien ne s'oppose à un réflexe *approbateur* du juge face à une réforme constitutionnelle réputée consolider les piliers démocratiques du texte constitutionnel en vigueur. C'est à cette solution qu'est parvenu le Tribunal constitutionnel du Pérou, dans sa sentence du 21 janvier 2002. Après que le Congrès ait eu à mettre en œuvre une procédure de réforme constitutionnelle, visiblement régulière, le juge péruvien arrive à la conclusion que « l'intention de favoriser un processus de réforme constitutionnelle, avec les règles de l'ordre constitutionnel lui-même constitue un fait historique important dans la consolidation de l'État constitutionnel de droit »[241]. Ce *visa d'approbation* ainsi délivré par la juridiction constitutionnelle labélise définitivement l'intégration de la réforme dans le texte constitutionnel.

La protection juridictionnelle de l'État de droit emporte également la nécessité de résoudre les conflits institutionnels.

b. La résolution des conflits institutionnels

En Amérique latine comme en Afrique, la fonction pacificatrice des juridictions constitutionnelles a été très tôt ressentie dès les premières velléités de remise en question des « consensus » issus des « grands débats » constituants, sous l'ère de la démocratisation. Par une approche méthodique constructive, le juge a pris le parti de faire observer les préceptes fondamentaux sur la base desquels était édifié le substrat normatif consigné dans les nouveaux ordonnancements constitutionnels. L'engagement ainsi manifesté n'allait pas de soi, eu égard à la discontinuité qui a souvent ponctué la trajectoire politique des États africains comme latino-américains. En un mot, l'audace du juge a été de « s'intercaler » entre les institutions constituées pour assurer une mission de « régulation » nécessaire à la stabilité politique. Sur ce, deux paramètres peuvent être mis en perspective : la démarche

---

[241] Référence citée par Arnaud Martin, « L'indépendance de la justice constitutionnelle en Amérique latine », *Le glaive et la balance... op. cit.*, p. 171.

proactive, celle corrective et celle d'une solution constitutionnelle devant un « vide » juridique.

Animée par une démarche proactive, la Cour constitutionnelle du Bénin dans sa décision DCC 15-001 du 9 janvier 2015 n'a pas hésité à faire « injonction »[242] au Président de la République, de convoquer les électeurs. Cette manière pour la Cour constitutionnelle de rendre justice avec fermeté en adoptant des solutions *excentriques*, en présence de situations politiques alambiquées, dénote de son « goût de la prise de risque et des sensations fortes »[243]. Fondamentalement, cette démarche s'inscrit dans une sorte d'appel au respect des échéances, car les régimes politiques africains sont parfois, gagnés par ce que la doctrine qualifie de « glissements constitutionnels »[244], c'est-à-dire, cette manie à se défaire des délais constitutionnels pour favoriser le report successif des élections politiques[245].

Dans ce sillage, le juge constitutionnel du Venezuela a semblé récemment, être mû par la conviction de maintenir le bon fonctionnement des pouvoirs constitués. Il faut dire, en effet, que la fraîche réélection du Président N. Maduro en mai 2018 paraît provisoirement mettre un terme à une longue période de désobéissance civile et de déliquescence continue des institutions. Cette situation obligea le Tribunal Suprême de Justice du Venezuela à « s'approprier » la *fonction législative*, lorsqu'il déclare dans son arrêt du 30 mars 2017[246], que : « Tant que persiste la situation de "désobéissance" et d'invalidité des actes de l'Assemblée nationale, cette Chambre constitutionnelle garantira que les compétences parlementaires seront exercées directement par cette Chambre ou par l'organe qu'elle désigne, afin de veiller à l'État de droit. » L'expression d'une telle audace n'est point fortuite. Elle résulte de la lecture combinée des articles 336.7 et 336.9 de la Constitution vénézuélienne qui donnent compétence au Tribunal, en tant que juge constitutionnel, de résoudre les conflits entre organes constitutionnels.

Pour autant, le travail de régulation accompli n'en reste pas évident, surtout lorsque les acteurs politiques se placent en dehors du cadre juridique officiel

---

[242] S. A. Ndiaye, « Le pouvoir d'injonction du juge constitutionnel en Afrique noire francophone », *Annales africaines, Nouvelle Série*, Vol. 1, N° 10, 2019, pp. 37-78.

[243] F.-J. Aïvo, « Radioscopie sommaire de la justice constitutionnelle au Bénin », *Les Nouveaux Cahiers du Conseil constitutionnel*, n° 47, 2015, p. 100.

[244] Voir E. H. O. Diop, *L'instrumentalisation de la Constitution dans les régimes politiques africains*. Dakar, Ed. CREDILA-OVIPA, 2017, p. 172.

[245] Dans la trajectoire politique sénégalaise, il est arrivé à plusieurs reprises que les élections nationales soient repoussées. Mais actuellement, le cas le plus emblématique est celui de la République démocratique du Congo.

[246] Voir C. Cerda-Guzmann, « La décision du 30 mars 2017 du Tribunal Suprême de Justice vénézuélien : un "auto-coup d'état" juridictionnel », in http://blog.juspoliticum.com/2017/05/17/la-decision-du-30-mars-2017-du-tribunal-supreme-de-justice-venezuelien-un-auto-coup-detat-juridictionnel, consulté le 17 mai 2017.

(la Constitution) pour se plier à des « accords politiques »[247] de recherche de paix, à la suite des conflits. Éprouvé dans son office, le juge consent à « jouer le jeu » de la dynamique pacificatrice[248].

Dans la même veine, il est possible d'évoquer le cas du juge constitutionnel Salvadorien qui a inauguré le procédé à l'occasion des décisions d'inconstitutionnalité (4-2012 et 103-2012) en 2012. Dans ces espèces, le juge a interprété à la lumière de la Constitution, les Accords de paix en 1992 qui avaient mis un terme au conflit interne, sous l'égide de l'ONU, en invalidant l'acte de nomination de deux hauts responsables de l'armée (deux Généraux). L'acte en cause transgressait l'exigence de séparation des fonctions entre forces de police et forces armées en matière de Sécurité publique[249].

En résumé, si l'État de droit est moyennement protégé, les tares du présidentialisme hypertrophié[250] dans les deux espaces considérés demeurent encore si tenaces qu'elles affectent l'office du juge constitutionnel.

2. Les entorses à la protection juridictionnelle

En soi, la protection que le juge constitutionnel africain ou latino-américain espère assurer à la vitrine de l'État de droit n'est point une chose aisée. Elle semble, en fait, mise en cause voire hypothéquée par de nombreuses manœuvres issues de « puissance exécutrice » selon la formule de Montesquieu. Dans les systèmes politiques étudiés, la quiétude censée caractériser la fonction juridictionnelle achoppe sur un Exécutif qui lui « fait de l'ombre » (a) et se prolonge à travers différentes « manœuvres » autour du mandat présidentiel (b).

---

247 Cf. A. Kpodar, « Politique et ordre juridique : les problèmes constitutionnels posés par l'Accord de Linas- Marcoussis du 23 janvier 2003 », *R.R.J.*, 2005- 4 (II), pp. 2503-2526.

248 Pour une lecture complète sur la question, Voir P. Mambo, « « Les rapports entre la constitution et les accords politiques dans les États africains : Réflexion sur la légalité constitutionnelle en période de crise », *McGill Law Journal / Revue de droit de McGill*, vol. 57, n° 4, 2012, p. 921-952.

249 Pour la doctrine, « C'était la première fois qu'un arrêt d'inconstitutionnalité était rendu sur la base d'accords politiques signés par le gouvernement et les insurgés dans le contexte d'un conflit armé, pour interpréter la portée des réformes constitutionnelles approuvées après la signature de la paix ». Voir. F. Meléndez, « La Chambre constitutionnelle de la République du Salvador », *Les Nouveaux Cahiers du Conseil constitutionnel* 2015/3 (n° 48), p. 78.

250 H. N. Alcalà, « El Presidencialismo en la práctica política », *Nueva Sociedad*, n° 77, mayo-junio 1985, pp. 88-98 ; C. Bernal Pulido, « Droits fondamentaux, juristocratie et hyperprésidentialisme en Amérique latine », *Le glaive et la balance... op.cit.*, pp.27-48 ; G. Tixier, « La personnalisation du pouvoir dans les États de l'Afrique de l'Ouest », *RDP* n° 6, 1965, pp. 1129-1150 ; T. Holo, « La présidence impériale : du Potomac au Sahel », *Revue béninoise des Sciences juridiques et Administratives*, n° 9, décembre 1987, pp. 1-9 ; E. Simiclah (Etienne), « Le régime présidentiel béninois : nature et fonctionnement des institutions », *Nouvelles annales Africaines*, n° 2, 2011, pp. 173-216.

a. Le spectre de l'Exécutif sur la fonction juridictionnelle

Tiraillé entre l'univers politique et celui du droit[251], le métier de juge constitutionnel ne donne guère l'impression d'une tâche aisée. L'« ombre » de l'*Exécutif* n'est jamais très éloignée du *prétoire*. En effet, en évoquant le contexte d'éclosion du contrôle de la constitutionnalité, sous sa forme contemporaine, l'on se confond souvent en éloges vis-à-vis de la prime jurisprudence de la Cour suprême américaine. La célèbre affaire *Marbury v/ Madison* (1803)[252] décrite, incontestablement, comme un « chef-d'œuvre d'habilité judiciaire »[253], recèle pourtant une « face cachée » *politique*, puisque la Cour suprême américaine avait *cédé* devant le nouveau pouvoir, anti-fédéraliste[254]. La position défendue par le Président de la Cour suprême, le Juge J. Marshall, fédéraliste convaincu, qui s'abstient de faire droit à la requête de ses « camarades », n'excuse pas une certaine forme de pression de l'Exécutif sur la justice. Ce *caprice* a visiblement résisté à l'usure du temps et contribue, en Amérique latine et en Afrique, à revenir sur les *compromis constitutionnels* scellés durant les années 1980-1990 tour à tour.

Dans des espaces continentaux historiquement acquis à une formule d'un présidentialisme[255] prononcé, puis renouvelée en la faveur des nouveaux ordonnancements constitutionnels[256] et même de la jurisprudence[257], se trouve-t-il superflu pour le juge constitutionnel de se départir complètement des tentatives[258] d'influence de l'Exécutif. Celui-ci, en un mot, fait écran à la fonction du juge constitutionnel. Et cela se déteint

---

[251] P. Massina, « Le juge constitutionnel africain francophone : entre politique et droit », *RFDC*, n° 111, 2017, pp. 641-670.

[252] *Idem*, pp. 1-28.

[253] E. Zoller, *Les grands arrêts de la Cour suprême des États-Unis*. Paris, Dalloz, 1ère éd., 2010, p. 13.

[254] Avec l'élection du Président Th. Jefferson en 1800, les actes de nomination des juges en instance, dont celui du juge William Marbury ont été gelés par la nouvelle administration. Ce gel a été confirmé par la Cour suprême, alors qu'une loi judiciaire de 1789 autorisait la Cour suprême à contraindre l'administration à installer les juges dans leurs fonctions. C'est d'ailleurs la déclaration de non-conformité de cette loi à la Constitution américaine de 1787 qui confère à l'arrêt *Marbury v/ Madison*, une postérité rayonnante. V. à ce propos, D. Rousseau, *Droit du contentieux constitutionnel*. Paris, LGDJ, 10e éd., 2013, p. 14.

[255] Voir. F. Moderne, « Les avatars du présidentialisme latino-américain », *Pouvoirs*, n° 98, 2001, pp. 63-87 ; M. Carballo, « Le caractère présidentialiste des régimes politiques ibéro-américains », *Études offertes à Jacques Lambert*. Paris, Cujas, 1975, pp.147-163; I. M. Fall, *Le pouvoir exécutif dans le constitutionnalisme des États d'Afrique*. Paris, L'Harmattan, 2008, 310 p.

[256] V. B. Ba, *L'institution présidentielle dans le nouveau constitutionnalisme des États d'Afrique et d'Amérique latine*, Thèse de Droit public, UCAD, 2013, 640 p.

[257] Au Bénin, dans sa Décision « options fondamentales », l'allégeance à la formule du régime présidentiel a été clairement rappelée. En Côte d'Ivoire, l'option fondamentale aura aussi laissé une place claire à la forme du régime politique, à prépondérance présidentielle.

[258] K. Dosso, « Les pratiques constitutionnelles dans les pays d'Afrique noire francophone : cohérences et incohérences », *RFDC*, 2012/2 (n° 90), pp. 57-85.

(parfois de manière tragique[259]) sur deux exemples emblématiques qui peuvent être tirés des trajectoires politiques péruvienne et nigérienne.

Durant son magistère, le Président péruvien A. Fujimori a nourri le dessein de revenir sur la clause constitutionnelle empêchant une réélection immédiate prévue par la Constitution de 1979, alors en vigueur. Pour ce faire, il perpètre un coup d'État à lui-même « autogolpe », et dans la même foulée, fit adopter une nouvelle Constitution en 1993, dans laquelle la réélection immédiate fut consacrée par l'article 112. Réélu en 1995, il fit adopter une loi interprétative n° 26657, *Loi d'Interprétation Authentique de l'Article 112 de la Constitution*, selon laquelle la réélection présidentielle et celle des mandats présidentiels commencent après la promulgation de la Constitution de 1993. Cette loi finit par être invalidée par le Tribunal constitutionnel, sur saisine du Collège des Avocats de Lima. Il estime dans sa sentence n° 0002-1996-AI/TC, du 3 janvier 1997, que « (...) le seul but de la norme contestée, consiste à permettre la candidature, pour une troisième période constitutionnelle consécutive, le déjà réélu et actuel président du Pérou.. » et déclare « inapplicable (...) dans l'exercice de ses attributions de contrôle diffus, la loi interprétative n° 26657, pour le cas particulier d'une nouvelle demande la présidence de la République, en l'an 2000, de l'actuel Chef d'État »[260].

Au Niger, la crise institutionnelle de 2009, engendrée par la persistance du Président M. Tandja à se maintenir au pouvoir à quelques mois de la fin de son second et dernier mandat, conformément au verrouillage[261] prévu alors par la Constitution du 18 juillet 1999, aboutit, entre autres résultats, à la défiance de la jurisprudence (avis du 25 mai 2009 et arrêt du 12 juin 2009)[262]

[259] Au Sénégal, l'assassinat perpétré sur le Vice-président du Conseil constitutionnel, Maître Babacar Sèye, le 15 mai 1993 dans un contexte politique qui fait suite au décompte des voix et l'officialisation des résultats d'élections législatives, en dit long sur la profondeur des crises électorales. Cf. S. Bolle, « Les juridictions constitutionnelles africaines et les crises électorales », *Les Cours constitutionnelles et les crises*, 5ᵉ Congrès de l'Association des Cours Constitutionnelles ayant en Partage l'Usage du français, Cotonou, 22-28 juin 2009, p. 3.

[260] G. Eto Cruz, *Jurisprudencia Relevante del Tribunal Constitucional*, Tomo Primero, Lima, Edición Oficial del Tribunal Constitucional del Perú, 2013, p. 116. En raison de son cortège polémique qui fait suite à cette décision juridictionnelle défavorable au Président, quatre (4) membres sur les sept (7) magistrats que comptait le Tribunal s'étaient abstenus de décider. Les trois (3) autres magistrats (Roca Aguirre, Terry Rey et Marsano Revoredo), à l'origine de cette sentence, ont été par la suite expulsés arbitrairement du Tribunal constitutionnel le 28 mai 1997, à l'issue d'un jugement de la majorité parlementaire. Cf. C. Landa, « Contrôle de constitutionnalité de la réforme constitutionnelle dans la région andine », *Nomos*, 2-2016, p. 10.

[261] En son article 36, la constitution du 09 août 1999, disposait clairement que : « Le Président de la République est élu pour cinq (5) ans au suffrage universel, libre, direct, égal et secret. Il est rééligible une seule fois. »

[262] Il s'agit du refus d'obtempérer à un Avis et un Arrêt. En l'occurrence, l'Avis n° 02/CC du 25 mai 2009 par lequel la Cour indique que « L'article 49 de la Constitution du 09 août 1999 ne peut servir de fondement à un changement de la Constitution » et que « le Président de la République ne saurait engager ou poursuivre le changement de la constitution sans violer son serment ». Quant à l'arrêt en question, c'est celui qui fait suite à la convocation par décret du

rendue par la Cour constitutionnelle. Celle-ci sera saisie ensuite par le Président Tandja afin qu'elle revienne sur son arrêt, compte tenu de sa force obligatoire, ce qu'elle refusa de faire. En conséquence, le Président recourut aux « pouvoirs exceptionnels » le 26 juin 2009, en prenant dans la foulée, différentes mesures dont la dissolution de la Cour constitutionnelle. Ce *coup de grâce* perpétré en violation flagrante des dispositions juridiques en vigueur[263], décrivait une volonté manifeste de se défaire d'une *sentinelle* trop gênante à la matérialisation du dessein du Chef[264].

Qu'elles soient couronnées ou non de succès pour l'Exécutif, les *manipulations* de cet acabit imposent que la machine judiciaire soit animée par des hommes à la hauteur, ce qui renvoie fondamentalement à la problématique de la désignation[265], voire de la composition[266] des juridictions constitutionnelles.

b. Le traitement des manœuvres liées au mandat présidentiel.

Les démocraties africaines et latino-américaines en construction ou en transition, sont parfois traversées par des crises cycliques qui affectent l'exercice du pouvoir. En cause, la volonté des dirigeants de s'éterniser au pouvoir par tous moyens. Ce qui légitime par moment l'intervention du juge et occasionne en même temps un bras de fer entre les politiques et le juge. Dans ce bras de fer qui met au centre le respect de la Constitution, il n'est pas à exclure son instrumentalisation[267] avec soit l'*opposition* du juge, soit sa *connivence* pour couronner de succès de telles manœuvres.

Concernant la première hypothèse, les manœuvres « échouées », c'est-à-dire celles face auxquelles le juge a opposé une fin de non-recevoir, il est possible de s'en tenir au cas colombien, par lequel le troisième mandat

---

corps électoral en vue de se prononcer par référendum, sur le projet d'une nouvelle Constitution. Par arrêt n° 04/CC/ME du 12 juin 2009, la Cour invalide le décret en cause, non sans rappeler l'autorité qui s'attache à ses arrêts, censés s'imposer à tous.

[263] Aucun texte alors en vigueur ne l'habilitait à avoir recours à la dissolution de la Cour constitutionnelle dont les juges étaient couverts par le principe d'inamovibilité.

[264] Pour aller plus loin, voir, A. Maïdoka, « Justice constitutionnelle et démocratisation au Niger » : 65-78, in : *La justice constitutionnelle, Actes du Colloque international de l'ANDC, op.cit.* ; *Mémorandum sur la situation politique du Niger*, produit par la Coordination des Forces pour la Démocratie et la République (CFDR), Niamey, le 04 novembre 2009, 24 p.

[265] Pour C. Eisenmann, quel que soit le mécanisme institué pour la désignation des juges constitutionnels, ce qui compte en dernier lieu pour eux, c'est d'échapper « à toute influence de l'autorité qui les a choisis, qu'ils n'aient plus rien à craindre ni à attendre d'elle ». V. *La justice constitutionnelle et la Haute Cour constitutionnelle d'Autriche*. Paris, Coll. Droit Public, Economica-PUAM, 1986, pp. 176-177.

[266] O. Khouma, « La composition des Cours constitutionnelles en Afrique, les cas du Bénin et du Sénégal », *Annales africaines, Nouvelle série*, Vol. 1, avril 2017, n° 6, pp. 157-187 ; Plus largement, Voir O. Lecucq (dir.), *La composition des juridictions. Perspectives de Droit comparé*. Bruxelles, Bruylant, 2014, 280 p.

[267] Cf. E. H. O. Diop, *L'instrumentalisation de la Constitution dans les régimes politiques africains*. Dakar, Ed. CREDILA-OVIPA, 2017, 362 p.

sollicité par le Président A. Uribè à partir de 2010 a croisé l'opposition des juges constitutionnels. En effet, en faisant adopter la loi n° 1354 de 2009, l'objectif du pouvoir colombien était d'organiser un référendum portant sur une réforme des conditions d'accès à la présidence de la République, (en particulier l'autorisation de la réélection du Président pour trois périodes successives). Accomplissant son contrôle automatique de constitutionnalité, la Cour estime dans sa Décision C-141 du 26 février 2010, que la loi n° 1354, viole « les principes constitutionnellement structurants » tels que la séparation des pouvoirs, et qu'un troisième mandat présidentiel promeut un système présidentialiste « qui, précisément, est caractérisé par [la prédominance exagérée du pouvoir exécutif] et par la tendance à augmenter la durée maximale de l'exercice des fonctions présidentielles dans le but de maintenir en vigueur la figure du chef et son projet politique » ; et qu'il diminue « les chances des minorités ou des opposants d'accéder au pouvoir en limitant les opportunités de ceux qui, légitimement, appartiennent à des tendances contraires à la tendance dominante et défendent des idées différentes sur la gestion des institutions »[268].

Déconcertant, le revers ainsi essuyé par le pouvoir aura fini de démontrer que la collusion recherchée auprès du juge constitutionnel était introuvable. La barrière farouchement érigée par la Cour constitutionnelle, rendant infructueuses les *manigances* du pouvoir en place, traduit toute la magnificence de la défense attendue d'un juge supérieur.

Concernant la seconde hypothèse, c'est-à-dire les manœuvres « réussies » avec, volontiers, l'onction du juge constitutionnel, il est usuel de relever chez le juge africain[269] un schéma d'explication tendancieusement réceptif à l'*éclatement* du *verrou* constitutionnel[270] ouvrant à la possibilité pour le Président en exercice de briguer *le mandat de trop*. Mais, la question ici sera

---

[268] J. C. H. Pérez, « La Cour constitutionnelle colombienne, son système de contrôle de constitutionnalité et les évolutions jurisprudentielles récentes », *Les Nouveaux Cahiers du Conseil constitutionnel*, n° 34, 2012, p. 211.

[269] Selon Mathieu Fau-Nougaret, « Qu'il s'agisse du Conseil constitutionnel sénégalais et de sa fameuse décision controversée du 29 janvier 2012 sur le troisième mandat inconstitutionnel d'Abdoulaye Wade, ou encore de la décision en certains points similaires du Conseil constitutionnel burkinabè du 14 octobre 2005, ou encore de la décision rocambolesque du Conseil constitutionnel ivoirien du 3 décembre 2010 proclamant la victoire de Laurent Gbagbo, ou encore de la décision de la Cour constitutionnelle burundaise du 4 mai 2015, nombreux sont les juges constitutionnels à avoir montré leur insuffisance à être un véritable contre-pouvoir ». Cf. « Manipulations constitutionnelles et coup d'état constitutionnel en Afrique francophone », *Afrilex*, 2016, p. 4. À cette liste, on peut y adjoindre la Décision rendue par la Cour constitutionnelle de la République démocratique du Congo, R. Const 0089/2015 du 8 septembre 2015, qui prolonge encore le mandat du Président en exercice J. Kabila. Pour la Cour, « Suivant le principe de la continuité de l'État et pour éviter le vide à la tête de l'État, le Président actuel reste en fonction jusqu'à l'installation du nouveau Président élu ».

[270] C'est le cas au Burkina Faso de la décision n° 2005-007/CC/EPF du 14 octobre 2005 du Conseil constitutionnel.

appréciée sous l'angle latino-américain, à travers le cas récent du Président de la République de Bolivie. En effet, le juge constitutionnel bolivien a donné l'impression d'avoir « fermé les yeux » sur la possibilité pour le Président E. Morales de briguer un troisième mandat, avant tout récemment d'ouvrir la possibilité d'un *quatrième* mandat à la suite d'une série de décisions qui lui sont manifestement convenables. Alors que la Constitution qu'il a fait adopter en 2009 énonce clairement en son article 168 *que* « La durée du mandat de la Présidente ou du Président et de la Vice-présidente ou du Vice-président est de cinq ans, et ils peuvent être réélus une seule fois de manière continue », cette limitation semble tenir juste pour une *paillette cosmétique*. Déjà, après sa réélection en 2014, le Président a cherché à faire modifier ledit article en convoquant un référendum, à l'issue duquel le peuple rejette à hauteur de 51,3% le dessein présidentiel, le 21 février 2016. Cette déconvenue n'aura pas annihilé les velléités d'une *quatrième* conquête du mandat. À cet égard, le Tribunal constitutionnel a été mis à contribution pour invalider quelques-uns des « verrous », dont l'article 168, à travers une sentence récente n° 0084/2017, rendue le 28 novembre 2017. Pour donner un fondement à sa décision, le juge constitutionnel bolivien convoque l'article 256 de la Constitution en vigueur qui fait « prévaloir les Traités internationaux [qui] contiennent des dispositions relatives aux droits de l'homme plus favorables, sur la Constitution ». En l'espèce, l'article 23 de la Convention Interaméricaine des Droits de l'Homme (CIDH) dispose que tous les citoyens doivent jouir de la faculté « d'élire et d'être élus dans le cadre de consultations périodiques authentiques, tenues au suffrage universel et égal, et par scrutin secret garantissant la libre expression de la volonté des électeurs… », le juge se résout à une « application préférentielle de l'article 23 de la de la Convention Interaméricaine des Droits de l'Homme…sur les articles 156, 168, 285. II et 288 »[271] relatifs aux mandats électifs. Cette décision qui admet le principe d'une *réélection illimitée* du Président en exercice, démantèle le résultat de la volonté populaire (mise à jour à l'occasion du référendaire de 2016), en même temps qu'elle dénature l'*esprit* et la *lettre* des articles 156, 168, 285. II et 288 limitant les mandats électifs, tels que posés par le pouvoir constituant de 2009. Dans ces conditions, on peut mesurer le désarroi à peine voilé de certains auteurs pour qui, « ce qui distingue le constitutionnalisme latino-américain, et en particulier le constitutionnalisme bolivien, c'est la fragilité et la vulnérabilité des pouvoirs législatifs et judiciaires face au pouvoir exécutif et surtout face à la fonction présidentielle »[272].

---

[271] Cf. Sentencia constitucional plurinacional 0084/2017 Sucre, 28 de noviembre de 2017, *in* https://edwinfigueroag.files.wordpress.com/2017/12/sentencia-0084-2017-tcp-bolivia-reeleccion-evo-morales.pdf, consultée le 20-01-2018.

[272] V. Audubert, « Le "continuisme" des mandats présidentiels, une dérive "caudilliste" du pouvoir exécutif ? Réflexions à partir de la Constitution bolivienne de 2009 », *RFDC*, n° 108, décembre 2016, p. 766.

En tout état de cause, la couverture juridictionnelle ainsi obtenue incite à croire qu'au lieu d'être « au service de la Constitution »[273], le juge dans cette affaire se met « au service du pouvoir en place » en lui faisant montre d'une « servitude volontaire »[274].

Conclusion

Si l'*Histoire* et la *Géographi*e ont pendant longtemps nourri la fibre relationnelle entre le « Berceau de l'Humanité » et le « Nouveau Monde », il peut bien s'instaurer, par-delà le « commerce » institutionnel[275], une certaine ligne d'analyse dans la production jurisprudentielle. La recherche de solution aux litiges dans le « marché jurisprudentiel »[276] provoque fatalement des rencontres fortuites ou désirées entre acteurs juridictionnels. Sans se risquer à évoquer des emprunts jurisprudentiels réciproques, il semble bien possible de faire observer que lesdits acteurs juridictionnels dans leur office, partagent d'indéniables *affinités* que le croisement de leur jurisprudence aide à mesurer. Les usages constitutionnels, *positifs* comme *négatifs* paraissent continuellement se déteindre dans les systèmes juridiques considérés, amenant ainsi le juge à s'en saisir pour résoudre les litiges. De cette époque du dialogue des juges, où circulent librement les solutions juridictionnelles, il semble illusoire de tenter à s'enfermer dans une sorte d'autarcie juridique. Les termes du dialogue auquel s'est essayée cette étude, consistent simplement à trouver dans la manière de rendre justice une certaine convergence de vue, d'approche, de ligne argumentative suivant des problématiques communes. Le propos ne vise pas à arguer d'un mimétisme jurisprudentiel, mais plutôt de démontrer combien les objets qui sont à la charge des juges constitutionnels africains et latino-américains se ressemblent et conséquemment génèrent des solutions largement compatibles.

En fait, le juge n'est point isolé dans un îlot de sérénité[277], il subit des pressions par moment, surtout à l'occasion d'affaires qualifiées d'épineuses. Et les soubresauts qui affectent l'office du juge se traduisent par des collusions

---

[273] F. Hourquebie et W. Mastor, « Les Cours constitutionnelles et suprêmes étrangères et les élections présidentielles », *Les Nouveaux Cahiers du Conseil constitutionnel*, n° 34, 2012, pp. 147 et s.

[274] O. Narey, « L'ordre constitutionnel », *Mélanges dédiés au Doyen Francis V. Wodié*, Toulouse, Presse Universitaire de Toulouse, 2016, p. 414.

[275] André Siegfried a pu écrire : *« Dans le domaine de la politique, le Nouveau Monde s'est montré créateur, il a inventé le Président ». In, Amérique latine*, Paris, Armand Colin, 1934. Cité par Victor Audubert, « Le "continuisme" des mandats présidentiels, une dérive "caudilliste" du pouvoir exécutif ? Réflexions à partir de la Constitution bolivienne de 2009 », *RFDC*, n° 108, Décembre 2016, p. 751.

[276] L. Sindjoun, *Les grandes décisions de la justice constitutionnelle africaine*, *op. cit.*, p. 581.

[277] F.-J. Aïvo, « Le président de juridiction constitutionnelle. Portrait négro-africain », *RDP*, n° 3, 2019, p. 783.

parfois spectaculaires[278] entre le juge et le pouvoir politique dans les espaces considérés. Il n'y a qu'à orienter le curseur vers les tensions politico-judiciaires largement relayées en permanence par les médias au Brésil pour se convaincre de cette réalité. En Afrique aussi, le contentieux postélectoral est un ferment propice à la sécrétion des tensions. Faudrait-il alors s'en émouvoir ? Non en principe ! Car, ces tensions ne préfigurent aucune remise en cause des acquis, elles s'alignent dans ce qu'il est convenu de considérer comme des *flux* et *reflux* des systèmes démocratiques sous étude.

À l'heure où les défis de la justice constitutionnelle exigent plus de distance vis-à-vis des cercles capricieux des officines politiques, il semble notoire que certains juges, on le sait, s'enferment encore dans des réflexes classiques d'une fidélité ombrageuse à la figure présidentielle. En Afrique comme en Amérique latine, le temps de la maturité de l'organe juridictionnel récuse cette servilité, si tant est que le juge souhaitât s'ériger en ultime « homme de confiance » du commun des justiciables.

---

[278] La certification d'une Constitution à travers les 34 principes constitutionnels en Afrique du Sud ; l'épisode de la proclamation des résultats de l'élection présidentielle en Côte d'Ivoire en 2010-2011 ; la substitution de la Chambre constitutionnelle au Parlement au Venezuela en 2017, etc.

Le droit électoral dans les États de l'Afrique subsaharienne francophone
Approche disciplinaire

Meïssa Diakhaté
Maître de Conférences agrégé
à la Faculté des Sciences juridiques et politiques
de l'Université Cheikh Anta Diop de Dakar

Une réflexion sur l'émergence du droit électoral ne saurait présenter un intérêt scientifique en dehors des bases épistémologiques du droit constitutionnel général. En effet, après s'être affranchi du dilemme de connexité, le droit constitutionnel s'est doté d'une structure scientifique sous-tendue par un ensemble de mécanismes institutionnels, de principes et de lois orientés par des concepts finalisés. Au vu de sa cohérence interne, de sa logique propre et de sa spécificité méthodologique, le droit constitutionnel s'est révélé comme une discipline dotée d'une consistance scientifique et, par conséquent, libre de toute conceptualisation tutélaire. Cependant, la complexité des données juridiques, en considération de la contingence des institutions sociales, a provoqué un schisme à l'origine d'une insularité de la discipline. Par conséquent, il y a lieu de constater un mode de production du droit constitutionnel consacrant inéluctablement la sectorisation de la matière.

Ce procédé, concomitant à la constitutionnalisation des branches du droit, a fini de porter sur les fonts baptismaux un droit spécifique appelé « droit électoral », en tant que droit dérivé du droit constitutionnel mais pouvant être valablement investi par la curiosité scientifique. Ce qui reste vrai, c'est que l'humanité est perpétuellement en voie de recherche d'une démocratie de l'ordre de l'idéal. Jusqu'ici, les expériences révèlent des degrés dans l'expression de la démocratie sur le fondement de la conception factuelle de la volonté générale propre à chaque ordre politique. Analysant ce phénomène, Alexis de Tocqueville fait remarquer : « La volonté nationale est un des mots dont les intrigants de tous les temps et les despotes de tous les âges ont le plus largement abusé. Les uns en ont vu l'expression dans les suffrages achetés de quelques agents au pouvoir ; d'autres dans les votes d'une minorité intéressée ou craintive ; il y en a même qui l'ont découverte toute formulée dans le silence des peuples, et qui ont pensé que du fait de l'obéissance naissait pour eux le droit de commander. »[1]

Tout d'abord, il faut noter que le terme « droit » renvoie à une réalité double. Il désigne, au sens objectif, « un ensemble des règles régissant la vie

---

[1] A. de Tocqueville, *De la démocratie en Amérique*, Tome II. Paris, Gallimard, 1961, p. 106.

en société et sanctionnées par la puissance publique » et, au sens subjectif, « une prérogative attribuée à un individu dans son intérêt lui permettant de jouir d'une chose, d'une valeur ou d'exiger d'autrui une prestation »[2]. Il consacre ainsi deux significations principales : des règles munies de sanctions qui régissent la vie des hommes vivant dans une société donnée ou des intérêts juridiquement protégés dont la personne peut exiger le respect en vertu des règles du droit objectif. Sous ce rapport, ce terme est employé dans son acception double, avec passage fréquent de l'une à l'autre : « Tantôt il désigne un corps de règles, les règles ou certaines règles de droit. Tantôt, il désigne la ou les disciplines dont ces règles font l'objet ; il est alors l'étude même ou science de ce corps de règles. »[3] Ce double entendement pourrait valablement convenir à la définition du « droit électoral » en ce sens qu'il désigne un droit de vote juridiquement encadré par des règles de droit positif ; le vote étant « l'acte par lequel un citoyen participe, en se prononçant dans un sens déterminé, au choix de ses représentants ou à la prise d'une décision »[4].

Du latin *eligere* (choisir), *l'élection* renvoie, selon Serge Guinchard et Gabriel Montagnier, à un « mode de désignation d'une personne en vue de remplir une fonction qui suppose un choix entre plusieurs et s'oppose ainsi à la nomination ou à l'hérédité des fonctions »[5] ou, selon les termes d'Olivier Duhamel et Yves Mény, à un « mode de dévolution du pouvoir reposant sur un choix opéré par l'intermédiaire d'un vote ou suffrage »[6]. Pour Jean-Yves Vincent et Michel de Villiers, le droit électoral est un « ensemble de règles qui définissent le pouvoir de suffrage et en aménagent l'exercice »[7], autrement dit la branche du droit qui permet de donner un contenu concret à l'affirmation de principe suivant laquelle la souveraineté nationale appartient au peuple[8]. Dans une perspective épistémologique, Jean-Claude Masclet écrit : « Le droit électoral intègre autour d'un objet fortement original qui est l'élection les données issues d'autres branches du droit. Ce sont les nécessités inhérentes à son objet qui lui confèrent ses caractères spécifiques et qui commandent les solutions et techniques particulières qu'il a développées. »[9]. Il s'interroge ainsi sur l'étendue de l'autonomie avant de conclure à un particularisme. Suivant cette analyse, on ne peut parler d'autonomie que dans l'hypothèse où une discipline a développé des solutions propres à répondre aux problèmes qui se

---

[2] S. Guinchard, G. Montagnier, *Lexique des termes juridiques*. Paris, Dalloz, 9e édition, 1993, p. 209.

[3] Ch. Eisenmann cité par L. Favoreu, « Le droit constitutionnel, droit de la Constitution et constitution du droit », *RFDC*, 1990/1, p. 73.

[4] S. Guinchard, G. Montagnier, *Ibid.*, p. 545.

[5] F. de Fontette, V*ocabulaire juridique*. Paris, PUF, Que sais-je ?, n ° 2457, 1998, p. 50.

[6] O. Duhamel, Y. Meny, *Dictionnaire constitutionnel*. Paris, PUF, 1ère édition, 1992, p. 372.

[7] J.-Y. Vincent, M. de Villiers, *Code électoral commenté*, LexisNexis Litec, 8e édition, 2007, p. IX.

[8] *Ibid. id.*

[9] J.-C. Masclet, *Droit électoral*. Paris, PUF, 1989, p. 20.

posent à elle, alors que ces problèmes ne se posent pas dans les autres branches du droit. L'apparition d'un corpus de règles spécifiques détermine l'objet particulier de la discipline. Pierre Avril et Jean Gicquel, quant à eux, considèrent que « l'élection est un mode de nomination des titulaires de certaines fonctions publiques. L'élection est un acte collectif, dans lequel les volontés des électeurs, orientées dans un même sens, s'additionnent en vue de produire un effet de droit (…). »[10].

Fondamentalement, les caractères originaux du droit électoral s'expliquent et se justifient par sa fonction qui est de faire respecter le principe démocratique. Ainsi comprise, l'élection désigne le choix par les citoyens de certains d'entre eux pour la conduite des affaires publiques[11]. Par conséquent, les gouvernants tirent leur légitimité d'une désignation par les gouvernés ; ils ne s'imposent ni par la force ni par la magie mais exercent leurs compétences du fait de l'investiture de leurs concitoyens. Ce procédé permet aussi aux électeurs de choisir indirectement une orientation politique[12]. En cela, il marque une nuance avec le concept voisin de *votation* qui exprime une modalité de délibération directe des citoyens (une consultation populaire) sur un problème déterminé. Dès lors, l'élection se distingue des procédés arbitraires de dévolution en désuétude, notamment l'héritage, la cooptation et le tirage au sort.

L'élection, fréquemment utilisée pour associer les citoyens au pouvoir, est un exercice de restitution de la souveraineté au peuple qui la délègue à ses représentants. Léon Duguit estime que le régime représentatif prend son point de départ dans le système de la souveraineté nationale ; comme aussi inversement la notion de souveraineté nationale aboutit essentiellement au gouvernement représentatif. C'est ainsi qu'il écrit que « le corps des citoyens, appelé corps électoral, exprime directement la volonté souveraine de la nation »[13]. En raison des dangers que présenterait le système du gouvernement direct, le peuple, en vertu de la théorie du mandat électif, sera donc admis simplement à choisir des représentants. Par conséquent, l'idée de représentation est liée à celle d'élection. C'est pourquoi, Raymond Carré de

---

[10] P. Avril, J. Gicquel, *Lexique de droit constitutionnel*. Paris, PUF, Que sais-je ?, n° 3655, 2003, p. 47.

[11] La pratique constitutionnelle dégage différentes catégories d'élection suivant la nature politique du système de votation ou simplement les modalités spatiales et temporelles susceptibles d'éprouver la volonté populaire. Voir O. Duhamel, Y. Meny, *Dictionnaire constitutionnel, op.cit.*, pp. 372-392.

[12] Sous l'angle historique, Olivier Duhamel et Yves Mény précisent que la démocratie athénienne et la République romaine ont utilisé ce mode de choix des gouvernants. Plus tard, l'émergence progressive de la Chambre des communes à côté des Lords en Grande-Bretagne et la naissance du régime parlementaire entraînent le développement du procédé électif. Il connaît un succès irréversible avec la généralisation de l'idée démocratique à partir de la fin du XVIIIe siècle. O. Duhamel, Y. Meny, *Dictionnaire constitutionnel, op.cit.*, p. 372.

[13] L. Duguit, *Traité de droit constitutionnel, La règle de droit - Le problème de l'État*, Tome I, Paris, Boccard, 1923, pp. 303-304.

Malberg pense que « le peuple est, au moment de l'élection, figuré par le corps des électeurs : c'est en ce corps électoral que s'incarne le souverain. Par le fait de l'élection, chaque électeur confère à l'élu la fraction individuelle de souveraineté dont il est titulaire : il s'opère donc une transmission de la souveraineté qui, des électeurs, passe aux élus. »[14].

Si l'élection est véritablement libre et sincère, elle oblige les autorités à rendre des comptes au peuple et assortit cette reddition des comptes de la sanction la plus forte : l'élimination du pouvoir. Pour Maurice Duverger, « la peur de l'électeur est, pour les gouvernants, le commencement de la sagesse » [15]. Ce qui permet de situer les preuves de la démocratie[16] sur le fondement de l'existence d'élections libres et régulières. Par l'élection, le peuple se donne les représentants de son choix et donc se gouverne. Au fond, la démocratie, dans sa conception libérale, suppose l'existence d'un système politique caractérisé par des élections régulières, libres, équitables et transparentes par lesquelles des hommes politiques prétendent à l'exercice de l'autorité de la souveraineté de l'État au nom des droits du suffrage universel des citoyens et des droits politiques et civils garantis. À la suite du travail pionnier de Robert Dahl[17], il est alors possible de privilégier l'existence d'une compétition réelle

---

[14] R. C. de Malberg, *Contribution à la théorie générale de l'État,* Tome II. Paris, Sirey 1922, p. 211.

[15] M. Duverger, *Les régimes politiques*. PUF, 1961, p. 52.

[16] Sur la base d'approches historique et lexicologique, Hélène Desbrousses-Peloille a bien voulu apporter des précisions relativement aux connotations et valeurs d'emploi de la *« démocratie »*. Elle avance l'idée que « on observe (…) selon les époques, les situations, l'usage, l'évolution des institutions, selon les âges, l'activité sociale, les présupposés ou visées propres des locuteurs, des registres de langage faisant varier le contenu des notions sur un très large spectre ». Par ce travail, elle est amenée à comprendre que les questions sur les représentations de « démocratie » ont été formulées à la suite de celles portant sur la « république », induisant de prime abord une mise en relation entre les deux notions. Les mises au point réalisées permettent de constater que les identités établies par l'intermédiaire d'une équivalence sémantique supposée, ou du fait de l'indissociabilité des repères posés ont trait à la notion de souveraineté populaire ou de forme de gouvernement. Il reste entendu que les représentations de la « démocratie » et de la « république » ne sont pas superposables bien que des zones de recouvrement existent entre les champs notionnels des deux mots. D'une part, la place accordée à la liberté d'expression est commune et, d'autre part, le mot *peuple* se situe au point de jonction des deux aires. Bien entendu, la « démocratie » se manifeste en tant que forme politique se développant dans le cadre de *république* (et plus rarement de monarchie parlementaire) dont elle constitue une modalité, avec un accent porté sur les processus ascendants d'expression, exprimant l'origine populaire de la souveraineté: libre discussion, formulation des idées minoritaires n'excluant pas l'application d'une règle majoritaire supposant l'existence d'objets communs. La relation entre les modalités de manifestation de la démocratie dans la société et l'organisation politique d'État suggère l'émergence de *démocratie* qui constitue tout à la fois une forme d'État déterminant le siège de la souveraineté et une forme spécifique de gouvernement reflétant une manière d'exercer le pouvoir. H. Desbrousses-Peloille, « Représentations de ''République'' et ''Démocratie'', *RFSP*, décembre 1984, pp. 1211-1235. Voir également A. Ross, « Qu'est-ce que la démocratie », *RDPSP*, 1950, pp. 29-42.

[17] Voir R. Dahl, *De la démocratie* (traduit de l'américain par Monique Berry). Paris, Nouveaux Horizons, 2001, pp. 35-60.

et d'une participation effective pour asseoir la validité de toute définition de l'élection. Dans l'absolu, l'élection constitue la source de légitimation de l'autorité politique.

Ainsi, il convient de souligner que l'exercice du droit de suffrage a pendant longtemps perdu sa signification, surtout dans le contexte particulier des États de l'Afrique subsaharienne francophone. Il n'était plus que, en réalité, un moyen pour les dirigeants africains de se perpétuer au pouvoir ou un moyen de légitimation formelle du pouvoir conquis et conservé par la violence[18]. Par suite, les transitions démocratiques ont eu raison de cette période d'élection sans compétition. Dès lors, il importe d'accorder une plus grande attention au devenir des élections dans ce contexte. Pour ce faire, il convient d'étudier successivement, en ne prenant en compte que la période post-indépendance, la réception du droit électoral (I) et son institutionnalisation (II).

I. La réception du droit électoral

L'émergence du droit électoral ne saurait échapper aux procédures d'institutionnalisation sous-tendues par une démarche didactique, c'est-à-dire une succession de périodes d'appropriation et de promotion d'une catégorie politique donnée ainsi que de sa *juridicisation* nourries par la trajectoire historique et l'héritage politique du pays. À l'origine laborieusement réceptionné[19], le droit électoral subit un cycle évolutif essentiellement marqué par l'existence de l'idéologie assimilationniste, caractéristique du système d'idées transplanté par l'entreprise coloniale. On comprend alors la grande satisfaction morale de Monsieur Alain Peyrefitte, alors Garde des Sceaux de la République française, lorsque, en 1980, devant les ministres de la Justice des États de droit d'expression française, il déclarait : « Ce qui nous réunit aujourd'hui, ce n'est pas une identité politique, ce n'est pas non plus une identité de culture, puisque nous appartenons à des cultures très différentes les unes des autres, c'est ce que nous représentons tous des pays dont le droit est

---

[18] À titre d'exemple, voir D. Bourmaud, *La politique en Afrique*. Paris, Montchrestien, 1997, pp. 70-151.

[19] À propos de la distinction entre la réception et l'assimilation d'un droit étranger, René David écrit : « Entre les deux idées d'assimilation et de réception, l'opposition, dans le langage, est nette. L'assimilation est un phénomène naturel, spontané, graduel. La réception, elle, a un caractère quelque peu artificiel : c'est un corps étranger qui est reçu, avec la conscience nette qu'il s'agit d'un corps étranger. L'assimilation est le mot par lequel, dans l'histoire naturelle, on désigne le processus par lequel des aliments nous sustentent et renouvellent notre propre chair ; […]. La loi naturelle est en jeu dans le premier cas, la science et la technique sont à l'œuvre dans l'autre. […] Quoi qu'il en soit, c'est à la réception, ainsi précisée, que l'Association internationale des Sciences juridiques a entendu consacrer plus spécialement ses études actuelles, en particulier parce qu'il s'agit là d'un phénomène plus sensible, plus net, et qui présente un intérêt pratique considérable dans les conditions du monde moderne. ». R. David, *Droit comparé, droit d'hier, droits de demain*. Paris, Economica, 1982, p. 183. Sur ce point, voir également E. Schaeffer, « Aliénation-Réception-Authenticité sur le droit du développement », *Penant*, juillet--septembre 1974, pp. 311-332.

d'expression française, autrement dit nous avons une communauté juridique entre nous. »[20] Il renforce ainsi les convictions de Jean Foyer qui, déjà en 1961, utilisant la même expression de « communauté juridique », prédisait que « les Africains, coulés dans le moule juridique français, imprégnés de nos concepts, de notre terminologie, de nos méthodes de construction juridique, ne perdraient pas l'habitude de sitôt »[21].

En vertu de l'adage *sicut societas, sicut iuris*, il sera particulièrement réexaminé l'histoire politique des États de l'Afrique subsaharienne francophone, notamment ceux du Bénin, du Mali et du Sénégal. En effet, à l'Indépendance, il s'ensuit, dans ces États, la naissance d'un droit électoral monolithique reposant sur une profonde vénération du monisme partisan. Plusieurs arguments ont milité en faveur de son instauration dans la quasi-totalité des États, à savoir la perpétuation du système politique traditionnel d'avant l'autorité coloniale (maintien de l'élite arrière-gardiste), l'affermissement des fondements de l'État-Nation (administration homogène) et la recherche de conditions favorables au développement. Ainsi, le pouvoir est imprégné d'une conception magique de l'autorité. Le chef de l'État peut faire croire qu'il est le messie tant attendu par les populations. Dans ce contexte, les partis uniques sont considérés comme le passage obligé vers le développement économique. En même temps, le multipartisme est perçu comme une rémanence de l'aliénation coloniale. Toute tentative de promouvoir la démocratie est assimilée à un occidentalisme réactionnaire[22].

Fondamentlament, l'histoire des élections s'écrit incontestablement, d'une part, avec le style de politique appliqué au sein des entités territoriales politiques opportunément avec le contexte des prémices du droit électoral (A) et, d'autre part, avec les transitions démocratiques (B).

A. Le contexte du parti unique

Dès l'accession à la souveraineté interne et internationale, les États de l'Afrique subsaharienne francophone ont entamé un parcours constitutionnel fait d'une succession de saisons politiques mouvementées qui traduit ce qu'il convient d'appeler avec Gerti Hesseling « la phase opérationnelle du processus de réception »[23]. Dans la plupart des États, le développement constitutionnel a rythmé la genèse des États dans le cadre du processus de

---

[20] Cité par P.-F. Gonidec, « Réflexion sur l'État et le droit en Afrique », *Penant*, n° 783, janvier-avril 1984, p. 30.

[21] *Ibid. id.*

[22] Voir D. Aguessy, « Gestion contemporaine de l'État et traditions africaines d'exercice du pouvoir » : 163-185, *in* IAD, *Bonne Gouvernance et démocratie en Afrique*, Éditions Démocraties africaines, 1997.

[23] G. Hesseling, *Histoire politique du Sénégal. Institutions, droit et société,* Paris, Karthala, p. 300.

décolonisation. Adoptées sur la marque du mimétisme, les Constitutions écrites font prévaloir une osmose entre les nouvelles orientations nationales et les exigences de la métropole. Pourtant, aucun État n'a réussi à rester fidèle à ses institutions originelles. Très vite, les dirigeants s'engagent dans des sillons politiques éloignés des voies de la démocratie authentique. Ainsi, Bakary Traoré affirme : « On met trop l'accent sur le souci d'imitation des Constituants africains. Il y a là, un fait général, naturel, que l'on constate dans tout le droit constitutionnel comparé. […] Cependant, s'il y a un souci d'imitation, il faut noter aussi qu'il n'y a pas transposition pure et simple. Les emprunts ont été raisonnés et délibérés. Les traits ont été adaptés et même accentués dans les différentes formes de gouvernement. On ne s'est pas soucié d'une orthodoxie constitu-tionnelle. » [24]

Après avoir apporté leur contribution historique à la formation politique et à la mobilisation des masses et des élites, les premières Constitutions des États de l'Afrique subsaharienne francophone se sont vite montrées de moins en moins crédibles en tant que supports de développement politique. Elles deviennent subitement le lit d'une gouvernance autoritaire fondée sur la réalité du parti unique, du présidentialisme exacerbé et de la gestion fortement patrimoniale du pouvoir. C'est ainsi que Jean-François Bayart *et al.* en tirent le constat suivant : « Les premières consultations coloniales ou immédiatement post-coloniales ont, à vrai dire, suscité quelque intérêt. Apparemment celui-ci s'est vite tari et d'autres sujets ont attiré l'attention des observateurs : "la construction nationale", le parti unique, les "régimes militaires", les politiques de développement (…). »[25]. L'évolution pathologique de l'état constitutionnel des années d'indépendance fait aussi écrire à Gérard Conac : « Il n'en est pas moins vrai que les premières Constitutions sont des textes de circonstances plus que de véritables codes du pouvoir. »[26] Ce qu'il qualifie finalement de simple « décor constitutionnel »[27] implanté au moment des indépendances. De même, les développements faits par Albert Bourgi sur la question permettent de constater que l'enthousiasme a fait long feu. Cet auteur écrit : « L'édifice était pourtant fragile et, dans la plupart des cas, la greffe – plus audacieuse sans doute qu'on ne l'avait imaginé – ne prit pas. Très vite, les Constitutions furent mises en sommeil, quand les gouvernements civils n'étaient pas tout simplement renversés par des coups d'État. Le parti unique

---

[24] IDPH, *Les droits de l'homme en Afrique*, Dakar, UCAD, 1991, p. 6.

[25] J.-F. Bayart *et al.*, « Par le canal du scrutin. Comment dépouiller les élections africaines ? », *in* D-G Lavroff (dir.) *Aux urnes l'Afrique*. Paris, A. Pedone, 1978, p. 1.

[26] G. Conac *et al.*, « Les Constitutions des États d'Afrique et leur effectivité », *in* G. Conac *et al.*, *Dynamiques et Finalités des Droits africains*, (Actes du Colloque de la Sorbonne sur « La vie du Droit en Afrique »). Paris, Economica, 1980, p. 385.

[27] *Ibid. id.*

s'est finalement imposé partout, y compris les pays qui (…) avaient gardé le principe du pluralisme politique dans leur Constitution. »[28]

L'élaboration des Constitutions adoptées au moment de l'accession à l'Indépendance est largement dominée par des considérations réputées étrangères au milieu social dans lequel ces textes devaient être appliqués. Pour expliquer ce déphasage, Dmitri Georges Lavroff fait observer que « la conception abstraite et instrumentale du pouvoir qui est à la base du constitutionnalisme est à l'opposé du caractère sacré qui est le sien dans les cultures africaines »[29]. Les gouvernants ont pris conscience du caractère trop formaliste des légalités constitutionnelles ainsi que de l'inadéquation de certains mécanismes politiques, certes perfectionnés mais trop complexes pour une démocratie naissante. Par conséquent, les Constitutions ont été fréquemment modifiées, souvent, remplacées et parfois suspendues. Cette option choisie par les nouveaux dirigeants africains n'a fait que libérer les germes d'une période écliptique pour l'histoire politique des États de l'Afrique subsaharienne francophone.

La distorsion devient ainsi évidente entre le mouvement constitutionnel d'inspiration libérale et l'encadrement liberticide de la vie politique. Au cours d'un débat qui s'est instauré peu d'années après les premières indépendances, deux interprétations se sont dégagées : en Guinée, Sékou et au Mali, Modibo, n'ont pas hésité à remettre en cause ouvertement le principe de la primauté du droit constitutionnel au nom d'une conception révolutionnaire du pouvoir. Ils ont soutenu le principe de la suprématie du parti sur celui des organes constitutionnels. Les thèses malienne et guinéenne tendent à faire des structures constitutionnelles et administratives de l'État l'instrument du parti. Dans cette dynamique, Léopold Sédar Senghor, après avoir triomphé de son concurrent Mamadou Dia, Président du Conseil, a interprété son succès comme impliquant la reconnaissance de la suprématie constitutionnelle sur la légalité partisane. C'est ainsi que, au plus fort du régime de parti unique, et même au cours des premières années d'ouverture du multipartisme illimité, il revient aux dirigeants du parti d'indiquer les initiatives que le gouvernement et les députés devaient traduire en actes de droit. Par exemple, « c'est lors des journées d'étude de l'UPS tenues à Dakar les 16 et 17 mai 1969 que le chef de l'État, en sa qualité de Secrétaire général du parti, a proposé et a obtenu l'examen par le parti d'une réforme constitutionnelle tenant notamment compte de la pratique qui s'était établie entre les pouvoirs publics depuis 1963 »[30]. Le règne monopoliste, faisant le vide autour de lui, crée de facto les

---

[28] A. Bourgi, « L'évolution du constitutionnalisme en Afrique : du formalisme à l'effectivité », *RFDC*, n° 52, 2002/4, p. 722.

[29] D.-G. Lavroff, « Les tendances du nouveau constitutionnalisme africain », *in* G. Conac *et al., Dynamiques et Finalités des Droits africains*, *op.cit*, p. 415.

[30] I. Fall « Le rôle des partis politiques dans l'élaboration et la diffusion du droit en Afrique», *in* G. CONAC *et al., Dynamiques et Finalités des Droits africains, op. cit.*, p. 428.

conditions d'un paradoxe politique, si l'on sait qu'un parti est par *nature* en compétition avec d'autres[31]. On assiste à la « transition d'un État à parti unique à un État sans parti »[32]. Comme l'écrit justement Gérard Conac : « C'est un geste d'allégeance des militants et des dignitaires du parti, ce n'est pas une élection. L'élection devient alors simplement un rite, voire une activité ludique, une cérémonie au cours de laquelle le peuple et son leader, moderne Léviathan, communient. »[33].

Au Mali également, le parti unique se transforme en réalité constitutionnelle suprême, comme l'explique Seydou Madani Sy : « C'est le parti qui anime les institutions constitutionnelles. Il s'agit d'une "monocratie partisane". Sans doute le chef de gouvernement jouit-il d'une situation prééminente dans les institutions constitutionnelles. En fait, il tient sa force du parti. Aussi, ne se fait-il pas faute d'occuper le poste le plus important du parti. M. Modibo Keïta est secrétaire général de l'Union soudanaise. Le régime malien est l'illustration de ce que Burdeau appelle "une monocratie populaire ...où la totalité de la force politique, à la fois efficace et officiellement reconnue par le droit constitutionnel en vigueur est concentrée dans un parti unique accédant au Pouvoir par des techniques de la représentation électorale". »[34]. Décolonisés dans un moule libéral, le régime constitutionnel, pour survivre, se structurer dans le cadre d'un seul parti. Le meilleur système de partis serait celui du parti unique, solitaire ou dominant.

Certaines considérations sont mises en avant par les leaders africains pour étayer l'inspiration générale dont le souci dominant est d'assurer la prééminence d'un Exécutif fort. Au chapitre des justifications fonctionnelles, il est inscrit l'argument selon lequel les États africains sont des États nouveaux, c'est-à-dire qui ne correspondent pas toujours à des nations achevées, et par conséquent, ne peuvent résister au régionalisme et au tribalisme que par la force du pouvoir central. En réalité, dans la plupart des cas, l'existence d'un parti unique a favorisé le processus d'intégration nationale[35]. L'idéologie officielle tend alors à considérer les opposants comme des ennemis absolus, en réalité étrangers à l'État et à la Nation. D'ailleurs, le

---

[31] D-L. Seiler, *Les partis politiques*. Paris, Armand Colin, 2e édition, 2000, p. 2.

[32] R. Buijenthuijs, E. Rijnierse, *Démocratisation au Sud du Sahara (1989-1992)*. Leyde, African Studies Centre, 1993, p. 26.

[33] Cité par I. M. Fall, *Évolution constitutionnelle du Sénégal, de la veille de l'Indépendance aux élections de 2007*. Dakar, CREDILA-CREPOS, 2007, p. 54.

[34] S. M. Sy, *Recherches sur l'exercice du pouvoir politique en Afrique noire (Côte d'Ivoire, Guinée, Mali)*. Paris, A. Pedone, 1965, p. 205.

[35] L. Sylla, *Tribalisme et parti unique en Afrique : esquisse d'une théorie générale de l'intégration régionale*. Paris, Presses de la Fondation nationale des Sciences politiques, 1977, p. 49. Voir aussi D.-G. Lavroff, *Les partis politiques en Afrique noire*. Paris, PUF, Que sais-je ?, n° 1380, 1970, 124 p.

Président Léopold Sédar Senghor déclare : « Notre Constitution admet le pluralisme des partis, elle ne le recommande pas, je ne le recommande pas. »[36]

Le Bénin, appelé à l'époque Dahomey, accède à l'indépendance en 1960. Le 1er août de la même année, une nouvelle Constitution est adoptée et le chef de gouvernement, Hubert Maga, devient le premier Président de la jeune République. Pour éviter les effets néfastes du tripartisme dahoméen, un parti unique (Parti dahoméen de l'Unité) est formé[37]. Mais, des troubles sociaux et politiques précipitent le coup d'État militaire du colonel Soglo le 28 octobre 1963. En janvier 1964, le pays revient éphémèrement à la gestion civile. Sourou Migan Apithy puis Justin Ahomadegbé assurent les fonctions de Président, mais une nouvelle crise politique conduit les militaires à reprendre le pouvoir. Le général Soglo préside alors un Comité de Rénovation nationale qui entreprend d'assainir l'économie et les finances du pays. Mais des grèves éclatent en 1967. Le gouvernement est renversé le 17 décembre par le commandant Maurice Kouandété. La nouvelle Constitution, approuvée le 31 mars 1968, établit un régime de type présidentiel. Emile Derlin Zinsou devient Président, mais est renversé par un nouveau coup d'État qui le remplace par une direction militaire le 10 décembre 1968. Un Conseil présidentiel composé des trois partis traditionnels est instauré le 7 mai 1970. De 1972 à 1990, le Bénin connaît une expérience révolutionnaire militaro-marxiste dans le contexte de la guerre froide. Par les mains manipulatrices de Mathieu Kérékou, une nouvelle Constitution (Loi fondamentale) est adoptée le 9 septembre 1977, à la suite d'une vaste campagne de popularisation à l'échelle des cadres politiques, des agents administratifs et des masses laborieuses. Il s'agit là d'une application de la pratique marxiste-léniniste de la « ligne de masse » qui est l'expression politique de la méthode proposée par Mao-Tsé-Toung pour résoudre les contradictions théorie/pratique. Cette Constitution, en vigueur jusqu'à la *Conférence nationale des Forces vives de la Nation* en 1990, affirme la primauté du Parti de la Révolution populaire du Bénin (PRPB) sur l'échiquier politique. En son article 4, elle dispose que « toutes les activités de la vie sociale nationale en République populaire du Bénin s'organisent dans cette voie sous la direction centralisée du Parti de la Révolution populaire du Bénin, détachement d'avant-garde des masses exploitées et opprimées, noyau dirigeant du Peuple béninois tout entier et de sa Révolution ».

---

[36] Extrait du message à la nation du 3 avril 1962 cité par P.-F. Gonidec, *Les systèmes politiques africains…*, *op. cit.*, p. 164.

[37] Voir A. Paraiso, « La Loi fondamentale et les nouvelles institutions de la République populaire du Bénin », *Penant*, n° 769, janvier-mars 1980, pp. 288-306 ; T. E. Vittin, « Bénin du ''système Kérékou'' au renouveau démocratique », *in* J.-F. Medard (dir.), *États d'Afrique noire. Formations, mécanismes et crise*. Paris, Karthala, 1991, pp. 100-103 ; M. Kamto, *Pouvoir et Droit en Afrique : essai sur les fondements du constitutionnalisme dans les États d'Afrique noire francophone*. Paris, LGDJ, 1987, pp. 403-425.

Pour l'essentiel dans ces États, de nombreuses irrégularités vont sans doute vicier la chaîne des opérations électorales, depuis l'inscription sur les listes électorales et l'enregistrement des candidatures jusqu'au scrutin lui-même. Dans sa thèse sur « l'avènement du parti unique en Afrique noire », Ahmed Mahiou soutient que « si la contestation permanente des résultats est une arme politique dont les perdants usent et abusent, il faut bien reconnaître que le "bourrage" des urnes, leur substitution ou leur disparition sont des phénomènes fréquents » [38]. À l'évidence, la formule du parti unique a fait faillite, entraînant, dans la plupart des cas, la substitution de l'armée en tant que force politique aux partis.

L'avènement des premiers partis uniques fait apparaître l'une des contradictions fondamentales de la vie politique des nouveaux États africains. En conséquence, l'examen des cas du Bénin, du Mali et du Sénégal peut être symptomatique de la fébrilité politique des États de l'Afrique subsaharienne francophone au cours de la période allant de 1960 à 1980.

B. Les transitions démocratiques

À la fin des années 80, un changement important s'amorce dans l'ordre politique des États de l'Afrique subsaharienne francophone. Mais, c'est particulièrement au Sénégal où le déclic a lieu en décembre 1980. Abdou Diouf, à la faveur du dauphinat[39], hérite (par succession)[40] du pouvoir à la suite de la démission du Président Senghor. Ce dernier, répondant aux arguments de l'opposition, souligne que l'alternance et la succession ne s'excluent pas. Si l'alternance est une forme de succession, la succession peut aussi être une forme d'alternance[41], clamait-il. Mais, pour sa part, El Hadj Mbodj récuse cette interprétation en raison du fait que « la succession relève

---

[38] Cité par P.-F. Gonidec, *Les systèmes politiques africains…*, *op. cit.*, p. 200.

[39] Le Président Senghor donne corps finalement à une disposition constitutionnelle latente. Aux termes des dispositions de l'alinéa 2 de l'article 35 de la Constitution du 7 mars 1963 (introduite par la loi n° 76-27 du 6 avril 1976 portant révision constitutionnelle, *JORS*, n° 4485 du 10 avril 1976, p. 544), il était prévu que « en cas de décès ou de démission du Président de la République ou lorsque l'empêchement est déclaré définitif par la Cour suprême, le Premier Ministre exerce les fonctions de Président de la République jusqu'à l'expiration normale du mandat en cours. Il nomme un nouveau Premier ministre et un nouveau Gouvernement dans les conditions fixées à l'article 43 ».

[40] Voir M. Debene, M. Gounelle, « Le Sénégal, du Président L. S. Senghor au Président Abdou Diouf (janvier 1981-janvier 1984), *RDP,* 1984 /6, p. 1519.

[41] Sur les péripéties de la succession du Président Léopold Sédar Senghor par Abdou Diouf, voir, entre autres travaux, Ch. Coulon, « La tradition démocratique au Sénégal. Histoires d'un mythe », *in* Ch. Jaffrelot, *Démocraties d'ailleurs. Démocraties et démocratisations hors d'Occident*. Paris, Karthala, 2000, pp. 65-92 ; M.-C. Diop, M. Diouf, « Sénégal : Par-delà la succession Senghor-Diouf », *in* M.-C. Diop ; M. Diouf (dir.), *Les figures du politique en Afrique. Des pouvoirs hérités aux pouvoirs élus*, Paris/Dakar, Karthala/CODESRIA, 1999, pp. 139-188.

a priori d'une hérésie constitutionnelle »[42]. Pour étayer sa thèse, il remonte le cours de l'histoire politique pour bien situer l'irréversibilité du processus de *dépatrimonialisation* du pouvoir au XVIe siècle.

L'important mouvement de rénovation politique débute par la loi n° 81-16 du 6 mai 1981[43] portant révision constitutionnelle. La limitation du nombre des partis est abrogée. Le Gouvernement a estimé qu'il fallait franchir une nouvelle étape dans l'ouverture démocratique pour permettre à tous les courants politiques d'exercer leurs activités dans la légalité, sans obligation de se réclamer nécessairement d'une quelconque idéologie formellement prédéterminée par le législateur.

Plus généralement, l'évolution du paradigme autour de la géopolitique planétaire et de l'économie du développement impulse un nouvel ordre favorable à la mutation démocratique des systèmes politiques africains. Les États africains, soumis aux régimes d'ajustement structurel et de conditionnalités économiques, engagent des entreprises de réfections politiques. Il se dégage progressivement un consensus sur l'exigence d'un gouvernement démocratique et sur la nécessité de la construire sur la libre expression du corps électoral, en considération du discours emblématique de la Baule[44]. Malgré tout, certains Présidents n'hésitent pas à manifester leur arrogance à l'égard de la « leçon » du Président français[45]. À son retour de cette conférence, le Président malien confie ses sentiments au mensuel *Voix d'Afrique* (juin 1990) : « Pour ma part, affirme-t-il, et en parfait accord avec l'ensemble des dirigeants et des militants du Parti, le pluralisme n'est pas la forme de démocratie la plus élaborée. [...] Notre peuple a déjà fait l'expérience du multipartisme, et il en garde jusqu'à présent, un souvenir particulièrement douloureux. Plusieurs familles maliennes, divisées par des luttes politiques partisanes, attendent encore de voir les déchirures se cicatriser. »[46].

C'est dans la force du droit que les acteurs politiques, engagés dans le processus de démocratisation[47], ont enclenché la mise en place d'institutions

---

[42] Voir E. H. Mbdoj, *La succession du chef d'État en droit constitutionnel africain. Analyse juridique et impact politique*. Thèse pour le doctorat d'État, Université Cheikh Anta Diop de Dakar, 1991, pp. 1-2.

[43] Voir *JORS*, n° 4834 du 15 mai 1981, pp. 518-520.

[44] Le discours de la Baule a été prononcé par François Mitterrand, Président de la République française, le 20 juin 1990, dans le cadre de la 16e conférence des chefs d'État d'Afrique et de France qui s'est déroulée dans la Commune française de La Baule-Escoublac (Loire-Atlantique). Il marquera une date importante dans les relations entre la France et l'Afrique.

[45] Notamment Moussa Traoré du Mali, Hissène Habré du Tchad, Juvénal Habyarimana du Rwanda et Gnassingbé Eyadema du Togo.

[46] Propos repris par M. M. Camara, *Questions brûlantes pour démocratie naissante, op. cit.*, p. 80. Toujours à propos de cette réaction, voir E. Diarra, « Constitution et État de droit au Mali », *RJPIC*, 1995/4, p. 259.

[47] Ce terme a fait l'objet d'un large usage. Voir P. Perrineau, D. Reynie, *Dictionnaire du vote*. Paris, PUF, 2001, pp. 286-287.

pluralistes par la rédaction de nouvelles Constitutions. Une sorte d'« épidémie constitutionnelle de régimes de transition », rompt le cercle vicieux de l'autoritarisme des pouvoirs politiques africains. [48]. La rupture de la bipolarité consécutive à l'ouverture du Mur de Berlin et la propagation du mythe de la « fin de l'histoire »[49], ne justifiant plus le soutien inconditionnel des États-Unis et de l'Union soviétique aux régimes autoritaires, obligent les États de l'Afrique subsaharienne francophone à devenir subitement sensibles à des problématiques chevillées autour de la modération du pouvoir, de l'intégration économique, de la démocratisation des institutions étatiques et de la bonne gouvernance politique. Pour le confirmer, Mamadou Diouf écrit que « la plupart des observateurs mettent l'accent sur ces changements consécutifs à la fin de la guerre froide et à la disparition du camp socialiste (la chute du Mur de Berlin) qui ouvrent la voie au troisième épisode de la trajectoire démocratique, la troisième vague de démocratisation (Democraty's Third Ware), dans la terminologie de S. Huntington (1991) »[50]. En revanche, d'autres analystes mettent l'accent sur le caractère décisif des mouvements sociaux internes alertés par la répression politique et la violation des droits de la personne humaine. Ils affirment que les transformations politiques sont plutôt le résultat des luttes factionnelles internes aux régimes établis[51]. Le processus démocratique et l'instauration du pluralisme en Afrique présente des éléments communs à tous les État du continent avec, comme meilleur paramètre explicatif, la situation généralisée d'insatisfaction économique et la crise de légitimité.

---

[48] Ch. Cadoux « Remarques sur le provisoire en droit constitutionnel, Présence du droit public et des droits de l'homme », *in Mélanges à Jacques Velu*, Tome I. Bruxelles, Bruylant, 1992, p. 231. Sur ce point, voir également les analyses faites par E. Boshab, « Les droits fondamentaux dans les nouvelles Constitutions africaines : entre le constitutionnalisme et la constitutionnalisation », *in Mélanges Charles Cadoux, op. cit*., pp. 49-66.

[49] Par cette expression, Francis Fukuyama choisit de présenter la démocratie libérale sous un angle fermé, celui de l'aboutissement de l'«évolution idéologique de l'humanité ». Fondamentalement, l'auteur entend représenter le passage d'un monde bipolaire Est-Ouest (États-Unis et l'ex. URSS) à un monde unipolaire où règne unilatéralement la civilisation américaine. Sous ce rapport, il écrit : « Je suggérais en outre que la démocratie libérale pourrait bien constituer le point final de l'évolution idéologique et la forme de tout gouvernement humain, donc être en tant que telle la fin de l'histoire. ». F. Fukuyama, *La fin de l'histoire et le dernier homme*. Paris, Flammarion, 1993, p. 11. Mais, là où ce philosophe américain situe la « Fin de l'histoire » dans l'universalisation du libéralisme économique et la démocratie représentative, en revanche, son compatriote Samuel Huntington laisse entendre « le choc des civilisations ». Au vu de la dynamique politique contemporaine, Laurent Bonelli s'invite dans la controverse en soutenant que « l'effondrement des modèles alternatifs semble donner raison au premier ». L. Bonelli, « Querelles intellectuelles », *in Monde diplomatique. Manière de voir*, n° 104, avril-mai 2009, p. 63.

[50] M. Diouf, *Libéralisations politiques ..., op. cit.*, p. 2.

[51] Voir M. Gaud, L. Porges, « Les Présidents de l'alternance », *Afrique contemporaine,* n° 167, juillet-septembre 1993, p. 29.

Même si le retour du constitutionnalisme dans les États de l'Afrique subsaharienne francophone n'a pas toujours coïncidé avec la vague mondiale de démocratisation ayant suivi la chute du Mur de Berlin, ce n'est toutefois qu'à partir de 1990 que le mouvement va se généraliser. Suivant la situation politique propre à chaque pays, diverses réponses sont proposées[52]. Il s'agit de « la démocratisation par voie de conférence nationale, de la démocratisation par évitement d'une conférence nationale, de la démocratisation par "à-coups" et de la démocratisation par les armes »[53].

La Conférence nationale des Forces vives de la Nation du Bénin ouvre la voie d'une solution de sortie de crise politique par un consensus entre les diverses forces sociales du pays[54], une sorte de *forum fondateur du nouvel ordre constitutionnel*[55], pour reprendre l'expression de Frédéric Joël Aivo[56]. Cette expérience est présentée comme l'instrument clé d'exorcisation du mal né de la récurrence des malaises politiques. Mais, le modèle ou le mirage béninois[57] est « un scénario parmi d'autres dans une phase critique pour les systèmes politiques africains »[58]. Les expériences vécues d'un pays à un autre se rapprochent ou s'écartent de cette voie. En ce sens, le Mali présente une certaine authenticité en matière de transition démocratique réussie avec un coup d'État militaire perpétré sur l'invitation insistante des émeutiers[59]. L'histoire récente du peuple malien, fier à juste titre de son legs historique, est celle de la trajectoire d'un peuple désabusé par l'erreur dramatique de Modibo

---

[52] Par exemple, après la conférence nationale, la mainmise du Président Omar Bongo sur la politique intérieure gabonaise cloisonne le multipartisme dans le domaine administratif. Au Togo, à la fin de la transition initiale, le général Eyadema se rétablit dans la plupart de ses prérogatives institutionnelles et redevient le nouvel homme fort face à une opposition acculée au compromis.

[53] F. Akindes, *Les mirages de la démocratie en Afrique ..., op. cit.*, pp. 60-61.

[54] La Conférence nationale des Forces vives de la Nation du Bénin s'est tenue à Cotonou du 19 au 28 février 1990. Cette conférence présidé par Monseigneur Isidore de Souza a opté pour la création d'un « État de droit et de démocratie pluraliste dans lequel les droits fondamentaux de l'Homme, les libertés publiques, la dignité de la personne humaine et la justice sont garantis, protégés et promus comme la condition nécessaire au développement véritable et harmonieux de chaque Béninois tant dans sa dimension temporelle, culturelle que spirituelle » (Préambule de la Constitution de la République du Bénin du 11 décembre 1990). Ces principes fondateurs du renouveau démocratique expriment la quintessence des grandes orientations de la conférence. Lire l'article W. L. Houngbedji, « Quelle portée pour les décisions de la conférence ? », *Nation*, n° 4939, du 24 février 2010 (rediffusé dans la rubrique « Devoir de mémoire » pour le 20e anniversaire de la conférence nationale), p. 7.

[55] J. F. Aivo, *Le juge constitutionnel et l'État de Droit en Afrique. L'exemple du modèle béninois*. Paris, L'Harmattan, 2006, p. 167. Le Bénin sera suivi par d'autres pays.

[56] Gabon, Congo, Niger, Togo, Zaïre dans le courant des années 1990 et 1991 et le Tchad.

[57] Voir J.-J. Raynal, « Le renouveau démocratique béninois : modèle ou mirage ? », *Afrique contemporaine*, n° 160, 1991, pp. 3-25.

[58] D. Bourmaud, P. Quantin, « Le modèle et ses doubles : les conférences nationales en Afrique noire (1990-1991) », *in* Y. Mény, *Les politiques du mimétisme institutionnel. La greffe et le rejet*. Paris, l'Harmattan, 1993, p. 167.

[59] Voir M. Konaté, *Mali. Ils ont assassiné l'espoir*. Paris, L'Harmattan, 1990, pp. 19-33.

Keïta dans sa volonté de socialisation forcenée des choses et des âmes et le règne fatal de l'Armée couronné de désillusions. Dans ce pays, la conférence nationale obéit à une logique autre que celle connue au Bénin. D'où la pertinence du jugement de Fabien Eboussi Boulaga : « De celle du Mali, il n'y a rien à dire : elle est d'une valeur purement symbolique, rituelle. Elle scellait la réconciliation du peuple avec son armée. »[60].

Ces péripéties ont finalement dégénéré en crises politiques libérant des vertus fondatrices d'une nouvelle ère démocratique sous-tendues par l'institutionnalisation du droit électoral.

II. L'institutionnalisation du droit électoral

Étant entendu que la démocratie a pour essence le droit pour le peuple de désigner et de contrôler le gouvernement de la nation, on peut énoncer valablement, avec Montesquieu, que « lorsque, dans la république, le peuple en corps a la souveraine puissance, c'est une démocratie »[61]. Les élections libres et régulières, en plus d'être une étape décisive sur la voie qui mène à la démocratisation, sont indispensables pour permettre l'expression de la volonté populaire en tant que fondement même de l'autorité des pouvoirs publics[62]. En retour, un gouvernement démocratique, garantissant des élections libres et régulières, est lui-même un élément essentiel pour la pleine jouissance d'un grand nombre de droits de l'homme.

Dès lors, plus que toute autre activité sociale, l'élection doit être, d'une part, enserrée dans des règles de droit qui fondent sa légitimité (A) et, d'autre part, incorporée dans des organes administratifs et juridictionnels falicitant sa réalisation (B).

A. L'encadrement juridique des élections

L'une des caractéristiques essentielles des Constitutions modernes se trouve dans l'importante place qu'elle réserve au droit international. Du fait de la densification des rapports internationaux, la vie des États et celle des individus deviennent inséparables de la réalité internationale[63]. C'est ainsi que les Constitutions du Bénin, du Mali et du Sénégal, d'inspiration libérale, proclament l'attachement des États nouvellement indépendants aux principes et valeurs caractéristiques du droit électoral contenus dans les Déclarations des Droits et dans les instruments internationaux du système des Nations

---

[60] F. E. Boulaga, *Les conférences nationales en Afrique noire. Une affaire à suivre*, Paris, Karthala, 1993, p. 12. Voir également N. Tiangaye, « Crise de légitimité du pouvoir de l'État et conférences nationales en Afrique », *RADIC*, octobre 1992, pp. 609-629.

[61] Montesquieu, *De l'esprit des lois*, chapitre II, La Bibliothèque digitale, p. 10. À propos de l'influence de ces idées sur la pensée politique contemporaine, voir B. Mirkine-Guetzevitch, « De "l'esprit des lois" au constitutionnalisme moderne », *RIDC*, avril-juin 1952, pp. 205-216.

[62] Voir Rapport du Secrétaire général A/46/609, par. 76.

[63] Voir I. Diaite, « Les constitutions africaines et le droit international », *Annales africaines*, 1971-1972, p. 33.

unies. Sous ce rapport, Bernard Maligner énonce que « le droit électoral est le corpus des règles constitutionnelles, législatives, réglementaires, administratives (...) et jurisprudentielles (...) applicables en matière d'élections, auquel les instruments internationaux (...) sont susceptibles de s'agréger »[64].

L'étude aborde spécifiquement les sources qui renvoient aux normes formelles, à savoir celles considérées sous leur aspect écrit et élaborées suivant une procédure organisée par le droit positif. Toutefois, ces dernières étant évidemment imprégnées par des réalités historiques, sociales et juridiques, il sera alors abordé, concomitamment aux développements, les aspects relatifs à la doctrine et à la jurisprudence. Ce qui permet de restituer au droit électoral sa substance vivante. En outre, il s'agira d'analyser l'ensemble des normes applicables aux élections relativement à l'électeur, au candidat et aux opérations électorales. Autrement dit, il sera développé les principes et les mécanismes régissant la manifestation démocratique du pouvoir de suffrage.

Bien vrai que les systèmes de sources normatives considérés se répartissent en sources internationales et en sources internes – les premières rattachées à un système juridique extérieur à l'État et les secondes liées au système juridique propre à chaque État – il faut reconnaître qu'il n'y a pas nécessairement un cloisonnement entre eux. Les normes sont édifiées à divers échelons favorisant l'émergence de règles de droit électoral nourries par les péripéties au plan international.

Pendant longtemps, la structure de la société classique internationale était rédhibitoire à l'émergence de droits politiques applicables à l'échelle des États dont plusieurs d'entre eux répudiaient la démocratie libérale et les procédés électifs y afférents. Mais, il ressort, de l'observation de la scène internationale actuelle, une certaine évolution quant à l'appropriation de la démocratie constitutionnelle. Dans les États de l'Afrique subsaharienne francophone, les libertés politiques sont introduites au lendemain de la Seconde Guerre mondiale, en prélude à la mise en place d'institutions modernes qui n'existaient pas jusqu'alors[65]. La trame électorale se développe sur le fondement d'un socle de droits politiques qui constituent, selon une

---

[64] B. Maligner, *Droit électoral, op. cit.*, p. 11.

[65] Le décret du 11avril 1946 étend *la liberté de réunion* à toutes les colonies françaises africaines, devenues des territoires d'Outre-mer. Ensuite, le décret du 28 septembre 1946 en fait autant en ce qui concerne *la liberté d'association* et la *liberté de la presse*. Quant à la loi Lamine Guèye du 25 avril 1946, elle donne à tous les ressortissants français d'Outre-mer, jusque-là sujets français, la *qualité de citoyens français* à partir du 1er juin 1946. Cette loi est complétée par la loi Houphouët Boigny, supprimant le système de l'indigénat et du travail forcé. La Constitution de 1946, en proclamant le principe de la représentation des territoires africains, dans les Assemblées métropolitaines, consacre du même coup la naissance des *partis politiques* en Afrique noire française.

appellation forgée par Pierre Esplugas, des principes « matriciels »[66] destinés à l'encadrement des phénomènes électoraux. Les règles de dévolution du pouvoir, à l'origine définies pour le triomphe d'un idéal arrière-gardiste des intérêts du pouvoir colonial, deviennent, de plus en plus, un moyen d'institutionnalisation du pouvoir démocratique. C'est pourquoi, Jean du Bois de Gaudusson, analysant la situation précédente, fait remarquer que « affecté d'une crise d'effectivité venant s'ajouter aux crises d'identité et de légitimité, le droit constitutionnel était traditionnellement jugé comme sans influence au point que Gérard Conac réduisait son rôle à celui de figuration dans la vie politique des États africains »[67].

Le droit de prendre part à la conduite des affaires publiques est proclamé et garanti par un système international, précédé par le mouvement d'universalisation des droits politiques à travers les Déclarations de droits dont le rôle est considérable dans l'émancipation politique des États de l'Afrique subsaharienne francophone. Ce processus international s'opère parallèlement à une dynamique d'intégration régionale du droit électoral en Afrique subsaharienne francophone. Après la mise en place d'ensembles politiques et économiques au niveau continental, les États africains se dotent d'un mécanisme panafricain de protection des droits de l'homme[68] mettant bien en exergue les droits politiques. Parmi les objectifs inscrits dans l'acte constitutif de l'Union africaine[69], il est mentionné, à l'article 3, l'ambition

---

[66] P. Esplugas, « Constitution et contentieux constitutionnel », *in* AIDC, *La Constitution aujourd'hui*, Recueil des cours, Vol. XV, 2005, p. 142.

[67] Jean du Bois de Gaudusson, « Préface », *in* J. F. Aivo, *Le juge constitutionnel et l'État de Droit en Afrique ...*, *op. cit.*, p. 14.

[68] Voir K. Mbaye, *Les droits de l'homme en Afrique*. Paris, A. Pedone, 1992, 271 p. ; M. O. Abie, *La Charte Afrique des Droits de l'Homme et des Peuples et intégration régionale*, Thèse de doctorat d'État, Université Cheikh Anta Diop, 1998, 462 p. ; R. Degni-Segui, *Les Droits de l'Homme en Afrique noire francophone (théories et réalités)*. Abidjan, CEDA, 2001, 343 p. ; H. Boukrif, « La Cour africaine des Droits de l'Homme et des Peuples : un organe judiciaire au service des droits de l'homme et des peuples en Afrique », *RADIC*, mars 1998, pp. 60-87 ; B. S. Ngom, *Les droits de l'homme en Afrique*. Paris, Silex, 1984, 113 p. ; I. Ngema, « Universalité et spécificité des droits de l'homme en Afrique », *RJPIC*, 1989/4-3, pp. 341-347 ; M. Chehab, « La Charte africaine des droits de l'homme et des Peuples », *Revue égyptienne de Droit international*, Vol. 41, 1985, pp. 149-156 ; I. Fall, « La protection des droits de l'homme en Afrique et la Charte africaine des Droits de l'Homme et des Peuples », Session 1981, IIDH, Strasbourg (non publié), I. M. Fall, « Des structures possibles à l'échelon régional africain pour la promotion des droits de l'homme », *Revue sénégalaise de droit*, n° 22, décembre 1977, pp. 69-79 ; I. D. Thiam, « Les droits de l'homme dans les traditions culturelles des sociétés sénégambiennes », *in* Association des Jeunes juristes africains, *Les droits de l'homme dans les traditions africaines*, Actes du colloque de Lomé, (25-30 octobre 1982). Paris, Africa média Promotion, 1983, pp. 82-96.

[69] Adopté le 11 juillet 2000 au sommet de l'Organisation de l'Unité africaine (OUA) de Lomé (Togo) et soumis à la signature et la ratification des 53 États membres de l'OUA. Après avoir obtenu la ratification des deux tiers des membres de l'OUA, l'Union africaine est officiellement proclamée en mars 2001 ; elle a pris officiellement la succession de l'OUA le 9 juillet 2002 à Durban (Afrique du Sud).

politique d'accélérer l'intégration politique et socio-économique du continent et de promouvoir les principes et les institutions démocratiques, la participation populaire et la bonne gouvernance. Des principes de même envergure sont posés à l'article 4 pour asseoir un cadre interafricain de promotion des institutions politiques, notamment le « respect des principes démocratiques, des droits de l'homme, de l'État de droit et de la bonne gouvernance ; (…) [et] la condamnation et [le] rejet des changements anticonstitutionnels de gouvernement ».

Le texte fondateur de l'Union africaine exprime, en outre, son désaccord pour les changements anticonstitutionnels de gouvernement marquant ainsi une certaine évolution notable sur la scène politique africaine où les coups d'État – militaires ou non[70] – tendent à revenir à la mode. L'actualité politique africaine tend à démontrer cette affirmation avec, entre autres, les cas de la Côte d'Ivoire, de la Guinée-Bissau, de la Guinée-Conakry et du Niger faisant écrire à Kuassi Jean-Baptiste Monkotan les propos suivants : « L'échafaudage constitutionnel laborieusement mis sur pied pendant les années "de braises" (1990-1995) semble sur le point de s'effondrer comme un château de cartes. L'Afrique reprend, au grand étonnement de tous, les voies cahoteuses des remises en cause institutionnelles, de coup d'État et (…) de la descente aux enfers. »[71]

Aucune reconnaissance ne sera désormais accordée aux dirigeants issus de changements anticonstitutionnels. De tels changements sont régulièrement suivis de sanctions prises par le Conseil de Paix et de Sécurité de l'Union africaine. De plus, l'acte constitutif renferme des dispositions nouvelles destinées à promouvoir les principes et les institutions démocratiques, la participation populaire et la bonne gouvernance, d'autant plus que c'est seulement dans la consolidation des acquis démocratiques et dans l'approfondissement de l'État de droit que l'organisation panafricaine peut réaliser la politique d'intégration du continent. Il est alors posé les jalons d'un cadre juridique *supranational* dédié au renforcement des institutions démocratiques. Deux instruments majeurs permettent d'en saisir la portée, à

[70] Par ailleurs, Roland Adjovi a raison de s'interroger en ces termes : « Il faut donc se demander si les "putschs électoraux" doivent être considérés comme des changements anticonstitutionnels. Souvent, ce sont les pouvoirs en place qui usent de telles fraudes électorales pour faire légitimer la persistance de leur régime. Mais, il n'est pas dit qu'un parti non encore au pouvoir mais bien équipé puisse y avoir aussi recours. De même, il faut aussi se demander si la révision constitutionnelle portant sur la limitation du mandat ou l'exclusion de certains candidats de la lutte pour le pouvoir et intervenant juste avant des élections, ne devrait pas être considéré comme anticonstitutionnel au sens d'anti-démocratique. ». R. Adjovi, « L'Union africaine. Étude critique d'un projet ambitieux », *Revue internationale de droit africain,* n° 59, EDJA, octobre-décembre 2003, note n° 21, p. 12.

[71] K. J. B. Monkotan, « Les difficultés de la démocratisation en Afrique », *in* J.-Y. Morin, *Les droits fondamentaux*, Actes des 1ères Journées scientifiques du Réseau Droits fondamentaux APELF-UREF, (9-12 octobre 1996, Tunis). Bruxelles, Bruyant, 1997, p. 298.

savoir la Charte africaine des Droits de l'homme et des Peuples (CADHP) et la Charte africaine de la Démocratie, des Élections et de la Gouvernance.

La CADHP reconnaît à tout citoyen le droit de participer librement à la gouvernance de son pays, soit directement, soit à travers des représentants démocratiquement élus. Aux termes de son article 13, elle dispose : « 1. Tous les citoyens ont le droit de participer librement à la direction des affaires publiques de leurs pays, soit directement, soit par l'intermédiaire de représentants librement choisis, ce, conformément aux règles édictées par la loi. 2. Tous les citoyens ont également le droit d'accéder aux fonctions publiques de leur pays. 3. Toute personne a droit d'user des biens et services publics dans la stricte égalité de tous devant la loi. » Il est évident que le principe est consacré et que le droit de participer à des élections libres est un droit internationalement reconnu qui lie les États-parties à la CADHP[72]. D'ailleurs, le constituant béninois admet que les dispositions de la Charte africaine des Droits de l'Homme et des Peuples adoptée en 1981 par l'OUA font partie intégrante de la Constitution. Pour sa part, le préambule de la Constitution du Sénégal proclame également son adhésion à la Déclaration des Droits de l'Homme et du Citoyen de 1789 et aux instruments internationaux adoptés par l'Organisation des Nations unies et l'Organisation de l'Unité africaine, notamment la Déclaration universelle des Droits de l'Homme du 10 décembre 1948, la Convention sur l'Élimination de toutes les Formes de Discrimination à l'égard des Femmes du 18 décembre 1979, la Convention relative aux Droits de l'Enfant du 20 novembre 1989 et la Charte africaine des Droits de l'Homme et des Peuples du 27 juin 1981. Le constituant malien, à travers une formule économe, souscrit à la Déclaration universelle des Droits de l'Homme du 10 décembre 1948 et à la Charte africaine des Droits de l'Homme et des Peuples du 27 juin 1981, lesquels instruments internationaux font de la volonté des peuples la base essentielle de l'autorité gouvernementale.

D'autre part, une tendance évolutive est amorcée au Sénégal avec l'extension du bloc de la constitutionnalité. À ce propos, Me Doudou Ndoye exalte l'affirmation faite par El Hadj Mbodj selon laquelle l'opportunité a été offerte au Conseil constitutionnel d'étendre le bloc des normes qui s'impose à l'activité du législateur[73]. Il écrit : « En procédant dans le titre II de la Constitution, à une constitutionnalisation des libertés publiques, le Constituant limite considérablement le pouvoir d'appréciation du juge constitutionnel. Il met à sa disposition un "Code des libertés publiques" dont le respect s'impose au législateur. Ainsi, à la différence de son homologue français qui crée, dégage ou secrète des libertés, le juge sénégalais se contente

---

[72] F. Ouguergouz, *La Charte africaine des Droits de l'Homme et des Peuples. Une approche juridique des droits de l'homme entre tradition et modernité*. Paris, PUF, 1993, pp. 111-122.

[73] Voir D. Ndoye, *La Constitution sénégalaise du 7 janvier 2001 commentée et ses pactes internationaux annexés*. EDJA, juillet 2001, p. 37.

d'appliquer la volonté du constituant. La présente jurisprudence vient remettre en cause cette disposition d'esprit. Dans la motivation de sa décision, le juge déborde l'assise textuelle de la Constitution proprement dite. Il range dans le bloc de constitutionnalité le préambule ainsi que les déclarations de droits auxquels il renvoie ; la Charte africaine des Droits de l'Homme et des Peuples, les principes de valeur constitutionnelle, ainsi que les lois et coutumes en vigueur. »[74]. Cette extension jurisprudentielle du bloc de la constitutionnalité a motivé le *constituant législatif* du 7 janvier 2001 à faire formellement du préambule une partie intégrante de la Constitution.

En outre, la Conférence des Chefs d'État et de Gouvernement de l'Union africaine (UA) a adopté, lors de son VIIIe Sommet tenu à Addis-Abeba (en Éthiopie) du 29 au 30 janvier 2007, la Charte africaine de la Démocratie, des Élections et de la Gouvernance (appelée *Charte africaine de la démocratie*) dont l'adoption est l'aboutissement d'un long processus amorcé en grande partie au début des années 1990. La Charte souligne, à travers ses objectifs et principes, l'importance de la bonne gouvernance, de la participation populaire, de l'État de droit et des droits de l'homme et reconnaît la nécessité des contributions de l'Union africaine et des communautés économiques régionales à la promotion, à la protection, au renforcement et à la consolidation de la démocratie et de la bonne gouvernance. Elle traduit un changement de paradigme politique en Afrique. Pour Nadjita F. Ngarhodjim, « le caractère novateur et pertinent de la Charte africaine de la démocratie vient du fait qu'elle érige la démocratie et la participation populaire en droits fondamentaux de l'homme et des peuples, et qu'elle prend en compte les problèmes de gouvernance auxquels l'Afrique contemporaine est confrontée (...) »[75].

Au niveau communautaire ouest-africain, il est constaté, plus qu'auparavant, un regain d'intérêt pour la question électorale compte tenu des mutations institutionnelles récentes et des orientations politiques nouvelles intervenues au sein de l'espace d'intégration politique de l'Afrique de l'Ouest[76]. En tant que « nouveau site du pouvoir »[77], l'espace d'intégration vient consolider les normes nationales isolées et atypiques d'encadrement du

[74] E. H. Mbodj, « La mise à mort du rabat d'arrêt ? Observations s/c Conseil constitutionnel, 23 juin 1993 », *Revue internationale de droit africain.* EDJA, n° 23, octobre-décembre 1994, pp. 84-85.

[75] N. F. Ngarhodjim, *Charte africaine de la démocratie, des élections et de la gouvernance : une analyse critique*, 2007, Open Society AFriMAP, *http://www.aidh.org /Biblio/Txt_Afr/Images/ A_propos_Charte.pdf*, p. 2, consulté le 20/02/2008.

[76] Voir A. Sall, *Les mutations de l'intégration des États en Afrique de l'Ouest*. Paris, L'Harmattan, 2006, pp. 61-92.

[77] René Degni-Ségui attribue les nouveaux sites à la représentation nationale, à la démocratie locale et à l'intégration régionale. R. Degni-Segui, « L'influence de la démocratie libérale dans le monde : le cas de quelques États de l'espace francophone », *in* J.-P. Vettovaglia *et al. Démocratie et élections dans l'Afrique francophone*, *op. cit.*, p. 48.

processus de dévolution du pouvoir. Ce faisant, il contribue à l'affirmation de l'autonomie, voire de la primauté du droit communautaire électoral[78] par rapport au droit des États membres. Cette autonomie pourrait s'expliquer à partir de l'autonomie du droit communautaire elle-même inhérente, entre autres, à celles des fonctions (autonomie des fonctions des institutions compétentes, autonomie de la fonction de la Cour de justice dont les décisions à titre préjudiciel lient les tribunaux nationaux) et des méthodes de la formation juridique (règlement, directive et décision). Tel est le réquisit du Protocole A/SP1/12/01 sur la Démocratie et la bonne Gouvernance additionnel au Protocole de la CEDEAO relatif au Mécanisme de Prévention, de Gestion, de Règlement des conflits, de Maintien de la Paix et de la Sécurité. Ledit protocole a été signé à Dakar le 21 décembre 2001. Comme l'indique son titre officiel, il se rattache au protocole dit « de Lomé », adopté en décembre 1999, et qui porte sur le mécanisme de prévention, de gestion, de règlement des conflits, de maintien de la paix et de la sécurité. Plus indirectement, il se rattache à d'autres instruments adoptés soit dans le cadre même de la CEDEAO, soit dans un cadre plus large, panafricain ou non. Parmi les « principes de convergence constitutionnelle »[79], il est fait référence aux principes déjà édictés par la Charte africaine de la Démocratie, des Élections, et de la Gouvernance.

Le protocole prévoit, aux termes de son article premier, consacré aux principes de convergence constitutionnelle (des principes constitutionnels communs à tous les États), un ensemble de dispositions structurantes à l'établissement de la démocratie sous-tendues par des principes politiques tenant à l'accession au pouvoir, au caractère républicain de l'armée, à la garantie des droits contenus dans la CHADP (étendue aux autres instruments internationaux des droits de l'Homme ratifiés par la majorité des États membres de la CEDEAO) et leur engagement à éliminer toutes formes de discrimination et de pratiques préjudiciables aux femmes. En outre, le protocole consacre l'existence des partis politiques, la liberté d'opposition, la mise en place d'un système de financement des partis politiques, l'affirmation de la liberté d'association, de réunion et de manifestation pacifique, la garantie de la liberté de presse et l'octroi d'un statut spécial à tout ancien Chef d'État. Il pose également le principe de *l'aide et l'assistance* de la CEDEAO dans l'organisation d'élections et définit les modalités de déploiement des *missions de supervision ou d'observation*[80]. Mieux encore, une volonté de

---

[78] Voir J. Barmann, « Catégories et autonomies du droit communautaire », *RIDC*, janvier-mars 1974, pp. 33-60.

[79] L'intitulé du titre du Protocole A/SP1/12/01 sur la Démocratie et la bonne Gouvernance additionnel.

[80] En l'occurrence, on peut citer les articles ci-après. Article 12 : 1. À la demande de tout État membre, la CEDEAO peut apporter aide et assistance à l'organisation et au déroulement de toute élection. 2. Cette aide ou assistance peut s'effectuer sous n'importe quelle forme utile. 3. De même, la CEDEAO peut envoyer dans le pays concerné une mission de supervision ou

réglementation commune est perceptible à travers l'article 2 du protocole lorsque, aux fins, d'une part, de discipliner le jeu politique et de tempérer la cadence des tripatouillages pré-électoraux, et d'autre part, d'asseoir l'équité en matière de genre. En effet, il est disposé : « 1. Aucune réforme substantielle de la loi électorale ne doit intervenir dans les six (6) mois précédant les élections, sans le consentement d'une large majorité des acteurs politiques. 2. Les élections à tous les niveaux doivent avoir lieu aux dates ou périodes fixées par la Constitution ou les lois électorales. 3. Les États membres prendront les mesures appropriées pour que les femmes aient, comme les hommes, le droit de voter et d'être élues lors des élections, de participer à la formulation et à la mise en œuvre des politiques gouvernementales et d'occuper et de remplir des fonctions publiques à tous les niveaux de l'État. »

Les dispositions du protocole n'ont pas également occulté le principe du cantonnement de l'Armée dans ses missions de souveraineté. Aux termes de l'article 19, il est affirmé le caractère républicain de l'Armée dont la mission est de défendre l'indépendance, l'intégrité du territoire, de l'État et ses institutions démocratiques. Il s'y ajoute que les dispositions de l'article 20 affirment : « 1. L'Armée et les Forces de Sécurité publique sont soumises aux autorités civiles régulièrement constituées. 2. Les autorités civiles doivent respecter l'apolitisme de l'armée ; toutes activités et propagandes politiques, ou syndicales sont interdites dans les casernes et au sein des forces armées. »

Au plan interne, les sources renvoient à l'ensemble des catégories normatives d'origine nationale produites par les organes compétents de l'État. Comme le dit si bien Alioune Badara Fall, « ce sont les normes constitutionnelles et législatives qui permettraient à l'élection de s'enraciner démocratiquement dans la conscience des citoyens appelés à désigner leurs dirigeants »[81].

---

d'observation des élections. 4. La décision en la matière est prise par le Secrétaire exécutif. Article 13 : 1. À l'approche d'une élection devant se tenir dans un État membre, le Secrétaire exécutif de la CEDEAO envoie dans le pays concerné une mission d'information. 2. Cette mission peut être suivie d'une mission exploratoire destinée à collecter tous les textes devant régir les élections concernées; collecter toutes informations et tous éléments caractérisant le cadre et les conditions dans lesquels devront se dérouler les élections ; réunir toutes informations utiles relatives aux candidats ou aux partis politiques en compétition ; rencontrer tous les candidats, les responsables des partis politiques et autorités gouvernementales et autres responsables compétents ; évaluer l'état des préparatifs ; recueillir tous éléments utiles à une exacte appréciation de la situation. L'article 14 : 1. Le Secrétaire exécutif désigne le chef et les membres de la mission de supervision ou d'observation qui doivent être des personnalités indépendantes et de nationalité autre que celle de l'État dans lequel se déroulent les élections. 2. La mission doit comporter des femmes. 3. Des fonctionnaires du Secrétariat exécutif sont désignés pour assister la mission.

[81] A. B. Fall, « Le processus de démocratisation en Afrique francophone : le juge de l'élection dans l'impasse ? (essai de prospective) », *in* J.-P. Vettovaglia *et al.*, *Démocratie et élections dans l'Afrique francophone, op.cit.*, p. 564.

De nos jours, la Constitution qui porte la démocratie n'est donc plus celle qui garantit exclusivement la liberté par la séparation formelle des pouvoirs. Elle est aussi la Constitution des droits fondamentaux. Ainsi, Pierre Avril et Jean Gicquel la définissent comme étant la « loi fondamentale dont l'objet spécifique est l'organisation des pouvoirs publics et la détermination de leurs rapports ; elle comporte aussi des dispositions relatives aux libertés publiques ainsi qu'à l'organisation territoriale »[82]. Le statut fondamental s'acquiert, pour un droit ou une liberté, par sa protection constitutionnelle dépassant les droits traditionnels de l'individu reconnus par la loi.

La Constitution consacre le pouvoir de suffrage, fixe les principes régissant le statut des partis politiques et assure la publicité du débat politique. Le pluralisme suppose donc l'organisation de scrutin sincère ; d'où la réglementation du secret du vote et les précautions prises contre les manquements à la sincérité du vote. D'autres dispositions constitutionnelles relatives au régime juridique des élections, notamment la nature du suffrage, à la majorité électorale, à la nationalité et au passé judiciaire, sont en même temps constitutionnellement protégées par le pouvoir constituant originaire[83]. Particulièrement pour le régime électoral des Assemblées, des aspects comme la composition des chambres, le découpage électoral, les modes de scrutin et les autorités indépendantes électorales ne sont pas toujours constitutionalisées. Cela octroie aux autorités exécutive et législative un pouvoir étendu de création, de modification et de suppression en la matière au gré certainement des situations politiques conjoncturelles. Alors que dans les démocraties contemporaines, de tels aspects sont incorporés dans le texte constitutionnel[84].

Sur le plan politique, les partis constituent les éléments moteurs des élections en vue de conquérir le pouvoir et de l'exercer. C'est pourquoi, nombre de nouvelles Constitutions, reprenant plus ou moins fidèlement les termes de l'article 4 de la Constitution française, reconnaissent aux partis et groupements politiques la possibilité de concourir *à l'expression des suffrages*, ainsi que de se former et d'exercer librement *leur activité*. À quelques variances près, Les Constitutions étudiées disposent : « Les partis et

---

[82] P. Avril, J .Gicquel, *Lexique de droit constitutionnel, op.cit.,* p. 29.

[83] « Le suffrage peut être direct ou indirect. Il est toujours universel, égal et secret. » (alinéa 3 de l'article de la Constitution du Sénégal) *;* « Le suffrage est universel, égal et secret. Sont électeurs, dans les conditions déterminées par la loi, tous les citoyens en âge de voter, jouissant de leurs droits civiques et politiques. » (article 27 de la Constitution du Mali) ; « Le suffrage est universel, égal et secret. Sont électeurs dans les conditions déterminées par la loi, tous les nationaux béninois des deux sexes âgés de dix-huit ans révolus et jouissant de leur droit civil et politique. » (article 6 de la Constitution du Bénin).

[84] À titre d'exemples, voir l'article 168 de la Constitution espagnole et l'article 56 de la Constitution italienne pour la composition des chambres et les règles de détermination des circonscriptions électorales Textes présentés par F. Melin-Soucramanien, *Les grandes démocraties. Constitutions des États-Unis, de l'Espagne, et de l'Italie*. Paris, Dalloz, 2007, pp. 124 et 204.

groupements politiques concourent à l'expression du suffrage. Ils se forment et exercent leur activité librement. Ils doivent respecter les principes de la souveraineté et de la démocratie. ». De cette disposition, on peut déduire que la création des partis politiques est libre et que sont ainsi garantis la pluralité des partis et le caractère disputé des élections. Toutefois, les partis politiques ne disposent pas du monopole de la représentation, puisque l'article en question l'élargit en faisant aussi référence aux groupements politiques.

Pour le cas du Sénégal, Demba Sy fait observer : « Dans la nouvelle Constitution, à côté des partis politiques, les coalitions de partis politiques sont reconnues. Ce qui constitue une nouveauté. Avec les partis politiques, elles concourent à l'expression des suffrages. [...] Désormais, la Constitution leur reconnaît le droit de présenter une candidature à l'élection présidentielle. »[85] Il apparaît ensuite que les objectifs assignés aux partis relèvent d'une conception restrictive, puisqu'ils n'ont pour mission que de concourir à l'expression du suffrage.

De surcroît, les Constitutions déterminent les règles substantielles régissant les droits de participation. Elles affirment le principe d'égalité devant la loi, le droit de vote, les modalités d'élection des organes politiques, la détermination du domaine de la loi relativement à la citoyenneté, aux droits civiques et aux garanties fondamentales accordées aux citoyens pour l'exercice des libertés publiques, à la nationalité et à l'état et la capacité des personnes. Selon Louis Favoreu, les droits de participation « sont ceux qui permettent aux citoyens de s'impliquer dans le fonctionnement du jeu politique au sens large. Dans un système de type représentatif (...), cette faculté s'accomplit principalement dans l'exercice du droit de suffrage lequel comporte deux aspects distincts, le droit de suffrage actif (droit de vote) et le droit de suffrage passif (droit d'être élu ou éligibilité) » [86]. De même, le constituant sénégalais déclare que la loi favorise l'égal accès des femmes et des hommes aux mandats et fonctions[87]. En revanche, ses homologues malien et béninois s'en tiennent à l'affirmation générale de l'égalité des citoyens devant la loi[88].

D'autres dispositions précisent, avec un luxe de détails, d'une part, les conditions dans lesquelles est organisée l'élection présidentielle (modalités de l'élection, vacance de la présidence, circonstances du report de l'élection)[89] et, d'autre part, celles relatives au parlement[90]. En considération du principe faisant de la Constitution l'acte par lequel les citoyens déterminent les

---

[85] D. Sy, « Présentation de la nouvelle Constitution du Sénégal », *Nouvelles Annales africaines*, 2007/1, p. 305.
[86] L. Favoreu *et al.*, *Droit constitutionnel, op. cit.*, p. 951.
[87] Article 7 de la Constitution du Sénégal.
[88] Voir l'article 2 de la Constitution au Mali et l'article 26 de la Constitution du Bénin.
[89] Voir les articles 43 à 59 de la Constitution du Bénin, les articles 30 à 34 de la Constitution du Mali et les articles 26 à 35 de la Constitution du Sénégal.
[90] Voir les articles 79 à 81 de la Constitution du Bénin, les articles 59 à 63 de la Constitution du Mali et les articles 59 à 60 de la Constitution du Sénégal.

conditions d'exercice du pouvoir, les gouvernants ne sont pas libres d'acquérir le pouvoir, d'y rester et de l'utiliser comme ils veulent ; ils sont soumis aux règles édictées par la nation. En cela, la Constitution met en place les conditions d'exercice de la souveraineté par les représentants. Elle valorise la figure du citoyen au détriment des représentants et cherche en même temps à régler les problèmes spécifiques qui se posent entre les catégories spécifiques de représentants (députés, chef de l'État). En outre, certains titres de la Constitution renvoient à l'étendue des compétences du juge constitutionnel en matière électorale[91].

Admettre tout cela, c'est bien réaffirmer la leçon de l'idéal républicain : « "Tous les hommes sont nés égaux" : cela est une vérité à la limite banale. De ce droit naturel procèdent des droits inaliénables parmi lesquels le droit à la vie, le droit au travail, le droit à l'éducation, le droit à la liberté, la recherche du bonheur. Afin de garantir ces droits, les hommes établissent des gouvernements qui doivent leur légitimité et leur juste pouvoir au libre consentement des gouvernés. »[92].

Les constituants des États de l'Afrique subsaharienne francophone, sous l'effet d'une tradition établie par la Ve République française[93], attribuent au Parlement et au Gouvernement les pouvoirs respectifs de voter et d'exécuter les lois. Dans le principe, la loi comme le règlement participent à l'encadrement juridique du droit électoral.

D'une manière générale, les constituants des États de l'Afrique subsaharienne francophone se contentent de fixer les bases du droit électoral, en considération du principe selon lequel la Constitution détermine les matières relevant spécifiquement du domaine de la loi. En cela, on voit des garanties dans l'intervention du pouvoir législatif, c'est-à-dire dans l'existence d'un domaine soustrait à la compétence du pouvoir exécutif. Une première garantie du régime légal dérive de la procédure, des formes même

---

[91] Voir les articles 92 à 94 du « Titre VIII : Du pouvoir judiciaire » de la Constitution du Sénégal ; les articles 85 à 94 du « Titre IX : De la cour constitutionnelle » de la Constitution du Mali et les articles 114 à 124 du « Titre V : De la Cour constitutionnelle », détaché du titre relatif au pouvoir judiciaire.

[92] Extrait de la Déclaration d'indépendance du 4 juillet 1776 des États-Unis repris par M. M. Camara, *Questions brûlantes pour démocratie naissante, op. cit.*, p. 5.

[93] La Ve République a rompu avec la tradition de la souveraineté parlementaire. Le critère formel n'a jamais été abandonné : la loi demeure toujours l'acte adopté par le Parlement selon les formes constitutionnelles (et ensuite promulgué par le Président de la République), mais, à ce critère organique s'ajoute désormais un critère matériel, donc de fond : la loi, pour être qualifiée telle, doit porter sur l'une des matières prévues à l'article 34 de la Constitution du 4 octobre 1958. La loi ne peut plus tout régir, tout englober, son domaine est désormais réservé, assigné (article 34). Au contraire tout ce qui n'est pas du domaine de la loi relève du règlement (article 37). C. Leclercq, *Droit constitutionnel et institutions politiques*. Paris, Litec, 10e édition, 1999, p. 526.

d'élaboration de la loi. Aussi, une deuxième garantie procède-t-elle du caractère matériel de la loi, notamment dans la généralité de ses termes.

Dans tous les cas, les dispositions législatives fixent les conditions requises pour être électeur, les règles relatives aux listes électorales et les procédures de déclaration de candidature. Par ailleurs, la Constitution du Bénin, plus exigeante sur la question de l'égalité de chance en matière électorale, confine « les découpages électoraux » dans le domaine de la loi. Il appartient aussi au législateur le pouvoir de fixer le régime des élections du président de la République et des députés.

Toujours relativement au régime électoral, le législateur est compétent pour réglementer les différentes conditions applicables aux organes et aux structures de gestion des élections. Tout comme, les règles relatives à la campagne électorale, au financement de la campagne électorale, aux opérations de vote, au contentieux électoral et aux dispositions pénales sont déterminées par voie législative.

En matière électorale, l'attribution constitutionnelle s'applique au pouvoir réglementaire d'exécution des lois, qui est un pouvoir subordonné[94]. Une possibilité d'intervention modeste est ainsi ouverte au pouvoir réglementaire ; le gouvernement étant invité à compléter l'œuvre du législateur tout en étant tenu de respecter la loi et de rester dans le cadre de sa stricte application. Il est possible de citer l'article 52 de la loi électorale du Bénin qui donne une manifestation de ce principe : « Le corps électoral est convoqué par décret pris en conseil des Ministres »[95]. Ainsi, au Sénégal, le président de la République est habilité à fixer, par décret, la date du scrutin général ainsi que les jours de vote des militaires et paramilitaires[96].

De plus, il peut arriver que la loi confie, par renvoi express, à un ministre le soin de prendre par arrêté des dispositions réglementaires d'application. Cette hypothèse s'applique, le plus souvent, à des domaines très techniques comme, par exemple, les arrêtés que prend le ministre de l'Intérieur avant chaque élections législatives pour fixer le montant de cautionnement électoral, en application de l'article L. 167 du code électoral sénégalais. Ces règlements d'application comprennent soit des détails supplémentaires dans la réglementation soit l'exposé des procédures pratiques à suivre, soit encore la mise en place des structures nécessaires afin que la loi puisse effectivement s'appliquer dans les faits. C'est essentiellement le gouvernement qui prendra

---

[94] En l'occurrence, les contractions doctrinales sur les règlements autonomes n'ont pas de portée réelle. Il s'agit d'un pouvoir réglementaire de mise en œuvre ne présentant pas, suivant l'analyse de Louis Favoreu, de traits spécifiques par rapport au pouvoir règlementaire autonome. Voir L. Favoreu, « Les règlements autonomes n'existent pas », *RFDA*, novembre-décembre 1987, pp. 871-884.

[95] Voir également l'article de la loi n° 06-044 du 4 septembre 2006 portant loi électorale du Mali et l'article LO. 128 du code électoral du Sénégal (LO. 132 du nouveau code électoral).

[96] Voir l'article L. 65 du nouveau code électoral du Sénégal.

ces mesures, par voie de décrets, pouvant d'ailleurs être eux-mêmes complétés par des arrêtés ministériels ou émanant d'autorités locales ou spécialisées (en vertu de textes législatifs et réglementaires ou de délégations ministérielles). Cette intervention peut s'accomplir spontanément, c'est-à-dire sans invitation expresse du législateur, en vertu des pouvoirs propres dévolus à l'Exécutif ou sur invitation ou habilitation législative lorsque la loi prévoit, pour tel ou tel aspect, que ses dispositions seront complétées par voie de décret. C'est à ce titre que les textes juridiques de base doivent être accompagnés de dispositions subsidiaires, y compris, en plus de mesures d'organisation administrative, de réglementations et d'instructions administratives claires et détaillées pour satisfaire aux conditions générales. Ainsi, il est reconnu au ministre de l'Intérieur du Sénégal la compétence de prendre un certain nombre d'actes, notamment les arrêtés fixant les modèles de déclaration de candidature, les modèles d'attestation d'investiture, les modalités de la représentation des partis politiques aux commissions administratives de révision des listes électorales. Au Mali, l'article 27 de la loi électorale confère également au ministère chargé de l'Administration territoriale le pouvoir d'assurer « l'élaboration des procédures et actes relatifs aux opérations électorales... »[97], notamment la fixation du modèle de la carte d'électeur ou des modèles et des libellés des bulletins de vote fixés par « décision ».

Au niveau déconcentré, les autorités administratives sont également délégataires de pouvoirs en matière d'administration électorale. Elles sont titulaires de pouvoirs assez larges dans le cadre de la mise en œuvre du processus électoral. Par exemple au Mali, il est admis que le ressort de chaque commission de distribution de cartes d'électeur est fixé par une décision du représentant de l'État dans la Commune ou le District[98]. De larges prérogatives sont aussi attribuées aux autorités administratives déconcentrées du Sénégal. À ce titre, le Préfet de département exerce un pouvoir réglementaire en matière d'élections, pouvoir assumé par voie d'arrêtés (composition des bureaux de vote, réquisition des forces de l'ordre, etc.).

Il est à ajouter que les États de l'Afrique subsaharienne francophone consacrent dans leur corpus normatif la pratique des ordonnances. Généralement, les Constitutions mentionnent la possibilité de prendre des ordonnances pour la mise en œuvre de certaines dispositions durant la phase transitoire.

Au Sénégal, dans le cadre des dispositions transitoires de la Constitution du 22 janvier 2001, des ordonnances sont prises en matière électorale. En effet, elles disposent : « Les mesures législatives nécessaires à la mise en place de la nouvelle Assemblée nationale et des nouvelles assemblées locales qui suivent l'adoption de la nouvelle Constitution, notamment celles concernant

---

[97] Article 26 de la loi électorale du Mali.
[98] Voir l'article 60 de la loi électorale.

le régime électoral et la composition de ces assemblées, sont fixées par l'actuelle Assemblée nationale si elle n'est pas dissoute. Dans le cas contraire, elles sont fixées par le président de la République, après avis du Conseil d'État par ordonnance ayant force de loi. Les délais de convocation des élections et la durée de la campagne électorale peuvent être réduits. »[99]. En application de cette disposition constitutionnelle, le président de la République a, conséquemment à la dissolution de l'Assemblée nationale par décret n° 2001-158 du 15 février 2001, pris des ordonnances relatives au domaine électoral qui servaient de matières lubrifiantes pour l'œuvre de « déconstruction et de construction normatives »[100] assignée à la nouvelle Constitution de 2001.

Dans ces conditions, il nous vient à l'esprit la nécessité de réfléchir, à présent, sur la réalité du droit électoral, pour comprendre les mécanismes visant à asseoir l'effectivité des normes électorales à travers un certain nombre d'implications institutionnelles et de corrélations établies entre les systèmes électoraux et la démocratisation du pouvoir.

B. Les conditions d'effectivité du droit électoral

L'existence exclusive de matériaux juridiques, quoi qu'elle puisse être nécessaire à l'affirmation d'un choix politique, se révèle néanmoins insuffisante pour donner corps au droit électoral. Il faut que ce droit s'incarne dans des institutions de nature à le rendre effectif. Ainsi, l'administration est un moyen indispensable à la mise en œuvre des opérations électorales. En outre, il doit être instauré un système de *contrôle majeur*[101] dont la portée s'apprécie en fonction des pouvoirs dont dispose le juge, en amont, en cours et en aval des opérations électorales[102]. Précisément, l'objectif de consécration juridique doit s'accompagner d'une exigence d'effectivité[103] à laquelle concourt l'existence de garanties administratives et juridictionnelles.

À propos de l'administration électorale, on peut distinguer le système d'administration classique et/ou le système d'autorité indépendante. Du point de vue classique, l'administration électorale est souvent confiée, en particulier dans les démocraties établies, à des responsables gouvernementaux aux

---

[99] Article 106 de la Constitution du 22 janvier 2001 (*JORS* numéro spécial du 22 janvier 2001, pp. 27- 42).

[100] I. M. Fall, « Constitution de 1963 et Constitution de 2001 : continuité ou rupture », *Nouvelles Annales africaines*, 2007/1, p. 312.

[101] C'est en ces termes que Philippe Ardant présente très justement le contentieux électoral lors d'un colloque en 1988. Ph. Ardant, « Le contentieux électoral devant le Conseil constitutionnel et le Conseil d'État », *in Conseil d'État et Conseil constitutionnel*, Actes du colloque de Paris II, (21 et 22 janvier 1988) Paris, LGDJ / Montchrestien, 1988, p. 55.

[102] E. H. Mbodj, « Le contrôle des opérations de préparation des élections », *Le juge et l'élection présidentielle*, Communication présentée à la Session de formation continue organisée dans le cadre du Projet « Justice et État de droit », (1er au 4 février 2004), SCAC, Ambassade de France, Dakar, p. 2.

[103] J. Andriantsimbazovina *et al.*, (dir.), *Dictionnaire des droits de l'homme, op. cit.*, pp. 349-350.

échelons national et local. Cette pratique est transplantée dans les États de l'Afrique subsaharienne francophone. C'est notamment le cas du Sénégal où le ministère de l'Intérieur, est « le principal administrateur des élections »[104], pour ne pas dire l'administrateur principal des élections. Dans les autres pays également, en sus du recadrage de l'administration électorale, il y est toujours observé une intervention non moins considérable de l'Administration d'État.

Dans ce mode d'organisation, il est pratiquement confié au ministère en charge des Élections l'essentiel des activités du processus électoral comportant des compétences administratives et des opérations matérielles. Au surplus, la loi prévoit des compétences d'appui, complémentaires à celles assumées par le ministère en charge des Élections (les ambassades ou les consulats et les collectivités territoriales).

Le système d'Administration classique a cessé d'inspirer la confiance dans les États de l'Afrique subsaharienne francophone de sorte que les législateurs ont érigé des administrations autonomes en vue d'un dessaisissement du ministère en charge des Élections et des autres ministères sectoriels ayant jusque-là tenu les rênes d'un dispositif électoral favorable à la conservation du pouvoir par une certaine classe politique, au grand désarroi des partisans de la circulation des élites politiques. Après la proclamation des principes de la refonte démocratique des systèmes politiques, il reste sans doute à instaurer les mécanismes de mise en œuvre d'un processus électoral indépendant, géré de façon impartiale. Au bout du compte, « on peut penser que d'une manière générale, la création d'une commission indépendante est la rançon à payer au multipartisme de l'Afrique actuelle »[105]. Ainsi, des commissions électorales *ad hoc* sont créées afin de rendre les élections plus transparentes. À cet égard, elles constituent un renforcement de l'acquis démocratique et se répartissent en système de supervision (Commission nationale électorale autonome au Sénégal, Commission nationale électorale indépendante au Mali) et système d'autorités indépendantes.

À la différence du Mali et du Sénégal, le Bénin opte pour une nouvelle administration électorale chargée de la gestion de l'ensemble des opérations du processus électoral : Commission électorale nationale autonome (CENA).

Par cette catégorie, les acteurs politiques béninois entendent créer des autorités indépendantes en charge de l'administration autonome des élections. À la place d'organe de supervision et de contrôle, le législateur béninois a préféré créer une structure autonome de gestion des élections dénommée « Commission électorale nationale autonome ». La CENA est chargée de gérer les élections, c'est-à-dire d'œuvrer pour le fonctionnement correct du système

---

[104] M. Kamara, *Les élections au Sénégal, op. cit.*, p. 27.

[105] A. D. Adamon, *Le renouveau démocratique au Bénin. Les élections législatives de 1995.* Cotonou, Flamboyant, 1996, p. 38.

électoral par l'action de mécanismes correcteurs[106], « dans le cadre d'une nouvelle manière d'administrer, de contrôler et parfois de sanctionner »[107]. Elle est chargée de la préparation, de l'organisation, du déroulement, de la supervision des opérations de vote et de la centralisation des résultats. Après centralisation des résultats des élections présidentielle et législatives, elle les transmet à la Cour constitutionnelle pour vérification de la régularité, examen des réclamations et proclamation des résultats définitifs[108]. Pour remplir pleinement sa mission, la loi lui reconnaît tout pouvoir d'investigation pour assurer la sincérité du vote. Il s'agit d'une autorité administrative indépendante distincte des structures administratives classiques mais qui collaborent avec elles en vue de réaliser l'objectif d'efficacité et de répondre aux attentes des citoyens. Pour cela, elle dispose d'une réelle autonomie par rapport aux institutions de la République (Exécutif, Assemblée nationale, Cour constitutionnelle, Cour suprême, Haute Cour de Justice, Conseil économique et social, Haute Autorité de l'Audiovisuel et de la Communication).

En plus de ce système administratif de gestion des élections, les États ont mis en place un système juridictionnel de régulation de l'activité électorale. Avec le développement du multipartisme, les États ont procédé à l'affirmation et à la consolidation des compétences des juridictions en matière électorale. En regard du principe de normativité, la protection du droit électoral nécessite la mise en place d'organes et de mécanismes juridictionnels. Ce qui suppose l'existence d'un dispositif de contrôle dont le fonctionnement est assuré par des juges indépendants. Logiquement, c'est dans le domaine électoral que s'applique l'affirmation selon laquelle « la crainte du juge est le commencement de la sagesse »[109]. L'aptitude légale à connaître d'un contentieux électoral doit leur être reconnue par une règle objective pouvant être sanctionnée par un acte juridique revêtu de l'autorité de la chose jugée. Aux termes des nouvelles Constitutions, les juridictions constitutionnelles ont reçu pour mandat de contrôler le respect des règles qui gouvernent les élections politiques.

Sachant que, en pratique, le contentieux électoral n'est pas « une notion autonome » mais que « il est une des approches de la discipline "droit constitutionnel" et ne doit pas en être distingué » [110], l'analyse de la dimension jurisprudentielle des normes s'impose à toute réflexion qui se veut crédible dans le champ du droit de la politique. En l'occurrence, l'enjeu est de se

---

[106] M. Crozier cité par C.E, *Les autorités administratives indépendantes*, Rapport public 2001. Paris, La Documentation française, 2001, p. 279.

[107] J. Morand-Deviller, *Cours de droit administratif, op. cit.*, p. 136.

[108] Voir l'article 24 de la loi électorale du Bénin.

[109] J. Rivero, « Sanction juridictionnelle et règle », *Études juridiques offertes à Léon Julliot de La Morandière*. Paris, Dalloz, p. 458.

[110] L. Favoreu *et al.*, *Droit constitutionnel, ... op. cit*, p. IX.

conformer aux « nouvelles tendances du droit constitutionnel »[111], pour reprendre l'expression de Babacar Kanté. L'existence d'une juridiction reconnue comme telle devient une composante essentielle à la réalisation des finalités électorales. Mais, le pari consiste à s'interroger sur les effets du droit électoral à l'épreuve du prétoire. L'étude du juge électoral devient impérative pour être à même de comprendre la transformation interne du droit constitutionnel. C'est certainement par le contentieux juridictionnel qu'il sera déterminé le registre d'objectivisation des règles régissant la définition et l'organisation de la compétition électorale.

À chacune des étapes électorales, il est défini les conditions de règlement des litiges car « puisque cette distinction s'accommode mal avec l'unité de juridiction, on répartira les contentieux entre plusieurs juges conformément à leurs spécialités et vocations. Ainsi, au juge judiciaire versé dans les questions de statut des personnes, on confiera le contentieux des candidatures, au juge constitutionnel serait attribué le contentieux des résultats. »[112].

La protection du droit électoral par la justice constitutionnelle est certainement l'aspect le plus important des systèmes à base de démocratie constitutionnelle. Il n'y pas de doute pour les États de l'Afrique subsaharienne francophone de se retrouver dans les développements par lesquels Mauro Cappelletti semble penser que le niveau élevé de constitutionnalisme requiert un organe suffisamment indépendant des pouvoirs législatif et exécutif pour protéger une règle de droit supérieure et relativement permanente contre les tentations inhérentes à l'exercice du pouvoir [113]. En rapport avec cette idée, Luc Sindjoun développe la thèse des « affinités électives » entre la démocratie et la justice constitutionnelle. Sous l'inspiration de la théorie wébérienne, il écrit : « Pour ce qui est des affinités électives entre démocratie et justice constitutionnelle, on peut dire que la démocratie étant un régime de diminution de l'imprévisibilité et de la précarité dues à l'arbitraire, elle rend possible le développement des institutions de contrôle du respect de la règle du jeu ; en retour la garantie constitutionnelle du respect de la règle du jeu politique contribue à renforcer la démocratie comme régime de pacification des rapports sociaux, d'accroissement des normes et des pratiques de civilité. »[114] Étant donné qu'il va de soi que le rôle de l'organe chargé du contrôle est essentiel, il apparaît indispensable de déterminer de manière explicite, par des textes, son mode d'ancrage dans le dispositif électoral.

---

[111] Préface de Babacar Kanté, I. M. Fall (dir.), *Les décisions et avis du Conseil constitutionnel du Sénégal*. Dakar, CREDILA, 2008, p. 11.

[112] A. Menouni, « Constitution et contentieux électoral », *op. cit.*, p. 300.

[113] M. Cappelletti, « Nécessité et légitimité de la justice constitutionnelle », *RIDC*, avril-juin 1981, p. 647.

[114] L. Sindjoun, *Les grandes décisions de la justice constitutionnelle africaine ...*, *op. cit.*, p. 4.

Conclusion

Dans une société démocratique, le processus électoral est conditionné par le jeu structuré des forces démocratiques. On est alors en droit d'affirmer que le droit électoral est inséparable de la démocratie politique. Il assure le respect de celle-ci dans le déroulement du processus électoral. Sous ce rapport, le droit électoral apporte une valeur ajoutée à la théorie du droit constitutionnel.

Pendant l'apprentissage du rite démocratique par les États de l'Afrique subsaharienne francophone, l'évocation du droit électoral n'a été qu'un délicat exercice de stigmatisation des maux de la vie politique et institutionnelle. Ce qui ne va pas sans déplaire aux tenants du pouvoir généralement prompts à y voir une forme d'opposition à leurs idéaux[115]. Or, dans l'univers de la démocratie, les entités politiques et sociales constitutives des forces démocratiques ont le privilège de s'ériger en exemple de réalisation de la démocratie[116].

Longtemps conditionné par la pratique de parodies électorales donnant malheureusement au droit électoral plus de sonorité que de sens (*plus sonnat quam valet,* pour reprendre l'éloquence de Sénèque), le système de dévolution du pouvoir est aujourd'hui bonifié par le sursaut politique des années 90, dont le mérite essentiel est d'avoir permis l'émergence de systèmes démocratiques sur le fondement du droit électoral. À la faveur de consensus politiques consécutifs à la tenue de conférences nationales[117], et à l'adoption d'un compromis politique ficelé par les forces démocratiques en vue d'une alternance pacifique au pouvoir, il est aménagé un système multipartiste faisant succéder la libre expression du suffrage universel au système tendanciel.

Cette évidence est mise en exergue par le postulat de Pierre Cornillon : « Les élections périodiques et honnêtes, par lesquelles le peuple a la possibilité de choisir librement ses représentants, est la clé de voûte de la démocratie. »[118] Pour cette raison, les changements de régime politique par le biais d'élections

---

[115] Voir D. Ikoghou-Mensah, *Le droit des élections au Gabon*. Libreville, Raponda-Walker, 2005, p. 90.

[116] Sur la question, voir H. Sy, *Les paradoxes de la démocratie. Sociologie de la théorie et de la pratique démocratiques*. Paris, L'Harmattan, 2010, pp. 68-80.

[117] Dans les conférences nationales, les débats ont connu parfois des moments laborieux pour instaurer des échanges entre les forces sociales voulant faire l'option de la démocratie comme mode de gouvernance. Dominique Aguessy analyse la carence des leaders issus de la société civile. Il estime que le fait d'avoir recours à des personnalités religieuses (au Bénin par exemple) piégeait, par la symbolique, le débat sur la séparation des pouvoirs dans un État de droit. N'ayant pas l'habitude de s'exprimer en public sur des choix majeurs qui concernent l'ensemble du pays, les forces sociales ont eu du mal à s'identifier politiquement. Il y a eu également des difficultés à concilier les critères traditionnels de cohésion du groupe et la recherche inscrite dans la modernité pour asseoir une plate-forme commune de revendications agréées par les différents courants politiques. Voir D. Aguessy, « Gestion contemporaine de l'État et traditions africaines d'exercice du pouvoir », *op. cit.*, 1997, p. 174.

[118] Cité par F. M. Sawadogo, « Contrôle des opérations électorales par les hautes juridictions », *in* Séminaire international sous-régional (17 au 21 mars 1997, Ouagadougou), p. 108.

multipartisanes s'expliquent, entre autres, par la nécessité de s'ajuster à un environnement de plus en plus défavorable aux dérives autoritaires. À partir de 1989, la conquête de l'État de droit se réalise sur la base d'une mise en accusation du monopartisme[119]. La nouvelle donne suscite dans les États de l'Afrique subsaharienne francophone « l'ivresse des jeux électoraux et partisans »[120]. Ce qui fait écrire à Peter Schraeder : « La combinaison de divers éléments intervenus au sein des pays et sur la scène internationale à partir de 1989 inaugura une période de transition démocratique jamais égalée dans l'histoire de l'Afrique. [...] Vers la fin de 1994, quinze pays africains ont organisé au moins une série d'élections multipartisanes à l'issue desquelles le pouvoir a été transféré pacifiquement d'un groupe d'élites à un autre. »[121]

Les dispositifs électoraux au service de la dévolution du pouvoir deviennent un enjeu pour la démocratisation politique du pouvoir d'État, l'épanouissement des droits et des libertés fondamentaux, l'affermissement de l'État de droit et la construction d'un espace de démocratie apaisée sur la base d'un corps de règles juridiquement contrôlées et sanctionnées. En effet, même s'il est observé un mouvement d'ensemble ayant un effet d'entraînement sur la quasi-totalité des États de l'Afrique subsaharienne francophone, il est possible, toutefois, de considérer que le Bénin, le Mali et le Sénégal s'illustrent par des succès électoraux assez significatifs.

On se gardera bien, pour ne pas conclure, de donner une réponse affirmative et définitive à la problématique. Que retenir alors ? Sinon que la démocratisation des États de l'Afrique subsaharienne francophone repose sur quelques piliers dont l'organisation d'élections régulières et l'alternance du pouvoir.

---

[119] G. Conac, « Démocratie et élections », *in* J.-P. Vettovaglia *et al.*, *Démocratie et élections dans l'Afrique francophone*. Bruxelles, Bruylant, 2010, p. 18.

[120] D.-L. Seiler, *Les partis politiques*, *op.cit.*, p. 1.

[121] P. Schraeder, « Les mutations démocratiques en Afrique », *in* IDHP, *L'État de droit et le contrôle de l'exécutif au* Sénégal, Actes du colloque organisé en partenariat avec la Fondation Friedrich Naumann, (09 -11 juin 1995, Dakar), p. 6.

La Constitution guinéenne du 7 mai 2010 : dérivée de la Loi fondamentale guinéenne de 1990 et amplificateur du système présidentialiste guinéen

Saliou Bobo Taran Diallo
Docteur en Droit public
Université Paris 1 Panthéon-Sorbonne
Avocat au Barreau de Paris

« Le pouvoir est au bout des fusils, car les baïonnettes sont en acier alors que les constitutions sont en papier ». Le Président chinois Mao-Zedong

« Plus vous saurez regarder loin dans le passé, plus vous verrez loin dans le futur »[1]. Winston Churchill.

L'histoire retiendra pour le peuple de Guinée, que l'année 2010 est celle par laquelle s'achève dans la douleur une longue transition démocratique entamée en 2009. Cette transition, la deuxième[2] en Guinée, aboutit à l'adoption d'une nouvelle Constitution, celle du 7 mai 2010 et l'élection d'un nouveau Président de la République, le Pr Alpha Condé. Ce retour à l'ordre constitutionnel marque une nouvelle ère démocratique, celle de la naissance de la Troisième République. La signature à Ouagadougou des accords du 15 janvier 2010 constitue le cadre juridique dans lequel devait évoluer cette transition démocratique en Guinée.

Après quasiment plus de deux décennies de dictature – 1984 à 2008 – le décès du Président Général Lansana Conté, en décembre 2008, précipite l'effondrement de son régime et le peuple de Guinée s'empresse de rompre avec ce système « Contéin »[3] qui avait largement montré ses faiblesses à travers, notamment, ses crises économiques, politiques et sociales. Ce régime « Contéin » était devenu, un modèle à dépasser. Il ne laissait pas la moindre parcelle de liberté aux citoyens, ni au peuple dont il prétendait être le protecteur. La violence était la seule réponse aux revendications populaires.

---

[1] Winston Leonard Spencer-Churchill, né le 30 novembre1874 et mort le 24 janvier 1965 à Londres, est un homme politique britannique. Surtout connu pour avoir dirigé le Royaume-Uni pendant la Seconde Guerre mondiale, cet homme d'État fut Premier ministre du Royaume-Uni de 1940 à 1945 et de nouveau de 1951 à 1955, officier de l'armée britannique, journaliste, historien, écrivain lauréat du prix Nobel de littérature et artiste.

[2]- La première transition démocratique est celle intervenue en 1990 après le décès de Sékou Touré en 1984. Cette transition avait abouti à l'adoption de la Loi fondamentale du 23 décembre 1990 et l'élection en 1993 du Président Lansana Conté ; la suite on la connaît.

[3] Le qualificatif *"Contéin"* est forgé à partir du nom de famille du Président de la République Lansana Conté.

« Fatigués »[4] d'un tel régime, les Guinéens, pour s'en débarrasser, multipliaient les actes de désobéissance civile et les grèves illimitées largement suivies[5]. Ce système « Contein » était devenu obsolète, anachronique par rapport à un monde mouvant, globalisant, requérant d'un État de droit.

Pour symboliser le changement, une nouvelle Constitution était devenue nécessaire pour marquer la rupture avec un passé incarné par l'ancien système. Ces revendications du peuple de Guinée étaient soutenues par la communauté internationale qui considéraient, par la voix de Barack Obama, que « l'Afrique n'a pas besoin d'hommes forts mais d'institutions fortes »[6]. C'est pourquoi, dès après le massacre de la population civile, le 28 septembre 2009 au stade de Conakry, la Communauté économique des États de l'Afrique de l'Ouest (CEDEAO) nomme le Président burkinabé, Blaise Compaoré, le 6 octobre 2009 en qualité de médiateur dans la crise guinéenne, afin de remettre le pays sur la voie du retour à l'ordre constitutionnel et à la démocratie.

Alors que la médiation est en cours, le Chef de l'État, le Capitaine Moussa Dadis Camara fait l'objet d'une tentative d'assassinat le 3 décembre 2009, puis est écarté du pouvoir et remplacé par son ministre de la Défense, le Général Sékouba Konaté. Le 15 janvier 2010, le Président par intérim, le Général Konaté, signe avec le Président burkinabé à Ouagadougou les accords de sortie de crise[7]. Un mois plus tard, le 9 février 2010, il prend l'ordonnance N°001/PRG/CNDD/SGPRG/2010 portant création du Conseil National de la Transition (CNT). Cette institution républicaine avait pour mission de rédiger une nouvelle Constitution devant gérer les institutions de la Troisième République. Et, le 19 avril 2010, le CNT adopte un projet[8] de Constitution qui

---

[4] J.-N. Tama, « La constitution béninoise du 11 décembre 1990 à l'épreuve du temps : sa révision, une opportunité politique ou juridique »?, in *Revue juridique et politique des États francophones*, avril-juin 2009, pp. 149-176.

[5] INTERNATIONAL CRISIS-GROUP, *Guinée : conjurer la descente aux enfers*, N° 94, du 14 juin 2005, p. *passim* ; - INTERNATIONAL CRISIS-GROUP, *Guinée : le changement en sursis*, N°49, du 8 novembre 2007, p. *passim* ; - INTERNATIONAL CRISIS-GROUP, *La Guinée en transition*, N°37, du 11 avril 2006, p. *passim* ; - INTERNATIONAL CRISIS-GROUP, *Guinée : incertitudes autour d'une fin de règne*, 19 décembre 2003, N°74, pp. 1-38 ; - INTERNATIONAL CRISIS-GROUP *La Guinée : le changement ou le chaos*, N° 121, 14 février 2007, p. passim ; - INTERNATIONAL CRISIS-GROUP, *Note sur la situation politique, sociale et économique en Guinée*, juillet 2007, p. *passim* ; - INTERNATIONAL CRISIS-GROUP, *Guinée : réformer l'armée*, Rapport Afrique N°164 du 23 septembre 2010, p. *passim* ; - INTERNATIONAL CRISIS-GROUP, *Guinée : pour en finir avec le pouvoir militaire*, Briefing Afrique, N°66 octobre 2009, p. *passim* ; - INTERNATIONAL CRISIS-GROUP, *Guinée : la transition ne fait que commencer*, Briefing Afrique, N°58, du 5 mars 2009, p. *passim* ; - INTERNATIONAL CRISIS-GROUP, *Guinée : garantir la poursuite des réformes démocratiques*, Briefing Afrique, N°52, 24 juin 2008, p. *passim*.

[6] Discours du Président Américain Barack Obama au Ghana le 11 juillet 2009.

[7] http://www.la-constitution-en-afrique.org/categorie-10462179.html.

[8] http://www.radio-kankan.com/Nouvelles.
RadioKanKan.161.0.html?&cHash=2169438296&tx_ttnews[tt_news]=6446.

sera promulgué par le décret n° D/068/PRG/CNDD/SGPRG/2010 du Général de brigade Sékouba Konaté, Président de la République par intérim, Président de la transition, ministre de la Défense nationale.

Dès lors, l'alternance politique survenue le 7 novembre 2010 avec l'élection d'un nouveau Président de la République, Alpha Condé, est la conséquence logique de cette adoption de la nouvelle Constitution du 7 mai 2010. Ce changement de personnel dirigeant a été perçu comme une opportunité historique de mise en place d'un nouveau régime politique, d'une nouvelle République et, au-delà, d'un nouvel ordre politique, social et éthique. Il est question de mettre fin au régime constitutionnel institué par le Président Lansana Conté.

Aux yeux des forces vives de Guinée, le changement de personnel politique doit entraîner un changement de régime car le mode de gouvernement a été perçu comme coupable des dysfonctionnements institutionnels et des contre-performances politiques et économiques. La nature du régime politique est, à tort ou à raison, considérée comme l'un de facteurs explicatifs de la crise politique, économique et sociale ayant poussé les syndicats et la société civile à demander l'alternance politique.

Au-delà de cet intéressant rappel du contexte dans lequel est née la Constitution guinéenne du 7 mai 2010, ce qui nous intéresse aussi, en tant que constitutionnaliste, est de savoir, si la nouvelle Constitution du 7 mai 2010 s'inscrit dans une perspective de continuité ou de rupture par rapport à sa devancière ? En d'autres termes, est-ce que les sacrifices consentis par le peuple de Guinée, afin d'obtenir un changement du système ont été récompensés ou non ? La question mérite d'être posée, car après lecture comparée de l'ancien et du nouveau texte constitutionnel, après avoir écouté le discours politique de différents acteurs et observé la pratique institutionnelle naissante, l'interrogation est plus que légitime ! En tout état de cause, il s'agit d'une Constitution prolixe, truffée de répétition et de redondance. Certains articles et/ou paragraphes ne sont que de simples remplissages du texte. Pour donner un ordre d'idées, la nouvelle Constitution du 7 mai 2010 compte dix-neuf (19) titres et cent soixante-deux (162) articles contre douze (12) titres et quatre vingt-seize (96) articles pour l'ancienne Constitution de 1990.

Cette nouvelle constitution dont l'objectif est de marquer une rupture totale avec le passé est née dans la douleur. Mais, en dépit de cette évolution constitutionnelle attendue et de la rupture déclarée (I), n'assistons-nous pas à une continuité manifeste du régime combattu ? (II).

I. Une rupture déclarée

Le retour de la Guinée sur la scène internationale comme un État de droit et démocratique en cette année 2010 ne ressemble-t-il pas à un éternel recommencement ou à du déjà-vu ? Les Guinéens se souviennent toujours de l'enthousiasme qu'avait suscité le NON de Sékou Touré au général de Gaulle en 1958, de l'espoir d'un changement suscité par la mort de Sékou Touré en avril 1984 et de la prise du pouvoir par Lansana Conté le 3 avril 1984, et récemment des promesses de changements faites après la prise du pouvoir par le Capitaine Moussa Dadis Camara le 23 décembre 2008 consécutif au décès de Lansana Conté. C'est pourquoi, la manifestation de joie qui accompagne la naissance de la Troisième République doit être analysée avec modération.

Et pourtant, selon de nombreux observateurs, la naissance de la nouvelle Constitution du 7 mai 2010 et l'élection d'un nouveau Président, Pr Alpha Condé, suffisent sans doute à affirmer que sur le plan des formes et procédures, il s'est opéré en Guinée entre le nouvel ordre constitutionnel et l'ancien, une rupture organisée. Mais, il s'agit d'une rupture dont la mise en œuvre est juridiquement contestable (A). Cette rupture est également observable au niveau des organes constitutionnels (B).

A. Une modalité de rupture contestable

Vu la dégradation des situations politiques, économiques et sociales, les autorités guinéennes semblent être obligées d'accélérer leur engagement politique vers un retour à l'ordre constitutionnel. La pression internationale et/ou le danger interne d'un retour au *statu quo* étaient si forts que la Guinée a décidé de sacrifier le respect de la règle de procédure classique en matière d'adoption de constitution (1) au profit de l'immédiateté et du pragmatisme de l'action gouvernementale (2).

1. L'irrégularité de la procédure de rupture

Contrairement à la procédure classique, la Constitution du 7 mai 2010 fut adoptée par décret présidentiel. Or, il est du principe constitutionnel selon lequel toute adoption d'une Constitution nouvelle doit être faite par référendum. Dans ces conditions, de nombreux constitutionnalistes affirment que la naissance de la nouvelle Constitution guinéenne, synonyme de rupture avec le passé, s'est opérée d'une façon fort controversée ; en tout cas, susceptible d'être contestée et contestable au regard de la procédure utilisée pour faire adopter la nouvelle Constitution du 7 mai 2010.

En effet, lorsque la commission de rédaction du texte termina son œuvre, le projet fut déposé sur le bureau de la Présidente du Conseil National de Transition (CNT), puis adopté le 19 avril 2010 par le CNT. Après adoption, la maquette de la Constitution, est déposée sur le bureau du Président de la République. Ce texte constitutionnel oppose ensuite le CNT représenté par sa Présidente, Rabiatou Serah Diallo et le gouver-nement guinéen représenté par le Premier ministre Jean-Marie Doré.

En raison des enjeux de la transition, le Conseil National de Transition (CNT), dirigé par Rabiatou Serah Diallo, demande au chef de l'État, le Général Sékouba Konaté, pour gagner du temps, de prendre un décret pour adopter la Constitution, afin que la date de l'élection présidentielle du 27 juin

2010 puisse être respectée. Alors que le gouvernement dirigé par le Premier ministre, Jean-Marie Doré, déclare – *se basant sur des principes de droit constitutionnel* – n'avoir jamais eu connaissance de l'adoption d'une Constitution par décret présidentiel. Pour lui, l'adoption de toute constitution ne doit se faire que par référendum. Ainsi, les deux parties s'opposent laissant le soin au chef de l'État de les départager. Sans trop personnaliser le différend, il s'agit d'une confrontation entre la légalité constitutionnelle et la légitimité populaire. Chaque partie campe sur sa position jusqu'à ce que le Président Général Sékouba Konaté décide de trancher par décret n° D/068/PRG/CNDD/SGPRG/2010 et adopte la Constitution, le 7 mai 2010.

La question fondamentale ici n'est pas de savoir entre le gouvernement et le CNT qui a gagné ou a perdu ? Mais de savoir si le peuple se retrouve dans cette Constitution, car le véritable gagnant ou perdant dans cette affaire est bien le peuple de Guinée.

À notre sens, il semble, quoi qu'il arrive, que la procédure utilisée fait perdre la nouvelle Constitution du 7 mai 2010 de l'un des éléments le plus important : *la légitimité populaire*. De fait, par la procédure utilisée, la constitution manque d'onction populaire, de légitimité et d'originalité. Sa valeur juridique se trouve être dévaluée, car le « contrat social » est dépourvu de la souveraineté populaire. La Constitution, au lieu d'être un « pacte social », risque de devenir un « instrument de gouvernement ». C'est pourquoi, nous regrettons fort que le peuple n'ait pas été consulté par référendum pour donner son avis, malgré « l'accouchement » dans la douleur de cette nouvelle constitution.

En tout cas, la formule utilisée par le Président Sékouba Konaté pour l'adoption de la nouvelle Constitution du 7 mai 2010, prend exactement le sens contraire de la procédure classique. Le Président Sékouba Konaté court-circuite le peuple pour faire adopter directement la constitution par décret.

Vu l'enjeu de la question, il était intéressant de saisir la Cour suprême guinéenne pour obtenir son point de vue afin de départager les deux institutions républicaines (Assemblée nationale et Gouvernement). La décision de la Cour aurait plus d'impact sur la population qu'un simple décret présidentiel. Mais, un plan « B » était aussi possible. Il s'agissait de coupler l'élection présidentielle et le référendum constitutionnel à la date du 27 juin 2010 afin de donner la à constitution toute sa légitimité. Mais ce plan *« B »*' n'était pas suffisamment exploré pour être appliqué.

En tout état de cause, le risque est aujourd'hui grand de voir dans l'avenir la Constitution détournée de son objectif, pour être amendée sans passer par un référendum constitutionnel. L'argument sera de taille lorsque le Président de la République estimera que rien ne l'oblige à passer par un référendum constitutionnel pour amender un article de la Constitution, car la Constitution elle-même n'a pas fait l'objet de référendum au moment de son adoption.

C'est en quelque sorte l'application du *principe du parallélisme de forme qui s'impose.*

2. Les éléments de rupture

Sur le plan politique, l'un des éléments les plus importants de la rupture est incontestablement l'organisation du premier et du second tour de l'élection présidentielle, respectivement le 27 juin et le 7 novembre 2010. Ce scrutin a permis l'élection d'un nouveau Président (Pr Alpha Condé) et la naissance d'une Troisième République.

Mais, il faut préciser que « l'onde de changement » vient de loin. Le « ton » était déjà donné depuis les différentes contestations du référendum constitutionnel de 2001, des élections législatives de 2002, de l'élection présidentielle de 2003. Pour illustration, il suffit de se rappeler les différents mouvements de grèves organisés par les organisations syndicales et la société civile avec ses cortèges de morts en mars et juin 2006[9], janvier-février 2007[10], sans oublier le massacre de la population civile le 28 septembre 2009[11] par le CNDD et les victimes de troubles post-électoraux de 2010.

On comprend alors, pourquoi dès le décès du Président Lansana Conté en 2008, les forces vives de Guinée se sont levées pour exiger un nouvel ordre constitutionnel, un nouveau régime politique devant conduire la destinée du pays. Il fallait donner un signal fort aux populations. Pour cela, une nouvelle constitution et des nouvelles élections transparentes, libres et démocratiques étaient nécessaires. Ces deux éléments étaient censés opérer une « tabula rasa » et poser les jalons d'un nouveau style de gouvernement, différent de celui qui avait fini par décevoir les Guinéens.

Sur le plan politique, parmi ces éléments de rupture, l'on peut dire que c'est la première fois qu'une élection présidentielle donne lieu à un deuxième tour ; qu'un opposant accède au pouvoir ; qu'un ancien Président effectue la passation du pouvoir à un autre mais surtout qu'un candidat à l'élection reconnaisse sa défaite et accepte la victoire de son adversaire... En tout cas, le geste démocratique du leader de l'UFDG (Cellou Dalein Diallo) qui a accepté de reconnaître le verdict de la Cour suprême constatant le 3 décembre 2010 sa défaite est à encourager. C'est une première en Guinée. Cela a permis l'aboutissement dans la paix du processus d'alternance chaotique, pour le moins de l'élection du premier Président de la Troisième République, sous la Constitution du 7 mai 2010. Le geste de Cellou Dalein a permis à la Guinée d'éviter le scénario ivoirien.

Mais sur le plan juridique, la rupture doit être relativisée ; elle n'est pas totale, dans la mesure où la nouvelle Constitution n'est pas de facture

---

[9] Seize personnes ont été tuées.

[10] 129 morts et plus de 1 764 blessés.

[11] 160 morts et plus de 2 000 blessés.

classique. Elle ne ressort pas du classicisme américain, anglais ou français, mais d'une combinaison de toutes ces constitutions, avec toutefois une prédominance présidentialiste. La nouvelle Constitution garde ses « bretelles juridiques[12] » avec sa devancière. Même si l'ancienne Constitution de 1990 a disparu avec la mort de son père fondateur, le Président Lansana Conté, la logique juridique de la Constitution de 1990 continue à hanter la nouvelle constitution du 7 mai 2010. La nouvelle constitution est la dérivée de la Loi fondamentale de 1990. Il s'agit alors d'une rupture incomplète avec la logique autoritaire de l'ancienne constitution mais une rupture quand même remarquable avec la prolifération des organes constitutionnels.

B. Une modalité de rupture remarquable par la prolifération des organes constitutionnels

Officiellement, pour répondre aux besoins exprimés par les forces vives de Guinée, le constituant décide de rompre avec l'arbitraire de l'ancien système en élargissant les organes constitutionnels susceptibles de répondre aux attentes de la population. Il s'agit de lutter contre les violations des droits de l'homme et des libertés fondamentales, de lutter contre le détournement de deniers publics, de crédibiliser les résultats des élections, de stopper la violence comme mode de gestion du pouvoir, etc.

Dès lors, de nombreux organes sont apparus nécessaires et ont été constitutionnalisés. Contrairement à l'ancienne Constitution de 1990 qui ignorait l'organe exécutif, la Constitution de 7 mai 2010 renoue avec la trilogie classique de Montesquieu caractérisée par les pouvoirs exécutif, législatif et judiciaire.

Dans la nouvelle Constitution, le pouvoir exécutif fait figure d'organe constitutionnel dans le titre III, avec deux sous-organes que sont : le Président de la République et le Premier ministre. À ce niveau, c'est la constitutionnalisation de la fonction de Premier ministre qui nous intéressera ici (1), car la fonction du Président de la République était déjà connue de l'ancien texte de la Loi Fondamentale de 1990. Ensuite, nous assistons à l'éclatement du pouvoir judiciaire en plusieurs organes constitutionnels. Certains sont confinés à l'intérieur du pouvoir judiciaire en tant que sous-organes du pouvoir judiciaire que sont la Cour suprême et la Cour des Comptes. Alors que d'autres sont soustraits du pouvoir judicaire. Ici, seule la Cour des Comptes (2) nous intéressera, car la Cour suprême était déjà connue de l'ancienne constitution et a fait l'objet d'un long développement antérieur[13]. Enfin, nous notons la création d'autres organes constitutionnels à caractère mixte. Ils sont à cheval entre la Justice et la Politique et sont donc difficiles à classer. C'est le cas de la Cour constitutionnelle et de la Haute Cour

---

[12] I. M. Fall, *Évolution constitutionnelle du Sénégal – de la veille de l'indépendance aux élections de 2007*, *op. cit.*, p. 91.

[13] Cf. deuxième partie, titre II, chap. I, Section III.

de Justice dont on peut penser qu'elles relèvent toutes les deux du pouvoir judiciaire, mais le constituant semble les écarter de ce compartiment. À ce niveau aussi, seule la Cour constitutionnelle (3) nous intéressera, car la Haute Cour de Justice était connue de la précédente Constitution. D'autres organes à caractère purement politique viennent fermer cette longue liste. C'est le cas de la Commission Électorale nationale Indépendance (4), de l'institution nationale indépendante des droits de l'homme (E), du médiateur de la République (5) et des forces de défense et de sécurité (6).

1. La constitutionnalisation du poste de Premier ministre

La fonction de Premier ministre en Guinée est désormais prévue dans la Constitution du 7 mai 2010. C'est la deuxième fois que cette fonction est constitutionnalisée. La première constitutionnalisation a eu lieu en 1982 lors de la réforme constitutionnelle du 14 mai où de manière laconique l'article 57 de la loi constitutionnelle disposait que « le gouvernement révolutionnaire se compose du Premier ministre et des Ministres… ». Mais pendant la deuxième République, la Loi fondamentale de 1990 avait supprimé purement et simplement le poste du Premier ministre. Il faudra attendre la Troisième République pour que ce poste de Premier ministre revienne dans l'ordre constitutionnel guinéen. Avec le décret n° D/068/PRG/CNDD/SGPRG/2010 adoptant la nouvelle Constitution, la fonction de Premier ministre est désormais organisée dans le « le sous-titre II.- Du Premier ministre » - relevant du « titre III - Du pouvoir exécutif ».

À partir de là, la théorie veut se conformer à la pratique politique. Désormais, la réalité politique a fini par vaincre les réticences du pouvoir politique puis rompre avec le monocéphalisme de l'exécutif. La dualité du pouvoir exécutif devient une réalité constitutionnelle. Dès lors, le pouvoir exécutif se subdivise en deux organes constitutionnels : celui du Président de la République, chef de l'État, et celui du Premier ministre, chef du gouvernement.

Mais, l'autre fait marquant de cette évolution constitutionnelle en Guinée, c'est que l'on attendait d'un Premier ministre avec des pouvoirs élargis, disposant d'un véritable levier sur l'action gouvernementale et responsable devant l'Assemblée nationale, mais il n'en a rien été. Le nouveau Premier ministre est, comme dans le passé, un simple coordonnateur de l'action gouvernementale et n'a pas reçu, de la nouvelle Constitution, plus de pouvoirs que ses prédécesseurs. Ce qui le différencie avec le Premier ministre de « l'ère Conté » ne marque pas de différence, car il ne suffit pas d'être constitutionnalisé pour influencer l'action gouvernementale. Il faut en plus que cette constitutionnalisation avoir des pouvoirs propres. Or, que ce soit le Premier ministre « Contéin » ou le Premier ministre « Condéin », ils ont tous que de pouvoirs honorifiques et leur responsabilité est organisée à l'égard du Président qu'à celui de l'Assemblée nationale.

La constitutionnalisation du poste de Premier ministre ressemble plus à une codification qu'à une innovation ; elle résulte de la coutume constitutionnelle et de la pratique politique des régimes précédents[14]. Le constituant guinéen n'a fait que codifier la pratique inconstitutionnelle de la Deuxième République, sans tirer les leçons de la faiblesse de cette institution. À titre d'exemple, comme dans le passé, aucun organe constitutionnel n'est impliqué dans la nomination ou la révocation du Premier ministre. Dans ces conditions, le Premier ministre est une proie facile pour le chef de l'État, qui a un droit de « vie et de mort statutaire » sur son chef du gouvernement.

Pour s'en convaincre, il suffit de s'intéresser aux contours de la nomination de l'actuel Premier ministre (Mohamed Saïd Fofana). Les cent premiers jours de son existence ne nous rassurent pas sur sa qualité de chef du gouvernement, comme l'indique l'article 52 de la nouvelle Constitution du 7 mai 2010[15]. Rappelons que l'article 53 prévoit que les Ministres sont nommés par le Président de la République, mais sur proposition du Premier ministre. Or, nous constatons que le Président de la République, dès son investiture le 21 décembre 2010, nomme François Lounseny Fall le 23 décembre 2010, comme ministre d'État, Secrétaire général de la Présidence de la République et Diané comme Directeur du Cabinet, avant même de nommer le Premier ministre. Ce dernier ne sera nommé que le vendredi le 24 décembre 2010.

Dans ces conditions, si la nomination de son Directeur de Cabinet ne pose aucun problème, il n'en est pas de même pour le ministre d'État, Secrétaire général de la Présidence de la République, qui devrait lui être normalement proposé par son Premier ministre comme l'indique l'article précité. En l'espèce, où se trouve la liberté de choix et de proposition du Premier ministre pour son gouvernement ? Cette nomination n'est-elle pas entachée d'un vice de forme ?

2. La Cour des Comptes

Comme l'indique la nouvelle Constitution du 7 mai 2010, la Cour des Comptes est un sous-organe du pouvoir judiciaire. Elle est organisée par un article unique qui dispose : « La Cour des Comptes est la juridiction de contrôle a posteriori des finances publiques. Elle dispose d'attributions juridictionnelles et consultatives. Elle statue sur les comptes publics, ceux des collectivités territoriales et locales, des établissements publics, des entreprises publiques et parapubliques et de tous organismes et institutions bénéficiant de

---

[14] La fonction de Premier ministre fut improvisée pour la première fois en Guinée le 26 avril 1972 et Lansana Beavogui a été le 1er à occuper ce poste. Puis, pendant la Deuxième République, la fonction de Premier ministre fut improvisée le 9 juillet 1996, et Sidiya Touré fut le 1er à occuper ce poste. Mais avant cette date, pendant l'état d'exception, le colonel Diara Traoré a été aussi nommé Premier ministre.

[15] Selon l'art. 52, « Le Premier Ministre chef du gouvernement est nommé par le Président de la République... ».

concours financiers de l'État. Elle connaît également des comptes de campagnes électorales et de toute matière qui lui est attribuée par la loi. La Cour des Comptes est également chargée de contrôler les déclarations des biens telles que reçues par la Cour Constitutionnelle. Elle élabore et adresse un rapport au Président de la République et à l'Assemblée nationale. La composition, l'organisation, le fonctionnement de la Cour des Comptes et le régime disciplinaire de ses membres sont fixés par une loi organique »[16].

Par ailleurs, l'institutionnalisation de cette Cour est dans la droite ligne des besoins exprimés par le peuple de Guinée de lutter contre les détournements des deniers publics qui caractérisaient l'ancien régime. L'affaire *Mamadou Sylla et Fodé Soumah* respectivement ex-Président du Conseil Économique et Social et ex-directeur adjoint de la Banque centrale n'est pas en reste de la naissance de cette Cour des Comptes. Rappelons que tous les deux ont été accusés de détournement d'argent public. Ils ont été arrêtés et mis en prison, avant que le Chef de l'État se rende à la prison centrale de Conakry, le 16 décembre 2006 pour les libérer. Cet acte du Président a été la goutte d'eau qui fait déborder le vase et considéré comme la cause immédiate de la grève générale de janvier-février 2007.

3. La Cour Constitutionnelle

Comme l'on s'y attendait, le constituant guinéen crée une nouvelle Cour constitutionnelle pour se ranger dans ce qu'André Cabanis qualifie de « constitutionnalisme de la troisième vague en Afrique francophone »[17]. Cette Cour occupe une place importante dans la nouvelle Constitution du 7 mai 2010, comme en témoignent les 14 articles qui lui sont réservés. Elle est placée avant le pouvoir judiciaire mais en dehors de ce dernier, dans le Titre VI. Dans ces conditions, le constituant fait de la Cour constitutionnelle un organe non juridictionnel ou du moins politique. Alors que l'idée recherchée pour tout État de droit est de faire de l'organe chargé du contrôle de la constitutionnalité des lois un véritable pouvoir judiciaire indépendant du pouvoir politique. Le constituant guinéen s'éloigne du système judiciaire américain dominé par la Cour suprême, sans se rapprocher du système français où la Cour suprême est scindée en trois juridictions suprêmes : Cour de Cassation, Conseil d'État et Conseil Constitutionnel.

La Cour constitutionnelle dépouille l'ancienne Cour suprême de l'essentiel de ses prérogatives. Selon l'article 94 de la constitution du 7 mai 2010, « la Cour Constitutionnelle statue : sur la constitutionnalité des lois ; sur le contentieux électoral ; sur le Règlement intérieur de l'Assemblée nationale ; du Conseil Économique et Social ; de la Haute Autorité de la Communication ; de la Commission Électorale nationale Indépendante ; de l'Institution

---

[16] Cf. l'art. 116 de la constitution du 7 mai 2010.

[17] A. Cabanis, M.-L. Martin, *Le constitutionnalisme de la troisième vague en Afrique francophone*. Belgique, 2010, p. passim.

Nationale des Droits Humains ; du Médiateur de la République ; du Haut Conseil des Collectivités Locales quant à leur conformité à la Constitution ; les conflits d'attributions entre les organes constitutionnels ; l'exception d'inconstitutionnalité soulevée devant les juridictions ; les recours formés contre les actes du Président de la République pris en application des articles 2, 45, 74 et 90, ainsi que les recours formés contre les Ordonnances prises en application de l'article 82, sous réserve de leur ratification »[18].

La Cour Constitutionnelle est aussi la juridiction compétente « en matière constitutionnelle, électorale et des droits et libertés fondamentaux. Elle juge de la constitutionnalité des lois, des ordonnances ainsi que de la conformité des traités et accords internationaux à la Constitution. Elle garantit l'exercice des droits fondamentaux de la personne humaine et des libertés publiques. Elle veille à la régularité des élections nationales et des référendums dont elle proclame les résultats définitifs. Elle est l'organe régulateur du fonctionnement et des activités des Pouvoirs législatif et exécutif et des autres organes de l'État »[19]. L'institutionnalisation de cette Cour constitue une nette évolution par rapport au passé. Deux faits caractérisent cette évolution.

Primo, c'est la démocratisation de la saisine de la Cour Constitutionnelle. Contrairement à la Deuxième République où seul le chef de l'État ou un dixième des députés pouvaient saisir la Cour suprême[20], désormais la Cour constitutionnelle peut être saisie par voie d'action ou par voie d'exception[21]. En d'autres termes, la Cour Constitutionnelle peut être saisie par le Président de la République, le Président de l'Assemblée nationale, un dixième des députés, ou par l'institution nationale des droits humains[22]. Mais, tout plaideur peut soulever l'exception d'inconstitutionnalité d'une loi devant toute juridiction[23]. La juridiction saisie, sursoit à statuer et renvoie l'exception devant la Cour constitutionnelle. Dans ce cas, la Cour constitutionnelle statue dans les quinze jours de sa saisine. Les engagements internationaux prévus à l'article 150 sont déférés avant ratification à la Cour constitutionnelle, soit par le Président de la République, soit par le Président de l'Assemblée nationale ou par un député[24]. Dans tous les cas de saisine, la Cour Constitutionnelle statue dans un délai maximum de quinze jours, sauf demande du Président de la République, ramenée à huit jours[25]. Les arrêts de la Cour constitutionnelle sont insusceptibles de recours[26].

---

[18] Cf. l'art. 94 de la Constitution du 7 mai 2010.
[19] Cf. l'art. 93 de la Constitution du 7 mai 2010.
[20] Cf. l'art. 64 de la Loi fondamentale du 23 décembre 1990.
[21] Cf. l'art. 96 de la Constitution du 7 mai 2010.
[22] Cf. l'art. 95 de la Constitution du 7 mai 2010.
[23] Cf. l'art. 96 de la Constitution du 7 mai 2010.
[24] Cf. l'art. 97 de la Constitution du 7 mai 2010.
[25] Cf. l'art. 98 de la Constitution du 7 mai 2010.
[26] Cf. l'art. 99 de la Constitution du 7 mai 2010.

Secundo, la composition des membres de la Cour constitutionnelle a connu un dosage équilibré entre les différentes institutions républicaines. Le Président de la République n'a plus le monopole de sa composition, comme ce fut le cas pour l'ancienne Cour constitutionnelle. En effet, parmi les neufs (9) membres prévus pour la Cour Constitutionnelle, un (1) seul est nommé par le Président de la République. C'est ce qui ressort des dispositions de l'article 100 de la Constitution qui dispose que « la Cour Constitutionnelle comprend neuf (9) membres âgés de quarante-cinq (45) ans au moins choisis pour leur bonne moralité. Elle est composée de : deux (2) personnalités reconnues pour leur probité et leur sagesse, dont une (1) proposée par le Bureau de l'Assemblée nationale et une (1) proposée par le Président de la République ; trois (3) magistrats ayant au moins vingt (20) années de pratique, désignés par leurs pairs ; un (1) avocat ayant au moins vingt (20) années de pratique élu par ses pairs ; un (1) enseignant de la Faculté de droit titulaire au moins d'un doctorat en droit public et ayant une expérience d'au moins vingt (20) années, élu par ses pairs ; deux (2) représentants de l'Institution Nationale des Droits Humains reconnus pour leur longue expérience ». Le Président de la Cour est élu par ses pairs pour un mandat de 9 ans non renouvelable[27]. Donc le constituant guinéen semble rejoindre ses homologues maliens, béninois et autres en matière d'exigence.

Cependant, l'autre enjeu de la justice constitutionnelle est le dosage ethnique de cette Cour, que le constituant a passé sous silence. En effet, on ne peut pas ignorer cette réalité sociologique du pays. Si la Guinée est une Nation, celle-ci est à construire et/ou à reconstruire car, avant tout, la Guinée est composée de différents groupes ethniques qui n'ont pas forcément les mêmes intérêts. C'est pourquoi, il faudra, en plus de ce dosage institutionnel, un savant dosage ethnique. En d'autres termes, il faut éviter que les neufs (9) membres de la Cour Constitutionnelle soient tous, ou majoritairement, originaires d'une seule des ethnies qui composent la nation guinéenne.

Dans le domaine de la justice politique relevant de la « *Haute Cour de Justice* », il y a une nette évolution quant à la composition de ladite Cour. La Haute Cour de Justice, contrairement à l'ancien système[28], a une composition mixte. Selon l'article 117 de la nouvelle Constitution de 2010, « La Haute Cour de Justice est composée d'un membre de la Cour Suprême, d'un membre de la Cour Constitutionnelle, d'un membre de la Cour des Comptes et de six députés élus par l'Assemblée nationale. Chacun des membres de ces Cours est élu par ses pairs. Le Président de la Haute Cour de Justice est un Magistrat élu par les membres de la Haute Cour de Justice. Les décisions de la Haute Cour

---

[27] Cf. l'art. 101 de la Constitution du 7 mai 2010.

[28] Selon l'art. 85 de la Loi fondamentale de 1990, « La Haute Cour de Justice est composée de membres élus par l'Assemblée Nationale, en son sein, au début de chaque législature ».

de Justice ne sont susceptibles d'aucun recours si ce n'est en grâce ou en révision ».

Cependant, sont visés par la « Haute Cour de Justice », le Président de la République en cas de haute trahison, le Premier ministre et les autres membres du Gouvernement pour crimes et délits[29]. Ainsi, la nouvelle Constitution a non seulement défini la haute trahison[30], mais en plus, la mise en accusation du Président de la République est rendue moins compliquée par la nouvelle Constitution. Selon l'article 120, un dixième seulement des députés peut demander la mise en accusation du chef de l'État, du Premier ministre et des Ministres.

4. La Commission Électorale Nationale Indépendante (CENI)

La Commission Électorale nationale Indépendante (CENI) est érigée au rang d'un organe constitutionnel, dans la nouvelle Constitution du 7 mai 2010. Elle occupe le titre XII de la Constitution et deux articles lui sont consacrés. L'un fixe les grandes orientations de ladite Commission en son art. 132, la « Commission Électorale nationale Indépendante (CENI) est chargée de l'établissement et de la mise à jour du fichier électoral, de l'organisation, du déroulement et de la supervision des opérations de votes. Elle en proclame les résultats provisoires ». L'autre article 133, renvoie à une loi organique pour déterminer la composition, l'organisation et le fonctionnement de la commission.

La constitutionnalisation de la CENI constitue, en l'espèce, une évolution remarquable et une première en Afrique. Mais en Guinée, l'existence de la CENI en tant qu'institution républicaine précède sa constitutionnalisation. La CENI existait en Guinée depuis 2005. Pour la petite histoire, l'idée de créer un organe de gestion des élections remonte aux contestations des différentes élections présidentielles de 1993, 1998 et 2003, mais aussi aux législatives de 1995 et 2002. Cependant, il faudra attendre le refus de l'opposition guinéenne de participer aux élections législatives de 2002 et présidentielle de 2003, pour que le gouvernement accepte de créer, en 2005, une structure administrative dite indépendante, la CENI[31]. Elle a été régie par la loi organique N°L/2007/013/PRG/SGG/07 du 29 octobre 2007. Elle est dotée de la personnalité juridique et de l'autonomie financière. Elle a son siège à Conakry.

L'enjeu fondamental de la CENI, c'est d'assurer son indépendance pour garantir l'autonomie de ses décisions afin de limiter les contestations électorales en Guinée. C'est pourquoi, la question posée est de savoir si la CENI est aujourd'hui devenue indépendante comparée à ce qu'elle était avant

---

[29] Cf. l'art. 119 de la Constitution du 7 mai 2010.

[30] Cf. l'art. 118 de la Constitution du 7 mai 2010.

[31] Cf. le discours de l'opposant Sidiya Touré (UFR) à Paris, le 12 septembre 2009. Mais pour reprendre le Président de l'UFR, il faut préciser que cette CENI n'a jamais été indépendante comme l'exigeait l'opposition.

sa constitutionnalisation. Il est difficile de répondre à cette question, dans la mesure où la CENI, en tant qu'organe constitutionnel, n'existe que depuis quelques mois. Mais, si l'on se réfère à sa gestion de l'élection présidentielle de 2010, il y a de quoi s'inquiéter. Lors de cette dernière élection présidentielle, la CENI guinéenne n'a pas montré son indépendance, du moins dans la pratique ; elle reste influencée et influençable par le pouvoir politique. C'est ce qui ressort du résultat du premier et du second tour de l'élection présidentielle guinéenne de 2010.

En tout état de cause, malgré sa constitutionnalisation, ce n'est pas dans la Constitution qu'il faut chercher l'indépendance de la CENI. Car, la Constitution du 7 mai 2010 se limite à codifier les attributs de la loi organique de 2007[32] relative à l'ancienne CENI, sans lui attribuer de véritables prérogatives garantissant son indépendance. Les dispositions constitutionnelles ne garantissent ni son indépendance ni son autonomie de décision.

Or, compte tenu de la monocratie plébiscitaire de la Deuxième République où Constitution ne pouvait venir contrecarrer l'omnipotence présidentielle, l'on attendait que la nouvelle constitution « accouche » d'une nouvelle structure de CENI, juridiquement indéboulonnable. Mais, l'expérience de l'élection présidentielle de 2010 montre une CENI déchirée, laissant apparaître de nombreuses et graves irrégularités au premier tour, qui ont même donné lieu à des condamnations en justice[33]. Pour toutes ces raisons, sous la pression du Rassemblement du Peuple de Guinée (RPG), le second tour de l'élection présidentielle n'a pu être organisé que cinq (5) mois plus tard[34] en violation flagrante de la Constitution.

Plus grave encore, à la suite du décès du Président de la CENI, Ben Sékou Sylla, le 14 septembre 2010 à Paris, les deux partis politiques au second tour (UFDG et RPG) ont été dans l'impossibilité de s'entendre sur un nouveau Président de la CENI. Il a fallu chercher un étranger en la personne du Général Siaka Sangaré[35], de nationalité malienne pour diriger la CENI et conduire le

[32] Cf. loi organique N°L/2007/013/PRG/SGG/07 du 29 octobre 2007.

[33] El hadj Boubacar Diallo et Louseny Camara ont été condamnés pour fraude électorale par le tribunal de Conakry.

[34] Le premier tour de l'élection présidentielle a eu lieu le 27 juin 2010 et le second tour le 7 novembre 2010 ; alors que la constitution prévoit l'organisation du second tour dans un délai de quatorze (14) jours.

[35] Dans un décret lu à la RTG par le directeur du Bureau de presse de la Présidence de la République, le mardi 19 octobre 2010, le Président de la Transition, le Général d'armée Sékouba Konaté, a nommé le Général Siaka Toumani Sangaré, Président de la CENI. Le Général Siaka Sangaré est un expert malien en matière électorale travaillant en Guinée pour le compte de l'Organisation Internationale de la Francophonie (OIF). Dans un autre Décret, le Général Sékouba Konaté a nommé Louncény Camara et Hadja Aminata Mame Camara, vice-présidents de la CENI. Cette décision de nominations intervient à une période de crise au sein de la CENI. Nommé par Décret présidentiel le 19 octobre 2010, le Général Sangaré prête serment en tant que membre de la CENI, Institution en charge de l'organisation des élections en République de Guinée. Selon l'article 23 de la Loi L 2007/013/AN adoptant et promulguant

second tour de l'élection présidentielle. Cette crise de la CENI montre qu'elle n'était pas objectivement indépendante mais contrôlée par l'administration et les partis politiques les plus influents.

Signalons enfin que la nomination d'un étranger, en l'occurrence le Général Malien (Siaka Sangaré) comme Président de la CENI est illégale[36]. Selon l'esprit de la loi L/98/001/ du 6 janvier 1998 portant adoption et promulgation de la loi relative à la double nationalité, des fonctions importantes, comme le Président de la CENI, le Président de l'Assemblée nationale, le Président de la Cour suprême et/ou le Président de la République, ne peuvent être dirigées par un étranger. Signalons que cette nomination d'un étranger à la tête d'une institution républicaine n'est pas un cas isolé en Guinée. Pendant la première République, le Président Sékou Touré avait nommé aussi en 1966 l'ex-Président ghanéen Kwame Nkrumah comme Vice-Président de la Guinée après que ce dernier a été victime au Ghana d'un coup d'État, le 24 février 1966.

5. L'Institution Nationale Indépendante des Droits Humains (INIDH)

L'Institution Nationale Indépendante des Droits Humains (INIDH) est prévue dans le titre XVI en tant qu'organe constitutionnel. Elle est née en réponse à la grave violation des droits de l'homme survenue pendant le dernier règne du Président Lansana Conté et du Capitaine Moussa Dadis Camara. Avant sa constitutionnalisation, elle existait en tant qu'Organisation Guinéenne de Défense des Droits de l'Homme et du Citoyen (OGHD) dont Thierno Madjou Sow fut le Président.

Dans sa version actuelle, l'article 146 de la Constitution prévoit que « l'Institution Nationale Indépendante des Droits Humains est chargée de la promotion et de la protection des droits humains ». Aucun membre du Gouvernement ou de l'Assemblée nationale, aucune autre personne physique ou morale, publique ou privée, ne doit entraver l'exercice de ses activités. L'État doit lui accorder l'assistance dont elle a besoin pour son fonctionnement et pour préserver son indépendance et son efficacité[37].

Cette institution des droits humains, (INIDH), comme celle de la CENI, est une première en Afrique. Dans ces conditions, il apparaît, sur le papier, une nette évolution de la Constitution guinéenne par rapport à ses homologues africains. Le constituant guinéen se montre résolument engagé à tirer les leçons du passé et à lutter contre les maux qui minent la société guinéenne.

---

la loi portant création, attribution, composition, organisation et fonctionnement de la Commission Électorale Nationale Indépendante, CENI, tout membre de la CENI, avant d'entrer en fonction doit prêter serment devant la juridiction compétente.

[36] Diallo Saliou Bobo Taran, *La nomination du Président de la CENI (Général Siaka Toumani Sangaré) est illégale mais légitime,* publié sur le Net http://www.guineaforum.org/articles/thematique.asp?num=513

[37] Cf. l'art. 147 de la constitution du 7 mai 2010.

Mais, un autre point non résolu est celui de savoir si les compétences de l'INIDH seront rétroactives pour connaître les violations des droits de l'homme commises pendant la Première et/ou la Deuxième République ? Selon l'art. 148, une loi organique est prévue pour réglementer sa composition, son organisation et son fonctionnement[38].

6. Le Médiateur de la République

Le poste du Médiateur de la République est prévu dans le titre XI de la nouvelle Constitution. Cette institution est une nouveauté en Guinée, aussi bien dans son existence que par le rang qu'elle occupe. Inconnue dans le passé, elle est aujourd'hui érigée en tant qu'organe constitutionnel. C'est en Suède que cette institution a été créée pour la 1re fois, avant que d'autres pays s'en inspirent.

En Guinée, selon l'article 127 de la Constitution, « le Médiateur de la République est un organe intercesseur, gracieux et indépendant, entre l'Administration Publique et les administrés. Le Médiateur de la République reçoit dans les conditions fixées par la loi, les réclamations des administrés, dans leurs relations avec les administrations de l'État, les circonscriptions territoriales, les collectivités locales, les établissements publics, ainsi que tout organisme investi d'une mission de service public ou à qui la loi attribue de telles compétences ». Dans l'accomplissement de ses fonctions, le Médiateur de la République n'est soumis ni aux directives ni au contrôle de nulle autre personne ou autorité[39].

Le Médiateur de la République est nommé par le Président de la République pour un mandat de sept (7) ans non renouvelables, par décret pris en Conseil des Ministres, parmi les hauts fonctionnaires, retraités ou non, ayant au moins trente ans de service. Il ne peut être démis de ses fonctions qu'en cas d'empêchement définitif ou de faute grave constatés par la Cour Suprême[40].

Le rôle du Médiateur de la République est d'assainir les relations sociales, de concilier, de servir d'intermédiaire par voie de négociations, car il n'est pas rare de voir, en Guinée, un administré subir des sanctions injustes de son supérieur hiérarchique sans que ce dernier fasse un recours auprès des autorités compétentes. Au moment où le pays s'apprête à amorcer un régime constitutionnel démocratique, il est normal de mettre en place un organe intercesseur entre l'administration publique et les administrés, jouissant de son indépendance. C'est dire que celui-ci reste et demeure un relais indispensable du juge administratif et non un concurrent de ce dernier. C'est ce qui justifie

[38] Cf. l'art. 148 de la Constitution du 7 mai 2010.
[39] Cf. l'art. 128 de la Constitution du 7 mai 2010.
[40] Cf. l'art. 129 de la Constitution du 7 mai 2010.

logiquement la nécessité de mettre en place cette institution chargée de pacifier les relations sociales entre gouvernant et gouvernés.

Mais une fois mis en place, la nomination du Médiateur de la République fait l'objet de violation de la Constitution. Nommé par décret du Président par intérim – *le Général Sékouba Konaté* – le 23 octobre 2010, Dr Sékou Koureïssy Condé fut limogé et remplacé par Faciné Touré le 7 janvier 2011 par décret du Président Alpha Condé. Au vu de l'article 129 de la Constitution, le limogeage du Dr Sékou Koureïssy Condé est qualifié par certains de « parjure », car d'après l'article précité « ... le médiateur de la République est nommé pour un mandat de sept (7) ans non renouvelable... il ne peut être démis de ses fonctions qu'en cas d'empêchement définitif ou de faute grave constatés par la Cour suprême ». Le constituant fait du décret nommant le Médiateur de la République, un contrat à durée déterminée (CDD) non renouvelable. Par conséquent, en limogeant le Médiateur de la République comme l'a fait le Président de la République, ce dernier viole la nouvelle Constitution en son article 129. Interrogé sur les raisons de cette violation de la Constitution, le Président Alpha Condé répond : « Il s'agit de respecter mon engagement au protocole d'accord que j'avais signé avec la coordination du Mandingue de leur attribuer ce poste (Médiateur) en contrepartie de leur soutien à ma candidature au second tour de l'élection présidentielle du 7 novembre 2010. »[41] Cela veut dire qu'en Guinée, un protocole d'accord entre parties a une valeur juridique supérieure à la Constitution. En d'autres termes un accord sous seing privé a une autorité supra constitutionnelle. Le souci de respecter des promesses électorales surpasse de loin le serment constitutionnel de l'article 35 de la constitution[42]. C'est déplorable.

7. Les Forces de Défense et de Sécurité

Les Forces de Défense et de Sécurité (FDS) sont une nouvelle institution dans ce ciel constitutionnel guinéen. Inconnue dans le passé, cette institution est une première en Guinée. Elle a été créée pour tirer les leçons du comportement peu honorable des forces de l'ordre guinéennes. L'observation montre que l'armée, au lieu de demeurer à la périphérie du jeu politique et de se soumettre au pouvoir civil, envahit la scène politique au gré de ses intérêts corporatistes. Déviant de sa mission première qui est la protection de la population, l'Armée devient progressivement un instrument de conquête du

---

[41] Cf. http://www.ramatoulaye.com/nouvelle_politique.cfm?politique_id=412 ; Voir aussi, la loi organique Loi N°LO/004/CNT/2010 adoptée par le Conseil National de la Transition et promulguée par le Général Sékouba Konaté, le 20 décembre 2010, indiquant les modalités de limogeage du Médiateur de la République.

[42] Selon l'art. 35 de la constitution du 7 mai 2010 : « Moi __________, Président de la République élu conformément aux lois, je jure devant le Peuple de Guinée et sur mon honneur de respecter et de faire respecter scrupuleusement les dispositions de la Constitution, des lois et des décisions de justice, de défendre les Institutions constitutionnelles, l'intégrité du territoire et l'indépendance nationale. En cas de parjure que je subisse les rigueurs de la loi. »

pouvoir. Au lieu de s'imposer comme arbitre ou du moins comme Médiateur, l'Armée devient acteur politique et siffle la fin de la recréation en fonction de ses intérêts. C'est pourquoi, à l'aune de la Troisième République, le constituant veut prendre le devant en prévoyant à l'article 141 que « les forces de défense et de sécurité sont républicaines. Elles sont au service de la Nation. Elles sont apolitiques et soumises à l'autorité civile. Nul ne doit les détourner à ses fins propres ».

Donc on constate que le constituant cherche à redéfinir le rôle de l'Armée, car sa politisation avait fini par la détourner de sa mission[43]. N'étant plus neutre, elle était à l'origine de toutes les violations des droits de l'homme[44]. Ensuite, il a été constaté que chaque fois qu'un nouveau Président arrive au pouvoir, ce dernier cherche à recruter et former des jeunes militaires appartenant à son ethnie afin de protéger son pouvoir politique[45]. C'est en quelque sorte une patrimonialisation de l'Armée. C'est pourquoi, l'article 143 de la Constitution prévoit que « nul ne doit organiser des formations militaires, paramilitaires ou des milices privées, ni entretenir un groupe armé ».

L'autre problème dans l'Armée guinéenne est sa partialité. Elle est sociologiquement et ethniquement déséquilibrée, aussi bien au niveau de la base qu'au sommet de la prise de décisions. Or, l'Armée doit être un corps, reflétant aussi bien les grands équilibres nationaux que la diversité ethnique régionale du pays. Elle doit donc être républicaine dans sa composition, dans son fonctionnement et dans ses missions. Elle ne peut donc se constituer en garde prétorienne à la dévotion des gouvernants qui la corrompent pour s'éterniser au pouvoir. Une Armée politisée ne peut donc être républicaine : elle se transforme inexorablement en milice ou en garde prétorienne.

C'est pourquoi, pour qu'il y ait rupture avec le passé et pour que l'alternance soit une réalité, autant l'Armée que les gouvernements doivent cesser de se comporter comme « propriétaires du pouvoir politique », sans quoi la rupture ne sera qu'illusoire. En comparant l'actuelle et l'ancienne Constitutions, et après avoir suivi les premiers signes du nouveau gouvernement, il semble que la Guinée se dirige inexorablement vers une rupture ratée, synonyme à un éternel recommencement.

---

[43] T. M. Bangoura, D. Bangoura, *Gouvernance et réforme du secteur de la sécurité en Guinée*. Paris, L'Harmattan, 2010, p. passim ; - M. A. Barry, *L'armée guinéenne comment et pourquoi faire*. Paris, L'Harmattan, 2009, p. passim ; M. A. Barry, *Guerres et trafic d'armes en Afrique : approche géostratégique*. Paris, L'Harmattan, 2006, p. passim ; – Voir aussi les déclarations de la FIDH et l'OGDH sur Internet.

[44] Voir l'interview de Mamadou Aliou Barry, Président de l'ONDH en Guinée http://www.tamtamguinee.com/ fichiers/videos2.php?langue=fr&idc=fr ; Voir aussi les déclarations de la Fédération Internationale des droits de l'Homme FIDH et de l'OGDH sur Internet.

[45] INTERNATIONAL CRISIS-GROUP, *Guinée : réformer l'armée*, Rapport Afrique N°164 du 23 septembre 2010, passim.

II. Une rupture ratée

Une lecture comparée[46] de la Constitution du 7 mai 2010 et de sa devancière révèle une continuité matérielle remarquable tant au niveau des principes constitutionnels consacrés qu'à celui de l'aménagement des institutions républicaines. La substance normative de la nouvelle constitution procède d'une continuité évidente avec la Constitution précédente (A). En d'autres termes, la nouvelle Constitution du 7 mai 2010 est faite avec les débris de l'ancienne Loi fondamentale du 23 décembre 1990. Le constituant guinéen fait du neuf avec du vieux : *c'est du déjà-vu.* Cela ressemble à un recyclage constitutionnel, donnant manifestement lieu à une réécriture commentée de la Constitution (B).

A. Une continuité des conditions d'exercice du pouvoir

La nouvelle Constitution du 7 mai 2010 produit une illusion de changement constitutionnel. Cette illusion est illustrée par une reconduction systématique des principes de la Loi fondamentale de 1990 qui faisait le lit de la dictature de l'ancien régime (1). Là où un déclin du système présidentialiste guinéen était attendu, l'on assiste à un regain du présidentialisme (2). Il s'y ajoute une continuité dans la procédure de révision (3).

1. L'illusion du changement constitutionnel

Dès le décès du Président Lansana Conté et la prise du pouvoir par l'Armée, les Guinéens déclaraient : « c'est fini, rien ne sera plus comme avant en Guinée ». Les multiples sorties spectaculaires du Capitaine Moussa Dadis Camara – « Dadis Show » – venaient confirmer ce sentiment de changement. Mais, il faudra surtout attendre le discours programme radiotélévisé du 7 janvier 2009, du Président par intérim[47], *Sékouba Konaté,* pour voir les premiers signes du changement. Ce discours, tendant vers une rupture avec l'État d'exception du Capitaine Dadis Camara, redonne l'espoir au peuple.

Les nouvelles autorités décrètent la fin de la défiance vis-à-vis des citoyens guinéens, à qui il était souvent interdit de marcher, de manifester, de protester[48]. Beaucoup d'espoirs sont investis dans la nouvelle Constitution ; elle fait rêver les Guinéens. Jamais, en Guinée, une Constitution n'avait été parée d'autant de vertus, n'avait suscité autant d'espoir, n'avait été créditée d'autant de propriétés et n'avait suscité autant d'adhésion. Le pays était saisi

---

[46] I. M. Fall, *Évolution constitutionnelle du Sénégal, de la veille de l'indépendance aux élections de 2007.* Dakar, CREDILA, CREPOS, 2007, pp. 101-146.

[47] Le capitaine Dadis Camara fut écarté du pouvoir le 3 décembre 2009, suite à une tentative d'assassinat par son aide de camp Toumba Diakité, puis remplacé par son ministre de la Défense Sékouba Konaté.

[48]- La manifestation du 28 septembre 2009 au stade du 28 septembre 1958 à Conakry se solda par un massacre de la population civile.

« d'une fièvre constitutionnelle »[49]. Les commentaires allaient bon train, la population entière était devenue des constitutionnalistes. Partis politiques, syndicats, société civile, intellectuels, internautes, élèves, étudiants ou homme de la rue, tous parlaient de ce que serait la nouvelle Constitution guinéenne et dissertaient sur les régimes politiques classiques.

Après le reflux de cette « fièvre constitutionnelle », une lecture comparée de l'ancienne Loi fondamentale de 1990 et l'actuelle Constitution de 2010 montre une continuité substantielle. L'ombre de l'ancien texte de la Loi Fondamentale apparaît dans toute la nouvelle constitution. La réalité est que la nouvelle constitution ne remet pas en cause le fondement juridique des principes constitutionnels de sa devancière. Au contraire, elle reprend, pour l'essentiel, les grandes options constitutionnelles existantes.

Pour illustration, sur le plan de l'architecture juridique, il existe une forte similitude entre les deux Constitutions. La première, fait le lit de la seconde ; elles obéissent toutes les deux à une même philosophie juridique dont elles partagent la même colonne vertébrale. Le fil conducteur du présidentialisme de l'ancien système n'a pas changé. On retrouve les mêmes articulations : préambule, corpus constitutionnel, dispositions transitoires..., mais aussi la même distribution et le même agencement des pouvoirs : de la souveraineté de l'État, des libertés, devoirs et droits fondamentaux, du pouvoir exécutif, du pouvoir législatif, des rapports entre le Président de la République et l'Assemblée nationale, du pouvoir judiciaire, des traités internationaux, de l'organisation du territoire, du Conseil économique et social, de la révision...

Quant à savoir qui détermine la politique de la nation, l'ancienne et la nouvelle Constitutions donnent les mêmes réponses : c'est le Président de la République[50]. Qui nomme aux emplois civils et militaires ? La réponse est invariable : c'est le Président de la République[51] ? Quel rapport entretient le gouvernement avec le Président de la République ? La réponse est quasi identique[52]. Au total, le statut du Président de la République n'a pas bougé et n'a pas varié malgré la création du poste de Premier ministre. Les membres du gouvernement sont nommés comme précédemment par le Président de la République. Ce dernier dispose d'un pouvoir de révocation *ad nutum* de ses Ministres et un renvoi général aux emplois civils et militaires. Les Ministres sont responsables devant le Président. Dans l'ancien comme dans le nouveau régime constitutionnel, la prééminence présidentielle ne souffre de

[49] I. M. Fall, *Évolution constitutionnelle du Sénégal, de la veille de l'indépendance aux élections de 2007*. Dakar, CREDILA, CREPOS, 2007, pp. 101-146.

[50]- Cf. l'art. 45 de la constitution du 7 mai 2010 et l'art. 37 de la Loi Fondamentale du 23 décembre 1990.

[51]- Cf. les articles 46 et 47 de la constitution du 7 mai 2010 et les articles 40 et 41 de la Loi Fondamentale du 23 décembre 1990.

[52]- Cf. l'art. 53 de la constitution du 7 mai 2010 et l'art. 39 de la Loi Fondamentale du 23 décembre 1990.

concurrence. Ces exemples, concernant le pouvoir exécutif, auraient pu être multipliés à loisir pour montrer l'intensité de l'illusion du changement constitutionnel.

Pour le pouvoir législatif et même judiciaire, quels ont été les changements dans le statut et les prérogatives ? Très peu de changement, si ce n'est que dans la numérotation des articles.

L'Assemblée nationale est organisée dans le titre IV. Elle est toujours reléguée au second plan et elle est monocamérale. Comme par le passé, elle « vote seule la loi »[53]. Mais dans la pratique, elle ne fait que ratifier les décisions de l'exécutif, dans la mesure où elle ne participe pas substantiellement à sa fabrication qui est du ressort du pouvoir gouvernemental. L'autre noble mission de l'Assemblée nationale, c'est le contrôle de l'action gouvernementale. La nouvelle Constitution a confirmé l'exécutif comme maître de la procédure législative.

Il y a eu quelques nouveautés quant à l'âge minimum pour être éligible à l'Assemblée nationale celui-ci est de 25 ans révolus[54]. Autre nouveauté, l'article 75 prévoit désormais que l'Assemblée nationale vote le budget en équilibre. Au total, comme la nouvelle constitution n'a pas apporté de modifications importantes, nous renvoyons le lecteur pour l'analyse du pouvoir législatif à la section II du chap. I, titre II qui y consacre de longs développements. Cette attitude de soumission du Parlement face à l'exécutif est également observable au niveau du pouvoir judiciaire.

Le pouvoir judiciaire a la particularité d'être souvent l'oublié des grandes réformes constitutionnelles dans ce pays. Mais la nouvelle constitution du 7 mai 2010 semble remédier à ces dispositifs régissant la justice constitutionnelle par rapport à l'ancienne Constitution. Une Cour constitutionnelle compétente en matière de contrôle de constitutionnalité des lois a été créée[55]. La nomination des magistrats qui faisait de la justice constitutionnelle une branche de l'exécutif est fortement révisée. Désormais, l'article 100 de la Constitution indique que parmi les (9) sages de la Cour constitutionnelle, le Président de la République ne nomme qu'un (1) seul[56] membre. Le Président de la Cour Constitutionnelle est élu par ses pairs[57]. En outre, pour assurer sa crédibilité, la Cour Constitutionnelle doit éviter la « judiciarisation » de certaines affaires politiques et la « politisation » de certaines affaires judiciaires. En tout cas, l'actualité récente de l'élection présidentielle de 2010 ne rassure pas les citoyens.

53- Cf. l'art. 72 de la constitution du 7 mai 2010 et l'art. 59 de la Loi Fondamentale du 23 décembre 1990.

54- Cf. l'art. 60 de la constitution du 7 mai 2010.

55- Cf. Supra.

56- Cf. l'art. 60 de la constitution du 7 mai 2010.

57- Cf. l'art. 60 de la constitution du 7 mai 2010.

2. La continuité du cycle présidentialiste : la reconduction de la primauté présidentielle

S'il y a en matière constitutionnelle, une constante depuis l'indépendance du pays jusqu'à nos jours, c'est bien la forme présidentielle du régime politique. La Guinée reste fidèle au système présidentiel américain en dépit de ses difficultés d'exportation et de transposition. C'est pourquoi, le pouvoir exécutif conserve intact son statut et ses prérogatives tels que fixés dans la Constitution précédente. En dehors de la restauration du quinquennat (mandat supprimé par le chef de l'État en 2001)[58] et du principe de la limitation de mandats[59] (aussi supprimé en 2001), rien n'a changé. Le Président, une fois élu, reste juridiquement inamovible ne serait-ce que jusqu'à la fin de son mandat.

Cependant, quelques nouveautés ont été enregistrées dans la nouvelle Constitution. C'est le cas de l'article 36 qui exige désormais qu'une déclaration des biens doit être faite par le Président la République après la cérémonie d'investiture et après la fin de son mandat. Par ailleurs, l'article 29 ajoute que « tout candidat à la Présidence de la République doit jouir d'un état de bonne santé certifié par un collège de médecins assermentés désignés par la Cour Constitutionnelle et être âgé de trente-cinq ans au moins ».

Mais en ce qui concerne l'organisation des pouvoirs et l'architecture juridique, la colonne vertébrale du système reste la même. C'est l'idéologie du présidentialisme, du pouvoir fort, qui domine de long en large le système politique guinéen. De la Première à la Troisième République, en passant par la Deuxième, le fil conducteur et/ou l'idée maîtresse d'un pouvoir fort n'a pas varié. L'esprit de la première constitution du 10 novembre 1958 continue de faire tache d'huile sur le ciel constitutionnel guinéen. Toujours au nom d'un État fort, le constituant guinéen a fait le lit des régimes politiques dictatoriaux les plus décriés du continent africain. Ici, la dictature est avant tout de « droit » avant d'être de « fait ». En tout état de cause, l'expérience guinéenne a montré que l'absolutisme du pouvoir au profit du chef de l'État crée, non pas un Président de la République, mais un petit roi inamovible qui se croit tout permis.

En un mot, rien, ou presque, n'a vraiment changé sur le fond. La rupture tant annoncée ressemble à une « montagne qui accouche d'une souris ». La nouvelle Constitution est donc un bruit pour rien, si ce n'est que de répétition. Ainsi, aussi paradoxal que cela puisse paraître, la philosophie politique générale de la Constitution précédente a été reconduite par les partisans du changement constitutionnel. Nous déplorons que l'histoire constitutionnelle

---

[58]- Le mandat était de 5 ans, puis fut ramené à 7 ans par le référendum constitutionnel de 2001.

[59]- Le mandat du Président de la République n'était renouvelable qu'une seule fois, ce qui fut supprimé par le référendum constitutionnel de 2001.

guinéenne n'ait pas été suffisamment prise en compte par la nouvelle Constitution du 7 mai 2010.

3. La continuité dans la procédure de révision

Un autre élément de continuité est l'aménagement de la révision constitutionnelle à travers une procédure spéciale, celle de l'art. 45 de la Loi fondamentale. En d'autres termes, l'article 51 de la Constitution du 7 mai 2010 reprend *in extenso* l'article 45 de la Loi fondamentale de 1990. Or, c'est cette même procédure de l'article 45 qui a été décriée lors du référendum constitutionnel de 2001 en Guinée. Elle avait permis au chef de l'État de réviser la Constitution, pour supprimer le principe de limitation du mandat présidentiel en court-circuitant la procédure normale de révision constitutionnelle de l'article 91. Il s'agit de la procédure spéciale dérogatoire à la procédure législative ordinaire de l'article 91 de la Loi fondamentale. Cette forme de révision avait créé un tollé de contestations en Guinée et fut considérée comme un détournement de procédure[60] et un coup d'État constitutionnel.

Avec la nouvelle Constitution, le changement « majeur » observé consiste juste en un décalage dans l'ordre de numérotation des titres et des articles faisant passer la révision du titre XI et de l'art. 45 de la Loi fondamentale de 1990 au titre XVIII et de l'art. 51 de la nouvelle Constitution de 2010. Mais, le contenu des articles reste inchangé. Aucune exception n'a été apportée pour tirer les leçons du passé.

B. Une réécriture commentée de l'ancienne Constitution

En lieu et place d'un changement, nous assistons à un simple toilettage par la réécriture de la Constitution existante. Ce toilettage se manifeste par des débats récurrents tranchés (1), des acquis démocratiques restaurés (2) et des zones d'ombres persistantes (3).

1. Des débats récurrents tranchés

La nouvelle Constitution tranche des débats patents ou latents, et clarifie bien des dispositions qui étaient déjà prévues dans la constitution précédente, mais sujettes à controverse. Dans cette perspective, elle apporte parfois des réponses tranchées à des questions contenues dans certaines dispositions de la Constitution précédente. Pour illustration, l'un des débats récurrents tranché par la nouvelle Constitution est la constitutionnalisation du poste de Premier ministre[61]. À cette question, la nouvelle constitution du 7 mai 2010 a cherché à conformer le « droit » au « fait » et la « théorie » à la « pratique »' en codifiant la pratique institutionnelle constatée jusqu'ici. Désormais, le Premier ministre guinéen est constitutionnellement reconnu, il est de droit. Il

---

60- Cf. 1re partie, 1er titre, 1er chapitre : La révision contestée de la Loi fondamentale de 1990.
61- Cf. 1re partie, titre II, chapitre I.

est clairement exprimé dans le sous-titre II du Titre III de la constitution du 7 mai 2010.

L'autre question tranchée porte sur l'aptitude physique du Président de la République. Désormais, tout candidat doit jouir d'un état de bonne santé certifié par un « collège de médecins assermentés » désignés par la Cour constitutionnelle[62]. En effet, la longue maladie du Président Lansana Conté qui avait fini par bloquer les institutions de la Deuxième République a marqué les esprits du constituant guinéen et l'a obligé à réagir.

Une autre question, qui faisait débat, était le détournement des deniers publics ; ceci avait conduit en 2006 à l'arrestation et à l'incarcération de Mamadou Sylla et Fodé Soumah. Pour répondre à cette revendication syndicale et assainir la gestion des finances publiques, une Cour des Comptes a été créée. Elle est chargée du contrôle *a posteriori* des finances publiques[63]. L'évolution constitutionnelle porte aussi sur la création d'un nouvel article portant sur la déclaration des biens avant et après le mandat du Président, de son Premier ministre, ainsi que de tous les membres du gouvernement[64].

2. Des acquis démocratiques restaurés

L'une des caractéristiques les plus fortes de la nouvelle Constitution du 7 mai 2010, c'est qu'elle a restauré des acquis démocratiques considérés comme consensuels. L'histoire constitutionnelle retiendra parmi les acquis restaurés le retour en « fanfare » de la clause limitative des mandats présidentiels. Cette restauration est salutaire parce qu'elle fait revenir dans le ciel constitutionnel guinéen le principe de la limitation à deux du nombre des mandats que le Président peut briguer[65] et la durée des mandats à 5 ans.

C'est un principe qui garantit l'alternance politique après chaque dix (10) ans d'exercice du pouvoir. Mais, la Constitution du 7 mai 2010 va plus loin par rapport à la Loi fondamentale de 1990. Elle interdit désormais toute modification de cette clause limitative du nombre de mandats. En d'autres termes, elle introduit le principe de l'intangibilité de la clause limitative du nombre de mandats en vertu duquel, ni le nombre[66], ni la durée[67] ne peuvent désormais faire l'objet d'aucune révision constitutionnelle[68]. Ce principe est regardé comme le fondement même du renouveau démocratique en Guinée.

L'autre point d'évolution et de restauration démocratique est l'institutionnalisation et la constitutionnalisation de la Commission Électorale nationale

---

62- Cf. l'art. 29 de la Constitution du 7 mai 2010.
63- Cf. l'art. 116 de la Constitution du 7 mai 2010.
64- Cf. l'art. 36 de la Constitution du 7 mai 2010.
65- Cf. l'art. 27 de la Constitution du 7 mai 2010.
66- Le nombre de mandats est limité à deux au maximum.
67- La durée est de 5 ans.
68- Cf. l'art. 154 de la Constitution du 7 mai 2010.

Indépendante[69] (CENI). Cette institution a été toujours regardée comme un moyen de crédibiliser les scrutins électoraux en Afrique.

Il faut signaler aussi que la nouvelle Constitution a été surtout consensuelle. C'est l'esprit du consensualisme qui a prévalu au moment de la rédaction du texte. Le souci du constituant fut de ne pas exclure aucun candidat au scrutin présidentiel. Pour y arriver, il a fallu faire sauter certains verrous constitutionnels afin de permettre à tous les candidats de se présenter aux élections présidentielles quels que soient l'âge ou le passé controversé du candidat.

Le règlement de comptes constitutionnels a été donc évité. Pour illustration, la limitation à 70 ans de l'âge maximum, au-delà duquel un candidat ne peut présenter sa candidature, a été supprimée. Ce qui a permis l'élection du Pr Alpha Condé comme Président de la Guinée à l'âge de 72 ans. L'âge minimum est quant à lui abaissé de 40 ans à 35 ans.

3. Des zones d'ombres persistantes

En dépit des commentaires apportés à la nouvelle constitution de 2010, cette dernière garde parfois le silence là où on l'attendait. Elle refuse de prendre position pour trancher certains débats politiques. La preuve, l'immixtion des syndicats dans la vie politique du pays avait permis de débloquer la situation politique en 2007, alors même que les syndicats n'avaient pas vocation à intervenir dans la sphère politique.

Les avis étaient partagés sur cette question du rôle des syndicats dans la vie politique du pays. À cela s'ajoute la problématique de la candidature indépendante dans les différentes élections nationales. Les Guinéens attendaient une ouverture de la vie politique aux candidatures indépendantes comme le fait le Sénégal. Mais dans ce domaine aussi, aucune évolution constitutionnelle !

La nouvelle Constitution du 7 mai 2010 reste aussi muette sur la double nationalité des candidats à l'élection présidentielle. Elle entretient un flou juridique. Dans ces conditions, il est impossible de savoir, aujourd'hui, si l'actuel Président de la République, le Pr Alpha Condé, a renoncé à sa double nationalité ou non.

Une autre zone d'ombre porte sur la clarification de la procédure de révision constitutionnelle par l'article 51 de la nouvelle Constitution. En effet, le constituant s'abstient de s'exprimer sur la question de savoir si le Président de la République peut utiliser l'article 51 pour modifier la Constitution [70] ou

---

[69]- Cf. Titre XII et articles 132 et 133 de la Constitution du 7 mai 2010.

[70]- Cf. l'art. 51 qui dispose que « le Président de la République peut, après avoir consulté le Président de l'Assemblée Nationale, soumettre à référendum tout projet de loi portant sur l'organisation des pouvoirs publics, sur la promotion et la protection des libertés et des droits fondamentaux, ou l'action économique et sociale de l'État, ou tendant à autoriser la ratification d'un traité. Il doit, si l'Assemblée Nationale le demande par une résolution adoptée à la majorité

non, comme avait fait Lansana Conté en 2011 avec l'art 45 de la Loi fondamentale de 1990. Cette question reste en suspens malgré les contestations lors du référendum constitutionnel de 2001.

Par contre, par opposition à ce qui précède, le constituant guinéen, pour une fois, lève le coin du voile et apporte la lumière sur la question de l'empêchement définitif du Président de la République. Désormais, l'empêchement définitif est défini par la Constitution. Selon l'article 40 « Est considéré comme empêchement définitif, l'incapacité physique ou mentale dûment constatée par un collège de médecins spécialistes rendant le Président de la République inapte à exercer les charges de sa fonction »

---

des deux tiers des membres qui la composent, soumettre au référendum toute proposition de loi portant sur l'organisation des pouvoirs publics ou concernant les libertés et les droits fondamentaux. Avant de convoquer les électeurs par décret, le Président de la République recueille l'avis de la Cour Constitutionnelle sur la conformité du projet ou de la proposition à la Constitution. En cas de non-conformité, il ne peut être procédé au référendum. La Cour Constitutionnelle veille à la régularité des opérations de référendum. Lorsque le référendum a conclu à l'adoption du projet ou de la proposition, la loi ainsi adoptée est promulguée dans les conditions prévues à l'article 78 ».

Une mesure de l'étendue du contrôle juridictionnel des révisions constitutionnelles en Afrique noire francophone. Des exemples tirés de la jurisprudence constitutionnelle au Bénin, au Mali et au Sénégal

Boubacar Diawara
Enseignant-chercheur en détachement
Secrétaire général de la Cour constitutionnelle du Mali

Forgée par analogie avec l'idée de légalité, la constitutionnalité traduit la normativité c'est-à-dire le caractère juridiquement contraignant de la Constitution[1]. Essentiellement, elle procède de la conception normative du droit qui repose sur l'idée d'une hiérarchisation des normes. Qu'elle s'impose au pouvoir exécutif, au pouvoir législatif ou encore plus au pouvoir de révision constitutionnelle, cette hiérarchisation trouve sa garantie dans les mécanismes qui permettent d'assurer non seulement la rigidité constitutionnelle et la stabilité des institutions mais aussi et surtout un minimum de cohérence normative.

Cependant, la pratique politique en Afrique atteste que les pouvoirs politiques ne manquent pas de stratégies pour détourner ces mécanismes et, la dénaturation de la Constitution par le détournement de sa révision en est une illustration parfaite dans les systèmes politiques africains. L'actualité africaine, le débat sur l'opportunité, la nécessité, ou même la possibilité de réviser la norme fondamentale pour assouplir la rigidité constitutionnelle montre ici et/ou là que l'opinion a, à plus d'un titre, besoin d'être éclairée sur les questions liées à la constitutionnalité de la révision. Dans l'incertitude, il arrive le plus souvent que cette opinion soit manipulée ou mobilisée soit pour soutenir l'initiative de révision, soit pour la susciter, soit encore pour s'y opposer et parfois, dans ce dernier cas, par la manière la plus énergique et violente. L'insécurité qui en découle sur le plan politico-juridique traduit la faiblesse de la Constitution et se traduit par une instabilité politique constante. C'est pourquoi, on s'accordera ici avec le professeur Martin Bléou pour faire remarquer que la révision « pourrait apparaître comme une atteinte à la quiétude et comme l'introduction d'incertitudes pour les citoyens »[2]. Les

---

[1] L. Favoreu, « Le principe de constitutionnalité, essai de définition d'après la jurisprudence du Conseil constitutionnel », *Mélanges EISENMANN*, Cujas, 1975, p. 33.

[2] M. Bléou, « Le juge Constitutionnel et les révisions constitutionnelles », *Conférence des juridictions constitutionnelles africaines sur le juge constitutionnel et le pouvoir politique*, tenue à Cotonou Hôtel Novotel, les 11, 12 et 13 juin 2014, p. 1.

passions qu'elle suscite sont des plus vives. Dans ce contexte, comment peut-on refuser que l'on se tourne vers le juge constitutionnel si l'on sait déjà qu'il a pour mission d'assurer la garantie de la Constitution ?

En tous les cas, le succès de ces stratégies montre aujourd'hui une certaine emprise du politique sur le droit que l'on considère avec le professeur Frédéric Joël Aïvo comme une « vulnérabilité de la norme constitutionnelle »[3]. Une crise réelle de normativité, elle, mérite d'être compensée par le contrôle juridictionnel des révisions. Leur encadrement implique que le pouvoir de révision soit obligé et que l'obligation constitutionnelle qui pèse sur lui ne soit pas purement formelle. En effet, il ne suffit pas que la Constitution fixe des bornes à sa révision. Encore, faudrait-il qu'il existe un juge contrôleur du respect de cet encadrement. Sinon, l'affirmation des limites serait, comme l'affirme Sabete, « abusive et erronée »[4].

De l'analyse du contentieux des révisions, on s'aperçoit que leur effectivité ou leur ineffectivité dépend de l'existence ou non des normes qui encadrent la révision et de l'organe qui est censé garantir le respect de ces normes. À la différence du Bénin et du Mali, elles sont restées ineffectives au Sénégal jusqu'à la dernière tentative de révision initiée par le Président Wade. C'est grâce à une sanction sociale, infligée par le peuple sénégalais, qu'on a pu observer le pouvoir de révision obéir à ses obligations constitutionnelles. Adhérant ainsi au propos de Denys de Bechillon qui pense que « l'obligation de respecter une règle de droit n'est pas purement externe à la règle elle-même »[5]. On ajoutera, néanmoins, que les faits sociaux et le réalisme de l'expérience montrent en Afrique francophone que l'obligation de conformité de la révision constitutionnelle aux prescriptions constitutionnelles devient de plus en plus une réalité grâce aux éléments extérieurs que sont les mouvements sociaux[6] et le contrôle effectué par les juges constitutionnels. Certes, elle est contenue dans la Constitution et identifiable dès lors que le constituant l'exprime. Mais, pour qu'elle soit effective, elle aura besoin de la sanction du Peuple ou du juge contrôleur des révisions. Une sanction qui permet à la fois de confirmer son existence dans le fonctionnement du système constitutionnel et de matérialiser sa validité.

En outre, s'il est vrai que l'effectivité des limites au pouvoir de révision constitutionnelle dépend du contrôle effectué par les juges constitutionnels, la vérification qu'implique ce contrôle doit dépendre à son tour d'un système de

---

[3] F.-J. Aïvo, « La crise de normativité de la Constitution en Afrique », *Revue de droit public et de la science politique en France et à l'Etranger*, 01 janvier 2012, n° 1, p. 144.

[4] W. Sabete, « Pouvoir de révision constitutionnelle et droits fondamentaux, Étude des fondements épistémologiques, constitutionnels et européens de la limitation matérielle du pouvoir constituant dérivé », Presses Universitaires de Rennes, 2005, p. 79.

[5] D. De Bechillon, *Hiérarchie des normes et hiérarchie des fonctions normatives de l'État*. Thèse de doctorat, Université de Pau, 1993, p. 51.

[6] A. Soma, « Le peuple comme contre-pouvoir en Afrique », *RDP*, n° 4, 2014, pp. 1019-1050.

référence qui n'est ni moins ni plus que celui de l'État de droit « démo-républicain » ou « l'État constitutionnel »[7]. C'est dire qu'au-delà du texte constitutif, l'idée que représente ce type d'État repose sur certains principes et valeurs reconnus par le constituant. Ces principes fondent la légitimité de la Constitution et s'imposent aux organes qui ont la charge de la réviser. Au même titre, ils s'imposent au pouvoir du juge contrôleur, un pouvoir qui mérite d'être circonscrit pour qu'on ait une mesure exacte de son étendue et écarter toute idée de risque d'un gouvernement de juges.

Toutefois, en admettant que le contrôle des lois constitutionnelles se justifie « contre la potentielle souveraineté du pouvoir de révision qui menace la souveraineté constituante »[8] et en faisant droit à l'idée de limitation matérielle de la révision avec Olivier Beaud, on peut retenir qu'il « doit porter sur les conditions non seulement de forme, mais aussi de fond de la révision »[9].

Une telle définition de l'étendue du contrôle a l'avantage de renseigner sur la division de la doctrine formelle qui s'attache à la constitutionnalité externe et de la doctrine matérielle qui privilégie la constitutionnalité interne. En effet, elle édifie sur la question préalable à répondre lorsqu'on aborde l'idée de contrôle c'est-à-dire la question qui porte sur le sens à donner à la Constitution selon qu'elle soit envisagée comme « une norme » ou « une politique » ou selon qu'on présente le contrôle de sa révision en se situant d'un point de vue normatif ou d'un point de vue politique. On s'aperçoit que la réponse à cette question dépend de la représentation que l'on se fait de la Constitution[10]. En réalité, elle est liée à un autre problème essentiel qui, en plus d'être relatif à la légitimité du contrôle juridictionnel des lois, concerne surtout les limites des pouvoirs du juge interprète et contrôleur.

Finalement, on verra que le contenu du contrôle juridictionnel des révisions varie suivant la manière dont le juge perçoit la Constitution et sa fonction. Il ne fait aucunement du juge « un souverain ». Au-delà du fait qu'elle est vérifiable au Bénin et au Mali, l'hypothèse d'un contrôle des révisions constitutionnelles par le juge régulateur paraît optimiste au Sénégal. Pour s'en rendre compte, il suffit de jeter un regard sur l'évolution de la jurisprudence du Conseil constitutionnel du Sénégal et l'attitude récemment affichée par les

---

[7] G. Tusseau, « Le pouvoir des juges constitutionnels », *Traité international de droit constitutionnel, tome 3, Suprématie de la Constitution*, Michel Troper, D. Chagnollaud *Dirs.* Dalloz, 2012, p.170.

[8] O. Beaud, *La puissance de l'État*. Paris, éd. PUF, 1994, p. 386.

[9] *Ibid.*, p. 387.

[10] *Ibid.* C'est tout le débat qui a opposé C. Schmitt et H. Kelsen en 1930. Tel que résumé par O. Beaud. Dans ce débat chacun des deux grands juristes défend les deux variantes institutionnelles du contrôle de constitutionnalité : le premier, Schmitt, défend la conception politique qui attribue le rôle de gardien de la Constitution à l'autorité exécutive du Chef de l'Etat et le second, Kelsen, défend la conception juridictionnelle ou normative, qui attribue à une Cour constitutionnelle le monopole du contrôle de constitutionnalité.

autorités politiques de ce pays face à ses avis[11]. D'abord, on constate qu'il a brièvement commencé, en dépit de sa déclaration d'incompétence, la reconstruction du système juridique avec la « réserve » constructiviste et additive qu'il a formulée à l'égard du pouvoir de révision[12]. Un pas dans le processus de consolidation démocratique, ce travail de reconstruction entamé par le juge mérite d'être poursuivi pour que la Constitution gagne en rigidité et résiste suffisamment à ce pouvoir. Ensuite, il est à noter que l'indétermination qui caractérise le droit constitutionnel et qui légitime en bonne partie l'activité interprétative du juge constitutionnel est limitée par la rationalité de l'argumentation. Elle s'impose à l'interprète lorsqu'il opère un choix parmi les différentes interprétations possibles. Qu'elle relève de la compétence du pouvoir de révision, exercé par les représentants directs du « Peuple tout entier », ou du juge constitutionnel, nommé pour prendre en charge la dimension régulatrice de sa Constitution, on arrivera à comprendre que cela ne règle pas totalement le problème de « la souplesse des constitutions voulues rigides ».

C'est l'intérêt du thème et il réside dans le fait que son analyse permet de percevoir la rigidité constitutionnelle au-delà de la seule complexité procédurale de la révision. Quelles que soient les dispositions, les plus complexes possibles, prises pour rendre la procédure de révision plus difficile et obtenir le respect des limites posées par la Constitution, le résultat atteint sera cependant surtout dépendant de l'action de ceux qui la révisent, des citoyens et du juge constitutionnel régulateur. On s'aperçoit également que lorsqu'elles sont élaborées sans contrôle de la part de ces derniers, les révisions se révèlent dangereuses.

La tendance que représente leur contrôle peut finalement être retenue comme une tendance qui vise à valoriser davantage la fonction régulatrice du juge constitutionnel dans le sens d'un élargissement de ses pouvoirs à « la correction des atteintes portées par le pouvoir de révision à la substance de la démocratie », notamment la forme républicaine de l'État et les droits fondamentaux. Elle paraît plus proche de la conception matérielle de la

---

[11] V. Décision n° 1/C/2016 du Conseil constitutionnel. Pour justifier son choix de se conformer à l'avis du Conseil constitutionnel, le président de la République a invoqué l'article 92 de la Constitution aux termes duquel « les décisions du Conseil constitutionnel ne sont susceptibles d'aucune voie de recours. Elles s'imposent aux pouvoirs publics et à toutes les autorités administratives et juridictionnelles ». Le Conseil constitutionnel dans son avis, avait conclu à la régularité de la procédure de révision. Il avait également estimé que le contenu de la révision est conforme à l'esprit général de la Constitution et aux principes généraux du droit, mais a estimé que la disposition sur l'application de la réduction au mandat en cours du président de la République « n'est conforme ni à l'esprit de la Constitution, ni à la pratique constitutionnelle ».

[12] A. A. D. Kébé, « La réception des réserves d'interprétation dans la jurisprudence constitutionnelle des États d'Afrique noire francophone », Dakar, *Annales africaines*, Vol. 1, avril 2015, p. 257.

démocratie et de l'idée d'État constitutionnel. Une conception avec laquelle le droit constitutionnel est perçu comme dépositaire de principes supérieurs et dont la reconnaissance implique pour l'État d'être « sage ». Et il le sera davantage lorsqu'il admettra le contrôle juridictionnel des révisions pour plus de justice constitutionnelle, un objectif primordial de tout État qui se veut constitutionnel. Ce contrôle, rappelons-le, permet de départager les révisions qui apportent une amélioration conséquente à la constitution et celles qui empêchent son évolution vers les objectifs qu'elle vise.

En premier lieu, on peut dire que c'est une tendance qui permet le passage de « l'État légal » à « l'État constitutionnel ». Le pont qu'elle représente entre ces deux types d'État sert à la reconnaissance d'un ordre qui est décrit par la Constitution positive mais à laquelle il ne se résume pas. Il dépasse celle-ci. C'est dire que l'ordre constitutionnel est à la fois mi- positif et mi-transcendant. Et une grosse erreur serait commise par la théorie qui chercherait à séparer ces deux parties puisqu'elles constituent les deux faces de l'opération qui consiste à rendre la démocratie « constitutionnelle ». Une démocratie dans laquelle la majorité gouverne, suivant les règles de forme et dans le respect surtout des règles de fond, en reconnaissant la limitation de sa liberté par celle de chaque membre de la communauté, particulièrement la minorité. Définie en termes de résistance de la Constitution au pouvoir politique, notamment au pouvoir de révision, la rigidité des constitutions africaines peut donc devenir une réalité grâce au contrôle juridictionnel des révisions sans que cela débouche sur l'idée d'une « Constitution éternelle » ou « d'un gouvernement des juges ». Si la majorité et la minorité s'accordent sur l'abolition du texte, il sera aboli parce qu'on verra que son abolition est tout simplement voulue par le Souverain et la démocratie constitutionnelle restera une démocratie consensuelle parce que fonctionnant sur la base d'un autre texte voulu non pas par « une fraction » mais par « le Peuple tout entier ». Il est temps de reconnaître que l'intervention du juge dans le processus de révision ne vise ni moins ni plus que la préservation de l'équilibre qui est recherché tant sur le plan politique que sur le plan social. Rien ne peut être stable sans être équilibré. Cette loi de la physique, appliquée au pouvoir politique de façon générale reste applicable au pouvoir de révision. C'est dire alors, que sans un contre-pouvoir, son exercice ne peut conduire qu'à un absolutisme.

En second lieu, on retiendra qu'elle encourage la fixité du texte constitutionnel, dont le corollaire est la limitation du pouvoir de révision. C'est dans cette limitation que celle du législateur trouve tout son sens. Si, elle n'est pas garantie, c'est la norme de référence que représente le texte constitutionnel qui cessera d'être stable. Et facilement, elle apparaîtra comme l'expression d'un ordre politique qui n'a rien de fondamental. Au regard du fait que les fonctions législative et « légiconstitutionnelle » sont pratiquement cumulées par les mêmes organes, l'enjeu principal serait alors de protéger l'ordre fondamental contre le désordre auquel l'exercice de l'une ou de l'autre pourrait conduire.

Dans le premier cas, qui concerne la loi, la solution unanime a été le contrôle de constitutionnalité. Dans le second cas, relatif à la révision, il apparaît difficile de recourir à la même solution au regard du fait qu'il n'existe pas de degré juridique supérieur à la Constitution. D'ailleurs, ce problème n'existerait pas si l'on admettait l'idée et la formule d'un « contrôle de fondamentalité des révisions ». C'est une alternative que la plupart des États africains avaient laissée en recourant à la première solution qui a consisté à soumettre seulement la révision à une procédure plus complexe, qui s'est par la suite, avérée réductible. Avec cette solution ils pensaient pouvoir rendre leur Constitution la plus rigide possible. Mais, la rigidité finalement obtenue est apparue insuffisante au point qu'on la retrouve politiquement menacée. Dès lors, la solution serait d'admettre aussi le cumul des deux fonctions par le juge constitutionnel pour lui permettre d'exercer à la fois le contrôle de constitutionnalité des lois et celui des révisions, susceptible de s'étendre à un contrôle de leur compatibilité avec la Constitution. C'est vrai que ce dernier contrôle peut conduire le juge à rechercher « la norme » de contrôle hors du texte. Mais, si l'on considère les droits fondamentaux et la forme républicaine du gouvernement comme des acquis de la démocratisation, on verra qu'il ne pose pas véritablement un problème. Ces acquis ont fait l'objet d'une consécration dans les différents textes constitutionnels auxquels le juge constitutionnel se réfère pour rendre ses décisions. À moins qu'ils soient retirés de ces textes et qu'on arrête de dire qu'ils sont proclamés comme tels dans ces mêmes textes, que le juge constitutionnel est garant des premiers, sauf s'il refuse lui-même comme c'est le cas au Sénégal, il sera fondé à exercer ce contrôle sur tout acte provenant des organes constitués.

En somme, l'analyse de l'étendue du contrôle juridictionnel des révisions permet de constater que c'est la conception matérielle de la démocratie qui favorise la rigidité constitutionnelle et l'émergence d'un pouvoir du « juge interprète de la constitution » contre les éventuelles dérives du pouvoir de révision. Contrairement à ceux qui pensent que son admission permet au juge de s'arroger d'un « droit de dernier mot », on notera qu'elle correspond simplement à une nouvelle condition de validité des révisions constitutionnelles. Néanmoins, on reconnaîtra qu'un autre problème subsiste. Il est lié au fait que techniquement la création de l'acte de révision par les organes politiques et son contrôle par le juge régulateur découlent d'une opération de même nature. Si l'on admet le contrôle du second sur l'acte des premiers, on remarquera que son rôle, qui consiste à vérifier cet acte lorsqu'il déborderait le cadre général ouvert par la Constitution, peut aussi lui permettre de leur imposer, par un acte de volonté, l'une des significations contenues dans ce cadre.

Toutefois, on verra ce contrôle peut être, plus ou moins, étendu selon que les juges, suivant une lecture du préambule et/ou du dispositif contenus dans le texte constitutionnel, tranchent soit une question juridique relative à leur conformité (I) soit une question politique posée sur leur compatibilité avec la Constitution (II).

I. Un contrôle juridique de conformité moins étendu des révisions

La multiplication des contrôles de type juridictionnel pour garantir le respect de la Constitution par les autres normes est une réalité liée à l'évolution du constitutionnalisme. En effet, avec l'évolution de la pratique constitutionnelle, on observe chez les juges constitutionnels africains l'existence d'un contrôle juridique externe (A) et interne des lois de révision (B).

A. La constitutionnalité externe des révisions

Elle s'entend au respect de la Constitution tant en ce qui concerne la compétence des organes de révision (1) que la procédure indiquée (2).

1. La compétence du pouvoir de révision

Une première condition qui s'impose au pouvoir de révision, la compétence est « l'aptitude juridique à prendre des actes correspondant à l'exercice d'une fonction » au nom et pour le compte de l'État. Elle est fondamentale en droit public[13] en ce sens qu'elle constitue un élément essentiel de l'État de droit tant sur le plan de la séparation des pouvoirs que relativement à l'institutionnalisation du pouvoir. Elle signifie que les différents organes de l'État doivent être habilités par le Souverain pour pouvoir réviser la Constitution.

Marquant tout le processus de révision, on la retrouve partagée entre ces organes. Leur aptitude est constitutionnellement définie de sorte qu'au niveau de chaque étape du processus le constituant indique de façon précise la compétence de chaque acteur. Concurremment, il habilite le Président de la République tout comme les parlementaires à initier la révision. L'adoption de la révision relève de la compétence d'une majorité simple, absolue ou qualifiée. Aussi, c'est le « Peuple constitué »[14] qui est habilité en principe à approuver la révision. Absolu au Mali, ce principe connaît une exception au Bénin et au Sénégal. Dans ces derniers pays, l'approbation du texte de révision relève également de la compétence d'une majorité qualifiée des parlementaires. Ce partage permet de comprendre qu'à l'image des autres fonctions de l'État, la révision de la Constitution implique la participation de plusieurs acteurs et se manifeste suivant la règle de la séparation des pouvoirs

---

[13] M. De Villiers, A. Le Divellec, *Dictionnaire du droit constitutionnel*. Dalloz, 2009, p. 59 et s.

[14] Différent du « Peuple tout entier » auquel la souveraineté appartient.

puisqu'aucun d'entre eux ne détient cette faculté dans sa totalité. Ainsi, il impose une limite à chaque détenteur d'une parcelle de compétence de révision en indiquant les actes ou l'acte qu'il est habilité à prendre.

Les bénéficiaires étant connus, la compétence de réviser la Constitution se trouve également définie par son contenu. C'est la compétence *ratione materiae*. Elle peut être générale ou limitée. Dans le premier cas, elle est dite « de droit commun » tandis que, dans le second cas, on parlera de compétence « d'attribution » limitée à certaines matières. Partant de cette distinction, on peut facilement en déduire, par un raisonnement *a contrario*, que si les organes de révision ne sont pas habilités à modifier certains éléments constitutionnels, notamment la forme républicaine, la laïcité et le multipartisme, ils n'ont pas une compétence générale. N'étant pas autorisés à tout réviser dans la Constitution, ils disposent donc d'une compétence limitée. C'est plus la détermination de ces éléments que la limitation du pouvoir de révision qui pose problème. Leur modification est logiquement et implicitement réservée au constituant qui n'est pas à confondre au législateur constitutionnel. La fonction de ce dernier est constitutionnellement limitée à la révision des autres éléments contenus dans la Constitution et qui ne participent pas forcément à la définition des premiers.

L'interdiction qui est posée au pouvoir de révision de toucher à ces éléments implique à son tour un autre partage de compétences entre le constituant et le législateur constitutionnel. Le non-respect de ce partage constitue une incompétence matérielle au plus haut niveau « des structures hiérarchiques » que Véronique Champeil-Desplats distingue dans l'analyse de leur « multiformité »[15]. En considérant le contenu des énoncés normatifs ou ce qu'ils prescrivent sur le fond, l'auteur part de la structure hiérarchique matérielle ou substantielle des normes pour dégager « le rapport de détermination » qui se réalise entre elles au regard de leur contenu[16]. La Constitution étant la norme « déterminante », elle est supérieure à la révision qui est une norme « déterminée ». Matériellement, la compétence de révision est définie par la Constitution qui conditionne la validité des lois constitutionnelles sur lesquelles son exercice débouche. Et il est nécessaire qu'une norme exige la conformité de la révision à la Constitution pour concrétiser cette hiérarchie

---

[15] V. Champeil-Desplats, à la suite de R. Guastini, *Leçon de théorie constitutionnelle*. Paris, Dalloz, coll. Rivages du droit, 2010 ; *Le fonti del dirito e l'interpretazione, Milano, Giuffrè*, 1993, retient quatre types de structures hiérarchiques : formelles, matérielles ou substantielles, logiques ou linguistiques et axiologiques. Ces structures ne sont pas exclusives les unes des autres et peuvent être combinées même si elles établissent des rapports hiérarchiques sur différents plans. Sur le plan formel et linguistique ces rapports dépendent de la structure du langage des sources du droit ; D'un point de vue matériel ou substantiel, ils sont établis par des normes ou des sources juridiques. De façon axiologique, ils peuvent résulter d'un jugement de valeur de la part des interprètes du droit., *Traité international de droit constitutionnel, Tome 1, Théorie de la Constitution*, M. Troper et D. Chagnollaud *Dirs*. Dalloz, 2012, p. 733 et s.

[16] *Ibid.*, p. 739.

entre la Constitution et sa révision. Pour ce faire, le contrôle de constitutionnalité semble être mieux indiqué. Une source intermédiaire du droit entre la Constitution et les révisions, ce contrôle permet aux juges d'annuler les secondes lorsqu'elles contredisent la première.

Ce contrôle peut également concerner la période durant laquelle la compétence s'exerce. Dans ce cas, on dira qu'il porte sur la compétence *ratione temporis*. En effet, les juges peuvent vérifier si les organes de révision n'interviennent pas durant les périodes dites exceptionnelles et à un moment où il est porté atteinte à l'intégrité du territoire. L'analyse de l'encadrement juridique du pouvoir de révision permet de comprendre que l'absence de ces hypothèses constitue une condition relative à la période de révision et dont le non-respect peut entacher la constitutionnalité externe des actes de révision. S'agissant de l'atteinte à l'intégrité du territoire, ce moyen a été soulevé par l'opposition dans sa requête contre le dernier projet de révision initié par le président de la République. Après avoir retenu « la notion d'intégrité territoriale » comme « l'entièreté d'une entité territoriale dans ses rapports avec les autres », la Cour constitutionnelle du Mali considère qu'elle relève du droit international public l'admettant comme « le droit et le devoir inaliénable d'un État souverain à préserver ses frontières de toutes influences extérieures ». Elle précise dans son arrêt « Qu'en tout état de cause, le défi sécuritaire imposé au Mali étant contemporain, le fonctionnement régulier de ses institutions ne saurait être tributaire de la pacification absolue du territoire national, elle- même dépendante d'un environnement d'instabilité transnationale, au risque de freiner le processus démocratique et de plonger le pays dans l'impasse et le chaos ; Que dès lors, le citoyen ne peut être privé du droit d'exprimer son choix au sujet d'une loi de révision constitutionnelle »[17].

Matérielle et temporelle, la compétence des organes de révision résulte d'une habilitation constitutionnelle qui constitue le titre du pouvoir de révision. Il convient d'ajouter qu'elle est discrétionnaire parce que ses bénéficiaires disposent d'une marge de liberté d'action. Une faculté, son exercice n'est pas imposé et il est loin d'être l'expression d'un pouvoir absolu. Tout manquement à ces conditions peut et doit être sanctionné dans le cadre d'un contrôle normal de constitutionnalité. C'est ce qui est rappelé par les juges constitutionnels maliens lorsqu'ils considèrent que ce contrôle consiste à analyser la loi portant révision de la Constitution « pour déterminer si l'autorité qui a pris l'initiative est habilitée à le faire (...), si le quorum indiqué (...) a été atteint lors de son vote par l'Assemblée nationale, si son vote n'a pas eu lieu alors qu'il est porté atteinte à l'intégrité du territoire (...) »[18]. Ce contrôle participe selon les juges à leur mission de régulation des activités des

---

[17] V. le point 4.1 de l'arrêt n° 2017-04/CC M/réf. du 04 juillet 2017.

[18] V. *l'arrêt n° 01– 128 du 12 décembre 2001, Considérant 11.*

pouvoirs publics. Une mission qui permet également de faire respecter par ces derniers la procédure de révision[19].

2. La procédure de révision

En contrôlant la procédure, les juges peuvent rechercher d'éventuels vices susceptibles d'affecter les actes de révision. Successivement, ces actes sont accomplis pour aboutir à la décision de révision et, dans les systèmes où ce contrôle est devenu une réalité, ils vérifient l'existence de certains vices de procédure qui concernent de façon générale le processus d'élaboration de la révision.

Fréquemment, on reproche aux organes de révision le non-respect des étapes de procédure. Ce fut le cas au Bénin où dans la fameuse décision dite « consensus national » la Cour constitutionnelle a reconnu que la loi portant révision est entachée de nombreuses irrégularités[20]. Même si la plupart des commentateurs de cette décision s'intéressent à la notion de consensus[21], on s'aperçoit que dans le dispositif de l'arrêt que la Cour, après avoir affirmé que les dispositions du Règlement intérieur de l'Assemblée nationale contribuent à la mise en œuvre des règles constitutionnelles et font partie du bloc de constitutionnalité[22], déclare les dispositions de la loi constitutionnelle contrôlée contraires à la Constitution pour violation des règles de procédure[23]. Telle que retenue par la Cour, la violation de la Constitution résidait dans le fait que l'Assemblée nationale n'avait par une procédure « escamotée » respecté la première étape de la procédure de révision[24]. Il en résulte que l'adoption et l'approbation du texte de révision constituent deux étapes distinctes qui s'imposent au pouvoir de révision. Les organes de révision restent donc soumis au respect des deux étapes, même si le vote du texte atteint la majorité des quatre cinquième des membres composant l'Assemblée nationale. La solution donnée par la Cour semble être respectueuse des prescriptions procédurales faites par le constituant. La rigidité qui est recherchée par l'instauration d'une procédure à deux étapes repose à la fois sur l'alourdissement et la solennité de la révision. Les deux étapes visent à éviter une certaine banalisation de la procédure. Leur fusion par le même vote constitue une confusion grave des actes de révision. On sait bien que la « prise en compte » d'une initiative se distingue de son approbation, surtout lorsque les deux opérations ne sont pas soumises au même régime juridique[25].

---

[19] Considérant 12 de *l'arrêt n° 01– 128 du 12 décembre 2001, Considérant 11.*

[20] *Décision DCC 06-074 du 08 juillet 2006.*

[21] N. Médé, *Les grandes décisions de la Cour constitutionnelle du Bénin, résume par exemple ses observations autour de la notion* : « Le consensus, une notion fonctionnelle », « Consensus fondateur » et « consensus gestionnaire ». Éditions Universitaires européennes, 2012, p. 335 et s.

[22] Considérant 14 de *Décision DCC 06-074 du 08 juillet 2006.*

[23] Art. 154 et 155 de la Constitution béninoise.

[24] Considérant 23 de *Décision DCC 06-074 du 08 juillet 2006.*

[25] I. M. Fall, *Les révisions constitutionnelles au Sénégal*, CREDILA, 2011, p. 42 et s.

À la différence de la Cour constitutionnelle béninoise, le Conseil constitutionnel du Sénégal a validé la fusion des deux étapes en estimant, dans sa décision du 18 janvier 2006 relative à la prorogation du mandat des députés, que « …le vote à la majorité qualifiée des trois cinquième réalise à la fois l'adoption et l'approbation »[26]. En effet, on observa que même si le juge ne le dit pas expressément, il se prononce implicitement sur la régularité de la procédure, d'autant plus qu'il s'agissait d'un moyen d'inconstitutionnalité soulevé par les requérants. À l'appui de leur demande, ces derniers faisaient « valoir que la loi déférée, bien que votée par les trois cinquièmes des députés à l'Assemblé nationale, intervient dans une matière législative régie par l'article 146 du code électoral ; qu'elle ne substitue pas un ordre constitutionnel à un autre ordre constitutionnel ni ne remplace une disposition constitutionnelle par une autre ; que le Conseil constitutionnel doit la requalifier en loi ordinaire et dire qu'elle est contraire à la constitution »[27]. Une fusion pratiquement impossible avec un parlement bicaméral, elle constitue une « dérigidification » de la Constitution[28] et facilite le « déchaînement » du pouvoir de révision, en dépit des obstacles juridiques et politiques prévus pour éviter un tel déchaînement.

Aussi, arrive-t-il parfois que l'on reproche au pouvoir de révision soit un défaut ou une irrégularité des consultations préalables soit de n'avoir pris en compte l'avis délivré par l'institution consultée. Soulevé contre le projet de révision du Président Yayi Boni en 2013, le défaut d'un avis motivé de la Cour suprême a été écarté par la Cour constitutionnelle du Bénin. Dans sa décision du 12 septembre 2013, elle ne retiendra que la délibération en Conseil des ministres comme condition à l'initiative présidentielle en matière de révision. Dans le même sens, la Cour constitutionnelle du Mali a considéré que son avis[29] délivré en application de l'article 41 de la constitution est, comme tout avis non déclaré contraignant, un avis qui ne lie pas son destinataire. En effet, elle décide que le pouvoir de révision peut ne pas tenir compte de son avis sans pour autant vicier la procédure de la révision constitutionnelle[30].

On signalera qu'à la différence du Mali, dans d'autres États d'Afrique francophone comme le Congo Brazzaville[31], la Cour constitutionnelle émet un avis « de conformité » entre la phase d'adoption et la phase d'approbation référendaire d'un projet ou d'une proposition de révision. Obligatoire, cet avis lie le pouvoir de révision. Son défaut ou son non-respect est non seulement

---

[26] I. M. Fall, *Les Décisions et Avis du Conseil constitutionnel du Sénégal.* Dakar, CREDILA, 2008, p. 387.
[27] *Ibid.*
[28] I. M. Fall, *Les révisions constitutionnelles au Sénégal*, *op. cit.*, p. 44.
[29] *Avis n° 01-001/Référendum du 04 octobre 2001 de la Cour constitutionnelle du Mali.*
[30] Considérant 16 de *l'arrêt du 12 décembre 2001 de la Cour constitutionnelle du Mali.*
[31] Art. 186 de la Constitution de 2002 du Congo Brazzaville.

constitutif d'un vice de procédure mais aussi une irrégularité réputée « entachée d'incompétence ».

Dans ses décisions, le juge constitutionnel africain semble être plus respectueux de l'équilibre qui existe entre sa mission de juger ou celle de sanctionner positivement ou négativement la loi constitutionnelle et sa mission de donner un avis. Une preuve qu'il respecte à son tour la Constitution, il rassure par son attitude puisqu'il évite que ses différentes fonctions ne priment l'une sur l'autre[32]. Cependant, il doit prendre très au sérieux la fonction consultative qui est constitutionnellement prévue pour qu'il y ait une concertation entre les différents organes de l'État. Ces organes doivent « aller de concert ». Et c'est la nécessité de leur concertation qui s'est finalement imposée au Bénin lors de la dernière tentative de révision initiée par le Président Yayi Boni. Expliquant les raisons qui ont poussé la commission des lois qu'elle présidait, Héléne Aholou Kêkê n'a pas hésité de signaler dans un entretien avec les journalistes que « la révision ne doit pas se faire dans les quatre murs du parlement, qu'il fallait au forum... »[33]. À cet égard, il convient de suggérer avec les professeurs André Mbata B. Mangu et Martin Bléou que les avis du juge constitutionnel, tout comme les décisions, doivent être obligatoires, conformes et s'étendre aux lois de révisions constitutionnelles[34]. La prise en compte de ses avis permettra certainement de faire avancer les États africains qui ont choisi la voie du constitutionnalisme, de l'État de droit et de la démocratie. S'il est vrai qu'un avis ne contient pas de décisions, les décisions qui visent à améliorer la loi fondamentale doivent contenir l'avis de tout le monde parce qu'elles expriment une volonté supérieure intéressant le Peuple tout entier, la majorité tout comme la minorité, les citoyens et les gouvernements ainsi que tous les organes de l'État constitutionnel. À force de considérer les consultations préalables et les avis qui en sont issus non contraignants, c'est la Constitution même qui risque de l'être et devenir par la suite l'expression d'une volonté capricieuse de ceux qui ont reçu compétence pour l'amender. D'ailleurs, c'est ce qu'il convient de retenir pour expliquer l'attitude[35] du Président Macky Sall face à la « décision-avis » du Conseil constitutionnel sur le dernier référendum avant de présenter les conditions internes de l'acte de révision qui font l'objet d'un contrôle quand le juge examine sa conformité à la Constitution.

---

[32] Face aux requêtes revendicatrices de l'annulation des révisions sur le moyen d'un défaut de consultation préalable ou de non prise en compte des avis facultatifs qu'il donne aux organes chargés de la révision.

[33] Disponible à la date du 27 septembre 2013 sur 24h00benin.

[34] A. M. B. Mangu, « La fonction consultative du juge constitutionnel en Afrique », p. 24 et Martin Bléou, « Le juge constitutionnel et les révisions constitutionnelles », *Communications au séminaire international des juridictions constitutionnelles africaines organisé au Bénin* du 11 au 13 juin 2014, p. 4.

[35] *Décision n° 1/C/2016 du Conseil constitutionnel.*

B. Un contrôle normal des conditions internes de la révision

Le contrôle du juge porte ici sur le détournement du pouvoir de révision (1) et la violation directe de la Constitution (2).

1. Le détournement du pouvoir de révision

Ce détournement existe, à chaque fois que les autorités qui en ont la compétence révisent la Constitution dans un but autre que son amélioration[36]. Son contrôle conduit le juge constitutionnel à apprécier les intentions des auteurs de l'acte juridique de révision, ses mobiles. Cependant, il est difficile d'établir la preuve des buts irréguliers que l'exercice du pouvoir de révision pourrait viser. Les intentions de l'auteur de la révision seront d'autant plus dissimulées qu'elles seront moins décelables. Un contrôle de subjectivité, la recherche de ces intentions peut paraître compliquée pour les juges constitutionnels qui sont plus familiers d'un raisonnement et de critères objectifs.

Cependant, à partir de la dénaturation des règles qui encadrent la révision en Afrique francophone, on peut distinguer deux variétés de détournement de pouvoir de révision auxquelles on ajoutera une autre variante.

La première variété existe dans l'hypothèse où les organes de révision se mobilisent pour satisfaire un intérêt particulier. Dans ce cas, la révision répond à une préoccupation politique d'ordre privé et tend à favoriser un intérêt personnel de son auteur ou celui de ses proches, bien évidemment, en méconnaissance ou au détriment de l'intérêt général. Ainsi, on peut dire qu'au fond le mobile de la révision repose sur une logique de conservation du pouvoir. Généralement, c'est dans un contexte de fin de mandat que ce type de révision est initié. Il débouche sur une remise en cause de certains principes constitutionnels, comme la limitation du mandat, qui constituent des acquis démocratiques pour les États africains depuis la fin des années 1990. Visant à conserver le pouvoir, la mise en cause de ces principes tend à renforcer l'emprise de la majorité politique ou son leader sur le pouvoir et permet à ceux-ci de rester longtemps à la tête de l'État.

La révision exprime dans ce cas une toute autre volonté que celle du constituant car elle réalise un verrouillage du jeu démocratique par un déverrouillage constitutionnel. Et à cet égard, l'on observera que partout et à chaque fois que la société civile s'est mobilisée pour défendre les principes démocratiques, ce type de révision a échoué. Un nouveau contre-pouvoir en Afrique[37], la société civile cesse de plus en plus de ressembler à « un troupeau

---

[36] Consacré pour la première fois par le conseil d'État dans l'arrêt « Pariset », en 1875, il signifie que l'autorité administrative a utilisé ses pouvoirs dans un autre but autre que celui pour lequel ils lui ont été conférés.

[37] A. Soma, « Le peuple comme contre-pouvoir en Afrique », *RDP*, n° 4, 2014, pp. 1019-1050.

sous le bâton du pasteur »[38]. Il revient au juge constitutionnel de prouver à son tour qu'il peut pleinement assurer sa fonction « de protecteur des principes constitu-tionnels et d'organe régulateur du fonctionnement des institutions et de l'activité des pouvoirs publics » face au pouvoir de révision « détourné ». En se déclarant incompétent, il permet à ce dernier d'empêcher ou de ralentir le processus de démocratisation et de constitutionnalisation de l'État en Afrique. Même si cela ne débouche pas forcément sur une instabilité institutionnelle « étatique » au Sénégal, on ne saurait douter du retard accusé par ce pays qui, en un moment de l'histoire constitutionnelle des États africains, était très en avance par rapport aux autres, notamment le Bénin et le Mali. Dans ces derniers États, le contrôle de révision par le juge constitutionnel a incontestablement contribué à la consolidation des acquis démocratiques[39]. En revanche, les déclarations d'incompétence du Conseil constitutionnel ont permis, en effet, au pouvoir de révision de perturber le calendrier électoral[40], de créer ou de supprimer les institutions de la République[41]. Son refus de statuer sur les révisions a également permis à la majorité politique de redéfinir les règles de dévolution du pouvoir à son profit. Ce fut le cas avec la suppression du quart bloquant réalisée par la loi constitutionnelle n° 98-43 du 10 octobre 1998. Il faut reconnaître que la réintroduction de cette règle qu'avait initiée en juin 2011 le Président Wade constituait une véritable régression démocratique et une déconstitutionnalisation avérée du pouvoir. Elle a échoué parce que le projet apparaissait comme « une révision de trop » pour les citoyens sénégalais[42]. C'est la raison pour laquelle ces derniers se sont mobilisés finalement pour s'opposer à l'exercice du pouvoir de révision jugé détourné de toute préoccupation objective. Curieusement, on apprend avec le préambule de la Constitution un « vouloir être » fondamental du Sénégal, sa volonté d'être « un État moderne qui fonctionne selon le jeu loyal et équitable entre une majorité qui gouverne et une opposition démocratique, et un État qui reconnaît cette opposition comme un pilier fondamental de la démocratie et un rouage indispensable au bon fonctionnement du mécanisme démocratique ». En régulant ce mécanisme dans le sens d'une consolidation de l'État de droit, les juges constitutionnels sénégalais n'auraient fait que leur

---

[38] I. M. Fall, *Les révisions constitutionnelles au Sénégal*, *op. cit.*, p. 144.

[39] D. K. Kokoroko, « L'apport de la jurisprudence constitutionnelle africaine à la consolidation des acquis démocratiques. Le cas du Bénin, du Mali, du Sénégal et du Togo », *Revue Béninoise de Sciences Juridiques et Administratives*, n° 18, juin 2007.

[40] Loi constitutionnelle n° 2006-11 du 20 janvier 2006 portant prorogation du mandat des députés au Sénégal.

[41] La révision du 02 mars 1998 au Sénégal qui crée le Senat Loi n° 98-11 du 02 mars 1998. La même institution a été supprimée et recréée en 2007 avec la loi constitutionnelle n° 2007-06 du 12 février 2007, la loi constitutionnelle n° 2008-31 du 07 août 2008 supprime le Conseil de la République pour les Affaires économiques et sociales remplacé par le Conseil économique et social avec la loi constitutionnelle n° 2008-32 le même jour.

[42] I. M. Fall, *Les révisions constitutionnelles au Sénégal*, *op. cit.*, p. 205 et s.

travail, d'autant plus que le Peuple souverain a déjà proclamé dans le même préambule le respect de cet État comme un principe.

La seconde variété de détournement du pouvoir de révision se rattache à l'hypothèse où les organes chargés de réviser la Constitution usent de leur compétence dans un but d'intérêt général autre que celui qu'ils pouvaient légalement ou constitutionnellement poursuivre. C'est le cas lorsqu'ils révisent la Constitution dans le but de faire échec à l'autorité de la chose jugée des arrêts rendus par le juge constitutionnel. Même si cela peut paraître discutable au regard du débat dont il a fait l'objet[43], l'exemple de la révision constitutionnelle qui a permis aux pouvoirs publics de « contourner » la décision d'inconstitutionnalité de la loi sur la parité au Sénégal est assez édifiant[44]. Ce contournement ne constitue ni moins ni plus qu'un détournement du pouvoir de révision. Pour le comprendre, il suffit de revenir sur cette loi et la façon dont le pouvoir de révision met à l'échec l'autorité de la décision du Conseil constitutionnel sénégalais. Exposés dans le décret de présentation de la loi constitutionnelle n° 30-2007 du 13 novembre 2007 modifiant les articles 7, 63, 68, 71 et 82 de la Constitution, les motifs avancés par le pouvoir de révision dissimulent bien son intention[45]. Le prétexte trouvé consistait à dire que c'est pour respecter l'autorité de la décision du Conseil constitutionnel du 29 avril 2007 qui avait invalidé la loi n° 23-2007 du 27 mars 2007 par laquelle la majorité libérale avait décidé d'imposer des quotas de femmes en matière de représentation politique, notamment dans les Assemblées délibérantes. Bien au contraire, même si elle visait certes, un intérêt général en ce qu'elle favorise l'égal accès des femmes et des hommes aux mandats et fonctions électifs, cette révision ne pouvait s'effectuer conformément à la Constitution, notamment dans le respect du méta-principe que constitue l'égalité des citoyens. Ce principe, dans son sens le plus simplement accessible au commun des mortels signifie que dans les conditions égales, les citoyens hommes et femmes bénéficient un traitement

[43] E. H. O. Diop, *La justice constitutionnelle au Sénégal, Essai sur l'évolution, les enjeux et les réformes d'un contre-pouvoir juridictionnel*. CREDILA/OVIPA, 2013, p. 291-298.

[44] *Ibid.*, p. 205.

[45] En affirmant que « …Le préambule de la Constitution … consacre le droit à l'égal accès de tous les citoyens, sans discrimination à l'exercice du pouvoir à tous les niveaux. Il consacre également l'attachement du Sénégal aux principes proclamés dans la Convention sur l'élimination de toutes formes de discrimination à l'égard des femmes du 18 décembre 1979 ». Dans le respect de ces dispositions, le Conseil constitutionnel a, dans sa décision du 27 avril 2007, rappelé que les principes applicables à la représentation politique interdisaient toute discrimination entre les hommes et les femmes, d'où le motif de la censure du projet de loi présenté à l'époque par le Gouvernement. Aussi, notre pays compte tenu de son attachement au respect de l'autorité des décisions de justice et à l'État de droit, a entendu procéder à la modification de l'article 7 de la Constitution par l'insertion du principe de l'égal accès des femmes et des hommes aux mandats électoraux et fonctions électives. Le résultat attendu de cette réforme serait de parvenir à une participation suffisante des femmes à la vie politique par l'adoption de mesures garantissant le respect du principe de la parité ».

égal de l'État. Un véritable conflit d'interprétation entre la majorité politique et le juge constitutionnel, il a été finalement tranché en défaveur de la démocratie constitutionnelle par un pouvoir de révision détourné. Ce dernier semble n'avoir de limite que celle qu'il semble bien vouloir lui fixer. Ainsi, la suprématie de la Constitution est vidée de son véritable contenu car la mobilisation d'une simple majorité suffit pour les pouvoirs publics de désobéir aux décisions du juge constitutionnel et, par ricochet, aux normes constitutionnelles fondatrices de l'État.

À ces deux variétés, on peut ajouter une autre variante de détournement du pouvoir de révision qui réside dans « le détournement de procédure »'. Ce dernier concerne l'utilisation par les organes de révision d'une procédure autre que celle qu'ils auraient dû utiliser pour parvenir plus facilement à leurs fins. Ce fut le cas au Niger où le Président de la République, Mamadou Tandja, annonça son intention de modifier la Constitution en vue de proroger de trois années son mandat en cours. Pour prévenir cette tentative de remise en cause de la loi suprême, un groupe de parlementaires sollicite l'avis de la Cour constitutionnelle pour savoir si la révision envisagée serait conforme à la Constitution. Dans un premier temps, la Cour estime dans son avis[46] que « les questions de nature constitutionnelle telles que la durée du mandat du Président de la République (...) ne peuvent (...) être directement soumises à référendum » et que « l'article 49 ne saurait ainsi servir de fondement à une révision de la Constitution...»[47] ; Que « le Niger étant en ce moment-là régi par la Constitution du 9 août 1999 toujours en vigueur, une nouvelle Constitution ne peut donc être envisagée qu'à travers la révision intégrale de la loi fondamentale, impossible par ailleurs du fait des restrictions imposées par l'article 136 de la Constitution »[48]. Par décret n° 2009-178/PRN/MI/SP/O du 05 juin 2009, le président de la République décide de passer outre et convoque le corps électoral à un référendum sur une nouvelle Constitution pour fonder la VIe République. Comme si la Constitution de la Ve République comportait en elle les moyens de sa propre destruction. Ce qui est, du moins juridiquement, impossible. Aucune Constitution au monde ne prévoit de tels moyens. Ainsi, la Cour ayant été saisie par les partis politiques jugea le décret non conforme à la Constitution, au motif qu'il vise à consacrer un véritable détournement de procédure, « car il impose une procédure à peine déguisée

---

[46] Avis n° 02/CC du 25 mai 2009 de la Cour constitutionnelle du Niger.

[47] Art. 49 de la Constitution : « Le Président de la République peut, après avis du Président de l'Assemblée nationale et du Président de la Cour constitutionnelle, soumettre au référendum tout texte qui lui paraît devoir exiger la consultation directe du peuple à l'exception de toute révision de la présente Constitution qui reste régie par la procédure prévue au Titre XI ».

[48] Art. 136 de la Constitution : « Aucune procédure de révision ne peut être engagée ou poursuivie lorsqu'il est porté atteinte à l'intégrité du territoire national. La forme Républicaine de l'État, le multipartisme, le principe de la séparation de l'État et de la religion et des dispositions des articles 36 et 141 de la présente Constitution ne peuvent faire l'objet d'aucune révision. »

de la remise en cause de la Constitution »[49]. La suite de l'affaire est connue car le Président de la République met fin au mandat des juges et décide de leur remplacement.

Un détournement du pouvoir de révision, ce détournement de procédure a connu un succès au Sénégal. On se souviendra toujours des multiples réformes qu'ont subies les mandats en termes de nombre et de durée dans ce pays[50]. La question semble être définitivement tranchée au Bénin avec la décision n° 11-067 du 20 octobre 2011 rendue par la Cour constitutionnelle dans le cadre d'un contrôle de conformité de la loi organique n°2011-27 du 30 septembre 2011, portant conditions de recours au référendum et déférée par le Président de la République. La Cour a considéré que « l*es options fondamentales de la Conférence nationale de février 1990* », à savoir : la forme républicaine et la laïcité de l'État, l'atteinte à l'intégrité du territoire national, le mandat présidentiel de cinq ans renouvelable une seule fois, la limite d'âge de quarante ans au moins et soixante-dix ans au plus pour tout candidat à l'élection présidentiel et le type présidentiel du régime politique au Bénin ne peuvent faire l'objet de question à soumettre au référendum.

Par ailleurs, il est à noter que la subjectivité qui caractérise le détournement de pouvoir et les difficultés auxquelles on se trouve confronté dans l'administration de sa preuve doivent inciter le juge constitutionnel, à l'image du juge administratif et au cas où il se déclarait compétent, à élargir son contrôle aux motifs de la révision. Une démarche objective, cette technique lui permettra d'apprécier la violation de la Constitution qui est parfois commise directement par le pouvoir de révision.

2. La violation directe de la Constitution ou le contrôle des motifs de la révision

La Constitution est directement violée pas le pouvoir de révision à chaque fois que l'acte de révision méconnaisse les règles du « Bloc de constitutionnalité » ou les sources hiérarchiquement supérieures de la constitutionnalité. Pour constater une telle violation, il serait plus simple et facile pour le juge constitutionnel de comparer le contenu de l'acte de révision contesté au contenu des normes constitutionnelles qui s'imposent à son élaboration. Il s'agit pour le juge de procéder à un examen frontal de la loi constitutionnelle avec l'ensemble des normes internes et communautaires, écrites ou jurisprudentielles.

Une recherche de cohérence normative du pouvoir de révision, ce contrôle intègre aussi bien le droit constitutionnel interne que « le droit constitutionnel

---

[49] Cour constitutionnelle du Niger n° 04/CC/ME du 12 juin 2009.

[50] Par la Loi constitutionnelle n° 98-43 du 10 octobre 1998 supprime la limitation à deux du nombre de mandats présidentiels et la loi constitutionnelle n° 2008-66 du 21 octobre 2008 qui met fin au quinquennat pour le remplacer par le septennat, modification de l'article 27 de la Constitution sénégalaise.

régional » que l'on peut situer avec les professeurs Alioune Sall et Ismaïla Madior Fall, dans le Protocole A/SP1/12/01 sur la démocratie et la bonne gouvernance additionnel au Protocole relatif au mécanisme de prévention, de gestion, de règlement des conflits, de maintien de la paix et de la sécurité[51]. Pour ces auteurs, il s'agit « d'un document juridique qui, par les principes et valeurs qu'il consacre, est une Constitution »[52]. Sans revenir sur les difficultés d'application de ce texte[53] et évoquer les risques de l'uniformisation des différents droits constitutionnels[54], on se contentera de signaler que le doute sur son statut de Constitution ou sur la valeur constitutionnelle de ses dispositions n'est plus permis et ce depuis la décision du 09 juillet 2009 de la Cour constitutionnelle du Togo. Dans cette décision, le juge constitutionnel togolais fait montre d'une « hardiesse et d'une ouverture d'esprit » remarquables. En privilégiant les textes endogènes africains sur les textes exogènes occidentaux, il se contente de viser le Protocole de la CEDEAO sur la démocratie et la bonne gouvernance ainsi que la Charte africaine des droits de l'homme et des peuples sans faire référence aux engagements internationaux qui consacrent ces droits[55]. Une référence au « constitutionalisme régional », cette décision réhabilite le protocole de la CEDEAO et contribue à la vulgarisation de ses dispositions.

En application du droit constitutionnel interne, les juridictions constitutionnelles africaines constatent également la violation directe de la Constitution à chaque fois que les organes compétents méconnaissent les règles du « Bloc de constitutionnalité ». Ainsi, dans son arrêt n° 01-128 du 12 décembre 2001, la Cour constitutionnelle du Mali confronte le contenu de la loi constitutionnelle querellée non seulement, aux articles 69 et 118 de la Constitution mais aussi aux articles 50 à 85 du Règlement intérieur de l'Assemblée nationale[56] pour établir la violation directe de la Constitution résultant de la modification par le Gouvernement de quatorze (14) articles de

---

[51] I. M. Fall et A. Sall, « Une Constitution Régionale pour l'Espace CEDEAO : le Protocole sur la démocratie et la bonne gouvernance de la CEDEAO », *www.com.ecowas.int ou www.-ddats.over-blog.com.*

[52] Une idée qu'ils partagent avec d'autres auteurs comme P. Moudoudou, *La Constitution en Afrique*. L'Harmattan, 2012, pp. 47-52.

[53] Liées à sa nature juridique conventionnelle, au fait qu'il est matériellement constitutionnel tout comme la Constitution interne des États, ce qui constitue un risque de conflit ; à l'interprétation que son application rend nécessaire et au fait qu'il ne prévoit aucune disposition relative à son inapplication momentanée qui peut résulter d'une suspension ou d'une dérogation.

[54] Sur ces risques V. Cerda, C. Guzman, « Repenser les constitutions internationalisées », *RDP*, novembre 2015, n° 6, p. 1567 et s.

[55] Notamment, la *Déclaration universelle des droits de l'homme art. 21.1 et le Pacte international relatif aux droits civils et politiques* art.25, a.

[56] Considérants 18, 19 et 20 de l'arrêt n°01-128 du 12 décembre 2001 de la Cour constitutionnelle.

ladite loi lors de sa publication dans le *Journal officiel*[57]. À travers son raisonnement, il fait ressortir une dissemblance entre le contenu du texte de révision voté par l'Assemblée nationale et celui publié au *Journal officiel*. Plus qu'une simple erreur matérielle, la violation de la Constitution et du Règlement intérieur de l'Assemblée nationale était manifestement frauduleuse qu'elle ne pouvait se limiter à un simple contrôle des règles qui encadrent spécifiquement la révision constitutionnelle[58]. Par une lecture combinée des dispositions susvisées, il admet que « Si, le texte publié est différent de celui voté par l'Assemblée nationale il est en toute logique inconstitutionnelle car n'ayant pas été voté dans son entièreté et tel quel par l'Assemblée nationale à la majorité requise conformément à la Constitution... ».

La violation directe de la Constitution qui résulte de la méconnaissance des règles du bloc de constitutionnalité est également constatée par la Cour constitutionnelle du Bénin dans sa décision dite « consensus national »[59]. Dans leur requête contre la loi constitutionnelle de 2006[60], certains députés béninois soutenaient la violation de dix (10) articles du Règlement intérieur de l'Assemblée nationale[61]. Poursuivant leur raisonnement, ils rappellent à la Cour qu'elle est compétente, selon sa jurisprudence constante, pour apprécier la violation des dispositions de ce Règlement intérieur « lorsque lesdites dispositions constituent la mise en œuvre des règles constitutionnelles et font partie dès lors du Bloc de constitutionnalité »[62]. En confirmant la violation directe des articles 107, 154 et 155 de la Constitution[63], la Cour constate en même temps celle de six (6) articles du Règlement intérieur de l'Assemblée nationale par le pouvoir de révision[64].

---

57 Considérant 21 de l'arrêt n° 01-128 du 12 décembre 2001 de la Cour constitutionnelle.

58 Relatives à *l'initiative, l'adoption et l'approbation de la révision ainsi que les limites temporelles et matérielles*. V. l'article 118 de la Constitution malienne et le Considérant 11 de l'arrêt n° 01-128 du 12 décembre 2001 de la Cour constitutionnelle.

59 DCC 06-074 du 08 juillet 2006.

60 Loi constitutionnelle n° 2006-13 du 13 juin 2006.

61 Considérant 14 de la décision DCC 06-074 du 08 juillet 2006 : les articles 17.5, 74.5, 74.8, 34.6, 45.5, 40.1, 40.2, 58.4, 47.5, 92.1 et 191 du Règlement intérieur de l'Assemblée nationale.

62 Considérant 16 de la décision DCC 06-074 du 08 juillet 2006. Tandis que les articles 17.5, 47.5, 58.4 et 129 définissent le rôle des secrétaires parlementaires et constituent la mise en œuvre de l'article 89 de la Constitution, l'article 92.1 du Règlement intérieur participe à la mise en œuvre de l'article 57 al. 2 de la Constitution en ce qu'il oblige le Président de l'Assemblée à transmettre au Président de la République la loi votée dans les quarante-huit 48 heures qui suivent son adoption. L'article 74.5 du Règlement intérieur n'étant rien d'autre que la reprise de l'article 107 de la Constitution qui interdit « les propositions de lois dont l'adoption aurait pour conséquences, soit la diminution des ressources publiques, soit la création ou l'aggravation d'une charge publique » sans être accompagnées « d'une proposition d'augmentation de recettes ou d'économies équivalentes » considérant 25.

63 Les articles 5 et 6 du dispositif de la décision DCC 06-074 du 08 juillet 2006.

64 Les articles 2, 4 et 6 du dispositif de la décision DCC 06-074 du 08 juillet 2006. Les articles du Règlement intérieur dont la violation a été confirmée sont d'une part, 17.5, 47.5, 58.4 et 129 et d'autre part, 92.1 et 74.5. La Cour n'a pas eu besoin de statuer sur les moyens relatifs aux

On apprend également avec cette décision que la violation directe de la Constitution peut résulter aussi de la méconnaissance d'une source hiérarchiquement supérieure de la constitutionnalité[65]. Contrairement à ceux qui pensent que cette décision constitue une révision jurisprudentielle en ce sens qu'elle se fonde sur un principe étranger à la Constitution, notamment « le consensus national », elle paraît plutôt constitutive d'une preuve de l'imperfection de « l'image pyramidale » des normes[66]. Pour le comprendre, il convient d'abord de constater avec Michel Troper que « la totalité de la doctrine raisonne sur la base du postulat de la suprématie de la Constitution écrite - et en général de la gradation des normes – et recherche les conséquences que peut avoir pour le phénomène de l'interprétation l'existence de cette hiérarchie »[67]. Ensuite, en admettant avec Véronique Champeil-Desplats que « tout processus d'application suppose une interprétation des énoncés juridiques » ; on reconnaîtra avec l'auteur que « la hiérarchie entre les normes apparaît moins comme une donnée objective et préétablie qui précède le raisonnement juridique que comme le produit de celui-ci »[68]. Autrement dit, on confirmera que les juges, en plus d'être des garants de la hiérarchie des normes, particulièrement de la suprématie de la Constitution, contribuent à leur création. Les structures hiérarchiques qu'ils produisent avec leur pouvoir d'interprétation apparaissent comme des moyens justificatifs des effets que les acteurs politiques admettent de ces structures. Enfin, on finira par prendre au sérieux la part active des juges dans la production de la hiérarchie des normes. La prise en compte de leur contribution par le biais de l'interprétation qu'ils font des énoncés permet d'expliquer certains phénomènes que l'auteur qualifie « de dissociation entre la hiérarchie des normes produites par les interprètes et la hiérarchie établie, ou supposée telle, dans les textes sources »[69].

Une manifestation de cette dissociation[70], la création jurisprudentielle du « principe supra-constitutionnel de consensus national » qui résulte de la

---

articles 40 et 54 du Règlement intérieur qui traitent successivement le caractère public des séances de l'Assemblée nationale et les délégations de vote, art. 3 du dispositif de la décision DCC 06-074 du 08 juillet 2006.

[65] Dans la hiérarchie des sources que Véronique Champeil-Desplats dissocie de celle des normes. V. « Théorie générale des sources du droit constitutionnel », *Traité international de droit constitutionnel,* Tome 1, Théorie de la Constitution, M. Troper et D. Chagnollaud Dirs. Dalloz, 2012, p. 759 et s.

[66] *Ibid.*, p. 760.

[67] M. Troper, « Le problème de l'interprétation et la théorie de la suprématie constitutionnelle », *in Recueil d'Études en hommage à Charles Eisenmann.* Paris Cujas, 1975, p. 135 ; V. également E. Millard, « La hiérarchie des normes : une critique sur le fondement empiriste », *disp.www.halshs.archives-ouvertes.fr/halshs-00132207.*

[68] V. Champeil-Desplats, *op. cit.*, p. 756.

[69] *Ibid.*, p. 759.

[70] Porteuse de l'imperfection de la pyramide des normes, elle se manifeste de plusieurs manières : 1 – Elle peut consister à ce que les interprètes créent des catégories de normes qui

décision de la Cour constitutionnelle béninoise correspond simplement à une norme constitutionnelle découverte grâce à un effort d'interprétation constitutionnelle des juges. Certes, on peut dire qu'elle modifie le sens littéral du texte constitutionnel. Mais, force est de reconnaître en même temps qu'elle respecte l'intention du constituant parce qu'elle se fonde sur sa « détermination »[71] pour barrer la route au « pouvoir de révision non consensuel ».

National, le consensus n'est pas une création des juges. Ils le constatent seulement à partir de la Conférence des forces vives de la Nation de février 1990. Ceux qui pensent que la révision est désormais impossible au regard de ce principe, qu'ils nous apportent aussi la preuve que les Béninois ne seront plus jamais, dans leur intégralité ou majorité, d'accord sur une décision politique. Autant dire que la démocratie n'est plus possible au Bénin. On se contentera de les inviter à reconsidérer le consensus national non seulement comme faisant partie des principes constitutionnels mais surtout, comme une « source hiérarchiquement supérieure de la Constitutionnalité ». Et sous ce dernier angle, rien n'interdit de l'admettre comme supérieur à la Constitution, précisément aux normes « révisables » et « irrévisables » qu'elle est en mesure d'impulser dans l'État constitutionnel.

Objectivement, c'est en contrôlant les motifs de la révision que la Cour constitutionnelle béninoise est parvenue à l'annulation de cette révision. Les éléments de fait et de droit qui avaient poussé à l'époque le pouvoir de révision étaient inconstitutionnels. C'est ce qui est démontré par la Cour dans son arrêt. Grâce à ses pouvoirs « inquisitoriaux »[72], elle a examiné ces motifs pour vérifier s'ils sont conformes à la Constitution. Telle qu'évoquée par certains requérants, la motivation de la proposition de révision reposait d'une part, sur la nécessité de « coupler les élections législatives et communales afin de minimiser les coûts d'organisation des élections » résultant, d'autre part, de la nécessité de « disposer du temps (…) pour rendre disponible la liste électorale permanente (LEPI) informatisée avant les prochaines élections ». Ils contestaient la constitutionnalité de la loi constitutionnelle parce qu'elle diminuait les ressources publiques sans être accompagnée d'une proposition d'augmentation de recettes. Par conséquent, elle devrait être déclarée

---

n'ont jamais été prévues par un texte considéré comme une source habituelle du droit dans un ordre juridique donné ; 2 – Elle peut prendre la forme d'une interprétation qui ne respecte pas l'intention des auteurs d'un texte juridique ou le sens littéral du texte juridique ; 3 – Elle apparaît lorsque plusieurs interprètes authentiques donnent des significations différentes à un même énoncé établissant une hiérarchie ; 4 – Elle peut provenir de limites introduites par les interprètes authentiques eux-mêmes, en procédant à une interprétation restrictive de leurs compétences ; 5 – Elle peut résulter d'une ignorance de bonne foi ou délibérée de l'interprète.

[71] « …à créer un État de droit et de démocratie pluraliste, la sauvegarde de la sécurité juridique… ». V. le Considérant 28 de la décision DCC 06-074 du 08 juillet 2006.

[72] V. Les considérants 24, 25 et 26 de la décision DCC 06-074 du 08 juillet 2006.

irrecevable par le Président de l'Assemblée nationale.[73] Pour ce dernier, la proposition d'augmentation de recettes ne s'imposait pas en matière de révision.[74] Une interprétation erronée des articles 107 de la Constitution et 74.5 du Règlement intérieur, ce raisonnement du Président de l'Assemblée nationale comportait un « vice constitutif d'un défaut de base constitutionnelle » en ce sens que le pouvoir de révision serait en droit d'écarter une norme constitutionnelle d'application nécessaire. Ce qui, en plus de la menace qu'il constitue pour l'équilibre budgétaire, était pour la Cour constitutionnelle constitutif d'une violation de la constitution que le Président de la deuxième institution de la République pouvait éviter en déclarant la proposition de révision irrecevable[75]. La Cour termine son raisonnement en qualifiant « le mandat » qu'il était question de modifier, de « situation constitutionnellement établie » et de « résultat du consensus national »[76] qui s'impose à toute révision au même titre que les autres idéaux qui ont présidé à l'adoption de la Constitution du 11 décembre 1990.

Par ailleurs, on remarquera que le contrôle se révèle plus étendu lorsqu'il porte sur la compatibilité de la révision avec la Constitution.

II. Un contrôle politique plus étendu des révisions ou contrôle de compatibilité avec la Constitution

À la différence du contrôle de conformité, le contrôle de compatibilité consiste à apprécier la qualité de la « norme légisconstitutionnelle » sur laquelle débouche la révision lorsqu'elle entre en vigueur. Le juge se prononce sur la capacité de la norme en question à s'accorder ou à coexister avec les autres normes constitutionnelles sans qu'elle ne porte atteinte à la cohérence de la Constitution. En effet, cela implique pour le juge constitutionnel un contrôle politique plus étendu que le contrôle juridique normal du pouvoir de révision (A) dont l'exercice atteste un opportunisme de sa part et qui débouche parfois sur une interprétation constitutionnelle mitigée (B).

A. Un contrôle de cohérence normative du pouvoir de révision

Un examen de la validité matérielle des révisions (1), la vérification de leur compatibilité avec la Constitution conduit le juge à exercer un contrôle de fondamentalité (2).

1. Un contrôle de la validité matérielle des révisions

À l'idée, suivant laquelle la hiérarchie des normes est une donnée objective et constitutive de l'ordre juridique, s'est progressivement associée celle qui

[73] Une obligation constitutionnelle pour ce dernier en vertu des articles 107 de la Constitution et 74.5 du règlement intérieur de l'Assemblée nationale.
[74] Considérant 13 de la décision DCC 06-074 du 08 juillet 2006 II-2-3 du mémoire en défense qu'il transmet au Président de la Cour constitutionnelle.
[75] Le considérant 26 de la décision DCC 06-074 du 08 juillet 2006.
[76] *Ibid.*

conditionne son effectivité aux mécanismes de contrôle. L'émergence progressive de la soumission de l'administration au droit au moyen d'un contrôle de légalité de son action s'est prolongée, plus tard, à celle du législateur à la Constitution grâce au contrôle de constitutionnalité. C'est un progrès de l'État de droit qui ne semble pas, au regard des cas béninois et malien, épargner le législateur constitutionnel.

Même si la consécration du contrôle ne s'est pas imposée de façon identique et simultanément à l'égard du pouvoir administratif, du pouvoir législatif et du pouvoir de révision constitutionnelle, elle se justifie dans tous les cas par le respect de la hiérarchie des normes que seul un contrôle de leur validité peut garantir. Sans ce contrôle de constitutionnalité, « il n'y a pas de hiérarchie et il n'y a pas d'actes contraires à la Constitution »[77]. En effet, tout acteur administratif ou politique agissant au nom et pour le compte de l'État peut en toute impunité violer les normes qui encadrent ses fonctions et qu'il a pour mission d'appliquer. Impossible dans l'État constitutionnel, ses organes, même dans l'activité qui consiste à apporter des modifications amélioratrices au texte constitutionnel, doivent agir conformément aux normes limitatives qu'il énonce. Sinon, c'est la Constitution elle-même qui cesserait d'être « pleinement obligatoire »[78].

Constitutifs d'un « système de freinage constitutionnel », les mécanismes de contrôle permettent d'apprécier la validité des normes au regard du respect des formes établies par les règles qui s'attachent à leur création. Partie intégrante de ces règles[79], le contrôle sert à maintenir la production des normes conforme à la Constitution. Les normes formelles qui encadrent la procédure de révision assurent ce qu'il convient d'appeler avec Luigi Ferrajoli « la validité formelle ». Elles fondent la démocratie uniquement dans sa dimension formelle[80]. On remarquera que la constitutionnalisation des principes et objectifs de l'État républicain, conjuguée à la proclamation des droits fondamentaux, rend beaucoup plus complexes la structure de la démocratie et les conditions de validité des normes. Une fois produites, celles-ci doivent être matériellement compatibles dans leur signification avec les règles substantielles constitutionnalisées. Normes « matérielles sur la production »[81], ces règles

---

[77] M. Troper, « Le problème de l'interprétation et la théorie de la suprématie constitutionnelle », *in Recueil d'Études en hommage à Charles Eisenmann*. Paris, Cujas, 1975, p. 142-143.

[78] H. Kelsen, « La garantie juridictionnelle et la Constitution », *R.D. public*, 1928, p. 250. L'auteur a particulièrement relevé le lien historique et logique qui existe entre l'émergence d'une représentation hiérarchique de la structure du droit et « *l'aspiration à des garanties de la Constitution* ».

[79] Car ce contrôle, lorsqu'il est obligatoire ou facultatif, apparaît aussi comme une règle de production des règles.

[80] L. Ferrajoli, « Théorie des droits fondamentaux », *Traité international de droit constitutionnel, Tome 3, Suprématie de la Constitution*, M. Troper, D. Chagnollaud Dirs. Dalloz, 2012, p. 224.

[81] *Ibid.*

fondent sa dimension substantielle et posent des limites ainsi que des obligations matérielles au pouvoir de révision. Sans cette exigence de compatibilité à la substance des constitutions, ce dernier serait illimité ou absolu. L'incompatibilité des normes qu'il produit pour l'amélioration de la Constitution peut conduire à une incohérence normative de l'ordre constitutionnel ou à son anéantissement.

Le sort des droits fondamentaux et d'autres principes constitutionnels comme la laïcité, le multipartisme, la séparation des pouvoirs et l'indépendance de l'autorité judiciaire ainsi que les autres systèmes de garantie constitutionnelle sera épargné de tout pouvoir décisionnel au sein de l'État grâce à ces deux dimensions sur lesquelles se fonde « le paradigme de la démocratie constitutionnelle »[82].

Constitutionnellement, ces droits et principes caractérisent l'État républicain de sorte que tout pouvoir de révision qui les modifie toucherait forcément à la forme républicaine de l'État. L'irrévisabilité de cette forme, telle qu'affirmée dans les constitutions écrites et rigides en Afrique francophone, implique qu'elle soit soustraite de la « sphère du décidable ». En effet, les éléments caractéristiques ou définitoires de la République se situent dans ce que L. Ferrajoli qualifie de « sphère de l'indécidable ». Elle englobe non seulement « ce qui ne peut pas être décidé » mais aussi « ce qui doit être décidé » par le pouvoir de révision. Ainsi, la dimension substantielle qu'elle représente[83] limite et contraint la dimension formelle de la démocratie, donc la « sphère du décidable » dont relève son exercice.

En effet, la subordination du pouvoir de révision aux limites et contraintes liées à la substance des constitutions parachève l'État de droit qui a connu un début avec la soumission du pouvoir administratif au droit et un progrès avec celle du pouvoir législatif à la Constitution. La logique de constitutionnalisation du pouvoir politique et de l'État républicain qui l'incarne se concrétise et s'achève avec la positivation, en plus de « l'être » du pouvoir de révision décrit par les règles formelles de son exercice, du « pouvoir être » et du « devoir être » de ce pouvoir prescrit par les choix et les fins constitutionnellement définis. La dimension substantielle de la démocratie, ces choix et fins sont exprimés aussi bien dans les préambules que dans le corps du texte. Ils doivent inspirer la production de toute révision et s'imposer, sous la couverture des limites matérielles posées à la révision, aux organes de

---

[82] *Ibid.*

[83] Par le fait qu'elle détermine l'ensemble des normes qui imposent des limites en termes de « pouvoir être » et des obligations en termes de « devoir être ». Tandis que les limites sont posées par les droits de l'homme et les principes constitutionnels, les obligations découlent des objectifs constitutifs. La violation des limites ou interdictions génère des contradictions qui appellent à l'arbitrage des juges constitutionnels. L'inobservation des droits sociaux liés aux objectifs constitutionnels constitue des lacunes.

révision. Leur imposition permet de mettre la démocratie formelle à l'abri d'elle-même en limitant les excès du « pouvoir de révision majoritaire »[84].

Protégé par les dispositions qui encadrent la révision constitutionnelle, ce paradigme de la démocratie s'est imposé au Bénin grâce au contrôle du juge constitutionnel. En mettant en avant les idéaux qui ont présidé à l'adoption de la Constitution, il oppose au pouvoir de révision le consensus national[85] et impose aux organes constitués le respect de ce qu'il qualifie lui-même « d'options fondamentales » de la Conférence nationale[86].

Cependant, il convient de signaler que ce paradigme de la démocratie a du mal à se généraliser en Afrique francophone, notamment au Mali et au Sénégal. Dans ces États, on observe que le juge constitutionnel ne sanctionne pas la violation des principes substantiels tels que l'égalité et celui de la limitation du mandat en termes de durée. Au Mali, il refuse de sanctionner « la contrariété textuelle et la régression démocratique » qui caractérisaient le projet de révision de 2001. Soulevés par le juge dans son avis n° 001 du 04 octobre 2001, ces motifs étaient suffisants pour déclarer la révision inconstitutionnelle[87]. Au Sénégal, la durée du mandat qui, de notre avis fait partie des principes substantiels, a été violée face au refus du juge d'exercer un contrôle sur le pouvoir de révision sous prétexte qu'il est souverain.

Or, la prise en compte de la dimension substantielle de la démocratie, si elle limite sa dimension formelle, devrait permettre au juge constitutionnel africain de l'intégrer dans sa perception de la démocratie et de la renforcer avec la notion de « souveraineté populaire » qui est son fondement. Au regard des principes substantiels, sa fonction régulatrice doit lui permettre d'exercer un contrôle de « substantialité » sur les actes de révision. Bref, elle devrait conduire le juge à un contrôle de fondamentalité.

---

[84] Que l'on distingue du « pouvoir de révision consensuel ».

[85] Décision DCC 06-074 du 08 juillet 2006.

[86] Décision DCC-11-067 du 20 octobre 2011.

[87] Dans le même avis, le juge invite les organes de révision à faire attention aux options que sont l'engagement de l'État dans la reconnaissance et la garantie des droits d'aller et de venir, du libre choix de la résidence, de la liberté d'association, de réunion, de cortège et de manifestation ; l'universalité, l'égalité et le secret du suffrage ; la possibilité pour la Cour de donner son avis sur la révision constitutionnelle ; le principe de l'égalité des Maliens à l'exercice de la fonction de député et la poursuite des Ministres pour haute trahison ». En dépit de cet avertissement de la gardienne de la Constitution, le pouvoir de révision a touché à ces normes substantielles. Et quand les requérants l'ont invité à examiner l'inobservation de son avis c'était plus pour lui faire remarquer cette violation que de soutenir le caractère obligatoire de son avis sur lequel elle s'est prononcée et conformément, c'est nous qui le signalons, aux seules normes formelles de validité.

2. Le contrôle de fondamentalité des révisions

Qualité substantielle inhérente à la Constitution, la fondamentalité repose sur sa valeur axiologique, telle que conçue par le juge[88]. Peut-il arriver aussi dans le cadre de l'exercice du pouvoir constituant que son contrôle soit prévu par un texte comme ce fut le cas avec la Constitution intérimaire[89] adoptée en 1994 en Afrique du Sud. Ce texte prévoyait une liste de trente-quatre (34) principes auxquels la Constitution définitive devant être adoptée par une Assemblée constituante devait se conformer et dont le respect a fait l'objet d'un contrôle par la Cour constitutionnelle. Saisie d'un premier projet adopté en 1996, elle conclut sur le rejet du texte constitutionnel pour le non-respect des principes évoqués dans la Constitution intérimaire[90]. Motivée sur près de 300 pages, cette décision atteste que le juge peut être un « Co-constituant » dans la mesure où l'on subordonne l'entrée en vigueur d'une nouvelle Constitution à sa certification. Pour exprimer sa position dans le processus constituant, la Cour a utilisé des termes particulièrement clairs qui, de notre point de vue, peuvent paraître contestables. La clarté des termes réside dans le fait qu'elle souligne que : « En premier lieu et avant tout (...) que la Cour a un mandat juridictionnel et non politique. Sa fonction est clairement indiquée à l'article 71 (2) de la Constitution intérimaire : certifier que toutes les clauses du nouveau texte sont conformes aux principes constitutionnels[91]. Ceci est une fonction juridictionnelle, un exercice juridique. Il est vrai qu'une Constitution, par sa nature traite des limites du pouvoir politique et son exercice, ainsi que des relations entre les entités politiques et celles de l'État et des individus. Cependant, cette Cour n'a ni le pouvoir, ni le mandat ni le droit d'exprimer une opinion quelconque concernant les choix effectués par l'Assemblée constituante lorsqu'elle a rédigé le nouveau texte, "Sauf" quant au point de savoir si ces choix sont conformes ou non aux principes constitutionnels. Hormis cette qualification, la sagesse des clauses du nouveau texte n'est pas l'affaire de cette Cour »[92]. C'est vrai, la Cour avait bien conscience du précédent en rendant cette décision. D'ailleurs, elle prend bien le soin de préciser qu'une fois qu'elle aura accordé sa certification à la nouvelle

---

[88] W. Sabete, « Pouvoir de révision constitutionnelle et droits fondamentaux, Étude des fondements épistémologiques, constitutionnels et européens de la limitation matérielle du pouvoir constituant dérivé ». Presses Universitaires de Rennes, 2005, p. 181.

[89] M. Zaki, « Petites constitutions et droit transitoire en Afrique », *Nouvelles Annales africaines*, *RFSJP*-CREDILA, 2012, pp. 3-46.

[90] Décision du 6 septembre 1996.

[91] Notamment, les trente-quatre principes que la nouvelle Constitution devrait respecter pour entrer en vigueur.

[92] Paragraphe 27 de la décision du 6 septembre 1996. V. C. Klein, « Le pouvoir constituant », *Traité international de droit constitutionnel, Tome 3, Suprématie de la Constitution*, M.Troper et D. Chagnollaud *Dirs.*, Dalloz, 2012, p. 30-31.V. égal. D. E. Emmanuel, « Le pouvoir normatif de la Cour constitutionnelle de l'Afrique du Sud », *RDP,* novembre 2015, n° 6, p. 1583 et s.

Constitution, la question de la non-conformité de celle-ci aux principes évoqués ne pourra plus être soulevée[93].

Seulement, on ne manquera pas de signaler que l'appréciation de la conformité d'un texte juridique, en l'occurrence la Constitution, aux principes qui le fondent correspond plus à une question liée à leur fondamentalité qu'à celle de leur constitutionnalité[94]. Chercher à savoir si les choix effectués par l'Assemblée constituante sont conformes ou non aux principes constitutionnels revient à l'exercice d'un contrôle politique d'autant plus que la certification qui résultera de l'appréciation de la Cour n'est rien d'autre qu'une confirmation que « le droit positif » est l'expression de cet état de fait que représente la fondamentalité des principes constitutionnels. Si elle n'est pas le prolongement de ces principes, la Constitution finalement adoptée n'en constitue pas moins une conséquence de leur fondamentalité.

Le lien entre ces principes et la Constitution découle de cette fondamentalité. Il doit être maintenu. Ce qui implique un contrôle de compatibilité des révisions de la Constitution aux principes qu'elle consacre. Sinon, elle risque d'être dénaturée. Ce qui nous semble d'ailleurs plus dommageable que le risque d'un gouvernement de juges.

Ces principes sont dits fondamentaux non pas parce qu'ils sont reconnus et consacrés dans les textes constitutionnels mais plutôt parce qu'ils répondent aux attentes de tous. Leur constitutionnalisation les élève simplement au rang de normes supérieures à toutes les autres et confère au Peuple souverain une position supérieure à l'ensemble des pouvoirs publics. Ces pouvoirs sont tenus, même dans le cadre de la révision constitutionnelle, de les respecter. Il s'ensuit que la souveraineté populaire, exprimée dans les constitutions démocratiques des États de l'Afrique francophone, se trouve redéfinie dans le seul sens compatible avec le refus d'admettre un pouvoir absolu dans un État de droit constitutionnel.

Ainsi, la notion de fondamentalité joue un rôle de « préservation d'espèce »[95] en ce sens qu'elle permet de sauvegarder la nature de la Constitution du Peuple souverain. Pour démontrer ce rôle, on peut s'appuyer sur les décisions du juge constitutionnel béninois relatives au principe de consensus national et aux options fondamentales de la Conférence nationale, auteur de la Constitution du 11 décembre 1990. Par ces décisions, il a empêché des atteintes aux principes constitutionnels. Cependant, il convient de signaler que la fondamentalité des principes n'a, au regard des décisions rendues par ses homologues malien et sénégalais, pu empêcher leur violation par les lois

---

[93] Paragraphe 18 de la décision 6 septembre 1996.

[94] Dégagé au sein du Parlement, le 27 avril 1994, le texte des principes constitutionnels représente la norme fondamentale et suprême. C'est un accord politique qui a permis la mise au point de la Constitution en brisant l'impasse entre les différents acteurs politiques. C'est pourquoi, il est parfois qualifié de « deadock-breaking agreement » accord qui brise l'impasse.

[95] W. Sabete, *op. cit.*, p. 181.

constitutionnelles. Il serait donc plus pertinent de s'appuyer sur une démarche basée sur la théorie constitutionnelle. Elle permettra de comprendre que le contrôle de compatibilité des révisions aux principes constitutionnels répond à une autre logique que celle qui est suivie par les juges dans le cadre d'un contrôle de leur constitutionnalité : la logique de la fondamentalité[96]. Elle va plus loin et suppose à la fois l'intangibilité des principes constitutionnels au nom de la sécurité juridique et la concrétisation des droits que les peuples souverains reconnaissent à travers leur Constitution. Ces droits sont autonomes. Même s'ils ont une valeur constitutionnelle, on reconnaîtra qu'ils appartiennent à une « sphère de fondamentalité » qui les met à l'abri de toute volonté extérieure à celle du Peuple souverain. Dès lors, le principe de la révision doit être admis avec celui de la limitation de son exercice par le caractère fondamental des principes constitutionnels. Irrévisables, ces principes deviennent intangibles. Véritablement, c'est l'effectivité de cette limitation qui permet de distinguer la révision de l'élaboration de la Constitution.

Aussi, la protection constitutionnelle des principes fondamentaux serait-elle ineffective si elle devrait être assurée uniquement à l'égard des seules lois ordinaires et organiques. Si la fondamentalité de ces principes justifie leur protection à l'égard des législateurs organique et ordinaire, à moins qu'ils ne perdent leur caractère fondamental face au pouvoir de révision, il est tout à fait logique qu'ils soient protégés au même titre contre le législateur constitutionnel. Reposant sur la fondamentalité, cette protection peut en matière de révision constitutionnelle être assurée de deux manières : l'effet cliquet anti-retour et la non-dénaturation des principes, une garantie de la substance de la Constitution.

Deux techniques de protection déjà utilisées par le juge constitutionnel en matière de contrôle de constitutionnalité des lois, elles permettent d'éviter un retour en arrière et une dénaturation des principes fondateurs de la démocratie par voie de révision. Pour éviter que le texte constitutionnel ne ressemble à un « magma de principes abstraits incohérents », qui n'est pas sans conséquence sur la stabilité politique des États, le juge constitutionnel peut en application de la première technique empêcher la révision des dispositions constitutionnelles lorsqu'elles garantissent mieux la protection des droits ou des principes que celles par lesquelles elles seront modifiées ou abrogées. Dans tous les cas, les dispositions modifiées ou abrogées par le pouvoir de révision et celles qui les modifient ou les abrogent doivent assurer au moins des garanties équivalentes en termes de protection des droits et principes fondamentaux. Autrement dit, toute modification qui aura pour conséquence une diminution des garanties constitutionnelles serait régressive et doit être annulée pour cette

[96] Sur la différence entre les deux logiques V. E. Picard, « L'émergence des droits fondamentaux en France », *AJDA*, n° spécial, 1998, p. 11-12, cité par W. Sabete, *op. cit.*

raison. Par l'utilisation de la seconde technique, le juge peut également sanctionner toute dénaturation du sens et la portée des droits et principes fondamentaux car cette dénaturation, si elle porte atteinte au contenu essentiel ou substantiel du texte constitutionnel, peut conduire à une altération de la nature de la Constitution. Avec l'une comme avec l'autre technique, il ne fera que préserver la cohérence normative du texte constitutionnel ainsi que les droits et principes qui constituent sa raison d'être.

C'est au nom de la fondamentalité qui caractérise ces droits et principes qu'il contrôle les actes du législateur dans un domaine où la Constitution elle-même confie au pouvoir législatif la compétence pour fixer « les règles concernant les garanties fondamentales accordées aux citoyens pour l'exercice des libertés publiques ». Également, c'est au nom de la même fondamentalité, qu'il doit être en mesure de contrôler le pouvoir de révision qui a reçu compétence pour réviser le texte constitutionnel et non son fondement. Il serait absurde d'imposer le respect des droits et principes fondamentaux à la majorité politique simple ou absolue des députés et de la libérer de cette obligation constitutionnelle lorsqu'elle se réunit pour réviser le texte constitutionnel. Autant dire que la démocratie est uniquement majoritaire et que la souveraineté appartient à la majorité des représentants du peuple ou des citoyens électeurs pour réviser la Constitution, majorité qui n'est ni moins ni plus qu'une fraction du Peuple et qui ne se confond ni avec la Nation ni avec le Peuple tout entier.

Un exemple de préservation de la cohérence normative de la Constitution face au législateur, la décision du 25 octobre 1996 de la Cour constitutionnelle du Mali confirme que le juge constitutionnel protège les principes fondamentaux contre les atteintes du pouvoir législatif[97]. Saisie de l'inconstitutionnalité des articles 174 et 175 de la loi électorale[98]. Cette loi prévoyait deux modes de scrutin pour l'élection des députés à la même chambre. Un scrutin majoritaire à un tour dans les circonscriptions qui ont un à trois sièges et la représentation proportionnelle suivant la règle de la plus forte moyenne sans panachage ni vote préférentiel dans les circonscriptions qui ont plus de trois sièges. La Cour malienne a considéré que le législateur a méconnu le principe d'égalité entre les électeurs[99].

En revanche, elle refuse de retenir ce moyen dans son contrôle de la loi constitutionnelle en 2001. Or, un contrôle sous l'angle de la fondamentalité lui aurait permis de considérer le principe d'indivisibilité, sur lequel se fonde

---

[97] Arrêt n° 96-003 du 25 octobre 1996.

[98] Loi du 27 septembre 1996 portant code électoral.

[99] L'arrêt n° 96-003 du 25 octobre 1996 dans lequel le juge précise que « Le principe d'indivisibilité du corps électoral … ne permet pas une différenciation d'ordre démographique ou territorial au sein de la République ».

principalement le constitutionnalisme classique[100] et dont il a constaté une violation par les articles susvisés, comme un élément caractéristique de la République, donc de sa forme et d'annuler la loi de révision pour non-respect de cette forme, une interdiction matérielle posée par le constituant[101]. C'est de cette façon que l'État de droit constitutionnel, grâce à sa fonction de protection des principes fondamentaux, peut servir de moyen pour atteindre les objectifs qui ne sont pas forcément les siens. La protection de ces principes par le juge constitutionnel est en effet une « fin » extérieure ou, si l'on veut, une fonction politique et pour ainsi dire la « raison sociale » constitutionnellement stipulée dans les textes constitutionnels.

La signification profonde de la démocratie, nous le confirmons avec Luigi Ferrajoli, réside bien dans ce rapport entre le moyen institutionnel que représente le contrôle juridictionnel et la fin sociale qui est la préservation des principes fondamentaux[102]. La primauté de ces principes sur les actes des pouvoirs publics et des organes administratifs exprime celle des hommes sur le pouvoir politique. C'est cette conception substantielle de la démocratie, justement mise avant par l'auteur, qui doit prévaloir dans les États de l'Afrique francophone. Elle est affirmée par les constituants dans les textes constitutionnels et doit être sauvegardée par les juges constitutionnels vis-à-vis des dérives majoritaires et plébiscitaires de la démocratie représentative et ses dégénérescences dans ces États.

Certes, le refus du juge constitutionnel d'exercer un contrôle sur les révisions s'explique généralement en Afrique comme ailleurs par le fait qu'il n'a qu'une compétence d'attribution. Mais, rien n'empêche de soutenir la création d'une compétence « explicite » lui permettant d'élargir son contrôle aux lois constitutionnelles afin que celles-ci restent conformes au texte constitutionnel et compatibles avec les principes fondamentaux qu'il consacre, surtout lorsque ces lois ont pour objet la reconnaissance ou l'aménagement de ces principes. Une telle compétence, si elle est créée, permettra d'éviter que le juge ne prenne à son tour une certaine « distanciation » avec la Constitution[103] et qu'il ne soit perçu comme

---

[100] A. Ondoua, « La population en droit constitutionnel. Le cas des pays d'Afrique francophone », *Afrique contemporaine* 2012/2 n° 242, p. 87-97. DOI 10.3917/ afco.242.0087 ; V. égal. Constantinesco, V. S. Pierre, S. Caps, *Droit constitutionnel*. Paris, PUF, coll. « Thémis », 2011, p. 310, cité par A. Ondoua, *Ibid*., p. 88.

[101] Tel qu'il ressortait de son avis n° 01-001/Référendum du 04 octobre 2001, « Les nouvelles dispositions … créent une contrariété dans le texte constitutionnel ou constituent une régression dans la promotion et/ou la protection des droits de la personne humaine et dans la transparence en matière de gestion des affaires publiques » Considérant 16 de la Décision n° 01-128 du 12 décembre 2001.

[102] L. Ferrajoli, *op. cit*., 226.

[103] D. Gnamou, « La Cour constitutionnelle du Bénin en fait-elle trop ? », *in Mélanges en l'honneur de Maurice Ahanhanzo-Glélé, Études coordonnées* par Fréderic Joël Aïvo. Paris, L'Harmattan, 2014, p. 704 et s.

outrepassant les limites qui lui sont constitutionnellement fixées. Et s'il est perçu comme tel, nous pensons que c'est parce qu'il exerce un contrôle des révisions assez révélateur de son opportunisme et d'une interprétation constitutionnelle à contours indéterminés, donc mitigée.

B. De l'opportunisme à une interprétation constitutionnelle mitigée

Relativement affiché chez les juges constitutionnels des États francophones de l'Afrique (1), l'opportunisme les conduit parfois à une interprétation constitutionnelle mitigée (2).

1. Un opportunisme affiché du juge contrôleur des révisions

L'opportunisme consiste pour le juge constitutionnel à profiter de la généralité qui caractérise les dispositions constitutionnelles. Impliquant toujours une imprécision, cette généralité permet au juge d'interpréter ces dispositions dans un sens qui lui est parfois favorable. Il procède ainsi à une extension de ses compétences en élargissant le champ d'application de son contrôle aux lois constitutionnelles. Non prévu par la Constitution, le contrôle des révisions résulte d'une « auto-habilitation »[104] du juge constitutionnel en Afrique francophone. C'est à l'occasion d'une erreur commise par le Gouvernement dans la publication du projet de révision, adopté le 21 juillet 2000 par l'Assemblée nationale du Mali, qu'il s'est déclaré compétent pour effectuer un contrôle sur ledit projet. Une opportunité pour le juge, il a saisi l'occasion pour faire valoir ses opinions[105] indirectement dans la procédure de révision. Il s'agit d'une conception extensive de son office développée par son homologue béninois qui, cinq ans plus tard, se reconnaît à son tour compétent pour effectuer le même contrôle[106]. Non admise chez les juges sénégalais et français, ces derniers ont opté pour une conception plutôt restrictive de leur compétence en refusant de contrôler le pouvoir de révision. Ce refus des deux juges s'explique par la reconnaissance d'une compétence attributive et de la souveraineté de ce pouvoir[107].

---

[104] S. Bolle, « Le contrôle prétorien de la révision au Mali et au Tchad : Un mirage ? », *Revue Béninoise des sciences juridiques et administratives*, n° 17, p. 9.

[105] Exprimées dans son avis n° 01-001/Référendum du 04 octobre 2001.

[106] Décision DCC 06-074 du 08 juillet 2006 dite « consensus national ».

[107] Telle que conçue par le juge constitutionnel français depuis sa décision n° 61-20 DC, 6 novembre 1962. Trente 30 ans après, il réitère la même conception dans sa décision n° 93-313 DC, du 23 septembre 1992. Également en 2003, il confirme sa position dans la décision n° 2003-469 DC, du 26 mars 2003. Or, le droit comparé tend à confirmer la tendance des juges béninois et maliens. Dans d'autres pays comme l'Afrique du Sud, le Niger, Tchad, ils se sont déclarés compétents pour exercer un contrôle sur les lois constitutionnelles. En comparaison avec d'autres États en Europe et en Amérique, la France semble être une exception en la matière car on retrouve ce contrôle en Italie, en Allemagne, aux États-Unis, à Chypre ou encore en Autriche.
V. A. Soma, « Le contrôle de constitutionnalité des lois constitutionnelles en Afrique noire francophone », *AJP*/PJA5/2001, pp. 627-628.

Dans les États comme l'Afrique du Sud ou la Turquie, ce contrôle est explicitement prévu par un texte, notamment la Constitution. Son exercice ne pose aucun problème. En revanche, il peut susciter des observations lorsqu'il résulte d'une interprétation du contrôleur qui s'auto-proclame juge de la constitutionnalité des révisions en les qualifiant de lois comme toute autre à l'instar des spécificités qui caractérisent leur procédure d'élaboration et leur auteur. S'inscrivant dans cette dernière hypothèse, les cas béninois et malien[108] apparaissent comme une « interprétation progressiste, dynamique et évolutive des normes définissant leur compétence »[109] ou « audacieuse »[110]. Ils nous montrent bien que le juge constitutionnel s'arroge une nouvelle compétence qui ne lui est pas expressément attribuée par le constituant. Tandis que l'incompétence de la Cour était soulevée dans le cas malien par le Gouvernement dans ses mémoires en défense[111], au Bénin le juge a décidé d'exercer son pouvoir sans qu'une question ne soit posée relativement à sa compétence de connaître l'affaire[112]. Dans son intervention, la Cour se fonde sur l'article 121 al. 1 de la Constitution béninoise qui prévoit que « à la demande du Président de la République ou de tout membre de l'Assemblée nationale, elle se prononce sur la constitutionnalité des lois avant leur promulgation »[113].

Moins affiché, l'opportunisme du juge béninois réside plus dans le fait qu'il profite de cette affaire pour ériger le consensus national en un principe à valeur constitutionnelle. Il pouvait bien fonder sa décision sur le détournement de pouvoir. Ce qui l'aurait conduit, comme le dit Babakane D. Coulibaley, à

---

[108] Même si récemment ils ont été suivis par leur homologue Burkinabè. V. Décision n° 2012-008/CC du 26 avril 2012 du Conseil constitutionnel du Burkina Faso.

[109] A. Soma, « Le contrôle de constitutionnalité des lois constitutionnelles en Afrique noire francophone », *op. cit.*, p. 629. V. égal., A. Essono Evono, « Les normes et les techniques de contrôle de constitutionnalité des lois au Gabon », *AJP*, revue du *CERDIP,* volume 2, n° 2 juillet-décembre 2006 ; T. Ondo, « Le contrôle de constitutionnalité des lois constitutionnelles en Afrique noire francophone », *RDIDC*, 2009, n° 1.

[110] S. Bolle, « La Cour constitutionnelle du Bénin censure une loi constitutionnelle », consulté sur www.la-constitution-en-afrique.org/article-13327380.htm ; I. Salami, « Le pouvoir constituant dérivé à l'épreuve de la justice constitutionnelle africaine », *op.cit.*, p. 336 ; Voir plus généralement, sur l'audace du juge constitutionnel béninois, S. Bolle, *Le nouveau régime constitutionnel du Bénin. Essai sur la construction d'une démocratie africaine par la Constitution.* Thèse de droit, Montpellier I, 1997 ; I. Salami, *La protection de l'État de droit par les Cours constitutionnelles africaines. Analyse comparative des cas béninois, ivoirien, sénégalais et togolais*. Thèse de droit public, Université de Tours, 2005 ; S. Daka, *Processus électoraux et transitions démocratiques en Afrique noire francophone. Étude des cas du Bénin, du Cameroun, du Gabon, du Sénégal et du Togo*, Thèse de droit public, Université d'Abomey-Calavi, 2007 ; A. Kpodar, *Commentaire des grands arrêts et décisions de la Cour constitutionnelle togolaise*. Presses de l'Université de Lomé, 2007.

[111] Considérant 4 de l'arrêt n° 01-128 du 12 décembre 2001 de la Cour constitutionnelle.

[112] Considérant 13 de la Décision DCC 06-074 du 08 juillet 2006.

[113] Aux termes de l'alinéa 2 du même article de la Constitution « la Cour se prononce d'office sur la constitutionnalité des lois et tout texte réglementaire censé porter atteinte aux droits fondamentaux de la personne humaine et aux libertés publiques ».

pénétrer dans la subjectivité du Parlement, auteur de la révision, dans la mesure où ce moyen implique pour le juge la recherche des intentions véritables de l'auteur de l'acte au-delà de celles qu'il affirme[114]. Un tout autre moyen, tiré de la violation de certaines dispositions de la Constitution et du Règlement intérieur, soulevé par certains requérants et retenu par le juge béninois, pouvait bien justifier l'annulation de la loi constitutionnelle. Mais, ayant une autre vision du problème plus globale en ce qu'elle concerne toutes les révisions, le juge a saisi l'opportunité qui s'offrait à lui au moment où il rendait sa décision pour dégager un « principe général des révisions » reposant sur le consensus national.

Son homologue malien se donne un titre de contrôleur des révisions en procédant à une interprétation constructive de l'article 85 de la Constitution[115]. De la combinaison de ses pouvoirs de contrôle des lois, de régulation du fonctionnement des institutions et de l'activité des pouvoirs publics, elle déduit une compétence qui l'autorise à élargir son contrôle à une loi presque parfaite du point de vue procédural[116]. L'objectif visé par la Cour étant « de faire respecter par les pouvoirs publics leurs prérogatives et les procédures de leur mise en œuvre »[117]. Avant l'étape cruciale de son entrée en vigueur qui dépend de son approbation par le peuple et de promulgation, la révision restait aux yeux des juges constitutionnels « une œuvre de l'Assemblée nationale qui est seule habilitée à la voter »[118] et de ce fait contrôlable comme toutes les autres catégories de loi. Même si la démarche du juge constitutionnel malien paraît compatible avec la volonté du constituant de 1992 qui place « le fondement de tout pouvoir en République du Mali (...) dans la Constitution »[119] et accorde implicitement la faculté à la Cour constitutionnelle d'étendre ses compétences pour garantir la soumission des représentants élus à la Constitution, elle révèle un opportunisme. Intervenant à la suite de la renonciation du Président Alpha O. Konaré à son projet de révision, il en profite pour censurer un vice de forme déjà reconnu par ce dernier[120] alors qu'il pouvait tout simplement exiger du Gouvernement une re-publication conformément au texte voté par l'Assemblée nationale et qu'il avait lui-même considéré comme étant matériellement valide[121]. Ainsi, le juge malien affiche doublement son opportunisme par l'élargissement de son

---

[114] D. Rousseau, *Droit du contentieux constitutionnel*. Paris, Montchrestien, 8e éd., 2008, p.143.
[115] Considérants 6 à 13 de l'arrêt n° 01-128 du 12 décembre 2001 de la Cour constitutionnelle.
[116] Même si elle paraissait régressive au regard de sa substance, précisément l'atteinte qu'elle portait au principe d'indivisibilité de la République.
[117] Considérant 12 de l'arrêt n° 01-128 du 12 décembre 2001 de la Cour constitutionnelle.
[118] Considérant 8 de l'arrêt n° 01-128 du 12 décembre 2001 de la Cour constitutionnelle.
[119] Art. 121, al. 1 de la Constitution malienne.
[120] Dans son discours tenu, à l'occasion de la rentrée solennelle 2001-2002 des Cours et tribunaux, le 12 novembre 2001 au Palais des congrès.
[121] Considérant 17 de l'arrêt n° 01-128 du 12 décembre 2001 de la Cour constitutionnelle. D'ailleurs, face à la même erreur en 2017, elle a indiqué la voie de la correction du texte sans conclure sur l'inconstitutionnalité de la révision. Voir l'arrêt n° 2017-04/CCM/Réf. du 04 juillet 2017.

pouvoir de contrôle et en retenant une « responsabilité collective » des acteurs impliqués dans la procédure de révision[122]. Une erreur dans la publication du texte au *Journal Officiel*, elle est perçue par le juge comme une « correction ou modification » qui devrait normalement passer par la voie de la seconde lecture[123]. En déclarant la loi constitutionnelle contraire à la Constitution, notamment aux articles 69 et 118, il procède par une « invalidation brutale »[124]. Son comportement semble traduire une certaine forme de « désaveu »[125] en direction de l'ensemble des pouvoirs publics. Dans l'un comme dans l'autre cas, on observe ainsi un opportunisme chez le juge constitutionnel africain. Si son contrôle général des lois fait de lui un Co-législateur, par le biais du contrôle qu'il exerce sur le pouvoir de révision, il apparaît de plus en plus comme un « Co-législateur constitutionnel » inévitable dans la procédure de révision constitutionnelle. Dans le cadre de ce dernier contrôle, son interprétation de la Constitution paraît mitigée.

2. Une interprétation constitutionnelle mitigée

Une manifestation de son activisme, l'opportunisme du juge constitutionnel africain traduit sa volonté de participer à l'encadrement du pouvoir politique tel que voulu par les constituants des années 1990. En effet, il contribue désormais par le biais de son contrôle à l'élaboration des révisions. Qu'il accepte ou non de se prononcer sur la conformité des révisions, on reconnaîtra qu'il a un rôle à jouer à chaque fois que les règles énoncées par la Constitution peuvent être interprétées différemment par les citoyens et les acteurs politiques.

Forcément, on admettra que le défaut de précision qui caractérise ces règles lui laisse une marge d'appréciation importante, donc un pouvoir discrétionnaire. L'exercice de ce pouvoir discrétionnaire par le juge peut donner lieu à une interprétation discutable des règles constitutionnelles, notamment en matière de révision. Sans aller jusqu'à relativiser l'obligation qui résulte de ses décisions et dont le respect s'impose aux pouvoirs publics, on se contentera de signaler qu'il lui arrive de procéder à des interprétations déroutantes. Convaincante, la motivation de l'arrêt n° 01-128 du 12 décembre 2001 de la Cour constitutionnelle du Mali comporte des failles sur plusieurs points. D'abord, relativement au caractère préventif de son contrôle, sur ce qu'il considère comme faisant partie des « autres catégories de lois »

---

[122] Imputable au seul Gouvernement responsable de la rédaction et de la publication du projet de révision voté Art. 125 de la loi électorale. Considérants 18, 19, 20, 21, 22, 23 et 24 de l'arrêt n° 01-128 du 12 décembre 2001 de la Cour constitutionnelle.

[123] Considérants 19 et 20 de l'arrêt n° 01-128 du 12 décembre 2001 de la Cour constitutionnelle.

[124] A. A. D. Kébé, « La réception des réserves d'interprétation dans la jurisprudence constitutionnelle des États d'Afrique noire francophone ». Dakar, *Annales africaines*, Vol. 1, avril 2015, p. 257.

[125] D. Rousseau, *La justice constitutionnelle en Europe*. Paris, Montchrestien, 1996, p. 101, cité par A. A. D. Kebe, *Ibid.*

différentes des lois organiques et visées par l'article 88 al. 2 de la Constitution malienne, le juge constitutionnel admet un contrôle facultatif tel que prévu pour les lois ordinaires[126]. Or, ce contrôle ne peut être déclenché que soit par le Président de la République, soit par le Premier ministre, soit par le Président de l'Assemblée nationale ou un dixième des députés, soit par le Président du Haut conseil des collectivités ou un dixième des conseillers nationaux, soit par le Président de la Cour suprême[127]. La saisine étant, de ce fait, fermée aux citoyens et aux représentants du peuple pris individuellement, la révision pouvait suivant le raisonnement du juge suivre son cours en toute impunité si l'opposition n'était pas en mesure de recueillir le soutien d'un dixième des députés. Même si on le suit dans ce raisonnement, on verra que le contrôle facultatif qu'il a admis devrait plutôt s'effectuer après l'approbation populaire du texte et avant sa promulgation. Tout de même, on comprendra que c'est pour ne pas avoir à se prononcer sur la constitutionnalité d'un texte approuvé par le peuple que le juge admet une telle anticipation du contrôle des textes de révision. Spécifique, ce contrôle diffère ces textes des « autres catégories de lois ». Ensuite, lorsqu'il affirme lui-même que « la loi portant révision constitutionnelle ne saurait être inconstitutionnelle de par les matières qu'elle a traitées... »[128] et procède par la suite à son annulation pour un vice de forme imputable au Gouvernement, il se montre moins respectueux de la majorité qualifiée des députés qui n'avait pas failli. Au surplus, il contredit son avis dans lequel il avait lui-même signalé des contrariétés du texte de révision qui étaient, entre autres, liées à une violation de l'indivisibilité de la République. Si l'indivisibilité fait partie de « la forme républicaine », on admettra forcément que dès lors qu'elle a été révisée, la révision est matériellement inconstitutionnelle[129]. Enfin, la façon dont le juge constitutionnel malien aligne le régime juridique du texte de révision uniquement adopté par les députés et le texte des autres lois en instance de promulgation, débouche sur une confusion de la procédure législative ordinaire et celle qui est prévue pour observer la rigidité constitutionnelle. Inopportun, cet alignement réside dans le fait qu'il considère que « toutes "corrections" ou modifications de la loi portant révision de la Constitution du 25 février 1992 doivent faire l'objet d'un nouveau vote de l'Assemblée nationale saisie pour une seconde lecture par le Président de la République »[130]. Implicitement, il consacre un droit de « véto présidentiel » en matière de révision tandis que, l'on sait déjà, la promulgation des lois constitutionnelles est une obligation constitutionnelle dont le non-respect par le Chef de l'État constitue une haute trahison. Consécutive d'une régression de rigidité constitutionnelle, une telle interprétation de la

[126] Considérant 6 à 10 de l'arrêt n° 01-128 du 12 décembre 2001 de la Cour constitutionnelle.
[127] Art. 88 de la Constitution malienne.
[128] Considérant 17 de l'arrêt n° 01-128 du 12 décembre 2001 de la Cour constitutionnelle.
[129] Même situation avec le dernier projet de révision au Mali. Il supprimait l'expression « tout entier » qui n'exprime ni moins ni plus que l'entièreté du Peuple.
[130] Considérant 22 de l'arrêt n° 01-128 du 12 décembre 2001 de la Cour constitutionnelle.

Constitution par le juge constitutionnel s'articule difficilement avec ses dispositions, notamment énoncées par les articles 40 et 118 qui traitent successivement de la promulgation des lois et de la révision. La demande présidentielle d'une seconde lecture des lois ne s'appliquant qu'au « texte définitivement adopté »[131].

Cependant, ces erreurs ne doivent pas conduire à méconnaître les bienfaits de l'interprétation constitutionnelle fournie par les juges constitutionnels en matière de révision. Le développement progressif des normes qui en résultent atteste un apport réel de leur part au processus de démocratisation des États africains. Signe d'une consolidation démocratique, l'on découvre avec les juges constitutionnels la face cachée de la limitation du pouvoir de révision constitutionnelle. De cette découverte, on peut tirer deux enseignements. La jurisprudence constitutionnelle révèle non seulement qu'il existe d'autres normes en dehors des dispositions qui traitent explicitement la révision dans la Constitution mais aussi, que ce pouvoir, quelle que soit la forme qu'il choisira, devra respecter certaines règles qui s'attachent aussi bien à sa forme qu'à son contenu. Parmi ces règles, figure le principe de « consensus national ». Une notion opposable à tout pouvoir de révision, elle est issue de l'interprétation constitutionnelle « contributive et innovante » des règles qui encadrent la révision au Bénin. Dans son contrôle de la loi constitutionnelle adoptée le 23 juin 2006[132], on découvre cette notion avec le juge constitutionnel béninois. Un surcroît de rigidité constitutionnelle, ce dernier subordonne la validité de la révision constitutionnelle, en plus des conditions substantielles prévues à l'article 156 et formelles telles indiquées par les articles 154 et 155 de la Constitution, au consensus national qui ne figure ni dans le texte constitutionnel ni dans aucune loi antérieure. Dans sa contribution à la définition du cadre juridique des révisions, il met ainsi en relief un « commandement constitutionnel » fondé sur « les idéaux qui ont présidé à l'adoption de la Constitution… »[133]. Une obligation constitutionnelle située au « soubassement de la structure étatique », on y accède grâce à l'interprétation du juge qui considère la prise en compte de ces idéaux dont fait partie le consensus national, comme une exigence qui résulte de « …la détermination du peuple béninois à créer un État de droit et de démocratie pluraliste, la sauvegarde de la sécurité juridique et de la cohésion nationale… ». La sanction du pouvoir de révision était inévitable au regard du non-respect de cette obligation qui, loin d'être uniquement un « acte de

[131] Art. 40, al.1 et 2 : « Le Président de la République promulgue les lois dans les quinze jours qui suivent la transmission au Gouvernement du texte définitivement adopté. Il peut avant l'expiration de ce délai demander à l'Assemblée nationale une nouvelle délibération de la loi ou de certains de ses articles. » Selon l'article 118, al. 3, « la révision n'est définitive qu'après avoir été approuvée par référendum ».

[132] Loi constitutionnelle n° 2006 portant révision de l'article 80 de la Constitution du 11 décembre 1990.

[133] Considérant 28 de la Décision DCC 06-074 du 08 juillet 2006.

connaissance », représente-t-elle aussi « un acte de volonté » exprimé par le Peuple souverain. Nul ne pouvait prétendre ignorer son existence, ni le juge constitutionnel habilité à interpréter la Constitution ni les autres pouvoirs constitués qui sont compétents pour la réviser. Connue de tous, la reconnaissance de cette détermination du peuple par le juge ne fait nullement de lui « un Co-constituant ». Autrement, dira-t-on simplement que dans l'exercice de son office de « coproducteur » qui consiste à veiller à la bonne production des normes « légiconstitutionnelles », il n'hésite pas non plus de magnifier son statut de « Co-législateur constitutionnel »[134]. C'est ce qu'il confirme dans une décision ultérieure dite « options fondamentales de la Conférence nationale »[135]. Dans son examen de la loi organique portant conditions de recours au référendum, il considère les dispositions des articles 42, 44 et 54 de la Constitution du 11 décembre 1990 comme étant, au regard de leur fondamentalité, insusceptibles de faire l'objet d'une consultation populaire et d'une révision[136]. Une interprétation extensive, elle inclut dans le domaine d'application des lois constitutionnelles de nouvelles limites matérielles. Ce qui n'est pas sans incidence sur leur validité substantielle, s'appréciant désormais à la lumière de ces options. Dès lors, le juge constitutionnel apparaît comme un « opérateur juridique »[137] qui joue fondamentalement un rôle social de connaître et faire connaître le droit constitutionnel c'est-à-dire ses normes ou encore ce que le pouvoir de révision doit ou ne doit pas faire du point de vue juridique.

Enfin, on reconnaîtra que la *connaissance* de la Constitution découle de la représentation que les juges constitutionnels se font d'elle lorsqu'ils procèdent

---

[134] S'érigeant en « un rempart efficace contre les abus du phénomène majoritaire », le juge fait planer au-dessus du pouvoir de révision les idéaux et un principe à valeur constitutionnelle. Il trace « une ligne rouge de sauvegarde de la démocratie, que ne peut franchir » le pouvoir de révision. V. I. M. Fall, « Note sous Décision 92/2005 du 18 janvier 2006 », *in les Décisions et Avis du Conseil constitutionnel du Sénégal*, CREDILA, 2008, p. 500 ; B. Kanté, « Les juridictions constitutionnelles et la régulation des systèmes politiques en Afrique », *in Constitutions et pouvoirs, Mélanges en l'honneur de J. Gicquel*. Montchrestien, 2008, p. 270.

[135] Décision DCC 11-067 du 20 octobre 2011 de la Cour constitutionnelle du Bénin.

[136] Saisie d'une requête du 11 octobre 2011 par le Président de la République pour un contrôle de conformité à la Constitution, la Cour propose une reformulation de l'article 6 de ladite loi suivant laquelle « ne peuvent faire l'objet de questions à soumettre au référendum ... la forme républicaine et la laïcité de l'État ; l'atteinte à l'intégrité du territoire national ; le mandat présidentiel de cinq ans renouvelable une seule fois ; la limite d'âge de quarante ans au moins et soixante-dix au plus pour tout candidat à l'élection présidentielle ; le type présidentiel du régime politique au Bénin ». V. le Considérant 5 de la Décision DCC 11-067 du 20 octobre 2011 de la Cour constitutionnelle du Bénin.

[137] G. Just parle d'« opérateurs du droit », *Interpréter les théories de l'interprétation*. L'Harmattan, 2005, p. 5. V. égal. P. Comanducci, « Epistémologie », *Traité international de droit constitutionnel, Tome 1, Théorie de la Constitution*, M. Troper et D. Chagnollaud *Dirs*. Dalloz, 2012, p. 14.

à son interprétation[138] de sorte que toute recherche sur l'étendue du contrôle juridictionnel des révisions conduit inéluctablement à un examen de l'étendue de l'interprétation constitutionnelle. Et on verra que le pouvoir reconnu aux juges constitutionnels ne correspond en aucun cas à un pouvoir souverain. Certes, il est discrétionnaire mais il paraît tout aussi limité. Dès lors, l'enjeu de la réflexion serait alors de circonscrire les limites de ce pouvoir en recherchant les mécanismes qu'il convient de mettre en place pour que le juge, à son tour, ne profite pas du contrôle des révisions pour imposer une interprétation parmi les différentes interprétations rationnellement conformes et compatibles avec la Constitution.

138 P. Comanducci, Elle peut « être configurée comme activité interprétative », *Ibid.*, p. 17.

Repenser le droit constitutionnel africain a l'aune de l'internationalisation du droit : l'emergence d'un droit constitutionnel supranational

Abraham Hervé Diompy
Docteur en Droit public
Enseignant-Chercheur au LAM-CERDRADI,
Université de Bordeaux

Introduction

« Repenser les rapports entre ordres juridiques, c'est admettre d'être bousculé dans ses certitudes, y compris les plus essentielles, y compris celles qui ont fondé notre structuration intellectuelle et notre regard de juriste. C'est admettre de ne pas seulement apposer des notions connues sur des réalités nouvelles qui ne s'y prêtent pas. C'est faire le choix de déconstruire pour reconstruire en abandonnant nécessairement des postulats. C'est accepter de changer de paradigme[1] ».

Aux dernières lignes de ses Mémoires d'outre-tombe, Chateaubriand écrit : « On dirait que l'ancien monde finit et que le nouveau commence ». Aussi, parlant de l'internationalisation du droit[2], pouvons-nous sans céder aux sirènes délicieuses du dogme de la continuité qualifier ici le processus qui se déroule sous nos yeux à savoir une transformation profonde des droits internes et notamment le droit constitutionnel au premier chef. L'évolution des droits internes serait donc tout à fait majeure et peut être le signe d'une nouvelle ère normative (sinon le signe d'une post-modernité au contenu indéterminé et assurément ne relevant pas de catégories juridiques) car elle joue sur les fondations du droit. On parle ainsi de « privation du pouvoir constituant » ou

---

[1] Lire l'excellent ouvrage de B. Bonnet, *Repenser les rapports entre ordres juridiques*. Lextenso éditions 2013, 207 pages ; Du même auteur (dir.), *Traité des rapports entre ordres juridiques*. LGDJ, 2016.

[2] L'internationalisation du droit constitutionnel désigne ce processus visant l'harmonisation de systèmes constitutionnels étatiques autour de standards démocratiques universellement reconnus et partagés par une organisation internationale et dont la conséquence est la soumission progressive de rapports juridiques de droit interne à des règles communautaires internationales. Dit autrement, c'est un ensemble de mécanismes diffus qui progresse vers l'harmonisation autour de normes constitutionnelles issues des mouvements multiples entre systèmes juridiques et d'acteurs divers de la société internationale (États, Organisations internationales, ONG, etc.) pour l'élaboration d'un droit constitutionnel internationalisé. *Cf.* A. H. Diompy, *Le paradoxe de l'internationalisation du droit constitutionnel en Afrique. Réflexions sur les interactions normatives, institutionnelles et politiques dans l'espace CEDEAO*. Thèse, Université de Bordeaux, 1010 pages.

encore de « désétatisation du droit[3] ». L'observation de ce processus d'internationalisation des structures, des formes et des procédures mais aussi des règles matérielles et substantielles à la fois dans les ordres juridiques nationaux[4] et communautaires n'est pas que sémantique. Elle est aussi juridique et politique. Aussi, parlant du « renouveau du droit constitutionnel », le professeur Francis Delpérée[5] a raison de constater que « la Constitution prend la forme du phénix. Elle avait connu la sénescence. Elle est promise aujourd'hui à une nouvelle naissance. L'État est voué à connaître une autre existence. Les autorités sont amenées à revoir leurs comportements et leurs méthodes. Les citoyens sont invités à actualiser la liste de leurs droits et de leurs devoirs. Bref le monde constitutionnel se transfigure ».

Au demeurant, cette transformation profonde des droits internes, notamment du droit constitutionnel, impliquerait *de facto* un renouvellement de la pensée sur le pouvoir et donc sur l'État. Mieux, cette dernière imposerait une nouvelle réflexion ou une nouvelle appréhension de la science constitutionnelle eu égard à l'évolution de ses caractéristiques essentielles et éléments classiques de définition. Mais également, au regard de la nécessaire prise en compte de la pluralité des systèmes juridiques, de la communicabilité entre ordres juridiques et des interactions et enchevêtrements des normes qui en découlent, constituent in fine la marque de l'internationalisation du droit.

Aujourd'hui, manifestement le droit constitutionnel ne peut plus être uniquement le droit suprême d'une pyramide des normes nationales et doit aussi rendre compte de sa fonction au regard des normes internationales et communautaires. Autrement dit, il convient de constater qu'à la perception moniste de l'ordre juridique s'ajoute une considération pluraliste. Comme l'a précisé le professeur Thierry Renoux « au XXIe siècle ce n'est plus de dualisme ou de monisme qu'il faut surtout parler mais bien davantage de "trans-constitutionnalisme". L'internationalisation du droit à cet égard se détache de l'idée de hiérarchie pour se rapprocher d'un ensemble de cercles concentriques. C'est à un véritable métissage, à une hybridation du droit constitutionnel et du droit international que l'on assiste désormais, osmose que l'on retrouve parfaitement dans la référence toujours plus fréquente aux « traditions constitutionnelles communes[6] ». Aussi, il s'agira d'envisager le droit constitutionnel en dehors du cadre étatique voire au-delà de l'État c'est-à-dire dans le cadre du pluralisme constitutionnel (II).

---

[3] L. Fontaine, *La dynamique constitutionnelle en Europe. Critique de l'hypothèse d'un mouvement descendant entre droit conventionnel et droit constitutionnel national*, p. 1.

[4] Lire avec intérêt l'ouvrage du professeur I. M. Fall, *Le pouvoir exécutif dans le constitutionnalisme des États d'Afrique*. Paris, Harmattan, 2008.

[5] F. Delperée, Texte du discours prononcé, le 5 septembre 2007, à l'occasion de la publication des *Mélanges en l'honneur de Louis Favoreu. Renouveau du droit constitutionnel.* (Paris, Dalloz, 2007), in *RFDC, 2008/2 n° 74*, pp. 227-237.

[6] Voir Préface de Henry Roussillon à la thèse publiée de Qazbir Hanan, *L'internationalisation du droit constitutionnel*. Paris, Dalloz, 2015, pp. XI-XIII.

Dès lors, il est inutile de nier, qu'il arrive quelque chose au droit constitutionnel. Il se déconstruit/reconstruit sous l'effet de la construction communautaire, de l'internationalisation du droit et du pluralisme constitutionnel. Par conséquent, il faut réinventer le contenu des concepts classiques du droit constitutionnel que sont notamment, l'État, la constitution, la séparation des pouvoirs, la souveraineté, la nation, le pouvoir constituant, le territoire, le peuple, bref, à inventer un droit constitutionnel supranational, post-national. Ainsi que le constate fort justement Dominique Rousseau[7], « depuis plusieurs années en effet, chacun s'interroge sur la pertinence des principes qui ont constitué le droit constitutionnel : l'État-nation, la souveraineté, les frontières, la hiérarchie des sources et des normes, l'individu, l'interne et l'externe... Tout 'ce qui allait de soi' est mis en doute et les constitutionnalistes s'interrogent sur l'identité de leur discipline, replongent dans son histoire et se demandent si sa continuation n'implique pas une révolution paradigmatique. Interrogation passionnante en ce qu'elle met en discussion une des conditions de possibilité d'un futur éventuel droit constitutionnel international ». À l'analyse, il faut admettre tout simplement que le mouvement exponentiel d'internationalisation du droit et plus singulièrement dans l'intimité des entreprises communautaires africain et européen à des degrès certes variables n'a fait que bousculer les ordres juridiques internes[8] mais les a d'une certaine manière restructurés et que, dès lors, il faut déconstruire les notions classiques de définition du droit constitutionnel et renoncer à leur conception traditionnelle ou du moins repenser leur définition préexistante (I).

I. Un droit constitutionnel renouvelé dans ses éléments de définition

« L'histoire d'aujourd'hui oblige les constitutionnalistes à déconstruire ce que l'histoire d'hier avait construit, c'est-à-dire, à découpler les notions de constitution et d'État, les notions de constitution et de peuple, les notions de constitution et de souveraineté... à réinventer le contenu des concepts du droit constitutionnel...[9] ».

Il ne peut y avoir d'évidence en droit. Ce qui est supposé vrai aujourd'hui sera demain complété, précisé, voire contredit. En consé-quence, maintenir l'affirmation selon laquelle le droit constitutionnel ne concerne que le niveau

---

[7] Voir. D. Rousseau, « Le droit constitutionnel « nouveau » a pour horizon l'Europe », Editorial, in Revue *Politeia*, n° 8, 2005, pp. 61-62. Lire aussi, « La démocratie continue, ou comment remettre l'État à sa place ? » : 109-117, in *Mélanges en l'honneur de Jean Rossetto*, LGDJ 2016, du même auteur, « La notion de patrimoine constitutionnel européen », Mélanges Philippe Ardant, *Droit et politique à la croisée des cultures*, L.G.D.J., 1999, p. 27 et s.

[8] Voir B. Bonnet, *Repenser les rapports entre ordres juridiques*, *op.cit.* ; voir également S. Torcol, « Le droit constitutionnel européen, droit de la conciliation des ordres juridiques », *RFDC*, n° 105, mars 2016, pp. 101-126.

[9] Voir à ce propos L'éditorial de D. Rousseau, « Le droit constitutionnel « nouveau » a pour horizon l'Europe », in *Politeia,* n° 8, 2005.

de compétence et de responsabilité de l'État, devient dépassé [10] ». En effet, l'internationalisation, entendue comme un processus juridique dynamique, s'envisage à partir de notions et de concepts juridiques qui se trouvent aujourd'hui bouleversés[11]. Dès lors, sa réalisation impose une appréhension nouvelle du droit constitutionnel rendu nécessaire par une relecture de ses éléments traditionnels de définition qui sont essentiellement : « État, Souveraineté, Séparation des pouvoirs, Constitution ou encore Pouvoir constituant[12]». De plus, le recours à des notions essentielles telles que l'État de droit, la démocratie, les droits fondamentaux pour sa définition, justifie sa nature évolutive. Aussi, y a-t-il un lien évident entre le concept de constitution et la discipline du droit constitutionnel. Cette dernière est inévitablement influencée par la conception de la constitution. De ce point de vue, le droit constitutionnel se révèle soit une discipline extrêmement dynamique, étant constamment sensible aux mutations du présent, soit une discipline conservatrice, obligée de tracer une continuité entre présent et passé.

Au vrai, elle ne peut pas oublier la tradition constitutionnelle représentée par le niveau de civilisation juridique qu'une société a manifesté et qui tient à son patrimoine culturel. Constitution et droit constitutionnel représentent donc selon les mots du professeur Guiseppe De Vergottini[13], « le point d'intersection entre l'acquis du passé et le nouveau du présent ». À ce propos, Francis Delpérée s'interroge sur une hypothèse bien précise pour redonner sa place au droit constitutionnel. Le droit constitutionnel et d'abord la constitution, écrit-il, « doit-elle éventuellement se replier sur ce qui fait son originalité première – définir le statut des autorités publiques - et délaisser

---

[10] D. Maus Didier, « Où en est le droit constitutionnel ? » : 691-737, in *Mouvement du droit public. Du droit administratif au droit constitutionnel. Du droit français aux autres droits*, Mélanges en l'honneur de Franck Moderne. Dalloz, 2004, notamment p. 736 où l'auteur écrit que « Ni fédération, ni confédération, l'Union européenne de demain, vingt-cinq pays dans un premier temps, un peu plus de trente dans un second, constitue un objet constitutionnel nouveau. Si certains sont tentés de l'ignorer, au motif que sa nouveauté ne s'inscrit pas dans la doctrine habituelle, cette tentation sera vite écartée par ceux qui, au contraire, prendront acte des mutations du phénomène constitutionnel et chercheront à l'analyser, à l'interpréter et, le cas échéant, à imaginer de nouvelles théories dépassant celle de l'État nation issue du XVIIIe siècle ».

[11] Lire l'excellente analyse du professeur Bernard Cubertafond sur « la crise positiviste et renouveau sociologique du droit constitutionnel (D'autres droits constitutionnels » ou il fait le constat d'une « érosion du droit constitutionnel républicain » en parlant de « souveraineté dégradée », de « nation démythologisée », de « représentants supplantés », de « constitution déstabilisée » et d'« État délégitimé », in Revue *Politeia* n°7, 2005, pp. 623-647. Dans la même veine, lire aussi D. SY, « Sur la renaissance du droit constitutionnel en Afrique », *Politeia*, n° 6, 2004, pp. 455-479.

[12] S. Torcol, « La théorie constitutionnelle face aux mutations contemporaines du droit public. Entre orthodoxie et « aggiornamento », in *Constitution, enseignement et doctrine*, Ferdinand Melin Soucramanien (dir.), Bruylant/ Sakkoulas, 2010, p. 134.

[13] G. De Vergottini, « Le droit constitutionnel aujourd'hui. Regard sur le constitutionnalisme italien », in *RDP, n° 6, 2014*, pp. 1505-1516.

peut-être d'autres thèmes – comme la protection des droits fondamentaux de la personne –, faut-il continuer à célébrer les mérites d'une règle constitutionnelle qui règne sans partage sur les gouvernants et les gouvernés, convient-il de garder, non seulement le moral, mais surtout les lignes de conduite, les principes de réflexion, les méthodes d'analyse qui sont pratiquées depuis bientôt deux siècles ? [14]». Dans la même veine, constatant d'ailleurs le dynamisme de cette discipline par le renouvellement de la pensée constitutionnelle mais aussi de la théorie constitutionnelle de la démocratie, le professeur Dominique Rousseau[15] parle de « droit constitutionnel continue ». À l'évidence, à l'aune de l'internationalisation du droit, une redéfinition du droit constitutionnel, ou du moins, une relecture de son approche classique s'impose. À cet égard, qu'en est-il aujourd'hui des concepts de souveraineté, de nation, de pouvoir constituant, de territoire, et donc de la Constitution et de l'État ?

A. Retour sur le concept de souveraineté

« Jadis absolue et fondatrice, la souveraineté serait-elle devenue un principe relatif supportant le partage et la mise en commun ? [16]».

En effet, le concept de la souveraineté[17], sur laquelle était fondé l'ordre international classique (l'ordre westaphalien) n'est pas seulement mis en cause par le renforcement des liens d'interdépendances entre les États mais aussi par la présence de plus en plus envahissante sur la scène internationale d'autres acteurs[18].

---

[14] F. Delperée, « La communicabilité entre le droit international, le droit européen, le droit constitutionnel et le droit régional », in *La communicabilité entre les systèmes juridiques, Liber amicorum* Jean-Claude Escarres, Bruylant, 2005, p. 61.

[15] D. Rousseau, « Le droit constitutionnel continue : institutions, garantie des droits et utopie », in *RDP, n° 6, 2014*, pp. 1517-1533. Voir aussi du même auteur « Une résurrection : la notion de constitution », *RDP*, n° 1, 1990, pp. 5-22.

[16] Badie Bertrand, *Un monde sans souveraineté. Les États entre ruse et responsabilité*, Fayard, 1999, pp. 12-13. L'auteur fait remarquer que « L'Etat est appelé à l'extraversion, d'aucuns diraient à l'intrusion, voire à l'ingérence, et il se trouve de plus en plus concurrencé dans l'accomplissement de cette mission par des acteurs qui, paradoxalement, lui sont de plus en plus liés. L'État est ainsi amené à agir en contradiction avec le principe qui le fonde et en acceptant de coexister avec des acteurs qui échappent à sa souveraineté ».

[17] Lire avec intérêt le texte de Dieter Grimm, « La souveraineté », in *Traité international de droit constitutionnel*, sous la direction de M. Troper et D. Chagnollaud, Dalloz, 2012, pp. 547-606.

[18] Voir J. Chevallier., *L'État post-moderne*, Série politique, LGDJ, 2003, p. 40. L'auteur constatant le renforcement des liens d'interdépendances entre États, écrit que ces derniers sont concurrencés par à la fois par des opérateurs économiques, des organisations non-gouvernementales et par réseaux transnationaux. Et cette présence, ajoute-t-il, qui place l'ordre transnational en voie de construction sous le signe de l'hétérogénéité et de la complexité, fait peser sur les États des contraintes de nature différente ; tenus de composer avec des acteurs qui échappent à leur autorité, déploient des stratégies autonomes et n'ont plus besoin de leur médiation pour accéder à la vie internationale, les Etats sont en effet conduits à entretenir des

À cet égard, le mouvement de globalisation[19] et dans une moindre mesure d'internationalisation, fait subir à l'État un certain « dessaisissement juridique [20]». Et une des manifestations de ce phénomène se traduit par l'intrusion dans les systèmes juridiques de normes externes qui, de plus en plus, viennent au contact de règles, de dispositifs juridiques situés très haut dans la hiérarchie de ces systèmes. En effet, les concessions de pouvoirs régulièrement opérées au profit de l'intégration européenne et le développement d'une jurisprudence sur ce point plus compréhensive – car moins attaché à la mention de l'interdiction de transferts de souveraineté qu'à l'évocation plus souple des transferts de compétences (décision 92-308 DC du 9 avril 1992) – crédibilisent, à travers la question de l'abandon graduel de la souveraineté à l'organisation européenne, la problématique du partage de souveraineté en imposant de reconsidérer cette même notion[21]. C'est d'ailleurs ce qu'exprimait très tôt le juge Pescatore, dans le cadre communautaire en notant que « nulle souveraineté ne peut plus être considérée comme complète, ni absolue, ni intangible, ni indivisible, ni non aménageable [22] » À l'évidence, dans les contextes de construction communautaire[23], que l'on se situe en Afrique (avec la CEDEAO), en Amérique (avec l'Organisation des États

---

rapports d'interaction et d'échange avec eux, soit directement, soit à travers les structures de coopération qu'ils ont mises en place.

[19] Voir J.-B. Auby, *La globalisation, le droit et l'État*, Clefs Politiques, 2e édition, 2010, pp. 95-103. L'auteur soutient, en effet, qu'« il n'y a pas de doute sur le fait que la globalisation s'accompagne d'une régression de la puissance économique et politique des États avec notamment sur le plan économique la concurrence des grandes entreprises et autres multinationales et sur le plan politique l'émergence de divers acteurs se consacrant à la recherche de l'intérêt public : des ONG aux collectivités territoriales, etc. La globalisation s'accompagne aussi d'une régression de la puissance juridique de l'État, ou la perte de centralité juridique de l'État due à l'apparition d'autres centres de production de normes, privés ou publics d'ailleurs ». Voir aussi N. Walker, *Sovereignty in Transition, Hart Publishing*, 2002.

[20] *Ibid.*, p. 97.

[21] Voir à ce propos F. Chaltiel., *La souveraineté de l'État et l'Union européenne :* l'exemple français. Recherches sur la souveraineté de l'État membre. Paris, LGDJ 2000 et Favret, « L'intégration européenne et la France : quelques réflexions sur la divisibilité de la souveraineté », *RDP*, 1999, pp. 741-764 ; voir également entre autres Cubertafond Bernard., « Souveraineté en crise », in *RDP*, 1989, pp. 1273-1303 ; B. Badie et S. Pierre-Caps, «La Ve République et la souveraineté », Débat réalisé par Jean Michel Blanquer, in *RDP, n° 5/6, 1998,* pp. 1474-1484 ; S. Sur, « Une grande incomprise, la souveraineté de l'État », *Aquilon, n° 7*, janvier 2912, p. 36.; M. Chemillier-Gendreau, « Le concept de souveraineté a-t-il encore un avenir ? », in *RDP*, n° 5, 2014, pp. 1283-1309 ; F. Lemaire, « Propos sur la notion de « souveraineté partagée » ou sur l'apparence de remise en cause du paradigme de la souveraineté », in *RFDC, 92-2012,* pp. 821-850.

[22] P. Pescatore, « La Constitution, son contenu, son utilité », *Revue de droit suisse*, 1992, p. 51.

[23] Est-il besoin de rappeler que la logique supranationale qui sous-tend la spécificité de la construction communautaire réside dans le fait qu'elle met en cause l'État-nation dans le lieu même où il a pris naissance et elle se traduit par la mise en place d'institutions ou d'organes de types supranational, qui étendent progressivement le champ de leurs compétences. C'est de ce fait la question de l'avenir de l'État qui se trouve posée. *Cf.* Thèse A. H. Diompy, *Le paradoxe de l'internationalisation du droit constitutionnel en Afrique…*, *op. cit.*, pp. 886 et s.

Américains) ou en Europe[24] (avec l'UE), la souveraineté est divisée, à tout le moins, partagée, s'il n'est pas « solidaire[25] » entre l'organisation supranationale qui dispose manifestement d'attributs de souveraineté (monnaie, politique de défense et sécurité, liberté de circulation, etc.) et les États membres qui en conservent une partie à titre exclusif mais peuvent aussi exercer l'autre partie conjointement avec l'Union ou la Communauté, c'est-à-dire avec eux-mêmes pris collectivement[26]. Désormais, on peut dire que ce sont ces organisations communautaires auxquelles les États ont adhéré par un acte de leur volonté qui se trouvent dépositaire de compétences qui, avant leur existence, étaient exercées par les États. En fait, il n'existe aucune matière qui par sa nature même serait réservé au droit national et ne pourrait être réglée par le droit international pour reprendre les propos de Kelsen[27] peu après la création des Nations unies. Aujourd'hui, l'intensité du processus d'internationalisation du droit et le dynamisme des entreprises communautaires illustrent fort bien le dépassement de la souveraineté de la sphère de l'État. Pis encore, il n'y a donc plus aucun sanctuaire matériel de l'État[28] car ce dernier dans le contexte de la globalisation et de l'internationalisation du droit et plus singulièrement de construction communautaire est contraint d'accepter une répartition des compétences entre différents acteurs, lui-même n'étant que l'un de ces acteurs, sans détenir de prééminence. La situation est ainsi très éloignée des notions de suprématie du pouvoir et d'exclusivité des compétences longtemps données comme les éléments constitutifs de la souveraineté[29]. Dès lors, il n'est pas sur qu'ainsi retourné sur lui-même, le concept conserve encore un sens. Il est pourtant clair que la dimension de l'interaction juridique doit être incluse dans la définition contemporaine de la souveraineté, qui ne peut plus être conçue aujourd'hui comme cette « sorte de droit subjectif, indéfini, inviolable, sacré, auquel elle tend à s'assimiler dans la conception classique [30]». Ainsi, dans le contexte actuel d'internationalisation du droit et d'intégration régionale ou la souveraineté est divisée, partagée et solidaire, il conviendrait d'en reconsidérer la compréhension. À cet égard, l'on souscrit d'abord à l'idée de Ulrich Beck qui défend l'idée d'évoluer vers « une notion de souveraineté inclusive, dans

---

[24] P. Petit, « Mondialisation et régionalisation : une analyse comparative de la construction des rapports internationaux en Europe et en Asie de l'Est », *Région et Développement*, n° 22-2005, p. 40.

[25] Voir M. Delmas-Marty, *Revue Regards, n° 26*, 2013, p. 110.

[26] Voir F. Chaltiel, *op.cit.*

[27] H. Kelsen, « Théorie du droit international public, Problèmes choisis », *RCADI* 1932-IV, pp. 121-351, notamment p. 112.

[28] P. Bodeau-Livinec, « Le domaine réservé : persistance ou déliquescence des fonctions étatiques face à la mondialisation », in *L'État dans la mondialisation*, SFDI. Paris, A. Pedone, pp. 153-175 spéc. p. 163.

[29] M. Chemillier-Gendreau, « Le concept de souveraineté a-t-il encore un avenir ? », in *RDP, n° 5,* 2014, art. précité, p. 1293.

[30] J.-B. Auby, *La globalisation, le droit et l'État*, *op. cit*, p. 103.

laquelle le pouvoir de l'État ne se définit plus indépendamment des liens de transnationalité dans lesquels il se trouve enserré [31]». Par conséquent, la souveraineté n'est plus « une sphère d'autonomie » mais « une ressource relationnelle [32] ». Cela est envisageable au regard de l'exacerbation de la communicabilité des ordres et des systèmes juridiques qui se caractérisent par une perméabilité accrue mais aussi eu égard à l'affirmation d'un transnationalisme juridique. Ensuite, en s'internationalisant la souveraineté contemporaine se définit comme coopérative car elle cesserait de n'être qu'un principe négatif relatif à l'indépendance de l'État et à sa liberté d'action, pour devenir aussi un principe positif traduisant l'appartenance de l'État à la communauté internationale et son devoir d'apporter une contribution active à son développement[33]. Enfin, en reconnaissant à l'État une fonction de médiation dans le cadre de la globalisation, par « la régulation des flux juridiques, de garant de la sécurité juridique, d'ordonnateur juridique du marché etc. », ainsi que le souligne Jean-Bernard Auby, la souveraineté apparaît à la fois comme un droit et une responsabilité dans la perspective d'un « intérêt public global », par le fait que l'État, s'il n'est plus autant « maître des territoires », demeure largement « maître du temps », pour se référer à Habermas [34]». Dans le cadre des schémas d'intégration et de construction communautaire, cette vision de la souveraineté, partagée, voire divisée sinon coopérative semble véritablement correspondre aux rapports entre la Communauté ou l'Union et les États membres. Sous ce rapport, l'internationalisation du droit dans son acception première fait sens en ce qu'elle suppose le « démembrement de la souveraineté, démembrement qu'il est d'autant plus facile de concevoir et d'expliquer que, à notre avis, le droit de l'État sur son territoire s'analyse en un droit réel et que tout droit réel peut subir des démembrements[35] ». Dans un tel contexte, certains vont jusqu'à se demander « si la souveraineté, quatre siècles après sa concrétisation politique, n'est pas appelée à disparaitre au profit d'un autre type de structure politique[36]». À l'évidence, l'internationalisation du droit constitutionnel modifie considérablement la souveraineté. La souveraineté de l'État est donc transformée, sa définition essentielle modifiée et le droit positif n'est plus monopolisé par l'État. Et le mythe persistant d'une sorte de « compétence de

---

[31] *Ibid.* pp. 143-147.
[32] *Ibid.*, pp. 145-146.
[33] F. X. Ferez, *Cooperative Sovereignty. From Independence to Interdependence in the Structure of International Law*. Kluwer Law International, 2000.
[34] J.-B. Auby., *op. cit.*
[35] L. Delbez, « Le concept d'internationalisation », *RGDIP,* 1967, vol. 71, n° 1, pp.1-62 ; Y. Ben Achour, - « L'internationalisation du droit constitutionnel », in L'internationalisation du droit constitutionnel, *RCAIDC,* vol. XVI, Tunis, 2007, pp. 7-94.
[36] B. Mathieu et M. Verpaux, « 1962-1992-2002/ Pour une périodicisation institutionnelle », *RFDC,* n° 53, 2002, p. 52.

droit divin[37] » de l'État est rendu obsolète par l'intégration régionale. Cette obsolescence devenant de plus en plus explicite à l'observation concrète de l'impact de la construction communautaire sur la souveraineté[38].

Au constat, les phénomènes d'internationalisation et de fragmentation interne des États contribuent à remettre en cause la souveraineté issue du modèle westaphalien. Elle est aujourd'hui appréhendée comme une « souveraineté désagrégée ». Nombreuses questions qui relevaient traditionnellement d'un processus juridique national identifié sont de plus en plus traitées au-delà de l'État et de ses organes, ce qui constitue en soi un véritable défi pour le consttutionnalisme[39].

B. Retour sur la notion de Pouvoir constituant originaire

L'internationalisation du pouvoir constituant constitue une des manifestations de l'érosion de la souveraineté[40]. A-t-on encore besoin de rappeler que le pouvoir constituant est dit originaire « lorsqu'il établit une nouvelle Constitution soit à l'occasion de la naissance d'un État soit dans une hypothèse de rupture avec l'ordre juridique ancien provenant d'une révolution ou d'un coup d'État[41]». En d'autres termes, Guy Héraut le présente comme « le pouvoir le plus élevé d'une ligne de hiérarchie juridique jouissant d'une compétence abandonnée » traitant tant du pouvoir d'édicter la norme la plus élevée dans un système juridique que du pouvoir de révision de cette norme. Or, dans le contexte particulier d'internationalisation du droit, il existe des normes constitutionnelles qui vont au-delà du cadre étatique et de son système propre, que ce soit au niveau régional ou au niveau international. Devant une telle occurrence, une appréhension nouvelle du droit constitutionnel se dessine

---

[37] L'expression a été employée par le professeur Henri Oberdorff, lors du Forum Innovation du Service public, 1992, La Documentation française, p. 12.

[38] Voir F. Chaltiel, *La souveraineté de l'État et l'Union européenne...*, *op. cit.*

[39] A. Hamman et H. Ruiz-Fabri, « Réseaux transnationaux et constitutionnalisme », in H. Ruiz-Fabri et M. Rosenfeld (dir.), *Repenser le constitutionnalisme à l'âge de la mondialisation et de la privatisation, Société de législation comparée*. Collection UMR, vol. 23, 2011, pp. 173-204, notamment p. 174.

[40] Le transfert du pouvoir constituant originaire intervient lorsque, l'adoption d'une constitution s'inscrit dans une procédure qui déplace le centre de décision constitutionnelle vers une autorité externe à l'État. Dans sa forme la plus intégrale, l'internationalisation du pouvoir constituant originaire se fonde sur une procédure faisant fit du lien irréductible entre le pouvoir constituant originaire et la souveraineté. À ce propos, lire la thèse de Konan Line Missibah, *Le transfert du pouvoir constituant originaire à une autorité internationale*. Thèse de l'Université de Nancy 2, 2007,
443 pages.

[41] O. Beaud, « Pouvoir constituant », in *Dictionnaire constitutionnel*, PUF, 1992, p. 778 ; voir également Klein Claude., *Théorie et pratique du pouvoir constituant*. Paris, PUF, Coll. « Les voies du droit », 1996 ; Du même auteur, « Le pouvoir constituant », in *Traité international de droit constitutionnel*, Tome 3 : Suprématie de la Constitution, *op.cit.*, pp. 5-31.

voire s'installe notamment par le biais du pouvoir constituant[42]. À cet égard, Nicolas Maziau[43] a pu écrire qu'en « incorporant le processus constituant dans des rapports de droit international, celui-ci affranchit une étape dans la dépossession du droit constitutionnel de sa sphère originelle de compétence ». En attestent les nombreuses situations ou processus d'internationalisation du pouvoir constituant[44] qui voit un constituant international se substituer au constituant national[45]. En conséquence, se pose directement le problème de la nature de la Constitution en tant que Loi fondamentale de l'État avec

---

[42] O. Cayla, « L'obscure théorie du pouvoir constituant originaire ou l'illusion d'une identité souveraine inaltérable », in D. de Béchillon, V. Champeil-Desplats, P. Brunet, E. Millard (dir.), *L'architecture du droit*, Mélanges en l'honneur de Michel Troper. Paris, Economica, 2006, pp. 249-265 ; voir aussi S. Sur, « Le pouvoir constituant n'existe pas ! Réflexion sur les voies de la souveraineté du peuple », in *La constitution et les valeurs*, Mélanges en l'honneur de Dimitri Geirges Lavroff. Paris, Dalloz, 2005, pp. 569 et s.

[43] N. Maziau, « Les constitutions internationalisées : aspects théoriques et essai de typologie. Le point de vue hétérodoxe du constitutionnaliste », *RGDIP*, 2002-3, pp. 549-579.

[44] Sur cette question voir : D. Maus, « L'influence du droit international contemporain sur l'exercice du pouvoir constituant », in *Le nouveau constitutionnalisme*, mélanges en l'honneur de Gérard Conac, Economica, 2001, p. 87 s. Il envisage la question sous trois hypothèses : « d'abord, des situations où il y a désormais une véritable obligation de conformité entre les règles du droit international public et les constitutions nationales, donc une très forte intégration », « deuxième hypothèse : la nécessité d'une compatibilité entre des règles internationales et les constitutions nationales » et « troisième situation : une incitation à l'harmonisation entre des règles internationales et les constitutions ». Voir également S. Torcol, « L'internationalisation des constitutions nationales », *Politeia,* n° 8, automne 2005, pp. 317-344 ; H. Tourard, *L'internationalisation des constitutions nationales, LGDJ, 2002 ; P. Ndjimba, L'internationalisation des constitutions des Etats en crise. Réflexions sur les rapports entre droit international et droit constitutionnel.* Thèse Nancy 2, 2011 ; M-C. Ponthoreau, « L'internationalisation du droit public : effets et interprétation, *REDP,* vol. 18, n° 1, 2006, pp. 85-106.

[45] Lire avec intérêt la typologie proposée par Nicolas Maziau qui distingue l'internationalisation partielle du pouvoir constituant de celle intégrale. Dans la première situation dite partielle, il distingue celle dans laquelle l'encadrement du pouvoir constituant est conventionnel (ici l'internationalisation peut être un préalable à l'indépendance (ce fut le cas pour le Gouvernement de la Palestine avec la résolution 181 (II) de l'Assemblée générale des Nations unies, de la résolution 16 (1947) du Conseil de sécurité relative à la situation de Trieste, de la Constitution de Namibie du 9 février 1990, de la résolution 1272 du 25 octobre 1999 du Conseil de sécurité sur l'Île de Timor Oriental, placée sous administration internationale transitoire, dite ATNUTO) ou un appui à la souveraineté de l'État (par exemple au Cambodge avec les accords de Paris du 23 octobre 1991, en Macédoine avec l'implication de l'UE et de l'OTAN), de celle ou l'encadrement est le résultat d'une situation de fait (cas de la Constitution japonaise du 3 mai 1947 adoptée sous l'influence très forte du commandement américain des troupes d'occupation et de la Loi fondamentale allemande du 23 mai 1949 adoptée sous l'influence des puissances alliées). Dans la deuxième situation dite internationalisation intégrale du pouvoir constituant, le processus d'élaboration de la constitution est tout entier confié à l'ordre international. C'est le cas de la Bosnie-Herzégovine car la Constitution est ici imposée par un Traité international (les Accords de Dayton signés à Paris le 14 décembre 1995 et de la Constitution de Chypre élaborée sous la houlette du Royaume-Uni, de la Grèce et de la Turquie avec les représentants des deux principales communautés grecque et turque). Pour de plus amples développement voir N. Maziau, art. précité, pp. 549-579.

l'avènement des accords de paix, véritables constitutions matérielles, dans le constitutionnalisme africain[46] et qui remettent en cause la pyramide kelsénienne de la majorité des États notamment ouest-africains[47]. Au demeurant, C. Schmitt à la suite de Sieyès, a développé une conception instrumentalisée de la Constitution, volonté de la nation en considérant que seul le peuple ou la nation, compris dans une même acception peuvent être à l'origine du pouvoir constituant. Dit autrement, dans la théorie classique le pouvoir constituant est invariablement détenu par le peuple[48] et cette affirmation se retrouve sous la plume entre autres de J.-J. Rousseau à Olivier Beaud[49] en passant par le doyen Vedel[50] et Habermas[51]. Ces derniers qui ont parfois si peu de choses en commun ont au moins un point de convergence : le fondement populaire du pouvoir constituant. Pour ces auteurs, il ne peut en être autrement. Le pouvoir constituant ne peut être exercé par d'autres États ou une entité supranationale. La justification tenant dans la recherche d'une légitimité car c'est toujours l'élément de légitimité populaire, la volonté putative du peuple qui domine. Or, en réalité dans les contextes de profondes crises politiques, économiques et sociales, de faillite de l'État, d'accession à l'indépendance, de reconstruction et/ou de consolidation démocratique, le pouvoir constituant peut échapper au « Souverain », au « peuple », à la « nation » et ainsi faire l'objet d'une internationalisation « intégrale », à tout le moins, « partielle ». L'exemple des accords politiques ou de sortie de crise conclus en dehors de l'État et méconnaissant la volonté et légitimité populaire l'illustre parfaitement[52].

---

[46] I. M. Fall, *Les révisions constitutionnelles du Sénégal. Révision consolidantes et révisions déconsolidantes de la démocratie sénégalaise*. Dakar, CREDILA, 2011.

[47] À ce propos, on a pu parler de l'irruption, dans le constitutionnalisme africain, d'un véritable « droit constitutionnel de crise ». Voir Thèse A. H. Diompy, *Le paradoxe de l'internationalisation du droit constitutionnel en Afrique*, *op. cit.*, pp. 860-880. Voir aussi, A. Cabanis et M.-L. Martin, *Le constitutionnalisme de la troisième vague en Afrique francophone*. Bruylant-Academia, 2010.

[48] Pour Gaëlle Marti, le concept de pouvoir constituant « n'exigerait ni l'unité du peuple ou de la nation ni la forme ou la souveraineté de l'État. Il désignerait le pouvoir populaire de fonder une communauté politique. Entendu ainsi, le pouvoir constituant se caractériserait à la fois par son origine démocratique, qui ne se réduit pas à l'expression de la volonté souveraine d'un seul peuple et par son objet, l'adoption d'une consultation, c'est-à-dire d'un acte revêtu d'une valeur juridique suprême qui constitue l'officialisation d'une idée de droit ». *Cf. Le pouvoir constituant européen.* Bruylant 2011, Préface de Dominique Ritleng, p. XXII.

[49] O. Beaud, « Le souverain », *Pouvoirs, n° 67*, 1993, pp. 33-45, spéc. p. 38.

[50] G. Vedel, « Souveraineté et supraconstitutionnalité », *Pouvoirs, n° 67*, 1993, pp. 79-97, spéc. p. 94.

[51] J. Habermas, *Droit et démocratie. Entre faits et normes*. Paris, Gallimard, 1997, p. 325.

[52] A. B. Fall, « Echec du constitutionnalisme français en Afrique et autonomie du droit constitutionnel africain » : 406-436, in La Constitution française de 1958 un modèle pour l'Afrique, *in La Costituzione française, Atti del convegno biennale dell' Associazione di Diritto public comparato eu europeo, Bari. Universita degli Sadi, 22-23 maggi* 2008.

De même, les cas des « constitutions internationalisées[53] » en sont l'illustration parfaite. En effet, dans le cas par exemple de la Bosnie Herzégovine, Stéphane Pierré-Caps[54] a pu écrire que « la vision classique du droit constitutionnel qui décrit la Constitution comme l'expression de la souveraineté d'un peuple ou d'une nation est (...) bousculée par l'internationalisation totale de la Constitution de Bosnie- Herzégovine ». Il semblerait donc que les constitutions internationalisées remettent profondément en cause le droit constitutionnel et le champ de la réflexion constitutionnelle. En outre, la remise en cause profonde d'une notion-phare, l'internatio-nalisation du pouvoir constituant conduit à une dissécation de la matière constitutionnelle. En effet, ce phénomène conduit à transférer la matière constitutionnelle au niveau international. Par conséquent, le droit constitutionnel ne serait plus défini par le pouvoir constituant mais par les organisations internationales[55]. Dès lors, la souveraineté est « moins une barrière territorialement définie qu'une ressource de négociation dans un monde caractérisé par des réseaux transnationaux complexes[56]».

C. Retour sur les concepts de Nation de Territoire et de Population

« Le constitutionnalisme moderne des XIXe et XXe siècles se voit confronté à l'antagonisme des valeurs sous la vague de fond de la mondialisation qui affaiblit le lien entre les citoyens de forme classique (l'État) et, en même temps, propose une possibilité de stimuler un esprit civique de style inédit (transnational)[57] »

Avec l'intrusion de l'international dans le national et le local, le concept de nation, attribut légitime de l'État ou corollaire exclusif de la souveraineté est contesté voire de plus en plus concurrencé notamment par le concept alternatif de l'« opinion publique internationale[58]», même s'il faut remarquer

---

[53] C. Cerda-Guzman, « Repenser les constitutions internationalisées », *RDP, n° 6,* 2015, pp. 1567- 1582. Dans la même veine, voir aussi N. Maziau, « L'internationalisation du pouvoir constituant. Essai de typologie : le point de vue hétérodoxe du constitutionnaliste », *RGDIP, n° 3*, 2002, pp. 549- 577.

[54] S. Pierre-Caps, *Droits constitutionnels étrangers*. PUF, Coll. Quadrige Manuels, Paris, 2e éd., 2015.

[55] C. Cerda-Guzman, art. précité, pp. 1576-1577.

[56] R.Keohane, cité par J.-B. Auby, *op.cit.*, p. 146.

[57] Y. Higuchi, *Constitution, idée universelle, expressions diversifiées, Société de Législation Comparée*, 2006, p. 7.

[58] En effet, si elle mène à une conscience universelle, l'opinion publique internationale « *ne constitue (...)* pas un ensemble de réactions homogène ni cohérent : entre le point de vue des gouvernants, les positions souvent passives ou conformistes des masses et l'activisme des minorités militantes, il n'y a pas forcément coïncidence ni même convergence ». En réalité, « (...) c'est le produit ou la résultante des tensions dialectiques qui se manifestent dans les rapports entre : 1. chaque gouvernement et sa propre opinion publique ; 2. la collectivité des gouvernements et l'ensemble des forces qui luttent pour une transformation du système international ». *Cf.* J.-F. Poncet, Intervention au cours du débat budgétaire, Assemblée nationale, séance du 7 novembre 1979, cité par Merle Marcel, *op.cit.*, p. 426.

avec Marcel Merle[59] que celle-ci « ne peut surgir que du rapprochement ou de la convergence entre différentes opinions nationales ». À l'observation, il ne fait aucun doute qu'on assiste à l'émergence d'une conscience internationale propre qui se détache de celle des États. Comme le souligne d'ailleurs le ministre français des Affaires étrangères, « il y a désormais une sensibilité, une vigilance de l'opinion mondiale qui font qu'aucun État ne peut se soustraire entièrement à cette pression internationale et qui, d'une façon ou d'une autre, l'oblige à rendre des comptes à cette conscience universelle qui émerge [60]». Dans ce cadre, si la question de leur valeur juridique se pose, il n'en demeure pas moins que « peu importe la force obligatoire s'il existe un fort consensus auquel les États acceptent de se conformer[61] ». De façon concrète, la convergence des opinions nationales a permis l'émergence et la reconnaissance d'un certain nombre de principes de références de standards constitutionnels et démocratiques notamment dans le domaine des droits de l'homme, des élections, de l'environnement, etc. Aussi, en prenant la forme de « courants d'opinion animés par le militantisme politique ou idéologique se traduisant par des manifestations plus ou moins concertées par lesquelles des groupes agissant simultanément dans plusieurs pays [62]», cette opinion crée un mouvement favorable à la défense des droits de l'homme. À cet égard, on a pu assister à la libération de prisonniers politiques en République démocratique du Congo, au Sénégal, au Niger, au Tchad, avec le soutien apporté aux Révolutions arabes, au soutien notamment aux pays africains en transition démocratique avec en toile de fond la naissance de mouvements citoyens (par exemple « Y en a marre » au Sénégal, « Balai citoyen » au Burkina ou encore « Iyina » au Tchad) de plus en plus représentatifs des populations[63] et en marge des partis politiques traditionnels. À l'instar des mouvements citoyens européens tels que « Podemos » en Espagne, « Nuit debout » en France dont les revendications portent entre autres sur l'alternance démocratique, la transparence des élections, la bonne gouvernance, la répartition équitable des richesses, la lutte contre la pauvreté, le chômage, l'effectivité des droits économiques et sociaux mais aussi civiques et politiques, il émerge une véritable conscience publique citoyenne dans les sociétés contemporaines. Ainsi, les citoyens, à travers ses différentes organisations et ces nouvelles formes d'expression démocratique, se disent

---

59 M. Merle, *Sociologie des relations internationales*. Paris, Dalloz, 4e éd., 1988, p. 425.

60 J.-F. Poncet, *Intervention au cours du débat budgétaire*, Assemblée nationale, séance du 7 novembre 1979, cité par M. Merle, *op.cit.*, p. 426.

61 M. Merle, *Sociologie des relations internationales*, *op.cit.*, p. 427.

62 *Ibid.*, p. 431.

63 Lire avec intérêt A. Ondoua, « La population en droit constitutionnel. Les cas des pays d'Afrique francophone », *Afrique contemporaine* n° 242, 2012/2, pp. 87-97. L'auteur propose une autre approche de la souveraineté basée non plus sur les concepts classiques de peuple ou de nation mais plutôt sur la notion de « population » pour une meilleure compréhension et la construction des sociétés politiques à substrat humain complexe comme ceux francophones notamment ouest-africains.

maintenant pour reprendre les propos de Ferdinand Lassale : « nous ne voulons plus être une masse dominée, sans volonté. Nous voulons dominer nous-mêmes, et le roi ne nous gouvernera plus, ne dirigera plus nos affaires qu'à notre fantaisie. Bref, (...) les rapports réels, matériels, existant entre les pouvoirs du pays se sont encore une fois modifiés [64]».

Par ailleurs, dans cette optique de perméabilité des ordres juridiques et de communicabilité des systèmes juridiques, la doctrine a pu par de « dénationalisation » pour faire remarquer que des questions qui relevaient traditionnellement d'un processus juridique national identifié sont de plus en plus traitées au-delà de l'État et de ses organes, selon une manière de faire qui constitue, en tant que telle et de plusieurs façons, un défi pour le constitutionnalisme. Ainsi, la dénationalisation est un processus englobé par la question des impacts de l'internationalisation sur le droit constitutionnel[65]. Dans la même veine, Jean-Bernard Auby parle de « déterritorialisation » du droit constitutionnel qui accompagne le phénomène de la globalisation. En effet, si dans le système westphalien, les rapports sont définis ainsi : « un territoire, un État, pouvoir souverain », dans le processus de l'internationalisation, des dynamiques d'intégration et de globalisation des questions juridiques et politiques, on assiste à une superposition des ordres et des systèmes juridiques qui s'appliquent sur un territoire[66]. Dés lors, le critère territorial induit dans cette situation à une « concurrence des compétences territoriales des différents États [67] », faisant dire à cet auteur que dans « l'essence du mouvement de globalisation, il y a une sorte de « gommage des frontières[68] », car les activités ne nécessitant plus de rattachement spatial se multiplient. Ainsi, les systèmes politiques doivent dépasser leurs rapports au territoire sur lequel ils basent leurs pouvoirs. La question de la déterritorialisation du droit étant une résultante du phénomène de globalisation[69].

En clair, à l'heure de la globalisation juridique, l'État n'est plus maître de sa politique fiscale, de sa politique économique[70], de sa politique de sécurité,

---

[64] F. Lassale, « De l'essence de la Constitution », cité par Qazbir Hanan, *op. cit.*, p. 423.

[65] Voir H. Qazbir, *L'internationalisation du droit constitutionnel*, *op. cit.*

[66] M. Chemillier-Gendreau, « Affaiblissement des États, confusion des normes », in M. Chemillier- Gendreau et Y. Moulier-Boutang (dir.), *Le droit dans la mondialisation.* PUF, 2001, *op. cit.*

[67] K. Wojtyczek, « Le champ territorial de l'application d'une constitution national », cité par H. Qazbir, *op.cit.*

[68] J.-B. Auby, « Globalisation et décentralisation » : 563-576, in *Les mutations contemporaines du droit public*, Mélanges en l'honneur de Benoit Jeanneau, Dalloz, 2002 ; voir aussi M. Verpeaux, « Territoire et Constitution ou les relations ambiguës entre la géographie et le droit », in Mélanges en hommage à Francis Delperée, *op. cit.*

[69]A. Peters, « Global constitutionalism revisited », *International Legal Theory*, vol. 11, Why obey international law? », p. 39.

[70] À noter que Charles-Albert Michalet insistait, dès le début des années 2000 sur le fait que la mondialisation économique a une histoire et que cette histoire est celle d'une redistribution complète des rôles entre les différents acteurs : la première mondialisation, écrivait-il, a été la

pour faire bref de sa politique en général et par ricochet son droit constitutionnel se trouve conditionné par les enjeux économiques globaux qui dépassent largement l'idée de territoire[71]. À cet égard, le principe de territorialité appuyé sur une conception moniste de l'État et du droit (État personnifiant la nation souveraine dont émane le seul droit valide), est cependant aujourd'hui en crise[72]. Formulé autrement, le droit constitutionnel a toujours une assise territoriale mais la "déterritorialisation du droit national en général s'accompagne d'une déterritorialisation progressive des constitutions nationales[73]" car l'État - du fait du développement des formes extraterritoriales de l'expression de son pouvoir notamment – perd le monopole du pouvoir qui s'exerce sur son territoire. À ce propos, Laurent Cohen-Tanugi ébauche une typologie des relations du droit et de l'État. Il existe en effet, « le droit produit unilatéralement par l'État (avec ou sans extraterritorialité) ; le droit reconquis par une société civile internationale émergente dans les marges de l'action des États, le droit des principes énoncé, sinon imposé, par le juge international ou les grands textes fondateurs (horizontal rationnel des souverainetés) ; le droit dérivé des organisations internationales, ébauches de 'super-État' mondial [74]». L'État reste une des sources du droit, mais il n'est plus l'unique source. Le droit constitutionnel à l'issue de son internationalisation ne peut se concevoir uniquement dans une logique d'Etat-nation. La réalité constitutionnelle ne serait pas liée à la notion de nation en tant que telle. Elle va au-delà sans pour autant y être enchainée. Les processus d'européanisation du droit, de régionalisation du droit constitutionnel et de constitutionnalisation de droit international en Afrique

---

plus longue et il la qualifie de « multinationale ». Ce qui signifie que de l'expansionnisme colonial aux années 1960, le modèle étatique n'est pas du tout compromis, plutôt instrumentalisé ; il n'en va plus de même, et nous entrons dans le vif du sujet, à partir des années 1990 : on voit alors les mêmes acteurs économiques privés poursuivre, sous l'influence d'un actionnariat devenu tout puissant, des objectifs de rentabilité à court terme qui les font échapper, *ipso facto*, à toute emprise des États ou réduit ceux-ci au rôle de prête-noms ou d'alibis, dans toute la dernière période, celle dans laquelle nous sommes ». *Cf.* Ch-A Michalet, « L'évolution de la législation sur les investissements directs étrangers et la dynamique de la mondialisation », in *Souveraineté étatique et marchés internationaux à la fin du XXe siècle*, Mélanges en l'honneur de Philippe Kahn. Paris, Litec, 2000, pp. 435-436. Plus globalement sur les transformations de l'État, de la souveraineté notamment en matière juridique, politique, économique, financière et monétaire, voir l'excellent ouvrage de la SFDI, *L'État dans la mondialisation*, Colloque de Nancy. Paris, A. Pedone, Paris, 2013, 587 pages. Plus récemment, se référer à A. Le Quinio, *Les réactions constitutionnelles à la globalisation*. Bruylant, 2016, 351 pages.

[71] Voir F. Chaltiel, *La souveraineté de l'État et l'Union européenne, l'exemple français...*, *op. cit.*, pp. 366-372.

[72] F. Ost et M. Van De Kerchove, *De la pyramide au réseau ? Pour une théorie dialectique du droit*. Bruxelles, 2002, p. 129. Dans le même sens voir B. Badie, *La fin des territoires*. Paris, Fayard, 1995, *op. cit.*

[73] K. Wojtyczek citée par H. Qazbir., *op.cit.*, p. 423.

[74] L. Cohen-Tanugi, « Le droit sans les Etats ? », in *La Mondialisation entre illusion et utopie*, Archives de philosophie du droit, Tome 47, 2003, p. 287.

sont les plus symptomatiques d'une évolution indéniable du droit constitutionnel. En conséquence, « la déligitimation de l'État, la dénationalisation et la déterritorialisation du droit entraînent une reconceptualisation dans son rapport au droit et, plus précisément, le droit constitutionnel [75]».

À l'évidence, le droit constitutionnel ne compose plus uniquement avec l'État et la vision statocentrique du constitutionnalisme ne résiste plus, quel que soit l'habillage théorique dont il peut être affublé[76]. Les rapports entre État et droit constitutionnel, à l'aune de l'internationalisation du droit, doivent être considérés d'une manière nouvelle car « la formule il faut que force reste à la loi' n'est pas transposable telle qu'elle dans la vie internationale ». Pour autant le lien qui les lie ne doit pas être rompu surtout dans un contexte avéré de pluralisme constitutionnel.

II. Un droit revalorisé dans le cadre du pluralisme constitutionnel

« La pyramide kelsénienne ne suffit plus à rendre compte des rapports entre les différents ordres juridiques : les droits nationaux, le droit communautaire... [77] »

Aujourd'hui, le constat suivant peut-être partagé : « La pyramide n'étreint plus, dans l'ouverture de ses lignes convergentes, qu'une partie seulement de l'ordre en vigueur. Tout droit ne procède plus de la Constitution [78] ». Pour le dire autrement, la question constitutionnelle ne peut plus être posée dans le seul cadre de l'institution étatique. En conséquence, la théorie du droit constitutionnel national ne peut plus rester entièrement nationale, et cela constitue un bouleversement théorique majeur[79]. En effet, le paysage normatif actuel met en exergue des situations dans lesquelles un même individu est soumis à plusieurs ordres juridiques.

La prolifération des systèmes juridiques régionaux[80] et internationaux multiplie, *de facto* les situations dans lesquelles un même individu doit

[75] H. Qazbir, *L'internationalisation du droit constitutionnel*, *op. cit.*, p. 441.

[76] Il en est ainsi du rattachement systématique de l'État en matière de normes internationales comme le souligne Jean-Bernard Auby : « On est en effet en plein contraste, dans lequel la théorie juridique conserve en général l'idée selon laquelle l'État demeure l'alpha et l'omega de l'organisation juridique, alors qu'existent des symptômes significatifs de régression de sa puissance juridique réelle… ».

[77] M. Guyomar, concl. CE, Sect., 10 avril 2008, *Conseil national des Barreaux et autres*, *RFDA* 2008, 588.

[78] Voir G. Burdeau., « Une survivance : la notion de Constitution », in *Mélanges Achille Mestre*, pp. 53- 62, notamment p. 58.

[79] J.-B. Auby, *La globalisation, le droit et l'État*, 2e édition, LGDJ, Extenso éditions, 2010, p. 238.

[80] S. Doumbe-Bille (dir.), *La régionalisation du droit international*, Bruylant, 2012, 418 pages ; M. Fau-Nougaret (dir.), *La concurrence des organisations régionales en Afrique*. L'Harmattan, 2012.

respecter et peut invoquer des normes issues d'ordres juridiques distincts[81]. Dès lors, un véritable enchevêtrement des systèmes caractérise le paysage normatif. Ainsi, la réalité juridique dans les cadres communautaires européens (UE) et ouest-africain (CEDEAO) est la "coexistence de deux niveaux constitutionnels [82]». Pourtant, précisent Francois Ost et Michel Van de Kerchove, les rapports entre les systèmes ne sont « pas seulement des relations linéaires ou hiérarchiques de fondation, mais également (...) des relations enchevêtrées de reconnaissance réciproque[83] ». Marie-Françoise Rivaux[84], pour sa part, parle de « structuration réticulaire de la normativité », dénonçant ainsi « l'inaptitude de toute perspective hiérarchique à exprimer la réalité des rapports de compénétration entre ordres normatifs distincts[85] ». À cet égard, la théorie kelsénienne révèle alors la limite de sa pertinence à rendre compte des rapports intersystémiques[86]. Ce constat étant fait, nous partons de l'hypothèse que la théorie pluraliste des normes rend mieux compte des rapports instersystémiques, ou pour mieux le dire, des rapports de compénétration entre ordres normatifs comme c'est le cas dans l'espace CEDEAO. Mais qu'est-ce que le pluralisme constitutionnel ?

A. Définition du pluralisme constitutionnel

Réfléchir sur le pluralisme constitutionnel appelle deux séries de remarques : d'abord, cela nécessite à l'évidence de dépasser le cadre strictement étatique de la définition traditionnelle de la Constitution. Elle n'est plus le monopole de l'État. Le pluralisme constitutionnel suppose donc de dépasser le lien Constitution/État. Dire cela n'est pas prôner le remplacement des constitutions nationales. Mieux, penser ce qu'il y a au-delà de la constitution étatique n'est pas penser sa mort. Le pluralisme constitutionnel suppose nécessairement le maintien des constitutions nationales, faute de quoi il n'y a plus de pluralisme. Ensuite, il s'agit de reconnaître l'interdépendance en constatant que la définition classique de l'ordre juridique ne permet plus de refléter avec exactitude la réalité juridique, d'ou la nécessité de mettre en

---

[81] Lire à ce propos A. B. Fall ALL, « La Charte africaine des droits de l'homme et des peuples : entre universalisme et régionalisme », *Pouvoirs*, n° 129, 2009 ; I. M. Fall, « - « La construction des régimes politiques en Afrique : insuccès et succès », in Mélanges M. Ahanhanzo-Glélé, Études africaines. L'Harmattan, 2014, pp. 127-179 ; S. Pierré-Caps, « Le droit constitutionnel entre universalisme et particularisme », in Mélanges en l'honneur de Slobodan Milacic, Démocratie et liberté : tension, dialogue, confrontation. Bruxelles, Bruylant, 2008, pp. 206 et s.

[82] F. Giorgi, « Pour une révolution théorique douce : la figuration du pluralisme constitutionnel en réseau », Communication au VIIe Congrès de l'Association française de Droit constitutionnel. Paris, 25-27 sept. 2008, disponible sur le site www.droit constitutionnel.org.

[83] F. Ost et M. Van De Kerchove, *De la pyramide au réseau ? Pour une théorie dialectique du droit*. Bruxelles, 2002, pp. 202 et s.

[84] M.-F. Rigaux, *La théorie des limites matérielles à l'exercice de la fonction constituante*. Bruxelles, Larder, 1985.

[85] F. Ost et M. Van De Kerchove, *De la pyramide au réseau ? op. cit.*

[86] L. Fontaine (dir.), *Droit et pluralisme*. Bruxelles, Bruylant, Collection Droit et justice, 2007.

évidence l'imbrication des systèmes[87]. Pour être plus précis, la doctrine du pluralisme constitutionnel a un point de départ qui réside dans le constat des mutations de l'État (et se rattache à ce titre aux théories du pluralisme juridique). Qualifié d'"État ouvert" ou bien de manière plus classique, d'État post-westphalien », le but affiché n'est pas de prôner le remplacement de l'État, mais son dépassement, ainsi que les transformations de la souveraineté. Il s'agit fondamentalement de penser le phénomène constitutionnel en dehors du cadre étatique. Dit autrement, l'inaptitude de la théorie kelsénienne à rendre compte du pluralisme juridique et surtout du pluralisme constitutionnel vient de ce qu'elle se fonde sur la relation entre État et constitution. Cette relation exclusive ne permet pas de rendre compte de la pluralité des sources normatives ni celle de la pluralité « des lieux d'expression juridique ». Toutefois, la conception kelsénienne de l'ordonnancement des normes ne doit pas être rejetée en bloc. Elle rend compte d'une partie du droit constitutionnel pris en tant que notion mais ne peut être appliquée à l'ensemble des réalités constitutionnelles. Par ailleurs, il faut souligner que le pluralisme normatif est la forme la plus courante du pluralisme constitutionnel puisqu'il renvoie à l'existence d'une pluralité de sources constitutionnelles qui aboutit à une situation potentiellement conflictuelle entre les différents ordres juridiques des États membres et l'ordre communautaire (par exemple au sein de l'Union européenne et de la CEDEAO), conflits qui doivent être résolus d'une manière non hiérarchique[88].

À l'analyse, quelle que soit la signification que l'on attache au terme « pluralisme », l'idée à laquelle il renvoie toujours correspond à l'existence et/ou à la reconnaissance de valeurs et d'intérêts distincts, multiples, pluriels. Dans cette perspective, l'idée de pluralisme liée à la norme et plus largement au droit, peut impliquer plusieurs types de questions, au rang desquelles se trouve l'idée que le droit à l'aune de son internationalisation doit tenir compte d'une pluralité de valeurs ou d'intérêts notamment quant à ses destinataires, quant à son mode de production, quant à leur articulation et éventuellement leur application. Aussi contrairement à la théorie positiviste, le pluralisme met en relief que l'État ne jouit pas du monopole de la production du droit. On peut ainsi penser le pluralisme comme « intra » ou « extra » étatique selon l'évolution des ordres au sein ou en marge de l'ordre juridique de l'État. Le pluralisme peut, dans ce même ordre d'idées, être modéré lorsqu'il se base sur la définition positiviste du droit ou bien radical lorsqu'il remet en cause cette dernière et la hiérarchie kelsénienne qui lui est associée[89]. À cet égard, Jacques

---

[87] F. Giorgi, *op. cit.*

[88] Voir thèse A. H. Diompy, *op. cit.*, p. 898.

[89] Voir en ce sens notamment Amselek Paul, « Une fausse idée claire : la hiérarchie des normes juridiques », in *Renouveau du droit constitutionnel*, Mélanges en l'honneur de Louis Favoreu. Dalloz, Paris, 2007, pp. 983-1014 ; du même auteur, « Réflexions critiques autour de la conception kelsénienne de l'ordre juridique », *Revue de droit public*, 1978, pp. 5-19 et « Kelsen et les contradictions du positivisme juridique », *Archives de philosophie du droit*, Tome 28,

Chevallier[90] parle même de « droit pluriel » dans le sens ou « le pluralisme domine la production du droit ». D'une part, l'État n'apparaît plus comme le seul foyer de droit, la seule instance de régulation juridique : d'autres producteurs de droit et de régulation sont apparus, soit à des niveaux différents, soit parallèlement à lui[91]. Ainsi écrit-il, le droit étatique est désormais « relayé », lorsque l'État délègue ses compétences régulatrices, « supplée », par le recours à d'autres modes de régulation, « supplanté », par le jeu de l'émergence d'autres ordres juridiques[92]. D'autre part, ajoute- t-il, « le pluralisme gagne le droit étatique lui-même par le jeu du développement au sein de l'État de foyers autonomes de production du droit ». Ainsi, au « droit monologique », reposant sur la « transitive », la génération des normes s'effectuant sur un processus en cascade, succède un droit « dialogue » reposant sur l'« intransitive », « droit d'Hermés » s'appuyant sur une multiplicité d'acteurs juridiques ».

B. Contenu du pluralisme constitutionnel

Le succès du nouveau paradigme pluraliste s'explique partiellement par sa capacité à être un bon condensé des tensions entre le particulier et l'universel, entre le statisme et le dynamisme du droit, qui s'expriment dans le processus de globalisation juridique. Un signe supplémentaire de l'engouement tient à son utilisation par de nombreux juristes afin de rendre compte de la complexité des relations qu'entretiennent les ordres juridiques. En vue d'harmoniser, d'une part, les ordres juridiques nationaux et d'autre part, l'ordre juridique communautaire s'est développée une doctrine du « pluralisme constitutionnel [93]». Aussi, on se contentera d'évoquer ici brièvement la théorie des « sites constitutionnels », la théorie de Santi Romano et enfin celle des réseaux de

---

1983, pp. 271-282 ; voir aussi M.-C. Ponthoreau, *Droits constitutionnels comparés*, Economica 2010, pp. 196-200.

[90] J. Chevallier, *L'État post-moderne*, *op. cit.*, p. 111

[91] L'auteur identifie ici les acteurs et régulateurs non étatiques dans la globalisation notamment les entreprises multinationales, les organisations professionnelles internationales, les organisations non- gouvernementales (par exemple Amnesty International, Human Rights Watch, Comité International de la Croix Rouge, Greenpeace, Transparence International, ...). Voir J-B Auby, *La globalisation, le droit et l'État*, *op. cit.*, pp. 98-104.

[92] A.-J. Arnaud, « De la régulation par le droit à l'heure de la mondialisation », *Droit et société, n° 35*, 1997, p. 11.

[93] À ce propos voir entre autres : M.-C. Ponthoreau, *Droits constitutionnels comparés,* Economica, 2010, p. 348 ; M. Delmas-Marty, *Les forces imaginantes du droit. Le pluralisme ordonné.* Paris, Seuil, 2006 ; Comparer : M. Guyomar et D. Simon, « La hiérarchie des normes en Europe », *Gaz. Pal.*, 12 fév. 2009, n° 43, p. 11 et s. ; Bruney Pierre, « L'articulation des normes. Analyse critique du pluralisme ordonné », in Jean-Marie Auby (dir.), *L'influence du droit européen sur les catégories de droit public.* Paris, Mission Droit et justice, 2009, p. 134 et s. ; T.-S. Renoux, « Théorie des droits fondamentaux, hiérarchie des normes et séparation des pouvoirs », in *Protection des libertés et droits fondamentaux.* La Documentation française, coll. « Les Notices », 2011, p. 69.

François Ost et Michel Kerchove afin de rendre compte au mieux de la réalité du pluralisme constitutionnel.

1. La théorie des « sites constitutionnels »

Dans un article fondateur « The Idea of Constitutional Pluralism », Neil Walker[94] précise que « les catégories auxquelles on a été habitué sont incapables ou du moins rencontrent des limites pour expliquer ce qui est nouveau ». En particulier, les catégories du droit constitutionnel (parmi lesquelles figurent en tout premier lieu la constitution, l'État et la souveraineté) manquent de souplesse et sont sans doute handicapantes pour ce dernier qui parle de « fétichisme constitutionnel ». En d'autres termes, le statocentrisme est de plus en plus incapable d'expliquer le fonctionnement actuel du système politique, social et économique du pouvoir qui échappe en partie à l'État. Du reste, Neil Walker utilise la notion de « sites constitutionnels[95] » qui remplace l'État dans son lien avec la constitution. Les « sites constitutionnels » sont donc des cadres d'expression constitutionnelle qui ne se limitent pas aux États. En conséquence, les rapports entre ces sites ne s'envisagent pas dans une optique hiérarchique. Les relations entre les ordres ou sites constitutionnels se perçoivent plus horizontalement que verticalement et ce de manière « heterarchical[96] » ou non hiérarchique. À l'évidence, la représentation des lieux d'expression juridique en sites constitutionnels révèle une lecture en

---

[94] N. Walker, « The Idea of Constitutional Pluralism », *The Modern Law*, n° 3/2002, vol. 65, pp. 317- 359.

[95] À noter que l'auteur ne donne pas de définition précise de ce qu'est un « site constitutionnel », il en donne les critères d'identification. Selon lui, il s'agit d'un cadre protéiforme du phénomène constitutionnel. Ces critères sont au nombre de six autour de trois pôles : spatial, temple et normatif. Ils doivent être envisagés de manière cumulative. Les critères spatiaux sont les moins controversés. Il s'agit tout d'abord de continuer à considérer le rôle de l'État dans le discours constitutionnel, car l'auteur reconnaît l'importance de cet acteur dans le constitutionnalisme mais il ne doit pas être considéré comme l'unique acteur d'un constitutionnalisme multidimensionnel. Puis, le deuxième critère se traduit par une définition du constitutionnalisme qui appréhende un processus dans un cadre non étatique. Un troisième critère prend en compte l'historique constitutionnel. En effet, le site en question, même s'il bouleverse l'appréhension du droit constitutionnel doit être le fruit d'une évolution constitutionnelle. Le quatrième critère, dans la même perspective temporelle, se réfère au discours constitutionnel qui doit aussi témoigner d'une continuité historique. Du point de vue normatif, un cinquième critère vient souligner l'importance de définitions des notions constitutionnelles assez larges pour ne pas tomber dans une dimension idéologique. Pour cela l'auteur prône l'établissement de standards minimum en matière constitutionnelle. Le dernier critère est normatif et donne une véritable dimension de prescription au constitutionnalisme puisqu'il consiste en une « orientation normative » ou « normative guidance ». Il est lié à la cohérence externe ou *external cohérence* qui souligne les vertus pédagogiques du contitutionnalisme notamment dans le discours lié à la régulation. Voir N. Walker, art. précité, pp. 334-336.

[96] F. GIorgi, *La contribution du pluralisme constitutionnel à la constitutionnalisation de l'Union européenne ; plaidoyer pour un renouveau théorique*. Thèse, Luxembourg, 2009 ; voir également du même auteur, « Pour une révolution théorique douce : la figuration du pluralisme constitutionnel en réseau », article précité, p. 6.

réseaux[97] et non plus en termes hiérarchiques. Cette lecture préconise un dépassement du constitutionnalisme moniste pour pouvoir élargir les « unités d'autorités constitutionnelles » au-delà des États. Elle permet en outre d'appréhender le pluralisme constitutionnel d'une manière à la fois descriptive (le constat de l'impuissance du constitutionnalisme moderne à expliquer les mutations en cours) et prescriptive puisque cette doctrine est présentée comme le dépassement du « constitutionnalisme moniste » qui admet comme seules unités d'autorités constitutionnelles, les États. À souligner que l'ordre européen[98] inauguré par le Traité de Rome de même que l'ordre communautaire ouest-africain (CEDEAO) se sont respectivement et progressivement à des degrés certes variables développés au-delà des frontières traditionnelles du « droit inter-national qui présentent maintenant ses propres exigences constitutionnelles à côté de celles des États [99]». Ce faisant, Neil Walker rejoint ici la théorie des réseaux et distingue trois formes de pluralismes : un « pluralisme explicatif » qui identifie une multiplicité de « sites constitutionnels » (cette notion renvoie à celle d'ordre politique et juridique) et elle semble préférée à cette dernière car plus ouverte et moins statu-centrée), un « pluralisme normatif » qui ne se contente pas de les identifier mais se prononce en faveur du pluralisme et de son respect réciproque par les sites identifiés et, enfin un « pluralisme épistémique » qui associe à la variété de sites constitutionnels en présence une multiplicité et une incommensurabilité de points de vue et d'autorités[100]. Pour Marie-Claire Ponthoreau, cette dernière

---

[97] La représentation en réseaux peut s'entendre de deux sens distincts : d'abord, cette figure de réseau est « un instrument de représentation du pluralisme constitutionnel » ; ensuite elle est un « instrument de mise en relation de ces différents sites ». Ainsi, la théorie des réseaux s'applique dans ce second sens en grille de lecture d'un pluralisme constitutionnel basé non pas sur l'État, unique cadre de l'expression constitutionnelle mais sur des « sites constitutionnels ». Voir notamment Grewe Constance et Ruiz-Fabri Hélène, *Droits constitutionnels européens*. Paris, PUF, coll. « droit fondamental », Droit politique et théorique, 1995, p. 122 et s. ; A. Hamman et H. Ruiz- Fabri, « Réseaux transnationaux et constitutionnalisme », *op. cit.*

[98] Le laboratoire européen montre que les mouvements d'intégration régionaux et internationaux ne permettent plus une appréhension classique des systèmes constitutionnels car « le système européen n'est ni hiérarchisé, ni centripète ; il comporte une complexité croissante ». Et cette « complexification et l'imbrication institutionnelle (...) ne concerne pas uniquement les formes de représentation, mais aussi le processus décisionnel donnant lieu à un ensemble d'institutions concurrentes qui se recoupent sans se superposer obéissant à aucune architecture claire ». Voir Telo M., « Le constitutionnalisme européen, du XXe XXIe siècle », in P. Magnette (dir.), *La Constitution de l'Europe*. Bruxelles, Ed., de l'Université de Bruxelles, coll. « Études européennes », p. 74.

[99] N. Walker, « The Idea of Constitutional Pluralism », art. précité, p. 337.

[100] Les groupements régionaux, et en tout premier lieu l'Union européenne, se situent au sein d'une société internationale en pleine mutation dans un mouvement fait à la fois d'atteintes au droit constitutionnel stato-national classique qui n'est pas appelé à disparaître pour autant mais à se transformer dans une logique qui sera inévitablement de type fédéral, mais aussi de mise en place d'un droit constitutionnel nouveau, pas tellement différent de celui que nous connaissons aujourd'hui (...) Cette constitution « régionale », en gestation et selon nous déjà née, constituera la norme fondamentale du nouvel État européen. Il en sera de même pour les

forme est sans doute la plus éclairante de cette doctrine qui refuse de trancher la question du détenteur ultime de l'autorité[101]. Ainsi, alliée à la considération horizontale et non hiérarchique des rapports entre ordres juridiques, la théorie de Neil Walker propose une alternative pertinente – dans la lignée de la théorie de Santi Romano[102] – à la lecture kelsénienne d'un paysage constitutionnel marqué par le pluralisme[103].

2. La théorie romanienne

Même si elle présente des lacunes qui ne permettent pas de la considérer comme satisfaisant en tant que telle et fait l'objet de vives critiques[104] en ce qui concerne la définition d'ordre juridique synonyme d'institution, la théorie romanienne offre des éléments de compréhension d'un paysage constitutionnel profondément bouleversé. Dit autrement, cette théorie permet l'appréhension des enchevêtrements des systèmes juridiques, des systèmes constitutionnels d'origine différente qu'offre le paysage normatif actuel caractérisé par le pluralisme. En effet, la différence fondamentale entre la vision kelsénienne et la vision romaine dans le cadre de la théorie des normes, réside dans la place de la norme. Si pour Kelsen, elle est le point central de l'ordre juridique, pour Romano, elle est secondaire puisque c'est l'institution qui en est le centre. Ce dernier a formulé l'idée que le système juridique était un ensemble (non de normes, mais) d'institutions, par conséquent ce qui constitue un système juridique, ce n'est pas l'ensemble des normes constitutionnelles, mais l'ensemble des organes constitutionnels. Tandis que pour la théorie kelsénienne le seul ordre juridique véritable est celui de l'État et que tous les autres n'existent que sous la condition de la reconnaissance explicite ou implicite de celui-ci. À cet effet, l'internationalisation du droit constitutionnel révèle l'existence d'un droit transnational que la théorie kelsénienne a du mal

autres « groupements régionaux » à travers le monde dans les années à venir ». Voir H. Roussillon « Mutations de la société internationale, droit constitutionnel et groupements régionaux », in AIDC, *Droit constitutionnel et mutations de la société internationale*, Volume XI, 2001, pp. 229-243 notamment p. 242.

[101] M.-C. Ponthoreau, *Droits constitutionnels comparés*, Economica, 2010, p. 351.

[102] S. Romano, *Ordinamento giuridico*, trad. française tardive L'ordre juridique (par L. François et P. Gothot), Dalloz, 1975 ; voir également J. Moret-Bailly, « La théorie pluraliste de Romano à l'épreuve des déontologie », *Droits, 2000, n° 32*, p. 177.

[103] H. Qazbir, *op.cit.*, p. 360.

[104] Au titre des critiques de la théorie romanienne, Denis Alland souligne l'insuffisance de la distinction entre les institutions au moyen de la notion d'« organisation » soutenue par Santi Romano qui différencie « les institutions/ordre juridique et d'autres groupes, à l'aide du critère de l'ordre, de l'organisation, ce qui (...) ne représente pas un grand progrès ». Voir dans ce sens notamment Alland Dennis, « De l'ordre juridique international », *Droits, 2002, n° 35,* p. 94 ; S. Romano, *L'ordre juridique*, Dalloz, 2ᵉ ed.,1975 ; P. Francescakis, « Introduction à l'édition française », in S. Romano, *L'ordre juridique*, Dalloz, 2ᵉ éd., 1975, p. VI. ; J-S Berge, S. Romano, *Les ordres juridiques*, Dalloz, 2015 ; Fontaine Lauréline « Le pluralisme comme théorie des normes », in *Droit et pluralisme*, L. Fontaine (dir.), Bruylant 2007, pp. 125-160 ; R. Guastini, *Leçon de théorie constitutionnelle*. Dalloz, coll. « Rivages du droit », 2010, p. 43.

à appréhender en tant que tel sans le rattacher à un ordre juridique étatique précis ou pour le dire autrement, le développement d'un droit constitutionnel transnational ne s'appréhende pas de manière satisfaisante dans la perspective normativiste kelsénienne[105]. Même s'il peut être retenu que les « ordres transnationaux ne peuvent exister en dernière instance que parce que les États acceptent, favorisent, tolèrent ou même parfois, ignorent leur existence [106]».

3. La théorie des réseaux

Dans le prolongement de la théorie romanienne et de celle des sites constitutionnels, la théorie des réseaux peut, même si elle pose la question de l'existence d'un réseau constitutionnel[107], s'appliquer au domaine constitutionnel. En effet, l'observation des réseaux met en avant le dépassement du constitutionnalisme traditionnel, ne serait-ce que par l'acceptation de la pénétration de normes élaborées par des acteurs privés ou publics internationaux dans la sphère du droit constitutionnel. Cette évolution du constitutionnalisme se retrouve dans « le changement de paradigme dans le droit d'un modèle pyramidal vers un modèle de « droit en réseau [108]». Du reste, François Ost et Michel Van de Kerchove[109] nous renseignent que la notion de réseau n'induit pas celle de système de clôture puisque les réseaux sont des « structures ouvertes, susceptibles de s'étendre à l'infini, intégrant des nœuds nouveaux en tant qu'ils sont capables de communiquer au sein du réseau, autrement dit qui partagent les mêmes codes de communication[110]». À

---

[105] *Ibid.*, p. 353.

[106] Ch. Leben, « De quelques doctrines de l'ordre juridique », *Droits,* n° 33, 2001, p. 38.

[107] À noter que la notion de réseau est largement utilisée dans le domaine de la science politique puisqu'elle renvoie au concept de gouvernance, elle n'est pas acquise en matière purement juridique et encore moins en matière constitutionnelle. Aussi, le principal problème réside en ce que la théorie des réseaux renvoie à la notion de gouvernance qui pour nombre de juristes, relève de la sociologie et non pas du domaine du droit. Toutefois, « une appréhension plus large de ce qu'englobe la sphère constitutionnelle permet « la reconnaissance de la perte de contrôle de l'État et du rôle qu'y joue la gouvernance en réseaux, particulièrement dans le champ transnational ». Voir dans ce sens A. Hamman et H. Ruiz- Fabri, « Réseaux transnationaux et constitutionnalisme », *op. cit.,* p. 177 et s.

[108] A. Hamman et H. Ruiz-Fabri, « Réseaux transnationaux et constitutionnalisme », *op.cit.*, p. 175.

[109] Pour François Ost et Michel Van de Kerchove, le droit contemporain n'est plus organisé selon le modèle pyramidal classique - le modèle « jupitérien », – mais selon celui du réseau - le modèle « d'Hermes » – que caractérisent notamment la multiplicité des acteurs juridiques, l'imbrication des espaces et des fonctions juridiques, la démultiplication et la déhiérarchisation des niveaux de pouvoir ». Voir F. Ost et M. Van De Kerchove, *De la pyramide au réseau...*, *op.cit.* ; voir également F. Ost, « Jupiter, Hercule, Hermés : trois modèles de juges », in P. Bouretz (dir.), *La force du droit. Panorama des débats contemporains*, éd. Esprit, 1991, Conclusion.

[110] En définissant la notion de réseau comme « une trame ou une structure composée d'éléments ou de points souvent qualifiés de nœuds ou de sommets, reliés entre eux par des liens ou liaisons, assurant leur interconnexion ou leur interaction et dont les variations obéissent à certaines règles de fonctionnement », François Ost et Michel Van de Kerchove précisent que la

cet égard, appliquée dans une perspective transnationale, la notion de réseau à l'instar des théories sus-évoquées ne permet pas le maintien de l'appréhension classique du constitutionnalisme stato-centrique dans la mesure où ces réseaux sont capables de s'émanciper des exigences posées par l'État en créant des ensembles parallèles de normes qui leur sont propres[111]. Ainsi, au regard du développement des réseaux intervenant dans le champ constitutionnel, la conception d'un constitutionnalisme envisagé dans un rapport étroit avec l'État n'est plus pertinente souligne Qazbir Hanan. C'est la conséquence de la fin de la vision westphalienne de la souveraineté. Plus fondamentalement, il y a un brouillage ou une confusion, entre les sujets qui relevaient traditionnellement des compétences des organes de l'État tels que définies par les Constitutions et les questions qui relèvent de la sphère internationale[112] et, plus spécifiquement de l'ordre juridique communautaire. Ceci étant, une pluralité de méthodes s'applique dans le cadre de l'internationalisation du droit constitutionnel et varie selon le mouvement auquel elle s'applique. Dans ce contexte, Mireille Delmas-Marty a raison de souligner qu'elle passe « de la coordination, par entrecroisement horizontaux, à l'unification imposée verticalement par transplantation ou par hybridation, en passant par l'harmonisation qui implique le rapprochement mais sans prétendre à l'uniformité [113]». À cet effet, l'internationalisation du droit constitutionnel intègre l'harmonisation horizontale des droits constitutionnels qui restent des droits internes. Mais elle intègre aussi la constitution d'un droit constitutionnel global[114] « qui vient compléter et concurrencer les droits constitutionnels nationaux, voire peser sur eux lorsqu'il s'appuie sur des normes

---

théorie des réseaux n'a pas pour vocation unique de s'opposer à la théorie kelsénienne. Elle doit empêcher de tomber dans le désordre et le chaos et pour cela, elle s'inscrit « à mi-chemin entre l'arbre et le chaos, entre un ordre linéaire et hiérarchisé et un désordre absolu ». Selon eux, c'est ce qui permet d'expliquer « l'existence de «réseaux hiérarchisés» ou de «réseaux fermés», au même titre qu'on peut concevoir des « systèmes circulaires » ou des « systèmes ouverts ». Voir avec intérêt F. Ost et M. Van De Kerchove, *De la pyramide au réseau ? Pour une théorie dialectique du droit*, *op.cit.*, pp. 24 et s.

[111] Il existe en effet entre autres des réseaux de juges parfois rattachés à une organisation internationale, d'autres fonctionnent de manière indépendante, par exemple sur la base de simples arrangements administratifs, voire sans formalisation juridique de leur existence. À cet égard, il est intéressant de noter que l'on parle des « réseaux » pour désigner les croissantes corrélations entre les juridictions constitutionnelles et les deux Cours européennes. Voir C. Pilent, « La communicabilité entre ordres juridiques », in *Liber amicorum* Jean-Claude Escarras, *op.cit.*, p. 165 ; voir également J-B Auby, *La globalisation, le droit et l'État*, *op. cit.* ; A. Hamman et H. Ruiz- Fabri, «Réseaux transnationaux et constitutionnalisme », *op. cit.*, p. 173.

[112] A. Hamman et H. Ruiz- Fabri, « Réseaux transnationaux et constitutionnalisme », *op. cit.*, p. 174.

[113] M. Delmas-Marty, « Le pluralisme ordonné et les interactions entre ensembles juridiques », *Droits*, n° 14, 2006, p. 951.

[114] Cette expression a été empruntée à Jean-Bernard Auby, *La globalisation, le droit et l'État*, *op. cit.*, p. 237.

contraignantes[115] ». Dès lors, le processus s'entend dans un double sens : horizontal et vertical. Il constitue alors une dynamique constitutionnelle. Aussi, l'édiction de normes constitutionnelles par les États hors du cadre exclusivement national est synonyme de pluralisme constitutionnel. Ce pluralisme vise indéniablement l'harmonisation des principes constitutionnels. Au reste, c'est dans ce mouvement horizontal de l'internationalisation du droit constitutionnel qu'il faut inscrire les dynamiques actuelles de régionalisation du droit lesquelles renforcent le sentiment d'appartenance à un système de pensée précis[116]. Ces mouvements actuels de régionalisation du droit font apparaître un nouveau type de modèle constitutionnel transnational[117].

David M. Million[118] définit la régionalisation comme « la création d'accords au niveau des gouvernements afin d'encadrer les différentes interactions entre les États qui sont parties à ces accords. Il est ainsi l'expression d'une conscience collective régionale qui cherche à satisfaire des objectifs communs et à résoudre des problèmes régionaux de tout ordre ». La mise en perspective de la régionalisation au travers du prisme communautaire à une résonance particulière et s'entend de deux manières. La régionalisation peut être entendue dans un sens « infra-étatique » et « supra-étatique »[119]. Dans cette dernière acception, elle correspond à la formation d'une région d'intérêts, regroupant plusieurs États dans l'optique d'une meilleure défense des intérêts régionaux communs ainsi qu'une meilleure coordination entre les États concernés[120]. La

---

[115] Voir M. Rosenfeld, « Repenser l'ordonnancement constitutionnel à l'ère du pluralisme juridique et du pluralisme idéologique », in Hélène Ruiz-Fabri et Michel Rosenfeld (dir.), *Repenser le constitutionnalisme à l'âge de la mondialisation et de la privatisation*, Société de Législation comparée, collection de l'UMR de droit comparé de Paris, Volume 23, 2011, pp. 95-96. Pour M. Rosenfeld, l'ordonnancement constitutionnel, plus adapté à la communauté politique post-westphalienne, intègre le pluralisme pour l'ordonner. Il se distingue alors, de l'ordre constitutionnel unifié et hiérarchisé de l'Éat-nation « qui possède une constitution à son sommet juridique, une cour constitutionnelle (cour suprême) en tant qu'interprète de celle-ci et garantissant l'uniformité de son interprétation, et une subordination systématique des normes infra-constitutionnelles aux normes constitutionnelles ». Au contraire, l'ordonnancement constitutionnel pluraliste implique « une multiplicité d'ensembles de normes qui se croisent et se chevauchent, divisent le terrain ou se connectent horizontalement plutôt que verticalement».

[116] R. Mehdi, « Les objectifs de la codification régionale », in Société française pour le Droit International, *La codification du droit international*, Colloque d'Aix-en-Provence, A. Pedone, 1999, pp. 67-99.

[117] H. Qazbir, *op. cit.*, p. 244.

[118] D. M. Milliot, « Le transrégionalisme, nouvelle frontière du régionalisme », *AFRI*, 2004, 36.

[119] H. Qazbir, « La régionalisation européenne : essai de définition », in *La régionalisation en Europe. Regards croisés* sous la direction de E. Cherrier et S. Guerard. Bruylant, 2014, pp. 3-25.

[120] G. Marcou, *La régionalisation en Europe : situation et perspectives d'évolution dans les Etats membres de l'Union européenne et dans les États d'Europe centrale et orientale candidats à l'adhésion*, Rapport pour le Parlement européen, REGI 108 rév., p. 53. L'auteur souligne que la régionalisation concerne un ensemble de réalités hétérogènes et se qualifie comme le « processus par lequel s'opère la construction d'une capacité d'action autonome ayant pour objet de promouvoir un territoire, infra- national mais supra-local, par la mobilisation de

dimension d'abord économique touche rapidement à d'autres domaines plus intimes pour ces États (constitution, défense, justice, droits de l'homme, presse, armée, laïcité...) et la région ouest-africaine à travers la CEDEAO[121] procède, à l'évidence, de ce processus de régionalisation. Ainsi, la région de droit ou la région juridique ouest- africaine sera caractérisée par cette zone géographique rassemblant plusieurs États dont le droit constitutionnel se rapproche tant qu'il dégage des principes communs à eux pour ne former qu'un seul et même droit, auquel ils sont tous assujettis. Mieux encore, la régionalisation du droit constitutionnel traduit l'harmonisation des droits internes des États d'une région géographique, en l'occurrence ici, la région ouest-africaine. Ainsi, elle ne doit pas être envisagée comme un projet programmé pour concrétiser l'internationalisation mais, à l'inverse, une réaction qui s'est spontanément et paradoxalement rendue indispensable au bon développement du phénomène général. À ce titre, la régionalisation mène alors à l'émergence d'un système constitutionnel unique pour un ensemble d'États constituant une structure reconnue sur la scène internationale. Cette structure permet aux États qui la composent de pouvoir faire valoir leurs intérêts politiques et économiques avec une force de persuasion accrue par l'importance que constitue la région. En conséquence, la régionalisation, comme le souligne fort justement Hanan Qazbir[122], s'envisage comme intégrant « le processus d'internatio-nalisation du droit constitutionnel. Elle permet alors de mettre en avant l'idée de la diffusion de la démocratie et de l'État de droit à travers le droit constitutionnel régional standardisé ». Formulé autrement, la régionalisation est l'harmonisation de systèmes constitutionnels nationaux mais qui s'insèrent dans une zone géographique délimitée. Aussi, les États membres de la CEDEAO, à l'instar du parangon européen[123], consacrent un certain nombre de standards

---

son tissu économique, et le cas échéant des ressorts identitaires des solidarités locales ou régionales, ainsi que par le développement de son potentiel. Ce processus peut s'opérer à partir d'institutions préexistantes ou donner lieu à un nouveau découpage territorial destiné à mieux répondre à ces objectifs. Il est toujours conditionné par les contraintes qu'exerce le cadre politique et institutionnel et dont l'évolution peut être gouvernée par d'autres enjeux ».

[121] À ce propos, lire la thèse de A. H. Diompy, *Le paradoxe de l'internationalisation du droit constitutionnel en Afrique…*, *op. cit.*, pp. 855 et s. Voir aussi, I. Sow, *La protection de l'ordre juridique sous-régional par les Cours de justice. Contribution à l'étude de la fonction judiciaire dans les organisations ouest-africaine d'intégration.* Thèse, Université de Bordeaux, 2013.

[122] H. Qazbir, L'internationalisation du droit constitutionnel, *op.cit.*, pp. 199 et s.

[123] Voir D. Rousseau, « La notion de patrimoine constitutionnel européen », in Mélanges Philippe Ardant, *op.cit.*, pp. 27-46. Sur la notion de patrimoine constitutionnel européen, l'auteur soutient que « Aux identités qui trouvent leurs racines dans le sang, le sol, l'ethnie, la tradition ou le territoire, succède l'identité qui provient d'une adhésion à et d'une conviction dans un ensemble de principes que se partagent et dans lesquels se reconnaissent et se pensent les peuples européens (...). L'identité du patrimoine, à la différence de la nation, ne produit donc pas de l'unité ou de l'uniformité ; elle produit de l'harmonie, en ce sens que le patrimoine européen « fonctionne » comme une culture constitutionnelle commune qui socialise suffisamment les citoyens pour leur permettre de vivre ensemble leurs histoires particulières et de les transformer, précisément par leur mise en relation ».

démocratiques dits « principes de convergence constitutionnelle » à travers le Protocole sur la démocratie et la bonne gouvernance[124] constitutif du « patrimoine constitutionnel commun». Parlant du Protocole de la CEDEAO sur la démocratie et la bonne gouvernance, les professeurs Ismaila Madior Fall et Alioune Sall diront qu'« il est, d'un point de vue formel, non seulement structuré à la manière d'une Constitution, mais ses dispositions mêmes intéressent directement l'organisation et le fonctionnement des "pouvoirs publics constitutionnels" des États. À cet égard, les États membres de la Communauté économique des États de l'Afrique de l'Ouest se sont dotés d'un document juridique qui, par les principes et valeurs qu'il consacre, est une Constitution [125]». De même, en se soumettant à ce corpus juridique, ils admettent l'existence d'un «*jus cogens régional*[126]» mais aussi concrétisent incontestablement le mouvement de régionalisation du droit qui est, *in fine*, un processus intermédiaire de l'internationalisation du droit constitutionnel. Dans l'espace CEDEAO[127], ce droit constitutionnel transnational est véhiculé, pour l'essentiel par l'Organisation Internationale de la Francophonie (OIF)[128] et la *Common Law*[129] prend la forme de normes, principes, valeurs, déclarations, recommandations conformes aux standards constitutionnels et démocratiques universels. Dit autrement, il s'agit de la diffusion par le biais de l'« ingénierie constitutionnelle[130] », de principes internationaux de nature constitutionnelle

---

[124] Le Protocole sur la Démocratie et la Bonne Gouvernance de la CEDEAO a été signé à Dakar le 21 décembre 2001. Il se rattache au Protocole de Lomé, adopté en décembre 1999 relatif au mécanisme de prévention, de gestion, de règlement des conflits, de maintien de la paix et de la sécurité.

[125] Voir I. M. Fall et A. Sall, « Une constitution régionale pour la CEDEAO : le Protocole sur la démocratie et la bonne gouvernance de la CEDEAO », Document PDF disponible sur le site de *Afrilex,* Université de Bordeaux ; Voir aussi S. Baldé, *La convergence des modèles constitutionnels : études de cas en Afrique subsaharienne.* Thèse de doctorat, Université Montesquieu Bordeaux IV, 2009.

[126] Par « jus cogens régional », on entend ici l'ensemble des instruments juridiques pertinents régionaux auxquels les États membres de la CEDEAO sont parties et dont ils sont liés. Ce droit impératif régional de la CEDEAO atteste de la formalisation d'une régionalisation du droit constitutionnel par la constitutionnalisation régionale, et par conséquent de l'émergence de normes constitutionnelles reconnues, consacrées et contraignantes au niveau régional. Cf. Thèse Abraham Hervé Diompy, *op.cit*., p. 859.

[127] L. Sindjoun, « Les nouvelles constitutions africaines et la pratique internationale : contribution à une économie internationale des biens politico-constitutionnels », *Afrique 2000,* mai n°-21, 1995 ; du même auteur « La formation du patrimoine constitutionnel commun des sociétés politiques. Eléments pour une théorie de la civilisation politique internationale » Série des monographies 2/97, CODESRIA, Dakar, 1997.

[128] J. Fremont et G. Nasken-Nguefang., « Francophonie, droits de l'homme, paix et démocratie : des valeurs communes en émergence », in *Justice et Droits de l'homme,* Decaux Emmanuel (dir.), IDEF, 2003.

[129] H. Qazbir, *op.cit.,* pp. 247-248.

[130] L'ingénierie constitutionnelle constitue le résultat d'« un travail historique et comparatiste qui tend à dégager des liens entre des normes et leurs effets » pour ensuite « prescrire des règles ou standards permettant la mise en oeuvre des « normes premières » que constituent la démocratie et le respect des droits de l'homme ». Formulé autrement, elle est le maître d'œuvre

dans le système ou l'ordre juridique qui se crée. En cela, cette ingénierie est une forme d'internationalisation du droit constitutionnel car elle intéresse les notions de souveraineté, de constitution et d'État. Pour Sabino Cassese[131], il est indéniable qu'une « substance constitutionnelle » existe dans l'ordre juridique international. Elle consiste en « la consécration de certains droits fondamentaux, la définition d'une séparation de pouvoirs ou de fonctions, l'institutionnalisation d'un système de garanties [132]». Les deux premiers éléments correspondent dans le cadre du processus d'internationalisation du droit constitutionnel à l'universalisation des droits de l'homme et à la standardisation institutionnelle. La garantie fait référence notamment au rôle dominant du juge.

Par ailleurs, l'internationalisation du droit peut devenir partielle ou intégrale en fonction de la gravité de la crise qui affecte l'État. Par conséquent dans les États en crise, l'internationalisation se traduit par une « assistance constitutionnelle[133] » et dès lors sa finalité réside dans la nécessité non seulement de restaurer l'ordre juridique mais surtout de restaurer un ordre juridique respectant l'État de droit et assurant le respect des droits et libertés des individus[134]. En cela, il y a une convergence constitutionnelle des normes, principes, standards et valeurs véhiculés à la fois par les droits constitutionnels

---

de provenance des standards de la démocratie constitutionnelle occidentale par les spécialistes ou par des experts constitutionnels dans le contexte de la démocratisation celui-ci est un facteur de transfert ou de transposition des technologies de la démocratie libérale. Sur la question de l'ingénierie constitutionnelle , voir entre autres : L. Fontaine, « La « dynamique » constitutionnelle en Europe, contribution d'un mouvement ascendant entre droit conventionnel et droit constitutionnel national », Communication au Congrès de l'Association Internationale de droit constitutionnel, Atelier n° 15, l'impact du droit international sur le droit constitutionnel, Mexico, déc. 2010 ; Lhomme Didier, « Imitation et modification constitutionnelles : du constitutionnalisme internationalisé et de la construction européenne », *RRJ-DP*, 2005-4 (II), pp. 2277-2315 ; Robert J., « L'ingénierie constitutionnelle et l'Europe de l'Est. Le rôle de la commission européenne pour la démocratie par le droit », p. 196 ; S. Andzoka-Atsimou, « L'ingénierie constitutionnelle, solution de sortie de crise en Afrique ? : Les exemples de l'Afrique du Sud, de la République démocratique du Congo, du Burundi et du Congo Brazzaville », *Études Africaines*. Paris, L'Harmattan, 2015.

131 S. Cassese, « L'ordre juridique global », in Études en l'honneur de Gérard Timsit, 2004, pp. 7-10.

132 A.-J. Arnaud, « Entre modernité et mondialisation. Cinq leçons d'histoire de la philosophie du droit et de l'Etat », L.G.D.J., *Droit et Société*, n° 20, 1998, p. 31.

133 On pense ici par exemple à l'assistance constitutionnelle de la Commission de Venise dans la préparation des nouveaux écrits constitutionnels à l'intégration européenne souvent en collaboration avec la CSCE. Cette commission s'intéresse pour l'essentiel pour ce qui a trait à l'État de droit, aux droits fondamentaux et à la démocratie pluraliste. Ainsi, elle intervient plus particulièrement pour l'adhésion des États de l'Europe centrale et de l'Est mais aussi peut intervenir dans d'autres États hors du continent européen.

134 K.-F. Ndjimba, « L'internationalisation des constitutions et la revalorisation du droit constitutionnel des États », Communication au Colloque de l'Association française de Droit constitutionnel, juin 2011, Nancy, p. 6, http://www;droit constitutionnel.org/congresNancy/comN2/ndjimbaTD2.pdf.

national, transnational, supranational et international. Dans ce sens, l'internationalisation du droit constitutionnel par la diffusion de valeurs communes s'attache aux fondements des systèmes juridiques.

Quoi qu'il en soit, « la théorie des réseaux », des « sites constitu-tionnels » et même la théorie du *multilevel constitutionnalism*[135] constituent des grilles de lecture pertinentes d'une réalité qui dépasse la vision kelsénienne classique. Le paysage normatif actuel offert par la scène internationale, le droit international et communautaire s'apparente à « une compréhension par la multiplicité des ordres juridiques ou des espaces normatifs à la manière de Santi Romano, que du monisme de Kelsen ou du dualisme d'Anzilotti[136] » ou à la manière des théoriciens du pluralisme juridique. Formulé autrement, au rapport hiérarchique tendent à se substituer « des rapports de légitimation réciproque ». Il n'y a que dans ces termes-là, écrit Jean-Bernard Auby[137], « que puisse se lire de façon réaliste, par exemple, les rapports entre les traités européens et les constitutions des États membres ». Il en va de même dans l'espace CEDEAO depuis l'entrée en vigueur du Protocole sur la démocratie et la bonne gouvernance de 2001 dont les dispositions « constitutionnelles » intéressent directement l'organisation et le fonctionnement des pouvoirs publics constitutionnels » des États membres faisant ainsi coexister deux niveaux constitutionnels dans la région ouest-africaine.

À l'évidence, la multiplication des rapports juridiques au niveau international et communautaire fait apparaître que l'État n'est pas, à tout le moins, n'est plus le cœur de ces rapports comme dans la pyramide des normes. Ainsi, selon ce dernier, « les rapports juridiques horizontaux se développant en outre puissamment au travers des frontières nationales, et dans des conditions

---

[135] Le « multilevel constitutionalism » ou « constitutionnalisme multi-niveaux » proposé par le juriste allemand Ingolf Pernice s'inscrit précisément dans une analyse de l'intégration européenne comme une « forme constitutionnelle » post-étatique. Sa proposition est bien de ne voir qu'un « système constitutionnel unique » composé d'une constitution elle-même formée de plusieurs « couches constitutionnelles », celle du droit primaire de l'Union européenne et celle des constitutions des États membres, indépendantes mais partageant des principes communs. Ainsi, l'approche du « multilevel constitutionalism » suggère que l'Union européenne constitue un système constitutionnel composé d'un niveau national et d'un niveau supranational, les deux étant complémentaires » dans l'esprit du système moniste qui prédomine dans le cadre de l'Union européenne. Lire à ce propos avec intérêt N. Walker, « Le constitutionnalisme multiniveaux », in *Traité international de droit constitutionnel, Théorie de la Constitution*, (sous la direction de M. Troper et D. Chagnollaud, Tome 1, Dalloz, 2012, pp. 441-462 ; Voir aussi M.-C. Ponthoreau, *Droits constitutionnels comparés*, *op.cit.*, pp. 352-353 ; voir aussi F. Delperée, « La communicabilité entre le droit international, le droit européen, le droit constitutionnel et le droit régional », in *La communicabilité entre les systèmes juridiques, Liber amicorum* Jean-Claude Escarras, Bruylant, 2005, pp. 59-70 ; voir également J. Chevallier Jacques, « L'ordre juridique », in *Le droit en procès*, CURAPP. Paris, PUF, 1983, pp. 7-49.

[136] J.-M. Sorel, « Le rôle du droit international dans le développement du pluralisme (et vice versa) : une liaison moins naturelle qu'il n'y paraît », in L. Fontaine (dir.), *Droit et Pluralisme*,. Bruxelles, Bruylant, coll. « Droit et Justice », 2007, p. 80.

[137] J.-B. Auby, *op. cit.*, p. 207.

que les États – les lignes verticales de la pyramide – contrôlent de moins en moins, un fonctionnement circulaire, en réseau, devient le mode d'être des relations juridiques dont la globalisation s'est emparée[138] ». À ce propos, Marie-Claire Ponthoreau souligne à raison que les « effets de l'internationalisation supposent (...) de s'interroger sur l'articulation des normes (qu'il s'agisse du moment de leur élaboration ou de leur application) qui est de moins en moins comprises en termes hiérarchiques[139] ».

En définitive, on retiendra que la fascination qu'exerce la théorie du pluralisme constitutionnel est à la hauteur de son ambition à faire évoluer la pensée juridique dans un monde ou les frontières du cadre étatique ne correspondent plus à la réalité des relations humaines. Aussi, malgré certaines variantes[140], la constante de cette théorie consiste à envisager les ordres juridiques comme étant à la fois indépendants et interdépendants afin de tenir compte des interactions qui se nouent entre les membres des différentes communautés qu'ils incarnent[141]. À cet égard, le pluralisme constitutionnel suggère que la frontière entre le droit étatique et le droit inter-étatique est bien plus poreuse que ne l'admet le tropisme souverainiste. N'étant plus réservé au cadre national, le constitutionnalisme peut revenir à une dimension transnationale, supranationale, voire même globale[142]. Dès lors, l'on souscrit

---

[138] *Ibid.*, p. 208.

[139] M.-C. Ponthoreau, « L'internationalisation du droit public, effets et interprétation », *Revue européenne de droit public,* vol. 18, n° 1, 2006, p. 89.

[140] Dans l'introduction de leur ouvrage *Constitutionnel Pluralisme in the European Union and Beyond* (Hart, 2012, 424 p.), M. Avbelj et J. Komarek identifient six courants principaux au sein du mouvement pluraliste.

[141] E. Dubout., « Droits fondamentaux et pluralisme constitutionnel dans l'Union européenne », in *La protection des droits fondamentaux dans l'Union européenne. Entre évolution et permanence* (sous la dir.) R. Tiniere et C. Vial, Bruylant, coll. « Droit de l'Union Européenne », 2015, pp. 107-159. L'auteur souligne que « la construction progressive du système européen des droits fondamentaux conduit à renoncer à identifier une autorité constitutionnelle ultime. Ce renoncement se justifie par une évolution de la conception du constitutionnalisme qui peut, et même dans certains cas d'interdépendance accrue doit, être détachée de l'idée d'État afin de réaliser son but de parvenir à assurer un équilibre entre l'unité d'une communauté et la diversité des intérêts qu'elle contient (...) Les concepts centraux de la pensée juridique traditionnelle que sont la souveraineté et l'étaticité comme points d'imputation à partir desquels la décision politique et le raisonnement normatif se déploient s'en trouvent modifiés », notamment pp. 156-157.

[142] En effet, Aujourd'hui, la doctrine affirme que le droit constitutionnel de l'État national serait devenu un « droit ouvert » aux obligations dérivant de l'ordre international/communautaire. L'ouverture de l'ordonnancement de l'État constitutionnel pluraliste aux principes qui émergent au niveau international et qui sont progressivement partagés par un nombre toujours plus grand d'États favorise une intégration progressive des systèmes. Cette ouverture serait la conséquence de la formation d'un nouveau climat culturel caractérisé par une « communion de valeurs » de référence fondant le noyau essentiel des constitutions. Suivant une orientation extrême, on parle d'une « universalisation du droit constitutionnel » à interpréter soit comme une redécouverte d'une sorte de droit naturel en vigueur indépendamment de la reconnaissance assurée par les ordonnancements positifs, soit comme une extension des chartes internationales sur les droits, des constitutions et de l'introduction de systèmes de contrôle de constitutionnalité confiés à des juges spéciaux. Voir G. De Vergottini, « Le droit constitutionnel aujourd'hui ; regards sur le

aisément avec ces théories qui parlent avec diverses nuances dans les définitions proposées, de « droit constitutionnel supranational ou cosmopolite » ou de formation d'un « droit supraconstitutionnel [143]» ou encore de « droit constitutionnel post-national[144] ».

Toutes ces théories ont en commun de mettre l'accent sur la confusion ou plus encore le dépassement du principe traditionnel de souveraineté nationale et de la prééminence traditionnelle du droit positif étatique.

Conclusion

Le constitutionnalisme traditionnel n'est plus, vive le nouveau constitutionnalisme. Il faut se réjouir de sa capacité d'adaptation à un monde juridique transformé. Cela prouve alors la vigueur du droit constitutionnel en tant que notion. La globalisation du droit aurait pu être sa fin, mais l'internationalisation fut la traduction de son adaptabilité. Elle lui permit de valoriser son rôle au regard d'une communicabilité exacerbée entre les systèmes juridiques. Par le droit constitutionnel, c'est tout un ensemble de notions essentielles qui se voit remis en question car l'un des impacts les plus importants de l'internationalisation est la considération du droit constitutionnel dans l'ordre juridique. Les nouvelles théories pluralistes révèlent des lectures qui rendent compte d'une nouvelle réalité constitutionnelle. En outre, c'est dans la relation du droit constitutionnel à l'État que l'internationalisation du droit constitutionnel souligne les mutations de son objet dans le cadre d'un espace juridique qui se définit sans considération des frontières étatiques. Un constitutionnalisme global se dégage de l'internationalisation du droit constitutionnel grâce à une communicabilité entre systèmes constitutionnels qui se formalise dans une voie transnationale et la reconnaissance d'un droit international constitutionnel.

À l'aune de l'internationalisation, il s'opère une modification du droit constitutionnel national qui doit s'ouvrir en tant que texte et en tant que notion à un ensemble de normes communautaires et internationales mais cette modification concerne aussi l'émergence d'un droit constitutionnel commun produit du rapprochement des systèmes constitutionnels et d'un mouvement ascendant de constitutionnalisation. L'internationalisation ne serait-elle, au final, une mise en harmonie des règles internationales et des constitutions internationales. Quoi qu'il en soit, ce processus envahissant interdit toute réponse définitive. À l'échelle du continent africain, l'internationalisation du droit constitutionnel a mis en lumière un processus d'harmonisation des systèmes constitutionnels étatiques autour de standards démocratiques – notamment à travers les « principes de convergence constitutionnelle » du

---

constitutionnalisme italien », in *RDP, n° 6, 2014*, pp. 1506-1516. Voir aussi B. Mirkine-Guetzevitch, « Les nouvelles tendances du droit constitutionnel », *RDP*, 1928, vol. 45, pp. 12-53.

143 *Ibid.*

144 H. Qazbir, *op. cit.*, pp. 437-442.

Protocole de la CEDEAO sur la démocratie et la bonne gouvernance de 2001 – mais aussi la soumission de rapports juridiques de droit interne à des règles internationales et/ou communautaires. Partant, c'est à bon droit qu'on peut parler de l'émergence d'un droit constitutionnel supranational, voire de l'existence d'un « constitutionnalisme régional [145]» en Afrique pour reprendre les propos du dédicataire de cet ouvrage.

[145] Lire avec intérêt la contribution du professeur Ismaila Madior Fall, « Les constitutions africaines et les transitions démocratiques » : 119-148, in *Transitions démocratiques en Afrique de l'Ouest. Processus constitutionnels, société civile et institutions démocratiques*, Augustin Loada et J. Wheatley (dir.), L'Harmattan, 2014.

L'ancrage des principes de la démocratie électorale par le juge constitutionnel africain

Pape Momar Diop
Docteur en Droit public
Enseignant à l'Université virtuelle du Sénégal

« Mondialisée ou tropicalisée », « importée ou cultivée », « pure ou hybride », la démocratie « à l'africaine[1]» « a donné lieu à toute une série de commentaires et d'interprétations (...)[2] ». Mais « quelle que soit la définition qu'on en donne, celle-ci s'exprime par des généralités (...), comme un discours, exprimé en termes généraux et abstraits, et dont la référence n'est pas toujours identifiable de manière simple, univoque et nécessaire [3]». Étymologiquement, la démocratie qui vient du mot grec (*démos cratos*) *répond* toujours à l'idée de pouvoir du groupe. En cela, elle se distingue de la monocratie[4], du népotisme, de la confiscation du pouvoir[5], de l'arbitraire à l'égard desquels le Peuple africain réaffirme son opposition fondamentale et proclame leur rejet et leur élimination sous toutes leurs formes.

La démocratie « est un plan conçu avant d'être mis en œuvre, et qui, formalisé, opératoire en principe, prend dans sa phase finale la forme d'une Constitution [6]». Et « le mérite de l'instauration de la démocratie en Afrique est d'avoir solennellement affirmé le caractère universel des principes et règles qui fondent toute démocratie[7]». La Constitution a posé les règles qui doivent gouverner ses principales implications (conquête et perte du pouvoir, reconnaissance et garantie des droits et libertés fondamentaux, etc.) et prévoit un catalogue de principes universellement reconnus comme démocratiques.

---

[1] Pour reprendre les termes du professeur Francisco Meledje Djedjro, « *De la démocratie « à l'africaine » à l'amorce d'une démocratie électorale en Afrique* », in « Le contentieux électoral en Afrique », in *Pouvoirs* n°129 : La démocratie, 2009/2, pp. 139-155, p. 141.

[2] J-F. Bayart, « La démocratie à l'épreuve de la tradition en Afrique subsaharienne », in *Pouvoirs*, n°129 : La démocratie, 2009/2, pp.27-44, p.27.

[3] J-M. Denquin, « Que veut-on dire par démocratie ? L'essence de la démocratie et de la justice constitutionnelle », *Revue Jus Politicum*, n°2, mars 2009, p.8.

[4] Article 3 de la Constitution du Sénégal « Aucune section du peuple, ni aucun individu, ne peut s'attribuer l'exercice de la souveraineté ».

[5] Préambule de la Constitution du Bénin, « NOUS, PEUPLE BENINOIS, Réaffirmons notre opposition fondamentale à tout régime politique fondé sur l'arbitraire, la dictature, l'injustice, la corruption, la concussion, le régionalisme, le népotisme, la confiscation du pouvoir et le pouvoir personnel ».

[6] J.-M. Denquin, « Que veut-on dire par démocratie ? », *op. cit.*, p. 9.

[7] B. Guèye, « La démocratie en Afrique : succès et résistances », *Pouvoirs*, 2009/2, n° 129 : La démocratie, pp. 5-26, p.7.

Certes, porteuses d'espoir, lesdites dispositions constitutionnelles (*lato sensu*) « ne sauraient à elles seules être gages de démocratie [8]» qui « ne se limite pas par la mise en place de ces mécanismes. Elle se définit d'abord par un principe général. Celui-ci pose des valeurs et des finalités au service d'un idéal[9]». En effet, « il doit exister, (...), un certain nombre de valeurs qui, par l'adhésion qu'elles rencontrent, suscitent la cohésion du groupe. Elles doivent correspondre aux exigences, aux aspirations acceptées et adoptées par la collectivité, qui influencent la totalité de ses membres et dirigent leur comportement (...). Ces valeurs démocratiques dépendront non seulement de la lecture des constitutions, qui sont moins perçues comme des modèles formels que des pratiques réelles (...) [10]».

L'ancrage de ces valeurs, de ces principes dans les consciences et pratiques se présente comme un élément de consolidation de la démocratie. Pour cause, « un système peut être considéré comme un bon gouvernement, mais il ne sera pas une démocratie s'il n'actualise pas le principe qui définit le concept [11]» et permettre au processus d'entrer « dans une seconde phase : celle de la consolidation [12]». Ce qui est d'autant plus nécessaire lorsque les « transitions démocratiques sont encore "fondationnelles" et donc susceptibles d'évolutions réversibles, voire régressives [13]». Pour une effectivité de la démocratie électorale, « la justice peut et doit occuper une place centrale dans la construction de la démocratie, en ce que son intervention s'applique notamment à des domaines aussi divers que : la dévolution du pouvoir politique étant donné l'existence d'un juge des élections, la protection des libertés individuelles et publiques en ses fonctions de gardienne de la légalité et de censeur de l'excès de pouvoir des autorités administratives (...)[14]». Si ce champ d'intervention du juge constitutionnel est, pour la plupart du temps, circonscrit au contrôle des actes et agissements des acteurs, il reste que le « levier » légal mérite une plus grande attention.

En effet, innocemment considérée comme extérieure aux conflits électoraux, la loi électorale constitue, en vérité, le premier facteur de discorde[15] si,

---

[8] D. Korokoro, « Des élections disputées : réussites et échecs », in *Pouvoirs*, n°129 La démocratie, 2009/2, pp. 115-125, p. 116.
[9] J.-M. Denquin, « Que veut-on dire par démocratie ? », *op. cit.*, p. 9.
[10] D. Korokoro, « Des élections disputées : réussites et échecs », *op .cit.,* p. 123.
[11] J.-M. Denquin, *ibid.*
[12] B. Guèye, « La démocratie en Afrique : succès et résistances », *op. cit.*, p. 6.
[13] *ibid., id.*
[14] P. O. Sakho, « Quelle justice pour la démocratie en Afrique ?, *Pouvoirs*, 2009/2, n° 129 : La démocratie, pp. 57-64, p.58.
[15] En effet comme le faisait remarquer le Général Cissé, « le premier signe qui ne trompe pas sur les intentions d'un pouvoir, c'est le code électoral, cette loi électorale qui fixe les règles du jeu, véritable instrument d'organisation des élections ». Lamine Cissé, *Carnets secrets d'une alternance. Un soldat au cœur de la démocratie*, cité par M. Diakhaté, *L'émergence du droit électoral dans les États de l'Afrique subsaharienne francophone. Les cas du Bénin, du Mali et du*

dans sa formule[16], se dissimulent des manœuvres frauduleuses[17]. En ce sens Alexis de Tocqueville affirmait « qu'elles sont en démocratie les plus importantes [18]».

Donc, c'est le principal levier sur lequel doit s'appuyer le juge constitutionnel dans sa volonté de promouvoir la démocratie électorale. Désormais, avec les nouvelles orientations définies dans la Constitution tout comme les aspirations du peuple à « humer » enfin l'air de la démocratie pluraliste, le juge constitutionnel impose le respect de certains principes. C'est seulement de cette entreprise qu'il peut favoriser l'ancrage de ces principes, de ces valeurs qui répondent globalement à deux préoccupations : la démocratisation du processus électoral (I) et la fiabilité des résultats du scrutin (II), garantes d'une élection apaisée, transparente et crédible.

I. La démocratisation du processus électoral

La démocratisation du processus implique l'idée d'ouverture qui répond au principe du pluralisme (A) dans la participation à la compétition politique, gouvernée par le principe du consensus (B).

A. Le principe de la démocratie pluraliste

L'expression « démocratie pluraliste » s'apparente, dans une certaine mesure, à une redondance eu égard à l'étymologie même du mot démocratie. La notion de peuple, concept plural, est un nom générique qui « doit être entendu de l'ensemble des citoyens, c'est-à-dire des personnes rattachées à l'État par la nationalité. Le peuple est unique et ne peut exercer sa souveraineté qu'en corps[19] ». Donc, le seul concept de « démocratie » aurait pu suffire mais le syndrome de « la démocratie sans démos [20]» ou de « l'élection sans

---

Sénégal. Thèse de doctorat d'État, soutenue le 08 décembre 2012, (sous la direction du professeur Ismaila Madior Fall), UCAD, p. 475, p. 365.

[16] C'est pourquoi le « Protocole A/SP1/12/01 sur la démocratie et la bonne gouvernance additionnel au Protocole relatif au mécanisme de prévention, de gestion, de règlement des conflits, de maintien de la paix et de la sécurité de la CEDEAO, () énonce trois conditionnalités () pour l'avènement d'une loi conforme à savoir : être substantielle et si elle intervient dans les six mois précédant les élections, être approuvée par une large majorité des acteurs politiques ».

[17] D'autant plus que « la démocratie constitutionnelle de notre temps se caractérise essentiellement par la capacité de ses acteurs à tirer profit des normes juridiques ». Alioune Sall, commentaires sous la décision DCC n°98-45 du 09 octobre 1998, Loi organique relative à l'élection des sénateurs représentants les Sénégalais de l'extérieur (I), in *Les décisions et avis du Conseil constitutionnel du Sénégal, op. cit,* pp. 266-267, p. 266.

[18] Cité par D. Korokoro, « Des élections disputées : réussites et échecs », *op. cit.,* p. 118.

[19] AVIS n° 02/CC du 25 mai 2009, Cour constitutionnelle du Niger.

[20] Pour reprendre Catherine Colliotthélène, *La démocratie sans* demos, citée par O. Beaud « Fragments d'une théorie de la citoyenneté chez Carré de Malberg. Ou comment articuler le citoyen, l'État et la démocratie », *Jus Politicum* - n° 8 – 2012, pp. 1-58, p. 5.

choix[21] » d'avant 1990, justifie la précision par l'adjectif, pluraliste. La démocratie pluraliste est marquée par de nouvelles exigences favorables à la participation « massive » des citoyens au vote, au pluralisme des organes de gestion et enfin à l'ouverture de la compétition.

- **La participation massive des citoyens au vote**

« Une législation électorale est essentielle à l'organisation des scrutins (…). Elle doit prévoir toutes les mesures nécessaires à l'expression du vote des électeurs [22]». Ce droit de suffrage décomposé en leur droit de faire partie de ceux qui choisissent (inscription sur les listes électorales), la faculté d'exercer leur choix (le droit de vote) mais aussi de contester tout acte non justifié, tendant à contrecarrer la jouissance desdits droits (droits d'ester en justice). Pour ce faire, le juge exige que « le Gouvernement doit s'assurer de la disponibilité de la liste électorale, de la confection et de la distribution des cartes d'électeur avant la date du scrutin[23] ». En que, « le COS-LEPI doit procéder sans délai à la publication de la Liste électorale permanente informatisée (LEPI) au Journal officiel ()[24]» *mais pas forcément* « sur internet[25] ».

En vue de permettre une large participation des citoyens à l'élection, la Haute Instance précise qu'« il doit être entendu que l'identification des électeurs par la voie du témoignage le jour du vote est implicitement admise par le législateur » dès lors « que la loi n°2015-20 ne peut logiquement reconnaître à des citoyens le droit de s'inscrire sur les listes électorales par témoignages, et que par son silence, leur méconnaître la possibilité d'exercer, par le même procédé, le droit de vote qui en est le corollaire. [26]». Dans la même dynamique, le juge considère qu'« en disposant que les inscriptions seront reçues sur la base de listes transmises par la hiérarchie militaire, l'article 175 méconnaît les dispositions (…) car il est de nature à priver certains citoyens de leur droit de vote d'autant que les mécanismes prévus par le Code Electoral pour remédier à l'omission sur la liste ne peuvent manifestement être mis en œuvre dans les délais[27] ». Et qu'en définitive, si

---

[21] P. Quantin, « Voter en Afrique : quels paradigmes pour quelle comparaison ? », cité par A. K. Saidou, « Modes d'alternances et consolidation démocratique en Afrique », mis en ligne en février 2017, in www.afrilex.u-bordeaux4.fr, 43 p., p. 9.

[22] Le rôle et le fonctionnement des Cours constitutionnelles en période électorale, Tome I, Étude comparative, ***Chapitre I*** : « *Photographie des compétences des Cours constitutionnelles francophones* », ACCPUF, *Bulletin* n°5, mai 2005, pp. 18-19.

[23] Observations N°01/002 du 10 octobre 2001, Référendum, Cour constitutionnelle du Mali.

[24] Décision DCC 16-036 du 11 février 2016, Jean Yves Sinzogan, Cour constitutionnelle du Bénin.

[25] Arrêt N° 07-175 /CC- EP du 12 mai 2007 portant proclamation des résultats définitifs de l'élection du Président de la République (scrutin du 29 avril 2007), Cour constitutionnelle du Mali.

[26] Arrêt n°006/CC/ME du 20 février 2016, Cour constitutionnelle du Niger.

[27] Arrêt N°8/04/CC/MC du 01 novembre 2004, Cour constitutionnelle du Niger.

l'article 32 al.2 de la loi 2014-01 du 28 mars 2014 dispose que « la CENI peut, pour faciliter aux électeurs l'exercice de leur droit de vote, avancer l'heure de l'ouverture ou retarder l'heure de la clôture dans certaines circonscriptions électorales », de l'avis du juge « cette disposition vise à éviter que pour des raisons qui ne leur sont pas imputables, des électeurs soient privés d'exercer leur droit de vote ». En conséquence, « le Président de la CENI est compétent pour autoriser la poursuite d'élections qui n'ont pu s'achever en raison des contraintes majeures liées à l'organisation du scrutin[28] ».

Cette intervention « énergique » du juge constitutionnel en vue de permettre une large participation des citoyens aux élections se comprend dans la mesure où « le droit de vote est un droit fondamental consacré par () la Constitution dont la mise en œuvre efficiente doit primer sur toutes autres considérations[29] en période électorale [30]». C'est ainsi que, le juge constitutionnel sénégalais, eu égard aux circonstances exceptionnelles risquant de priver de nombreux citoyens de leur droit de vote, a été « d'avis que (…) l'électeur n'ayant pas pu retirer sa carte d'identité CEDEAO faisant office de carte d'électeur, mais dont l'inscription sur les liste a été vérifiée, peut voter sur présentation de son récépissé d'inscription accompagné de l'un des documents (…) [31] » permettant de l'identifier.

De nos jours, « les élections contribuent à la transformation de l'espace public en Afrique. Le citoyen dispute de plus en plus aux élites la décision publique et le droit d'animer l'arène politique [32]». Les citoyens remplissent désormais un rôle plus actif pour le « bon déroulement » du processus électoral. Délégataires de pouvoir et destinataires de son exercice, les citoyens exercent un contrôle sur le processus de choix de ceux qui agiront en leur nom et pour leur compte. L'absence ou la faiblesse de ce contrôle citoyen a longtemps occasionné des mouvements d'humeur post-scrutins susceptibles de verser dans la violence électorale. Pour prévenir de telles complications, le juge constitutionnel béninois ordonne au législateur « de prévoir la possibilité pour les électeurs du bureau de vote concerné de rédiger des réclamations à annexer au procès-verbal en vue de diminuer le contentieux du contrôle de la régularité du scrutin et de "tenir compte de ces réclamations" en vue de permettre aux juridictions chargées du contentieux d'avoir des éléments supplémentaires d'appréciation de la régularité du déroulement des opérations

---

[28] Arrêt n°10/CC/ME du 07 mars 2016, Cour constitutionnelle du Niger.

[29] Voir en ce sens la décision DCC 16-105 du 14 juillet 2016, Serge Roberto Prince Agbodjan, Cour constitutionnelle du Bénin.

[30] Décision DCC 16-122 du 04 août 2016, Hodogbé Paulin Ahouandogbo, Cour constitutionnelle du Bénin.

[31] Décision n°08 2017 du 26 juillet 2017, Affaire n°5-2017, matière consultative Conseil constitutionnel du Sénégal in www.conseilconstitutionnel.sn.

[32] A. K. Saidou, « Modes d'alternances et consolidation démocratique en Afrique », *op. cit.*, p. 10.

de vote[33] ». Le même souci de transparence du juge est à noter dans sa décision 11-067 aux termes de laquelle il émit une réserve à l'article 23 al.2 de la Loi organique n° 2011-27 du 30 septembre 2011 portant conditions de recours au référendum « en ce qu'il ne prévoit pas les éventuelles réclamations des électeurs comme mentions à porter au procès-verbal[34] ». Plus intransigeant, son homologue de Niamey décide de la non-conformité à la Constitution la Loi Organique relative à la CENI car ne prévoyant « aucune possibilité de recours aux Nigériens établis à l'extérieur contre les décisions rendues par la Cour d'Appel de Niamey [35] ».

Au demeurant, malgré sa volonté affichée de faire participer les citoyens au processus électoral, le juge constitutionnel respecte le choix du législateur d'en exclure certains. En effet, comme le disait le doyen Carré de Malberg « tout membre de la Nation est citoyen, mais tout citoyen n'est pas électeur [36] ». Dans sa décision DCC 05-148, le juge constitutionnel rappelant que « tout citoyen, dès lors qu'il ne fait pas l'objet d'une condamnation entraînant déchéance civique, dispose du droit de vote qu'il exerce dans les conditions déterminées par la loi », considère « qu'en l'espèce la Loi n° 2005-14 du 28 juillet 2005 (…) n'a pas prévu les modalités d'exercice du droit de vote des personnes en détention préventive[37] ».

Au fond de cette affaire, le juge était saisi sur le fondement non pas de la reconnaissance du droit de vote à un citoyen déchu pour « condamnation » mais plus exactement de la question de savoir : est-ce que la détention préventive gouvernée par la présomption d'innocence doit justifier l'exclusion du citoyen prévenu du bénéfice de son droit de vote ? La question n'est pas toujours pensée encore moins posée quoique « le seul fait d'être détenu ne prive pas une personne de son droit de vote. (…) Les détenus qui ne sont pas concernés par cette incapacité électorale peuvent donc voter mais leur droit de vote est aménagé en fonction de la spécificité du milieu carcéral[38] ». Pour ce faire, en vertu des principes constitutionnels comme l'égalité de suffrage, l'égalité devant la loi, la Haute Cour, promotrice de la démocratie pluraliste aurait pu ordonner que soient prises des mesures en vue de faire exercer les prévenus, leur droit de vote par l'aménagement de bureaux dans les milieux

---

[33] Décision DCC 05-056 du 22 juin 2005, Président de la République, Missikpode Michel et Zinzindohoue Abraham, Cour constitutionnelle du Bénin.

[34] Décision DCC 11-067 du 20 octobre 2011, Président de la République Cour constitutionnelle du Bénin.

[35] Arrêt n°002/CC/MC du 03 avril 2014, Cour constitutionnelle du Niger.

[36] R C De Malberg, *Contribution à la théorie générale de l'État*. Paris, Sirey, 1922 (réimpression par CNRS, 1962), t. II, n° 414, p. 432.

[37] Décision DCC 05-148 du 1er décembre 2005, Noumagnon Achi Efiotodji, Cour constitutionnelle du Bénin.

[38] C. Philippe « Le contentieux de l'élection présidentielle : aspects choisis », *Pouvoirs*, 2009, p. 184.

carcéraux[39] (i-e préservation de leur dignité) ou tout au moins, par une discrimination positive, leur autoriser le vote par procuration[40] en prenant au cas échéant, tous les gages de transparence et de sincérité. Cette occasion manquée de réaffirmer toute sa détermination à promouvoir la démocratie pluraliste, n'empêche pas à la Haute Cour (à l'image des autres) de rester dans sa dynamique de démocratisation. Et ce, d'autant plus que d'autres brèches[41] sont ouvertes par exemple au Niger où le juge considère que « la condamnation par contumace désigne une décision de justice prononcée contre un accusé défaillant qui dispose alors du droit de faire opposition lorsqu'il se constitue prisonnier, qu'elle n'est donc pas une condamnation définitive susceptible de le priver de son droit d'être inscrit sur la liste électorale »[42].

- **Le pluralisme dans la gestion des élections**

« La souveraineté a son siège non pas seulement dans ceux des nationaux qui sont investis de la fonction électorale, mais dans la collectivité formée par tous les citoyens[43] ». Cette idée du doyen de Strasbourg n'a pas toujours été ainsi comprise. La gestion des élections a longtemps été considérée comme une seule affaire d'Administration, démembrement de l'Exécutif. Le « ministre de l'Intérieur, le principal, voire l'unique animateur d'un processus électoral () organise et régule à lui tout seul, sur la base de mécanismes et procédures souvent discrétionnairement imposés par des assemblées législatives instrumentalisées[44] ». Comme « toute chose étant égale par ailleurs », c'est seulement dans cette optique que la phrase tristement célèbre du Président congolais Pascal Lissouba selon laquelle « on n'organise pas des

---

[39] Certains États ont expérimenté l'aménagement de bureaux de vote dans les prisons (Australie, Canada) pour permettre à cette catégorie de citoyens encore électeurs d'exercer leur droit de vote. Ce procédé présente deux avantages pour les prévenus dès lors que leur dignité est sauve par leur non-apparition sur la scène publique en tant que « détenu provisoire » mais aussi permet une plus forte participation dans la transparence et l'égalité.

[40] En France, par exemple le vote par procuration est autorisé aux citoyens en détentions provisoires par la loi électorale en son article L71 avec des mesures d'accompagnement strictes comme la demande préalable, la désignation d'un mandataire inscrit dans la même circonscription pour respecter le découpage électoral et ne pas fausser les mécanismes d'organisation du scrutin.

[41] Dans la Décision du 13 janvier 2019 du Conseil constitutionnel du Sénégal, le juge considère que « l'arrêt de rejet a pour effet de rendre exécutoire l'arrêt de la Cour d'Appel qui conserve ce caractère (i-e perte de ses droits civils et politiques) **tant que la décision de la Cour suprême n'est pas rétracté »**, on peut dire qu'a contrario, la **rétractation** (qui est le fait par le juge de revenir sur la condamnation déjà prononcée) permet à la personne, toujours dans les liens de la détention vu que le procès continue au cas échéant, de conserver encore sa qualité d'électeur et en conséquence être éligible. Décision n°2-E-2019 affaire n°12-E-2019 du 13 janvier 2019, (cons.65-66) in *www.conseilconstitutionnel,sn*

[42] Arrêt n°003/CC/MC du 30 juin 2017, Cour constitutionnelle du Niger.

[43] R. C. De Malberg, *Contribution à la théorie générale de l'État*, *op. cit.*, p. 437.

[44] E. H. Mbodj « Faut-il avoir peur de l'indépendance des institutions électorales en Afrique ? », in *www.afrilex.u-bordeaux4.fr*, 32 p., p.1.

élections pour les perdre[45] » permet de comprendre l'optimisme de son homologue ivoirien Laurent Gbagbo « je gagne ou je gagne ». Pour éviter qu'un candidat ne gagne à tous les coups et qu'on puisse perdre mal gré, le pluralisme dans la gestion des élections s'impose. Car, comme le fait remarquer le professeur Babacar Guèye, « dans un régime démocratique, une des réglementations parmi les plus délicates concerne le déroulement des opérations électorales. La sincérité des votes et l'effectivité d'un suffrage universel dépendent essentiellement des modalités d'organisation d'une élection [46] ». C'est la raison pour laquelle, avec l'ère du renouveau démocratique, une autorité administrative indépendante du pouvoir central est créée et est chargée de l'organisation des élections. Toutefois, « les expériences électorales malheureuses (…) ont mis en exergue les limites objectives des institutions électorales qui ont été au cœur des désordres, des tensions et conflits administrant ainsi la preuve à leurs détracteurs qu'elles ne sauraient être à elles-seules un gage de la sincérité des élections[47] ». L'intervention du juge constitutionnel s'avère donc nécessaire en ce qu'il promeut la démocratie au sein même de cette institution administrative (*lato sensu*) et de ses activités par l'accès pluriel sur le fondement de principes constitutionnels.

Ainsi, dans sa décision DCC 05-056, les « sages » constatant qu'à l'article 36 al.1 et 2 « la CENA est composée exclusivement de personnalités toutes désignées par l'Assemblée nationale () et le Président de la République () à l'exclusion de personnalités désignées par la société civile, composante de médiation ou d'interface par excellence », considèrent que « cette exclusion de la société civile est contraire au principe à valeur constitutionnelle de transparence, d'honnêteté, de fiabilité et de sincérité des élections [48]». Cette volonté de diversification de la composition de cet organe de gestion des élections (CENA) ne se limite pas à l'institution centrale, puisque dans sa décision ultérieure DCC 10-116, le juge considère que « pour une meilleure transparence dans la gestion des élections et dans un souci d'équilibre, chaque institution, corporation ou organisation impliquée dans la gestion des élections, doit pouvoir désigner ses représentants à tous les niveaux et dans les démembrements de la CENA. Les institutions, corporations et organisations doivent désigner par elles-mêmes leurs représentants [49]».

Le pluralisme concerne, en outre, la composition du bureau et des démembrements de la CENA. La Loi n° 2005-14 notamment en son art 38

---

[45] Cité par D. Korokoro, « Des élections disputées : réussites et échecs », *op. cit.*, p. 1.

[46] B. Guèye, « La démocratie en Afrique : succès et résistances », *op. cit.*, p. 14.

[47] E. H. Mbodj « Faut-il avoir peur de l'indépendance des institutions électorales en Afrique ? », p. 4.

[48] Décision DCC 05-056 du 22 juin 2005, Président de la République, Missikpode Michel et Zinzindohoue Abraham Cour constitutionnelle du Bénin.

[49] Décision DCC 10-116 du 08 septembre 2010, op. *cit.*, Cour constitutionnelle du Bénin.

dispose que « la Commission électorale nationale autonome est dirigée par un bureau de sept (07) membres (…) les autres membres sont nommés coordonnateurs (…) » *en tenant compte de sa configuration politique.* Compte tenu des risques de « politiser » la composition des instances considérées de la CENA, la Cour constitutionnelle précise que « la configuration politique de la CENA doit s'entendre de la prise en compte de la provenance de toutes les composantes de la CENA, à savoir le Président de la République, l'Assemblée nationale, la Société Civile et le SAP/CENA que le respect du principe à valeur constitutionnelle de la transparence dans la gestion des élections commande[50] ».

Nonobstant ces mesures prises en vue de parvenir au pluralisme dans la composition et la gestion de la CENA, le risque de neutraliser certaines formations politiques concurrentes du pouvoir en place perdure avec la mise en œuvre de certaines prérogatives détenues par des membres de l'Administration. L'article 16 al.1 de la Loi n° 2005-14 du 28 juillet 2005 portant règles générales pour les élections dispose que « (…), le recensement électoral national approfondi est assuré par une ou plusieurs équipes de trois agents recenseurs nommés par la Commission Électorale nationale Autonome sur proposition des **partis politiques légalement constitués** au jour de la promulgation de la présente loi ». Ainsi, pour pouvoir proposer des agents recenseurs, le parti doit avoir une existence légale alors que la liste des partis légalement constitués est transmise à la CENA par le ministre de l'Intérieur. C'est sur ces entrefaites que naîtra le doute de neutralisation en ce que, dans le passé, des formations politiques n'ont pu participer faute d'avoir obtenu leur récépissé avant la date butoir de dépôt de candidatures. Cette situation a été au cœur de la saisine en contestation de la non-inscription d'un parti sur la liste des partis légalement constitués, autorisés en conséquence à proposer à la CENA des agents recenseurs. Se pose dès lors, la question de savoir à quel moment de la procédure, un parti devient légalement constitué ? De l'avis du ministre de l'Intérieur « le parti politique n'est légalement constitué qu'à partir de la date de délivrance du récépissé d'enregistrement et non de la date du dépôt de la demande de déclaration administrative ». Cette vision de l'autorité ne coïncida pas avec celle de la Cour selon qui, « la personnalité morale d'un parti politique est acquise dès le dépôt du dossier de déclaration administrative de constitution de parti politique au ministère chargé de l'Intérieur, sous réserve du contrôle de conformité dudit dossier aux dispositions légales. Dès lors, l'enregistrement d'un parti politique prend effet à compter de la date du dépôt du dossier déclaré conforme [51]».

---

[50] Décision DCC 05-124 du 07 octobre 2005, Djivo Patrick et consorts Cour constitutionnelle du Bénin.

[51] Décision DCC 05-169 du 29 décembre 2005, Houedjissin Maxime Cour constitutionnelle du Bénin.

En résumé, nous pouvons retenir qu'à l'aide d'une interprétation extensive et finaliste de la Constitution (*lato sensu*), le juge constitutionnel contribue positivement à « graver dans le marbre » la démocratie pluraliste dans ses versions citoyenne et diversifiée. Au demeurant, convient-il de remarquer que la démocratie électorale bien qu'impliquant les citoyens et les organes de gestion, se mesure prioritairement à l'ouverture de la compétition à tous c'est-à-dire à la pluralité des éligibles.

- **L'ouverture de la compétition à tous**

La qualité d'État démocratique est tributaire, en général, de l'admission d'une volonté concurrente à celle des détenteurs du pouvoir. Autrement dit, la démocratie implique une majorité qui gouverne et une minorité qui s'oppose mais dans le respect mutuel des textes. « L'existence d'une minorité ou d'une opposition est une dimension constitutive de l'État démocratique. L'opposition en question ici, ne désigne pas seulement le groupe politique le moins représenté à l'Assemblée législative (...), mais surtout l'ensemble formé par les citoyens fondamentalement hostiles aux objectifs du régime en place, fussent-ils organisés ou non[52] ». Vu que l'exercice du pouvoir est une « charge [53]», il fera donc l'objet d'appréciation subjective de ceux qui en sont bénéficiaires, le peuple. Ce dernier peut désapprouver la manière dont la charge est assumée et en conséquence, solliciter un changement de régime. Cette évaluation a lieu lors du « rendez-vous électoral ». Mais, la participation à ce grand rendez-vous est soumise à des conditions posées par le constituant et précisées par le législateur. Ce dernier, dans « la fixation des règles électorales doit donc être mû par la nécessité d'éviter l'exclusion de certains acteurs politiques [54] ». Ce devoir de fidélité n'a pas toujours été respecté du fait de la mise en œuvre de manœuvres « légales » génératrices du « scandale des invalidations partisanes[55] ». Au Mali, la question du parrainage à l'élection présidentielle avait posé ce problème en 1996. La Cour considère, d'une part, qu'« exiger la signature de cinquante élus locaux dans chaque région peut revenir dans certaines conditions et dans certaines régions à limiter le nombre de candidats à la Présidence de la République, ce qui serait manifestement contraire au principe de valeur constitutionnelle de la liberté des candidatures qui serait soumise à l'appréciation des partis politiques ». Et il précise, d'autre part, que « dans un système de démocratie pluraliste, les

---

[52] B. Guéye, « La démocratie en Afrique : succès et résistances », *op. cit.*, p. 11.

[53] Article 37 de la Constitution du Sénégal « *Devant Dieu et devant la Nation sénégalaise, je jure de remplir fidèlement la* ***charge*** *de Président de la République du Sénégal*, (...) » cf. aussi art. 38.

[54] D. Kokoroko, « Les élections disputées : réussites et échecs », *op.cit.*, p. 121.

[55] J.-P. Camby. *Le Conseil constitutionnel, juge électoral.* Cité par B. I. Abdourahmane, *Les cours constitutionnelles dans le processus de démocratisation en Afrique : analyse comparative à partir des exemples du Bénin, de la Côte d'Ivoire et du Niger*. Thèse de Doctorat d'État, soutenue le 03 octobre 2002, Université Montesquieu-Bordeaux IV, 405 p., note 684, p. 257.

candidatures (…) sont libres (…) l'adhésion d'un citoyen à un parti est libre (…) par conséquent, la mise en œuvre des droits politiques d'un citoyen (…) ne saurait être fonction de son adhésion à un parti (…) les partis concourent, c'est-à-dire participent à l'expression du suffrage, donc ne peuvent être les seuls à concourir à l'expression du suffrage[56] ».

De même, le législateur ne doit pas poser des conditions supplémentaires dans l'exercice de sa mission de fixer les règles concernant les conditions du régime électoral. À cet office, la Loi 95-015 du 11 décembre 1995 dispose à son article 5 qu'« au cas où un citoyen se trouve au bénéfice de plusieurs nationalités, il est tenu, lors du dépôt de sa candidature pour la fonction de Président de la République, de renoncer à toute nationalité autre que celle du Bénin et d'en faire la preuve en versant au dossier de candidature tous documents officiels pouvant en faire foi ». La Cour précise que (…) « l'expression s'il n'est de nationalité béninoise de naissance ou acquise depuis dix ans » par laquelle s'exprime le constituant révèle son souci fondamental, à savoir que le candidat à l'élection présidentielle doit nécessairement être de nationalité béninoise de naissance ou de l'avoir acquise depuis dix ans, qu'il ait ou non une autre nationalité[57] ». En outre, à l'article 9 al.3 de la même loi, le législateur considère que « le candidat doit produire un certificat médical (…) ». Ce qui est illogique de l'avis de la Cour puisque « le candidat, au moment de faire acte de candidature, n'est pas détenteur dudit certificat qui doit être adressé à la Cour par le collège de médecins [58]». De surcroît, « l'attestation médicale ne peut être produite qu'après examen médical par le collège de médecins désignés par la Cour Constitutionnelle conformément à l'article 44 de la Constitution et ne saurait faire partie des pièces constitutives du dossier de déclaration de candidatures[59] ». Ce faisant, estime le juge « il ne peut être demandé au candidat de le produire, il appartient à la Cour de notifier à la CENA sa décision sur l'état complet de bien-être mental et physique du candidat [60]». Dans le même sens, la Cour de Caen décide que « l'article 43 du code électoral viole l'article 47 de la Constitution en imposant la condition de diplôme aux candidats à l'élection présidentielle[61] ».

Les aléas de l'exclusion ne se limitent pas pour autant aux « scénarios » susvisés, car le peuple est composé d'hommes et de femmes, vivant à l'intérieur ou à l'étranger et occupant des fonctions variées qui, tous, peuvent prétendre à l'exercice de fonctions électives conformément à la loi. Donc c'est

---

[56] Arrêt CC n° 96-003 du 25 octobre 1996 de la Cour constitutionnelle du Mali.
[57] Décision DCC 96-002 du 05 janvier 1996, *op. cit.*, Cour constitutionnelle du Bénin.
[58] *Ibid.*
[59] Décision DCC 05-056 du 22 juin 2005, *op.cit.*, Cour constitutionnelle du Bénin.
[60] Décision DCC 96-002 du 05 janvier 1996, *op.cit.*
[61] Avis n° 001/ CCT/2010 du 21 décembre 2010, Conseil constitutionnel de transition du Niger.

la loi qui fixe les conditions de participation sous le contrôle du juge de la constitutionnalité.

Tout d'abord, pour ce qui est de la question du genre, le législateur béninois dans la Loi n° 2010-35 du 24 août 2010 fixe un quota minimum de vingt pour cent (20 %) pour les femmes. Ainsi, dans l'appréciation de la constitutionnalité de ladite loi, le juge considère qu'« en réservant aux femmes un quota de vingt pour cent (20 %) au moins sur les listes de candidature, le législateur établit une disparité fondée sur le sexe entre les candidats masculins et féminins éligibles à une même fonction » en violation de l'article 26 de la Constitution. Plus conciliant à ce propos, le juge nigérien considère que « si l'article 3 (nouveau) de la loi n°2014-64 du 25 novembre 2014[62] exige le respect du quota lors de la proclamation des résultats définitifs, cette finalité ne pourrait être atteinte que si ce quota est respecté dès la présentation des candidatures[63]». Dès lors, « (...) il y a lieu, pour respecter les quotas exigés pour l'élection législative, de tenir compte de cette exigence légale dans l'établissement des listes de candidats [64]».

Ensuite, la nationalité n'exclut pas la possibilité de vivre en dehors des limites territoriales de l'État. Toutefois, pour prétendre occuper des postes électifs, il faut à un moment donné que le citoyen revienne au pays. Ce moment, c'est le « moment des élections » (art 44C) que le législateur tenta de définir à l'art. 5 *in fine* de la loi 2005-26. Dans cette disposition, le législateur considère que « le moment des élections durant lequel le candidat doit résider sur le territoire de la République du Bénin correspond à la période allant de l'installation de la Commission électorale nationale autonome à la proclamation des résultats définitifs du scrutin ». Cette précision du législateur ne coïncide pas avec la volonté du constituant telle qu'interprétée par le juge. Selon lui, « la seule condition exigée par la Constitution en son article 44 5e tiret est "de résider sur le territoire de la République du Bénin au moment des élections" ; qu'en procédant comme il l'a fait, le législateur crée une condition supplémentaire relative à la durée de résidence[65]» en violation de la Constitution.

En définitive dans l'État, les citoyens occupent des fonctions diverses dont certaines, compte tenu de leur position stratégique[66] ou de leur nature,

---

[62] Article « (nouveau) de la loi n°2014-64 du 25 novembre 2014 instituant un système de quota dans les fonctions électives, au Gouvernement et dans l'Administration de l'État (Niger) « lors des élections législatives ou locales, les listes présentées (...) doivent comporter des candidats titulaires de l'un et de l'autre sexe. Lors de la proclamation des résultats définitifs, la proportion de l'un ou l'autre sexe ne doit pas être inférieure à 15 % au niveau national pour l'élection des députés et par liste régionale et communale pour l'élection des conseillers ».

[63] Arrêt n°2/CC/ME du 29 janvier 2016, Cour constitutionnelle du Niger.

[64] *Ibid.*

[65] Décision DCC 05-069 du 27 juillet 2005, *op.cit.,* Cour constitutionnelle du Bénin.

[66] Article 36 nouveau Loi n°99-016 du 12 mars 1999 (Bénin) « Le ministre chargé de l'Intérieur, en collaboration avec le ministre chargé de la Défense *assure la sécurité et la protection des*

nécessitent une démission préalable pour occuper certaines fonctions électives dans les conditions définies par la loi. Dans la détermination de ces conditions légales, le législateur béninois assujettit à cette formalité préalable, des titulaires de postes outre ceux expressément visés par le constituant. Saisi de la question, le juge considère que « conformément à l'art. 81C. « les seuls agents de l'État astreints à une démission préalable à toute candidature aux élections législatives sont les membres des Forces Armées ou de Sécurité Publique ; qu'en étendant cette prescription à d'autres "personnes exerçant au niveau de l'administration publique des fonctions de ministres, de directeurs ou de gestionnaires de projets d'État, de sociétés d'État, d'offices, d'entreprises publiques ou semi-publiques", la loi crée une condition supplémentaire relative à la candidature en matière d'élections législatives alors qu'"il n'appartient pas au législateur ordinaire d'apporter des rajouts aux conditions déjà fixées par la Constitution »[67]. Dans la même dynamique, l'article 108 du Code électoral in fine, pris en application de l'article 8 de la Constitution nigérienne, dispose que tout citoyen, candidat aux élections présidentielles, législatives et municipales, occupant certaines responsabilités doit () être considéré comme démissionnaire, dès le lendemain de la publication de la liste des candidats déclarés éligibles par la Cour constitutionnelle. De l'interprétation des "sages", « le législateur a imposé cette prescription pour suppléer à celle du candidat qui ne prendrait pas l'initiative de démissionner avant la date du scrutin[68] ». Et qu'aussi, selon la Haute Juridiction malienne, « le fait pour un militaire à la retraite de conserver son grade et de rester à la disposition du ministre chargé des Armées pendant une période de cinq (5) ans ne peut signifier que l'intéressé est toujours membre des forces armées [69]».

De ce qui précède, la volonté affichée du juge constitutionnel d'ouvrir le scrutin est alors très révélatrice de son souci d'ancrer la pluralité des candidatures. Toutefois, « l'institutionnalisation du pluralisme pour l'accession au pouvoir ne peut être un facteur d'apaisement des sociétés politiques africaines qu'à condition qu'il existe des règles consensuelles destinées à encadrer la compétition [70]».

B. Le principe du consensus

---

candidats et des électeurs *depuis la campagne électorale* jusqu'à la proclamation définitive des résultats ».

[67] Décision DCC 10-117 du 08 septembre 2010, Président de la République, Hilarion M. Ezin, Firmin Biokou, Rachidi, Gbadamassi, Messieurs Léopold Doko, Jean-Marc Okry, Jacques Adjile et Maître Marie-Elise Gbedo, Cour constitutionnelle du Bénin.

[68] Arrêt n° 37/09/CC/ME du 8 décembre 2009, Cour constitutionnelle du Niger.

[69] Arrêt N°02-133 du 06 avril 2003, El. P., Cour constitutionnelle du Mali.

[70] I. M. Fall, *Le pouvoir exécutif dans le constitutionnalisme des États d'Afrique*, Ed. L'Harmattan, Paris, 2008, p. 50.

À l'ère du renouveau démocratique, les règles de la compétition électorale sont de plus en plus définies de manière consensuelle soit entre acteurs ou par la nation. Ainsi, la loi matérialisant cet accord constitue une règle impérative que tous devront respecter en vertu de l'adage « pacta sunt servanda ». D'importantes décisions, démocratiquement parlant, ont été prises suivant la formule du consensus : la limitation[71] et la durée du mandat présidentiel, les conditions d'âge (minima et maxima) pour occuper les fonctions de Président de la République, de député ou d'électeur, etc., pour éviter des erreurs du passé (le syndrome du président à vie, les longs règnes) mais aussi promouvoir la démocratie électorale. L'ensemble de ces décisions prises en conclusion des conférences ou assises nationales constitue, à cet effet, des acquis à préserver au fondement desquels s'organiseront la quête et la perte du pouvoir. D'où l'importance de les sauvegarder. Au Bénin, le juge constitutionnel en a fait un principe à valeur constitutionnelle.

Au crépuscule de leur mandat, les députés béninois ont voulu le 23 juin 2006 procéder à la révision de l'article 80 de la Constitution en portant à cinq ans la durée du mandat parlementaire avec effet rétroactif pour la législature en cours. Cette « confiscation du pouvoir » ne sera pas acceptée car non-conforme aux idéaux prônés par le peuple. Saisi de la question, le juge rappelle « que ce mandat de quatre (4) ans, qui est une situation constitutionnellement établie, est le résultat du consensus national dégagé par la Conférence des Forces Vives de la Nation de février 1990 et (...) que même si la Constitution a prévu les modalités de sa propre révision, la détermination du peuple béninois à créer un État de droit et de démocratie pluraliste, la sauvegarde de la sécurité juridique et de la cohésion nationale commandent que toute révision tienne compte des idéaux qui ont présidé à l'adoption de la Constitution du 11 décembre 1990, notamment le consensus national, principe à valeur constitutionnelle ». Sur ces considérations, malgré la nature constitutionnelle de la loi en cause, le juge retient que « les articles 1 et 2 de la Loi constitutionnelle n° 2006-13 adoptée par l'Assemblée nationale le 23 juin 2006, (...), sont contraires à la Constitution[72] ». Cette sanction du juge semble rappeler aux parlementaires, la pensée du doyen strasbourgeois selon laquelle l'électorat « implique que les hommes, quels qu'ils soient, qui exercent une portion quelconque de la souveraineté nationale, détiennent en cela non une puissance propre, mais un pouvoir d'emprunt, concédé et par conséquent, essentiellement sujet à limitation[73] ».

---

[71] Sur la question cf. A. Loada, « La limitation du nombre de mandats présidentiels en Afrique francophone », revue électronique *Afrilex*, n°3, 2003, pp. 139-174.

[72] Décision DCC 06-074 du 08 juillet 2006, *op.cit.*, Cour constitutionnelle du Bénin.

[73] R. C. de Malberg, cité par O. Beaud, « Fragments d'une théorie de la citoyenneté chez Carré de Malberg. Ou comment articuler le citoyen, l'État et la démocratie », *Jus Politicum* - n° 8 – 2012, pp.1-58, p.41.

Ensuite, le consensus n'a pas seulement une vertu pacificatrice, il est aussi un vecteur de légitimité[74] en matière de représentation. Le représentant ne peut légitimement exercer son mandat que si tous ceux qu'il représente y sont convenus. Ici, la convenance ne traduit pas l'adhésion mais plutôt la participation au choix du représentant qui présuppose la connaissance au préalable, de l'existence de la représentation mais aussi a postériori, les personnes choisies. Cette légitimité est d'autant plus requise dès lors qu'il est question de désigner des représentants d'un groupe composite et épars géographiquement à l'image de la société civile. C'est la raison pour laquelle, le juge constitutionnel conformément à la Loi n° 2005-14 du 28 juillet 2005 (articles 36, 40, 41 et 43), considère que « le processus de désignation du représentant de la société civile doit reposer sur le consensus, principe à valeur constitutionnelle ; que ce processus garantissant une représentation plus transparente et une participation plus démocratique des organisations de la société civile impose une implication de toutes les composantes de la société civile telle que définie au séminaire national sur le recentrage du concept de société civile au Bénin[75] ».

Au total, on peut retenir qu'avec ce principe à valeur constitutionnelle du consensus adossée à la responsabilisation de tous dans le choix et la gestion de la chose publique, « les jalons d'un climat de confiance ainsi posés, emportent alors l'adhésion massive si bien que les fulminations et contestations se soldent nulles, voire marginales [76] » en prélude de la fiabilité du scrutin.

II. La fiabilité du scrutin

S'il peut être admis que la démocratisation du processus électoral constitue un moyen d'apaiser les tensions pré et post-scrutins parce que fédérant toutes les énergies en ce sens, il reste que la voie de la démocratie doit être balisée par les principes d'impartialité des organes de gestion (A) et de sincérité (B) qui garantissent la fiabilité.

A. Le principe d'impartialité des organes de gestion

[74] J. Rivero, « Consensus et légitimité », *Pouvoirs,* N° 5, 1978, p. 58.

[75] Décisions DCC 10–050 du 14 avril 2010, DCC 10-051 du 15 avril 2010. Fédération des cadres de concertation des organisations de la société civile de l'Atlantique (FECCOSCA), représentée par Madame Aurélie Bada et Messieurs Gaston C. Zannou, Sylvain Segla, Jérôme Hessou, Alexandre Odjo, Elie Abati, Ferdinand Semanou, Antonin Hounga DCC 10-052 du 15 avril 2010, Blaise Pascal Djihoun, Cour constitutionnelle du Bénin.

[76] I. M. Fall, « La construction des régimes politiques en Afrique : insuccès et succès », in *La constitution béninoise du 11 décembre 1990 : un modèle pour l'Afrique ?* Mélanges en l'honneur de Maurice Ahanhanzo-Glèlè, Actes du colloque de Cotonou sur « La constitution béninoise du 11 décembre 1990 : un modèle pour l'Afrique ? » (Études coordonnées par F. J. Aïvo), L'Harmattan, mai 2013, pp.127-179. p. 161

En matière d'élection, l'Administration, dans sa mission quotidienne, (*gérer les affaires publiques*) est suppléée ou à tout le moins assistée par des organes en vue de garantir l'impartialité entre candidats. La Cour Constitutionnelle, dans sa décision DCC 34-94 du 23 décembre 1994 a très tôt précisé « que la création de la Commission Électorale nationale Autonome (CENA), en tant qu'autorité administrative indépendante, est liée à la recherche d'une formule permettant d'isoler, dans l'Administration de l'État, un organe disposant d'une réelle autonomie (...), pour l'exercice d'attributions concernant le domaine sensible des libertés publiques, en particulier des élections honnêtes, régulières, libres et transparentes[77] ». Compte tenu de cette autonomie, le juge constitutionnel, sur la base d'une interprétation extensive de la Constitution, pose un ensemble de garanties destinées à préserver l'impartialité de cet organe de gestion.

Ainsi, dans la décision DCC 98-084, le juge constitutionnel en vue de garantir la neutralité et l'indépendance de la CENA ordonne que soient précisées ses « relations hiérarchiques et fonctionnelles avec le secrétariat administratif permanent » et « les modalités de désignation des membres dudit secrétariat[78] ». De même, a-t-il considéré que l'article 35 al.6 disposant de « l'intervention du ministre de l'Intérieur dans la procédure de fixation du budget de la Commission Électorale nationale Autonome (CENA) et de son Secrétariat administratif permanent est contraire au principe à valeur constitutionnelle d'indépendance de la CENA ». En outre, la CENA doit être « associée aux travaux d'élaboration du décret » relatif à son règlement financier et de celui de son Secrétariat administratif permanent sous peine de violer « la loi électorale[79] ».

Hormis l'indépendance organique et l'autonomie financière de la CENA à l'égard des pouvoirs exécutif et législatif, le juge constitutionnel veille aussi au respect de ces mêmes principes dans le choix des membres devant siéger dans ladite commission. En atteste sa décision DCC 05-111. L'article 4 alinéa 1.1 du Décret n° 2005-544 du 26 août 2005 dispose que « dans le cadre de la gestion des relations du gouvernement avec la société civile, le ministre (...) établit une collaboration fructueuse entre la société civile et le gouvernement » qui, selon lui, implique le choix de ses membres appelés à siéger à la CENA. Cette interprétation ne coïncide pas avec l'entendement du juge qui considère « (...) qu'en s'impliquant comme il l'a fait dans le processus de désignation des représentants de la société civile à la CENA et ses démembrements alors qu'ils doivent être désignés par la société civile elle-même, le ministre (...) s'est immiscé dans les prérogatives accordées à la société civile par la loi

[77] Décision DCC 94-034 du 23 décembre 1994, *op. cit.*

[78] Décision DCC 98-084 du 19 novembre 1998, Président de la République, Cour constitutionnelle du Bénin.

[79] Décision DCC 05-144 du 29 novembre 2005, *op. cit.*, Cour constitutionnelle du Bénin.

électorale[80] ». Et, corrélativement, « l'Arrêté (...) et le Décret (...) en ce qui concerne la désignation des représentants de la société civile » sont nuls et de nul effet[81]. Cette sanction du juge témoigne de la logique de l'interprétation qu'il fit du principe d'indépendance de la société civile dans la mesure où le fait de choisir des membres de la CENA implique une idée de dépendance à l'égard de l'autorité nominative, préjudiciable à l'impartialité des arbitres que doivent être tous les organes de gestion. Ce même objectif dicte également le régime des incompatibilités avec les fonctions de membre de la CENA[82] sauf si « le mis en cause a démissionné de son poste de conseiller[83] » ou « n'est pas un élu local[84] ».

Au total, toute cette attention du juge constitutionnel garant de l'impartialité des organes de gestion des élections se justifie dans la mesure où « lorsque le juge a à connaître d'un litige électoral, il doit être guidé avant tout par le souci de faire respecter la sincérité du scrutin, c'est-à-dire la volonté du corps électoral[85] ».

B. Le principe de sincérité du scrutin électoral

On peut dire qu'est sincère, ce qui est conforme à la vérité. Transposé à la matière électorale, un scrutin est sincère lorsqu'il reflète la vérité des urnes. Pour cela, il faut non seulement que seules les voix des électeurs soient exprimées et comptabilisées mais aussi qu'il n'y ait pas de manœuvres frauduleuses entachant l'expression de la vérité. « L'adéquation totale entre ce qu'a choisi en toute liberté la majorité des citoyens et le résultat proclamé du scrutin est en conséquence la condition première du bon exercice de toute démocratie. La notion de sincérité du scrutin joue donc, ici, un rôle essentiel en ce sens qu'elle permet de s'assurer que le système a bien fonctionné et que le véritable choix conscient des électeurs a bien été pris en compte[86] ». Pour atteindre cet objectif, le juge impose un certain nombre de garanties favorables à la sincérité du scrutin.

Aux termes de l'art. 35 de la Constitution, « Les citoyens chargés d'une fonction publique (...) ont le devoir de l'accomplir avec conscience, compétence, probité, dévouement et loyauté dans l'intérêt et le respect du bien

---

[80] Décision DCC 05-111 du 15 septembre 2005, Sanni El Hadj Amadou Mouhamed et Collectif des associations Cour constitutionnelle du Bénin.
[81] Décision DCC 05-111 du 15 septembre 2005, *op. cit.*
[82] Décision DCC 05-167 du 27 décembre 2007, Baparape Aboubacar Cour constitutionnelle du Bénin.
[83] Décision DCC 05-133 du 27 octobre 2005, Tella Jules Cour constitutionnelle du Bénin.
[84] Décision DCC 05-166 du 27 décembre 2005, Dossou Alofa Daniel Cour constitutionnelle du Bénin.
[85] M. Diakhaté, *L'émergence du droit électoral dans les États de l'Afrique subsaharienne francophone. Les cas du Bénin, du Mali et du Sénégal*, *op. cit.*, note 863, p. 316.
[86] R. Ghevontian, « Avant-propos sur la sincérité du scrutin », *Cahiers du Conseil Constitutionnel*, n° 13, 2002, pp. 80-81, 80.

commun ». Mais pour cela, il faut qu'ils soient dans les conditions le permettant. À l'approche de l'élection présidentielle d'avril 2006, la CENA, organe central de gestion des élections, se trouvant sans fonds était donc dans l'impossibilité de mener ses activités au grand risque pour la tenue du scrutin projeté. C'est alors qu'est intervenue la saisine du juge constitutionnel, organe régulateur de l'activité des pouvoirs publics, pour remédier à cette situation compromettante. Après analyse des réponses fournies, le juge « ordonne au Gouvernement et spécialement au ministre des Finances et de l'Économie de mettre dans les vingt-quatre (24) heures de la présente décision à la disposition de la CENA une avance substantielle de fonds pour assurer le démarrage immédiat de ses activités, (…)[87] ». Se conformant à la décision du juge constitutionnel, le gouvernement prit un Décret n° 2005-718 du 23 novembre 2005 fixant les primes mensuelles forfaitaires applicables aux membres de la CENA (…) mais avec d'importantes restrictions financières dictées par sa volonté de faire en sorte que « la participation des citoyens à l'organisation des élections soit désormais un acte patriotique en relation avec «la politique d'assainissement des finances publiques ». Ne s'inscrivant pas dans cette logique gouvernementale, le juge estime tout d'abord que « le fait de "supprimer des indemnités de sujétion et des frais de mission" le gouvernement n'a pas tenu compte des contraintes liées à la supervision et au contrôle de la régularité des élections, seuls gages de la transparence et de la fiabilité des élections[88] ». Ensuite, compte tenu de l'ampleur de la tâche qui incombe au coordonnateur, membre de la CENA, les charges financières qu'elle implique et le traitement insuffisant prévu, le juge considère « que les conditions ainsi offertes par le décret ne sont objectivement pas de nature à garantir la fiabilité et la transparence du scrutin [89]». En définitive, vu que « le décret querellé n'a pas non plus prévu les frais de mission à l'extérieur du pays alors que conformément à la loi électorale, les Béninois de l'extérieur doivent prendre part aux opérations de vote en vue de l'élection du Président de la République [90]».

Le juge constitutionnel toujours dans sa quête de plus de sincérité du scrutin pose des garanties supplémentaires pour attester de la vérité des urnes. La Loi n° 2010-33 portant règles générales pour les élections dispose à l'article 31 al.5 qu'« après centralisation des résultats des élections législatives et présidentielles, la CENA les transmet à la Cour Constitutionnelle (…). Concomitamment à cette transmission, elle organise par ses démembrements le recensement du vote, donne les grandes tendances et publie sur son site web et par voie de presse les résultats bureau de vote par bureau de vote ». De l'avis de la Haute Cour, « la deuxième phrase de cet alinéa confère à la CENA

---

[87] Décision DCC 05-139 du 17 novembre 2005, Equite Juste et Hodonou Armand, *op. cit.*
[88] Décision DCC 05-144 du 29 novembre 2005, Colman Giles et Hodonou Armand, *op. cit.*
[89] Décision DCC 05-144 du 29 novembre 2005, *op. cit.*
[90] Décision DCC 05-144 du 29 novembre 2005, *op. cit.*

et à ses démembrements des attributions est contraire aux dispositions des articles 49 alinéas 1 et 2, 117, 2e tiret de la Constitution et 54 de la loi organique sur la Cour Constitutionnelle [91]». Hormis, cette agrégation de compétences, « la concomitance entre la transmission et la publication des grandes tendances » peut être de nature à obstruer tout contrôle du juge en vue de faire la lumière sur le déroulement du scrutin et peut remettre en cause l'exercice du droit de contestation des candidats. En pratique, souvent les grandes tendances dessinées sont assimilées intuitivement aux résultats définitifs[92]. Et toute proclamation ultérieure qui ne serait pas conforme à ceux initialement avancés, non seulement installe le doute sur la sincérité du scrutin, mais aussi peut être source de violence post-électorale. Toujours fidèle à sa logique, dans sa décision DCC 11-067, le juge sanctionne sous réserve de complément l'article 21 al.2 de la Loi organique n° 2011-27 qui dispose que « lors du dépouillement, le président du bureau de vote prend chaque bulletin, le donne à un assesseur qui le lit à haute voix et le classe selon les catégories ». Au fondement de cette réserve, les « sages » considèrent que « le décompte des voix tel que prescrit, ne garantit pas la transparence et la vérité du scrutin » ordonnent que soit précisé « qu'il doit montrer chaque bulletin au public avant de le remettre à l'assesseur qui le lit à haute voix[93] ».

En surplus de ces gages de transparence, le juge est aussi soucieux de la « prise en compte » de toutes les voix car « lorsqu'il est en présence d'une illégalité ou d'une fraude, il ne doit pas procéder à l'annulation systématique. Il ne le fait que lorsqu'il a acquis la conviction que la volonté des électeurs a été trahie et de manière telle qu'il est impossible de la reconstituer a posteriori de façon certaine »[94]. À ce propos, lors de son contrôle de la loi 98-034, sur la base d'un raisonnement a pari et en vertu du principe de l'égalité de suffrage, le juge constate que, s'il est admis que « deux bulletins uniques dont un seul porte le choix de l'électeur sous un même pli constitue un seul vote », il devrait en être de même si « deux bulletins uniques portent le même choix sous un même pli » tout comme « plusieurs bulletins du même candidat ou liste de

---

[91] Décision DCC 10-116 du 08 septembre 2010, *op. cit.*, Cour constitutionnelle du Bénin.

[92] L'exemple sénégalais est typique sur ce point. Les « grandes tendances » avancées par les médias sont presque toujours considérées comme le verdict des urnes ; ce qui fait que l'intervention du juge constitutionnel est dans bien des cas confirmative et « sans intérêt » pour la grande masse. Les deux alternances pacifiques peuvent en illustrer toute la confiance du peuple en ces premières tendances (les manifestations de joie, etc.) mais aussi et surtout les « appels téléphoniques » des Présidents déchus. Preuve de grandeur et de statut de démocrate, de telles pratiques peuvent occasionner des crises postélectorales si, dans l'exercice de son pouvoir de réformation, d'annulation de votes, le juge arrivait à alterner les résultats prématurément avancés.

[93] Décision DCC 11-067 du 20 octobre 2011, Président de la République Cour constitutionnelle du Bénin.

[94] M. Diakhaté, *L'émergence du droit électoral dans les États de l'Afrique subsaharienne francophone. Les cas du Bénin, du Mali et du Sénégal*, *op. cit.*, note 863, p. 316.

candidats dans une même enveloppe[95] » (art 76). Cette remarque du juge permet non seulement de distinguer ces situations de la fraude par le vote multiple jadis de mise mais aussi de comptabiliser le choix de l'électeur. Autre point non moins important est la réserve que le juge exige de prévoir dans la loi au regard des réalités sociologiques et de l'expérience vécue « la signature ou l'apposition des empreintes digitales des membres du bureau sur les procès-verbaux et les feuilles d'émargement[96] ». Cette précaution du juge s'inscrit dans la recherche de fiabilité du scrutin en ce sens que les bureaux de vote sont composés de tous les représentants de candidats en plus des organes de gestion (CENA) qui, avec ces exigences posées attesteront de leur présence et partant, de l'exercice de leur pouvoir de contrôle du bon déroulement du scrutin.

Au total, ces décisions précitées témoignent de toute la volonté manifeste du juge constitutionnel à garantir le respect de l'expression des suffrages par les électeurs mais aussi de promouvoir une gestion efficace du scrutin par les organes de contrôle sur tout le territoire électoral (national et étranger). Dans cet office, le juge veille au respect des principes relatifs à la sincérité du scrutin tels que « (…) l'égalité, la liberté et le caractère secret du vote (qui) sont d'ailleurs si importants qu'ils font l'objet, dans la plupart des démocraties respectueuses de l'État de droit d'une consécration constitutionnelle[97] » tout comme ceux de « transparence, d'honnêteté, de loyauté, de fiabilité [98]» déduits de la Constitution.

Conclusion

En définitive, l'analyse de la jurisprudence constitutionnelle des États d'Afrique noire francophone révèle un « activisme » salutaire pour le renforcement de la démocratie par l'ancrage des principes électoraux. La gratitude exprimée par le professeur Ismaïla Madior Fall en ces termes : « s'il est admis aujourd'hui l'idée d'une émergence d'un droit électoral en Afrique, c'est parce que l'organe juridictionnel a progressivement développé un contentieux électoral qui non seulement est soucieux de l'édification d'un État de droit, mais également contraint les acteurs politiques à se soumettre à l'autorité de la chose jugée[99] » est, à mon avis, méritée par les « sages ».

---

[95] Décision DCC 98-084 du 19 novembre 1998, Président de la République, Cour constitutionnelle du Bénin.

[96] Décision DCC 98-084 du 19 novembre 1998, *op. cit.*,

[97] R. Ghevontian, « la notion de sincérité du scrutin », *Cahiers du Conseil Constitutionnel français*, n° 13, 2002, pp. 82-91, p. 82.

[98] Cf. par exemple la Charte africaine de la démocratie, des élections et de la gouvernance : « *Promouvoir la tenue régulière d'élections transparentes, libres et justes afin d'institutionnaliser une autorité et un gouvernement légitimes ainsi que les changements démocratiques de gouvernement* » (art 23).

[99] I. M. Fall « La construction des régimes politiques en Afrique : insuccès et succès », *op. cit.*, p. 161.

L'irresponsabilité constitutionnelle du chef de l'État dans les régimes politiques africains d'influence française

Ibrahima Diouf
Maître de Conférences assimilé
Université Cheikh Anta Diop de Dakar

Introduction

Sur le professeur Ismaila Madior Fall, en termes de générosité intellectuelle[1] et de rigueur scientifique[2], tout a été, presque, dit. Pour ma part, c'est la complexité de son champ « naturel » de recherche et la « clarté » de ses analyses qui nous renseignent mieux et à suffisance sur l'homme. Les analyses « renouvelées » du maître nous conduisent en tout temps dans les méandres exaltants du savoir, tout en nous rappelant, à chaque occasion, « la dose de prudence » et la « froideur » avec laquelle les objets analysés doivent être saisis. Ce qui confirme, sans doute, son envergure scientifique et sa prudence « légendaire », d'autant plus que ses craintes d'hier sur l'institution présidentielle[3] en Afrique sont, aujourd'hui, replacées au centre du débat. Ce qui semble être la « plaie », l'irresponsabilité du chef de l'État, n'y échappe pas. Cela a suscité une curiosité qui a fini par nous servir de prétexte afin d'analyser l'irresponsabilité constitutionnelle du chef de l'État dans les régimes politiques africains d'influence française[4].

« En droit, le Chef de l'État est politiquement irresponsable. On peut le regretter mais c'est ainsi »[5]. Cette affirmation traduit une réalité « regrettable » mais « nécessaire » pour la fonction présidentielle. Les constitutions africaines, d'hier et d'aujourd'hui, consacrent toutes le principe

---

[1] Le Professeur a été le chef de l'équipe pédagogique *Droit constitutionnel Cohorte A* (FSJP/UCAD). Chaque réunion pédagogique était synonyme de cours magistral. Les orientations étaient claires, avec une précision « chirurgicale ». Ce qui nous permettait de mener à bien les séances de travaux dirigés. À l'endroit de ses doctorants, le professeur mettait toujours à leur disposition la documentation la plus récente, les articles les plus rares et la jurisprudence la plus illustrative. Il était une « bibliothèque », notre « bibliothèque ».

[2] Le professeur a à son actif plus d'une trentaine de thèses qu'il a encadrées et fait soutenir en l'espace d'une décennie. Les thèses encadrées touchent toutes les branches du doit public. Le professeur a fait « système » et il n'est pas exagéré de parler de l'école du Professeur Ismaila Madior Fall.

[3] I. M. Fall, *Le pouvoir exécutif dans le constitutionnalisme des États d'Afrique*. Paris, L'Harmattan, coll. « études africaines », 2008, 310 p.

[4] Cette étude ne prendra en compte que les exemples du Bénin, de la Côte d'Ivoire, de Madagascar, du Niger et du Sénégal.

[5] D. Chagnollaud, *Droit constitutionnel contemporain*, Dalloz, tome 3, La Ve République, 5e éd., 2009, p. 147.

de l'irresponsabilité du chef de l'État. Ce principe n'est ni cosmétique ni importé. Il a sa raison d'être, au-delà de trouver son fondement dans les traditions africaines[6]. Intervenant dans l'échiquier politique, car détenant un mandat de représentation nationale et incarnant l'unité nationale[7], « le président de la République n'a [plus] pour seule fonction l'inauguration des chrysanthèmes »[8], et des immunités lui permettent « d'exercer aussi sereinement que possible le mandat que les électeurs lui ont confié »[9].

Ces immunités sont doubles. Il s'agit de l'irresponsabilité et de l'inviolabilité. Ces deux formes « d'immunités constitutionnelles »[10] ou de « garanties constitutionnelles » bien que pouvant prêter à confusion sont nettement distinctes. L'irresponsabilité est une immunité fonctionnelle, tandis que l'inviolabilité est une immunité procédurale.

L'irresponsabilité en droit désigne la dispense de l'obligation de répondre de ses actes. Cette dispense est stipulée soit, par un texte soit, par le juge. En réalité, elle n'est que l'affirmation qu'un acte n'est pas imputable à son auteur[11]. Elle est « un point au-delà duquel, la répression ne se justifie pas ou ne se justifie plus »[12]. Ramenée au champ du chef de l'État, l'irresponsabilité est une immunité de fond, permanente et absolue dans le but de protéger la fonction présidentielle contre toute action ou atteinte allant dans le sens de le traduire devant les instances politiques et juridictionnelles[13] pour des actes liés à l'exercice de ses fonctions, évitant par la même de décrédibiliser[14] l'institution présidentielle. Elle s'étend à tous les actes commis dans l'exercice des fonctions et même « au-delà de la cessation du mandat antérieurement

[6] F. Galleti, « De quelques réflexions (juridiques) sur la légitimité du chef dans l'histoire des institutions africaines », *in* F.P Blanc *et al.*, *Le chef de l'État en Afrique... Entre traditions, état de droit et transition démocratique*, Cah. CERJEMAF n° 9, Presses Universitaires de Perpignan, 2001, pp. 33-101.

[7] Article 41 de la Constitution du Bénin, *« le président de la république est le chef de l'État. Il est l'élu de la nation et incarne l'unité nationale »* ; article 42 al. 2 de la Constitution sénégalaise ; article 34 de la Constitution ivoirienne ; article 46 de la Constitution nigérienne du 25 novembre 2010.

[8] C. Emeri, « De l'irresponsabilité présidentielle », *Pouvoirs,* n° 41, 1987, pp. 135.

[9] Ph. Ardant, « La responsabilité pénale du président français », *Pouvoirs,* n° 92, p. 63.

[10] M. C. Dominguez, « Immunités constitutionnelles et privilèges de juridiction », *AIJC*, 2001, pp. 179-186.

[11] À ce titre, E. Daskalakis souligne qu' « il n'y a pas de différence notionnelle entre (...) les termes "imputabilité" et "responsabilité". La seule nuance qui les sépare est que la première constitue le précédent logique de la seconde ». *Cf. Réflexions sur la responsabilité pénale.* Paris, PUF, 1975, p. 15.

[12] M. Verdussen, *Contours et enjeux du droit constitutionnel pénal.* Bruxelles, Bruyant, 1995, p. 499.

[13] F. Hamon et M. Troper, *Droit constitutionnel*, LGDJ, 29e éd., 2005, p. 140.

[14] S. N. Tall, « Le statut des députés au Sénégal », *EDJA,* n° 57, avril-mai-juin 2003, p. 42.

couvert »[15]. C'est ce point qui la différencie de l'inviolabilité, même si elle peut en être le prolongement logique.

L'inviolabilité est une protection d'ordre procédurale ayant pour objet soit, de suspendre les poursuites en matière criminelle ou correctionnelle contre l'élu en cause en attendant la fin de l'exercice de la fonction protégée soit, de soumettre lesdites poursuites à des règles de procédures dérogatoires à celles de droit commun[16]. Elle est, comme le souligne le juge constitutionnel nigérien, « une procédure garantissant [le chef de l'État], pris en sa qualité d'individu, contre des poursuites pénales abusives ou vexatoires intentées contre lui en raison des faits étrangers à l'exercice du mandat »[17]. En ce sens, l'inviolabilité se prolonge en une irresponsabilité, mais s'en distingue du fait que ces actes n'échappent pas à la chaîne de responsabilité. Or, l'irresponsabilité suppose que la personne qui en dispose bénéficie d'une couverture pour les actes commis dans l'exercice de ses fonctions et qui empêche toute poursuite même à la fin de son mandat. C'est en ce sens qu'Olivier Beaud conclut que l'irresponsabilité « conduit à une incompétence du juge » alors que l'inviolabilité « conduit à l'irrecevabilité »[18].

Le constitutionnalisme des États d'Afrique noire francophone reste constant dans la consécration du principe de l'irresponsabilité du chef de l'État. Cette irresponsabilité tout en se perpétuant dans le temps se renforce de plus en plus sous la conjugaison d'un certain nombre de facteurs, et ce, malgré l'incohérence de la disposition ou du principe eu égard à certaines dispositions constitutionnelles et de la pratique politique.

La disposition de l'article 68 de la Constitution française de la Cinquième République selon laquelle « le président de la République n'est responsable des actes accomplis dans l'exercice de ses fonctions qu'en cas de haute trahison » a été reprise par le constituant africain des années soixante suite à leur accession à la souveraineté internationale[19], même si la Constitution

---

[15] M. De Villiers, *Dictionnaire du Droit Constitutionnel.* Paris, Armand Colin, 2e éd., 1999, p. 114.

[16] M. De Villiers, *Dictionnaire du Droit Constitutionnel*, *op.cit.*, p. 114.

[17] Cour constitutionnelle du Niger, Arrêt n° 12/CC/MC du 04 septembre 2014.

[18] O. Beaud, « L'immunité du chef de l'État en droit constitutionnel comparé » *in* J. Verhoeven (dir.), *Le droit international des immunités : contestation ou consolidation* ?, Larcier, 2004, p. 170.

[19] Au Sénégal, l'article 65 de la Constitution de 1960 et l'article 87 de la Constitution du 07 mars 1963 reprennent la même disposition (voir successivement les pages 49 et 74 de l'ouvrage de I. M. Fall *Textes constitutionnels du Sénégal de 1959 à 2007*, CREDILA) ; en Côte d'Ivoire c'est l'article 64 de la loi n° 60-356 du 03 novembre 1960 modifiée par la loi n° 63-1 du 11 janvier 1963 qui la reprend. Au Bénin, la Constitution du 26 novembre 1960 énonçait déjà en son article 65 al. 1 : « le Président de la République n'est responsable des actes accomplis dans l'exercice de ses fonctions et traduit devant la Haute Cour de justice qu'en cas de haute trahison. » La Constitution du 11 janvier 1964, édictait en son article 89 : « le Président de la République et le Vice-Président ne sont responsables que des actes accomplis dans l'exercice de leurs fonctions et traduit devant la Haute Cour de Justice qu'en cas de haute trahison. Les

malgache s'en écarte en disposant que « le Président de la République et les membres du Gouvernement sont pénalement responsables des actes accomplis dans l'exercice de leurs fonctions et qualifiés crimes ou délits au moment où ils ont été commis »[20]. Formulation qui fut réitérée dans la Constitution du 19 août 1992[21].

Au renouveau démocratique, le principe de l'irresponsabilité du chef de l'État reste bien visible, à quelques exceptions près, du moins dans le libellé. Ainsi, il a été repris à la lettre par les Constitutions notamment sénégalaise[22], ivoirienne[23], nigérienne[24] et malgache[25].

Le constituant béninois, même en s'écartant de la formulation en disposant que « la responsabilité personnelle du président de la République est engagée en cas de haute trahison, d'outrage à l'Assemblée, ou d'atteinte à l'honneur et à la probité »[26], n'a pas fait moins. L'interprétation *a contrario* permet d'affirmer l'irresponsabilité du chef de l'État. En effet, « en cas de » renvoie à une exception. En d'autres termes, la responsabilité du chef de l'État n'est engagée que si les situations limitativement décrites se présentent.

L'irresponsabilité politique du chef de l'État devient le principe en vigueur dans toutes les constitutions africaines. Elle est contrebalancée par une responsabilité pénale « plus théorique que réelle »[27], en ce sens qu'elle apparaissait comme une disposition cosmétique, ornementale n'ayant aucune efficacité. Elle avait plus « l'effet d'un épouvantail que d'une menace véritable »[28].

Si « les relations entre droit et pouvoir constituent un problème central pour la compréhension de la culture politique et juridique moderne »[29], les

---

cas de haute trahison et les sanctions applicables sont définis par la loi ». La Constitution du 28 avril 1968 énonçait en son article 90 : « le Président de la République n'est responsable des actes accomplis dans l'exercice de ses fonctions et n'est traduit devant la Haute Cour de Justice qu'en cas de Haute trahison. Les cas de haute trahison et les sanctions applicables sont définis par la loi. »

[20] Article 18 alinéa 1 de la Constitution du 29 avril 1959.

[21]Selon l'article 121 « le président de la République, les présidents de toutes les institutions, les membres du Gouvernement, de la Cour constitutionnelle administrative et financière et de la Cour suprême sont pénalement responsables des actes accomplis à l'occasion de l'exercice de leurs fonctions et qualifiés de crime ou délit au moment où ils ont été commis ».

[22] Article 101 de la Constitution du 22 janvier 2001.

[23] Article 157 de la Constitution.

[24] Article 142 de la Constitution du 25 novembre 2010.

[25] Article 131 de la Constitution du 11 décembre 2010 « le Président de la République n'est responsable des actes accomplis liés à l'exercice de ses fonctions qu'en cas de haute trahison, de violation grave, ou de violations répétées de la Constitution, de manquement à ses devoirs manifestement incompatible avec l'exercice de son mandat ».

[26] Article 73 de la Constitution.

[27] S. M. Sy, *Recherches sur l'exercice du pouvoir en Afrique*. Thèse, Dakar, 1964, p. 219.

[28] *Ibid.*, p. 223.

[29] G. Peces-Barba, « Droit et pouvoir : le pouvoir et ses limites », *RDP*, n° 5, 1999, p. 1263.

relations entre pouvoir et responsabilité viennent compléter le tableau, soit en l'assombrissant, soit en lui donnant toute sa clarté. La causalité qui l'entoure détermine fondamentalement l'avenir de la responsabilité, comme fondement de la démocratie.

En ce sens, la question centrale qui se pose est la suivante : *la consécration de l'irresponsabilité constitutionnelle du chef d'État africain repose-t-elle sur une rationalité juridique avérée ?* Chercher le fondement de l'irresponsabilité du chef de l'État en Afrique, c'est rechercher la quintessence et l'enracinement du pouvoir politique en Afrique. Le pouvoir, comme l'affirme le professeur Maurice Kamto, « dérange, suscite des interrogations. Il inquiète, mais il fascine toujours. Tout le monde le pourfend, nombreux sont ceux qui aimeraient en être les détenteurs. On le voudrait assez fort pour répondre aux exigences de sécurité (...) »[30].

Cette exigence, nécessaire pour l'exercice du pouvoir, est à rechercher sur une échelle de mécanismes dans laquelle chaque ordre politique peut y trouver un principe de protection de son chef et qui réponde mieux à ses critères de gestion du pouvoir et dont le summum est, sans nul doute, l'irresponsabilité.

Cependant, cette dernière, comme d'ailleurs tout mécanisme juridique et même politique, a besoin d'une justification. Étant sécrétée pour répondre aux exigences d'un ordre bien établi, l'absence de justification d'une règle ou d'une institution peut être source de rejet, voire de contestation. C'est ainsi que le principe de l'irresponsabilité politique soustrait le chef de l'État de l'impérieuse nécessité pour tout titulaire d'un mandat électif de rendre compte, non seulement à ceux qui l'ont légitimité, mais aussi à ceux détenteurs de la fonction de juger, au moins durant l'exercice de son mandat et pour une catégorie d'actes. Toutefois, cette justification, en Afrique, soulève un certain nombre d'interrogations légitimes du fait de l'imbrication entre le chef de l'État et la fonction. Si l'irresponsabilité est, en principe, attachée à la fonction, en Afrique, elle semble s'attacher au chef de l'État.

Au surplus, d'une relation causale claire qui s'articulait autour de deux paradigmes : pouvoir et responsabilité, perte du pouvoir et irresponsabilité, on est passé à une relation fortement débridée, dénudée de sa substance qui vaut aux systèmes africains actuels toute leur incohérence[31]. L'articulation entre pouvoir et responsabilité présente une double facette dont chacune présente une originalité particulière. L'option paradoxale africaine pouvoir / irresponsabilité du chef de l'État navigue à contre-courant de la dynamique théorique. La légitimation démocratique du pouvoir politique à travers

[30] M. Kamto, *Pouvoir et droit en Afrique noire. Essai sur les fondements du constitutionnalisme dans les États d'Afrique noire francophone*. Paris, LGDJ, 1987, p. 15.

[31] D. Sy, « De quelques dispositions atypiques dans les constitutions africaines », *in la constitution béninoise du 11 décembre 1990 : un modèle pour l'Afrique ? Mélanges en l'honneur de Maurice Ahanhanzo-Glélé*. L'Harmattan, pp. 273-283.

l'élection du chef de l'État élu au suffrage universel pervertit davantage le paradoxe.

Si l'irresponsabilité se combine avec la perte du pouvoir et s'accommode mal avec l'élection du chef de l'État au suffrage universel, en Afrique la réalité est tout autre. Non seulement le fondement de l'irresponsabilité constitutionnelle du chef de l'État reste ambigu (I), mais la logique qui la sous-tend est mal prise en compte par les constitutions. Elle est, à la limite, décousue (II).

I. Un fondement ambigu

L'irresponsabilité du chef de l'État en Afrique ne relève pas du hasard. Elle est la résultante de plusieurs facteurs qui expliquent son soubassement (A). Sa consécration ne résulte pas, comme on a coutume de le dire pour l'ensemble des règles et institutions adoptées en Afrique, d'un mimétisme, mais d'une volonté pour le constituant de s'aligner sur la tendance générale, qui est celle de donner au chef de l'État toutes les garanties nécessaires pour mener à bien ses missions. En Afrique, le principe de l'irresponsabilité protège-t-il la fonction ou l'homme ? La problématique est posée dans tous les systèmes politiques, dans la mesure où la ligne de démarcation n'est pas toujours facile à identifier, mais, qui, en Afrique, semble être corroborée par l'inamovibilité des chefs d'État[32]. La justification de l'irresponsabilité présidentielle est discutable (B) en ce sens qu'elle est difficilement dissociable de la personne du chef.

A. Une irresponsabilité justifiée

En Afrique, le soubassement de l'irresponsabilité politique du chef de l'État est à la fois théorique (1) et fonctionnelle (2).

1. Justification théorique

L'accession des États africains à la souveraineté internationale se matérialisa par l'adoption de constitutions qui reprennent les grands principes constitutionnels sur lesquels repose tout État qui aspire à se conformer aux fondamentaux de la théorie constitutionnelle. Il s'agit de la théorie de la séparation des pouvoirs dont les modalités d'exercice déterminent le fonctionnement du régime politique.

La paternité de la théorie de la séparation des pouvoirs ne fait point unanimité. Sans revenir sur les querelles de son « géniteur »[33], la théorie a acquis ses lettres de noblesse avec Montesquieu[34] qui, au-delà de sa

---

[32] V. Foucher, « Difficiles successions en Afrique subsaharienne : persistance et reconstruction du pouvoir personnel », *Pouvoirs*, n° 129, 2009, pp. 127-138.

[33] J. L. Seurin, « Les origines historiques de la séparation des pouvoirs » *in Études offertes à Jean Marie Auby*. Paris, Dalloz, 1992, pp. 651-668.

[34] B. Chantebout, *Droit constitutionnel et Science politique*. Paris, Armand Colin, 8e éd., 1988, pp. 103-105.

systématisation, lui impulsera « une force de séduction de l'expérience, qui va devenir un modèle »[35]. La théorie de la séparation des pouvoirs repose sur une division « horizontale » du pouvoir. Division qui met l'accent sur l'existence de trois pouvoirs dont chacun correspond à une fonction et à un organe. Montesquieu dira en ce sens qu'« il y a dans chaque État trois sortes de pouvoirs : la puissance législative, la puissance exécutrice des choses qui dépendent du droit des gens et la puissance exécutrice de celles qui dépendent du droit civil »[36].

Cette division fonctionnelle et organique du pouvoir se retrouve dans l'architecture constitutionnelle des États africains. La Constitution sénégalaise, à l'exception des constitutions béninoise, ivoirienne, malagasy et nigérienne[37], en consacrant la Déclaration universelle des droits de l'Homme et du citoyen de 1789 dans son préambule, épouse sans réserve l'article 16 de ladite déclaration : « toute Société dans laquelle la garantie des Droits n'est pas assurée, ni la séparation des Pouvoirs déterminée, n'a point de Constitution ». L'article 163 de la Constitution malgache dispose, elle, de façon formelle que « (….) le principe de la séparation des pouvoirs (…) ne [peut] faire l'objet de révision ».

L'objectif assigné à chaque pouvoir, en l'occurrence le pouvoir législatif et le pouvoir judiciaire, ne s'oppose-t-il pas à l'irresponsabilité du chef de l'État ? D'autant plus que la limitation du pouvoir suppose la possibilité pour l'exécutif de rendre compte aux autres pouvoirs. La réponse à première vue peut paraître affirmative.

L'objectif premier de la séparation des pouvoirs est de protéger les compétences de chaque pouvoir afin d'éviter des empiètements non souhaités. Et sur ce seul fondement, l'irresponsabilité du chef de l'État est justifiée.

La traduction de cette incompétence du juge à engager la responsabilité du chef de l'État trouve sa traduction dans la Décision de la Cour suprême américaine qui, dans l'affaire *Nixon v. Fitzgerald* (457 US 731-1982), a reconnu que l'immunité présidentielle est ancrée dans « la tradition constitutionnelle de séparation des pouvoirs »[38]. Elle sera rejointe par la commission de réforme du statut du chef de l'État en France qui estima à cet effet que « le principe de la séparation des pouvoirs exprime la nécessité de préserver la sphère de compétences de chaque organe de l'État, notamment

---

[35] C. Grewe et H. Ruiz Fabri, *Droits constitutionnels européens*. Paris, PUF, coll. « droit fondamental », 1ère éd., 1995, p. 361.

[36] Montesquieu, *De l'esprit des lois*, tome 1, Chap. VI, livre XI, GF-Flammarion, 1979 p. 294.

[37] Les constitutions de ces États consacrent toutes dans leur préambule l'attachement au principe de la séparation et de l'équilibre des pouvoirs.

[38] M. Michaut « Le président des Etats-Unis peut-il être attrait devant le tribunal d'un état fédéré ? À propos de l'affaire Zervos v. Trump », in http://blog.juspoliticum.com/ 2017/04/18/le-president-des-etats-unis-peut-il-etre-attrait-devant-le-tribunal-dun-etat-federe-a-propos-de-laffaire-zervos-v-trump/, consulté le 20 avril 2017.

les juridictions d'un côté et le pouvoir exécutif de l'autre. L'irruption d'autorités judiciaires dans l'action du chef de l'État conduit, en fait, à mettre en cause une responsabilité politique qui, lorsqu'elle est prévue, obéit à des conditions différentes »[39].

Cet ancrage de la séparation des pouvoirs comme fondement de l'irresponsabilité du chef de l'État est relativisé par David Dechenaud, qui énonce que « si la séparation des pouvoirs ne s'oppose pas à ce que l'autorité judiciaire apprécie la conduite des décideurs publics, en revanche, elle rend nécessaire un aménagement des modalités d'intervention du juge »[40]. Si la position de Dechenaud est acceptable, dans son principe, dans la mesure où elle vise à aider tous « les décideurs publics », y compris le chef de l'État, à exercer sereinement leurs missions, il faut souligner, toutefois, que la théorie de la séparation des pouvoirs reste toujours le soubassement de l'impossibilité pour le pouvoir judiciaire de connaître de la responsabilité du chef de l'État, d'autant plus que cette immixtion reviendrait à annihiler la justification première de la théorie de la séparation des pouvoirs, la protection pour chaque ordre de pouvoir de ses compétences.

Cette impossibilité de traduire le chef de l'État devant les juridictions ne lui est pas exclusive. Le parlement est lui aussi frappé de cette interdiction, mais dont la justification se trouve dans le régime politique adopté.

La théorie de la séparation des pouvoirs a donné naissance à une double interprétation quant aux relations entre les pouvoirs politiques[41] c'est-à-dire entre l'exécutif et le législatif. Cette interprétation a donné, elle-même, naissance à deux régimes politiques justifiant sur le plan théorique l'irresponsabilité politique du chef de l'État. C'est pourquoi, en fonction de l'interprétation qui est donnée à la théorie de Montesquieu, une classification bipartite a été établie. Il s'agit du régime présidentiel et du régime parlementaire[42], dont les différences fondamentales reposent sur l'organisation des pouvoirs politiques et les relations qu'ils entretiennent[43], même s'il faut souligner qu'il y a une évolution dans cette classification[44].

---

[39] P. Avril, *Rapport de la Commission de réflexion sur le statut pénal du Président de la République*, La Documentation française, décembre 2002, pp. 25-26.

[40] D. Dechenaud cité par H.-D. Bosly « Le jugement des responsabilités : les juridictions internes » *in* M. Danti-Juan (dir.) *La pénalisation des responsabilités politiques en droit interne et en droit international.* Editions Cujas, 2008, p. 182.

[41] J.-L. Essam Bo Kangashe, *Le Droit constitutionnel.* Academia-L'Harmattan, 2013, p. 227.

[42] Y. Gouet « Qu'est-ce que le régime parlementaire? » *RDP*, 1932, pp. 179-243.

[43] G. Burdeau, *Traité de science politique*, tome IV, *les régimes politiques.* Paris, LGDJ, 1951, P. 354.

[44] J. Rivero, « Une nouvelle classification des régimes politiques », *RFSP*, 3e année, n° 4, 1953, pp. 849-858 ; J.-L. Thiébault, « Les périls du régime présidentiel », *RIPC*, 2006, vol. 13, n° 1, p. 95-113 ; P. Lauvaux, « l'illusion du régime présidentiel » in *Mélanges à l'honneur de Pierre Avril, La République.* Paris, Montchrestien, 2001, pp. 329-347 ; P. Lauvaux, « propositions méthodologiques pour la classification des régimes », *Droits*,

Le régime parlementaire et le régime présidentiel s'identifiant par la configuration de l'exécutif et les relations qu'entretiennent les pouvoirs politiques, il en découle un certain nombre de conséquences quant à l'irresponsabilité politique du chef de l'État.

Dans le régime parlementaire, l'irresponsabilité politique du chef de l'État trouve ainsi son fondement dans celle du gouvernement qui lui sert de bouclier. En d'autres termes, l'irresponsabilité du chef de l'État trouve son fondement dans l'existence d'un gouvernement responsable[45] devant le parlement. Cette responsabilité est inexistante dans un régime présidentiel.

Le chef de l'État dans un régime présidentiel est le seul « patron » de l'exécutif. Il ne partage son pouvoir avec aucune autre autorité. Le « gouvernement » découle directement de sa volonté. Il n'a pas une existence en dehors du chef de l'État. Cette exclusivité renforce l'indépendance du chef de l'État vis-à-vis du parlement.

L'indépendance fonctionnelle et organique s'oppose au renversement du chef de l'État par le parlement et vice versa. L'irresponsabilité politique du chef de l'État trouve sa traduction non pas dans l'existence d'un gouvernement responsable devant le parlement, mais dans la spécialisation fonctionnelle et l'indépendance organique de l'institution présidentielle et parlementaire. La justification théorique de l'irresponsabilité du chef de l'État bien que pouvant éclairer la position du constituant africain, celle fonctionnelle reflète suffisamment cette nécessité.

2. Justification fonctionnelle

La fonction présidentielle, fonction éminente que puisse occuper un citoyen, est protégée dans le but d'aider le chef de l'État à accomplir sa mission et parmi laquelle celle du garant de la continuité de l'État n'est pas moindre.

L'irresponsabilité du chef de l'État est une nécessité pour l'accomplissement de ses missions. Elle a pour but de « Conférer à [des] personnages officiels un maximum de capacités pour remplir sereinement et impartialement leurs missions vis-à-vis du public [...], pour leur épargner une atmosphère d'intimidation qui pourrait contrarier leur détermination à accomplir leurs missions [...] »[46].

Jouant un rôle essentiel dans un système constitutionnel comme celui des États africains, le chef de l'État est mis dans une situation confortable qui exclut toute hypothèse pour lui d'être inquiété par des poursuites judiciaires

---

2000, n° 32, pp. 329-347 ; R. Moulin, *le présidentialisme et la classification des régimes politiques*, LGDJ, 1978.

[45] L. Favoreu, P. Gaia *et al.*, *Droit Constitutionnel*, Dalloz, 3e ed., 2000, p. 611.

[46] Voir la jurisprudence *Ferri v Ackerman 444 US 193-1979*, *in Rapport de la commission de réflexion sur le statut pénal du Président de la République*, p. 19.

et même politiques, qui pourront remettre en cause la crédibilité de l'institution. Le bénéficiaire ne peut y renoncer sous quelque prétexte que ce soit, contribuant par ce fait à dissocier l'irresponsabilité de la personne du chef de l'État.

Pour la commission constitutionnelle burundaise, l'irresponsabilité « se fonde sur la nécessité de permettre au Président de travailler sereinement, sans qu'il doive se préoccuper de la portée pénale possible des actes qu'il pose »[47]. La rejoignant, le professeur Aïvo estime qu'elle permet *au* chef de l'État de se mettre à « [...] à l'abri des poursuites abusives et d'assauts répétés motivés par des velléités politiques et susceptibles de déstabiliser l'autorité de l'État »[48]. Dans tous les cas, l'objectif recherché est de conférer au chef de l'État un statut particulier « pour lui laisser la liberté d'action dont il a besoin »[49], afin de le soustraire au régime de droit commun, qui consiste pour tout individu à répondre systématiquement de ses actes devant les autorités compétentes. C'est en ce sens que cette protection trouve sa signification la plus éclatante dans la constitutionnalisation du principe.

Même si pour certains « l'irresponsabilité [...] ne résulte pas d'un jugement moral, ni d'un constat clinique, mais d'une décision politique »[50], il faut voir qu'elle est inscrite dans la charte suprême, la conférant, ainsi, un soubassement constitutionnel. La constitution-nalisation de cette « décision politique » aura l'avantage de s'imposer aux autorités politiques et juridictionnelles, mettant par ce fait le chef de l'État à l'abri des aléas du pouvoir et des arrangements politiques, qui évoluent au gré des circonstances.

C'est ainsi que contrôlant la conformité du traité de Rome[51] instituant la Cour pénale internationale à la constitution, les juges constitutionnels ivoirien et malgache, à l'instar du juge constitutionnel français[52], ont estimé que

---

[47] Commission Constitutionnelle, *Rapport sur la démocratisation des institutions et de la vie politique au Burundi*, Bujumbura, août 1991, p. 77.

[48] F. J. Aïvo, « La responsabilité pénale des gouvernants dans les régimes politiques africains d'influence française », http://afrilex.ubordeaux4.fr/sites/afrilex/IMG/pdf/ La_responsabilite_penale_des_gouvernants_dans_les_regimes_politiques_d_influence_franca ise, p. 10.

[49] R. Merle, A. Vitu, *Traité de droit criminel*. Paris, Cujas, t.2, 4e éd., 1989, p. 52.

[50] M. Verdussen, *Contours et enjeux du droit constitutionnel pénal*, Bruxelles, Bruylant, 1995, p. 499.

[51] Beaucoup de juridictions constitutionnelles ont estimé que l'article 27 du statut de la CPI n'était pas contraire à la Constitution de leurs États. Il s'agit de l'Espagne, de l'Ukraine, du Honduras, de Costa Rica, etc. CICR, *Questions soulevées par certaines cours constitutionnelles, cours suprêmes et conseils d'État sur le Statut de Rome*, 01 /2003, pp.23-24.

[52] Le Conseil constitutionnel a estimé que l'article 27 du statut de Rome était contraire à l'article 68 de la Constitution de 1958. *Cf.* Décision n° 98-408 DC du 5 janvier 1999 en Annexe de l'article de F. Luchaire, « La cour pénale internationale et la responsabilité du chef de l'État devant le Conseil constitutionnel », *RDP* n° 2, 1999, pp. 471-479. F. Luchaire a estimé à ce titre que « l'interprétation minimum exonère le chef de l'État de toute responsabilité pour les actes commis dans l'exercice de ses fonctions hors le cas de haute trahison ».

l'article 27[53] de ladite convention était contraire à leurs Constitutions respectives, dans la mesure où il prive le chef de l'État d'une garantie constitutionnelle, les immunités, et du privilège de juridiction[54].

Cependant, cette irresponsabilité ne signifie pas immunité totale. Comme le soutient D. G. Lavroff, « cette irresponsabilité de principe ne signifie pas que le président de la République soit placé au-dessus des lois et qu'il bénéficie d'un privilège qui le mettrait en dehors de la soumission à la législation »[55]. Elle ne revêt qu'un caractère fonctionnel. Elle vise, en effet, à « protéger la fonction et non pas l'homme »[56].

C'est pourquoi, le chef de l'État ne peut se soustraire à une telle protection. Il ne peut défier les prescriptions constitutionnelles, ce qui est apparemment rare, dans le but de répondre à une éventuelle convocation devant le juge excepté les cas constitutionnellement prévus. En d'autres termes, il y a une « impossibilité pour les intéressés d'y renoncer ».

L'irresponsabilité confère au chef de l'État une dispense, une immunité pour les actes qu'il pose en tant qu'autorité suprême de la République. Si la justification tient au fait qu'elle permet au chef de l'État de mener à bien ses missions, il n'en demeure pas moins que la justification attachée à la spécificité de certaines de ses fonctions, conférée par les constitutions africaines, n'est pas moindre.

La consécration de l'irresponsabilité du chef de l'État, en dehors des considérations théoriques, se justifie aussi par les compétences confiées au chef de l'État par la charte fondamentale. « C'est en cela [aussi] qu'elle [a] un

---

[53] « Le présent statut s'applique à tous de manière égale, sans aucune distinction fondée sur la qualité officielle. En particulier, la qualité officielle du chef de l'État ou de gouvernement (…) n'exonère en aucun cas de la responsabilité pénale au regard du présent statut, pas plus qu'elle ne constitue en tant que tel un motif de réduction de la peine »[53]. Au surplus, « les immunités ou règles de procédure spéciales qui peuvent s'attacher à la qualité officielle d'une personne, en vertu du droit interne ou du droit international, n'empêchent pas la cour d'exercer sa compétence à l'égard de cette personne ».

[54] Le Conseil constitutionnel ivoirien, dans sa Décision n° 002/CC/SG du 17 décembre 2003 relative à la conformité du Statut de Rome à la Constitution et la Haute Cour constitutionnelle malgache, dans sa Décision n° 11-HCC/D1 du 21 mars 2006 relative à la constitutionnalité de la loi n° 2005-035 autorisant la ratification du Statut de Rome de la Cour pénale internationale, ont considéré que l'article 27 du Statut de Rome était contraire à la Constitution. En effet, le Statut de Rome étant applicable à toute personne indépendamment de sa fonction officielle, il est incompatible avec certaines dispositions de la Constitution (Articles 68, 93, 109, 110 et 117 de la constitution ivoirienne ; articles 69, 81, 113 et 114 de la Constitution malgache). Dispositions qui prévoient des immunités contre les poursuites judiciaires, des privilèges de juridiction, mais aussi des procédures spéciales sur la base de la fonction officielle d'une personne.

[55] *Droit Constitutionnel de la Ve République*. Dalloz, 2e éd., 1997, p. 588.

[56] Ph. Ardant, « La responsabilité pénale du président français. Réponses à deux questions », *Revue pouvoirs*, n° 92, 2000, p. 63.

fondement constitutionnel qui doit être recherché dans la source même de leurs compétences puisqu'elle [est] indispensable à l'exercice de celles-ci »[57].

Les constitutions africaines, notamment béninoise, ivoirienne, malgache, nigérienne et sénégalaise en disposant, à quelques exceptions près, que le président de la République est le chef de l'État, qu'il incarne l'unité nationale, qu'il est le gardien de la Constitution et du respect des engagements internationaux, qu'il est le garant du fonctionnement régulier des institutions, de l'indépendance nationale et de l'intégrité du territoire et de la continuité de l'État[58], lui fixent des prérogatives, non moins essentielles, qui sont reprises dans le texte du serment et sur lesquelles reposent le devenir de l'État.

Ce devenir, bien que justifiant que le chef de l'État puisse exercer ses fonctions de façon « sereine », force est de constater qu'en Afrique la justification de l'irresponsabilité semble plus s'attacher à l'homme qu'à la fonction.

B. Une justification discutable

Des principes inhérents au constitutionnalisme expliquent le soubassement de l'irresponsabilité du chef de l'État. Toutefois, en Afrique ce fondement est « timide ». En effet, l'irresponsabilité est difficilement dissociable de la personne du chef, tant en raison de la confusion qui existe entre le chef et la fonction (1), et qui au-delà d'être entretenue par les chefs eux-mêmes, est la résurgence du chef traditionnel. En d'autres termes, le chef d'État africain est un chef traditionnel moderne (2).

1. Une dissociabilité « difficile »

La fonction présidentielle est difficilement dissociable de la personne qui l'occupe. Le chef se fond dans la fonction, il la personnifie. Le chef de l'État a « deux visages ». Il est à la fois « prince et président »[59]. Cette indissociabilité est justifiée par l'empreinte du chef ou la forte imprégnation qu'il a sur l'État et les institutions[60], mais aussi par la détention, par lui, de ressources importantes.

Les régimes politiques africains se caractérisent de plus en plus par une transformation dans la perception et l'exercice du pouvoir. Un seul individu

---

[57] P. Avril, *Rapport de la Commission de réflexion sur le statut pénal du Président de la République*, La Documentation française, décembre 2002, p. 26.

[58] Article 41 de la Constitution béninoise ; article 54 de la Constitution ivoirienne ; article 45 de la Constitution malagasy ; article 46 de la Constitution nigérienne ; article 42 de la Constitution sénégalaise.

[59] B. Beigner et P. Pastor Vilanova « Les deux visages du Président de la République en Andorre : prince et président » *in Le pouvoir, mythes et réalités : mélanges en hommage à Henry Roussillon*, Tome 1. Toulouse, Presses de l'université de Toulouse 1 Capitole, 2014, pp. 79-103.

[60] B. Asso, « La Présidence et l'institutionnalisation du pouvoir en Afrique noire », *Revue française d'histoire d'outre-mer*, 1981, vol. 68, n° 250-253, pp. 217-232.

domine les institutions et s'accapare de l'essentiel des prérogatives[61]. Qualifié de personnalisé, le pouvoir s'inscrit dans une nouvelle dimension et réconforte le titulaire quant à ses privilèges statutaires. Marque indélébile des régimes politiques africains, la personnalisation du pouvoir accentuera l'irresponsabilité du chef par la concentration du pouvoir et sa prééminence au sein des institutions[62]. Elle traverse toutes les « générations »[63] du système politique africain avec bien évidemment une teneur qui va s'effriter au cours des périodes du renouveau démocratique, mais sans la remettre réellement en cause. Après les indépendances, l'impératif de la construction nationale combiné à l'impatience de sortir le continent du sous-développement chronique, dont il était confiné, justifia la prépondérance du chef par l'accaparement de l'intégralité du pouvoir[64].

Le chef de l'État est plus que le chef de l'exécutif, « il est le pouvoir »[65]. Il s'identifie à lui et concentre entre ses mains la totalité du pouvoir. Il devient le pasteur qui doit guider son peuple dans les méandres des labyrinthes de l'histoire. L'assertion selon laquelle « l'État c'est moi » retrouve toute son ampleur. Le professeur Kamto estima que « (...) le constitutionnalisme présidentialiste remplit une fonction anthropomorphique. Il désigne non seulement le site du Pouvoir (fonction de localisation), mais aussi son détenteur unique, celui qui l'incarne. Avec le présidentialisme, le Pouvoir se fait chair dans la personne du Chef de l'État. Sans lui, le Pouvoir n'est rien »[66].

Le renouveau démocratique des années 1990 tentera de renverser la tendance, il est vrai, par l'ouverture au pluralisme politique, la limitation du nombre de mandats[67] et la bicéphalisation[68] de l'exécutif, mais sans effets réels[69].

---

[61] A. Mabileau, « La personnalisation du pouvoir dans les gouvernements démocratiques », *RFSP*, n° 1, 1960, p. 39 ; R. Sandbrook, « Personnalisation du pouvoir et stagnation capitaliste », *Politique africaine*, 1987, vol. 26, pp. 15-37.

[62] A. B. Fall, « La démocratie sénégalaise à l'épreuve de l'alternance », *Afrilex*, n° 5, p. 26 et s.

[63] Le professeur Ismaila Madior Fall distingue trois générations dans l'évolution du pouvoir exécutif. L'exécutif de la première génération, l'exécutif de la deuxième génération et l'exécutif de la troisième génération. Voir I. M. Fall, *Le pouvoir exécutif dans le constitutionnalisme des États d'Afrique* : *l'exemple des États francophones d'Afrique subsaharienne*. Thèse, Dakar 2001, pp. 14-20.

[64] V. Foucher, « Difficiles successions en Afrique subsaharienne : persistance et reconstruction du pouvoir personnel », *Pouvoirs*, 2009, n° 2, pp. 127-137.

[65] J. Owona, « Le pouvoir exécutif », *in Encyclopédie juridique de l'Afrique*, tome 1, *l'État et le droit*. Les nouvelles éditions africaines, 1982, p. 123.

[66] M. Kamto, *Pouvoir et droit en Afrique noire. Essai sur les fondements du constitutionnalisme dans les États d'Afrique noire francophone*. LGDJ, 1987, p. 291.

[67] A. Loada, « La limitation du nombre de mandats présidentiels en Afrique francophone », Revue *Afrilex*, n° 3, 2003, pp. 139-174.

[68] I. M. Fall, *Le pouvoir exécutif dans le constitutionnalisme des États d'Afrique*, *op. cit.*, pp. 16 et s.

[69] V. Foucher, « Difficultés, successions en Afrique subsaharienne. Résistance et reconstruction du pouvoir personnel », *Pouvoirs*, n° 129, 2009, pp. 127-137.

Être chef d'État en Afrique, c'est assumer un sacerdoce pour la satisfaction des besoins de toutes les couches sociales, comme c'est le cas dans les sociétés traditionnelles[70]. À la différence de ces dernières, les sociétés politiques modernes font de la compétition électorale le moyen de principe d'accession à la commande publique, qui passe inéluctablement par l'entretien d'un électorat et d'un personnel politique.

La satisfaction de cette clientèle politique[71] nécessite des ressources importantes que dont le chef, en réalité, ne dispose pas en tant que personne privée. Mais, en tant qu'entrepreneur politique, la confusion entre la sphère publique et la sphère privée y remédiera.

La réappropriation par le chef de l'État des ressources étatiques à des fins clientélistes et personnelles, au détriment de la structuration budgétaire, justifia la qualification des régimes politiques africains de régimes de « patrimonialisation » du pouvoir.

Pour renouveler l'étude de cette forme de domination, les politistes parlent de « néo patrimonialisation »[72], qui reprend en l'africanisant l'étude de Max Weber relative à la sociologie de domination[73]. Cette perception est le facteur essentiel de la représentation du pouvoir comme enjeu économique et justifie les querelles pour son contrôle.

En effet, accéder au pouvoir, c'est accéder au contrôle des ressources[74] et vice versa. C'est ce qui fait dire à Jean François Médard que « l'accès à l'Etat conditionnant l'accès direct aux ressources économiques, les ressources économiques et les ressources politiques sont immédiatement interchangeables et le pouvoir donne accès à la richesse comme la richesse au pouvoir »[75].

La position sociale du chef de l'État qui découle des privilèges attachés à la fonction fait de lui un homme important devant qui s'éclipsent tous les

---

[70] L. Sindjoun, « Les pratiques sociales dans les régimes politiques africains en voie de démocratisation : hypothèses théoriques et empiriques sur la paraconstitution », *Canadian Journal of Political Science*, 2007, vol. 40, n° 2, pp. 465-485.

[71] L. Wantchekon, « Clientélisme électoral au Bénin. Résultats d'une étude expérimentale de terrain », *Politique africaine*, 2003, n° 2, pp. 145-160.

[72] Voir l'État néo patrimonial en Afrique noire, in J.-F. Medard (dir.), *États d'Afrique noire, formation, mécanismes et crise*. Paris, Karthala, 1991, pp. 323-353 ; J.-F. Médard, « La spécificité des pouvoirs africains » *Pouvoirs, Revue française d'études constitutionnelles et politiques*, 1983, n° 25, p.15 et s.

[73] M. Weber, *Économie et société*. Paris, Plon, éd. de 1971, p. 52 et s. Dans son étude, il différencie ce qu'il appelle « la domination traditionnelle », « les dominations patriarcales » et « patrimoniales et féodales ».

[74] B. Guèye et S. Ndiaye, « L'instabilité institutionnelle en Afrique », *Droits sénégalais,* n° 10, 2011-2012, p.153.

[75] J.-F. Medard, « Autoritarismes et démocraties en Afrique noire », *politique africaine,* n° 43, octobre 1991, p. 93.

autres hommes. Il distribue des prébendes, récompense les fidèles pour leur dévouement et disgracie les insoumis. Il rend riche et déshonore.

La richesse devient un moyen de gestion du pouvoir par l'achat des plus réfractaires à l'autorité du chef. La corruption devient une arme d'inclinaison des rapports de force en faveur des gouvernants. Elle devient même « un élément de l'équilibre politico-économique »[76].

La « patrimonialisation »[77] du pouvoir crée une dépendance économique, une relation de vassalisation entre le chef et le citoyen et oblige ce dernier à tenir à l'écart tout jugement allant dans le sens de décrédibiliser le chef.

2. Le chef d'État africain, un chef traditionnel moderne

Si l'État en Afrique est un produit d'importation[78], l'encadrement des institutions et leur fonctionnement ne peuvent être que le décalque de ce qui se passe en Occident. Cependant, la réalité est tout autre. Les États africains ne s'écartent pas radicalement des pratiques institutionnelles traditionnelles[79] qui, d'ailleurs, sont déterminantes dans la compréhension des structures politiques actuelles[80].

L'intégration des pratiques traditionnelles[81] dans les structures africaines de type moderne révèle que le chef de l'État est un chef traditionnel, qui arbore les signes distinctifs naguère déterminants dans la qualification de l'institution. N'a-t-on pas d'ailleurs dit que « la présidence de la République est en Afrique noire une véritable chefferie d'État »[82] dont la marque la plus symbolique est la résurgence du phénomène religieux[83]. Le chef d'État africain est un personnage « sacré » ; sacré qu'il ne faut d'ailleurs pas confondre avec le sacré traditionnel qui trouve son fondement dans le mythe

---

[76] B. Guèye et S. Ndiaye, « L'instabilité institutionnelle en Afrique », *op. cit.*, p. 152.

[77] J.-F Medard, « L'État patrimonialisé », *politique africaine*, n° 39, octobre 1990, pp. 25-36. ; J.-F. Bayart, *L'État en Afrique. La politique du ventre*. Paris, Fayard, 1989.

[78] B. Badie, *L'État importé : l'occidentalisation de l'ordre politique*. Paris, Fayard, 1992, 334p.

[79] M. Badji, « Le chef d'État dans les régimes politiques africains : miroir des modes traditionnels d'exercice du pouvoir politique », in M. Badji, O. Devaux et B. Guèye (dir.), *Pouvoir et États en Afrique francophone*, *Revue Droits sénégalais,* n° 9, 2010, p. 35 ; C. H. Perret, F. X. Fauvelle-Aymar, *Le retour des rois: les autorités traditionnelles et l'Etat en Afrique contemporaine*, Karthala Editions, 2003. P. 46.

[80] « En Afrique comme ailleurs, on se réfère fréquemment aux conceptions traditionnelles de la démocratie et du pouvoir pour apprécier les institutions actuelles, et dans la mesure où celles-ci se sont développées soit à partir des institutions anciennes, soit à côté d'elles et donc sous leur influence directe ou indirecte par l'intermédiaire des idées et des comportements acquis par les individus » *in* J. Boyon, « Pouvoir et autorité en Afrique noire : État des travaux », *RFSP*, n° 4, 1963. pp. 996.

[81] C. Coquery-Vidrovitch, « À propos des racines historiques du pouvoir: « Chefferie » et « Tribalisme », *Pouvoirs*, 1983, vol. 25, pp. 51-56.

[82] G. Conac « Portrait du chef d'État », *Pouvoirs*, n° 25, 1983, p. 122.

[83] R. Otayek, « Démocratie, culture politique, sociétés plurales : une approche comparative à partir de situations africaines », *RFSP*, n° 6, vol. 47, 1997 p. 800.

ou le coran. Ce sacré est dit « moderne »[84] car il est une résurgence du religieux qui est soit, fortement, consacré dans les nouvelles constitutions à travers l'institutionnalisation du sacré par le canal du serment politique[85] du chef de l'État[86] soit, par la recherche d'une légitimité transcendantale par un détour dans les traditions pour asseoir une légitimité durable à laquelle s'identifiera le peuple[87].

Les constitutions successives du Sénégal, à part quelques séquences temporelles[88], placent à la tête de la formule de prestation de serment du président de la République la référence à la divinité. « Devant Dieu… je jure… »[89].

À Madagascar, la formule de prestation du serment du chef de l'État commence par un renvoi à la divinité. La nation et le peuple même étant convoqués, n'occupent qu'une place subsidiaire[90]. Il en est de même de la Constitution nigérienne[91] qui prévoit que la prestation du serment doit être faite sur le livre saint de la confession à laquelle appartient le chef de l'État.

Au Bénin, la formule commence par « devant les mânes des ancêtres ». Référence plus conforme aux traditions africaines animistes. Elle n'a aucune connotation islamique ou chrétienne. Toutefois, le constituant n'exclut pas la nation mais aussi le peuple, seul détenteur de la souveraineté[92]. Cependant, la Côte d'Ivoire s'en écarte en apposant au début de la formule de la prestation du serment que la seule entité légitime est « le peuple souverain de la Côte d'Ivoire »[93]. Traduction plus conforme à l'idéal républicain et à la laïcité.

---

84 M. Desbote, « Pouvoir moderne ou sacré traditionnel » ? L'Afrique au carrefour… », *Le mois en Afrique*, n° 180-181, janvier 1980, p. 96.

85 G. Pambou Tchivounda, « Le serment politique en Afrique noire francophone », *RJPIC*, 1983, vol. 3, pp. 796-810.

86 Les constitutions africaines s'écartent radicalement de la Constitution de la Ve république qui ne constitutionnalise pas la prestation du serment comme étape décisive avant la prise de fonction. (J. Massot, *L'arbitre et le capitaine*, Paris, Flammarion, 1987, p.75). La prestation du serment n'est d'ailleurs pas une nouveauté en Afrique ; c'est une tradition qui a toujours existé. Voir sur ce point I. Fall, « Le droit constitutionnel au secours de l'authenticité et de la négritude. Le serment du président de la république, acculturation ou retour aux sources ?», *op.cit.*, pp. 203-218.

87 Y. A. Faure, « Célébrations officielles et pouvoirs africains : symbolique et construction de l'État » *Canadian Journal of African Studies*, 1978, pp. 383-404.

88 La référence à Dieu dans la formule de prestation de serment fut introduite par la révision constitutionnelle de 1967. Elle fut supprimée en 1976 avant d'être réintroduite par la constitution de 2001. Voir I. M. Fall, *Évolution constitutionnelle du Sénégal de la veille de l'indépendance aux élections de 2007*, CREDILA, CREPOS, 2007, pp. 55-56.

89 Article 37 de la Constitution du 22 janvier 2001.

90 « Devant le Dieu Créateur, la Nation et le Peuple, je jure (…) »

91 Article 50 de la Constitution.

92 Article 53 de la Constitution du Bénin.

93 Article 58.

Prêter serment en prenant à témoin Dieu[94] ou les ancêtres confère à l'élu une légitimation transcendantale aux yeux du peuple, mais aussi une garantie quant à l'application des engagements pris par lui et dictés par la Constitution[95].

Jurer à une dimension religieuse en Afrique, où la personne n'est jugée que par ce qu'elle dit. Le verbe est expressif pour apprécier l'état d'esprit de la personne et de ses vertus[96]. En clair, le chef de l'État ne s'exposera jamais ou ne prendra jamais des mesures qui sont de nature à trahir son engagement. Le religieux est profondément ancré dans la pratique des chefs d'État[97] et légitime

---

[94] O. Narey, « Le serment en droit constitutionnel », *in*, K. Ahadzi-Nonou *et al.*, *Démocratie en questions. Mélanges en l'honneur du professeur Théodore Holo*, Presses de l'université de Toulouse 1 Capitole, 2017, p. 360.

[95] H. M. Dzouma-Nguelet, « Constitution et religion en Afrique », *Nouvelles Annales africaines*, 2013, p. 128.

[96] Sur l'importance du serment voir G. A. Kouassigan, *L'homme et la terre. Droits fonciers coutumiers et droit de propriété en Afrique occidentale. ORSTOM,* 1966, p. 24.

[97] Au Sénégal, les chefs d'État ont toujours bénéficié du soutien des marabouts, des "Khalifes généraux" de toutes les confréries dans le but de sortir vainqueur des joutes électorales par l'entremise du *ndiguel (Consigne de vote en faveur de quelqu'un, mais qui depuis l'élection présidentielle de 2000 semble* « s'effriter ». A ce titre voir M. C. Diop, « Le baobab a été déraciné. L'alternance au Sénégal », *Politique africaine, 2000, n° 2, pp. 167 et s ;* X. Audrain, « Du « "ndigël" avorté au Parti de la vérité » *Évolution du rapport religion/politique à travers le parcours de Cheikh Modou Kara (1999-2004) », Politique africaine, 2004, n° 4, pp. 99-118 ; B. SALL,* « De l'intermédiation politique à la candidature : évolution de la position des chefs religieux », *http://afrilex.u-bordeaux4.fr/ consulté le 15 décembre 2015).* La préférence du marabout pour un candidat est le signe que c'est le « bon ». Ayant des connaissances occultes que l'on qualifie de *Batine (Ce qui est caché)* et de *Zahire (ce qui est apparent, visible)*, le chef maraboutique en optant pour un candidat lui assure une légitimité sans commune mesure et le contester c'est désobéir au guide spirituel. Au Bénin, le sacré entoure aussi l'institution présidentielle. C'est à ce titre que Mathieu Kérékou utilisa deux registres religieux différents. De son accession au pouvoir en 1972 à la conférence nationale, il bénéficia d'une sacralité tirée de sa proximité avec les « sorciers et autres chefs Vodun (*Cf.* P. Geschiere, « Sorcellerie et modernité : retour sur une étrange complicité » *Politique africaine*, 2000, n° 3, pp.17-32). Forces sacrées et invisibles, elles assureront à Kérékou « un mode populaire d'action politique » (Cf. P. Geschiere, *Sorcellerie et politique en Afrique : La viande des autres*, Paris, Karthala, 1995, p). Au Renouveau démocratique, il utilisa le registre Chrétien en déclarant son appartenance au milieu pentecôtiste. Il déclarera à cet effet que, « nous les révolutionnaires d'hier, nous nous sommes rendu compte que l'homme en tant qu'être humain ne peut rien faire sans la protection de Dieu. Nous avons fait la révolution en laissant Dieu de côté et il nous a sanctionné [...] je rends grâce à Dieu, à lui seul soient la gloire, l'honneur et la puissance éternelle » (« Discours du général Kérékou, *Le Matin*, le 15 janvier 1996, p.2 cité par C. Strandsbjerg, « Continuité et rupture dans les représentations du pouvoir politique au Bénin entre 1972 et 2001 », le président Mathieu Kérékou. Du militaire-marxiste au démocrate-pasteur », *Cahiers d'études africaines,* n° 177, 2005, p. 80*)*. En Côte d'Ivoire, les chefs traditionnels ont joué et continue de jouer un rôle important dans la légitimation du chef de l'État. Le premier chef d'État ivoirien Félix Houphouët Boigny avait une proximité particulière avec les chefs traditionnels. Proximité, qui lui a valu le titre de « prophète envoyé par Dieu » décrété par l'église syncrétique indépendante Déhima (*Cf.* M. Paulet, « Les mouvements prophétiques ivoiriens », *Spiritus, n°* 49, mai 1972, p. 183), rendant ainsi, comme il aimait à le

toute leur entreprise[98]. L'influence des chefs religieux sur les structures politiques[99] n'est pas une nouveauté[100]. Elle a été permanente durant la colonisation dans le but de dompter les plus réfractaires au pouvoir des « blancs » et augmenter leur crédibilité auprès des colonisés[101].

Les forces religieuses, tout en cherchant à assurer aux chefs d'État une légitimité incontestée et incontestable par un loyalisme affiché[102], rentraient dans les grâces du chef qui leur délivrait vivres et privilèges en faisant d'eux une catégorie sociale particulière[103].

En utilisant le répertoire religieux, le chef de l'État consolide son pouvoir tout en faisant du marabout ou du prêtre le porte-étendard de l'idéologie du pouvoir, par un discours qui « associe sainteté et populisme »[104]. Par truchement, « le droit constitutionnel offre aux chefs d'États les plus habiles à récupérer les normes et les modes d'influence liés aux légitimités traditionnelles, des possibilités de camouflage. En détournant l'attention vers les couches officielles de stratification politique, les institutions importées mettent les mécanismes réels du pouvoir à l'abri des regards indiscrets et des interventions non souhaitées »[105].

Le sacré traditionnel investit le champ politique moderne en faisant du chef de l'État l'allié des forces religieuses, par qui transite la stabilité du régime politique et l'allégeance des populations au pouvoir. Ainsi, « le rôle sacré assigné aux dirigeants traditionnels a été transféré aux dirigeants politiques,

---

dire, « [sa] légitimité (…) intransmissible » (Cf. Ph. David, *La Côte d'Ivoire*, Karthala, 2000, p. 43).

Au Niger, le Président Diori Hamani, premier Président de la République du Niger, n'a pas hésité à faire appel aux chefs religieux. Mieux, dans sa recherche lancinante d'un clientélisme politique, il élargira son gouvernement à ces mêmes autorités religieuses (Cf. S. Abba, « La chefferie traditionnelle en question », *Politique Africaine,* juin 1990, n° 38, p. 51).

[98] M. A. Glèlé, *Religion, culture et politique en Afrique noire*, Économica. Présence africaine, 1981.

[99] Ch. Coulon, *Les musulmans et le pouvoir en Afrique noire: religion et contre-culture*. Karthala Editions, 1983 ; H.-M. Zouma-Nguelet, « Constitution et religion en Afrique », *Nouvelles Annales africaines*, 2013, p. 128.

[100] C.T. Sy, *La confrérie sénégalaise des Mourides*. Paris, Présence Africaine, 1969, p. 212.

[101] D. B. Cruise O'brien, « Le contrat social sénégalais à l'épreuve », *politique africaine* n° 45, mars 1992, p. 11.

[102] M. E. Gruenais, « L'Etat congolais face à ses prophètes », *in* M. Haubert (dir.), *État et sociétés dans le tiers-monde. De la modernisation à la démocratisation*. Paris, publications de la Sorbonne, 1992, pp. 221-227.

[103] C. H. Perret et F. X. Fauvelle-Aymar, *Le retour des rois: les autorités traditionnelles et l'État en Afrique contemporaine*. Karthala Editions, 2003, 568 p.

[104] R. Otayek, « Démocratie, culture politique, sociétés plurales : une approche comparative à partir de situations africaines », *RFSP*, n° 6, vol. 47, 1997, p. 815.

[105] G. Conac (dir.), *Dynamiques et finalités des droits africains*. Paris, Economica, 1980, p. XVIII.

avec comme conséquence l'impunité de l'abus de pouvoir et de l'abandon du devoir »[106].

La conception africaine du pouvoir et du « chef » peut justifier un certain nombre « d'écarts », légitimer certains « comportements » et rendre compréhensibles des « inquiétudes », si toutefois le « référentiel » constitutionnel est endogène. En Afrique, la consécration de l'irresponsabilité du chef de l'État paraît décousue au regard des principes sur lesquels se fonde le constituant, mais aussi au regard de l'essentiel des dispositions constitutionnelles.

II. Une logique décousue

Les constitutions africaines en consacrant le principe de l'irresponsabilité du chef de l'État n'ont pas cherché à le mettre en corrélation avec la plupart des dispositions constitutionnelles. Cet « oubli » fait naître une contradiction flagrante entre l'irresponsabilité du chef de l'État et les pouvoirs exorbitants dont il dispose, mais aussi avec son mode d'élection. Si en théorie constitutionnelle l'effacement politique du chef de l'État par la perte de ses pouvoirs est le fondement de son irresponsabilité, en Afrique la réalité est tout autre. C'est même un paradoxe (A). L'élection du chef de l'État au suffrage universel rentre dans ce mouvement général et s'inscrit en porte-à-faux avec l'aménagement de l'irresponsabilité du chef de l'État, car la légitimité politique rime mal avec l'irresponsabilité. C'est même une contradiction (B).

A. Des paradoxes

Si l'irresponsabilité du chef de l'État dans sa construction théorique repose sur l'absence du pouvoir du chef de l'État, en Afrique, peu importe le régime politique qui a cours dans les États étudiés, le chef de l'État dispose de tous les pouvoirs (1). Au surplus, l'existence d'un gouvernement qui contresigne les actes du chef de l'État et qui endosse la responsabilité, alors qu'il ne détient ni le pouvoir et ne détermine ni la politique qu'il conduit accentue la désarticulation (2).

1. Le chef de l'État, le pouvoir

En Afrique, le chef de l'État est le « siège » du pouvoir. Pour s'en convaincre, il suffit juste de revisiter les constitutions et la pratique politique.

Les constitutions semblent se structurer autour du chef de l'État. Mis à part quelques articles, le chef de l'État figure directement ou indirectement dans toutes les autres dispositions. Il intervient dans tous les domaines, il est compétent en toutes circonstances et en toutes matières.

---

106 P. Vakunta, « Le problème de l'Afrique », *CODESRIA Bulletin*, n° 3 & 4, 2006, p. 35.

En matière de production de normes, le chef de l'État dispose de l'initiative des lois[107] même constitutionnelles[108] ; initiative qui l'emporte largement sur celle des parlementaires. En effet, la majorité écrasante des lois votées par le parlement sont d'origine exécutive. Celles adoptées au référendum viennent exclusivement de lui.

Dans le domaine réglementaire, il dispose de pouvoirs étendus, voire quasi monarchiques. Indépendamment de tout, il lui revient la charge d'exécuter les lois. Il est, à quelques exceptions, la seule autorité habilitée à recourir au référendum[109].

Sur les organes ou autres institutions, il dispose de pouvoirs étendus sur le parlement, le gouvernement, l'administration et même le pouvoir judiciaire, pouvoir censé être indépendant.

Élu au suffrage universel direct, il est reconnu au chef de l'État le pouvoir d'abréger le mandat des députés[110]. Techniquement, la dissolution est un mécanisme qui vise à départager, en cas de conflits par l'arbitrage du peuple, le gouvernement et le parlement pour éviter une cohabitation difficile. Elle apparaît comme une épée de Damoclès sur la tête des parlementaires, d'autant plus que le chef de l'État n'est pas neutre dans le jeu politique. Le gouvernement agit sous son autorité. Une autorité politique légitime remet en cause l'existence d'une autre autorité politique légitime. Induisant une nette supériorité de l'une sur l'autre.

Par rapport au gouvernement, il s'accapare de la fonction exécutive. La nature du régime politique, parlementaire ou présidentiel, ne constitue pas en soi un obstacle à la puissance du chef de l'État en Afrique. Mis à part en cas de cohabitation, comme au Niger[111] ou à Madagascar[112], le gouvernement est à la solde du chef de l'État.

Deux raisons le justifient : il a le pouvoir de nommer et de révoquer le Premier ministre et les ministres et définit la politique que le gouvernement est censé appliquer.

L'administration est le bras séculier du pouvoir exécutif. L'hégémonie du chef de l'État sur le gouvernement entraîne une hégémonie sur l'administration. Le chef de l'État nomme à tous les emplois civils et

---

[107] Article 74 de la Constitution ivoirienne ; article 80 de la Constitution du Sénégal ; article 57 de la Constitution du Bénin.

[108] Article 103 de la Constitution du Sénégal ; article 177 de la Constitution ivoirienne ; article 154 de la Constitution du Bénin ; article 173 de la Constitution nigérienne ; article 162 de la Constitution malgache.

[109] Article 75 de la Constitution ivoirienne ; article 55 de la Constitution malgache ; article 51 de la Constitution sénégalaise ; article 58 de la Constitution béninoise.

[110] Article 59 de la Constitution nigérienne ; article 60 de la Constitution malgache, article 87 de la Constitution sénégalaise.

[111] Article 81 de la Constitution.

[112] Article 54 de la Constitution.

militaires[113], sans compter ses prérogatives étendues sur les emplois réservés à l'instar de la haute administration.

Sur le pouvoir judiciaire, en sus de présider le conseil supérieur de la magistrature, organe compétent en matière d'avancement et de sanction disciplinaire des magistrats, il dispose, à quelques exceptions près, d'une mainmise sur la nomination des hauts magistrats. Il a même le pouvoir de court-circuiter les juges ayant prononcé à l'encontre des individus des décisions privatives de liberté, par usage de son droit de grâce[114].

En matière de relations internationales, il est le maître de la politique internationale de l'État. Il négocie, signe et ratifie les traités internationaux[115]. Il accrédite les ambassadeurs et des ambassadeurs sont accrédités auprès de lui[116].

En matière de défense et de sécurité, il est le premier « soldat » car étant le chef suprême des armées[117]. Si l'autorisation d'entrer en guerre est exclusivement réservée à l'Assemblée nationale, la décision politique lui est entièrement imputable.

En certaines circonstances, surtout exceptionnelles[118], il a des pouvoirs étendus. Il peut légiférer par ordonnance, restreindre certaines libertés. Le contrôle limité exercé par le juge en ces circonstances dénote plus d'une volonté manifeste de laisser le champ libre au chef de l'État que de le soumettre au respect des prescriptions constitutionnelles et légales.

D'un autre point de vue, la pratique politique renforce les pouvoirs, déjà hypertrophiques, du chef de l'État. Le comportement des autorités politiques, ministérielles ou parlementaires, et administratives témoigne largement de cet état de fait. Leurs discours sont structurés autour du chef de l'État à telle enseigne qu'il est permis de se poser la question de savoir s'il s'agit d'une

---

[113] Article 67 de la Constitution ivoirienne ; article 82 de la Constitution nigérienne ; article 44 de la Constitution du Sénégal ; article 62 de la Constitution du Bénin.

[114]Article 66 de la Constitution ivoirienne, article 72 de la Constitution ivoirienne ; article 58 de la Constitution malgache ; article 47 de la Constitution du Sénégal ; article 60 de la Constitution du Bénin.

[115]Article119 de la Constitution ivoirienne ; article 168 de la Constitution nigérienne ; article 137 de la Constitution malgache ; article 95 de la Constitution sénégalaise ; Article 144 de la Constitution du Bénin.

[116] Article 69 de la Constitution ivoirienne ; article 61 Constitution nigérienne ; article 57 de la Constitution malgache ; article 46 de la Constitution du Sénégal ; article 61 de la Constitution du Bénin.

[117] Article 68 de la Constitution ivoirienne ; article 63 de la Constitution nigérienne ; article 56 de la Constitution malgache ; article 45 de la Constitution sénégalaise ; article 56 de la Constitution du Bénin.

[118] Article 73 de la Constitution ivoirienne ; article 67 de la Constitution nigérienne ; article 61 de la Constitution malgache ; article 52 de la Constitution sénégalaise ; article 68 de la Constitution du Bénin.

prescription administrative ou textuelle dont le manquement entraîne des sanctions.

L'ascendance réelle du chef de l'État sur les institutions, structures administratives et politiques et la détention par lui de tous les pouvoirs sont une réalité hautement indéniable. Le chef de l'État ne rend pas compte et quand il décide de s'y soumettre c'est « devant quelques journalistes qu'il a lui-même choisis »[119].

Dans ces conditions, l'irresponsabilité du chef de l'État relève d'une aberration. Il en est de même de la consécration de la règle du contreseing ; règle qui couvre imparfaitement son irresponsabilité.

2. Un contreseing désarticulé

Le contreseing a une double acception : matérielle et politique. Au sens matériel, c'est le fait d'apposer sa signature après celle de l'auteur de l'acte[120]. Au sens politique, il signifie que « les ministres endossent la responsabilité des actes du chef de l'État. Ce dernier agissant à la manière d'un automate »[121]. Ce qui revient à dire que le chef de l'État joue désormais la fonction dévolue au « notaire » dans la mesure où sa signature ne sert qu'à authentifier l'acte. Il s'ensuit que seul le ministre est l'auteur de l'acte, et par conséquent, il en assume la responsabilité.

Ce transfert est manifestement inexistant dans les systèmes politiques étudiés, où le chef de l'État, en plus de détenir toutes les prérogatives de l'exécutif, surplombe l'institution gouvernementale. Cette dernière reste subordonnée à lui. À cet effet, le contreseing reste un non-sens car il fait participer le chef de l'État à l'exercice du pouvoir « tout en [lui] faisant bénéficier [...] d'une irresponsabilité de principe »[122]. En ce qui concerne les actes exemptés de contreseing, il est la marque d'une présidence impériale car ils sont la manifestation de la plénitude des pouvoirs du chef de l'État tout en rentrant par la même en contradiction avec les principes qui gouvernent la responsabilité.

Au Sénégal, le contreseing des actes du président de la République par le Premier ministre est prévu à l'article 43 de la Constitution du 22 janvier 2001. Au Niger, la Constitution en son article 77 prévoit le contreseing des actes du président de la République par le Premier ministre et, le cas échéant, par les

---

[119] P. O. Caille, « Président de la République », *JurisClasseur droit administratif*, 1er juillet 2011, p. 9.

[120] Selon le Doyen Maurice Hauriou le contreseing trouve son origine dans « une habitude de chancellerie se traduisant par la « *subscriptio* d'un chancelier ou référendaire au-dessous de la signature ou du sceau du monarque pour certifier ceux-ci et aussi pour certifier que la décision n'est pas une manifestation arbitraire de pouvoir personnel ». Cf. *Précis de droit constitutionnel*, Paris, Sirey, 1929, p. 412.

[121] J. Gicquel, *Droit constitutionnel et Institutions politiques*. Montchrestien, 17e éd., 2001, p. 453.

[122] J. Gicquel, *Droit constitutionnel et Institutions politiques*, *op. cit.*, p. 453.

ministres responsables. Il en est de même à Madagascar selon les dispositions de l'article 62 de la Constitution.

Ne pouvant prospérer que dans un régime parlementaire dont la dualité de l'exécutif est la marque, le contreseing ne peut prétendre à une viabilité dans un régime présidentiel[123] où le chef de l'État est le détenteur exclusif du pouvoir exécutif. Néanmoins, il n'est pas inconnu des systèmes politiques africains d'« inspiration présidentielle » comme celui du Bénin[124]. Le contreseing est la conséquence logique de l'hérésie constitutionnelle de l'institutionnalisation du poste de Premier ministre.

En droit constitutionnel, le contreseing fait « associer le contre-signataire à la mesure prise [tout en lui en faisant] assumer la responsabilité politique »[125]. Ainsi, en contresignant les actes du chef de l'État, le gouvernement assume la responsabilité tout en étant associé à l'exercice du pouvoir. Cette perception classique n'est plus à jour pour des raisons liées au renforcement du pouvoir du chef de l'État et de sa légitimité qui découle directement de son élection.

L'assujettissement du gouvernement au chef de l'État, qui détermine la politique[126] conduite par les ministres combiné à la responsabilité de ces derniers devant lui[127] et devant le parlement, en l'absence de pouvoirs effectifs, ne peut qu'être aberrant dans un système où le détenteur du pouvoir ne répond pas à la logique de la théorie constitutionnelle. « L'allégeance normale des ministres, et du premier d'entre eux, au chef de l'État ôte toute signification, autre que formelle, à la règle du contreseing qui est un dû »[128].

Le contreseing dans les systèmes politiques africains est synonyme de la subordination du gouvernement au chef de l'État. La signature du Premier ministre et des ministres responsables ne remplit ni une fonction d'authentification ni une participation à l'exercice du pouvoir. Elle n'est que formelle. La signature du chef de l'État, à elle seule, semble suffire car disposant des pouvoirs réels. Et ironiquement le président pourrait dire « ma main signe, mais votre tête répond »[129].

---

[123] À ce titre, il faudra souligner l'absence du contreseing dans le système juridique ivoirien.
[124] Article 54 de la Constitution.
[125] O. Duhamel et Y. Mény, *Dictionnaire Droit constitutionnel*, Paris, PUF, 1992, p. 24.
[126] Au Niger c'est le gouvernement qui détermine et conduit la politique de la nation (article 76 de la Constitution de 2010).
[127] Au Niger, en cas de concordance entre la majorité présidentielle et la majorité parlementaire, le Président de la République nomme de son propre chef le Premier ministre et met fin à ses fonctions (article 56 de la Constitution), tandis qu'en période de cohabitation, le chef de l'État nomme le Premier ministre sur une liste de trois personnes proposées par la majorité à l'Assemblée nationale et ne peut mettre à ses fonctions que sur présentation de celui-ci de sa démission (article 81 Constitution)
[128] V. E. Langavant, « Le contreseing des actes du Président de la République » *AJDA*, 1960, p. 50.
[129] J. P. Effa, *La responsabilité pénale des ministres sous la V*e *République*. Paris, L'Harmattan, 2011, p. 43.

Dès lors, on peut soutenir que les constituants « ont clairement voulu marquer la place nouvelle du chef de l'État, sans pour autant le priver du bénéfice de l'irresponsabilité »[130]. Bénéfice qui s'articule aussi mal avec les actes exemptés de contreseing si on se réfère à l'importance de ces actes dans l'ordonnancement constitutionnel.

Si la conséquence logique du contreseing est que le gouvernement doive assumer la responsabilité en servant d'interface entre le parlement et le chef de l'État pour cesdits actes, il en résulte que pour les actes exemptés de contreseing la réalité devait être tout autre. Non seulement le chef de l'État n'assume point la responsabilité, mais l'étude de cesdits actes dans les systèmes juridiques des États étudiés révèle un paradoxe.

Il est la marque de l'intégralité de son pouvoir dans les régimes d'inspiration parlementaire et de l'importance du gouvernement dans les régimes d'inspiration présidentielle.

L'étude des actes soustraits du contreseing ministériel révèle la réalité du pouvoir du chef de l'État dans les régimes politiques d'inspiration parlementaire. Ils s'étendent à la nomination du Premier ministre et à sa révocation[131], à la dissolution de l'Assemblée nationale,[132] à la possibilité de soumettre tout projet de loi ordinaire au référendum[133], à la « *dictature* » en cas

---

[130] T. Ablard, « Le statut pénal du chef de l'État », *RFDC, n°* 3, 2002, p. 642.

[131] Article 49 al.1 de la Constitution sénégalaise, article 54 de la Constitution malgache ; article 56 de la Constitution du Niger. Au Sénégal, le chef de l'État nomme et révoque le Premier ministre sans aucune condition. Il en est de même au Niger en l'absence de cohabitation (article 56). Lorsque la majorité présidentielle et la majorité parlementaire ne concordent pas, le Premier ministre est nommé par le Président de la République sur une liste de trois (3) personnalités proposées par la majorité à l'Assemblée nationale. Le Président de la République met fin aux fonctions du Premier ministre sur présentation par celui-ci de la démission du Gouvernement. En cas de cohabitation (article 81 de la constitution du 25 novembre 2010). À Madagascar, le chef de l'État nomme le Premier ministre, présenté par le parti ou le groupe de partis majoritaire à l'Assemblée nationale. Il ne peut mettre fin aux fonctions du Premier ministre que sur la présentation par celui-ci de la démission du Gouvernement ou en cas de faute grave ou de défaillance manifeste (article 54 de la Constitution).

[132] Article 87 de la Constitution sénégalaise ; article 81 de la Constitution malgache ; article 59 de la Constitution nigérienne de 2010.

[133] Au Sénégal l'article 51 qui l'organise ne fait pas partie des actes exemptés de contreseing. Toutefois, il faut souligner que pour éviter la controverse qui s'est structurée autour de l'utilisation de l'article 11 par de Gaulle pour réviser la Constitution de 1958, le constituant sénégalais a préféré mettre « tout projet de loi constitutionnel » à la place de « tout projet de loi ». Il est d'ailleurs étonnant que la révision constitutionnelle générale de 2008 en France n'a pas pris en compte cette controverse et se prémunir à l'avenir au lieu de le livrer aux disputes des commentateurs. Au Niger, l'article 60 de la Constitution ne laisse aucune ambiguïté, elle dispose que le président de la République peut soumettre au référendum tout texte qui lui paraît devoir exiger la consultation directe à l'exception de la révision de la constitution qui est prévue par une procédure spéciale.

de circonstances exceptionnelles[134], à la défense nationale[135], à la saisine de la juridiction constitutionnelle[136], à la nomination des magistrats, à la nomination à tous les emplois militaires[137], etc.

Dans le système présidentiel béninois, les actes exemptés du contreseing ne se limitent qu'à deux aspects[138], ce qui ne laisse point de doute sur la pluralité des actes soumis à contreseing. Ce qui est en parfait déphasage avec la logique du régime présidentiel ; s'il ne l'est pas, le contreseing est une disposition purement cosmétique.

Si dans les systèmes d'inspiration parlementaire, la part des actes exemptés de contreseing est quantitativement et qualitativement importante, dans les systèmes d'inspiration présidentielle, elle est quantitativement faible et qualitativement pauvre. Il est absent du système juridique ivoirien[139] et ne couvre que deux domaines dans le système béninois. Il s'agit de la grâce et de la nomination des membres de la cour constitutionnelle qu'il partage avec les parlementaires.

La pauvreté des actes exemptés de contreseing dans le système béninois trahit l'esprit de la contre-signature comme fondement de l'irresponsabilité du chef de l'État. Or, le contraire avait toute son importance. Adoptant un régime d'inspiration présidentielle, la part des actes exemptés de contreseing devait être plus importante que celle qui doit être contresignée par les ministres.

Dans les régimes d'inspiration parlementaire, l'importance des actes exemptés de contreseing traduit la maîtrise par le chef de l'État de la réalité du pouvoir. Ce qui justifie en principe que le chef de l'État doive obligatoirement assumer la responsabilité qui découle de la mise en œuvre de ces actes. C'est en ce sens que le doyen Vedel enseigne que « irresponsabilité et effacement se prêtent un appui mutuel : on n'a d'autorité que dans la mesure où on en assume la responsabilité, on n'est responsable que dans la mesure où on détient une autorité »[140].

Or, peu importe leur importance et les domaines qu'ils couvrent, les actes présidentiels exemptés de contreseing échappent au contrôle du parlement. Si le contreseing justifie l'irresponsabilité du chef de l'État, il ne devrait pas en être de même pour les actes exemptés de contreseing, qui doivent eux engager sa

---

[134] Article 60 de la Constitution malgache ; article 52 de la Constitution sénégalaise ; article 67 de la Constitution nigérienne.

[135] Article 45 de la Constitution sénégalaise.

[136] Article 117 de la Constitution malgache ; article 74 de la Constitution sénégalaise.

[137] Article 46 de la Constitution sénégalaise.

[138] Les actes du président de la République autres que ceux prévus aux articles 60 (droit de grâce) et 115 (la nomination des membres de la Cour constitutionnelle) sont contresignés par les ministres chargés de leur exécution. *Cf.* article 54 de la Constitution.

[139] La Constitution ne prévoit pas le contreseing. Ce qui suppose que tous les actes relèvent du pouvoir exclusif du chef de l'État. Le régime adopté par la Côte d'Ivoire, le régime présidentiel, justifie largement ce choix.

[140] G. Vedel, *Manuel élémentaire de droit constitutionnel*. Paris, Sirey, 1949, p. 429.

responsabilité. Hélas, c'est tout le paradoxe de l'irresponsabilité qui, pourtant, est claire en théorie constitutionnelle.

La transgression de la logique théorique constitutionnelle se prolonge dans la désignation du chef de l'État. Élu au suffrage universel, le chef de l'État ne peut pas et ne doit pas être politiquement irresponsable.

B. Une contradiction

Le suffrage universel est le procédé le plus démocratique de désignation des gouvernants. Il implique la participation des citoyens au processus de légitimation de ceux qui sont chargés d'exercer le pouvoir. L'élection au suffrage universel fait naître à l'égard du chef de l'État un certain nombre de conséquences, dont sa légitimité politique incontestée **(1)**, mais qui contredit, du moins sur le plan théorique, son « intouchabilité », induisant ainsi une dissymétrie entre légitimité et irresponsabilité **(2)**.

1. Une légitimité politique incontestée

L'élection du chef de l'État au suffrage universel direct n'est pas sans conséquence sur la perception du chef de l'État relativement aux rapports qu'il entretient avec le pouvoir politique, en l'occurrence le parlement, et le gouvernement dont au premier chef le Premier ministre. En surplombant, les autres pouvoirs, le chef de l'État devient une autorité dont la légitimité est incontestée. Les États africains de tradition française vont reprendre le modèle de la puissance colonisatrice relatif à l'élection du chef de l'État[141], du moins tel qu'il est prévu depuis la réforme de 1962[142], consacrant l'élection du président de la République au suffrage universel direct[143].

L'élection du chef de l'État au suffrage universel direct entre en contradiction avec le réalisme du régime parlementaire orthodoxe, dans lequel le chef de l'État ne dispose pas d'une légitimité populaire car étant soit élu par un collège électoral composé essentiellement de parlementaires et d'élus locaux[144], soit par des mécanismes de succession héréditaire[145]. Cependant, elle n'y reste pas inconnue. À l'exception de quelques États, dont l'Angleterre qui l'ont vu naître, elle s'est implantée dans la plupart des pays.

---

[141] E. H. Mbodj, *La succession du chef d'État en Droit Constitutionnel Africain.* Thèse Dakar, 1991, p. 34.

[142] Pour la controverse relative à l'utilisation de l'article 11 de la Constitution voir P. Lampue, « Le mode d'élection du Président de la République et la procédure de l'article 11 », *RDP,* sept-oct. 1962, pp. 931-935. ; A. Hauriou, « Le problème de la constitutionnalité du référendum du 28 octobre 1962 », *RDP, 1962*, pp. 936-949.

[143] O. Rudelle, « Le général de Gaulle et l'élection directe du président de la République », *RFSP*, n° 4-5, 1984, pp. 687-711.

[144] Mode d'élection choisit par le Sénégal après les indépendances du fait de son option pour le régime parlementaire, contrairement à la plupart des États africains.

[145] C'est le cas des monarchies constitutionnelles comme l'Angleterre et le Maroc.

L'élection du chef de l'État au suffrage universel est le propre du régime présidentiel. Elle est la conséquence logique de l'indépendance organique et de la spécialisation fonctionnelle. Élu au suffrage universel, le régime présidentiel à l'américaine fait du chef de l'État le détenteur exclusif du pouvoir exécutif sans possibilité pour le parlement de le neutraliser.

Les constitutions des États étudiés, peu importe le régime qui y a cours, disposent toutes que le président de la République est élu au suffrage universel direct[146] pour un mandat quasi généralisé de cinq ans[147] et au scrutin majoritaire à deux tours.

L'élection présidentielle présente des atouts certains. Elle est non seulement une « fameuse rencontre entre un homme et un peuple »[148], mais un moyen pour le chef de l'État élu de se tailler une respectabilité sur la scène internationale.

L'élection présidentielle, élection la plus prisée par les populations africaines, traduit une rencontre entre les candidats et leur peuple. Ce dernier trouve en l'élection un moyen particulier de se mêler de la politique, de la vie nationale, bref de sa destinée. En choisissant « *un* » parmi « plusieurs », le peuple place sa confiance en quelqu'un en qui il pourra vanter les mérites, mais aussi imputer la responsabilité en cas d'échec.

Sur la scène internationale, l'élection au suffrage universel assure au chef de l'État une plus grande légitimité. L'Afrique ayant une longue tradition de coups d'État, un chef d'État élu par son peuple ne peut que rehausser non seulement la place de l'État relativement à la démocratie mais aussi la place de son chef dans les relations internationales. Alain Serge Mescheriakoff avait raison de soutenir qu'« issu du suffrage universel, le nouveau chef de l'État se donne une respectabilité qui lui permet de demeurer au sein du concert des nations dans le club des chefs d'État fréquentables »[149].

L'élection du chef de l'État au suffrage universel renforce incontestablement sa légitimité. Le chef de l'État trouve en elle un moyen de braver les limitations introduites par les constitutions, et ce, en surplombant toutes les institutions.

Le sentiment du général de Gaulle selon lequel, l'élection du chef de l'État serait s'il est désigné par le peuple un moyen de le revêtir « l'homme du pays »

---

[146] Article 42 de la Constitution béninoise ; article 55 de la Constitution ivoirienne ; article 45 de la Constitution malgache ; article 47 de la Constitution nigérienne ; article 26 de la Constitution sénégalaise.

[147] La durée du mandat en Afrique se caractérisait par une instabilité au même titre que le nombre. Cependant depuis le renouveau démocratique, on note une stabilité quasi généralisé. Toutefois des tentatives de les remettre en cause ne manquent pas.

[148] I. M. Fall, « Quelques réserves sur l'élection du président de la République au suffrage universel », *in Les tabous de la désignation démocratique des gouvernants*, *Afrique contemporaine*, 2012, n° 2, p. 99.

[149] A. S. Mescheriakoff, « Le multipartisme en Afrique francophone : illusion ou solution », *in L'Afrique vers le pluralisme politique*, 1993, p. 72.

qui a aux yeux de tous et aux siens « une responsabilité capitale »[150] contrastera foncièrement avec le principe d'irresponsabilité. En effet, « de par ses origines, l'élection du Chef de l'État au suffrage universel direct confère au Président de la République une posture quasi monarchique (...). Elle encourage l'opinion dans sa propension naturelle à s'en remettre à un Prince plutôt qu'à accorder sa confiance à des institutions (...). Elle confie, lorsque majorité parlementaire et majorité présidentielle coïncident, la réalité du pouvoir à un homme irresponsable devant la représentation nationale. Elle entraîne une personnalisation de ce pouvoir, faisant ainsi de l'ombre aux mécanismes représentatifs et sapant toujours plus leur nécessaire légitimité »[151].

En Afrique, l'élection présidentielle présente un enjeu[152] considérable dans la mesure où tout en « [conférant] la légitimité démocratique [elle permet] d'exercer un pouvoir sans équivalent »[153]. Le chef de l'État tirant sa légitimité directement du corps électoral au même titre que les parlementaires, il peut l'invoquer contre ces derniers et contre le chef du gouvernement.

Contre les parlementaires, c'est à juste raison que Félix Pyat soutient que « le suffrage universel est un sacre bien autrement divin que l'huile de Reims ou le sang de Saint-Louis. Il ne faut pas tenter dieu, encore moins l'homme. Le président pourra dire à l'assemblée : " vous n'êtes que les neuf centièmes du peuple. Je suis à moi seul le peuple tout entier" »[154].

Si le chef de l'État peut se prévaloir d'une telle arme contre les parlementaires, pourtant détenteurs d'un mandat de représentation nationale, qu'en sera-t-il de l'institution première ministérielle ?

Au renouveau démocratique[155], l'institution primatoriale fut consacrée par la plupart des constitutions, et même par celles qui structurent les rapports entre les pouvoirs politiques à la manière du régime présidentiel[156].

L'institutionnalisation du poste de Premier ministre réduira sensiblement les prérogatives du Président de la République. Refusant d'être « caché » par une

---

[150] Ch. de Gaulle, *Mémoires espoir, 2, L'effort 1962....* Paris, Plon 1971, p. 18.

[151] T. Michalon, « Pour la suppression de l'élection présidentielle en Afrique », *Le Monde diplomatique*, janvier 1998, p. 24.

[152] O. Khouma, « L'enjeu de l'élection présidentielle en Afrique », in M. Badji, O. Devaux D. et B. Guèye (dir.), « Conflictualité en Afrique noire, Droits sénégalais », n° 10, presses de l'université Toulouse I Capitole, 2011-2012, pp.251-263.

[153] O. Khouma, « L'enjeu de l'élection présidentielle en Afrique *», op. cit.*, p.255.

[154] Débats à l'assemblée constituante de 1848 cité par M.-A Cohendet, *Le président de la République*. Dalloz, *coll.* Connaissance du droit, 2002, p. 27.

[155] L'institution première ministérielle n'a pas fait son apparition avec le renouveau démocratique. Elle remonte même dans certains États à l'indépendance. Voir S. Diop, *le premier ministre africain. La renaissance du bicéphalisme exécutif en Afrique à partir de 1969.* Thèse Dakar, 1985, 455 p.

[156] A. Sall, « Processus démocratique et bicéphalisme du pouvoir exécutif en Afrique noire francophone : un essai de bilan », *Nouvelles Annales africaines*, n° 2, 2008, p. 132 et s.

institution qui n'a pas plus de légitimité que lui, le chef de l'État tente par tous les moyens de réduire sensiblement sa « toute-puissance ».

Le conflit devient inévitable[157] et l'institution présidentielle somme toute à quelques exceptions près en sortira vainqueur. Une nouvelle architecture lui est taillée par le chef de l'État pour éviter toute dyarchie au sein de l'État, mais aussi pour que le duo ne se transforme en duel. Désormais, il est nommé et révoqué par le chef de l'État[158].

Il y a dès lors « une mise sous tutelle du Premier ministre »[159].

Surplombant tous les autres pouvoirs, il n'est pas étonnant que l'institution présidentielle soit source d'instabilité[160]. La détention exclusive du monopole de l'autorité par le chef de l'État même s'il découle de l'agencement constitutionnel, qui fait de lui le pivot des institutions, son élection au suffrage universel n'est pas étrangère au renforcement de son hégémonie et de sa toute-puissance[161]. Consacrer l'irresponsabilité du chef de l'État dans cette situation est particulièrement troublant, et le réaménagement est plus que nécessaire.

L'élection à elle seule ne poserait pas de problème, si le chef de l'État répondait de façon régulière devant le corps électoral, ou mieux s'il quittait le pouvoir après l'expiration d'une séquence temporelle prédéterminée et au bout de laquelle, il lui serait impossible de revenir aux commandes. C'est là toute la problématique de la limitation du nombre de mandats.

---

[157] Au Niger, après l'adoption de la Constitution de 1992, un conflit surgit entre le chef de l'État Mahamane Ousmane et le parlement, et qui résulte du refus de ce dernier de nommer un Premier ministre pressentit par l'opposition parlementaire. Il se soumettra par la suite à nommer Hama Amadou à la suite des élections législatives anticipées où le peuple a reconduit la même majorité hostile à l'Assemblée. La rude cohabitation entre lui et le Premier ministre soutenu par l'Assemblée nationale précipita sa chute à l'issue du coup d'État de 1996. Il en est de même à Madagascar où le refus du chef de l'État Albert Zafy de s'incliner devant le Premier ministre soutenu par le parlement se solda par sa destitution par la Cour constitutionnelle en 1996.

[158] Au Niger, cette prérogative varie avec la Constitution de 2010. Si dans la Constitution de 1999, le chef de l'État ne pouvait révoquer le Premier ministre que sur la présentation de celui-ci de sa démission (article 45), avec la Constitution de 2010 il nomme le Premier ministre et met fin à ses fonctions s'il y a une concordance entre la majorité présidentielle et la majorité parlementaire (article 56). En cas de cohabitation il nomme le Premier ministre sur une liste de trois personnes proposées par l'Assemblée nationale et ne peut mettre fin à ses fonctions que sur la présentation du Premier ministre de sa démission (article 81).

[159] *Cf.* A. Kah, « La Constitution sénégalaise de 2001 et le partage de pouvoirs entre le président de la République et le Premier ministre » in M. Badji, O. Devaux et B. Gueye (dir.), « La codification juridique dans les pays francophones, Droits sénégalais », n° 7, novembre 2008, pp. 283-316.

[160] I. M. Fall, « Quelques réserves sur l'élection du président de la République au suffrage universel » in Les tabous de la désignation démocratique des gouvernants, *Afrique contemporaine*, 2012/2, n° 242, p. 102 et s ; B. Guèye et S. Ndiaye, « L'instabilité institutionnelle en Afrique », *op.cit.*, p. 132.

[161] I. M. Fall, *Evolution constitutionnelle du Sénégal de la veille de l'indépendance aux élections de 2007*. CREDILA, CREPOS, 2007, p. 51.

2. Une dysmétrie entre légitimité et irresponsabilité

Le chef de l'État est élu au suffrage universel direct à deux tours dans les constitutions des États étudiés. Ce qui confère ainsi au tenant de l'institution présidentielle, une légitimité incontestée. Cette légitimité consacre un lien contractuel entre le chef de l'État et l'électeur. Ce qui permet de mettre en jeu la responsabilité du chef de l'État qui, au regard de sa légitimité, est éminemment politique.

L'élection est une notion bien connue en Droit constitutionnel[162], en ce sens qu'elle reste associée à la démocratie, à la légitimité et aux régimes politiques. Elle implique la participation du peuple dans le choix des autorités appelées à le diriger pour un temps déterminé. Choix qui, dans le schéma africain actuel, n'est pas réfractaire à ce que le peuple reconduise le personnel initialement choisi, pour un temps égal à celui qu'il a consenti antérieurement.

Si au regard du dispositif constitutionnel, on ne peut pas parler de responsabilité politique du chef de l'État, l'artifice du renouvellement du mandat comble, à quelques exceptions près, ce vide, même si une partie de la doctrine[163] considère que l'élection n'est en rien un mécanisme de responsabilité politique.

Pour elle, l'élection consiste simplement pour le peuple à choisir parmi les candidats, celui qui aura la charge d'assurer la présidence. Le choix porté sur un candidat n'est pas une récompense. L'élimination des autres candidats ne résulte pas, en soi, d'un désaccord entre le candidat et les électeurs. Un chef d'État sortant qui se représente à nouveau et sollicite la confiance du peuple ne met point sa responsabilité en jeu. La réélection n'est que la traduction « du début et de la fin d'un mandat à une même fonction »[164].

Si un tel procédé est critiqué en raison de son caractère aléatoire et épisodique, force est de souligner que l'élection du chef de l'État au suffrage universel induit des conséquences non négligeables sur les plans constitutionnel et politique. L'élection confère à l'élu des pouvoirs qui ne sont que la contrepartie d'un certain nombre d'obligations. C'est en ce sens que Daugeron soutient qu'elle « met au jour des enjeux qui, dépassant ceux du seul droit électoral, touchent aux concepts fondamentaux de la théorie du droit et de l'État ». Il s'agit essentiellement de la question du pouvoir et de la responsabilité. Cette dernière résulte des obligations qui incombent à toute autorité politique légitimée par le peuple.

---

162 B. Daugeron, *La notion d'élection en droit constitutionnel. Contribution à une théorie juridique de l'élection à partir du droit public français*. Dalloz, « Nouvelle bibliothèque des thèses », vol. 103, 2011, XVI - 1298 p.

163 J. Gicquel, *Droit Constitutionnel et institutions politiques*. Montchrestien, 15e éd., 1997, p. 538.

164 P. Auvret, « La responsabilité du chef de l'État sous la Ve République », *op. cit.*, p. 90.

L'élu a le pouvoir de mettre en œuvre la politique qu'il a définie, le pouvoir de faire usage des prérogatives constitutionnelles. L'élection accentue son rôle dans la hiérarchie des organes de l'État. La légitimité dont l'élu est titulaire semble défier les limitations constitutionnelles et donne un soubassement logique à toutes ses actions.

Si cette élection « renforce la légitimité politique du chef de l'État et son poids sur le gouvernement »[165], elle accroît aussi son poids sur l'institution parlementaire disposant, d'ailleurs, de la même légitimité politique que lui en principe, mais dont la légitimité, en Afrique, est projetée sur la sienne. Ce constat est hautement soutenu par Agnéro Privat Mel. Il soutient, en effet, que « par ce mode d'élection, le Président de la République élu réunit sur sa personne la majorité des suffrages exprimés par l'universalité de ses concitoyens, c'est-à-dire le peuple. Le Président de la République tire de ce mode d'élection une légitimité d'autant plus grande que le peuple se projette dans le vainqueur de l'élection »[166].

Au titre des obligations, on peut citer celles qui consistent à respecter le pacte constitutionnel et à répondre de ses actes devant l'arbitre souverain, le peuple.

La légitimité du chef de l'État doit s'inscrire dans le pacte constitutionnel que s'est doté, jadis, le peuple. Son action est circonscrite dans les prescriptions constitutionnelles, même si la pratique politique a tendance à les submerger. L'action politique du chef de l'État ne saurait se passer de l'appréciation du peuple. Il ne peut refuser que sa présidence ne soit passée à la loupe par ceux qui l'ont légitimé en donnant leur consentement sans équivoque.

On ne peut, en ce sens, reprocher au chef de l'État de « penser à la prochaine élection au lieu de penser à la prochaine génération », car seules les actions du moment peuvent empêcher le peuple de le préférer à un autre candidat. Jean Marc Sauve souligne qu'« il y a donc bien dans le fonctionnement des régimes démocratiques un arbitrage populaire qui n'est pas un mythe et qui a des effets directs sur le mandat du chef de l'État et sur les moyens de l'exercer »[167].

L'arbitrage du peuple est une donnée réelle qu'on ne saurait occulter dans les démocraties. Si la responsabilité du chef de l'État par le biais de l'élection n'est prévue par aucune des dispositions constitutionnelles des États étudiés, il importe de dire qu'elle est une donnée réelle.

Les constitutions africaines, même en ne prévoyant pas explicitement un tel mécanisme de la responsabilité du chef de l'État, ne peuvent plus naviguer à contre-courant d'un changement inéluctable, car l'élection du chef de l'État au

---

165 A. Privat Mel, « La réalité du bicéphalisme du pouvoir exécutif ivoirien », *RFDC*, 2008, n°3, p. 516.

166 A. Privat Mel, « La réalité du bicéphalisme du pouvoir exécutif ivoirien », *op. cit.*, p. 517.

167 J. M. Sauve, « La responsabilité du chef de l'État en droit comparé » in http://www.conseil-etat.fr/Actualites/Discours-Interventions/La-responsabilite-du-chef-de-l-Etat-en-droit-compare. Consulté le 18 novembre 2015.

suffrage universel entraîne une nouvelle configuration au point de finir « par constituer, au total, et à elle seule, à la faveur d'une mutation sans précédent dans le droit constitutionnel (...), l'instrument principal de l'attribution d'un pouvoir, celui de sa justification et de sa sanction ». Une sanction éminemment politique.

La responsabilité politique du chef de l'État se différencie des autres formes de responsabilité à plusieurs niveaux. Sa particularité réside, essentiellement, dans l'autorité apte à prononcer la sanction et la sanction elle-même. Seul le peuple ou ses représentants sont juges. La sanction n'est, autre, que politique et se manifeste par la destitution du chef de l'État.

Les « juges » d'une éventuelle responsabilité du chef de l'État sont connus. Il s'agit du peuple et/ou de ses représentants qui, en démocratie, sont seuls aptes à rehausser l'autorité « *perdue* » d'un chef d'État, tant bien même que les comportements qui en sont à l'origine défient toutes les lois de l'élégance démocratique.

Les représentants du peuple, les députés, disposent de la qualité d'engager la responsabilité du chef de l'État. En effet, « seuls les élus du suffrage universel disposent d'une légitimité démocratique suffisante pour prononcer la condamnation d'une autorité élue au suffrage direct, au terme d'une élection très mobilisatrice »[168].

Il est inconcevable dans une démocratie que le titulaire de la légitimité du peuple soit amené à répondre devant des autorités dont la seule légitimité réside dans un acte de nomination. Si c'est le cas, de quelle légitimité ces juges peuvent-ils se prévaloir devant le chef de l'État ? La composition mitigée de la Haute Cour de Justice jette le discrédit sur la légitimité de l'institution, d'autant plus que le nombre de juges professionnels semble prendre le dessus sur celui des députés-juges. En ces circonstances, les suspicions en France du procureur général près la Cour de Cassation dans son réquisitoire sur l'affaire du sang contaminé deviennent fondées : « La pénalisation de l'action politique ne devient-elle pas un moyen de contrôle de l'action politique ? Le juge, fut-il parlementaire d'origine, ne se substitue-t-il pas à l'électeur, fut-il par ailleurs défaillant, pour apprécier l'exercice du pouvoir normatif ? (...) Qui gouverne encore, si le juge devient l'arbitre de ces responsabilités insaisissables ? À ces questions, nous ne croyons pas que le droit pénal pourra répondre (...). À ces questions seul pourra, nous semble-t-il, répondre l'homme politique en reprenant la place et toute la place qui doit être la sienne. »[169]

---

[168] F. Robbe, « L'incompétence du juge pénal pour statuer sur la responsabilité du Président de la République », Association française des constitutionnalistes », IV congrès français de Droit constitutionnel, volume 2. Aix-en- Provence, 1999, p. 10.

[169] Cité par Olivier Beaud, *Le sang contaminé, Essai critique sur la criminalisation de la responsabilité des gouvernants*. Paris, PUF, coll. « béhémoth », 1999, p. 121.

Pour pallier ces doutes légitimes, l'alternative pourrait aussi se situer dans le renvoi du chef de l'État directement devant le corps électoral, comme c'est le cas en Roumanie[170].

En outre, elle peut aussi consister à un renvoi indirect par l'entremise des députés, comme ce fut le cas dans la Constitution de la Guinée du 23 décembre 1990 qui prévoyait, pour le chef de l'État, « une démission imposée ». En Guinée, la destitution du chef de l'État était assujettie à un « fait-condition ». La dissolution du parlement, prérogative exclusive du chef de l'État entraînait, ipso facto, le renvoi des députés devant le corps électoral. De l'issue des élections dépend non seulement l'avenir des députés « renvoyés » mais aussi l'avenir du chef de l'État. Le renvoi d'une majorité favorable au chef de l'État lui permettait de rester en place, tandis que le renvoi des mêmes députés à l'Assemblée nationale a pour conséquence directe la démission du chef de l'État. L'article 76 de la Constitution disposait qu'« en cas de désaccord persistant entre le président de la République et l'Assemblée nationale sur des questions fondamentales, le président de la République peut, après avoir consulté le Président de l'Assemblée nationale, prononcer la dissolution de celle-ci. La dissolution ne peut être prononcée avant la troisième année de la législature et au cours d'un même mandat présidentiel. De nouvelles élections ont lieu dans les soixante jours qui suivent la dissolution. Si celles-ci renvoient à l'Assemblée nationale une majorité de députés favorables à la position adoptée par l'ancienne majorité sur la question qui a provoqué la dissolution, le président de la République doit démissionner ».

Il en fut de même au Sénégal avec la loi constitutionnelle n° 6 7-32 du 20 juin 1976.

Conclusion

L'irresponsabilité du chef de l'État est « congénitale » aux systèmes politiques et juridiques africains. Les Constitutions consacrent, d'ailleurs, ce principe avec éclat. Elle vise à protéger la fonction présidentielle[171]. C'est même une « nécessité ». Toutefois, dans le contexte africain, le constat est que

---

[170] En Roumanie, la responsabilité du chef de l'État trouve sa manifestation la plus spectaculaire par son renvoi devant le corps électoral, en cas de violation de la Constitution, à charge pour le peuple de se prononcer sur son maintien ou sur sa destitution. Le mécanisme est essentiellement référendaire. La procédure est déclenchée par le parlement sous le regard vigilant de la juridiction constitutionnelle.
La procédure débute avec la proposition de suspension du Président de la République. Proposition qui, pour être valable, doit être présentée par un tiers au moins du nombre des députés et des sénateurs. La proposition de suspension pour être approuvée doit recueillir la majorité des voix des députés et des sénateurs, après consultation de la Cour constitutionnelle. Si la proposition de suspension de la fonction est approuvée, dans un délai maximum de trente jours, un référendum est organisé pour démettre le Président. La destitution est approuvée au référendum à la majorité absolue des inscrits, et non des votants

[171] Ph. Ardant, « La responsabilité pénale du président français », *op.cit.*, p. 63.

cette protection est indissociable de la personne du chef de l'État[172]. L'irresponsabilité va, aussi, trouver un terreau fertile du fait de la prédominance à outrance du chef de l'État sur les autres institutions[173]. Ces dernières sont, à quelques exceptions près, sous la tutelle du chef de l'État. Ce qui amenuise les chances de limitation des prérogatives exorbitantes de l'institution présidentielle.

L'irresponsabilité du chef de l'État telle que consacrée dans les constitutions navigue à contre-courant de la dynamique théorique[174]. Élu au suffrage universel et disposant de l'intégralité du pouvoir, son irresponsabilité est une hérésie constitutionnelle. L'élection populaire du chef de l'État lui confère une importance capitale et renforce son rôle et son autorité au sein des institutions. En clair, l'idée d'un chef d'État irresponsable et élu au suffrage universel dérange[175].

Il en est de même de la règle du contreseing. En contresignant les actes du chef de l'État, les ministres assument la responsabilité de ces actes devant le parlement, alors qu'en réalité ils ne sont pas les véritables titulaires du pouvoir[176].

La remise en cause de ces « incohérences » et « ambiguïtés » passe par la réforme du système de responsabilité du chef de l'État. C'est, d'ailleurs, pour nous, la condition essentielle de la responsabilité du chef d'État africain.

---

[172] J. Owona, « Le pouvoir exécutif », *in Encyclopédie juridique de l'Afrique*, tome 1, *op. cit.*, p. 123.

[173] B. Bâ, *L'institution présidentielle dans le nouveau constitutionnalisme des États d'Afrique et d'Amérique latine (Afrique du Sud-Bénin-Ghana-Sénégal/Brésil-Chili-Colombie), op.cit.*, p. 39 et s.

[174] J. Gicquel et J. E. Gicquel, *Droit Constitutionnel et institutions politiques*, *op. cit.*, p. 567.

[175] P. Auvret, « La responsabilité du chef de l'État sous la Ve République », *RDP*, n° 1, 1988, p. 80.

[176] V. E. Langavant, « Le contreseing des actes du Président de la République », *op. cit.*, p. 50.

La représentation politique des minorités au sein des Parlements d'Afrique noire

Mor Fall

Docteur en Droit public

Enseignant-Chercheur à la Faculté des Sciences Juridiques et Politiques, Université Cheikh Anta Diop de Dakar

Introduction

La représentation nationale dans les démocraties contemporaines souffre d'une crise de légitimité[1] du fait de l'absence d'adéquation harmonieuse entre la représentation et la composition sociologique de l'État. Néanmoins, « la représentation miroir »,[2] dont parlait Will Kymlicka pour justement mettre l'accent sur la nécessité de créer une certaine fidélité entre les représentants et représentés, relève, dans une certaine mesure, de la gageure.

Après avoir reconnu la légitimité de la représentation effective des groupes minoritaires dans les instances de décision, il convient de souligner un certain nombre de questions suivantes : Quels groupes doivent être représentés ? Comment déterminer les groupes ayant droit à une représentation collective ? En tout cas, ces questions ont fait l'objet de vives controverses entre partisans et opposants d'une proposition de représentation des groupes minoritaires.

De la même manière, il n'est pas facile de cerner les contours du concept « minorité » dont on peut entendre : « Tout groupe de citoyens, en nombre suffisamment important, en position non dominante et dotés de caractéristiques linguistiques, ethniques, religieux dont les membres sont solidaires les uns des autres et se trouvent marginalisés dans l'exercice du pouvoir politique en raison uniquement des traits identitaires qui les distinguent du reste de la population, et manifestent, fût-il implicitement, une volonté de préserver leur culture, leur tradition, leur langue et visant l'égalité en droit et en fait avec le reste de la population ».

Ainsi, la recherche d'un critère pertinent permettant à certains groupes de prétendre à une représentation se révèle extrêmement difficile dans le contexte africain. Pourtant on peut, valablement, admettre que, dans une société

---

[1] M. A. Cohendet, « Une crise de la représentation politique ? » *Cités*, 2004, no 2, p. 41-61 ; J. M. Denquin, « Pour en finir avec la crise de la Représentation », *Jus Politicum*, 2010, no 4. pp. 1-38 ; C. Boyer, « Rousseau, penseur de (la crise de) la représentation politique ». *Cahiers philosophiques*, 2009, no 3, p. 97-107.

[2] W. Kymlicka, *La citoyenneté multiculturelle : une théorie libérale du droit des minorités.* Paris, Éditions La Découverte, 2001, p. 207.

multiculturelle, « la représentation des minorités et des peuples autochtones au parlement est essentielle pour permettre à ces groupes de prendre réellement part aux affaires publiques. La présence effective des minorités et des peuples autochtones dans les parlements, la possibilité ou non de faire entendre leur voix et la prise en compte de leurs intérêts sont des indicateurs importants de leur participation à la prise de décision à l'échelon national. Or, cette participation peut être bénéfique pour tous les citoyens, en ce sens qu'elle contribue à renforcer la démocratie, qu'elle améliore considérablement la qualité de la vie politique, qu'elle facilite l'intégration dans la société et qu'elle évite les conflits »[3].

Conscientes du fait qu'elles sont souvent victimes de discrimination, les personnes appartenant aux groupes minoritaires semblent vouloir exiger de la majorité un traitement auquel devrait avoir droit tout citoyen. Elles doivent être traitées comme des « citoyens à part entière »[4] et non « des citoyens entièrement à part »[5].

Ainsi que le confirme bien l'adage selon lequel « compter sur autrui c'est compter sur le néant»[6], la représentation des minorités revêt un enjeu politique fondamental du fait qu'elle permet à ces dernières de participer à l'élaboration et la production de normes législatives. Elles disposent d'une tribune pour se faire entendre et se défendre contre les abus de la majorité. Alors, il faudrait que les minorités soient présentes dans ces instances de représentation nationale.

D'emblée, il faut préciser que la représentation des minorités au parlement est largement tributaire de la réglementation en vigueur en matière électorale. En effet, certains pays, ayant adopté des mesures ou mécanismes électoraux favorables à la représentation des minorités, manifestent une certaine volonté de les intégrer dans les instances de décision.

À ce propos, la réflexion laisse entrevoir deux conceptions. Pour certains, une communauté ethnique, religieuse ou idéologique ne saurait être représentée que par un ou plusieurs, des leurs, capables de comprendre et de défendre les intérêts du groupe auquel il appartient. Par contre, d'autres considèrent que la représentation peut se faire sans qu'il soit nécessaire de créer une relation identitaire entre les représentants et les représentés. C'est justement la thèse défendue par Will Kymlicka lorsqu'il affirme qu'« un groupe de citoyens sera représenté dès lors que ses membres participent à

---

[3] O. Protsyk, « La représentation des minorités et des peuples autochtones au parlement », *in www.iup.org* consulté le 6 novembre 2019.

[4] E. Pons, *Les Tsiganes en Roumanie : des citoyens à part entière ?* Paris, L'Harmattan, 1995, 144 p.

[5] P. De Witte, « Des citoyens à part entière, ou entièrement à part ? » *Hommes & Migrations*, 2002, vol. 1237, n° 1, p. 1.

[6] Citation de S. Ferdinand-Lop ; *Les nouvelles pensées et maximes* (1970).

l'élection des représentants, quand bien même les élus seraient différents du point de vue de leurs caractéristiques personnelles »[7].

Cette deuxième position présente l'intérêt d'être plus conforme aux exigences de la théorie de la démocratie selon laquelle la représentation est définie en fonction de la procédure employée pour l'élection des représentants et non de la qualité et de l'identité des candidats.

La brutalité du système majoritaire mérite d'être tempérée pour neutraliser les effets néfastes. Les règles procédurales de délibération encadrant le processus de production normative peuvent servir de baromètre pour apprécier le degré de protection des minorités parlementaires. Dans la plupart des cas, les règles du jeu sont fixées au détriment de la minorité politique dont la marge de manœuvre se trouve être réduite : soit elle laisse libre cours au déroulement du processus, soit elle peut décider de boycotter les travaux du Parlement pour manifester contre une sorte de dictature de la majorité[8].

En définitive, il existe dans certaines démocraties, des arrangements institutionnels qui ont pour effet de garantir une représentation effective des minorités par le biais de certaines techniques électorales (I). Par ailleurs, les différentes fonctions assurées par les chambres du parlement peuvent servir de mécanismes garantissant la protection des minorités dont la défense des intérêts mérite d'être prise en compte au cours du processus décisionnel (II).

I. Une représentation fondée sur le principe électif

Dans une démocratie, le choix du mode de scrutin revêt un caractère décisif notoire en ce sens qu'il permet d'avoir un indicateur sur la volonté ou non des tenants du pouvoir de prendre en compte la configuration sociologique de la circonscription électorale. Il s'agit, soit de garantir une efficacité du processus décisionnel en ayant recours à des procédés tels que le scrutin majoritaire, soit de rechercher la justice électorale en appliquant, cette fois-ci, la proportionnalité qui a l'avantage d'offrir à chacune des différentes composantes une représentation au sein du parlement en fonction de sa taille démographique. Dans les démocraties contemporaines, le mode de scrutin le plus utilisé pour l'élection des membres de la chambre basse demeure le scrutin proportionnel intégral ou mixte. En d'autres termes, il s'agit d'un type de scrutin qui intègre à la fois une dose de proportionnalité et de majorité avec des listes séparées[9].

Il convient alors de mettre l'accent, d'une part, sur le choix du mode de scrutin pour la désignation des membres du parlement (A) et, d'autre part, sur les mécanismes de défense des intérêts des minorités (B).

---

[7] W. Kymlicka, *La citoyenneté multiculturelle. Une théorie libérale du droit des minorités, op. cit.*, p. 199.

[8] N. Schmitt, « Protection des minorités, fédéralisme et démocratie de concordance : tout est lié ! », *Institut du fédéralisme*. Université de Fribourg, Genève, 17-19 avril 1996, p. 3.

[9] E. P. Guiselin et J. P. Feldman, *Les mutations de la démocratie locale : élections et statut des élus*. Paris, L'Harmattan, 2011, p. 36.

A. Le choix du mode de scrutin

L'avantage d'une Assemblée diversement composée reflétant ainsi la composition sociologique a pour intérêt d'anéantir les velléités sécessionnistes, mais également de renforcer la légitimité de l'Assemblée. Il importe alors d'opérer un retour aux sources car, selon Joseph Ki-Zerbo : « Le rôle des assemblées représentant des ordres, des castes, des classes, des métiers, des groupements divers, les sexes, etc., dans la prise de décisions, était l'un des principes constitutifs et constitutionnels du système africain du pouvoir visant à prévenir les tendances irrédentistes et sécessionnistes car, paradoxalement, la meilleure façon d'accroître le pouvoir et de le partager. »[10]

L'application du principe de la proportionnalité devait permettre de garantir la représentation parlementaire des opinions exprimées par les différents groupes minoritaires. C'est une technique d'ingénierie électorale susceptible de prendre en compte la réalité de la configuration socio-politique des différentes composantes.

De manière générale, la structure bicamérale donne de garantir à la fois la représentation proportionnelle (1) des populations au prorota de la taille démographique des différentes circonscriptions électorales au sein du parlement, avec une possibilité d'ériger certaines circonscriptions à statut spécial par la technique du découpage électoral (2).

1. Le recours au scrutin proportionnel

Dans les démocraties contemporaines, les partis ou coalitions de partis politiques assurent, entre autres fonctions, l'intermédiation entre, d'une part, les intérêts qu'expriment les membres du corps social et, d'autre part, la physionomie des institutions publiques. En d'autres termes, certains membres de groupes ethniques, religieux, linguistiques ont tendance à adhérer à des formations politiques qui seraient pour eux l'occasion de mettre sur pied des institutions publiques façonnées dans le but de défendre leurs intérêts.

Les règles régissant la formation et le fonctionnement des partis politiques jouent un rôle fondamental dans la capacité des groupes minoritaires à s'assurer une représentation au parlement. Par ailleurs, la plupart des démocraties contemporaines interdisent la formation de partis politiques sur une base ethnique, linguistique, religieuse en vue de contenir les risques d'irrédentisme et de favoriser l'intégration nationale[11].

C'est une règle restrictive en matière de création de partis politiques et généralement reprise dans la plupart des textes constitutionnels africains. Cette remarque est particulièrement évidente en Afrique subsaharienne, région dans laquelle la gestion politique du pluralisme ethnique constitue un

---

[10] J. Ki-Zerbo, « La place des parlements dans les institutions des États africains », *in Revue Parlements et Francophonie*, n° 106, 1998, p. 103.

[11] Article 78 de la Constitution burundaise du 18 mars 2005.

véritable problème. Il faut noter que les pays ethniquement hétérogènes ont tendance à recourir à des procédés tels que les restrictions légales, sans pour autant chercher à créer des techniques d'ingénierie devant permettre aux groupes minoritaires de former des partis dans le strict respect des principes de la souveraineté de l'État.

L'application du principe de la proportionnalité dans la représentation parlementaire des groupes segmentaires fait partie des caractéristiques d'une démocratie consociative[12]. C'est un modèle de démocratie inclusive plus ou moins adaptée aux sociétés plurales, contrairement au modèle de démocratie exclusive de type occidental propre aux sociétés relativement homogènes caractérisées par l'absence de lignes de clivage entre les différentes composantes sociologiques de la nation.

C'est qu'au Burundi, pour garantir la représentation des groupes ethniques au prorata de leur poids démographique au sein de l'Assemblée nationale, le législateur a dû recourir à une technique d'ingénierie électorale intéressante, à double titre, au regard de la théorie consociative. D'une part, aux termes de l'article 164 de la Constitution[13], l'Assemblée nationale est composée d'au moins 100 députés, à raison de 60 % de Hutus et de 40 % de Tutsis, y compris un minimum de 30 % de femmes et de 3 députés issus de l'ethnie Twa cooptés conformément au Code électoral. Et, d'autre part, le recours à la technique de la liste bloquée[14] ne permet pas à l'électeur de modifier l'ordre de présentation des candidats dans les listes. En vertu d'un tel procédé, les candidats sont présentés de telle sorte que pour 3 candidats inscrits à la suite sur une liste, 2 seulement appartiennent au même groupe ethnique et au moins 1 sur 4 soit une femme[15].

L'application de cette technique dans une société plurale où la majorité risque d'imposer sa volonté à la minorité parlementaire revêt un intérêt capital dans la mesure où elle vise à atténuer les effets néfastes inhérents à la logique majoritaire. Le législateur ne s'est uniquement pas borné à appliquer la proportionnalité ouverte, il verrouille systématiquement l'ordre de présentation des candidats sur les listes afin que les résultats apparaissent en termes de photographie de l'opinion publique. Il s'agit alors d'une proportionnalité corrigée[16].

---

[12] A. Lijphart, « Changement et continuité dans la théorie consociative », *in Revue internationale de politique comparée*, vol. 4, n° 3, décembre 1997, p. 683.

[13] Article 164 de la Constitution burundaise du 18 mars 2005.

[14] E. Nindorera et Nyamoya, *et al. Conférence-Débat sur le système électoral au Burundi*. 2004. p. 6.

[15] Cf. article 118 de la loi n° 1/22 du 18 septembre 2009 portant révision de la loi n°1/015 du 20 avril 2005 portant Code électoral.

[16] S. Vandeginste, « Burundi : entre le modèle consociatif et sa mise en œuvre », *L'Afrique des Grands Lacs. Annuaire*, 2007, vol. 2008, p. 56.

En République démocratique du Congo, les négociations consociationnelles ont servi de cadre de réflexion et d'échange devant aboutir à la conclusion de l'accord global et inclusif qui a fixé, suivant une logique consensuelle, la répartition des sièges au sein des deux chambres du Parlement. Ainsi, les 500 sièges composant l'Assemblée nationale étaient répartis comme suit : 94 à chacune des 5 composantes, 15 au Rassemblement Congolais pour la Démocratie-Mouvement de Libération en proie à des scissions, 5 au Rassemblement Congolais pour la Démocratie-Nationale et 10 aux Maï-Maï. En ce qui concerne le Sénat composé de 120 membres dont 22 pour chacune des composantes, 4 RCD-ML, 2 RCD-N et 4 Maï-Maï.

Les modalités d'application de l'exigence de prise en compte des composantes sociologiques de la circonscription demeurent importantes pour les partis politiques qui doivent s'y conformer au moment de la constitution de leurs listes aux élections municipales et aux législatives. C'est une condition de validité et de recevabilité des listes de candidats des partis politiques. En effet, il ne s'agit pas de respecter un équilibre en tenant compte de la taille démographique de chaque composante, mais plutôt d'assurer leur présence effective. Sous ce rapport, il convient de souligner l'importance des différentes composantes sociologiques dans le processus de légitimation et de qualification des listes avant d'en tirer la conséquence logique suivante : « Il suffit, en effet, que dans une circonscription donnée, quelques groupes ethniques d'un poids certain soient délibérément hostiles à un parti pour que ce dernier ne puisse point y présenter des listes représentatives. »[17]

Au niveau du Sénat burundais, l'application d'un mode de scrutin de type particulier conduit, naturellement, au respect de la parité *Hutu/Tutsi*, sans compter les 3 sénateurs cooptés de l'ethnie *twa* et les 4 anciens chefs d'État qui en sont membres.

Aux termes de l'article 180 de la Constitution, le Sénat est composé de deux délégués de chaque province, élu par un collège électoral composé de membres des conseils communaux de la province considérée provenant des communautés ethniques différentes et élus par un scrutin distinct. Ce mode de scrutin tend à favoriser une représentation paritaire dans la mesure où chaque province a droit à deux représentants au Sénat dont un *Hutu* et un *Tutsi*. Cependant, dans la pratique, le Sénat était dominé, après les élections de 2005, par la majorité du Conseil National pour la Défense de la Démocratie /Forces de Défense de la Démocratie[18].

---

[17] A. D. Olinga, « La protection des minorités et des populations autochtones en droit public camerounais », *RADIC*, 1998, vol .10 n° 2, p. 282.

[18] Après cooptation par la Commission électorale nationale indépendante, le Sénat était composé en 2005 de 49 sénateurs dont 32 sont du CNDD-FDD.

Tout État fixe librement les conditions d'attribution de la nationalité[19]. Dès lors, un État qui ne voudrait pas que les minorités vivant sur son territoire aient la possibilité de jouir des droits civils et politiques peut, discrétionnairement, fixer des conditions restrictives applicables aux personnes appartenant aux groupes minoritaires pouvant aller jusqu'au refus systématique d'octroi de la nationalité. Dans cette perspective, l'Estonie et la Lettonie offrent l'exemple de pays où la minorité russophone est privée de la nationalité en dépit du fait qu'elle y réside habituellement.

La fin de la Première Guerre mondiale a coïncidé avec le début d'un long processus de négociations entre les puissances alliées et les États vaincus qui devaient aboutir à la conclusion des premiers traités portant sur la protection des minorités[20]. À l'époque, bien qu'ils fussent importants au regard des minorités, la garantie d'une représentation au sein des parlements n'était pas une préoccupation fondamentale qu'il fallait prendre en compte. Toutefois, parmi ces traités, seuls ceux qui ont été conclus à Sèvres avec la Turquie, la Grèce et l'Arménie constituent un cas exceptionnel « en ce qu'ils reconnaissent aux minorités ethniques une représentation proportionnelle ou équitable dans les corps électifs de l'État »[21].

Il est préférable, pour la placer hors d'atteinte du pouvoir législatif, d'ériger la garantie de représentation des minorités en un principe de rang constitutionnel. Dans cette hypothèse, le législateur ne saurait avoir la prétention de le remettre en cause. Le système de représentation proportionnelle connaît plusieurs variantes, notamment le système de Hare susceptible d'assurer une représentation effective des minorités quelle que soit la typologie des situations minoritaires. C'est pour cette raison que les ingénieurs consociatifs[22] accordent un intérêt particulier à ce système électoral du nom de son inventeur britannique Hare en 1857.

Il est appliqué dans certaines circonscriptions électorales de plusieurs pays divisés[23]. En réalité, le système se déroule dans une circonscription comportant au moins trois sièges à pourvoir et où l'électeur, au moment de

---

[19] On sait toutefois que l'octroi de la nationalité n'est pas pour autant discrétionnaire, comme cela ressort de l'arrêt *Nottebohm* rendu par la CIJ le 6 mars 1952 (rec., 1955, p. 23) cité par F. Benoït-Rohmer, « La représentation des minorités dans les Parlements d'Europe centrale et orientale », *Revue française de droit constitutionnel*, 1993, n° 15, p. 501. On peut noter que cette situation s'explique par les rapports entre les pays baltes et leur ancienne puissance coloniale, la Russie, car ces pays ont durement ressenti les périodes de domination soviétique.

[20] N. Feinberg, *La question des minorités à la conférence de la paix de 1919-1920 et l'action juive en faveur de la protection internationale des minorités*. Paris, Conseil pour les droits des minorités juives, 1929.

[21] F. Benoit-Rohmer, « La représentation des minorités dans les Parlements d'Europe centrale et orientale » *op. cit.*, p. 507.

[22] A. Lijphart et B. Grofman (dir.), *Choosing an Electoral system. Issue and Alternatives*. New York, Praeger, 1984, 273 p.

[23] Ce système est appliqué en Eire et en Ulster. C'est le cas également dans l'État fédéré de Tasmanie en Australie, de l'Autriche depuis 1971.

voter, doit détenir un bulletin indiquant par ordre alphabétique les noms des candidats. Mais l'électeur n'a droit qu'à une voix unique ; il ne peut donc voter que pour un seul candidat. Toutefois, cette voix est dite aussi transférable. L'électeur aura donc la possibilité de noter sur son bulletin, par ordre de préférence, un second, troisième... candidat, auquel cette voix unique sera transférée dans l'ordre de préférence indiqué par l'électeur lorsque le candidat choisi en premier lieu a obtenu le quotient électoral lui permettant d'être élu.

Au Liban, il est intéressant, par ailleurs, de souligner que les lois électorales prévoient une répartition des sièges parlementaires, dans chaque circonscription, selon des quotas spécifiques aux différentes communautés qui y sont présentes en fonction de leur taille démographique.

2. L'érection de circonscriptions électorales à statut spécial

La prise en compte des minorités dans la représentation nationale peut prendre la forme d'un découpage administratif dont la finalité demeure l'érection de circonscriptions dotées d'un statut spécial. Tout en restant attaché au principe universel de représentation des citoyens dans les instances de délibération nationale, le législateur a voulu manifester une volonté de tenir compte de la situation particulière de certaines aires socio-politiques à l'effet de préserver le droit de représentation des minorités grâce au recours à une technique de découpage dérogatoire.

Au Cameroun, la loi n° 91/020 du 16 décembre 1991 fixant les conditions d'élection des députés à l'Assemblée nationale, aux termes de son article 3, précise que « le département constitue la circonscription électorale. Toutefois, compte tenu de leur situation particulière, certaines circonscriptions pourront faire l'objet d'un découpage spécial »[24]. Celui-ci s'effectue par voie réglementaire. Toujours dans le contexte camerounais, il s'avère alors nécessaire de réfléchir sur les différents critères retenus pour justifier la légitimité du découpage spécial. Sous ce rapport, la loi reste laconique du moment qu'elle se borne à souligner « la situation particulière de la circonscription » qui devait s'apprécier sur la base des caractéristiques suivantes. Il s'agit de l'étendue géographique, du poids démographique et économique et des réalités sociologiques dont leur pertinence est appréhendée en fonction de la prise en compte de la composition sociologique de la circonscription. De ce fait, l'élément géographique pris isolément ne saurait être un élément déterminant. Par contre, les deux autres critères peuvent valablement justifier des aménagements particuliers en faveur d'une circonscription donnée à composition sociologique particulière. Dans ce cas de figure, « le découpage spécial poursuit, entre autres objectifs, non seulement le maintien des grands équilibres sociologiques d'une circonscription, mais aussi la représentation des minorités dans la vie et les institutions nationales

---

[24] Article 3 de la loi n° 91/020 du 16 décembre 1991.

du pays conformément à la Constitution. Il s'agit de la réception au Cameroun des pratiques de représentation expérimentées dans d'autres contextes de complexité sociologiques »[25].

La volonté de garantir la représentation des minorités et des populations autochtones, à travers la technique du découpage spécial de certaines circonscriptions, y était devenue une réalité[26] lors du scrutin législatif de 1997 au point que certains observateurs considèrent qu'il s'agissait d'un instrument d'enregistrement et de révélation des minorités[27].

L'on peut se poser la question de la protection du découpage spécial qui révèle plus ou moins la singularité d'un groupe ethnique, linguistique ou religieux. D'un point de vue du droit, l'autorité investie du pouvoir réglementaire peut remettre en cause les privilèges de représentation de certains groupes identitaires en se fondant sur des considérations électoralistes dictées par une logique d'instrumentalisation et de manipulation.

Au Cameroun, le recours à la technique du découpage spécial pour la première fois lors de la tenue du scrutin législatif de 1997 avait révélé, dans une certaine mesure, une cartographie des différentes zones où la question de la représentation des minorités se posait. Il s'agit de la province du littoral, avec les départements du Wouri et du Mungo ; de la province de l'extrême Nord, avec les départements du Diamaré, du Mayo-Danay, du Mayo Louti et du Mayo Kani ; de la province du Nord avec le département de la Bénoué ; de la province du Sud-Ouest avec les départements du Fako et Ngo Ketunjia.

Ainsi, au regard de cette configuration, il convient d'en faire une analyse critique. D'une part, la nécessité de garantir une représentation des minorités et de certaines catégories de populations largement marginalisées dans le passé revêt une importance capitale dans certaines circonscriptions. D'autre part, le découpage spécial des circonscriptions électorales suivantes : le Sud-Ouest et le Nord-Ouest laisse apparaître une volonté d'instrumentalisation du découpage en vue de la recherche de gains électoraux au détriment du souci de l'équité socio-politique alors que l'exigence de prise en compte des composantes sociologiques de la circonscription semble plutôt marquée par le souci de l'équité socio-politique dans la représentation[28] que par la recherche de gains électoraux.

Ce principe a pour objectif d'assurer la participation des minorités dans le processus décisionnel. C'est ainsi que l'ancien ministre de la Justice, M. Douala Moutome, a affirmé que « le sentiment d'être exclu, même si on est

---

[25] A. D. Olinga, « La protection des minorités et des populations autochtones en droit public camerounais », *op. cit.*, p. 279.

[26] *Ibid.*, *id.*

[27] *Ibid.*, *id.*

[28] A. D. Olinga, « La protection des minorités et des populations autochtones en droit public camerounais », *op. cit.*, p. 279.

bien géré, est de nature à générer des frustrations plutôt nocives »[29]. Par ailleurs, on retrouve cette exigence dans les règles fixant les conditions d'élection des députés à l'Assemblée nationale. En effet, l'article 5 de la loi n° 91/020 du 16 décembre 1991 y relative dispose que « la Constitution de chaque liste doit tenir compte des différentes composantes sociologiques de la circonscription concernée »[30].

La désignation des représentants de la Nation a connu quelques aménagements dictés par la prise en compte du fait ethnique dans le contexte nigérien. En réalité, huit communes[31] marquées par la concentration des ethnies minoritaires ont été érigées en circonscriptions spéciales au rang desquelles figurent Bilma, Banibangou, Bankilaré, Bermo, Makalondi, N'gourti, Tassara et Tesker. Par conséquent, les candidats investis dans ces différentes communes ayant une base solide peuvent être facilement élus grâce au recours à la technique du scrutin majoritaire uninominal à un tour[32]. Ainsi, les partis fussent-ils majoritaires n'ont aucune chance de remporter les sièges mis en jeu s'ils n'investissent pas dans leur liste des candidats issus des minorités. Tandis que dans les autres circonscriptions de droit commun, les candidats sont élus sur la base d'un scrutin de liste ouverte à la représentation proportionnelle.

Exceptionnellement, le scrutin majoritaire demeure un instrument de facilitation et de promotion de la représentation des candidats issus des groupes minoritaires majoritairement implantés dans les circonscriptions à statut spécial. Donc, la concentration géographique des minorités dans ces circonscriptions est la justification de tels aménagements. Au Canada, naquit en 1999 le troisième territoire fédéral, le Nunavut qui fut le résultat d'un découpage particulier de façon à ce que les Inuit y soient majoritaires.

En Californie, la volonté d'assurer une représentation parlementaire à certaines minorités comme les Hispaniques et les Noirs a conduit les autorités à mettre en œuvre une technique d'ingénierie en matière de découpage des circonscriptions électorales connue sous le nom de « racial districting »[33].

En effet, le recours à ces techniques de découpage dont l'objectif poursuivi est de servir les intérêts d'un parti politique en violation manifeste du critère

---

[29] Cf. Interview à *Africa International*, n° 293, avril 1996, p. 20.

[30] Article 5 alinéa 4 de la loi 91/020 du 16 décembre 1991.

[31] Article 42 de l'ordonnance n° 2010-96 du 28 décembre 2010 portant code électoral de la République du Niger qui détermine les circonscriptions pour l'élection des députés. *Journal officiel de la République du Niger*, spécial n° 21 du 29 décembre 2010, p. 314. Voir également A. D. Olinga, « Politique et droit électoral au Cameroun : analyse juridique de la politique électorale », *Polis : revue camerounaise de science politique*, 1998, vol. 6, n° 2, p. 46.

[32] Article 116 du code électoral de la République du Niger. Selon cette disposition, lorsqu'il n'y a qu'un siège à pourvoir au niveau de la circonscription, l'élection a lieu au scrutin majoritaire uninominal à un tour.

[33] D. Sabbagh, « La représentation électorale des minorités ethno-raciales aux États-Unis », *Revue internationale de politique comparée*, 11 (3), septembre 2004, pp. 457-469.

traditionnel de la répartition des sièges en fonction du poids démographique relève d'une manœuvre appelée *gerrymandering*[34]. Toutefois, ce mécanisme peut revêtir un caractère positif suivant une logique accomodationniste lorsqu'il est mis à contribution aux fins d'ériger certaines circonscriptions électorales à statut spécial dont la particularité se manifeste par une concentration géographique des minorités au sein de ces différentes circonscriptions.

Dans le cadre du contentieux relatif au découpage électoral à caractère racial, la Cour suprême a affirmé, avec force, que « le découpage racial des circonscriptions est désormais soumis à l'exigence de non-discrimination dans ses effets »[35].

Aux États-Unis, le *Voting Right Act* de 1965 amendé en 1982 a apporté une innovation majeure lorsqu'il exige que toute modification de procédure de vote dans les districts ou les minorités ont été victimes de discrimination doit faire l'objet d'autorisation fédérale préalable[36]. Ce qui constitue un mécanisme de protection dont il appartient à la Cour suprême de garantir tout en réduisant sa portée[37] face à une velléité de remise en cause manifestée par le district du Texas[38].

Les litiges portés devant la Cour suprême relatif à la Section 5 du *Voting Rights Act* lui a permis de confirmer la nécessité du maintien d'un tel acquis dans une société où les minorités ethniques ont eu à subir des discriminations dans le passé. Cependant, dans plusieurs décisions[39] portant sur le redécoupage électoral des années 1990 et 2000, la Cour suprême a affirmé que les distinctions ethno-raciales[40] non requises par la législation peuvent violer la Constitution, lorsqu'elles ont pour effet de créer des circonscriptions dont la configuration trahirait le rôle prééminent du « facteur racial » dans le redécoupage en question.

---

[34] Apparu pour la première fois en 1812, ce concept est issu de la contraction du nom de l'ancien gouverneur du Massachussetts, maître dans l'art de procéder à des découpages électoraux instrumentalisés pour favoriser un parti politique au détriment du critère de la taille démographique. Le *creative gerrymandering* est un exercice de style qui, sous couvert de respecter les critères de stricte égalité de population entre circonscriptions, autorise, encourage même, toutes les manipulations informatiques. Le gouvernement fédéral met d'ailleurs à la disposition de la classe politique et des activistes un logiciel extrêmement sophistiqué de projection cartographique de toutes les données du recensement (TIGER : *Topographical Integration Geographic Encoding and Referencing*).

[35] E. Fassin « La couleur de la représentation », *Revue française de science politique*, volume 60, n° 4, août 2010, p. 660.

[36] F. Douzet et K. Mac-donald, « La représentation des minorités dans le système politique californien », *Pouvoirs*, n° 133, 2010, p. 76.

[37] *Ibid.*, *id.*

[38] *Ibid.*, *id.*

[39] L'arrêt *Shaw v. Reno*, 509 US 630 (1993).

[40] En ce qui concerne l'origine de ce terme, D. Hollinger, *Postethnic America : Beyond Multiculturalism*. New York, Basic Books, 1995, p. 8.

Une seconde remise en cause est intervenue en 2013 à travers l'arrêt du 25 juin 2013, *Shelby County, Alabama c. Holder*[41]. Cette décision n'avait pas emporté l'adhésion de tous les membres de la juridiction suprême. L'opinion majoritaire rendue par le juge Roberts, dans une décision de 5 voix contre 4, allait soutenir l'inconstitutionnalité de la Section 4 (b) du *voting rights act*, c'est-à-dire la section qui définit la formule mathématique déterminant quelles parties du pays sont couvertes par la Section 5 et doivent, par conséquent, demander l'autorisation auprès du ministère de la Justice avant tout changement d'ordre électoral. Dans son raisonnement, la Cour affirmait qu'« en 1966, la formule avait du sens. La loi se limitait aux zones géographiques dans lesquelles le Congrès avait établi "des preuves avérées de discrimination face au vote" et les juridictions couvertes [par la Section 5] partageaient deux caractéristiques : "l'utilisation de tests pour s'inscrire sur les listes électorales et un taux de participation aux élections de 1964 au moins inférieur de douze pour cent à la moyenne nationale". [...] Aujourd'hui, la Nation n'est plus divisée suivant ces lignes, pourtant le voting rights act continue de la traiter de la même manière [...] »[42].

Malgré l'hostilité dont fait montre la France, le Conseil constitutionnel a pourtant admis, pour la Nouvelle-Calédonie, l'adaptation du découpage territorial à la distribution ethnique de la population, de façon à créer des régions où un groupe ethnique est largement majoritaire. Toutefois, la métropole et les territoires d'Outre-mer ne sauraient bénéficier d'une telle solution exclusivement conçue pour la Calédonie pour des raisons d'accommodation de la diversité. C'est sur cette base que la demande des deux provinces basques pour la création d'un département homogène a été purement rejetée. Alors qu'en Espagne, les provinces basques bénéficient d'un statut constitutionnel particulier sous la forme d'une communauté autonome dotée de pouvoirs significatifs comparables à ceux d'une entité fédérée[43].

En Colombie, il existe, par exemple, une circonscription spéciale au Sénat pour les communautés indigènes et une autre à la Chambre des députés pour les groupes ethniques[44].

---

[41] R. L. Hasen « Shelby County and the Illusion of Minimalism », *William and Mary Bill of Rights Journal*, 22 March 2014, p. 715 ; J. Blacksher & L. Guinier, « Free at Last : Rejecting Equal Sovereignty and Restoring the Constitutional Right To Vote Shelby County v. Holder », *Harvard Law and Policy Review*, vol. 8, Winter 2014, p. 39.

[42] O. Richomme, « La fin de la diversité ? Démantèlement jurisprudentiel du *Voting Rights Act* aux États-Unis » *Revue LISA/LISA e-journal. Littératures, Histoire des Idées, Images, Sociétés du Monde Anglophone–Literature, History of Ideas, Images and Societies of the English-speaking World*, 2016, vol. 14, n° 2. p. 30 https://journals.openedition.org/lisa/8938.

[43] J. Woehrling, « Les trois dimensions de la protection des minorités en droit constitutionnel comparé », *RDUS*, 2003, vol. 34, p. 95.

[44] *Ibid.*, 151.

B. Les techniques de correction appliquées au scrutin proportionnel

Le mode de scrutin proportionnel appliqué, sans aucune forme d'accommodation ou de correction, comporte des insuffisances en ce qu'elle traduit systématiquement la configuration des clivages entre majorité et minorités. Dans ce cas de figure, les minorités risquent de subir les abus de la majorité parlementaire lorsque celle-ci est en droit d'user des mécanismes et procédures régulières de production normative, sans aucune obligation de tenir compte de l'existence des minorités qui sont tenues de se plier à la volonté de la majorité. Le souci de garantir l'amélioration de la qualité de la loi dans une démarche plus ou moins consensuelle et inclusive peut justifier la correction des imperfections du mode de scrutin, en prévoyant la représentation des femmes (1) et de certains groupes ethniques par le biais de la cooptation (2).

1. La prise en compte des femmes

Aux termes des dispositions de la loi n° 2000-008 du 7 juin 2000[45] instituant le système de quota en faveur des femmes au Niger, la recevabilité des candidatures proposées par les différents partis politiques ou coalitions de partis lors des élections législatives et municipales est assujettie au respect de la condition suivante : 10% des candidats investis par les partis politiques dans leurs listes respectives doivent être des femmes. Ainsi, le législateur nigérien a dû recourir à la fixation d'un quota exigible pour combler la sous-représentation des femmes alors même qu'elles représentent 50,3 %[46] de la population nigérienne. Alors de l'avis de certains auteurs, les résultats obtenus lors des élections en termes de représentativité ne reflètent pas véritablement le poids démographique des femmes dans la société nigérienne.

Toujours au niveau des modalités, il y a lieu de prendre en compte certains mécanismes d'ingénierie ayant pour objet de réduire les inégalités dans la représentation parlementaire des différentes composantes ethniques ou religieuses[47]. À cet effet, on peut citer certains exemples. Pour le cas du Maroc, dans le but de garantir, au sexe féminin, une bonne représentation à la Chambre des Représentants, les partis politiques se sont mis d'accord pour réserver la liste nationale à la seule candidature du sexe féminin (30 sièges). Aussi, les femmes représentent aujourd'hui à la Chambre des Représentants 82 députés contre deux seulement en 1993[48] et à la Chambre des conseillers

---

[45] Loi 2000-008 du 7 juin 2000.

[46] Voir sur ce point, l'indice de développement humain du Niger pour 2011 publié par le Programme des Nations unies pour le Développement (PNUD) disponible sur le site www.un.org.

[47] Pour plus d'informations consulter le site de l'assemblée parlementaire de la francophonie pour des infos et références complémentaires.

[48] https://www.chambredesrepresentants.ma/fr/actualites/promotion-de-la-femme-lexperience-marocaine-au-menu-des-entretiens-rabat-de-la-presidente?sref= item2050-89306, consulté le 20 janvier 2020.

par 14 conseillères[49]. Au Rwanda en termes de pourcentage les femmes représentent 61,3 % sur un total de 80 membres de l'Assemblée nationale et 38,5 % des 26 membres du Sénat[50]. C'est pourquoi le Rwanda est qualifié de « leader mondial de la représentation des femmes au parlement »[51]. De plus, au sortir des élections législatives du 29 novembre 2014, les femmes représentent 46 % des 104 députés de la Namibie. En Afrique du Sud, les femmes obtiennent les 42,7 % des 393 élus le 07 mai 2014. Au Sénégal, sur les 165 députés élus le 30 septembre 2018, il y a 69 femmes, soit 41 % de l'Assemblée nationale. Au Mozambique, les femmes représentent 39,6 % des 250 députés élus le 15 octobre 2014 alors qu'en Tanzanie, elles obtiennent 36,9 % des 393 députés de la chambre basse élue le 25 octobre 2015. On peut citer le cas du Burundi avec une représentation des femmes à hauteur de 36,4 % des 121 députés élus le 29 juin 2015[52]. En dépit de ce tableau reluisant, certains pays restent toujours en queue de peloton dans ce domaine[53].

Au Sénégal, la loi n° 23/2007 du 27 mars 2007 modifiant l'article L 146 du Code électoral qui institue la parité dans la liste des candidats au scrutin de représentation proportionnelle pour les élections législatives a fait l'objet d'une saisine du Conseil constitutionnel par douze députés[54] qui demandaient à ce que la juridiction fasse une déclaration d'inconstitu-tionnalité de ces dispositions. Les requérants avaient obtenu gain de cause. En effet, le Conseil avait estimé que ces dispositions étaient contraires à la Constitution car toute discrimination fondée sur le sexe est une atteinte au principe à valeur constitutionnelle d'égal accès aux pouvoirs, aux emplois publics ainsi qu'à l'indivisibilité de la qualité de citoyen[55].

---

49 https ://www.yabiladi.com/articles/details/70275/maroc-tres-masculine-chambre-conseillers.html, consulté le 20 janvier 2020.

50 https://www.chambredesrepresentants.ma/fr/actualites/promotion-de-la-femme-lexperience-marocaine-aumenu-des-entretiens-rabat-de-la-presidente?sref=item2050-89306, consulté le 20 janvier 2020.

51 T. Holo, « L'opposition : L'oxygène de la démocratie. L'oubliée de la conférence nationale du Bénin », *in* F. J. Aivo, J. Du Bois de Gaudusson, C. Desouches et J. Maila (dir.), *L'amphithéâtre et le prétoire. Au service des droits de l'homme et de la démocratie, Mélanges en l'honneur du Président Robert Dossou*. Paris, L'harmattan, 2020, p. 670.

52 *Ibid.*, pp. 670-671.

53 C'est le cas du Bénin (5 femmes sur les 69 députés élus le 21 septembre 2018 soit 7,2 %) ; le Comores avec 2 femmes sur les 33 députés élus le 25 janvier 2015 soit 6,1 %) et le Nigéria dont l'Assemblée nationale issue des élections du 28 mars 2013 compte 333 hommes et 20 femmes soit 5,6 %.

54 La requête était présentée par Mesdames Aminata Mbengue Ndiaye, Oulimata Diome Cissé et Messieurs Amath Dansokho, Mamadou Diop, Wagane Faye, Famara Sarr, Khalifa Ababacar Sall, Thiédél Diallo, Abdoulaye Ba, Opa Diallo, Etienne Sarr et Djibril Sow.

55 L. Sindjoun, *Les grandes décisions de la justice constitutionnelle africaine : droit constitutionnel jurisprudentiel et politiques constitutionnelles au prisme des systèmes politiques africains*. Bruxelles, Bruylant, 2009, p. 432.

À travers cette Décision en date du 27 avril 2007, le Conseil constitutionnel sénégalais[56] a pu trouver l'occasion de retenir la solution déjà dégagée par le juge constitutionnel français[57] en matière d'accès aux fonctions électives. Dans les deux pays, la voie de la révision constitutionnelle « consolidante » a été empruntée pour introduire la parité hommes-femmes pour l'accès aux fonctions électives. En France, la loi n° 99-569 du 8 juillet 1999 relative à l'égalité entre les femmes et les hommes et renforcée par la loi n° 2008 – 724 du 23 juillet portant modernisation des institutions de la Ve République ont vu le jour. Au Sénégal, l'introduction de la parité trouve sa source constitutionnelle dans la loi n° 2010-11 du 28 mai 2010[58] qui favorise l'égal accès des hommes et des femmes aux mandats et fonctions électives. Aux termes de l'article 2 de ladite loi « les listes de candidature sont alternativement composées de personnes des deux sexes. Lorsque le nombre de membres est impair la parité s'applique au nombre pair immédiatement inférieur. Les listes de candidatures doivent être conformes aux dispositions ci-dessus sous peine d'irrecevabilité ».

Le Togo s'est engagé dans la même dynamique de promotion de la représentation parlementaire des femmes. Effectivement, la parité est instaurée par la loi n° 2012-002 du 29 mai 2012 portant Code électoral modifié par la loi n° 2013-004 du 19 février 2013 et la loi n° 2013-008 du 22 mars 2013 dont l'article 220 dispose que « ... les listes de candidats présentés par tous les partis politiques ou groupement de partis politiques légalement constitués ainsi que par des personnes indépendantes doivent respecter dans l'ensemble la parité hommes-femmes ».

En France, le règlement intérieur des Assemblées doit faire l'objet d'un contrôle obligatoire de constitutionnalité[59] permettant au Conseil constitutionnel de vérifier sa conformité à la Constitution. Toutes les modifications apportées au règlement intérieur sont également assujetties à cette obligation. À l'occasion de l'exercice de ce contrôle, le Conseil a censuré le projet de modification permettant à un groupe parlementaire de se doter de deux présidents pour respecter la parité hommes-femmes[60].

En Belgique, par la loi du 24 mai 1994, le législateur a voulu renforcer la présence des femmes sur les listes électorales en limitant le nombre autorisé de candidats d'un même sexe à deux tiers. La réglementation relative à la composition équilibrée des listes de candidats a encore été adaptée, et cela vaut

---

56 *Décision n°1-C-2007* du 27 avril 2007, Affaire n°1/C/2007.

57 *Décision Quota sexe*, n° 82-146 DC du 18 novembre 1982.

58 *J.O* n° 6544 du samedi 4 septembre 2010.

59 D. Ouédraogo, « Le contrôle de constitutionnalité des règlements des Assemblées parlementaires dans les États de l'Afrique de l'Ouest francophone », *Revue française de droit constitutionnel*, 2019, n° 1, pp. 119-143.

60 *Décision 2013-664- DC* du Conseil constitutionnel français. Voir P. Ardant et B. Mathieu, *Droit constitutionnel et institutions politiques*. Paris, LGDJ, 29e éd., 2017-2018, p. 74.

pour tous les niveaux électoraux, en adoptant le principe de la parité (50% de femmes et 50% d'hommes) avec application du principe dit de la fermeture éclair : les deux premiers candidats de la liste doivent être de sexe différent (si la tête de liste est un homme, le deuxième candidat doit être une femme et inversement).

2. Le système de quotas ethniques assorti de cooptation

Par dérogation aux procédures normales de désignation, il est possible d'envisager d'autres mécanismes exceptionnels, par exemple, les exemptions de seuils électoraux, les nominations sous forme de cooptation, les découpages électoraux, les quotas et autres.

En Afrique, l'exemple du Burundi mérite d'être retenu car le constituant a pris l'option de préciser clairement les modalités de représentation des groupes ethniques, en respectant la proportionnalité en fonction de la taille démographique de chaque groupe. L'Assemblée nationale est composée d'au moins 100 députés à raison de 60 % de *Hutus* et 40 % de *Tutsis*, y compris de 30 % de femmes élus au suffrage universel direct pour un mandat de cinq ans.

Par dérogation à la procédure de droit commun, trois députés de l'ethnie *Twa* sont cooptés en conformité avec le Code électoral. Le Burundi est en avance sur beaucoup de pays africains en matière d'élaboration de techniques d'ingénierie électorale visant la gestion de la diversité ethnique et du problème genre dans la représentation parlementaire.

Pour atteindre ce résultat, le législateur a jugé nécessaire d'exiger la présentation de listes bloquées aux élections dont la composition s'établit comme suit : « Pour trois candidats inscrits à la suite, deux seulement peuvent appartenir au même groupe ethnique et au moins un sur quatre doit être une femme. »[61]

Lorsque les résultats des élections législatives ne correspondent pas aux quotas prévus dans la Constitution, la Commission nationale électorale indépendante peut, sur la base de l'article 118 du Code électoral, valablement procéder à la cooptation en vue de corriger les déséquilibres constatés dans la composition de l'Assemblée nationale. Ainsi, les résultats des élections législatives de 2005[62] devaient conduire à la Commission électorale nationale indépendante de mettre en application ses prérogatives en cooptant quinze députés supplémentaires au profit des partis Conseil National pour la Défense de la Démocratie-Forces de Défense de la Démocratie, Front pour la Démocratie du Burundi (FRODEBU) à raison de 4 *Hutus*, 11 *Tutsis,* ce qui a abouti à la déformation des résultats issus des urnes. En 2005, l'Assemblée

---

[61] Article 168 de la Constitution burundaise du 18 mars 2005.

[62] À l'issue des élections de 2005 les quotas de 60 % de *Hutus*, 40 % de *Tutsis* et 30 % de femmes n'étaient pas respectés. Sur 100 députés : 65 étaient des *hutus*, 35 des *Tutsi* et 24 étaient des femmes. Cf. Stef Vandeginste, « Théorie consociative et partage du pouvoir au Burundi », *Studies*, 2005, vol. 43, n° 1, p. 20.

nationale était composée de 118 députés[63]. Cette situation s'est présentée en 2010, ce qui a permis à la Commission nationale électorale indépendante de procéder à la cooptation de six députés, en l'occurrence une femme *tutsie*, deux hommes *hutus* et 3 représentants de l'ethnie *Twa*[64].

Bien que le recours à un tel procédé soit de nature à porter atteinte aux règles du libre jeu démocratique tel qu'il doit résulter de l'expression du droit de suffrage, à travers l'organisation d'élections régulièrement disputées, il n'en demeure pas moins qu'il constitue un moyen légitime visant à garantir l'équilibre du système démocratique tel que voulu par le constituant sans remettre fondamentalement en cause les résultats issus des urnes. Étant entendu que l'élection a été érigée en principal mode de désignation des représentants de la nation au sein des Assemblées parlementaires.

Par dérogation à cette règle fondamentale, la cooptation peut être utilisée comme un instrument permettant d'assurer la représentation des minorités à condition qu'il soit le fruit d'un large consensus de l'ensemble des acteurs du jeu politique et qu'elle fasse l'objet d'une consécration textuelle dans le but de garantir l'équilibre global du système démocratique.

Il appartient à chaque pays de fixer, de manière régalienne, les règles du jeu électoral. Les personnes faisant partie ou non des groupes minoritaires qui prétendent participer en tant que candidats aux élections aboutissant à la désignation des représentants du peuple sont tenues de se conformer aux exigences consignées dans un code électoral.

À cet effet, deux tendances se dessinent. Généralement, les personnes appartenant aux groupes minoritaires suivent la même procédure applicable aux autres candidats, c'est-à-dire la procédure de droit commun applicable sans possibilité de dérogation tandis que dans d'autres pays une procédure spéciale peut être instituée dans le but de promouvoir la représentation des minoritaires au sein des instances parlementaires.

C'est ainsi que certains pays ont adopté une démarche consistant à réserver des sièges aux minorités. C'est le cas de l'Afghanistan, du Burundi, de Chypre, de la Croatie, du Danemark, de la Jordanie, du Liban, du Monténégro, du Népal, de la Nouvelle-Zélande, du Panama, de la Roumanie[65], de Singapour et de la Slovénie.

---

[63] Voir l'arrêt *RCCB, n° 136* du 4 juillet 2005 portant proclamation des résultats des élections législatives.

[64] Voir Rapport final d'évaluation de la mission d'observation de l'Union européenne.

[65] Dans une perspective comparative, la Roumanie s'est distinguée en prévoyant une dotation de sièges réservés aux groupes minoritaires qui n'ont pas pu obtenir de représentation selon la procédure ordinaire. Ainsi, les minorités peuvent envoyer leurs représentants au parlement à condition d'avoir recueilli au moins 10 % du nombre de suffrages moyens requis pour l'élection d'un député. Onze groupes ethniques minoritaires ont bénéficié de ces dispositions et ont obtenu une représentation au moyen des sièges réservés à l'issue des élections de 1990. Lors des scrutins suivants, le nombre de groupes minoritaires représentés est d'abord passé à 13 en

Au Burundi, si les résultats électoraux obtenus ne parviennent pas à atteindre les résultats visés, la Commission électorale nationale indépendante a la possibilité de corriger ce déséquilibre en retenant sur les listes des partis politiques et des indépendants ayant atteint 5 % des suffrages exprimés un nombre égal de députés supplémentaires appartenant à l'ethnie ou au genre sous-représenté, nécessaire pour résorber les déséquilibres.

Contrairement aux procédures et mécanismes applicables en matière électorale, cette technique d'ingénierie électorale dérogatoire permet aux groupes ethniques minoritaires d'avoir la garantie d'être représentés au parlement malgré les aléas et contingences de l'expression du droit de suffrage.

Dans le souci de consolider les acquis et garantir la représentation des groupes minoritaires, certains pays ont jugé nécessaire de mettre en œuvre des mesures spéciales à l'abri de vicissitudes inhérentes à l'exercice de la fonction législative. On peut citer le cas de la Nouvelle-Zélande où lorsque la loi électorale a été remplacée en 1993, les sièges réservés aux Maoris étant maintenus. En Croatie, le gouvernement soumet, chaque année, au Parlement un rapport sur la mise en œuvre de la loi constitutionnelle sur les minorités nationales. De telles mesures font l'objet d'une réévaluation à intervalle de temps régulier.

Il convient de noter que ce procédé d'attribution de sièges réservés aux minorités participe de la volonté de mise en application du principe de la « représentation miroir ». Cette technique présente aux yeux des membres des groupes minoritaires un avantage parce qu'il leur offre l'occasion de prendre en charge leurs préoccupations au sein des instances de décisions sans intermédiaire.

Cependant, les membres du groupe majoritaire ont naturellement tendance à ne pas se préoccuper des problèmes qui intéressent exclusivement les groupes minoritaires ayant pu bénéficier de ces types de mesures, comme c'est le cas « en Nouvelle-Zélande, où les minorités disposent de sièges réservés au parlement. Les non-Maoris y ont vu une mesure qui les incitait à se décharger de toute responsabilité en ce qui a trait aux problèmes des Maoris »[66].

Ces mesures spéciales ne sauraient produire les résultats escomptés que si elles permettent effectivement aux groupes minoritaires de défendre dignement leurs propres intérêts dans le respect de leur identité. En d'autres termes, elles ne devraient pas être réduites à une dimension plus ou moins symbolique[67]. Dans le souci de mettre en exergue les avantages et limites de

---

1992, puis à 15 en 1996 pour se stabiliser ensuite à 18 aux élections de 2000. Voir sur ce point l'étude de cas sur la Roumanie réalisée par l'UIP et le PNUD.

[66] W. Kymlicka, *La citoyenneté multiculturelle. Une théorie libérale, op. cit.*, p. 201.

[67] En ayant comme recours l'usage de procédés comme la cooptation limitée à un nombre restreint de sièges dont l'efficacité reste sujette à caution. C'est le cas des trois députés de l'ethnie *Twa* cooptés conformément au code électoral (ceux-ci ne pouvaient former un groupe

ces mesures, il faudrait procéder à une étude minutieuse de chaque type de mesure mise en œuvre.

En outre, il convient de préciser que dans les pays africains, les dispositions législatives en matière électorale n'imposent pas aux partis politiques de favoriser les candidatures de leurs membres issus des groupes minoritaires.

Toutefois, en dehors de toute exigence formelle ou légale, certaines formations politiques trouvent par le biais de procédures informelles les moyens de promouvoir les candidatures de leurs membres appartenant aux groupes minoritaires. Ces partis font preuve d'ouverture, par cette opération de charme, aux membres de la communauté à laquelle appartiennent les personnes qui ont été désignées. Selon Oleh Protsyk, « il s'agit de normes et de pratiques informelles suivies par tel ou tel parti se vouant socialement et ethniquement inclusif »[68].

Par ailleurs, ces modalités peuvent faire l'objet de manipulation et d'instrumentalisation. Dans ce sillage, le cas du Mali en est une illustration avec la création des bureaux de vote itinérants lors des élections de 2002. La Cour constitutionnelle[69] a bien fait de noter que ces élections ont pu se dérouler suivant une procédure différente de la procédure normale du fait de l'usage de bureaux de vote itinérants dans les zones nomades. Cette situation n'a pas manqué de créer certaines difficultés qui sont de nature à porter atteinte à la sincérité du vote. Ainsi, les Maliens n'ont pas participé au vote de la même manière. L'utilisation de bureaux de vote itinérants a permis de découvrir une vaste opération de manipulation. C'est l'avis, du moins, d'Oumarou Narey lorsqu'il considère que « le vote nomade est ethnicisé, exploité, politisé et manipulé selon l'agenda politique de tel ou tel groupe »[70].

En règle générale, la configuration du parlement dans la plupart des démocraties, à quelques exceptions près, est souvent dictée par un souci d'amélioration du travail législatif indépendamment de la présence des minorités. Cependant, l'Afrique du Sud a dû recourir, pendant la phase de transition démocratique, à une forme d'aménagement du pouvoir législatif exercé par trois chambres. En effet, la particularité d'une telle configuration tri-camérale consiste à assurer à chacune des trois composantes ethniques une

---

parlementaire) car le nombre requis pour constituer un groupe est de cinq après la nouvelle réforme politique en la matière.

[68] O. Protsyk, « La représentation des minorités et des peuples autochtones au parlement » *op. cit.*, p. 8.

[69] Cour constitutionnelle du Mali, Élections générales de 2002. Observations et recommandations de la Cour constitutionnelle, Bamako, p. 17.

[70] O. Narey, « Les droits des minorités en Afrique : jeux et enjeux », *Revue d'étude et de recherche sur le droit et l'administration dans les pays d'Afrique*, *avril* 2013, p. 20.

représentation dont la compétence est strictement délimitée en fonction des domaines propres à chacune des communautés[71].

En Belgique, à partir de 1970, la division linguistique a pris forme au sein du Parlement à travers l'identification de deux groupes linguistiques notamment un groupe néerlandophone et un autre francophone En réalité, chaque parlementaire élu dans la région linguistique néerlandaise ou francophone appartient automatiquement au groupe correspondant[72]. Concernant, la circonscription électorale bilingue, l'appartenance linguistique est déterminée en fonction de la langue de prestation de serment. Les germanophones restent affiliés au groupe linguistique francophone. Cette forme d'aménagement du pluralisme linguistique obéit à une logique consociative en ce qu'elle garantit la représentation des différents groupes par leurs élites[73].

Le système électoral mauricien pour l'élection des députés reste profondément marqué par la prise en compte de l'appartenance ethnique. Il s'agit de la technique du *Best loser system* qui permet l'attribution d'un siège au candidat perdant appartenant à une communauté minoritaire sous représentée au parlement[74]. En regroupant les députés selon les quatre communautés du pays, on arrive à calculer la moyenne d'électeurs par député quand la population de chaque communauté est divisée par son nombre de députés. Si cette moyenne est élevée, cette communauté minoritaire est moins bien représentée. On lui attribue alors un siège de *Best loser* afin qu'au moins un candidat de cette communauté soit représentée[75].

II. Une prise en compte des intérêts des minorités au sein du parlement

En vertu de la théorie consociative, le système démocratique doit prévoir l'aménagement de mécanismes permettant aux groupes minoritaires de défendre leurs intérêts vitaux. Dans le cadre du renouveau démocratique[76] et constitutionnel en Afrique, l'institutionnalisation de l'opposition[77] s'inscrit

---

[71] T. Hanf, « De la dite concordance en Afrique du Sud et de son utilisation à des fins utiles », *op. cit.*, p. 661.

[72] D. Sinardet, « Le fédéralisme consociatif belge : vecteur d'instabilité ? », *Pouvoirs*, 2011, n° 1, p. 27.

[73] *Ibid.*, p. 28.

[74] R.-P. Gunputh, « Projet de réforme électorale prospective en droit constitutionnel ou la pratique du Best loser system et du système proportionnel au service du pluralisme ethnique : justice constitutionnelle ou injustice parlementaire ? Le cas de l'Île Maurice », *in RFDC*, n° 78, 2009, p. 439.

[75] *Ibid., id.*

[76] F. J. Aïvo, « Les constitutionnalistes et le pouvoir politique en Afrique », *Revue française de droit constitutionnel,* 2015, volume 4, n° 104, p. 775.

[77] D. E. Emmanuel, « L'institutionnalisation de l'opposition dans les États d'Afrique francophone », *Nouvelles Annales africaines*, 2012, n° 3, pp. 47-94 ; T. Holo, « L'opposition :

dans une perspective de renforcement du rôle et des droits de la minorité parlementaire[78] à travers la fixation d'un statut dédié à l'opposition dans certains pays africains[79]. Dans d'autres pays, l'opposition a fait l'objet d'une consécration constitutionnelle[80]. Les solutions institutionnelles préconisées dans les sociétés plurales tentent, d'apporter, grâce à l'ingénierie constitutionnelle, une contribution dont l'objet demeure la protection des minorités grâce aux moyens de blocage du processus décisionnel.

Cette situation justifie les raisons pour lesquelles les « ingénieurs » consociatifs ont conçu des mécanismes procéduraux ayant pour effet de neutraliser la logique majoritaire durant le processus décisionnel lorsque les intérêts vitaux des minorités sont menacés (A). En outre, le parlement peut, de manière incidente, se voir confier une mission de contrôle de cette protection (B).

A. La défense des intérêts minoritaires durant le processus décisionnel

Dans les démocraties contemporaines, le Règlement intérieur du parlement a pour objet principal la détermination des règles d'organisation et de fonctionnement de l'institution parlementaire. Celle-ci revêt une importance en ce qu'elle apparaît comme une loi organique d'essence constitutionnelle qui, matériellement, prolonge la Constitution.

L'oxygène de la démocratie. L'oubliée de la conférence nationale du Bénin », *op. cit.*, pp. 655-673.

[78] D. Sy, « Le rôle et les droits de la minorité parlementaire dans les Assemblées nationales africaines » *in* L'opposition dans les parlements africains, Actes du séminaire parlementaire régional sur « Rôle, droits et responsabilité de l'opposition dans les parlements africains ». Ouagadougou, 15-16 novembre 1996, pp. 15-30. Voir également K. M. Laouel, « Renouveau du parlementarisme, responsabilité et devoirs de l'opposition dans les parlements africains » *in* L'opposition dans les parlements africains, Actes du séminaire parlementaire régional sur « *Rôle, droits et responsabilité de l'opposition dans les parlements africains* ». Ouagadougou, 15-16 novembre 1996, pp. 31-43.

[79] Loi n° 07/008 du 04 décembre 2007 portant statut de l'opposition en République démocratique du Congo ; loi n° 020/PR/2009 du 20 juillet 2009 portant statut de l'opposition au Tchad ; loi n° 2001-36 du 14 octobre 2002 portant statut de l'opposition au Bénin ; l'ordonnance n° 99-60 du 20 décembre 1999 portant statut de l'opposition au Niger ; loi n° 007/2000/AN du 25 avril 2000 portant statut de l'opposition au Burkina Faso ; loi n° 00-047 du 13 juillet 2000 portant statut de l'opposition au Mali. Pour plus d'informations, voir D. E. Emmanuel, « L'institution-nalisation de l'opposition dans les États d'Afrique francophone », *op. cit.* pp. 51-52. Voir aussi Th. Holo, « Le statut de l'opposition », *in* J. P Vettovaglia, A. Bourgi, Ch. Desouches, H. Maila, J. Sada, A. Salifou, (dir.), *Démocratie et élections dans l'espace francophone*, volume II. Bruxelles, Bruylant, pp. 363-364. Pour la Cour constitutionnelle béninoise, le choix des députés appelés à représenter l'Assemblée nationale doit se faire selon le principe à valeur constitutionnelle de la représentation proportionnelle cf. *Décision DCC 09-002* du 8 janvier 2009, *in Recueil des décisions et avis*, volume I, 2009, pp. 55-64.

[80] Articles 57 et 58 de la Constitution sénégalaise du 22 janvier 2001 (Titre V) ; article 14 de la Constitution malgache du 11 décembre 2010.

Dans le contexte burundais, l'encadrement de la procédure législative peut, dans certains cas, exiger le respect de la condition de majorités spéciales (1) dont l'impact permet, *de facto,* aux groupes ethniques de constituer une minorité de blocage. Les représentants des minorités ont la possibilité d'influencer, de retarder ou de bloquer le processus décisionnel[81] (2).

1. L'exigence de condition de majorités spéciales

Le travail législatif au sein de l'Assemblée parlementaire obéit généralement à un rituel procédural devant aboutir à l'élaboration de la loi. Compte tenu de l'importance de la loi, il serait souhaitable que l'œuvre du législateur requière au préalable l'adhésion des différentes familles politiques y compris la minorité. À cet effet, des conditions de majorité sont exigées en fonction de la place qu'occupe la norme dans la hiérarchie kelsénienne.

Ainsi, des mesures de précautions encadrant le processus de production normative ont pour effet d'éviter que la logique majoritaire porte atteinte aux intérêts vitaux de la minorité. Tel est l'objectif du constituant burundais qui précise à travers l'article 175 que : « les lois sont votées à la majorité des 2/3 des députés présents ou représentés. Les lois organiques sont votées à la majorité des 2/3 des députés présents ou représentés, sans que cette majorité puisse être inférieure à la majorité absolue des membres composant l'Assemblée nationale. »[82]

Cette exigence de majorité est applicable dans le cadre de la procédure d'adoption des lois au Sénat. En guise d'analyse, cette exigence procédurale traduit une volonté de créer un facteur bloquant. Cette technique a pour effet d'éviter que la loi organique soit adoptée sans qu'il ait reçu une forte adhésion des différentes forces politiques.

Les conditions procédurales qui encadrent le processus de révisions constitutionnelles participent de la volonté de neutraliser les velléités pouvant permettre à la majorité de remettre en cause les principes fondamentaux auxquels la minorité parlementaire avait pourtant adhéré lors du processus constituant. L'article 300 de la Constitution burundaise précise que : « le projet ou la proposition d'amendement de la Constitution est adoptée à la majorité des quatre cinquième (4/5) des membres qui composent l'Assemblée nationale et des deux tiers (2/3) des membres du Sénat. »[83]

En Belgique, la réforme constitutionnelle de 1970 a permis d'instaurer une technique de protection des groupes linguistiques à travers la loi à majorité spéciale. C'est un mécanisme particulier qui renforce davantage les conditions d'adoption de certaines lois en vue de la mise en œuvre des principes

---

[81] F. Benoit-Rohmer, « La représentation des minorités dans les Parlements d'Europe Centrale et Orientale » *op. cit.* p. 501.
[82] Article 175 de la Constitution burundaise du 18 mars 2005.
[83] Article 300 de la Constitution du Burundi.

constitutionnels relatifs à la répartition des compétences et des ressources financières entre les différents niveaux de pouvoir. C'est une procédure qui exige une double majorité dans les deux Chambres législatives : une majorité simple dans les deux groupes linguistiques[84]. Cette technique vise à protéger la minorité francophone. Il semble important de souligner que la réforme de l'État en 2001 a été adoptée suivant cette procédure spéciale sans pour autant passer par la voie de la révision constitutionnelle.

Au Canada, la Constitution de 1867 contenait à une certaine époque des dispositions constitutionnelles prévoyant que certaines circonscriptions électorales à forte population anglophone ne pourraient être redécoupées qu'à la suite d'un vote de la législature québécoise adopté à une double majorité : la majorité des membres de la législature et la majorité des députés représentant les circonscriptions en cause[85].

En Belgique, si au moins les ¾ des membres d'une communauté linguistique estiment qu'une proposition de loi pourrait « gravement menacer les relations entre les deux communautés »[86], ils peuvent mettre en branle la procédure de la « *sonnette d'alarme* » en déposant une motion motivée qui intervient après l'introduction du rapport de la Commission parlementaire et avant le vote en séance plénière. Dans cette hypothèse, la procédure parlementaire est suspendue et la motion est envoyée au Conseil des ministres[87] qui doit donner son avis motivé à la chambre dont émane la motion dans un délai de trente jours. Cette dernière se prononce sur « soit sur l'avis, soit sur le projet ou la proposition éventuellement amendés »[88]. Il faut préciser que cette loi n'est pas applicable aux lois à majorité spéciale et celles portant sur le budget.

Après l'expiration du délai de trente jours, la procédure reprend son cours. Si le Conseil des ministres n'est pas parvenu à trouver un consensus, alors la proposition peut être adoptée à la majorité simple. Par ailleurs, la pratique révèle le caractère dissuasif qu'elle revêt dans la mesure où elle n'a été utilisée que deux fois en 1985 pour une question secondaire et en 2010 concernant l'épineux dossier de la scission de l'arrondissement électoral de Bruxelles-Hal-Vilvorde considéré comme le moteur de la crise politique belge ces dernières années[89].

---

[84] Une majorité des membres des deux groupes linguistiques étant présents.

[85] Article 80 de la Constitution canadienne de 1867.

[86] Article 54 de la Constitution belge.

[87] Cet organe est paritairement composé de francophones et de néerlandophones. Cf. article 99 de la Constitution. Cette disposition indique que le Conseil des ministres ne peut compter plus de quinze membres, et dans le cas d'un gouvernement comptant un nombre pair de ministres, le Premier ministre n'est pas pris en compte pour l'établissement de la parité.

[88] Article 54, al.2.

[89] D. Sinardet, « From Consociational Consciousness to Majoritarian Myth. Consociational Democracy, Multi-level Politics and the Belgian Case of Brussels-Halle-vilovorde », *Acta*

Dans une logique consociative, cette procédure de « la sonnette d'alarme » est un instrument devant permettre à la communauté linguistique de défendre ses intérêts. Sous ce rapport, elle semble avoir les caractéristiques d'un droit de véto dès lors qu'elle imprime une dynamique consensuelle au processus de recherche de solutions à une crise politique qui peut être de nature à nuire aux relations entre les deux communautés linguistiques.

En matière de protection des minorités, la Hongrie a élaboré un ensemble de mécanismes institutionnels originaux dont la mise en œuvre lui permet d'être en avance sur les autres pays confrontés aux problèmes de minorités. En effet, il a été mis sur pied un Commissaire parlementaire des droits des minorités nationales et ethniques[90] investi d'une mission qui consiste à examiner les risques d'abus ou de dérives préjudiciables aux groupes minoritaires portés à sa connaissance.

Dans le contexte burundais, l'Ombudsman[91], institution d'origine suédoise[92], trouve sa place dans le modèle institutionnel d'inspiration consociative[93] issu de l'accord d'Arusha. Ce modèle est susceptible d'être affecté par des crises politiques d'où la nécessité d'envisager des cadres de conciliation et de médiation par l'intermédiaire de l'Ombudsman. Cette institution assure, entre autres attributions, une mission d'enquête, de médiation, de conciliation et d'observation[94]. Sous ce rapport, l'ombudsman reçoit des plaintes et mène des enquêtes concernant la violation des droits des citoyens ; il assure une médiation entre l'administration et les citoyens et joue le rôle d'observateur concernant le fonctionnement de l'administration[95]. En outre, l'ombudsman a la qualité de saisir la Cour constitutionnelle lorsqu'il estime qu'une mesure réglementaire ou législative est inconstitutionnelle conformément aux dispositions de l'article 230 de la Constitution[96].

Politica. International Journal of Political Science. Basingstoke, Palgrave Macmillan, 2010, vol. 45, n° 3, pp. 346-369.

[90] Article 32 b/2 de la Constitution. Hors d'Europe, l'on peut toutefois noter une institution comparable en Chine.

[91] Loi n° 1/3 du 25 janvier 2010 portant organisation et fonctionnement de l'Ombudsman. Au Burundi, le premier ombudsman du nom de Cheick Mohamed Rukara Khalfan a été élu en novembre 2010.

[92] S. Jagerskiold cité par P. Manirakiza, « La nouvelle institution d'ombudsman au Burundi : potentialités et défis », *in Revue juridique et politique*, n° 4, 2012, p. 482.

[93] D. Sullivan, « the Missing Pillars : A look at the failure of peace in Burundi Througth the Lens of Arend Lijphart's theory of consociational democracy » *Journal of Modern African Studies*, 2005, volume 43, n° 1, pp. 75-95.

[94] P. Manirakiza, « La nouvelle institution d'ombudsman au Burundi : potentialités et défis », *op. cit.*, p. 488.

[95] Lire Constitution du Burundi, art. 237.

[96] Cf. article 230 de la Constitution du Burundi.

2. L'existence d'une minorité de blocage

Le parlement demeure le cadre naturel au sein duquel les différentes sensibilités ou familles politiques expriment librement leur opinion dans le respect de certaines conditions procédurales. Toutefois dans une société hétérogène, le libre jeu démocratique risque de tourner en faveur des forces politiques majoritaires.

Face à cette situation, les groupes minoritaires n'ont aucune arme stratégique en vue de limiter ou de contenir la brutalité de la logique majoritaire durant le processus de délibération. Ainsi, en dehors d'un droit de véto formellement reconnu à la minorité, il convient de noter que la fixation des quotas ethniques dans les instances parlementaires du Burundi et l'exigence d'une majorité qualifiée sont de nature à conférer à la minorité ethnique un véto de fait. Dans pareil cas, la prise de décisions importantes implique un soutien de la minorité pour atteindre la majorité exigée. À défaut d'un tel soutien, certaines décisions initiées par la majorité risquent d'être compromises. Assurément, le véto apparaît comme une forme d'expression d'un véritable contre-pouvoir[97].

En réalité, dans le contexte burundais, la configuration du parlement laisse entrevoir l'existence d'un pôle majoritaire incarné par les *Hutus* tandis que la posture de minorité parlementaire revient aux *Tutsis*. Au Sénat, la composition doit se faire de manière paritaire avec 50% pour chaque ethnie.

En l'absence d'un consensus ou d'unanimité pour la prise de certaines décisions, le constituant avait assurément jugé nécessaire de recourir à la technique du renforcement des majorités, ce qui devait conduire, de fait, à la constitution d'une minorité de blocage en faveur de l'ethnie minoritaire, en l'occurrence des *Tutsis*.

La Constitution burundaise de 2005 est fortement sous l'emprise d'une inspiration consociative en vertu de laquelle on ne saurait admettre qu'une seule famille politique puisse disposer d'une majorité renforcée lui permettant de prendre seule des décisions éminemment importantes. Pour constituer une minorité de blocage, la loi électorale a dû recourir à la technique de cooptation si un parti politique réussit à engranger les 3/5 des sièges mis en compétition. Dans ce cas de figure, la loi électorale autorise la cooptation de 18 à 21 membres à raison des deux personnes par parti au cas où sept partis politiques réuniraient les conditions requises.

La brutalité du système majoritaire ne laisse aucune possibilité à la minorité de faire valoir ses intérêts. De manière générale, la majorité entend jalousement garder le dernier mot sur certaines questions qu'elles jugent

---

97 C. Bidegaray et C. Émeri, « Du pouvoir d'empêcher : véto ou contre-pouvoir », *in RDP*, 1994, p. 336. Pour plus d'informations, G. Glénard, « La doctrine publiciste française et la faculté d'empêcher », *in Revue d'histoire des facultés de droit*, pp. 99-118.

substantielles. Le droit de véto est une sorte de concession que la majorité a bien voulu faire en vue d'améliorer le fonctionnement de la démocratie dans le respect de la diversité culturelle. En Afrique du Sud, la Constitution tri-camérale de 1983 avait aménagé un mécanisme qui consistait à reconnaître au profit de chacune des trois communautés un droit de véto car toute législation concernant les affaires communes devait reposer sur un accord préalable des trois communautés.

Toutefois, la possibilité offerte au Conseil présidentiel dominé par les Blancs, en cas de désaccord entre les communautés, de légiférer dans ce domaine avait fini de réduire considérablement la portée d'un tel mécanisme consociatif. Le Conseil présidentiel était conçu de telle sorte qu'il puisse mettre en échec, sans difficulté, toute velléité de blocage. C'est justement la raison pour laquelle il était considéré comme un « deadlock breacking mecanism »[98].

Au Burundi, il convient de préciser que l'esprit du constituant de 2005 laisse présager une volonté de recherche d'un mécanisme dont la vocation consisterait à faire en sorte qu'une seule famille politique ne dispose pas d'une majorité confortable pour imposer sa volonté dans le cadre du processus décisionnel durant la première phase post-transition[99]. Cette préoccupation est prise en charge à travers l'article 303 de la Constitution.

Conformément à cette disposition, à titre exceptionnel et aux seules fins des premières élections des députés et uniquement si un parti a remporté plus des 3/5 des sièges au suffrage direct, un total de 18 à 21 membres supplémentaires sont cooptés en nombres égaux à partir des listes de tous les partis ayant enregistré au moins le seuil fixé pour les suffrages, ou à raison de deux personnes par parti au cas où plus de sept partis réuniraient les conditions requises. Les modalités seront déterminées par la loi électorale. Cette technique d'ingénierie électorale a, naturellement, pour effet de doter les groupes minoritaires d'un moyen de neutraliser la volonté de la majorité.

Naturellement, la combinaison des quotas ethniques et des fortes majorités semble produire inéluctablement l'effet d'un véto de fait. Sous ce rapport, les lois sont votées à la majorité des 2/3 des députés présents ou représentés. Les lois organiques sont votées à la majorité des deux tiers des députés présents ou représentés, sans que cette majorité puisse être inférieure à la majorité absolue des membres composant l'Assemblée nationale. C'est la même majorité qui est requise pour le vote des résolutions, recommandations et décisions importantes[100].

---

[98] T. Hanf, « De la dite concordance en Afrique du Sud », *op.cit.*, pp. 660-661.

[99] A. Manirakiza, « L'approche consociative dans la constitution du 18 mars 2005 et ses implications sur le régime politique burundais », *Konrad-Adenauer-Stiftung (ed.) KAS African Law Study Library*, 2011, vol. 7, p. 17.

[100] Article 175 de la Constitution burundaise.

En ce qui concerne le Sénat, c'est relativement la même procédure de vote qui est retenue. Les décisions sont votées à la majorité des 2/3 des sénateurs présents ou représentés. Les lois organiques sont votées à la majorité des deux tiers des sénateurs présents ou représentés, sans que cette majorité ne puisse être inférieure à la majorité absolue composant le Sénat[101].

Le but recherché dans la fixation d'une forte majorité est d'éviter que le groupe ethnique majoritaire puisse faire passer sans aucun problème les projets ou propositions de loi ou de modifier la Constitution à sa guise au détriment du groupe ethnique minoritaire. En réalité, l'Assemblée nationale comprend 60 % de *Hutus* et 40 % de *Tutsis* et que le Sénat doit être paritairement composé de 50 % de *Tutsis* et de 50 % de *Hutus*. Les *hutus* n'ont pas cette marge de liberté leur permettant d'imposer certaines décisions sans le soutien des *Tutsis* qui constituent une minorité de blocage.

B. Les fonctions protectrices du Parlement

Traditionnellement, la Seconde Chambre[102] s'est vue assignée trois grandes fonctions. La fonction technique qui se manifeste par l'amélioration de la qualité du travail législatif ; la fonction politique qui apparaît à travers le rôle de contrepoids qu'elle joue pour endiguer les risques d'abus de la majorité ; et la fonction territoriale qui permet, compte tenu de la structuration de l'État, de prendre en compte les intérêts des collectivités territoriales[103]. En plus de ces fonctions originelles, il y a lieu de mentionner une fonction accommodante de la représentation. En effet, « la fonction de la seconde chambre en Afrique est essentiellement : de prendre en compte les composantes sociologiques de l'État, rétablir l'égalité dans des pays souvent affectés par des grands déséquilibres ethniques, linguistiques, culturels et régionaux et enfin contribuer à analyser les crises politiques dans le but de garantir la paix civile encore fragile sur le continent »[104].

Le principe du bicaméralisme figure parmi les caractéristiques dominant du constitutionnalisme moderne en Afrique. Par ailleurs, les États africains ayant manifesté leur adhésion au principe de bicaméralisme ont suivi deux voies différentes. L'introduction du bicaméralisme ou du bicamérisme[105] en

---

[101] Article 186 de la Constitution burundaise.

[102] Souvent appelée Sénat mais une minorité de pays lui réserve une autre appellation : Conseil de la nation en Algérie, Chambre des conseillers au Maroc, Conseil de la Fédération en Éthiopie, Conseil des États au Soudan, Conseil national des provinces en Afrique du Sud, Conseil national en Namibie, Chambre des chefs au Botswana...

[103] F. Somali, « Utilité et légitimité des secondes chambres dans le nouveau constitutionnalisme en Afrique ». *Revue juridique et politique des États francophones*, 2009, vol. 63, n° 4, p. 788.

[104] *Ibid.*, pp.788-789. Voir aussi C Keutcha tchapnga, « Droit constitutionnel et conflits politiques dans les États francophones d'Afrique noire », *Revue française de droit constitutionnel,* 2005/3 (n° 63), p. 461.

[105] Il faut signaler que le *Vocabulaire juridique* publié sous la direction de Gérard Cornu, PUF, 8e éd., 2000, p.107), distingue le bicamérisme du bicaméralisme, celui-ci étant considéré comme une doctrine préconisant le bicamérisme.

Afrique s'est opérée, soit à travers l'élaboration d'une nouvelle Constitution, soit par le truchement d'une révision constitutionnelle. Dans la première hypothèse, on retrouve les pays comme le Burkina Faso[106], le Cameroun[107], la République du Congo[108], Madagascar[109], la Mauritanie[110] et le Tchad[111]. Dans la seconde hypothèse, on peut citer les cas du Gabon, du Maroc, de l'Algérie, du Togo, du Burundi, du Rwanda et de la République démocratique du Congo[112]. Toutefois, il ne faut pas oublier que certains États ont renoncé au bicamérisme[113]. Le Tchad en 2005[114], le Sénégal en 2012[115], la Tunisie en 2014[116], l'Égypte en 2014[117], la Mauritanie en 2017[118] en sont des exemples illustratifs.

Au surplus, la seconde chambre peut se voir confier la responsabilité de contrôler manifestement les mesures de protection (1) tout en exerçant certaines missions incidemment protectrices des minorités (2).

1. Les fonctions manifestes

Au Burundi, la Constitution exige le respect des quotas pour assurer la représentation de chaque ethnie au sein des entreprises publiques. Il s'agit de 60 % au plus pour les *Hutus* et de 40 % pour les *Tutsis*. La création d'un mécanisme de contrôle revêt une dimension particulièrement intéressante dans la perspective de mise en œuvre du principe de l'exigence du respect de l'équilibre et de la diversité dans la composition de l'administration.

---

[106] Article 78 de la Constitution du Burkina Faso.

[107] Lire Article 14-1 de la Constitution camerounaise. En outre, le cas du Cameroun mérite une attention car le bicaméralisme camerounais connaissait une certaine singularité. En effet, cette parenthèse fédérale (1961-1972) n'a pas été une condition d'instauration d'une seconde chambre dédiée à la représentation des entités fédérées. Par contre, dans l'État fédéré du Cameroun occidental il y avait une seconde chambre appelée « House of chief » composée de représentants des chefs traditionnels. Ce type de bicamérisme trouvait son explication à travers le particularisme linguistique et sociologique de cette partie du pays. Voir sur ce point M. Kamto « La dynamique constitutionnelle du Cameroun indépendant », *RJA,* n° 1,1995, p. 7.

[108] Article 93-1 de la Constitution du Congo-Brazzaville.

[109] Article 66 de la Constitution malgache.

[110] Article 46 de la Constitution du Burundi

[111] Article 106 de la Constitution du Burundi

[112] A. Cabanis et M. L. Martin, *Les constitutions africaines. Évolutions récentes*. Paris, Karthala, 1999, p. 113.

[113] B. Boumakani, « Le regain du bicamérisme dans les Parlements en Afrique », *in* F. J. Aïvo, J. Du Bois de Gaudusson, C. Desouches et J. Maila (dir.), *L'amphithéâtre et le prétoire. Au service des droits de l'homme et de la démocratie, Mélanges en l'honneur du Président Robert Dossou*. Paris, L'Harmattan, 2020, p. 282.

[114] La disparition du Sénat a été confirmée par la Constitution du 4 mai 2018.

[115] Créé en 1999, puis supprimé en 2001, puis restauré en 2007 avant d'être supprimé en 2012.

[116] La Chambre des conseillers a été supprimée par la Constitution du 10 février 2014.

[117] Chambre haute de 1980 à 2014, date de sa suppression.

[118] Le Sénat a été supprimé le 15 août 2017 à la suite du référendum constitutionnel.

Aux termes de l'article 187 de la Constitution[119], il appartient au Sénat, entre autres attributions, d'exercer une telle prérogative. En vertu de cette disposition, le Sénat peut mener :

– des enquêtes dans l'Administration publique et, le cas échéant, faire des recommandations pour s'assurer qu'aucune région ou aucun groupe n'est exclu du bénéfice des services publics ;

– contrôler l'application des dispositions constitutionnelles exigeant la représentativité ethnique et de genre et l'équilibre dans toutes les structures et les institutions de l'État notamment l'Administration publique et les Corps de Défense et de Sécurité.

Toujours dans cette perspective, le Sénat a pu mettre sur pied une Commission d'enquête sur l'état du respect des équilibres au sein de l'administration[120].

Les Forces de Défense et de Sécurité ont toujours été au cœur des conflits ethniques que le Burundi a connu depuis l'indépendance jusqu'à nos jours. Pour rétablir la sécurité et l'ordre, la nécessité de réformer les Forces de Défense et de Sécurité devait figurer en bonne place au menu des négociations d'Arusha. Il semble dangereux que, dans une société plurale, les Forces de Défense et de Sécurité soient sous l'emprise d'une seule entité ethnique.

En cas de conflit, le groupe dominant serait tenté de faire recours à l'armée pour perpétrer des exactions. Ainsi, il convient de préserver une garantie de neutralité dans la composition des forces de défense et de sécurité[121].

En tirant les enseignements du passé et de parer à toute velléité de coup d'État, il s'avère nécessaire de procéder à la correction des déséquilibres constatés dans ce secteur. C'est dans ce sens que l'article 258 de la Constitution burundaise dispose que le Sénat, à compter d'une période à déterminer, doit veiller à ce qu'aucun groupe ethnique ne puisse être représenté à hauteur de plus de 50% au sein des forces de sécurité. Ces réformes devraient être le résultat d'un large consensus des différentes forces politiques dans un climat de réconciliation et de confiance pour éviter le précédent de 1993[122].

Pour rompre avec la domination des Tutsis au sein de l'Armée, le Président Melchior Ndadaye élu à la suite de la victoire du parti FRODEBU voulait initier un projet de réforme de l'Armée.

Face à la majorité *Hutue*, la minorité *Tutsie* voulait faire de l'Armée une chasse gardée et n'admettait aucune tentative de réforme susceptible de remettre en cause cet état de fait. Pour aborder cette lancinante et épineuse

---

[119] Article 87 de la Constitution burundaise du 18 mars 2005.

[120] Le Sénat n'a pas encore produit de rapport.

[121] N. Schmitt, « Protection des minorités, fédéralisme et démocratie de concordance : tout est lié ! », *op. cit.*, p. 12.

[122] S. Vandeginste, « Burundi : entre le modèle consociatif et sa mise en œuvre », *op. cit.*, p. 9.

question, les autorités politiques toutes tendances confondues ont jugé nécessaire de prendre certaines précautions pour ne pas réveiller les demons de la violence[123]. Dans une democratie plurale, l'Armée doit Haut du formulaireBas du formulaireêtre au-dessus des clivages en gardant une posture de neutralité entre les groupes ethniques et en assumant sa fonction principale qui consiste à assurer la sécurité des biens et des personnes. Effectivement, l'État doit garder un strict monopole des forces armées nationales[124]. Au Burundi, le Sénat exerçait, entre autres attributions, une mission principale d'investigation, d'enquête et de contrôle de l'application de l'accord d'Arusha, notamment les dispositions constitutionnelles relatives à la représentation des différentes ethnies dans la Fonction publique et dans les Forces de Défense et de Sécurité.

Le Sénat a jugé nécessaire de mettre sur pied, depuis le 16 juillet 2008, une Commission d'enquête sur l'état du respect des équilibres au sein de l'administration publique[125], malgré les réactions hostiles de certaines formations politiques[126]. Cette commission n'a toujours pas produit de rapport[127].

2. Les fonctions incidentes

La mise en place de la Seconde Chambre dans la plupart des démocraties africaines figure parmi les différents mécanismes d'ingénierie constitutionnelle dont l'une des préoccupations est de prendre en compte les diverses composantes sociologiques de la nation[128]. À ce propos, il s'agit d'un instrument d'accommodation institutionnelle de la diversité ethnique, linguistique et régionale. Dans ce même registre, une grande partie de la doctrine partage l'idée défendue par Patrice Gélard selon laquelle « cette chambre est irremplaçable pour assurer la représentation des collectivités locales dans la décentralisation, incontournable pour assurer la représentation des catégories spécifiques qui seraient éliminées par le jeu normal des

---

[123] Pour certains observateurs la violence est parfois « le seul moyen pour une minorité de chercher à maintenir un peu de respect pour son indépendance, ses valeurs, ses exigences et son pouvoir de marchandage politique, tout en évitant l'escalade de la violence jusqu'à ses limites extrêmes, c'est-à-dire la guerre. Les faibles peuvent perdre dans une telle partie, mais aussi gagner en mettant à l'épreuve les contraintes coût-risque / bénéfice des forts ». Lire H.-L. Nieburg cité par C Keutcha tchapnga, « Droit constitutionnel et conflits politiques dans les États francophones d'Afrique noire », *op. cit.*, p. 454.

[124] La perte de ce monopole aurait pour conséquence la consolidation des particularismes et des clivages ethniques ainsi que « La prolifération des armes à feu automatique ». Cf. A. Ayissi, « La prolifération des armes légères et de petit calibre : un défi majeur de paix et de sécurité », *Revue Africaine d'Études Politiques et Stratégiques*. Université de Yaoundé II, 2001, p. 67.

[125] A. Manirakiza, « L'approche consociative dans la Constitution du 18 mars 2005 et ses implications sur le régime politique burundais », *op. cit.*, p. 9.

[126] *Ibid., id*

[127] *Ibid.*, p. 10.

[128] B. Boumakani, « Le regain du bicamérisme dans les parlements en Afrique », *op.cit.*, p. 298.

élections »[129]. Pierre Pactet renchérit en précisant que « le bicamérisme a presque toujours un caractère modérateur en ce qu'il a essentiellement pour objet de corriger les excès éventuels de la loi du nombre qu'incarne l'Assemblée nationale qui a la base populaire la plus large, c'est-à-dire dans le monde actuel, celle qui est élue au suffrage universel direct »[130].

Tandis qu'au Burundi le bicaméralisme, dans sa physionomie moderne, revêt un intérêt tout à fait particulier en ce sens qu'il intègre quelques aspects du système consociatif[131] grâce au recours à une expertise constitutionnelle à la suite du processus de transition. Ainsi, ce pays mérite d'être cité comme « un exemple pour la région et au-delà »[132].

En plus de sa participation à l'amélioration de la qualité du travail législatif[133], la Seconde Chambre serait le lieu de concertation et de débat permettant d'aboutir à l'élaboration pacifique de grand compromis en présence d'intérêts divergents exprimés par les diverses composantes de la Nation qui y sont représentées. De par sa configuration, la Seconde Chambre s'est vue assignée une mission de prévention des tensions politiques[134].

Pendant la phase d'expérimentation du système fédéral de 1961 à 1972, le Cameroun a connu une application singulière du principe du bicaméralisme[135]. En réalité, c'est seulement dans l'État fédéré du Cameroun occidental d'expression anglophone où le bicaméralisme se traduisait par la création d'une Seconde Chambre dénommée « House of Chief »[136] composée de chefs traditionnels dont le rôle paraît important dans cette partie du pays. Par ailleurs, la correction des déséquilibres dans la représentation des diverses composantes fait partie des préoccupations auxquelles les ingénieurs consociatifs accordent une certaine importance. Sous ce rapport, la Seconde Chambre est d'une grande utilité en ce sens qu'elle pourrait assurer légitimement cette fonction.

En Afrique du Sud, la mise en place du Conseil National des Provinces sous la forme d'une Seconde Chambre dans un système quasi fédérale peut

---

[129] P. Gélard, « À quoi peut donc bien servir une seconde chambre en démocratie », *in Le nouveau constitutionnalisme, Mélanges en l'honneur de Gérard Conac*. Paris, Economica, 2001, p. 146.

[130] P. Pactet et F. Mélin-Soucramanien, *Droit constitutionnel 2019*. Paris, Sirey, 26e éd., 2018, p. 234.

[131] A. Lijphart, « Changement et continuité dans la théorie consociative », *op. cit.*, p. 692.

[132] « Le Conseil de Sécurité au Burundi : un exemple pour la région », *Arib News*, 8 novembre 2005.

[133] B. Boumakani, « Le regain du bicamérisme dans les parlements en Afrique », *op. cit.*, p. 281.

[134] C. K Tchapnga, « Droit constitutionnel et conflits politiques dans les États francophones d'Afrique noire » *op. cit.*, p. 462.

[135] K. A. A. Kuakuvi, *Les secondes chambres du parlement dans les États francophones : Le cas du Burundi, de la France, du Gabon et du Sénégal*. Thèse de doctorat de Droit public, Université de Gand/Université de Lomé, 2012, p. 17.

[136] M. Kamto, « La dynamique constitutionnelle du Cameroun indépendante », *Revue juridique africaine*, 1995, p. 7.

être considérée comme une contribution majeure pour la réalisation de l'unité dans la diversité en tant que principe cristallisé dans le préambule de la Constitution sud-africaine de 1996. Le bicaméralisme étant inhérent à la logique fédérale[137], l'Afrique du Sud a dû se conformer à cette exigence en instituant le Conseil national des provinces dont les membres sont composés, à titre égalitaire, par les délégués envoyés par chaque province. Dans le système quasi fédéral sud-africain, la création de la Seconde Chambre répond principalement à un souci de garantir l'expression des intérêts des provinces dans le respect de la cohésion et l'unité nationales.

Après avoir introduit certains mécanismes consociatifs dans leur dispositif normatif, les pays au rang desquels figurent le Congo, la RDC et l'Afrique du Sud n'ont pas su maintenir et consolider ces acquis démocratiques alors qu'ils étaient paradoxalement confrontés à un problème de gestion démocratique de la diversité ethnique. Ils ont rapidement basculé vers le système majoritaire - tendance dominante dans la plupart des démocraties contemporaines-incarné par le modèle de *Westminster*[138].

Toutefois, pour des raisons politiques, quelques aménagements de types consociatifs restent toujours maintenus dans le souci de garantir un équilibre entre les différentes forces politiques en présence. Il s'agit, entre autres, de réserver certains postes au sein de l'Assemblée nationale à l'opposition. Au Burundi, en l'absence de disposition pertinente, les présidents des assemblées ne doivent pas appartenir à la même ethnie.

Au surplus, les pays africains, qui se sont inscrits dans la voie du nouveau constitutionnalisme, ont intérêt à s'inspirer de cette forme de bicaméralisme permettant aux différents groupes minoritaires dont la représentation est garantie de défendre leurs intérêts au niveau des instances parlementaires. Franck Somali a raison de souligner qu'« étant donné que le pouvoir est perçu en Afrique comme un gâteau dont le destin est d'être partagé par les différentes composantes sociales de l'État, le bicamérisme, dans la logique de justice sociale, reste un gage sûr susceptible de préserver la paix dans les sociétés pluriethniques »[139].

La crise de la représentation est de nature à affecter la légitimité et la crédibilité du parlement largement dominé par la majorité qui, dans le processus d'élaboration de la loi, n'offre aucune possibilité à la minorité parlementaire pour contribuer à l'amélioration de celle-ci.

---

[137] R. L. Watts, « Le bicaméralisme dans les régimes parlementaires fédéraux », *Protéger la démocratie canadienne : Le Senat, en vŽritŽ...*, 2003, p. 73.

[138] L. Sylla, « La gestion démocratique du pluralisme socio-politique en Afrique (Démocratie concurrentielle et démocratie consociationnelle) », Civilisations, vol. 32/33 n° 1 1982, p. 30.

[139] F. Somali, « Utilité et légitimité des secondes chambres dans le nouveau constitutionnalisme en Afrique », *op.cit.*, p. 795. Lire aussi J. F. Bayart *et al.*, *La politique par le bas en Afrique noire : contribution à une problématique de la démocratie*. Paris, Karthala, 1992, 268 p.

On ne met pas l'accent sur la qualité de la loi mais plutôt sur les règles de procédure[140]. Pour certains, la minorité s'est trompée sur ce qui devait être considéré comme la volonté générale. Elle doit, par conséquent, intégrer les rangs de la majorité. Sous ce rapport, la recherche d'une solution de compromis s'inscrit dans une logique consistant à associer la minorité dans le processus d'élaboration et de formation de la volonté générale.

Dans ce cas de figure, la minorité parlementaire se borne à exercer une fonction tribunitienne[141] de contrôle de la gestion de l'équipe gouvernementale dans le souci de contenir les risques de dérive de la majorité en essayant de préserver ses intérêts. Une telle fonction s'inscrit incontestablement dans la culture politique traditionnelle propres aux sociétés plurales africaines qui en lieu et place du principe gagnant/perdant[142] fait prévaloir le principe contradictoire gagnant / gagnant[143].

Dans un passé récent, le Burundi a manifestement été secoué par un cycle de violence dont l'ampleur avait conduit certains observateurs à parler d'« un conflit fondamentalement politique avec des dimensions ethniques extrêmement importantes »[144]. Dans la perspective de recherche de solutions institutionnelles, les accords d'Arusha[145] signés le 28 juillet 2000 qui, sous la caution morale du président Nelson Mandela[146], devait fixer les grandes options constitutionnelles adaptées aux réalités sociologiques du Burundi.

Sous ce rapport, le Sénat a été intégré dans l'édifice institutionnel avec une composition établie comme suit : chacune des 17 provinces élit 2 sénateurs, un *Hutu* et un *Tutsi*. C'est le principe de la double parité qui s'applique : parité entre les deux principales ethnies, quelles que soient leurs proportions respectives, et parité entre les provinces, quelles que soient les différences de la taille des populations dans les différentes provinces. L'institution sénatoriale comprend 3 membres cooptés représentant le groupe *Twa* afin que la représentation ethnique de la Nation burundaise soit complète. Pour toutes ces raisons, le Sénat apparaît comme une assemblée assurant la représentation diversifiée de la population et des territoires, une assemblée politique mais

---

[140] J. M. Njouankeu, « Question minoritaire et théorie de l'État multinational en Afrique », *in Minorités et organisation de l'État*, Université de Moncton, École de droit, Centre international de la Common Law en français. Bruylant, Bruxelles, 1998, p. 425.

[141] F. Somali, « Utilité et légitimité des secondes chambres dans le nouveau constitutionnalisme en Afrique ». *op. cit.*, p. 788.

[142] M. Tshiyembé, *État multinational et démocratie africaine : sociologie de la renaissance politique*. Paris, L'Harmattan, 2002, p. 250.

[143] *Ibid., id.*

[144] F. Somali, « Utilité et légitimité des secondes chambres dans le nouveau constitutionnalisme en Afrique », *op. cit.*, p. 795. L'auteur cite l'Accord d'Arusha du 28 août 2000.

[145] R. Goy, « Sur l'origine extranationale de certaines constitutions », *in Mélanges Patrice Gélard, Droit constitutionnel*. Paris, Montchrestien, 1999, pp. 37-43.

[146] N. Mandela, *Allocution de son Excellence Nelson Mandela au sommet des négociations de paix sur le Burundi*. (In extenso). 2000.

non partisane, une assemblée de régulation et de modération au service de la réconciliation nationale[147].

Conclusion

L'idée d'une représentation équitable et équilibrée qui prend en compte les différentes composantes sociologiques d'une nation revêt une importance capitale dans une société multiculturelle. La question de la représentation dans des sociétés marquées par la diversité est inscrite au menu des débats dans les démocraties contemporaines. À ce propos, la question de la parité et de la représentation des minorités ne sauraient être reléguée au second plan.

Si la représentation des minorités au parlement est largement tributaire de la réglementation en matière électorale et de constitution de partis politiques, par contre, l'efficacité de cette représentation est plus ou moins fonction des modalités et procédures qui peuvent faciliter aux groupes minoritaires la participation au processus de décision en matière législative. Dans un système consociatif, le droit de véto est utilisé comme un instrument de protection des segments minoritaires dans le processus de délibération d'une Assemblée largement dominée par un segment majoritaire. D'autant plus que la loi n'est forcément pas l'expression de la volonté générale[148] mais plutôt l'expression de la volonté d'une majorité passagère [149] voire circonstancielle. Cette remarque trouve toute sa pertinence dans les démocraties majoritaires. En réalité, la formation de la majorité dépend en grande partie de certains facteurs conjoncturels ou contingents.

Les années 1990 ont pu offrir le cadre de concertation qui allait poser les jalons d'un nouveau cycle constitutionnel marqué, entre autres, par la consécration de la décentralisation et du bicaméralisme qui apparaissent comme la manifestation d'une véritable ingénierie constitutionnelle dont l'objet est de fonder une architecture institutionnelle adaptée aux réalités du continent africain. En plus de sa participation à l'amélioration de la qualité du travail législatif, la Seconde Chambre serait le lieu de concertation et de débat permettant d'aboutir à l'élaboration pacifique de grand compromis en présence d'intérêts divergents exprimés par les diverses composantes de la Nation qui y sont représentées. De par sa configuration, la Seconde Chambre s'est vue assignée une mission de prévention des tensions politiques[150].

---

[147] F. Somali, « Utilité et légitimité des secondes chambres dans le nouveau constitutionnalisme en Afrique », *op. cit.*, pp. 795-796.

[148] R. Carre De Malberg, *La loi expression de la volonté générale*, Paris, Economica, 1984, 228 p. Dans le même sens B. Kanté, « Les juridictions constitutionnelles et la régulation des systèmes politiques en Afrique », *in Constitutions et pouvoirs, Mélanges en l'honneur de Jean Gicquel*. Paris, Montchrestien, 2008, pp. 265-276.

[149] P. Odent, *Commentaire sur la Constitution fédérale des États Unis*, Tome II. Paris, Joubert Librairie de la Cour de Cassation, 1843, p. 341.

[150] C. K Tchapnga, « Droit constitutionnel et conflits politiques dans les États francophones d'Afrique noire », *op. cit.*, p. 462.

De manière générale, en l'absence de groupes minoritaires, l'opposition en tant que minorité politique n'a pas besoin d'une protection spéciale car le système démocratique renferme certaines garanties d'ordre procédural qui encadrent le processus décisionnel dominé par le principe majoritaire[151].

La mise en place du bicamérisme calqué sur le modèle occidental ne saurait apporter aucune contribution importante en vue de la prise en compte des réalités sociales propres à l'Afrique. De l'avis de certains auteurs, il serait alors pertinent de concevoir et de modeler la configuration du bicamérisme afin qu'il puisse épouser les contours de la diversité ethnique, linguistique et religieux[152]. Il s'agit, selon Francis Delpérée, de ce qu'on appelle « bicamérisme asymétrique »[153] dont l'intérêt réside essentiellement dans la capacité à cerner la spécificité du problème en y apportant des solutions adéquates.

[151] J. Woehrling, « Les trois dimensions de la protection des minorités en droit constitutionnel comparé », *op. cit.*, p. 95.

[152] F. Somali, « Utilité et légitimité des secondes chambres dans le nouveau constitutionnalisme en Afrique », *op. cit.*, p. 793.

[153] F. Delpérée, « Fédéralisme asymétrique », *Revue juridique sur l'évolution de la nation et de l'État en Europe*, numéro spécial, 4e Congrès français de droit constitutionnel. Aix -en-Province, 10-12 juin 1999.

L'identification de la fonction de l'ordre public dans la limitation des droits et libertés fondamentaux

Fayimba Mara
Enseignant-Chercheur
Université Général Lansana Conté de Sonfonia Conakry / Guinée
Directeur des Études et de la Recherche / Cour Constitutionnelle de la République

Introduction

L'apparition du concept d'ordre public tient avant tout à sa fonction dans l'ordre juridique. Il s'agit d'assurer la sauvegarde des droits et libertés de l'individu « lorsqu'ils ne disposent pas, par eux-mêmes, des moyens de s'auto-protéger ou de réaliser »[1].

En cela, l'ordre public comprend « un ensemble d'effets juridiques, nécessaire à l'accomplissement de sa fonction d'instrument de structuration et de cohésion sociale »[2]. Son rôle consiste à justifier des restrictions aux droits et libertés afin d'assurer les conditions sociales de leur exercice. Néanmoins, l'ordre public implique de limiter leur exercice uniquement dans la mesure où cela est nécessaire à la protection même de l'ordre public qui garantit ces droits[3].

Il se définit comme l'ensemble des règles que les autorités publiques estiment indispensables pour sauvegarder la stabilité et les valeurs de la société[4]. Il s'agit, bel et bien, d'un « ordre finalisé » lié à la construction de l'État libéral et indispensable à la garantie des droits[5].

L'analyse fonctionnelle de l'ordre public[6] explique pourquoi l'ordre public apparaît de manière concomitante à la proclamation des droits et liberté à la

[1] E. Picard, « Introduction générale : la fonction de l'ordre public dans l'ordre juridique », *in* M. J. Redor, (dir.) *L'ordre public : ordre public ou ordres publics ? Ordre public et droits fondamentaux*. Bruylant, coll. Droit et justice, Bruxelles, 2001, p. 32.
[2] P. Deumier et T. Revet. « L'ordre public », in D. Alland et S. Rials (dir.), *Dictionnaire de la culture juridique*. Paris, Lamy-PUF, Quadrige. 2003, p. 1165.
[3] E. Picard, « Police » *op.cit.*, p. 1165.
[4] G. Lebreton, "Ordre public", in J. Andriantsimbazivina, A. Gaudin J.-P. Marguenaud, S, Rials, F. Sudre (dir.) *Dictionnaire des droits de l'homme*. Paris, PUF, Quadrige. 2008, pp. 717-719.
[5] P. L. Frier et J. Petit, *Droit administratif*. Paris, Montchrestien, Domat droit public, 7ᵉ éd., 2012, p. 285.
[6] J. Petit, « La police administrative », *op. cit.*, p. 10, F. Terret, « Rapport introductif » *in* T. Revet (dir), *L'ordre public à la fin du XXᵉ siècle*. Paris, Dalloz, 1996, p. 3 ; sur la définition de

fin du XVIIIe siècle. Elle révèle, par la même, la corrélation entre l'ordre public et les libertés[7].

Cette idée illustre la continuité du droit. Dès le début du XXe siècle[8], le Conseil d'État français pose le principe selon lequel les limitations apportées aux libertés par l'autorité de police ne sont légales que si le maintien de l'ordre public les rend nécessaire[9].

Il en est de même dans le cadre communautaire,[10] du droit de la convention européenne des droits de l'homme et, plus généralement, du droit international des droits de l'homme[11]. Les droits supranationaux reconnaissent aux États membres la possibilité de limiter les droits fondamentaux par des impératifs d'ordre public dans la stricte mesure où ceux-ci l'exigent.

En droit constitutionnel, cette « conception circulaire »[12] de l'ordre public, défini comme « norme de nécessité »,[13] découle de la déclaration de 1789. Elle ne s'est imposée au législateur qu'à partir du moment où la Constitution a bénéficié d'une garantie juridictionnelle à même d'en sanctionner la méconnaissance. Dès ses premières décisions, le Conseil constitutionnel impose le respect de cette dialectique au législateur[14].

---

la notion fonctionnelle : G. Vedel, « La juridiction compétente pour prévenir, faire cesser ou réparer la voie de fait administrative » *JCP*, 1950, p. 851. Voir *a contrario* : G. Tusseau, « Critique d'une métanotion fonctionnelle la notion (trop) fonctionnelle de '' notion fonctionnelle'' », *RFDA*, 2009, pp. 641-656.

[7] E. Picard, « Introduction générale : la fonction de l'ordre public dans l'ordre juridique », *op.cit.*, pp. 49-50.

[8] J. Riverd et H. Moutouh, *Libertés publiques*, *op. cit.*, p. 164.

[8] Selon le commissaire du Gouvernement corneille, « la liberté est la règle et la restriction de police l'exception » voir concl, corneille, sur C.E, 10 août 1917, Baldy, Rec. Lebon, p. 638 voir aussi : CE, 19 mai 1933, Benjamin, Rec, Lebon, R 541, CE, 7 juillet 1950, *Dehaene*, Rec. Lebon, p. 426.

[9] R. Chapus, *Droit administratif général*. Paris, Montchrestien, Domat droit public, tome 1, 15e éd., 2001, pp. 699 et s.

[10] E. Picard, « L'influence du droit communautaire sur la notion d'ordre », *AJDA*, 1996, p. 59 ; B. *Genevois, Remarques sur l'ordre public ou ordres publics ? Ordre public et droits fondamentaux*. Bruyant, coll. Droit et justice Bruxelles 2001, pp. 405-414, M. Gautier, « L'ordre public », *in* J.-B. Auby (dir.), *L'influence du droit européen sur les catégories du droit public*. Paris, Dalloz, coll. thèmes et commentaires, 2010, pp. 317-329 ; O. Dubos, « Police administrative et droit communautaire : kaléidoscope », *D.A*, 2007, pp. 20-25.

[11] F. Sudre, *Droit européen et international des droits de l'homme*. Paris, PUF, coll. Droit fondamental, 11e éd., 2012, pp. 218-241. Voir aussi O. de Frouville, *L'intangibilité des droits de l'homme en droit international. Régime conventionnel des droits de l'homme et des droits des traités*. Paris, Éditions Pédone, 2004.

[12] A. Haquet, « Droit pénal constitutionnel ou droit constitutionnel pénal ? », in *Constitution et pouvoirs. Mélanges en l'honneur de Jean Gicquel*. Paris, Montchrestien, Lextenso éditions, 2008, p. 238.

[13] E. Picard, « La notion de police administrative », *op. cit.*, p. 543 ; E. Picard, « Police », *op. cit.*, p. 1165.

[14] Voir notamment : Décision n° 85-187 D.C du 25 janvier 1985, loi relative à l'état d'urgence en Nouvelle-Calédonie et dépendances, Rec. p. 43, cons. 3.

La fonction de l'ordre public dans l'ordre juridique permet ainsi d'expliquer pourquoi l'ordre public demeure une norme non écrite. Il comprend « toutes les exigences considérées comme les plus vitales au sein d'un ordre juridique »[15] En ce sens, l'ordre public est une question qui change[16] ; comme le révèle Nathalie Jacquinot, « la société évolue, ses valeurs changent, ce qu'elle ne tenait pour fondamental peut le devenir et l'ordre public s'adapte en conséquence […] : s'il apparaît comme une notion fixe, quasi-intemporelle, c'est précisément parce qu'il a su évoluer avec elle ».[17]

Sa reconnaissance constitutionnelle confère une faculté aux autorités compétentes pour restreindre l'exercice des droits et libertés. Il convient en cela de rechercher dans quelle mesure les constituants reconnaissent et consacrent cette fonction.

Si le principe de la « liberté limitée » est partagé par la majorité des pays libéraux, les modalités constitutionnelles de la limitation peuvent diverger sensiblement d'une Constitution à l'autre par exemple, la Loi fondamentale allemande et les constitutions sud-africaine et canadienne prévoient et encadrent étroitement la possibilité pour le législateur d'apporter des restrictions aux droits et libertés. En revanche, certaines constitutions reconnaissent seulement une compétence d'attribution au législateur en matière de mise en œuvre des droits fondamentaux, comme les constitutions française et italienne[19].

Cette différence d'approche est à mettre en relation avec la conception des limites aux droits fondamentaux retenue par les constituants. Les travaux de Roberty Alexy offrent un éclairage intéressant sur ce point. Il considère que « le concept de limite a un droit semble présupposer qu'il y ait deux choses : un droit et une limite, entre lesquelles il y a un certain type de relation, à savoir une relation de limitation »[20].

---

[15] E. Picard, « Introduction générale : la fonction de l'ordre public dans l'ordre juridique », *op. cit.*, p. 60.

[16] P. Malaurie, « Rapport de synthèse » *in.* T. Revet (dir) L'ordre public à la fin du XXe siècle. Paris, Dalloz, 1996, pp. 105-111.

[17] N. Jacquinot, *Ordre public et Constitution.* Thèse dactylographiée, Université d'Aix-Marseille II, 2000, p. 68.

[18] En droit constitutionnel canadien, « la seule existence d'une clause limitative expresse dans la charte Canadienne des droits et libertés marque une volonté, de la part des constituants de rompre avec le passé pour se rattacher à cette nouvelle génération de déclaration de droits, qui prévoient spécifiquement les conditions auxquelles il est permis de restreindre les droits et libertés garantis », voir : A. Morel, « La recherche d'un équilibre entre les pouvoirs législatifs et judiciaires-essai de psychologie judiciaire », *in* A. de Mestral, S. Birks, M. Bothe et autres (dir.), *La limitation des droits de l'homme en droit constitutionnel comparé*, Edition YVA Blais inc, Québec, 1986, p. 116.

[19] C. Crewe et H. Ruiz Fabri, *Droit constitutionnel européen, op. cit.*, pp. 152 et s.

[20] R. Alexy, *A theory of constitutional rights*, trad., Julian Rivers, Oxford University, 2002, pp. 178 et S (traduit).

Deux types de relation peuvent être identifiés : la « théorie externe », selon laquelle la limite est extérieure au droit, puis la « théorie interne », en vertu de laquelle le droit est uniquement envisagé de manière limitée. Le choix de la première ou de la seconde relation apparaît déterminant pour identifier le fondement constitutionnel de la limitation des droits fondamentaux.

Si la fonction de l'ordre public résulte de la théorie externe. La théorie externe est principalement retenue en droit conventionnel des droits de l'homme et, dans une certaine mesure, en droit constitutionnel comparé (I). *A contrario*, le droit constitutionnel français relève davantage de la théorie interne de la limitation (II).

I. La théorie externe de la limitation exclue en droit constitutionnel français

En vertu de la théorie externe de la limitation, le droit et la limite sont conçus comme deux objets distincts. Il y a le droit lui-même, qui n'est pas limité, puis « ce qui reste du droit une fois qu'une mesure limitative a été appliquée », à savoir le droit limité[22]. Si cette théorie admet que, dans un État de droit, les droits sont principalement des droits limités, néanmoins elle insiste sur le fait que ces derniers sont concevables sans limites.

La « relation de limitation » intervient uniquement lorsque le droit doit être concilié avec les libertés d'autrui et des impératifs d'intérêt général. Les limites à l'exercice des droits, énoncés dans un premier temps en termes absolus, sont identifiées et précisées. Cette théorie se retrouve particulièrement au sein des instruments conventionnels de protection des droits de l'homme

A- Le choix de la « théorie externe » en droit conventionnel des droits de l'homme

La « théorie externe » de la limitation des droits et liberté est partagée par plusieurs instruments conventionnels de protection des droits de l'homme. Adoptés suite à la Seconde Guerre mondiale, ceux-ci encadrent la faculté des États à restreindre l'exercice des droits fondamentaux, soit à travers des clauses spécifiques de limitation, soit au sein d'une clause générale des limitations.

Dans les deux cas, l'ordre public est mentionné comme une limite à l'exercice des droits proclamés. Cette notion apparaît donc dans le jeu de la limitation, c'est-à-dire de l'ingérence possible de l'État dans le champ d'application matériel des droits reconnus.

---

[21] R. Alexy, A theory of constitutional rights, *op. cit.*, p. 179 (traduit).

[22] X. Philippe, « Les clauses de limitation et d'interprétation des droits fondamentaux dans la Constitution Sud-Africaine de 1996, p. 902.

La clause spécifique de limitation, ou la « clause de sauvegarde »,[23] est contenue dans la disposition consacrant un droit en particulier. Elle se trouve majoritairement en droit conventionnel.

La Charte africaine des droits de l'homme et des peuples proclame le droit garanti puis encadre les limites qui peuvent lui être apportées. Par exemple, l'article 11 de la charte[24] prévoit que « toute personne a le droit de se réunir librement avec d'autres. Ce droit s'exerce sous la seule réserve des restrictions nécessaires édictées par les lois et règlements, notamment dans l'intérêt de la sécurité nationale, de la sûreté d'autrui, de la santé, de la morale ou des droits et libertés des personnes » ; l'alinéa 2 précise alors qu'« il peut y avoir d'ingérence d'une autorité publique dans l'exercice de ce droit que pour autant que cette ingérence est prévue par la loi et qu'elle constitue une mesure qui, dans une société démocratique, est nécessaire à la sécurité nationale, à la sûreté d'autrui, de la santé, de la morale ou des droits et libertés des personnes [...] ». La rédaction de cet article se décompose, comme le suggère la théorie externe, en deux temps : l'exposé du droit en termes absolu, puis le droit tel qu'il peut être limité.

En termes de droit comparé, la Convention européenne des droits de l'homme[25] proclame également le droit garanti puis encadre les limites qui peuvent lui être apportées par exemple, l'alinéa 1 de l'article 8 de la convention prévoit que « toute personne a droit au respect de sa vie privée et familiale, de son domicile et de sa correspondance » l'alinéa 2 précise alors qu'il ne peut y avoir d'ingérence d'une autorité publique dans l'exercice de ce droit que pour autant que cette ingérence est prévue par la loi et qu'elle constitue une mesure qui, dans une société démocratique, est nécessaire à la sécurité nationale, à la sûreté publique, [...] ».

La rédaction de cet article se décompose, comme le suggère la théorie externe, en deux temps : l'exposé du droit en termes absolu, puis le droit tel qu'il peut être limité.

Parmi les limites énumérées dans le second paragraphe, les exigences de l'ordre public sont identifiées sous les notions voisines de « sécurité nationale », « défense de l'ordre » et « prévention des infractions pénales » il en est de même des articles 9, 10 et 11 de la convention. L'alinéa 1 reconnaît et définit le droit dans lequel l'ordre public est envisagé comme une limite à leur exercice.

La fonction de l'ordre public peut toutefois ne viser qu'un droit précis et non l'ensemble des prérogatives offertes par un article. L'ordre public n'est alors envisagé comme une limite de droit à un procès équitable protégé par

---

[23] Voir l'article 11 de la *Charte africaine des droits de l'homme et des peuples*.

[24] La Convention de sauvegarde de droit de l'homme et des libertés fondamentales (Rome, 4 novembre 1950) Entrée en vigueur : le 3 septembre 1953 Conformément aux dispositions de l'article 66.

l'article 6 de la Convention qu'à l'égard de la publicité des débats et de l'audience[25].

La dialectique de la théorie externe de la limitation se vérifie non seulement dans les articles relatifs aux droits pouvant faire l'objet de restrictions, mais également au sein de ceux protégeant des droits sous réserve d'exceptions définies par la Convention[26]. En particulier, l'article 5, §1 détermine les exceptions à l'exercice du droit à la liberté et à la sûreté. La fonction de limitation de l'ordre public est ici envisagée différemment de celle retenue par les articles 8 à 11 de la Convention européenne, puisque cet article énumère les cas dans lesquels une privation de liberté est admise. L'ordre public est non seulement envisagé comme limite à l'exercice de ce droit mais est aussi défini. Contrairement aux articles 8 à 11, qui font référence à des notions qui lui sont voisines, l'ordre public est ici « concrétisé » sous forme d'exceptions prédéfinies. Le champ des limites admises au nom de l'ordre public est déterminé et davantage contraignant, afin de mettre en avant leur « caractère exceptionnel »

La conception externe des limites aux droits fondamentaux se mesure pareillement au sein du pacte international relatif aux droits civils et politiques, dans ses articles 12, 14, 18, 19 et 22[28].

La dialectique de la théorie externe de la limitation peut être envisagée à travers une clause générale de limitation, relative à l'ensemble des droits proclamés. À ce titre, la Charte des droits fondamentaux de l'Union européenne contient une clause « transversale » ou « horizontale »[29]. Elle dispose que « toute limitation de l'exercice des droits et libertés reconnus par la présente Charte doit être prévue par la loi et respecter le contenu essentiel desdits droits et libertés. Dans le respect du principe de proportionnalité, des limitations ne peuvent être apportées que si elles sont nécessaires et répondent effectivement à des objectifs d'intérêt général reconnus par l'Union ou au besoin de

---

[25] F. Sudre, J. P. Margenaud, J. Andriantsimbazovina, A. Agoutte Noire et M. Levinet, *Les grands arrêts de la Cour Européenne des droits de l'homme*. Paris, PUF, Thémis droit, 5e éd., 2011, p. 370 et S.

[26] M. Delmas-Marty, *Raisonner la raison d'État. Vers une Europe des droits de l'homme*, *op. cit.*, pp. 11 et s. et pp. 497 et s.

[27] F. Sudre, J.-P. Margenaud, J. Andriantsimbazovina, A. Gouttenoir et M. Levinet, *Les grands arrêts de la cour Européenne des droits de l'homme, op. cit.*, pp. 204 et s.

[28] L'article 12 du pacte international relatif aux droits civils et politiques, adopté le 16 décembre 1966 par l'assemblée générale des Nations unies dans sa résolution 22 000A (XXI) et entré en vigueur le 23 mars 1976 précise dans son troisième alinéa que les droits mentionnés « ne peuvent être l'objet de restrictions que si celles-ci sont prévues par la loi, nécessaires pour protéger la sécurité nationale, l'ordre public, la santé ou la moralité publique […] ».

[29] L. Burgorgue-Larsen, « Article II-112-porté et interprétation des droits et des principes », in L. Burgorgue, A. Levade et F. Picod (dir), *Traité établissant une constitution pour l'Europe, commentaire article par article*. Bruylant, Bruxelles, 2007, p. 661.

protection des droits et libertés d'autrui »[30]. Les droits et leurs limites sont envisagés successivement. Parmi les objectifs, l'ordre public est identifié comme limite à l'exercice des droits proclamés par la charte, au regard des dispositions du traité de Lisbonne qui confèrent une valeur juridique à la charte[31].

Tel est aussi le cas de la déclaration universelle des droits de l'homme. L'article 29, § 2 prévoit une clause générale de limitation des droits dans laquelle l'ordre public figure comme une des limites possibles à leur exercice[32]. Ce procédé s'analyse dans des termes quasiment similaires dans la Charte sociale européenne du Conseil de l'Europe[33], la Charte Africaine des droits de l'homme et des peuples[34] et la Convention interaméricaine des droits de l'homme[35]. L'identification de la fonction de l'ordre public, tenant à la limitation des droits et liberté garantis, au sein des instruments conventionnels des droits de l'homme et se révèle donc facilitée. La définition du droit et des limites qui peuvent lui être apportées sont distinctes et précisées. Cette dialectique se mesure en droit constitutionnel comparé.

---

[30] Article 52 de la charte des droits fondamentaux de l'union Européenne, adoptée le 7 décembre 2000, JOCE, 18 décembre 2000, 2000/C 364/01.

[31] À ce titre, l'article 1-5, §1 du traité aux « relations entre l'union et les États membres » vise « les intérêts essentiels de la sécurité », tandis que les articles III-133, et III-154 établissent une liste spécifique d'objectifs ordonnés autour de la notion d'ordre public.
Sur ce point : L. Burgorgue-Larsen, « Article II-112-portée et interprétation des droits et des principes » *op.cit.*, p. 661.

[32] L'article 29, §2 de la déclaration universelle des droits de l'homme adoptée par l'Assemblé Générale des Nations unies le 10 décembre 1948 stipule que « dans l'exercice de ses droits et dans la jouissance de ses libertés, chacun n'est soumis qu'aux limitations établies par la loi exclusivement en vue d'assurer la reconnaissance et le respect des droits et liberté d'autrui et afin de satisfaire aux juste exigences de la morale, de l'ordre public et du bien-être général dans une société démocratique ».

[33] En vertu de l'article G de la Charte sociale européenne adoptée par le Conseil de l'Europe le 18 octobre 1961 et révisée le 3 mai 1966, « les droits et principes énoncés dans la partie I, lorsqu'ils seront effectivement mis en œuvre et l'exercice effectif de ces droits et principes, tel qu'il est prévu dans la partie II, ne pourront faire l'objet de restrictions ou limitations non spécifiées dans les parties I et II, à l'exception de celles prescrites par la loi et qui sont nécessaires, dans une société démocratique, pour garantir le respect des droits et des libertés d'autrui ou pour protéger l'ordre public, la sécurité nationale, la santé publique ou les bonnes mœurs ».

[34] Article 27, § 2 de la charte Africaine des droits de l'homme et des peuples du 27 juin 1981 adoptée par l'organisation de l'Unité africaine.

[35] Article 32, §2 de la Convention interaméricaine des droits de l'homme du 22 novembre 1969.

[36] En Pologne, l'article 31 de la Constitution dispose que « L'exercice des libertés et des droits constitutionnels ne peut faire l'objet que des seules restrictions prévues par la loi lorsqu'elles sont nécessaires, dans un État démocratique, à la santé et de la morale publique ou des libertés et des droits d'autrui. Ces restrictions ne peuvent porter atteinte à l'essence des libertés et des droits ».

B. La théorie externe en droit constitutionnel comparé

Plusieurs constitutions contiennent des dispositions dans lesquelles le droit fondamental est défini de manière absolue puis, tel qu'il peut être limité. Deux cas de figure peuvent être identifiés.

Dans la même veine que le second groupe d'instruments conven-tionnels de protection des droits de l'homme, certaines constitutions contiennent une clause générale de limitation des droits garantis, dans laquelle la fonction de limitation de l'ordre public apparaît expressément. Cette première catégorie de constitutions comprend, entre autres, celle de la Pologne[37] et de la Suisse[38].

Dans un second groupe de constitutions, une clause générale de limitation est inscrite sans pour autant que l'ordre public ne soit explicitement visé comme une limite aux droits reconnus. Par exemple, la Constitution Sud-Africaine consacre et définit un certain nombre de droits puis encadre, à l'article 36, la limitation de ces derniers[39], comme le précise Xavier Philippe. Cette méthode implique une « double lecture »[40]. Celle de l'article protégeant le droit et celle de la clause générale relative aux modalités de limitation.

La Loi fondamentale de la République fédérale d'Allemagne,[41] la Constitution du Royaume d'Espagne, la Charte canadienne des droits et libertés de 1982[42],

---

[37] L'article 36 intitulé « restriction des droits fondamentaux » de la Constitution fédérale de la confédération suisse du 18 avril 1999 fait uniquement référence à l'intérêt public et non à l'ordre public proprement dit. Ce dernier dispose : « Toute restriction d'un droit fondamental doit être fondée sur une base légale. Les restrictions graves doivent être prévues par une loi. Les cas de dangers sérieux, direct et imminent sont réservés. Toute restriction d'un droit fondamental doit être justifiée par un intérêt public ou par la protection d'un droit fondamental d'autrui. Toute restriction d'un droit fondamental doit être proportionnée au but visé. L'essence des droits fondamentaux est inviolable. »

[38] L'article 36 de la Constitution Sud-Africaine dispose que « les droits contenus dans la déclaration des droits ne peuvent être limités qu'aux termes d'une loi d'application générale pour autant que la limitation soit raisonnable et justifiée dans une société ouverte et démocratique fondée sur la dignité humaine, légalité et la liberté, en prenant en considération l'ensemble des facteurs pertinents, incluant la nature du droit ; l'importance et le but de la limitation ; la nature et l'étendue de la limitation ; la relation entre la limitation et son but ; et l'existence de moyens moins restrictifs pour atteindre ce but ». Sur cet article, voir : J. D. Waal, I. Currie et G. Erasmus, *The bill of Rights Handbook, op.cit.*, pp. 133-153; X. Philippe « Les clauses de limitation et d'interprétation des droits fondamentaux dans la Constitution Sud-Africaine de 1996 », *op. cit.*, pp. 897-926

[39] X. Philippe, « les clauses de limitation et d'interprétation des droits fondamentaux dans la Constitution Sud-Africaine de 1996 » *op. cit.*, p. 902.

[40] Article 19 de la Loi fondamentale de la République fédérale d'Allemagne du 23 mai 1949.

[41] Article 53, alinéa 1 de la Constitution du Royaume d'Espagne du 27 décembre 1978.

[42] [43] Article 1er de la Charte canadienne des droits et liberté du 29 mars 1982 « garantie les droits et liberté qui y sont énoncés. Ils ne peuvent être restreints que par une règle de droit, dans des limites qui soient raisonnables et dont la justification puisse se démontrer dans le cadre d'une société libre et démocratique » sur cet article, voir : J. Woerhling, « la Cour Suprême du Canada et la problématique de la limitation des droits et libertés » *RTDH*, 1993, pp. 379-410 L. B. Tremblay et G. C. N. Webber (dir), *La limitation des droits de la charte : essais critiques sur R.C Oakes*, *op. cit.*

ainsi que la Constitution de la République portugaise de 1976[43] retiennent également ce procédé. La clause générale définit les conditions de limitation des droits, proclamés auparavant en termes absolus dans une disposition spécifique.

Par cette rédaction, le constituant traduit « explicitement l'arbitrage que le législateur doit réaliser entre la protection des droits et libertés et des exigences relevant de l'intérêt collectif » grâce à l'énoncé de principes directeurs.Néanmoins, l'ordre public n'est nullement ignoré. En plus d'une clause générale de limitation, ces constitutions prévoient des clauses spécifiques à un droit déterminé, dans lesquelles l'ordre public est envisagé comme une limite à son exercice.

Outre la clause générale inscrite à l'article 18, la Constitution portugaise prévoit dans ses articles 27 et 34, relatifs au droit à la liberté et au droit à l'inviolabilité du domicile et de la correspondance, leur définition puis les limites qu'il est possible de leur apporter eu égard aux exigences, fortement détaillées, de l'ordre public.

De même, outre la clause générale inscrite à l'article 19 de la Loi fondamentale allemande, celle-ci définit, dans ses articles 10,11 et 13 relatifs au secret des correspondances, à la liberté de circulation et d'établissement et à l'inviolabilité du domicile, ces droits tels qu'ils peuvent être limités. Les exigences de l'ordre public sont rigoureusement précisées de manière spécifique au droit protégé.

Un constat similaire peut être établi à la lecture de la Constitution du Royaume d'Espagne. L'article 16 dispose, dans un second alinéa, que la liberté religieuse « n'a pour seule limitation, dans ses manifestations, que celle qui est nécessaire au maintien de l'ordre public protégé par la loi ». Aussi, à propos du droit de réunion, le texte constitutionnel prévoit que les autorités ne pourront interdire les réunions « que si des raisons fondées permettent de prévoir que l'ordre public sera perturbé, mettant en danger des personnes ou des biens ».[45]

Ainsi, le fondement constitutionnel des limites aux droits fonda-mentaux est précisé au sein de ces deux dispositions.

La dialectique de la théorie externe de la limitation ne se trouve guère en droit constitutionnel français, il a opté pour la théorie interne de la limitation.

---

[43] Selon l'article 18 alinéa 2 et 3 de la Constitution de la République portugaise du 2 avril 1976, « la loi ne peut restreindre les droits et libertés garanties que dans les cas expressément prévus dans la Constitution, ces restrictions devant se limiter au nécessaire pour préserver d'autres droits ou intérêts constitutionnellement protégés. Les lois restrictives des droits, libertés et garanties doivent revêtir un caractère général et abstrait et ne peuvent avoir d'effet rétroactif ni diminuer l'étendue et la portée du contenu essentiel des préceptes constitutionnels ».

[44] B. Mathieu et M. Verpeaux, *Contentieux constitutionnel des droits fondamentaux*, *op. cit.*, p. 478 et p. 484.

[45] Article 21 de la Constitution du Royaume d'Espagne, précitée.

II. La « théorie interne » de la limitation retenue en droit constitutionnel français

En vertu de cette théorie, il n'y aurait pas « deux choses, un droit et sa limitation, mais seulement une, un droit qui a un certain contenu »[46]. L'idée de limitation serait « remplacée » par celle de l'étendue du droit. La limite ferait partie intégrante du droit proclamé. La définition du droit ou de la liberté comprend à la fois ses implications, en termes de facultés d'agir et de champ d'application matériel, et ses limites.

À l'inverse de cette présence au sein de la « théorie externe », la relation de limitation relève ici de la définition même du droit fondamental. Cette théorie s'analyse peu dans les constitutions et instrument internationaux de protection des droits de l'homme adoptés après la Seconde Guerre mondiale. La volonté de réaffirmer les droits fondamentaux et d'encadrer la faculté de les restreindre y était prégnante[47].

La théorie interne de la limitation trouve, en revanche, un écho significatif en droit constitutionnel français.

La conception de la relation de limitation permet d'expliquer l'identification délicate de l'ordre public comme fondement exprès des limites aux droits fondamentaux.

Deux caractéristiques tendent à le démonter. Sur le plan substantiel, l'histoire constitutionnelle française et la Constitution du 4 octobre 1958 révèlent que la limite est implicitement considérée comme faisant partie intégrante de la proclamation du droit reconnu **(A).** Sur le plan de la mise en œuvre des droits fondamentaux, comprenant à la fois la définition des prérogatives et la détermination des limites **(B).**

A- Limite, partie intégrante de la consécration du droit fondamental

La théorie interne de la limitation s'analyse dès la lecture de la déclaration de 1789. Comme le soulignait Jean Rivero, en définissant à l'article 4 de la déclaration, la liberté comme le pouvoir de « faire tout ce qui ne nuit pas à autrui » les constituants « ont fait de la limite dans laquelle ils l'enfermaient, un élément de sa définition »[48].

Cette dialectique transparaît de plusieurs dispositions de la déclaration. Elle garantit que « nul homme ne peut être accusé, arrêté ni détenu que dans les cas déterminés par la loi et selon les formes qu'elle a prescrite » (article 7). Proclame la présomption d'innocence de tout homme à moins qu'il soit « jugé

---

[46] R. Alexy, *A theory of constitutional rights, op, cit*, p. 179 (traduit).

[47] P. Gervier, *La limitation des droits constitutionnels fondamentaux par l'ordre public*. Thèse de Doctorat en droit Bordeaux IV, 2013, p. 64.

[48] J. Rivero, « La liberté consiste à pouvoir faire tout ce qui ne nuit pas à autrui », *op. cit.*, p. 11.

indispensable de l'arrêter » (article 9), et consacre la liberté d'opinion et religieuse « pourvu que leur manifestation ne trouble pas l'ordre public » (article 10)[49].

Les libertés proclamées ne sont ainsi définies qu'au regard des limites que la loi est habilitée à leur apporter dans les conditions autorisées par la déclaration[50].

Stéphane Rials relève que, dans ce texte, « l'invocation des droits de l'homme semble ne jouer que le rôle de détour fondateur ou, si l'on préfère, d'opérateur des droits du citoyen »[51]. Les droits des individus, antérieurs et supérieurs à toutes autorités ne sont envisagés qu'à travers leur exercice au sein de la société.

La théorie interne de la limitation s'illustre singulièrement dans les dispositions fondatrices de la liberté d'opinion de la déclaration de 1789. Celles-ci n'en énoncent le principe qu'en précisant, aussitôt, qu'elle ne peut être exercée que dans certaines limites.

Comme il a déjà été indiqué, la rédaction des articles 10 et 11 a été farouchement contestée.

Le Pasteur Rabaut Saint Etienne proposait, par exemple, de proclamer le principe sans mentionner la faculté de le restreindre. Il considérait que « placer à côté de la liberté de la presse les bornes que l'on voudrait y mettre, ce serait faire une déclaration des devoirs au lieu d'une déclaration des droits »[52]

Pour Michel Troper, la formulation adoptée vise « en réalité à répondre à l'avance à cette objection : plutôt que d'énoncer succes-sivement le principe, puis les limites au principe »[53]

Pour Xavier Philippe, « on se trouve bien face à une règle de fond représentée par la liberté d'opinion et à une condition réglant son exercice : la manifestation de cette liberté et les exigences liées à l'ordre public »[54].

Cette relation du droit et de ses limites ressortent, par ailleurs, des travaux préparatoires à l'élaboration de la condition de la Ve République. Cette question est soulevée lors des débats relatifs à la définition du domaine de compétence du législateur. En 1958, l'objectif des constituants consistait à délimiter les domaines de la loi et du règlement afin de tirer les conséquences

---

[49] Voir les articles 7, 9, 10 de la *déclaration des droits de l'homme et du citoyen de 1789.*

[50] P. Gervier, *op.cit.*, pp. 64-65.

[51] S. Rials, *La déclaration des droits de l'homme et du citoyen*, *op. cit.*, p. 353.

[52] R. Saint Etienne, A.P., p. 478.

[53] M. Troper, « La loi Gayssot et la Constitution », *Annales, Histoire, Sciences sociales*, 1999, n° 6, pp. 1241-1242.

[54] X. Philippe, *Le contrôle de proportionnalité dans les jurisprudences constitutionnelles et administratives françaises*, Economica. Paris, PUAM, coll. Sciences et droit administratifs, 1990, p. 84.

des délégations incessantes sous la IVe République et de rompre avec le régime d'Assemblée[55].

La question se posait de savoir dans quelle mesure le législateur devait définir les « garanties », « fondamentales » ou non, accordées aux citoyens pour l'exercice des libertés.

Il s'agissait de déterminer si la formule, adoptée par l'avant-projet de Constitution du 19 juillet 1958 et retenue dans la version définitive du 4 octobre 1958. Selon laquelle la loi fixe les règles concernant les « garanties fondamentales accordées aux citoyens pour l'exercice des libertés publiques », impliquait l'idée de définition des libertés[56].

Pour Waline, cette formule signifiait que « le principe de toute limitation nouvelle aux libertés publiques des citoyens » appartenait à la loi[57].

Définir les garanties fondamentales à l'exercice des libertés publiques comprend la fixation des limites. François Luchaire considérait que les garanties et les limites étaient indissociables.Puisque « les limites apportées à certaines libertés deviennent des garanties de l'exercice des autres libertés »[59].

La limitation est donc envisagée comme faisant partie intégrante de la définition et de la mise en œuvre des droits fondamentaux.

Le texte de 1958 témoigne de la continuité constitutionnelle de cette dialectique. Les constituants envisagent le législateur comme l'autorité à même de définir les droits et liberté garantis, ainsi que leurs limites.

B. Le rôle prépondérant du législateur dans la définition du droit fondamental

L'analyse des constitutions françaises, en particulier, et d'Afrique francophone et, en général, des déclarations des droits les précédant démontre qu'il ne revient pas à l'œuvre constituante d'organiser matériellement l'exercice des droits et libertés mais seulement de les proclamer. Depuis les indépendances, les différentes lois fondamentales promulguées ont consacré les droits de l'homme en Afrique.

Les constitutions ne se contentent pas de l'énumération des droits de l'homme, elles vont bien au-delà. Une place de choix est, en effet, accordée à la charte ou déclaration des droits de l'homme, qui témoigne

---

[55] M. Janot, *in* comité national chargé de la publication des travaux préparatoires des institutions de la Ve République, les documents pour servir à l'histoire de l'élaboration de la Constitution du 4 octobre 1958, la documentation Française. Paris, 1988, vol 2, pp. 261 et s.

[56] Voir notamment les débats entre M. Teitgen et M. Waline lors de la séance du Comité consultatif constitutionnel du 7 août 1958, *in* comité national chargé de la publication des travaux préparatoires des institutions de la Ve République, document pour servir à l'histoire de l'élaboration de la Constitution du 4 octobre 1958, *op. cit.*, vol 2, pp. 266 et s.

[57] *Idem.*

[58] F. Luchaire, *La protection constitutionnelle des droits et liberté*, *op. cit.*, p. 366.

[59] *Idem*, p. 83.

incontestablement de son importance marquée par la constance dans la continuité constitutionnelle, qui se fonde sur les accords de coopération[60].

La constance dans la continuité procède de ce que la constitution-nalisation des droits de l'homme se rapporte aussi bien aux constitutions originaires qu'aux constitutions dérivées, résultant de convulsions politiques[61]. Mais, l'on peut au-delà des convulsions, distinguer deux catégories de constitutions.

Certaines, tout comme les premières constitutions, font référence, tantôt à la fois aux deux déclarations respectives du 26 août 1789 et du 10 décembre 1948[62].

D'autres constitutions reconnaissent, avec ou sans référence aux déclarations précitées, les droits et libertés de l'homme soit dans leur préambule, soit dans leur corps ou dispositif.

Le fait pour les constituants africains d'envisager le législateur comme l'autorité à même de définir les droits et libertés garantis, ainsi que leurs limites est une pratique issue du legs de l'administration coloniale française.

Depuis 1789, l'Assemblée constituante française avait pour but de rompre avec les abus de l'ancien Régime. Selon les termes du préambule, il s'agissait d'exposer et de constater les droits individuels « attaché à la seule qualité d'homme » et qui « ne dérivent pas d'une autorité quelconque »[63]. L'Assemblée n'entendait pas créer des droits, ni organiser leur exercice concret, à la différence des déclarations américaines, davantage « conçues pour être invoqués devant les tribunaux par les citoyens lésés »[64]. C'est pourquoi, si la déclaration apparaît « universaliste quant à sa portée » elle est « abstraite dans son expression »[65] et peu pourvue de prescriptions juridiques ayant l'efficacité d'une règle de droit positif[66].

En revanche, les constituants entendaient confier la mission de définition de l'exercice des droits et libertés au législateur et ce, dès la déclaration de 1789. Pour le Doyen Georges Vedel, la déclaration est pensée comme un ensemble de règles dont le respect devait être assuré par les représentants de

[60] R. Degui-Segui, *Les droits de l'homme en Afrique noire francophone "théorie et réalités"* 3e éd., 2015, p. 58.
[61] *Idem.*
[62] Voir les constitutions sénégalaise et ivoirienne; gabonaise, tantôt uniquement à la déclaration de 1948 constitution malienne.
[63] G. Vedel, *Manuel élémentaire de droit constitutionnel*, Sirey, 1re éd., 1949, réédition présentée par G. Carcasonne et O. Duhamel. Paris, Dalloz, 2002, p. 180.
[64] Sur ce parallèle entre les déclarations des droits américaines et la déclaration de 1789 : J. Godechot, *Les constitutions de la France depuis 1789, op. cit.*, p. 25.
[65] G. Vedel. *Manuel élémentaire de droit constitutionnel, op. cit.*, p. 180.
[66] R. Carré de Malberg, *Contribution à la théorie générale de l'État*. Paris, Sirey, tome 2, 1922, p. 581. Pour A. Eismein, la Déclaration s'apparente à un texte « dogmatique » une « déclaration de principes » ; voir *Eléments de droit constitutionnel français et comparé, op. cit.*, pp. 554-555.

la nation eux-mêmes[67]. Lors des débats relatifs à l'adoption de déclaration, il y a « une véritable obsession moins du fond que de la compétence »[68].

La loi expression de la volonté générale est considéré comme « ontologiquement libératrice et créatrice de bonheur »[69].

La signification du rôle de la loi entre les constitutions antérieures à 1958 et celle de 1958 est différente. Les premiers témoignent d'une confiance absolue dans la loi pour définir les droits et leurs limites. *A contrario*, la Constitution de 1958 a pour objet de cantonner matériellement la loi a des domaines prédéfinis, tels que la détermination des limites aux droits, et non plus de lui assigner la définition illimitée des droits. Dans les deux cas néanmoins, le rôle de la loi explique l'absence de la notion d'ordre public, comme l'intérêt général, dans les textes constitutionnels.

Il n'en résulte pas moins une continuité constitutionnelle de l'idée que ce n'est pas aux constituants de définir et de mettre en œuvre les droits et libertés, mais bien au législateur d'y procéder[70]. Ce dernier est officiellement habilité à préciser le contenu du droit, envisagé comme un tout, en fonction des exigences de la vie en société. Il lui revient de déterminer les garanties fondamentales, d'en indiquer les modalités d'exercice mais aussi d'identifier et fixer les limites nécessaires. Dès lors, il appartient au législateur de définir les exigences de l'ordre public et par là même les limites à l'exercice des droits proclamés par la Constitution.

Conclusion

En droit constitutionnel français, la limite aux droits et libertés garantis n'a cessé d'être envisagée comme partie intégrante de leur définition. Cela s'analyse sur le plan substantiel, au stade de la proclamation des droits et liberté, et sur le plan de la compétence législative, lors de leur mise en œuvre. Cette conception de la limitation explique l'identification délicate de la fonction de l'ordre public dans la constitution. La limitation des droits fondamentaux au nom de cet impératif transparaît néanmoins du texte constitutionnel.

Même si la notion, ni la fonction apparaissent formellement, le Conseil constitutionnel rattache quand même l'ordre public à plusieurs dispositions de la constitution source de limitation des droits et liberté garantis.

---

[67] G. Vedel, « La place de la déclaration de 1789 dans le "bloc de constitutionnalité" », *in La déclaration des droits de l'homme et du citoyen et la jurisprudence*. Paris, PUF, coll. « recherches politiques », 1989, p. 36.

[68] Pour S. Rials, « les questions qui préoccupent le plus l'opinion et ses représentants sont probablement davantage de compétence que le fond et plus de fond que de procédure ou de forme » voir *La déclaration des droits de l'homme et du citoyen, op. cit.*, p. 373.

[69] *Idem.*

[70] B. Genevois, « Le préambule des droits fondamentaux », *in* D. Maus, L. Favoreu et J.-L. Parodi (dir.), *L'Ecriture de la constitution de 1958*. Paris, PUAM, Economica, 1992, p. 485.

Le retour de l'hyperprésidentialisme au Tchad et la nécessité d'instaurer un pouvoir exécutif aux reflets démocratiques

Ousmane *Koudangbé* Houzibe
Docteur en Droit public de l'Université de Rouen
Haute Normandie-France
Enseignant permanent à l'ENA / N'djaména
Conseiller juridique du ministre des Postes, des Nouvelles technologies de l'Information et de la Communication /Tchad

La restauration de l'ordre constitutionnel en 1996 au Tchad, après deux décennies d'instabilité[1] politique, n'a pu débarrasser le pays d'une « présidence impériale »[2], pour emprunter le qualificatif du Professeur Théodore Holo dans sa description de certains régimes politiques africains au sud du Sahara. Normalement, les réformes constitutionnelles et institutionnelles initiées par la Conférence nationale[3] devraient formellement restaurer un État de droit[4].

Cependant, les premières échéances électorales de consolidation des réformes démocratiques ont montré la résistance du système hyperprésidentialiste au contexte démocratique. La personnalisation du

---

[1] En avril 1975, un coup d'État militaire a interrompu les institutions de la 2e République au Tchad. Le Président Ngarta François Tombalbaye fut assassiné par l'armée et le Conseil de Commandement Militaire qui a pris le pouvoir et a gouverné par ordonnance et l'ordre constitutionnel était suspendu.

[2] Th. Holo, « La présidence impériale : du Potomac au Sahel », *in RBSJA*, n° 9, décembre 1987, pp. 1-9.

[3] Ce fut un nouveau départ pour mettre en place des nouvelles institutions crédibles devant servir les Tchadiens dans un contexte de réforme du régime. Ce fut surtout le passage de l'autoritarisme à la démocratie. Le Tchad s'est inspiré des exemples béninois, malien, congolais pour mettre en place sa transition démocratique.

[4] Un État de droit basé sur des élections libres, transparentes et démocratiques comme au Bénin et au Sénégal. Voir, F. D. Meledje, « L'État de droit, nouveau nom du constitutionnalisme en Afrique ? Réflexions autour des voyages d'un concept symbolique », *in La Constitution Béninoise du 11 décembre 1990*, op.cit., pp.587-604 ; J. Chevallier, « L'État de droit », *Revue du droit public*, 1988, n° 1, pp. 313 et s. C. Goyard, « L'État de droit et la démocratie », *in Mélanges René Chapus*. Paris, Montchrestien, 1992. M. Miaille, « Le retour de l'État de droit : le débat en France », *in* D. Colas (dir), L'État de droit. Paris, PUF, 1987 ; M. J. Redor, *De l'État légal à l'État de droit. L'évolution des conceptions de la doctrine publiciste française (1879-1914)'*. Paris, Economica, Presses universitaires d'Aix-Marseille, 1992. M. Troper, « Le concept d'État de droit », *Droits, Revue française de théorie juridique*, n° 15, 1992, pp. 51 et s. M. Troper (dir.), *L'État de droit*. Centre de philosophie politique et juridique de l'Université de Caen, Presses universitaires de Caen, 1994.

pouvoir dont prétendait lutter la réforme constitutionnelle de 1996 a pu progressivement se reconstituer au mépris du système démocratique mis en place par la Conférence nationale souveraine de 1993.

Secouée par les réformes constitutionnelles exigées par la Conférence nationale de 1993, l'institution présidentielle tchadienne a su profiter de la phase de transition pour réajuster les bases d'un présidentialisme autocratique dont les Tchadiens ont cru vaincre par les échéances électorales démocratiques. Nonobstant le bicéphalisme de l'exécutif transitoire, l'institution présidentielle a au contraire contribué au renforcement de son statut, de ses pouvoirs et de sa fonction dans le processus démocratique en cours.

Cette résistance de l'autocratie présidentielle constatée de manière époustouflante par les Tchadiens poursuit toujours son chemin et impacte négativement le processus démocratique en cours. L'exagération des pouvoirs présidentiels a désorienté le processus de consolidation démocratique après les premières élections de 1996-1997, et a réactualisé les anciennes méthodes du système monolithique pour créer une véritable hypertrophie présidentielle à la tchadienne.

Au titre du pluralisme politique, le parti au pouvoir utilise les mêmes méthodes que le monolithisme ancien[5] pour reconstituer et consolider l'hyperprésidentialisme au mépris du système pluraliste en cours. Cette méthode étouffe sinon asphyxie complètement les autres formations politiques qui concourent à l'amélioration du processus démocratique en cours. Le retour des vieilles méthodes monolithiques a entraîné la restauration autoritaire des pouvoirs présidentiels, rappelant ainsi la condition du pouvoir exécutif dans la fonction présidentielle en Afrique noire francophone. À ce titre, la nostalgie des pratiques autoritaires signale à plus d'un titre une dérive fatale de la fonction présidentielle qui s'est transformée en autocratie en dépit du contexte démocratique.

Cette partie de la recherche se permet de retracer le processus de restauration autoritaire dans la fonction présidentielle au Tchad et proposer une solution nécessaire d'encadrement de l'exécutif présidentiel en l'atténuant par d'autres mécanismes institutionnels rationalisés. Il s'agit de créer les conditions d'un véritable équilibre institutionnel pouvant servir à la neutralisation des excès présidentiels en matière de gouvernance. Il s'agit aussi de la nécessité de réorganiser le système politique tchadien de sorte que

---

[5] Le mode opératoire du Mouvement patriotique du salut (MPS), parti au pouvoir ne diffère aucunement de la méthode de l'union nationale pour l'indépendance et la révolution (Unir), parti-État sous le règne d'Hissein Habré. La méthode d'occuper le terrain politique ne diffère guère des méthodes du parti unique. Il s'agit bien des méthodes obscures sur la conquête des militants et le processus électoral (du fichier électoral à la confiscation des urnes).

la suprématie de la fonction présidentielle n'excède pas son rôle d'exécutant normal de l'action publique au Tchad.

En résumé, nous appelons au cantonnement d'une présidence normale respectant le processus démocratique en cours. Pour développer ces approches sur le retour de l'hyperprésidentialisme et la nécessité d'instaurer une présidence aux reflets démocratiques au Tchad, il convient de signaler tout d'abord, l'excessivité de l'institution présidentielle (I) avant d'évoquer la nécessité du retour vers un pouvoir exécutif aux reflets démocratiques (II).

I. L'excessivité de l'institution présidentielle

Le contrôle de l'institution présidentielle entamé au lendemain de la Conférence nationale par le mécanisme bicéphale de l'exécutif transitoire a conduit à la résurgence de la personnalisation du pouvoir par le camp présidentiel. L'instauration du bicéphalisme au sein de l'exécutif transitoire a fait croire au Chef de l'État Idriss Déby Itno qu'il était en passe de subir le même sort que son homologue béninois Mathieu Kérékou ; par conséquent, il a usé des manœuvres anciennes de la dictature pour reconstituer la présidentialisation du régime[6].

La manœuvre de l'institution présidentielle a servi à l'affaiblissement des autres institutions transitoires de contre-pouvoirs. Il s'agit de l'inféodation du Conseil supérieur de la Transition, parlement provisoire de transition, du pouvoir judiciaire à travers le Conseil supérieur de la magistrature, dont le Chef de l'État préside lui-même. Tous ces facteurs de contre-pouvoirs ont fait l'objet de récupération par l'institution présidentielle nonobstant le contexte démocratique.

Pour rappel, l'hypertrophie présidentielle sous les dictatures antérieures à 1990 était globalement bâtie sur des chartes politico-juridiques, mais celle renaissant sous la démocratie est fondée sur une charte de transition dont les stratégies de l'institution présidentielle étaient marquées par une certaine affabilité politique difficilement contrôlable par les organes de contre-pouvoirs.

C'est dans ces manœuvres d'affabulation qu'il importe de rechercher la stratégie mise en place par l'institution présidentielle au Tchad pour reconstituer un présidentialisme autoritaire basé sur l'omnipotence et

---

[6] Voir R. Ng. Sandjè, « Le renouveau du droit constitutionnel et la question des classifications en Afrique : quel sort pour le régime présidentialiste ? », *Revue française de droit constitutionnel* 2013/1 (n° 93), p. e-1-e-26 ; Moulin, *Le présidentialisme et la classification des régimes politiques*. Thèse de Doctorat d'État en Droit, Université de Rouen, 1976 ; Selon M. de Villiers, par régime politique 'on entend le plus souvent tous les éléments de droit et de fait qui permettent de rendre compte du mode d'organisation et de fonctionnement du pouvoir politique dans une société déterminée, *Dictionnaire de droit constitutionnel*. Paris, A. Colin, 1997, 2e éd., p. 188 ; M. Fortes et E. Evans-Pritchard (dir.), *Systèmes politiques africains*, Paris, PUF, 1964. P.-F. Gonidec, *Les systèmes politiques africains*. Paris, L.G.D.J, 3e éd., 1997.

l'omniprésence dont les conséquences logiques de la restauration autoritaire du pouvoir politique ont débouché sur l'impasse du processus démocratique en cours. Nonobstant les mécanismes de rationalisation du pouvoir érigés par la transition et la Constitution libérale de 1996, l'institution présidentielle tchadienne n'a pas renoncé à l'omnipotence présidentielle (A) en cultivant la stratégie de la neutralisation des organes de contre-pouvoirs (B).

A. L'omnipotence présidentielle

La recomposition de l'omnipotence présidentielle au Tchad fut basée sur la domination de la scène politique par le Chef de l'État, ainsi que la concentration progressive des pouvoirs publics. Pourtant, la transition démocratique entamée au lendemain de la Conférence nationale a orienté le changement démocratique dans un régime libéral d'essence parlementaire[7], imposant ainsi un bicéphalisme des pouvoirs exécutifs. Mais malgré cette caractéristique exceptionnelle d'encadrement des pouvoirs, les Tchadiens ont assisté de manière médusée à la « persistance de comportements autoritaires »[8] de l'institution présidentielle.

La concentration aiguë des pouvoirs exécutifs ainsi que la personnalisation du pouvoir par le Chef de l'État Idriss Déby Itno ont montré fort bien le processus de reconquête autoritaire du pouvoir à travers l'accumulation des tâches exécutives par l'institution présidentielle. Contrairement au contexte politique qui ouvrait la voie au processus démocratique, l'institution présidentielle a préféré de manière stratégique l'option de recomposition politique[9] basée sur un présidentialisme autocratique se révélant aux antipodes des fondements consensuels établis par les négociations de la Conférence nationale.

À ce titre, l'institution présidentielle a progressivement construit une stratégie de restauration autoritaire du pouvoir autour de deux facteurs politiques qui ont régressé considérablement le processus démocratique tchadien. D'une part, le Chef de l'État utilise la stratégie du clivage et de la fraude électorale pour dominer la scène politique nationale (1) et, d'autre part, il joue sur la compression de l'espace politique (2) pour asphyxier les autres formations politiques et recomposer une majorité présidentielle débile, entravant ainsi, le processus démocratique en cours.

---

[7] La transition tchadienne entamée en avril 1993 au lendemain de la Conférence nationale dite souveraine a instauré un régime libéral fondé sur un parlementarisme rationalisé prenant la forme d'un système moniste. Selon les dispositions des articles 62, 67 et 84 de la Charte de la transition élaborée par la Conférence nationale qui faisait office de texte fondamental provisoire.

[8] T. C. Keutcha, « Droit constitutionnel et conflits politiques dans les États francophones d'Afrique noire », *in Revue française de Droit constitutionnel*, n° 63, juillet 2005, pp. 473-476.

[9] R. Buijtenhuijs, « Transition et élections au Tchad. 1993-1997 – Restauration autoritaire et recomposition politique », *op. cit.*, pp. 7-11.

1. La domination politique comme mode de restauration autoritaire

Pour mieux étayer la domination de la scène politique tchadienne par le Président Idriss Déby Itno, il faut revenir sur sa stratégie de reconquête démocratique du pouvoir aux premières échéances électorales pluralistes de 1996-1997. En effet, pour poursuivre les manœuvres de la domination autoritaire, l'institution présidentielle a procédé par la manipulation du processus électoral afin de créer une légitimité imaginaire au Chef de l'État, lui permettant de dominer progressivement la scène politique nationale. C'est en constituant une force nocive à la dévolution démocratique du pouvoir que l'institution présidentielle a pu désorienter le processus démocratique pour le conduire à sa manière dans l'impasse totale.

Cette manœuvre de régression démocratique est non seulement une entreprise propre au parti présidentiel, le Mouvement patriotique du Salut, mais aussi une continuité des anciennes méthodes du système monolithique dont le Président Déby et ses camarades du parti au pouvoir actuel furent des anciens dignitaires. La démarche de cette continuité monolithique dans un contexte pluraliste a permis au Président Idriss Déby de procéder à la restauration autoritaire des pouvoirs en réintégrant le présidentialisme aux allures monarchiques, conduisant au blocage de la démocratie électorale[10], en remettant en cause les règles établies par la Conférence nationale et le constitutionnalisme libéral de 1996.

La stratégie de domination de la scène politique entreprise par le Président Idriss Déby Itno et son parti le Mouvement patriotique du Salut a étouffé les règles pluralistes de la démocratie électorale. Elle a consisté à instrumentaliser l'électorat tchadien en mettant l'accent sur des approches régionalistes, claniques, voire ethniques, pour dominer globalement la scène politique et conserver le pouvoir sans esprit d'alternance. À cet effet, l'institution présidentielle s'est transformée en véritable institution ethnique et clanique, reléguant ainsi au second plan les règles de la participation citoyenne dans un contexte démocratique.

En guise de rappel, le processus démocratique tchadien est fondé non seulement sur un constitutionnalisme d'essence libérale qui régule la rationalisation des pouvoirs, mais aussi sur la participation des Tchadiens à la légitimité de la gouvernance politique. Le processus est globalement axé sur des échéances électorales qui devraient permettre aux Tchadiens de renouveler périodiquement et dans une transparence totale les institutions présidentielles et parlementaires et leur conférer une légitimité politique de gouvernance dans un délai fixé par la Constitution.

---

[10] Voir Vettovaglia *et alii* (Dir.), *Démocratie et élections dans l'espace francophone. Prévention des crises et promotion de la paix*, Vol. II, Bruylant, 2010, pp. 326-333.

Il est vrai que les échéances électorales demeurent insuffisantes[11] pour garantir une véritable démocratie pour un pays comme le Tchad, mais elles restent quand bien même importantes pour construire un État de droit à travers l'expression du suffrage universel. Il faut rappeler aussi à cet égard qu'en un quart de siècle de pratique électorale démocratique, le bilan dresse un réel échec cuisant. L'échec provient globalement de la stratégie présidentielle de vouloir dominer à tout prix le paysage politique tchadien en se focalisant sur des approches divisionnistes basées sur le clan, l'ethnie et la région pour pouvoir détourner l'électorat et construire une légitimité imaginaire dans l'opinion publique.

La stratégie de l'institution présidentielle a largement pris en otage le suffrage électoral en motivant les électeurs à s'orienter vers un vote clanique et surtout identitaire. À ce titre, les Tchadiens perçoivent les échéances électorales comme des compétitions ethniques et non comme un processus d'enracinement de la dévolution démocratique du pouvoir. Cette stratégie divisionniste employée par le camp présidentiel pour asseoir une domination sur le plan politique dans un pays déjà fragilisé par trente années de guerre fratricide a modifié complètement le sens de la démocratie électorale qui fonde la compétition pluraliste au suffrage universel direct.

Les compétitions électorales sont transformées en majorité fictive permettant au Président Idriss Deby de vaincre par le mensonge la scène politique tchadienne et restaurer un présidentialisme autoritaire aux allures monarchiques. Au cours des cinq scrutins[12] présidentiels organisés dans le contexte pluraliste, aucun n'a pu respecter les règles de la transparence électorale pour refléter le choix rationnel et libéral des Tchadiens.

Le premier scrutin présidentiel de 1996 a symbolisé le degré élevé de la manipulation politique du camp présidentiel pour désorienter l'électorat vers une dynamique ethnique et identitaire. Il a caractérisé un repli identitaire basé sur la fracture entre le Nord et le Sud[13]. De ce fait, il n'est un secret pour personne que le Président Idriss Déby dans sa stratégie politique revendique intégralement tout le Nord du Tchad comme fief idéologique de son parti. De même, le Général Kamougué Wadal Abdelkader, principal adversaire du second tour a revendiqué également le soutien des populations du Sud. Ces stratégies dénaturent ainsi le sens du principe électoral et lui attribuent une connotation ethnique.

---

[11] Voir B. Badie, *'La diplomatie des droits de l'Homme. Entre éthique et volonté de puissance.* Paris, Fayard, 2002, pp. 175-188.

[12] Il s'agit des scrutins présidentiels de 1996, 2001, 2006, 2011 et 2016. Du premier au dernier, aucun ne respecte les règles d'une vraie démocratie électorale. Ces élections sont toutes entachées d'irrégularités et fondent des légitimités douteuses aux autorités qui les ont gagnées sans morale, ni éthique politique.

[13] Sur la fracture entre le nord et le sud, voir R. Buijtenhuijs, *Le Frolinat et les guerres du Tchad (1977-1984) : la révolution introuvable*. Paris, Karthala, 479 p.

Cette même stratégie de domination de la scène politique utilisée par les politiques s'est prolongée au deuxième scrutin présidentiel de 2001. Le candidat fédéraliste Ngarledjy Yorongar, déclaré deuxième à ce scrutin présidentiel, a vigoureusement dénoncé la tendance machiavélique du candidat sortant de vouloir confisquer tout le suffrage exprimé au Nord du pays. Une fois de plus encore, le parti au pouvoir considère les électeurs de la zone septentrionale comme des potentiels soutiens de son parti, le Mouvement patriotique du Salut.

Or, en réalité, le déphasage est très énorme sur le terrain électoral. Il suffit d'être dans la zone septentrionale pour constater le dégoût des populations face au parti au pouvoir. Ils sont illégitimes dans la zone du Nord sauf dans la région de l'Ennedi Est considéré comme le fief du Chef de l'État. Cette politique de dominer la scène nationale quelle que soit la volonté populaire a profondément modifié l'expression du suffrage, en accentuant la fracture entre le Nord et le Sud impactant directement sur le fonctionnement du processus démocratique en cours.

Le constat ressort clairement dans l'analyse faite par Robert Buijtenhuijs au sujet de la restauration autoritaire et la recomposition politique[14], sous le prétendu régime démocratique. De ce fait, il est indéniable de reconnaître que l'antagonisme politique entre le Nord et le Sud remonte au début de l'indépendance du pays, mais sa transformation en moyen de perversion de la volonté du peuple est malheureusement l'œuvre du parti au pouvoir, qui aggrave cette dichotomie politique pour s'imposer sur la scène politique tchadienne. Les conséquences immédiates de cette stratégie de restauration autoritaire du pouvoir sont la perversion du suffrage universel direct et l'échec total de plus de deux décennies de démocratie électorale.

L'autre facteur de la domination du système politique tchadien réside aussi dans la volonté malveillante du parti au pouvoir de considérer qu'« on n'organise pas des élections pour les perdre », suivant la déclaration de l'ancien Président congolais de Brazzaville Pascal Lissouba. La mise en œuvre de cette déclaration montre l'itinéraire du système arbitraire qui mène au discrédit et dans l'impasse.

La stratégie de domination prônée par la majorité présidentielle au Tchad érige des circonscriptions électorales en sa faveur et manipule le fichier électoral dans les circonscriptions considérées comme ses bases arrières. Elle impose une législation électorale sur mesure[15] pour disqualifier les potentiels adversaires candidats qui pourraient mettre en difficulté le Chef de l'État au scrutin présidentiel.

---

[14] R. Buijtenhuijs, *Transition et élections au Tchad. 1993-1997 - Restauration autoritaire et recomposition politique*. Karthala, 1998, 372 p.

[15] Voir M. R. Galloy et M. E. Gruenais, « Errements des démocraties balbutiantes. Des dictateurs africains sortis des urnes », *in Le Monde diplomatique*, n° 524, novembre 1997, p. 12.

Pour l'instant, depuis le premier scrutin présidentiel de l'ère démocratique, ces manœuvres de domination politique profitent bien au Chef de l'État, mais pas dans le sens du concept de « privilège du Président sortant »[16] qu'évoque tantôt Marie-France Toinet concernant les faveurs dont pourrait tirer profit tout président de la République en exercice sur les autres candidats concurrents lors d'un scrutin présidentiel.

Autrement dit, la stratégie de domination présidentielle au Tchad tourne autour des moyens illégaux les plus illégitimes, voire contraires à l'esprit du pluralisme politique pour s'imposer au sommet de l'État sans esprit d'alternance. Cette excessivité a créé un doute sur la légalité et la légitimité du président de la République qui furent dès le premier scrutin présidentiel de juin 1996, l'onction d'un suffrage détourné par l'ingéniosité d'un système extérieur qui persiste à encourager une présidence à vie au Tchad.

Par conséquent, toutes les élections présidentielles et législatives qui se sont déroulées sous le régime prétendu démocratique relèvent d'une supercherie pour imposer la domination d'un homme à son peuple, déprogrammant ainsi de façon subtile le principe de la démocratie électorale dont les Tchadiens tentent difficilement d'exercer en tant que processus politique constitutionnel raisonnable[17].

À cet égard, les exemples liés à la domination politique entretenue par la supercherie du pouvoir présidentiel sont légion. Il convient de citer en exemples les élections présidentielles de juin 1996, mai 2001, mai 2006, avril 2011 et avril 2016. Les élections législatives de janvier 1997, d'avril 2002 et de février 2011 illustrent parfaitement cette supercherie électorale tendant à consacrer la domination politique du Président Idriss Déby Itno sur la scène politique nationale tchadienne.

L'excessivité présidentielle impose donc un doute sur l'avenir du processus démocratique au Tchad et mérite que l'on s'interroge sur la construction démocratique par le vote dans ce pays rétrogradé en matière de démocratie en Afrique noire francophone. À ce titre, la principale stratégie de domination du pouvoir en place demeure la fraude dans l'organisation des différents scrutins mettant ainsi en difficulté réelle la démocratie électorale au Tchad.

En effet, cette fraude généralisée qui fonde l'essence d'une aise présidentielle au Tchad reste liée à la matière constitutionnelle et institutionnelle, prenant ainsi en otage tout le système démocratique à travers

---

16 M. F. Toinet, « États-Unis : le privilège du Président sortant », *in élire un Président*, *Pouvoirs*, n° 14, 1980, pp. 61-62.

17 Voir L. Dubouis, « Le régime présidentiel dans les nouvelles constitutions d'expression française », *Penant*, 1962, pp. 218-248 ; Pour une large réflexion sur la question, voir K. Ahadzi-Nonou, *Essai de réflexion sur les régimes de fait : le cas du Togo*. Thèse de doctorat d'État en droit public, Université de Poitiers, 1985.

la loi et l'esprit de compétition électorale. La stratégie de domination est liée à la seule volonté du Président Idriss Déby Itno de s'accrocher au pouvoir en détournant le suffrage exprimé des Tchadiens pour en faire un résultat électoral qui le conforte en s'opposant véritablement à l'expression de la volonté des électeurs[18].

Après un quart de siècle de pratique démocratique, le bilan du processus reste marqué par la fraude à la loi et au principe pluraliste, conduisant ainsi à la banalisation de la démocratie électorale qui fonde le suffrage universel direct portant légitimation et contrôle des pouvoirs publics dans la sphère étatique. Cependant, « Les dictateurs contemporains l'ont bien compris et s'en servent dans l'unique but d'assurer leur domination. Ce sont finalement les prétoriens aux abois, vraiment trop incertains des lendemains ou trop aveuglés par leur passion totalitaire, qui renoncent à tenir des élections »[19]. Cette réalité politique décrite par Philippe Braud permet de comprendre de manière évidente la stratégie de domination du Président Idriss Déby Itno dans son approche de conservation du pouvoir, en utilisant la fraude comme principal facteur d'échec de la démocratie électorale au Tchad.

Cette fraude à la norme et à l'esprit de compétition électorale fonde en réalité l'excessivité présidentielle, en œuvrant pour la conservation et la stagnation du pouvoir politique au Tchad. Elle explique la restauration subtile et controversée de l'ancien système monolithique honni par les Tchadiens. Elle permet d'expliquer aussi la recomposition, voire la reconstitution de la dictature présidentialiste basée sur une formation politique ultradominante, qualifiée de majorité présidentielle irrationnelle et excessive, et même exclusive.

En définitive, cette fraude généralisée et adoptée comme mode de domination sur la scène politique tchadienne induit une situation d'illégalité et d'illégitimité par la compression de l'espace politique au profit d'une majorité présidentielle fictive, limitant ainsi, le pluralisme politique au Tchad.

2. La compression de l'espace politique

La continuité subtile, voire la recomposition pratique des anciennes méthodes du système monolithique dans un processus démocratique confirme l'échec patent du bilan politique du parti au pouvoir actuel. Cette continuité ou recomposition politique des anciennes méthodes monolithiques dans un contexte démocratique dénote fondamentalement de la compression autoritaire de l'espace politique. Elle constitue un indice pratique dans la lecture et l'analyse de l'omnipotence présidentielle au Tchad.

---

[18] Voir à ce sujet M. Niang, *Contribution à l'étude du droit de suffrage dans quelques États africains francophones : Burkina Faso, Côte d'Ivoire, Sénégal.* Thèse de Doctorat de Droit public. Université de Bordeaux I, 1992, pp. 262-269.

[19] Ph. Braud, *Le suffrage universel contre la démocratie*. Paris, PUF, 1980, p. 64.

À ce titre, le parti au pouvoir exploite subtilement les vieilles méthodes du monolithisme dans le processus démocratique, entraînant le retour au cœur du pouvoir politique des anciens ténors[20] de la dictature, déstabilisant ainsi le processus démocratique en cours. La méthode offre le mieux l'explication crédible de la dénaturation du pluralisme politique enclenché au lendemain de la chute du régime dictatorial d'Hissein Habré.

Beaucoup de Tchadiens ne croyaient pas à la résurgence des manœuvres politiques anciennes. Mais force est de constater au fil du temps que ces manœuvres autoritaires demeurent bien en place et constituent même le socle de la stratégie politique du Président Idriss Déby Itno pour s'accrocher au pouvoir.

Au début du processus électoral de consolidation démocratique, le parti au pouvoir n'était pas majoritaire. Cependant, au fil du temps, le Mouvement patriotique du Salut a fini par tisser un grand réseau d'intérêts politiques[21] particuliers basé sur l'ethno-clientélisme et la confiscation du suffrage électoral dont l'opposition politique ne trouve aucun moyen d'interrompre la mascarade qui désarçonne le processus démocratique. Autrement dit, il importe de faire remarquer que le parti au pouvoir a hérité littéralement du patrimoine politique de la dictature du parti unique.

Par ses diverses stratégies de domination ainsi qu'à la compression autoritaire de l'espace politique, le parti présidentiel au Tchad constitue la seule formation politique ultra-dominante, capable de manipuler et de réaliser une fraude électorale digne des méthodes monolithiques, dont a hérité le Président Idriss Déby Itno de son ancien mentor Hissein Habré.

La continuité subtile des anciennes méthodes de la dictature a permis au parti du Président Idriss Deby d'enclencher la compression autoritaire de l'espace politique, en verrouillant systématiquement le pluralisme politique et l'alternance démocratique. À cet effet, la faiblesse du pluralisme politique constatée dès l'ouverture du processus de consolidation démocratique réside

[20] Les ténors de l'ancienne dictature figurent en bonne place dans le processus démocratique tchadien et occupent de hautes fonctions dans la sphère étatique. Nombre d'entre eux ont occupé des postes au gouvernement, à l'état-major des armées, au service de renseignement, des directions des sociétés d'État et même au poste de médiateur de la République. Ces bourreaux de la dictature du régime Habré se sont mutés en vrais militants du parti au pouvoir, le Mouvement patriotique du salut. Cette transplantation des caciques de la dictature en démocratie contribue fondamentalement à la déstabilisation du processus démocratique et transforme ainsi la dictature d'hier en véritable dictature d'aujourd'hui déguisée en régime démocratique. Voir à ce sujet le rapport de Human Rights Watch, « Tchad : Les victimes de Hissène Habré toujours en attente de justice », juillet 2005 – Vol. 17. NO 10(A). p. 39.

[21] Il importe de faire remarquer que la scène politique tchadienne fait l'objet d'otage d'un parti présidentiel tout puissant - le Mouvement patriotique du Salut (MPS) - autour duquel gravite, d'un côté, une nébuleuse des partis de la majorité opportunistes, et, de l'autre, une opposition démocratique impuissante, et réduite à faire le jeu du pouvoir, voir le rapport du CSAPR *op. cit.*, p. 3.

dans ce que Patrick Quantin évoque comme « le symptôme le plus patent des difficultés de transformation des régimes autoritaires » en Afrique. Cette difficulté dans le cas tchadien tire ses sources des anciennes méthodes d'Hissein Habré.

La neutralisation des autres formations politiques ainsi que l'asphyxie de l'opposition démocratique dans l'espace politique tchadien illustrent bien fort l'exploitation du patrimoine politique de l'ancienne dictature par le parti au pouvoir. Cette exploitation obstrue les possibilités d'une compétition électorale démocratique qui pourrait être remportée par l'opposition politique si la compétition se réalise dans la transparence totale.

Dans l'état actuel des choses, le repositionnement des anciens barons de la dictature au cœur du système démocratique encourage le Chef de l'État à perpétuer son aise présidentialiste de compression autoritaire de l'espace politique. Par conséquent, le Chef de l'État s'appuie sur une majorité parlementaire fictive pour éliminer systématiquement l'opposition démocratique, en déployant l'influence présidentielle sur l'ensemble des pouvoirs politiques[22], suffoquant ainsi de manière autoritaire toute voix dissonante à son régime politique.

L'utilisation de la méthode monolithique par le pouvoir au Tchad déstabilise tous les verrous démocratiques érigés par le constitutionnalisme libéral au début du processus. La compression autoritaire de l'espace politique peut être remarquée dès le début de la phase de transition où le parti présidentiel a apprivoisé le parlement provisoire de transition. En effet, le Mouvement patriotique du salut a transformé le parlement provisoire de transition en véritable machine de soutien au service de son président au pouvoir au détriment de l'action gouvernementale.

Cette stratégie d'imposer une majorité parlementaire avant les premières élections législatives a permis au Chef de l'État de conserver de manière arbitraire et fictive une majorité parlementaire incarnant la volonté du Chef. Elle impose une majorité présidentielle fictive au tour du Chef de l'État en confisquant le suffrage électoral exprimé qui met en réalité le camp présidentiel en minorité absolue.

Ainsi, la compression autoritaire de l'espace politique au-delà de la dictature a pu se reconstituer par l'utilisation des anciennes méthodes du monolithisme politique et la présence aux affaires publiques des anciens caciques du régime de la dictature. La prolongation de la dictature déguisée en

---

[22] Voir ce titre évocateur de la presse tchadienne publié par Mbaïdedji Ndjénodji Frédéric, « Le MPS bat la mesure, l'opposition s'exécute », www.cefod.org, 27 janvier 2010.

démocratie a permis au Chef de l'État de concrétiser la résurgence du présidentialisme négro-africain[23] au Tchad.

Par conséquent, l'exploitation des méthodes de la dictature par le pouvoir en place au Tchad a entraîné, d'une part, la compression autoritaire de l'espace politique et, d'autre part, le glissement du processus démocratique vers un autoritarisme d'essence pluraliste, fondé sur la dictature d'une majorité présidentielle fictive.

De ce fait, l'obstination de la dictature en démocratie a systématique-ment induit la compression autoritaire de l'espace politique en imposant un hyperprésidentialisme. La compression autoritaire de l'espace politique passe par l'imposition d'une situation de majorité permanente du camp présidentiel qui estime que l'opposition démocratique doit demeurer constamment minoritaire et condamnée au rôle de jérémiade partielle. Condamnée au désespoir et privée de bonheur que lui attribue en France le professeur Guy Carcassonne[24], l'opposition tchadienne s'est essoufflée dans sa globalité et meurt à petit feu du fait de la compression autoritaire de l'espace politique exercée par le camp présidentiel.

Le retour de l'hyperprésidentialisme et la compression autoritaire de l'espace politique se sont reconstruits sur l'héritage de l'ancienne méthode de la dictature en s'appuyant sur la toile des anciens partisans du parti unique. C'est par l'imposition d'une majorité parlementaire fictive et permanente que le camp présidentiel au Tchad, alimente la surprésidentialisation du processus démocratique rendant ainsi inactive toute opposition au régime d'Idriss Déby Itno.

Au regard de l'état actuel du processus démocratique en cours, les réformes libérales élaborées au début du processus paraissent totalement inactives, du fait de la compression autoritaire de l'espace politique qui neutralise toute alternative tendant à l'éradication du système autoritarisme entretenu par le camp présidentiel. La difficulté d'éradiquer l'autoritarisme présidentiel de l'espace politique tchadien s'explique par la reproduction des outils de perfectionnement de la dictature.

Elle s'explique aussi par le maintien au cœur du processus démo-cratique des nombreux dirigeants controversés de la dictature qui empêche toute évolution démocratique. En 1995, Jean-François Bayart a fait le constat selon lequel « le processus de démocratisation a tourné à l'avantage des équipes en place […] »[25]. Ce constat paraît aujourd'hui réel et confirme la mauvaise foi

---

[23] Ce régime est à l'opposé du présidentialisme latino-américain dont les points saillants ont été développés par des auteurs tels que F. Moderne. V. précisément « Les avatars du présidentialisme dans les États latino-américains », *Pouvoirs*, 2001, no 98.

[24] Voir G. Carcassonne, « Le bonheur de l'opposition », *in L'opposition. Pouvoirs,* n° 108, 2004, pp. 145-155.

[25] J. F. Bayart, « Une mutation politique en cours », *in Marchés Tropicaux et Méditerranéens*, numéro hors série, Spécial 50 ans, décembre 1995, p. 190.

du camp présidentiel qui continue de comprimer l'espace politique au détriment de l'opposition démocratique.

Autrement dit, la surprésidentialisation du processus démocratique tchadien a consacré la victoire des « démocrates par simple conve-nance [en lieu et place] des démocrates par conviction »[26]. La compression de l'espace politique par le pouvoir alimente l'échec continu de l'opposition démocratique qui reste divisée et instrumentalisée par le camp présidentiel, consacrant ainsi, la victoire d'une majorité présidentielle fictive.

Enfin, la compression autoritaire de l'espace politique au Tchad a généré une opposition politique incapable de provoquer l'alternance au sommet de l'État à l'image du scénario politique espagnol des années 1970 dans la recherche d'une issue à la dictature. La reproduction du scénario espagnol dans le processus démocratique tchadien est « celle qui rappelle que les démocrates de simple convenance - les convertis de fraîche date – peuvent l'emporter dans certaines circonstances sur les démocrates convaincus - ceux de l'opposition digne de ce nom - au palmarès des démocratisations réussies »[27].

Ce scénario politique vécu au sud de l'Europe il y a quelques années se reproduit aujourd'hui en Afrique noire francophone et particulièrement avec pertinence au Tchad. La majorité présidentielle tchadienne incarne parfaitement les démocrates de simple convenance, tandis que l'opposition démocratique convient bien aux démocrates convaincus dont décrit Guy Hermet.

Dans tous les cas, le scénario tchadien consacre l'habileté des démocrates par simple convenance dans la compression de l'espace politique en confisquant de manière permanente les résultats des élections de consolidation démocratique. Par ce truchement, les démocrates de simple convenance procèdent à la neutralisation systématique des facteurs de contre-pouvoirs dans le processus démocratique tchadien.

B. La neutralisation des organes de contre-pouvoirs

La Constitution libérale et démocratique du 31 mars 1996 a formellement disposé des organes institutionnels dont le fonctionnement normal et régulier devait conjurer efficacement le présidentialisme aux allures monarchiques. En d'autres termes, la Constitution a aménagé des organes institutionnels et démocratiques qui reposent sur l'équilibre des contre-pouvoirs, de sorte « qu'aucun des pouvoirs ne déborde de son lit pour submerger les autres »[28]. C'est « un véritable système de lutte contre les inondations politiques »[29] selon

---

[26] G. Hermet, *Les désenchantements de la liberté. La sortie des dictatures dans le monde*. Paris, Fayard, 1993, p. 138.
[27] G. Hermet, *Les désenchantements de la liberté*, *op.cit.*, pp. 137-138.
[28] Th. Holo, « La présidence impériale : du Potomac au sahel », *op. cit.*, p. 5.
[29] *Ibid.,* p. 5.

la formule du professeur Théodore Holo que nous reprenons ainsi, à notre compte.

Cependant, la réalité concrète et pratique du pouvoir exécutif au Tchad à travers le Président Idriss Déby Itno et son parti le Mouvement patriotique du salut confirme un dysfonctionnement symptomatique en déphasage avec les attentes prévues par la Constitution. Au lieu de respecter l'équilibre institutionnel entre les pouvoirs disposé par la Constitution, l'exécutif s'adonne aux manœuvres de neutralisation des contre-pouvoirs pour imposer un présidentialisme aux allures monarchiques.

Par ces manœuvres, le pouvoir exécutif à travers l'institution présidentielle s'est offert une sorte de légitimité fictive, dont la source provient de l'écrasement des autres pouvoirs en forgeant une hégémonie identique aux régimes monolithiques antérieurs. La neutralisation des institutions de contre-pouvoirs censés rationaliser l'exécutif présidentiel à travers l'équilibre des pouvoirs politiques nous amène à évoquer les cas des pouvoirs les plus importants dans l'équilibre institutionnel de l'État. Il s'agit notamment de l'instrumentalisation de la justice constitutionnelle (1) et la mécanisation du parlement (2) à travers le pouvoir législatif.

1. L'instrumentalisation de la justice constitutionnelle

L'instrumentalisation de la justice constitutionnelle fait partie de la stratégie de neutralisation des organes de contre-pouvoirs par l'institution présidentielle au Tchad. L'analyse formelle des mécanismes de la séparation des pouvoirs montre, en réalité, un déséquilibre institutionnel du pouvoir politique dans la pratique. Les organes de rationalisation de l'autoritarisme présidentiel dont dispose la Constitution de mars 1996 se sont révélés inefficaces[30] au fil du temps.

Ces organes de contre-pouvoirs n'ont pu résister[31] à l'autoritarisme du pouvoir exécutif du fait de « l'inondation politique » de l'institution présidentielle évoquée tantôt par le professeur Théodore Holo dans le cadre africain francophone en général. La justice constitutionnelle considérée comme le fondement séculaire des constructions démocra-tiques dans le monde en général et particulièrement en Afrique noire francophone, comme au Bénin et au Sénégal, n'a pu résister à la vague de manipulation du présidentialisme autocratique au Tchad.

Elle incarne dès sa création l'organe de légitimation de l'autoritarisme en se pliant à la manipulation de l'institution présidentielle. Elle a toujours cédé aux avances de corruption du Chef de l'État. Au Tchad, l'instrumentalisation du

---

[30] J. F. Wandjik, *Les zones d'ombre du constitutionnalisme en Afrique*, *op.cit.*, p. 263.

[31] S. Bolle, « La Constitution Glèlè en Afrique : modèle ou contre-modèle ? », *in La Constitution béninoise du 11 décembre 1990 : un modèle pour l'Afrique ? Mélanges en l'honneur de Maurice Ahanhanzo-Glélé.* L'Harmattan, 2014, pp. 251-272.

Conseil constitutionnel par le président de la République n'est un secret pour personne. La manipulation du juge constitutionnel par le Chef de l'État compromet délibérément l'équilibre du pouvoir politique et déstabilise le processus démocratique en créant une crise de normativité constitutionnelle[32].

Par cette instrumentalisation, le Conseil constitutionnel tchadien a toujours offert au Chef de l'État la faveur d'instauration d'un pouvoir politique absolu, par le soutien constitutionnel et des arguments juridiques fallacieux, qui perpétuent une gouvernance à vie au Tchad. À cet égard, l'instrumentalisation du Conseil constitutionnel par le président de la République demeure l'une des principales causes du dysfonctionnement de l'équilibre institutionnel du pouvoir politique, favorisant l'instauration du présidentialisme omnipotent et omniprésent au Tchad.

L'inféodation de la justice constitutionnelle au pouvoir absolu du Chef de l'État continue de déstabiliser, sinon de déstructurer les mécanismes de consolidation de l'État de droit au Tchad. Le Conseil constitutionnel tchadien[33] participe de manière récurrente et active à la démolition du droit qui fonde l'équilibre politique du processus de démocratisation, enclenché depuis trois décennies. Dans la plupart des cas, il censure le droit au profit des intérêts politiques du Chef de l'État.

Les exemples de manipulation du Conseil constitutionnel par le pouvoir en place sont légion dans le processus démocratique tchadien. En témoignent la modification de la limitation du nombre des mandats présidentiels dans le temps, les proclamations des résultats litigieux aux différents scrutins présidentiels et législatifs, l'acceptation, sinon le cautionnement de la fraude électorale et la corruption, etc.

En effet, l'avis et la conduite du Conseil constitutionnel tchadien sur la gestion des controverses au sujet de la modification constitutionnelle de juin 2005 sont apparus très symptomatiques. Pour ce cas fondamental, touchant directement l'évolution du processus démocratique tchadien, l'on a pu constater de l'avis du Conseil constitutionnel l'inefficacité, sinon l'ineffectivité de la juridiction constitutionnelle à résister à la puissance de manipulation du Chef de l'État dans sa quête du pouvoir absolu.

---

[32] Voir F. J Aïvo, « La crise de la normativité de la Constitution en Afrique », *RDP*, n° 1-2012, p. 141 et s.

[33] Le Conseil constitutionnel tchadien apparaît à l'opposé du mode de fonctionnement de la Cour constitutionnelle béninoise qui demeure un modèle de justice constitutionnelle en Afrique noire francophone. Voir à ce sujet J. L. Atangana-Amougou, « La Cour constitutionnelle béninoise : un modèle de justice constitutionnelle en Afrique ? », *in La Constitution béninoise du 11 décembre 1990 : un modèle pour l'Afrique ?, op. cit.*, pp. 647-660.

En principe, il est censé faire appliquer les dispositions de la Constitution à tous les Tchadiens[34] et en toutes circonstances, y compris au Chef de l'État lui-même. Mais, le Conseil constitutionnel a respecté les injonctions du président de la République dans la modification de la limitation du nombre des mandats présidentiels, en cautionnant par validation, les manœuvres d'intérêts personnels contraires à l'esprit initial de la Constitution du 31 mars 1996.

Ces manœuvres d'instrumentalisation de la justice constitutionnelle ont permis au Chef de l'État d'instaurer un présidentialisme aux allures monarchiques, détournant systématiquement le processus démocratique de la voie normale. Après l'encaissement des premières recettes de l'exploitation du pétrole en 2003, aussitôt le camp présidentiel s'est investi dans la manipulation des masses ouvrant un débat public sur la modification constitutionnelle.

La manipulation du camp présidentiel a atteint son paroxysme lorsque les parlementaires de la majorité fictive ont monté un scénario politique de validation d'une modification constitutionnelle, permettant au Chef de l'État de se représenter sans limites aux élections présidentielles, après avoir déjà accompli successivement deux mandats à la tête de l'État. À cet effet, il ressort du scénario inconstitutionnel de modification que l'idée de manipulation provient directement du Chef de l'État lui-même, conçu et mis en œuvre par son parti, le Mouvement patriotique du salut et cautionné par l'organe chargé de garantir la légalité constitutionnelle aux Tchadiens.

En réalité, tenant compte des dispositions constitutionnelles initiales de mars 1996, la manœuvre de modification fruit de la manipulation au sommet de l'État est bien au contraire à l'esprit et à la lettre des constituants originaires de mars 1996. La manœuvre exécutée en juin 2005 comprenait principalement la modification de l'article 61 de la Constitution, portant suppression de la limitation du nombre des mandats présidentiels, permettant au Chef de l'État Idriss Déby Itno de se représenter après deux mandats au sommet de l'État.

La démarche a consisté à tailler en partie le texte constitutionnel, en éliminant le contrôle juridique de la cessation effective de la fonction présidentielle dans le temps. Cette modification constitutionnelle inopportune obéit à la soumission, sinon à l'instrumentalisation du Conseil constitutionnel par le Chef de l'État, qui a planifié le détournement de la manne pétrolière à des fins claniques et familiales, au mépris de l'intérêt général des Tchadiens. Par cette instrumentalisation du Conseil constitutionnel, l'on peut donc se rendre à l'évidence en toute logique de la

---

[34] Voir le modèle occidental avec H. Kelsen, « La garantie juridictionnelle de la Constitution », *RDP*, 1928, pp. 226 et s ; « Le contrôle de constitutionnalité des lois. « Une étude comparative des Constitutions autrichienne et américaine », *RFDC*, n° 1, 1990, pp. 17 et s.

volonté du Chef de l'État de s'accrocher au pouvoir en modifiant l'ordre constitutionnel par des intérêts personnels.

En plus, la modification porte la marque d'un pouvoir militaire[35] gérant la dévolution démocratique du pouvoir. En laissant le président Idriss Déby Itno instaurer une démocratie à sa guise, les faits montrent que l'armée reste au cœur du processus démocratique en décidant de la légalité et de la légitimité de la démocratisation. À ce titre, le Conseil constitutionnel a enterré sa principale obligation de garantir la légalité et la légitimité au peuple tchadien. En principe, son rôle est de faire appliquer la loi fondamentale dans sa rigueur à tous les Tchadiens sans acception de différence, quel que soit le rang qu'occupe tout citoyen tchadien sur le plan politique.

La modification constitutionnelle de juin 2005, ainsi que les proclamations des résultats des différents scrutins présidentiels et législatifs, toujours en faveur du président Idriss Déby Itno, traduisent bien l'instrumentalisation et l'inféodation quasi-totale et généralisée des sages successifs du Conseil constitutionnel tchadien au présidentialisme monarchique dont connaît ce pays depuis l'instauration du processus de démocratisation.

La preuve de manipulation, sinon d'instrumentalisation du Conseil constitutionnel a été constatée publiquement en fin 2014 avec l'invali-dation du projet de loi portant code pastoral au Tchad. Il figure dans les faits de cette instrumentalisation que le Président Idriss Déby Itno a demandé aux sages du Conseil constitutionnel d'invalider ce projet de loi, voté par l'Assemblée nationale le 11 novembre 2014 et contesté ouvertement par l'opposition dès l'initiative.

Par les faits, le Conseil constitutionnel a approuvé la demande du Chef de l'État et a déclaré inconstitutionnelle la loi. Sans cette demande ouverte et publique du Chef de l'État, la juridiction constitutionnelle aurait déclaré constitutionnelle la loi en censurant le recours en inconstitutionnalité des 29 députés de l'opposition pour invalider la loi. Par cet exemple frappant, l'on peut se rendre à l'évidence du degré d'instrumentalisation de la justice constitutionnelle par l'institution présidentielle au Tchad.

Au regard de cet exemple effarant, l'institution présidentielle tchadienne est à son énième coup d'instrumentalisation de la justice constitutionnelle. En témoignent les différents contentieux électoraux où se précise clairement la sauvegarde des institutions démocratiques, dans le schéma de l'équilibre du pouvoir[36] et ceux des forces politiques, en orientant le destin des acteurs. À

---

[35] Voir A. Kpodar « Bilan sur un demi-siècle de constitutionnalisme en Afrique noire francophone », *Afrilex*, 2012, p. 12. L'auteur explique que Les conséquences de l'intrusion de l'armée dans l'arène politique sont à l'image d'*un troupeau d'éléphants dans un magasin de porcelaine*... Cet exemple illustratif pris par l'auteur se vérifie avec exactitude au Tchad.

[36] Voir G. Conac, « Le juge et la construction de l'État de droit en Afrique francophone », *in L'État de droit, Mélanges en l'honneur de Guy Braibant.* Paris, Dalloz, 1996, p. 106.

cet effet, la justice constitutionnelle tchadienne a toujours prouvé ses faiblesses vis-à-vis du pouvoir exécutif[37]. Ses attitudes dans les différents contentieux électoraux en faveur du pouvoir en place confirment son instrumentalisation par le Chef de l'État et son incapacité à s'affranchir de la manipulation du parti au pouvoir en ce qui concerne le processus démocratique.

Enfin, la justice constitutionnelle tchadienne apparaît complètement à l'opposé de ses consœurs africaines francophones comme au Bénin et au Sénégal. Cette juridiction n'est jamais parvenue d'elle-même depuis sa création à contredire le président de la République pour lui imposer son autorité juridico-politique et emporter l'adhésion des Tchadiens. Au fil du temps, cette justice se révèle comme un instrument de support juridique légitimant les violations d'une « présidence impériale » au Tchad[38].

L'instrumentalisation de la justice constitutionnelle montre le degré d'incapacité du régime politique tchadien à faire avancer véritablement le processus démocratique et le faire sortir de l'impasse actuelle. À ce titre, la justice constitutionnelle demeure toujours incapable de s'affranchir de l'emprise d'un long processus de manipulation initié par le camp présidentiel depuis la Conférence nationale de 1993.

Une manipulation qui a abouti à la mise sous tutelle de toutes les institutions de contre-pouvoirs. Autrement dit, le Tchad est l'un des pays qui illustrent parfaitement l'ineffectivité de la justice constitutionnelle en Afrique noire francophone dont évoquent certains auteurs africanistes. En dehors de la juridiction constitutionnelle, pour parvenir à ses fins, le Président Idriss Déby Itno a su neutraliser aussi d'autres organes de contre-pouvoirs comme le Parlement.

2. La mécanisation du Parlement

Le retour du présidentialisme monarchique a complètement plombé le pluralisme politique au Tchad, en imposant la domination présidentielle sur le pouvoir législatif. Les différentes élections législatives qui se sont déroulées auraient pu conduire le pays au changement de majorité gouvernante, mais le poids de l'autorité présidentielle sur ces dernières est tel qu'aucune législature n'a pu échapper à la manipulation du Chef de l'État. Les quelques sièges remportés par l'opposition restent tout de même sous la coupe de domination continue du parti au pouvoir[39].

---

[37] Voir G. Conac, « Le juge constitutionnel en Afrique : censeur ou pédagogue ? », in G. Conac (Dir.), *Les Cours suprêmes en Afrique*. Paris Economica, tome 2, 1989, p. VIII.

[38] J. Rawls, *La Justice comme équité : une reformulation de théorie de la justice*. Paris, Éd. La Découverte, 2003, p. 200.

[39] En témoigne la valse des chefs de file de l'opposition démocratique. Saleh Kebzabo, principal chef de file de l'opposition démocratique, et président du parti UNDR a été remplacé par Romadoumngar Félix Nyalbé du parti URD en pleine législature.

Depuis l'instauration du processus démocratique, le Parlement tchadien a subi plusieurs manipulations de l'exécutif, au point de considérer les parlementaires comme des représentants qui obéissent de façon mécanique et laconique aux décisions du Chef de l'État. Il y a plusieurs facteurs qui expliquent la domination du Président Idriss Déby Itno sur les différentes législatures tchadiennes de l'ère démocratique. Tout d'abord, la victoire des forces d'Idriss Déby sur celles d'Hissein Habré en décembre 1990 a véritablement marqué un déséquilibre du pouvoir politique dans la pratique. Cette victoire a entraîné la soumission du pouvoir législatif au pouvoir exécutif.

Depuis cette victoire dite de « libération » qui a porté le MPS au pouvoir par la force, le Président Idriss Déby Itno profite de cet évènement historique pour imposer sa paternité politique sur l'ensemble des institutions démocratiques. Il impose une soumission mécanique aux parlementaires pour pouvoir gouverner selon sa propre conception. Sur les différentes législatures[40] qui se sont succédé, aucune n'a pu acquérir une vraie rhétorique parlementaire digne d'une représentation nationale, car elles sont toutes apprivoisées par le président de la République. C'est ainsi que l'Assemblée nationale tchadienne s'est illustrée depuis le déclenchement du processus démocratique, par une soumission totale et docile au président de la République.

On peut donc affirmer clairement aujourd'hui que depuis 1990, le pouvoir législatif au Tchad est confronté à d'énormes difficultés d'organisation qu'exploite intelligemment le régime en place pour neutraliser l'indépendance des parlementaires. En intensifiant cette analyse, l'on découvre que les différents conflits institutionnels et les tensions politiques qui ont émaillé le processus démocratique n'ont en aucun cas permis aux parlementaires de créer une sorte de « guérilla parlementaire »[41] contre l'exécutif comme dans d'autres contrées d'Afrique noire francophone, qu'évoque le professeur Albert Bourgi. Tout simplement, parce que la dérive clanique et autoritariste du régime en place possède des moyens illégaux[42] pour neutraliser le pouvoir législatif.

---

[40] En un quart de siècle de démocratie, le Tchad n'a connu que trois élections législatives : en 1997, 2002, et les dernières en février 2011. Contrairement aux dispositions de la Constitution tchadienne (article 109), qui stipule que la durée du mandat de député est en principe de « quatre ans renouvelables », une longue période de huit ans s'est écoulée entre les deux derniers scrutins. En effet, l'Assemblée nationale élue en 2002 a fait l'objet d'une prorogation en raison du contexte politique tchadien. Voir loi constitutionnelle n° 017/PR/2007 du 6 novembre 2007 portant prorogation de la législature.

[41] A. Bourgi, « L'évolution du constitutionnalisme en Afrique : du formalisme à l'effectivité », in *Revue française de Droit constitutionnel*, n° 52, 2002, p. 745.

[42] Selon le rapport du csapr 'Entre 1997 et 2011, le nombre de sièges à l'Assemblée nationale a fortement augmenté. Pourtant, la dernière modification de la composition de l'Assemblée nationale, réalisée en août 2010, conformément à l'Accord du 13 août, stipule que « *le nombre*

Par conséquent, le parlementarisme démocratique au Tchad n'a plus d'autres moyens pour équilibrer le pouvoir politique et affirmer son indépendance vis-à-vis du pouvoir exécutif. Il ne peut que magnifier la suprématie du Chef de l'État en le considérant comme le seul capable de faire régner l'ordre politique au Tchad. C'est donc cette neutralisation conjoncturelle et critique du parlementarisme démocratique au Tchad qui explique évidemment, la soumission, voire la mécanisation de l'Assemblée nationale par le président de la République.

L'influence du Chef de l'État sur le pouvoir législatif permet de neutraliser le fonctionnement normal et réel du Parlement, en déséquilibrant le contrôle des autres pouvoirs pour renforcer le pouvoir présidentiel sur toutes les institutions. À cela, s'ajoute la faiblesse numérique des sièges de l'opposition au sein du Parlement. À cet effet, il importe de signaler que toutes les élections législatives organisées sous le régime du 1er décembre 1990 n'ont pas encore permis à l'opposition tchadienne de mettre en minorité numérique le pouvoir en place.

La mise en minorité numérique de l'opposition de manière constante s'explique par deux facteurs majeurs : il s'agit, d'une part, du trucage électoral et d'autre part, de l'option du scrutin de liste proportionnel à la plus forte moyenne recueillie dans ces élections législatives, qu'impose le pouvoir comme règle du jeu électoral à l'opposition pour briguer des sièges à l'Assemblée nationale.

Les différentes victoires écrasantes du Mouvement patriotique du Salut, dans toutes les législatives organisées jusqu'à présent sous le pluralisme politique, ont ainsi permis de prolonger au-delà de la dictature ancienne, la mise sous tutelle du Parlement par le président de la République. Cette neutralisation[43] du Parlement par l'institution présidentielle dans un contexte pluraliste trouve son explication dans la fabrication d'une majorité présidentielle et parlementaire fictive, que le pouvoir impose dans l'arène politique nationale.

Par ces manœuvres purement politiciennes, le Chef de l'État a pris en otage tous les organes de contre-pouvoirs, en déployant au contrôle de l'État, les membres de sa majorité présidentielle et parlementaire qui, en fin de compte, sont exclusivement à son service et obéissent de manière mécanique à ses désidératas. De ce fait, le pluralisme politique a été transformé depuis les premières échéances de consolidation démocratique en véritable monopartisme inclusif à la seule différence que d'autres formations politiques

---

des députés à l'Assemblée nationale ne sera pas pléthorique ; il sera fixé après détermination fiable du nombre total d'habitants, et plus particulièrement des habitants de chaque unité administrative » (article 3-1). On est pourtant passé de 155 à 188 députés alors qu'ils n'étaient que 125 en 1997, *op. cit.*, p. 42.

[43] Voir B. Coulibaly, « La neutralisation du parlement constituant », *RDP*, n° 5, 2009, pp. 1493 et s.

tentent encore de résister au pouvoir en s'opposant aux idéaux de la majorité fictive.

C'est ainsi que nous apportons une explication à la mécanisation du parlement au Tchad, qui est complètement apprivoisé par le pouvoir exécutif en le rendant moins réactif au règne arbitraire et autoritaire du président de la République. Nonobstant la rationalisation du pouvoir dans un contexte de pluralisme politique, le pouvoir législatif au Tchad demeure l'otage d'un présidentialisme fort[44] récusant l'équilibre du pouvoir politique et l'instauration d'une vraie séparation des pouvoirs.

À chaque nouvelle législature, le président Idriss Déby continue de rafler un nombre important des sièges[45] quasi écrasants de manière surréaliste pour garantir une majorité confortable à sa gouvernance au sein du Parlement. Cette majorité parlementaire constitue l'instrument d'apprivoisement et de mécanisation de l'organe législatif en obéissant systématiquement aux injonctions du Chef de l'État par le lien du parti servant d'outil partisan. Autrement dit, le parti sert de moyen au Chef de l'État pour dépouiller les parlementaires de leur indépendance législative.

C'est à travers le parti que s'organisent la soumission et l'asservis-sement des parlementaires au nom de l'intérêt partisan dont aucun membre de la majorité n'ose désobéir au Chef de l'État. La procédure de contrôle au sein du parti au pouvoir impacte directement sur le contrôle de l'organe législatif en le rendant mécanique dans son fonctionnement. La neutralisation du Parlement ainsi que la mécanisation des législateurs contribuent globalement à l'absence d'aération démo-cratique des organes de contre-pouvoirs.

À cet égard, l'absence quasi totale de rotation de la majorité numérique au sein du parlement indique, en réalité, le niveau du blocage de la démocratisation au Tchad dont évoquaient tantôt certains auteurs africanistes[46] avisés sur les cas des pays africains francophones en général. Enfin, la mécanisation du Parlement au Tchad relance la problématique de l'équilibre du pouvoir politique dans ce pays, appartenant à une aire

---

[44] Ce qualificatif est à l'image du régime namibien qualifié par B. Chantebout d'hyperprésidentialiste'. cf. « La constitution namibienne du 9 février 1990 », *RFDC,* n° 3, 1990, p. 539.

[45] Voir en annexe les résultats des élections législatives de 1997, 2002 et 2011. cf. *Rapport du CSAPR, op. cit.*, p. 46.

[46] Certains africanistes avisés ont déjà signalé ces dérapages de façon prémonitoire. Lire avec attention A. Mbembé, « Diagnostic sur les dérapages de la transition démocratique en Afrique », *in Afrique 2000, Revue africaine de politique internationale*, n° 12, février 1993, pp. 57-64, Voir aussi C. Monga, « L'indice de démocratisation : comment déchiffrer le nouvel aide-mémoire de l'autoritarisme », M. Tshiyembe, 'Résistances actuelles à la démocratisation en Afrique', *in Afrique 2000, Revue africaine de politique internationale,* juillet-août-septembre 1993, pp. 39-45.

géoculturelle où s'entrecroisent les trois facteurs wébériens sources de l'autorité[47].

Par conséquent pour que le processus démocratique tchadien conjure définitivement l'excessivité présidentielle, il importe de réfléchir sur la nécessité d'un équilibre de pouvoir politique au Tchad.

II. La nécessité d'équilibrer le pouvoir politique

Constatant l'absence d'équilibre dans le système politique tchadien, le manque de rationalité du pouvoir exécutif, et surtout la confiscation du pluralisme politique par l'autoritarisme présidentiel, il importe d'esquisser quelques propositions pour résoudre la problématique de la gouvernance politique au Tchad. Ces propositions renvoient à l'équilibre institutionnel en proposant la réorganisation du pouvoir exécutif pour rationaliser l'institution présidentielle.

Les solutions tournent autour de la rationalisation du pouvoir exécutif, en plaidant pour la réorganisation de la fonction présidentielle au regard de l'exigence de liberté et l'évolution du processus démocratique au Tchad. C'est donc ces deux exigences qui convoquent en réalité une nécessité d'une division des tâches et des responsabilités au sein du pouvoir exécutif, appelant à sa rationalisation par un mécanisme de contrôle interne.

La restriction des pouvoirs présidentiels constitue la principale stratégie de limitation de l'excessivité présidentielle pour faire place à un Premier ministre, chef du gouvernement, responsable devant l'Assemblée nationale et non devant le président de la République. Cette approche doit dépouiller en partie le Chef de l'État de ses prérogatives de puissance publique, en partageant la charge suprême entre les deux têtes de l'exécutif. Ce partage de responsabilité peut limiter les aises présidentialistes en imposant l'équilibre du pouvoir politique entre les institutions.

---

[47] Max Weber liste trois facteurs importants qu'il identifie comme sources du pouvoir dans toute société humaine. Il s'agit de la légalité pour ce qui concerne la *domination légale rationnelle*, *la domination traditionnelle* pour la tradition et enfin les qualités personnelles, l'aura et l'héroïsme du chef pour ce qui concerne *la domination charismatique*. Ces trois facteurs permettent d'expliquer et de justifier l'obéissance à une autorité et la soumission à sa domination par des actions classées par ordre. Dans sa classification prioritaire, l'auteur situe l'action *rationnelle en finalité*, l'action *rationnelle en valeur*, l'action *rationnelle effective*, et enfin l'action *rationnelle traditionnelle*. Comme partout en Afrique, au Tchad les trois facteurs s'entrecroisent et forment une source à la légitimité du pouvoir politique. Ces facteurs permettent d'identifier de manière spécifique la conception du pouvoir au Tchad qui ne diffère pas en réalité du pouvoir négro-africain qui se calque sur les trois facteurs cités ci-dessus. À cet égard, le légal rationnel s'apparente à l'État de droit et la justice, le traditionnel s'apparente au mythe de la sacralité du chef, et enfin le charismatique attrait au caractère héroïque du chef. Les trois éléments correspondent bien aux sources du pouvoir politique au Tchad.

L'impulsion de cette nouvelle architecture institutionnelle peut conduire au déblocage du processus démocratique et le sortir de l'impasse politique auquel il se trouve depuis son enclenchement. Par ces propositions, il importe de créer la rationalisation du pouvoir exécutif (A), en instituant un bicéphalisme régulateur comme solution (B) pour l'équilibre du pouvoir politique au Tchad.

A. La rationalisation du pouvoir exécutif

Le schéma d'équilibre institutionnel et politique, que cette étude suggère, inclut un partage horizontal du pouvoir politique dans la sphère exécutive. Il implique, évidemment, le concours de compétence entre le Chef de l'État et le chef du gouvernement[48]. De même, la diminution stratégique des responsabilités du Président de la République dans l'exercice de ses fonctions. Ce schéma stratégique n'exclut en aucun cas le Chef de l'État des grandes décisions de la vie politique nationale. Dans l'exercice de ses fonctions, le président de la République doit demeurer en toute logique, le détenteur d'un pouvoir exécutif non prédateur face aux autres institutions de la République.

Toutefois, il reste le pilier central du régime pour la garantie des libertés citoyennes et assure l'exécution du développement national. Cependant, le Premier ministre, chef du gouvernement doit jouer le rôle de responsable de rééquilibrage entre le pouvoir exécutif et le pouvoir législatif afin de réduire conséquemment l'influence de l'institution présidentielle sur les autres institutions de contre-pouvoirs. Le Premier ministre, chef du gouvernement contribue à lutter contre l'omniscience et l'omnipotence du Chef de l'État pour limiter sa prédation à l'égard des autres pouvoirs. Il doit aussi travailler pour concilier l'exigence de liberté et l'impératif de développement dont le pays a nécessairement besoin pour relancer le processus démocratique enclenché depuis plus d'un quart de siècle. Autrement dit, le Premier ministre doit jouer le rôle d'agent principal de rationalisation du pouvoir exécutif vis-à-vis des autres institutions de la République.

Toutefois, avant d'entrer en détail dans ce rééquilibrage institutionnel de rationalisation du pouvoir exécutif, il convient d'expliquer les modalités de sa mise en œuvre par l'exigence d'équilibre entre le pouvoir exécutif et le législatif (1), tout en instituant une réorganisation dans la fonction présidentielle (2) pour s'assurer de l'effectivité de sa rationalisation dans la sphère institutionnelle et politique.

[48] Voir A. Sall, « Processus démocratiques et bicéphalisme du pouvoir exécutif en Afrique noire francophone : un essai de bilan », *Revue Juridique et Politique*, n° 3, 2006, pp. 412-462 ou encore l'exemple de la Côte d'Ivoire avec A. Privat Mel, sur « La réalité du bicéphalisme du pouvoir exécutif ivoirien », *RFDC*, n° 75, 2008, pp. 513-549.

1. L'exigence d'équilibre entre pouvoir exécutif et pouvoir législatif

L'équilibre politique entre pouvoirs exécutif et législatif touche essentiellement à la rationalisation de la fonction présidentielle au Tchad. Il réajuste le positionnement actuel du pouvoir législatif face aux influences constantes du Chef de l'État. Cette restructuration prône la réduction de l'influence présidentielle sur tous les organes de contre-pouvoirs afin de permettre le fonctionnement normal des mécanismes classiques de la séparation des pouvoirs.

La nouvelle exigence d'équilibre institutionnelle nécessite un fonctionnement presque identique au fonctionnement du régime parlementaire. Sous ce rapport, le pouvoir législatif doit acquérir une indépendance à l'égard du pouvoir exécutif, et surtout s'affranchir véritablement des injonctions du Chef de l'État. Le rapport actuel entre les deux pouvoirs incline l'institution parlementaire[49] à se résigner aux influences présidentielles, nonobstant sa fonction traditionnelle d'organe de contre-pouvoir. L'Assemblée nationale tchadienne, monocamérale soit-elle, doit être préservée des influences omniprésentes et de la tutelle du Chef de l'État.

Tout comme, le gouvernement, principal organe chargé d'exécuter le programme politique du Chef de l'État, ne doit pas être dispensé du processus de légitimation préalable qui recueille toutes les fois, la confiance du parlement. Ce rééquilibrage institutionnel et politique consiste, en réalité, à faire du pouvoir exécutif et du législatif, deux entités complémentaires, provenant de la même source de légitimation, c'est-à-dire le peuple par son suffrage universel direct. Cependant, les deux légitimités, provenant d'une même source, doivent rester distinctes et autonomes.

La séparation des pouvoirs, présentée comme la principale caracté-ristique du régime semi-présidentiel, doit marquer tout son sens dans cette exigence de rééquilibrage du pouvoir politique entre l'exécutif et le législatif. Ce schéma de restructuration d'équilibre du pouvoir nécessite l'écartement de tout conflit de légitimité de l'un sur l'autre. Il doit permettre à chaque pouvoir de brandir sa légitimité sans opposer à l'autre la caducité de l'onction du suffrage universel qui fonde son existence.

Il est donc nécessaire pour réussir ce rééquilibrage, de faire des pouvoir exécutif et législatif, deux institutions indépendantes et spécialisées chacune dans son domaine. C'est ce schéma qui doit être porté désormais à l'attention des pouvoirs constituants pour l'élaboration d'une réforme structurelle et législative. Ce schéma peut permettre aussi l'organisation des pouvoirs au sein

---

[49] Voir M. Tall, *Les parlements dans les États d'Afrique noire francophone : essai sur le Burkina Faso, la Côte d'Ivoire, le Sénégal et le Togo*, Thèse de Doctorat en Droit public, Université de Poitiers, 1986 ; K. Somali, *Le Parlement dans le nouveau constitutionnalisme en Afrique. Essai d'analyse comparée à partir des exemples du Bénin, du Burkina Faso et du Togo.* Thèse de Doctorat en Droit public, Université Lille II, 2008.

de ces deux entités exécutives et législatives de sorte que les agitations politiques de l'exécutif n'influencent pas la volonté intrinsèque des représentants du peuple au sein du Parlement sans conditionner l'existence et la légitimité du pouvoir législatif.

L'institution présidentielle au Tchad a mis sous tutelle le Parlement depuis l'instauration du processus démocratique, en perdant de vue que « c'est au sein du Parlement que bat le cœur de la démocratie » et que « faire du Parlement une puissance est une nécessité vitale pour tout système démocratique »[50]. Le rééquilibrage du pouvoir politique entre les deux institutions doit nécessairement intégrer l'exigence d'une souveraineté parlementaire comparable au schéma qu'évoque Jack Lang, dans son projet de réécriture d'un nouveau régime politique en France.

Face à un pouvoir exécutif dont le seul objectif demeure la soumission des organes de contre-pouvoirs au Chef de l'État, doit s'organiser un pouvoir législatif homogène et souverain[51] pour faire face aux velléités récurrentes et déstabilisatrices du processus démocratique. Le pouvoir législatif dont nous appelons de tous nos vœux doit avoir la mainmise sur la fonction législative et le contrôle de l'action gouvernementale. Suivant ce schéma, le pouvoir législatif aura la plénitude d'exercer ses attributions classiques, en restant cette « grande artère de la démocratie » qui, selon le Club Jean Moulin, « reliait naguère l'électorat à ses élus »[52].

Il paraît aussi important de renforcer la collaboration entre les deux pouvoirs et leur divergence ne doit pas être considérée pour autant, comme une source de déstabilisation du processus démocratique en cours. La collaboration tout comme les divergences qui pourraient advenir doivent renforcer l'équilibre institutionnel du pouvoir politique au Tchad.

Dans ce schéma, il apparaît aussi nécessaire de rendre bien autonome la formation du gouvernement, en instaurant un droit d'émancipation vis-à-vis de la majorité parlementaire. Autrement dit, ce rééquilibrage du pouvoir politique entre les institutions garde bien la pluralité des voix politiques au sein du Parlement, en mettant l'accent sur la souveraineté des parlementaires vis-à-vis de l'influence du Chef de l'État.

Cette restructuration vise à normaliser l'équilibre du pouvoir politique entre les parlementaires et le Chef de l'État. Elle doit mettre fin à toute manigance

---

[50] J. Lang, *Un nouveau régime politique pour la France*. Paris, Odile Jacob, 2004, p. 172.

[51] Sur l'équilibre des pouvoirs entre l'Exécutif et le législatif, Maurice Duverger pense qu'il s'agit d'un régime *où l'exécutif et le législatif sont prisonniers réciproques d'un mariage sans divorce dont les époux font chambre à part.* cf. M. Duverger, « Les vaches sacrées », *Itinéraires, Études en l'honneur de Léo Hamon*. Paris, Economica, 1982, p. 640. L. Hamon, « Multitude et bon usage des vaches sacrées », *Mélanges Maurice Duverger*. Paris, PUF, 1988, p. 613.

[52] Expression rapportée par J.-P. Lassale, *Clefs pour la politique*. Paris, Éditions Seghers, 1969, p. 79.

politique tendant à influencer la majorité parlementaire autour du président de la République. Cette majorité, considérée dans le cas actuel comme une majorité négative dans le processus de démocratisation en cours, doit désormais éviter de nuire à l'exercice des attributions parlementaires, en défendant le rôle du pouvoir législatif et éviter définitivement le contrôle accru sinon la tutelle du Chef de l'État. Les parlementaires doivent être les plus rationnels possible dans ce rapport d'équilibrage avec l'exécutif pour éviter de déclencher une guérilla institutionnelle, et relancer le processus démocratique.

L'exigence d'équilibre et de restructuration des rapports entre les pouvoirs politiques au Tchad consiste à créer une souveraineté parlementaire vis-à-vis du pouvoir exécutif, et surtout une autonomie à l'égard du Chef de l'État.

Pour mettre en œuvre cette exigence de rééquilibrage politique et institutionnel, cela nécessite d'entreprendre une nouvelle réforme constitutionnelle et politique qui mettrait terme à la mise sous tutelle du Parlement par le Chef de l'État au regard des fonctionnements institutionnels actuels au Tchad. La réforme doit tenir compte des mesures propres au régime semi-présidentiel classique en exercice au Tchad.

Pour réussir ce rééquilibrage politique, il faut aussi exclure les moyens de neutralisation dont dispose chacun des pouvoirs. C'est-à-dire, il faut supprimer le droit de dissolution[53] du Parlement qui reste une arme redoutable entre les mains du Chef de l'État, ainsi que la motion de censure[54] dont détient le Parlement contre l'action gouvernementale en cas d'abus de confiance lors d'une interpellation.

La double suppression des armes de neutralisation de part et d'autre dans les rapports entre l'exécutif et le législatif permettra de restaurer l'équilibre du pouvoir politique entre les institutions. Mais, le plus important dans la recherche de cet équilibre politique demeure la restriction des pouvoirs présidentiels pour réduire systématiquement son influence sur les organes de contre-pouvoirs.

Enfin, la mise en œuvre du rééquilibrage du pouvoir politique mettra un terme aux interférences négatives provenant souvent du Chef de l'État pour contrôler les institutions de contre-pouvoirs au Tchad. En tout état de cause, il convient par ce nouveau schéma politique et institutionnel que nous suggérons de rationaliser la fonction présidentielle en réorganisant ses charges au profit du Premier ministre, chef du gouvernement.

---

[53] Constitution tchadienne du 31 mars 1996 révisée. Titre – III – Du pouvoir exécutif. Article 83, alinéa 1er.

[54] Constitution tchadienne du 31 mars 1996 révisée. Titre V – Des rapports entre le pouvoir exécutif et le pouvoir législatif. Article 139.

2. La nécessité de réorganiser la charge présidentielle

La diminution de la charge présidentielle peut paraître comme une nouveauté en Afrique noire francophone et particulièrement au Tchad. Cette diminution fut expérimentée dans les phases de transitions démocratiques en Afrique, et a permis parfois de redresser l'équilibre institutionnel et politique, dont nous citons le Bénin en exemple.

En effet, les pouvoirs constituants tchadiens doivent recourir à une réforme constitutionnelle permettant de diminuer rationnellement les charges présidentielles afin de limiter la création des interférences politico-juridiques, tendant à neutraliser les organes de contre-pouvoirs. Au plus, ces influences présidentielles sur les organes de contre-pouvoirs causent un véritable dysfonctionnement au principe de la séparation des pouvoirs, qui fonde l'équilibre institutionnel et politique.

C'est pourquoi, l'élaboration de la réduction des charges présidentielles doit prendre en compte la technique d'une véritable division de travail au sein de l'exécutif, dépossédant en partie le Chef de l'État de ses prérogatives de puissances publiques, au profit d'un Premier ministre, chef du gouvernement. Cette réorganisation n'exclut en aucun cas la prépondérance du Chef de l'État sur la locomotive exécutive. Elle cède juste une partie des pouvoirs au Premier ministre, qui doit s'occuper des rapports équilibrés avec les institutions de contre-pouvoirs.

La réorganisation de la charge présidentielle doit permettre au Chef de l'État de demeurer dans l'esprit et la conscience des Tchadiens, et même dans la vie politique nationale, mais en étant moins présent dans l'influence des institutions de la République. La nouvelle architecture exécutive doit organiser l'émergence d'un pôle politique chargé d'instaurer l'équilibre politique entre les institutions. La diminution des charges présidentielles au profit du Premier ministre peut rationaliser la volonté de puissance et l'omniprésence du Chef de l'État.

Elle peut tout au moins rationaliser la tendance présidentielle à s'interférer dans les autres pouvoirs pour créer une influence généralisée au niveau institutionnel. La réorganisation que nous suggérons doit garder la primauté politique et institutionnelle du Chef de l'État, en variant de manière fiable les données des charges que lui attribue actuellement la Constitution. Par exemple, le rapport de l'exécutif avec les autres institutions de contre-pouvoirs doit relever désormais de la responsabilité du Premier ministre pour réinstaurer un rapport sans influence.

Ainsi, le déséquilibre actuel du pouvoir politique au sein des institutions tchadiennes est généralement causé par l'influence pathologique[55] du Chef de

[55] P. Jan, « Le Président de la République au centre du pouvoir ». Paris, La documentation Française, 2011, p. 60.

l'État qui empêche le fonctionnement normal des institutions. Ces énergies hégémoniques et débordantes du président de la République créent la surprésidentialisation du système politique tchadien, en domptant les institutions, l'opposition, et y compris la Constitution[56]. Les interférences et les influences présidentielles ont transformé le régime semi-présidentiel tchadien en un système politique surprésidentialiste au service des intérêts personnels du Chef de l'État.

L'expérience de la pratique du pouvoir au Tchad, doit permettre de procéder à la réorganisation des charges présidentielles afin de garder la prépondérance du Chef de l'État sur l'exécutif, mais talonner par un chef du gouvernement qui décongestionne les influences et les interférences exécutives dans les rapports avec les organes de contre-pouvoirs tels que le Parlement et la justice constitutionnelle.

De notre constat, l'omnipotence actuelle du Chef de l'État méprise l'équilibre institutionnel propre au régime semi-présidentiel. L'influence accrue du Chef de l'État au Parlement et au Conseil constitutionnel détruit tous les mécanismes de rationalisation de l'équilibre du pouvoir et désarme les arsenaux de protection des institutions ainsi que les acteurs politiques.

Il paraît bien réaliste d'envisager la réorganisation des charges présidentielles[57] en vue de rationaliser le président de la République par la diminution de ses pouvoirs politiques. En conséquence, il doit s'effacer légèrement au profit de son Premier ministre qui doit insuffler la rationalisation du pouvoir politique entre l'exécutif et le législatif ou entre l'exécutif et le pouvoir judiciaire.

D'ailleurs, les tentatives de rationalisation du Chef de l'État par la diminution de ses pouvoirs existent bien en Afrique noire francophone. On peut citer, en exemple, le cas du Bénin qui a mis en veille institutionnelle le Président Mathieu Kérékou durant la transition démocratique pour restaurer l'équilibre du pouvoir institutionnel au sein de l'État béninois. En plus, la Constitution du Niger de décembre 1992 instituait aussi l'effacement du Chef de l'État dans certains domaines au profit du Premier ministre issu de la majorité parlementaire.

---

[56] À ce sujet voir F. Bankounda-Mpele, « Repenser le Président Africain », *Communication au VIIe Congrès de l'Association française de droit constitutionnel, 50e anniversaire de la Constitution française de 1958*, 25, 26 et 27 septembre 2008 à Paris, p. 1-15. D. Gnamou, « Présidentialisation et parti politique dominant : quel équilibre des pouvoirs ?», *Revue Recherche Juridique-Droit prospectif*, 2009-3. Presses Universitaires d'Aix-Marseille, pp.1367-1397.

[57] F. Hourquebie a pu relever à cet égard que « la redéfinition du statut du Président de la République a toujours été un enjeu majeur dans le constitutionnalisme africain. Elle en est peut-être même le marqueur le plus visible ». cf. « Quel statut constitutionnel pour le Chef de l'État africain ? », *Afrique contemporaine n°242-2012/2*, p. 73.

Pour le cas du Tchad dont nous suggérons, il ne doit pas être compris au même degré de cohabitation qu'a vécu le Niger. Mais, il importe juste de réorganiser le pouvoir exécutif de sorte que le président de la République demeure prépondérant dans la locomotive exécutive, mais avec un Premier ministre détenant les pleins pouvoirs de rationalisation. L'effacement concevable du Chef de l'État dans cette suggestion doit permettre au chef du gouvernement de restaurer l'équilibre du pouvoir politique entre les institutions.

Il est vrai que l'exemple de rationalisation du Chef de l'État au Niger n'a pas abouti, mais sert d'exemple d'inspiration pour la réorganisation des pouvoirs politiques en Afrique noire francophone. L'échec du Niger dans l'entreprise de rationalisation des pouvoirs du Chef de l'État peut être réadapté autrement en le transformant en succès d'organisation institutionnelle et politique au Tchad. En réalité, ce sont les interférences politiques accrues du Chef de l'État bafouant le contexte pluraliste, qui induisent l'amenuisement de ses pouvoirs et à la limitation des nuisances institutionnelles pour plaider à la réorganisation du pouvoir exécutif d'un genre nouveau.

Par conséquent, la diminution des pouvoirs présidentiels plaide en faveur d'un schéma assimilable à un bicéphalisme fonctionnel que structurel. Ce bicéphalisme doit instituer dans la sphère exécutive en dehors du président de la République, un Premier ministre dont le contrôle de l'administration lui est totalement acquis. Il doit servir de relais politique entre les institutions et le Chef de l'État.

Il doit contrôler la vie politique de la nation, sauf l'armée peut rester aux commandes du Chef de l'État. La nomination de ce Premier ministre doit procéder du Chef de l'État, mais sa désignation peut obéir à un consensus politique entre le président de la République et le Parlement pour éviter tout désagrément dans l'équilibre du pouvoir politique et institutionnel.

Ce schéma d'aménagement du pouvoir au sein de l'exécutif tient compte de la concentration du pouvoir, dont fait preuve le Chef de l'État pour nuire à l'équilibre institutionnel du pouvoir politique au Tchad. Le phénomène de refus du pouvoir partagé qu'évoque le professeur Maurice Kamto dans le fonctionnement des pouvoirs autoritaires en Afrique postcoloniale s'est prolongé de manière continue au pluralisme politique au Tchad. La preuve est que dans ce pays, « le refus du pouvoir partagé » a été depuis longtemps masqué par celui « du pouvoir contrôlé »[58], neutralisant ainsi les organes de contre-pouvoirs dans le cadre du fonctionnement normal de la démocratie institutionnelle.

[58] M. Kamto, *Pouvoir et droit en Afrique noire*, *op. cit.*, pp. 246-249.

La rationalisation constitutionnelle de la fonction présidentielle engagée par le processus de démocratisation a montré largement ses limites[59] et mérite d'être réorganisée autrement pour neutraliser l'interférence nuisible du Chef de l'État à l'égard du Parlement et de la justice constitutionnelle. L'échec de rationalisation présidentielle au Tchad tire essentiellement ses sources du présidentialisme négro-africain qui demeure bien nocif dans l'équilibre du pouvoir politique et institutionnel. Dès lors, il importe de réorganiser dans une nouvelle perspective la rationalisation du pouvoir présidentiel au Tchad. Le fonctionnement actuel des institutions autorise à réorganiser les pouvoirs du Chef de l'État afin de permettre aux organes de contre-pouvoirs d'agir librement pour redonner du souffle au processus démocratique empêtré dans l'impasse.

Considérée comme l'organe primordial de régulation de la vie politique, l'institution présidentielle au Tchad développe de plus en plus des capacités nocives et attentatoires au processus démocratique à travers des stratégies de neutralisation de la pensée constitutionnelle originelle. En tout état de cause, l'équilibre du pouvoir politique, mérite d'être réorganisé pour instituer une nouvelle rationalisation des pouvoirs politiques, en diminuant les charges présidentielles au profit d'un chef du gouvernement, qui insufflera le respect des organes de contre-pouvoirs.

Convaincu de cette possibilité d'instituer un bicéphalisme régulateur au sein de l'exécutif tchadien, notre plaidoyer est motivé par deux raisons principales. Tout d'abord, la recherche d'un équilibre du pouvoir dans le système politique tchadien, puis la consolidation de cet équilibre pour générer des institutions politiques capables de faire sortir le processus démocratique de l'impasse actuelle. Toutefois, une issue s'offre aux acteurs politiques tchadiens pour sortir le processus démocratique de l'impasse, c'est l'institutionnalisation du bicéphalisme régulateur au sein du pouvoir exécutif.

B. Le bicéphalisme régulateur comme solution de rationalisation de l'équilibre du pouvoir politique

Le modèle du bicéphalisme régulateur[60] de l'exécutif dont nous plaidons l'instauration est une nouvelle donne politique pour le Tchad. De toute son histoire institutionnelle et politique, le Tchad n'a pas encore fait l'expérience d'une telle version de partage du pouvoir. L'expérimentation d'une version semblable sous la période de transition démocratique n'a pu redresser l'équilibre du pouvoir politique entre les institutions. La version du

[59] L'exemple tchadien est à l'image de l'exemple nigérien évoqué par B. I. Abdourahmane, « *Crise institutionnelle et démocratisation au Niger* », CEAN, CNRS-IEP Bordeaux, 1996 ; voir aussi E. Gregoire, « Cohabitation au Niger », *Afrique contemporaine,* n° 175, juillet-septembre 1995.

[60] Voir S. Diop, *Le Premier ministre africain : la renaissance du bicéphalisme exécutif en Afrique à partir de 1969*. Thèse de Doctorat d'État en droit, Université de Dakar, 1985.

bicéphalisme régulateur de l'exécutif[61] que nous plaidons implique un nouvel ordre politique et constitutionnel pour rééquilibrer véritablement le pouvoir et faire en sorte que le processus démocratique retrouve une normalisation.

En effet, le régime politique tchadien est vraisemblablement, en théorie, semi-présidentiel, comparable à la majorité des régimes politiques subsahariens ou encore identique au régime politique français en période de concordance de majorité. Sur cette base purement formelle et théorique, on peut relever le caractère bicéphale au fonctionnement monocéphale du régime politique tchadien. En faisant une analyse approfondie du système politique tchadien, l'on peut remarquer son fonctionnement surtout présidentialiste en pratique.

Ce dysfonctionnement du régime politique tchadien pourtant semi-présidentiel fait remarquer clairement la tendance présidentialiste[62] et même absolutiste qui demeure la seule grille de lecture du pouvoir politique en Afrique et particulièrement au Tchad, nonobstant le processus de démocratisation. C'est en fonction de cette grille de lecture que le plaidoyer du bicéphalisme régulateur au sein de l'exécutif cherche à réduire les pouvoirs irrationnels du Chef de l'État pour concilier l'irréductible prépondérance présidentielle à la nécessaire efficacité de l'équilibre du pouvoir politique entre les institutions.

En outre, la réduction de certaines prérogatives politiques du Chef de l'État au profit du chef du gouvernement, permet de réorganiser la reconstruction théorique et fondamentale des rapports entre le président de la République et le Premier ministre pour réformer l'équilibre du pouvoir politique entre l'exécutif, le législatif et la justice constitutionnelle. Pour réussir cette nouvelle architecture politique et institutionnelle, il faut nécessairement une réforme constitutionnelle qui définit le président de la République comme Chef de l'exécutif avec des pouvoirs politiques partagés **(1)** avec un Premier ministre protecteur de la rationalité politique et institutionnelle **(2).**

1. Un Président de la République aux pouvoirs partagés

Le bicéphalisme régulateur du pouvoir exécutif que nous proposons établit un véritable équilibre des pouvoirs politiques entre les institutions de la République et a le mérite de la simplicité. Ce partage de pouvoir permettra de réintroduire la clarté et l'équilibre dans le système politique tchadien en corrigeant les rapports de domination devenus potentiellement destructeurs pour le processus démocratique en cours. Il importe de situer ce partage de

---

[61] Voir l'exemple du Sénégal avec A. Kah, « La Constitution sénégalaise de 2001 et le partage de pouvoirs entre le président de la République et le Premier ministre », *Droit sénégalais*, n° 7, novembre 2008, pp. 283-316.

[62] M.-A. Cohendet, *L'épreuve de la cohabitation.* Thèse de Doctorat en Droit public, Lyon, 1991.

pouvoir[63] au sein de l'exécutif comme un ordre s'éloignant complètement du système de domination institutionnelle antérieure et techniquement capable d'anéantir le présidentialisme prétorien et prédateur.

Le partage implique tout d'abord une division organique et structurelle de l'exécutif. Il garde le président de la République de manière claire et formelle comme le premier acteur d'impulsion de l'action politique. Mais, celui-ci est considéré juste comme un premier acteur d'un bicéphalisme de forme dont succède un Premier ministre qui s'occupera des rapports avec les institutions et la restauration de l'équilibre du pouvoir politique. Cependant, la présence d'un Premier ministre fort au sein de l'exécutif ne doit pas occulter la légitimité démocratique du président de la République élu au suffrage universel direct.

Malgré les conséquences négatives, désastreuses et nocives que Thierry Michalon aborde sur le suffrage universel direct en Afrique subsaharienne[64], malgré aussi le penchant à la « démocratie unanimitaire », l'élection du président de la République au suffrage universel direct demeure le mode de dévolution le plus admis par l'exigence contem-poraine de légitimité des gouvernants. De même, le professeur Philippe Braud fait remarquer que, « la fonction essentielle du suffrage universel est la facilitation de la domination exercée par l'État moderne »[65]. Plus profond encore, l'auteur note que, « le suffrage universel est l'un des moyens les plus efficaces, de faire admettre l'omnipotence de l'État et son poids croissant sur les existences individuelles »[66].

De notre avis selon ces observations, il nous semble bien correct que le suffrage universel soit pris en compte dans ce partage du pouvoir pour maintenir le statut de prépondérance présidentielle. Cette nouvelle architecture constitutionnelle et institutionnelle veut aussi faire remarquer que le mode de désignation du président de la République au suffrage universel ne devrait souffrir d'aucun aménagement, au regard de la diminution des charges du Chef de l'État au profit du Premier ministre, chef du gouvernement.

Ce dernier peut obtenir les pouvoirs de neutraliser les influences nocives du Chef de l'État sur l'équilibre du pouvoir politique et institutionnel. Le Chef de l'État doit demeurer le « père de la nation » et le garant de l'unité nationale et commandant de l'armée nationale. Contrairement à cette charge, le Premier ministre doit assumer une charge alternative pour garantir l'équilibre social et

---

63 Voir Ch. Debbasch, « Président de la République et Premier ministre dans le système politique de la Ve République. Duel ou duo ? », *RDP* n° 5, 1982, p. 1175.

64 Th. Michalon, « Le suffrage universel détourné par ses clans et les intérêts privés. Pour la suppression de l'élection présidentielle en Afrique », *in Le Monde Diplomatique*, n° 526, janvier 1998, pp. 24-25.

65 Ph. Braud, *Le suffrage universel contre la démocratie*, *op. cit.*, p. 63.

66 Ph. Braud, *op. cit.*, p. 64.

l'épanouissement des institutions de contre-pouvoirs. Toutefois, le président de la République doit rester au centre de l'orientation de la politique nationale.

Cette nouvelle architecture du pouvoir exécutif paraît comme une véritable innovation dans la vie politique africaine et particulièrement tchadienne ; elle tranche avec les fictions actuelles d'équilibres institu-tionnels ambiguës et facteurs des dominations. Au lieu d'être le concepteur d'une politique de domination institutionnelle fondée sur le déséquilibre du pouvoir soutenu par une majorité nuisible, le président de la République doit jouer un rôle dans la détermination de la politique nationale, conduite par un Premier ministre choisi par l'Assemblée nationale et nommé par ses pouvoirs, en dépit de toute conjoncture politique.

La nouvelle formule implique l'avantage d'une possibilité de partage des tâches entre le président de la République et le Premier ministre qui doit réduire drastiquement le réseau d'influence politique du Chef de l'État sur le Parlement et la justice constitutionnelle. En outre, son pouvoir doit être rationalisé pour conjurer les démons de la dictature irrationnelle. Cette rationalisation du pouvoir présidentiel par la diminution de ses charges politiques vis-à-vis du pouvoir institutionnel en général, implique le respect strict de la séparation des pouvoirs répartie de manière claire et équitable dans les principales attributions de l'État. Par exemple, le strict respect de la fonction législative au Parlement, la conception et la direction de l'action publique au gouvernement.

Le système actuel au Tchad enchevêtre les compétences qui pourtant devraient être séparées de manière plus claire au sommet de l'État comme prévu dans la Constitution. Le parlementarisme rationalisé à l'africaine, proposé par Thierry Michalon pose l'effacement du président de la République en instituant une dyarchie au sommet de l'État[67]. C'est ce qui expliquerait la résistance des absolutistes africains à pervertir le régime politique conçu constitutionnellement. Politiquement incohérent et institutionnellement difficile, ce système condamne à l'inefficacité et à l'anéantissement.

Par conséquent, pour régler le dysfonctionnement de l'équilibre politique au Tchad, deux réformes principales paraissent envisageables. Nos suggestions portent, d'une part, sur la diminution de la charge du pouvoir présidentiel et, d'autre part, l'institution d'un Premier ministre fort avec des

---

[67] Th. Michalon, « Le suffrage universel détourné par ses clans et les intérêts privés. Pour la suppression de l'élection présidentielle en Afrique », *op. cit., p. 25. Dans ce passage, l'auteur dit* : « Les États africains doivent résolument rompre avec les délices et les poisons de régimes présidentialistes malencontreusement inspirés du précédent gaullien, pour redécouvrir les logiques du régime parlementaire, fondé sur la représentation des conflits d'intérêts. La France elle-même en donne d'ailleurs de plus en plus fréquemment depuis 1986 – l'instructif exemple lors des périodes de 'cohabitation', qui font ressortir l'archaïsme des périodes où domine le 'monarque républicain ».

tâches spécifiques dans la conception et la détermination de la politique nationale. Cette réorganisation du pouvoir au sein de l'exécutif doit nécessairement éviter la création des manettes politiques pouvant conduire à la dualité de l'exécutif. En outre, il faut que cette nouvelle réorganisation du pouvoir exécutif opère un rapprochement des élections présidentielles et législatives en l'espace de quelques semaines, afin que la durée des deux mandats soit rapprochée et concordante.

Notre suggestion se rapproche des réformes politiques conduites et achevées en France par le gouvernement du Premier ministre Lionel Jospin[68] entre 1997-2002, qui a consisté, d'une part, à passer du septennat au quinquennat et, d'autre part, à rapprocher l'élection présidentielle à celle des parlementaires. Mais au regard de l'exemple français, notre suggestion peut porter des limites fondamentales, comme le présente de manière probable le professeur Marie-Anne Cohendet dans son étude consacrée au « président de la République »[69] sous la Ve République en France. Il s'agit pour nous de créer de nouvelles mesures qui ont des finalités audacieuses et très ambitieuses, à rendre possible la discordance ou la concordance de majorités, car, « les citoyens peuvent *fort bien,* comme aux États-Unis ou au Portugal, opter à quelques semaines d'écart pour un Président et des parlementaires politiquement antagonistes »[70].

En tout état de cause, la diminution de la charge présidentielle sur le plan interne n'implique pas forcément le retour vers un aménagement dualiste de l'exécutif. Cette diminution du pouvoir présidentiel sur le plan interne implique le renoncement à toute dyarchie malgré la présence aux côtés du Chef de l'État d'un Premier ministre détenant les pleins pouvoirs sur le plan intérieur de l'État. Contrairement à ce qui fut expérimenté sans grand succès au Tchad sous la transition démocratique d'avril 1993 à mars 1996, le Premier ministre sera bien le chef du gouvernement et tiendra ses attributions non pas du décret du Chef de l'État, mais plutôt de la Constitution.

Cette réforme de partage du pouvoir au sein de l'exécutif s'inscrit dans la différence des procédés actuels d'étranglement des institutions au Tchad. Par ailleurs, en cas de majorité discordante avec le Chef de l'État, le chef du gouvernement peut émaner de la nouvelle majorité, mais surtout doit demeurer dans l'obsession de l'équilibre du pouvoir institutionnel. Le Premier

---

[68] Ce fut la troisième cohabitation de la Ve République. Elle intervient de 1997 à 2002, après la victoire de la Gauche plurielle lors d'élections législatives anticipées. Celles-ci sont provoquées par la dissolution de l'Assemblée nationale décidée le 21 avril 1997 par Jacques Chirac, devenu président de la République deux ans plus tôt alors que le pays connaissait la deuxième grève la plus importante depuis 1968 en réaction au 'Plan Juppé'. C'est à Lionel Jospin, premier secrétaire du Parti socialiste, qu'il confie le poste de chef du gouvernement.
[69] M. A. Cohendet, *Le président de la République*. Paris, Dalloz, 2002.
[70] *Ibid.*, p. 29.

ministre procèdera tout de même de la nomination du Chef de l'État pour remplir ses missions en toute logique constitutionnelle.

Ce schéma de réforme du pouvoir exécutif diffère de la lecture gaullienne de la fonction présidentielle qui s'est reproduite dans bon nombre des systèmes politiques africains[71] au sud du Sahara dont le Tchad en a énormément fait l'expérience. Selon la vision gaullienne, le rapport entre le président de la République et le Premier ministre est d'ordre vertical et hiérarchique. Le premier donne des ordres et le second doit se contenter d'exécuter ces ordres conformément au programme politique du Chef de l'État.

C'est ainsi que dans sa conférence de presse du 31 janvier 1964, le général de Gaulle considère qu'en dépit de toute divergence politique, le président de la République reste « l'homme de la nation mis en place par elle-même pour répondre de son destin ». Il est « évidemment seul à détenir et à déléguer l'autorité de l'État ». Mais, « la nature, l'étendue et la durée de sa tâche impliquent qu'il ne soit pas absorbé sans relâche et sans limites par la conjoncture parlementaire, économique et administrative ».

C'est là, précise le général de Gaulle, que se trouve « le lot, aussi complexe et méritoire qu'essentiels, du Premier ministre français ». Selon la conception gaullienne de la fonction exécutive, il apparaît très clairement que c'est du seul président de la République que doit procéder le Premier ministre. À ce sujet, le général renchérit en disant qu'« il choisit le Premier ministre, le nomme ainsi que les autres membres du gouvernement ».

Dans la même logique gaullienne, c'est toujours le Chef de l'État « qui a la faculté de le changer [le chef du gouvernement], soit parce que se trouve achevée la tâche qu'il lui destinait et qu'il veuille s'en faire une réserve en vue d'une phase ultérieure, soit parce qu'il ne l'approuverait plus »[72]. Cette conception gaullienne fut reprise avec exagération par les régimes hybrides d'Afrique noire francophone pas dans le sens d'une rationalisation du pouvoir, mais pour créer une domination institutionnelle et s'éterniser au pouvoir.

En réalité, le schéma que nous suggérons reconfigure l'unité gouvernementale dans sa composition et les orientations de ses actions sur le plan intérieur qui reviennent de manière exclusive au Premier ministre. La composition de l'équipe gouvernementale relève désormais de la seule responsabilité du Premier ministre considéré comme le principal acteur de

---

[71] Voir M. Kamto, *Pouvoir et droit en Afrique noire*, *op. cit.* ; P. F. Gonidec, *Les systèmes politiques africains*, *op. cit.* ; J. Buchmann, *L'Afrique noire indépendante*, *op. cit.*

[72] Général Charles de Gaulle. Conférence de presse du 31 janvier 1964, in *La constitution du 4 octobre 1958, Documents d'études*, *op. cit.*, pp. 25-26.

rationalisation des pouvoirs présidentiels. Il est aux antipodes du « présidentialisme majoritaire »[73] et de « la flèche »[74] des ordres présidentiels.

Le président de la République quant à lui assure, selon la Constitution, l'unité et la cohésion indispensables au pouvoir exécutif à la réussite des actions publiques. La nouvelle réorganisation du pouvoir exécutif retire au Chef de l'État les leviers de l'action politique. À partir d'une palette des charges publiques contenues dans un programme élaboré de manière équilibrée et rationnelle, le Chef de l'État doit s'appuyer sur le Premier ministre qui mettra en marche l'exécution des chantiers socio-économiques, et surtout la restauration de l'équilibre du pouvoir politique dans le cadre de la respiration démocratique.

A *contrario*, dans un avis que nous considérons de vision rétrograde, sinon de manque de considération envers les africains, le professeur Maurice Duverger estime que pour venir à bout des « difficultés de la modernisation économique et de l'industrialisation », et pour mieux contenir « les sacrifices qu'elles imposent à la population », l'action politique en Afrique noire « exige un régime fort »[75].

Nous pensons dans une réponse contraire qu'aujourd'hui, l'Afrique noire francophone est capable d'assumer de nouvelles réformes politiques et institutionnelles sans recourir à des régimes forts que toutes les populations ont congédiés ou sont en voie de le faire. La réponse à l'avis du professeur Duverger se trouve depuis quelques années dans les révoltes et les rébellions armées en Afrique noire francophone. La dernière en date reste le soulèvement des « Hommes intègres » au Burkina Faso, renversant le régime fort de Blaise Compaoré le 30 octobre 2014.

La diminution des pouvoirs présidentiels renforce en conséquence l'équilibre du pouvoir politique, en instituant un régime politique aux institutions fortes, mais tout en disposant des conditions d'un fonction-nement politique efficace pour rationaliser le système politique, en neutralisant le danger d'une conception du pouvoir personnel. En face du Chef de l'État, il est érigé aussi un Parlement plus fort politiquement en matière d'équilibre du pouvoir institutionnel, et plus libre que les législatures nuisibles actuellement en place.

Dans cette nouvelle architecture du pouvoir partagé, l'autorité du Président de la République ne doit pouvoir ne rien faire contre le pouvoir législatif en cas de refus de soutien à ses initiatives politiques. La nouvelle réforme nous paraît garantir la démocratie et la stabilité de l'équilibre des pouvoirs institutionnels. Elle apparaît comme un gage de stabilité et d'efficacité de l'action politique nationale, conduite par un gouvernement responsable, dont

---

[73] G. Vedel, « Variations et cohabitations », in *Le Premier ministre*, *op. cit.*, pp. 110-111.

[74] G. Carcassonne, *La constitution.* Paris, Ed. du Seuil, Collection 'Points essais', 1996, p. 118.

[75] M. Duverger, *Institutions politiques et Droit constitutionnel*, *op. cit.*, p. 390.

à la tête se trouve un Premier ministre protecteur de la rationalité et régulateur du pouvoir de l'État.

2. Un Premier ministre protecteur de la rationalité du pouvoir de l'État

Dans cette suggestion, il semble plus cohérent d'instituer aux côtés du Chef de l'État un acteur politique détenant des pouvoirs spécifiques pour conduire les grands projets de développement et servir en même temps de responsable protecteur de la rationalité du pouvoir de l'État. Ce Premier ministre doit aussi servir de bouclier protecteur contre des réformes politiques téléguidées à des fins de personnalisation du pouvoir. Tel sera notre format de réorganisation du pouvoir au sein de l'exécutif, et le portrait de la mission du Premier ministre que nous imaginons.

Il paraît important de préciser que le Premier ministre dont nous suggérons la mission n'est responsable que devant le Parlement. Son institution et sa légitimité gouvernementale proviennent de la cohésion entre le pouvoir exécutif et le législatif. Son émanation fonde les éléments essentiels de la rupture du lien d'influence négative exercé par le président de la République sur les parlementaires et le Conseil constitutionnel.

Nous faisons donc du refus du « présidentialisme abâtardi »[76] la justification principale de cette réforme du pouvoir au sein de l'exécutif. Notre proposition se rapproche un peu du parlementarisme, mais les figures de ce type de régime « bireprésentatif »[77] que le Doyen Georges Vedel nous présente les différentes facettes en France[78], les unes[79] aussi périlleuses que les autres[80], renforcent notre doute quant à son appropriation par les acteurs politiques tchadiens.

De notre point de vue, nous ferons remarquer que partout où le présidentialisme fort dirige, il paraît difficile de rationaliser le pouvoir. Quelle que soit la variation du régime, le présidentialisme fort induit systématiquement dans le meilleur des cas, à un avilissement institutionnel et dans le pire des

---

[76] L'expression s'inspire du terme « parlementarisme abâtardi » en référence aux travaux de Georges Burdeau, *Traité de science politique. Tome V, Les régimes politiques*, *op. cit.*, p. 341.

[77] M. A. Cohendet, « Quel régime pour la VIe République ? », *in La VIe République ?*, *RDP*, n° spécial 1/2 2002, p. 173.

[78] G. Vedel, « Variations et cohabitations », *op. cit.*, pp. 101-129.

[79] *Un système présidentialiste ou encore un présidentialisme majoritaire avec une forte et constante tendance à la personnalisation du régime. C'est l'esprit tiré à la fois des intentions politiques du Général de Gaulle et de sa pratique du pouvoir.* Cité par F. J. Aïvo, *op. cit.*, p. 558.

[80] *Une cohabitation mettant généralement aux prises, les deux têtes de l'exécutif. Comme le présidentialisme majoritaire qui fait courir le risque de la personnalisation du pouvoir, la cohabitation largement considérée comme un 'vrai problème', fragilise la cohésion du pouvoir exécutif et motive les multiples appels au changement de régime en France.* Cité par F. J. Aïvo, *op. cit.*, p. 558.

cas, à la mise sous tutelle de tout l'édifice institutionnel. Dans un pays comme le Tchad où revit jour le présidentialisme fort, provenant du glissement du régime semi-présidentiel, on ne vit aucune stabilité politique, ni aucune accalmie politique, du fait des recours nuisibles à des techniques présidentialistes par le Chef de l'État pour apprivoiser les institutions et s'éterniser au pouvoir.

Notre crainte à l'égard du présidentialisme fort s'appuie autant sur ces raisons objectives que sur la mauvaise, sinon tout au moins sur l'immaturité des acteurs politiques tchadiens à assumer les charges complexes et transversales d'une cohabitation à la française. À ce constat, s'ajoute le nombre pléthore des formations politiques dont le manque de discipline et l'absence de fidélité à la ligne politique du parti, portent potentiellement les germes d'une soumission politique absolue au Chef de l'État. Il apparaît évidemment très congru en termes de force politique pour forger des institutions de contre-pouvoirs capables de résister à la force de nuisance du Chef de l'État dans l'état actuel du format politique.

Au regard de ces considérations, la réorganisation ou le partage du pouvoir au sein de l'exécutif nous paraît être la bonne formule alliant l'exigence convenue d'un Chef de l'État élu au suffrage universel direct et doté des prérogatives sélectives sans nuire au fonctionnement d'un Parlement souverain et puissant. Ce schéma peut être un modèle pour l'Afrique noire francophone ou la voie la plus opportune et la plus prudente d'en découdre avec le présidentialisme fort, dont les caractères génèrent une tendance à l'absolutisme impérial et l'imposition d'une légitimité fictive du pouvoir au mépris des aspirations profondes du peuple à la liberté démocratique. Toutefois, dans ce mouvement sinusoïdal[81] il y a une possibilité de rompre avec la léthargie des régimes politiques[82], souvent absolutistes au Tchad.

Le Premier ministre responsable devant le Parlement, plutôt que devant le Chef de l'État, renforce cette logique du pouvoir[83] politique moderne. Cette formule dont nous déclinons peut se concevoir d'une manière simple et rigoureuse. Dans la réforme, la Constitution peut consacrer la norme suivante : « le président de la République est le Chef du pouvoir exécutif ». Il « nomme le Premier ministre, chef du gouvernement après avis du Parlement et ne peut mettre fin à ses fonctions ». « Le Premier ministre est responsable devant le Parlement et doit rendre compte de ses actions de politique publique »

---

[81] En référence au Doyen M. Hauriou, *Précis de droit constitutionnel*. Paris, Sirey, 2e éd., 1929, réédité, CNRS, 1965, p. 70. Pour un retour sur cette théorie, voir J. Cadart, *Institutions politiques et droit constitutionnel*. Paris, LGDJ, 1979, 2e éd., p. 787 et s.

[82] Voir I. M. Fall, « La construction des régimes politiques en Afrique : insuccès et succès », *op. cit.*, p. 37.

[83] Voir C. J. Friedrich, « Le problème du pouvoir », *Le Pouvoir, Annale philosophie politique*, 1951, I, pp. 35 et suiv.

À ce titre, le Premier ministre dont le sort est intimement lié au Parlement qu'à celui du Chef de l'État peut être le vrai responsable de l'action gouvernementale et de l'équilibre institutionnel et politique. Les attributions de ce Premier ministre diffèrent totalement du sens que Jack Hayward a défini comme fonction de Premier ministre en Grande-Bretagne au début du XVIIIe siècle. Ce chef du gouvernement est véritablement « Premier parmi ses pairs »[84] et fonde son pouvoir de la Constitution. Selon notre schéma de partage du pouvoir au sein de l'exécutif, il s'agit de diminuer l'influence nuisible du Chef de l'État sur les institutions afin de concilier véritablement l'impératif de développement à l'exigence de liberté démocratique. Autrement dit, les pleins pouvoirs du Premier ministre visent à rendre efficace le système politique qui doit être fonction des capacités démocratiques à transformer la société.

Or, depuis sa prise du pouvoir, le Chef de l'État tchadien s'est souvent contenté d'administrer une société qui a plutôt besoin d'être déstructurée pour être mieux restructurée en termes de gouvernance démocratique. Se complaire dans le culte de la puissance nuisible a été pendant ces dernières années, la grille de lecture la plus sérieuse de l'incapacité du président de la République à réformer la gouvernance au Tchad. Le déni de démocratie qu'il fait montre, caractérise le commandement suprême au sommet de l'État et participe à pérenniser une stratégie machiavélique congénitale propre au pouvoir tchadien, plaçant ainsi les intérêts particuliers du prince au-dessus de l'intérêt général et commun[85].

De ce qui précède, nous souhaitons une réorganisation du pouvoir sans livrer le Chef de l'État à la « vindicte populaire » et surtout sans prétendre l'initiative d'écourter son mandat en cours. Pour y parvenir, il faut créer l'efficacité de l'action politique aux préoccupations légitimes « princières » de la gestion la plus longue possible du pouvoir suprême[86]. C'est cette conception qui constitue l'éternelle problématique qu'il faut préalablement et très objectivement chercher à résoudre dans la pensée politique des dirigeants africains, en général, et tchadiens, en particulier. Cependant, cette conception semble tenir des invariants de l'impérium ainsi que des éléments de séduction qu'il exerce sur les titulaires du pouvoir.

---

[84] Étymologiquement en latin, *primus inter pares* et selon l'expression utilisée par Jack Hayward pour désigner le Premier ministre britannique de la fin du XVIIe et du début du XVIIIe siècle. Ce Premier ministre possède une double responsabilité à la fois devant le roi et le Parlement et exerce une fonction n'ayant pas de fondement constitutionnel. Voir à ce sujet, J. Hayward, « Un Premier ministre pourquoi faire ? »', *in Le Premier ministre*, *Pouvoirs*, n° 83, p. 6.

[85] Voir le Léviathan de Thomas Hobbes, *De la charge du représentant souverain. Th. Hobbes*, *Le Léviathan*. Paris, Sirey, 1971, pp. 494-518. Voir aussi N. Machiavel, *Le prince*. Paris, Flammarion, 1992, pp. 165-166.

[86] Voir Ch. Debbasch, *La réussite politique. Recettes pour prendre le pouvoir*. Paris, Economica, 1987, pp. 59-64.

Dans cette vision, le courant réaliste de la pensée politique éclaire mieux notre conception et renforce l'hypothèse de la recherche. Les thèses réalistes expliquent le mieux en restituant les fondamentaux régissant l'exercice du pouvoir politique. Elles encouragent le diagnostic et contribuent à la résolution du problème par des idées sur le bien et l'équité. À ce sujet, le professeur Charles Debbasch fait remarquer que « le pouvoir est une sorte d'ivresse pour certains êtres »[87].

À ce propos, comment ne pas admettre, à la suite des recettes de Machiavel[88], les observations avisées d'un conseiller de princes[89] qui avertit, plus qu'il n'informe, sur les tentations addictives du pouvoir ? Comment méconnaître que « le pouvoir procure à celui qui l'obtient un sentiment de jouissance et de plénitude par l'exercice d'une domination sur les autres », que les addictions du pouvoir sont [...] particulièrement fortes qu'il faudra au prince une énorme vertu pour refuser les pommes qu'il lui tend[90] ? Pour ce qui concerne la politique machiavélienne, elle oriente à suivre une priorité basée sur la conservation du pouvoir. Selon Machiavel, le prince doit gouverner avec le souci de préserver son autorité sans état d'âme ni morale, si la nécessité l'exige.

Selon de nombreux auteurs ayant approché le pouvoir politique ou l'ayant vécu de l'intérieur, les titulaires du commandement suprême sont exposés à des tentations addictives auxquelles ils sont attirés presque fatalement comme dans l'attraction des lois de la pesanteur. Il n'est donc pas hasardeux de partir du postulat selon lequel, le pouvoir est « un projecteur qui éclaire celui sur lequel il se pose »[91]. Par conséquent, l'appréhension d'un retour dans les ténèbres peut être considérée comme tout à fait normale et légitime. C'est cette ivresse irrémédiable des aises et confort du pouvoir qui s'exerce sur son titulaire et explique à notre sens, l'appréhension du prince tchadien à se rendre impopulaire par l'action et nécessite une diminution de ses charges.

Cette appréhension enferme davantage les dirigeants africains dans un immobilisme politique, qu'ils trouvent bénéfique pour eux, mais trop désastreux pour les générations futures, qui vont hériter d'une Afrique

---

[87] Ch. Debbasch, *op. cit.*, pp. 59-60.
[88] N. Machiavel, *Le prince*. Paris, Flammarion, 1992, pp. 137-140 ; pp. 161-164.
[89] En référence ici à Charles Debbasch qui est toujours conseiller des princes. Il fut d'abord, entre 1978 et 1981, conseiller du Président français Valery Giscard d'Estaing, avant de rejoindre d'autres princes en Afrique. Il est l'un des proches conseillers de la dynastie des Gnassingbé au Togo. Après avoir été pendant longtemps conseiller auprès du père Gnassingbé Eyadema, il enchaîne à la mort de ce dernier comme conseiller du fils Faure Gnassingbé. Il demeure l'un des derniers sorciers blancs de la Françafrique qui opère à visage découvert dans un palais d'Afrique noire francophone.
[90] *Ibid.*, p. 60.
[91] *Ibid.*, p. 64.

résignée à l'aide extérieure[92], à l'assistanat[93] et en finalité sous perfusion du système international[94]. La conciliation de l'exigence d'équilibre du pouvoir politique au niveau institutionnel et l'impératif de développement impose donc cette nouvelle réorganisation du pouvoir au sein de l'exécutif avec l'émergence d'une nouvelle fonction de Premier ministre. Le responsable de cette nouvelle fonction, plus renforcée qu'avant, ne doit pas apparaître comme un simple « délégué du chef de l'État »[95]. Il doit avoir les capacités de piloter les chantiers de la prospérité politique, économique et sociale.

Ainsi, comme le fait remarquer le professeur Hugues Portelli, « la fonction de chef de gouvernement sous la Vème République est ingrate puisque conçue pour attirer sur elle l'impopularité dont le président de la République cherche à s'exempter »[96]. Cependant, la fonction du Premier ministre dont nous suggérons ne sera pas placée sous le même empire. Ce sera une fonction basée sur des actions qui ne doivent pas craindre les sondages d'opinion, moins encore l'intimidation du Chef de l'État pour déséquilibrer le pouvoir institutionnel de l'État.

L'utilité de cette réorganisation du pouvoir exécutif au profit d'un Premier ministre protecteur et régulateur de la rationalité du pouvoir de l'État se trouve dans le partage des pouvoirs les plus discrétionnaires. Ce partage du pouvoir fera en sorte que les deux acteurs de l'exécutif auront des tâches précises à remplir et que le Chef de l'État limiterait les influences nocives habituelles qui discréditent le régime démocratique. Le Premier ministre, en tant qu'acteur libre dans ses tâches bien délimitées, doit se consacrer au service des actions réformatrices, mais aussi il doit être le bouclier protecteur de la rationalité du pouvoir de l'État.

C'est pourquoi, il doit jouer un rôle majeur dans l'équilibre du pouvoir politique entre l'exécutif et les autres institutions de la République. Il doit être le seul interlocuteur crédible entre le Chef de l'État et les institutions pour démasquer toute influence nocive venant de son camp sur le Parlement ou la justice. À ce titre, le Premier ministre ne doit plus servir de simple « fusible […] destiné à préserver le président de la République »[97]. Il doit jouer le rôle

---

[92] Voir N. Van De Walle, « Les bailleurs et l'État en Afrique », *in* Jean du Bois de Gaudusson et J. F. Médard (Dir.), « L'État en Afrique : entre le global et le local », *Afrique Contemporaine*, n° 199, juillet-septembre 2001, pp. 25-35.

[93] Voir S. Smith, *Négrologie. Pourquoi l'Afrique meurt.* Paris, Calmann-Lévy, 2003, pp. 101-115.

[94] *Ibid.*, pp. 101-115.

[95] E. Desmons, « L'Exécutif sous la Ve République. Le président de la République et le Premier ministre en représentation », *in Les 40 ans de la Ve République*, *RDP*, numéro spécial, 1998, p. 1566.

[96] H. Portelli, « Les Premiers ministres : essai de typologie », in *Le Premier ministre*, *Pouvoirs*, n° 83, p. 26.

[97] H. Portelli, « Les Premiers ministres : essai de typologie », *op. cit.*, pp. 26-27.

d'un verrou qui ne saute plus en permanence et qui peut protéger la légitimité de l'autorité de l'État et l'équilibre du pouvoir entre les institutions.

En définitive, le Premier ministre que nous suggérons est un acteur influent au côté du Chef de l'État en jouant le rôle d'« acteur économique et social »[98] dont Patrick Suet dresse le portrait et analyse le portefeuille. Mais, il n'est pas un « Exécutant »[99] de la politique du Chef de l'État ni « maître d'œuvre »[100]. Il dirige et coordonne l'action gouvernementale en régulant le dialogue politique et social pour la prospérité du pays. Son utilité et son importance résident dans l'action, mais aussi dans l'équilibre du pouvoir politique et institutionnel. La raison de son existence réside dans ses capacités à empêcher le Chef de l'État de mettre sous tutelle le Parlement et la justice constitutionnelle. Ce Premier ministre doit montrer son audace en opposant un refus au déni de gouvernance démocratique que le Chef de l'État pourrait rééditer dans ses manœuvres de politique majoritaire.

Enfin, l'exigence d'une telle réorganisation[101] du pouvoir au sein de l'exécutif se justifie par deux raisons fondamentales. La première est la nécessité de rechercher l'efficacité d'un nouvel ordre politique spécifique à l'Afrique noire francophone et au Tchad. Un nouvel ordre politique qui diffère des systèmes précédents et qui prend en compte la réalité politique du pouvoir africain et particulièrement tchadien dont l'exercice conduit nécessairement à la dérive généralisée du pouvoir de l'État.

La deuxième est le désir de vouloir résoudre le problème du déni de gouvernance démocratique, en retranchant une partie des charges politiques du Chef de l'État au profit d'un Premier ministre qui est seulement responsable devant le Parlement. Cette conception obéit au besoin de relancer la démocratie pluraliste au service du développement et de la prospérité des peuples africains et surtout des Tchadiens en particulier. C'est ce manque de nouvelle réforme politique qui condamne le processus démocratique tchadien dans l'impasse, en entraînant la déstabilisation du mode de dévolution démocratique du pouvoir.

---

[98] Voir P. Suet, « Le Premier ministre, acteur économique et social », *in Le Premier ministre*, *op. cit.*, pp. 75-87.

[99] P. Suet, *op. cit.*, pp. 77.

[100] *Ibid.*, pp. 78-80.

[101] Voir Ph. Ardant, « Comment réaménager les pouvoirs du Président et du Premier ministre pour un régime primo-ministériel ? », *in La VIe République ?*, *RDP*, numéro spécial 1/2, 2002, pp. 247-260.

L'évolution de la jurisprudence constitutionnelle en Afrique noire francophone. Cas du Mali

Mohamed Keïta
Université des Sciences Juridiques et Politiques de Bamako / Mali

Introduction

Les normes législatives occupant une place particulièrement importante dans la régulation de l'ordre social, économique, politique... constituent des « actes de commandement, de souveraineté »[1]. Le contrôle opéré par les juges constitutionnels sur ces normes a pour objet de mettre en rapport des actes juridiques à d'autres textes hiérarchiquement supérieurs[2]. Il s'agit en réalité de divers textes que le juge identifie à travers sa jurisprudence et auxquels il fait appel dans son raisonnement[3]. En effet, selon Pierre E. Togbe : « qu'un juge puisse, un jour, appliquer le droit d'une manière et, le lendemain, d'une autre est souvent regardé comme la manifestation la plus éclatante de l'arbitraire et semble de nature à ébranler la crédibilité du juge. »[4]

L'importance des décisions constitutionnelles peut s'analyser par rapport à la position du juge lors d'un contrôle. La Constitution malienne du 25 février 1992, en attribuant à la Cour constitutionnelle la compétence de contrôler les normes qui lui sont inférieures, lui donne la possibilité de l'interpréter. Cette interprétation peut susciter des réactions. C'est dans cet ordre d'idées qu'on peut se demander si certaines interprétations de l'institution constitutionnelle ne sont pas très extensives.

L'organe constitutionnel se réfère à un ensemble de règles pour justifier ses décisions. Ces règles serviront à déterminer le bloc de constitutionnalité malien et permettront de mettre en exergue l'étendue de la jurisprudence constitutionnelle et, partant, d'apprécier le système malien du contrôle de constitutionnalité des lois. L'un des indicateurs d'évaluation du contrôle de constitutionnalité des lois porte sur la détermination de la nature des décisions produites par le juge constitutionnel.

---

[1] M. Couderc, *La Loi*. Paris, Éditions du Seuil, 2005, p. 24.

[2] D. Rousseau, *La justice constitutionnelle en Europe*. Paris, Montchrestien, 3e éd., p. 87.

[3] C. P. T. Soglohoun, *Le rôle du juge constitutionnel dans le processus de démocratisation en Afrique. Les cas du Benin, du Mali, du Sénégal et du Togo*. Thèse de Doctorat en Droit public, Université d'Abomey-Calavi, octobre 2011, p. 53.

[4] P. E. Togbe, *La justice constitutionnelle béninoise à l'épreuve des revirements de jurisprudence*, p. 1, *in* www.calenda.org

Le bilan qui a été fait de la jurisprudence constitutionnelle en révèle toute l'importance et la dépendance de plus en plus grande dans laquelle se trouve le législateur dans son œuvre de fabrication de la loi, aussi bien pour ce qui est du respect des formes que du contrôle du contenu des règles de fond[5].

Le droit constitutionnel jurisprudentiel est le fruit de l'activité des juridictions construites et se construisant comme gardiennes de la Constitution[6]. C'est la preuve de la constitution des juridictions constitutionnelles, d'une part, comme réalité objective tant leurs actions sont désormais routinières, permanentes et acceptées ; d'autre part, comme une réalité subjective tant leur rôle et leurs décisions sont intégrés par les acteurs politiques notamment et conditionnent leur adaptation à la vie publique[7].

Selon l'expression du doyen Carbonnier, la jurisprudence, c'est « l'habitude des tribunaux », et il explique : « en présence d'une question de droit qui se produit fréquemment, les tribunaux prennent plus ou moins vite l'habitude de juger de semblable manière. »[8]

Le développement de la jurisprudence des juridictions constitution-nelles est aujourd'hui un phénomène majeur pour les États africains. Celle-ci constitue une source normative de premier rang dans l'ordre juridique des systèmes étatiques et participe à l'édification du constitutionnalisme[9]. Sans doute, pour le professeur Alioune Badara Fall, les décisions rendues depuis quelques années par les juridictions remaniées apparaissent-elles à l'heure de la démocratisation, aux yeux des populations comme de la doctrine, comme salutaires, tant elles correspondent de plus en plus à ce que l'on peut attendre d'une véritable juridiction constitutionnelle, à l'instar de celles connues ailleurs[10].

Au Mali, l'histoire de la jurisprudence constitutionnelle remonte à la création de la Cour constitutionnelle, installée en 1994, suite à l'instauration du régime démocratique, à l'instar de plusieurs États d'Afrique noire francophone. Ainsi, un nombre croissant d'États se sont dotés d'une

[5] J. C. Becane et M. Couderc, *La loi*. Paris, Dalloz, 1994, pp. 102-103.

[6]Hans Kelsen *in* L. Sindjoun, *Les grandes décisions de la justice constitutionnelle africaine, Droit constitutionnel jurisprudentiel et politiques constitutionnelles au prisme des systèmes politiques africains.* Bruxelles, Bruylant, 2009, p. 580.

[7] L. Sindjoun, *Les grandes décisions de la justice constitutionnelle africaine, Droit constitutionnel jurisprudentiel et politiques constitutionnelles au prisme des systèmes politiques africains*, *op. cit*., p. 580.

[8] M. Villiers et A. Le Divellec, *Dictionnaire du droit constitutionnel*. Paris, Sirey, 7e éd., 2009, p. 188.

[9] A. Kpodar, « Réflexions sur la justice constitutionnelle à travers le contrôle de constitutionnalité de la loi dans le nouveau constitutionnalisme : les cas du Bénin, du Mali, du Sénégal et du Togo », *Revue Béninoise des Sciences Juridiques et Administratives, RBSJA*, n° 5, année 2005, p. 104.

[10] A. B. Fall, « Le juge constitutionnel, artisan de la démocratie en Afrique ? », Colloque international, Pretoria (Afrique du Sud), les 13 et 17 mai 2012.

juridiction constitutionnelle pour mieux garantir la démocratie. Les deux vont ainsi de plus en plus de pair[11]. L'expérience malienne de plus de vingt ans de Cour constitutionnelle est une illustration de cette alliance. L'institution constitutionnelle a, en principe, pour rôle principal le contrôle de la constitutionnalité des lois.

La caractéristique majeure de la jurisprudence constitutionnelle malienne constitue sa propension exclusivement institutionnelle. L'essentiel des arrêts rendus par la Cour porte sur les organes politiques tels que l'Assemblée nationale et le Haut Conseil des Collectivités territoriales (I) et sur des institutions juridictionnelles telles que la Cour suprême et la Cour constitutionnelle elle-même (II).

I. Les institutions politiques

Ici, il est question d'organes chargés d'exercer le pouvoir politique à l'échelon interne dont les membres sont élus au suffrage universel en tant que fondement de la souveraineté populaire. Ces institutions puisent leur fondement dans la Constitution du 25 février 1992 (article 25). Il s'agit de l'analyse des arrêts résultant des contrôles opérés sur les lois relatives à l'organisation et au fonctionnement de l'Assemblée nationale (A) et du Haut Conseil des Collectivités Territoriales (B).

A. Les arrêts relatifs à l'Assemblée nationale

Les décisions rendues par la Cour constitutionnelle sur les lois relatives à la chambre unique du Parlement malien forment l'ossature de la jurisprudence portant sur les deux institutions politiques. Au cours de l'examen des lois organiques, les inconstitutionnalités soulevées ont eu trait, non seulement, aux dispositions de la Constitution (1), mais aussi à la jurisprudence constitutionnelle (2).

1. Les inconstitutionnalités tenant aux dispositions de la Constitution

À maintes reprises, des atteintes ont été portées par la loi aux articles de la Constitution malienne dans le cadre du contrôle des lois organiques relatives à l'Assemblée nationale. Ces violations ont fait l'objet de sanctions appropriées par le juge constitutionnel dans sa mission de contrôle de constitutionnalité.

Ainsi, dans sa décision du 11 novembre 1996 relative au contrôle de constitutionnalité de la loi n° 96-47/AN-RM fixant le nombre, les conditions d'éligibilité, le régime des inéligibilités et des incompatibilités des membres de l'Assemblée nationale, et 96-48/AN-RM fixant les conditions de remplacement des députés à l'Assemblée nationale en cas de vacance de siège,

---

[11] B. Stirn, *Les libertés en question*. Paris, Montchrestien, 6e éd., 2006, p. 55.

l'instance constitutionnelle malienne n'a pas hésité à sanctionner l'existence parallèle de deux lois organiques sur la même institution[12]. La Cour a, en effet, rejeté lesdites lois au motif qu'elles sont contraires à certaines dispositions de la Loi fondamentale. Il s'agit des dispositions des articles 63 et 64 de la Constitution qui imposent au législateur de légiférer par une seule et même loi organique les matières traitées par les lois organiques soumises au contrôle de constitutionnalité. Elles mentionnent respectivement : « Une loi organique fixe le nombre des membres de l'Assemblée, leurs indemnités, les conditions d'éligibilité, le régime des inéligibilités et des incompatibilités… ».

Deux mois plus tard, dans sa décision du 17 janvier 1997, le juge constitutionnel, à l'occasion du contrôle de constitutionnalité de la loi organique adoptée le 8 janvier 1997 sur l'Assemblée nationale, a soutenu que seule la loi organique ayant fixé le nombre des membres de l'Assemblée nationale, doit aussi préciser les critères ayant prévalu à la détermination de ce nombre ainsi que son mode de répartition ; qu'en ne procédant pas ainsi qu'il précède, l'article 1er de la loi n° 97-002/AN-RM est contraire à l'article 63 de la Constitution[13]. La détermination des principes fondamentaux et du régime électoral sont des prescriptions constitutionnelles[14]. De même, la fixation du nombre des membres de l'Assemblée nationale, leurs indemnités, les conditions d'éligibilité, le régime des inéligibilités et des incompatibilités, les conditions dans lesquelles sont élues les personnes appelées à assurer en cas de vacance de siège, le remplacement des députés jusqu'au renouvellement de l'Assemblée nationale, la définition des critères ayant prévalu à la détermination de ce nombre ainsi que son mode de répartition relèvent d'une loi organique selon la Loi fondamentale[15]. Leur violation par la nouvelle loi organique dans son article 1er ne pouvait échapper à la vigilance du juge constitutionnel.

L'article 2 de la loi déférée est également contraire au principe constitutionnel d'égalité consacré par l'article 2 de la Constitution, en ce sens qu'il accorde le droit de suffrage seulement aux Maliens domiciliés depuis au moins un an sur le territoire national sous réserve des cas d'inéligibilité et d'incompatibilité prévus[16].

Dans sa décision du 6 octobre 2000, le juge constitutionnel a énoncé que le législateur organique s'est permis d'envisager des modes de scrutin aux articles 1, 2[17], 10[18] et 12[19] de la loi déférée qui n'assurent pas l'égalité de

[12] Arrêt 96-005 du 11 novembre 1996.
[13] Arrêt n° 97-007 du 17 janvier 1997.
[14] Voir l'article 70 de la Constitution.
[15] Voir l'article 63 de la Constitution.
[16] Voir le Considérant n°12 de l'arrêt n° 97-007 du 17 janvier 1997.
[17] Voir le Considérant n°8 de l'arrêt n°00121 du 6 octobre 2000.
[18] Voir le Considérant n°15 de l'arrêt n°00121 du 6 octobre 2000.
[19] Voir le Considérant n°21 de l'arrêt n°00121 du 6 octobre 2000.

chance entre les candidats à l'élection des députés à l'Assemblée nationale. Ainsi que l'article 6 de la même loi en disposant : « ne peuvent être élus au scrutin majoritaire dans la circonscription dans laquelle ils exercent ou dans laquelle ils ont exercé leurs fonctions depuis moins de six mois », provoque une rupture de l'égalité entre les candidats du point de vue des conditions d'éligibilité en violation de l'article 2 de la Constitution[20].

Il est reproché à l'article 9 de la même loi incriminée d'octroyer « un traitement spécifique à un député à l'intérieur de la circonscription dans laquelle il a été élu en raison de sa profession »[21]. Ce qui constitue aussi un manquement à l'article 2 de la Constitution. Le juge constitutionnel estime que les députés élus dans les mêmes conditions, doivent être traités de la même manière[22] et exige du législateur de se conformer à l'article 27 du texte constitutionnel[23] qui a été méconnu[24].

Cet article porte atteinte, ce faisant, à la théorie de la souveraineté nationale telle que consacrée par la Constitution : « la souveraineté nationale appartient au Peuple tout entier qui l'exerce par ses représentants ou par voie de référendum. Aucune fraction du peuple ni aucun individu ne peut s'en attribuer l'exercice. »[25] Sur la base de la nullité de tout mandat impératif[26], le député une fois élu devient le député de toute la nation entière conformément à la théorie de la souveraineté nationale.

Par ailleurs, une violation de l'article 26 de la Constitution par la loi examinée est perceptible dans la décision de la Cour constitutionnelle malienne du 6 octobre 2000[27]. Le juge constitutionnel a soulevé cette inconstitutionnalité dans le cadre du contrôle de la loi n° 00-60/AN-RM, portant loi organique fixant le nombre, les conditions d'éligibilité, le régime des inéligibilités et des incompatibilités, les conditions de remplacement des membres de l'Assemblée nationale en cas de vacance de siège, leurs indemnités et déterminant les conditions de la délégation de vote.

Dans ce même arrêt, la Cour constitutionnelle a démontré la violation des articles 70 et 63 de la Constitution. À cet effet, les dispositions de l'article 11 de la loi contrôlée ont été déclarées « incomplètes dans la mesure où elles ne permettent pas de savoir quelle autorité doit saisir la Cour en vue de déclarer la vacance de siège dans le cadre d'une élection partielle. En la matière, le

[20] Voir l'arrêt CC 000-121du 6 octobre 2000.
[21] Voir le Considérant n°15 de l'arrêt n° 97-007 du 17 janvier 1997.
[22] *Ibid.*
[23] Article 27 de la Constitution : « Le suffrage est universel, égal et secret. Sont électeurs dans les conditions déterminées par la loi, tous les citoyens en âge de voter, jouissant de leurs droits civiques et politiques. »
[24] Voir le Considérant n°14 de l'arrêt n° 97-007 du 17 janvier 1997.
[25] Voir l'article 26 de la Constitution.
[26] Voir l'article 64 de la Constitution.
[27] Arrêt CC 00121 du 6 octobre 2000.

juge constitutionnel a invoqué la violation de l'article 70 de la Constitution qui dispose entre autres que la loi fixe les règles et détermine les principes fondamentaux »[28].

L'article 63 de la Loi fondamentale a fait l'objet de nombreuses violations dans l'arrêt n° 00121 du 6 octobre 2000 de la Cour constitutionnelle. D'abord, un problème se pose dans l'alinéa 2 de l'article 8 susvisé de la loi soumise au contrôle en affirmant : « Toutefois, le Député à l'Assemblée nationale est membre de droit des organes délibérants des collectivités territoriales au niveau du cercle, de la région et du district de Bamako dont il relève. » Ce qui est contraire à la Constitution où l'article 63 de la Constitution dispose que la loi organique détermine le régime des incompatibilités des députés.

Une autre inconstitutionnalité se trouvant à l'alinéa 2 de l'article 19 de la loi incriminée, est liée à la détermination de la nature fiscale des indemnités allouées au Député qui ne fait pas partie des matières relevant du domaine de la loi organique tel que défini par l'article 63 de la Constitution[29].

Également, il a été constaté dans la loi soumise à l'examen de la Cour que l'article 20 ne relève pas du domaine de la loi organique. La loi organique aux termes de l'article 63 de la Constitution ne prend en charge que les seules indemnités et non pas les dates ou les conditions de leur application[30].

Il en est de même pour l'article 21 de la loi déférée par rapport aux dispositions transitoires qui traitent d'une matière qui n'est pas du domaine de la loi organique conformément aux termes de l'article 63 de la Constitution. Le juge constitutionnel n'a pas précisé la nature de ladite matière[31].

La violation des dispositions constitutionnelles s'est illustrée manifestement dans la décision constitutionnelle du 24 janvier 2003[32] relative au contrôle de constitutionnalité de la loi n° 02-75/AN-RM modifiant la loi n° 02-010 du 05 mars 2002 portant loi organique sur l'Assemblée nationale.

Le juge constitutionnel a d'abord commencé par dissiper toute ambiguïté sur la fixation des indemnités des membres de l'Assemblée nationale. Il énonce nettement que la fixation des indemnités est réservée à une loi organique selon la prescription de l'article 63 de la Constitution. La loi organique adoptée ne doit pas outrepasser les limites fixées par la loi fondamentale.

Dans l'examen de conformité de la loi n° 02-75/AN-RM modifiant la loi n° 02-010 du 05 mars 2002 portant loi organique fixant le nombre, les conditions d'éligibilité, le régime des inéligibilités et des incompatibilités, les conditions de remplacement des membres de l'Assemblée nationale en cas de

---

[28] Voir les Considérants n° 17, 18 et 19 de l'arrêt n° 00121 du 6 octobre 2000.
[29] Voir le Considérant n° 21 de l'arrêt n° 00121 du 6 octobre 2000.
[30] Voir le Considérant n° 22 de l'arrêt n° 00121 du 6 octobre 2000.
[31] Voir le Considérant n° 23 de l'arrêt n° 00121 du 6 octobre 2000.
[32] Arrêt n° 03-153 du 24 janvier 2003.

vacance de siège, leurs indemnités et déterminant les conditions de la délégation de vote, le juge constitutionnel a soulevé des griefs d'inconstitutionnalité à l'encontre d'une disposition législative qui laisse la faculté au président du Parlement de déterminer une indemnité de logement. Selon la Cour, cette disposition ne saurait prospérer au motif qu'il n'est pas dans les attributions du président de l'institution de définir le montant des indemnités des députés[33].

La Cour a également invoqué dans la loi déférée, l'inconstitutionnalité de la perception par les députés d'une indemnité d'équipement dite d'installation et de sortie dont le montant est fixé par décision du président de l'Assemblée nationale, sur la base de l'article 63 de la Constitution. Le juge constitutionnel considère que l'indemnité parlementaire est liée à l'exercice du mandat de parlementaire, qu'elle ne peut être allouée à une personne qui a perdu son mandat à la suite de sa non réélection[34].

Par ailleurs, la loi organique incriminée est sortie de ses limites pour inclure anticonstitutionnellement une matière qui relève normalement de la loi ordinaire[35]. Il s'agit du reclassement d'ancien député à l'indice le plus élevé de sa catégorie dans la Fonction publique. Ce domaine est réservé au statut général des fonctionnaires. La loi organique s'occupant seulement des indemnités des parlementaires. Il en est de même lorsque ladite loi dispose aussi qu'un ancien député « bénéficie d'un fonds de souveraineté inscrit au budget de l'Assemblée nationale »[36].

Le juge constitutionnel a émis des réserves d'interprétation en conséquence, en notifiant que les dispositions censurées sont détachables du reste de la loi adoptée sans en altérer le sens et qu'il y a lieu de les déclarer séparables du reste du texte de la loi.

En outre, au Mali, les dispositions de l'article 77 de la Loi fondamentale ont fait l'objet d'une violation de la loi organique n° 04–23/A.N-R.M adoptée le 02 juillet 2004 modifiant la loi n° 03-001 du 07 février 2003 sur le Parlement. Cette inconstitutionnalité a été invoquée dans la décision de la Cour constitutionnelle, en date du 18 août 2004[37]. Il ressort de l'examen de cette décision, le non-respect du principe d'équilibre de la loi des finances, autrement dit l'équilibre du budget d'État en recettes et en dépenses consacré par l'article 77 de la Constitution « Le projet de loi de finances doit prévoir les recettes nécessaires à la couverture intégrale des dépenses... »[38]. La

---

[33] Voir le deuxième Considérant de l'arrêt.

[34] Voir le quatrième Considérant de l'arrêt.

[35] Contrairement à l'article 63 de la Constitution qui est la base juridique de la loi organique relative aux indemnités des membres de l'Assemblée nationale. Elle précise qu'une loi organique fixe les indemnités des membres de l'Assemblée nationale.

[36] Voir les Considérants n° 7 et n° 8 de l'arrêt.

[37] Arrêt n° 04-158 du 18 août 2004.

[38] Voir le Considérant n° 9 de l'arrêt n° 04-158 du 18 août 2004.

proposition de loi adoptée par l'Assemblée nationale entraîne une augmentation des dépenses du budget d'État 2004 sans propositions concrètes tendant à procurer des ressources équivalentes.

Plus tard, dans sa décision du 1er août 2007, la Cour constitutionnelle malienne a sanctionné la violation de l'article 94 de la Constitution concernant le respect de ses arrêts par les pouvoirs publics, les autorités administratives et juridictionnelles et les personnes physiques et morales[39]. Il était question dans cet arrêt, du non-respect du principe d'équilibre de la loi des finances, comme dans l'arrêt n° 04-158 du 18 août 2004. La décision de la Cour constitutionnelle est définitive et opposable à tous (elle est revêtue d'un effet *erga omnes*).

Après avoir fait le tour des irrégularités constitutionnelles sur les lois contrôlées par le juge constitutionnel malien portant sur l'Assemblée nationale, nous nous intéressons aux inconstitutionnalités résultant de la jurisprudence constitutionnelle.

2. Les inconstitutionnalités liées à la jurisprudence constitutionnelle

La jurisprudence de la Cour constitutionnelle fait partie intégrante du bloc de constitutionnalité de la même manière que la jurisprudence des cours et tribunaux de l'ordre judiciaire ou de l'ordre administratif du bloc de légalité et du bloc réglementaire [...]. En conséquence,... toute violation par commission ou par omission de ladite jurisprudence équivaut à une violation de la Constitution[40].

Il en est ainsi de la décision constitutionnelle du 17 janvier 1997 où le juge constitutionnel a renvoyé la loi incriminée à son arrêt n° 96-005 du 11 novembre 1996, en déclarant : « qu'une seule et même loi organique doit traiter le nombre des membres de l'Assemblée nationale, leurs indemnités, les conditions d'éligibilité, le régime des inéligibilités et des incompatibilités, les conditions dans lesquelles sont élues les personnes appelées à assurer en cas de vacance de siège, le remplacement des députés jusqu'au renouvellement de l'Assemblée nationale et la délégation de vote »[41] et de ce fait, « la loi soumise au contrôle ne traite pas de la délégation de vote ; que ce faisant, elle ne respecte pas la décision de la Cour constitutionnelle précitée... ».

De même, dans l'arrêt de la juridiction constitutionnelle du 6 octobre 2000[42], relatif à des modes de scrutin adoptés par le législateur et qui « n'assuraient pas l'égalité de chance entre les candidats à l'élection des députés à l'Assemblée nationale »[43], un renvoi a été fait à la jurisprudence

---

[39] Arrêt n° 07-178du 1er août 2007.

[40] Voir la décision DCC 09-087 du 13 août 2009 de la Cour constitutionnelle du Bénin in www.cour-constitutionnelle-benin.org

[41] Voir le Considérant n° 16 de l'arrêt n° 97-007 du 17 janvier 1997.

[42] Arrêt n° 00121 de la Cour constitutionnelle.

[43] Voir le Considérant n° 8 de l'arrêt n° 00121 du 6 octobre 2000.

constitutionnelle du 25 octobre 1996 où le juge « a clairement déclaré le caractère inconstitutionnel du scrutin mixte pour l'élection des députés à l'Assemblée nationale »[44].

Dans cette décision, il a été nettement précisé : « le principe de valeur constitutionnelle de l'égalité entre les électeurs et les candidats tient en échec le scrutin mixte sur toutes ses formes. »[45] Par conséquent, le législateur ne s'est pas conformé à la jurisprudence constitutionnelle à travers l'arrêt n° 96-003 du 25 octobre 1996 en adoptant les articles 1 et 2 de la loi soumise au contrôle de constitutionnalité[46].

La juridiction constitutionnelle a également dans sa décision du 14 janvier 2005[47], déclaré l'inobservation par le législateur, de la jurisprudence constitutionnelle[48] relative au respect de l'équilibre de la loi des finances ; en d'autres termes, l'équilibre du budget d'État en recettes et en dépenses par l'Assemblée nationale. Le juge constitutionnel a considéré que la loi n° 04-61/AN-RM adoptée le 16 décembre 2004, a tenu compte de l'arrêt n° 04-158 du 18 août 2004 pour apporter les corrections nécessaires, en faisant prévoir la prise en charge financière des indemnités qu'elle détermine sur le budget de l'Assemblée nationale de l'exercice 2005[49]. Dès lors, ladite loi organique est régulière vis-à-vis de la Constitution.

Dans le cadre du contrôle de constitutionnalité d'une loi analogue qui lui a été soumise, le juge constitutionnel a déclaré l'inobservation par la représentation nationale de sa décision en date du 1er août 2007[50].

Le juge constitutionnel a, à plusieurs reprises, justifié la constitution-nalité intégrale de la loi organique au regard de sa conformité à une de ses décisions antérieures. Ce fut le cas dans les décisions suivantes :

Le juge constitutionnel a déclaré la constitutionnalité de la loi soumise à son examen, dans sa décision du 11 février 1997 précitée. Cependant, il est soulevé la question du caractère référentiel des décisions de la Cour constitutionnelle qui s'appliquent désormais aux cas ultérieurs similaires. Il en est également ainsi, dans la décision du 27 février 2002.

---

[44] Voir le Considérant n° 9 de l'arrêt n° 00121 du 6 octobre 2000.

[45] *Ibid.*

[46] La loi soumise au contrôle de la Cour constitutionnelle n'a pas respecté les prescriptions dégagées dans l'arrêt n° 96-003 en date du 25 octobre 1996, en ce sens qu'elle va au-delà des matières constitutionnelles relevant d'une loi organique, en déterminant la nature fiscale des indemnités ainsi que leurs dates et conditions d'application.

[47] Arrêt n° 05-162 du 14 janvier 2005.

[48] Si ce principe est constitutionnel à la source, car consacré par l'article 77 du texte fondamental, il est aussi dorénavant jurisprudentiel puisqu'il est évoqué par le juge constitutionnel dans sa décision de contrôle de constitutionnalité de la loi. En conséquence, ce principe bénéficie d'une double protection textuelle (constitutionnelle et jurisprudentielle).

[49] Voir le Considérant n° 10 de l'arrêt n° 05-162 du 14 janvier 2005.

[50] Arrêt n° 07-178 du 1er août 2007.

Par ailleurs, la Cour constitutionnelle dans son arrêt n° 2017-04/CCM/Réf. du 04 juillet 2017, a manifestement fait allusion à sa jurisprudence comme libellé : « qu'au terme d'une jurisprudence constante (arrêt n° 96-003 du 25 octobre 1996 de la Cour constitutionnelle du Mali), la Cour constitutionnelle saisie se reconnaît le droit d'examiner l'ensemble des articles de la loi attaquée et que c'est la loi dans toutes ses dispositions qui est soumise à son examen. » C'était lorsque qu'un dixième des députés avaient soumis à l'instance constitutionnelle, la loi n° 2017-31/AN-RM du 02 juin 2017, portant révision de la Constitution du 25 février 1992 aux fins de la déclarer inconstitutionnelle.

Si les décisions rendues par le juge constitutionnel concernant le contrôle de constitutionnalité des lois sur l'Assemblée nationale se sont révélées importantes, il n'en fut pas moins pour celui des lois se rapportant sur le Haut conseil des collectivités territoriales.

B. Les arrêts relatifs au Haut conseil des collectivités territoriales

Selon l'article 99 de la Constitution, l'institution a pour mission d'étudier et de donner un avis motivé sur toute politique de développement local et régional. La Cour constitutionnelle a rendu des arrêts sur le Haut Conseil dont l'impact jurisprudentiel doit être évalué.

Les lois organiques sur le Haut Conseil des Collectivités Territoriales ont révélé des inconstitutionnalités portant sur la violation de la jurisprudence constitutionnelle (1) et du texte de la Constitution (2).

1. La méconnaissance récurrente de la jurisprudence constitutionnelle

Les solutions jurisprudentielles antérieures à une décision constitutionnelle constituent un cadre de référence pour le juge dans son examen de constitutionnalité. Lorsque le juge confronte la loi à la Constitution pour en vérifier la conformité, il tient compte souvent du contexte juridique qui entoure les dispositions interprétées. Ce contexte juridique, à savoir les textes qui réglementent la matière dont relève la question de constitutionnalité mais aussi et surtout les solutions jurisprudentielles forgées dans cette même matière, vient ainsi inspirer la jurisprudence constitutionnelle, l'informer, l'enrichir, la nourrir[51].

Cela a constitué une pratique courante du juge constitutionnel malien. C'est ainsi qu'en droit constitutionnel malien, le bloc de constitutionnalité est enrichi des interprétations créatrices du juge, des principes et objectifs à valeur constitutionnelle qui sont assimilables au texte de la Constitution et dont le respect s'impose à tous y compris le législateur.

---

[51] H. Roussillon, X. Bioy, S. Mouton, *Les nouveaux objets du droit constitutionnel*. Presses Universitaires des Sciences Sociales de Toulouse, 2006, p. 377.

Ainsi, le juge dans sa décision du 6 octobre 2000[52], a jugé contraire à la jurisprudence constitutionnelle, l'expression « vacance de siège » contenue dans la loi contrôlée. Il considère que l'institution constitutionnelle « dans son arrêt n° 39/CS-SC du 29 octobre 1992 avait censuré pour les mêmes motifs la loi organique sur les membres du Haut Conseil des Collectivités adoptée le 1er septembre 1992 »[53]. En effet, le juge a affirmé que les dispositions incriminées ont déjà été sanctionnées pour inconstitutionnalité par la Cour suprême dans son arrêt n° 039/CS-SC du 29 octobre 1992[54]cité ci-dessus.

Sur la question de la délimitation du domaine de la loi organique 04-26/A.N-RM adoptée le 02 juillet 2004 portant modification de la loi n° 01-006 du 26 avril 2001 sur le Haut Conseil des Collectivités Territoriales, l'institution constitutionnelle dans sa décision du 18 août 2004[55] a fait un renvoi aux arrêts n° 39 / C.S-SC du 29 octobre 1992 et n° 00-122 du 9 octobre 2000. Elle trouve que la loi en question traite des matières que la Constitution n'a pas fait relever du domaine de la loi organique sur le Haut Conseil des Collectivités[56].

Également, sur le contrôle de constitutionnalité des dispositions de la loi n° 04-26/A.N-RM adoptée le 02 juillet 2004 portant modification de la loi n° 04-47/AN-RM adoptée le 16 novembre 2004 portant modification de la loi n° 01-006 du 24 avril 2001 portant loi organique fixant le nombre des Conseillers nationaux, leurs indemnités, les conditions d'éligibilité, le régime des inéligibilités et des incompatibilités ainsi que les conditions de leur remplacement, le juge constitutionnel a soulevé l'inconstitutionnalité de ladite loi.

L'Assemblée nationale a ensuite adopté la nouvelle loi n° 04-47/AN-RM adoptée le 16 novembre 2004. Tenant compte de l'arrêt n° 04-159 du 18 août 2004 de la Cour constitutionnelle, cette loi a apporté les corrections nécessaires afin de rendre la modification de la loi n° 01-006 du 24 avril 2001 conforme à la Loi fondamentale.

Il faut retenir que les différentes violations de la Constitution par les lois afférentes au Haut Conseil des Collectivités Territoriales concernent non seulement la jurisprudence constitutionnelle, mais aussi le texte même de la Charte fondamentale.

---

[52] Arrêt n° 000-122 du 6 octobre 2000.

[53] Considérant n° 9 de l'arrêt CC 000-122 du 06 octobre 2000.

[54]Arrêt n° 000-122 du 6 octobre 2000.

[55] Voir l'arrêt n° 04-160 du 18 août 2004.

[56] Tel est le cas, entre autres, de l'alinéa 4 de l'article 12 nouveau, contraire aux termes de l'article 101 de la Constitution en ce qu'il ne se borne pas à fixer le montant d'une indemnité mensuelle d'entretien.

2. La violation manifeste du texte de la Constitution

La norme législative doit se conformer littéralement au texte de la Constitution. Si cela n'est pas le cas, elle sera déclarée inconstitutionnelle et n'intégrera pas l'ordonnancement juridique. Au Mali, les lois organiques relatives au Haut Conseil des Collectivités Territoriales ont été plusieurs fois soumises au contrôle de constitutionnalité et ont fait l'objet de cinq décisions produites par ladite juridiction. Il y a donc lieu de procéder successivement à une analyse de ces dispositions constitutionnelles violées par la loi.

L'entorse faite à la Constitution par les différentes lois incriminées se situe respectivement au niveau des articles 94, 101, 70 et 2 du texte.

En effet, l'examen de la loi n° 00-61/AN-RM fixant le nombre des conseillers nationaux, leurs indemnités, les conditions d'éligibilité, le régime des inéligibilités et des incompatibilités ainsi que les conditions de leur remplacement a permis de déceler de nombreux manquements à l'article 101 de la Constitution[57].

Ainsi, le juge constitutionnel dans sa décision du 6 octobre 2000[58], a estimé que l'éventualité de vacance de siège soulevée dans la loi est contraire à l'article 101 de la Constitution, en ce sens qu'elle doit se conformer à la lettre et à l'esprit de la disposition constitutionnelle, sans outrepasser les limites fixées[59]. Cela conduit à évoquer la violation par la loi déférée, de l'autorité de la chose jugée prévue à l'article 94 de la Constitution, car pour les mêmes motifs, la Cour suprême à travers sa section constitutionnelle, dans sa décision du 29 octobre 1992, avait censuré la loi organique sur les membres du Haut Conseil des Collectivités, adoptée le 1er septembre 1992[60].

Les mêmes motifs ont été avancés par le juge constitutionnel dans la décision du 18 août 2004. Par ailleurs, l'alinéa 2 de l'article 6 de la loi organique, objet de contrôle de constitutionnalité, en disposant que le Conseiller qui exerce de telles fonctions au jour de son élection doit, dans les trente jours de la proclamation des résultats, justifier qu'il est déclaré démissionnaire [61], ~~il~~ apparaît une violation de l'article 70 la Constitution.

La Constitution dans son article 2 a fait l'objet de violation de la loi organique n° 04-26/A.N-RM adoptée le 02 juillet 2004 portant modification de la loi n° 01- 006 du 26 avril 2001 sur le Haut Conseil des Collectivités Territoriales à travers l'arrêt n° 04-160 du 18 août 2004. La violation porte sur

---

[57] L'article 101 de la Constitution dispose : « Une loi organique fixe le nombre des Conseillers Nationaux, leurs indemnités, les conditions d'éligibilité, le régime des inéligibilités et des incompatibilités ainsi que les conditions de leur remplacement. »

[58] Arrêt n° 000-122 du 6 octobre 2000.

[59] Voir le Considérant n° 8 de l'arrêt n° 000-122 du 6 octobre 2000.

[60] Voir l'arrêt n° 39/CS-SC du 29 octobre 1992.

[61] Voir le Considérant n° 13 de l'arrêt n° 000-122 du 6 octobre 2000.

le principe constitutionnel d'égalité. Ces inconstitutionnalités ont été dénoncées et sanctionnées par le juge constitutionnel.

Cette décision a soulevé la question de la nature de la norme législative devant fixer l'organisation et le fonctionnement du Haut Conseil des Collectivités Territoriales, en tant qu'institution de la République.

Il convient de préciser que la matière organique est délimitée par le texte constitutionnel lui-même et plus précisément par les différents articles de la Constitution prévoyant explicitement l'intervention d'une loi organique et indiquant d'ailleurs d'une façon parfois imprécise l'objet de cette loi[62]. D'ailleurs, elles sont votées suivant une procédure particulière plus rigide que celle applicable aux lois ordinaires.

Dans cette décision, l'instance constitutionnelle en invalidant cette tentative de contournement des dispositions constitutionnelles s'est illustrée comme une institution crédible, garante de la Loi fondamentale et de la stabilité des institutions. Face à ce que les saisissants avaient qualifié d'« acte de révision de la constitution du 25 février 1992 [...] une procédure détournée »[63], nous pouvons souscrire à cette formulation du professeur Luc Sindjoun : « En fait, les décisions de justice font ressortir les sanctions positives ou négatives qui visent à démarquer le permis de l'interdit »[64].

Le Gouvernement en faisant adopter par la majorité des députés qui lui sont favorables au Parlement, une loi ordinaire sur une matière organique, s'est-il érigé en législateur suprême au mépris du texte constitutionnel ? Heureusement que la Cour constitutionnelle a usé de toute son audace pour censurer la loi irrégulière. La décision constitutionnelle a contribué à renforcer l'image positive de la jeune démocratie malienne.

Tout comme pour les institutions politiques, les lois relatives aux institutions juridictionnelles ont fait l'objet de saisines et de décisions de la Cour constitutionnelle.

II. Les institutions juridictionnelles

Les institutions juridictionnelles jouent un rôle de stabilisation et de paix sociale. Cela est d'autant plus naturel que la fonction juridictionnelle découle de toute vie en société. Par conséquent, l'État mène une mission importante dans la mise en place d'institutions aptes à rendre la justice. Elles englobent l'ensemble des cours et tribunaux. Ces institutions sont dites juridictionnelles parce qu'elles rendent des décisions dans le domaine de la justice civile,

---

[62] B. Baufume, *Le droit d'amendement et la Constitution sous la cinquième République*. Paris, LGDJ, 1993, p. 208.
[63] Voir l'arrêt n° 02-132 du 13 mars 2002.
[64] L. Sindjoun, *Les grandes décisions de la justice constitutionnelle africaine, Droit constitutionnel jurisprudentiel et politiques constitutionnelles au prisme des systèmes politiques africains*, *op. cit.*, p. 10.

administrative[65], voire constitutionnelle, etc. Les lois organiques se rapportant à ces institutions sont assorties d'un contrôle de constitutionnalité obligatoire. Le contrôle de ces lois par la Cour constitutionnelle a abouti, d'une part, à des décisions portant sur la juridiction constitutionnelle malienne elle-même (A) ; et d'autre part, sur la Cour suprême (B).

A. Les arrêts relatifs à la Cour constitutionnelle

Les décisions du juge constitutionnel sur les lois organiques relatives à la Cour constitutionnelle sont au nombre de trois. Si la première a soulevé des inconstitutionnalités majeures, la deuxième s'est limitée à apprécier la loi organique au regard de la jurisprudence constitutionnelle et la troisième décision a tout simplement jugé la loi organique conforme à la Constitution.

De l'analyse des arrêts portant sur l'institution constitutionnelle, il s'avère qu'ils renvoient à des inconstitutionnalités qui sont liées à la fois au statut du juge constitutionnel (1) et parfois extérieures à celui-ci (2).

1. Les inconstitutionnalités portant sur le statut du juge constitutionnel

Historiquement, la décision de la Cour constitutionnelle du 11 novembre 1996[66] fut la toute première rendue par la nouvelle juridiction constitutionnelle dans le domaine des lois organiques. Elle fut saisie par une requête du Premier ministre, qui s'est prévalue des dispositions de l'article 86 de la Constitution aux fins de contrôler la constitutionnalité de la loi n° 96-50/AN-RM adoptée par l'Assemblée nationale le 27 septembre 1996.

Les dispositions de la loi soumise à l'analyse de la Cour ont porté avec une certaine emprise sur le statut du juge du contrôle de constitutionnalité. S'agissant de l'indépendance du juge constitutionnel, la Cour a contesté une disposition de la loi soumise à son contrôle qui y porte atteinte, en retirant aux juges constitutionnels l'indemnité dont ils sont bénéficiaires. Ce qui constitue une violation de la Constitution, car c'est elle qui a conféré aux juges constitutionnels l'indépendance nécessaire à l'exercice de leur mission de contrôle de constitutionnalité des lois et, au-delà, de juge du contentieux des élections nationales, de régularité du fonctionnement des institutions et de juge des conflits d'attribution entre les institutions[67]. L'immunité accordée aux juges constitutionnels a pour but de les protéger et de leur permettre d'exercer librement et en toute indépendance leur mandat constitutionnel.

---

[65] J. P. Scarano, *Institutions juridictionnelles*. Paris, Ellipses, 5e éd., mise à jour et enrichie, 2002, p. 8.
[66] Voir l'arrêt n° 96-004 du 11 novembre 1996.
[67] Voir les articles 7 et 15 de la loi n° 97-010 du 11 février 1997 portant loi organique déterminant les règles d'organisation et de fonctionnement de la Cour constitutionnelle ainsi que la procédure suivie devant elle.

Également, l'article 4 de la loi incriminée porte atteinte au statut du juge constitutionnel notamment en ce qui est du principe d'égalité de traitement qui constitue indubitablement un principe constitutionnel[68].

La Cour, dans sa décision a rappelé que le principe d'égalité de traitement dans le déroulement de la carrière des fonctionnaires s'applique aux membres de la Cour constitutionnelle selon qu'ils relèvent du statut général des fonctionnaires ou de la magistrature ; que cette disposition constitue, en outre, une violation de l'article 2 de la Constitution et que les conseillers de la Cour constitutionnelle ayant la qualité de fonctionnaire public, étant du fait de leur nomination à la Cour dans l'une des positions précitées doivent pouvoir bénéficier d'un avancement d'échelon et de grade [69]. Il régit l'exercice de l'ensemble des droits et libertés et ne s'accommode d'aucune discrimination injustifiée[70].

Cette interdiction ne saurait avancer pour des raisons statutaires. En effet, « les fonctionnaires et agents publics de l'État sont tous égaux en devoir et en droit », tout fonctionnaire public se trouvant dans l'une des positions statutaires suivantes : « en activité », « en détachement » ou « sous les drapeaux » a droit à un avancement d'échelon ou de grade conformément soit au statut général des fonctionnaires ou au statut de la magistrature ou enfin au statut général du personnel des forces armées et de sécurité ;

Il a été conclu que les conseillers de la Cour constitutionnelle ayant la qualité de fonctionnaire public, étant du fait de leur nomination à la Cour dans l'une des positions précitées doivent pouvoir bénéficier d'un avancement d'échelon et de grade ;

Sur les dispositions du code de procédure pénale applicables aux conseillers : « la Cour constitutionnelle en tant qu'institution doit être indépendante pour pouvoir exercer ses fonctions »[71].

Les hypothèses d'application envisagées ici forment autant de spécifications d'un seul et unique principe que le juge constitutionnel préfère, du reste, invoquer sous sa forme plus générale de « principe d'égalité devant la loi », ou « principe constitutionnel d'égalité »[72].

Pour se conformer aux observations de l'organe constitutionnel, le législateur a adopté la loi n° 97-003/AN-RM portant loi organique déterminant les règles d'organisation et de fonctionnement de la Cour constitutionnelle ainsi que la procédure suivie devant elle, votée par l'Assemblée nationale en sa séance du 16 janvier 1997. Celle-ci a été soumise à la vérification de la Cour constitutionnelle qui, dans sa décision du 3 février

---

[68] Voir l'article 2 de la Constitution du 25 février 1992.
[69] Voir l'arrêt n° 96-004 du 11 novembre 1996.
[70] Chagnollaud et G. Drago, *Dictionnaire des droits fondamentaux*. Paris, Dalloz, 2006, p. 355.
[71] Voir l'arrêt n° 96-004 du 11 novembre 1996.
[72] *Idem.*

1997[73], l'a déclaré conforme à la Constitution sur la base de l'arrêt n° 96-004 du 11 novembre 1996.

Dans la jurisprudence constitutionnelle malienne relative au contrôle de constitutionnalité des lois organiques sur la Cour constitutionnelle, les violations constitutionnelles ont parfois été extérieures au juge constitutionnel.

2. Les inconstitutionnalités extérieures au statut du juge constitutionnel

Les irrégularités constitutionnelles contenues dans la législation organique sur la Cour constitutionnelle soumises au contrôle de constitutionnalité ont été très souvent externes au statut du juge constitutionnel malien.

Par conséquent, dans l'arrêt n° 96-004 du 11 novembre 1996 précité, l'examen de constitutionnalité du juge constitutionnel avait trait à la question de la ratification des engagements internationaux jugés inconstitutionnels. En fait, l'article 49 de la loi contrôlée stipule : « Dans le cas où la Cour, saisie par le Président de la République ou le Premier ministre, le Président de l'Assemblée nationale ou un dixième des députés, le Président du Haut Conseil des Collectivités Territoriales ou un dixième des conseillers nationaux, a déclaré qu'un engagement international comporte une clause contraire à la Constitution, l'autorisation de le ratifier ou de l'approuver ne peut intervenir qu'après révision de la Constitution »[74]. Cette tendance du législateur est en contradiction manifeste avec l'article 90 de la Charte fondamentale malienne qui énonce : « Les engagements internationaux prévus aux articles 114 à 116 doivent être déférés avant leur ratification à la Cour constitutionnelle, soit par le président de la République, soit par le Premier ministre, soit par le président de l'Assemblée nationale ou par un dixième des députés, soit par le président du Haut Conseil des Collectivités Territoriales ou par un dixième des conseillers nationaux. La Cour constitutionnelle vérifie dans un délai d'un mois, si ces engagements comportent une clause contraire à la Constitution. Toutefois, à la demande du Gouvernement, s'il y a urgence, ce délai est ramené à huit jours. Dans l'affirmative, ces engagements ne peuvent être ratifiés. »[75]

La Cour n'a pas hésité à qualifier le membre de phrase « l'autorisation de le ratifier ou de l'approuver ne peut intervenir qu'après révision de la Constitution de l'article 49 est contraire au 4e alinéa de l'article 90 de la Constitution du 25 février 1992 ».

Concernant le contrôle de constitutionnalité des engagements internationaux, lorsqu'elle est saisie dans le cadre de l'article 90 de la

---

[73] Voir l'arrêt n° 97-008 du 3 février 1997.

[74] Voir l'arrêt n° 96-004 du 11 novembre 1996.

[75] *Ibid.*

Constitution, la Cour constitutionnelle est en principe invitée à dire si le traité qui est en voie d'être ratifié ne porte pas atteinte au principe de la souveraineté nationale qui est garantie par l'article 26 de la Constitution.

Le juge constitutionnel malien n'a jusque-là pas connu de telle saisine, qui demeure un principe théoriquement consacré par la Constitution. En dépit de la saisine qui leur est réservée en matière de contrôle de constitutionnalité des traités et accords internationaux, les parlementaires maliens n'ont déféré aucune loi de ratification d'engagement international devant le juge constitutionnel, à la différence des autres catégories de lois où ils en ont fait à six reprises[76].

Dans cette jurisprudence, nous pouvons prêter au législateur l'intention de contourner la prescription constitutionnelle par des manœuvres de révision du texte fondamental. Ce qui pourrait permettre au constituant dérivé de modifier à sa guise, les dispositions de la Constitution qui s'opposent à un engagement international à chaque fois que l'opportunité s'offrait à lui. L'inconvénient de cette hypothèse serait une fragilisation de la Constitution et l'exposerait, pour reprendre l'expression du Professeur Ismaila Madior Fall, à « des révisions déconsolidantes de la démocratie »[77], si d'aventure, le constituant malien assouplissait les procédures de révision de la Constitution du 25 février 1992[78].

Une autre inconstitutionnalité qui a été découverte et qui est extérieure au statut du juge constitutionnel concerne la procédure de la constatation de l'empêchement définitif du Chef de l'État et comment la Cour constitutionnelle procédera pour constater et déclarer vacante la Présidence de la République conformément à l'article 94 dernier alinéa de la Constitution[79].

Dans cette décision, le juge constitutionnel a reproché à la disposition législative examinée de n'avoir pas déterminé la procédure de la constatation de l'empêchement définitif et que pour être conforme à l'article 94 dernier alinéa de la Constitution, elle devrait indiquer comment la Cour procédera pour constater et déclarer vacante la Présidence de la République[80].

Il convient de signaler que dans la jurisprudence relative au contrôle des lois organiques sur la Cour constitutionnelle, seule la décision du 27 février 2002 n'a pas fait l'objet d'invalidation partielle ou intégrale du juge constitutionnel[81].

---

[76] Ces saisines sont relatives aux arrêts n° 96-003 du 25 octobre 1996, n° 01-128 des 11 et 12 décembre 2001, n° 02-132 du 13 mars 2002, n° 2016-05 du 5 mai 2016, n° 2016-12 du 13 octobre 2016 et n° 2017-04 du 4 juillet 2017 de la Cour constitutionnelle.

[77] I. M. Fall, *Les révisions constitutionnelles au Sénégal, Révisions consolidantes et révisions déconsolidantes de la démocratie sénégalaise*. UCAD, CREDILA, 2011, pp. 97-98.

[78] Au Mali, la révision constitutionnelle est soumise à une consultation référendaire.

[79] Voir l'arrêt n°96-004 du 11 novembre 1996.

[80] Considérant n°9 de l'arrêt n°96-004 du 11 novembre 1996.

[81] Voir l'arrêt n°02-130 du 27 février 2002.

En plus des lois organiques relatives à la juridiction constitutionnelle, celles ayant trait à la Cour suprême ont été soumises au contrôle de constitutionnalité.

B. Les arrêts relatifs à la Cour suprême

Les lois organiques sur la Cour suprême ont fait l'objet d'un certain nombre de saisines de la Cour constitutionnelle par le Premier ministre, pour contrôle obligatoire de constitutionnalité. Cinq décisions ont été rendues dans ce sens. Il convient de signaler l'existence d'un autre arrêt relatif à une loi organique sur le Conseil supérieur de la magistrature.

Les inconstitutionnalités invoquées par la juridiction constitutionnelle sur les lois déférées révèlent des ambiguïtés sur le rôle de la Cour suprême (1) et l'immixtion de cette dernière dans les prérogatives du juge constitutionnel (2).

1. L'ambiguïté des nouvelles attributions des membres de la Cour suprême

Les missions de la Cour suprême sont déterminées par la loi organique relative à l'institution. Elle est composée de trois sections (une section judiciaire, une section administrative et une section des comptes). De l'examen de la jurisprudence constitutionnelle, il ressort que la nouvelle loi organique sur l'organe judiciaire suprême a tendance à semer une certaine confusion dans la définition des tâches incombant aux différentes sections qui le composent.

En conséquence, dans sa décision du 21 août 2009[82], les inconstitutionnalités soulevées par le juge constitutionnel ont trait aux aspects suivants :

La Cour a relevé une délégation de pouvoir illégal du président de la Cour suprême au président de la section des comptes en matière de gestion des crédits dans le budget au titre de ladite section, alors qu'il est assisté d'un vice-président qui le remplace dans la plénitude de ses fonctions, en cas d'empêchement[83]. Le législateur s'est permis de conférer au président de la section des comptes le pouvoir de contracter avec toutes organisations internationales pour la réalisation des missions conformes à ses compétences et à ses capacités d'expertise[84].

Dans ce contexte, la délégation apparaît comme un transfert par une autorité administrative, dans les limites légales, d'une ou plusieurs de ses compétences à un autre agent (désigné par son titre). Pendant sa durée, l'autorité délégataire est substituée, dans les responsabilités encourues et dans l'exercice des compétences déléguées, à l'autorité délégataire qui cesse de pouvoir exercer ces dernières[85].

---

[82] Arrêt n°09-07 du 21 août 2009.
[83] Considérant n°10 de l'arrêt ci-dessus.
[84] *Ibid.*
[85] *Lexique des termes juridiques*, Dalloz, 17e éd., 2010, p. 239.

L'illégalité de cette délégation de pouvoir réside dans sa contradiction avec l'article 84 de la Constitution[86].

La Cour constitutionnelle a rappelé que les règles et principes doivent s'énoncer clairement afin de pouvoir constituer des normes juridiques valables conformément à l'article 70 de la Constitution[87].

Il est reproché à la loi organique examinée de n'avoir pas complété les dispositions de la Constitution en ce qui concerne l'organisation de la Cour suprême, les règles de son fonctionnement et la procédure suivie devant elle. En l'occurrence, la loi incriminée a établi une structuration de la section des comptes autour de trois chambres permanentes dont les domaines de compétence sont fixés par le président de la section[88]. Le juge constitutionnel estime que n'ont été spécifiés ni la dénomination des chambres, ni les domaines de compétence de chaque chambre, qu'au surplus, en disposant que la section des comptes est organisée en trois chambres permanentes dont les domaines de compétence sont fixés par le « président de la Section », le législateur organique ne précise pas la nature des chambres en violation des dispositions de l'article 70 et à l'article 83 de la Constitution[89].

La loi organique a pour objet de préciser l'organisation et le fonctionnement des pouvoirs publics dans le cadre des principes posés par la Constitution[90]. Elle a donc pour mission de stabiliser et de protéger l'équilibre constitutionnel[91]. Prévue à l'article 86 de la Constitution malienne, la loi organique constitue en quelque sorte une loi d'application de la Loi fondamentale. Elle se situe entre la Constitution et la loi ordinaire dans la hiérarchie des normes. Au Mali, les lois organiques ont été adoptées au début de la troisième République pour installer les pouvoirs publics. La Cour constitutionnelle est saisie obligatoirement des lois organiques. Leur déclaration de conformité à la Constitution est indispensable pour leur promulgation.

Ainsi, il demeure évident, selon le juge constitutionnel que la détermination du nombre des chambres de chaque section de la Cour suprême et la précision des domaines de compétence relèvent de l'organisation et du

[86] L'Article 84 énonce : « La Cour suprême est présidée par un magistrat de l'ordre judiciaire nommé par le président de la République, sur proposition conforme du Conseil supérieur de la magistrature. Le président de la Cour suprême est assisté d'un vice-président nommé dans les mêmes conditions. »

[87] Considérant n° 20 de l'arrêt n° 09-07 du 21 août 2009.

[88] Considérant n° 24 de l'arrêt n° 09-07 du 21 août 2009.

[89] *Ibid.*

[90] P. Foillard, *Dictionnaire de droit public*. Paris, Centre de Publications Universitaires, 2000, p. 286.

[91] C. P. T. Soglohoun, *Le rôle du juge constitutionnel dans le processus de démocratisation en Afrique. Les cas du Benin, du Mali, du Sénégal et du Togo*. Thèse de doctorat en droit public, p. 291.

fonctionnement de la juridiction suprême. La loi organique a violé respectivement les articles 83 et 70 de la Constitution.

D'abord, il est question d'imprécision et d'ambiguïté des dispositions organiques[92]. Une confusion se trouve au niveau de la création des sous-sections par le président de la section des comptes après avis des présidents de chambres. Le juge constitutionnel a ordonné au législateur de se conformer à la structuration de la Cour suprême telle que prévue par l'article 83 de la Constitution. Conformément à l'article 70 de la Constitution, la création de sous-sections, comme formation judiciaire intégrant l'organisation judiciaire, relève de la loi. Ensuite, il est arrivé au législateur de qualifier dans la loi examinée, les membres de la section des comptes de magistrats, alors que ceux-ci sont des conseillers. Ce qui est contraire à l'article 70 de la Loi fondamentale. Le juge constitutionnel a conclu son contrôle de fond de ladite loi par une inconstitutionnalité de taille qui a été censurée ; il s'agit de la non abrogation des dispositions antérieures de la loi qui lui sont contraires, au mépris des dispositions de l'article 70 de la Constitution.

Au-delà de cette analyse jurisprudentielle, la Cour suprême, bien qu'étant une institution habilitée à saisir la Cour constitutionnelle à travers son président pour contrôle de constitutionnalité d'une loi, n'a pas encore eu à user de ce droit. Cela dénote de la volonté du constituant malien de mettre sur un pied d'égalité toutes les institutions de l'État dans le cadre de la séparation classique des pouvoirs : l'exécutif, le législatif et le judiciaire.

C'est dans ce même état d'esprit du respect du principe de la séparation des pouvoirs que le juge constitutionnel malien dans son arrêt n° 2016-03/CC du 22 mars 2016 n'a pas hésité à déclarer que « l'on ne saurait admettre que des magistrats, membres de la Cour suprême, fussent-ils du Parquet Général, relèvent de l'autorité hiérarchique du ministre de la Justice, sans transgresser gravement, à la fois, la lettre et l'esprit de la Constitution »[93].

Autant, les inconstitutionnalités soulevées dans le contrôle des lois sur la Cour suprême lèvent le voile sur certaines intrusions de cette dernière dans les attributions de la justice constitutionnelle.

2. L'ingérence de la Cour suprême dans les missions de la Cour constitutionnelle

Les attributions de la Cour constitutionnelle en matière électorale (notamment dans le cas des élections législatives) sont clairement définies d'une part, par la Constitution et d'autre part, par la loi organique sur l'institution. L'article 86 de la Constitution dispose : « la Cour constitutionnelle statue obligatoirement sur… la régularité des élections

---

[92] Selon l'article 70 de la charte suprême, la loi détermine les principes fondamentaux de l'organisation des services et organismes publics.

[93] Voir l'intégralité de l'arrêt n° 2016-03/CC du 22 mars 2016.

présidentielles, législatives et les opérations de référendum... ». Et l'article 31 de la loi organique[94] sur la Cour constitutionnelle d'ajouter : « Tout le contentieux relatif à l'élection du président de la République et des députés à l'Assemblée nationale relève de la compétence de la Cour constitutionnelle [....] Toute contestation portant sur la validité des candidatures reçues, les réclamations éventuelles dirigées contre des candidatures aux élections présidentielles et législatives sont déférées à la Cour constitutionnelle... ».

C'est ainsi que le Parlement malien a adopté le 13 juin 1996 la loi 96-18/AN-RM portant loi organique fixant l'organisation, les règles de fonctionnement de la Cour suprême et la procédure suivie devant elle. L'article 43 de ladite loi déférée devant le juge constitutionnel a voulu contourner cette disposition constitutionnelle en attribuant à la Cour suprême, dans sa section administrative, la compétence de « statuer en premier et dernier ressorts sur les contestations relatives au dépôt des candidatures aux élections législatives. Dans ce cas, elle statue dans les trois jours de sa saisine par le ministre chargé de l'Administration territoriale ou les candidats ou les partis politiques »[95]. Il s'agit dans cette décision, du transfert illégal de certaines attributions constitu-tionnelles de la Cour constitutionnelle à la section administrative de la Cour suprême en matière électorale par la loi incriminée. En effet, en attribuant à la section administrative la compétence de trancher les contestations relatives aux candidatures aux élections législatives, elle viole la Constitution dans son article 86 qui retient une compétence obligatoire de la Cour constitutionnelle[96].

Ce qui constitue un manquement au principe de la hiérarchie des normes juridiques. Elle exige que la loi organique, norme inférieure se conforme à la norme supérieure qu'est la Constitution ; en d'autres termes, dans l'organisation des règles juridiques, « des subordinations apparaissent nécessairement en ce sens que des liens s'établissent entre elles, où des règles commandent à d'autres, leur sont supérieures, ne peuvent être violées par ceux qui élaborent les normes subordonnées »[97]. En général, les lois organiques sont, dans la hiérarchie des normes, placées en dessous de la Constitution mais au-dessus des lois ordinaires[98].

---

[94] C'est la loi organique 97-010 du 11 février1997 portant loi organique sur la Cour constitutionnelle.

[95] Voir le Considérant n° 7 de l'arrêt n° 96-006 du 14 novembre 1996.

[96] L'article 86 de la Constitution énonce : « la Cour constitutionnelle statue obligatoirement sur.... la régularité des élections présidentielles, législatives et les opérations de référendum... ».

[97] P. Ardant et B. Mathieu, *Institutions Politiques et Droit Constitutionnel*. Paris, LGDJ, 23e éd., 2011, p. 105.

[98] I. M. Fall, « La loi organique dans les ordonnancements juridiques des États d'Afrique francophone, Réflexion sur une norme particulière », *Revue Béninoise des Sciences Juridiques et administratives*, n° 32, année 2014, p. 176.

Conclusion

La création des juridictions chargées du contrôle de constitutionnalité des lois au Mali est le corollaire du mimétisme constitutionnel adopté par la quasi-totalité des États d'Afrique noire francophone et traduit en même temps une volonté de poser les jalons d'un véritable État de droit. L'objectif poursuivi est d'insérer dans l'architecture juridictionnelle nationale une instance chargée d'incarner et d'animer la justice constitutionnelle. Il s'est agi d'une part, d'un contrôle de constitutionnalité théoriquement consacré par les instruments juridiques et caractérisé par une véritable absence de production jurisprudentielle au cours du monopartisme. D'autre part, avec l'avènement du multipartisme en 1992, depuis, l'examen de constitutionnalité effectué par la Cour constitutionnelle du Mali débouche sur des arrêts visant l'annulation partielle ou entière des dispositions de la loi si elles sont inconstitutionnelles ou à leur déclaration de conformité à la Charte fondamentale.

L'analyse de l'évolution de la jurisprudence constitutionnelle du Mali démontre que les arrêts rendus portent essentiellement sur les institutions sur saisine obligatoire du juge constitutionnel. Ceci justifie l'étroitesse des décisions de la Cour constitutionnelle. La faiblesse des décisions constitutionnelles peut s'expliquer par la fermeture de l'accès du juge constitutionnel malien aux particuliers. Le nombre de saisine en matière de contrôle de constitutionnalité des lois est, par conséquent, largement fonction du mode de saisine.

Il ressort ainsi que la prédominance du contrôle normatif des institutions étatiques apparaît au détriment de la protection des droits fondamentaux. La saisine de la juridiction constitutionnelle étant réservée aux seules autorités politiques et juridictionnelles, le citoyen malien n'est pas susceptible d'intenter une action en justice à l'encontre d'une norme dont la constitutionnalité est douteuse. Le citoyen fait donc face à une entrave qui l'empêche de jouir d'un droit fondamental et universellement sacré, à savoir l'accès à la justice de façon générale, et en particulier, la justice constitutionnelle. Quoiqu'il en soit, le juge constitutionnel doit se découvrir en s'ouvrant aux particuliers dans le cadre de la sauvegarde de leurs droits et libertés fondamentaux.

Il reste cependant que l'on reconnaisse les limites du mode de contrôle de constitutionnalité pratiqué à travers le système unique du contrôle a priori[99] et caractérisé par une tendance institutionnelle prépondérante de la jurisprudence constitutionnelle.

---

[99] Confirmé par le juge constitutionnel malien, dans l'arrêt n° 2017-05/CC du 27 octobre 2017, lorsque le Premier ministre lui a adressé une requête aux fins de contrôle de constitutionnalité de la loi n° 2014-015 du 27 mai 2014 portant prévention et répression de l'enrichissement illicite. Le juge a été sans équivoque : « le contrôle à postériori n'étant pas prévu par les dispositions de la Constitution du 25 février 1992, la saisine du Premier ministre intervenant après la promulgation de ladite loi, il y a lieu de la déclarer irrecevable. »

Le contrôle de l'action gouvernementale par l'Assemblée nationale du Mali

Allaye Niangaly
Docteur en Droit public/Maître-Assistant
Université des Sciences juridiques et politiques de Bamako

Introduction

« La confiance n'exclut pas le contrôle ». Ce dicton peut être appliqué à l'étude théorique et méthodique des relations entre les organes de l'État au Mali. Dans la description des rapports entre les trois pouvoirs de l'État que sont le pouvoir législatif, le pouvoir exécutif et le pouvoir judiciaire[1], Montesquieu a théorisé que même si ces trois pouvoirs[2] doivent être exercés par trois organes distincts les uns des autres, ils devaient aller de concert[3]. Cette collaboration nécessaire entre les pouvoirs doit se conjuguer dans les démocraties contemporaines, notamment africaines, avec un contrôle du pouvoir législatif sur le pouvoir exécutif[4]. Dans cette perspective, comme dans tout régime démocratique, le Parlement malien est chargé de contrôler l'action du Gouvernement. La Constitution qui investit l'Assemblée nationale de ce pouvoir de contrôle, oblige le Gouvernement à expliquer et à justifier son action devant les représentants de la nation[5]. La Constitution malienne du 25 février 1992 a expressément consacré le rôle de contrôle de l'action de l'exécutif exercé par le Parlement. Le titre VI de la même Constitution précise les rapports entre le Gouvernement et l'Assemblée nationale. En outre, l'article 87 du règlement intérieur sur l'institution parlementaire énonce : « En sessions ordinaires comme en sessions extraordinaires, l'Assemblée nationale

---

[1] Montesquieu, *De l'esprit des lois*. Paris, éd. Gallimard, 1995, p. 72.

[2] Montesquieu est considéré comme étant le véritable père de la théorie de la séparation des pouvoirs pour en avoir donné sa formulation actuelle et sa systématisation. Pour lui, il doit exister une collaboration entre les trois pouvoirs avec pour principal objectif la modération du pouvoir politique et la garantie de la liberté politique. La séparation des pouvoirs est en effet un principe de technique constitutionnelle destinée à éviter le despotisme et à garantir la liberté.

[3] C. Eisenmann, « L'esprit des lois et la séparation des pouvoirs » : 163-192, *in* Mélanges en l'honneur de Carré de Malberg. Paris, éd. Sirey, 1933.

[4] V. S. Kaboré, « Le contrôle parlementaire du pouvoir exécutif en Afrique subsaharienne », *in Annales africaines*, n° 3, Vol. 2, Nouvelle série, 2015, p. 281.

[5] A. J Adeloui, « Le Parlement dans le régime politique béninois », *in Actes du colloque international sur la Constitution béninoise organisé par l'Association béninoise de droit constitutionnel*, 7-11 août 2012, p. 14.

contrôle l'action du Gouvernement aux moyens des questions écrites, de l'interpellation, des enquêtes et des missions parlementaires. »[6]

Troisième institution de la République du Mali, dans l'ordre d'énumération établi par la Constitution, l'Assemblée nationale apparaît comme l'une des plus importantes fondations du système institutionnel et démocratique[7]. Son importance tient au fait qu'elle est issue du suffrage universel, mais également aux prérogatives qui lui sont conférées par la Loi fondamentale ainsi qu'aux rapports qu'elle entretient avec les autres institutions. Si l'essentiel de ses attributions comme celles de légiférer, de contrôler et d'orienter l'action gouvernementale, sont exercées dans ses rapports avec le Gouvernement, l'Assemblée nationale n'en a pas moins des prérogatives qui la mettent en rapport avec d'autres institutions de la République[8]. Cette fonction de contrôle est considérée, à juste titre, comme l'une des missions essentielles du Parlement et un élément catalyseur du jeu démocratique[9]. En effet, elle permet de rendre l'exécutif comptable de ses actions et d'assurer l'application efficace et effective des politiques par ce dernier. Le contrôle parlementaire est alors perçu comme un indicateur de bonne gouvernance. Les différents niveaux de contrôle accroissent la place du Parlement dans les institutions et dans la vie démocratique et permettent à celui-ci d'assurer le nécessaire encadrement de l'action Gouverne-mentale. Ainsi, contrôler, c'est vérifier, inspecter de façon attentive la régularité par exemple d'un acte, d'une action, c'est avoir la maîtrise de la situation dans un secteur, c'est exercer une autorité, un pouvoir etc. Quant à l'action gouvernementale, elle s'entend de l'ensemble des activités que le Gouvernement est emmené à conduire dans le cadre de sa politique générale. Il existe plusieurs mécanismes prévus pour l'exercice du contrôle de l'action gouvernementale.

Le contrôle parlementaire a pour finalité de garantir la transparence et l'ouverture des actions du Gouvernement. Le parlement doit faire la lumière sur les opérations de l'organe exécutif en fournissant un espace public où les politiques et les actions de l'exécutif sont débattues, passées au crible et livrées à l'opinion publique pour responsabiliser ce dernier. L'exécutif peut désigner, d'une part, le pouvoir qui applique les lois de manière générale selon

[6] L'article 87 du règlement intérieur de l'Assemblée nationale (modifié) du 13 octobre 2016.

[7] Z. Moulaye et A. Keita, *L'Assemblée nationale du Mali sous la troisième République*. Bamako, Fondation Friedrich Ebert Stiftung, 2015, p. 17.

[8] Aux termes de l'article 25 de la Constitution malienne du 25 février 1992, qui dispose : « Les institutions de la République sont : le président de la République ; le Gouvernement ; l'Assemblée nationale ; la Cour suprême ; la Cour constitutionnelle ; la Haute cour de justice ; le Haut conseil des collectivités territoriales ; le Conseil économique, social et culturel. »

[9] K. N'guessan, « Les moyens parlementaires de contrôle de l'action Gouvernementale dont les moyens d'interpellation dans l'espace francophone », Rapport de la commission des affaires parlementaires de l'Assemblée parlementaire de la francophonie. Suisse, juillet 2015, p. 4.

Montesquieu. Sa fonction dont les contours demeurent flous[10] se traduit par l'exercice de plusieurs compétences parmi lesquelles le pouvoir réglementaire et la nomination aux emplois civils et militaires[11]. L'exécutif désigne, d'autre part, les organes de ce pouvoir[12]. Il peut s'agir du chef de l'État et du Gouvernement lorsqu'il s'agit d'un exécutif dualiste ou bicéphale[13]. Quant au Parlement, il signifie littéralement « lieu où l'on parle »[14], il peut être défini comme une « institution représentative et délibérative »[15]. Il est utilisé pour désigner l'organe titulaire du pouvoir législatif qui est, selon Montesquieu, celui qui fait les lois. Le contrôle de l'organe législatif sur le pouvoir exécutif est un élément essentiel du jeu démocratique[16], et constitue l'une des propriétés essentielles des régimes semi-présidentiels. C'est même la fonction principale des Parlements contemporains, compte tenu de l'emprise qu'exercent les gouvernements sur la fonction de production normative[17].

En général, le contrôle peut être défini comme « la vérification de la conformité à une norme, d'une décision, d'une situation ou d'un comportement »[18]. Il vise à assurer que l'exécutif exerce effectivement les fonctions qui lui sont dévolues conformément à la volonté du peuple, dans le respect des droits et libertés fondamentaux et des principes qui encadrent l'exercice desdites fonctions. En dehors de sa fonction d'édiction des lois, le Parlement exerce une fonction de surveillance de l'action politique et administrative de l'exécutif[19]. La notion de contrôle[20] parlementaire fait partie de ces sujets en apparence trop évidents, mais flous. Elle n'a jamais fait l'objet d'une délimitation univoque et les auteurs peuvent diverger sur la façon de

[10] A. Le Divellec, « L'articulation des pouvoirs dans les démocraties parlementaires européens : fusion et mitigations », *in* La séparation des pouvoirs, *in Pouvoirs*, n° 143, 2012, pp. 123-140.
[11] M. De Villiers et A. Le Divellec, *Dictionnaire de droit constitutionnel*. Paris, éd. Dalloz, 2013, p. 270.
[12] O. Duhamel et Y. Meny, *Dictionnaire constitutionnel*. Paris, éd. PUF, 1992, p. 428.
[13] J. Gicquel et J.-E. Gicquel, *Droit constitutionnel et institutions politiques*. Paris, éd. LGDJ, 2014, p. 561.
[14] D. Turpin, *Droit constitutionnel*, Paris, éd. PUF, 2007, p. 627.
[15] M. De Villiers et A. Le Divellec, *Dictionnaire de droit constitutionnel*, *op. cit*., p. 270.
[16] P. Ardant et B. Mathieu, *Institutions politiques et droit constitutionnel*. Paris, éd. LGDJ, 2013, p. 575.
[17] J. G. Renard, M. Popovic et P. Lareng « Les activités de contrôle du pouvoir exécutif », *in* Actes du séminaire régional sur le travail parlementaire, Cotonou, 5-6 juin 2012, p. 9.
[18] G. Cornu, *Vocabulaire juridique*. Paris, éd. PUF, 2011, p. 263.
[19] O. Duhamel et Y. Meny, *Dictionnaire constitutionnel*, *op. cit*., p. 229.
[20] L'étendue du pouvoir de contrôle de l'exécutif par le Parlement est ainsi l'un des principaux critères sur lesquels est fondée la dichotomie entre régimes parlementaire et présidentiel. Le terme de dichotomie est emprunté à la botanique et est doté d'une signification très parlante : il s'agit d'un mode de division des rameaux à partir d'une même tige. La tige est le régime représentatif dans le sens général, et tel, historiquement, qu'il apparaît en Angleterre à la suite de la Glorieuse Révolution de 1688 et qu'il est codifié, jusqu'à un certain point, par le *Bill of Rights* de 1689 et *l'Act of Settlement* de 1701. Voir P. Lauvaux, « Le contrôle, source du régime parlementaire, priorité du régime présidentiel », *in Pouvoirs*, n° 134, 2010, p. 24.

l'appréhender[21]. Mais, la question de son efficacité au Mali se pose avec acuité, compte tenu notamment du fait que l'exécutif dispose presque toujours d'une majorité parlementaire qui lui est politiquement acquise.

La présente étude s'inscrit dans la volonté d'analyser l'effectivité du contrôle de l'action gouvernementale par l'organe législatif. Dans un régime démocratique[22], le contrôle parlementaire contribue à réduire la corruption en mettant en évidence l'importance des outils de contrôle, des conditions propices et des facteurs contextuels. Des études montrent que plus un pays est démocratique, plus grand est le nombre d'outils de contrôle dont dispose le Parlement, et plus un pays est démocratique, plus importantes sont les possibilités de contrôle[23] parlementaire et plus bas est son niveau de corruption. Il en résulte de l'utilité de questionner l'effectivité du contrôle par la présence d'un grand nombre d'outils de contrôle parlementaire est suffisante en soi pour garantir que les activités de contrôle sont menées efficacement. La réflexion est d'autant plus indispensable que la problématique de l'effectivité du contrôle parlementaire est mise en observation dans un contexte où les facteurs contextuels sont essentiels pour déterminer si oui ou non les activités de contrôle sont effectuées efficacement, comment elles sont menées et dans quelle mesure. Au demeurant, notre analyse portera sur la responsabilité politique du Gouvernement devant l'Assemblée nationale.

Dans une telle configuration, il semble légitime de soulever la problématique centrale comme suit : les mécanismes de contrôle parlementaire sur l'action gouvernementale au Mali sont-ils efficaces ? Les mécanismes de contrôle mis en place, à cet effet, permettent-ils effectivement à l'Assemblée nationale politiquement soumise à l'exécutif de surveiller efficacement l'action de ce dernier ? Le Parlement exerce-t-il réellement un contrôle efficace sur un exécutif dont le chef est susceptible d'être également celui du parti de la majorité de cette Assemblée parlementaire ? Le contrôle parlementaire, dans ce cas, ne se réduit-il pas à une simple formalité ? Existe-t-il au Mali une institution parlementaire qui, nonobstant cette situation de fait majoritaire, parvient à sanctionner l'exécutif ? Toute la problématique des rapports entre le Parlement et le Gouvernement s'inscrit, en effet, dans l'antinomie inhérente au contrôle parlementaire qui exige simultanément le

---

[21] A. Le Divellec, « Des effets du contrôle parlementaire », *in Revue Pouvoirs,* n° 134, 2010, p. 125.

[22] Sur cette notion, V. Babacar Guèye, « La démocratie en Afrique : succès et résistances », *Pouvoirs*, n° 129, 2009, pp. 5-26 ; Voir également, A. Soma, « Réflexion sur le changement insurrectionnel au Burkina Faso », *Revue CAMES/SJP*, n° 001, 2015, p. 1614.

[23] Étymologiquement, le mot « contrôle » est constitué par la contraction de deux racines « contre » et « rôle ». Cette dernière racine issue de la langue allemande qui signifie dans son sens originel « rouleau ». Elle a été par la suite introduite dans l'ancien droit français avec le sens de « feuille » ou « ensemble » sur lesquelles se lisaient ou des comptes ou des instructions. Voir Pierre Wolf, *Le contrôle et les moyens d'organisation dans l'économie contemporaine*. Thèse de doctorat. Paris, 1930, p. 8.

respect des prérogatives de l'exécutif, et l'autorité du jugement porté sur son action.

Il importe de dire ici que le sujet revêt à la fois un intérêt théorique et pratique. On le sait, sur le plan théorique, se pencher sur le contrôle parlementaire de l'exécutif permettra de mieux connaître les outils de cette surveillance parlementaire que l'État du Mali dans sa quête de la démocratie a mis en place dans son système politique. Sur le plan pratique, cette contribution permettra de faire une analyse approfondie de l'effectivité et de l'efficacité du contrôle parlementaire, dans la mesure où il n'est pas rare d'observer que le pouvoir n'arrête pas le pouvoir[24], la séparation des pouvoirs solennellement consacrée dans la Constitution demeure purement théorique[25]. Ce sujet est d'une actualité permanente, dans la mesure où la consolidation de la démocratie est un combat continu que mène l'État malien depuis son accession à l'indépendance en 1960. De ce point de vue, le contrôle parlementaire est un outil indispensable à cette quête permanente de consolidation des acquis démocratiques[26]. Dans le cadre de notre étude, nous avons jugé utile de circonscrire le champ de notre analyse de la première à la cinquième législature malienne (1992 à nos jours). Le but de cette contribution est de déterminer s'il existe, en pratique, un contrôle de l'action gouvernementale par l'Assemblée nationale. Dans le souci d'appréhender ce contrôle sous ses divers aspects ainsi que les obstacles inhérents à un tel contrôle, notre analyse se structurera autour de deux grands pôles. On remarquera que le contrôle exercé par l'Assemblée nationale sur l'exécutif est, d'une part, un contrôle-information qui est mis en œuvre au quotidien (I) et, d'autre part, un contrôle-sanction qui permet la mise en cause de la responsabilité politique de l'exécutif par le parlement[27] (II).

I. Le contrôle de l'action gouvernementale, un contrôle-information

La tâche de contester ou de demander des comptes à l'exécutif n'est qu'une des dimensions du pouvoir législatif malien et elle doit être considérée dans le contexte plus large dans lequel celui-ci opère. Le contrôle parlementaire constitue une des missions essentielles du Parlement malien, avec celle de proposer et celle de voter la loi. Ce contrôle se fonde d'ailleurs sur la Déclaration des droits de l'homme et du citoyen de 1789 qui dispose, en son article 14, que : « Tous les citoyens ont le droit de constater, par eux-mêmes

---

[24] A. Soma, « Le peuple comme contre-pouvoir en Afrique », *in Revue du Droit public et de la Science politique en France et à l'étranger*, n° 130, 2014, p. 1019.

[25] B. Guèye, « La démocratie en Afrique : succès et résistances », *in Revue Pouvoirs,* n° 129, 2009, pp. 5-26 ; A. Soma, « Réflexion sur le changement insurrectionnel au Burkina », *in Revue CAMES/SJP*, n° 001, 2015, p. 1614.

[26] V. S. Kaboré, « Le contrôle parlementaire du pouvoir exécutif en Afrique subsaharienne », *op. cit.*, p. 285.

[27] J. Gicquel et J.-E. Gicquel, *Droit constitutionnel et institutions politiques*, *op. cit.*, p. 694.

ou par leurs représentants, la nécessité de la contribution publique, de la consentir librement, d'en suivre l'emploi et d'en déterminer la quotité, l'assiette, le recouvrement et la durée ». La capacité du Parlement à contester et à contrôler l'exécutif est déterminée essentiellement par la Constitution[28] et par le style de relations politiques[29] qui existent au sein d'une Assemblée[30]. L'Assemblée nationale contrôle l'action du Gouvernement par l'intermédiaire des commissions permanentes qui auditionnent les membres du Gouvernement et peuvent mettre en place des missions d'information sur des sujets précis[31]. L'Assemblée nationale du Mali exerce un contrôle sur les membres du Gouvernement à travers plusieurs mécanismes qui varient selon que le contrôle soit exercé sur le Premier ministre ou sur les autres ministres. Fondés sur la recherche d'informations, ces moyens comprennent, d'une part, les questions écrites et orales (A) et, d'autre part, les commissions spéciales ou d'enquête (B).

A. Les questions écrites/orales, un procédé usuel d'information des parlementaires

Les questions orales et écrites constituent pour les parlementaires un procédé habituel d'information et de contrôle de l'action de l'exécutif. Il faut distinguer les questions écrites et orales (1) des commissions spéciales d'enquête (2).

1. Les questions écrites, un outil habituel d'information des députés

Les députés ne peuvent véritablement exercer leurs missions s'ils sont privés des informations relatives aux actes et intentions du Gouvernement. C'est pourquoi, l'information est la condition du contrôle. Les questions écrites[32], une prérogative constitutionnelle reconnue au Parlement, est un moyen par lequel l'Assemblée nationale vérifie le bon comportement de l'exécutif c'est-à-dire la bonne application du programme d'action, des lois, des règlements et du budget de l'État. En effet, il s'agit d'une prérogative individuelle des parlementaires (mais qui peut être encadrée par les groupes politiques) et d'une procédure très souple, puisque ces questions sont posées toute l'année, hors du cadre des séances[33]. Procédé traditionnel d'information

---

[28] Article 78 de la constitution du 25 février 1992.

[29] J. Boudant, « La crise identitaire du Parlement français », *RDP*, 1992, p. 1322

[30] P. Norton, « La nature du contrôle parlementaire », *in Pouvoirs*, n° 134, 2010, p. 6.

[31] J. Gicquel et J.-E. Gicquel, *Droit constitutionnel et institutions politiques*, *op. cit.*, p. 616.

[32] Monsieur Z. T. Sawadogo, député du Burkina Faso, lors d'un colloque organisé par l'Assemblée parlementaire de la francophonie sur le contrôle de l'action gouvernementale le 25 octobre 2000, qualifiait la session législative du Parlement de son pays de « session des questions orales » pour marquer que c'est la seule technique qui fonctionne sans entrave. Voir Assemblée parlementaire de la francophonie, colloque sur « le contrôle de l'action Gouvernementale », tenu le 25 octobre 2000, p. 92.

[33] R. Dosiere, « Le contrôle ordinaire », *Pouvoirs*, n° 134, 2010, pp. 40-41.

des parlementaires[34], la question écrite est adressée par un député à un membre du Gouvernement[35].

Ce sont, en fait, un moyen de dialogue efficace entre le Gouvernement et le Parlement, notamment avec l'opposition parlementaire[36]. Le texte écrit est remis au président de l'Assemblée nationale qui le communique au chef du Gouvernement et en informe la conférence des présidents[37]. La question est publiée au *Journal officiel* et le ministre concerné dispose d'un délai d'un mois pour donner une réponse. Cette réponse doit être également publiée au *Journal officiel*. Lorsqu'à l'expiration du délai, le ministre n'a pas publié sa réponse, la question est rappelée une nouvelle fois et un autre délai de 15 jours lui est accordé pour publier sa réponse. Si la question posée par le député n'est pas répondue à l'expiration de ce nouveau délai, il peut la transformer en interpellation du Gouvernement pendant la session en cours ou à la session suivante[38].

À titre d'illustrations, en 2014, quatre questions orales ont été débattues sur des thèmes entre autres, la gestion de la maladie à virus Ebola, la gestion de la sécurité, la privatisation de la Base pour l'équipement des transports routiers du Mali (BETRAM) et la gestion du pèlerinage. En revanche au cours de l'année 2015, les questions orales débattues ont été plus nombreuses. En effet, six questions orales ont été débattues régulièrement pendant la session ordinaire d'avril 2015. Elles ont concerné les domaines suivants : le syndicat national de police ; la dégradation du pont de Kayes ; l'épineuse question des engrais frelatés; l'accaparement des terres; la question des élèves commissaires et la situation de la route Kéniéba-Kayes[39].

Les questions écrites ne permettent que d'obtenir des informations ponctuelles et généralement superficielles[40]. De plus, ce mécanisme n'est pas pleinement utilisé par les députés. Ainsi, au cours des deux sessions ordinaires de l'année 2015, seulement six questions orales ont été posées. Alors qu'en France, le nombre des questions écrites dépasse largement celui des questions

[34] O. Ouraga, *Droit constitutionnel et science politique*, Abidjan, 4e éd. ABC, 2010, p. 246.
[35] Article 86 du règlement intérieur de l'Assemblée nationale du Mali du 13 octobre 2016.
[36] O. Ouraga, *Droit constitutionnel et science politique*, *op. cit.*, p. 246.
[37] Au Mali, la conférence des présidents comprend les vice-présidents, les présidents des groupes parlementaires, les présidents des commissions générales et le rapporteur général de la commission des finances. Elle est présidée par le président de l'Assemblée nationale et a pour rôle d'examiner l'ordre du jour des travaux de l'Assemblée et fait des propositions. Elle joue un rôle important dans l'organisation des délibérations de l'Assemblée nationale. Voir l'article 16 du règlement intérieur de l'institution parlementaire du 13 octobre 2016.
[38] Z. Moulaye et A. Keita, *L'Assemblée nationale du Mali sous la troisième République op. cit.*, p. 113.
[39] Z. Moulaye et A. Keïta, *L'Assemblée nationale du Mali sous la troisième République*, *op. cit.*, p. 113.
[40] A. Delcamp, « La perception du contrôle parlementaire. Comment le rendre plus attractif ? », *Pouvoirs*, n° 134, 2010, p. 112.

orales en raison de la simplicité de la procédure et de sa rapidité[41] ; il en va autrement au Mali. Plus récemment, un parlementaire a utilisé une procédure innovante faisant la démonstration que les questions écrites peuvent constituer un bon instrument de contrôle du Gouvernement. En choisissant la question sur le budget de la Présidence de la République, et en multipliant les questions auprès du Premier ministre et d'une quinzaine de ministres, il a été possible de faire apparaître le montant réel et l'évolution des dépenses de la Présidence, l'un des secrets jusqu'alors les mieux protégés de la IIIe République. Comme dans tout régime démocratique, on s'aperçoit que le Parlement malien est chargé de contrôler l'action du Gouvernement.

La Constitution, qui investit le Parlement de ce pouvoir de contrôle, oblige le Gouvernement à expliquer et à justifier son action devant les représentants de la nation. Il faut, néanmoins, reconnaître que la mission de contrôle du Parlement pour si capitale qu'elle soit dans l'exercice du jeu démocratique, reste encore lacunaire dans la pratique parlementaire du Mali. Cette lacune des Parlements contemporains est ainsi constatée par C. Leclerq : « Sans aller certes jusqu'à la dictature de l'exécutif, on constate un déclin plus ou moins marqué, mais réel de presque tous les Parlements contemporains ; au mieux, les Parlements n'ont plus qu'une fonction de contestation ou de contrôle plus ou moins développé selon les régimes à l'égard des gouvernements qui, loin d'être des exécutants de la volonté parlementaire, deviennent de plus en plus des organes d'impulsion et d'action »[42].

Fort justement, le contrôle parlementaire à titre informatif tel qu'exercé actuellement au Mali, rencontre des difficultés. Les recommandations formulées par les députés restent pour la plupart dans les tiroirs des autorités, généralement les députés ne contrôlent ou n'assurent pas le suivi de leur mise en œuvre. En somme, mal informés par le Gouvernement[43] et ne fournissant pas eux-mêmes d'efforts supplémentaires pour traquer la vérité, les parlementaires maliens ne sont pas en mesure de jouer le rôle d'agent de liaison entre le Gouvernement et les électeurs. Cette défaillance de la fonction d'information ne prépare pas l'Assemblée nationale à mettre en cause la responsabilité politique du Gouvernement. Les questions orales sont aussi un instrument efficace de la recherche d'information parlementaire.

---

[41] M. Prélot et J. Boulouis, *Institutions politiques et droit constitutionnel*. Paris, Dalloz, 11e éd., 1990, p. 876. En France, 16 452 questions écrites ont été posées en 2000 contre 663 questions orales en 2001. V. Michel Lascombe, *Le droit constitutionnel de la cinquième République*. Paris, éd. L'Harmattan, 2009, p. 116.

[42] C. Leclerq, *Droit constitutionnel et institutions politiques*. Paris, éd. Montchrestien, 1991, p. 219.

[43] K. Somali, *Le Parlement dans le nouveau constitutionnalisme en Afrique. Essai d'analyse comparée à partir des exemples du Bénin, du Burkina Faso et du Togo, op. cit.*, p. 352.

2. Les questions orales, un instrument d'information parlementaire

Les questions se définissent « comme l'acte par lequel un membre d'une Assemblée demande à un ministre des explications sur un point déterminé de sa politique »[44]. Elles recouvrent toutes les procédures de questionnement en séance publique des membres du Gouvernement. Si certaines peuvent être suivies d'un débat, elles ne donnent jamais lieu, par principe, à un vote, puisqu'elles ne doivent en aucun cas interférer avec les procédures de mise en jeu de la responsabilité ministérielle[45]. Écrit ou oral, cet acte est dépourvu de sanction politique immédiate et, dans cette mesure, il se distingue nettement d'autres procédures de contrôle pratiquées dans un régime semi-présidentiel[46], telles que la motion de censure ou l'interpellation qui visent également à provoquer des explications du Gouvernement, mais aboutissent à une sanction sous la forme d'un vote mettant en jeu la responsabilité ministérielle. Procédé par excellence de collecte d'informations[47], les questions orales permettent-elles d'obtenir les résultats souhaités[48] ? En effet, les questions orales sont l'instrument de prédilection des parlementaires[49]. Elles sont publiées au *Journal des débats parlementaires* ou sous la forme de procès-verbaux[50]. On distingue traditionnellement les questions orales sans débat et les questions orales avec débat. S'agissant des questions orales sans débat, seul l'auteur de la question et le ministre qui lui répond peuvent prendre la parole. Ainsi, la question orale sans débat est appelée par le président de l'Assemblée. Le ministre compétent y répond. L'auteur de la question dispose ensuite de la parole pendant 10 minutes. Le ministre peut répliquer, et aucune autre intervention ne peut avoir lieu. En ce qui concerne les questions orales avec débat, d'autres orateurs peuvent intervenir. Ainsi, la question orale avec débat est appelée par le président de l'Assemblée qui fixe le temps de parole imparti à son auteur, entre 5 et 10 minutes.

Lorsqu'un député veut poser une question orale à un membre du Gouvernement, il la remet par écrit au Président de l'Assemblée nationale qui

---

44 M. Ameller, *Les questions instrument du contrôle parlementaire*. Paris, LGDJ, 1964, p. 9.

45 P. Türk, *Le contrôle parlementaire en France*. Paris, éd. LGDJ/Lextenso, 2011, p. 137-138.

46 Sur ce sujet, voir I. M. Fall, « La construction des régimes politiques en Afrique : insuccès et succès », *in* F. J. Aivo (dir.), *La constitution béninoise du 11 décembre 1990 : un modèle pour l'Afrique ? Mélanges en l'honneur de Maurice Ahanhanzo Glélé*. Paris, éd. L'Harmattan, 2014, pp. 127-179.

47 A. Loada, « Le contrôle de l'action Gouvernementale », Centre pour la gouvernance démocratique au Burkina Faso, *op. cit*., p. 2.

48 Les questions orales et écrites sont prévues aux articles 129 à 135 du règlement intérieur de l'Assemblée nationale du Burkina Faso.

49 S. Bagayoko, « L'exercice de la fonction parlementaire pendant la deuxième législature de la Troisième République au Mali (1997-2002) : entre rupture et consolidation », *Revue africaine de sciences politiques et sociales*, n° 15, décembre 2017, p. 189.

50 L. Favoreu, P. Gaia *et al.*, *Droit constitutionnel*. Paris, Dalloz, 12e éd., 2009, p. 747 ; Voir aussi P. Avril, « L'introuvable contrôle parlementaire », *in Petites affiches*, 14-15 juillet 2009.

la communique, à son tour, au ministre concerné. Inscrite prioritairement au cours de la première séance de chaque plénière, la question orale est discutée dans un débat qui ne peut pas durer plus de 90 minutes selon la répartition du temps de parole effectuée par la conférence des présidents entre le ministre et l'auteur de la question. Si le ministre auquel la question a été posée s'absente trois fois de suite aux séances plénières, l'auteur de la question orale peut la transformer immédiatement, au cours de la troisième séance, en interpellation du Gouvernement. Les questions orales sont celles posées par un député au Gouvernement[51], soit sur sa politique générale, soit sur les dossiers ou affaires relevant d'un département ministériel[52]. Ces questions peuvent être posées sous la forme de questions orales avec débat ou de questions orales sans débat, conformément aux dispositions de l'article 91 du règlement intérieur de l'Assemblée nationale du Mali. Les questions orales, contrairement à leur nom, sont posées par écrit au Gouvernement qui y répond oralement[53]. Tout député qui désire poser aux membres du Gouvernement des questions orales doit remettre celles-ci par écrit au président de l'Assemblée nationale qui les communique à leur destinataire.

A contrario de la question orale avec débat où peuvent intervenir plusieurs députés, la question orale sans débat met en jeu deux personnes, l'auteur de la question et le ministre compétent. En effet, la question orale sans débat est exposée souverainement par son auteur. Le ministre compétent y répond. Au demeurant, les questions peuvent être considérées comme urgentes, nécessitant une réponse rapide du Gouvernement. L'auteur de la question peut reprendre la parole. Le ministre peut répliquer. Aucune autre intervention ne peut avoir lieu[54]. Cette seconde procédure est sans doute plus conforme à la

---

[51] Ce fut les cas des questions orales posées en 1997 par le député Daouda Touré au ministre des Travaux publics et des Transports pour demander à quel moment la route Kayes-Nioro-Gogui et la route Diéma-Sandaré-Kayes vont démarrer ; du député Daouda Touré au ministre de l'énergie, des Mines et de l'Eau sur les nombreux délestages de courant dans les villes de Kayes ; en 1998 du député Hamidou Konaté au ministre de la Communication sur les problèmes qui empêchaient que le téléphone ne fonctionnait dans les localités de Bankass, Bourem et Nara ; en 1999 du député Tiéblé Dramé au ministre de développement rural sur la situation exacte de la Compagnie malienne du Développement des textiles (CMDT), c'est-à-dire de clarifier si la CMDT était-elle une entreprise saine ? En 2001 du député Ibya Ag Sidy au ministre de l'Énergie, des Mines et de l'Eau sur les contraintes liées à l'exploitation du pétrole au Mali. Voir Siriki Bagayoko, « L'exercice de la fonction parlementaire pendant la deuxième législature de la Troisième République au Mali (1997-2002) : entre rupture et consolidation », *op. cit.*, p. 189.

[52] J. C. Colliard, *Les régimes parlementaires contemporains*. Paris, Presses de la Fondation nationale des sciences politiques, 1978, 368 p.

[53] En réalité, il s'agit d'une pratique qui permet au Gouvernement de préparer sa réponse en violation de la procédure qui veut que la question soit posée sur place au Gouvernement ; en rattrapage, lors de la séance des questions orales, la question est posée oralement par le député auteur de la question et le ministre représentant le Gouvernement y répond oralement ; à la fin, le format écrit de sa réponse est distribuée aux parlementaires.

[54] Article 109 du règlement intérieur de l'Assemblée nationale du Mali du 13 octobre 2016.

conception classique de la question, posée pour obtenir une réponse ministérielle et non pour donner à l'Assemblée l'occasion de formuler une opinion collective. Empreinte de solennité et moins exposée à la polémique, la question orale sans débat fait intervenir un député et un ministre. Elle permet d'éviter de diluer l'essentiel dans la polémique, captive et retient l'intérêt du ministre, privilégie l'information et permet enfin de réaliser des économies de temps. En dépit de ces avantages, les députés recourent moins à ce moyen (d'information) qu'à la question orale avec débat, enclins qu'ils sont au débat, ce qui du reste est l'essence du Parlement[55].

Les questions orales avec débat sont appelées par le président de l'Assemblée nationale qui peut fixer le temps de parole imparti à son auteur. Le ministre compétent y répond ou peut différer cette réponse en annonçant pour l'un des deux prochains jours de séance plénière une communication du Gouvernement avec débat sur le même sujet. Cette annonce interrompt le débat sur la question orale[56]. La communication du Gouvernement est inscrite d'office en tête de l'ordre du jour de la séance choisie par le Gouvernement. Après la réponse du ministre, le président donne la parole aux orateurs inscrits. L'auteur de la question a la priorité d'intervention[57]. Après l'audition du dernier orateur, le président passe à la suite de l'ordre du jour[58]. En outre, les débats parlementaires[59] peuvent traiter des questions choisies par les parlementaires eux-mêmes, ou mettre en lumière les travaux des commissions parlementaires. Ils peuvent avoir lieu à certaines occasions spéciales. À titre d'illustration, les déclarations Gouvernementales à caractère informatif peuvent donner lieu à des débats[60]. On notera au bénéfice de ces observations que les questions orales permettent aux parlementaires d'interroger individuellement le Gouvernement dans le but de clarifier ou de discuter en vue d'obtenir des renseignements détaillés, longs ou techniques concernant des aspects ponctuels de sa politique. Dans le même sillage, on pourra préciser aussi que bien qu'elles ne soient pas suivies de sanction, même si une question

[55] B. Chantebout, *Droit constitutionnel*. Paris, éd. Armand Colin, 2005, p. 525.

[56] Article 88 du règlement intérieur de l'Assemblée nationale du Mali du 13 octobre 2016.

[57] Article 88 alinéa 5 du règlement intérieur de l'Assemblée nationale du Mali du 13 octobre 2016.

[58] K. N'guessan, « Les moyens parlementaires de contrôle de l'action Gouvernementale dont les moyens d'interpellation dans l'espace francophone », *in Rapport de la commission des affaires parlementaires de la francophonie*, juillet 2015, p. 9.

[59] A.-J. Adeloui, *op. cit.*, pp. 14-15.

[60] C'est aussi le cas des débats périodiques de politique générale qui sont essentiels au contrôle gouvernemental parce qu'ils permettent l'expression de critiques et d'une défense à caractère global. La périodicité des débats généraux existe dans bon nombre de pays. Ainsi, par exemple, en Finlande où a lieu un débat annuel de politique générale ; mais aussi dans certaines monarchies parlementaires où l'adresse en réponse au discours du Trône offre, comme on l'a dit, l'occasion d'un débat à l'ouverture de la session annuelle (régimes britanniques, Pays-Bas).

peut déboucher sur une interpellation[61] en cas de réponse non satisfaisante, les questions constituent un moyen important d'interpellation du Gouvernement. Sa finalité est d'exercer une action permanente de pression et de surveillance dans l'exercice de fonction publique. En vue d'obtenir des informations plus approfondies, les parlementaires peuvent recourir à des commissions d'enquête.

B. Les commissions spéciales ou d'enquête, une prérogative mise à la disposition des parlementaires

Afin de mieux informer le Parlement et au besoin éclairer l'opinion publique sur les faits incriminés, la commission d'enquête peut citer des témoins ou se faire communiquer tous les renseignements et documents appropriés[62]. L'enquête comme l'audition sont des prérogatives mises à la disposition des parlementaires pour leur permettre d'exercer les tâches que la Constitution leur attribue[63]. En plus de leurs fonctions de production des normes, les commissions d'enquête assurent également l'information de l'Assemblée nationale pour lui permettre d'exercer son contrôle sur la politique du Gouvernement[64]. Pour recueillir des informations, les commissions procèdent à l'audition des membres du Gouvernement, qui peuvent se faire assister par des conseillers ou experts, soit dans le cadre de la procédure législative, soit dans un but purement informatif. Les commissions peuvent être des commissions ad hoc (1) ou des commissions spéciales (2).

1. Les commissions *ad hoc*, une commission instituée à titre informatif

Les commissions spéciales ou d'enquête de l'Assemblée nationale sont destinées à recueillir des éléments d'information sur des questions déterminées. Le Parlement organise un débat sur les rapports et conclusions des commissions d'enquête. À la suite de ses débats[65], il adopte des résolutions qui sont adressées à l'exécutif qui doit y donner suite dans un délai de trente (30) jours. Les réponses du Gouvernement, communiquées à l'Assemblée nationale, ne sont pas débattues, mais simplement transmises, pour étude, aux commissions d'enquête intéressées[66]. S'il est constaté que des points des

---

[61] Z. Moulaye et A. Keita, *L'Assemblée nationale du Mali sous la Troisième République*, *op. cit.*, p. 116.

[62] O. Ouraga, *Droit constitutionnel et science politique*, Abidjan, 4e éd. ABC, 2010, p. 249.

[63] Fr. Drion, « La procédure des auditions dans les commissions parlementaires des pays du Benelux », *Courrier hebdomadaire du CRISP*, n° 794-795, 1978, p. 2.

[64] V. par exemple, J. Gicquel et J.-E. Gicquel, *Droit constitutionnel et institutions politiques*, *op. cit.*, p. 698.

[65] K. N'guessan, « Les moyens parlementaires de contrôle de l'action Gouvernementale dont les moyens d'interpellation dans l'espace francophone », Rapport de la commission des affaires parlementaires de la francophonie, juillet, 2015, p. 9.

[66] En réalité, l'efficacité du contrôle de ces commissions doit être relativisée, car non seulement la majorité parlementaire acquise à l'exécutif y est toujours dominante, mais elles sont

résolutions n'ont pas été traités, ceux-ci peuvent être transformés en interpellation du Gouvernement[67]. En cela, les commissions parlementaires constituent un organe essentiel du système d'information et de renseignement[68]. Elles peuvent aussi contrôler plus d'un ministère et un ministère peut être contrôlé par plusieurs commissions. Il arrive couramment que les commissions permanentes soient chargées à la fois de délibérer au sujet de projets de loi et de contrôler le ministère correspondant. En général, les auditions sont les outils de contrôle les plus utilisés par les commissions. Celles-ci ont le pouvoir de convoquer des ministres et de hauts fonctionnaires, ainsi que d'autres témoins si nécessaire, afin de recueillir des informations sur l'activité gouvernementale et la mise en œuvre des politiques publiques, et d'exiger que le Gouvernement rende des comptes.

Cependant, en vertu du principe de séparation des pouvoirs, le Parlement ne peut créer de commissions spéciales d'enquête sur des faits ayant donné lieu à des poursuites judiciaires. Cette interdiction vaut pour toute la durée de ces poursuites. Par ailleurs, une commission créée pour enquêter sur un fait, cesse de fonctionner dès l'ouverture d'une information judiciaire sur ce fait. D'autres restrictions de cet ordre apparaissent dans le cours même des activités de contrôle. Ainsi, le règlement intérieur donne pouvoir à une commission spéciale ou permanente de convoquer toute personne dont l'audition lui paraît nécessaire. Toutefois, une telle convocation n'est pas légale si l'audition envisagée porte sur des sujets à caractère secret et concernant la défense nationale, les affaires étrangères, la sécurité intérieure ou extérieure de l'État ou serait contraire au respect du principe de la séparation de l'autorité judiciaire et des autres pouvoirs[69]. En guise d'illustration, depuis janvier 2014, la cinquième législature, a mis en place trois commissions ad hoc et une commission spéciale d'enquête : la première commission ad hoc est celle chargée de l'examen de la mise en accusation de l'ancien Président A. T. Touré devant la Haute Cour de justice ; la deuxième commission ad hoc est celle chargée d'examiner la mise en accusation de l'ancien ministre D. Sagara devant la Haute Cour de justice pour atteinte aux biens publics immobiliers de l'État ; la troisième commission ad hoc est celle chargée d'examiner la demande de levée d'immunité de l'honorable M. H. Gassama pour répondre à des plaintes formulées contre lui ; enfin la commission spéciale chargée d'enquêter sur les évènements survenus à Kidal, où de violents affrontements entre l'armée malienne et le Mouvement national de libération de l'*Azawad*

également limitées dans la conduite de leurs investigations. Voir V. S. Kabore, « Le contrôle parlementaire du pouvoir exécutif en Afrique subsaharienne », *op. cit.*, p. 303.

[67] Voir par exemple, Z. Moulaye et A. Keita, *L'Assemblée nationale du Mali sous la Troisième République*, *op. cit.*, p. 115.

[68] M. Moindze, « Le Parlement et le processus budgétaire dans les pays en développement », Madagascar, juillet 2011, p. 30, en ligne www.cifope.com, consulté le 22 avril 2017.

[69] Sur ce sujet voir T. Eric, « Le contrôle parlementaire et ses limites juridiques : un pouvoir presque sans entraves », *Pouvoirs*, n° 134, 2010, pp. 71-81.

ont éclaté après la visite du Premier ministre M. Mara, le 17 mai 2017. La contre-offensive lancée par la suite avait débouché sur une débâcle de l'armée malienne. Il faut signaler que les rapports de ces différentes commissions ne sont pas encore déposés sur la table de l'Assemblée nationale. On rappellera que la commission d'enquête qui illustre, en règle générale, la volonté politique de l'Assemblée nationale de se saisir d'un problème significatif et relativement grave, ne peut être créée si une information judiciaire est ouverte. Ceci pour éviter une confusion, mieux un chevauchement entre les pouvoirs législatif et judiciaire.

En réalité, l'information parlementaire est largement insuffisante puisque, d'une part, le Gouvernement répond aux demandes d'information quand il veut et, d'autre part, le processus des commissions d'enquête et de contrôle se déroule sous le poids[70] de ce que C. Bidegaray et C. Emeri ont appelé « l'impérialisme majoritaire »[71] qui cherche à étouffer tout ce qui pourrait nuire à l'action du pouvoir exécutif. En tout état de cause, seul un système d'information efficace permet au Parlement de tenir le Gouvernement en haleine et de le pousser à se justifier ou à infléchir sa politique dans le sens voulu par le parlement. La sanction découlant de l'exercice du pouvoir d'information n'a pas d'effet immédiat. Elle constitue, cependant, une menace à long terme[72]. En plus des commissions ad hoc, les parlementaires mettent aussi en place des commissions spéciales ou d'enquête pour exercer leur contrôle[73].

2. La commission d'enquête, un contrôle pertinent de l'action gouvernementale

L'Assemblée nationale peut constituer des commissions chargées d'une mission bien déterminée. Ces commissions disparaissent une fois que l'objectif qui leur a été assigné est atteint. C'est le cas des commissions d'enquête[74] parlementaires codifiées à l'article 88 du règlement intérieur de

---

[70] Sur ce point, voir par exemple A. Chandemagor, *Un parlement pour quoi faire ?* Paris, éd. Gallimard, 1967, 192 p ; J. M. Belorgey, *Le Parlement à refaire*. Paris, éd. Gallimard, 1991, p. 146. P. Birnbaum, F. Hamon et M. Troper, *Réinventer le Parlement*, Paris, éd. Flammarion, 1978, 220 p.

[71] C. Bidegaray et C. Emeri, « Le contrôle parlementaire », *RDP*, 1973, p. 1719.

[72] K. Somali, *Le Parlement dans le nouveau constitutionnalisme en Afrique. Essai d'analyse comparée à partir des exemples du Bénin, du Burkina Faso et du Togo*. Thèse *op. cit.*, 2008, p. 343.

[73] La différence essentielle entre les commissions permanentes et les commissions ad hoc porte sur leur durée. L'autre différence repose sur la manière dont elles sont constituées. Les commissions permanentes sont prévues soit par la Constitution soit par le règlement du Parlement. Les commissions ad hoc/d'enquête sont créées par le Parlement.

[74] Au Sénégal, par exemple, l'article 48 du règlement intérieur prévoit la mise en place des commissions spéciales temporaires chargées d'une mission d'étude ou d'information pour un objet déterminé. Leur composition ne doit pas dépasser douze (12) membres. Leurs pouvoirs durent jusqu'à ce que l'Assemblée nationale ait définitivement statué sur leur objet. La résolution

l'Assemblée nationale. Les commissions d'enquête, comme leur nom l'indique, sont destinées à fournir des informations à l'Assemblée qui a été à l'origine de leur création. Ainsi, elles peuvent procéder à l'examen de documents et tenir des auditions[75]. En tant que telles, elles sont appréhendées comme les instruments privilégiés du contrôle parlementaire. En effet, ces commissions d'enquête permettent d'exercer un véritable contrôle sur le Gouvernement, bien que leur mission initiale soit plus générale puisqu'elles sont créées pour recueillir des éléments d'information, soit sur des faits déterminés, soit sur la gestion administrative, financière, ou technique des services publics ou d'entreprises nationales[76]. Au Mali, c'est l'Assemblée nationale qui est habilitée à créer des commissions d'enquête et de contrôle. Ces commissions sont chargées de recueillir des éléments d'information sur les faits déterminés[77]. Elles sont donc formées pour recueillir des éléments d'information et soumettre leurs conclusions à l'Assemblée qui les a créées.

À ce propos, on peut faire remarquer que la création d'une commission d'enquête et de contrôle est une opération difficile et cela ne tient évidemment pas à l'initiative de cette opération puisqu'un ou plusieurs députés peuvent demander par le biais d'une résolution, la création d'une commission d'enquête[78]. La première difficulté est la crainte des députés de gêner un Gouvernement qu'ils sont censés soutenir. Cela pèse gravement sur leur décision de créer ou non une commission d'enquête et de contrôle car, contrairement aux questions écrites ou orales, l'initiative de la création d'une commission d'enquête est considérée comme un signe de défiance à l'égard de la politique générale menée par le Gouvernement. La deuxième difficulté est d'ordre procédural. En effet, on sait que les textes en vigueur soumettent la

---

portant création d'une commission spéciale temporaire fixe également les modalités à suivre pour la désignation de ses membres ainsi que sa durée. Le règlement intérieur prévoit également des commissions d'enquête et d'information. D'après l'article 48 du règlement intérieur, l'Assemblée peut, par une résolution, créer des commissions d'enquête. Les commissions d'enquête sont formées pour recueillir des éléments d'information sur des faits déterminés et soumettre leurs conclusions à l'Assemblée nationale. Il ne peut être créé de commission d'enquête lorsque les faits ont donné lieu à des poursuites judiciaires et aussi longtemps que ces poursuites sont en cours. Si une commission a déjà été créée, sa mission prend fin dès l'ouverture d'une information judiciaire relative aux faits qui ont motivé sa création. Les commissions d'enquête ont un caractère temporaire. Leur mission prend fin par le dépôt de leur rapport et au plus tard à l'expiration d'un délai de six mois, à compter de la date de l'adoption de la résolution qui les a créées. Elles ne peuvent être reconstituées avec le même objet avant l'expiration d'un délai de douze mois, à compter de la fin de la décision.

[75] M. Gauchet, *Droit parlementaire*, *op. cit.*, p. 174.

[76] A. J. Adeloui, *op. cit.*, p. 17.

[77] Voir dans ce sens, les rapports des commissions à l'Assemblée nationale, n° 12, janvier 2000, p. 62, voir également N. Lagasse, X. Baesler, *Le droit d'enquête parlementaire*. Bruxelles, éd. Bruylant, 1998, p. 313.

[78] K. Somali, *Le Parlement dans le nouveau constitutionnalisme en Afrique. Essai d'analyse comparée à partir des exemples du Bénin, du Burkina Faso et du Togo*. Thèse, *op. cit.*, 2008, p. 343.

création et la composition des commissions d'enquête ou de contrôle à la stricte règle de la majorité. Ainsi, toute initiative d'enquête sera naturellement rejetée[79] si elle n'est pas cautionnée par la majorité parlementaire. Certes, la règle de la majorité pourrait empêcher l'opposition d'abuser de cette procédure, mais elle ne doit pas pour autant constituer une entrave à la faculté de contrôler le Gouvernement et sacrifier les droits de l'opposition. Organe emblématique et symbolique[80], la commission d'enquête ne représente plus l'arme ultime[81] dont pouvaient rêver les parlementaires au moment de la mise en œuvre du contrôle de l'action gouvernementale.

Au demeurant, les auditions sont les outils de contrôle les plus utilisés par les commissions. Celles-ci ont le pouvoir de convoquer des ministres et de hauts fonctionnaires, ainsi que d'autres témoins si nécessaire, afin de recueillir des informations sur l'activité gouvernementale et la mise en œuvre des politiques publiques, et d'exiger que le Gouvernement rende des comptes. La mission essentielle de contrôle, est évidemment remplie par les commissions qui, dans le parlementarisme classique, ne jouaient qu'un rôle principalement technique[82]. En réalité, la mission d'une commission d'enquête et de contrôle consiste à renseigner la représentation nationale sur une situation donnée pour lui permettre de mieux contrôler l'exécutif. À cet effet, la commission est appelée à établir un rapport qui comporte notamment, les constatations et les observations relatives à l'objet de l'enquête et les propositions de nature à prévenir le renouvellement des carences et déviations relevées. En ce qui concerne les suites à donner aux conclusions des travaux des commissions, elles sont aussi problématiques et restent tributaires de la prégnance du Gouvernement dans le processus de création et de fonctionnement des commissions. Dans leur rapport final, les commissions n'ont que le pouvoir d'indiquer au Gouvernement les mesures à prendre. Les parlementaires peuvent, tout de même, utiliser les interpellations pour obtenir des informations. Ce n'est donc qu'un pouvoir de suggestion car elles ne peuvent se substituer ni au Gouvernement, ni à l'administration[83]. Cette situation, au

---

[79] Sur ce point lire A. Chandemagor, *Un parlement pour quoi faire ?* Paris, éd. Gallimard, 1967, 192 p.

[80] A. Delcamp, « La perception du contrôle parlementaire. Comment le rendre plus attractif ? », *op. cit.*, p. 112.

[81] J. C. Colliard, *Les régimes parlementaires contemporains*. Paris, Presses de la Fondation nationale des sciences politiques, 1978, p. 208.

[82] P. Lauvaux, « Le contrôle, source du régime parlementaire, priorité du régime présidentiel », *op. cit.*, p. 29.

[83] Le parlementarisme en France, conséquence de la crise du 16 mai 1877 a fait du Parlement, l'institution clé du jeu politique. Le dérèglement institutionnel va donc entraîner une instabilité institutionnelle. De Thiers à Lebrun, dernier président du Conseil sous la Troisième République c'est-à-dire de 1871 à 1940, 104 gouvernements se sont succédé avec une durée moyenne de 7 à 8 mois. Sous la Quatrième République, pas moins de 24 gouvernements se sont succédé pendant les 12 années qu'a duré le régime ; Voir dans ce sens, A. Soulier, *L'instabilité*

demeurant, très paradoxale reste malheureusement révélatrice du fonctionnement de l'institution parlementaire malienne car comment comprendre qu'une commission qui ait dépensé beaucoup d'argent et d'énergie à traquer la vérité, à chercher des solutions se trouve subitement impuissante au terme de ses travaux ? En somme, les questions écrites/orales et les commissions spéciales ou d'enquête parlementaires sont des modes de contrôle non assortis de sanction. Ils ne sont pas pour autant moins efficaces : par leur rôle d'information, ils attirent l'attention de l'opinion publique sur les grandes questions d'intérêt national et soumettent ainsi les actions du Gouvernement au jugement populaire. Au contrôle-information, il faut, en outre ajouter un autre mécanisme de contrôle plus satisfaisant qui peut infliger des sanctions à l'exécutif.

II. La mise en jeu de la responsabilité politique du Gouvernement, un contrôle-sanction

Les moyens d'interpellation parlementaire du Gouvernement à caractère de sanction ou interpellation-sanction[84] sont des moyens essentiellement de nature politique dont l'issue est sanctionnée par la mise en jeu de la responsabilité du Gouvernement. Par ces moyens ou mécanismes, le Parlement exprime une position politique à l'égard du Gouvernement en engageant clairement la responsabilité de l'exécutif. Le Premier ministre, lors de sa déclaration de politique générale ou de programme engage la responsabilité gouvernementale devant le Parlement (A) et l'autre découle de l'initiative des parlementaires à l'occasion d'un dépôt d'une motion de censure (B).

A. La question de confiance, une vérification de la crédibilité de l'exécutif vis-à-vis du Parlement

Le Gouvernement est le second élément du pouvoir exécutif. Il peut être défini comme l'institution dirigée par le Premier ministre et formée par les ministres[85]. Il est responsable devant le Parlement. Cette responsabilité gouvernementale devant le Parlement constitue l'élément-clé d'un régime démocratique. Plusieurs mécanismes permettent au Parlement de mettre en jeu cette responsabilité[86]. La question de confiance est une procédure décidée par le Gouvernement dès sa nomination et vise un problème particulier, lui permettant ainsi de renforcer sa majorité. Le Premier ministre vérifie la

---

ministérielle sous la Troisième République, Paris, éd. Sirey, 1939, p. 23 ; P. Williams, *La vie politique sous la Quatrième République*. Paris, éd. Armand Colin, 1971, p. 134.

[84] K. N'guessan, « Les moyens parlementaires de contrôle de l'action Gouvernementale dont les moyens d'interpellation dans l'espace francophone », Rapport de la commission des affaires parlementaires de la Francophonie, juillet 2015, p. 12 ; P. Lauvaux, « Le contrôle, source du régime parlementaire, priorité du régime présidentiel », *Pouvoirs*, n° 134, 2010, pp. 23-36.

[85] J. Gicquel et J.-E. Gicquel, *Droit constitutionnel et institutions politiques*, *op. cit.*, p. 616.

[86] L. Favoreu, *Droit constitutionnel*. Paris, 18e éd., 2016, p. 786.

confiance du parlement non seulement lors de la déclaration de politique générale (1) mais aussi sur le vote d'un texte (2).

1. La mise en jeu de la responsabilité gouvernementale sur déclaration de politique générale ou de programme

La question de confiance est une procédure par laquelle le Gouvernement engage lui-même sa responsabilité devant le Parlement[87], en lui demandant d'approuver l'ensemble ou un point déterminé de sa politique faute de quoi il démissionnera[88]. Ce type de contrôle porte alors le nom de la question de confiance. C'est un moyen de pression de l'exécutif sur le législatif, les députés pouvant décider à assumer la responsabilité d'une crise ministérielle. En effet, c'est une procédure propre au régime parlementaire par laquelle le Premier ministre engage devant le Parlement la responsabilité de son Gouvernement[89]. Ainsi, il est précisé à l'article 78 alinéa 1 de la Constitution malienne que « Le Premier ministre, après délibération du conseil des ministres, engage devant l'Assemblée nationale la responsabilité du Gouvernement sur son programme ou éventuellement sur une déclaration de politique générale »[90]. En plus de cela, « il peut, après délibération du conseil des ministres, engager la responsabilité du Gouvernement sur le vote d'un texte »[91]. Même si le terme « question de confiance » n'apparaît pas explicitement, c'est bien à cet alinéa qu'est définie la notion.

Dans la pratique, le Gouvernement pose la question de confiance pour tester sa majorité et s'assurer de son soutien, mais cette action peut aussi être utilisée afin de forcer la main pour voter un texte. Si le Gouvernement n'obtient pas la majorité, il devra tirer les conséquences de cet échec et démissionner, même s'il n'y a aucune obligation de démissionner en cas de vote négatif. Il paraît évident que même si la décision d'engager la responsabilité du Gouvernement appartient au Premier ministre, il doit néanmoins respecter certaines règles et procédures. En effet, il doit, de ce fait, consulter le chef de l'État, auquel il est subordonné (en principe, sauf : période de cohabitation), mais aussi comme le préconise l'alinéa 1 il doit soumettre sa décision au conseil des ministres, car il n'engage pas seulement sa responsabilité mais celle du Gouvernement en vigueur. Les raisons qui motivent le Gouvernement à se soumettre à la question de confiance comme souligné plus haut, sont essentiellement de deux ordres : d'une part, l'exécutif veut se rassurer qu'il bénéficie de la confiance de l'Assemblée nationale et,

---

[87] M. Verpeaux, *Manuel de Droit constitutionnel*. Paris, éd. PUF, 2010, p. 288.

[88] En France, aux termes de l'article 50 de la Constitution, la question de confiance est un des procédés de mise en cause de la responsabilité du Gouvernement.

[89] M. De Villiers et A. Le Divellec, *Dictionnaire de Droit constitutionnel*, *op. cit.*, p. 298.

[90] Article 78 alinéa 1er de la Constitution du Mali du 25 février 1992.

[91] Article 78 alinéa 2 de la Constitution du Mali.

d'autre part, si la majorité parlementaire qui le soutient semble se déliter[92]. Dans cette dynamique, la finalité d'engager la responsabilité de l'exécutif est de ressouder cette majorité parlementaire nécessaire pour lui permettre de conduire sa politique nationale ou pour la jauger afin de savoir si la majorité décidera de lui accorder ou de lui retirer cette confiance[93].

Il faut relever la confusion qui s'est installée, dans la pratique, entre les notions de déclaration de politique générale et de programme. Comme le souligne T. Débard, la présentation du programme devait correspondre à la demande de confiance à la suite de la nomination du Gouvernement, tandis que la déclaration de politique générale devait signifier la possibilité pour lui de vérifier, à tout moment de son action, qu'il détient toujours la confiance du Parlement[94]. Dans la pratique institutionnelle de la Cinquième République française, nombre de Premiers ministres, pour leur premier contact avec l'Assemblée nationale, ont présenté des déclarations de politique générale. Au demeurant, la venue devant l'Assemblée nationale est plutôt facultative, comme le déclarait Georges Pompidou en avril 1966 : « La lettre et l'esprit de la Constitution de 1958 veulent que le Gouvernement soit entièrement libre de demander ou non un vote de confiance. »[95] Cette déclaration a été appliquée notamment par le premier Gouvernement Barre formé en 1976 qui n'a jamais posé la question de confiance. Il faut préciser qu'en situation de cohabitation, il est préférable d'engager la responsabilité du Gouvernement tout simplement afin de légitimer son action à venir. Il peut y avoir ce que l'on appelle un geste de courtoisie et de bonne volonté à l'égard de l'Assemblée nationale par le Premier ministre qui expose le programme du Gouvernement sans donner lieu à un vote. Cette pratique a été consacrée au Mali, puisque depuis 1992[96] tous

---

[92] V. S. Kaboré, « Le contrôle parlementaire du pouvoir exécutif en Afrique subsaharienne », *op. cit.*, p. 295.

[93] P. Türk, *Théorie générale du Droit constitutionnel*. Paris, éd. Gualino, 2007, 122.

[94] T. Débard, *Dictionnaire de droit constitutionnel*. Paris, 2e éd. Ellipses, 2007, p. 109 et s.

[95] E. Thiers, « Le contrôle parlementaire et ses limites juridiques : un pouvoir presque sans entraves », *Pouvoirs,* n° 134, 2010, p. 81.

[96] Nommé le 8 juin 1992 par le Président A. O. Konaré, Monsieur Y. Touré, le Premier ministre de la IIIe République inaugure le 30 juillet suivant l'épreuve de passage du chef de Gouvernement à l'Assemblée nationale. Il y présente le « Programme d'action » de l'attelage qu'il dirige. Le Parlement est présidé par le professeur A. N. Diallo qui a occupé le perchoir pendant deux législatures (1992-2002). En introduction de « Discours-programme » le Premier ministre Y. Touré déclare : « Monsieur le président de l'Assemblée nationale, mesdames et messieurs les députés, en m'adressant à vous en cette solennelle occasion, mes premières pensées vont à ces jeunes, à ces femmes et hommes très nombreux, qui ont accepté de lutter pour l'avènement de la démocratie au Mali. [...] Pour la première fois dans l'histoire récente de notre pays, siège un Parlement véritablement démocratique parce qu'issu d'élections libres et pluralistes qui ont vu s'affronter plusieurs courants d'opinions, plusieurs projets de société, dans une atmosphère de réelle démocratie qui nous a valu l'estime de la communauté internationale [...]. Le président de la République, en me confiant la charge de conduire le premier Gouvernement de la IIIe République, m'a invité à inscrire toutes les actions de celui-ci dans le sens de l'amour le plus élevé de la patrie. J'ai l'honneur de vous présenter les grandes

les Premiers ministres nommés ont présenté des déclarations de politique générale, et l'Assemblée nationale paraît s'en accommoder. La question de confiance étant une prérogative gouvernementale, il appartient au chef de l'exécutif de clarifier les contours, les limites et la signification qu'il entend donner au vote réclamé à l'Assemblée nationale. De plus, l'article 78 de la Constitution permet, comme on l'a vu, de maintenir la discipline au sein de la majorité en engageant la responsabilité du Gouvernement sur le vote d'un texte.

2. La mise en jeu de la responsabilité gouvernementale sur le vote d'un texte

La mise en jeu de la responsabilité du Gouvernement peut aussi résulter du vote d'un texte. Le Premier ministre peut décider, après délibération du conseil des ministres, d'engager la responsabilité du Gouvernement devant l'Assemblée nationale sur le vote d'un texte. Cette procédure est prévue par l'article 78 de la Constitution. De tel mécanisme est considéré comme un passage en force de ce texte et aussi une pression du Gouvernement sur l'organe législatif. Dans ce cas, ce texte est considéré comme adopté s'il obtient la majorité absolue des voix[97], sauf si une motion de censure, déposée dans les vingt-quatre heures qui suivent par les députés, est votée. En tout état de cause, cette démarche peut consister à vouloir resserrer les rangs de la majorité autour de la politique du Gouvernement. Selon l'article 96 du règlement intérieur de l'Assemblée nationale, lorsqu'en application de la Constitution[98], « Le chef du Gouvernement engage la responsabilité du Gouvernement sur le vote d'un texte, le débat est immédiatement suspendu durant vingt-quatre heures »[99]. Le parlement se réunit à l'expiration du délai de vingt-quatre heures pour prendre acte, soit de l'approbation du texte, soit du dépôt d'une motion de censure. En effet, il est ensuite procédé à la notification, à l'inscription à l'ordre du jour, à la discussion et au vote de cette motion dans les conditions prévues à l'article 96 du présent règlement intérieur. En théorie, il faut manipuler avec précaution cet article 96, car il est nécessaire que le texte en question soit indispensable à la politique gouvernementale.

À travers le mécanisme de la mise en jeu de la responsabilité du Gouvernement sur le vote d'un texte, la question de confiance est donc

---

orientations de l'action gouvernementale pour la période à venir [...]. Les objectifs sont ambitieux. Nous avons la volonté de les réaliser [...] Mais les défis sont multiples et complexes. Nous devons cependant nous atteler à les relever. Tous ensemble *[...].* Le Gouvernement que j'ai l'honneur de diriger sollicite votre appui pour la conduite de la politique que je viens d'exposer [...] ».
Après débats, son texte est adopté le lendemain 31 juillet par 104 voix « pour » et 9 abstentions.

[97] Article 78 de la Constitution malienne du 25 février 1992.

[98] Article 78 alinéa 2 de la Constitution malienne du 25 février 1992.

[99] Voir article 96 du règlement intérieur (modifié) du 13 octobre 2016.

véritablement posée dans toute sa dimension. En effet, à dire vrai, le Gouvernement ne peut bien mener sa politique que lorsqu'il bénéficie de la confiance et du soutien du Parlement. Lorsque le Premier ministre engage la responsabilité de son Gouvernement sur le vote d'un texte, l'Assemblée nationale est soumise à une alternative : soit adopter le texte sans débat ni vote, soit adopter une motion de censure pour renverser le Gouvernement. Tout de même, si le Gouvernement souhaite consulter le Parlement sur l'orientation qu'il envisage de donner à sa politique dans un secteur déterminé, il ne peut concrètement y parvenir qu'en lui soumettant un projet de loi, en lui demandant d'approuver une déclaration de politique générale ou en engageant sa responsabilité sur son programme[100].

Comme on le verra dans les développements ci-dessous, la combinaison de la question de confiance et de la motion de censure porte un nom précis : « c'est l'engagement de responsabilité sur le vote d'un texte. » Cette procédure est favorable au Gouvernement. Auparavant, la motion de censure provoquée résultant de la décision du Premier ministre d'engager la responsabilité du Gouvernement devant l'Assemblée portait sur tout ou une partie d'un texte. Dans le premier cas, le mot texte est remplacé par les mots projet de loi de finances ou de financement de la sécurité sociale. Tandis que dans le deuxième cas, le mot « texte » est remplacé par le mot « projet ». En tout état de cause, rien n'interdit le Premier ministre à recourir à cette procédure pour un projet ou une proposition de loi par cession. Il faut retenir que cette procédure permet aussi de faire obstacle à la « guérilla législative » de l'Assemblée nationale, qui obstrue et retarde l'adoption d'un texte, qui est un moyen de contraindre l'opposition et de préserver un texte qui pourrait être dénaturé par les amendements. En dehors de la question de confiance, qui est un contrôle que l'on peut qualifier de contrôle *a posteriori*, le Parlement malien connaît une autre forme de contrôle par le dépôt des motions de censure.

B. La mise en branle des motions de censure par les parlementaires

Deux types de motion de censure sont prévus par la Constitution de la IIIe République du Mali. La première variante est la motion de censure spontanée, (1), par laquelle, en vertu de l'article 49 alinéa 2, l'Assemblée nationale met en cause la responsabilité du Gouvernement sur tel aspect de sa politique. La deuxième variante est dite motion de censure provoquée, celle par laquelle, le Parlement met en jeu la responsabilité du Gouvernement (2).

[100] P. Houillon, « Le contrôle extraordinaire du Parlement », *Pouvoirs,* n° 134, 2010, p. 64.

1. La motion de censure « spontanée », une initiative parlementaire

On parle de motion de censure spontanée ou offensive, lorsque les parlementaires sont à l'origine de l'initiative[101]. La motion de censure constitue l'arme la plus redoutable d'action du législatif sur l'exécutif puisqu'elle entraîne la démission immédiate du Gouvernement. La Constitution malienne à l'instar des autres constitutions sous-régionales, a prévu ce mécanisme parlementaire de contrôle de l'activité gouvernementale[102]. Une motion de censure ne peut être déposée à la période dans laquelle le président du Parlement assure l'intérim de la Présidence de la République. Cette motion, recevable seulement si elle est signée par un dixième (1/10) des membres de l'Assemblée, n'est discutée que 48 heures après son dépôt, laissant ainsi un délai de réflexion aux députés. Seuls sont recensés les votes favorables à la motion de censure qui ne peuvent être adoptés à la majorité des membres composant l'Assemblée nationale. Le Parlement met en cause la responsabilité du Gouvernement par le vote d'une motion de censure[103]. Lorsque le Parlement adopte une motion de censure, le Premier ministre doit remettre au Président la démission du Gouvernement. Si la motion de censure est rejetée, les signataires ne peuvent en proposer une nouvelle au cours de la même session. On s'aperçoit sans nul doute, qu'on y recourt à la motion pour censurer le Gouvernement dans son ensemble.

La Troisième République n'a encore connu que quatre dépôts de motions de censure. Les deux premières ont été déposées sous le mandat du Président A. O. Konaré. La première motion avait été déposée par 29 députés de l'opposition[104] le 23 janvier 1996. Elle avait été motivée par la crise scolaire que traversait le pays. La seconde motion de censure, déposée par 13 députés de l'opposition dénommée Rassemblement des forces patriotiques[105], le 25 février 1997 était donc l'aboutissement des divergences sur la fixation du calendrier électoral. Toutes les deux motions de censure ont été rejetées. Ensuite, la troisième motion de censure a été déposée par quinze députés de l'opposition le 13 juin 2014 contre le Gouvernement dirigé à l'époque par Monsieur le Premier ministre M. Mara sous la cinquième législature. En effet, dans les termes de ladite motion, les députés de l'opposition reprochaient au Premier ministre et à son Gouvernement d'être incapables de résoudre les problèmes urgents de l'heure. Les opposants affirmaient que le pays s'enfonçait dans une crise économique. Il y a aussi, selon les auteurs de la motion de censure déposée, l'organisation chaotique des épreuves du baccalauréat lors desquelles des fraudes ont été relevées. En dernier lieu, le

[101] J. Gicquel et J. E. Gicquel, *Droit constitutionnel et institutions politiques*, *op. cit.*, p. 701.

[102] Article 78 de la Constitution malienne du 25 février 1992.

[103] Article 78 de la Constitution du Mali.

[104] L'opposition était essentiellement constituée par les formations politiques suivantes : BDIA, UDD, CNID, PMDR, PSP, et MIRIA.

[105] *Nouvel horizon*, n° 731 du 22 février 1997.

grief de la situation qui prévaut à Kidal, où de violents affrontements entre l'Armée malienne et le Mouvement national de libération de l'Azawad (MNLA) ont éclaté après la visite de M. Mara, le 17 mai 2014. Enfin, la quatrième motion de censure a été déposée le 21 décembre 2016 contre le Gouvernement de Monsieur le Premier ministre M. Keïta par le groupe parlementaire dénommé Vigilance républicaine et démocratique (VRD). Les députés de l'opposition reprochaient au Gouvernement de n'avoir prévu aucune action, du fait que les Maliens de l'extérieur n'ont pas un accès facile et efficace à nos consulats de proximité et ne sont pas traités avec respect et reconnaissance dans leur pays d'accueil. Un autre grief concerne la situation d'insécurité généralisée. Les signataires de cette motion de censure ont émis des critiques acerbes du fait de n'avoir pas songé à la modernisation de nos forces de défense et de sécurité qui est d'une urgence extrême. Enfin sur le dernier point, l'opposition critique le Gouvernement d'être incapable d'organiser des élections démocratiques et transparentes et surtout le fait de n'avoir pas amélioré les consultations dans le pays. Là encore, la motion de censure a été rejetée.

L'observation qui peut être faite ici c'est que dans les différentes procédures de motion de censure qui ont été amorcées, ce sont les députés eux-mêmes qui prennent l'initiative de censurer l'exécutif. Au demeurant, on imagine bien que ce type de motion de censure qualifiée d'offensive est généralement l'œuvre de l'opposition qui entend marquer sa désapprobation totale de la politique du Gouvernement ou de sa gestion d'une question brûlante de l'actualité. En somme, le geste de l'opposition peut être qualifié de geste à portée hautement politique. Cependant, l'on regrette du fait que le mécanisme de la motion de censure amorcé à plusieurs reprises au Mali depuis la première législature en 1992, n'a abouti à aucune sanction jusqu'à nos jours. En revanche, au Sénégal, de toutes les tentatives de renversement du Gouvernement qui ont été amorcées, une seule d'entre elles a abouti. Ce fut en 1962 avec le renversement du Gouvernement de Mamadou Dia. En plus de la motion de censure spontanée, il existe une deuxième variante appelée motion de censure provoquée.

2. La motion de censure « provoquée », une initiative du chef de l'exécutif

La motion de censure est dite provoquée puisque l'initiative échappe aux parlementaires tout en restreignant leur liberté[106]. Au Mali, à l'instar des autres pays de l'Afrique subsaharienne francophone, la mise en jeu de la responsabilité du Gouvernement devant le Parlement est prévue par la Constitution. Selon l'article 78 de la Loi fondamentale, le Premier ministre peut, après délibération du conseil des ministres, engager la responsabilité du

[106] V. S. Kaboré, « Le contrôle parlementaire du pouvoir exécutif en Afrique subsaharienne », *op. cit.*, p. 296.

Gouvernement devant l'Assemblée nationale sur le vote d'un texte. Dans ce cas, ce texte est considéré comme adopté, sauf si une motion de censure, déposée dans les vingt-quatre heures qui suivent, est votée. La motion de censure provoquée est celle qui est exercée sur le fondement de l'article 97 du règlement intérieur de l'institution parlementaire[107]. Elle résulte de la décision du Premier ministre d'engager la responsabilité du Gouvernement devant le Parlement sur tout ou partie d'un texte. Ce dernier est alors réputé adopté sans débat, sauf si une motion de censure, déposée dans les vingt-quatre heures, est votée. En ce qui concerne, la mise en œuvre de la motion de censure qui, dans la pratique est motivée, est subordonnée d'abord à une condition de recevabilité[108]. En effet, la motion de censure est déposée au cours d'une séance publique de l'Assemblée nationale sous la forme d'un document avec la mention « *Motion de censure* » et portant les signatures des auteurs dont le nombre doit équivaloir à au moins un dixième (1/10) des membres composant le Parlement[109].

Aussi, convient-il de le rappeler, depuis le dernier Gouvernement d'A. T. Touré, dirigé par C. M. K. Sidibé, l'on avait plus assisté à la présentation d'une déclaration de politique générale. Mais sous la transition, le Premier ministre D. Cissoko a renoué avec la tradition en passant devant les parlementaires pour soumettre à leur appréciation la feuille de route de son Gouvernement. En effet, cette feuille de route renfermait les grandes actions politiques de la transition, notamment, le calendrier détaillé des élections présidentielle et législatives ainsi que le processus de normalisation du septentrion malien. Une feuille de route couronnée, d'une part, par l'élection d'I. B. Keïta à la magistrature suprême et, d'autre part, à l'élection de 147 nouveaux députés de l'Assemblée nationale ouvrant ainsi la voie à la cinquième législature. Le premier Gouvernement du régime d'I. B. Keïta, dirigé par Monsieur O. T. Ly n'a pas eu l'occasion de faire sa déclaration de politique générale devant l'Assemblée nationale. En revanche, Monsieur le Premier ministre M. Mara, en acceptant de passer devant le Parlement a annoncé point par point les six axes du programme présidentiel d'I. B. Keïta pour son quinquennat à la tête du Mali. Aussi faut-il le signaler, les six axes du programme présidentiel, comme énoncé dans le code d'engagement éthique et de responsabilité, sont soumis à la signature des membres du Gouvernement quelques jours avant la présentation de la déclaration de politique générale, portant sur : le renforcement des institutions, la sécurité des Maliens, la réconciliation nationale, la remise en l'état de l'école, l'acquisition d'une économie prospère ayant des retombées en termes de création de richesse et d'emploi, de pouvoir d'achat et une politique de développement social au bénéfice de tous,

---

[107] Article 97 du règlement intérieur (modifié) du 13 octobre 2016.

[108] J. Gicquel et J. E. Gicquel, *Droit constitutionnel et institutions politiques*, *op. cit.*, p. 701.

[109] Article 96 du règlement intérieur (modifié) de l'Assemblée nationale du 13 octobre 2016.

notamment les plus faibles et les plus fragiles[110]. À la lumière de l'analyse des différents mécanismes de contrôle ci-dessus évoqués, il ne fait nul doute que le Parlement malien constitue un véritable contrepoids aux pouvoirs de l'exécutif sous réserve que toutes les attributions légales et réglementaires qui lui sont dévolues à cet effet soient effectivement appliquées. La motion de censure et la question de confiance restent de puissants moyens de pression assortis de sanction (démission du Gouvernement) qui, de plus, restent des compétences liées échappant de ce fait au pouvoir discrétionnaire du chef de l'État.

Conclusion

Au terme de notre étude, l'on s'aperçoit que le contrôle parlementaire de l'action gouvernementale est, à juste titre, considéré comme une des missions essentielles du Parlement[111] et un élément catalyseur du jeu démocratique[112]. En effet, il permet de rendre l'exécutif comptable de ses actions et d'assurer l'application efficace et effective des politiques par ce dernier. Le Parlement dispose des moyens d'action sur l'exécutif, des moyens souples de contrôle au quotidien, alliant l'information et le contrôle proprement dit. Au titre de ces moyens, on peut citer : les commissions d'enquête, les missions d'information, les questions au Gouvernement, les délégations et l'évaluation des lois[113]. Au terme de cette contribution, on peut affirmer que le contrôle de l'action gouvernementale demeure une réalité. Le Parlement peut mettre en œuvre un contrôle-information qui peut déboucher sur la collecte d'informations ou un contrôle-sanction à travers la mise en jeu de la responsabilité politique du Gouvernement. Il est établi que le Parlement malien pourrait très certainement exercer son rôle de contrepoids tout en s'appuyant sur les commissions des finances qui ont un rôle de contrôle permanent de l'exécution du budget, et elles disposent de prérogatives et de pouvoirs plus efficaces dédiés à cet effet. Aussi, tout effort visant à accroître l'efficacité des activités de contrôle et à promouvoir la responsabilité ne comporte-t-il pas deux étapes : donner aux parlementaires les outils de contrôle de l'action du pouvoir exécutif et les inciter à les utiliser.

---

[110] Z. Moulaye et A. Keita, *L'Assemblée nationale du Mali sous la Troisième République*, *op. cit.*, p. 125.

[111] M. Ameller, *Parlements*. Paris, éd. PUF, Deuxième édition revue et corrigée, 1966, p. 10.

[112] K. N'guessan, « Les moyens parlementaires de contrôle de l'action gouvernementale dont les moyens d'interpellation dans l'espace francophone », *op. cit.*, p. 13.

[113] J. P. Valette, *Droit constitutionnel*. Paris, éd. L'Harmattan, 2014, p. 316.

La problématique de la révision constitutionnelle sous la IIIe République malienne

Madou Nimaga
Docteur en Droit public
Université des Sciences juridiques et politiques de Bamako

Le processus visant à modifier les dispositions de la Loi fondamentale d'un État peut être un baromètre de sa consolidation démocratique. Ainsi, la révision de la Constitution peut apparaître aussi bien comme un moyen de consécration de l'État de droit que de facteur de régression démocratique à travers les tripatouillages constitutionnels des règles du jeu démocratique préétablies[1]. Le Professeur Ismaila Madior Fall, que nous célébrons dans cette modeste contribution, a dans son étude portant sur les révisions constitutionnelles au Sénégal, posé les prémices d'une théorie de révision constitutionnelle en Afrique par la distinction des *révisions constitutionnelles consolidantes et déconsolidantes de la démocratie*.

Les reflux de la troisième vague de démocratisation n'ont pas épargné l'Afrique subsaharienne avec la décompression des autoritarismes et l'instauration de la transition démocratique. Cette mutation politique a permis de doter bon nombre d'États africains de nouvelles Constitutions au début des années 1990. C'est dans ce cadre que la Troisième République malienne a été fondée par la Constitution du 25 février 1992. De nos jours, la Constitution malienne du 25 février 1992 demeure avec la Constitution béninoise du 11 décembre 1990 deux seules Constitutions en Afrique de l'Ouest qui n'ont jamais pu être modifiées depuis leur établissement. Ces deux exemples de longévité constitutionnelle sans modification d'une virgule n'expliquent pas pour autant que le néo-constitutionnalisme africain est figé[2]. En effet, le phénomène des révisions constitutionnelles est inhérent au constitutionnalisme. Jean Jacques Rousseau ne disait-il pas « qu'en tout état de cause le peuple est toujours maître de changer ses lois, même les meilleures car s'il lui plaît de se faire mal à lui-même, qu'est-ce qui a le droit de l'empêcher[3] ». Ainsi, la question qui mérite d'être posée maintenant est de savoir quelle définition on peut retenir de la révision constitutionnelle. Pour Jean-François

---

[1] Le tripatouillage constitutionnel tend à devenir un moyen de confiscation du pouvoir politique dans plusieurs États africains post-transition démocratiques des années 1990.

[2] J. Du Bois De Gaudusson, G. Conac, C. Desouches, *Les constitutions africaines publiées en langue française*, T. 2. Bruxelles, Bruyant, 1998, p. 19.

[3] Cité par J. Gicquel et J.-E. Gicquel., *Droit constitutionnel et instituions politiques*, *op. cit.*, p.180.

Aubert, l'expression de « révision constitutionnelle » peut désigner aussi bien l'établissement de la Constitution (révision constitutionnelle totale ou révision-fondation) que la modification de celle-ci (révision constitutionnelle partielle ou révision-modification)[4]. La révision constitutionnelle est une technique procédurale par laquelle les pouvoirs publics modifient expressément et officiellement le texte de la Constitution[5]. En Afrique, le dynamisme constitutionnel enclenché au début des années 1990 est très souvent altéré par des tripatouillages constitutionnels occasionnant le plus souvent des situations de régression démocratique[6]. La dynamique constitutionnelle de la Troisième République du Mali mérite une attention particulière. Comment peut-on expliquer les échecs des tentatives de révisions constitutionnelles initiées par les différents présidents de la République ?

Ainsi, l'encadrement juridique de la procédure de révision constitutionnelle (I) et la pratique des révisions constitutionnelles sous la Troisième République malienne (II) seront retenus ici comme tentative d'explication.

I. L'encadrement juridique de la procédure de révision constitutionnelle

Dans une perspective positiviste, nous allons analyser l'encadrement juridique de la procédure de révision constitutionnelle comme un sujet et un objet juridiques en présentant la substance normative. Cette démarche ne nous empêchera pas, s'il y a lieu, d'apprécier les enjeux, les mobiles et les finalités qui transcendent le droit[7]. En principe, toute Constitution écrite dicte ou édicte les règles de procédures de sa révision, c'est-à-dire l'itinéraire que doit emprunter sa modification. Le néo-constitutionnalisme africain des années 1990 introduit une rigidité procédurale[8] en matière de révision

---

[4] J. F. Aubert, « La révision totale des constitutions. (Une invention française, des applications suisses) », *In L'esprit des institutions, l'équilibre des pouvoirs, Mélanges en l'honneur de Pierre Pactet*. Paris, Dalloz, 2003, p. 455.

[5] F. Moderne, *Réviser la Constitution. Analyse comparative d'un concept indéterminé*. Paris, Dalloz, 2006, p. 40. Matériellement, la révision constitutionnelle décrit l'objet de la modification constitutionnelle résultat de cette procédure formelle.

[6] Voir OSIWA, *La régression démocratique en Afrique de l'Ouest. Les défis pour un renouveau*. Dakar, Gbenga Gbesan, 2010, 96 p. Les révisions constitutionnelles touchant le mandat présidentiel restent l'enjeu central. Les exemples du Niger sous Mamadou Tandja en 2010, du Sénégal sous Abdoulaye Wade le 23 juin 2011, le Mali sous Amadou Toumani Touré en 2012, le Burkina Faso sous Blaise Compaoré en 2014, le Burundi sous Pierre Nkurunziza en 2015.

[7] I.. M. Fall, *Les révisions constitutionnelles au Sénégal. Révisions consolidantes et révisions déconsolidantes de la démocratie sénégalaise*. Dakar, CREDILA, 2011, p. 20.

[8] J.-L. Atangana Amougou, « Les révisions constitutionnelles dans le nouveau constitutionnalisme africain », *Politeia*, n° 7, 2007. Voir aussi du même auteur, « Rigidité et instabilité constitutionnelles dans le nouveau constitutionnalisme africain », *Revue de la Recherche Juridique Droit Prospectif*, 2007/3.

constitutionnelle (A) et élargit les limitations juridiques et jurisprudentielles au pouvoir de révision constitutionnelle (B).

A. La rigidité procédurale de révision constitutionnelle

La rigidité de la Constitution de la Troisième République malienne s'apprécie justement à travers la procédure de sa révision. La rigidité constitutionnelle apparaît comme une notion essentiellement juridique ; cependant, elle ne saurait être prise en dehors de toute référence à la notion voisine de stabilité constitutionnelle qui relève de la science politique. Ainsi, la rigidité procédurale constitue-t-elle un rempart à l'instrumentalisation politique de la Constitution en Afrique ? Ou encore, peut-elle s'analyser comme un déterminant de la consolidation démocratique en Afrique ? Jean-Michel Blanquer[9] soutient, à ce titre, que le défi de la consolidation démocratique est de réaliser une homogénéisation de l'effectivité juridique à travers la phase d'hétérogénéité juridique nécessaire pour, antérieurement, consolider la Constitution elle-même. Pour l'auteur, ce n'est pas la Constitution en soi qui permet la consolidation mais son acceptation par une majorité de citoyens. Ainsi, nous allons analyser l'organisation des procédures de révision constitutionnelle prévues dans les nouvelles constitutions africaines en vue de mieux appréhender les évolutions par rapport aux anciennes constitutions des régimes autoritaires.

Pour Jean-Louis Atangana Amougou, si l'on examine les critères du principe de la rigidité constitutionnelle selon la doctrine du droit constitutionnel, il semble bien que, contrairement aux constitutions africaines des années qui ont suivi les indépendances, celles adoptées à partir des années 1990 semblent bien répondre à ces critères[10]. Nous pouvons observer la rigidité de la procédure constitutionnelle depuis l'initiative jusqu'à l'adoption définitive de la révision constitutionnelle. En matière d'initiative de révision constitutionnelle, presque toutes les constitutions africaines accordent le droit d'initiative aussi bien au président de la République (projet de révision) qu'aux parlementaires (proposition de révision). À côté de cette règle générale, c'est le Premier ministre sénégalais qui propose au président de la République un projet de révision constitutionnelle[11]. De même, le constituant burkinabé de 1991 étend au peuple un droit d'initiative populaire lorsqu'une fraction, au moins trente mille (30 000) citoyens-électeurs, introduit devant

---

[9] J.-M. Blanquer, « La consolidation démocratique ? Pour une approche constitu-tionnelle », *op. cit.*, p. 46.

[10] J. L. Atangana Amougou., « Les révisions constitutionnelles dans le nouveau constitutionnalisme africain », *op. cit.*

[11] Art. 103 de la Constitution sénégalaise du 22 janvier 2001. Si en période politique normale cette disposition ne suscite aucun débat. Cependant, en cas de cohabitation entre la majorité présidentielle et une majorité parlementaire hostile et dont est issu le Premier ministre, cette disposition pourrait créer éventuellement un blocage de tout projet de révision constitutionnelle en cette période conjoncturelle.

l'Assemblée nationale une pétition constituante sous forme de proposition de révision constitutionnelle rédigée et signée[12]. En outre, la tendance générale est que les constituants africains, depuis les années 1990, consacrent deux modalités de révision constitutionnelle, à savoir la révision constitutionnelle par la seule voie parlementaire ou cumulativement avec la voie référendaire.

La Constitution malienne du 25 février 1992 ne prévoit aucune possibilité de révision de la Constitution par la seule voie parlementaire. L'alinéa 2 de l'article 118 de la Constitution malienne de 1992 instaure une procédure rigoureuse en matière de révision constitutionnelle en Afrique en ces termes : « Le projet ou la proposition de révision doit être voté par l'Assemblée nationale à la majorité des deux tiers de ses membres. La révision n'est définitive qu'après avoir été approuvée par référendum ». Il s'agit là d'une rigidité absolue qui nécessite une double condition : premièrement, l'obligation de recueillir le vote favorable à la majorité qualifiée des deux tiers (2/3) des membres de l'Assemblée nationale, soit un vote favorable de 98 sur 147 députés ; deuxièmement, l'obligation de convoquer le collège électoral pour l'adoption définitive du projet ou de la proposition de révision constitutionnelle. Cette fois-ci, l'obtention d'une majorité relative suffit pour entériner définitivement la révision constitutionnelle. Contrairement au constituant malien de 1992, presque tous les autres constituants francophones d'Afrique ont admis la possibilité de réviser la Constitution par la seule voie parlementaire avec une majorité qualifiée à défaut de laquelle une approbation référendaire est requise. Au Bénin par exemple, la Constitution du 11 décembre 1990 dispose : « Un projet ou une proposition de révision constitutionnelle doit au préalable être adopté par une majorité qualifiée des trois quarts (3/4) pour être pris en considération[13] ». Cette étape n'est que la partie préliminaire de la procédure. En effet, la révision n'est définitive que lorsque le même texte est approuvé par une majorité plus qualifiée des quatre cinquièmes (4/5) des députés de l'Assemblée nationale. À défaut de cette majorité qualifiée, la révision ne sera définitive qu'après avoir été approuvée par référendum[14]. La Constitution béninoise ne prévoit l'organisation du référendum constitutionnel qu'à défaut d'un large consensus entre les forces politiques représentées à l'Assemblée nationale.

De même, la Constitution nigérienne de novembre 2010 est largement inspirée de la Constitution béninoise du 11 décembre 1990 en matière d'organisation de la procédure de révision constitutionnelle. En effet, l'article 174 de la Constitution nigérienne reprend, *in fine,* les dispositions des articles 154 et 155 de la Constitution béninoise de 1990 en ces termes : « Pour être pris en considération, le projet ou la proposition de révision doit être voté à la

---

[12] Art. 161de la Constitution burkinabé du 2 juin 1991.
[13] Art. 154 de la Constitution béninoise du 11 décembre 1990.
[14] Art. 155 de la Constitution béninoise du 11 décembre 1990.

majorité des trois quarts (3/4) des membres composant l'Assemblée nationale. Si le projet ou la proposition en cause a été approuvé à la majorité des quatre cinquièmes (4/5) des membres composant l'Assemblée nationale, la révision est acquise. À défaut, le projet ou la proposition est soumis à référendum sauf abandon dudit projet ou proposition. » Il s'agit là d'un véritable mimétisme sud-sud ou interafricain qui prend de plus en plus son envol.

Dans cette perspective, tout comme le constituant béninois, le constituant burkinabé a adopté la même possibilité de révision constitutionnelle par la seule voie parlementaire. En effet, l'article 164 de la Constitution burkinabé du 2 juin 1991 dispose que le projet de révision constitutionnelle est adopté sans recours au référendum s'il est approuvé à la majorité qualifiée des trois quarts (3/4) des membres de l'Assemblée nationale. Il s'agit d'une rigidité simple ou relative dans la mesure où un seul parti dominant peut facilement détenir ce seuil de majorité pour réviser la Constitution. D'ailleurs, le Président Compaoré s'est toujours servi de cette souplesse de la procédure de révision constitutionnelle pour réviser, à sa guise la Constitution, du 2 juin 1991 à deux reprises[15]. N'eût été l'insurrection populaire des 30 et 31 octobre 2014, son troisième projet de révision constitutionnelle portant sur la possibilité de briguer un mandat présidentiel était en passe d'être adopté par l'Assemblée nationale grâce au soutien annoncé de la troisième force politique du Burkina-Faso, en occurrence l'AFD-RDA[16]. À partir de là, on peut se demander si la possibilité de réviser la Constitution par la seule voie parlementaire, nonobstant une majorité qualifiée, assure une protection maximale de la Constitution contre des révisions déconsolidantes[17] de la démocratie surtout dans un système à parti dominant. En général, les chambres parlementaires en Afrique demeurent encore le plus souvent monocolores, c'est-à-dire dégageant une majorité hégémonique pour le Chef de l'État.

L'exemple du Sénégal de 2007 à 2012 est assez évocateur de cette situation. En effet, le Président Abdoulaye Wade, profitant du boycott des élections législatives de 2007 par l'opposition, le front *SIGGIL* Sénégal, se taille une majorité écrasante à l'Assemblée nationale. La coalition présidentielle, l'alliance *SOPI* 2007 recueille à elle seule près de 130 sièges parlementaires sur 150 sièges au total. Cette situation politique conjoncturelle va permettre au Président Wade de procéder une dizaine de fois à des révisions constitutionnelles, le plus souvent fantaisistes, par le recours à la voie parlementaire. En effet, l'article 103 de la Constitution sénégalaise du 22 janvier 2001 permet au président de la République de choisir entre la voie parlementaire et la voie référendaire en ces termes : « le projet ou la proposition de révision de la Constitution est adopté par les assemblées selon

[15] Par la loi constitutionnelle du 27 janvier 1997 et celle du 11 avril 2000.
[16] L'Alliance pour la Démocratie et le Progrès-Rassemblement Démocratique Africain.
[17] I. M. Fall, *Les révisions constitutionnelles au Sénégal. Révisions consolidantes et révisions déconsolidantes de la démocratie sénégalaise*, *op. cit.*, p. 99.

la procédure de l'article 71. La révision est définitive après avoir été approuvée par référendum. Toutefois, le projet ou la proposition n'est pas présenté au référendum lorsque le président de la République décide de le soumettre au Parlement convoqué en Congrès. Dans ce cas, le projet ou la proposition n'est approuvé que s'il réunit la majorité des trois cinquièmes (3/5) des suffrages exprimés. »[18] Deux observations peuvent être faites à ce niveau. D'abord, le Sénat dont il s'agit était composé, aux termes de l'article 1er de la loi organique n° 2007-23 du 22 mai 2007[19], de cent (100) sénateurs dont soixante-cinq (65) nommés directement par le président de la République et le reste, soit trente-cinq (35) sénateurs, élu au suffrage universel indirect par un collège électoral. Une telle institution n'était-elle pas aussi monocolore que l'Assemblée nationale élue en 2007. La deuxième observation est que c'est le président de la République qui choisit de manière presque discrétionnaire[20] entre la voie référendaire et la voie du congrès.

En somme, nous constatons que les procédures de révision constitutionnelle prévues dans le nouveau constitutionnalisme africain restent encore fragiles à cause du caractère hégémonique du parti ou de la coalition présidentiel disposant généralement d'une majorité écrasante au Parlement. Les exemples de révisions constitutionnelles chaotiques du Sénégal en 2011 et du Burkina Faso en 2014 sont des illustrations parfaites de la détermination des citoyens d'être désormais à l'avant-garde contre tout coup d'État constitutionnel. Ismaïla Madior Fall[21] évoque, à ce propos, « la naissance d'un patriotisme constitutionnel » en Afrique. Cependant, la protection de certaines dispositions ou matières constitutionnelles sensibles à travers l'introduction de la clause d'éternité ajoutée à l'audace du juge constitutionnel apparaissent comme des contre-pouvoirs au révisionnisme constitutionnel en Afrique.

B. Les limitations constitutionnelles du pouvoir constituant dérivé

Olivier Beaud soutient que tout changement fondamental de la Constitution doit être interdit au pouvoir de révision[22]. Ce dernier, étant institué, doit être limité. Ainsi, le néo-constitutionnalisme africain se caractérise particulièrement par le renforcement de l'immutabilité constitutionnelle. Il s'agit de l'introduction de dispositions ou matières intangibles, c'est-à-dire insusceptibles de révision constitutionnelle. Il peut s'agir également d'une limitation temporaire ou circonstancielle du pouvoir de révision constitutionnelle.

---

[18] Le constituant sénégalais reprend in extenso l'article 89 de la Constitution française de 1958.
[19] Loi organique portant sur le Sénat.
[20] Par exemple, l'article 27 de la Constitution sénégalaise de 2001 impose la voie référendaire pour toute révision touchant à la durée et au nombre de mandats présidentiels.
[21] I. M. Fall, *Les révisions constitutionnelles au Sénégal. Révisions consolidantes et révisions déconsolidantes de la démocratie sénégalaise*, *op. cit.*, p. 205.
[22] O. Beaud, *La puissance de l'État*. Paris, PUF, « Léviathan », 1994, p. 310.

À l'image du constituant français de 1958 qui a limité le pouvoir constituant dérivé ou institué dans le temps et dans la matière : « La forme républicaine du gouvernement ne peut faire l'objet de révision. Aucune procédure de révision ne peut être engagée ou poursuivie lorsqu'il est porté atteinte à l'intégrité territoriale. »[23] De même, aucune procédure de révision constitutionnelle ne peut être mise en œuvre ou poursuivie durant la « vacance de la présidence de la République[24] », c'est-à-dire durant la période qui s'écoule entre la déclaration du caractère définitif de l'empêchement du président de la République et l'élection de son successeur. Presque toutes les constitutions des États de l'Afrique francophone à l'instar de la Constitution française de 1958 interdisent la révision de la Constitution lorsqu'il est porté atteinte à l'intégrité du territoire et pendant la période de vacance de la présidence de la République[25]. La Constitution sénégalaise du 22 janvier 2001 fait exception à cette règle[26].

La Constitution de la RDC du 18 février 2006 se distingue par l'élargissement des limitations circonstancielles du pouvoir constituant dérivé : « Aucune révision ne peut intervenir pendant l'état de guerre, l'état d'urgence ou l'état de siège ni pendant l'intérim à la Présidence de la République ni lorsque l'Assemblée nationale et le Sénat se trouvent empêchés de se réunir librement. »[27] En outre, nombreuses sont les constitutions des États d'Afrique francophone des années 1990 qui ont maintenu et renforcé l'immutabilité de certaines matières constitution-nelles. Il s'agit là d'une limitation matérielle du pouvoir constituant dérivé par le pouvoir constituant originaire. Cependant, l'immutabilité constitutionnelle a l'inconvénient de rendre des dispositions constitution-nelles éternelles et risque d'assujettir les générations futures aux lois des générations actuelles.

Les constituants béninois de 1990, burkinabé de 1991, nigérien et malien de 1992 se sont particulièrement illustrés par l'élargissement des matières protégées par la clause d'éternité, contrairement, au constituant français de 1958 qui limite le pouvoir constituant dérivé à une seule matière, la forme républicaine du gouvernement. Si cette matière a une vertu prohibitive en France compte tenu de son histoire constitutionnelle, cependant, elle jouit d'une vertu préventive dans les États de l'Afrique subsaharienne francophone

[23] Art. 89 de la Constitution française du 04 octobre 1958. Cette disposition est la suite logique de l'article 94 de la Constitution française de 1946, instruite par l'expérience du 10 juillet 1940, qui interdisait sa révision « au cas d'occupation de tout ou partie du territoire métropolitain par des forces étrangères ».

[24] Dernier alinéa de l'article 7 de la Constitution française du 4 octobre 1958.

[25] Cinquième alinéa de l'article 36 et quatrième alinéa de l'article 118 de la Constitution malienne du 25 février 1992 ; art. 156 al. 1er de la Constitution béninoise du 11 décembre 1990 ; art. 175 al. 1er de la Constitution nigérienne du 25 novembre 2010.

[26] La révision constitutionnelle adoptée lors du référendum constitutionnel du 20 mars 2016 n'a pas pris en compte la limitation temporaire due à l'atteinte de l'intégrité du territoire national.

[27] Art. 219 de la Constitution congolaise (RDC) du 18 février 2006.

qui n'ont jamais connu un régime non républicain depuis la décolonisation[28]. Ainsi, l'article 118 de la Constitution malienne du 25 février 1992 prohibe toute de révision constitutionnelle portant sur : « La forme républicaine de l'État, la laïcité de l'État ainsi que le multipartisme. » Autrement dit, en termes simples, la République du Mali ne peut plus être proposée en une monarchie[29], en un État théocratique musulman ou catholique et enfin, le parti unique ne peut plus jamais être proclamé. C'est également le cas de la Constitution burkinabé du 11 juin 1991 qui introduit une limitation matérielle au pouvoir de révision constitutionnelle : « Aucun projet ou proposition de révision de la Constitution n'est recevable lorsqu'il remet en cause : la nature et la forme républicaine de l'État, le système multipartite, l'intégrité du territoire national[30]. » Quant au constituant béninois de 1990, qui se trouve être le précurseur de cette mue constitutionnelle en Afrique subsaharienne, il a limité à deux matières qui sont non susceptibles de révision constitutionnelle : « La forme républicaine et la laïcité de l'État ne peuvent faire l'objet d'une révision. »[31]

Au demeurant, il s'agit de mesures de sûretés constitutionnelles introduites dans le nouveau constitutionnalisme africain des années 1990. Elles portent généralement sur des dispositions ou matières considérées comme sensibles pour l'avenir des processus encore fragiles de démocratisation en cours. Qu'il s'agisse de la nature ou de la forme républicaine de l'État, du multipartisme, de la laïcité ou encore de l'intégrité territoriale de l'État, ces matières sont considérées comme des acquis démocratiques à préserver. Néanmoins, la pratique des révisions constitutionnelles en Afrique depuis les années 1990 s'inscrit dans le sens du respect de l'intangibilité de ces dispositions ou matières. Aussi, on constate la même dynamique constitutionnelle dans les nouvelles constitutions adoptées depuis le début des années 2000 qui s'inscrivent d'ailleurs dans le sens de l'élargissement des matières ou dispositions intangibles. Les questions liées aux mandats présidentiels demeurent l'enjeu central. Au Sénégal, par exemple, la révision constitutionnelle du 20 mars 2016 vient de rallonger la liste des matières intangibles précédemment limitée à une seule matière « La forme républicaine de l'État[32] ». Ainsi, l'article 103 (nouveau) de la Constitution sénégalaise dispose que : « la forme républicaine de l'État, le mode d'élection, la durée et le

---

[28] I. M. Fall, *L'évolution constitutionnelle du Sénégal de la veille de l'indépendance aux élections de 2007, 2007*, *op. cit.*, p. 163.

[29] Avec le même souci et dans le sens inverse, la Constitution marocaine du 10 mars 1972 déclare intangible la forme monarchique du Maroc. Voir Kemal Gözler, *Le pouvoir de révision constitutionnelle*. Thèse de doctorat. Bordeaux IV, 1995, 774 p.

[30] Art.165 de la Constitution du 11 juin 1991 du Burkina Faso.

[31] Art. 156 de la Constitution béninoise du 11 décembre 1990.

[32] Art. 103 de la Constitution sénégalaise du 22 janvier 2001 modifiée la révision constitutionnelle du 20 mars 2016.

nombre de mandats consécutifs du président de la République ne peuvent faire l'objet de révision. »

Les Constitutions congolaise (RDC) du 18 février 2006, nigérienne du 25 novembre 2010 et mauritanienne[33] sont celles qui ont le plus élargi les matières insusceptibles de révision constitutionnelle.

Le constituant congolais de 2006, tirant les leçons de plusieurs décennies d'instabilité politico-institutionnelle, a procédé au verrouillage constitutionnel de diverses matières dont « La forme républicaine de l'État, le principe du suffrage universel, la forme représentative du Gouvernement, le nombre et la durée des mandats du président de la République, l'indépendance du pouvoir judiciaire, le pluralisme politique et syndical, ne peuvent faire l'objet d'aucune révision constitutionnelle. Est formellement interdite toute révision constitutionnelle ayant pour objet ou pour effet de réduire les droits et libertés de la personne ou de réduire les prérogatives des provinces et des entités territoriales décentralisées »[34]. La Constitution nigérienne du 25 novembre 2010 procède également à la formalisation expresse de l'interdiction de révision constitutionnelle portant sur les matières suivantes « La forme républicaine de l'État, le multipartisme, le principe de la séparation de l'État et de la religion et les dispositions des alinéas 1er et 2 de l'article 47 et de l'article 185 de la présente Constitution[35] ». L'article 47 précité dispose, entre autres, que : « Le président de la République est élu au suffrage universel, libre, direct, égal et secret pour un mandat de cinq (5) ans, renouvelable une (1) seule fois. En aucun cas, nul ne peut exercer plus de deux (2) mandats présidentiels ou proroger le mandat pour quelque motif que ce soit. »[36]

En somme, on observe que les nouvelles constitutions africaines ont tendance à encadrer de manière drastique le pouvoir constituant dérivé dans plusieurs matières considérées, de plus en plus, comme des nouveaux enjeux constitutionnels en Afrique[37]. Par ailleurs, on retrouve à côté des limitations temporaires et matérielles du pouvoir constituant dérivé, une autre forme de limitation qui s'impose progressivement. Elle est surtout l'œuvre du juge constitutionnel. En effet, l'autorité de la chose jugée par la juridiction constitutionnelle est proclamée dans toutes les constitutions des États de

[33] La Constitution du 20 juillet 1991 suspendue puis modifiée et mise en vigueur à la suite de coup d'État en 2005 et réviser également en 2012 à la suite d'un autre coup d'État contre un Président démocratiquement élu.
[34] Art. 220 de la Constitution de la République démocratique du Congo (RDC) du 18 février 2006.
[35] Art. 175 de la Constitution nigérienne du 25 novembre 2010.
[36] Art. 47 al. 1er et 2 de la Constitution nigérienne du 25 novembre 2010.
[37] A. Loada, « La limitation du nombre de mandats présidentiels en Afrique francophone », *Afrilex*, n° 3, 2003, p. 139.

l'Afrique noire francophone[38]. Les décisions des Cours ou Conseils constitutionnels s'imposent à toutes les personnes publiques ou privées, morales ou physiques et à toutes les autorités administratives, militaires et juridictionnelles.

Cependant, qu'en est-il du pouvoir constituant de révision ? Ainsi, le Conseil constitutionnel français fut l'un des précurseurs dans cette œuvre de limitation jurisprudentielle du pouvoir constituant dérivé. Dans sa Décision n° 92-312 DC du 2 septembre 1992 sur le contrôle de constitutionnalité du traité sur l'Union européenne signé le 7 février 1992 à Maastricht, le Conseil a étendu les limites au pouvoir de révision constitutionnelle *aux périodes exceptionnelles telles que prévues par l'article 16 de la Constitution française de 1958*[39]. En Afrique, c'est la Cour constitutionnelle du Bénin qui a posé en premier les jalons d'une limitation jurisprudentielle du pouvoir constituant dérivé à travers sa décision n° DCC 11-067 du 20 octobre 2011.

En effet, la Cour constitutionnelle béninoise, saisie du contrôle de constitutionnalité de la loi organique portant conditions de recours au référendum, semble exclure du domaine du référendum toute révision des matières constitutionnelles qu'elle désigne par « les options fondamentales de la Conférence nationale des Forces Vives ». En effet, la Cour déclare que « Ne peuvent faire l'objet de questions à soumettre au référendum, les options fondamentales de la Conférence nationale de février 1990, à savoir : La forme républicaine et la laïcité de l'État ; L'atteinte à l'intégrité du territoire national ; Le mandat présidentiel de cinq ans, renouvelable une seule fois ; La limite d'âge de 40 ans au moins et 70 ans au plus pour tout candidat à l'élection présidentielle ; Le type présidentiel du régime politique au Bénin »[40]. Pour le Professeur Abdoulaye Soma, la limitation du pouvoir constituant dérivé référendaire n'était peut-être pas le souhait profond du juge constitutionnel béninois, même si c'est le message crypté qui se dégage de sa

---

[38] Voir M. Diakhaté, « Les ambiguïtés de la juridiction constitutionnelle dans les États de l'Afrique noire francophone », *Revue du Droit public et de la Science politique en France et à l'étranger*, 2015, n° 3, p. 807.

[39] En effet, le Considérant dix-neuf (19) de la décision dit que sous réserve, d'une part, des limitations touchant aux périodes au cours desquelles une révision de la Constitution ne peut pas être engagée ou poursuivie, qui résultent des articles 7, 16 et 89, alinéa 4, du texte constitutionnel et, d'autre part, du respect des prescriptions du cinquième alinéa de l'article 89 en vertu desquelles « la forme républicaine du gouvernement ne peut faire l'objet d'une révision », le pouvoir constituant est souverain ; qu'il lui est loisible d'abroger, de modifier ou de compléter des dispositions de valeur constitutionnelle dans la forme qu'il estime appropriée ; qu'ainsi rien ne s'oppose à ce qu'il introduise dans le texte de la Constitution des dispositions nouvelles qui, dans le cas qu'elles visent, dérogent à une règle ou à un principe de valeur constitutionnelle ; que cette dérogation peut être aussi bien expresse qu'implicite.

[40] Quatrième Considérant de la décision n° DCC 11-067 du 20 octobre 2011 contrôle de constitutionnalité de la loi organique portant conditions de recours au référendum.

décision n° DCC 11-067 du 20 octobre 2011 sur les conditions du recours au référendum[41].

Par ailleurs, les professeurs Adama Kpodar et Dodzi Kokoroko[42] se sont interrogés : la Cour constitutionnelle du Bénin peut-elle soumettre, aux « Options fondamentales de la Conférence nationale », le peuple souverain dans l'exercice de son pouvoir de révision constitutionnelle ? Selon le point de vue du Professeur Adama Kpodar, le juge consti-tutionnel béninois a dans cette décision parachevé une évolution encore tremblotante dans d'autres démocraties[43]. En admettant que le pouvoir constituant dérivé *ad* référendum peut être limité par des limitations d'origine jurisprudentielle, la Cour constitutionnelle béninoise s'érige ainsi comme un rempart aux atteintes pouvant être portées par les autres pouvoirs institués à l'esprit et à la lettre de la Constitution. Autrement dit, en consacrant l'existence de « murs infranchissables » ou de « limites non expresses », le juge de l'interprétation de la Constitution ne fait pas, en réalité, œuvre de création ou d'invention de nouvelles limites mais d'approfondissement de celles déjà contenues dans la Loi fondamentale et qui ont un lien avec ses idées forces[44]. De son côté, le professeur Dodzi Komla Kokoroko estime que la limitation juris-prudentielle du pouvoir constituant dérivé référendaire est contestable sur le plan juridique même si elle peut être politiquement défendable[45].

Ainsi, l'inaliénabilité du pouvoir constituant du peuple a été particulièrement défendue par Sieyes[46]. Pour l'auteur, il ne s'agit que de la théorie démocratique du pouvoir constituant du peuple que l'on opposait à l'absolutisme royal[47].

En outre, le Conseil constitutionnel du Burkina Faso semble suivre la voie tracée par la Cour Constitutionnelle du Bénin lorsqu'il admet, dans sa décision n° 2012-008/CC du 26 avril 2012, d'une part, *sa compétence de contrôler la*

---

[41] A. Soma, « Observations sous Décision n° DCC11-067 du 20 octobre 2011 de la Cour constitutionnelle du Bénin/Contrôle de constitutionnalité de la loi organique portant conditions de recours au référendum », *in Annuaire béninois de justice constitutionnelle*, Dossier Spécial, 21 ans de jurisprudence de la Cour constitutionnelle du Bénin. Presses Universitaires du Bénin, 2014, p. 130.

[42] A. Kpodar et D. K. Kokoroko, « Commentaire croisé de la décision DCC 11-067 du 20 octobre 2011 de la Cour constitutionnelle du Bénin sur le contrôle de constitutionnalité de la loi organique portant conditions de recours au référendum », *in Annuaire béninois de justice constitutionnelle*. Presses Universitaires du Bénin, 2014, p. 699.

[43] En effet, le juge constitutionnel béninois avait déjà annoncé les couleurs en posant des limites non expressément prévues par la Constitution au pouvoir de révision parlementaire. On se souvient de sa décision DCC 06-074 du 08 juillet 2006 où il avait posé le principe constitutionnel de « Consensus national ».

[44] A. Kpodar soutient une extension intelligible des limites jurisprudentielles par la construction d'un bloc de principes jurisprudentiels d'éternité constitutionnelle.

[45] *Ibidem*, p. 718.

[46] Cité par C. Schmitt, *La Théorie de la Constitution*. Paris, Quadrige / PUF, 2008, p. 229.

[47] *Ibid., id.*

constitutionnalité matérielle d'une loi constitutionnelle en l'absence de texte explicite et, d'autre, lorsqu'il complète d'autorité judiciaire les normes opposables au pouvoir de révision constitutionnelle[48]. Cependant, à côté de cette œuvre jurisprudentielle en cours, le juge constitutionnel togolais s'est laissé *apprivoiser par le politique*[49] qui n'a pas hésité à faire sauter le *verrou constitutionnel*[50] sur l'interdiction de réviser la Constitution pendant la vacance de la présidence de la République. En effet, le 6 février 2005, à la suite du décès du Président Gnassingbé Eyadema, les députés togolais procédèrent à la modification de deux dispositions fondamentales de la Constitution du 27 septembre 1992, en l'occurrence, les articles 65 et 144. Le premier article organisait la vacance de la présidence de la République et le second portait sur l'interdiction de procéder à une révision de la Constitution en période d'intérim, de vacance ou d'atteinte à l'intégrité du territoire. Cette révision constitutionnelle opportune avait pour conséquence immédiate d'empêcher Fambaré Natchaba Ouattara[51] d'assurer l'intérim du président de la République décédé. Par la même occasion, elle permettait à Faure Eyadema, fils biologique du Président défunt, d'accéder à la magistrature suprême. Il s'agit là d'une situation inédite qui dénote de la perméabilité du juge constitutionnel togolais aux ingérences politiques[52]. Cette perméabilité porte en elle-même les germes de dissolution de la normativité qui gangrènent l'œuvre jurisprudentielle du juge constitutionnel africain[53]. Le cas togolais a poussé certainement plusieurs constituants africains à verrouiller en plus des objets ou matières constitutionnels, les articles ou alinéas qui les contiennent en verrouillant ainsi le contenu et le contenant. Par exemple, le constituant nigérien du 25 novembre 2010 a verrouillé autant les alinéas 1er et 2 de l'article 47 qui ne peuvent plus être proposés à une modification. De même, au Sénégal, la révision constitutionnelle adoptée le 20 mars 2016 s'inscrit également dans cette dynamique avec le verrouillage de l'alinéa 7 de l'article 103 (nouveau)[54].

---

[48] Voir S. Bolle, « Le Conseil constitutionnel annule une révision dangereuse : Observations sous Décision n° 2012-008/CC du 26 avril 2012 Conseil constitutionnel du Burkina Faso », sur le site : http :
www.la-constitution-en-afrique.org/, Consulté le 22 novembre 2015.

[49] F. J. Aïvo, *Le président de la République en Afrique noire francophone*, *op. cit.*, p. 537.

[50] M. Diakhaté, « Les ambiguïtés de la juridiction constitutionnelle dans les États de l'Afrique noire francophone », *op. cit.*, p. 809.

[51] Président de l'Assemblée nationale et dauphin constitutionnel en cas de vacance de la présidence de la République.

[52] J. L. Atangana Amougou, « Les révisions constitutionnelles dans le nouveau constitutionnalisme africain », 2007, *op. cit.*, pp. 583-622.

[53] M. Diakhaté, *ibid.*, p. 809.

[54] L'alinéa 7 de l'article 103 (nouveau) de la Constitution sénégalaise dispose que : « la forme républicaine de l'État, le mode d'élection, la durée et le nombre de mandats consécutifs du président de la République ne peuvent faire l'objet de révision ».

Ainsi, après avoir analysé le régime juridique de la procédure de révision constitutionnelle à la lumière du néo-constitutionnalisme africain, il appert de voir maintenant la pratique des révisions constitutionnelles sous la Troisième République malienne.

II. La pratique de révisions constitutionnelles sous la Troisième République

Ainsi, nous allons analyser les deux tentatives de révisions constitutionnelles enregistrées jusque-là sous la troisième République malienne à l'aune de cette classification afin de mieux comprendre les raisons de leur échec ou leur abandon avant terme. En effet, les deux projets de révisions constitutionnelles d'initiatives présidentielles (exécutif) mis en œuvre sous la Troisième République malienne n'ont jamais abouti à la révision effective de la Constitution du 25 février 1992. Aucun des deux projets n'a pu franchir l'étape cruciale du référendum constitutionnel. Il s'agit de *révisions constitutionnelles interrompues pour des raisons conjoncturelles*[55]. En effet, initiées toutes deux sur la base de la procédure normale de révision, les deux lois constitutionnelles ont été adoptées à la majorité requise en 2001 et en 2011, mais la seconde n'a pas pu être abordée.

Il convient, dès lors, d'analyser les facteurs explicatifs de l'échec des deux projets de révision constitutionnelle sous la Troisième République malienne.

A. L'échec du projet de révision constitutionnelle initié sous la présidence d'Alpha Oumar Konaré (1992-2002)

En 1997, la troisième République malienne a failli chavirer à cause de la gestion chaotique des élections générales. Le pays a, dès lors, été plongé dans une crise politique et institutionnelle majeure. Pour la sortie de crise, le Chef de l'État, Alpha Oumar Konaré, avait proposé à la classe politique malienne la tenue d'un forum politique national en vue de repenser les textes fondamentaux de la Troisième République afin de mieux rationnaliser la pratique institutionnelle.

1. La révision constitutionnelle comme solution à la crise politico-électorale de 1997 : la convocation du Forum politique national

C'est au cours de son deuxième et dernier mandat présidentiel (1997-2002) que le premier Président de la Troisième République a initié un projet de révision constitutionnelle sur la base d'une large concertation nationale[56]. L'initiative présidentielle est intervenue dans un contexte politique et institutionnel tendu entre la majorité présidentielle et l'opposition politique. Ainsi, les recommandations du Forum politique national de Bamako tenu du

---

[55] C. Leclercq, *Droit constitutionnel et institutions politiques*. Paris, Litec, 9e éd., 1995, p. 473.

[56] Avec l'organisation des *fora* régionaux sur la réforme institutionnelle qui ont abouti à l'organisation du Forum politique national de Bamako tenu du 21 au 29 janvier 1999.

21 au 29 janvier 1999 ont permis au Chef de l'État de mettre en branle la procédure de révision de la Constitution du 25 février 1992 en adressant la lettre n° 056/PRM-SG du 04 mai 1999 au président de l'Assemblée nationale portant dépôt d'un projet de loi constitutionnelle.

Dans sa correspondance, le président de la République a ainsi exposé les raisons fondamentales de son initiative de révision constitutionnelle : « J'ai l'honneur de vous adresser ci-joint, pour soumission à la délibération et au vote de l'Assemblée nationale, le projet de loi constitutionnelle portant révision de la Constitution du 25 février 1992. La révision de la Constitution, dont j'ai pris l'initiative en application de l'article 118 de notre Loi fondamentale, procède du souci d'adapter les institutions de la Troisième République à l'évolution de certaines situations et à des réalités et attentes. La Constitution fondatrice de la Troisième République a été adoptée par référendum organisé le 12 janvier 1992 et promulguée par décret n° 92-073/P-CTSP du 25 février 1992. Elle a posé les bases juridiques et institutionnelles de l'ancrage d'un État de droit et de démocratie pluraliste dans notre pays. Le fonctionnement pendant plus de sept ans des organes constitutionnels mis en place a fait apparaître le besoin d'une adaptation des institutions et d'une meilleure formulation de certaines dispositions de la Loi fondamentale. C'est à cette tâche que s'est attelé le Forum Politique National réuni à Bamako du 21 au 29 janvier 1999. Au cours de cette rencontre, les représentants des formations politiques, de l'administration et de la société civile ont formulé des propositions de modification de certaines dispositions de la Constitution. Le projet qui vous est soumis s'inscrit dans la perspective du renforcement du processus démocratique dans notre pays et de la consolidation de l'État de droit. Au fond, les propositions de réforme ne remettent en cause ni les données fondamentales, ni l'esprit du régime constitutionnel mis en place[57]. » En guise d'analyse des raisons qui sous-tendent l'initiative de révision constitutionnelle contenues dans la lettre de transmission, on peut retenir, comme principale motivation, le réajustement et l'adaptation des institutions constitutionnelles aux réalités de la pratique institutionnelle. Jouissant d'une majorité confortable à l'Assemblée nationale, le projet de loi constitutionnelle initié par le Président Alpha Oumar Konaré est adopté par 120 députés, 27 voix contre et aucune abstention[58].

2. Le contenu du projet de loi de révision constitutionnelle issu du Forum politique national

Les principales modifications contenues dans la loi n° 00-54/AN-RM du 21 juillet 2000 portant révision de la Constitution du 25 février 1992 concernent essentiellement la physionomie des institutions. Ainsi, le nombre

---

[57] Extrait de la lettre n° 056/PRM-SG du 4 mai 1999 du Président de la République au Président de l'Assemblée nationale.

[58] La majorité qualifiée requise des 2/3 correspondant à 98 voix sur 147.

des institutions constitutionnelles passait de huit à six. L'alinéa 3 (nouveau) de l'article 25 énumère les institutions de la République comme suit : « Le président de la République, l'Assemblée nationale, le Haut Conseil des collectivités, la Cour constitutionnelle et le Conseil Economique, Social et Culturel. »

Dans cette reconfiguration institutionnelle, l'innovation majeure restait la transformation du Haut Conseil des collectivités en une seconde chambre parlementaire. Il s'agissait de l'instauration d'un bicaméralisme inégalitaire en faveur de l'Assemblée nationale. Cependant, même avec la création d'un Parlement à deux chambres, la possibilité de réviser la Constitution malienne par la seule voie parlementaire n'était pas prévue dans la nouvelle loi constitutionnelle. Ainsi, pour réviser la Constitution selon la procédure normale prévue à l'article 118, il faut toujours passer par la double étape parlementaire et référendaire[59]. Par ailleurs, le projet de révision constitutionnelle de 2000 procède curieusement à reléguer deux institutions importantes de la République, à savoir la Cour suprême et la haute Cour de Justice. D'ailleurs, la Constitution du 25 février 1992 fait de la Cour suprême, l'incarnation du pouvoir judiciaire et de la Haute Cour de justice, l'institution chargée de juger le président de la République et les ministres poursuivis pour des infractions qualifiées de haute trahison ou de crimes commis dans l'exercice de leurs fonctions[60]. Ainsi, la Cour suprême était proposée à se dissoudre dans trois nouvelles hautes juridictions de Cassation dont une Cour de cassation, un Conseil d'État et une Cour des comptes[61] qui ne feront plus partie du rang des institutions de la République. En ce qui concerne la proposition de déconstitutionnaliser la Haute Cour de justice, on pourrait se demander s'il ne s'agissait pas, à vrai dire, d'une proposition visant à fragiliser une institution de la République chargée de juger éventuellement les gouvernants eux-mêmes.

En d'autres termes, le projet de réforme constitutionnelle d'Alpha Oumar Konaré renforçait la protection de certaines matières ou dispositions par des garde-fous constitutionnels. Ainsi, en cas de vacance de la présidence de la République pour quelque cause que ce soit ou d'empêchement absolu ou définitif constaté par la Cour Constitutionnelle, l'intérim du président de la République est assuré par une seule autorité à savoir le président de l'Assemblée nationale[62]. Cependant, dans l'hypothèse d'un éventuel

---

[59] Par le maintien de cette procédure, la Constitution malienne du 25 février 1992 reste l'une des plus rigides en Afrique subsaharienne. Elle ne peut être révisée que la double voie parlementaire et référendaire combinée.

[60] Cependant, les chefs d'inculpation pour la mise en accusation du président de la République devant la Haute Cour de justice sont dissociés de ceux des membres de gouvernements.

[61] Le président de la République, Alpha Oumar Konaré, reconnaît dans sa lettre de transmission du projet de la loi constitutionnelle de 2000 que « La Cour suprême disparaît de la liste des institutions mais aussi cesse d'exister comme la plus haute instance du pouvoir judiciaire ».

[62] Art. 36 al. 2 de la Constitution du 25 février 1992.

empêchement de celui-ci d'assurer l'intérim du président de la République, la Constitution du 25 février 1992 ne prévoit aucun mécanisme pour pallier l'empêchement du Président intérimaire. C'est pourquoi, dans le projet de révision constitutionnelle, il était prévu qu'en cas d'empêchement du président de l'Assemblée nationale, le président du Haut Conseil des collectivités[63] assure l'intérim du président de la République (art. 36 al. 2 nouveau). En outre, les délais pour l'organisation des nouvelles élections en cas de vacance de la présidence de la République ou en cas de dissolution de l'Assemblée nationale ont été rallongés. On retient également la clarification de l'article 30 de la Constitution de 1992 relative à la limitation du mandat présidentiel à deux. La nouvelle formulation proposée était la suivante : « Nul ne peut être élu Président de la République pour plus de deux mandats », qu'ils soient consécutifs ou espacés.

En outre, le serment du président de la République élu est prononcé devant la Cour constitutionnelle en lieu et place de la Cour suprême. Cette réforme est logique dans la mesure où la Cour constitutionnelle est le juge du contentieux de l'élection présidentielle.

De même, la condition de « la nationalité malienne d'origine » requise à l'article 31 pour être candidat aux fonctions de président de la République est atténuée au profit de la condition de « la nationalité malienne » tout court. Cette proposition peut être considérée comme une réforme volontariste si l'on se réfère au cas ivoirien qui avait plongé ce pays voisin dans un chaos politique sans précédent.

En somme, le projet de révision constitutionnelle initié par le Président Alpha Oumar Konaré pourrait contribuer à combler des lacunes ou insuffisances de la Constitution du 25 février 1992 révélées par la pratique institutionnelle. En effet, la crise politico-institutionnelle, ayant profondément secoué le Mali depuis le 22 mars 2012, a mis à nu beaucoup de lacunes constitutionnelles, notamment la brièveté de la période intérimaire en cas de vacance de la présidence[64] ; aucune autorité constitutionnelle n'est prévue pour assurer l'intérim d'un Président par intérim en cas d'empêchement temporaire ou définitif de celui-ci. En effet, les quarante jours prévus par la Constitution se sont révélés trop courts pour sereinement organiser une nouvelle élection présidentielle crédible. En outre, le fait qu'une seule autorité soit prévue expressément par la Constitution, pour assurer l'intérim du président de la République en cas de vacance, a failli. En effet, le Président par intérim Dioncounda Traoré était tombé à son tour, sous le coup d'un empêchement d'exercer ses fonctions, suite à son agression physique par des

---

[63] Le président de la deuxième chambre parlementaire devient ainsi la troisième personnalité de l'État.

[64] Art. 36 al. 4 de la Constitution du 25 février 1992 dispose que « L'élection du nouveau Président a lieu vingt-et-un jours au moins et quarante jours au plus après constatation officielle de la vacance ou du caractère définitif de l'empêchement ».

manifestants au palais présidentiel de Koulouba. Le Mali, en pleine crise politico-institutionnelle et sécuritaire, est resté acéphale, c'est-à-dire, sans Chef d'État, plusieurs mois durant du fait qu'aucun mécanisme constitutionnel de remplacement du Président par l'intérim n'était prévu. Tous les décrets présidentiels durant cette période étaient expédiés et signés sur le territoire français où se trouvait le président par intérim en convalescence. Le projet de révision constitutionnelle avorté du Président Alpha Oumar Konaré aurait permis de résoudre de pareilles fragilités institutionnelles.

Une dizaine d'années après l'échec de l'initiative de révision d'Alpha Oumar Konaré, son successeur, le Président Amadou Toumani Touré, décide à son tour d'initier un nouveau projet de révision constitutionnelle.

B. L'échec du projet de révision constitutionnelle initié sous la présidence d'Amadou Toumani Touré (2002-2012)

Après l'échec du projet de modification de la constitution du 25 février 1992 sous la présidence d'Alpha Oumar Konaré, le deuxième président de la Troisième République, Amadou Toumani Touré, crée un comité d'experts de réflexion sur les institutions et la pratique de la démocratie. Comme son prédécesseur, le Président ATT entame aussi son processus de révision constitutionnelle au cours de son deuxième et dernier mandat présidentiel.

1. La volonté d'approfondissement de la pratique démocratique par la révision constitutionnelle : l'installation du Comité d'experts Daba Diawara

Le président de la République, suivant la lettre de mission n° 00000030/PRM du 20 février 2008, a chargé Monsieur Daba Diawara[65] de conduire un comité d'experts pour mener une réflexion sur la consolidation de la démocratie au Mali. Les recommandations du Comité d'experts seront assorties de propositions de révision constitutionnelle. Ainsi, l'objectif principal visé par le Chef de l'État était d'obtenir des propositions concrètes dont la mise en œuvre permettrait « de clarifier davantage les compétences des institutions de la République ainsi que leurs relations réciproques, et au besoin, de renforcer lesdites compétences et relations ; de corriger les lacunes et les insuffisances révélées par la pratique institutionnelle et, d'une manière générale, d'améliorer le système électoral et le mode de financement des partis politiques et de donner à l'opposition les moyens politiques, juridiques et financiers lui permettant d'exercer son rôle et de garantir ses droits »[66]. Tels sont, entre autres, les termes de référence de cette nouvelle tentative de révision constitutionnelle au Mali. Tout comme son prédécesseur, le Président

---

[65] Daba Diawara, Homme politique malien, ancien ministre. Il est le fondateur du Parti de l'Indépendance pour la Démocratie et la Solidarité (PIDES).

[66] Rapport final du Comité d'experts dirigé par le ministre Daba Diawara.

Amadou Toumani Touré avait choisi la procédure normale de révision prévue à l'article 118 de la Constitution du 25 février 1992.

L'option pour cette procédure normale de révision de la Constitution, dans les deux cas, s'explique par le fait que les Présidents Amadou Toumani Touré et Alpha Oumar Konaré disposaient chacun de confortables majorités parlementaires. Dans ce cas, le risque de voir l'Assemblée nationale opposer son véto à la révision constitutionnelle est écarté. En plus, le choix de procédure normale dans les deux cas peut s'expliquer également par la recherche d'un large consensus autour du projet de révision de la Constitution. Dans les deux situations, les Présidents Konaré et Touré n'ont jamais caché leur volonté d'impliquer l'ensemble des couches socio-politiques nationales aux processus de révision depuis l'élaboration du projet jusqu'au parachèvement du processus à travers le référendum constituant. Le professeur Ismaïla Madior Fall aperçoit, dans les deux initiatives de révisions constitutionnelles au Mali, une démarche participative et consensuelle[67]. À ce titre, il évoque « une tradition de révérence de la Constitution du 25 février 1992 initiée par le Président Alpha Oumar Konaré et respectée par son successeur le Président Amadou Toumani Toure »[68].

Le Comité d'experts Daba Diawara, une fois renvoyé à l'exercice de ses missions a privilégié une méthodologie qualitative en ce sens qu'il a très tôt cherché à écouter plus d'une centaine de personnes notamment les présidents et anciens présidents d'institutions, les chefs de partis politiques, les universitaires, les hauts cadres de l'administration malienne, les membres de la société civile voire les experts étrangers. À l'issue de la remise solennelle du rapport du Comité d'Experts Daba Diawara sur les institutions et la consolidation de la démocratie le 13 octobre 2008, le président de la République a décidé lors de son discours à la nation du 31 décembre 2009, de traduire lesdites propositions en projet de loi de révision de la Constitution du 25 février 1992. À cet effet, un Comité d'appui aux réformes institutionnelles (CARI) a été créé et chargé de transcrire les propositions du Comité d'experts en projet de loi constitutionnelle. Ainsi, le président de la République, après délibération du Conseil des Ministres du 15 juin 2011 et avis de la Cour suprême, a instruit le Premier ministre de procéder au dépôt du projet de loi portant révision de la Constitution sur le bureau de l'Assemblée nationale. Réunis en séance plénière le 2 août 2011, les députés de la troisième législature de l'Assemblée nationale du Mali ont adopté la loi constitutionnelle n° 11-056/AN-RM portant révision de la Constitution du 25 février 1992, avec une majorité écrasante de 141 voix pour/147 voix, 03 voix contre et une abstention.

---

[67] I. M. Fall, *Les révisions constitutionnelles au Sénégal. Révisions consolidantes et révisions déconsolidantes de la démocratie sénégalaise*, *op. cit.*, p. 173.
[68] *Ibid.*

2. Le contenu du projet de loi de révision constitutionnelle issu des recommandations du Comité d'experts Daba Diawara

Compte tenu de l'importance des 233 propositions de relecture des textes fondamentaux issus des recommandations du Comité d'Experts Daba Diawara, nous nous limiterons essentiellement aux modifications substantielles qui ont été retenues dans la loi constitutionnelle n° 11-056/AN-RM du 02 août 2011 portant révision de la Constitution du 25 février 1992[69]. Ainsi, au titre du préambule de la Constitution du 25 février 1992, deux propositions majeures ont été faites. D'abord, la référence à la Charte de *Kurukan Fuga*[70] de 1236. Cette Charte fondamentale a été insérée dans le préambule de la Constitution du 25 février 1992 : « Le peuple souverain du Mali, […] – déterminé à veiller au respect des principes et valeurs énoncés dans la Charte de Kurukan Fuga ». Il s'agit de la réhabilitation d'un corpus de règles élaboré au XIIe siècle, sous l'égide de l'Empereur du Mali Soundiata Keita. Le constituant avait pris le soin de retenir les seuls principes de la charte qui sont « compatibles avec ceux de l'État de droit ». Par la même veine, une référence aux résistants nationaux à la conquête coloniale, aux pères fondateurs, ainsi qu'aux martyrs de la République du Mali est introduite au premier chapeau du préambule de la Constitution comme suit : « Le Peuple souverain du Mali, fort de ses traditions de lutte héroïque, engagé à rester fidèle aux idéaux des hommes et des femmes qui se sont battus contre la conquête coloniale, pour l'indépendance du Mali et l'avènement d'un État de droit et de démocratie pluraliste. » La version originale de cet alinéa se limite seulement « aux idéaux des victimes de la répression et des martyrs tombés sur-le-champ d'honneur pour l'avènement d'un État de droit et démocratie pluraliste ». Ici, allusion est faite seulement aux victimes et martyrs de la répression de la dictature du général Moussa Traoré. Ainsi, les préambules des constitutions africaines ont désormais une forte dimension historique. Ils retracent les vicissitudes d'un passé constitutionnel avec lequel il faut rompre et dessinent un futur constitutionnel qu'il faut s'atteler à construire. Dans chacun d'entre eux, le souverain primaire rejette les pratiques éhontées et les antivaleurs des anciens régimes et adhère à un corpus de pratiques et de valeurs positives, qui sont au fondement de l'État de droit et de démocratie pluraliste à édifier. Le *plus jamais ça* prédomine dans la plupart des nouvelles constitutions africaines. Après le préambule, une cohorte importante de modifications touchait aux institutions de la République. Ainsi, le nombre des institutions de la République a subi une réduction. De huit institutions constitutionnelles, on est passé à sept. Deux institutions étaient proposées à la suppression. Il s'agissait de la Haute Cour de justice (sixième institution) et du Haut Conseil des collectivités (septième institution). Si l'on peut aisément

[69] Publiée au *Journal Officiel* spécial de la République du Mali, n° 2 du 15 février 2012, pp. 5-16.
[70] Voir la traduction de la Charte de Kurukan Fuga dans la partie Annexe de la thèse.

comprendre la proposition de suppression du HCC puisqu'il sera dissous dans le futur Sénat, celle de la Haute Cour de justice suscite la même interrogation qu'avait suscitée le projet de révision constitutionnelle avorté du Président Alpha Oumar Konaré[71].

La Cour suprême était maintenue avec deux sections (judiciaire et administrative)[72], la troisième section étant érigée en Cour des Comptes en application de la directive communautaire de l'UEMOA. L'innovation institutionnelle majeure restait la création d'un Sénat comme seconde chambre parlementaire[73]. Par ailleurs, en ce qui concerne la nature du régime politique de la Troisième République du Mali, les réformes institutionnelles ont préconisé le maintien du régime semi-présidentiel actuel avec un exécutif bicéphale composé du Président de la République, Chef de l'État et du Premier ministre, chef du gouvernement. Le gouvernement reste responsable devant l'Assemblée nationale qui peut le renverser par une motion de censure. En outre, l'Assemblée nationale peut être dissoute par le Président de la République.

Tout aussi, le gouvernement ne détermine plus la politique de la nation. Cette prérogative revient expressément au président de la République et le gouvernement était chargé de conduire la politique de la nation[74]. Une telle réforme peut-être motivée par le fait que dans la pratique institutionnelle de la Troisième République malienne, c'est le président de la République qui a toujours défini les contours de la politique générale. Au surplus, le président de la République peut désormais révoquer unilatéralement le Premier ministre sans la condition préalable de la présentation de la démission du gouvernement. Ainsi, dans un tel système, la possibilité de cohabitation avec une majorité parlementaire hostile à la politique du président de la République n'est pas totalement écartée. C'est pourquoi, une telle réforme risque de créer ou d'amplifier l'instabilité politique et institutionnelle si la loi n° 11-056/AN-RM du 02 août 2011 portant révision de la Constitution du 25 février 1992 était définitivement adoptée. Aux termes de l'article 36 (nouveau prévu), en cas de vacance de la présidence de la République ou d'empêchement absolu ou définitif du président de la République, son intérim est assuré par le président de l'Assemblée nationale. Si celui-ci est à son tour empêché, l'intérim du président de la République est assuré par le président du Sénat et en cas d'empêchement de ce dernier, il est assuré par le Premier ministre. L'élection du nouveau Président a lieu quatre-vingt-dix jours au moins et cent vingt jours au plus, après la constatation officielle de la vacance ou du caractère définitif

---

[71] Il pourrait s'agir d'une volonté présidentielle de rétrograder institutionnellement une Cour chargée de juger exclusivement le Président de la République et les Ministres pour des faits qualifiés de haute trahison ou de crimes commis à l'occasion de l'exercice de leurs fonctions.
[72] Art. 66 de la loi constitutionnelle n° 11-056 AN-RM du 2 août 2011.
[73] Art. 7 de la loi constitutionnelle n° 11-056 AN-RM du 2 août 2011.
[74] Art. 10 de la loi constitutionnelle n° 11-056 AN-RM du 2 août 2011.

de l'empêchement. Le rallongement de la durée de la période intérimaire se justifie par la nécessité d'un temps raisonnable pour l'organisation d'élections crédibles.

Une autre innovation importante formulée dans le projet de révision initié par le Président Amadou Toumani Touré, était l'admission des « questions prioritaires de constitutionnalité (QPC)[75] » par la possibilité du contrôle de constitutionnalité des lois et des engagements inter-nationaux par voie d'exception : « Lorsque, à l'occasion d'une instance en cours devant une juridiction, il est soutenu qu'une disposition législative ou un engagement international porte atteinte à l'un des droits fondamentaux reconnus à toute personne par la Constitution, la Cour constitutionnelle peut être saisie de cette question suivant les modalités définies par la loi organique déterminant l'organisation et le fonctionnement de la Cour constitutionnelle ainsi que de la procédure suivie devant elle[76] ». Par ailleurs, les anciens présidents de la République jouissant de leurs droits civiques pouvaient siéger à vie comme membres de droit à la Cour constitutionnelle. Aux termes de la révision constitutionnelle, le Président de la Cour constitutionnelle serait nommé par le Président de la République. Aussi, les neuf membres de la Cour constitutionnelle seront désignés comme suit : trois membres nommés par le président de la République, deux membres désignés par le Président de l'Assemblée nationale, deux membres par le Président du Sénat et deux membres par le Conseil supérieur de la magistrature pour un mandat unique de 9 ans renouvelable au tiers tous les trois ans[77].

Par ailleurs, face à la faible représentation des femmes aux postes électives, le Comité Daba Diawara a proposé une discrimination positive en faveur des femmes[78]. Ainsi, l'article 2 de la Constitution du 25 février 1992 était complété par un nouvel alinéa qui dispose : « Toutefois, l'accès des femmes aux mandats électoraux et fonctions électives peut être favorisé par des mesures particulières définies par la loi et les textes réglementaires. » Cette proposition peut s'analyser encore une fois comme le *suivisme* avec la Constitution française du 04 octobre 1958. En somme, les différentes propositions de réformes politiques et institutionnelles contenues dans les deux projets de révision constitutionnelle peuvent être considérées comme faisant partie des propositions consolidantes de la pratique démocratique sous la Troisième République. En effet, on constate un certain respect profond des options constitutionnelles fondamentales[79] considérées comme les acquis

---

[75] Voir D. Rousseau (dir.), *La question prioritaire de constitutionnalité*. Paris, Gazelle du Palais, Vol.1, 2010, 233 p.

[76] Art. 90 al.1 nouveau prévue dans la loi constitutionnelle n° 11-056 AN-RM du 2 aout 2011.

[77] Art. 72 de la loi constitutionnelle n° 11-056 AN-RM du 02 août 2011.

[78] Le nombre des femmes élues députés par législature sous la Troisième République dépasse difficilement une dizaine de femmes sur plus de cent trente parlementaires hommes.

[79] Parmi ces options constitutionnelles fondamentales, on peut citer le maintien d'un régime semi-présidentiel, la limitation du mandat présidentiel à deux, la durée du mandat présidentiel

démocratiques de la révolution du 26 mars 1991 à travers les deux projets de révision constitutionnelle initiés par les Présidents Konaré et Touré. À titre illustratif, les deux projets de révision constitutionnelle ne mettaient pas en cause ni la durée, ni le nombre de mandat du président de la République.

En définitive, ces deux expériences d'échec du processus de révision constitutionnelle initié sous la Troisième République malienne doivent être capitalisées afin de mieux dissocier dans le projet de révision constitutionnelle à venir, les dispositions consolidantes des dispositions déconsolidantes de la démocratie car l'électeur devient, de plus en plus, rationnel dans ses choix.

---

de cinq ans, le multipartisme, l'attachement aux droits et libertés fondamentaux, le principe de la rigidité constitutionnelle, le caractère indivisible et l'intégrité du territoire national.

La sagesse du juge constitutionnel africain. Analyse à la lumière des expériences des Cours constitutionnelles sud-africaine et béninoise

Thierno Saïdy Nourou Sall
Docteur en Droit public
Université Cheikh Anta Diop de Dakar

Introduction

L'évolution du droit de la Constitution à la Constitution du droit[1] est rendue possible d'une part, par l'immixtion du juge dans la science constitutionnelle et, d'autre part, par l'introduction des questions contentieuses dans le droit constitutionnel[2]. Dans ce sens, Ismaïla Madior Fall souligne que « le développement quantitatif et qualitatif de la justice constitutionnelle réhabilite et "rejuridicise" le droit constitutionnel en lui donnant sa vraie dignité dans la science juridique »[3]. La jurisprudence est devenue aujourd'hui l'une des sources les plus importantes du droit constitutionnel moderne. Dans cette nouvelle approche, le droit constitutionnel est de moins en moins un droit d'action entre les mains des autorités politiques mais devient de plus en plus un droit équilibrant les rapports entre les pouvoirs publics et les citoyens[4]. Le juge est au cœur du droit constitutionnel moderne qui devient un droit essentiellement jurisprudentiel. Le droit constitutionnel jurisprudentiel devient ainsi un droit majeur qui se dit, selon Babacar Kanté « avec un chœur à trois voix : le législateur, le juge et la doctrine »[5].

Le juge constitutionnel africain, même si on note parfois quelques égarements de sa part[6], reste sur le chemin qu'on lui a tracé pour le triomphe

---

[1] L. Favoreu, « Le droit constitutionnel : droit de la Constitution et constitution du droit », *Revue française de droit constitutionnel*, 1990, n° 1, p. 71 ; J.-L. Atangana Amougou, « La constitutionnalisation du droit en Afrique : L'exemple de la création du Conseil constitutionnel camerounais », *Annuaire international de justice constitutionnelle*, XIX-2003, pp. 45 et s.

[2] A. Viala, « Le droit constitutionnel à l'heure du tournant arrêtiste. Questions de méthode », *Revue du droit public*, 2016 - n° 4, p. 1137.

[3] I. M. Fall (dir.), *Les décisions et avis du Conseil constitutionnel du Sénégal*. Dakar, CREDILA, 2008, p. 22.

[4] B. Kanté, « préface », *Les décisions et avis du Conseil constitutionnel du Sénégal*. CREDILA, 2008, p. 13.

[5] *Ibid*, p. 12.

[6] Dans ce sens voir les deux décisions du Conseil constitutionnel ivoirien : Décision n° CI-2010-EP-34/03-12/CC/SG du 3 décembre 2010 portant proclamation des résultats définitifs de l'élection présidentielle du 28 novembre 2010 et Décision n° CI-2011-EP-036/04/CC/SG du 04 mai 2011 portant proclamation de Monsieur Alassane Ouattara en qualité de Président de la République de Côte d'Ivoire. Dans la première décision le Conseil proclame Monsieur Gbagbo,

de la justice constitutionnelle. Le juge constitutionnel africain est demeuré comme un satellite[7] car il ne s'est pas déplacé sur l'orbite où les constituants l'avaient placé, c'est-à-dire l'espoir que le peuple portait en lui. Dès lors, il suffit seulement de jeter un coup d'œil sur la jurisprudence des juridictions constitutionnelles africaines pour se rendre compte que le juge constitutionnel africain a élaboré des politiques jurisprudentielles dignes de ce nom et qui pourraient inspirer les juges constitutionnels des autres continents. La justice constitutionnelle africaine est entrée dans l'histoire universelle. Elle devient ainsi un produit jurisprudentiel « importable » vers d'autres pays de grande démocratie. Sindjoun soutient que « la justice constitutionnelle africaine n'est pas une monade close ; elle participe du monde, de l'interdépendance entre sociétés et régimes politiques, de l'intensification de la circulation des idées, des normes et des valeurs »[8].

Par ailleurs, pour trancher un litige selon le droit, le juge constitutionnel, le « sage », doit nécessairement interpréter la règle, ce qui signifie, non pas en dévoiler un sens révélé, mais bien reconstruire, à l'épreuve du cas d'espèce, un sens à la fois neuf et porté par une tradition juridique. Ainsi, pour dire qu'en Afrique la sagesse on ne la retrouve pas seulement sous l'arbre à palabre mais évidemment dans les décisions des juges constitutionnels. Les décisions des juridictions constitutionnelles incorporent une véritable sagesse collective. Les bienfaits de la « sagesse collective » des Cours constitutionnelles sont bien profitables aux pouvoirs et aux citoyens. Il est admis que le sage vit « comme un dieu parmi les hommes »[9] car la sagesse comme disait Norman Cousins « c'est de prévoir les conséquences »[10]. Ainsi, conscients des conséquences que leurs décisions peuvent avoir sur la marche des institutions et la société africaine qui aspire à la démocratie politique et sociale, les « sages » constitutionnels sud-africains et béninois élaborent de véritables politiques jurisprudentielles propres à l'Afrique[11].

Il est important de signaler qu'en matière de démocratie, l'Afrique du Sud[12] a fait un virage extraordinaire ; elle est passée d'un régime autoritaire

---

Président de la République. Dans la deuxième décision le juge se « déjuge » en proclamant un autre Président de la République, Monsieur Ouattara.

[7] J. Rivero, « Fin d'un absolutisme », *Revue pouvoir*, N° 13, 1980, pp. 5-16.

[8] L. Sindjoun, *Les grandes décisions de la justice constitutionnelle africaine*, *op. cit*., p. 8.

[9] N. Go « La sagesse du philosophe », *Le Philosophoire* 2003/2 (n° 20), pp. 67 à 81.

[10] *Norman Cousins*

[11] Par sa fonction d'interprétation, le juge constitutionnel découvre des principes à valeur constitutionnelle propre au continent africain. Par exemple en Afrique du Sud, le principe qui véhicule la valeur humaniste *Ubuntu,* au Bénin le principe du consensus national. Voir E. Toni, « Les principes non écrits dans la jurisprudence de la Cour constitutionnelle du Bénin », *Afrilex*, mars 2020, pp. 5-6 ; P. M. Diop, *L'interprétation de la Constitution par le juge constitutionnel dans les États d'Afrique noire francophone. Les cas du Bénin, du Mali, du Niger et du Sénégal.* Thèse de doctorat en Droit public, Université Cheikh Anta Diop de Dakar, 2020, 479 p.

[12] Située dans l'extrême sud du continent, l'Afrique du Sud partage une frontière au nord-ouest du pays avec le fleuve Orange, qui le sépare de la Namibie. Dans la région orientale, elle partage

pour devenir une vitrine de la démocratie. Ce virage si rapide et extraordinaire a suscité un énorme enthousiasme notamment sur la scène internationale au point qu'on ait même parlé d'un véritable miracle sud-africain[13]. Dans ce sillage, Xavier Philippe écrit que : « les premières années de la jeune démocratie ont étonné les observateurs par la maturité qu'a développée le nouveau régime sur une période aussi brève. »[14]

Ainsi, véritable « clé de voûte du nouveau système »[15], la Cour constitutionnelle se voit confier la mission de maintenir la cohésion sociale fondée sur le compromis politique par le biais du contrôle de constitutionnalité des lois.

Quant au Bénin, il est au premier rang des pays à avoir ouvert le renouveau démocratique et constitutionnel en Afrique noire francophone en 1990[16]. Mais l'attraction majeure de ce renouveau démocratique, selon Joël Aivo, « est non pas la prépondérance de l'exécutif, légion en Afrique, mais bien l'existence remarquée d'une Cour constitutionnelle, lancée comme un drone à la surveillance de la constitutionnalité du nouvel ordre juridique »[17]. Le Bénin se distingue du lot en étant l'un des premiers en Afrique à avoir institué une Cour constitutionnelle. Le bon départ qu'a fait la Cour constitutionnelle béninoise dans la course des juridictions constitutionnelles africaines lui a permis d'être l'une des juridictions constitutionnelles les plus en vue dans l'espace africain francophone[18]. Alioune Badara Fall note dans ce sens que : « la singularité de la Cour béninoise qui fait d'elle l'avant-garde du constitutionnalisme africain, tient à deux idées essentielles : d'une part, par la hardiesse et la rigueur avec laquelle elle exerce sa fonction, elle sauvegarde sa crédibilité et du coup, elle émerge du lot des juridictions africaines encore bien timides, pour beaucoup

---

la frontière avec le fleuve Limpopo qui le sépare du Zimbabwe et du Sud-est du Botswana. Il est la nation la plus multiraciale de l'Afrique, comprenant les peuples d'origine africaine, asiatique et européenne. Il compte 11 langues officielles et une population de plus de 54 millions de personnes en 2014. Les données démographiques compilées en 2014, selon les catégories raciales, estiment que les Noirs constituent 80,2%, les Blancs 8,8%, les métisses 8,8%, et les Indiens et asiatiques 2,5%. www.wikipedia.org. Consulté le 18 août 2018.

[13] B. Gavin, « Sortie de conflit et cohésion sociale : douze années d'histoire de l'Afrique du Sud », *Revue internationale des sciences sociales*, 2007/2, n° 192, p. 203.

[14] X. Philippe, « la démocratie constitutionnelle sud-africaine : un modèle ? », *Revue pouvoirs – 129*, 2009, p. 157.

[15] N. Lenoir, « Le nouvel ordre constitutionnel en Afrique du Sud », *Cahiers du Conseil constitutionnel*, n° 1 – décembre 1996, p. 3.

[16] G. Badet, *Contrôle intra normatif et contrôle ultra normatif de constitutionnalité. Contribution à l'identification des sous catégories du modèle kelsénien de justice constitutionnelle à partir des systèmes belge et béninois*, *op. cit.*, p. 30.

[17] F. J. Aïvo, « La Cour constitutionnelle du Benin », *Annuaire béninois de justice constitutionnelle*, Dossier spécial, 2013, p. 25.

[18] D. Ouedrago, « L'annulation par la Cour constitutionnelle du Bénin du rejet du budget 2014 par l'Assemblée nationale : essai d'analyse d'une décision controversée. (Décision DCC 13171 du 30 décembre 2013), *Afrilex*, 2014, http://afrilex.u-bordeaux4.fr/l-annulation-par-la-cour.html. Consulté le 6 novembre 2016.

d'entre elles, face aux dirigeants politiques ; d'autre part, par la méthode et l'esprit avec lesquels elle intervient dans le système politico-institutionnel béninois, elle se distingue des autres juridictions par son audace. »[19] Si certaines juridictions constitutionnelles sont critiquées par leur mollesse[20], la Cour constitutionnelle béninoise est critiquée pour son audace[21]. Audace, marquée par la qualité et la richesse de sa jurisprudence.

À ce titre, de par leur jurisprudence, ces deux juges constitutionnels sud-africains et béninois sont assurément des modèles de justice constitutionnelle pour l'Afrique[22].

Au regard des politiques jurisprudentielles des juridictions constitutionnelles africaines, il est permis de s'interroger sur la lumière de l'esprit des juges constitutionnels sud-africains et béninois. Cette lumière d'esprit est-elle présente dans leur office ? Autrement dit, les « sages » africains font-ils preuve de sagesse dans leur office juridictionnel ?

Ce sont autant d'interrogations qui justifient une réflexion sur la sagesse du juge constitutionnel africain à partir de ces Cours constitu-tionnelles qui sont « tant citées et tant vantées »[23]. Le renouvellement affirmé du dispositif constitutionnel nous impose à explorer l'impact des juridictions constitutionnelles dans les régimes politiques africains. À la lumière de ces enjeux, « l'expansion immense de la justice constitutionnelle »[24] africaine incarnée par la Cour constitutionnelle sud-africaine et béninoise mérite un investissement intellectuel dans une perspective de voir si les valeurs africaines telles que la paix, la tolérance, la fraternité, le pardon, l'amitié sont présentes dans la jurisprudence constitutionnelle africaine.

L'analyse minutieuse des politiques jurisprudentielles des différentes juridictions constitutionnelles révèle que ces valeurs sont de plus en plus ancrées dans la jurisprudence constitutionnelle depuis l'irruption des droits fondamentaux dans les offices juridictionnels. Les juges constitutionnels

---

[19] A. B. Fall, « Le juge constitutionnel béninois, avant-garde du constitutionnalisme africain ? », *Mélanges en l'honneur de Maurice Ahanhanzo-Glélé, La Constitution béninoise du 11 décembre 1990 : un modèle pour l'Afrique* ?. L'Harmattan, 2014, pp. 718-719.

[20] C'est l'exemple du Conseil constitutionnel sénégalais. Le Conseil constitutionnel n'en a rendu qu'une centaine en quinze ans d'existence (1992-2007). Voir B. Guèye, « La démocratie en Afrique : succès et résistances », *Pouvoirs*, 2009/2, n° 129, p. 20. ; Voir. I. M. FALL, *Évolution constitutionnelle du Sénégal. De la veille de l'indépendance aux élections de 2007*. Dakar, CREDILA, 2007, p. 75. ; V. I. M. Fall (dir.), *Les Décisions et Avis du Conseil constitutionnel du Sénégal*. Dakar, CREDILA, 2008, pp. 557.

[21] A. B. Fall, « Le juge constitutionnel béninois, avant-garde du constitutionnalisme africain ? », *op. cit.*, p. 725.

[22] J. L. A. Amougou, « La Cour constitutionnelle béninoise : un modèle de justice du constitutionnelle en Afrique ? », *op. cit.*, p. 654.

[23] E. Toni, « Les principes non écrits dans la jurisprudence de la Cour constitutionnelle du Bénin », *op. cit.*, p. 7.

[24] I. Diallo, « À la recherche d'un modèle africain de justice constitutionnelle», *op. cit.*, p. 10.

s'activent dans la régulation de la démocratie politique et sociale, ce faisant, il est tantôt un juge de paix (I), tantôt un juge humaniste (II).

I. Le juge constitutionnel africain, un juge de paix

Plus la démocratie s'installe, plus la fonction régulatrice des juridictions constitutionnelles devient vitale. Les juridictions constitutionnelles africaines essaient par tous les moyens de faire du contrôle de constitutionnalité un outil de paix. Elles y parviennent lorsqu'elles arbitrent activement les conflits de compétences (A). De même, le juge constitutionnel utilise son pouvoir normatif pour mettre en place une « ingénierie jurisprudentielle » de résolution des conflits politiques (B).

A. Le juge constitutionnel, arbitre actif des conflits de compétences

Les juridictions constitutionnelles ont été constamment sollicitées pour trancher des conflits d'attribution entre organes constitutionnels, lesquels dépassent les simples conflits entre pouvoir exécutif et pouvoir législatif au sujet de l'adoption des normes, pour devenir parfois des conflits entre l'État central et d'autres entités infra-étatiques, afin de normaliser le jeu des institutions. Partant de ce constat, on peut affirmer que deux rôles sont essentiellement dévolus aux juridictions constitution-nelles, il s'agit de la pacification des conflits nés de la répartition verticale (1) et horizontale des compétences (2).

1. Les conflits de répartition verticale des compétences entre la loi et le règlement

La question de l'autorité compétente pour adopter la norme est souvent source de conflit entre le Parlement et le gouvernement. Le pouvoir exécutif a souvent tendance à vouloir tout régir, et surtout à s'immiscer dans la sphère de compétence du pouvoir législatif. Pour éviter une pareille situation, le juge constitutionnel africain ancre le caractère normatif de la loi, défini comme la capacité à édicter des règles[25].

La reconnaissance de la puissance législative du Parlement consiste, dans le pouvoir juridique attribué par la Constitution à certains organes, d'imprimer une prescription ou disposition par le caractère et la force impérative propre à la loi[26]. À l'analyse, le juge africain a développé une politique jurisprudentielle relative à la clarification bénéfique du domaine de la loi. Le non-respect de la

---

[25] B. Mathieu, « La qualité du travail parlementaire : une exigence constitutionnelle », *op. cit*, p. 357.

[26] S. Dako, « La résolution juridictionnelle des conflits entre le gouvernement et le Parlement au Bénin », *op. cit*, p. 334.

répartition des compétences législatives peut être un facteur de dévalorisation de la loi[27].

Au Bénin, le juge constitutionnel procède à la délimitation des frontières entre la loi et le règlement. La Cour constitutionnelle était saisie pour contrôler la constitutionnalité du décret n° 2006-417 du 25 août 2006 portant création, attributions, organisation et fonctionnement de l'Organe Présidentiel de Médiation. La Cour devait trancher un litige de compétence concernant la distinction du domaine de la loi et du domaine du règlement. Dans sa décision, la Cour déclare que : « sont du domaine de la loi, les règles concernant l'organisation générale de l'administration ; qu'il résulte de cette disposition (98 de la Constitution) que la création d'une nouvelle administration, en l'occurrence d'une structure administrative autonome relève de la compétence exclusive du législateur »[28]. Le juge rappelle clairement que les règles concernant l'organisation générale de l'administration sont du domaine de la loi et l'intervention d'un acte réglementaire empiète d'une manière flagrante sur les compétences du législateur. Dans la même veine, la Cour affirme la plénitude compétence du législateur en matière fiscale dans sa décision DCC 06-108 du 11 août 2006. La Cour était saisie d'une requête du 26 novembre 2003, par laquelle le professeur Nicaise Médé demande à la Haute juridiction de vérifier la conformité de l'arrêté du 13/11/2003 du ministre en charge du Sport pour mobilisation de ressources extrabudgétaires pour la participation du Bénin à la Coupe d'Afrique des Nations de Football, Tunisie 2004. La haute juridiction rappelle que « sont du domaine de la loi les règles concernant : l'assiette, le taux et les modalités de recouvrement des impositions de toute nature », avant de juger que « l'arrêté ainsi libellé s'analyse comme une taxe imposée aux consommateurs sur les produits et services en dehors des procédures exigées par la Constitution ; qu'en conséquence, l'arrêté est contraire à la Constitution »[29]. Cette jurisprudence nous enseigne que seul le législateur dispose de la compétence de fixer le régime de l'impôt. Le droit fiscal est un droit parlementaire et législatif. Bodin disait déjà : imposer c'est légiférer, et comme il définissait par ailleurs, la souveraineté comme « le pouvoir de donner loi et commandement »[30], il établissait ainsi la corrélation de l'impôt et de la loi source de souveraineté[31]. Le renforcement du rôle du Parlement passe incontestablement par une revalorisation de la loi. En ce sens, la Cour défend les prérogatives de l'Assemblée nationale. La Cour béninoise

[27] B. Mathieu, « La qualité du travail parlementaire : une exigence constitutionnelle », *op. cit*, p. 362.

[28] Décision DCC 08-066 du 26 mai 2008. ; Décision DCC 06-171 du 7 novembre 2006, Rec. 2006, p.879.

[29] Décision DCC 06-108 du 11 aout 2006, Médé Nicaise, *in* N. Médé, *Les grandes décisions de la Cour constitutionnelle du Bénin, op. cit.*, pp. 148-150.

[30] Cité par A. A. D. Kébé, *La répartition des compétences entre la loi et le règlement en droit fiscal sénégalais, op. cit.*, p. 58.

[31] *Ibidem.*

a estimé que le régime électoral du Président de la République, des membres de l'Assemblée nationale et des assemblées locales est de la compétence du législateur. Dès lors, un règlement qui confie à un comité la mission de procéder à la mise à jour de la liste électorale est illégal et contraire à la Constitution[32].

De même, le juge constitutionnel sud-africain procède à la protection de la sphère de compétence de chaque organe. Ainsi, dans l'affaire *Executive Council of the Western Cape Legislature v President of the Republic of South Africa* de 1995, le juge constitutionnel a procédé à la délimitation des compétences du Parlement mais aussi à la protection de ce domaine contre tout empiètement du pouvoir exécutif. Il s'agissait dans cette affaire de la modification de la procédure de révocation des membres des comités électoraux par le Président de la République à la suite d'une délégation législative. Dans son jugement d'annulation, la Cour rappelle que « le découpage électoral est de la compétence exclusive du Parlement et elle ne peut pas faire l'objet d'une délégation »[33].

En matière de répartition des compétences, le gouvernement surveille jalousement son domaine[34]. La détermination du domaine réglementaire doit se faire d'abord sur la base de la détermination du domaine de la loi, car tout ce qui n'est pas du domaine de la loi, est du domaine du pouvoir réglementaire[35]. L'autorité réglementaire dispose d'une compétence de principe et le législateur d'une compétence d'attribution. Il importe alors que la frontière entre la loi et le règlement soit surveillée. Ce qui fait que la question du contrôle juridictionnel du respect de la délimitation, voire de la clarification du pouvoir réglementaire présente une dimension particulière en Afrique, en raison de la tradition hégémonique du pouvoir exécutif. Le respect des prérogatives du règlement commence d'abord par la limitation des compétences du législateur. Si le législateur ne respecte pas la frontière loi-règlement, le gouvernement dispose des moyens qui lui permettent de rappeler à l'ordre le Parlement de ses dérapages. Le gouvernement a la possibilité d'opposer l'irrecevabilité aux propositions de lois et d'amendement qu'il estime ne pas relever du domaine de la loi. En cas de désaccord, on fait recours à l'arbitrage du juge constitutionnel.

Dans l'espace sud-africain, le juge constitutionnel a, lui aussi, apporté des clarifications quant à l'exercice du pouvoir réglementaire d'un ministre dans

---

[32] Décision DCC 99-023 du 10 mars 1999, Rec. 1999, p. 81. Voir N. Médé, *Les grandes décisions de la Cour constitutionnelle du Bénin, op. cit.*, p. 193.

[33] *Executive Council of the Western Cape Legislature v President of the Republic of South Africa*1995 SA 877(CC), 1995.

[34] L. Favoreu, L. Philip, *Le Conseil constitutionnel, op. cit.*, p.101. ; V. L. Favoreu (s.d.), Le Domaine de la loi et du règlement, *Economica*, 2e éd., 1981.

[35] Article 100 de la Constitution béninoise du 10 décembre 1990.

sa décision, *ministre de l'Éducation v. Harris*[36]. Dans cette affaire, le ministre de l'Éducation avait pris la décision de retarder d'une année l'âge d'admission des enfants dans les écoles. En termes plus clairs, un enfant ne pouvait être admis à l'école que s'il atteignait l'âge de sept ans durant l'année civile. C'est ainsi que certains parents ont saisi la Haute Cour au motif qu'une telle mesure portait atteinte aux intérêts de l'enfant et qu'elle était discriminatoire dans la mesure où certains enfants ayant fréquenté l'école maternelle se retrouvaient bloqués dans le cursus de leur éducation. La Haute Cour invalida la décision du ministre pour inconstitutionnalité. Le ministre interjeta appel devant la Cour constitutionnelle. La Cour constitutionnelle a, à son tour, désavoué le ministre de l'Éducation. La Cour constate que la loi ne confère pas au ministre en la matière le pouvoir de prendre des décisions obligatoires mais lui confie simplement le pouvoir d'orienter et de déterminer la politique en matière d'éducation. S'agissant de cette question, le ministre n'a fait que déterminer une position qui n'a pas de valeur juridique contraignante puisque la loi prise, en application de la Constitution, ne lui confère pas un tel pouvoir réglementaire[37]. À travers ce jugement, la Cour constitutionnelle fait la distinction entre pouvoir contraignant et pouvoir d'orientation. La Cour fait ressortir que le pouvoir exécutif ne peut édicter de règles là où la loi ne lui reconnaît pas ce pouvoir[38].

Le second critère de répartition des compétences est horizontal. Ce type de répartition de compétence on le retrouve dans les États dits composés. Et, le modèle étatique sud-africain est très proche de cette organisation. Le juge constitutionnel en sa qualité de faiseur de paix, pacifie les conflits issus de la répartition horizontale des compétences.

2. Les conflits de répartition horizontale des compétences : le cas de l'Afrique du Sud

Si le Bénin a choisi l'État unitaire décentralisé à l'image de la France, par contre, l'Afrique du Sud a voulu être plus originale en choisissant un modèle intermédiaire entre l'État unitaire et l'État fédéral, à savoir l'État régional. Même si on note des incertitudes sur la forme de l'État[39], l'Afrique du Sud est

---

[36] CCT 13/01 du 5 octobre 2001, 2001 (4) SA 1297 (CC), 2001 (11) BCLR 1157 (CC), http://www.concourt.gov.za/cases/2001/harris.shtml.

[37] Voir X. Philippe, « L'actualité constitutionnelle dans les pays de *common law* et de droit mixte (juillet-décembre 2001) : Afrique du Sud », *Revue française de droit constitutionnel, 2002/1, n° 49*, pp. 230-231.

[38] *Ibidem.*

[39] Ivan Crouzel qualifie l'État sud-africain, de système hybride de type fédéral. Cf. I. Crouzel, « Les municipalités en Afrique du Sud : une autonomisation à polarisation variable », *op. cit.*, p. 3. Quant Xavier Philippe, il utilise l'expression « fédéralo- régional » pour qualifier la forme de l'État sud-africain. Cf. X. Philippe, « La démocratie constitutionnelle sud-africaine : un modèle ? », *op. cit.*, p. 164. Pour Alexander Abotsi le système sud-africain n'est pas fédéral. Cf. A. Abotsi, *De la justice constitutionnelle en République sud-africaine. Essai de droit comparé, op. cit.*,p. 417. Cependant, la forme de l'État sud-africain peut apparaître, à la lecture

le premier ou l'un des premiers pays à avoir importé et expérimenté l'État régional sur le continent africain. Le principe de gouvernement coopératif consiste précisément à éviter les litiges, et le cas échéant, les résoudre à l'amiable[40]. L'obligation d'éviter les contentieux juridictionnels est une exigence constitutionnelle car l'article 41 de la Constitution prévoit que tout organe de l'État doit entreprendre tous les efforts raisonnablement possibles pour régler le conflit […] et doit épuiser toutes les autres solutions avant de recourir à un tribunal pour le résoudre. Ce principe constitutionnel a été rappelé par la Cour constitutionnelle dans sa décision *National Gambling Board v. Premier of Kwazulu-Natal* lorsqu'elle déclare que les organes de l'État doivent « essayer de résoudre leurs disputes à l'amiable »[41]. Le règlement à l'amiable des conflits entre les différentes sphères de l'État reste le principe et le règlement juridictionnel l'exception. Cette règle est très prise au sérieux par la Cour constitutionnelle sud-africaine. Dans l'une de ses décisions, *Uthukela District Municipality and others v. President of the Republic of South Africa,* mettant en exergue un contentieux opposant le Président de la République et les municipalités, la Cour constitutionnelle considère qu'un tribunal, y compris elle-même, « ne se prononcera que rarement sur un contentieux intergouvernemental, à moins que les organes de l'État impliqués dans le conflit aient fourni tous les efforts que l'on pouvait raisonnablement attendre d'eux pour le résoudre à un niveau politique »[42]. Le plus souvent les différends entre les différents organes de l'État ont des soubassements politiques. Les différends politiques doivent être résolus politiquement. C'est dans cette optique que la Cour constitutionnelle oriente ses décisions. Elle enseigne que « les différends doivent dans toute la mesure du possible être résolus au niveau politique plutôt que par le biais de procédures accusatoires »[43].

Cependant, même s'il est prévu des voies alternatives de règlement des différends, certains litiges arrivent devant le juge constitutionnel. Il en est ainsi de la decision *Executive Council of the Western Cape Legislative v. President*

---

de l'article 1 de la Constitution qui proclame que « La république d'Afrique du sud est un État unique, souverain et démocratique ».

[40] N. Steytler, « The Settlement of Intergovernmental Disputes », *Intergovernmental Relations in South Africa: The Challenges of Co-operative Government.* Éd. Norman Levy et Chris Tapscott, Le Cap: School of Government, University of the Western Cape and Political Information and Monitoring Service, IDASA, 2001, pp. 175-206.

[41] *National Gambling Board v. Premier of KwaZulu-Natal*, 2002 (2) BCLR 156 (CC), paragraphe 4.

[42] *Uthukela District Municipality and others v. President of the Republic of South Africa*, 2002 (2) BLCR 1220 (CC), paragraphe 14.

[43] *Certification of the Constitution of the Republic of South Africa*, 1996, 1996 4 SA 744 (CC), paragraphe 291.

of the Republic of South Africa[44]du 22 septembre 1995. Dans cette affaire, l'exécutif de la province du *Western Cape*, avait décidé de révoquer les membres du comité provincial électoral, nommés par l'exécutif provincial de transition, pour les remplacer par des membres de son parti (NP), afin de pouvoir adopter le découpage électoral de son choix. Pour éviter cette manœuvre, le Président Mandela fit modifier le régime des nominations au sein des comités électoraux provinciaux. Cette décision revenait à annuler les nominations ainsi que les décisions prises par le comité provincial électoral. Le Conseil exécutif de la province du *Western Cape* contesta cette décision du Président Mandela devant la Cour constitutionnelle. L'action du Président fut invalidée par la Cour. Cette décision est importante car elle désavoue le Président et le pouvoir central au profit de l'autonomie des provinces.

En effet, la Cour a considéré qu'il y avait eu « abus de pouvoir » de la part du Président, et qu'une telle modification du régime des nominations ne pouvait relever que du Parlement. En intervenant dans le fonctionnement interne des provinces, le Président de la République avait outrepassé ses droits[45]. À travers cette décision Xavier Philipe note dans ses commentaires que « cette décision a fait l'effet d'une bombe politique dans la mesure où, pour la première fois, la Cour invalidait une décision du Président de la République prise après l'entrée en vigueur de la Constitution »[46]. Il s'agit d'une décision relative aux conflits de répartition horizontale des compétences mais à incidence politique.

Dans une autre décision du 29 novembre 1995 *Premier of Kwazulu-Natal v. President of the Republic of South Africa*[47], le juge constitutionnel a eu à trancher un conflit portant sur la répartition des pouvoirs entre les autorités nationales et les autorités provinciales. Dans cette affaire, il s'agissait d'un amendement constitutionnel qui modifie le régime de paiement des indemnités octroyées aux représentants des gouvernements provinciaux. Initialement, le paiement de cette indemnité était fait sur la base d'une loi provinciale, en fonction des ressources de chaque province. L'amendement en question transfère ce pouvoir au Président de la République. Estimant que non seulement leur autonomie normative était menacée, mais aussi que la procédure de modification n'était pas respectée car une telle modification nécessitait l'accord préalable des provinces, le chef de l'exécutif de la province de *Kwazulu-Natal* contesta l'amendement constitutionnel devant la Cour

[44] CCT 27/95 ; 1995 (4), SA 877 (CC) ; 1995 (10), BCLR 1289 (cc) rendu le 22 septembre 1995. Voir X. Philippe, « La Cour constitutionnelle sud-africaine et le règlement des conflits politiques », *op. cit*, p. 483.

[45] C. Salcedo, *La transition démocratique sud-africaine : essai sur l'émergence d'un droit public de la reconstruction de l'État, op. cit,* p. 160.

[46] X. Philippe, « La Cour constitutionnelle sud-africaine et le règlement des conflits politiques », *op. cit*, p. 484.

[47] *Premier of Kwazulu-Natal v. President of the Republic of South Africa,* CCT 36/95 ; 1995 (12), BCLR 1561 (cc).

constitutionnelle. La juridictionnelle constitutionnelle estime que l'amendement ne modifie pas les compétences et les pouvoirs des provinces. La Cour renforce ainsi les pouvoirs des autorités nationales, leur laissant le soin de modifier les compétences constitutionnelles des provinces, mais elle a aussi fixé des limites que l'amendement doit respecter l'égalité de traitement entre les régions et de ne pas dénaturer l'équilibre retenu par la Constitution entre les autorités nationales et provinciales[48].

En outre, le pouvoir judiciaire est un organe protecteur du régionalisme chargé de veiller à la fois à protéger l'État central contre les tendances souverainistes des régions et ces dernières contre les tendances centralisatrices du premier.

Il apparaît de prime abord comme un organe de régulation chargé de veiller au respect par les principaux acteurs, du régionalisme des normes de partage édictées par la Constitution. Que chaque organe respecte scrupuleusement son domaine de compétences. Ainsi, le juge constitutionnel protège les provinces contre les empiètements du pouvoir central sur leur domaine exclusif. C'est ce qui ressort de l'affaire *Liquor bill*[49] en 1999. La Cour était saisie par le Président de la République pour contrôler la constitutionnalité de la loi sur les boissons alcoolisées. La Cour, dans son jugement, considère que le législateur national, en légiférant sur les conditions de distribution des boissons alcoolisées, avait injustement empiété le domaine de compétence exclusive des provinces dans la mesure où le législateur national a la compétence de prévaloir les conditions de vente des boissons alcoolisées et non pas pour légiférer sur les conditions de distributions de ces produits car la distribution est soumise aux licences délivrées par les provinces. La Cour estime que le Parlement avait excédé ses compétences législatives et elle le sanctionna pour incompétence positive. Certes, le Parlement national peut intervenir dans le domaine exclusif des provinces mais seulement en cas de nécessité justifiée par l'intérêt national tel que défini par la Constitution.

Le juge constitutionnel sud-africain arbitre aussi les conflits de compétences à l'intérieur de la sphère provinciale entre Assemblée provinciale et chef de l'exécutif dans sa décision du 5 octobre 2001, *Constitutionality of the Mpumalanga Petitions Bill, 2000*[50]. Dans cette affaire, il s'agissait de l'attribution du pouvoir réglementaire par la loi non pas au chef de l'exécutif provincial mais au Président de l'Assemblée provinciale. Le chef

---

[48] Voir X. Philippe, « La Cour constitutionnelle sud-africaine et le règlement des conflits politiques », *op. cit*, p. 485.

[49] *President of the Républic of south africa. In re constitutionality of the Liquor Bill*, 1999. Voir A. Abotsi, *De la justice constitutionnelle en République sud-africain. Essai de droit comparé*, *op. cit.*, pp. 442-443.

[50] *Constitutionality of the Mpumalanga Petitions Bill, 2000*, CCT 11/01 du 5 octobre 2001, 2001 (11) BCLR 1126 (CC),
http://www.concourt.gov.za/cases/2001/petitions.shtml.

de l'exécutif de la province du Mpumalanga soutenait que cette attribution du pouvoir réglementaire déléguée au Président de l'Assemblée méconnaissait le principe de séparation des pouvoirs garantie par la Constitution. La Cour rejette cet argument en soulignant que rien dans la Constitution n'interdit d'attribuer le pouvoir réglementaire d'exécution des lois à une autorité différente du pouvoir exécutif. La signification de la séparation des pouvoirs n'implique donc pas une compétence d'exécution des lois exclusive au profit de l'exécutif provincial[51]. À travers cette décision, la Cour reconnaît que le pouvoir réglementaire peut être reconnu au Président de l'Assemblée provinciale mais en tant que chef de l'administration parlementaire provinciale.

En examinant de près l'expérience pratique des juridictions constitutionnelles, on se rend compte, que la justice constitutionnelle est conçue comme un mécanisme d'alerte précoce et de prévention, destiné à prendre toute initiative permettant d'éviter l'aggravation de la situation de crise et la restauration de la légalité constitutionnelle. Ainsi, à plusieurs reprises, le juge constitutionnel a examiné des situations de conflits politiques et grâce à son sens d'initiative, a prononcé des solutions de sortie de crises politiques.

B. Le juge constitutionnel, un arbitre dynamique des conflits politiques

Le juge constitutionnel africain, juge de la crise, est interpellé par ce besoin impérieux de pacifier l'espace politique et de stabiliser les régimes politiques africains. Pour répondre à cette nouvelle vocation, il doit se donner deux priorités[52]. Il s'agit, d'une part, de pacifier les conflits opposant la majorité et la minorité parlementaires, c'est-à-dire de promouvoir la paix parlementaire (1) et, d'autre part, de promouvoir la paix institutionnelle en solutionnant les conflits politiques entre institutions ou au sein d'une même institution (2).

1. Les conflits entre majorité et minorité parlementaire : La paix parlementaire

Il est partout admis que la prévention reste le meilleur moyen de régulation des conflits. Le constitutionnalisme a pour vocation de prévenir les crises et, si celles-ci surviennent, de les soumettre à leur traitement pacifique[53]. Mais l'existence de dispositif de prévention ne signifie pas absence de conflit. Et, dans une démocratie pluraliste, la représentation nationale est par essence le lieu de contradiction, de combat politique. Le combat politique doit être licite, Célestin Keutcha Tchapnga note dans ce sens que « les mécanismes de la

---

[51] X. Philippe, « L'actualité constitutionnelle dans les pays de *common law* et de droit mixte (juillet-décembre 2001) : Afrique du Sud », *Revue française de droit constitutionnel, 2002/1, n° 49*, pp. 230.
[52] *Idem.*
[53] J. D. B. De Gaudusson, « Rapport général », *op. cit.*, p. 127.

démocratie pluraliste tendent à donner aux conflits politiques d'autres moyens d'expression moins rudes, moins brutaux et à remplacer la violence, notamment sous la forme de la lutte armée, par d'autres formes de combats plus pacifiques, officiels, reconnus »[54]. Le jeu politique est souvent très mouvementé, donc il n'est pas épargné de crise. En cas de conflits politiques entre les différents acteurs de la vie politique, la pacification du jeu politique incombe naturellement à l'organe chargé de réguler le fonctionnement des institutions et de l'activité des pouvoirs publics. À travers cette fonction, le juge constitutionnel se voit confier la mission de dénouer les crises politiques. Il devient ainsi un arbitre qui siffle la fin de la récréation afin d'éviter toute paralysie du fonctionnement harmonieux des institutions. Stéphane Bolle note dans ses écrits que « l'arbitrage d'une Cour constitutionnelle est souvent apparu, ces dernières années, comme le moyen le plus naturel et le plus sûr de régler avantageusement les différents entre les institutions ou les formations politiques concurrentes portant sur le sens à donner à une disposition de la Constitution »[55]. À l'Assemblée nationale, la majorité parlementaire cherche parfois à imposer sa volonté à la minorité parlementaire ; et celle-ci ne se laisse pas faire[56]. Le rapport de force entre majorité et minorité, s'il n'est pas régulé, peut entraîner un blocage de fonctionnement de l'institution parlementaire ou de toutes autres institutions. Pour éviter cela, le juge constitutionnel est activement sollicité pour résoudre les conflits entre « frères » parlementaires. À ce titre, le juge de paix a rendu plusieurs décisions allant dans le sens de pacifier les relations conflictuelles.

En droit béninois, le juge constitutionnel a été amené à trancher plusieurs conflits politiques entre majorité parlementaire et minorité parlementaire lors de la désignation des députés devant siéger à la Haute Cour de Justice et à la Commission Électorale nationale Autonome (CENA). La Cour constitutionnelle a été saisie d'un recours en inconstitutionnalité de la procédure de désignation des représentants de l'Assemblée nationale au sein de la Haute Cour de Justice[57]. Dans cette affaire, l'Assemblée nationale avait désigné six députés devant siéger à la Haute Cour de Justice. Les six députés désignés sont issus de quatre groupes parlementaires alors que l'Assemblée nationale en comptait sept. La procédure de désignation avait permis à des groupes parlementaires de pouvoir se faire représenter par plus d'un député au moment où d'autres n'ont pu rien obtenir. Cela ne saurait perdurer car, dans son jugement, la Cour rappelle d'abord que : « considérant que ce droit [des droits de la minorité] se traduit au sein de l'Assemblée nationale par le respect

---

[54] C. K. Tchapnga, « Droit constitutionnel et conflits politiques dans les États francophones d'Afrique noire », *Revue française de droit constitutionnel 2005/3 (n° 63)*, p. 455.

[55] S. Bolle, *Le bloc de constitutionnalité au Bénin et au Gabon*, communication au 4e congrès français de droit constitutionnel, Aix-en-Provence, juin 1999, p. 2.

[56] D. E. Emmanuel, « L'institutionnalisation de l'opposition dans les États d'Afrique francophone », *Nouvelles anales africaines*. CREDILA, 2012, p. 78.

[57] Décision DCC 09-002 du 8 janvier 2009.

de sa configuration politique, reflet des deux composantes que sont la majorité et la minorité parlementaires, et ce, quel que soit le nombre de groupes parlementaires composant l'une ou l'autre de ces deux catégories ; que la prise en compte de cette configuration politique implique la répartition proportionnelle dans la désignation des députés appelés à représenter l'Assemblée nationale en tant que Corps, à animer ses organes de gestion ou à siéger au sein d'autres institutions de l'État » ; avant de conclure, « considérant que dans le cas d'espèce, l'Assemblée nationale a désigné le 19 décembre 2008 les six députés devant siéger à la Haute Cour de Justice uniquement au sein de la majorité parlementaire, en méconnaissance des droits de la minorité ; qu'il y a lieu de dire et juger que cette désignation viole la Constitution. »[58] Par cette jurisprudence, le juge de paix rétablit les droits de la minorité parlementaire. La majorité parlementaire ne doit en aucun cas confisquer des droits de la minorité parlementaire. Ainsi, la meilleure façon de garantir le droit des minorités parlementaires, dans la procédure de désignation des membres de l'Assemblée nationale à siéger dans les organes ou institution, est la représentation proportionnelle. Ce mode de scrutin donne plus de chance aux partis mal représentés à l'Assemblée nationale d'avoir des représentants dans les instances de l'État. Le juge constitutionnel a élevé la représentation proportionnelle majorité/minorité en principe de valeur constitutionnelle[59].

Une situation similaire avait été notée lors de la désignation des représentations du parlement à la Commission Électorale nationale Autonome (CENA). Le contentieux de la désignation des députés à siéger à la CENA est un feuilleton à deux épisodes.

1re épisode : c'est la Décision DCC 01-011 du 12 janvier 2001. Dans cette affaire, l'Assemblée nationale avait procédé à l'élection de ses 19 représentants au sein de la Commission Electorale nationale Autonome. De cette répartition, certains députés estimaient qu'elle avait été mal faite dans la mesure où le mode de répartition desdits membres n'avait pas tenu compte de la configuration politique de l'Assemblée nationale. Autrement dit, il s'agit d'un conflit politique entre les différentes formations de l'Assemblée nationale. Il ne faut pas perdre de vue que, c'est la CENA qui sera l'organe chargé d'organiser l'élection présidentielle de 2001 et pour des stratégies ou calculs politiques, chaque formation politique trouve son intérêt à y siéger. En effet, pour vider ce contentieux à incidence politique, le juge constitutionnel béninois considère que « la composition de la Commission Électorale nationale Autonome (CENA) telle que décidée par l'Assemblée nationale conduit à une confiscation de cette institution par certains groupes parlementaires en violation de la règle d'égalité édictée par l'article 26 de la Constitution et n'est donc pas de nature à assurer la transparence et la sincérité

---

[58] *Ibid.*
[59] *Ibid.*

des élections comme l'exige un État de droit de démocratie pluraliste ; qu'en tout état de cause, quelle que soit la configuration politique de l'Assemblée nationale, aucun groupe parlementaire, aucune force politique ne doit s'attribuer le monopole de la Commission Électorale nationale Autonome (CENA) et de ses démembrements »[60]. Cette jurisprudence a non seulement des effets de pacification de la « cohabitation » parlementaire, mais également des dispositifs pour prévenir d'éventuel contentieux électoral. Le juge constitutionnel cherche à prévenir toute « guerre électorale » pour reprendre l'expression de Stéphane Bolle[61]. L'intervention en amont de la Cour constitutionnelle, dans la mise en place de l'organe électoral, vise à corriger à la source les anomalies du processus électoral[62].

2e épisode : la Cour constitutionnelle était saisie afin de déclarer contraire à la Constitution la procédure de désignation et le mode de répartition par l'Assemblée nationale des dix-neuf (19) personnalités devant siéger à la Commission électorale nationale autonome (CENA) pour non-respect de la Décision DCC 01-011 du 12 janvier 2001(1re épisode). Il est reproché à l'Assemblée nationale d'avoir fait une répartition inéquitable des 19 postes de représentation à la CENA sans tenir compte des observations formulées par la Cour constitutionnelle lors de sa décision précédente. La Cour considère que « l'Assemblée nationale n'a pas cru devoir se conformer à la décision de la Cour ; qu'en procédant comme elle l'a fait, elle a délibérément dénaturé l'application de la règle posée par ladite décision et violé l'article 124 de la Constitution »[63]. Elle conclut que « la règle de la proportionnelle doit être intégralement respectée comme pour la désignation des membres des CED ; qu'en conséquence, les deux (02) postes indûment attribués respectivement aux groupes Consensus National et PRD doivent être affectés aux groupes Nation et Développement d'une part, et à Solidarité et Progrès, d'autre part »[64].

Par le règlement juridictionnel, le juge constitutionnel a dû à travers sa jurisprudence[65], dénouer et prévenir des crises politiques. Le règlement juridictionnel des crises a des vertus, comme le souligne Gilles Badet : « le mode de règlement juridictionnel des crises offre en effet l'avantage d'être

---

[60] DCC 01-011 du 12 janvier 2001.

[61] S. Bolle, « les juridictions constitutionnelles africaines et les crises électorales », Communication au 5e Congrès de l'Association des Cours Constitutionnelles ayant en partage l'usage du français, sur *Les Cours constitutionnelles et les crises*, Cotonou, 22-28 juin 2009, p. 82.

[62] *Ibid.*, p. 83.

[63] DCC 01-12 du 22 janvier 2001.

[64] *Ibid.*

[65] DCC 08-072 du 25 juillet 2008 http://www.cour-constitutionnelle-benin.org/doss_decisions/08072.pdf; DCC 03-078 du 12 mai 2003 - http://www.cour-constitutionnelle-benin.org/doss_decisions/030578.

tantôt préventif, tantôt curatif, par rapport à une situation de paralysie ou d'imprévue. »[66]

Comme son homologue francophone, le juge constitutionnel anglophone se voit reconnaître par les textes un très large pouvoir d'appréciation des comportements des acteurs politiques. En Afrique du Sud, la Cour suprême a eu à trancher un conflit politique opposant la majorité et l'opposition parlementaire dans l'affaire *Speaker of the assembly v. De Lille another*[67]. Dans cette affaire, Madame Patricia De Lille, chef du Parti des Démocrates Indépendants avait accusé certains députés du parti du Congrès national africain d'avoir collaboré avec le régime de l'apartheid. En termes plus clairs, l'opposition parlementaire avait accusé sans fondement la majorité parlementaire d'avoir à son sein des députés qui ont collaboré avec le régime de l'apartheid. Puisque la majorité doit servir à quelque chose, l'ANC utilise cette arme pour voter une sanction de suspension de la députée De Lille. C'est à partir de ce fait, que la députée saisit la Haute Cour afin que la juridiction tranche le conflit qui l'oppose au parti ANC. La Haute Cour trancha en sa faveur, mais c'était sans compter avec la détermination de l'ANC de toujours sanctionner la députée ; en effet, l'ANC fera appel de ce jugement. Alors, la Cour constitutionnelle saisit à nouveau l'affaire. Dans son jugement, elle reconnaît au Parlement le pouvoir de sanctionner ses membres mais l'utilisation de ce pouvoir de sanction ne doit servir qu'à discipliner l'activité législative pour le bon fonctionnement du Parlement. La Cour ajoute que l'usage d'un tel pouvoir, dans le but de se venger et de punir un membre du Parlement pour avoir seulement tenu des allégations contre certains députés de la majorité, est non conforme aux règles prescrites par la Constitution[68]. Dans ce contexte, la Cour constitutionnelle a freiné l'ardeur de la majorité et a également protégé la minorité parlementaire contre les dérives de la majorité. À cet effet, la remarque d'Albert Camus est fondamentale : « la démocratie, ce n'est pas la loi de la majorité, mais la protection de la minorité. »[69]

On voit dans ces deux États que le traitement juridictionnel des crises politiques au sein de la représentation nationale contribue à rétablir l'ordre démocratique, à faire cesser la perturbation ou le dérangement de cet ordre, à corriger tout dysfonctionnement de l'institution parlementaire[70]. Les juges

---

[66] G. Badet, *Les attributions originales de La Cour Constitutionnelle du Bénin, op. cit*, p. 357.

[67] *Speaker of the assembly v. De Lille another* 1999, SA 863 (SCA) ; 1999.

[68] Voir A. Abotsi, *De la justice constitutionnelle en République sud-africaine : essai de droit comparé, op. cit.*, p. 412.

[69] Cité par E. O. Diop, *La justice constitutionnelle au Sénégal. Essai sur l'évolution, les enjeux et les réformes d'un contre-pouvoir juridictionnel, op. cit.*, p. 276.

[70] S. Bolle, « Les juridictions constitutionnelles africaines et les crises électorales », *op. cit.*, p. 81.

constitutionnels par leur action, participent à l'assainissement des rapports entre la majorité et l'opposition et à la pacification de l'espace politique.

Ces développements montrent que le juge constitutionnel africain protège la minorité parlementaire. Il est l'agent des minorités[71] car il les aide à faire entendre leur voix.

Pour renforcer son autorité, le juge constitutionnel africain est également préoccupé par la restauration d'une paix durable entre les différentes institutions ou même au sein des organes constitutionnels.

2. Les conflits politiques inter ou intra institutionnels : la paix institutionnelle

Les conflits qui occupent le « devant de la scène » politique sont des conflits qui opposent des partis ou des pouvoirs politiques[72]. Dans une démocratie, les deux pouvoirs nés de la volonté populaire entretiennent des rapports de collaboration. De ces rapports naissent des conflits liés à la gestion politique du pouvoir. La politique est conflictuelle par essence[73]. Le Parlement et le gouvernement peuvent avoir des points de vue différents sur les questions politiques du fait de leurs intérêts opposés. Ce qui fait qu'en dehors des conflits normatifs, il arrive souvent que le juge constitutionnel soit appelé à trancher des conflits politiques, contribuant ainsi à l'affirmation et à la consolidation de la démocratie naissante africaine. Le juge constitutionnel « l'arbitre du jeu politique », cherche, par son audace, à maintenir de l'« ordre » dans la vie politique[74].

La survenance de conflits politiques inter-institutions n'est pas un phénomène nouveau sur le continent africain[75]. Dans son rôle de consolidation de la démocratie et de la pacification du jeu politique, la Cour constitutionnelle béninoise a eu à apporter une solution à un conflit politique qui opposait le pouvoir exécutif et le pouvoir législatif. Il en est ainsi dans la décision de la Cour constitutionnelle béninoise du 25 juillet 2008. Dans cette affaire, il s'agissait d'un conflit entre le Gouvernement et l'Assemblée nationale. Le Parlement avait conditionné le vote d'une loi de ratification des conventions de financement, d'abord par l'installation des conseillers communaux. En d'autres termes, les députés avaient décidé de boycotter le vote d'une loi de ratification d'un prêt tant que le gouvernement ne procéderait pas à l'installation de 24 conseillers communaux nouvellement élus. Dans le

---

[71] E. O. Diop, « Justice constitutionnelle et démocratie en Afrique », *Annales africaines*, N° 6, 2017, p. 29.

[72] P. Canivez, « Qu'est-ce qu'un conflit politique ? », *Revue de Métaphysique et de Morale*. Presses Universitaires de France, 2008, p. 166.

[73] *Ibid.*, p. 165.

[74] J. Meunier, « Les décisions du Conseil constitutionnel et le jeu politique », *Revue pouvoirs* – 1 0 5, 2003, p. 30.

[75] I. E. Manzan, *Les accords politiques dans la résolution des conflits armés internes en Afrique*. Thèse de doctorat en droit, Université de la Rochelle, 2011, p. 43.

compte rendu de la séance plénière, un député déclare : « Nous souhaitons que le gouvernement installe les conseils communaux sans condition parce que c'est une loi de la République et cela participe au développement dans notre pays autant que les ratifications ; si le gouvernement le veut dès demain, nous revenons ici, nous donnons l'accord de ratification sinon on attend »[76]. Les députés procèdent à l'ajournement « sine die » des débats de fond sur les trois accords de prêt. Le juge constitutionnel, pour trouver une solution à ce conflit politique, rappelle aux députés leurs obligations en déclarant ceci : « en décidant de l'ajournement sine die de l'examen des trois projets de lois relatifs aux accords de prêt, motif pris d'une question préjudicielle constituée par l'installation des Conseils communaux, point non inscrit à l'ordre du jour de ladite session extraordinaire, l'Assemblée nationale a méconnu les dispositions de son Règlement Intérieur et partant de la Constitution. »[77]

Le juge a finalement sanctionné la rébellion du Parlement. Dans un État de droit, chaque pouvoir a des obligations qu'il doit remplir avec loyauté. Cette rébellion ou grève[78]des députés pour tenter d'obliger le gouvernement à procéder à l'installation des autorités locales pouvait être interprétée comme un chantage de la part des représentants de la nation. La Cour constitutionnelle a dû, par son génie « jurisprudentiel », dénouer cette crise politique dont la conséquence serait la paralysie de l'État, particulièrement celle de l'institution parlementaire.

Force est de reconnaître que le juge constitutionnel africain par son discours juridique[79] remplit de façon acceptable son rôle de pacificateur des conflits politiques pour le bon fonctionnement de la République.

De plus, il est avéré que le juge constitutionnel africain véhicule des valeurs humanistes.

II. Le juge constitutionnel, un juge humaniste

Dans sa mission de conceptualisation philosophique des droits fondamentaux, le juge constitutionnel véhicule des valeurs humanistes. La volonté d'humaniser la société sud-africaine et béninoise se traduit non seulement par la sacralisation du droit à la vie (A), mais également par le souci de venir en aide à la population vulnérable (B).

---

[76] Séance plénière de l'Assemblée nationale du jeudi 17 juillet 2008.

[77] DCC 08-072 du 25 juillet 2008 « http://www.cour-constitutionnelle-benin. org/doss_decisions/08072.pdf ».

[78] G. Badet, *Les attributions originales de la Cour Constitutionnelle du Bénin*, *op. cit*,, p. 252.

[79] V. Thibaud, *Le raisonnement du juge constitutionnel. Jalons pour une structuration herméneutique du discours juridique*. Thèse de doctorat en droit. Université Lyon 2, 2011, 698 p.

A. La sacralité du droit à la vie

Le droit à la vie est un droit universellement reconnu pour tous les êtres humains. C'est un droit fondamental qui gouverne tous les autres droits existants. S'il n'y a pas de vie, les autres droits fondamentaux n'ont plus de raison d'exister.

Au regard du caractère sacré de la vie, le droit à la vie implique, d'une part, que les pays ne pratiquent pas la peine de mort. C'est dans ce sens que la Cour constitutionnelle sud-africaine a aboli la peine de mort (1). D'autre part, que les pays protègent efficacement la vie afin de lutter et de condamner les actes de torture. De la protection des droits fondamentaux, le juge constitutionnel béninois bannit toutes formes de traitement inhumain, cruel et dégradant (2).

1. L'abolition de la peine de mort en Afrique du Sud

La question de l'abolition de la peine de mort est toujours d'actualité et elle le restera. Elle a longtemps fait l'objet de prise de position dans le débat philosophique, juridique et politique. La peine de mort a ses partisans et ses détracteurs.

Si l'on se fie à ceux qui soutiennent la peine de mort, le malfaisant est un homme qu'il faut détruire et non punir. Parmi les doctrinaires qui ont chanté les louanges de la peine de mort, l'argument de Jean-Jacques Rousseau retient notre attention, lorsqu'il écrit : « D'ailleurs tout malfaiteur, attaquant le droit social devient par ses forfaits rebelles et traitre à la patrie (hors contrat), il cesse d'en être membre en violant ses lois, et même il lui fait la guerre. Alors la conservation de l'État est incompatible avec la sienne, il faut qu'un des deux périsse, et quand on fait mourir le coupable, c'est moins comme que citoyen ennemi »[80]. En effet, le criminel est souvent une personne violente, un danger pour la société, il faut s'en débarrasser. L'exécuter constitue la preuve qu'il ne commettra plus de tuerie.

Néanmoins, dans leur combat contre la peine de mort, les abolitionnistes soutiennent que le droit à la vie est inhérent à la personne. Ainsi, apportant la réplique à Jean-Jacques Rousseau par rapport à l'exclusion de la société du criminel, Beccaria pense qu'« aucune des parties ne peut se trouver en dehors du contrat en raison d'une transgression à la loi criminelle. L'État ne peut pas tuer simplement pour punir et il est impropre de voir cela comme légitime défense »[81]. L'assassinat public ne peut en aucun cas être toléré. Dans une société qui se veut démocratique, l'application de la peine de mort aux coupables doit être bannie sous toutes ses formes. Dans cette veine, en Afrique

---

[80] J. J. Rousseau, *Œuvres complètes*, Ed. Gallimard, Paris, 1752 cité par P. Alika Mobuli, *Impact de l'abolition de la peine de mort et son impact sur le droit pénal congolais : étude comparative des droits américain, français et belge*. Mémoire Licence en droit. Université de Kisangani, 2013.

[81] Cité par P. Alika Mobuli, *Impact de l'abolition de la peine de mort et son impact sur le droit pénal congolais : étude comparative des droits américain, français et belge, op. cit.*

du Sud, l'abolition de la peine de mort ne résulte pas de la volonté expresse des acteurs politiques mais plutôt de l'œuvre de la justice constitutionnelle. Au sortir de l'apartheid, la Constitution intérimaire de 1993 établit un nouvel ordre en Afrique du Sud, ordre dans lequel les droits de l'homme et de la démocratie sont respectés. Gardienne de ce nouvel ordre, la Cour constitutionnelle, à peine installée, hérite de la brûlante et sensible question de la peine de mort. Il s'agit de la fameuse affaire *Makwanyane*. Dans cette affaire, *The State v. Makwanyane and Mchunu* du 6 juin 1995[82], deux condamnés à mort par la chambre criminelle de la Cour supérieure de Johannesburg pour meurtre et vol à mains armées saisissent d'abord la Cour suprême d'appel. Les demandeurs invoquaient devant cette juridictionnelle la contradiction de la peine par rapport au droit à la vie garanti par l'article 9 de la Constitution intérimaire. Mais cette question constitutionnelle relative à la constitutionnalité de la peine de mort n'entrait pas dans le champ de compétences de la Cour suprême, en ce sens que, contrairement à la Constitution définitive de 1996, la Constitution intérimaire de 1993 ne lui reconnaissait pas de compétence en matière de contentieux constitutionnel. Par la suite, la Cour suprême a saisi la Cour constitutionnelle par le biais du renvoi préjudiciel.

La Cour constitutionnelle hérite ainsi de la brûlante affaire, « une patate chaude entre ses mains ». Cette affaire relative à la constitution-nalité de la peine de mort devient une affaire nationale qui intéresse non seulement l'ensemble de la population mais également la communauté internationale. La délicatesse de la question est que, d'une part, l'Afrique du Sud est réputée être le pays le plus dangereux au monde où le taux de la criminalité est très élevé, ce qui amène le Procureur général à défendre pour le maintien de la peine de mort. Pour lui, face à cette situation d'insécurité, la majorité de la population est favorable au maintien de la peine de mort ; cela pourrait être justifié par son effet dissuasif par rapport à l'emprisonnement à vie, par le fait qu'elle assure que les meurtriers ne mettront pas en danger la vie des autres prisonniers et les gardiens. D'autre part, la Cour constitutionnelle devait statuer sur la constitutionnalité ou ~~de~~ l'inconstitutionnalité de la peine de mort alors qu'une disposition de la Constitution intérimaire interdit expressément la peine capitale. Le juge constitutionnel devait, face à ce dilemme, prendre ses responsabilités. C'est ce qu'il a fait en déclarant non conforme à la Constitution la peine de mort au motif qu'il s'agit d'un traitement inhumain, cruel et dégradant. La peine de mort représente une peine cruelle, selon la Cour constitutionnelle, dans la mesure où, « l'accusé, une fois condamné à mort, doit attendre l'exécution de sa peine dans le couloir de la mort en compagnie des autres condamnés. Il vit alors dans l'incertitude et l'angoisse quant à l'aboutissement des recours (…) que lui offre le droit ». La peine de mort est un châtiment cruel car dans l'attente de l'exécution, le prisonnier vit

[82]*The State v. Makwanyane and Mchunu, in* L. Sindjoun, *Les grandes décisions de la justice constitutionnelle africaine, op. cit.*, pp. 382-429.

la souffrance de la mise en mort. En d'autres termes, durant cette attente, le condamné subit de véritables tortures. De même, la Cour constitutionnelle poursuit que la peine de mort est un traitement inhumain puisqu'elle « nie au prisonnier sa condition humaine en le confinant à un simple objet dont l'État doit se débarrasser ». La peine de mort est une offense à la dignité humaine, contraire au droit fondamental à la vie consacré par la Constitution. Exécuter un condamné, c'est violer son droit à la vie[83]. La peine de mort est une sanction inhumaine dans la mesure où l'exécution de la peine de mort met fin au droit à la vie et à tous les autres droits qui en découlent. Dans cette logique, le juge en chef, Chaskalson, fait remarquer que la peine de mort est une peine dont « l'exécution est définitive et irrévocable, et elle met fin non seulement au droit à la vie, mais aussi à tous les autres droits individuels que la Constitution garantit à la personne »[84]. Il ne faut pas perdre de vue que la justice humaine est toujours faillible, des innocents peuvent être exécutés. Le jugement *Makwanyane* présente une certaine originalité du fait que les juges de la Cour constitutionnelle ont fait référence dans leur raisonnement à la philosophie humaniste bantou. Cette philosophie communément appelée doctrine *ubuntu* est un terme bantou qui signifie littéralement « humanité aux autres »[85]. Partant de l'ensemble des valeurs humanistes dégagées par la doctrine *ubuntu*, le juge Mokgoro note que la doctrine *ubuntu* enseigne que « la vie n'a pas de prix et donc, même le pire criminel ne doit être puni de mort ». En dehors des considérations juridiques, le juge constitutionnel en s'appuyant sur la philosophie de la doctrine *ubuntu*, se veut être un juge humaniste.

En définitive, la Cour s'est inspirée de la doctrine *ubuntu*, pour prononcer inconstitutionnelle la peine de mort parce qu'elle porte atteinte au droit à la vie.

Sous un autre angle, le juge constitutionnel béninois proscrit des traitements inhumains, cruels et dégradants infligés aux citoyens.

2. Le bannissement des traitements inhumains, cruels et dégradants au Bénin

Par sa jurisprudence, la Cour constitutionnelle béninoise ne cesse de réaffirmer la réalité des droits et libertés inscrits dans la Constitution et la Convention contre la torture et autres peines ou traitements cruels, inhumains ou dégradants adoptée par l'Assemblée générale des Nations unies le 10 décembre 1948. Elle a, en effet, affirmé dans plusieurs décisions l'inconstitutionnalité des traitements cruels, inhumains et dégradants. Le respect

---

[83] A. Abotsi, *De la justice constitutionnelle en République sud-africaine : essai de droit comparé*, *op. cit.*, p. 279.

[84]*The State v. Makwanyane and Mchunu*, *in* L. Sindjoun, *Les grandes décisions de la justice constitutionnelle africaine*, *op. cit.*, pp. 382-429..

[85] A. Abotsi, *De la justice constitutionnelle en République sud-africaine : essai de droit comparé*, *op. cit*, p. 285.

de la dignité humaine ne rime pas avec des traitements cruels, inhumains et dégradants. La dignité humaine doit être préservée en toutes circonstances. Les actes attentatoires à la dignité humaine doivent en l'occurrence être bannis sous toutes leurs formes.

Même si c'est très rare, les traitements cruels, inhumains et dégradants peuvent provenir de particuliers. On cite dans ce sens, la décision de la Cour constitutionnelle du 19 février 2002. L'importance de cette affaire mérite qu'on revienne sur les faits. Dans cette affaire, Monsieur Boris Gbaguidi saisit la Cour constitutionnelle pour porter plainte contre le pouvoir royal de Dassa Zoumè pour « sévices corporels et violation de la personne humaine ». Dans sa plainte le requérant soutenait que « ... pour crime ou un délit commis, c'est le roi et sa cour qui décident du sort du coupable. Par exemple, à Dassa-Zoumè, lorsqu'un citoyen vole quelque chose, le fameux roi Egbakotan II donne des instructions à ses associés afin qu'on le mette aux arrêts. Ensuite, il est conduit au palais royal et là, il subit de véritables et humiliants sévices corporels qui lui sont administrés, il en est ainsi la plupart du temps pour les bandits, les délinquants et les va-nu-pieds de Dassa-Zoumè ». En d'autres termes, lorsqu'un crime ou délit est commis, il appartient au pouvoir royal en place de rendre la justice et non au pouvoir judiciaire. Ainsi, la haute juridiction constitutionnelle a jugé que : « Considérant que la royauté n'est pas une institution républicaine; que ni la Constitution, ni la loi ne donnent compétence au pouvoir royal en matière de justice », ensuite elle poursuit, « Considérant qu'en l'espèce le Roi Egbakotan II et sa cour se prévalent des traditions et coutumes Idaasha pour rendre la justice; que de surcroît, ils infligent des sévices corporels et des traitements inhumains et dégradants aux personnes mises en cause, au mépris de l'article 18 alinéa 1er de la Constitution; qu'en agissant comme ils le font, même pour prévenir des "châtiments divins beaucoup plus cruels", le Roi Egbakotan II et sa cour violent la Constitution »[86]. Cette jurisprudence montre clairement que la justice privée consistant à infliger des traitements inhumains et dégradants est intolérable dans une République soucieuse du respect des droits humains. Les actes de traitements inhumains et de tortures proviennent d'une personne privée mais pas de n'importe qui car il s'agit d'un « Roi ». En Afrique, le Roi ou Chef traditionnel est une autorité coutumière qui cohabite avec l'autorité centrale. Une telle cohabitation résulte d'une reconnaissance tacite dans la mesure où non seulement le pouvoir central ne s'oppose pas à son intronisation, tant qu'elle ne constitue pas de troubles à l'ordre public, mais aussi il collabore avec ces chefferies traditionnelles.

[86]Décision DCC 02-014 du 19 février 2002, *in* G. Badet, Sûreté et torture, *Annuaire béninois de la justice constitutionnelle*, *op. cit.*, p. 486.

Les tortures, sévices, traitements cruels, inhumains et dégradants émanent plus fréquemment des « officiels »[87]. De tels propos peuvent être illustrés par la décision de la Cour constitutionnelle béninoise du 4 juin 2002. En l'espèce, la dame Adèle Favi avait porté plainte contre la garde rapprochée du Président de la République pour « traitement inhumain et barbare ». Elle raconte que le mercredi 06 février 2002 aux environs de 20 heures, de retour de son lieu habituel de vente, en voulant traverser la route, elle a été arrêtée par des éléments de la garde présidentielle qui lui ont « porté des coups de pieds sans que l'arrivée du chef de l'État ne soit encore annoncée ». Ayant pris la fuite, elle a été poursuivie et rattrapée à la hauteur de la clôture de l'ambassade de France où elle a subi « des bastonnades, des coups de pieds de rangers, des chicotes, et traînée par terre jusqu'à une distance de 50 mètres avant d'être laissée inerte sans connaissance ». La dame poursuit qu'elle s'est retrouvée à l'hôpital grâce aux vigiles du parc *Germanco* et que, tout ce qu'elle avait sur elle est resté introuvable. Face à de tels actes, la réaction du juge constitutionnel n'a pas tardé à venir car il considère que « c'est à la suite de ce traitement qu'elle a été admise au service de santé des armées de Cotonou, comme l'atteste le certificat médical versé au dossier et qui fait état : "des douleurs exquises à la palpation à la cheville droite, au gros orteil droit, des douleurs à la mobilisation du membre supérieur droit et des douleurs à l'hémiface droite ainsi que des douleurs lombaires, une impotence fonctionnelle majeure à la marche et une plaie superficielle à la malléole externe de la cheville droite", le tout ayant entraîné une"incapacité temporaire de travail de dix-huit jours" ; qu'il s'ensuit que ces lésions sont consécutives aux sévices et traitements cruels, inhumains et dégradants »[88]. Cette décision reconnaît l'inconstitutionnalité des sévices et les traitements cruels, inhumains et dégradants qui s'apprécient en fonction de leurs effets sur l'état physique ou mental de la personne[89]. La gravité des souffrances est déterminée par la durée de l'incapacité de travail constatée par un médecin. Plus la durée est longue, plus les faits sont graves. Dans la même veine, la Cour constitutionnelle a longtemps considéré que « les traitements cruels, inhumains ou dégradants s'apprécient non seulement en fonction de leurs effets sur l'état physique ou mental de l'individu, mais également au regard de leur durée, de leur caractère délibéré et des circonstances dans lesquelles ils ont été infligés »[90]. Dès que la preuve est établie par le plaignant, le juge fait montre d'une plus grande sévérité dans la mesure où il ne fait aucune concession. Il en est ainsi parce que la torture et les autres traitements

[87] G. Badet, « Sûreté et torture », *in Annuaire béninois de la justice constitutionnelle*, *op. cit.,*p. 486.
[88] DCC 02- 058 du 4 juin 2002, voir N. MedE, « Note sous, Cour constitutionnelle du Bénin, DCC 02-058 du 4 juin 2002 », Revue *Afrilex*, N° 4, décembre 2004, pp. 353-372., « http://afrilex.ubordeaux4.fr/sites/afrilex/IMG/ pdf/04jur17mede.pdf
[89] N. Médé, *Les grandes décisions de la Cour constitutionnelle du Bénin*, *op. cit.*, p. 22.
[90]Décision DCC 99-11 du 04 février 1999 ; DCC 03-120 du 20 août 2003.

inhumains font partie des droits fondamentaux à l'égard desquels aucune restriction et aucune dérogation ne sont admises[91].

Par ailleurs, le juge constitutionnel s'est proclamé comme le défenseur des personnes vulnérables.

B. Le juge constitutionnel à la rescousse de la population vulnérable

Désormais, dans une démocratie en construction, le juge constitutionnel devient un acteur essentiel dans la mise en place d'une justice sociale. Aujourd'hui, ce juge constitutionnel qui était longtemps considéré comme un juge « politique », est devenu par son courage, un juge « social ». La société africaine est une société inégalitaire dont la majorité de la population est essentiellement constituée de pauvres. De cette situation, l'inertie du juge constitutionnel serait fatale ; ce qui fait qu'on aperçoit très souvent qu'il essaie, autant que faire se peut, de corriger certaines inégalités. Cela implique une protection plus accentuée des personnes pauvres (1) et les minorités (2).

1. La défense des pauvres

Le contentieux des droits économiques et sociaux offre au juge une belle occasion pour venir en aide à la couche de la population défavorisée. Une personne en situation de pauvreté ne dispose pas d'assez de ressources matérielles et vit ainsi dans des conditions qui ne lui permettent pas d'exister dignement, selon les droits légitimes et vitaux de la personne humaine dans une société donnée[92]. Les droits économiques et sociaux n'étant pas inhérents à la nature humaine, raison pour laquelle, certaines juridictions ont été réticentes à accorder une protection constitutionnelle à la dimension économique des droits à la santé et au logement. Dans le but d'assurer à toute personne un niveau de vie décent, il importe que la Constitution reconnaisse à ses citoyens des droits économiques et sociaux[93]. La mise en œuvre de ces droits nécessite une intervention de l'État. Ceci fait que le juge constitutionnel ordonne à l'État de prendre des mesures pour donner effet aux droits économiques et sociaux.

L'engouement du juge constitutionnel dans la protection des personnes vulnérables se fait ressentir plus en Afrique du Sud. Le caractère social de la République Sud-africaine explique, pour une grande part, le contrôle accru exercé par la Cour constitutionnelle pour protéger les droits économiques et

---

[91] G. Badet, « Sûreté et torture », *in Annuaire béninois de la justice constitutionnelle, op. cit.*,p. 536.

[92] B. Thiongane, *Existe-il un droit à la santé pour les pauvres ?.* Thèse de doctorat en Droit public. Université Paris VIII-Vincennes-Saint-Denis, 2010, p. 16.

[93] Voir l'article 8 de la Constitution sénégalaise du 22 janvier 2001.

Voir l'article 27 de la Constitution sud-africaine 1996. Il convient de souligner que la Constitution béninoise ne reconnaît pas l'expressément les droits économiques et sociaux. Néanmoins l'article 9 reconnaît le droit au développement. On peut supposer que le droit au développement peut être inclus dans les droits économiques et sociaux.

sociaux. L'analyse de l'activité jurisprudentielle de la Cour constitutionnelle permet de constater des efforts de protection des personnes vulnérables en se fondant sur les droits économiques et sociaux. Les décisions les plus marquantes en matière de protection des personnes pauvres concernent le droit à la santé et le droit au logement.

En matière de santé, on peut évoquer la décision de la Cour constitutionnelle sud-africaine du 5 juillet 2002 *Minister of Heath and Others v. Treatment Action Campaign and Others*[94]. Pour le rappel des faits : le gouvernement sud-africain, dans le cadre de la lutte contre la pandémie du VIH SIDA, avait reçu gratuitement de la part d'un fabricant de médicaments antirétroviraux dits *névirapines* qui réduisaient les risques de transmission du virus de la mère à l'enfant. Le plan de distribution mis en place par le gouvernement rendait donc accessible le traitement d'une infime minorité ; ce qui constitue une violation au droit d'accès à un traitement garanti par la Constitution. C'est ainsi que l'association *Treatment Action Campaign* saisit la Haute Cour de Pretoria. Cette juridiction ordonna que le traitement soit mis à la disposition des personnes qui pouvaient en bénéficier en raison de leur état de santé. Le ministère de la Santé fit appel de cette décision devant la haute juridiction constitutionnelle. La Cour constitutionnelle entre en jeu en estimant que les efforts entrepris par l'État pour réaliser le droit d'accès à des services de santé n'avaient pas été adéquatement déployés. La question était aussi délicate pour le juge constitutionnel dans la mesure où les droits de l'enfant étaient mis en cause et que les enfants touchés par la maladie sont, pour la plupart, issus de milieux défavorisés. La grande majorité n'a pas accès aux soins privés parce que leurs parents sont, pour la plupart, des pauvres. La Cour constitutionnelle conclut que le plan d'action des autorités en matière d'accès à la *névirapine* repose donc sur l'inconstitutionnalité du programme en raison de son inadéquation à la situation[95]. En conséquence, la Cour ordonna à l'État de corriger les lacunes du programme en question[96]. On peut dire que le droit à la santé est un droit universel qui n'admet aucune forme de discrimination dans son application[97]. Il appartient à l'État de veiller à l'égal accès de toutes les populations aux structures de santé. En Afrique du Sud, l'accès aux soins de santé est très inégalement réparti. Il reste encore beaucoup

---

[94] CCT 8/02 du 5 juillet 2002, http://www.concourt.gov.za/cases/2002/.shtml.

[95] G. Scoffoni et X. Philippe, « Droit constitutionnel étranger » L'actualité constitutionnelle dans les pays de common law et de droit mixte (janvier-juin 2002) : Afrique du Sud, *Revue française de droit constitutionnel*, 2003/2, n° 54, p. 443-446.

[96] D. Robitaille, « Non-universalité, illégitimité et sur-complexité des droits économiques et sociaux ? Des préoccupations légitimes mais hypertrophiées : regard sur la jurisprudence canadienne et sud-africaine », MCGILL LAW JOURNAL / REVUE DE DROIT DE MCGILL, Vol. 52, p. 260.

[97] B. Thiongane, *Existe-il un droit à la santé pour les pauvres ?.* Thèse de doctorat en Droit public. Université Paris VIII-Vincennes-Saint-Denis, 2010, p. 211.

à faire pour parfaire un système qui ne permet pas toujours à toutes les populations d'avoir un accès effectif et égal aux soins de santé.

La mise en œuvre des droits économiques et sociaux implique également que le citoyen ait droit à un logement décent. La pauvreté ne signifie pas forcément que la personne doit résider dans des lieux qui ne lui garantissent aucun confort. En garantissant les droits économiques et sociaux, la Constitution assure en même temps à la population vulnérable l'accès au logement avec tous les accessoires tels que la fourniture en eau potable et en électricité. Ainsi, dans la décision du 9 octobre 2009, la Cour constitutionnelle a jugé que la décision de *City Power*, la société chargée de gestion du service de l'électricité dans la ville de Johannesburg, d'interrompre la fourniture d'électricité à des usagers sans une mise en demeure préalable est une violation de la Constitution[98]. Par conséquent, pour remédier à cette situation, la Cour a obligé la *City Power* à rétablir le réseau électrique interrompu.

La décision qui a cependant marqué le plus les droits sociaux relatifs au droit à un logement décent[99] restera la décision *Grootboom*[100]. Dans cette affaire, 510 enfants et 390 adultes vivaient dans un bidonville de la banlieue du Cap. Cette population occupait illégalement les terrains sur lesquels elle s'était implantée et fut expulsée par la municipalité pour y construire des logements sociaux. Pour les déloger, les autorités ont utilisé des moyens forts en envoyant des bulldozers pour raser les installations de fortune de ces pauvres gens. Faisant partie de ce groupe, Irene Grootboom et d'autres plaignants contestaient devant la Haute Cour de Cap, sur la base de l'article 26 de la Constitution sud-africaine qui protège le droit à un logement décent, la constitutionnalité d'un programme gouvernemental qui ne prévoyait aucune mesure particulière pour les besoins urgents de personnes sans-abri. La Haute Cour avait considéré que la Constitution imposait une action minimale et qu'en conséquence l'abstention complète de l'État violait ce seuil minimum imposé par la Constitution. L'approche était audacieuse puisqu'elle revenait à sanctionner l'inaction des pouvoirs publics mais comprenait également l'obligation de remédier en urgence à cette situation[101]. C'est ainsi que l'État interjeta appel de la décision de la Haute Cour du Cap devant la Cour constitutionnelle. La décision de la Cour constitutionnelle se résume à ces termes : « Cette affaire révèle le désespoir des centaines de milliers de

---

[98] CCT 43/09 du 9 octobre 2009. Cité par F. Dau et X. Philippe, « L'actualité constitutionnelle en Afrique du Sud. L'actualité de la jurisprudence constitutionnelle », *Revue française de droit constitutionnel*, 2011/4, n° 88, pp. 886-887.

[99] P. Defyt, « Pauvreté et logement : quelques données et réflexions », *Pensée plurielle*, 2006/2 (no 12), p. 73-89.

[100] CCT 11/00 du 4 octobre 2000, *Government of RSA v. Grootboom and others*, 2001 (1) SA 46 (CC), http://www.concourt.gov.za/2000/grootboom.sthml.

[101] Cité par X. Phillipe, « Droit constitutionnel étranger » L'actualité constitutionnelle dans les pays de common law et de droit mixte (juillet-décembre 2000) Afrique du Sud, *Revue française de droit constitutionnel*, 2001/2, n° 46, pp. 402-404.

personnes qui vivent dans des conditions déplorables partout dans le pays. La Constitution oblige l'État à agir positivement pour améliorer ces conditions. L'obligation est de fournir l'accès au logement, à la santé, à l'alimentation, en eau suffisante et à la sécurité sociale à ceux qui ne peuvent pas se prendre en charge et aux personnes qui dépendent d'eux. Aussi, l'État doit-il créer les conditions favorables à l'accès des citoyens à la terre sur une base équitable. Ceux qui sont dans le besoin ont justement le droit de demander à l'État d'agir »[102]. À l'analyse, cette décision révèle que l'État a failli à sa mission en ne prenant pas des mesures nécessaires pour la mise en œuvre du droit d'accès à un logement. Le juge constitutionnel ne s'est pas seulement limité à dire que l'État n'a pas respecté le droit d'accès à un logement mais il a ordonné à l'État d'agir dans l'urgence en fournissant à la dame Irene Grootboom et à sa communauté un terrain, de l'eau potable et des équipements sanitaires. Et, dans un long terme, de mettre en place un programme social afin de matérialiser le droit d'accès à un logement tout en tenant compte de la disponibilité des ressources financières. Le constat est qu'en Afrique du Sud, des milliers de personnes vivent dans des conditions mettant en péril leur vie ou leur santé, dans des bidonvilles ou des établissements spontanés surpeuplés. Le droit à un logement convenable a été reconnu comme faisant partie intégrante du droit à un niveau de vie suffisant dans la déclaration universelle des droits de l'Homme de 1948 et dans le Pacte international relatif aux droits économiques, sociaux et culturels de 1966. Le droit à un logement convenable concerne tous les États car tous ont ratifié au moins un instrument international y faisant référence et se sont engagés à le protéger. Plusieurs constitutions protègent le droit à un logement convenable ou énoncent la responsabilité générale incombant aux États de garantir à tous un logement convenable et des conditions de vie suffisantes[103].

Sous un autre angle, le juge constitutionnel francophone à l'image de son homologue anglophone tente, tant bien que mal, de voler au secours des personnes vulnérables. La population carcérale peut aussi être intégrée dans la catégorie des personnes vulnérables. Le prisonnier, vu sa situation de « cantonnement » dans les lieux dont les conditions de vie laissent à désirer et sous la surveillance des gardes pénitentiaires qui bafouent très souvent leurs droits, mérite une protection particulière. Les conditions de détention doivent être en conformité avec les normes relatives aux droits à un niveau de vie suffisant. Le détenu, même s'il est en marge de la société du fait d'avoir commis une infraction en violant des règles établies par la société, bénéficie toujours d'une protection au nom du respect des droits de l'homme. C'est à juste titre la prise de position du juge constitutionnel béninois en faveur des

---

[102]*Grootboom*, para 93. Cité par A. Abotsi, *De la justice constitutionnelle en République sud-africaine*, *op. cit.*,p. 333.

[103] Voir le rapport conjoint du Haut-commissariat des droits de l'Homme et de l'ONU HABITAT sur le « droit à un logement convenable », p. 1.

personnes détenues. La décision de la Cour constitutionnelle du 9 janvier 2002 est assez révélatrice dans ce sens. Pour la petite histoire, des prisonniers avaient fait l'objet d'un transfèrement. Dans leur nouveau lieu de détention, ils ont subi des tortures et vivaient en vase clos. Ils se plaignaient aussi du menu servi et des corvées qui leur étaient imposées. Parmi ces prisonniers, M. Djaton, qui porte des entraves aux pieds pour cause de rébellion. Dans son jugement, la Cour constitutionnelle a considéré que les conditions précaires de sécurité des lieux de détention et le caractère insupportable d'un détenu ne sauraient justifier qu'il soit gardé dans les fers pendant au moins 14 mois[104]. Il faut dire que la décision du juge constitutionnel vient à son heure car, le plus souvent, les détenus se plaignent de mauvais traitements qu'ils subissent une fois en prison.

En outre, le juge constitutionnel africain, particulièrement le juge sud-africain n'a pas aussi manqué de prendre en considération dans son prétoire les droits des minorités.

2. La protection des minorités sud-africaines

Force est de constater qu'il n'existe pas une définition arrêtée du concept de minorité [105] mais le professeur Francesco Capotorti, rapporteur spécial de la Sous-commission des Nations unies, a toutefois proposé une définition générale selon laquelle, une minorité est « un groupe numériquement inférieur au reste de la population d'un État, en position non dominante, dont les membres - ressortissants de l'État – possèdent, du point de vue ethnique, religieux ou linguistique, des caractéristiques qui diffèrent de celles du reste de la population et manifestent, même de façon implicite, un sentiment de solidarité, à l'effet de préserver leur culture, leurs traditions, leur religion ou leur langue »[106]. Selon la définition, pour constituer une minorité, un groupe doit être numériquement inférieur au reste de la population[107]. Ensuite, dans la définition proposée par le Professeur Capotorti, le concept de minorité renvoie à des groupes de minorités de type culturel (ethniques, religieuses, linguistiques ou nationales).

Aujourd'hui, on tend davantage à élargir le concept de minorité qui semble renvoyer à tout « groupe vulnérable ». Entre dans cette catégorie, les personnes âgées, les personnes homosexuelles, les minorités de couleur, les étrangers,

---

[104] Décision DDC 02-002 du 09 janvier 2002, www.courconstionnelle.org.

[105] J. Pilorge-Vrancken, « La protection des droits fondamentaux des minorités nationales par les mécanismes régionaux de protection des droits de l'homme en Europe et en Afrique : étude comparative », *op. cit.*, p. 24.

[106] F. Capotorti, *Étude des droits des personnes appartenant aux minorités ethniques, religieuses et linguistiques*. New York, Nations unies, 1979 (Doc. E/CN 4 Sub. 2/384/Rev. 1), p. 102.

[107] J. Woehrling, « Les trois dimensions de la protection des minorités en droit constitutionnel comparé », *RDUS*, 2003-04, p. 96.

entre autres, la liste n'est pas exhaustive. C'est cette conception de la minorité qui sera retenue dans notre étude.

La protection juridique des droits fondamentaux des minorités constitue l'une des obligations essentielles qui incombent à tout État moderne, dans l'exercice de ses fonctions régaliennes[108]. En dépit des progrès réalisés en vue d'une institutionnalisation des droits des minorités par le biais de la Constitution, les personnes homosexuelles constituent une minorité permanente dans la société sud-africaine et demeurent encore discriminées[109]. La Cour constitutionnelle sud-africaine reconnaît que les droits des minorités sexuelles sont essentiels pour protéger ceux qui désirent exprimer leur orientation sexuelle. On note ainsi une jurisprudence d'ouverture à l'égard de la minorité sexuelle.

La question de la liberté de l'orientation sexuelle est souvent au centre des débats dans une société en transition qui veut être libérale. On constate très souvent que le régime en transition essaie de rétablir les catégories de minorité qui étaient marginalisées par le régime précédent dans leurs droits. En Afrique du Sud, la reconstruction de la société à travers le système juridique a comme conséquence la reconnaissance des droits constitutionnels aux homosexuels. La prise en compte des droits des homosexuels a un fondement constitutionnel dans la mesure où c'est l'article 9 de la Constitution qui interdit toute discrimination sur la base de l'orientation sexuelle. Le droit des minorités sexuelles semble donc avoir de plus en plus d'importance dans nos sociétés dites modernes. Il semblerait même que l'Afrique du Sud est le premier pays à reconnaître sur le plan constitutionnel le droit des homosexuels[110].

Pour que ce droit se consolide, la Cour constitutionnelle a montré toute sa grandeur en retirant du Code pénal sud-africain l'infraction relative à la pratique de la sodomie. La prohibition pénale antérieure de l'expression sexuelle privée et consensuelle entre les homosexuels, résultant de leur orientation sexuelle et visant les hommes homosexuels, a été annulée parce que contraire à la Constitution dans l'affaire « sodomie ». Dans cette affaire, un tribunal d'instance avait prononcé une peine d'un an avec sursis à l'égard d'un homme pour pratique de la sodomie. Cette décision a fait l'objet d'appel devant la Haute Cour du Cap qui jugea que la sodomie constitue un droit fondamental pour les homosexuels avant de conclure qu'il y a violation de la Constitution. C'est ainsi que de la Cour constitutionnelle intervient en vertu

---

108 S. P. Z. Nkada, « Le nouveau constitutionnalisme africain et la garantie des droits socioculturels des citoyens : cas du Cameroun et du Sénégal », *Revue française de droit constitutionnel*, 2012/4 (n° 92), p. 1 ; J. Njoya, La Constitutionnalisation des droits des minorités au Cameroun : usages politiques du droit et phobie du séparatisme, Law and Politics in Africa, Asia and Latin America, 2001, p. 44.

109 L. Sindjoun, *Les grandes décisions de la justice constitutionnelle africaine*, *op. cit.*, p. 469.

110 A. Abotsi, « De la régulation des choix de société par la promotion des droits fondamentaux. Les enseignements de la Cour constitutionnelle sud-africaine », *op. cit.*, p. 421.

de sa prérogative de certification des décisions d'inconstitutionnalité prononcées par les juges de droit commun. Dans son jugement *Gay National Coalition* du 9 octobre 1998[111], la Cour constitutionnelle confirme la décision d'inconstitutionnalité de la Haute Cour au motif que des lois[112] et des règles de *common law* qui punissent les pratiques contre nature entre hommes sont contraires à la Constitution. Si la quintessence de cette décision est la dépénalisation de la sodomie, dans un autre chantier, la Cour constitutionnelle a légalisé le mariage homosexuel.

Au cours de l'histoire, un grand débat a agité la société sud-africaine autour de la question du mariage des homosexuels. Dans leur quête d'instauration d'égalité, deux lesbiennes, c'est-à-dire de sexe féminin aux noms d'Adriana Fourie et Cecilia Bontheuys, après plus d'une décennie de vie commune, se présentèrent devant l'officier d'état civil pour se marier. Dans le souci de se conformer au *Common law* et aux dispositions du *Mariage Act* de 1961, l'officier d'état civil estimait que leur demande allait à l'encontre de la loi et des règles de *Common* law au motif que le mariage ne peut être célébré qu'entre homme et femme. Leur demande de célébration et de reconnaissance de leur union rejetée, elles engagèrent la bataille judiciaire devant les juridictions ordinaires avant que cela n'atterrisse à la Cour constitutionnelle. L'affaire *Fourie*[113] devient une affaire constitutionnelle que la Cour constitution-nelle doit impérativement solutionner.

Éclairé par le droit à la différence, le droit à la non-discrimination, le droit à la dignité et notamment le principe d'égalité, le juge constitutionnel sud-africain a opéré une révolution, en consacrant le triomphe du droit de se marier pour les couples homosexuels. Le juge constitutionnel, pour équilibrer, ne pouvait constater que la définition, telle que donnée par le *common law*, est en contradiction avec la Constitution et ne permet pas aux couples homosexuels de s'épanouir dans leur union au même titre que les couples hétérosexuels[114]. Mais également que le *Mariage Act* de 1961 est contraire à la Constitution et donc nul. Cette décision du 1er décembre 2005 est à l'initiative du juge Albie Sachs ; selon lui, avec le soutien unanime de ces collègues, la loi ne permettait pas aux couples homosexuels de bénéficier du statut, des avantages ainsi que des responsabilités qu'elle accorde aux couples hétérosexuels. On peut ainsi comprendre avec beaucoup de facilité que le juge constitutionnel souhaite l'application des mêmes mesures aux couples

---

[111] *National Coalition for Gay and Lesbian Equility and Another v. Minister of Justice and Other 1998* (12) BCLR 1517 (CC), 1999 (1) SA 6 (CC).

[112] La loi de 1957 sur les offenses sexuelles, la loi de 1987 sur les Officiers de la Sécurité.

[113] *Minister of Home Affairs and Another v. Fourie and Others, with Doctors for Life International (first amicus curiae), John Jackson Smyth (second amicus curiae) and Marriage Alliance of South Africa (third amicus curiae)*, 2006 (3) BCLR 355 (CC); 2006 (1) SA 524 (CC).

[114] Voir L. Sinjoun, *Les grandes décisions de la justice constitutionnelle africaine, op. cit.*, p. 486.

hétérosexuels qu'aux couples homosexuels, il demande en effet un traitement égalitaire. La rupture de l'égalité de traitement dont sont victimes les homosexuels doit être réparée par le droit. Le problème semble être plus grave et complexe que prévu dans la mesure où l'exclusion des homosexuels de la communauté des hommes « normaux » découle aussi des considérations religieuses[115]. Leur volonté de se démarquer de l'orientation sociale majoritaire ne devait pas être indifférente aux juges constitutionnels. C'est dans cette optique que la justice constitutionnelle a donné suite à leur demande de protection en estimant que toute exclusion reposant sur des éléments biologiques est discriminatoire. La force d'une société « arc-en-ciel »[116] réside dans le fait que l'opinion majoritaire ne doit pas faire fi des droits des minorités. La cohésion sociale[117] ne doit pas être fissurée par des questions d'orientation sexuelle ; bien au contraire, le droit à la différence doit en être le noyau. Pour donner effet à sa décision, le juge constitutionnel fait injonction au législateur de prendre les mesures qui facilitent aux couples homosexuels la possibilité de jouir des mêmes droits que les couples légalement reconnus. Ainsi, un délai de 12 mois est accordé au Parlement pour trouver une solution acceptable et appropriée ; et au cas où le Parlement n'y parvient pas, le mot « époux » est inséré dans la définition du mariage[118]. La Cour ordonne au Parlement, dans un délai déterminé, de corriger sa législation défaillante du fait de sa discrimination à l'égard des homosexuels. Le Parlement doit savoir que la société a beaucoup évolué et que sa législation doit suivre le rythme de cette évolution. Pour permettre au Parlement d'arriver à cette fin, la déclaration d'invalidité prononcée par la Cour est suspendue durant une période de 12 mois afin de permettre au Parlement de rectifier les défaillances de l'article 30 (1) du *Mariage Act.* Il est clair que la carence du législateur d'agir dans le délai imparti, la décision de la Cour aurait automatiquement force de loi. Conscient des effets automatiques de cette mise en demeure, le Parlement s'est finalement conformé à la décision de la Cour constitutionnelle en adoptant la *Civil Union Act N° 17 of 2006*, entrée en vigueur le 30 novembre 2006. Cette loi marque le point de départ de la légalisation du mariage homosexuel en Afrique du Sud. Depuis cette loi, le mariage peut être contracté « par deux personnes de sexes différents ou de même sexe ». L'Afrique du Sud devenait

---

[115] M. Eppecht, « Sexual Minorities, Human Rights and Public Health Strategies in Africa », *African Affairs*, vol. 111, n° 443, 2012, p. 223-243.

[116] J. Sean et F. Vincent, « Sur l'Afrique du Sud post-apartheid et le devenir de la « nation arc-en-ciel » », *Politique africaine*, 2006/3, n° 103, pp. 5-26.

[117] G. Bradshaw, « Sortie de conflit et cohésion sociale : douze années d'histoire de l'Afrique du Sud », *Revue internationale des Sciences sociales*, 2007/2, n° 192, p. 208.

[118] Voir L. Sinjoun, *Les grandes décisions de la justice constitutionnelle africaine, op. cit.*, p. 486.

le cinquième pays du monde et le premier pays africain à légaliser le mariage entre personnes de même sexe[119].

Conclusion

Aujourd'hui en Afrique, nous pouvons parler d'un contentieux constitutionnel en plein développement[120]. Nous avons besoin, pour grandir en démocratie, d'une justice constitutionnelle dynamique et respectée. Dès lors, force est de reconnaître que les juridictions constitutionnelles en Afrique anglophone[121] et francophone[122] ont contribué, à des degrés différents, à donner une force supplémentaire à la Constitution. Autrement dit, il est permis de dire que les nouvelles juridictions constitutionnelles sud-africaine et béninoise, ont apporté une contribution indispensable à la consolidation de l'État de droit[123]. De la même manière, le juge constitutionnel a contribué au renouvellement de la Constitution, posant ainsi le rôle décisif du juge constitutionnel dans la gouvernance démocratique. Le juge constitu-tionnel demeure un facteur puissant de la consolidation de la paix parlementaire et institutionnelle. On a aussi souligné, la façon dont les juges constitutionnels, avec méthode et audace, sont en train d'« humaniser » la société africaine par le truchement de la protection et de la promotion des droits fondamentaux. Ces dernières années, l'Afrique a vu la croissance et l'expansion du terrorisme et de l'extrémisme violent. Devant cette menace, les États africains se sont progressivement organisés[124]pour y faire face notamment en adoptant, au niveau national, des lois anti-terroristes[125]. Ce sont des normes législatives

---

[119] Voir P. Awondo, « Une Afrique homophobe ? » Sur quelques trajectoires de politisation de l'homosexualité : Cameroun, Ouganda, Sénégal et Afrique du Sud, *Raisons politiques*, 2013/1, n° 49, p. 110.

[120] P. M. Sy, *Le développement de la justice constitutionnelle en Afrique noire francophone*, *op. cit.*, p. 234.

[121] R. Seidman, « Judicial review and fundamental freedoms in anglophonic independent Africa », *Ohio State Law Journal*, 35/4 (1974), pp. 820-850.

[122] I. Soumanou, *La contribution de la Cour constitutionnelle à la consolidation de l'État de droit au Bénin*. Cotonou, UNESCO, 2006.

[123] B. O. Nwabueze, *Judicialism in Commonwealth Africa: The Role of Courts in Government in Africa*. New York, St Martin's Press, 1977.

[124] M. Requena, « préface », *Lutte contre le terrorisme dans la région du Sahel: cadre juridique, techniques d'enquête et coopération policière. Module de formation à l'attention des Officiers de Police Judiciaire (OPJ) du Burkina Faso, du Mali, de la Mauritanie et du Niger*, Office des Nations unies contre la Drogue et le Crime (UNODC), New York, 2012.

[125] Au Sénégal, Loi n°2016-29 du 08 novembre 2016 modifiant la loi 65-60 21 juillet 1965 portant code pénal.

Au Bénin, Loi n° 201817 du 11 juin 2018 portant lutte contre le blanchiment des capitaux et le financement du terrorisme en République du Bénin.

En Afrique du Sud, Act n° 33, 2004, du Protection of Constitutional Democracy Against Terrorist and Related Activities Act.

Au Burkina Faso, Loi n° 060-2009/AN du 17 décembre 2009 portant répression d'actes de terrorisme.

En Mauritanie, Loi n° 2010.035 du 21 juillet 2010 relative à la lutte contre le terrorisme.

adaptées à la gravité du phénomène terroriste. Le danger des législations anti-terroristes, autrement dit, la lutte contre le terrorisme se traduit inévitablement par des atteintes aux droits fondamentaux[126]. Ce faisant, le juge constitutionnel africain doit davantage faire preuve de vigilance pour la préservation des droits fondamentaux[127]. C'est en effet le nouveau défi qu'il se doit de relever.

Niger, Ordonnance n° 2011.12 du 27 janvier 2011 modifiant et complétant la loi 61.27 du 15 juillet 1961 portant institution du code pénal.

[126] X. Philippe, « Constitution et terrorisme en Afrique du Sud », *Annuaire international de justice constitutionnelle*, XIX-2003, p. 19.

[127] K. Roudier, *Le contrôle de constitutionnalité de la législation antiterroriste : Étude comparée des expériences espagnole, française et italienne*. Thèse de doctorat en Droit public. Université de Toulon, 2011, 537 p.

Étude des mécanismes constitutionnels de protection de l'Environnement en France et au Sénégal

Ndèye Sophie Thiandoum
Chercheure
Faculté des Sciences juridiques et politiques
Université Cheikh Anta Diop de Dakar

Au cours des dernières décennies, les populations ont pris de plus en plus conscience des conséquences manifestes que pouvait avoir la pollution de l'environnement sur les êtres humains et sur leur qualité de vie. Cette prise de conscience a suivi la dégradation très importante de l'environnement mondial, la terre, l'eau et l'air au cours des deux derniers siècles.

C'est seulement suite à la prise de conscience mondiale et régionale sur les dangers de la dégradation de l'environnement et sur la nécessité d'assurer à celui-ci une protection efficace à tous les niveaux national, régional et international, que le droit de l'environnement s'est réellement affirmé, notamment avec l'apparition de textes de portée générale visant à assurer une protection globale de l'environnement et de textes sectoriels consacrés à des domaines entiers de l'environnement comme les forêts, l'eau, le pastoralisme, etc.

L'inscription constitutionnelle du droit à l'environnement est un des acquis majeurs de la fin du XXe siècle.[1] Dès le début des années 70, presque toutes les constitutions modifiées et/ ou créées dans le monde [2] ont pris en compte la préoccupation environnementale et une bonne partie d'entre elles a consacré un droit fondamental à l'environnement sain[3].

Jusqu'au début des années 1990, environ 44 pays avaient « constitutionnalisé » le droit à l'environnement. Il s'agissait d'une première grande vague ayant débuté lors de la première impulsion internationale et qui a été suivie d'un mouvement de régionalisation. Mais au début des années 1990, une nouvelle vague de constitutionnalisation du droit à l'environnement s'est déclenchée. Certains diront que, en réalité, ce mouvement de

---

[1] La doctrine est presque unanime sur le fait que le droit international présente uniquement une sorte de « standard minimum » pour les droits fondamentaux. Il s'agit d'un socle perfectible que chaque État, par la voie constitutionnelle, peut vouloir tantôt adapter (…) tantôt enrichir... » Cf. M. Verdussen, « La protection des droits fondamentaux en Europe : subsidiarité et circularité », 2002, p. 316.

[2] Y. Jegouzo, « Quelques réflexions sur le projet de charte de l'environnement », *Conseil constitutionnel*, n° 15 (Dossier constitution et environnement), janvier 2004, p. 1.

[3] A. Kiss, « Environnement et développement ou environnement et survie ? », p. 267.

constitutionnalisation ne s'est jamais arrêté. Peut-être, mais le fait est que de nombreux pays se sont engagés dans la reconnaissance constitutionnelle du droit à l'environnement après la décennie 80.

Certains pays, comme l'Argentine et la Belgique, ont procédé à l'inclusion du droit à l'environnement dans la Constitution au début des années 90 dans un mouvement de légitimation de la démarche qui s'était déjà entamée au niveau jurisprudentiel interne et s'est prolongée au niveau politique.

Un certain nombre d'autres pays, notamment européens, ont procédé à une constitutionnalisation du droit à l'environnement dans les années 2000 suite à des influences régionales. La Grèce (2001) et la Roumanie (2003) sont des exemples de pays européens qui ont adhéré à cette nouvelle vague de constitutionnalisation du droit à l'environnement en raison de « l'européanisation » de leur système de protection environnementale

La France, a finalement rejoint, en 2005, ce groupe de pays, avec l'adoption de la Charte de l'environnement. Cette Charte, incluse dans le préambule de la Constitution de 1958, reconnaît dans son article premier que « Chacun a le droit de vivre dans un environnement équilibré et respectueux de la santé ».

La plupart des États africains ont inscrit le droit de l'environnement dans leurs constitutions à partir des années 90. Le Sénégal a suivi cette mouvance avec l'adoption en 2001d'une nouvelle constitution qui consacre le droit à un environnement sain. Et récemment avec la réforme constitutionnelle du 20 mars 2016, l'État a redonné une place importante au droit de l'environnement.

En somme, le droit de l'environnement est considéré depuis peu comme une matière constitutionnelle.[4] Selon Maurice Kamto, il y a lieu désormais de parler de sources constitutionnelles du droit de l'environnement.[5] En effet, les constitutions nationales prenant en compte les exigences environnementales sous la forme de droits fondamentaux sont de plus en plus nombreuses. Deux pays peuvent nous servir d'exemple, le Sénégal et la France. Chacun de ces États a procédé de sa façon à la constitutionnalisation du droit de l'environnement C'est dans ce contexte, que s'inscrit cet article : « Étude des mécanismes constitutionnels de protection de l'environnement en France et au Sénégal. »

Étudier la constitutionnalisation de l'environnement, revient à penser que l'environnement est tellement pris au sérieux qu'on en fait une matière constitutionnelle. Les problèmes d'environnement sont devenus pour l'opinion des questions concrètes se traduisant par les changements

[4] Voir en droit français, Ch. ANS, « La charte constitutionnelle de l'environnement : évolution ou révolution du droit français de l'environnement », *Droit de l'environnement*, n° 131, septembre 2005 pp .194-203 ; J. L. Pissaloux, « La constitutionnalisation non sans risques du droit de l'environnement », *La gazette du Palais*, 12-13 janvier 2005, pp. 36-48.

[5] M. .Kamto, *op. cit.*, p. 67.

climatiques, les déchets, les pollutions ...Vouloir en faire un domaine symboliquement élevé au plus haut niveau de la hiérarchie des pouvoirs publics pourrait donner l'illusion qu'à partir de cette constitutionnalisation beaucoup de problèmes d'environnement seraient résolus. Différents auteurs ont débattu sur cette question. D'où un intérêt particulier à se poser la question suivante : les mécanismes constitutionnels de protection de l'environnement au Sénégal et en France sont-ils effectifs ?

La réponse à cette question est mitigée pour deux raisons : d'abord dans la théorie les mécanismes constitutionnels mis sur pied par les États français et sénégalais sont efficients et pourraient permettre d'assurer une protection efficace de l'environnement, mais dans la pratique ces mécanismes se heurtent à de multiples difficultés.

Ainsi, dans la première partie, il conviendra de traiter de l'efficacité des mécanismes constitutionnels de protection de l'environnement en France et au Sénégal. Dans la seconde partie, il sera procédé à une analyse critique de ces mécanismes constitutionnels en vue d'en apporter une amélioration.

I. L'effectivité de la protection constitutionnelle de l'environnement

L'environnement a acquis le statut de droit fondamental parce que les politiques publiques mises en œuvre expriment des solidarités nouvelles entre d'une part, l'homme et la nature, et d'autre part, les hommes entre eux à l'échelle universelle compte tenu de l'inter-dépendance des éléments de l'environnement. L'environnement reflète alors non seulement une valeur écologique mais aussi une valeur sociale et éthique qui impose une responsabilité collective à la charge des États et de tous les acteurs économiques et sociaux. Ayant un fondement scientifique et un fondement social, l'environnement a fait l'objet d'une organisation juridique très sophistiquée donnant naissance à un droit de l'environnement international, régional et national. L'ampleur du droit national et la valeur éthique attachée à l'environnement ont entraîné dans de nombreux pays un nouveau constitutionalisme, fondé sur la nécessité de protéger l'environnement. La légitimité scientifique et sociale de l'environnement ne pouvait que conduire à le consacrer comme un droit fondamental placé à un haut plus niveau des ordres juridiques.[6]

Dans la première partie, on étudiera la consécration des mécanismes constitutionnels de protection de l'environnement (A) ensuite on examinera la portée du mécanisme de constitutionnalisation en France et au Sénégal.

---

[6] M. Thorme, « Establishing environment as a human right », *Denver journal of international law et policy*, 1991, vol 19, n° 2, p. 301.

A. La consécration constitutionnelle de la protection de l'environnement

Très régulièrement lorsqu'on veut rendre un droit « sacré », on l'insère dans la Constitution qui est le texte de base de l'organisation de l'État. Le fait pour la majorité des États d'avoir opté de loger le droit de l'environnement à une enseigne prestigieuse telle que la Constitution n'est pas un hasard. C'est que dans la hiérarchie des normes juridiques, la Constitution figure au sommet comme étant la norme suprême. Ceci a pour conséquence que toute norme inférieure à la Constitution et qui viole le droit de l'environnement devrait être invalidée. En effet la consécration par la constitution du droit de l'environnement se fait par des démarches différentes au Sénégal et en France tant au niveau de la forme (1) qu'au niveau du fond (2).

1. La consécration formelle progressive de la protection de l'environnement

L'idée d'ancrer le droit de l'environnement dans la Constitution remonte au début des années 1970. En effet dans le sillage de la conférence de Stockholm de juin 1972, le droit de l'environnement a connu un véritable essor en France à partir du milieu des années 1970. En droit, les prémisses étaient déjà posées. La loi du 10 juillet 1976 (art 2) sur la protection de la nature[7] a mis en place un système d'étude d'impact fondamental, elle a établi également que la protection de l'environnement est d'intérêt général et que chacun doit y participer. De même, la loi du 19 juillet 1976 sur les installations classées pour la protection de l'environnement[8] a véritablement refondu le droit de l'environnement industriel et a servi de modèle en la matière pour le droit communautaire. Ces deux lois plus symptomatiques du rêve du législateur français en matière environnementale sont loin d'être les seules intervenues en la matière. Cette frénésie environnementale du législateur français ne s'est cependant pas étendue au constituant et plusieurs propositions de lois constitutionnelles tendant à la constitutionnalisation du droit de l'environnement ont vu le jour, mais elles ont toutes échoué. Vers la fin de l'année 1975, trois propositions de lois dont deux constitutionnelles ont été déposées sur le bureau de l'Assemblée nationale afin de réformer le régime des libertés publiques. La première à l'initiative de MM. Foyer, Labbé, Chinaud et Max Lejeune proposait une simple réforme législative. La seconde déposée par le groupe communiste proposait une réforme constitutionnelle en vue de l'adoption d'une « déclaration des libertés » en quatre-vingt-neuf articles. Enfin la troisième est plus proche de l'actuelle réforme initiée par Jacques Chirac, elle a été engagée en 1975 sur l'initiative de François Mitterrand alors candidat aux élections présidentielles. Ce dernier avait en

[7] *JORF* 13 juillet 1976 rectificatif JORF 28 novembre 1976, pp. 4203-4206.
[8] La loi n° 76-663 du 19 juillet 1976 sur les installations classées pour la protection de l'environnement, www.legifrance.gouv.fr

effet proposé de compléter le préambule de la constitution du 4 octobre 1958 par « une charte des libertés et des droits fondamentaux ».

Plusieurs tentatives se sont alors succédé, et ce jusqu'à très récemment. Ainsi, à l'occasion du débat parlementaire sur la réforme constitutionnelle du 4 août 1995, Mme Ségolène Royal alors députée avait proposé que le « droit à un environnement équilibré et sain et le devoir de le défendre » soient insérés à la suite du treizième alinéa du Préambule de la Constitution du 4 octobre 1958.[9]

Une proposition de loi constitutionnelle a été également déposée le 10 décembre 1997[10] par une dizaine de députés écologistes menés par Noël Mamère afin de rajouter un Titre II à la DDHC de 1789. La dernière tentative parlementaire de constitutionnalisation du droit de l'environnement a été effectuée par M. Victorin Lurel, député socialiste de la Guadeloupe, à l'occasion du débat devant l'Assemblée nationale sur le projet de loi constitutionnelle relatif à l'organisation décentralisée de la République. Ce dernier a en effet présenté un amendement à l'article premier de ce projet de loi, pour y introduire : « Elle (la République) reconnaît et met en œuvre le droit au respect de l'environnement »[11]. Cet amendement a été rejeté par la majorité parlementaire. Une nouvelle étape importante intervient avec la ratification de la convention d'Aarhus approuvée par la loi n° 2002-285 du 28 février 2002 et publiée par décret 2002-1187 du 12 septembre 2002[12].

Notons ainsi que les parlementaires n'ont pas cessé depuis 25 ans d'essayer de constitutionnaliser la protection de l'environnement. Cela montre bien que la charte de l'environnement s'inscrit dans un débat qui n'a jamais quitté les bancs parlementaires. Son ancrage dans la Constitution met ainsi fin à une longue série d'échecs parlementaires, ce qui témoigne qu'un véritable changement de mentalités sur la question environnementale s'est produit dans la société française.

Consacrer symboliquement cette morale de l'environnement dans la constitution, telle est l'ambition de la réforme constitutionnelle entreprise à l'initiative du Président de la République. Il l'avait annoncé dans un discours prononcé à Orléans le 3 mai 2001 et repris à Avranches le 18 mars 2002 lors de la campagne présidentielle. Cette réforme constitutionnelle n'est pas une innovation puisque de nombreux pays ont déjà consacré constitutionnellement l'environnement.[13] Elle est une révolution à la française dans la mesure où elle intervient après de nombreuses initiatives avortées, en recourant à un processus d'élaboration inédit en droit constitutionnel et en réunissant dans un seul

---

[9] Amendement n° 97, deuxième correction, *JOAN* 2e séance, 11 juillet 1995, p. 947.
[10] Proposition de loi constitutionnelle du 10 décembre 1997, onzième législature, n° 514.
[11] Amendement n° 108 du novembre 2002, Session ordinaire de 2002-2003, 2e séance du 21 novembre 2002, p. 5473.
[12] *JO*, 21 septembre 2002, p. 15563, voir aussi *RJE*, 1999, n° spécial sur la convention d'Aarhus.
[13] Voir, *RJE*, 1994, n° 4.

document à la fois la reconnaissance d'un nouveau droit fondamental et les principes qui permettent sa concrétisation. Selon Yves Jegouzo[14], le projet de charte pose la question préalable de la nécessité d'une constitutionnalisation accrue du droit de l'environnement.

Le texte du projet de révision constitutionnelle a été préparé pendant quatre ans par une commission particulière (dite Commission Coppens) présidée par le professeur Yves Coppens.

Cette commission a vu ses travaux enrichis par deux comités, l'un juridique, l'autre scientifique pour valider ou invalider certaines hypothèses. Une série de réunions publiques organisées dans toute la France ont permis aussi de recueillir l'avis des citoyens français, avec pour objet diverses thématiques liées à la Charte.

Le texte, retravaillé par le Secrétariat Général du Gouvernement et par le cabinet du Président de la République, a été soumis à l'Assemblée nationale et au Sénat en 2004. Le Parlement a ensuite été réuni en Congrès à Versailles le 28 février 2005 et a entériné, par 531 voix contre 23, le projet de loi constitutionnelle qui introduit la Charte de l'environnement dans le préambule de la Constitution du 4 octobre 1958. La Charte a finalement été promulguée le 1er mars 2005 par Jacques Chirac[15].

Au Sénégal, l'adhésion à la protection de l'environnement ne date pas d'aujourd'hui. La consécration de la protection de l'environnement a suivi une évolution. Avec l'accession à la souveraineté internationale, la politique de l'environnement a retrouvé une place un peu plus importante. Selon Maurice Kamto[16], il faut distinguer trois étapes : d'abord la phase de méfiance[17], suivie d'une phase de prise de conscience[18] et enfin une véritable phase

---

[14] Y. Jegouzo, « Quelques réflexions sur le projet de charte de l'environnement », *Cahiers du Conseil constitutionnel*, n° 15, janvier 2004, p. 3.

[15] La loi constitutionnelle n°2005 -205 du 1er mars 2005 relatif à la charte de l'environnement en France, *JO* 2 mars 2005.

[16] M. Kamto, *Droit de l'environnement en Afrique*. EDICEF /AUPELF, 1996, pp. 27-62.

[17] Cette phase coïncide avec la Conférence de Stockholm de 1972. À l'époque, les pays africains avaient des craintes qui étaient toutes relatives au souci de développement du continent. En effet, les Africains craignaient que la protection de l'environnement, avec ce qu'elle pourrait entraîner comme financement de la part des pays développés ne soit un prétexte pour ces derniers de mettre fin, ou de diminuer l'aide au développement. De même, ils redoutaient que les dépenses destinées à la protection de l'environnement, entraînent une hausse des coûts de production. Enfin, cette méfiance se justifiait sur les conséquences que les mesures de sauvegarde de l'environnement sur les obstacles tarifaires avec la mise en place de normes respectueuses de l'environnement (éco standards) constituant ainsi un néo protectionnisme.

[18] Cette seconde phase se situe entre la Conférence de Stockholm en 1972 et celle de Rio en 1992. L'Afrique a pris conscience de l'ampleur du phénomène de dégradation de l'environnement mais aussi, du lien qui existait entre protection de l'environnement et développement. On se rappelle de la rencontre des chefs d'État africains à Lagos en 1979 sur le développement économique, initiée par la CEA (Communauté économique africaine) et l'OUA (Organisation de l'Unité Africaine). La déclaration de cette rencontre consacre un

d'engagement.[19]Le Sénégal s'inscrit dans cette optique. Plusieurs étapes ont été franchies avant la consécration constitutionnelle qui a eu lieu en 2001 avec l'adoption de la nouvelle constitution. Depuis l'accession à l'indépendance, différents textes ont été adoptés pour protéger et promouvoir les ressources naturelles et l'environnement. Les textes qui s'appliquent à la protection de l'environnement sont assez nombreux.[20] On peut dans ce cadre citer la loi 64-66 du 17 juin 1964[21] relative au domaine national et à ses textes d'application. La loi 76-66 du 2 juillet 1976 portant code du domaine de l'État[22] et ses textes d'application. Cette loi va permettre à l'État d'exercer un droit de propriété.

La loi n° 81-13 du 4 mars 1981 portant code de l'eau[23], il a été adopté dans le but de mieux rationaliser l'intervention des pouvoirs publics dans ce domaine en particulier pour un pays sahélien. Relativement à la protection qualitative des eaux, des mesures sont prévues pour lutter contre la pollution des eaux et leur régénération.

La loi n° 83-05 du 28 janvier 1983 portant code de l'environ-nement[24], il s'agit du premier code de l'environnement du Sénégal et il a été adopté sur la base des priorités suivantes : les installations classées, la pollution des eaux, la pollution sonore et la pollution de l'air et les odeurs incommodantes. Pour reprendre les propos de Maurice Kamto, le droit de l'environnement apparaît ainsi dans la plupart des pays africains comme un droit éclaté, fragmenté.

Durant cette première période, les politiques environnementales au Sénégal n'étaient pas suffisamment bien formulées. C'est la conférence de Rio qui va donner une nouvelle impulsion aux institutions et mécanismes de protection de l'environnement.

Contrairement à la conférence de Stockholm où les pays africains dont le Sénégal avaient manifesté leur scepticisme concernant la lutte pour la sauvegarde de l'environnement. Ce n'était plus le cas avec la conférence de Rio qui s'est déroulée du 5 au 12 juin 1992. Le Sénégal a traduit en actes cette volonté d'être à l'avant-garde dans la lutte pour la préservation de l'environnement. La politique en matière de protection de l'environnement

---

chapitre IX de son plan d'action à l'Environnement et au Développement. La même dynamique sera respectée lors de la Conférence interministérielle au Caire (18 décembre 1985). Voir à ce propos, PNUE, Première Conférence interministérielle africaine sur l'environnement, le Caire, le 16-18 décembre 1985, Le Caire, UNEP/AEC/1/2/L'Afrique va s'engager activement aux préparatifs de la Conférence de Rio.

[19] L'engagement de l'Afrique devient effectif avec sa participation à la préparation de la Conférence de Rio et même après, avec la mise en œuvre des résolutions de cette rencontre sur le continent africain.

[20] M. Ngaido, « la politique environnementale du Sénégal de 1960 -2002 » Étude réalisée pour le compte de la coopération technique allemande, Dakar, novembre 2002, p. 8.

[21] *JORS* 11 juillet 1964, pp. 905-906.

[22] *JORS* 20 septembre 1976, pp. 1478-1486.

[23] *JORS* 11avril 1981, pp. 411-418.

[24] *JORS* 23 avril 1983, pp. 324-332

s'est accentuée permettant ainsi au Sénégal de jouer un rôle moteur notamment sur le plan sous régional pour inciter d'autres États à mettre en œuvre une politique plus hardie. Depuis cette date, il a été noté des évolutions en matière de protection de l'environnement. Dans le cadre du suivi de la mise en œuvre des recommandations issues de ces rencontres, le Sénégal a pris d'importantes dispositions et mis en œuvre d'importantes activités allant dans le sens de la prise en compte [l'intégration] des principes, fondements et objectifs de développement

Le 7 juin 1993, un ministère de l'Environnement et de la Protection de la nature a été créé pour la première fois au Sénégal. La création d'un ministère spécialisé à partir de cette date traduit l'importance accordée par les autorités aux problèmes de la défense de l'environnement. Le cadre législatif et réglementaire de la protection de l'environnement s'est également beaucoup enrichi. Le code forestier adopté en 1993 fera l'objet d'une importante réforme qui aboutira en 1998 à l'adoption de deux textes : la loi 98-03 du 8 février 1998 portant code forestier [25] et le décret 98-164 du 20 février 1998[26].

Le nouveau code de la pêche maritime sera également adopté en 1998 par la loi 98-34 du 14 avril 1998. Il s'inscrit dans le cadre de la nouvelle politique des pêches définie par le gouvernement avec comme objectif fondamental la protection des ressources halieutiques nationales ; il consacre également le principe du repos biologique en vue d'assurer une gestion durable.

Concernant les mesures d'application du code de l'eau, il a fallu attendre 1998 pour que les premiers décrets d'application du code de l'eau de 1981 soient édictés.

La deuxième étape de cette évolution a été l'adoption de la nouvelle constitution de la République par le référendum constitutionnel du 7 janvier 2001. Cette constitution est la première à consacrer au Sénégal des dispositions relatives à l'environnement. Le Sénégal affirme dans le préambule son attachement à la transparence dans la conduite et la gestion des affaires publiques ainsi qu'au principe de bonne gouvernance. En effet, la nouvelle constitution comme bon nombre de constitutions africaines garantit en son article 8 à tous les citoyens certains droits et libertés parmi lesquels « le droit à un environnement sain ». L'article 8 dispose « La République du Sénégal garantit à tous les citoyens les libertés individuelles fondamentales, les droits économiques et sociaux ainsi que les droits collectifs. Ces libertés et ces droits sont notamment … le droit à un environnement sain… Ces libertés et ces droits s'exercent dans les conditions prévues par la loi ». C'est ainsi qu'après l'adoption de la nouvelle constitution de 2001, le cadre législatif et réglementaire de la protection de l'environnement s'est beaucoup enrichi ces dernières années avec la mise en place d'un instrument majeur de protection

[25] *JORS* du 7 fevrier 1998, p. 105.
[26] *JORS* du 9 mai 1998, p. 361.

de l'environnement : le code de l'environnement en gestation depuis des années avec la loi 2001-01 du 15 janvier 2001[27] et son décret d'application n°2001-282 du 12 avril 2001[28]. Le nouveau code constitue l'aboutissement d'un long processus de codification et d'une démarche intégrée.

Des années après, face à la recrudescence des problèmes liés à l'environnement, la réforme de la Constitution en 2016 consacre une place importante à la protection de l'environnement. Désormais des droits et devoirs sont reconnus aux citoyens concernant l'environnement. Il ne s'agit plus d'un article mais d'un ensemble de dispositions.[29] Au chef de l'État de conforter : « Nous avons inscrit ce droit dans notre Constitution pour faire de l'exploitation des ressources naturelles un facteur d'accélération de la transformation qualitative de notre pays. »[30]

En somme la constitutionnalisation du droit de l'environnement en France et au Sénégal ne s'est pas faite du jour au lendemain. Ces pays ont eu à suivre un long processus pour atteindre cet objectif.

2. La consécration de nouveaux droits et principes par les constitutions française et sénégalaise

La consécration constitutionnelle de l'environnement en France et au Sénégal a abouti à la création de nouveaux droits et des obligations. En France, la charte de l'environnement donne une valeur constitu-tionnelle à certains droits et obligations qui avaient déjà valeur législative. Au Sénégal, le droit à un environnement sain a reçu son élévation.

La charte reprend un certain nombre de droits ou de principes dits de « 3e génération » déjà consacrés dans des textes à valeur législative ou le plus souvent dans des textes internationaux (les Droits de l'homme de 1789 étant la première génération et les droits sociaux du XXe siècle, la deuxième). Elle a une valeur constitutionnelle.

La charte de l'environnement est composée de dix articles. Ces articles sont précédés par des considérants qui font bien partie du texte de la Charte. Ils ressemblent à un exposé des motifs en ce qu'ils expliquent le contexte et la raison d'être de la charte. Mais justement, le fait qu'ils soient intégrés à la charte et non pas placés dans l'exposé des motifs, montre bien toute l'importance que les rédacteurs ont accordée à ces considérants. Apparemment, ils apparaissent plus descriptifs que normatifs et ils ne

---

[27] *JO* n° 5972 du 10 mars 2001, pp. 115-130.
[28] *JO* 5 mai 2001, p. 313.
[29] Loi 2016-10 du 5 avril 2016 portant révision de la Constitution.
[30] Discours du Président de la République lors de la rentrée solennelle 2017 des cours et tribunaux qui avait pour thème « Les nouveaux droits dans la Constitution du Sénégal », 26 janvier 2017, www.teranganews.net.

semblent donc pas être destinés à produire des effets directs.[31] Ces considérants proclament que l'environnement est le patrimoine commun des êtres humains et que l'avenir et l'existence même de l'humanité sont indissociables de son milieu naturel.

Elle consacre un nouveau droit individuel, celui du droit de chacun à vivre dans un environnement équilibré et respectueux de sa santé (article 1er).

Une innovation juridique réside également dans la notion de devoir (articles 2 à 4 : devoir pour toutes personnes, articles 5, 6 et 10 relatifs aux autorités publiques, articles 8 et 9 pour les secteurs concernés tels que l'éducation et la recherche), celui de prendre part à la préservation de l'environnement. Ce n'est pas la première fois que la notion de devoir apparaît dans une constitution (la constitution de 1946 mentionne le devoir de travailler), mais c'est la première fois que le devoir peut prendre une valeur normative. Cela a été critiqué, notamment par les défenseurs de la conception de droit subjectif, pour qui le seul devoir qu' a le citoyen est de respecter les droits d'autrui.

La Charte porte au niveau constitutionnel d'autres principes, qui existaient déjà au niveau législatif, mais qui acquièrent ainsi une plus grande force. Par exemple la responsabilité écologique, qui englobe, en lui donnant une portée plus large, le « principe pollueur-payeur » qui n'est pas expressément reconnu dans la charte à la différence du Traité CE.

Enfin, la Charte définit le principe de précaution. Un soin particulier a été apporté à sa rédaction, afin d'écarter tous les abus d'interprétation qui en ont été faits dans le passé. Le libellé de l'article 5 de la Charte est ainsi différent de la rédaction traditionnelle du principe de précaution, telle qu'on la trouve dans la déclaration du Sommet de Rio ou en tête du code de l'environnement français.

Au Sénégal on a assisté à un renforcement de la protection du droit de l'environnement par la réforme constitutionnelle de 2016.

Les innovations relatives à la protection de l'environnement sont assez substantielles. Le constituant a renforcé le droit à un environnement sain et, les ressources naturelles et le foncier qui n'étaient pas pris en compte par la Constitution de 2001 ont reçu une consécration avec la nouvelle Constitution.

Cependant la Constitution a non seulement renouvelé la nécessité de la garantie d'un tel droit, mais consacré formellement son caractère de droit fondamental en évitant soigneusement de le noyer dans d'autres droits.

La Constitution est plus ambitieuse et l'intègre dans un titre plus moderne intitulé « Des droits et libertés fondamentaux et des devoirs des citoyens ».

---

[31] M. A. Cohendet, « La charte et le Conseil constitutionnel : point de vue », *RJE* n° spécial 2005, p. 110.

Selon l'article 25-2 de ce titre « chacun a droit à un environnement sain ». L'alinéa 2 de l'article 25-2 poursuit en affirmant que « La défense, la préservation et l'amélioration de l'environnement incombent aux pouvoirs publics et à tout citoyen ». En effet, la protection de l'environnement doit être l'affaire de tout un chacun. Le citoyen doit avoir des comportements respectueux et civiques face à l'environnement. Les pouvoirs publics de leur côté doivent veiller scrupuleusement au respect de l'environnement.

C'est dans ce cadre qu'intervient l'alinéa 3 de ce même article qui dispose que « Les pouvoirs publics ont l'obligation de préserver et restaurer les processus écologiques essentiels et de pourvoir à la gestion responsable des espèces et des écosystèmes, de préserver la diversité et l'intégrité du patrimoine génétique, d'exiger l'évaluation environnementale pour les plans, projets ou programmes, de promouvoir l'éducation environnementale et d'assurer la protection des populations dans l'élaboration et la mise en œuvre des projets et programmes dont les impacts sociaux et environnementaux sont significatifs ». L'évaluation environnementale constitue une exigence pour le constituant. Relevé au niveau constitutionnel, l'étude d'impact traduit la détermination des pouvoirs publics à faire de l'environnement une valeur sûre, mais aussi témoigne de l'importance de la préservation de l'environnement.

L'éducation environnementale est aussi à promouvoir, elle constitue une solution à la crise écologique. Et si cette éducation est respectée, le citoyen n'aura aucune excuse de ne pas se conformer à l'alinéa 3 de l'article 25-3 qui dispose que « Tout citoyen a le devoir de respecter et de faire respecter le bien public, mais aussi de s'abstenir de tous actes de nature à compromettre l'ordre, la sécurité, la salubrité et la tranquillité publics. »

Les ressources naturelles occupent également une place importante dans la nouvelle Constitution qui lui consacre un article. Un article 25-1 est ajouté à la Constitution. Aux termes de cet article « Les ressources naturelles appartiennent au peuple. Elles sont utilisées pour l'amélioration de ses conditions de vie. L'exploitation et la gestion des ressources naturelles doivent se faire dans la transparence et de façon à générer une croissance économique, à promouvoir le bien-être de la population en général et à être écologiquement durables. » Selon le professeur Ismaïla Madior Fall, l'opportunité de l'insertion de cette disposition dans la Constitution paraît évidente dans un contexte de découverte de gaz et de pétrole. Ceci permet de poser les bases d'une gestion durable et transparente desdites ressources déjà engagée par l'adhésion du Sénégal à l'initiative pour la transparence dans les industries extractives (ITIE).

Cette innovation vise à garantir aux citoyens un bénéfice des ressources naturelles et un droit de regard sur les richesses ainsi qu'à protéger les exploitants fonciers des convoitises de l'agrobusiness ou d'étrangers.

L'article 25-3 pose une limite, en effet le citoyen de son côté doit s'acquitter de ses devoirs envers les ressources naturelles. C'est le sens de l'alinéa 4 de cet article qui dispose que « Tout citoyen a le devoir de préserver les ressources naturelles et l'environnement du pays et d'œuvrer pour le développement durable au profit des générations présentes et futures. » L'inscription du devoir de protection des ressources naturelles et de l'environnement par le citoyen est une véritable avancée. Cela signifie que la Constitution protège désormais ceux qui s'engagent dans la défense de l'environnement.

Le foncier n'est pas en reste dans cette réforme constitutionnelle. L'article 25-1 prévoit en son alinéa 3 que « L'État et les collectivités territoriales ont l'obligation de veiller à la préservation du patrimoine foncier ». Cette disposition pose les bases d'une conciliation des exigences de la modernisation de la gestion du foncier et celles du développement durable. Le but est de consolider les titres fonciers, autrement dit de protéger et de renforcer les droits des citoyens par rapport à leur patrimoine foncier.

La constitutionnalisation assure une étape capitale pour l'avenir de ces pays et marque le début d'une nouvelle ère qui verra naître, se généraliser et se pérenniser une écologie humaniste associée à l'essor du développement durable. Cette constitutionnalisation ne reste pas sans effets. Au Sénégal, comme en France, elle revêt une portée significative.

B. La portée du mécanisme de constitutionnalisation du droit de l'environnement

La constitutionnalisation permet de pallier l'ineffectivité du droit international et communautaire de l'environnement (1) ; mais aussi, cette constitutionnalisation ne peut avoir de portée réelle que par le travail des autorités administratives pour appliquer le droit, en l'occurrence les juridictions et les autorités législatives (2).

1. L'influence directe du droit international et du droit communautaire de l'environnement sur le droit constitutionnel de l'environnement

Partant du postulat selon lequel les droits international et commu-nautaire ne sont pas auto-suffisants, ils s'en remettent aux États pour en assurer leur exécution. Les droits international et communautaire se bornent à édicter les normes générales mais le droit interne est souvent l'instrument de leur mise en œuvre. Le droit interne entre en interaction avec ces deux droits d'où il tire sa source et constitue de ce fait la transposition au plan interne des normes juridiques internationales et communautaires. La réception de ces normes de protection de l'environnement par le droit interne a des impacts non négligeables sur le plan normatif et institutionnel. Nous aborderons successivement l'influence du droit international et l'influence du droit communautaire sur le droit constitutionnel de l'environnement.

D'abord concernant le droit international, il est admis par la plus illustre internationaliste du droit de l'environnement que les origines du droit constitutionnel à l'environnement se trouvent dans le droit international[32]. Le droit international de l'environnement a ses sources à la fois dans le droit non contraignant des déclarations et recom-mandations internationales ou européennes et dans des traités internationaux ou la jurisprudence internationale. Dans les deux cas, l'État a le choix de l'instrument juridique national d'incorporation du droit international. On va constater que les États sont de plus en plus nombreux à choisir le droit constitutionnel pour asseoir leur politique de l'environnement. Cette constitutionnalisation peut s'expliquer pour deux raisons. D'abord l'environnement apparaît comme ayant une valeur sociale et collective d'importance, compte tenu des enjeux qu'il contient pour la société dans son ensemble. La valeur sociale de l'environnement légitime sa constitutionnalisation. De plus, le droit de l'environnement débouchant sur la reconnaissance d'un droit à l'environnement sous la pression internationale, les États sont conduits à le considérer comme un nouveau droit de l'homme, ce qui renforce le choix de son insertion dans la constitution aux côtés des autres droits fondamentaux qui y trouvent normalement leur place.[33]

La constitutionnalisation permet l'intégration du droit de l'environ-nement dans les droits garantis mais aussi une meilleure implication des États dans l'émergence du droit international de l'environnement.

Depuis quelques années, l'outil juridique est constamment sollicité pour une protection efficace de l'environnement, particulièrement le droit international, du moment que les enjeux sont d'ordre international.

Le droit étant au carrefour de ladite protection, les textes internationaux vont être les principales sources dans l'élaboration d'un droit national de l'environnement. C'est ainsi qu'on peut retrouver les principes du droit international de l'environnement consacrés comme principes fondamentaux du droit sénégalais et français de l'environnement.

Peut-on protéger aujourd'hui l'environnement sans faire appel au droit international de l'environnement s'interrogeait Jean-Marc Lavieille ?[34] La réponse est négative selon cet auteur en ce sens que, cinq raisons au moins militent en faveur de sa nécessité. La première tient à la globalité constitutive de l'environnement qui ignore systémati-quement les

---

[32] A. Kiss, « Les origines du droit à l'environnement : le droit international », *Revue juridique de l'Environnement*, 2003, n° spécial, p. 13.

[33] M. Prieur, *Droit de l'environnement, droit durable*, *op. cit*, p. 350.

[34] J.-M. Lavieille, *Droit international de l'environnement*. Ellipses, 2e édition, 2004, p. 11et s.

frontières. Ensuite, la mondialisation des échanges a entraîné une internationalisation des facteurs de dégradation de l'environnement (les pollutions par exemple). Par ailleurs, seul le droit international de l'environnement contribue à modifier les pratiques des États et des autres acteurs, sujets de droit international qui, sans pression internationale, sans stimulation interétatique, laisseraient des situations de dégradation se développer. De même, le droit international de l'environnement est nécessaire afin d'organiser la coopération de la société internationale, seule capable de mobiliser des ressources financières et de mettre en place des stratégies internationales. Le droit international, aussi bien à titre préventif que répressif et réparatoire, peut contribuer à limiter la crise écologique internationale.

L'apport croisé du droit international et du droit national met l'accent sur leur nature interdépendante et indivisible. [35] En d'autres termes ce phénomène d'imbrication entre droit constitutionnel et droit international est le fruit de l'interaction entre les deux systèmes juridiques. À la vérité, « l'internationalisation du droit constitutionnel favorise la constitutionnalisation du droit international » et les deux « mouvements sont complémentaires et interdépendants ».[36] Le rapport entre la convention internationale et le droit interne de l'environnement est formulé explicitement dans la Déclaration de Rio adoptée le 14 juin 1992 par la Conférence des Nations Unies sur l'environnement et le développement : « Au niveau national, chaque individu doit avoir dûment accès aux informations relatives à l'environnement que détiennent les autorités publiques, y compris des informations relatives aux substances et activités dangereuses dans la communauté et avoir la possibilité de participer au processus de prise de décisions. Les États doivent faciliter et encourager la sensibilisation et la participation du public en mettant les informations à la disposition de celui-ci. Un accès effectif à des actions judiciaires et administratives y compris à des sanctions et réparation doit être assuré. »

L'État qui adopte un texte national contraire à une convention internationale engage désormais sa responsabilité non seulement au plan international (à ce niveau elle est rarement mise en œuvre) mais aussi au plan national. Il était déjà admis la responsabilité de l'adminis-tration pour faute par violation d'une convention internationale (CAA Bordeaux, 3 juin 2003, Sté Fersan[37]). La doctrine réclamait l'extension de cette responsabilité aux lois

[35] P. M. Ndiaye, Rapport de la cour de cassation du Sénégal sur « l'influence des conventions internationales sur le droit interne de l'environnement », *Réunion constitutive du comité sur l'environnement de l'AHJUCAF*, 26 et 27 juin 2008, Bénin

[36] CF. M. Bélanger, « Considérations sur la constitutionnalisation internationale : l'apport du droit international humanitaire », in *Mélanges en l'honneur de Dimitri Georges Lavroff, la constitution et les valeurs*. Paris, Dalloz, 2005, p. 44.

[37] *AJDA* 2003, p. 1667, Concl. D. Boulard, pour méconnaissance par un préfet de la convention de Lomé IV.

méconnaissant les conventions inter-nationales.[38] C'est ainsi que depuis peu en France, le Conseil d'État admet la responsabilité de l'État du fait de l'adoption d'une loi contraire à une convention internationale (la convention européenne des droits de l'homme) : « Considérant que la responsabilité de l'État du fait des lois est susceptible d'être engagée ... en raison des obligations qui sont les siennes pour assurer le respect des conventions internationales par les autorités publiques, pour réparer l'ensemble des préjudices qui résultent de l'intervention d'une loi adoptée en méconnaissance des engagements internationaux de la France ». (CE, Ass.,8 février 2007, Gardedieu, Rec T.P746).[39]

En somme, la réception par le droit interne des normes internationales de protection de l'environnement est un acquis dans les États. Les deux droits sont indissociables. Les États font prévaloir la constitutionnalisation des normes internationales, notamment en droit de l'environnement.

L'environnement est soumis à un certain nombre de grands principes consacrés aussi bien au plan international qu'au plan national. Ces principes ont vu le jour à Stockholm et ils ont été confirmés à Rio. Il s'agit généralement de simples principes d'orientation autour desquels se structure le droit de l'environnement. [40] Ces principes ont été repris par la France et le Sénégal avec l'effet de la constitutionnalisation du droit de l'environnement.

Ensuite concernant le droit communautaire, il faut noter que le droit communautaire et le droit de l'environnement sont des disciplines interdépendantes. Conçus à la même époque pour répondre des besoins liés au progrès, à l'expansion économique et au développement des échanges, le droit communautaire et le droit de l'environnement vont déployer tous leurs effets à partir des années 80.[41]

Au Sénégal comme en France, la présence du droit communautaire est significative. En France, il apparaît que 80 % du droit de l'environnement trouve sa source dans le droit communautaire.[42] Au Sénégal, parmi les sources du droit de l'environnement on retrouve le droit communautaire.

En France, la charte de l'environnement a dû être élaborée en prenant en considération de manière attentive le droit communautaire. Au même titre que le droit international et le droit de la CEDH, le droit communautaire a servi de référence obligée lors de l'adoption de tel ou tel article consacrant un droit, un principe ou un devoir.

---

[38] G. Alberton, « Le législateur français transgressant le droit international pourra-t-il demeurer encore longtemps irresponsable ? » *AJDA*, n° 39, 2006, p. 2155.

[39] Concl. L. Derepas, *RFDA*, 2007, 361 ; chr . F. Lenica et J.Boucher, *AJDA*, 2007, p. 585.

[40] M. Kamto, « Les nouveaux principes du droit international de l'environnement », *RJE*, n° 1, 1993, p. 11-21.

[41] F. Picod, « Charte de l'environnement et droit communautaire », *RJE,* no spécial 2005, p.210.

[42] Rapport déposé par la délégation de l'Union européenne sur la charte de l'environnement, n° 1372.

Tous ces principes sont appliqués dans le droit communautaire dérivé qui s'impose au législateur français, et les rédacteurs de la charte ne pouvaient pas les contredire à moins d'entraîner un conflit de normes insolubles.[43]

Au Sénégal, c'est également le cas parmi les sources du droit de l'environnement ; on retrouve à côté des sources internationales, les sources communautaires. Le droit de l'environnement sénégalais est aussi enrichi par les sources du droit communautaire.

Les directives issues des organisations régionales pour être effectives font l'objet d'une application par les États [44]. Le droit communautaire de l'environnement repose essentiellement sur des directives. Cela a l'avantage de permettre aux États membres d'intégrer les mesures visant à atteindre les objectifs fixés par ces directives dans le droit national préexistant.[45]

Avec le phénomène de constitutionnalisation du droit de l'environ-nement, les droits international et communautaire de l'environnement sont beaucoup plus pris en compte au niveau des États. Leur application est beaucoup plus effective. En France, avec l'avènement de la charte de l'environnement, un nouvel élan est noté dans l'application des textes internationaux et communautaires. De même au Sénégal, le droit de l'environnement a connu une expansion considérable, le pays s'est remarqué dans l'application des conventions internationales et des directives communautaires. Force est de constater que les effets de la constitutionnalisation ne se limitent pas là. En effet au plan interne, la constitutionnalisation revêt des effets notoires.

2. La portée de la constitutionnalisation au plan interne

On examinera successivement la portée directe de la constitution-nalisation sur le législateur et sur les juridictions.

D'abord pour la portée normative de la constitutionnalisation, les constituants français et sénégalais font participer de manière significative le législateur dans la protection de l'environnement. En France, les contours des droits et devoirs prévus par la charte devront être précisés par le législateur, de nombreux renvois sont faits au législateur. Au Sénégal aussi l'intervention du législateur est nécessaire et obligatoire pour la mise en œuvre de l'environnement. La Constitution sénégalaise lui attribue des compétences dans ce domaine.

Avec la constitutionnalisation du droit de l'environnement, le législateur a des compétences élevées. Il se voit attribuer de nouvelles tâches. La

---

[43] N. Huten, *op. cit.*

[44] Y. Jegouzo, « L'influence de l'intégration européenne sur le droit de l'environnement », Étude réalisée à l'occasion d'une série de séminaires organisés à l'attention des juges thaïlandais venus étudier le droit français et européen de l'environnement.

[45] F. Simonetti, « Le droit européen de l'environnement », *Pouvoirs*, 2008/4, n° 127, p. 67-85.

constitutionnalisation le protège et confirme sa compétence de conciliation des droits.

Loin de déposséder le Parlement de ses prérogatives au profit du pouvoir juridictionnel comme certains ont parfois pu le craindre, la Charte de l'environnement apparaît au contraire comme une forte incitation pour le législateur à intervenir dans le domaine de l'environnement. L'effectivité de la Charte de l'environnement de 2004 dépend en premier lieu de la volonté du législateur qui devrait adopter de nouvelles lois et modifier les lois existantes pour assurer le droit de l'homme à un environnement sain.

La compétence du législateur qui se déduisait implicitement jusqu'à présent à des compétences qui lui sont reconnues en vertu de l'art. 34 de la Constitution est avec l'adoption de la révision constitutionnelle doublement consacrée, d'une part, par les références explicites contenues dans la charte quant à l'intervention d'une loi pour l'application de ses objectifs ; d'autre part, par l'extension à la « préservation de l'environ-nement » du domaine pour lequel la loi fixe les principes fondamentaux. Il incombe par conséquent au Parlement de mettre en œuvre les principes et droits posés dans la Charte afin de les rendre effectivement applicables.

La charte devrait renforcer la compétence étendue dont le législateur dispose déjà en matière d'environnement.[46]

Le Parlement sera donc appelé progressivement à corriger d'éventuelles incompatibilités. Le cas échéant, il y sera invité par le Conseil constitutionnel qui selon la jurisprudence tirée de sa décision n° 85-187 DC du 25 janvier 1985 sur la loi relative à la Nouvelle Calédonie,[47] exerce son contrôle sur une loi déjà promulguée « à l'occasion de l'examen de dispositions législatives qui la modifient, la complètent ou affectent son domaine ». Par ailleurs, le législateur devra naturellement prendre en compte les exigences constitutionnelles chaque fois qu'il adoptera de nouvelles dispositions concernant directement ou indirectement l'environnement. Et il est naturellement conduit à concilier la protection de l'environnement avec les autres principes de valeur constitutionnelle. En donnant une valeur constitutionnelle à la charte ou aux dispositions contenues dans la Constitution, on met ainsi leur contenu à l'abri de la volonté du législateur.[48]

La constitutionnalisation consacre le rôle conciliateur du législateur.[49] Par exemple en France, c'est la notion d'objectif à valeur constitution-nelle qui

[46] F. M. Soucramanien et J. Pini, « Constitution et droit de l'environnement », *Juris classeur environnement*, fascicule 152.

[47] *JO* 26 janvier 1985, p. 1137.

[48] J. S. Boda, « L'effectivité problématique des normes constitutionnelles : l'exemple de la charte de l'environnement », in À *la recherche de l'effectivité des droits de l'homme*. Presses universitaires de Paris Nanterre, 2008, p. 77-88

[49] Par exemple, en France, la décision du Conseil constitutionnel n° 80-127 DC des A19 et 20 janvier 1981sur la loi renforçant la sécurité et protégeant la liberté des personnes : le législateur

permet de rendre compte de cette fonction. Parmi ces objectifs, l'article 6 de la Charte[50] consacre la clé de conciliation sous la forme du développement durable, qui représente le compromis entre les intérêts sociaux, environnementaux et économiques. C'est au législateur de trouver le juste équilibre comme le confirme le Conseil constitutionnel dans la première décision relative à la charte n° 2005-514 DC du 28 avril 2005 : « il appartient au législateur de déterminer dans le respect du principe de conciliation posé par ces dispositions, les modalités de sa mise en œuvre. » La décision n° 2005-516 du 7 juillet 2005 laisse en outre entrevoir une compétence très large sous le contrôle du juge constitutionnel qui ne censurerait vraisemblablement que l'erreur manifeste d'appréciation du législateur.[51]

Au Sénégal, le texte de la Constitution de 2001 confère à l'Assemblée nationale des pouvoirs importants de contrôle de l'action gouvernementale. L'article 67 al. 1er de la Constitution dispose que « La loi est votée par le Parlement ». Cette disposition constitue la clé de voûte du contrôle des politiques environnementales par l'Assemblée nationale. En effet, elle permet d'examiner non seulement toutes les lois ordinaires intervenant dans les domaines de l'environnement (code de l'environnement, code forestier, code de l'urbanisme, etc.) mais également les lois de Finances de l'année dans les dispositions relatives aux crédits alloués à l'environnement. Les députés peuvent déposer des propositions de loi devant l'Assemblée nationale en vue de traduire le principe 11 de la Déclaration de Rio de 1992 : « Les États doivent promulguer des mesures législatives efficaces en matière d'environnement. Les normes écologiques et les objectifs et priorités pour la gestion de l'environnement devraient être adaptés à la situation en matière d'environnement et de développement à laquelle ils s'appliquent… »

L'approbation du programme de développement économique et social se fait aussi par la loi parlementaire (article 67). Cette approbation comporte aussi celle des dispositions environnementales contenues dans le programme.

Le droit d'amendement des députés (article 82 al. 1er) de même que les questions écrites et orales posées aux Ministres avec ou sans débats (article 85 alinéa 1er), la création de commissions d'enquête (article 85 al.4) sont autant de formes de contrôle de l'application des politiques environnementales. Au regard du pouvoir de contrôle de l'action gouvernementale que lui confère la Constitution, le Parlement sénégalais dispose de leviers lui permettant de

---

est ainsi responsable de la « conciliation qui doit être opérée entre l'exercice des libertés constitutionnellement reconnues et les besoins de la recherche des auteurs d'infractions et de la prévention d'atteintes à l'ordre public, notamment à la sécurité des personnes et des biens nécessaires l'une et l'autre, à la sauvegarde de droits de valeur constitutionnelle ».

[50] « Les politiques publiques doivent promouvoir un développement durable. À cet effet, elles concilient la protection et la mise en valeur de l'environnement, le développement économique et le progrès social ».

[51] F. Laurent, « Chronique de jurisprudence relative à la Charte de l'environnement », *Environnement*, n°1, janvier 2006, chron.1.

trouver des réponses aux préoc-cupations de ses concitoyens en matière de protection de l'environ-nement, d'une part, et de garantir la mise en œuvre du droit de l'environnement par l'action gouvernementale, d'autre part.

En définitive, il est appelé à jouer un rôle incontournable en matière de droit de l'environnement et plus spécifiquement dans sa mise en œuvre. Il est un acteur clé dans la mise en œuvre du droit de l'environnement dans les espaces relevant de la juridiction nationale dès lors qu'il est le principal constructeur du corpus législatif et un contrôleur de l'action gouvernementale.[52]

Le législateur se remarque dans la protection de l'environnement aussi bien en France qu'au Sénégal. Mais il n'est pas le seul dans cette tâche, les juridictions participent aussi à cette protection. Le juge reste au centre du dispositif de production et d'adaptation du droit, que ce soit dans sa fonction consultative ou contentieuse. En participant tant à l'écriture qu'à l'interprétation du droit, il assure à la fois la régulation et le renforcement de l'État de droit.

Si on constate une grande détermination du juge constitutionnel français, il n'en est pas de même de son homologue sénégalais.

L'exposé des motifs de la charte est clair. La charte « édicte une norme qui s'impose à tous, pouvoirs publics, juridictions et sujets de droits » et « le respect de la charte sera garanti par le Conseil constitutionnel et par les juridictions des deux ordres administratif et judiciaire. La charte concerne l'ensemble des sujets de droit, personnes morales comme physiques, privées comme publiques ».

La portée de la charte de l'environnement est plus vaste pour le juge constitutionnel que pour les autres juridictions. Pour l'essentiel, les objectifs et les droits, pour la plupart conditionnels, que reconnaît ce texte impliquent que le législateur prenne plus largement en compte les exigences environnementales au titre de la détermination de l'intérêt général dont il a la charge. Il appartiendra alors au Conseil constitutionnel de déterminer la portée et les limites des principes.[53] Le conseil sanctionne des dispositions législatives qui iraient à l'encontre des objectifs de la charte. Le contrôle de constitutionnalité permettra au Conseil constitutionnel de veiller à ce que la charte soit respectée

Depuis sa promulgation par la loi constitutionnelle n° 2005-205 du 1er mars 2005 la charte de l'environnement se révèle être pleine de ressources contentieuses. Le Conseil constitutionnel les accueille néanmoins avec

---

[52] A. Konaté, « Le député ivoirien, acteur clé dans la mise en œuvre du droit de l'environnement dans les espaces relevant de la juridiction de la Côte d'Ivoire », *Revue africaine de Droit de l'Environnement*, 2014, p.145.

[53] B. Matthieu, « La portée de la charte pour le juge constitutionnel », *AJDA*, 6 juin 2005 précité.

prudence.[54] Le Conseil constitutionnel a rendu sept décisions sur cette charte.[55] Si les deux premières sont intervenues dans des matières assez éloignées du droit de l'environnement (décision du 24 mars 2005 en matière d'organisation du référendum et décision n° 2005-514 DC du 28 avril 2005 sur la loi relative à la création du registre international français)[56], il n'en va pas de même des cinq autres décisions. Le Conseil constitutionnel a ainsi été appelé à examiner la conformité de la charte de l'environnement de la loi de programme fixant les orientations de la politique énergétique (2005-516 DC du 7 juillet 2005), de la loi relative aux organismes génétiquement modifiés (OGM -2008-564 DC du 19 juin 2008[57] selon laquelle « l'ensemble des droits et devoirs définis dans la charte de l'environnement a valeur constitutionnelle »), de la création d'une « contribution carbone » par la loi de Finances pour 2010 (2009-599 DC du 29 décembre 2009)[58] ainsi que de dispositions du code de la construction et de l'habitation relatives au régime de responsabilité en matière de nuisances industrielles (2011-116 QPC du 8 avril 2011)[59] et de dispositions du code de l'environnement relatives au régime des installations classées pour la protection de l'environnement (2011-183/184 QPC du 14 octobre 2011)[60].

Le Conseil constitutionnel procède toutefois à une analyse article par article de la portée juridique des droits et obligations définis dans la charte. À ce jour, sur ses dix articles, seuls les sept premiers ont été invoqués devant le Conseil constitutionnel. En outre, seuls les articles 1er à 4 ainsi que l'article 7 ont été invoqués dans le cadre du contrôle à posteriori. Le conseil a reconnu que ces articles figurent au nombre des droits et libertés que la constitution garantit au sens de son article 61-1 et qu'ils peuvent à ce titre, être invoqués à l'appui d'une question prioritaire de constitutionnalité. C'est avec la réforme constitutionnelle du 27/07/2008 qu'a été inscrit dans la Constitution un nouvel article 61-1 qui modifie l'article 62 pour créer une nouvelle procédure dénommée « Question prioritaire de constitutionnalité ». Ainsi, tout citoyen peut depuis le 1/03/2010, dans le cadre d'un contentieux civil ou administratif, soulever la contradiction d'une disposition législative avec la Constitution, la charte constitutionnelle de l'environnement incluse. Cette question sera suivant les cas transmise soit au Conseil d'État soit à la Cour de Cassation qui veilleront à ce que tous les critères de renvoi au Conseil constitutionnel fixés

---

[54] V. Champeil – Desplats, « Charte de l'environnement : la QPC bute sur l'incipit », *la Revue des droits de l'homme* (en ligne), Actualités Droits – Libertés, mis en ligne le 19 mai 2014.

[55] « Le Conseil constitutionnel et la charte de l'environnement », *Cahiers du Conseil constitutionnel*, novembre 2011.

[56] Décision n° 2005-514 DC du 28 avril 2005 sur la loi relative à la création du registre international français, *JO* 4 mai 2005, p. 7702, texte n° 2.

[57] *JO* 26 juin 2008, p. 10228, texte n° 3.

[58] *JO* 31 décembre 2009, p. 22995, texte n° 3.

[59] *JO* 9 avril 2011, p. 6361, texte n° 89.

[60] *JO* 15 octobre 2011, p. 17466, texte n° 78.

par les textes (Loi organique du 10/12/2009) soient bien respectés. Cette nouvelle procédure QPC contribue à renforcer l'impact juridique de la charte de l'environnement dans un champ vaste incluant l'urbanisme, la santé mais aussi la fiscalité.

Le conseil confirme lors de sa décision 2014-394 QPC du 7 mai 2014, Société Casuca, [61] que dans le cadre d'une question prioritaire de constitutionnalité, il privilégie une approche casuistique des énoncés de la charte. Il étend à tous les alinéas qui introduisent ses articles numérotés ce qu'il avait déjà considéré à propos de son article 6 : « aucun d'entre eux n'institue un droit ou une liberté que la Constitution garantit. » Conséquence : ils ne peuvent être invoqués « à l'appui d'une QPC sur le fondement de l'article 61-1de la Constitution ». En somme le contrôle de constitutionnalité permettra au Conseil constitutionnel de veiller à ce que la charte soit respectée. À ce titre il est certain que ce juge suprême aura une lourde responsabilité dans l'interprétation donnée aux termes de la charte et donc quant à sa portée juridique réelle. Qu'en est-il du juge constitutionnel sénégalais ?

Selon le professeur Ibrahima Ly, on peut sans exagération aucune affirmer que le rôle du juge sénégalais dans la mise en œuvre et le suivi du droit de l'environnement est faible voire presque inexistant. En effet, il existe très peu de règles jurisprudentielles relatives à l'environnement ou reconnues comme telles. Dans le cadre de son contrôle de la constitutionnalité des engagements internationaux et de la légalité des actes de l'administration et des particuliers, le juge ne connaît pas véritablement de contentieux environnemental dans le sens de protection de la nature et de l'environnement. Ainsi en matière constitutionnelle, l'article 97 de la constitution dispose : « Si le Conseil constitutionnel a déclaré qu'un engagement international comporte une clause contraire à la Constitution, l'autorisation de le ratifier ou de l'approuver ne peut intervenir qu'après la révision de la Constitution. » Par cette disposition, toutes les conventions sur l'environnement font l'objet d'un contrôle de constitutionnalité avant leur mise en œuvre. Encore faut-il que le Conseil constitutionnel soit saisi par le Président de la République.

Le Conseil constitutionnel a une responsabilité importante à assumer en matière de protection de l'environnement. Il contrôle la compatibilité entre les conventions internationales et la Constitution, il veille à la répartition des compétences et surtout il garantit la constitutionnalité des lois. En effet, le contrôle de constitutionnalité des lois et des traités internationaux appartient au Conseil constitutionnel en vertu de l'article 92 de la constitution du 22 janvier 2001 selon lequel le Conseil constitutionnel connaît de la constitutionnalité des lois et des engagements internationaux et de l'article premier de la loi organique n° 92-23 du 30 mai 1992 aux termes duquel le

---

[61] *JO* 10 mai 2014, p. 7873, texte n° 78.

Conseil constitutionnel se prononce sur la constitutionnalité des lois des engagements internationaux.

Mise à part le juge constitutionnel, force est de noter que d'autres juridictions interviennent aussi dans cette protection. Il s'agit des juridictions de droit commun.

Il s'agit du juge administratif et du juge judiciaire. Au Sénégal comme en France ces juges interviennent dans la protection de l'environnement. Au Sénégal, le contentieux de l'environnement relève à la fois de la compétence du juge administratif et des juridictions judiciaires au sens large (civile et correctionnelle). [62] En France la dualité des ordres de juridictions conduit à des attitudes spécifiques et ceci ne pourra pas rester sans incidence sur la portée pratique de la charte dans les contentieux ouverts et dans lesquels elle sera évoquée.[63]

Très classiquement le juge administratif va pouvoir annuler les actes administratifs réglementaires et individuels qui seraient contraires à la charte de l'environnement dans la mesure où celle-ci est inscrite dans le Préambule de 1958.[64]. En France, il faut noter qu'il y a des objectifs de valeur constitutionnelle invocables directement devant le juge ordinaire et d'autres qui ne le sont pas. Sont par ailleurs, encadrés par un verrou législatif exprès qui contraint théoriquement à attendre que le législateur se soit prononcé pour la mise en œuvre, le devoir de prévention, le principe pollueur payeur, le droit à l'information et à la participation.

À côté de ces objectifs, trois éléments sont énoncés en termes trop généraux pour être directement invocables devant le juge ordinaire, sans être encadrés par la mention expresse de l'intervention obligatoire du législateur. Il s'agit du droit de vivre dans un environnement équilibré et sain (art 1), du devoir de prendre part à la préservation et à l'amélioration de l'environnement (art. 2) et du devoir pour les autorités publiques de promouvoir un développement durable (art. 6). Ce dernier objectif venant d'être reconnu par le Conseil constitutionnel (Cons. Const., 28 avril 2005, n° 2005-514 DC, Loi relative à la création du registre international français). Pour ces objectifs, le juge qu'il soit administratif ou judiciaire devrait donc attendre, en principe que le législateur se soit prononcé avant d'accepter leur invocation devant lui. Il devrait ensuite rester enfermé dans les limites du texte législatif pour l'application concrète. Un seul article de la charte en définitive, énonce un

[62] AIHJA, 2013, Rapport du Sénégal : « Le juge administratif et le droit de l'environnement », *Réponses au questionnaire, congrès de Carthagène : Cour Suprême du Sénégal.*

[63] Chahid. Nourai, « La portée de la charte pour le juge ordinaire », *AJDA*, 6 juin 2005, p. 1178.

[64] Le conseil d'État impose au pouvoir règlementaire, même en l'absence de disposition législative, le respect des principes généraux du droit, résultant notamment du préambule de la Constitution (CE, 26 juin 1959, Syndicat général des ingénieurs conseils, in *Les grands arrêts de la jurisprudence administrative*, 14e éd., 2003, p. 519) y inclus la déclaration de 1789 (CE, 12 février 1960, Rec., p. 101).

principe dont il est certain d'après son texte comme d'ailleurs d'après les travaux préparatoires, qu'il est d'application directe : c'est le principe de précaution.

Le Conseil d'État à la suite de jurisprudence qui laissait la place à quelques doutes a lui aussi consacré la valeur constitutionnelle de l'ensemble de la charte dans l'arrêt d'Assemblée, du 3 octobre 2008[65]. La consécration constitutionnelle de la charte de l'environnement par le CE dans cette décision s'est faite en ces termes : considérant que l'art 34 de la Constitution prévoit, dans la rédaction que lui a donnée la loi constitutionnelle du 1er mars 2005, que la loi détermine les principes fondamentaux (…) de la préservation de l'environnement, à laquelle le Préambule de la Constitution fait référence en vertu de la même loi constitutionnelle que toute personne a le droit, dans les conditions et les limites définies par la loi, d'accéder aux informations relatives à l'environnement détenues par les autorités publiques et de participer à l'élaboration des décisions publiques.

Au Sénégal, cette constitutionnalisation n'a pas grand effet sur le juge administratif. Celui-ci se borne en effet à une fonction juridictionnelle qui consiste à trancher les différends en appliquant les textes de droit positif ou les jurisprudences antérieures quand cela s'avère nécessaire.[66] En effet, les actes pris par les autorités administratives nationales et celles locales dans le cadre de la protection de l'environnement peuvent être déférés devant la Cour suprême statuant en matière de recours pour excès de pouvoir. Ainsi, le code de l'environnement rappelle dans ses articles 5 et 6 que la politique nationale de protection de l'environnement est mise en œuvre par l'État et ses démembrements en collaboration avec les collectivités qui bénéficient d'un transfert de compétence en matière d'environnement. À cet effet, ces autorités peuvent prendre des actes administratifs pour mettre en œuvre cette politique et ces actes peuvent faire l'objet d'un recours en annulation devant le juge administratif.

Il n'y a pas de juridiction spécialisée en matière d'environnement. En ce qui concerne plus spécifiquement le contentieux du droit de l'environnement, il n'est pas encore développé au Sénégal et le juge sénégalais n'a pas eu d'occasions d'appliquer les dispositions protectrices de l'environnement ni de contribuer à leur élaboration.[67] Le juge sénégalais par un premier jugement rendu le 9 octobre 2013[68] s'instaure comme un nouvel acteur du droit de l'environnement pour faire face à la vulnérabilité du milieu marin. En effet, en condamnant les auteurs d'atteintes à l'environnement, le Tribunal de Dakar

---

[65] CE, Ass, 3 octobre 2008, Commune d'Annecy, n°297931, publié au Recueil Lebon.

[66] I. Ly, *Droit et administration de l'environnement*, cours de Master, *op. cit.*

[67] AIHJA, 2013, Rapport du Sénégal : « Le juge administratif et le droit de l'environnement », *Réponses au questionnaire, Congrès de Carthagène : Cour Suprême du Sénégal.*

[68] Jugement du Tribunal Régional Hors classe de Dakar n° 5424/2013 du 9 octobre 2013.

s'est distingué en recensant l'importance des atteintes à l'environnement mais également en sanctionnant les préjudices causés à l'environnement marin.[69]

À côté de ce juge administratif, le juge judiciaire intervient dans la protection de l'environnement. Un certain nombre d'infractions sont prévues par le code de l'environnement du Sénégal. Celles-ci sont dévolues aux juridictions judiciaires statuant en matière correctionnelle. [70] En France même si la charte ne prévoit pas de dispositions pénales, le juge judiciaire est saisi pour les questions environnementales.

La promulgation en 2001 au Sénégal d'une nouvelle loi a été l'occasion de donner un essor remarquable à la protection pénale de l'espace national et ses ressources pour un environnement sain et riche de sa diversité biologique et paysagère, au profit des générations présentes et futures. La loi 2001-01du 15 janvier 2001 portant code de l'environnement et le décret 2001-282 du 12 avril 2001 portant application de cette loi consacrent de nombreuses dispositions à la délinquance pénale environnementale.

En somme, selon M. Papa Makha Ndiaye[71], le droit pénal sénégalais de l'environnement comporte des dispositions législatives et régle-mentaires fortement contraignantes ; il s'inscrit dans la perspective d'une articulation d'actions soutenues et cohérentes pour endiguer les atteintes de l'environnement naturel.

En France, tenu par le principe d'interprétation stricte, le juge pénal ne pourra pas faire preuve d'une grande créativité. En d'autres termes, dans la technique d'interprétation, le juge judiciaire semble plus sensible à la lettre des textes et hésite à se référer le plus souvent aux travaux préparatoires.[72]

La confrontation du juge judiciaire avec le droit de l'environnement est moins quotidienne que celle du juge administratif et lorsque le juge judiciaire est compétent (en matière de responsabilité civile ou pénale),cette compétence est balisée par des principes qui sont soit à ce point généraux et classiques qu'ils ne suscitent guère de difficultés, c'est le cas pour la responsabilité civile ; soit à ce point exigeants qu'ils nécessitent un texte législatif précis, c'est le cas de la responsabilité pénale. Au cas précis on voit mal actuellement la charte porter en elle-même un régime de responsabilité civile vraiment nouveau.

---

[69] M. Bonnin, I. Ly et M. Diédhiou, « Un premier pas vers la représentation de la nature devant le juge sénégalais : la reconnaissance des dommages à l'environnement marin » Vertigo, *La Revue électronique en Sciences de l'Environnement* (rn ligne), Hors-série 22/Septembre 2015, mis en ligne le 10 septembre 2015.

[70] Voir les articles 70 à 75 du code de l'environnement.

[71] P. M. Ndiaye *Rapport de la cour de cassation du Sénégal sur* « l'influence des conventions internationales sur le droit interne de l'environnement », Réunion constitutive du comité sur l'environnement de l'AHJUCAF, 26 et 27 juin 2008, Bénin.

[72] N. C. Nourai, « La portée de la charte pour le juge ordinaire », *AJDA,* 6 juin 2005, p. 1175.

Selon Michel Prieur,[73] l'effet direct de la charte de l'environnement devrait toucher la question de la voie de fait. Celle-ci, d'origine jurisprudentielle, est pour certains en voie de disparition du fait de l'introduction en 2000 du référé – liberté. La compétence judiciaire en cas de voie de fait est traditionnellement retenue par le juge judiciaire et le Tribunal des conflits que lorsque l'exécution forcée, l'acte ou le comportement de l'administration ont porté une atteinte grave au droit de propriété ou à une liberté fondamentale. Il résulte de la jurisprudence passée, que lorsque la voie de fait a été invoquée à propos de questions d'environnement, le juge judiciaire et le Tribunal des conflits ont précisément relevé, qu'à l'époque, l'environnement n'était pas une liberté fondamentale, faute de consécration et de reconnaissance.[74] On peut en déduire que l'énoncé de l'art 1 de la charte inséré dans la Constitution permettra, à l'avenir, de considérer l'environnement comme une liberté fondamentale justiciable de la voie de fait. Cette reconnaissance restera toutefois symbolique compte tenu du nombre de plus en plus réduit de cas de voie de fait validés par le juge.

Le droit de l'environnement en France et au Sénégal bénéficie donc d'une attention soutenue de la part des autorités nationales. Bien que jeune, lacunaire sur certains aspects et complexe, il apparaît comme un droit florissant, généralement salué comme l'expression d'un progrès social majeur. Cependant cette flamboyance du droit de l'environnement ne doit pas faire illusion. Dans la pratique, en effet, la plupart des dispositions prévues par les textes relatifs à la protection de l'environ-nement ne sont pas connues, sont peu appliquées et peu effectives.

Néanmoins, l'effectivité de cette constitutionnalisation ne se fait pas de façon automatique[75]. Plusieurs États ont inscrit un tel droit dans la Constitution « sans grande conviction » et avec des approches très différentes[76]. De l'impossibilité d'établir une notion univoque d'environnement à la difficulté de garantir l'efficacité d'une notion si floue, d'innombrables entraves juridiques se posaient contre l'affirmation constitutionnelle d'un droit de l'environnement.

---

[73] M. Prieur, *Droit de l'environnement, droit durable*, *op. cit.*, p. 416.

[74] CA Caen, 18 juin 1977, p. 557 ; TC 25 janvier 1988, Préfet de la Charente-Maritime, D., 1988, II, p. 205.

[75] A. Kiss et J. Untermaier se trouvent parmi les premiers qui ont mis en exergue les points critiques de cette consécration constitutionnelle, tout en réaffirmant sa nécessité et importance. Sur le sujet, voir : Kiss, A., *Peut-on définir le droit de l'homme à l'environnement* ; Untermaier, J., *Droits de l'homme à l'environnement et libertés publiques.*

[76] Delhoste, M.-F., *L'environnement dans les Constitutions du monde*, p. 444 et s; Verdussen, M., *Le droit à un environnement sain dans les Constitutions des États européens,* p. 329 et s.

II. Les limites liées à la protection de l'environnement dans la perspective de leur amélioration

Le droit vise à organiser la société, à réguler et à ordonner les relations sociales. Il garantit, de ce fait, aux citoyens une protection efficace. L'ineffectivité du droit laisse libre cours aux volontés individuelles qui ne connaissent alors aucune contrainte. Dans le domaine du droit de l'environnement, l'ineffectivité du droit a pour conséquence non seulement la paralysie de l'État de droit mais également le développement de l'incivisme écologique et d'autres pratiques favorables à la dégradation de l'environnement.

Dans les cas du Sénégal et de la France, la mise en œuvre de ces mécanismes constitutionnels de protection de l'environnement rencontre pas mal de problèmes (A). Il importe donc de prendre des mesures appropriées pour rendre, autant que possible, effective la réglementation relative à la protection de l'environnement (B).

A. Les difficultés liées à l'application effective des mécanismes constitutionnels de la protection de l'environnement

S'il existe des phénomènes favorables à une gestion efficace des ressources naturelles, il faut noter l'existence de contraintes qui peuvent hypothéquer l'idéal recherché. Le droit de l'environnement souffre et continue de souffrir dans beaucoup de pays, de problèmes liés à son ineffectivité. C'est le cas du Sénégal et de la France où l'effectivité du droit de l'environnement, en dépit de nombreuses dispositions constitutionnelles, législatives et réglementaires se heurte à une insuffisance de ressources humaines, financières et institutionnelles.

Ils font face à d'énormes difficultés qui sont soit d'ordre juridiques ou jurisprudentielles (1) soit d'ordre institutionnelles et financières (2). Ces difficultés constituent des freins à la bonne mise en œuvre des mécanismes de protection.

1. Les contraintes juridiques et jurisprudentielles

Il s'agit généralement des contraintes qui gênent une bonne application de la législation et de la réglementation. Nous allons successivement étudier les contraintes juridiques puis celles d'ordre jurisprudentielles.

Les contraintes juridiques tournent autour de l'insuffisance dans l'application des textes constitutionnels. L'application des textes fait défaut le plus souvent par faute de manque de connaissance du contenu des textes par les destinataires. Au Sénégal, nous avons de bons textes en matière de gestion des ressources naturelles. Mais entre un texte et son application, il y a un énorme pas à franchir. Les problèmes peuvent se situer à plusieurs niveaux.

Ces textes pèchent le plus souvent par le fait qu'ils ne sont pas une émanation de la base. Ce qui fait que certaines préoccupations des populations ne sont pas bien prises en compte. Dans les rares cas où ces préoccupations sont prises en compte, il se pose un problème de vulgarisation. De manière générale, le droit de l'environnement ne correspond pas à la vision des populations nationales dont la grande majorité reste encore analphabète, et est mue par des règles traditionnelles. Dans ces conditions, on ne peut être étonné du fait que les citoyens n'adhèrent quasiment pas aux règles relatives à la protection de l'environnement.

Le non-respect des règles de protection de l'environnement est le plus souvent dû aux comportements mêmes des citoyens. En effet, bon nombre de citoyens ont des comportements peu respectueux de l'environnement pour diverses raisons liées soit à la pauvreté et à ses conséquences, soit à l'ignorance même de leurs conséquences environnementales, soit encore à l'incivisme écologique galopant et à la faible réceptivité des règles environnementales dans la société.

La pauvreté peut être à certains égards une cause de non-respect de la législation environnementale et justifier en partie l'ineffectivité de celle-ci. En effet, dans la mesure où l'environnement constitue la base même de la plupart des ressources alimentaires des populations, lorsque celles-ci sont pauvres, elles ont tendance à opérer davantage de prélèvements sur les ressources naturelles pour faire face à leurs besoins alimentaires, au mépris de la loi. Notons que les lois, les codes qui accompagnent ces textes constitutionnels prennent en compte des préoccupations dans les moyen et long termes, alors que les populations sont confrontées à des problèmes de survie au quotidien. Dans un tel contexte de pauvreté, l'application des textes qui régissent l'utilisation des ressources naturelles est souvent difficile. Demander à une personne qui a de la peine à avoir un repas par jour de préserver les ressources naturelles, relève de l'utopie. Cette situation peut être illustrée au Sénégal notamment par la consommation du bois de feu par les ménages pauvres ; ce qui entraîne des conséquences graves à terme sur le couvert végétal.

À ces défaillances, il convient d'ajouter la complexité technique du droit de l'environnement. Le droit de l'environnement est un droit technique et complexe[77]en pleine expansion dont les champs tendent à se densifier et à se diversifier au fur et à mesure des avancées sociales, scientifiques et techniques. Cette technicité et cette complexité dues à son aspect d'interdisciplinarité juridique révèlent l'aspect même d'un droit carrefour selon Prieur[78]qui parle d'un droit qui est profondément marqué par sa

---

[77] Communication faite par Khadidiatou Dramé Diop sur la mise en œuvre du droit de l'environnement au Sénégal, Abidjan 29-30-31octobre 2013, Voir également Me Ch. Duchaine et Me N. Dubé, « Droit de l'environnement, un domaine en pleine effervescence », paru dans « Premières en affaires », juin-juillet 2015.

[78] M. Prieur, *Droit de l'environnement*, 6e Edition, Dalloz, 2011, p. 6.

dépendance étroite avec les sciences et la technologie. Pour lui la compréhension de ce droit exige un minimum de connais-sances scientifiques et toute réflexion critique à son propos impose une approche pluridisciplinaire.

La charte de l'environnement en France n'est pas épargnée des critiques. Elle fait l'objet toujours de débats en France. Pour son dixième anniversaire, la charte de l'environnement a reçu quelques beaux hommages mais a encore dû faire face à des critiques injustes et des velléités de réécriture, manière de la rabaisser au rang d'un texte réglementaire cycliquement obsolète.[79]

Les dispositions constitutionnelles relatives à l'environnement au Sénégal présentent également des limites. La reconnaissance constitu-tionnelle des droits et devoirs en matière d'environnement n'est pas pour autant une panacée et elle ne suffira pas à elle seule à régler les enjeux environnementaux auxquels nous faisons face.[80] Évidemment il ne suffit pas d'ajouter quelques dispositions environnementales dans la Constitution pour que les lois sur l'environnement en soient resserrées. Elle doit agir comme « catalyseur puissant poussant à une application plus rigoureuse des lois de protection de l'environnement actuellement en vigueur. »[81] Malheureusement dans la pratique le constat fait est que les lois sont le plus souvent en déphasage et non conformes avec les dispositions constitutionnelles. Les lois sont vétustes, archaïques, voire démodées au regard de l'évolution du droit de l'environnement mais aussi des réalités du terrain. Certaines lois peuvent être citées comme exemples : la loi de 1963 portant code de la pêche continentale,[82] la loi de 1998 portant code forestier[83] et la loi de 1981 portant code de l'eau.[84]Ces textes doivent être révisés et adaptés au contexte de la nouvelle Constitution. Les spécialistes du droit de l'environnement ont souvent une approche très restrictive des textes environnementaux qui exigent une lecture transversale et combinée des divers aspects réglementés. Un autre aspect important à souligner est l'absence dans la Constitution du Sénégal de dispositions relatives aux sanctions en cas de violation des règles. Certes, les lois en parlent mais vu leur importance, le constituant devrait leur consacrer des dispositions.

En somme, toutes ces contraintes juridiques bloquent l'effectivité du droit de l'environnement, et pourtant elles ne sont pas les seules D'autres

---

[79] D. Hidary, I. Doussan, L. Fombaustier, F. G. Trébulle, Y/Razafindratandra, « Qu'a-t-on fait de la charte de l'environnement en dix ans ? Plus qu'on ne le croit, moins qu'on ne le craint. », *Droit de l'environnement*, Victoires édition, 2015, pp. 417-428.

[80] Étude sur le droit à un environnement sain. De l'importance d'une reconnaissance constitutionnelle du droit à un environnement sain. Fondation David Suzuki, Livre Blanc n° 1, 2013, p. 27.

[81] Étude sur le droit à un environnement sain. De l'importance d'une reconnaissance constitutionnelle du droit à un environnement sain. *Op. cit.*

[82] Loi n° 63-40 du 10 juin 1963 portant code de la pêche continentale.

[83] Loi n° 1998-03 du 20 février 1998 portant code forestier.

[84] Loi n° 1981-13 du 4 mars 1981 portant code de l'eau.

contraintes subsistent, il s'agit des contraintes d'ordre juris-prudentielles. L'ignorance ou la crainte des particuliers des procédures de saisine du juge en matière d'environnement. Le citoyen a la possibilité d'ester en justice mais ce n'est pas toujours le cas. La Constitution de 2001 au Sénégal révisée en 2016 dispose que « Toute atteinte ou toute entrave à l'exercice d'une liberté sont punies par la loi ».[85]

Mais en pratique, cette reconnaissance n'est pas accompagnée de garanties juridictionnelles adaptées aux réalités du terrain. Les citoyens ne bénéficient pas de conditions aisées pour saisir le juge en cas d'infractions. Le langage judiciaire est incompris par une grande partie des justiciables qui, à tort ou à raison, pensent que la justice est du côté des riches et que les décisions de justice sont souvent négociées[86].

La passivité du juge face aux saisines en matière d'environnement constitue un autre problème. Les États disposent de mécanismes adéquats de mise en œuvre de leur droit de l'environnement. Toutefois, force est de constater qu'en pratique, ces mécanismes sont rarement mis en œuvre en cas de dommage à l'environnement. Les autorités compétentes pour prévenir et réprimer les infractions au droit de l'environnement sanctionnent peu de telles infractions, qui restent le plus souvent impunies.

L'application des sanctions constitue une autre contrainte de l'effectivité du droit. Alors que comme l'a souligné Doro Guèye, la sanction est fondamentale pour le droit de l'environnement sans laquelle l'édiction de règles serait vaine.[87]

Promouvoir la protection du droit de l'environnement est certes nécessaire mais non suffisant si ce n'est pas assorti de mesures visant à le rendre effectif. Une réglementation environnementale, aussi parfaite soit elle, n'atteindra pas ses objectifs si de manière concomitante les moyens financiers et institutionnels nécessaires à son application sont limités.

2. Les contraintes institutionnelles et financières

Le dynamisme institutionnel en matière de protection de l'environ-nement contraste avec l'insuffisance de ressources humaines compétentes pour assurer la protection. En plus des problèmes de coordination, la mutabilité des institutions freine la mise en œuvre de la politique environnementale.

Le nombre élevé de structures concernées par l'environnement, leur appartenance à différentes autorités ministérielles, le caractère sectoriel de leurs activités ont toujours rendu malaisé la coordination, de manière générale, des questions relatives à l'environnement.

---

[85] Article 9 Constitution de 2001.

[86] Ph. Burnham, « L'ethnie, la religion et l'État : le rôle des peuls dans la vie politique et sociale du Nord Cameroun », In *Journal des africanistes*, 1991, tome 61, fascicule 1, p. 77.

[87] D. Guèye, *Le préjudice écologique pur*, Editions Publibook, 2 septembre 2016, p. 21.

Une autre contrainte institutionnelle consiste aux va-et-vient inces-sants du secteur de l'environnement dans les différents départements ministériels consécutivement aux nombreux remaniements ministériels et au changement de dénomination du ministère en charge de l'Environnement. Ces fréquents mouvements sont d'ailleurs quelquefois préjudiciables à une bonne application de la politique de l'environnement.

Les structures en charge de la protection de l'environnement font face à des difficultés liées au faible niveau de formation des acteurs d'une part, et d'autre part, au faible effectif du personnel.

Le manque de ressources financières constitue un grand obstacle à la mise en œuvre de la politique de protection de l'environnement.

Le financement de l'environnement dans nos pays est assuré par les ressources financières internes et externes. Mais de plus en plus on constate que les pays font face à une austérité budgétaire accompagnée d'une réduction des subventions internationales. Les sources de financements provenant de la fiscalité verte restent encore faibles.

Les moyens financiers disponibles sont limités. Le budget accordé à l'environnement étant faible. L'aide extérieure devait le compenser mais ce n'est pas le cas. Elle est de plus en plus insuffisante. Il faut tout de même considérer que la situation mondiale actuelle ne permet pas de grands espoirs quant à la disponibilité de fonds. En effet au regard de la crise économique et financière structurelle qui s'est installée dans les pays développés et des mesures d'austérité appliquées, les contributions budgétaires risquent de diminuer plutôt que d'augmenter.

Du fait des fortes contraintes budgétaires, les États utilisent souvent la fiscalité environnementale pour alimenter leur budget. Mais le constat est que cette fiscalité environnementale reste encore faible. En droit français le principe « pollueur payeur » figure dans la charte de l'environnement, partie intégrante du bloc constitutionnel depuis 2005[88]. La Constitution du Sénégal révisée dispose que « Tout citoyen doit veiller à s'acquitter de ses obligations fiscales et à participer à l'œuvre de développement économique et social de la Nation »[89].

Il est donc alarmant de constater que ce droit à cause des contraintes juridiques, de l'insuffisance des ressources financières et institutionnelles, humaines, est ineffectif dans nos pays. N'est-il pas temps pour les États de prendre leur destinée en main en faisant valoir des initiatives ~~de~~ politiques, qui permettront de générer des ressources nécessaires pour une meilleure application du droit de l'environnement ?

---

[88] Article 4 de la charte de l'environnement dispose que « Toute personne doit contribuer à la réparation des dommages qu'elle cause à l'environnement, dans les conditions définies par la loi. »

[89] Article 25-3 de la Constitution du Sénégal.

B. Les perspectives pour améliorer la protection constitutionnelle de l'environnement

Il devient impératif de restructurer l'administration de l'environnement dans le but d'une meilleure cohérence en renforçant les dispositifs juridiques et institutionnels d'une part, (1) et d'autre part, en augmentant les moyens nécessaires pour assurer l'effectivité (2).

1. Le renforcement des dispositifs juridiques et institutionnels en vue d'une meilleure protection de l'environnement

La faiblesse du cadre juridique de la gestion de l'environnement a été l'un des obstacles majeurs à la promotion d'une gestion rationnelle de l'environnement. Le renforcement de ce cadre est donc l'un des principaux défis à relever par les États pour une gestion efficiente de l'environnement. Pour cela des mesures sont préconisées pour améliorer le cadre juridique d'abord. Aujourd'hui le droit est le moteur des politiques environnementales. Il facilite l'adoption et la mise en œuvre de ces dernières. Son rôle n'a pas cessé de s'accroître et de s'imposer. Ainsi, une restructuration du cadre juridique s'avère opportune ; mais aussi, il faut veiller à ce que le cadre juridictionnel soit en conformité avec les exigences environnementales.

Tout d'abord, la compréhension du savoir juridique par les non-initiés, avec l'utilisation d'un langage simple par les professionnels du droit peut permettre une meilleure communication entre les différents protagonistes du droit. Ensuite établir des passerelles entre les différents textes de nature à favoriser la coopération et la concertation entre les différents départements sectoriels et faciliter l'accès et la mise en œuvre des textes. Les rédacteurs doivent veiller à ce que les textes soient plus souples et concrètes. Il est nécessaire aussi d'assurer la vulgarisation et la diffusion des textes juridiques relatifs à l'environnement et si possible dans les langues locales.

Au Sénégal, où il n'en existe presque pas, le plus souvent les ouvrages sont anciens et ne sont plus adaptés à l'évolution du droit de l'environnement.[90]

Harmoniser les politiques et les législations nationales en matière d'environnement ; faute d'une élaboration d'ensemble, on est réduit aujourd'hui à lister d'innombrables incohérences. L'absence de choix clair et de priorité nettement affichée conduit à l'altération des textes, à leur contournement. Une uniformité substantielle entre les textes faciliterait l'appréhension de l'effectivité du droit de l'environnement et une grande lisibilité.

---

[90] En Afrique, le constat qui est fait est que les ouvrages en matière de droit de l'environnement sont anciens, il se pose le problème de leur actualisation comme exemple l'ouvrage de Maurice Kamto sur *le droit de l'environnement en Afrique* qui date de 1996.

L'adaptation des dispositions environnementales aux réalités sociales est importante. Le droit représente une façon de penser les rapports sociaux différente selon les sociétés, et toute société humaine a son droit.

Certains textes sont en déphasage avec les réalités. Il faut cependant les réactualiser ~~et~~ tout comme les législations, en fonction des priorités du développement national. En effet, certains textes qui accompagnent les textes constitutionnels sont anciens. Au Sénégal par exemple beaucoup de lois doivent être réformées pour s'adapter aux dispositions de la nouvelle Constitution de 2016. La base constitutionnelle permettra aux structures d'adapter les textes spéciaux de protection aux contextes national et international. Tout ce qu'il faut éviter, c'est toute contrariété au plan juridique entre les Constitutions et les textes inférieurs.

Le cadre juridictionnel a besoin d'être renforcé. Il faut cependant redéfinir les compétences du juge. Les droits des citoyens en matière d'accès à la justice doivent être redéfinis. Ensuite des innovations doivent être proposées concernant les mécanismes institutionnels. L'État est l'acteur majeur de la protection de l'environnement. Ce devoir est assuré à travers le ministère en charge de l'Environnement au Sénégal et en France qui rencontre pas mal de difficultés dans sa mission. Raison pour laquelle des solutions doivent être apportées pour mieux assurer sa survie. Toutefois le rôle d'autres acteurs comme les structures de consultation et de coordination et les collectivités territoriales n'est pas à négliger. Leur collaboration avec le ministère de l'Environnement doit être consolidée.

L'État doit veiller aussi à renforcer les moyens de contrôle et les moyens financiers et consolider la démocratie environnementale.

2. Le nécessaire renforcement des moyens pour une effectivité de la protection

Pour assurer l'effectivité de la protection, l'administration chargée de l'environnement doit nécessairement renforcer les moyens. Parmi ceux-ci, il y a l'amélioration des mécanismes de contrôle et financiers et la meilleure prise en compte de la démocratie environnementale.

Pour que le droit de l'environnement puisse connaître un minimum d'effectivité dans nos pays, il est indispensable de rendre effectif les mécanismes de contrôle, ainsi que les moyens nécessaires à l'exercice de ce contrôle. La surveillance de l'état global de l'environnement et le contrôle des acteurs sont les garants de la qualité de l'environnement. Les contrôles doivent être renforcés dans une optique de meilleure application des réglementations pour mieux protéger la santé, la sécurité des personnes et l'environnement. Les modes de financement doivent également être revus. Le financement de la protection de l'environnement dans nos États doit être amélioré. Pour cela un certain nombre de mesures doivent être prises. Le ministère de l'Environnement et les autres directions concernées doivent préparer des estimations budgétaires réalistes des dépenses récurrentes requises, pour mettre en œuvre la politique nationale de protection de l'environnement. Les ministères en charge de l'Environnement doivent créer des mécanismes de financement innovants pour compléter leur budget national.

En plus du renforcement de ces mécanismes, il est nécessaire de construire une démocratie participative. Avec la démocratie environ-nementale, les individus et associations de protection de l'environ-nement auront les moyens d'assumer le devoir solennel de protéger et d'améliorer l'environnement pour les générations présentes et futures. Des citoyens bien informés et actifs sont le gage d'un droit de l'environnement plus efficace et d'une meilleure application des politiques destinées à la protection de l'environnement au bénéfice des générations présentes et futures. La démocratie environnementale est une exigence forte de toutes les sociétés, corrélative des exigences juridiques relatives aux droits d'accès à l'information et à la partici-pation du public aux processus décisionnels en matière d'environnement[91]. La participation et l'information du public ne doivent pas être négligées, elles ont une place dans la protection de l'environnement. Elles renforcent la place d'un acteur dans l'action publique en matière d'environnement : le citoyen.[92]

L'éducation et la recherche environnementale doivent aussi être promues. Afin de faciliter la compréhension des règles environnementales et de leur utilité pour le bien-être de tous, les populations doivent être éduquées, mais aussi la recherche dans le domaine de l'environnement doit occuper une place dans la société. Vu son importance les Constitutions du Sénégal et de la France l'ont consacrée. En France, la charte constitutionnelle dispose que « L'éducation et la formation à l'environnement doivent contribuer à l'exercice des droits et devoirs définis par la présente charte »[93]. Au Sénégal la révision constitutionnelle de 2016 insère l'éducation dans la Constitution en ces termes « Les pouvoirs publics ont l'obligation de (…) promouvoir l'éducation environnementale »[94].

Conclusion générale

La Constitution est devenue l'instrument supposé efficace de protection des droits et libertés fondamentaux. Parmi ces droits figurent le droit de l'environnement. C'est dans ce contexte que sont intervenues plusieurs réformes constitutionnelles qui ont abouti à la consécration du droit de l'environnement.

---

[91] Y. Jegouzo, « Principe et idéologie de la participation », in *Pour un droit commun de l'environnement, mélanges en l'honneur de M. Prieur*. Paris, Dalloz, 2007, p. 577-587.

[92] Y. Aguila, « Les acteurs face à la constitutionnalisation du droit de l'environnement », *op. cit.*, p. 40.

[93] Article 8 de la charte de l'environnement.

[94] Article 25-2 de la Constitution sénégalaise révisée.

Ce sujet nous paraissait intéressant parce que d'actualité. Presque tous les États consacrent ce droit au niveau de leur Constitution. Le choix d'un tel sujet a abouti à deux objectifs. Premièrement, il s'agissait de détecter et de faire ressortir les mécanismes juridiques constitutionnels mis en œuvre au Sénégal et en France pour protéger l'environnement. Deuxièmement, il était question de mener une réflexion critique sur les mécanismes constitutionnels de protection en vue de déboucher sur des propositions concrètes pour améliorer la protection constitutionnelle de l'environnement.

Au sortir de cette étude, le constat fait est que l'environnement constitutionnellement protégé a été une évolution dans le temps. La France s'était satisfaite d'une reconnaissance législative (loi du 10 juillet 1976). Il ne fallut pas moins de 30 ans avant qu'elle ne se décidât en 2004, à franchir le pas avec une constitutionnalisation d'une solennité toute particulière, celle d'une charte en dix articles.[95]Au Sénégal, ce droit n'a reçu un fondement constitutionnel qu'en 2008 d'abord puis en 2016 avec de nouvelles dispositions consacrant de manière large ce droit. La protection constitutionnelle d'un droit constitue la meilleure forme de protection juridique, étant donné que la Constitution est la loi fondamentale et suprême d'un pays. Elle favorise la promulgation et l'amélioration subséquente d'une législation nationale en matière d'environnement.

Compte tenu du poids désormais majeur que les questions environnementales occupent en termes de développement économique et en termes de bien social, il est plus que temps que le droit de l'environnement devienne un droit efficient au plan national comme international. Les diverses parties prenantes doivent prendre leurs responsabilités et s'engager dans la recherche de solutions visant à résoudre les problématiques de la protection de l'environnement. Car comme le souligne M. Prieur, « à l'heure où le droit de l'environnement est consacré par un grand nombre de Constitutions comme un nouveau droit de l'homme, il convient de faire en sorte que ce droit ne subisse pas de régression ou de reculs qui remettraient en cause l'évolution continue et progressive des politiques de l'environnement, vers un mieux être humain et animal et un niveau élevé de protection de l'environnement. »[96]

---

[95] J. Morand Devillier, « L'environnement dans les Constitutions étrangères », *Nouveaux cahiers du Conseil constitutionnel*, n° 43, (Le Conseil constitutionnel et l'environnement), avril 2014.

[96] M. Prieur, G. Sozzo, *La non régression en droit de l'environnement*, Bruylant, mars 2012, 560 p.

DEUXIÈME PARTIE
DROIT ADMINISTRATIF

L'apport spécifique des conventions minières dans l'état actuel de la réglementation au Sénégal

Ousmane Cissé
Docteur en Droit public
Directeur général de Société des Mines du Sénégal
(SOMISEN-SA)

Introduction

Dans un contexte international de compétition économique entre les différents régimes pour attirer les investisseurs susceptibles de réaliser de grands projets miniers[1], l'État du Sénégal est en quête d'une nouvelle approche axée sur le développement. Les réformes subséquentes du régime minier, qui devaient attirer les capitaux-investissements privés étrangers, ont supprimé le rôle direct que l'État jouait dans les opérations minières. Ainsi, fortement influencé par le droit international, l'État s'est inspiré de ses expériences contractuelles pour concevoir un régime minier plutôt orienté vers l'allégement des procédures administratives et la sécurisation des investisseurs. Les dispositions du Code minier sénégalais prennent aussi en compte les orientations et les politiques minières en vigueur dans les pays de la sous-région, principalement ceux de l'Union économique et monétaire ouest africaine (UEMOA).

S'interroger sur l'apport du droit international à l'attractivité du droit minier ainsi définie, suppose d'abord de connaître les réactions qu'il peut susciter auprès des acteurs économiques déjà établis sur le territoire national et ceux qui seraient tentés de s'y établir. En effet, face à un système juridique, les investisseurs s'interrogent sur deux aspects importants : les garanties théoriques qu'offre le système juridique et la perception pratique du respect de ces garanties. Notre droit minier tend aujourd'hui à réaliser ces objectifs. Sur la base des logiques économiques, les entreprises étrangères choisissent d'établir une partie de leur activité de production à l'étranger dans les pays à faibles contraintes réglementaires et sociales. Toutefois, les investisseurs candidats aux délocalisations prennent en compte plusieurs considérations avant de décider de s'établir dans tel ou tel pays. C'est en ce sens que la politique minière tend à concilier les intérêts locaux et les intérêts étrangers en

---

[1] « Les ressources minérales et le développement de l'Afrique : défis et perspectives » ; Extraits du rapport *Les ressources minérales et le développement de l'Afrique du Groupe d'études international sur les régimes miniers de l'Afrique*, Commission économique des Nations unies pour l'Afrique, Addis-Abeba, Éthiopie, www.uneca.org, novembre 2011. Voir: https://www.cetri.be/IMG/pdf/08-5.pdf

réadaptant notre droit minier. Elle veut faire de notre droit minier, à l'instar des autres instruments juridiques nationaux, un outil de développement économique majeur. Le contact du droit minier national avec les conventions internationales a donné une plus-value significative en apportant une attractivité de notre arsenal juridique minier. Parler d'attractivité du régime minier, c'est parler préalablement de son caractère unique. En effet, le Code de 2003[2] marque le passage d'un régime conventionnel jugé moins permissif d'abus. Ce régime unique a été élaboré dans une politique de totale faveur aux investisseurs et s'étend sur deux axes principaux, à savoir celle de l'admission des investissements miniers et celle de la promotion et de la protection des investissements miniers. Aujourd'hui, nul ne doute des potentialités minières que le Sénégal peut faire valoir auprès des investisseurs étrangers. Ces potentialités devraient être valorisées auprès des investisseurs désireux de faire des affaires avec le Sénégal. L'instrument de valeur par excellence reste sans aucun doute le droit minier. Plus important, dans le cadre de l'élaboration du régime minier, l'adéquation des principes du droit minier national aux conditions de la vie internationale apparaît comme une condition de leur accueil favorable par l'investisseur. D'autres facteurs pertinents sont la flexibilité de l'ensemble des règles juridiques qui régissent les mines. Tous ces éléments contribuent à former la compétitivité internationale d'un pays ou d'un espace économique intégré. Conscient de cet état de fait, l'État doit se donner les moyens de faire de notre droit minier un atout significatif.

On s'aperçoit dès lors que l'État initie et impulse la politique minière. L'orientation qu'il en donne peut aussi être influencée par le droit international. Sous ce rapport, le droit minier tend à devenir la rencontre entre le droit national et le droit international.

Le droit minier sénégalais n'échappe pas à cette influence. Son régime juridique est aujourd'hui fortement influencé. Le contact du droit minier avec le droit international a donné au premier une nouvelle orientation. Il a permis de rendre la réglementation minière nationale attractive (I) mais aussi il lui a permis de rendre la réglementation minière adaptée (II).

I. Une réglementation minière nationale attractive

Le droit minier national s'est ouvert aux autres droits. Cette rencontre l'a rendu rayonnant. Il lui a permis d'attirer les investisseurs internationaux. Pour y arriver, le législateur national a dû aménager une place non négligeable au droit international. En réponse aux préoccupations des investisseurs étrangers, notre droit national est réaménagé et réadapté. Il fallait répondre à deux enjeux majeurs. Tout d'abord la promotion de l'investissement minier. Ensuite, il fallait encourager la mise en valeur rationnelle des ressources du sous-sol. Ces réponses apportées par le droit national se comprennent aisément. En effet,

---

[2] *Ibid.*

L'exploitation du sous-sol est le plus souvent l'œuvre d'investisseurs étrangers. Et si cela se trouve, ces derniers revendiquent un droit national minier attractif.

Mais, qu'est-ce que l'attractivité ? Elle peut être comprise, comme étant la capacité *d'une entreprise, d'une région ou d'une nation à conserver ou à améliorer sa position face à la concurrence des autres unités économiques comparables. La notion de compétitivité est, le plus souvent, vue sous l'angle de la nation et associée à la concurrence internationale. Elle est alors définie, de façon plus précise, comme son aptitude à produire des biens et des services qui satisfont au test de la concurrence sur les marchés internationaux et à augmenter de façon durable le niveau de vie de la population*[3]. L'attractivité du droit minier peut se définir alors comme étant sa capacité à attirer et retenir des investissements et à créer des emplois. Une autre définition simple de l'attractivité du droit minier est la capacité de ce droit à accompagner le monde des affaires dans son développement et sa croissance[4].

L'influence des conventions internationales sur le droit minier national est aujourd'hui une réalité (A), encore que ce vent de changement, apporté par les conventions minières, se trouve aussi avoir influencé les politiques minières (B).

A. L'influence des conventions internationales sur le droit minier national

Aujourd'hui le fait de s'interroger sur une possible internationalisation du droit minier se présente avec acuité. Si les positions sont jusqu'ici divergentes, l'influence que le droit minier national subit ne fait aucun doute. Ce droit minier a une connotation internationale. Le régime juridique de ce droit est aujourd'hui plus poussé vers des règles extérieures. La tendance actuelle de ce droit est de devenir un droit exogène. Ainsi entretient-il un certain paradoxe avec des corps de règles à la fois endogènes et exogènes. Les règles exogènes semblent aujourd'hui dominer notre système juridique minier. Pour promouvoir l'investissement minier et encourager la mise en valeur rationnelle des ressources du sous-sol, le Sénégal s'est doté d'une législation minière moderne[5], plus conforme à l'orientation générale du droit minier international et des directives communautaires de l'UEMOA[6].

---

[3] V. *Dictionnaire 2007 des sciences économiques*. Paris PUF, 2001, cité par B. Du Marais, « Attractivité économique du droit : le droit français peut-il survivre dans la compétition internationale ? » *Droit et Patrimoine*, n° 170, mai 2008, p. 38.

[4] Fiche technique sur les mines au Sénégal, novembre 2010, p. 6.

[5] Il s'agit de la loi n°2003-36 du 24 novembre 2003 portant Code minier et du décret n° 2004-647 du 17 mai 2004 portant les modalités d'application de ladite loi.

[6] Règlement n° 18/2003/CM/UEMOA du 22 décembre 2003, portant adoption du Code Minier Communautaire de l'UEMOA, *JO* n° 6163 du samedi 29 mai 2004.

Ainsi, pour une meilleure gouvernance des ressources minérales au Sénégal, une nouvelle réglementation est élaborée. Il s'agit d'un régime minier fortement orienté vers la sauvegarde des intérêts de l'État et des populations (1) et la réception de principes du droit international par le droit minier national (2).

1. Un régime minier fortement orienté vers la sauvegarde des intérêts de l'État et des populations

L'environnement minier international est marqué ces dernières années par de profondes mutations et une compétition de plus en plus marquée entre les pays miniers émergents. Cette situation a fortement influé sur les orientations des législations minières. Le Sénégal n'a pas échappé à cette mutation de l'environnement minier. Le 6 mars 2003, le Sénégal adoptait *La Déclaration de Politique minière* (DPM), et le 12 novembre 2003, la loi n°2003-36 portant Code minier était promulguée. Le Sénégal se dotait ainsi d'une législation moderne, plus conforme à l'orientation générale du droit minier international et de l'UEMOA, permettant d'assurer la promotion de l'investissement et de préserver les intérêts de l'État et des populations. Élaboré dans un contexte de concurrence entre pays miniers émergents, ce nouveau cadre légal incitatif a en effet encouragé une mise en valeur importante des ressources du sol et du sous-sol et favorisé l'afflux d'investisseurs au Sénégal. La DPM énonce les grandes orientations de la stratégie de développement du secteur minier. Ces grandes orientations prennent la forme d'un allégement et d'une simplification des procédures administratives. Elles prennent aussi la forme d'une amélioration du dispositif d'incitation à l'investissement minier.

Cependant, tirant les enseignements de cette période, notamment les faibles retombées pour l'État et les populations, la nouvelle politique impulsée par le *Plan Sénégal émergent* (PSE) a retenu la réforme du Code minier parmi les réformes phares à initier. Pour la réalisation du PSE, le Sénégal compte exploiter son potentiel minier et assurer l'émergence d'industries structurées autour de ces ressources. L'option de l'État dans le domaine est de favoriser un meilleur partage de richesse à travers l'implication du secteur privé national dans l'exploitation, la mise en place de contrats et d'un cadre réglementaire préservant les intérêts de l'État[7].

C'est ainsi qu'après un processus participatif et inclusif de révision qui aura duré trois années, l'État promulguait la loi n° 2016-32 du 08 novembre 2016 portant Code minier. Le nouveau Code minier vise à créer un environnement favorable au développement durable du secteur dans un cadre favorisant une répartition plus équilibrée des richesses produites entre l'État,

---

[7] Les objectifs retenus à l'horizon 2020 sont de produire annuellement entre 15 et 20 millions de tonnes de minerai de fer, 2,5 millions de tonnes de phosphates, 3 millions de tonnes d'acide phosphorique, 17 tonnes d'or correspondant au triplement de la production actuelle et 90 000 tonnes de zircon.

les populations des régions d'accueil et les investisseurs. En plus d'être l'une des réglementations minières les plus compétitives en Afrique, le Code minier sénégalais est surtout le fruit d'un long processus de recherche d'un modèle juridique favorable au développement. Les investisseurs ont exprimé des besoins auxquels le législateur sénégalais a essayé de répondre plus ou moins. L'exploitant, personne physique ou personne morale, qui souhaite explorer et développer la ressource minérale trouve un arsenal juridique fortement orienté et dont le but est d'attirer les investisseurs. Des réformes furent entreprises dans le but de relancer le secteur minier.

Pour sauvegarder les intérêts stratégiques de l'État et pour adapter les termes de la convention minière aux contextes nouveaux, la première période de validité de la convention minière[8] est fixée à douze (12) ans, renouvelables par périodes de validité n'excédant pas dix (10) ans. Aussi, à côté de cette option conventionnelle, la loi instaure, à titre optionnel et sélectif, le contrat de partage de production minière[9] comme mode juridique d'exploitation qui se justifie par la décision de l'État de mettre en place un système qui assure une répartition plus équitable des revenus générés par l'activité minière, compte tenu des avantages importants accordés aux opérateurs miniers. Dans ce type de contrat, l'État est seul détenteur des titres miniers, à travers une société d'État. Celle-ci est propriétaire de la production et des installations. L'opérateur minier agit pour le compte de la société d'État et est rémunéré par une part de la production après recouvrement des coûts d'exploration et d'exploitation. Le législateur dispose que le contrat de partage de production ne peut porter que sur des zones promotionnelles dont l'intérêt minier est démontré, attribuées suivant une procédure qui mettrait en concurrence les investisseurs intéressés[10], sauf si le titulaire d'un titre minier portant sur un périmètre situé à l'extérieur desdites zones fait l'option de réaliser les opérations minières par des contrats de prestation de services, notamment de partage de la production[11]. Le contrat de partage de production est approuvé par décret[12] et le bénéficiaire n'est pas assujetti au paiement de la redevance minière[13].

La réforme du Code minier de 2003 introduit une disposition relative aux conflits d'intérêts[14]. Elle renforce les moyens de contrôle des opérations minières et des capacités d'intervention de l'administration minière, à travers le Fonds d'Appui au Secteur Minier (FASM) alimenté par vingt pour cent (20 %) des recettes provenant des opérations minières[15]. Aussi, au titre de l'appui

---

[8] Art.27 du Code minier de 2016.
[9] Art. 12, *ibid.*
[10] Art. 10, *ibid.*
[11] Art. 33, *ibid.*
[12] Art. 34, *ibid.*
[13] Art. 35, *ibid.*
[14] Art. 32, *ibid.*
[15] Art. 11, *ibid.*

aux collectivités territoriales, le législateur prévoit d'affecter au Fonds d'appui et de péréquation aux collectivités territoriales vingt pour cent (20 %) des recettes minières de l'État provenant des opérations minières[16].

Il est incontestable que l'un des problèmes majeurs de l'exploitation minière industrielle, aurifère en particulier, l'empiètement des nouveaux exploitants industriels sur les terrains des petits exploitants traditionnels[17]. Dans le sens d'organiser les activités minières artisanales et la petite mine, les nouvelles dispositions prévoient une séparation de règles applicables à la petite mine, l'exploitation minière semi-mécanisée et l'exploitation minière artisanale. Contrairement au code minier de 2003 qui regroupait toutes les dispositions relatives à la petite mine et à l'artisanat minier, la loi apporte une meilleure définition du régime juridique des exploitations minières à petite échelle en distinguant plusieurs ordres d'exploitation : l'exploitation de la petite mine[18] qui est accordée pour une durée n'excédant pas cinq (5) ans, pour une superficie n'excédant pas cinq cent (500) hectares ; l'exploitation minière semi-mécanisée[19] qui est accordée pour une durée n'excédant pas trois (3) ans, pour une superficie n'excédant pas cinquante (50) hectares ; et l'exploitation minière artisanale[20] qui utilise des méthodes et des procédés manuels et traditionnels est accordée pour une durée de cinq (5) ans. Cette organisation est complétée par des dispositions réglementant l'ouverture et l'exploitation de comptoirs d'achat de métaux précieux et pierres précieuses[21] qui ne sont plus soumis à une simple déclaration.

Concernant les exploitations de carrières, la loi distingue la carrière publique et la carrière privée, qui peuvent être temporaires si la durée de l'exploitation ne dépasse pas un (1) an, ou permanentes lorsque la durée d'exploitation dépasse un (1) an. Les carrières peuvent être ouvertes aussi bien sur le domaine public que sur le domaine privé. La carrière est dite artisanale si la substance extraite par tous procédés traditionnels, manuels et /ou mécanisés, n'est pas concassée. La carrière est dite industrielle si la substance extraite par tous procédés traditionnels, manuels et/ou mécanisés est concassée[22]. L'autorisation d'ouverture et d'exploitation de carrières est accordée pour une durée n'excédant pas cinq (5) ans, renouvelable[23].

Dans le contexte mondial actuel où les normes internationales se multiplient et entraînent un phénomène d'internationalisation des droits

---

[16] Art. 113, *ibid.*

[17] P. Hatcher, « Mali : Réécrire le Code minier ou redéfinir le rôle de l'État ? », *in* B. Campbell, *Enjeux des nouvelles réglementations minières en Afrique*, Nordiska Afrikainstitutel, Göteborg, 2004.

[18] Titre VI, *ibid.*

[19] Titre VII, *ibid.*

[20] Titre VIII, *ibid.*

[21] Titre IX, *ibid.*

[22] Art. 64, *ibid.*

[23] Art. 65 et 67, *ibid.*

nationaux[24], il est utile de s'intéresser à la manière dont les ordres juridiques internes accueillent le droit international.

2. La réception de principes du droit international par le droit minier national

Le Sénégal qui a, pour rappel, adopté le 24 novembre 2003 un nouveau Code minier s'inspire du contexte régional et international. Les meilleures pratiques et mécanismes incitatifs ont été pris en compte dans ce code minier. Avec la suppression des lourdes procédures d'avis préalables, la signature des conventions minières se fera dans des délais plus réduits. Pour simplifier davantage ces procédures administratives, il est à noter que certains actes tels que la délivrance de permis de recherche minière et d'autorisations d'ouverture de carrières sont désormais autorisés par le seul ministre chargé des Mines. Une convention minière unique prenant en compte les phases de recherche et d'exploitation simplifie le cheminement des actes administratifs nécessaires, tout en contribuant à renforcer la sécurité de l'investisseur. Le code de 2003, bien que raisonnablement moderne, avait des caractéristiques qui nécessitaient une révision afin de l'adapter aux initiatives de l'Union africaine (UA), de la Communauté économique des États de l'Afrique de l'Ouest (CEDEAO), de l'UEMOA et de la communauté internationale qui ont pris des mesures afin d'harmoniser leurs politiques, les législations et règlements nationaux ; et pour définir des normes communes qui uniformisent l'environnement des affaires proposé aux investisseurs miniers.

Le Code minier de 2016 intègre les principes de la Directive de la CEDEAO, adoptée en 2009, et qui repose sur une approche participative, un développement socio-économique durable, la réduction de la pauvreté, la transparence et l'équité sociale ainsi que la garantie de la protection des communautés locales, la protection de l'environnement, la bonne gouvernance ainsi que le respect des droits de l'homme. Cette loi est caractérisée par le renforcement des mesures de responsabilisation des sociétés minières, par une redéfinition du rôle de l'État et une réelle prise en compte des objectifs sociaux et environnementaux.

Au titre du renforcement du droit à l'information, des droits humains et des principes de bonne gouvernance, la loi apporte des innovations majeures. Habituellement, le secteur minier est considéré, à tort ou à raison, comme une industrie suspecte, opaque et inaccessible. Le manque ou l'insuffisance d'information sur l'industrie minière est encore trop souvent un obstacle qui pose le plus de soucis à la société civile. C'est pour cela que la loi devient un parti pris clair pour la transparence qui est un facteur important en matière de bonne gouvernance.

---

[24] La force obligatoire des normes du droit international dérive en effet du principe du "*Pacta sunt servanda*" qui dispose que les États doivent respecter les accords passés entre eux.

Les grandes réformes contenues dans le nouveau Code de 2016 améliorent la transparence, avec notamment la suppression de la notion de confidentialité et l'introduction de l'obligation pour l'État de publier toutes les conventions signées conformément aux engagements liés à la norme de l'Initiative pour la Transparence dans les Industries extractives (ITIE)[25]. Elles constituent également un premier pas vers l'application des nouvelles dispositions de la constitution révisée en ce sens qu'il vise à la redistribution des revenus miniers non plus seulement à l'État mais également aux collectivités territoriales.

Cependant, la mise en œuvre et le suivi de ces standards environnementaux posent problème dans un milieu dominé par les sociétés rurales sous-informées nécessitant une participation active des différents acteurs notamment l'État, les sociétés minières, les autorités décentralisées et la société civile.

Le Code de 2016 oblige les titulaires de titres miniers à respecter les droits de l'homme[26]. Cette disposition est en accord avec les Principes directeurs relatifs aux entreprises et aux droits de l'homme, des Nations unies. Aussi la loi oblige-t-elle les titulaires de titres miniers à respecter les principes et exigences de l'ITIE[27] et à déclarer tous les revenus miniers dus à l'État et perçus par l'État, y compris les réalisations économiques et sociales effectuées[28]. La loi réaménage les dispositions relatives à la confidentialité, pour être conforme aux normes de l'ITIE. Elle dispose que la convention minière doit être publiée au Journal officiel[29], ce qui n'est pas une exigence de la norme ITIE.

Afin d'attirer les investissements étrangers dans le secteur minier, une concurrence est née entre les pays et a entraîné une législation de complaisance ainsi que le *dumping* fiscal. Ces mesures excessives, surtout sur le plan fiscal, ont limité, de façon marquante, les bénéfices des gouvernements africains ainsi que des populations des pays producteurs, quant aux changements sociaux et économiques espérés[30]. Cependant, le secteur minier pourrait jouer un rôle majeur dans le développement durable de nombreux pays africains, avec une meilleure gouvernance des ressources naturelles[31].

C'est dans cet esprit que s'est articulée la « Vision du Régime minier de l'Afrique[32] (VMA) », une initiative transnationale adoptée par les Chefs

---

[25] Voir M. Bonnin, I. Ly, B. Queffelec et M. Ngaido (M.), (eds), 2016. *Droit de l'environnement marin et côtier au Sénégal*. IRD, PRCM, Dakar, Sénégal, 532 p.

[26] Art. 94 Code minier de 2016.

[27] Art. 95, *ibid.*

[28] Art. 96, *ibid.*

[29] Art. 117, *ibid.*

[30] L. Maréchal, « Le secteur minier est-il porteur de développement en Afrique ? », *Politique étrangère*, 2, p. 85-98, 2013.

[31] S. Bilal, "From Growth to Transformation: What Role for the Extractive Sector?" *GREAT Insights*, Vol. 2, Issue 2. February-March 2013.

[32] Union africaine (2009). Vision du Régime minier de l'Afrique. Voir:

d'État africains, en 2009. La stratégie de développement de la VMA traduit donc les efforts du continent à trouver un moyen de traduire les ressources minérales, ainsi que les retombées des investissements, en une économie équitable et inclusive et de débarrasser le secteur minier de ses caractéristiques coloniales qui n'ont pas, jusqu'alors, été couronnées de succès et de s'assurer que l'industrie minière puisse avoir des liens plus forts avec les économies nationales. Pour la maximisation et la gestion des recettes fiscales, le Code minier de 2016 a procédé à la révision du cadre fiscal pour les projets d'exploitation minière. Cette révision est marquée par la hausse modérée du taux de redevance, l'indexation de la redevance sur le cours des minerais et le degré de transformation sur place, la réintroduction des droits superficiaires, et la définition de nouvelles règles de partage de ressources entre les opérateurs miniers et l'État.

Le *traitement de la nation la plus favorisée* (NPF) est également un des principes repris par les différents régimes miniers. Le traitement national signifie que les investisseurs de l'autre partie bénéficient d'un traitement « non moins favorable » que ceux de l'État hôte. En d'autres termes, la législation et les politiques applicables à l'investissement ne peuvent faire de discrimination liée au pays d'origine de l'investisseur. Cette disposition ne signifie pas que l'État ne peut faire une distinction entre les investissements sur la base de questions telles que l'impact environnemental ou les différences liées directement aux différentes localités d'un pays ou pour d'autres raisons légitimes. Les droits d'établissement ou d'accès au marché restent des principes dont l'intégration dans le corpus juridique national est à débattre. Ces dispositions sont diversement appelées dispositions d'accès au marché, droits d'établissement ou droits de pré-établissement. En exigeant un traitement national dans la réalisation des investissements, ces dispositions peuvent empêcher le recours à des obligations ou restrictions particulières envers les investisseurs étrangers, y compris éventuellement des exigences en ce qui concerne les partenaires de la co-entreprise et des exigences de performance. Si ces droits ne figurent pas dans la majorité des anciens traités, ils sont contenus dans les traités récents en cours de négociation à l'échelle régionale ou mondiale.

L'expropriation reste problématique pour l'investisseur étranger. Le droit minier se doit d'assurer sa protection. Pour y parvenir, il a subi l'influence des principes du droit international. Tous les traités d'investissement comprennent une disposition visant à protéger les investisseurs étrangers contre les expropriations sans indemnisation. Il faut préciser que ces traités n'interdisent pas les expropriations mais imposent certaines conditions, dont la plus importante est l'indemnisation de l'investisseur. Il existe trois types d'expropriation qui sont potentiellement abordés par ces dispositions : les

---

http://pages.au.int/sites/default/files/AfricaMiningVisionfrench.pdf

expropriations directes, indirectes et réglementaires. L'expropriation directe, c'est lorsque la propriété d'un investissement ou de l'actif d'un investissement est transférée à l'État ou, de façon légale, à un tiers. L'expropriation indirecte, c'est lorsqu'un gouvernement ne transfère pas la propriété, mais reprend effectivement la gestion et la direction de l'investissement. L'expropriation réglementaire est une notion controversée en vertu de laquelle un règlement qui est légitimement adopté pour promouvoir les objectifs de bien-être public (par exemple, la protection de l'environ-nement, la santé humaine, la protection des consommateurs) et qui n'a aucune incidence sur la propriété ou la gestion de l'investissement, peut encore se traduire par une expropriation si elle a un impact sur la valeur économique de l'investissement[33].

Il ressort de cette analyse que le droit minier national est fortement influencé par les conventions internationales auxquelles l'État du Sénégal a souscrit. Cette influence ne se limite pas au cadre légal mais se manifeste aussi sur la politique minière.

B. L'influence des conventions minières sur les politiques minières nationales

La « Déclaration de Politique minière » du 06 mars 2003[34] énonce les grandes orientations de la stratégie de développement du secteur minier. Ces grandes orientations peuvent être appréhendées comme suit : un allégement et une simplification des procédures administratives ainsi qu'une amélioration du dispositif d'incitation à l'investissement minier qui ne peut prospérer que si les conditions favorables au rendement économique sont réunies et répondent aux besoins des entreprises[35]. Pour attirer les investissements étrangers et encourager les investissements domestiques, le Sénégal a entrepris d'orienter sa législation minière. Cela est motivé par l'objectif de la restauration de la sécurité juridique et judiciaire.

Toutefois, s'il est indéniable que d'énormes progrès ont été faits sur le chemin de la sécurité juridique en droit substantiel, d'importants efforts restent à accomplir sur le plan processuel afin que la sécurité judiciaire rime avec la sécurité juridique obtenue. En effet, le Code minier n'est pas un simple instrument de régulation. Il est surtout un outil de développement. Dès lors,

---

[33] OCDE (2004), *L'"expropriation indirecte" et le "droit de réglementer" dans le droit international de l'investissement,* Éditions OCDE. http://dx.doi.org/10.1787/871821182042

[34] *Ibid.*

[35] Pour identifier ces besoins, il faut partir de l'idée, toute simple, qu'une entreprise est une entité dans laquelle des fonds (généralement empruntés) sont investis au service d'une activité ; au principe de son fonctionnement, il y a l'espoir d'un retour sur investissement mais aussi la conscience de la perte possible de ce dernier. Si la probabilité de la perte des investissements est plus grande que l'espoir de gain, de retour sur investissement, la solution évidente est que l'investisseur ne prendra pas le risque d'investir. Comme le rappelle une expression bien connue, on n'attrape pas les mouches avec du vinaigre.

un Code minier efficace est donc un code qui garantit ce résultat. Ce qui explique qu'aujourd'hui le Sénégal est en constante recherche du fameux modèle gagnant-gagnant contribuant à l'émergence d'un droit processuel minier autonome (1) et d'un droit matériel minier autonome (2)

1. L'émergence d'un droit processuel minier autonome

Les règles de procédure sont encore trop différentes les unes des autres et portent en elles-mêmes, les germes de l'insécurité juridique et judiciaire. Le régime juridique des délais et de la saisine du juge national de fond, juge de première saisine en droit national, appelé à interpréter et appliquer les textes nationaux reste vague. Son office et les procédures applicables devant lui ne sont pas suffisamment précisés. On se demande pragmatiquement comment l'incohérence des aspects judiciaires de ce système juridique peut servir la sécurité juridique et son attractivité économique. Il ne suffit pas seulement que le législateur sénégalais affirme son attachement à la sécurité judiciaire pour qu'elle soit perceptible. Encore faudrait-il se donner les moyens d'y parvenir. On s'aperçoit alors que la sécurité judiciaire reste un concept en devenir dans le système juridique sénégalais. Certains reproches essentiels faits au droit minier national par les investisseurs concernaient le fonction-nement défectueux des institutions juridictionnelles nationales. Pour permettre aux investisseurs d'éviter d'être confrontés aux difficultés de fonctionnement de la justice, le législateur sénégalais a systématisé, en réponse à l'insécurité judiciaire, une voie alternative de règlement des différends en mettant des outils organiques et juridiques à la disposition de l'investisseur, qui a ainsi la liberté de choisir son juge.

En effet, le législateur sénégalais a créé un organe indépendant de règlement arbitral de différends et qui est régi par un Acte uniforme portant droit commun de l'arbitrage dans l'espace de l'OHADA[36]. Le Code de Procédure civile, en ses dispositions 795[37] et suivantes, envisage cette procédure. L'investisseur peut alors décider, *ex ante*, d'attribuer la connaissance de son litige à un arbitre (juge privé réputé être au-dessus de tout soupçon et bénéficiant de la confiance des parties). Ce sera le cas toutes les fois que l'investisseur conviendra avec son co-contractant public ou privé d'inclure dans leur convention une clause compromissoire attribuant expressément la connaissance de leur litige éventuel par un juge privé (arbitre). Même s'il a été négligent, *ex ante*, il peut encore se rattraper, *ex post*, en concluant, avec l'accord de son partenaire commercial avec lequel il est en litige (ce qui est rare), un compromis d'arbitrage afin d'éviter d'affronter les

---

[36] Acte uniforme portant droit de l'arbitrage, Adopté le 11/03/1999, date d'entrée en vigueur : 11/06/1999 Publié dans le *Journal Officiel*, n° 8.

[37] Le décret n° 64-572 du 30 juillet 1964 portant Code de Procédure civile a été publié au *Journal officiel*, n° 3.705 du 28 septembre 1964, pages 1289 et suivantes.

difficultés, désagréables pour la bonne marche des affaires, de fonctionnement des institutions juridictionnelles officielles nationales.

L'arbitrage extérieur est donc l'instrument que le législateur sénégalais a mis à la disposition des investisseurs publics ou privés désireux d'échapper aux difficultés de fonctionnement des institutions juridic-tionnelles nationales. Ainsi, le législateur national a principalement exprimé la prise en compte des aspects judiciaires de l'attractivité du droit minier à travers la rédaction du droit communautaire, l'Acte uniforme portant droit de l'arbitrage[38]. Le fait que le droit minier revêt une empreinte internationale forte est également un grand atout pour la sécurité judiciaire tant souhaitée par les investisseurs et véhiculée par les conventions internationales signées par le Sénégal.

Le cadre institutionnel de l'arbitrage proposé par l'OHADA et adopté par le Sénégal est organisé par les articles 21 à 26 du Traité et traduit la volonté des états parties d'encourager les investisseurs à choisir aisément et librement leur juge ou, par défaut, le juge étatique. Son régime est encadré par un Acte uniforme spécialement dédié au droit de l'arbitrage. Ce mode alternatif de résolution des litiges est un élément de sécurité judiciaire car il constitue un instrument d'évitement du juge étatique dont l'indépendance, la compétence et surtout l'impartialité n'emporte pas généralement l'adhésion des investisseurs. Il offre une alternative crédible aux investisseurs qui ne font toujours pas confiance aux institutions judiciaires des états parties. Pour le règlement des litiges de nature contractuelle, les investisseurs peuvent alors choisir la voie arbitrale, classiquement présentée comme une justice au service des affaires et qui garantit à la fois la confidentialité nécessaire dans le domaine des affaires.

Selon l'article 319 du Code, les litiges portant sur l'interprétation ou l'application de la loi peuvent faire l'objet d'un arbitrage international CIRDI, à la requête de la partie la plus diligente, à condition que le titulaire du droit minier soit ressortissant d'un autre État conformément à l'article 25 de la Convention CIRDI[39]. Le consentement à l'arbitrage CIRDI devra être donné par l'investisseur au moment de la délivrance du titre minier conformément à la convention, en l'exprimant tant en son nom qu'en celui des sociétés affiliées. Quelle que soit la nationalité de la société, celle-ci sera alors considérée comme société de droit étranger. Si le titulaire d'un titre minier ou de carrière n'est pas considéré comme ressortissant d'un autre État, conformément à l'article 25 du CIRDI[40], il pourra au moins soumettre le litige au tribunal arbitral international de son choix. Mais, il convient de signaler que la voie de

---

[38] *Ibid.*

[39] Convention et Règlement du CIRDI, Centre international pour le règlement des différends relatifs aux investissements, CIRDI/15 avril 2006 ; 128 p.

[40] *Ibid.*

l'arbitrage n'est pas une solution miracle[41]. Il faut donc se garder d'en surestimer la portée. De manière générale, cette procédure se veut transparente, objective, efficace et rapide, dès le moment de la réception des demandes jusqu'au moment de la délivrance des droits miniers. En effet, avant la phase d'exploitation, les investisseurs engagent généralement moins de fonds. Ainsi, ils sont plus susceptibles de faire marche arrière et changer d'avis, surtout si leurs activités se retrouvent ponctuellement suspendues par des procédures administratives lourdes et longues.

Pour éviter ces désagréments, le législateur a envisagé deux outils. Premièrement, il a mis en place un système de priorité d'instruction selon lequel, tant qu'une demande se trouve en instruction, aucune autre demande concernant le même périmètre, totalement ou partiellement, ne pourra être traitée. De plus, il a prévu que la durée de la procédure d'octroi d'un permis de recherche ou d'exploitation, entre le moment de l'introduction de la demande et celui de l'octroi ou du refus, ne puisse excéder un délai raisonnable. Cet ensemble de mesures s'inspire de cette idéologie séductrice de la législation de 2003. Ces dispositions sont élaborées les unes après les autres, dans un même objectif, attirer l'investisseur. Le permis de recherche est valable pour une durée préfixée. Il est renouvelable deux fois. Quant au permis d'exploitation, il est valable pour une durée plus longue. Il est tout autant renouvelable. Il apparaît ici que le législateur sénégalais, toujours dans sa politique d'incitation, a choisi d'établir des durées de validité des droits miniers relativement longues. En effet, plus les droits sont longs, mieux cela est favorable aux investisseurs, ce qui favorise également l'afflux de nouveaux capitaux. Les bailleurs de fonds se laissent généralement séduire par des projets rentables sur le long terme et cela peut se transformer en casse-tête chinois s'ils doivent à chaque fois renouveler leurs droits à cause de durées trop brèves. Au regard des aspects juridiques et de négociations, bien que les États acquièrent une certaine certitude par le biais de l'utilisation de dispositions de brève durée, celles-ci peuvent créer une incertitude proportionnelle chez les investisseurs, craignant d'être à la merci du cadre législatif du pays d'accueil, et tout particulièrement si les relations entre les parties en venaient à se détériorer.

Les préoccupations en matière de corruption et de manque d'indé-pendance judiciaire peuvent intensifier le désir d'un investisseur de trouver un décideur échappant aux pressions internes. Pour remédier à ces préoccupations, les investisseurs obtiennent parfois du gouvernement qu'il accepte de régler les différends dans les tribunaux du pays d'origine de l'investisseur. Ils peuvent aussi insister pour obtenir une solution par voie d'arbitrage. Mais si le pays dispose d'un système judiciaire efficace et indépendant, il peut cependant se

---

[41] P. Wolfgang, *Arbitration & Renegotiation of International Investment Agreements*, Second Revised and Enlarged Edition, The Hague, Kluwer Law international, 1995.

révéler difficile pour l'investisseur d'insister sur un arbitrage et/ou de déplacer les questions en litige dans un pays étranger.

Les Principes directeurs disposent également que pour s'acquitter de leur responsabilité en matière de respect des droits humains, les entreprises doivent mettre en place une procédure de diligence raisonnable en matière de droits de l'homme pour identifier leurs incidences dans ce domaine, prévenir ces incidences, en atténuer les effets, et rendre compte de la manière dont elles y remédient[42]. Par ailleurs, les principes directeurs indiquent que lorsque les entreprises découvrent qu'elles ont eu des incidences négatives, ou y ont contribué, elles doivent prévoir des mesures de réparation ou collaborer à leur mise en œuvre suivant des procédures légitimes[43].

2. L'émergence d'un droit matériel minier autonome

Au regard du droit applicable, le droit minier matériel est lui aussi imprégné de droit international. Il a donné naissance à une ingénierie juridique. La clause-cadre que nous définissons est comprise ici comme une disposition qui dit essentiellement que l'État doit respecter les engagements pris vis-à-vis d'un investisseur et fait ainsi de ces engagements une partie du corps du traité d'investissement. Les tribunaux ont eu des opinions très différentes sur la façon dont l'engagement d'un État doit être défini, allant des déclarations générales d'un gouvernement, en ce qui concerne un investissement, aux accords spécifiques par écrit ou à la législation. Dans les deux cas, lorsqu'une clause-cadre est couplée à une clause de stabilisation dans un contrat d'investissement ou dans le droit interne de l'État d'accueil, une puissante combinaison est mise en place pour empêcher les actions de l'État non conformes à la disposition de stabilisation.

Au Sénégal, un modèle de convention minière est mis à la disposition de tout investisseur minier. Ces conventions de longue durée passées entre le gouvernement et les sociétés titulaires de droits miniers fixent les engagements réciproques de l'État et de la société. Elles permettent aussi de garantir la stabilité générale des conditions fiscales, juridiques et économiques. Ces contrats miniers, comme tout autre engagement juridique, peuvent ne pas aboutir. Les parties, le projet, l'économie, et d'autres forces et facteurs peuvent transformer une alliance jadis heureuse en une relation tendue, allant même jusqu'à la séparation. De nombreuses questions peuvent donner lieu à des conflits, y compris la conformité avec les obligations en matière de performance, le non-respect des obligations sociales ou environnementales durant la phase de développement et l'interprétation des questions relatives à la fermeture de la mine. Comment le gouvernement et la société minière peuvent-ils gérer les différends ? Une question qui se pose avec acuité et dont on n'a pas encore fait le tour. Une variété d'outils

[42] Principes directeurs des Nations unies, principe 15.
[43] Principes directeurs des Nations unies, principe 22.

contractuels disponibles permettant de contribuer à un déroulement harmonieux est disponible.

Une option consiste à insister sur des examens périodiques obligatoires du contrat, dans le but d'obliger les parties à confronter les changements de circonstances. En cas de mécontentement, les parties peuvent négocier en vue de modifier les conditions financières et les autres termes de l'entente de manière à maintenir l'équilibre prévu. Des consultations planifiées peuvent minimiser la frustration et apaiser les tensions si l'une des parties en vient à estimer que l'accord a cessé d'être équitable, ce qui évite des jugements irréfléchis pouvant conduire une entreprise à se retirer d'un pays ou un gouvernement à nationaliser une mine.

Certains contrats contiennent d'autres formes d'obligations, en termes de négociation et de médiation, ces obligations rappelant les parties autour de la table en cas de désaccord. Ils encouragent les parties à résoudre leurs problèmes, par elles-mêmes ou avec l'aide d'un médiateur neutre et contribuent ainsi à éviter une escalade du litige. Lorsque les nouvelles négociations ou des médiations régulières échouent, les contrats prévoient d'autres méthodes formelles de règlement des différends. Les dispositions pertinentes relatives aux différends contiennent généralement au moins deux éléments importants : la loi qui régira le litige et la méthode de résolution des différends. La loi régissant les accords miniers peut être totalement indépendante de la méthode utilisée pour résoudre les différends.

Le droit substantiel sénégalais est une réponse à l'incertitude dans laquelle se trouvaient les investisseurs quant au droit qui régira leur patrimoine. Cette garantie des droits serait même l'assurance tout risque que peut offrir l'État aux investisseurs. En effet, toute personne physique ou morale, de nationalité sénégalaise ou étrangère, ainsi que tout organisme à vocation scientifique sont éligibles à obtenir des droits miniers, sous réserve, pour les personnes étrangères d'élire domicile auprès d'un mandataire minier établi sur le territoire sénégalais. Une fois les droits miniers octroyés, l'admission est effective. Cela aura alors pour conséquence de rendre applicable l'ensemble des dispositions du code minier à l'investisseur, y compris donc l'ensemble des mesures favorables à son investissement, c'est-à-dire les mesures de garanties, de promotion et de protection des investissements. Non seulement l'investissement sera protégé au niveau du droit interne, mais il le sera également au niveau du droit international ; cela par l'enclenchement quasi-automatique des garanties et protections des investissements résultant du droit coutumier[44].

L'ensemble de ces mesures, autant internes qu'internationales rassurent en pratique l'investisseur et se révèlent décisives dans le choix d'investir dans un

[44] OCDE (2004), *L'expropriation indirecte et le droit de réglementer dans le droit international de l'investissement*, Éditions OCDE.

État. C'est donc intentionnellement que l'État sénégalais a également mis en place tout un système de promotion et de protection de droits des investisseurs. Les États de la région sont confrontés à un défi complexe dans la promotion de champions nationaux et dans la matérialisation de la vision sénégalaise des mines. Si la vision elle-même est claire, le cheminement est complexe. Il s'agit de trouver la bonne combinaison de politiques qui marcheraient avec l'ensemble des circonstances et acteurs uniques de chaque État afin que les richesses minérales se traduisent de manière plus efficace par une réduction de la pauvreté et un développement durable inclusif. Une autre complication consiste en la série d'obligations juridiques intégrées dans les nombreux accords d'investissement internationaux auxquels le Sénégal est partie. Dans certains cas, ces accords restreignent la capacité des gouvernements à se servir des outils pouvant lui permettre d'atteindre ses objectifs.

Nonobstant les avancées significatives précédemment mises en exergue au cours de l'évolution du régime minier, l'État du Sénégal continue à démontrer sa volonté de réforme du régime minier pour se doter d'une législation minière adaptée aux réalités économiques, en concordance avec plusieurs autres juridictions africaines et en conformité avec les exigences et normes internationales en la matière.

II. Une réglementation minière nationale adaptée

La modernisation du droit minier national devient une nécessité. C'est ce que nous voulons démontrer ici : un droit national minier réorganisé. Depuis 2003, la promotion du secteur minier a mobilisé d'importants moyens et efforts axés sur la mise à jour des connaissances et des infrastructures géologiques, le renforcement institutionnel du ministère chargé des Mines et la promotion des investissements directs étrangers.

Pour la rendre adaptée, la réglementation minière est alignée sur les conventions internationales (A) elle est aussi matérialisée par des protections extracontractuelles pour les investisseurs et des restrictions sur le pouvoir de l'État : le rôle des traités d'investissement (B).

A. Une réglementation minière alignée sur les conventions internationales

Tout pays dans l'exercice de sa souveraineté signe des traités et conventions qu'il est amené à ratifier, selon la procédure prévue dans son ordre juridique interne. Le cadre juridique international approprié est de nature interétatique et relève aussi des organisations internationales productrices du droit international. Les normes juridiques au niveau international sont vastes et constituées de nombreux textes applicables en la matière. Il est, en outre, important de savoir qu'au plan international, un texte n'est applicable et imposable à un État que lorsqu'il a été ratifié ; dans le cas contraire ledit État n'est pas obligé de l'appliquer. Un tel texte, ne peut pas être inscrit dans l'ordre juridique de cet État.

Le nouveau Code minier comporte des dispositions fortes garantissant une bonne gouvernance du secteur minier. Le respect des conventions internationales répond au souci de permettre une bonne exploitation des ressources minérales pouvant profiter à l'économie et aux personnes, à travers une politique sociale cohérente. Ce souci de faire profiter les populations des ressources disponibles doit s'inscrire dans un cadre juridique approprié[45]. Le Pacte international relatif aux droits économiques, sociaux et culturels de 1966[46], en son article 2, dispose que « Chacun des États parties au présent Pacte s'engage à agir, tant par son effort propre que par l'assistance et la coopération internationales, notamment sur les plans économique et technique, au maximum de ses ressources disponibles, en vue d'assurer progressivement le plein exercice des droits reconnus [...] y compris en particulier l'adoption de mesures législatives. » Par l'adoption de ce pacte, le Sénégal s'engage à respecter les standards internationaux pour le bien-être de sa population. Se fondant sur les meilleures pratiques internationales, le régime minier actuel est à la recherche d'une conformité avec le droit international (1), tout en assurant la promotion du développement local (2).

1. La recherche d'une conformité avec le droit international

Aujourd'hui aucun droit n'évolue en vase clos. Il y a une nécessité de se conformer aux exigences de l'industrie minière internationale. Au cours des dernières décennies, les développements probablement les plus importants, en termes de lois minières et de contrats, se sont produits dans les procédures de délivrance des titres miniers et dans les domaines, sociaux et environnementaux ; et cela de manière drastique. Des domaines tels que la responsabilité sociale, les droits de l'homme, les dispositions anti-corruption, et les consultations au niveau local apparaissent en tant que nouveaux sujets dans les contrats internationalisés.

Actuellement, de nombreux pays ont adopté un processus d'obtention des titres miniers simple et efficace reposant sur le principe du premier *arrivé, premier servi* : le premier investisseur à présenter une demande conforme obtient le droit exclusif de recherche sur le territoire désigné. En cas de découverte, le titulaire du titre minier bénéficie de l'assurance raisonnable d'obtenir le droit d'exploiter la ressource. Ce système est logique, dans la mesure où, en théorie, il devrait permettre de ne pas favoriser une partie quelconque et inciter à attirer ceux qui sont désireux d'obtenir une licence leur permettant de se lancer dans une exploitation minière. Ce système a connu de

---

[45] Centre d'études sur le droit international et la mondialisation, Université du Québec à Montréal, http://www.cedim.uqam.ca.

[46] Le pacte a été signé en 1966 et ratifié par le Sénégal en 1976 ; c'est-à-dire 10 ans après sa signature, d'où la difficulté pour l'insérer dans l'ordre juridique interne.

nombreuses évolutions avec l'introduction d'appels d'offres concur-rentielles pour l'octroi des droits d'exploration et d'exploitation minière dans un nombre grandissant de pays. Les offres concurrentielles peuvent présenter plusieurs avantages : elles peuvent inciter les décideurs à anticiper, planifier et prioriser les avantages de projets d'exploitation des ressources minérales qu'ils seraient désireux d'entreprendre, dans la mesure où ces avantages peuvent être le sujet de l'offre.

Les critères de pré-qualification, les frais de dossiers d'appels d'offres, et les paiements de primes à l'avance peuvent dissuader la spéculation et provoquer un gel des licences, tandis que des appels d'offres transparents peuvent réduire les risques de corruption par rapport au système *premier arrivé, premier servi* ou aux négociations directes. Il n'en demeure pas moins que faute de dispositions solides assurant la transparence et la surveillance, les offres concurrentielles peuvent souffrir des mêmes problèmes de corruption et de mauvais octroi des licences et des ressources que les autres systèmes. Et, de fait, des problèmes tels que le gel des licences et la corruption peuvent également être découverts dans des systèmes d'octroi divers. En outre, si le gouvernement ne dispose pas d'informations géologiques suffisantes, il peut s'avérer bien plus difficile de mettre en œuvre un système concurrentiel donnant de bons résultats. Dans ce type de situation, il est préférable que le gouvernement commence sur la base du système *premier arrivé, premier servi*, ou investisse de manière à être en mesure de fournir les informations de nature géologique, pertinentes.

Afin d'assurer une plus grande transparence, des dispositions entourant la protection de l'environnement et le dialogue avec les communautés ont enrichi le droit minier. Pour tous les projets miniers, la phase de planification est la phase la plus importante, en termes d'influence sur la forme finale d'un projet d'exploitation minière et sur les impacts qu'il aura. Une opportunité unique se présente lorsque les plans d'exploration, d'exploitation et de fermeture sont développés (ou révisés). C'est un moment crucial pour recenser les risques environ-nementaux et sociaux, pour déterminer les moyens d'éviter ou atténuer les problèmes, et pour concevoir le projet et l'exploitation en conséquence. Ce processus vise l'évaluation de l'impact environnemental et social. Les évaluations de l'impact environnemental et social sont des outils fondamentaux de planification d'avant-projet utilisés pour s'assurer qu'un large éventail d'implications environnementales et sociales potentielles est pris en compte avant que le projet ne soit formellement approuvé. Les résultats de ces évaluations de l'impact environnemental et social permettent de modeler les projets, voire de les stopper. Traditionnellement, ces évaluations déterminent les caractéristiques environnementales de la zone susceptible d'être affectée par un projet[47]. Il serait souhaitable que les conclusions issues de cette procédure n'aient pas la portée de simples avis et qu'elles revêtent une portée juridique réelle vis-à-vis de l'autorité administrative[48].

Au sens du droit comparé, en Australie, par exemple, l'État du Queensland a récemment adopté une réglementation exigeant des évaluations de références sociales plus approfondies et une planification de la gestion de l'impact social, préliminaire à l'approbation des permis. Cette réglementation exige que les données soient recueillies sur des catégories telles que l'histoire et la culture communautaires, les revenus et le coût de la vie, la population, l'infrastructure sociale, la participation de la main-d'œuvre, l'emploi et le profil de diversité, le logement et l'hébergement, l'éducation, la formation, et les transports. Tout peut être pertinent dans ces évaluations d'impact, depuis le prix des maisons et le montant des prêts jusqu'à la nature des marchés locaux de l'emploi, en passant par les transports en commun.

Compte tenu de la lourde empreinte des mines, les études d'impact environnemental et social (EIES) dans le domaine des mines sont généralement soumises aux normes les plus exigeantes. La législation nationale peut exiger des entreprises qu'elles préparent une EIES ou du moins obtiennent des approbations et autorisations nécessaires, avant de procéder à un projet d'exploitation minière ; mais quand ce n'est pas le cas, les dispositions de l'EIES dans les contrats peuvent stipuler leur caractère nécessaire. En outre, même si une exigence d'EIES est formulée dans la loi, il peut exister des raisons pour lesquelles le gouvernement décide également d'inclure cette obligation dans le contrat pour renforcer le message que les obligations d'une entreprise de se préparer ou de se procurer une EIES sont considérées comme un élément fondamental de la réussite. S'il y a une violation en ce qui concerne la façon dont l'EIES a été préparée, le contrat peut prévoir des sanctions et des recours spécifiques, qui pourraient ne pas être disponibles dans le cadre du droit interne. Dans certains pays, les citoyens ont la possibilité de contester l'EIES et les décisions qui en découlent devant un tribunal. La manière dont les EIES sont conduites est essentielle pour déterminer si, dans quelle mesure, et comment les impacts environnementaux et sociaux sont anticipés et, dans la mesure du possible, évités. Sans une indépendance, une surveillance et une intégration adéquate des processus de prise de décision, une EIES n'offre aucune valeur pratique. Certains accords, comme celui du projet Zogota en Guinée (2009)[49], exigent que l'entreprise

---

[47] L'étude d'impact sur l'environnement, Patrick Michel, p. 157, 2001 ministère de l'Aménagement du Territoire et de l'Environnement.

[48] Synthèse des remarques formulées par des opposants au gaz de couche et aux pétrole et gaz de schiste, ni ici, ni ailleurs, ni aujourd'hui, ni demain ! relatives à la proposition de loi n° 4251 portant adaptation du code minier au droit de l'environnement en France. Disponible au : http://alternatives-projetsminiers.org/wp-content/uploads/docs/code_minier/CM_fiches_dec2016_OK3.pdf

[49] Contrats miniers comment les lire et les comprendre, p. 242, sept. 2014.

prépare l'EIES. Certains contrats miniers indiquent que le gouvernement doit approuver les EIES, bien que la plupart des contrats ne comportent pas d'exigences relatives à la portée de l'EIES ou au processus d'approbation. Il est à noter en passant que le Sénégal gagnerait à s'inspirer du modèle guinéen en le perfectionnant notamment.

Surtout, les principes liés aux droits de l'homme rencontrent des problèmes d'application, parce que certains traités prévoient que les individus, les communautés et d'autres entités des mécanismes judiciaires ou quasi-judiciaires puissent intenter des poursuites contre les États, devant les cours, les tribunaux et les autres organes. Dans le cas Awas Tingni 2001[50], par exemple, une communauté autochtone a poursuivi avec succès le gouvernement du Nicaragua pour avoir omis de s'assurer de l'efficacité du processus de consultation avant d'accorder une concession d'exploitation forestière sur ses terres. La Cour des droits de l'homme interaméricaine estima que le Nicaragua avait violé la Convention américaine relative aux droits de l'homme en omettant de protéger le régime coutumier de la communauté, les droits fonciers et les ressources collectives[51]. Depuis cette décision, un travail important a été accompli par diverses organisations pour mieux décrire ce que la législation internationale relative aux droits de l'homme exige des gouvernements qui passent des contrats avec des entreprises privées, en vue d'une exploitation minière ou de projets d'une autre nature. Le Conseil des droits de l'homme des Nations unies a adopté en 2011[52] un rapport contenant des principes pertinents dans le cadre des contrats, qui visent à aider les

---

[50] Affaire de la Communauté Mayagna (Sumo) Awas Tingni C/ La République du Nicaragua – 31 août 2001 - Cour Interaméricaine des Droits de l'Homme mercredi 26 mai 2010. Dans la décision rendue le 31 août 2001, la Cour a statué par sept voix contre une, que la République du Nicaragua avait violé l'article 25 (en liaison avec les articles 1 et 2) de la Convention relatif au droit à une protection juridictionnelle. De même, elle a également constaté par une majorité de sept voix contre une, que la République du Nicaragua avait violé l'article 21 de la Convention régissant le droit à la propriété. À l'unanimité, la Cour décida que la République du Nicaragua devait donc adopter des mesures visant à créer un mécanisme pour assurer l'efficacité et la reconnaissance officielle des terres traditionnelles des communautés autochtones en conformité avec le droit coutumier, les valeurs, us et coutumes. Enfin, la Cour déclara que le jugement représentait en partie, une forme de réparation pour les membres de la communauté Mayagna (Sumo) des Awas Tingni. Elle condamna la République du Nicaragua au paiement de 50 000 dollars dans les travaux publics et des services supplémentaires à titre de réparation pour les préjudices matériels et moraux ainsi qu'au paiement de 30 00 dollars pour les dépenses et les frais juridiques engagés par les Awas Tingni à la fois dans la procédure interne et international.

[51] L'étude a été commanditée par le CONGAD, en partenariat avec OXFAM NOVIB et CARITAS, dans le cadre du Projet de renforcement des capacités des ONG/OCB pour l'amélioration de l'accès à la terre et à la sécurisation foncière en zone rurale au Sénégal. Axée sur l'exercice des droits des petits exploitants, notamment des femmes et des jeunes, à l'accès à la terre et à la sécurisation foncière.

[52] Rapport du Conseil des Droits de L'homme, Assemblée Générale, Documents officiels Soixante sixième session, Supplément n°53 (A/66/53), New York, 2001, pp. 238.

négociateurs gouvernementaux et privés désireux de s'assurer que leurs affaires sont compatibles avec les droits de l'homme[53].

Dans un environnement juridique relativement dynamique, la recherche de la conformité du régime minier avec le droit international est une nécessité constante. Toutefois, le législateur doit toujours s'assurer que l'application du droit minier concourt au développement local.

2. La promotion du développement local

Le cadre juridique national tient compte du contexte international mais aussi du contexte local pour édicter des règles pouvant régir le domaine minier. Avec la vague de libéralisation des années 1990 et de ce qui est connu comme étant le consensus de Washington[54], de nom-breuses conventions minières ont perdu l'orientation de développement qu'elles avaient dans les années 1970 et 1980. Pour les gouvernements d'accueil, ce qui était auparavant appelé accord de développement minier « est devenu un accord de promotion de l'investissement, fournissant des recettes fiscales au gouvernement, sans plus. Ces accords ont permis le développement d'une forme d'enclave de l'exploitation minière, dans le cadre duquel les mines opèrent et paient des impôts, tout en restant cependant largement déconnectées de l'ensemble de l'économie. Vingt ans plus tard, les pays d'accueil réalisent de plus en plus que les mines qui auraient pu être un tremplin pour le développement n'ont pas produit les avantages présumés au niveau national. L'objectif présent est d'intégrer le secteur minier au cœur de la croissance économique et d'en tirer parti.

En vertu de cette tendance, l'État du Sénégal, à l'image des autres pays africains, a élaboré la Vision minière pour l'Afrique, qui reconnaît le rôle que peuvent jouer les minéraux dans une simulation réelle de croissance économique et comme moteur de la diversification écono-mique. Plutôt que d'utiliser la richesse en minéraux uniquement pour générer des revenus, cette stratégie cherche à mieux intégrer les opérations minières dans l'économie du pays. Les exigences en matière de contenu local des contrats visent à assurer que les citoyens des pays d'accueil bénéficient d'un emploi et d'une formation, et que les entreprises locales obtiennent des contrats d'approvisionnement[55]. Des mécanismes tels que l'emploi ou l'approvisionnement local, les régimes préférentiels pour les entreprises locales, l'appui au développement du capital

---

[53] Haut-Commissariat des Nations unies aux Droits de l'Homme, questions fréquentes au sujet d'une approche de la coopération pour le développement fondé sur les droits de l'homme, New York et Genève 2006 ; p. 50.

[54] E. Berr et F. Combarnous, *L'impact du consensus de Washington sur les pays en développement : une évaluation empirique. Centre d'Économie du Développement*, Université Bordeaux IV, 24 p., Document de travail n°100.

[55] OCDE (2017): *"local content policies in minerals-exporting countries, case studies"*. Voir: http://www.oecd.org/officialdocuments/publicdisplaydocumentpdf/?cote=TAD/TC/WP(2016)3/PART2/FINAL&docLanguage=En

industriel et humain par le gouvernement, ou des facilités de financement pour les entreprises locales, représentent les méthodes permettant de réaliser les objectifs de “local content”. Selon le contexte, par exemple, une société peut être considérée comme étant locale « sur la base de son enregistrement, de qui en est le propriétaire, de la main-d’œuvre, ou de la valeur ajoutée en termes de production locale. Une entreprise détenue en majorité par des intérêts étrangers peut même être considérée comme locale » dans certains cas, pour autant que l'entreprise locale détienne une participation minimale. Le défi consiste à passer de la vision à la pratique. Cette partie décrit les différentes options possibles, dans le cadre des négociations d'un gouvernement d'accueil avec une société d'exploitation minière, consistant à s'assurer que le projet d'exploitation minière génère des liens avec l'économie et s'y intègre.

De nombreux contrats miniers énoncent des dispositions relatives au contenu local visant à maximiser les opportunités économiques de l'investissement minier et à mieux assurer que les avantages demeurent dans le pays. L'objectif de ces dispositions est de tirer de l'activité minière des bénéfices en matière de croissance et de développement durable. Ces dispositions viennent en sus de celles qui pourraient également se trouver ailleurs que dans le contrat lui-même, comme dans les lois, les pratiques, les politiques nationales, et dans les Accords de développement communautaire (ADC). Si elles sont suivies d'une bonne implémentation, ces politiques et ces instruments renforcent les compétences et les possibilités économiques. Elles peuvent tout aussi servir la société minière, dans la mesure où les travailleurs locaux et la production locale peuvent s'avérer moins coûteux, plus prévisibles, et peuvent faciliter l'intégration de l'entreprise dans le pays d'accueil, renforçant par là-même les relations entre l'entreprise et un large éventail de parties prenantes.

La réalisation des objectifs anticipés par les dispositions relatives au « local content» peut cependant s'avérer difficile. Elle implique en effet une coordination des politiques et des instruments contractuels à la lumière des considérations nationales, régionales, locales et trans-frontalières. Trop souvent, la participation locale souffre de deux maux connexes : des dispositions relatives à la participation locale mal conçues et une application inadéquate. Les États sont également tenus de réglementer les activités des entreprises domiciliées sur leur territoire s’agissant des atteintes aux droits humains qu’elles commettent à l’étranger (un principe parfois appelé responsabilité de l’État d’origine). L’étendue de cette obligation a été plus clairement définie ces dernières années par les mécanismes des droits de l’homme des Nations unies ainsi que par le travail des juristes experts internationaux – dans le domaine de l’extraction minière et du négoce – par l’Organisation de Coopération et de Développement économiques (OCDE)[56].

---

[56] Voir le site de l’OCDE www.oecd.org/corporate/mne/mining.htm, consulté le 7 mai 2014.

Le Comité des Droits économiques, sociaux et culturels (CDESC), un organe des Nations unies composé d'experts qui fournit des orientations faisant autorité sur l'application du Pacte international relatif aux droits économiques, sociaux et culturels[57] (PIDESC), a précisé que les États sont tenus de respecter les droits dans d'autres pays et d'empêcher des tiers, par exemple des entreprises, de les violer, s'ils sont en mesure d'influencer ces tiers par des moyens juridiques ou politiques[58].

B. Protections extracontractuelles pour les investisseurs et restrictions sur le pouvoir de l'état : le rôle des traités d'investissement

Durant la seconde moitié du 20e siècle, on a vu se développer un important champ du droit international relatif au régime de protection de l'investissement étranger. Les traités bilatéraux d'investissement (TBI) répondaient au besoin de suppléer aux maigres protections offertes par le droit international coutumier aux ressortissants étrangers. Il existait bien certaines protections minimales pour les investisseurs étrangers contre d'éventuels préjudices de la part d'un État hôte, mais il n'y avait pas unanimité sur les formes spécifiques de traitement nécessitant protection de la part des États hôtes[59]. Ces traités d'investissement sont généralement des instruments dont l'unique fonction consiste à protéger les investisseurs étrangers et leurs actifs, et non à leur imposer des obligations ou des responsabilités légales[60].

À quelques exceptions près (comme par exemple dans certains traités relatifs aux droits de l'homme), la plupart des types de traités ne permettent aux États que de soulever des litiges et d'obtenir réparation que pour cause de violation du traité. Mais, au contraire de ce type de traités, les traités d'investissement permettent aux sociétés étrangères de poursuivre le gouvernement du pays d'accueil et de demander des réparations en compensation des préjudices qu'ils ont subis à la suite d'une violation d'un

---

[57] Le Pacte international relatif aux droits économiques, sociaux et culturels (PIDESC) est un traité international multilatéral adopté le 16 décembre 1966 par l'Assemblée générale des Nations unies dans sa résolution 2200A (XXI) 1. Il requiert des États parties qu'ils agissent en vue d'assurer progressivement le plein exercice des droits économiques, sociaux et culturels protégés dans le Pacte, y compris le droit au travail, le droit à la santé, le droit à l'éducation et le droit à un niveau de vie suffisant.

[58] Comité des droits économiques, sociaux et culturels [ONU], Observation générale n° 15 (2002), *Le droit à l'eau* (art. 11 et 12 du PIDESC), 20 janvier 2003, doc. ONU E/C.12/2002/11, § 31-36, www.tbinternet.ohchr.org/_ayouts/treatybodyexternal/ TBSearch.aspx?TreatyID=9&DocTypeID=11

[59] Par exemple, aux Nations unies, on assista à de sérieux accrochages entre pays développés et pays en voie de développement sur la question de savoir si les gouvernements pouvaient nationaliser des investissements étrangers dans le secteur des ressources naturelles sans pleinement dédommager les investisseurs étrangers. Voir: M. Sornarajah, *The International Law on Foreign Investment*. Cambridge University Press, 2004, p. 22-23.

[60] L. E Peterson, *Le rôle du droit relatif aux droits humains dans l'arbitrage des différends entre investisseurs et États,* 2005. https://www.business-humanrights.org/ sites/default/files/ media/documents/human-rights-andbilateral-investment-treaties-peterson-2009-fr.pdf

traité. La réconciliation des intérêts des parties requiert la création d'un environnement de collaboration avec les investisseurs (1) avec des exigences difficilement applicables (2).

1. La création d'un environnement de collaboration avec les investisseurs

La responsabilité des États et des entreprises est précisée par le droit minier national, sur l'influence du droit international. Les États sont tenus, au regard du droit international, de protéger les droits humains contre les atteintes perpétrées par des acteurs non étatiques, notamment des entreprises. L'obligation des entreprises de respecter les droits humains est de plus en plus reconnue depuis une dizaine d'années. Cette obligation a été définie dans la mise en œuvre du cadre de référence « protéger, respecter et réparer » des Nations unies[61] ainsi que dans les Principes directeurs des Nations unies relatifs aux entreprises et aux droits de l'homme[62]. Le droit international imprègne l'État du Sénégal du devoir de protéger ses citoyens. S'agissant des activités des entreprises, le devoir de protéger exige des États qu'ils mettent en place des systèmes appropriés et efficaces pour les réglementer. Parce que la plupart des traités d'investissement ne font jamais référence au droit relatif aux droits humains, les États pourraient choisir, à l'avenir, d'introduire dans les traités qu'ils négocient le discours des droits humains. Les organes de suivi des traités des Nations unies indiquent clairement que les États sont tenus de prendre des mesures pour remplir leur obligation de protéger, au regard du droit international, notamment en adoptant des mesures législatives en vue d'empêcher les entreprises de porter atteinte aux droits humains et, lorsque de tels faits se produisent, enquêter à leur sujet, en punir les auteurs, et veiller à ce que les victimes aient accès à un recours effectif[63].

---

[61] Conseil des droits de l'homme des Nations unies, *Protéger, respecter et réparer : un cadre pour les entreprises et les droits de l'homme*. Rapport du représentant spécial du secrétaire général chargé de la question des droits de l'homme et des sociétés transnationales et autres entreprises, John Ruggie, 7 avril 2008, doc. ONU A/HRC/8/5, disponible à l'adresse : www.ohchr.org/EN/Issues/Transnational Corporations/Pages/ Reports.aspx.

[62] Bureau du Haut-Commissariat des Nations unies aux droits de l'homme, *Principes directeurs relatifs aux entreprises et aux droits de l'homme : mise en œuvre du cadre de référence protéger, respecter et réparer des Nations unies*, 2011, doc. ONU HR/PUB/11/04, disponible à l'adresse www.ohchr.org/Documents/Publications/GuidingPrinciplesBusinessHR_FR.pdf (Principes directeurs des Nations unies).

[63] Conseil des droits de l'homme des Nations unies, Rapport du représentant spécial du secrétaire général chargé de la question des droits de l'homme et des sociétés transnationales et autres entreprises. Additif : *Obligations pour les États de réglementer et de contrôler les activités des sociétés, en application des principaux instruments des Nations unies relatifs aux droits de l'homme : synthèse des commentaires émanant d'organes conventionnels*, 13 février 2007, doc. ONU A/HRC/4/35/Add.1. Voir : www.ohchr.org/EN/Issues/TransnationalCorporations/Pages/Reports.aspx. À noter que le représentant spécial John Ruggie a récemment souhaité que les organes gouvernementaux fassent preuve d'une plus grande cohérence quand ils rédigent les traités d'investissement (ou

La législation, les politiques, les exigences intégrées dans les accords communautaires, les politiques et initiatives de l'industrie sont autant d'outils qui peuvent également venir en aide au *local content*. Les entreprises trouvent leur propre intérêt dans le renforcement de la base de compétences des pays où elles investissent. L'Initiative sur la participation du marché national au Conseil mondial des affaires pour le développement durable[64] engage les investisseurs et les gouvernements locaux dans un dialogue pour identifier les intérêts communs et améliorer la compétitivité des entreprises locales, plutôt que de se concentrer sur des obligations. Une amélioration des compétences et de la capacité entrepreneuriale est également une priorité croissante pour les organismes de développement et les organisations inter-gouvernementales.

Des initiatives conjointes émergentes, telles que l'Initiative sur les compétences minières en Afrique[65] et le partenariat public-privé visent à créer et à soutenir de nouvelles solutions pour combler les déficits identifiés dans les compétences minières[66]. En fait, lors de l'implémentation du *local content*, les pays les plus performants peuvent être ceux qui créent un environnement de collaboration avec les investisseurs. Un établissement du contenu local dans le cadre de la loi ne saurait suffire à assurer les intérêts des entreprises et des compétences locales. En revanche, par le biais d'approches de collaboration, les gouvernements et les entreprises se réunissent pour établir un calendrier réaliste en matière d'emploi, d'approvisionnement et de formation. C'est ce qui s'est passé au Chili.

Comme il est indiqué ci-dessus, les contrats miniers comprennent de plus en plus des exigences liées au *local content* et couvrant des questions telles que

---

tout autre traité économique). Il a en effet constaté que les ministères du Commerce ou du Développement économique ont trop souvent travaillé à contresens des obligations des États en matière de droits humains et des institutions chargées de mettre en œuvre ces obligations. Rapport du 7 avril 2008 ; les mémoires préparés à l'intention du Représentant spécial préconisaient l'introduction de références aux droits humains dans la formulation des traités d'investissement.

[64] Le World Business Council for Sustainable Development (WBCSD) a été créé en 1995 par la fusion du Business Council for Sustainable Development et du World Industry Council for the Environment, à l'initiative de l'industriel suisse Stephan Schmidheiny, ex-PDG de Swiss Eternit Group et membre de nombreux conseils d'administration (dont ceux de Nestlé, etc.), et qui fut le principal conseiller pour les affaires de Maurice Strong, le secrétaire général de la Conférence des Nations unies sur l'Environnement et le Développement, plus connue sous le nom de sommet de la Terre de Rio (1992). C'est après ce travail qu'il fonda le WBCSD.

[65] La Vision minière pour l'Afrique : Un programme de développement transformateur, note d'information de 12 pages préparée en janvier 2013, Forum Afrique Canada.

[66] La Commission économique pour l'Afrique des Nations unies (CEA) a été établie en 1958 pour encourager la coopération économique entre ses États membres (les nations du continent africain). C'est l'une des cinq commissions régionales du Conseil économique et social des Nations unies (ECOSOC) qui lui rend compte directement. La Commission se compose de 54 États membres. Elle siège à Addis-Abeba en Éthiopie et dispose de cinq bureaux sous-régionaux.

l'emploi, la chaîne d'approvisionnement, la formation, le renforcement des compétences et le transfert du savoir. Le contrat d'exploitation minière Guinée-SIMFER[67] en est un exemple assez typique. L'une des grandes nouveautés de cette convention, est l'introduction d'une dimension sociale et environnementale, de manière très forte, des mesures obligeant la société minière à renforcer les engagements pris avec l'État et les populations locales en matière de protection de l'environnement, de développement local, de l'employabilité des nationaux ainsi qu'en matière de respect des droits de l'homme, de l'éthique et de la transparence.

Le contrat minier entre le gouvernement du Libéria et la société Mano River est plus direct, déclarant simplement que l'opérateur ne doit pas employer la main-d'œuvre non qualifiée étrangère. Dans toute la mesure du possible, l'exploitant emploiera des citoyens libériens à tous les niveaux. L'Accord Australie - Macarthur River Project fournit un autre exemple. Il exige que la société utilise la main-d'œuvre et les services locaux disponibles dans le Territoire du Nord de l'Australie, mais indique que l'entreprise peut aller chercher cette main-d'œuvre et ces prestations de services à l'extérieur de ce territoire, si elle est en mesure de le faire.

Les dispositions relatives au contenu local sont souvent utilisées pour développer et renforcer les liens en amont, des connexions intégrant les individus et les entités locales, dans la chaîne d'approvisionnement de la société minière. Mais, d'autres dispositions peuvent également être utilisées pour générer des liens en aval qui encouragent un plus grand nombre d'activités fournissant une valeur ajoutée. S'il est rare qu'un contrat comprenne des références à des exigences en aval, certains termes du contrat mettent toutefois en évidence de telles stratégies de diversification. Ces dispositions visent à encourager le développement des activités en aval mais, et il est important de le noter, elles reconnaissent toutefois que cela pourrait ne pas s'avérer économiquement viable. Il est évident que les politiques visant à encourager la participation locale doivent être soigneusement conçues. Insister sur la transformation en aval, par exemple, peut s'avérer être une exigence illusoire pour de nombreuses raisons. La transformation en aval peut impliquer une lourde demande en investissements accompagnée d'une marge de profit très faible. Si le pays ne présente pas l'avantage comparatif recherché (c'est-à-dire qu'il n'est pas en mesure d'offrir l'énergie à un prix compétitif, un marché proche du produit fini, une main-d'œuvre qualifiée ou une monnaie stable), il pourrait ne pas être suffisamment concurrentiel pour justifier un investissement en aval. Il est souvent plus avantageux pour ce pays de dépenser son capital de négociation

---

[67] La convention dite de base a été signée le 26 novembre 2002, qui sera finalement ratifiée le 3 février 2003 par le Parlement guinéen.www.contratsminiersguinee.org/ contract/ocds-591adf-6187166467/download/pdf

et ses ressources pour créer une stratégie industrielle facilitant le développement de liens en amont de la mine.

Il faut admettre que le respect de certaines de ces exigences s'avère impraticable pour diverses raisons.

2. Des exigences difficilement applicables

Le Sénégal est assujetti à un certain nombre d'obligations en matière de droits humains[68]. Le préambule de la Constitution de 2001 de la République du Sénégal affirme l'adhésion du pays aux instruments internationaux adoptés par les Nations unies et l'Union africaine, notamment la Déclaration universelle des Droits de l'Homme, la Convention sur l'Élimination de toutes les Formes de Discrimination à l'égard des Femmes (en anglais *Convention on the Elimination of All Forms of Discrimination Against Women*, CEDAW), la Convention relative aux Droits de l'Enfant et la Charte africaine[69].

Le PIDESC et la Charte africaine exigent la protection des droits économiques, sociaux et culturels. La Constitution garantit à tous les citoyens des libertés fondamentales, des droits économiques et sociaux ainsi que des droits collectifs, notamment le droit au travail, le droit de propriété, le droit à la santé et le droit à un environnement sain[70]. Ces libertés et ces droits ne peuvent toutefois s'exercer que dans les conditions prévues par la loi[71]. Et il appert que l'entière protection des droits économiques, sociaux et culturels n'est pas encore inscrite dans la législation interne du Sénégal, mais cette absence de législation nationale ne dispense toutefois pas le gouvernement sénégalais de respecter ses obligations découlant des traités internationaux qu'il a ratifiés. Une imprécision des règles juridiques minières entretenue par cette ambiguïté. Il en est ainsi du besoin de clarifier et d'actualiser le statut de l'ensemble des aires protégées par rapport au risque minier. Pour pouvoir réellement protéger les aires protégées, il convient de les doter de statuts clairs et totalement officiels, sans ambiguïté quant au droit sur les ressources qu'elles abritent. Les grandes sociétés minières disposent de juristes internationaux qui peuvent exploiter au besoin toute faille dans l'arsenal

---

[68] Il est partie à tous les principaux instruments des Nations unies relatifs aux droits humains, dont le Pacte international relatif aux droits civils et politiques, le Pacte international relatif aux Droits économiques, sociaux et culturels (PIDESC) et la Convention sur l'élimination de toutes les formes de discrimination à l'égard des femmes (CEDAW). Au niveau régional, le Sénégal est membre de l'Union africaine (UA) et de la Communauté économique des États de l'Afrique de l'Ouest (CEDEAO). Il est également partie à la Charte africaine des droits de l'homme et des peuples (Charte africaine).

[69] Constitution de la République du Sénégal promulguée le 05 avril 2016.

[70] Article 15 de la Constitution de la République du Sénégal.

[71] *Ibid.*

juridique afin de faire valoir leurs droits d'exploitation dans des zones à fort potentiel minier[72].

Les clauses de contenu local tendent à se présenter en deux groupes : le premier établit des objectifs minimaux spécifiques tandis que le deuxième fixe des objectifs plus flexibles. Le contrat entre le gouver-nement du Libéria et la société China Union indique des objectifs précis, en stipulant que les parties s'entendront sur une mise en œuvre progressive d'un organigramme de travail permettant aux citoyens libériens d'occuper au minimum 30 % de tous les postes de gestion, y compris 30 % des dix postes les plus élevés, dans les cinq ans à compter de la date d'effet, et un minimum de 70 % de tous les postes de gestion, y compris 70 % des dix postes les plus élevés, dans les dix ans à compter de cette date.

De même, le contrat d'exploitation minière établit des objectifs pour les employés embauchés par l'entreprise d'exploitation minière, en précisant que, non moins de 90 % (quatre-vingt-dix pour cent) des employés de l'investisseur seront des citoyens Libériens. En ce qui concerne la sous-traitance, toutefois, le contrat est plus flexible, énonçant que l'entreprise doit faire de son mieux en matière de sous-traitance afin d'assurer qu'un minimum de 60 % des salariés de la construction et de 75 % des employés dans le secteur minier soient des citoyens. Il est bon de stipuler des exigences de *local content* dans le contrat, mais encore faut-il s'assurer qu'elles soient appliquées. Trois facteurs peuvent rendre leur mise en application particulièrement difficile. Le premier est le caractère vague du langage utilisé. Le deuxième est lié aux difficultés de contrôle. Le troisième aux conséquences d'une non-conformité.

Les contrats d'exploitation minière Guinée-Simfer (2011), Liberia-Mano River Exploration (2005), et Australie-Mc Arthur River (2007) cités ci-dessus offrent un exemple de langage vague. La flexibilité va toutefois souvent de pair avec des problèmes d'interprétation. C'est lorsque les entreprises ne sont tenues de se conformer aux règles de *local content* que « dans la mesure du possible » ou « dans la mesure où cela est faisable », ou « dans la mesure du pratique », qui détermine ce qui est possible, faisable ou pratique, et comment le faire. Lorsque les contrats précisent que les citoyens nationaux doivent occuper un certain nombre de positions senior, qui détermine ce qu'est une position senior ? Et lorsque les entreprises doivent faire de leur mieux, qu'est-ce que cela signifie ? Ces types de questions se posent couramment, et il peut s'avérer difficile pour les gouvernements de faire respecter les obligations de *local content*. Le deuxième défi en matière de respect est le suivi. Après avoir négocié des engagements de *local content*, comment les gouvernements

---

[72] Évolution du secteur Minier en Afrique de l'Ouest ; Quel impact sur le secteur de la conservation? Annexe IV: quelques propositions d'amélioration ; AXE 1 : clarifier et actualiser le statut de l'ensemble des aires protégées par rapport au risque minier, p. 77 ; p. 158.

peuvent-ils s'assurer qu'ils sont respectés ? Certains contrats fournissent une aide contribuant à résoudre ce problème.

Le contrat d'exploitation minière Australie-Mc Arthur River Project en Australie, par exemple, stipule que le ministre de l'Énergie et des Mines peut requérir annuellement, et l'entreprise doit alors fournir, un rapport écrit en matière de respect et de mise en œuvre des exigences de contenu local stipulées dans le contrat. Survient alors la question des conséquences. Supposons que le gouvernement sénégalais reçoive un rapport de l'entreprise indiquant une non-conformité. S'il n'y a pas de pénalité en la matière, pourquoi la société devrait-elle s'y conformer ? Certains contrats prévoient des amendes et exigent que la société paie une pénalité si elle engage un trop grand nombre d'employés étrangers. Si l'investisseur emploie un nombre de ressortissants étrangers excédant le pourcentage établi, il devra payer une redevance mensuelle équivalente à 10 (dix) fois le salaire mensuel minimum de chacun des ressortissants étrangers excédentaires. Le contrat d'exploitation minière signé par le Sénégal est un exemple d'approche plus flexible, énonçant que l'investisseur emploiera un personnel sénégalais, dans toute la mesure du possible, et dans toutes les catégories d'emploi, pour la construction et l'exploitation de ses infrastructures de production d'or au Sénégal.

Mais, les contrats peuvent aussi réduire dans la pratique les sanctions associées à une non-conformité. Ce même accord illustre ceci quand il stipule qu'une violation des conditions d'embauche locale ne constitue pas une violation de l'accord global et ne saurait être utilisée par le gouvernement comme motif de résiliation du contrat. Considérer le contrat comme étant la seule source d'obligations peut s'avérer être une erreur. La législation, les politiques, les exigences intégrées dans les accords communautaires et les politiques et les initiatives de l'industrie sont autant d'outils qui peuvent également venir en aide au *local content*. Un contrat, plutôt que de créer des exigences de *local content* spécifiques au projet, pourrait plutôt exiger que l'investisseur respecte la loi et la réglementation en vigueur. Le nombre de gouvernements disposant d'un cadre juridique élargi en termes de *local content* est toutefois limité. La loi minière 2009 de l'Indonésie déclare que les entreprises doivent donner la priorité aux employés locaux et aux biens et services nationaux en conformité avec les lois et règlements applicables. Elle comprend également une disposition relative à un dessaisissement pour les participations étrangères dans des entreprises locales. Selon cette loi, après cinq années de production. En 2013, le gouvernement a publié des réglementations clarifiant ce à quoi les entreprises sont tenues conformément aux dispositions de la loi.

Les sociétés minières peuvent être tenues de fournir des plans de développement local qui comprennent la participation des entreprises et de la main-d'œuvre dans la zone d'exploitation minière, ces plans étant intégrés dans les plans de développement économique régional avant de passer à l'exploitation. Un plan social de l'emploi, qui a valeur d'exigence en matière de droit et d'exploitation dans le domaine des mines, doit inclure des statistiques de l'emploi et une stratégie de recrutement. Le plan doit également définir un programme de développement économique local visant à accroître la part des sociétés dans l'approvisionnement.

L'office du juge de la passation des marchés publics

Papa Makha Diao
Docteur en Droit public
Faculté des Sciences juridiques et politiques
Université Cheikh Anta Diop de Dakar

Le juge administratif sénégalais avait toujours refusé d'intégrer le principe du contrôle des contrats administratifs et par ricochet les marchés publics. En prévoyant à l'article 140 du Code des Obligations de l'Administration[1] que « les actes détachables du contrat peuvent faire l'objet d'un recours pour excès de pouvoir devant le Conseil d'État », le législateur offre de manière inespérée une extension notable de la compétence du juge administratif, à contre-courant d'une évolution souvent dénoncée qui tendrait à faire du contentieux administratif une forteresse assiégée par le juge judiciaire tant civil que pénal[2]. Dans la mesure où un texte législatif soumet à la compétence du juge administratif l'ensemble des litiges relatifs aux procédures de passation des marchés publics, le fondement de l'office du juge suppose d'analyser comment le juge perçoit son rôle et la façon dont il apprécie les décisions du Comité de règlement des différends de l'ARMP déférés devant lui.

Significativement, l'expression « office du juge »[3], classique en doctrine, n'est apparue que récemment dans les arrêts eux-mêmes. Le plus souvent, elle sert à justifier la reconnaissance de nouvelles prérogatives au juge administratif mais elle fonde aussi parfois le rappel de certaines de ses obligations[4]. De ce fait, l'office juge est défini non seulement comme l'ensemble des méthodes qu'il utilise, des limites assignées à sa compétence, des règles de procédure qu'il applique, mais aussi « la nature…des relations qu'il tisse avec l'administration qu'il contrôle et le justiciable auquel il répond »[5]. La Doctrine ne s'est pas donc entendue sur une définition précise de la notion « office du juge ». C'est pourquoi, un auteur comme le Professeur G. Darcy a pu affirmer qu'il « conviendrait avant toute chose de ne pas le définir

---

[1] M. Ngaido, « La loi n° 2006-16 modifiant le Code des Obligations de l'Administration ou le renouveau du droit des contrats administratifs au Sénégal ? », *Revue Droit Sénégalais*, n° 6, novembre 2007, pp. 105-118.

[2] F. Moderne, « Faut-il vraiment 'administrativiser' l'ensemble des marchés publics », *ADJA*, septembre 2001, p.707.

[3] S. Rials, *L'office du juge, Droits*, 1989, spéc. p. 4.

[4] M. Guyomar-B. Seiller, *Contentieux administratif.* Dalloz, 3e éd., 2014, p. 432.

[5] F. Donnat, D. Casas, « L'office du juge administratif dans la jurisprudence récente du Conseil d'État », DA. n° 5, mai 2004, étude 9.

»[6] et précise que cette notion serait présente « dans notre sphère juridique comme une fonction non identifiable, indéterminée, connue de tous, mais avec d'insondables variances que porteraient en eux l'Homme, l'espace et le temps »[7]. Monsieur le Professeur René Chapus dit de l'office du juge qu'il intéresse « les rapports du juge avec les procédures du règlement des litiges au cours de l'instance engagée devant lui, il peut être présenté comme l'exercice par le juge de pouvoirs qu'il tient de sa qualité de juge et qu'il doit ou peut mettre en œuvre [...] de façon que le jugement des affaires soit aménagé comme l'impose ou le permet leur contexte juridique et, en fin de compte, conformément aux recommandations d'une bonne administration de la justice [...] »[8]. Toutefois, la fonction principale, sur laquelle la doctrine s'accorde, est celle de juger.

L'acception de la « définition » du marché public en droit interne est contenu dans les dispositions de l'article 4 du Code des Marchés publics[9] comme : « un contrat conclu à titre onéreux par une autorité contractante pour répondre à ses besoins en matière de travaux, de fournitures ou de services. Les marchés publics sont des contrats administratifs[10] à l'exception de ceux passés par les sociétés nationales et les sociétés anonyme à participation publique majoritaire qui demeurent des contrats de droit privé. »

Dans cette acception, on relève trois critères : un critère organique qui se réfère à la nature des personnes parties au contrat. À l'image des contrats synallagmatiques, un marché public cristallise la rencontre de deux volontés : celle de l'administration, agissant sous les traits d'un pouvoir adjudicateur, et celle d'un opérateur économique (entrepreneur, fournisseur ou prestataire de services) qui accepte de répondre aux besoins exprimés par la collectivité commanditaire. L'article 2 du décret portant Code des Marchés publics énumère les différentes personnes publiques qui y sont soumises[11].

---

[6] G. Darcy, « Regard elliptique sur l'office du juge », *in Confluences, Mélanges en l'honneur de Jacqueline Morand-Deviller*, Montchrestien, 2007, spéc., p. 287.

[7] *Ibidem.*

[8] R. Chapus, *Droit du contentieux administratif*, Montchrestien, 13e éd., 2008, n° 1040.

[9] Décret n°2014-1212 du 22 septembre portant Code des Marchés publics, *JORS*, n° 6812 du samedi 4 octobre 2014, p. 1159.

[10] F. Raynaud, P. Fombeur, « la notion de contrat administratif », *AJDA*, 1999, p. 1-2 ; Une histoire jurisprudentielle riche en rebondissements : la jurisprudence a connu des hésitations. Deux lignes divergentes se sont principalement développées, qui ont donné naissance aux deux critères qui sont aujourd'hui alternatifs pour la détermination du caractère administratif d'un contrat : l'exécution d'un service public et l'existence, dans le contrat, de clauses exorbitantes du droit commun. Dans un premier temps (CE 06 février 1903, Terrier, Lebon p. 94 ; les grands arrêts de la jurisprudence administrative. Dalloz, 11e éd. 1996, n° 12).

[11] Les dispositions du décret 2014 s'appliquent aux marchés conclus par les autorités contractantes suivantes :
a) l'État, y compris ses services déconcentrés et les organismes non dotés de la personnalité morale placés sous son autorité ; b) les collectivités locales, y compris leurs services déconcentrés et les organismes non dotés de la personnalité morale, placés sous leur autorité,

Pour ce qui est du critère matériel qui se rapporte à son objet, un marché public permet, en effet, à l'administration de pourvoir à ses besoins en matière de fournitures, de services de travaux et de prestations intellectuelles. Quant au critère financier, un marché ne peut être conclu qu'à titre onéreux. La collectivité publique est astreinte, en contrepartie des prestations dont elle bénéficie, au paiement d'un prix. Ce dernier, en vertu de son importance, figure parmi les mentions obligatoires. Sous ce rapport, le marché public se distingue de certaines notions qui lui sont voisines notamment la délégation de service public et le partenariat public privé.

La notion de marché public faisait l'objet d'une définition si laconique, contenue dans les dispositions du Code des Marchés publics, qu'elle a dû être complétée par la jurisprudence et la doctrine. La Jurisprudence française a dégagé trois critères pour qualifier un contrat administratif. Ces critères valent pour les marchés publics. Un critère permanent et nécessaire (la présence d'une personne publique au contrat), un critère alternatif à savoir la présence dans le contrat d'une clause exorbitante du droit commun[12] et l'exécution d'une mission de service public[13].

La Doctrine s'est aussi évertuée à définir la notion de marché public. Selon Florian Linditch[14], jadis on définissait les marchés publics comme les contrats dans lesquels, le titulaire était rémunéré par l'administration au moyen d'une somme d'argent qualifiée de prix. Ce critère du prix permettait de le distinguer du contrat de gestion déléguée de service public, lequel prévoyait au contraire que l'entreprise gestionnaire du service serait rémunérée par une redevance versée directement par les usagers[15].

Pour Jean-Christophe Duval, un marché public est un contrat conclu à titre onéreux entre les pouvoirs adjudicateurs et les opérateurs économiques publics ou privés pour répondre à leurs besoins en matière de travaux, de

---

ainsi que les groupements mixtes et les établissements publics locaux visés respectivement par les articles 74 et 327 du Code des collectivités locales ; c) les établissements publics ; d) les agences ou organismes, personnes morales de droit public ou privé, autres que les établissements publics, sociétés nationales ou sociétés anonymes à participation publique majoritaire, dont l'activité est financée majoritairement par l'État ou une collectivité locale et s'exerce essentiellement dans le cadre d'activités d'intérêt général ; e) les sociétés nationales et les sociétés anonymes à participation publique majoritaire ; f) les associations formées par les personnes visées aux paragraphes a) à e) ci-dessus. 2. Les marchés passés par une personne morale de droit public ou privé pour le compte d'une autorité contractante sont soumis aux règles qui s'appliquent, conformément au présent décret, aux marchés passés directement par ladite autorité contractante. La délégation des tâches relatives à la passation de marchés concernant la réalisation d'ouvrages ou de projets, doit être effectuée dans les conditions stipulées aux articles 31 à 34 du présent décret.

[12] CE, 31 juillet 1912, Société des granits porphyroïdes Des Vosges, *GAJA,* n° 25.

[13] CE, 20 avril 1956, époux Bertin, ministre de l'Agriculture c. consorts Grimouard, *GAJA*, n° 72.

[14] *Ibid.*

[15] CE, 11déc. 1963, Ville de Colombes.

fournitures ou services[16]. Guibal vogue dans cet esprit et estime qu'« avant d'être un acte économique d'achat et une opération financière mettant en œuvre des deniers publics, le marché public est, d'abord, un contrat »[17]. Pour autant, Laurent Richer avance que « les marchés publics sont semblables aux contrats que concluent entre eux les particuliers »[18].

La réflexion est prolongée par l'importance de la doctrine produite par l'administration[19], les raisons doivent être recherchées, non dans une prétendue complexité, mais dans la diversité foisonnante de la réalité de l'achat. D'une part, les administrations achètent à peu près tout ce qui existe, et de l'autre l'imagination contractuelle des parties est quasiment sans limite[20]. Ce ne sont du reste pas là, les moindres charmes de la matière.

Réfléchir sur l'office du juge de la passation des marchés publics renvoie tacitement à délimiter le champ de l'analyse et aussi à cerner la question bien connue de la distinction des contentieux. Pour autant, faut-il rappeler que la compétence de la chambre administrative de la Cour suprême en matière de marchés publics a été déclinée par un texte législatif. Le législateur fait de cette juridiction, le juge en premier et dernier ressort en matière de recours pour excès de pouvoir[21]. La Cour est également juge de cassation à l'égard des juridictions statuant en dernier ressort en matière administrative. On note alors un manque d'intérêt du débat de la nature du contentieux et celle accessoire de la juridiction compétente, dès lors qu'un texte législatif avait fini de le préciser.

Si l'office du juge consiste, comme on l'explique traditionnellement, à dire le droit et trancher les litiges, il peut se réaliser selon de multiples modalités. Du point de vue de l'ordre juridique, dire le droit ne consiste pas qu'à appliquer la règle de droit à un cas particulier. Le juge crée lui-même des règles et participe donc à la conduite des politiques publiques. Du point de vue du procès, l'office du juge varie profondément selon les pouvoirs dont il dispose dans la définition de l'objet du litige, le déroulement de l'instance et le type de solution qu'il peut apporter à une demande bien fondée.

Dès lors, il s'agira de voir comment le juge de la passation des marchés publics remplit son office ? L'a-t-il enrichi ou doit-il être amélioré ?

L'office du juge est un thème qui alimente la réflexion des praticiens et des théoriciens de la justice dans la période contemporaine et en étant aussi

---

[16] J.- C. Duval, *l'essentiel du droit des marchés publics*, Ellipses, 3 éditions, 128 p.

[17] M. Guibal, « La réduction des risques juridiques par la simplification », *ACCP* juillet- août 2001, n° 2, p. 8 cité par C. Emery.

[18] L. Richer, *Droit des contrats administratifs*. L.G.D.J, 10 éditions, 2016, 784 p.

[19] Réponses ministérielles, avis, circulaires, fiches pratiques, guides.

[20] *Ibid.*

[21] Loi organique n°2017-09 du 17 janvier 2017 abrogeant et remplaçant la loi organique n°2008-35 du 08 août 2008 sur la Cour suprême, *JORS*, n° 6986, numéro spécial du mercredi 18 janvier 2017, p. 47.

représentatif de la place prise par le juge dans la conduite des affaires publiques et privées. Cette réflexion doctrinale sur l'office du juge accompagne également le mouvement institutionnel tendant à évaluer et perfectionner le fonctionnement de la justice. La mise en place de l'ARMP par le biais du CRD participe de cette volonté à affiner l'office du juge en charge de la passation des marchés publics.

L'office du juge est ainsi composé d'un ensemble cohérent, constam-ment enrichi, de pouvoirs et de devoirs destinés à garantir un examen pertinent des litiges et l'effectivité de la décision rendue[22]. Cet enrichis-sement récent des pouvoirs du juge administratif a été initié par le législateur[23] et relayé par l'adoption de jurisprudences particulièrement audacieuses[24]. Au juge administratif classique, gardien scrupuleux et éthéré de la légalité, a succédé un juge administratif contemporain, attentif autant au respect de la légalité qu'aux conséquences concrètes de ses décisions.

Ainsi, la fonction principale du juge peut se résumer en trois étapes : le juge dit le droit applicable au litige, tire les conséquences de cette déclaration, et donne l'ordre de s'y conformer[25]. À ce titre, il convient de noter que le dépouillement des décisions rendues en matière de passation des marchés publics révèle à la fois un office enrichi (I) et perfectible (II).

I. Un office enrichi

Le domaine des contrats administratifs est topique de la façon dont le juge redéfinit son office afin de l'adapter aux évolutions de la société. Dans cette perspective, une relecture des fondements servant de base à son office est nécessaire. Elle appelle aujourd'hui un redéploiement de l'office du juge administratif contractuel pour tenir compte de la diversité des impératifs qui s'imposent à lui. L'examen des décisions montre que le juge de l'excès de pouvoir s'emploie à un effort d'interprétation louable et règle avec rigueur les questions de contrariété posées devant lui (A), puis consacre de nouveaux principes dans le bloc de légalité (B).

---

[22] *Ibid.*

[23] L'adoption de la nouvelle loi sur la Cour suprême notamment *la loi* n° 2017-09 du 17 janvier 2017 abrogeant et remplaçant la loi organique n° 2008-35 du 08 août 2008 sur la *Cour suprême en ses articles 83 et s. institue le référé administratif.*

[24] Dans l'Arrêt n° 50 du 26/9/13 Cheikh Tidiane Sy/ État du Sénégal, Bulletin des arrêts de la Cour suprême n° 6-7, année judiciaire 2013, p. 152-156, le juge a appliqué la technique de la modulation dans le temps, ce qui est une première.

[25] J. Piasecki, *L'office du juge administratif des référés : entre mutations et continuité jurisprudentielle.* Thèse pour le Doctorat de Droit public, présentée et soutenue publiquement le 13 décembre 2008, Université du Sud –Toulon Var, disponible sur https://tel.archives-ouvertes.fr/tel-00370824/, p.17. (Consulté le 23/02/2016).

A. Un office enrichi par un effort d'interprétation et une clarification des questions de contrariété

L'examen des décisions montre que le juge de l'excès de pouvoir s'emploie à un effort d'interprétation manifeste (1) et règle avec rigueur les questions de contrariété posées devant lui (2).

1. Un effort d'interprétation manifeste

Le Président Odent a donné de la définition de l'interprétation une formulation essentielle[26] : « Lorsqu'un texte est clair, c'est-à-dire lorsque, compte tenu des règles de la grammaire, de la sémantique et de la syntaxe, son sens ne peut prêter à aucune discussion et lorsqu'en outre des dispositions ne sont en contradiction avec aucune autre disposition en vigueur ayant valeur juridique au moins égale, le juge administratif ne se livre à aucune fantaisie interprétative ; il applique strictement ce texte... » Un semblable raisonnement pourrait être tenu quant à l'interprétation des actes juridiques. Cette définition n'est pas propre à son auteur, elle reflète une longue tradition doctrinale et contentieuse. Son approfondissement fait rapidement apparaître un postulat : il y aurait en droit administratif des données qui ont une signification immédiatement compréhensible et d'autres un sens caché. Le critère de distinction entre ces deux hypothèses serait la « clarté »[27].

Le couple clarté-obscurité est en effet la base fondamentale du raisonnement qui traduit l'exigence d'une interprétation[28]. Le juge de l'excès de pouvoir a été amené à clarifier un certain nombre de concepts ou de dispositions dans le cadre de son contrôle. Et son office s'est enrichi avec éclat.

Dans l'affaire Firdaws[29], il estime que le CRD a considéré que le soumissionnaire a satisfait au critère d'exécution *d'un marché similaire*, faisant ainsi une extension trop large de ce critère, alors que le marché similaire doit être compris, non pas au plan du secteur d'activité de nettoiement, mais au sens, à la fois de la nature de la prestation et surtout de l'objet et du site du nettoiement.

Faisant suite à l'affaire précitée[30], il reprécise sa pensée en donnant une définition beaucoup plus soutenue du critère relatif à la réalisation d'un

[26] R. Odent, *Contentieux administratif*, 1978, fasc.1, p. 444-445.
[27] J.-J. Bienvenu, *L'interprétation juridictionnelle des actes administratifs et des lois : sa nature et sa fonction dans l'élaboration du droit administratif.* Thèse de doctorat d'État, p. 6. *disponible sur* www.sist.sn/gsdl/collect/ butravau/index/assoc/ HASH01ad/ 76f86260.../DTH135.pdf, consulté le 04 janvier 2016.
[28] *Ibid.*
[29] CS. Arrêt n° 67 du 13 Décembre 2012, Firdaws Services c/ARMP (Inédit).
[30] CS. Arrêt n°59 du 28 novembre 2013, Al FIRDAWS SERVICES c/ARMP, *Bulletin des arrêts de la Cour suprême* n°s 6-7, année judiciaire 2013, p. 159.

« marché similaire » qui renvoie à l'exécution de marchés analogues, mais pas obligatoirement identiques comme soutenu par la requérante.

Il faut retenir qu'au-delà de son office, le juge est en phase avec sa jurisprudence antérieure. Ainsi, il n'avait pas jugé utile d'ordonner le sursis à exécution sollicité par Firdaws. Le juge est, certes, chargé d'appliquer la loi et d'en contrôler le respect mais rien ne devrait s'opposer à ce qu'il atténue la sévérité des textes en mettant en œuvre son pouvoir d'interprétation[31].

Dans une autre affaire dénommée Ail[32], il s'est employé à une précision sémantique du terme « litige »[33]. D'après celui-ci, *il faut entendre par litige au sens de l'article 22 précité, le recours à l'ARMP ayant d'ailleurs été suggéré par la DCMP à l'autorité contractante*.

Dans deux autres affaires, il apporta des précisions importantes sur les notions « d'autorités contractantes »[34] et des « critères et sous critères »[35]. Dans un premier temps, il estime à bon droit qu'« il ne saurait être assimilé à l'autorité contractante définie aux termes de la directive comme, l'État, les Collectivités territoriales, les Établissements publics, les Agences et Organismes, personnes morales de droit public bénéficiant du concours financier ou de la garantie de l'État, les sociétés d'État, les sociétés à participation financière publique majoritaire et les associations formées par une ou plusieurs de ces personnes morales de droit public ainsi que les personnes morales de droit privé agissant pour le compte de ces entités, signataires d'un marché public ». Tout en précisant le domaine d'intervention du contrôleur financier, il argue que ne saurait non plus être pris pour l'organe de contrôle a priori des procédures de passation des marchés publics que constitue la Direction centrale des marchés publics.

Dans une autre affaire, il en conclut que les « critères » comme du reste les « sous-critères » doivent être justifiés par l'objet du marché, avoir la précision nécessaire de manière à ne laisser aucun pouvoir discrétionnaire à la commission des marchés, être portés à la connaissance des candidats et respecter les principes fondamentaux de transparence, d'égalité des candidats et de non-discrimination.

---

[31] Cf. R. Odent, *Contentieux administratif*, fasc. I, p. 443.

[32] CS. Arrêt n° 64 du 29 novembre 2012, La Société Angélique International Limited en abrégé (A.I.L) c/-ARMP, Bulletin des arrêts de la Cour suprême n° 4-5, année judiciaire 2012, p. 253.

[33] S. Guinchard, T. Debard, *Lexique des termes juridiques 2016-2017*. Dalloz, 2016, p. 659. On parle de litige lorsqu'une personne ne peut obtenir amiablement la reconnaissance d'une prérogative qu'elle croit avoir et qu'elle envisage de saisir un tribunal pour lui soumettre sa prétention. Avant la saisine du juge, on parle d'un simple différend ou d'un conflit de prétentions. Le terme, bien que très large, est, en pratique, synonyme de procès.

[34] Arrêt déjà cité.

[35] CS. Arrêt n° 55 du 24 octobre 2013, la Société angélique International Limited en abrégé, *op. cit,*

En analysant ces décisions, on se rend compte que le juge dans l'exercice de sa fonction juridictionnelle met en œuvre un pouvoir d'interprétation. Ce pouvoir d'interprétation est l'expression d'une volonté autonome d'application et de détermination du sens des textes juridiques préexistants. Son office s'est déployé dans la clarification des questions de contrariété.

2. Une clarification des questions de contrariété

La primauté des normes internationales en général et des normes communautaires en particulier sur la loi, même postérieure, et plus généralement sur les normes internes autres que constitutionnelles est aujourd'hui pleinement admise. La bataille juridique de la supériorité du droit communautaire[36] (tant originaire que dérivé) a commencé par une réticence à reconnaître la supériorité du droit communautaire [37]face à une loi postérieure.

Ce n'est qu'à la veille des années 90, dans l'arrêt Nicolo[38], que le conseil d'État français a reconnu la supériorité d'un traité sur une loi même postérieure. Le Conseil d'État accepte de contrôler la compatibilité d'une loi avec le Traité de Rome, et de faire prévaloir un traité sur une loi même postérieure. Il en ressort donc une interprétation littérale de l'article 55 de la Constitution (française) qui dispose que : « les traités ou accords régulièrement ratifiés ou approuvés ont, dès leur publication, une autorité supérieure à celle des lois, sous réserve, pour chaque accord ou traité, de son application par l'autre partie »[39].

La Cour de Justice de l'UEMOA dans son avis n° 001/2003 du 18 mars 2003 affirme : « La primauté bénéficie à toutes les normes communautaires, primaires comme dérivées, immédiatement applicables ou non, et s'exerce à l'encontre de toutes les normes nationales administratives, législatives, juridictionnelles et, même, constitutionnelles parce que l'ordre juridique communautaire l'emporte dans son intégralité sur les ordres juridiques nationaux ».

Dans le contentieux de la passation des marchés publics, le juge ne gêne guère à rappeler la prévalence de la norme communautaire sur la norme nationale. Ainsi, il a été amené à clarifier une question de contrariété entre le décret n° 2007-545 du 25 avril 2007 portant Code des marchés publics et les Directives N°04 et 05 de l'UEMOA, dans ce qu'il est convenu d'appeler

[36] J.-B. Auby « La bataille de San Romano, Réflexions sur les évolutions récentes du droit administratif », *AJDA*, 20 novembre 2001, p. 912.

[37] Concrètement la primauté du droit communautaire signifie que la norme communautaire prend place dans l'ordre juridique interne, avec « rang de priorité sur toute norme nationale » selon l'expression du juge Yves Yehouessi. Voir Y.-D. Yehouessi, « L'application du droit international dans l'ordre juridique des États francophones ouest-africains : le cas du droit de l'Union économique et monétaire ouest-africaine, Communication lors du colloque de Ouagadougou du 24-26 juin 2005, *Les cahiers de l'Association ouest africaine des hautes juridictions francophones*, pp. 343-357.

[38] CE, arrêt Nicolo du 20 octobre 1989.

[39] Article 98 de la constitution du 22 janvier 2001.

l'affaire État du Sénégal c/ARMP, CRD, AATR[40]. En l'espèce, il était reproché au CRD de l'ARMP la mise à l'écart de la norme nationale devant celle communautaire. Le requérant faisait grief au CRD de s'être érigé en juge de la légalité en écartant les dispositions de l'article 37, paragraphe III du Code des Marchés publics, alors que celles-ci ne sont en rien contraires aux articles 13 et 14 de la Directive n° 05/2005/CM/UEMOA. Dans sa réponse, le juge s'estime en phase avec le CRD en rappelant que « s'il est vrai que le comité ne peut annuler le décret portant Code des Marchés publics, il reste qu'il peut écarter des dispositions contraires aux directives n° 4 et 5 en vertu du principe de la primauté du droit communautaire sur la législation nationale ». La charge normative de la règle communautaire l'emporte sur celle nationale : « la norme communautaire brise celle nationale », a-t-on coutume d'entendre[41].

Dans l'affaire Sarre Cons.[42], la Cour va d'abord considérer que le CRD a eu tort de reprocher à PETROSEN d'avoir méconnu la clause relative à l'autorisation du constructeur des véhicules proposés en ce sens qu'elle viole des dispositions légales telles que l'art. 88 du traité de l'UEMOA, l'article 23 de la loi n° 94-63 du 22 août 1994 relatifs aux pratiques anticoncurrentielles ; ensuite que la non production par la CFAO de l'intégralité de ses états financiers n'a pas empêché la commission des marchés d'évaluer son offre déclarée conforme mais non retenue comme la moins disante. Sur ces fondements, annule la décision du CRD. Enfin, elle indique ici que le respect des dispositions des DAO ne doit pas entraver celui des dispositions légales, commu-nautaires relatives aux pratiques anticoncurrentielles.

Dans une autre affaire[43], il était plutôt question de contrariété entre un document interne[44] et un texte législatif.

Dans sa réponse, le juge après avoir observé que, la méconnaissance de la règle impérative qui détermine la composition du Comité de Règlement des Différends a vicié, en la forme, la décision prise sans la présence du magistrat, considère que « l'argument de l'ARMP tiré du quorum fixé à trois(3) membres par le manuel de procédure adopté par son Conseil de Régulation ne saurait couvrir ce vice de forme entachant l'acte puisque ce manuel n'a pas vocation

---

[40] CS. Arrêt n°12 du 05 mai 2009, État du Sénégal c/ ARMP, Bulletin des arrêts de la Cour suprême n° 01, année 2008-2009, p. 96.

[41] B. Bâ, « Le contentieux de l'excès de pouvoir des marchés publics devant la Cour suprême du Sénégal (à partir des arrêts rendus entre 2008 et 2013) », *Annales Africaines,* Nouvelle Série, Volume 1, avril 2015, p. 174.

[42] CS. Arrêt N° 47 du 22/08/2013, Société SARRE-CONS c/ARMP (Inédit).

[43] CS. Arrêt n° 01 du 13 janvier 2011, Le Port Autonome de Dakar c/ ARMP, *Bulletin des arrêts de la Cour suprême*, n° 2-3, année judiciaire 2010-2011, p. 240.

[44] Ici, il s'agit du manuel de procédures qui est une documentation descriptive qui doit permettre une meilleure compréhension des systèmes d'information et une amélioration de la gestion. C'est un guide opératoire qui indique le circuit de traitement des opérations tout en spécifiant : la tâche à faire (quoi) ; le niveau de responsabilités (qui) ; les différentes étapes de traitement (quand) ; les lieux de réalisation (où) ; le mode d'exécution (comment).

à édicter une procédure contraire à celle instituée par les lois et règlements ». Dans son raison-nement, la recherche de conformité de la règle inférieure à celle supérieure rythme l'orientation de sa démarche.

L'attitude du juge sénégalais est tout à fait louable dans la mesure où avec le développement de l'intégration économique en Afrique, un droit communautaire africain est en voie de formation. Le Sénégal est membre de la Communauté économique africaine (CEA) de l'Union économique et monétaire ouest-africaine (UEMOA), de la Communauté économique des États de l'Afrique de l'Ouest (CEDEAO) et de l'Organisation pour l'Harmonisation en Afrique du Droit des Affaires (OHADA). Les traités créant ces organisations reposent sur la supranationalité et prévoient l'application directe et immédiate des actes de leurs organes délibérants sur le territoire des États membres[45]. Dans le même temps, il faut noter que le juge a enrichi son office en intégrant de nouveaux principes dans le bloc de légalité administrative.

B. L'intégration de nouveaux principes dans le bloc de légalité administrative

Deux principes ont enrichi l'office du juge : il s'agit de la mise en concurrence (1) et celui de l'intérêt général (2).

1. La mise en concurrence

Le droit de la concurrence a fait une entrée remarquée dans le champ de la légalité administrative avec, notamment, l'arrêt du Conseil d'État du 3 novembre 1997, Soc. Million et Marais [46] selon lequel le maintien de la compétence du juge administratif pour connaître d'un acte de dévolution d'un service public n'exclut pas l'application par celui-ci du droit de la concurrence.

Depuis la décision du Conseil constitutionnel du 26 juin 2003[47], un certain nombre de contrats dont on ne connaît pas la liste sont soumis à des *principes de la commande publique*, principes qui non seulement leur donnent une unité et tendent à les rapprocher, mais qui constituent aussi, par eux-mêmes, une amorce de régime juridique. Parmi ces principes figure notamment un « principe de mise en concurrence », corollaire commun aux principes de libre concurrence et d'égalité[48]. L'article 24 du COA comme les directives de

---

[45] D. Sy, *Droit administratif,* CREDILA-L'Harmattan, 2e éd. *Revue, corrigée et augmentée*, 2014, p. 53.
[46] Rec. 406, concl. Stahl, GAJA 774, AJDA 1997, 945, chr. Girardot et Raynaud, RDP 1998, 256, note Y. Gaudemet.
[47] On fait référence à la décision n° 2003-473 DC du 26 juin 2003, *Loi habilitant le gouvernement à simplifier le droit*, 18e considérant, précitée.
[48] G. Kalfleche, *Des marchés publics à la commande publique : l'évolution du droit des marchés publics.* Thèse de droit public, Université Panthéon-Assas (Paris II), 2004, p. 23. Disponible sur https://www.researchgate.net/publication/282288600, consulté le 29 juin 2016.

l'UEMOA prévoient l'obligation pour l'autorité contractante d'assurer la publicité de l'offre et de la mise en concurrence des soumissionnaires.

Dans son office, le juge de l'excès de pouvoir s'est attelé d'abord à affiner la mise en œuvre du principe de concurrence. Elle (...) repose sur deux postulats : la liberté de concourir, l'égalité dans la compétition. Les relations que nouent le principe de concurrence et les principes de liberté et d'égalité sont donc, pour employer un langage théologique, consubstantielles[49].

La relation entre publicité et mise en concurrence est indissociable, car, en principe, la concurrence suppose la publicité[50]. Cette dernière permet de créer une sphère dans laquelle la concurrence peut être exercée afin de pouvoir choisir la proposition la plus adaptée aux besoins réels de la personne publique en cause. Ainsi, la mise en concurrence n'est pas une fin en soi[51] mais elle garantit la bonne utilisation des deniers publics dès lors qu'elle ouvre la possibilité de participer à plusieurs candidats ; celle-ci aboutissant donc à l'existence de plusieurs offres concurrentes.

En considérant le respect de la mise en concurrence des candidats comme une condition de validité de la procédure de passation des marchés publics, la Cour suprême intègre le droit de la concurrence dans le bloc de la légalité administrative.

Deux exemples suffisent pour illustrer le contrôle que le juge exerce sur la légalité des décisions de l'autorité contractante au regard de l'exigence de mise en concurrence. Dans l'affaire SARRE CONS [52], le juge estime que l'autorité contractante ne peut violer les règles de concurrence et de libre accès aux marchés publics en insérant dans les dossiers d'appel d'offres (DAO) une clause relative à l'autorisation du constructeur à fournir par les candidats au marché de véhicules neufs.

Dans la seconde affaire[53], il a rejeté le recours de la SENELEC en considérant que la garde au sol est la distance entre le sol et le point le plus bas du véhicule et est souvent adaptée à l'utilisation du véhicule ; qu'en retenant qu'accéder à la requête de CCBM Industries en fixant la garde au sol à 190 mm minimum en lieu et place de 200 mm, soit une différence d'un centimètre ne peut objectivement avoir un impact significatif sur la performance du véhicule et ne peut substantiellement limiter l'usage auquel il est destiné et qu'en outre *la révision de ce critère permet d'élargir la*

---

[49] D. Linotte, « Principe d'égalité, de liberté, de commerce et de l'industrie et droit de la concurrence », *in Droit public de la concurrence*, ouvrage collectif sous la direction de R. Cristini et J.-M. Rainaud, Economica, 1987, p. 13.

[50] L. Richer, *Droit des contrats administratifs*, 9e éd., LGDJ, 2014, p. 369.

[51] *Ibid.*

[52] CS. Arrêt n° 47 du 22/08/2013, Société SARRE-CONS c/ARMP-État du Sénégal, (inédit). (Déjà cité).

[53] CS. Arrêt n° 25 du 12 mars 2015, SENELEC c/ ARMP, (Inédit).

concurrence et de préserver le principe de liberté d'accès à la commande publique, le CRD a suffisamment motivé sa décision.

Dans le premier cas précité, selon Michel Guibal[54], il existe ainsi « une obligation qui incombe à l'administration de traiter sur un pied d'égalité toutes les entreprises qui entrent en concurrence pour l'attribution d'un marché public ». C'est pourquoi, dans l'affaire SARRE CONS, le juge estime que l'autorité contractante ne peut violer les règles de concurrence. Le juge a aussi étendu son contrôle en intégrant l'intérêt général dans le bloc de légalité administrative.

2. L'intérêt général

L'intérêt général se trouve au cœur du droit public et est à l'origine des grandes constructions jurisprudentielles du droit public. On constate que les notions clés du droit public trouvent leur raison d'être dans l'intérêt général : il en va ainsi, notamment, du service public, du domaine public, de l'ouvrage public.

Comme le dit Jean Rivero, le moteur normal de l'action des particuliers est la poursuite d'un avantage personnel, le profit matériel, la réussite individuelle, etc. Tandis que le moteur de l'action administrative est la poursuite de l'intérêt général dont le contenu varie suivant les époques, les formes sociales, les données économiques, techniques ou psychologiques[55].

Le but que poursuit toute administration publique est en principe l'intérêt général (ou intérêt public). En effet, il existe certaines nécessités auxquelles l'initiative privée ne peut répondre et qui sont vitales pour la communauté nationale tout entière et pour chacun de ses membres (par exemple : le besoin de sécurité nationale)[56]. Ces nécessités qui constituent le domaine propre de l'administration entrent dans la sphère de l'intérêt général.

Il faut dire que l'originalité, la particularité, ou plus encore la singularité de la finalité de l'office du juge administratif de la légalité par rapport au juge de « droit commun » qui tranche classiquement des litiges opposant des intérêts privés appelle au moins, à ce stade, la reconnaissance de son appartenance à la catégorie des juges dont la mission consiste essentiellement à faire prévaloir l'intérêt général[57].

Autant, les privilèges dont jouit l'acte administratif unilatéral, qui impose des droits et des obligations à ses destinataires trouvent, là encore, leur

---

[54] M. Guibal, « Égalité et conclusion des marchés publics », *in Mélanges en l'honneur du Doyen Georges Péquignot,* « L'interventionnisme économique de la puissance publique ». CREAM, Montpellier, 1984, tome 1, p. 355.

[55] *Ibid.*

[56] D. Sy, *Droit administratif, op. cit.*, p. 21.

[57] W. Lellig, *L'office du juge administratif de la légalité*. Thèse de Droit public, soutenue publiquement le 14 décembre 2015, Université de Montpellier, p. 209. disponible sur http://www.theses.fr/2015MONTD056, consulté le 02/01/2017.

justification dans l'intérêt général, autant, le régime des contrats administratifs est lui aussi marqué par l'empreinte de l'intérêt général. Des motifs d'intérêt général, tirés notamment « de l'égalité, la continuité et la mutabilité du service public » exercent leur influence permettant par exemple, que l'administration modifie le contrat y compris sur le plan financier, voire résilie unilatéralement un contrat dans l'intérêt du service.

Le juge de l'excès de pouvoir connaît des litiges mettant en cause, de manière directe et systématique, une expression de l'intérêt général. Cela marque aussi toute la particularité de sa fonction, au-delà de la diversité des missions juridictionnelles dont il est investi. Il est alors « amené à faire respecter d'abord l'intérêt général qui, par essence, doit l'emporter sur les intérêts particuliers des administrés et l'arbitraire des administrateurs »[58].

C'est cette position qu'a adoptée le juge dans l'affaire « Association sénégalaise des hémodialysés et insuffisants rénaux, ASHIR »[59]. En effet, l'Association sénégalaise des hémodialysés et insuffisants rénaux (ASHIR) sollicitait l'annulation de la décision n°210/11/ARMP/CRD du 17 octobre 2011 du Comité de Règlement des Différends (CRD) de l'Autorité de Régulation des Marchés publics (ARMP)[60].

Après avoir rejeté les deux premiers moyens dont l'un relatif à l'erreur de fait et de la contrariété de motifs et l'autre de l'erreur manifeste d'appréciation, le juge a retenu que le CRD a retenu uniquement les économies réalisées sans avoir égard pour la santé des patients, alors que le but d'intérêt général est la condition de légalité de l'acte administratif. Chemin faisant, il a considéré que « la dangerosité du produit n'étant pas établie et l'attribution du marché à Carrefour Médical rendant plus accessible les médicaments à un moindre coût, le but d'intérêt général est ainsi réalisé ». Ainsi, la violation de la loi n'est pas fondée. À travers cette décision, le juge a dégagé une conception de l'intérêt général qui semble mettre en avant la teneur économique.

Il est aisé de considérer que l'existence de l'intérêt général est avérée en raison de l'accessibilité des patients aux médicaments à un moindre coût. En raisonnant ainsi, la Cour suprême s'est située sur le terrain de l'appréciation des faits alors que rien ne l'empêchait de se placer sur l'application stricte de la règle de droit. Le juge exprime sa volonté d'aller au-delà de l'aspect

---

[58] M.-J. Redor, De l'État légal à l'État de droit, Economica-PUAM, 1992, pp. 193-197. Disponible sur http://www.persee.fr/doc/polix_0295-2319_1994_num_7_27_1873, consulté le 20/01/2017.

[59] CS. Arrêt n°24 du 12 Avril 2012, Association sénégalaise des Hémodialysés et insuffisants rénaux c/ARMP, (Inédit).

[60] Le 23 février 2011, la Pharmacie Nationale d'Approvisionnement (PNA) a lancé l'appel d'offres international AOI n° 11/2011 pour la fourniture de médicaments, matériels, consommables médico-pharmaceutiques, réactifs de laboratoires, produits dentaires et médicaments antirétroviraux. Après publication de la décision d'attribution provisoire, le requérant a saisi le CRD pour contester la décision d'attribution à CARREFOUR MEDICAL de l'item précité.

normatif et prescriptif du droit pour intégrer dans son raisonnement des considérations économiques[61]. Autant, a-t-on constaté que l'office du juge s'est enrichi, autant son office demeure perfectible.

II. Un office perfectible

Outre les fonctions secondaires qui peuvent incomber au juge administratif, telles que la fonction de conciliation, ou encore de régulation, le juge de la légalité est avant tout un juge, c'est-à-dire un organe chargé d'une mission juridictionnelle[62]. La fonction première du juge, quel qu'il soit, est donc de trancher un litige, de départager des prétentions contradictoires, et contradictoirement exposées par ailleurs, par l'application des règles de droit appropriées, dès lors que « la nature de la fonction du juge est, en toute matière, de dire ce que le droit exige »[63].

Qui dit fonction juridictionnelle dit, en principe, fonction contentieuse, l'exercice de la seconde n'impliquant néanmoins pas obligatoirement l'exercice de la première, et inversement. Toutefois, « selon une définition peaufinée par Laferrière, la fonction juridictionnelle est une fonction contentieuse – dimension matérielle – administrée par un tiers selon certaines procédures – dimension organique et formelle – et c'est ce second élément qui distingue le contentieux juridictionnel du contentieux non juridictionnel »[64].

En étudiant les décisions relatives aux procédures de passation des marchés publics, autant on a constaté l'approfondissement de l'office du juge, autant on a remarqué que l'office du juge demeure perfectible. Il nous a été donné de constater que certaines procédures juridictionnelles ne sont pas assez évoquées devant le juge.

De ce point de vue, on étudiera les améliorations de l'office du juge quant à la complexité du contentieux économique de la concurrence, la spécialisation des juges et l'exécution des décisions de justice (A) puis les améliorations attendues dans l'utilisation du déféré préfectoral, la régularisation des requêtes et la précision du référé administratif (B).

---

[61] M.-Y. Diallo, « Le juge de l'administration et la régulation des marchés publics », *Annales Africaines*, Nouvelle série, volume 1, 2015, p.23.

[62] W. Lellig, *L'office du juge administratif de la légalité*. Thèse de Droit public soutenue publiquement le 14 décembre 2015. Université de Montpellier, p. 211 disponible sur http://www.theses.fr/2015MONTD056, consulté le 02/01/2017.

[63] J. Rivero, « Le Huron au Palais-Royal ou réflexions naïves sur le recours pour excès de pouvoir », *D.*, 1962, chron., p. 37, spéc. p. 38.

[64] S. Rials, « Ouverture : l'office du juge », *Droits*, 1989, n° 9, La fonction de juger, p. 3.

A. Les améliorations attendues dans l'analyse de la complexité du contentieux économique de la concurrence, de la spécialisation des juges et de l'exécution des décisions de justice

Le raisonnement économique se présente comme un raisonnement étranger au juge. Celui-ci est contraint d'en connaître notamment en raison des contestations dont il est saisi, qui, en droit de la concurrence, s'appuient très souvent sur les conseils d'économistes.

De même, le refus d'exécuter les décisions d'annulation se singularise par le « mauvais vouloir » des administrations contractantes. Une fois que le juge rend une décision d'annulation, les autorités contractantes ont tendance à faire la sourde-oreille pour ne pas exécuter la décision rendue. Cela, non pas parce que la décision d'annulation est impossible à exécuter mais parce que les autorités contractantes se refusent à en faire application. De plus, elles arrivent à commencer l'exécution du marché alors que le juge n'a pas encore statué sur l'issue du litige. En outre, la non spécialisation peut constituer un frein à l'exercice de l'office du juge.

Il sera étudié d'une part, les améliorations attendues dans l'appré-hension de la complexité du contentieux économique de la concurrence (1), la spécialisation des juges et, d'autre part, l'exécution des décisions de justice (2).

1. La complexité du contentieux économique de la passation des marchés publics

En droit de la concurrence, le juge est confronté au raisonnement économique. Cette confrontation produit, malgré des obstacles et des difficultés, une certaine interpénétration du raisonnement économique et du raisonnement juridique.

Source de difficulté pour le juge, le raisonnement économique devient un outil, que le juge peut mettre au service de son office : dire le droit pour trancher les litiges. La complexité de l'analyse économique des faits est en effet alors renforcée par les difficultés de confronter les faits à d'autres, puis de déterminer le point d'équilibre des différents éléments soumis à l'appréciation[65].

Un point d'accroche apparaît donc entre le raisonnement du juge et le raisonnement économique autour de l'idée de tri des faits[66]. Le juge doit trier les faits pertinents parmi ceux qui sont allégués ou, à l'inverse, ne le sont pas mais auraient dû l'être. De son côté, l'économie opère aussi une forme de tri parmi les faits. Dès lors, on peut avancer l'idée que, pour le juge, l'économie

---

[65] O. Fruchs, « Conciliation des intérêts dans le contentieux administratif de la concurrence », *AJDA*, 2006, p. 747.

[66] Selon l'expression de P. Hébraud.

se présente comme un outil de tri des faits ou, si l'on ose dire, comme un tamis.

Le juge de l'excès de pouvoir ne semble pas percevoir cet aspect, il s'obstine dans un conservatisme caractérisé par l'exercice de contrôle de légalité pour ne pas intégrer les considérations de régulation économique dans son raisonnement. Ce qui dénote une propension à ne pas intégrer la dimension économique dans son office. De plus, il faut reconnaître que face à l'action économique des pouvoirs publics, le juge de l'administration a longtemps éprouvé un réflexe de recul, soit en déclinant sa compétence, soit en abandonnant volontiers cette question au juge de droit commun[67].

Dans le cadre du contrôle juridictionnel de la passation des marchés publics, on dénote les exemples dans lesquels, le juge s'arc-boute fondamentalement à son office de gardien de la légalité. L'affaire la Société angélique International Limited en abrégé AIL[68] est une belle illustration de la complexité du contentieux soumis à l'appréciation.

Cet exemple montre que le juge n'est pas en phase avec la solution d'opportunité préconisée par le CRD. Les faits de l'espèce[69] méritent d'être rappelés. Par lettre en date du 27 février 2013 enregistrée le même jour au Secrétariat du Comité de Règlement des Différends (CRD) sous le numéro 064/13, l'Agence sénégalaise d'Électrification rurale (ASER) a saisi le CRD sur la conduite à tenir pour la finalisation de l'attribution du marché de fourniture, de transport et de pose de matériels de réseaux électriques dans différentes régions du Sénégal (AO n° 01/2012/ASER-INDE), suite à l'avis défavorable de la DCMP sur la proposition d'attribution.

L'objet de la demande résulte de la saisine et des faits qui la soutiennent que le recours porte sur la question de savoir si le soumissionnaire qui a présenté la seule offre conforme, mais n'a pas rempli un des critères de qualification exigés dans le dossier d'appel d'offres, peut se voir attribuer le marché litigieux face au risque de perte des crédits. Dans ses conclusions, le CRD estime que pour des raisons liées à l'arrivée prochaine de la date d'expiration de l'accord de crédit liant EXIM Bank Of India et l'État du Sénégal, l'attribution du marché à Lucky Exports doit être maintenue pour éviter l'annulation du crédit et incidemment, la privation à l'accès à l'énergie, aux

[67] M.-Y. Diallo, « *le juge de l'administration et la régulation des marchés publics au Sénégal* », *op. cit*., p. 27.
[68] CS. Arrêt N°55 du 24/10/2013 la Société angélique International Limited en abrégé A.I.L, *op. cit*.
[69] Décision n° 072/13/ARMP/CRD du 27 mars 2013 du Comité de Règlement des Différends statuant en commission litiges sur le recours de l'agence sénégalaise d'électrification rurale (ASER) suite à l'avis défavorable de la direction centrale des marchés publics sur la proposition d'attribution du marché de fourniture, de transport et de pose de matériels de réseaux électriques dans différentes régions du Sénégal (AO n°01/2012/ASER-INDE).

populations de 214 localités rurales. C'est cette décision qui est déférée devant la Cour suprême.

Dans sa réponse, le juge s'est enfermé dans son immobilisme classique en estimant que l'expiration du délai imparti par l'accord de financement ne saurait justifier des atteintes aux règles de passation des marchés publics, le CRD a violé les principes de transparence et d'égalité des candidats sus-évoqués.

Dans cette décision, la Cour suprême a pris une position classique qu'est l'application stricte de la loi. Cette position du juge ne correspond pas à l'esprit de régulation dans la mesure où ce dernier pouvait en faire preuve. La solution d'opportunité trouvée par le régulateur et battue en brèche par le juge prive du coup une perte de financement à l'État du Sénégal.

À la lumière de cette décision, il apparaît que le juge de l'adminis-tration ne sait pas que le contentieux des marchés publics est aujourd'hui très éloigné du contentieux classique de la légalité, entendu au sens classique du terme[70]. C'est un contentieux d'espèce, sous-tendu par un grand pragmatisme, qui révèle le caractère purement économique du droit des marchés publics[71]. La spécialisation peut être un atout non négligeable pour mieux maîtriser les questions de procédure de passation des marchés publics.

2. La non spécialisation et l'inexécution des décisions d'annulation, un frein à l'amélioration de l'office du juge

Le Sénégal vacille en ce qui concerne l'adoption d'un système de dualité ou d'unité de juridiction au sommet de son organisation judiciaire. C'est la raison pour laquelle avec la loi n° 2008-35 du 8 août 2008, on a noté la réinstallation de la Cour suprême. Les facteurs ayant présidé au retour de la Cour suprême peuvent trouver leurs sources lors de la rentrée solennelle des Cours et tribunaux en 2007.

En effet, le Président de la République avait demandé aux juges des juridictions supérieures en l'occurrence le Président de la Cour de Cassation aidé de ceux du Conseil Constitutionnel et du Conseil d'État de procéder à l'évaluation de la réforme de 1992. Les résultats de l'évaluation ont exposé de multiples raisons justifiant la défaillance des juridictions supérieures et ont conduit la réinstallation de la Cour suprême. De plus, il a été remarqué, en ce qui concerne le Conseil d'État, une activité juridictionnelle et jurisprudentielle peu satisfaisante[72]. Donc, autant de raisons qui constituent ce qu'on peut appeler

---

[70] M -Y. Diallo, « le juge de l'administration et la régulation des marchés publics au Sénégal », *op. cit.*, p. 29.

[71] *Ibid.*

[72] V. les articles :

- P.- M. Sy, « Quelques remarques sur l'institution du recours pour excès de pouvoir au Sénégal depuis la création du Conseil d'État au Sénégal », *Revue EDJA*, n° 53, avril-mai-juin 2002, pp. 57-76.

les vecteurs même du retour de la Cour suprême au Sommet de l'organisation judiciaire. Toutefois, plus de sept années après le retour de la Cour suprême née du regroupement du Conseil d'État et de la Cour de cassation, l'application au quotidien de la loi organique n° 2008-35 du 08 août 2008 a révélé des difficultés et des insuffisances qui justifient sa refonte.

Les orientations définies s'articulent, pour l'essentiel, autour des objectifs de maîtrise des délais de traitement des affaires, de simplification des procédures et d'utilisation plus rationnelle des ressources humaines. De même, des innovations significatives ont été introduites dans les règles d'organisation et de fonctionnement.

Il faut noter qu'avec la création du Conseil d'État[73], les fondements de la spécialisation des juges étaient en gestation. La réinstallation de la Cour suprême semble marquer le pas. Or, selon M. Benoit, la seule solution valable du problème est « d'avoir des juges spécialisés, lesquels doivent être constitués en une juridiction particulière »[74].

Ainsi, l'absence de juge spécialisé a longtemps été déplorée par la doctrine[75], ce qui limite considérablement l'office du juge. Les juges formés en droit privé éprouvent d'énormes difficultés à résoudre les problèmes de droit administratif. La formation civiliste reçue par les juges explique fort bien l'application du droit privé à l'administration voire des décisions ambiguës[76] et la reprise sans réflexion de la jurisprudence française. Ce qui a fait dire à M. Nzouankeu que « tout se passe dans la pratique jurisprudentielle, comme si c'est le droit privé qui s'applique à l'administration et qu'exceptionnellement

---

- D. Sy, « Réflexion sur la création du droit administratif par le juge sénégalais », *Revue de l'Association sénégalaise de Droit pénal*, n° 3 et 4, janvier-décembre 1994, pp. 16 et s.
- ND.-M. Diagne, « La contribution du Conseil d'État sénégalais à la construction de l'État de droit », *Revue administrative*, Numéro spécial (6), 1999.2.

Dans ces articles, le conseil d'État a beaucoup participé à faire développer le droit administratif sénégalais. En effet, la juridiction administrative a contribué au renforcement de l'institution du recours pour excès de pouvoir notamment l'approfondissement du contrôle de la motivation des actes administratifs et celui des motifs de faits des actes administratifs. Ainsi, il a contribué à la construction de l'état de droit.

[73] Loi n° 92-24 du 30 mai 1992 portant Conseil d'État. Le Conseil d'État était une institution publique du système judiciaire sénégalais, présentant des similitudes avec le Conseil d'État français.

[74] Francis-Paul Benoit, « Juridiction judiciaire et juridiction administrative », JCP, 1964, -I-1838, cité par El.-H. Mbodj, « les incidences de la réforme judiciaire du 30 mai 1992 sur le contentieux administratif sénégalais », *Revue EDJA*, n° 25, avril-mai-juin 1995, p. 16.

[75] A. Bockel, « Sur la difficile gestion d'un droit administratif sénégalais. Brève réflexion à partir de quelques décisions rendues en plein contentieux », *Annales Africaines,* 1973, pp. 137 et s.

[76] L'arrêt, la Société angélique International Limited en abrégé A.I.L symbolise les lacunes du contrôle. En effet, La Cour suprême a estimé que le raisonnement de l'ARMP qui, il faut le préciser, apparaît comme solution d'opportunité, est juridiquement inconcevable. Le contrôle d'opportunité renvoie au pragmatisme procédural qui permettrait de pouvoir utiliser l'argent prévu au titre du financement indien avant la date butoir, soit le 30 avril 2011. La solution rendue par le régulateur était préférable à celle du juge.

si un texte le prévoit en l'occurrence le COA, on pourrait appliquer à l'administration le droit public »[77]. Plus d'une dizaine d'années après, M. Demba Sy renchérit en disant « c'est au niveau de la formation qu'il faut agir…il n'y'a pas de spécialiste du droit administratif au sein… »[78]. Le juge peut difficilement évoluer son office coincé qu'il est entre le droit français et le droit privé.

Par ailleurs, il convient de noter que les autorités contractantes ont en principe le devoir d'exécuter les décisions d'annulation rendues par le juge de l'excès de pouvoir. Cette obligation trouve son fondement dans le principe de l'autorité de la chose jugée dont la décision est revêtue. L'autorité de la chose jugée en droit administratif revêt les mêmes caractères que l'autorité de la chose jugée en droit privé. Aussi, les autorités contractantes sont-elles tenues de s'y conformer et d'en tirer les diverses conséquences qui en résultent. Hélas, face au mauvais vouloir de l'Administration en ce qui concerne l'exécution de ses décisions, le juge administratif sénégalais se trouve fortement démuni, impuissant face à la toute-puissance de l'Administration.

Au demeurant, la règle de l'effet absolu du jugement d'annulation a été fixée par le législateur sénégalais et précisée par la Cour suprême[79].

L'annulation dans le cadre du recours pour excès de pouvoir ne peut être remise en cause par un nouveau jugement, une nouvelle décision. La chose jugée a et doit avoir autorité ; elle doit s'imposer. Car le jugement n'aurait pas sa raison d'être si la décision en résultant pouvait être rejugée[80]. Ce principe est confirmé par l'article 74 de la loi organique n° 2017-09 du 17 janvier 2017 abrogeant et remplaçant la loi organique n° 2008-35 du 08 août 2008 sur la Cour suprême.

La supériorité de la décision d'annulation sur la décision administrative provient de ce que l'annulation a une autorité de chose jugée alors que la mesure administrative est revêtue de l'autorité de la chose décidée. La chose décidée peut être remise en cause soit par le supérieur hiérarchique soit par le juge suprême à l'occasion d'un recours pour excès de pouvoir exercé, formé contre cette mesure[81]. En revanche, l'autorité de la chose jugée de la décision d'annulation dans le cadre sénégalais du recours pour excès de pouvoir, ne peut souffrir d'aucune contestation.

---

[77] J.-M. Nzouankeu, « Remarques sur quelques particularités du droit administratif sénégalais », *RIPAS,* 1984, n° 9, pp. 1-36.

[78] D. Sy, « Réflexion sur la création du droit administratif par le juge sénégalais », *op. cit., pp. 16 et s.*

[79] Aux termes de l'article 74-1 de la Loi organique n° 2008-35 du 7 août 2008 portant création de la Cour suprême, le législateur sénégalais énonce la règle comme suit : « l'arrêt de la Cour suprême annulant en tout ou partie un acte administratif, a effet à l'égard de tous. »

[80] A. V.-P. Ambeu, *La fonction administrative contentieuse en Côte d'Ivoire*, *op. cit.*, p. 365.

[81] *Ibidem.*

Ainsi, l'exécution d'une décision du juge administratif est un devoir juridique et par conséquent, une obligation. Cependant, on ne peut pas pour autant affirmer, que du fait que cette décision a une force obligatoire, cela équivaut à la force exécutoire. Le juge français avait très tôt, dans un arrêt du Conseil d'État français du 26 juillet 1912, par référence à l'attitude du juge judiciaire, énoncé que « si, en principe, la chose jugée réside dans le dispositif des jugements, ce dispositif, ne doit pas être envisagé, abstraction faite des motifs, lorsque ceux-ci peuvent seuls en déterminer la portée »[82].

Dans le cadre du contentieux de la passation des marchés publics, on peut prendre l'exemple par lequel le juge de l'excès de pouvoir a annulé la décision du CRD de l'ARMP en ce qu'elle a déclaré non conforme l'offre de la société Angélique International Limited et l'a écartée de la reprise de l'évaluation des offres concernant le marché AO.1/2012 ASER-Inde[83]. En l'espèce, il a ordonné à l'autorité contractante de reprendre toute la procédure. Au total, il faut reconnaître que l'annulation de la décision du CRD ne bénéficie pas seulement au requérant, mais elle concerne également l'administration en cause[84]. Elle s'impose aussi aux tiers et à toutes les administrations. Ce jugement d'annulation vaut à l'égard de tous. On dit alors qu'elle produit ses effets « erga omnes »[85].

Toutefois, on constate en pratique que le refus d'exécuter les décisions d'annulation se caractérise par le « mauvais vouloir » des autorités contractantes en ce qu'il n'y a pas de mécanismes permettant à obliger cesdites autorités à entériner les décisions de justice.

Le refus d'exécuter les décisions d'annulation se singularise par le « mauvais vouloir » des administrations contractantes. Une fois que le juge rend une décision d'annulation, les autorités contractantes ont tendance à faire la sourde-oreille pour ne pas exécuter la décision rendue. Cela, non pas parce que la décision d'annulation est impossible à exécuter mais parce que les autorités contractantes se refusent à en faire application. De plus, elles arrivent à commencer l'exécution du marché alors que le juge n'a pas encore statué sur l'issue du litige.

L'abstention de l'exécution des décisions juridictionnelles se manifeste généralement de manière implicite. Elle consiste pour l'autorité administrative à ne pas prendre toutes les mesures qui s'imposent en cas d'annulation de sa décision. L'autorité administrative qui a la charge de rétablir la situation

---

[82] CE 26 juillet 1912, Compagnie d'Orléans et du Midi c. l'État, réc.p ; 889, concl. Riboulet, D1916.3.19.

[83] CS. Arrêt n° 54 du 23 août 2012, La Société Angélique International Limited en abrégé, *op. cit.*

[84] M. Diagne, *L'efficacité du contrôle contentieux exercé sur l'administration sénégalaise, op. cit.*, p.271.

[85] *Ibidem.*

antérieure y oppose un refus implicite ou explicite[86]. Elle voit la décision annulant sa mesure comme une décision s'appliquant contre sa personne et donc une « victoire » du justiciable sur elle. Aussi, pense-t-elle à tort que la décision d'annulation porte atteinte à ses pouvoirs[87].

L'exemple le plus illustratif est l'affaire AIL[88]. Il faut préciser en l'espèce que le juge avait rejeté le recours en ce que précédemment, il avait rendu une décision d'annulation[89] dans la même affaire. Il faut analyser les raisons qui ont poussé le requérant à ressaisir le juge. L'autorité contractante n'avait pas pris les mesures nécessaires pour faire respecter la première décision rendue à l'occasion de cette affaire. C'est pourquoi, le requérant a jugé utile de déférer à nouveau la même affaire devant le juge.

Le problème est beaucoup plus soutenu lorsque l'administration est l'autorité contractante. En effet, le juge administratif face au refus de l'Administration d'exécuter la chose jugée ne dispose pas de moyens de pression efficaces. Il ne pourra pas compter sur le concours de la force publique, puisque c'est l'Administration qui en est la détentrice. Aussi, et en conséquence, le juge ne saurait brandir la hache de guerre contre l'autorité qui la porte à la ceinture[90]. Cette situation à certains égards amoindrit, voire limite la portée de ses décisions, le juge disposant d'un pouvoir limité.

Le professeur Mayacine Diagne l'avait étudié en estimant que la problématique de l'exécution concrète des arrêts d'annulation par l'autorité administrative constitue une donnée fondamentale[91]. Le problème a été posé par Alain Bockel. Ainsi, comme nous le faisait remarquer l'éminent Professeur de droit « les conséquences de l'annulation sont plus complexes, et nécessitent que soit prises une série de mesures, destinées à effacer les effets de la décision annulée »[92].

Pour autant, en France, la dénonciation de l'inexécution ou la mauvaise volonté manifeste dans l'exécution des décisions juridictionnelles par les personnes publiques, avait soulevé beaucoup de commentaires[93]. En raison de

---

86 A.-V.-P. Ambeu, *La fonction administrative contentieuse en Côte d'Ivoire*, *op. cit.*, p. 369. (Consulté le 24/02/2016).

87 *Ibid.*

88 Arrêt précité.

89 Arrêt précité.

90 J. Rivero, « Le juge administratif, un juge qui gouverne ? ». *Dalloz, 1951*, chron. p. 21.

91 M. Diagne, *L'efficacité du contrôle contentieux exercé sur l'administration sénégalaise.* Thèse de Droit public, Université Aix-en-Provence, 1990, 412 p.

92 A. Bockel, *Droit administratif.* Dakar, Nouvelles éditions africaines, 1978, 541 p.

93 J. Rivero, « Le Huron au Palais-Royal ou réflexions naïves sur le recours pour excès de pouvoir ». Dalloz, 1962, Chronique VI, p. 37-40.

G. Braibant, « Remarques sur l'efficacité des annulations pour excès de pouvoir », Conseil d'État. Études et documents, n° 15, 1961, p. 53-65.

P. Delvolve, « L'exécution des décisions de justice contre l'administration », Conseil d'État. *Études et documents*, n° 35, 1983-1984, p. 111-137.

l'impossibilité de mise en œuvre des voies d'exécution du droit commun à l'encontre des personnes publiques, le législateur français a été incité de trouver d'autres moyens, afin de garantir aux administrés l'exécution d'un jugement qui leur est favorable. Ainsi, il a adopté la loi du 16 juillet 1980, relative aux astreintes prononcées en matière administrative et à l'exécution des jugements par des personnes morales de droit public et la loi n°95-125 du 8 février 1995 relative à l'organisation des juridictions et à la procédure civile, pénale et administrative, habilitant le juge administratif, accordant au juge administratif un authentique pouvoir d'injonction.

Le perfectionnement de l'office du juge s'aperçoit aussi dans le mécanisme de l'utilisation du déféré préfectoral, la régularisation des requêtes et l'imprécision des critères d'admission des conditions d'urgence.

B. Le constat de la non-utilisation du déféré préfectoral, de la régularisation des requêtes et de l'imprécision des critères d'admission des conditions d'urgence

Le déféré préfectoral[94] est issu de la loi n° 96-06 du 22 mars 1996 portant Code des Collectivités locales[95]. C'est un recours qui est exercé par le préfet, représentant de l'État, contre les actes des collectivités territoriales qu'il estime irréguliers ou sur demande d'un administré[96]. Le juge sénégalais avait invité le requérant à régulariser sa requête avant de rejeter celle-ci pour irrecevabilité par le passé[97].

Ainsi, muni d'une large palette d'instruments, le juge des référés pourrait être amené à approfondir la portée de son contrôle[98]. Toutefois, il est constaté la rareté de l'utilisation du déféré préfectoral et de la régularisation de la requête (1) et l'imprécision des critères de l'admission des conditions d'urgence (2).

---

[94] V. I.-M. Fall, « Le contrôle de la légalité des actes des collectivités locales au Sénégal », *Afrilex* n° 5, pp. 1-47, http://afrilex.u-bordeaux4.fr/sites/afrilex/IMG/pdf/05dossfallmadior.pdf, consulté le 24 janvier 2017.

[95] La loi n°2013-10 du 28 décembre 2013 portant Code général des Collectivités territoriales abroge et remplace les lois n° 96-06 portant Code des Collectivités locales, n° 96-07 portant transfert de compétences aux régions, aux communes et aux communautés rurales et n° 96-09 du 22 mars 1996 fixant l'organisation administrative et financière de la commune d'arrondissement et ses rapports avec la ville.

[96] L. Preud'homme, *l'articulation des voies de droit dans le contentieux de la commande publique*. Thèse pour le Doctorat en Droit public présentée et soutenue publiquement le mercredi 23 octobre 2013, p. 316. Disponible sur le lien www.theses.fr/2013PA010304.pdf (consulté le 20 avril 2014).

[97] Voir CE 25 juin 1997 Mamadou Touré, *Bull.* n° 65 p. 131 ; 25 juin 1997 Adolphe Dodi Sow, *Bull.* n° 1, p. 134.

[98] La loi organique n° 2017-09 abrogeant et remplaçant la loi organique n°2008-35 du 08 août 2008 sur la Cour suprême notamment en ses articles 83 à 90 détaille de manière précise le régime juridique du référé administratif.

1. La rareté de l'utilisation du déféré préfectoral et de la régularisation des requêtes

Le déféré préfectoral aurait-il perdu de sa superbe ?[99] Victime de l'effet d'annonce, son succès fut de courte durée. Éphémère diront certains. À l'heure du constat, la doctrine est unanime : le déféré n'est pas le recours actif que l'on pouvait espérer[100]. Or, aux termes de l'article 246 du Code Général des Collectivités territoriales, « Le représentant de l'État défère à la Cour Suprême les actes mentionnés aux articles 243[101] et 244[102] du présent code qu'il estime entachés d'illégalité, dans les deux mois suivant leur transmission. Cette juridiction doit se prononcer dans un délai maximum d'un mois. Ces actes déférés au juge ne sont pas susceptibles de recours hiérarchique. Sur demande du président du conseil départemental ou du maire, le représentant de l'État l'informe de son intention de ne pas déférer au juge administratif un acte qui lui a été transmis en application de l'article 243 du présent code. Lorsque le représentant de l'État défère un acte au juge administratif, il en informe par

---

[99] S. Douteaud, « Face au contrat, le préfet reste-t-il un requérant 'super privilégié ?' Réflexions sur l'évolution du déféré préfectoral en matière contractuelle », *AJDA,* 2012, 2154.

[100] V. not., J. Caillosse, « Déféré préfectoral, ordre juridique et « arrangements » locaux », *Pouvoirs locaux*, 1994, n° 22, p. 97, spéc. p. 98 ; J.-F. Brisson, « Le contrôle de légalité dans la loi du 13 août 2004 - À la recherche des illusions perdues », *AJDA*, 2005. 126 ; C. Biget, « Moins d'actes soumis au contrôle de légalité », *AJDA*, 2011. 536.

[101] Article 243.- Les actes pris par les collectivités locales sont transmis au représentant de l'État auprès, du département ou de la commune, lequel en délivre aussitôt accusé de réception.
La preuve de la réception des actes par le représentant de l'État peut être apportée par tout moyen. L'accusé de réception qui est immédiatement délivré peut être utilisé comme preuve.
Pour les actes ci-dessous énumérés, le représentant de l'État dispose d'un délai de quinze jours pour en demander une seconde lecture. Cette demande revêt un caractère suspensif, aussi bien pour le caractère exécutoire de l'acte que pour tout délai de procédure contentieuse.
Sont concernés par ces dispositions les actes suivants :
- les délibérations des conseils ou les décisions prises par délégation des conseils ;
- les actes à caractère réglementaire pris par les collectivités locales dans tous les domaines qui relèvent de leur compétence en application de la loi ;
- les conventions relatives aux marchés ainsi que les conventions de concession ou d'affermage de services publics locaux à caractère industriel ou commercial ;
- les décisions individuelles relatives à la nomination, à l'avancement de grade ou d'échelon d'agents des collectivités locales ;
- les décisions individuelles relatives aux sanctions soumises à l'avis du conseil de discipline et au licenciement d'agents des collectivités locales.
Ces actes sont exécutoires de plein droit, quinze jours après la délivrance de l'accusé de réception, sauf demande de seconde lecture de la part du représentant de l'État, et après leur publication ou leur notification aux intéressés.
Ce délai de quinze jours peut être réduit par le représentant de l'État à la demande du président du conseil départemental ou du maire.

[102] Article 244.- Les décisions réglementaires et individuelles prises par le président du conseil départemental ou le maire dans l'exercice de leurs pouvoirs de police, les actes de gestion quotidienne pris au nom des collectivités locales autres que ceux mentionnés à l'article 243 ci-dessus sont exécutoires de plein droit dès qu'il est procédé à leur publication ou à leur notification aux intéressés, après transmission au représentant de l'État.

écrit sans délai le président du conseil départemental ou le maire et lui communique toutes précisions sur les illégalités invoquées à l'encontre de l'acte incriminé ».

Ainsi, la sanction des contrats publics irréguliers à travers le déféré préfectoral est théoriquement possible, dès lors que le préfet exerce le contrôle de légalité qui lui incombe à l'encontre de l'ensemble des actes du processus contractuel. Les hypothèses de contrôle de légalité - et de déféré préfectoral conséquent – des actes détachables préalables à la conclusion du contrat sont potentiellement nombreuses. Le processus contractuel étant matériellement caractérisé par l'adoption successive d'actes administratifs unilatéraux, autant de possibilités de saisine du juge administratif s'offrent au préfet à la suite de son contrôle de légalité[103].

Les décisions dépouillées révèlent que le juge de l'excès de pouvoir n'a été saisi qu'une seule fois par le représentant de l'État aux fins déférées préfectoral à l'encontre des marchés irréguliers. Il s'agit de l'affaire Préfet du Département de Ziguinchor-Commune de Ziguinchor[104]. La Cour suprême a été amenée à contrôler un contrat de prestation de services déféré devant elle. Dans cette affaire, il était question d'un contrat de prestation de services n° 0002/CZ/Cab du 29 janvier 2018, transmis le 21 mars 2018 au Préfet du Département de Ziguinchor, le Maire de la Commune de Ziguinchor a nommé Polycarpe Dominique Badiane en qualité de « Conseiller technique en charge des affaires financières du Maire ». Après avoir saisi le Maire, par lettre du 6 avril 2018 restée sans réponse, aux fins de rectifier le vice entachant la procédure, le Préfet a déféré le contrat à la Cour suprême.

Dans sa réponse, la Cour a donné gain de cause au Préfet en estimant qu'aux termes de l'article 14 visé au moyen, « Les actes des collectivités locales font l'objet d'un contrôle de légalité exercé par les représentants de l'État. Les délégations de services publics, les marchés publics et les conventions de partenariat public-privé des collectivités locales sont passés conformément aux dispositions législatives et réglementaires en vigueur. Les contrats souscrits par l'organe exécutif local sont autorisés par le conseil de la collectivité locale qui peut en fixer les conditions, selon les modalités et limites prévues au titre IV du livre premier du présent code. La Cour suprême est juge du contentieux né de l'exercice du contrôle de légalité ». Il en conclut ledit acte, passé en violation des dispositions de l'alinéa 3 du texte précité, encourt l'annulation.

La raréfaction conséquente des annulations prononcées par le juge suscite la crainte d'une plus grande timidité du préfet à déférer les contrats des

---

[103] L. Preud'homme, *l'articulation des voies de droit dans le contentieux de la commande publique*, *op. cit.*, p. 318.

[104] CS. Arrêt n° 32 du 9 mai 2018, Préfet du Département de Ziguinchor c/ Commune de Ziguinchor (Inédit).

collectivités territoriales, parce qu'il sait que la saisine du juge pourra rester vaine dans le traitement des irrégularités.

Avec l'ancien Conseil d'État sénégalais, il faut reconnaître que le juge administratif avait été saisi d'un déféré à l'encontre d'un contrat. Ainsi avait-il également admis, suite au déféré d'un Gouverneur de région, qu'un contrat passé par le président d'un Conseil régional sans l'autorisation dudit conseil est entaché d'une illégalité entraînant sa nullité[105]. C'est justement au regard de la plus grande facilité d'accès au juge administratif et de succès du recours – que ce soit à travers le déféré lui-même ou la suspension sur déféré – que le préfet aurait dû davantage user de l'opportunité de déférer les actes des autorités locales[106].

D'autant plus que l'article 247 al.3[107] du Code Général des Collectivités territoriales permet au représentant de l'État de saisir d'office le juge administratif en matière de marchés publics.

L'avenir [108]du déféré préfectoral contractuel doit être à nouveau réfléchi afin de soutenir l'action du représentant de l'État dans sa mission constitutionnelle de gardien de la légalité. Le contrôle de légalité est tel qu'aujourd'hui rares sont les actes des collectivités territoriales déférés au juge administratif[109]. En France, la tendance est tout autre. Le déféré survit plus qu'il ne vit, c'est le sursaut de la doctrine d'abord[110], du Conseil d'État juste après[111].

En soumettant le déféré au régime de plein contentieux en matière contractuelle, le juge administratif français a entendu procéder à un alignement des régimes contentieux des tiers au contrat. Si le préfet conserve quelques attributs qui en font encore un requérant « super privilégié »

---

[105] CE, Arrêt n° 0014 du 29 juillet 1998, Gouverneur de la région de Tambacounda c/ Président du Conseil régional de Tambacounda, Bulletin des arrêts du Conseil d'État, année judiciaire 1998, pp. 12-13.

[106] *Ibid.*

[107] La Cour suprême peut, sur sa propre initiative, prononcer le sursis à exécution pour tout marché public que lui transmet le représentant de l'État aux fins d'annulation.

[108] I. Diallo, « L'avenir du référé préfectoral en droit public français », *AJDA*, 26 décembre 2005, p. 2438.

[109] Pour certains, le contrôle de légalité est devenue « une véritable passoire », pour ne pas dire une « fiction ». V. J. Mezard, « Prendre acte de la décentralisation : pour une rénovation indispensable des contrôles de l'État sur les collectivités territoriales », préc., spéc. pp. 26 et 45.

[110] F. Llorens et P. Soler-Couteaux, « Quel sort l'évolution du contentieux contractuel peut-elle réserver au déféré préfectoral ? », *Contrats Marchés publ.* 2012. Repère p.1.

[111] CE 23 déc. 2011, *Ministre de l'intérieur, de l'outre-mer, des collectivités territoriales et de l'immigration*, req. n° 348647, Lebon ; *AJDA*, 2012. 5 et 1064, note M. Quyollet ; RDI 2012. 282, obs. R. Noguellou ; *RFDA*, 2012. 683, note P. Delvolve ; CE 9 mai 2012, *Syndicat départemental des ordures ménagères de l'Aude*, req. n° 355665, Lebon; *AJDA*, 2012. 976 et 1688, note J. Martin ; *RDI*, 2012. 403, obs. R. Noguellou.

(conditions de recevabilité du recours, régime du déféré suspension), il semblerait que la perte de ce privilège ne soit plus qu'une question de temps[112].

Quant à la régularisation des requêtes, le greffe de la chambre administrative de la Cour suprême saisie peut, lorsqu'une requête est mal présentée, adresser au requérant une demande de régularisation pour permettre à la demande d'aboutir. En étudiant les décisions de la Cour suprême relatives aux marchés publics, on est frappé par le nombre élevé de rejets des recours pour irrecevabilités ou déchéances. Selon le professeur Ndeye Madjiguène Diagne[113], « le juge perd ainsi de nombreuses occasions de traiter le fond des litiges. Or, une décision de justice n'a pas seulement pour objet de répondre à la question posée par le requérant sur un problème déterminé. Elle a aussi une portée normative en ce qu'elle fixe la règle de droit applicable ».

L'arrêt Ingénieurs Consultants Associés (ICA)[114] illustre un attachement excessif du juge aux règles de formes. Dans cette décision, le juge avait considéré qu'il résultait de l'examen des pièces du dossier que Mamadou Moustapha Diagne, représentant de l'ICA n'a pas signifié sa requête à l'ARMP, partie adverse, dans les délais et forme prévus par la loi. On peut dire que le juge de l'excès de pouvoir s'est rapporté à la décision du CRD[115] pour ne pas examiner la requête des associés. En effet, le CRD considérait que le requérant avait attendu la décision d'attribution provisoire du marché pour saisir le CRD, force est de constater qu'il y a lieu de déclarer irrecevable ledit recours.

Dans cette affaire, le juge aurait pu régulariser la requête et examiner l'affaire sur le fond. Le formalisme du juge est donc sélectif. Pour être plus précis, on dira que le juge sénégalais est très formaliste lorsqu'il s'agit de contrôler le respect des conditions définies par les textes applicables[116]. Ce qui a fait dire au Professeur Babacar Kanté que « cet excès de formalisme est un indice du caractère encore embryonnaire du droit administratif africain »[117].

Nombreuses sont les décisions dans lesquelles, la Cour conclut à une solution identique « le requérant n'a pas signifié à l'ARMP, partie adverse,

---

[112] S. Douteaud, « Face au contrat, le préfet reste-t-il un requérant 'super privilégié ?' Réflexions sur l'évolution du déféré préfectoral en matière contractuelle », *op. cit.*, p. 2155.

[113] ND. M. Diagne, *Les méthodes et les techniques du juge en droit administratif sénégalais.* Thèse de Droit public, Université Cheikh Anta Diop de Dakar, 1995, p. 113.

[114] CS. Arrêt n° 27 du 26 avril 2012-Ingénieurs Consultants Associés (ICA) c/ ARMP (Inédit).

[115] Décision n° 182/11/ARMP/CRD du 14 septembre 2011 du Comité de règlement des différends statuant en commission litiges sur le recours du groupement ingénieurs consultants associés (ICA)/ inco/hydroarch concernant le rejet de son offre suite à la demande de propositions relative à la sélection de consultants pour la supervision des travaux de construction et de bitumage du tronçon Patouki-Ourossogui lancée par AGEROUTE.

[116] *Ibid.*

[117] B. Kanté, « la contribution des hautes juridictions administratives à l'édification de l'État de droit », *Revue administrative,* numéro spécial (6), 1999, p. 116.

dans les délais et forme prévu par la loi »[118]. Elle s'empresse de prononcer par la suite la déchéance du recours[119]. Ce comportement intransigeant du juge entraîne des conséquences négatives dans le développement du droit de la passation des marchés publics. L'amélioration de l'office du juge est attendue dans l'utilisation des conditions d'admission de l'urgence.

2. La précision des critères d'admission des conditions de l'urgence et du doute sérieux

Au demeurant, la loi organique n° 2017-09 abrogeant et remplaçant la loi organique n°2008-35 du 08 août 2008 sur la Cour suprême notamment en ses articles 83 à 90 détaille de manière précise le régime juridique du référé administratif. Ainsi, muni d'une large palette d'instruments, le juge des référés pourrait être amené à approfondir la portée de son contrôle. C'est pourquoi, l'article 85 de la loi organique dispose que « saisi d'une demande justifiée par l'urgence, le juge des référés peut ordonner toutes mesures nécessaires à la sauvegarde d'une liberté fondamentale à laquelle une personne morale de droit public ou un organisme de droit privé chargé de la gestion d'un service public aurait porté, dans l'exercice d'un de ses pouvoirs, une atteinte grave et manifestement illégale, le juge se prononce dans un délai de quarante-huit heures ». L'innovation de taille qui pourrait approfondir l'office du juge est relative aux conditions d'accès au juge des référés interprétés de manière souple et autonome en matière de droits fondamentaux. D'après l'article 88 de ladite loi « saisie par toute personne intéressée, le juge des référés, peut à tout moment, au vu d'un élément nouveau, modifier les mesures qu'il avait ordonnées ou y mettre fin ».

Ainsi, l'urgence a-t-elle profondément remodelé l'office du juge administratif et créé pour lui une exigence accrue de pédagogie auprès des parties, premiers destinataires des décisions rendues, mais aussi auprès de la doctrine, des justiciables et, d'une manière plus générale, de l'opinion publique[120]. Le temps de la justice coïncide désormais avec le temps de l'action administrative. Mais, lorsqu'il descend de l'Olympe dans l'arène de l'actualité, le juge peut rencontrer les pressions et les passions de l'opinion publique et des médias et il s'expose, par-là, à de nouveaux défis[121].

---

[118] Il s'agit des décisions suivantes :
- CS. Arrêt n°06 du 9 février 2012, Société de Nettoyage Industriel et Chimique (SNIC) c/ A.R.M.P (Inédit);
- CS. Arrêt n°28 du 26 avril 2012, Librairie Papeterie CLAIRAFRIQUE c/ARMP (Inédit);
- CS. Arrêt n°35 du 27/juillet 2013, la société de Distribution de Matériels informatique et Bureautiques dite (DISMAT) c/ ARMP(Inédit).

[118] B. Ba, *op.cit.*, p. 182.

[120] J.-M. Sauve, « L'urgence devant le juge administratif », *op. cit.*, p.12.

[121] *Ibid.*

Toutefois, les changements intervenus, aussi pertinents soient-ils, n'ont pourtant pas réussi à faire oublier toutes les imperfections et interrogations inhérentes à ce recours original[122]. À ce propos, nous avons noté quelques imperfections qui peuvent dans le long terme saper l'efficacité de cette procédure. Les notions d'« urgence » et de « doute sérieux » gagneraient à être précisées par le juge.

On peut bien se demander pourquoi le législateur organique n'a pas cherché à définir ou à caractériser l'urgence. En effet, il se contente simplement de reprendre une solution du Conseil d'État français qui estime que « la condition d'urgence est remplie lorsque la décision contestée porte atteinte, de manière suffisamment grave et immédiate, à un intérêt public, à la situation du requérant ou à ses intérêts »[123]. Quant à la notion de « doute sérieux », elle reste floue. L'on pourra naturellement se poser la question de savoir ce qui peut créer le doute dans l'esprit d'un juge ?

Aussi, la loi n'a donc pas fixé elle-même un terme à la décision de suspension. En effet, les délais dont dispose le juge pour statuer efficacement, c'est-à-dire avant tout risque de signature de la convention, sont très brefs. Or, les conditions posées pour l'application du référé sont délicates à appréhender dans l'urgence, le législateur mentionnait que le juge informe sans délai. La première ordonnance recensée en matière de référé des marchés publics est relative à l'affaire l'EBGET c/ l'ARMP et la Mairie de Golf Sud[124]. Il faut attendre deux ans plus tard, soit en 2019, pour voir la Cour suprême suspendre une décision du CRD dans une affaire opposant société Delgas Assainissement à l'ARMP[125]. Dans cette affaire, le juge admet que les deux conditions sont réunies[126]. À l'inverse dans l'affaire opposant la Sénégalaise des Eaux, l'une des deux conditions faisait défaut[127], la demande de suspension a été rejetée. Toutefois, le dépouillement de la jurisprudence en matière de référé sur les décisions du comité de règlement des différends ne permet pas pour le moment de tirer un bilan sur l'efficacité ou non de l'utilisation du référé administratif. Sur six ordonnances de référé recensées, une seule a satisfait aux conditions exigées par la loi organique sur la Cour

[122] N. Ach, « le référé contractuel : une réforme inachevée », *ADJA*, décembre 2002, p. 1422.

[123] CE, sect., 19 janv. 2001, Confédération nationale des radios libres, req. N° 22815 Lebon 29 concl. L. Touvet.

[124] CS, Ordonnance de Référé n° 9 du 08 juin 2017, l'EBGET c/ l'ARMP et la Mairie de Golf Sud (Inédit), (Déjà cité).

[125] CS. Ordonnance de référé n° 03 du 11 juillet 2019, la Société « Delgas Assainissement » c/ ARMP, (Inédit).

[126] V. à ce sujet l'article V. Haïm, « De l'usage du référé dans le cas d'irrégularités lors de la passation d'un marché public », *AJDA,* 2010, p. 871.

[127] CS. Ordonnance n° 05 du 10 octobre 2019, La Société Sénégalaise des Eaux dite SDE c/ARMP, (Inédit).

suprême[128]. Dans les autres cas, il s'est posé soit un problème de réunion des deux conditions[129], d'incompétence[130], de déchéance[131], de désistement[132] ou de forclusion[133].

L'évolution de la production jurisprudentielle pourra renseigner sur les améliorations attendues dans l'évolution de l'office du juge.

---

[128] CS. Ordonnance de référé n° 03 du 11 juillet 2019, la Société « Delgas Assainissement » c/ ARMP(Inédit), (Arrêt cité).

[129] Affaire la Société Sénégalaise des Eaux dite SDE.

[130] CS, Ordonnance de Référé n° 9 du 08 juin 2017, l'EBGET c/ l'ARMP et la Mairie de Golf Sud, (Inédit).

[131] CS. Ordonnance n° 07 du 27 juin 2018, Amadou Moustapha Diallo c/ARMP, (Inédit).

[132] CS. Ordonnance n° 07 du 21 mars 2019, La Société Sénégalaise d'Équipement de Travaux et de Services dite « SETS SUARL » c/- L'Administration des Douanes de la République du Sénégal-L 'Autorité de Régulation des Marchés publics, (Inédit).

[133] CS. Ordonnance n° 09 du 1er avril 2019, La Soçiété Diama Technologie (SCP Lo, Kamara & Diouf) c/ L'Autorité de Régulation des Marchés publics, (Inédit).

Le juge administratif malien et les moyens de légalité externe

Kalilou Doumbia
Docteur en Droit public
Université des Sciences Juridiques et Politiques de Bamako

Du 22 septembre 1960 (date de l'indépendance du Mali) à 2018, la justice administrative malienne a connu une double évolution notable : sur les plans du contentieux administratif structurel et du contentieux administratif processuel. Le premier a été marqué par la construction d'une justice administrative à partir du sommet[1] avant la création des juridictions administratives de base[2] et celle de six Cours administratives d'appel en 2011[3] même si celles-ci ne sont pas encore pleinement fonctionnelles. Le second a été marqué par le développement de la jurisprudence administrative. Ce développement peut alors être apprécié à travers deux pôles : quantitatif et qualitatif. Ainsi, des années sans pratiquement d'arrêts pendant le régime socialiste (1960-1968), en passant par quelques arrêts par an pendant le règne des militaires (1969-1991), à quelques dizaines d'arrêts par an pendant les années 1990 (vers la fin du régime militaire), le juge administratif suprême a commencé à franchir la barre des sept cents (700) arrêts par an depuis 2016. Cependant, sur le plan qualitatif, quoique timide et encore hésitante, on peut noter une relative évolution.

Cette évolution se manifeste à travers l'attitude du juge administratif national face aux moyens d'annulation. Il s'agit des multiples irrégularités

---

[1] Au lendemain de son indépendance, les autorités du jeune État malien ont opté pour le monisme juridictionnel en confiant la connaissance de tous les litiges administratifs à la Section du contentieux de la Cour d'État (article 43 de la constitution du 22 septembre 1960, article 39 de la loi n° 61-56 du 15 mai 1961 portant organisation de la Cour d'État et déterminant la procédure suivie devant elle). Cette unité de juridiction en matière de contentieux administratif a été maintenue par la loi constitutionnelle n° 65-1/ AN-RM du 13 mars 1965 qui remplaça la Cour d'État par la Cour suprême et institua une Section administrative au sein de cette juridiction suprême. Ladite Section, jusqu'à la mise en place effective des TA était la seule « juridiction » administrative au Mali. En ce sens, elle statuait sur tous les recours en matière administrative. Il y'a donc toujours eu au Mali une certaine reconnaissance de la spécificité de la matière administrative.

[2] Créés par une loi de 1988, les tribunaux administratifs n'ont véritablement commencé à fonctionner qu'à partir de 1995 à la suite de la loi n° 94-006/AN-RM du 18 mars 1994 qui créa trois tribunaux administratifs respectivement à Bamako, Kayes et Mopti. Ce nombre a été élevé à six par la loi N° 2011-038/AN-RM du 15 juillet 2011 portant création de juridictions, art. 6, avec la création de trois nouveaux tribunaux respectivement à Sikasso, Ségou et Gao, *JORM* du 02 septembre 2011, p. 1374.

[3] Loi n° 2011-038/AN-RM du 15 juillet 2011 portant création de juridictions, *ibid.*, art. 2.

pouvant vicier les actes décisoires des autorités administratives, sur lesquelles les requérants peuvent se baser pour demander l'annulation desdits actes.

Ces irrégularités font l'objet d'une diversité terminologique. Dans son traité, Édouard Laferrière parle « des moyens d'annulation des actes administratifs attaqués pour excès de pouvoir »[4]. Cette expression, à savoir « les moyens d'annulation » fut reprise par de nombreux auteurs tels que Raphael Alibert[5] et Raymond Odent[6]. Les professeurs Jean-Marie Auby et Roland Drago, en ce qui les concerne, les désignent comme « les ouvertures du recours pour excès de pouvoir »[7]. L'expression « cas d'ouverture » écrivent-ils, « apparaît semble-t-il avec Hauriou »,[8] qui les définit comme « les diverses manifestations caractérisées de l'excès de pouvoir constituant des vices de l'acte d'administration, et par conséquent donnant ouverture au recours »[9].

C'est cette dernière, c'est-à-dire l'expression, « cas d'ouverture » qui semble avoir obtenu l'adhésion de la majorité de la doctrine contemporaine en général et de l'Afrique noire francophone en particulier, même s'il faut signaler que le professeur René Chapus s'est exclu de ce lot en optant pour l'expression « moyens de légalité »[10]. Pour Charles Debbasch et Jean Claude Ricci, il s'agit des « cas d'ouverture du recours pour excès de pouvoir »[11]. En Afrique, le doyen Alain Bockel[12] et le professeur Célestin Keutcha-Tchapnga[13] écrivent : « les cas d'ouverture du recours pour excès de pouvoir ». Dans son ouvrage, Ahmed Tidjani Ba utilise la même expression[14] tout comme Réné Degni-Segui[15] dans le sien.

En ce qui concerne le professeur Demba Sy, il semble d'accord avec cette remarque des professeurs Jean-Marie Auby et Roland Drago, selon laquelle « on a fini par considérer qu'il s'agissait moins de moyens que de conditions de régularité de l'acte administratif, indépendamment même de tout contrôle

---

[4] E. Laferrière, *Traité de la juridiction administrative et des recours contentieux*. Paris, Berger-Levrault, t. 2, 2e, 1896, p. 496.

[5] R. Alibert, *Le contrôle juridictionnel de l'administration au moyen du recours pour excès de pouvoir*, Paris, Payot, 1926, p. 191 et s.

[6] R. Odent, *Cours de contentieux administratif*. Paris, Les cours de droit, 1980, p. 1685.

[7] J.-M. Auby, R. Drago, *Traité de contentieux administratif*. Paris, LGDJ, 1984, t.1, p. 528.

[8] Ibid., p. 529.

[9] M. Hauriou, *Précis de droit administratif*. Paris, Sirey, 4e éd., 1901, p. 308.

[10] R. Chapus, *Droit du contentieux administratif*. Paris, Montchrestien, 13e éd., 2008, p. 779.

[11] Ch. Debbasch, J.-C. Ricci, *Contentieux administratif*. Paris, Dalloz, 6e éd., 1994, p. 586.

[12] A. Bockel, *Droit administratif*. Dakar, NEA, CREDILA, 1978, p. 486.

[13] C. Keutcha-Thapnga, *Précis de contentieux administratif au Cameroun : aspects de l'évolution récente*. Paris, L'Harmattan, 2013, p. 195.

[14] A. T. Ba, *Droit du contentieux administratif burkinabé*. Ouagadougou, Université de Ouagadougou, 2007, p. 429.

[15] R. Degni-Segui, *Droit administratif général. Le contrôle juridictionnel de l'Administration*. Abidjan, CEDA, 2003, t. 3, p. 791.

juridictionnel »[16]. En effet, il écrit : « les conditions de la légalité des actes administratifs unilatéraux »[17], mais aussi semble préférer l'expression « cas d'ouverture » car pour lui, « ce que l'on appelle les cas d'ouverture du recours pour excès de pouvoir ou les cas d'annulation de l'acte administratif sont les irrégularités qui peuvent affecter l'acte administratif et entraîner par voie de conséquence, son annulation par le juge »[18].

Ainsi, l'objet des moyens d'annulation des actes administratifs est de distinguer les modalités d'illégalité correspondant aux différents éléments de l'acte administratif[19]. Il faut alors aller à l'essentiel en mettant en avant le fait que « la classification des cas d'ouverture diffère d'un auteur à un autre »[20].

Nous allons adopter alors la classification généralement approuvée qui est précisément aussi celle faite par Jean-Marie Auby et Roland Drago. Il s'agit de celle qui regroupe les moyens de légalité en deux grandes catégories : les moyens de légalité externe et les moyens de légalité interne. C'est à cette classification que le professeur René Chapus adhère également ainsi que tous les auteurs d'Afrique noire francophone ci-dessus cités. Pour François Gazier, « ce sont des découpages opérés pour la plus grande clarté du travail juridictionnel »[21]. Comme l'écrit Ahmed Tidjani Ba, la systématisation des moyens d'annulation « permet de rendre compte des positions actuelles de la jurisprudence, et de montrer l'effort déployé par le juge pour cerner les contours de l'acte administratif en procédant à une analyse plus technique de ses éléments »[22].

Ainsi, en appréciant ces moyens à l'aune de la pratique jurisprudentielle nationale, on remarque que le juge apprécie tout d'abord la légalité externe ou formelle de l'acte *(le contenant)* avant de s'intéresser à sa légalité interne ou matérielle *(le contenu)*. Cette pratique est similaire à celles du Sénégal[23], du

---

[16] J.-M. Auby, R. Drago, *Traité de contentieux administratif, op. ci*t., p. 529.
[17] D. Sy, *Droit administratif.* Dakar, L'Harmattan, CREDILA, 2e éd., 2014, p. 305.
[18] *Ibid.*
[19] A. De Laubadere, *Traité de droit administratif,* t. 1, 9e éd. par J.-C. Vénézia et Y. Gaudemet. Paris, LGDJ, 1983, p. 572.
[20] A. T. Ba, *op. cit.*, p. 431.
[21] F. Gazier, « *Essai de présentation nouvelle des ouvertures du recours pour excès de pouvoir* », E.D.C.E, 1951, p. 83.
[22] A. T. Ba, op. cit., p. 431.
[2323] V. B. Kanté, *Unité de juridiction et droit administratif : l'exemple du Sénégal.* Thèse de doctorat, Université d'Orléans, 1983, p. 314, même s'il trouve cependant que cette « présentation est imparfaite », *ibid.* ; v. aussi M. Diagne, « Brèves réflexions sur le contrôle de la légalité des actes administratifs par le juge sénégalais », in Mélanges en l'honneur de Babacar Kanté, Actualité du droit public et de la science politique en Afrique. Dakar, L'Harmattan, 2017, p. 523.

Cameroun[24], de la Côte d'Ivoire[25], du Burkina Faso[26] et même à celles de tous les pays francophones qui se sont inspirés de la pratique du contentieux administratif français. Cela témoigne de la similarité des instruments de contrôle des actes administratifs au Mali en particulier, dans les pays francophones en général et en France. Est-il alors nécessaire de rappeler que la similarité des instruments de contrôle n'est pas synonyme de celle de la maîtrise desdits instruments et de leur utilisation ? En effet, il ressort de l'étude de la jurisprudence administrative nationale, que si le juge administratif malien ne démontre une sérénité très poussée dans aucun de ces contrôles, le premier paraît plus accentué et plus maîtrisé que le second[27], d'où l'affirmation selon laquelle il existe au Mali « une rigueur variable dans l'analyse des moyens d'annulation »[28]. Ainsi, cette étude sera focalisée sur le contrôle de la légalité externe des actes administratifs.

Apparemment banal, mais surtout vital, c'est un contrôle qui peut susciter quelques agacements au sein de l'Administration lorsqu'il aboutit à l'annulation d'une décision sans que le juge ait eu à se prononcer sur le contenu de ladite décision. Il ne s'agit pourtant que de la vérification de l'exacte observation des règles formelles qui régissent la prise d'une décision. Le non-respect de ces règles externes conduit à un type d'irrégularité pouvant nuire gravement à la fois aux intérêts des citoyens et à ceux de l'Administration. Gilles Lebreton rassemble tout cela en ces termes : « on considère que ce type d'irrégularité apparaît lorsque l'acte n'a pas été pris par une autorité compétence ou selon les formes prescrites ; dans ces deux cas, il se caractérise par le fait qu'il ne nécessite pas l'examen du contenu même de l'acte »[29].

Cette étude sera fondée sur la jurisprudence comprise entre 1990 et 2017, car si les deux Premières Républiques ont été marquées par une grande timidité de production de la jurisprudence administrative, la donne a changé à partir de 1990 alors même que les tribunaux administratifs n'étaient pas encore fonctionnels[30]. Il y a alors lieu de signaler, que l'attitude du juge dans l'appréciation des moyens de légalité externe n'a pas substantiellement évolué

---

[24] V. C. Keutcha-Tchapnga, *Précis de contentieux administratif au Cameroun. Aspects de l'évolution récente*, *op. cit.*, p. 195 et s.

[25] V. R. Degni-Segui, *Droit administratif général,* t. 3, *op. cit.*, p. 791 et s.

[26] V. « le cheminement du raisonnement du juge burkinabé dans la jurisprudence administrative de ce pays » dans *Les grandes décisions de la jurisprudence burkinabé,* Ouagadougou, Université de Ouaga 2, 2e éd., 2013 de S. Yonaba.

[27] V. K. Doumbia, *Contribution à l'étude du contentieux administratif malien de 1960 à 2016.* Thèse de doctorat en Droit public, soutenue publiquement le 25 avril 2017 à l'Université Cheikh Anta Diop de Dakar, pp. 364-390.

[28] *Ibid.*, p. 363.

[29] G. Lebreton, « *L'origine des cas d'ouverture du recours pour excès de pouvoir d'après les remontrances des Parlements au XVIIIe siècle* », in *RDP*, n° 6, 1986, pp. 1608-1609.

[30] V. supra, p. 1.

durant la période concernée. Si tous les arrêts rendus en la matière ne peuvent alors être nommément évoqués, l'étude peut ainsi être perçue comme relativement exhaustive, car ni la formule rédactionnelle, ni les vices composant la légalité externe n'ont guère évolué et la méthode de raisonnement du juge demeure itérative. Aussi, nous retiendrons les arrêts que nous considérons comme étant les « grands arrêts » en la matière.

Il s'agira alors d'analyser les moyens que le juge administratif retient dans son contrôle de légalité externe des actes administratifs et le degré de satisfaction avec lequel il utilise lesdits moyens. Cela se fera aussi à travers des comparaisons avec les jurisprudences des pays d'Afrique noire francophone et de la France, pas de façon systématique, mais chaque fois que cela sera possible. L'étude n'est pas alors une vraie monographie.

L'analyse de la jurisprudence permet ainsi de déceler trois moyens d'annulation : l'incompétence, à laquelle il faut ajouter les vices de forme et de procédure. Le juge fait ainsi dans la plupart des cas un traitement raisonnable de l'incompétence des autorités administratives (I) et un traitement variablement perfectible des vices de forme et de procédure pouvant entacher l'acte administratif unilatéral (II).

I. Un traitement raisonnable de l'incompétence

Édouard Laferrière définit l'incompétence comme étant « l'inaptitude légale d'une autorité à prendre une décision, à faire un acte non compris dans ses attributions »[31]. Il est rejoint par Jean Rivero qui soutient que « c'est le vice qui entache une décision lorsque son auteur n'avait pas le pouvoir légal de la prendre »[32]. Si, en tant que moyen d'annulation externe d'une décision prise par une autorité administrative, elle peut être soulevée par le requérant à l'appui de sa requête, elle peut être aussi soulevée par le juge lui-même. Cela résulte de son caractère d'ordre public, tel est même généralement le cas dans la jurisprudence administrative nationale.

On peut ainsi distinguer en doctrine plusieurs espèces d'incom-pétence[33] ; cependant, ne seront principalement retenues dans le cadre de cette étude, que celles sur lesquelles le juge administratif national a beaucoup statué, c'est-à-dire les cas d'incompétence habituels. Il s'agit de l'incompétence matérielle (A) et de l'incompétence temporelle (B).

Avant d'étudier ces cas qui viennent fréquemment devant le juge, il y a lieu de signaler des cas d'incompétence épisodiques. Parmi ces derniers, nous avons l'usurpation de fonctions juridictionnelles. Dans ces très rares interventions en la matière, le juge sanctionne rigoureuse-ment ce vice consistant pour les autorités administratives à grignoter la compétence des

---

[31] E. Laferrière, *Traité de la juridiction administrative et des recours contentieux*, *op. cit.*, p.496.
[32] J. Rivero, *Droit administratif*. Paris, Dalloz, 10e éd., 1983, p. 255.
[33] E. Laferrière, *Traité de la juridiction administrative et des recours contentieux*, *op. cit.*, p.497.

juges. Il le démontre dans un arrêt du 22 mars 1990 : « (…) seules les juridictions judiciaires sont compétentes pour connaître des contestations relatives aux terres de culture se trouvant sous l'empire des droits fonciers coutumiers ; (…) en statuant sur une telle contestation, le Commandant du cercle de Gao a gravement perturbé l'ordre légal des compétences et sa décision mérite à ce titre la censure de la Cour. »[34] Il agit de la même manière dans l'arrêt sieur Adama Koné[35]. Également, par un arrêt du 09 janvier 2015, il s'est basé sur l'incompétence « ratione loci »[36] pour trancher un différend[37].

A. L'incompétence « ratione materiae » : le principal cas

Cette incompétence est le cas où une autorité administrative, bien qu'elle soit dotée d'un pouvoir de décision, est intervenue par décision dans une matière qui relève de la compétence d'une autre autorité. C'est une incompétence qui est alors identifiable par rapport à la matière précise dans laquelle est intervenu l'acte litigieux. Des auteurs ont eu à comparer cette incompétence à l'incompétence « ratione personae » en relevant qu'à la différence de cette dernière, l'auteur de la décision querellée est bien une autorité administrative dotée d'un pouvoir de décision. Ici, l'illégalité consiste, écrivent-ils, en ce que cette autorité a pris sa décision dans une matière relevant d'une autre autorité administrative[38]. Pour Édouard Laferrière, c'est l'incompétence « qui tient à la nature de l'acte »[39].

---

[34] C.S.-S.A, Arrêt n° 9 du 22 mars 1990, entre dame Beïssa Yoro, sieur Gaoukoye Gourel et le Commandant de cercle de Gao, inéd.

[35] C.S.-S.A, Arrêt n° 2 du 2 février 1995, entre le sieur Adama Koné et le Commandant de cercle de Ségou, *op. cit.* : « Considérant qu'aux termes de l'article 134 du code domanial et foncier, c'est la juridiction civile de droit commun qui est compétente pour examiner les litiges de cette nature, qu'il y a lieu de conclure que le Commandant de cercle a agi dans un domaine qui ne relève pas de sa compétence et que sa décision mérite la censure de la Cour. »

[36] Pour Alain Bockel, « une compétence peut n'être donnée que dans les limites d'une circonscription territoriale : c'est le cas des agents de l'administration territoriale et locale. À ce problème peut être assimilé celui de savoir si l'auteur d'une décision doit se trouver dans un lieu déterminé pour prendre valablement un acte : la réglementation l'exige parfois, l'autorité ne pouvant prendre une décision que si elle se trouve physiquement dans le ressort de sa circonscription », *Droit administratif*, *op. cit.*, p. 134.

[37] C.S.-S.A, Arrêt n° 007 du 1er janvier 2015, Le Maire de la Commune III du District de Bamako c/ le jugement n°2014 du tribunal administratif de Bamako, inéd. : « Considérant quant à l'appartenance du site querellé, la loi N°97-020 du 07 mars 1997 portant modification du ressort administratif de certaines communes, a effectivement rattaché les villages de Sirakoro Dounfing et Koulininko à la Commune III du District de Bamako juridiquement distincte de la Commune Urbaine de Kati ; Que dès lors, tout acte de disposition du même site au profit d'une collectivité autre que la Commune III procède d'un empiètement et de la violation des droits de ses propriétaires coutumiers ; Qu'au regard du rattachement du site litigieux à la Commune III et aux droits coutumiers de l'intimé, le Maire de Kati ne pouvait pas sans excéder ses pouvoirs, s'en approprier ».

[38] V. J.-M. Auby, R. Drago, *Traité de contentieux administratif*, *op. cit.*, p. 568.

[39] E. Laferrière, *Traité de la juridiction administrative et des recours contentieux*, *op. cit.*, p.497.

Souvent, le juge précise qu'il s'agit d'un problème lié à la compétence de l'auteur de l'acte administratif attaqué, même si malheureusement, force est de noter qu'il reste délicatement silencieux ou laconique sur cette précision d'où la difficulté de compréhension de certains arrêts.

Dans l'affaire de la Société des détergents du Mali[40], certes, le juge reconnaît l'incompétence du Directeur national des Impôts à céder un titre foncier, mais est resté sans dire un mot sur la qualification de la nature de cette incompétence. Seulement, il ressort de l'analyse des faits et des textes auxquels le juge s'est lui-même référé, qu'il s'agit bien d'une incompétence ratione materiae. Selon lui, « (…) Considérant que le Directeur national des impôts, eu égard à la valeur vénale de l'immeuble querellé n'avait pas compétence à procéder à ladite cession (…) ; Qu'il y a lieu en conséquence d'annuler pour excès de pouvoir la décision n° 93-096/MF-DNI du 13 décembre 1993 prise en violation des dispositions d'ordre public du code domanial et foncier ».

Cette même rigueur du juge continue dans l'arrêt Salif Coulibaly[41], où il sanctionne aussi l'incompétence d'une autorité administrative à intervenir dans la sphère de compétence réservée à une autorité administrative. Pour le juge de l'espèce, « le vrai problème juridique posé (dans l'affaire) est l'incompétence du Maire de la Commune I du District de Bamako à délivrer une concession urbaine à usage d'habitation (CUH), même dans sa commune à un citoyen (…) ; Que le jugement d'instance en confondant les différentes opérations d'urbanisme et en reconnaissant au Maire d'une commune des compétences dévolues au seul Maire du District de Bamako a commis un excès de pouvoir que l'arrêt entrepris en révision aurait dû censurer ; Qu'il ne saurait y avoir concurrence de compétence entre le Maire du District de Bamako et le Maire de la commune I dans la gestion d'un lotissement ;

Que la décision du 21 novembre 2011 du Maire de ladite commune, en attribuant la concession urbaine à usage d'habitation (…) à Makadji viole les domaines de compétence du Maire du District et doit être annulée pour excès de pouvoir (…) ».

Dans une affaire récente, en l'occurrence l'affaire Adama Coulibaly de 2014, le juge confirme cette rigueur de la manière qui suit : « (…) Qu'en agissant comme il l'a fait, il s'est, de ce fait substitué à son ministre de tutelle (…) ; Considérant que l'avis défavorable qu'il a par la suite réservé à la demande de Dia négoce ne constitue ni plus ni moins qu'un rejet de celle-ci, toute chose relevant de la compétence du ministre ; Que pour avoir pris une

---

[40] C.S.-S.A, Arrêt n° 05 du 2 février 1995, SDM, *op. cit.*

[41] C.S.-S.A, Arrêt n° 007 du 24 janvier 2014, Salif Coulibaly c/ l'arrêt n° 103 du 17 mai 2013, *inéd.*

décision ne relevant pas de sa compétence, le PDG des Aéroports du Mali a exposé ses lettres N° 462 et 463 à la censure de la Cour »[42].

Dans cet arrêt, ce qui attire à la première lecture, a trait à la démarche du juge consistant à expliquer de fil en aiguille, l'attitude du PDG des Aéroports du Mali qui est en déphasage avec la légalité. Cette illégalité n'est autre que, comme il le fait savoir à la fin de sa démarche, l'empiètement du PDG des Aéroports du Mali sur-le-champ des matières réservées à la compétence du ministre. Il annule alors les décisions querellées sur la base du moyen tiré de l'incompétence de leur auteur.

Cependant, ce sérieux dans le contrôle de la compétence de l'auteur de l'acte ne peut pas rendre invisible une certaine prudence ou paresse intellectuelle ou même peut-être une hésitation du juge à qualifier l'incompétence qui motive l'annulation des actes pris. La Cour suprême, dans tous les arrêts susvisés fonde certes sa décision sur le fait que les autorités administratives dont les décisions ont été annulées les avaient pris dans des matières réservées à d'autres autorités, mais s'est toujours limité à évoquer le problème de compétence. Pourtant, ces faits répondent justement à l'incompétence matérielle. Il ressort aussi desdits arrêts, que le juge procède dans chaque arrêt, à contrôler tout d'abord la légalité externe, en commençant par la compétence de l'auteur de l'acte attaqué.

Ainsi, il faut noter la similarité de cette rigueur dans la sanction du vice d'incompétence en général et du vice d'incompétence matérielle entre le juge administratif national et certains juges d'Afrique noire francophone. C'est particulièrement le cas du juge sénégalais qui est traduit par ces mots : « la sévérité avec laquelle le juge de l'excès de pouvoir sanctionne le vice d'incompétence (...) se comprend aisément. »[43] C'est ce que démontre à suffisance une récente décision de la Cour suprême sénégalaise du 10 janvier 2013, en l'occurrence l'affaire Zahira Saleh contre l'État du Sénégal[44], où le juge dit que « s'il est avéré l'existence d'un péril grave et imminent, le Maire ordonne les mesures provisoires (...) ; qu'en ordonnant l'évacuation d'un immeuble pour risque d'effondrement, le Préfet a pris une décision dans un domaine où la loi ne lui donne pas compétence ». Dans le même registre, et ce avant même l'affaire Zahira Saleh, le Préfet s'était permis de se substituer au Maire pour prendre une mesure de police en matière d'édifice menaçant ruine, laquelle a été aussi annulée par le juge pour incompétence[45].

---

[42] C.S.-S.A, Arrêt n° 277 du 9 octobre 2014, Adama Coulibaly c/ les lettres 462 et 463 du PDG des Aéroports du Mali, *inéd.*

[43] N. M. F. Diagne, thèse, *op. cit.*, p. 260.

[44] Cité par O. Khouma, « *Le contrôle de la légalité externe des actes administratifs unilatéraux par le juge sénégalais* », p. 19, sur www.afrilex.u-bordeaux4.fr, consulté le 5 février 2018.

[45] C.E sénégalais, 17 août 2000, Baba Diouf et autres c/ État du Sénégal, cité par O. Khouma, *ibid.*

Le second point de similitude entre les démarches de ces deux juges se situe au niveau de la précision se rapportant à la qualification de l'incompétence. C'est vrai que le juge sénégalais n'hésite pas à annuler une décision administrative dès qu'il constate l'incompétence de son auteur, mais tout comme son homologue malien, il reste très réservé sur la définition du type d'incompétence dont il s'agit.

Cependant, il est nécessaire de souligner que cette similarité n'est pas absolue. En effet, même si dans l'arrêt Amadou Lamine Ba[46], la Cour suprême du Sénégal avait elle-même soulevé le moyen tiré du vice d'incompétence de l'auteur de l'acte attaqué pour l'annuler, dans la plupart des cas, « ce sont les requérants eux-mêmes qui se prévalent de l'incompétence d'une autorité administrative lorsqu'ils ont une chance d'obtenir l'annulation de l'acte attaqué en se fondant sur ce moyen »[47]. Par contre, au Mali, dans toutes les affaires susvisées auxquelles nous nous sommes référés, c'est le juge lui-même qui soulève d'office le moyen tiré du vice d'incompétence de l'auteur de l'acte contesté sans que le requérant ait soulevé cela dans son mémoire : c'est la manifestation de son pouvoir d'invoquer d'office les moyens d'ordre public.

Le juge administratif malien adhère ainsi à l'affirmation de Georges Maleville selon laquelle le moyen d'ordre public « présente une telle importance que, si le juge n'en tenait pas compte, il ne remplirait pas sa mission qui est de statuer en conformité des règles fondamentales de droit »[48]. Cette attitude du juge national est à encourager surtout qu'il doit faire prévaloir l'ordre public sur la liberté des parties[49] car l'ordre public, comme l'écrit le professeur, André Heurte « constitue ce minimum d'organisation (…) que les juridictions doivent préserver coûte que coûte »[50].

La même rigueur est perceptible dans la jurisprudence administrative camerounaise. Une démonstration de cette affirmation nous est donnée par l'arrêt rendu par le juge camerounais dans l'affaire Église presbytérienne camerounaise contre l'État du Cameroun. Pour le juge, « le gouverneur de la province du centre est matériellement incompétent pour suspendre l'activité d'une église ou en ordonner la dissolution ou encore moins l'interdiction de ladite église »[51].

---

[46] C.S sénégalais, 27 mai 1981, Amadou Lamine Ba, cité par N. M. F. Diagne, *op. cit.*, p. 260.
[47] N. M. F. Diagne. Thèse, *ibid.*
[48] G. Maleville, cité par N. M. F. Diagne. Thèse, *ibid.*, p. 259.
[49] J. P. Jacques, « *Les moyens d'ordre public dans le contentieux de pleine juridiction* », Mélanges, Stassinopoulos, 1974, p. 230.
[50] A. Heurte, *La notion d'ordre public dans la procédure administrative*, p. 615, cité par N. M. F. Diagne. Thèse, *op. cit.*, p. 259.
[51] C.S-C.A, Ordonnance n° 6 du 1er novembre 1994, cité par C. Keutcha-Thapnga, *op. cit.*, p. 198.

En ce qui concerne la jurisprudence administrative burkinabé, le professeur Ahmed Tidiane Bâ a utilement écrit que « seule l'incompétence ratione materiae se rencontre »[52]. Le juge burkinabé aussi, tout comme ses homologues maliens et sénégalais est timide sur la qualification du vice d'incompétence dont il s'agit dans ces arrêts. En d'autres termes, il se limite lui aussi à constater l'incompétence de l'auteur de l'acte, mais ne dit pas de quelle incompétence il s'agit. Ce qui donne un travail d'analyse beaucoup plus poussé aux lecteurs de la jurisprudence et particulièrement à la doctrine. C'est ainsi que classant la jurisprudence Bassomo Bakibié dans la catégorie du vice d'incompétence « ratione materiae », Ahmed Tidiane Ba fait le résumé de la manière suivante : « le juge a déclaré illégal un permis urbain d'habitation délivré à une requérante par un maire, alors que la parcelle correspondant à ce permis devrait être attribué par le chef de circonscription administrative (Préfet) après avis d'une commission ; le juge administratif a considéré que la décision du maire était entachée d'un vice d'incompétence dans la mesure où celui-ci s'était substitué au chef de la circonscription administrative pour prendre un acte qui ne rentrait pas dans ses attributions. »[53]

À côté du vice d'incompétence matérielle, il existe celui de l'incompétence temporelle pour compléter la liste des cas d'incompétence les plus invoqués au Mali.

B. L'incompétence « ratione temporis » : le cas secondaire

Les professeurs Jean-Marie Auby et Roland Drago préviennent qu'« on groupe sous le nom d'incompétence ratione temporis des hypothèses assez variées dans lesquelles l'auteur d'un acte administratif méconnaît les règles qui lui sont assignées au sujet de l'exercice de sa compétence dans le temps ; ce vice (…) ne se rattache (…) à la notion d'incompétence que si celle-ci est prise au sens large »[54].

Sous cette réserve, ils décèlent trois situations pouvant conduire à ce vice :

- lorsqu'une autorité administrative prend un acte administratif sans se soumettre à une règle limitant la période de temps à l'intérieur de laquelle sa compétence peut s'exercer ;

- c'est le cas dans lequel une autorité administrative exerce sa compétence d'une manière rétroactive ;

- enfin, on peut ranger dans cette catégorie, le cas de l'exercice anticipé d'une compétence[55].

---

[52] A. T. Bâ, *Droit du contentieux administratif burkinabé*, *op. cit.*, p. 433.
[53] C.S-C.A, 24 juin 1994, Bassomo Bakibié c/ Office national des postes, résumé par A. T. Ba, *ibid.*
[54] J.-M. Auby, R. Drago, *Traité de contentieux administratif*, *op. cit.*, pp. 580-581.
[55] *Ibid.*

Il faut toutefois mentionner le silence d'Édouard Laferrière concernant cette catégorie de vice d'incompétence pour ne pas l'avoir cité dans sa liste des espèces d'incompétence que l'on peut distinguer en doctrine selon lui[56]. Pour d'autres professeurs, « dans cette hypothèse, l'autorité administrative, en raison des conditions de durée non respectée, agit alors qu'elle n'est pas encore ou plus compétente »[57].

De tout ce qui précède, il ressort que le vice d'incompétence dont il s'agit ici est une question de temps. En effet, cette incompétence s'apprécie de manière temporelle selon la situation de l'auteur de la décision en cause. Une autorité administrative ne peut en ce sens prendre des décisions faisant grief qu'entre l'entrée en vigueur et la sortie de vigueur de sa décision de nomination ou dans certaines circonstances pendant certains temps ou après certains temps. Toute décision prise donc en dehors du temps normal d'action est irrégulière. C'est une autre manifestation de la notion de la maîtrise du temps en matière administrative.

Il existe des cas illustratifs de cette catégorie d'incompétence dans la jurisprudence administrative nationale. On peut souligner que l'un des premiers, voire le premier arrêt rendu en la matière est l'arrêt sieur Sékou Niakaté en 1990. En l'espèce, le juge résume les faits et tranche de la manière suivante :

« Considérant que c'est à tort que le commandant de cercle de Yélimané a visé dans le préambule de sa décision objet du présent recours, (...) un arrêt n° 2 du 11 février 1988 de la Cour suprême. Considérant que d'autre part que si l'arrêt n° 2 du 11 février 1988 a bien annulé les décisions n° 36 et 37 du (Commandant de cercle de Yélimané) du 28 juillet 1986; Ces décisions relevaient encore à cette date de la compétence du commandant de cercle puisque le code domanial et foncier n'avait pas encore été promulgué »[58].

Dans cet arrêt, le juge fait une démonstration satisfaisante du vrai vice d'incompétence *ratione temporis*. Il en découle qu'avant l'entrée en vigueur du code domanial et foncier, la compétence du commandant de cercle de ladite localité ne souffrait d'aucune irrégularité, mais c'est après le début de la production des effets de celui-ci que la situation a changé. Le commandant n'est plus compétent et le juge le lui fait savoir en de termes accessibles. Il précise que lui-même avait annulé quelques précédentes décisions du commandant et que c'est sur ces décisions qu'il a aussi fondé celle attaquée, alors que celles-ci ont été rendues avant la promulgation du code cité.

Dans une autre affaire non moins importante, le juge fait savoir qu'« au moment où il prenait les décisions n° 12 et 13 (...), le sieur Yaya Diallo,

---

[56] E. Laferrière, *Traité de la juridiction administrative et des recours contentieux*, *op. cit.*, p.497.
[57] Ch. Debbasch, J.-C. Ricci, *Contentieux administratif*, *op. cit.*, p. 294.
[58] C.S.-S.A, Arrêt n° 31 du 26 septembre 1990, entre le sieur Sékou Niakaté et le Commandant de cercle de Yélimané, *inéd.*

Commandant de cercle de Tominian était déjà muté à Douentza par arrêt n° 4252/MATD-CAB du 22 juillet 1993 ; Considérant qu'à partir de cette date il était habilité seulement à expédier les affaires courantes et devait s'abstenir de prendre des décisions ; Qu'il y a lieu de conclure à son incompétence à prendre de tels actes ; Qu'il résulte de ce qui précède de soumettre la décision de relève du mémorant à la censure de la Cour »[59]. Cette affaire cadre parfaitement avec le deuxième point de la liste des cas d'incompétence *ratione temporis* établie par Jean-Marie Auby et Roland Drago, à savoir l'exercice d'une compétence de manière rétroactive.

Le juge continue avec cette satisfaisante et légale sévérité dans l'arrêt Mahamadou Keïta de la manière suivante : « (...) Considérant que suivant la circulaire n° 02609/MATS-SG du 21 novembre 1996, le Ministère de l'Administration territoriale et de la Sécurité a instruit aux Gouverneurs de Région et du District, Commandants de cercle, Maires de commune, de surseoir jusqu'à nouvel ordre, à toute attribution de parcelle à usage d'habitation, commercial ou de concession rurale ; Que cette suspension a été levée par la circulaire n° 1750/MATS-SG en date du 8 octobre 1999 dudit ministre ; Que dès lors, la lettre d'attribution n° 2477/98/DOM du 9 octobre 1998 est intervenue en pleine période de suspension, période pendant laquelle, son auteur n'avait pas compétence pour l'édicter ; Qu'il s'ensuit que la concession urbaine querellée n'a pu créer des droits eu égard (...) à son origine illégale (...) »[60]. Il s'agit effectivement ici d'un vice d'incompétence *ratione temporis* selon le premier point de la liste des cas de vice d'incompétence des professeurs Jean-Marie Auby et Roland Drago.

Dans le cas d'espèce, au lieu que l'exercice de la compétence des autorités administratives visées par la décision ministérielle soit limitée à l'intérieur d'une période donnée, l'exercice de la compétence susvisée est au contraire interdit à l'intérieur d'une période donnée. Pourtant, c'est dans cette période d'interdiction que le Maire de la Commune II du District de Bamako s'est permis de prendre sa décision. L'interdiction était donc temporelle, avant et après celle-ci, on ne peut parler de vice d'incompétence. Le fait qu'elle n'est pas absolue, mais qu'il s'agit d'une question de temps, colle à ce vice d'incompétence l'étiquette temporelle.

En 2017, dans une affaire similaire à l'espèce Diby Mounkoro ci-dessus citée, le juge tranche pratiquement de la même manière en ces termes : « Considérant que l'incompétence (en raison du temps) de l'auteur l'acte est un moyen de légalité externe en matière de recours pour excès de pouvoir ; qu'à la date du 06 février 2016, monsieur Makan Cissoko qui n'était plus Préfet à Youwarou depuis le 22 décembre 2015 n'avait nullement

---

[59] C.S.-S.A, Arrêt n° 77 du 28 septembre 1995, entre le sieur Diby Mounkoro et le Commandant de cercle de Tominian, *inéd.*

[60] C.S.-S.A, Arrêt n° 316 du 27 novembre 2014, Mahamadou Keïta c/ le jugement n° 455 du 25 novembre 2013, *inéd.*

compétence pour nommer l'intimé en qualité de Chef de Village de Gadia dans la Commune Rurale de N'Dodjiga ; Qu'il ne pouvait donc à peine d'excès de pouvoir, procéder à ladite nomination ; Que par conséquent, sa décision mérite la censure du juge de l'excès de pouvoir ; qu'en rejetant la demande de l'appelant comme mal fondée, le jugement entrepris doit être infirmé. »[61]

Si on s'en tenait aux écritures d'Ahmed Tidiane Ba, au moment bien sûr où il écrivait son ouvrage, il n'existait pas de cas de vice d'incompétence *ratione temporis* dans la jurisprudence administrative burkinabé, nous venons de démontrer que la situation se présente autrement au Mali. Elle se présente aussi autrement dans d'autres pays d'Afrique noire francophone comme le Sénégal.

Il faut aussi préciser que s'agissant du cas du Sénégal, la jurisprudence existe certes, mais elle n'est pas abondante. Toutefois, l'affaire Issaga Keïta constitue un bon exemple. Dans ce cas d'espèce, le juge a tiré le vice d'incompétence *ratione temporis* de ce que l'autorité administrative ayant pris l'acte administratif querellé, n'a pas respecté le temps, la période, c'est-à-dire les règles qui régissent le temps d'agir en la matière. Il le fait savoir en ces termes : « attendu qu'en l'absence de dispositions contraires des textes régissant le Centre de formation (...), la répartition des places à pourvoir ne pouvait être modifiée légalement après le commencement des opérations du concours. »[62]

Ainsi, la jurisprudence malienne comme celle du Sénégal sont proches de leur modèle de référence, à savoir celle de la France. Le juge administratif français fait une application très rigoureuse des règles relatives au temps dont dispose une autorité pour émettre une décision exécutoire. Cette règle est réelle au point que ce juge n'hésite pas à annuler une décision qu'un texte ait explicitement[63] ou pas[64] accordé un caractère impératif au temps.

Dans un arrêt rendu en 1973[65], le CE français a aussi révélé le vice d'incompétence temporelle d'un Préfet qui avait été régulièrement nommé mais qui n'avait pas encore été installé dans ses fonctions. Le juge a donc estimé que le temps n'était pas encore pleinement arrivé pour lui pour prendre des actes administratifs en tant que Préfet. Il a aussi décidé que le gouvernement ne peut prendre des décisions dans le domaine normalement réservé au législateur que dans le temps précis à lui accordé par celui-ci. Au-delà dudit temps, il n'est plus habilité à le faire et tout acte qu'il prendra sera

---

[61] C.S.-S.A, Arrêt n° 189 du 07 avril 2017, Amadou Coulibaly c/ le jugement n°24 du 22 avril 2016 du Tribunal administratif de Mopti, *inéd.*

[62] C.S sénégalais, 28 avril 1971, Issaga Keïta, cité par Ousmane Khouma, *op. cit.*, p. 20.

[63] CE français, 28 juillet 1951, Société de secours minière de Valenciennes, cité par J.-M. Auby, R. Drago, *Traité de contentieux administratif*, *op. cit.*, p. 581.

[64] CE français, 5 janvier 1934, Chollet, cité par J.-M. Jean-Marie Auby, R. Drago, *ibid.*

[65] C.E français, 27 avril 1973, Demoiselle Serre, note H. Maisl, A.J, 1973, p. 487.

annulé pour vice d'incompétence *ratione temporis* de son auteur. C'est le cas du délai dont le Gouvernement français disposait pour prendre des décrets individuels d'amnistie[66].

Si dans le traitement du vice d'incompétence l'attitude du juge peut être considérée comme raisonnable, il fait un traitement plutôt variablement perfectible des vices de forme et de procédure.

II. Un traitement variablement perfectible des vices de forme et de procédure

Il y a lieu d'apporter la précision selon laquelle Édouard Laferrière traite sous le vocable « vice de forme » les deux moyens de légalité externe dont il s'agit ici : le vice de procédure et le vice de forme. Pour lui, « le vice de forme consiste dans l'omission ou dans l'accomplis-sement incomplet ou irrégulier des formalités auxquelles un acte administratif est assujetti par les lois et règlements »[67]. Il confond alors à l'époque les deux vices. Pour Jean-Marie Auby et Roland Drago, « le vice de procédure peut donc aujourd'hui se distinguer du vice de forme »[68]. Tout comme eux, Madjiguène Diagne[69] les distingue nettement même si Réné Degni-Segui soutient que s'il est possible de les distinguer, ils sont indissociables[70]. Aussi, pour René Chapus « ils se distinguent très nettement »[71]. Il s'agit donc du « moule juridique » de l'acte normateur, c'est-à-dire les diverses modalités du processus imposé à l'Administration[72].

Ainsi, le juge administratif national, fait un contrôle plus marqué du vice de procédure (A) et moins marqué du vice de forme (B).

A. Un contrôle plus marqué du vice de procédure

Il s'agit ici du « negotium » et le juge focalise son contrôle sur deux exigences : la procédure de consultation et la procédure d'enquête.

Primo, le juge exige le respect de la procédure de consultation. La consultation a pour objet d'éclairer l'autorité compétente sur la décision qu'elle va prendre et comporte les modalités permettant d'aboutir à

---

[66] C.E français 22 novembre 1963, Dalmas de Polignac, cité par R. Chapus, *Droit administratif général*, Paris, Montchrestien, t. 1, 15ème éd., 2001, p. 1026.
[67] E. Laferrière, *Traité de la juridiction administrative et des recours contentieux*, t. 2, *op. cit.*, p. 520.
[68] J.-M. Auby et R. Drago, *Traité de contentieux administratif*, t. 2, *op. cit.*, pp. 582-583.
[69] M. Diagne, « Brèves réflexions sur le contrôle de la légalité des actes administratifs par le juge sénégalais », *op. cit.*, p. 525.
[70] R. Degni-Segui, *Droit administratif général. Le contrôle juridictionnel de l'Administration, op. cit.*, p. 796.
[71] R. Chapus, *Droit administratif général.* Paris, Montchrestien, 15e éd., t. 1, 2001, p. 1037.
[72] R. Hostiou, *Procédure et formes de l'acte administratif unilatéral en droit français.* Paris, LGDJ, 1974, p. 13.

une solution[73]. Il sanctionne ainsi vigoureusement son inobservation par la censure en faisant la distinction entre formalités substantielles et non substantielles.

L'affaire Idrissa Kola Diarra[74] en constitue une illustration. Dans ce cas d'espèce, le requérant conteste la décision du Commandant de cercle de Mopti relative à la nomination du chef de village de Noradji (Arrondissement de Korientzé). Il soutient que le chef d'Arrondissement de ladite localité a sciemment ignoré l'avis issu de la consultation des conseillers du village organisée par le chef d'Arrondissement lui-même. La méconnaissance de cet avis a été traduite par la proposition de quelqu'un d'autre comme chef de village, laquelle a été entérinée par le Commandant de cercle de Mopti. Le juge a alors tranché le litige en ces termes : « (...) ; Considérant que l'article 50 du décret n° 203/PG-RM du 8 novembre 1977, dispose que le chef de village et le chef de fraction sont nommés par décision du commandant de cercle sur proposition du chef d'Arrondissement après avis du conseil de village ou de fraction ; Considérant que ces dispositions font de l'avis du chef de village un élément nécessaire à la décision du commandant de cercle ; Considérant que les conditions dans lesquelles la consultation a été effectuée par le chef d'Arrondissement, ne permettaient pas de recueillir un avis ; Au fond : annule la décision (...) ». De même, dans un autre arrêt, c'est l'inverse qui se produit. En effet, la Cour rejette comme mal fondée une requête parce que, la décision de l'autorité administrative était conforme à l'avis émis par l'organe qui devait être consulté[75].

Il ressort de l'analyse de ces décisions, que le juge fait une application correcte des règles relatives à l'avis. Seulement, dans ses arrêts, il existe un fait qui ne peut qu'attirer l'attention des observateurs. En effet, comme presque d'habitude, le juge se montre avare en explications et en commentaires. Ce qui est sûr, c'est qu'il considère l'avis de consultation comme une formalité substantielle, d'où l'annulation des décisions prises en sa méconnaissance et le maintien de celles qui y sont conformes.

De manière plus récente, le juge s'est prononcé sur le sujet dans l'affaire du chef de village de Woroni dans la solution de laquelle il fait la distinction entre un avis consultatif et un avis conforme en disant : « (...) ; Que les modalités préalables prescrites ont été observées relativement à l'avis du conseil communal et du représentant de l'État au niveau de la commune ; Qu'il s'agit d'avis consultatifs et non d'avis conformes ; (...) que la décision (...) du Préfet de Kadiolo portant nomination du chef de village de Woroni (...)

---

[73] G. Vedel, P. Delvolvé, *Droit administratif*, t. 1, *op. cit.*, p. 280.

[74] C.S.-S.A, Arrêt n° 072 du 17 août 1995, entre le sieur Idrissa Kola Diarra et le Commandant de cercle de Mopti, *inéd.*

[75] C.S.-S.A, Arrêt n° 89 du 16 novembre 1995 entre les sieurs Mahamar Mourou et Samba Arouhoussouba et le chef d'arrondissement de Haoussa Foulane, *inéd.*

sortira son plein et entier effet »[76]. Cet arrêt peut ainsi être bien apprécié à travers l'affirmation selon laquelle « il faut distinguer l'avis non obligatoire, l'avis obligatoire, la proposition (et) l'avis conforme »[77]. Comme son nom l'indique, le premier, c'est-à-dire l'avis non obligatoire est celui que l'autorité administrative n'est pas obligée de recueillir. C'est ce que Édouard Laferrière appelle, « avis facultatif » et souligne que « l'autorité qui les provoque n'est obligéé de les demander, ni de les suivre »[78].

À la lumière de ces précisions de ces grands auteurs, on est obligé de tempérer nos propos pour revenir sur la qualification donnée par le juge national aux différents avis en cause dans ces arrêts. Il faut tout d'abord signaler que les trois avis ne sont pas les mêmes, avant de s'intéresser particulièrement à ceux du conseil communal et du Sous-préfet. C'est pour expliquer que les avis donnés par ces deux organes répondent effectivement à la qualification du juge : ce sont des avis consultatifs au sens que le Préfet de Kadiolo « est obligé de les demander, mais non de les suivre »[79].

Considérant qu'il ressort de l'arrêt Idrissa Kola Diarra[80] sus-cité, que la nomination du chef de village ne relève pas du pouvoir discrétionnaire de l'Administration, comme le soutenait le défendeur (Commandant de cercle de Mopti), l'avis donné par le conseil du village est l'élément déterminant dans la nomination des chefs de village, de quartier ou de fraction. C'est ce qui ressort d'ailleurs de l'arrêt sieurs Mahamar Mourou et Samba Arouhoussouba[81].

Cet avis ne peut donc pas être rangé dans la même catégorie que les avis justement qualifiés de consultatifs du conseil communal et du Sous-préfet. Il a tout d'un avis conforme, car « non seulement l'autorité de décision doit les recueillir, mais elle ne peut statuer que dans le sens de l'avis »[82]. C'est ce que nous font même savoir les arrêts sus-cités rendus par le juge lui-même en la matière. C'est ce que le Préfet du cercle de Kadiolo semble avoir compris en ignorant les avis consultatifs du conseil communal de Loulouni et du Sous-préfet de la même localité, avis qui méconnaissent curieusement l'avis donné par le conseil du village suite à un conseil qui de surcroît a été organisé et authentifié par le Sous-préfet.

Quant à la proposition, « elle n'interdit pas à l'autorité ayant pouvoir de décision d'écarter ce qui lui est proposé, mais ne lui permet pas en principe de

---

[76] C.S.-S.A, Arrêt n° 172 du 4 juillet 2014, la D.G.C.E c/ l'arrêt n° 077 du 2 mai 2013, *inéd.*
[77] G. Vedel, P. Delvolvé, *Droit administratif*, op. cit., p. 281.
[78] E. Laferrière, *Traité de la juridiction administrative et des recours contentieux*, *op. cit*., p.529.
[79] *Ibid.*
[80] C.S.-S.A, Arrêt n° 72 du 17 août 1995, *op. cit.*
[81] C.S.-S.A, Arrêt n° 89 du 16 novembre 1995, *op. cit.*
[82] G. Vedel, P. Delvolvé, *Droit administratif*, *op. cit.*, p. 282. C'est ce que Laferrière qualifie d'avis « *impératif, qui signifie que l'administration est tenue à la fois de les demander et de s'y conformer* », *op. cit.*, p. 529.

statuer dans un sens qui ne lui est pas proposé, quitte à demander de nouvelles propositions »[83].

L'inadéquation partielle de ces petits détails techniques, n'enlève rien de la rigueur du juge de la Section administrative à sanctionner le vice de procédure tiré de la consultation ainsi que le prouve l'arrêt Hallaye Andégué Togo[84]. Dans ce cas d'espèce, le juge fait savoir : « Que le conseil de village de Tounou n'était pas composé que du chef de village et deux conseillers, l'audition de ces seules personnes ne saurait constituer l'avis du conseil ; Qu'ainsi, l'avis du conseil de l'entité de base n'ayant pas été recueilli conformément à l'article 5 de l'arrêté n° 08-268/MATCL/S-G, le T.A en décidant ainsi, a violé ledit arrêté (…) ; la Cour suprême du Mali (Section administrative) au fond : infirme le jugement n° 24 ».

En Afrique noire francophone, cette rigueur, atténuée par quelques insuffisances en la matière, n'est pas propre au juge administratif national ; elle est bien partagée particulièrement avec le juge camerounais et le juge sénégalais. Celle du juge camerounais est soulignée à travers l'affirmation selon laquelle, « tout manquement (au respect des règle de procédure) est impitoyablement censuré par le juge administratif »[85]. Pour le juge sénégalais, il lui a été reconnu une certaine « fermeté du contrôle des règles relatives à l'élaboration de l'acte administratif »[86] même si récemment, Madjiguène Diagne déplore l'attitude de ce juge en écrivant que « le contrôle des vices de procédure et de forme est (…) caractérisé par des incertitudes découlant de certaines erreurs de raisonnement »[87].

Secundo, le juge exige le respect de la procédure d'enquête. Ce n'est pas seulement l'irrégularité entachant la consultation préalable qui est la seule à pouvoir vicier la procédure d'élaboration des actes administratifs unilatéraux. Elle peut aussi et également l'être par l'inobservation de certaines formalités liées à l'enquête préalable. Nous incluons ainsi dans l'enquête, toute démarche prévue par les textes en vigueur visant spécifiquement à justifier et à fonder la décision de l'autorité administrative. Parmi ces différentes mesures, nous avons plusieurs modes d'investigations placés sous la dénomination globalisante de l'enquête parmi lesquels nous avons la mise en demeure, l'expertise, et le principe du contradictoire. L'omission de chacune de ces formalités peut vicier l'acte administratif particulièrement en matière disciplinaire, qui est la plus fréquente dans la jurisprudence administrative nationale.

---

[83] *Ibid.*

[84] C.S.-S.A, Arrêt n° 177 du 4 juillet 2014, Allaye Andégué Togo c/ le jugement n° 24 du 29 juillet 2014, *inéd.*

[85] C. Keutcha-Thapnga, *Précis de contentieux administratif camerounais*, *op. cit.*,p. 200.

[86] V. O. Khouma, *op. cit.*, p. 34.

[87] M. Diagne, « Brêves réflexions sur le contrôle de la légalité des actes administratifs par le juge sénégalais », *op. cit.*, p. 528.

En 1990, dans une affaire où était attaquée une décision du Gouverneur du District de Bamako, le juge administratif suprême dit clairement : « que le non-respect dans le cas de l'espèce de la procédure de l'enquête préalable et le placement non justifié du sieur Dembélé sont imputables à l'Administration et non au requérant ; (...) ; Que les manœuvres auxquelles se réfère le défendeur dans son mémoire en défense non seulement ne sont pas spécifiées mais encore qu'elles aient existé, n'ont pas pu suspendre la bonne foi de l'autorité administrative au point d'amener celle-ci à attribuer une parcelle sans enquête préalable en faisant fi du critère fondamental dégagé en la matière par elle-même »[88].

Il en résulte donc, que l'enquête, lorsqu'elle est prévue dans une matière, constitue indiscutablement « un critère fondamental », donc une formalité substantielle. Ce qui signifie que sa méconnaissance entraîne directement l'annulation de la décision viciée de l'autorité administrative.

Aussi, dans l'arrêt le Préfet de Kati du 21 mars 2014, le juge a sainement précisé qu'« il n'est pas établi par l'instruction, que les bénéficiaires des concessions rurales rapportées, ont été mises en demeure ; (...) »[89]. De même, dans l'affaire Seydou M. Diallo de 2014, la Cour suprême a essayé de rendre une décision détaillée pour rendre sa démarche ainsi que sa décision plus compréhensible. C'est ainsi qu'il a décidé de la manière suivante : « Considérant que le demandeur invoque à l'appui de son recours en annulation, (...), la non-communication du dossier disciplinaire, justifiant qu'il n'a pas eu le droit de se défendre ; (...) ; Considérant qu'un seul manquement aux dispositions relatives à la procédure disciplinaire peut entraîner l'annulation de l'acte administratif déféré à la censure de la haute juridiction (...) ; qu'il convient donc de dire que le requérant est recevable en son recours (...) et au fond de l'en juger bien-fondé. »[90]

Dans cette décision, le juge comme on peut le constater, met l'accent sur deux points : le respect du principe du contradictoire et la manière de procéder à l'exécution des formalités obligatoires. Pour lui, ce n'est pas seulement la formalité liée au respect du contradictoire, (c'est-à-dire la possibilité que l'Administration doit donner au destinataire de la décision de se défendre valablement contre les arguments sur lesquels elle fonde sa décision) qui constitue une formalité substantielle, mais toutes les autres formalités exigées par la loi. Le juge le fait savoir à demi-mot lorsqu'il souligne qu'« il n'est pas contesté que (...) le conseil de discipline s'est déplacé dans la salle d'arrêt » donc le requérant était aux arrêts au moment de toute la procédure d'enquête. Il n'a pas alors pu se défendre convenablement et ne le pouvait pas même si

---

[88] C.S.-S.A, Arrêt n° 33 du 26 juillet 1990, Entre les héritiers de feu Samassé Coulibaly et le Gouverneur du District de Bamako, *inéd.*

[89] C.S.-S.A, Arrêt n° 74 du 21 mars 2014, le Préfet du cercle de Kati c/ le jugement n° 287 du 18 juillet 2013, *inéd.*

[90] C.S.-S.A, Arrêt n° 218 du 7 août 2014, Seydou M. Diallo c/ l'État du Mali, *inéd.*

toutes les conditions relatives au droit de la défense avaient été respectées. Sans que le juge ait fondamentalement basé sa décision sur ce motif, celui-ci vicie l'acte et pouvait à lui seul coûter à l'acte son annulation.

Aussi, le juge camerounais nous démontre dans l'affaire Ikamou à Koung Jean Paul, qu'il sanctionne lui aussi avec une rigueur non moins appréciable, les inobservations liées au respect de la procédure d'enquête précédant l'adoption des actes administratifs unilatéraux. Il le fait savoir en ces termes : « attendu qu'il ressort des mentions ci-dessus que le ministre des Finances ne s'est pas limité à prendre des mesures conservatoires à l'encontre du recourant mais lui a infligé des sanctions définitives ; attendu cependant que suivant sa correspondance n° 772/BC du 28 mai 1980, le ministre des Finances a infligé les sanctions sus-évoquées sans donner la possibilité au recourant de s'expliquer devant le conseil de discipline Budgétaire et Comptable qu'il a lui-même saisi pour connaître du cas ; que ce faisant le ministre n'a pas respecté les droits de la défense ; qu'il s'en suit que l'arrêté attaqué encourt l'annulation pour excès de pouvoir »[91]. De même, le même juge avait déjà tenu cette position en 1995 où il statuait ainsi : « attendu qu'il n'a même pas été donné à Nyam Charles l'occasion de s'expliquer pour établir son innocence. »[92]

Ainsi, la procédure contradictoire apparaît comme une manière d'agir impliquant qu'une mesure individuelle d'une certaine gravité, reposant sur l'appréciation d'une situation personnelle, ne peut être prise par l'Administration sans que soit entendue, au préalable, la personne qui est susceptible d'être lésée dans ses intérêts moraux ou matériels par cette mesure[93]. Cette affirmation théorique, comme on l'a vu a été bien traduite en pratique par les juges maliens et camerounais, et comme on le verra par le juge sénégalais aussi.

Ce dernier, dans l'affaire Sérigne Babacar Seck contre le Conseil régional de Kaolack et le Gouverneur de la région de Kaolack a bien dit que « la décision attaquée, en procédant au retrait d'un avantage acquis sans que le bénéficiaire ait été mis à même de présenter ses moyens de défense, méconnaît le principe du contradictoire et, par conséquent, celui du respect du droit de la défense »[94]. Bien avant cette décision, la Cour suprême sénégalaise avait déjà annoncé cette position en 1961 en soutenant le moyen tiré de la violation des droits de la défense dans l'affaire Doudou Kane.

---

[91] C.S, 25 août 2004, Ikamou à Koung Jean Paul c/ État du Cameroun, v. Keutcha-Thapnga, *op. cit.*, pp. 200-201.

[92] C.S, 30 mars 1995, Nyam Charles c/ État du Cameroun v. Keutcha-Thapnga, *ibid.*

[93] B. Genevois, cité par A. Coulibaly, *Cours de droit administratif*, Université de Toulouse 1, p. 152, sur www.lexpublica.com, consulté le 14 mars 2014 à 1 h 45 mn du matin.

[94] C.S sénégalais, 23 février 2012, Serigne Babacar Seck c/ Conseil régional de Kaolack et Gouverneur de la région de Kaolack, v. O. Khouma, *op. cit.*, p. 40.

Ainsi, il ressort de ces différentes jurisprudences que la formalité substantielle n'est autre que celle qui influe sur la teneur même de la décision et qui doit *in concreto*, être expressément prévue par un texte. Lorsque la formalité n'est donc pas substantielle, elle n'entraîne pas la censure de l'acte querellé. Le juge burkinabé le rappelle bien dans l'affaire Yameogo Maurice quand il fait savoir que « la méconnaissance des règles de forme ne fut pas établie, qu'au surplus l'oubli ou l'exécution irrégulière d'une décision de forme non substantielle n'annule pas forcément l'acte vicié (...) »[95].

Cependant, dans des faits pratiquement similaires à l'affaire Seydou M. Diallo[96] de la Cour suprême malienne, la Cour suprême burkinabé agit autrement. En effet, cette dernière a fait savoir que « si une enquête a été entreprise de façon irrégulière, cette irrégularité n'est pas retenue dès lors que l'intéressé, malgré le défaut de notification de la procédure d'enquête, a pu faire valoir ses observations en comparaissant personnellement »[97]. Pourtant c'est ce moyen, c'est-à-dire le défaut de notification préalable de la procédure d'enquête, que le requérant avait soulevé. Mais curieusement, le juge burkinabé conclut que « la procédure eut été irrémédiablement viciée si le rapporteur, après cette omission initiale, avait conduit son enquête et réuni des preuves sans en avertir ab initio le Capitaine Sanou, ni lui permettre de présenter sa défense, mais qu'il en alla différemment et que la négligence commune, si déplorable fut-elle, n'eût pas de conséquences dommageables ».

Du coup, malgré la bonne définition du juge burkinabé de la formalité non substantielle dans l'affaire Maurice Yameogo sus-citée[98], doit-on conclure à son manque de rigueur ou à son application malsaine de la règle de procédure relative à l'enquête contrairement à ses homologues maliens, camerounais et sénégalais ? Tout en se gardant de tirer toute conclusion hâtive, vu le nombre restreint d'arrêts burkinabé dont nous disposons en la matière, son attitude dans cette affaire ne peut toutefois irrémédiablement résister à l'effarement objectif.

Les jurisprudences des juges d'Afrique noire francophone, ci-dessus analysées et déclarées acceptables dans leurs grandes lignes se situent dans les sillons de celles de la France. Elles sont généralement conformes à l'idée dominante des grands arrêts de la jurisprudence française. Comme c'est le cas dans l'arrêt Dame veuve Trompier Gravier où le CE fait comprendre : « que la requérante, n'ayant pas été préalablement invitée à présenter ses moyens de défense, est fondée à soutenir que la décision attaquée a été prise dans des

---

[95] C.S burkinabé, 13 novembre 1970, Yameogo Maurice c/ Gouvernement de Haute-Volta, cité par A. T. Ba, *op. cit.*, p. 436.

[96] C.S.-S.A, Arrêt n° 218 du 7 août 2014, *op. cit.*

[97] C.S, 28 mai 1971, Sanou Maurice c/ République de Haute-Volta, cité par A. T. Ba, *op. cit.*, pp. 437-438.

[98] C.S. burkinabé, 13 novembre 1970, *op. cit.*

conditions irrégulières par le Préfet de la Seine et est, dès lors entachée d'excès de pouvoir »[99].

Si nous avons noté et prouvé le contrôle plus marqué du moyen tiré du vice de procédure, il n'est pas évident de dire autant en ce qui concerne celui du vice de forme.

B. Un contrôle moins marqué du vice de forme

En empruntant à René Chapus sa formule, « le vice de forme concerne la présentation extérieure de l'acte par lequel la norme est édictée : le contenant »[100] ou « l'instrumentum ». Les formes des actes administratifs unilatéraux sont alors nombreuses : la signature de l'acte par son auteur, les contreseings, la date, les visas, la formule exécutoire, la motivation, la présentation en articles, le parallélisme des formes…[101]. Cependant, la jurisprudence nationale ne nous donne pas la possibilité de situer la position claire du juge administratif sur toutes ses formes, mais elle peut nous permettre d'analyser la démarche du juge face au *parallélisme des formes* et à *la motivation* de l'acte administratif.

S'agissant du parallélisme des formes, c'est un principe qui veut tout simplement que, toute atteinte à un acte administratif unilatéral (c'est-à-dire la modification ou la sortie de vigueur) soit effectuée dans les formes initiales de son élaboration. Il ne doit pas être confondu avec le parallélisme des compétences qui constitue la règle selon laquelle, dans le silence des textes, l'autorité compétente, pour prendre un acte a également compétence pour prendre l'acte contraire ou inverse. Encore appelé le principe dit de « l'acte contraire », le parallélisme des formes ne s'applique normalement que dans le silence des textes. Selon Charles Debbasch et Jean Claude Ricci[102], « en règle générale, lorsque les textes ne prévoient pas dans quelle forme doit être octroyé, retiré ou modifié un acte administratif, on doit suivre pour l'acte dit contraire les formes exigées pour l'acte initial : c'est le principe du parallélisme des formes ».

Le juge administratif national s'est, quelques très rares fois, prononcé sur la base de ce principe relevant du vice de forme et pouvant aussi bien vicier une décision d'une autorité administrative. Ainsi, dans un arrêt du 18 mai 2006, il s'exprime sur la matière comme suit : « qu'il est constant que la note de service du Directeur du Centre National de l'Éducation déroge aux dispositions de la décision du ministre de l'Éducation nationale ; Que le respect du parallélisme des formes exige qu'une nouvelle décision

---

[99] C.E français, 5 mai 1944, Dame veuve Trompier Gravier, RDP, 1944, p. 256.

[100] R. Chapus, *Droit administratif général*, t. 1, *op. cit.*, p. 1037.

[101] V. G. Dupuis, « La présentation de l'acte administratif », in *Sur la forme et le fond de la procédure de l'acte administratif.* Paris, Economica, 1979, p. 9 ; v. aussi R. Chapus, *Droit administratif général*, t. 1, *op. cit.*, p. 1038.

[102] Ch. Debbasch, J.-C. Ricci, *Contentieux administratif, op. cit.*, p. 602.

ministérielle intervienne pour modifier la première et non une décision d'un Directeur de centre fut-il national ; Qu'en intervenant comme il l'a fait, le Directeur du Centre National de l'Éducation a outrepassé son domaine de compétence et expose ainsi sa note de service à la censure de la haute juridiction ; la Cour suprême du Mali, au fond : annule la note de service n° 0023/MEN-CNE du 26 juillet 2005 pour excès de pouvoir. »[103]

Cette décision est à la fois correcte et impropre. Elle est correcte parce qu'elle traduit la volonté du juge de soumettre l'Administration au respect de la légalité dans ses plus petits détails. Existe-t-il d'ailleurs un petit détail dans la procédure administrative si lesdits détails font grief (s) d'une manière ou d'une autre aux administrés ? De toutes les façons, le fait pour le juge d'avoir relevé que le non-respect du parallélisme des formes a vicié la décision du Directeur du Centre national de l'Éducation résulte d'une certaine rigueur. Il classe ainsi parmi les formalités substantielles ce principe. Pour le juge, la main qui a décidé doit donc être celle qui doit modifier et il le précise bien, c'est une décision ministérielle qui devait intervenir pour modifier la liste des agents retenus pour participer à l'atelier.

Cependant, la qualification impropre de la décision du juge résulte de la confusion qu'il fait entre parallélisme des formes et parallélisme des compétences. En fait, ce n'est pas la compétence du Directeur du Centre national de l'Éducation qui est en cause ici, mais plutôt les formes qui ont été suivies dans l'adoption de la liste des agents autorisés à participer à l'atelier. Dans le silence des textes, et n'étant pas une mesure réglementaire, le principe du parallélisme des formes exigeait effectivement une intervention du ministre. C'est un principe visant surtout à discipliner l'élaboration des actes administratifs.

Bien avant cet arrêt, dans l'affaire Mamadou Bamou Touré, le juge manifestait déjà cette confusion qui a pratiquement le caractère d'un défaut de maîtrise de la matière. Il dit : « (…) qu'il est constant que c'est au vu de l'arrêt n° 74 du 9 février 2000 de la Cour d'appel de Bamako annulant le jugement n° 290 du 1er septembre 1998 que la même autorité administrative a, en vertu du parallélisme des formes, annulé (…) le récépissé »[104]. En analysant minutieusement ces mots du juge, on voit clairement qu'il fait allusion à deux expressions et crée le lien entre les deux, en attachant la première à la seconde. Il dit que « la même autorité a, en vertu du parallélisme des formes annulé (…) ». En parlant de « la même autorité », il met au centre de son raisonnement l'auteur de l'acte. En disant que c'est cette « même » autorité, qui a annulé, nous sommes beaucoup plus dans une question de compétence que de forme de l'acte. Il fait donc une qualification impropre en trouvant que

---

[103] C.S.-S.A, Arrêt n° 32 du 18 mai 2006, entre le sieur Mamadou Diaby et le Directeur du Centre National de l'Éducation, *inéd.*

[104] C.S.-S.A, Arrêt n° 56 du 2 août 2001, le sieur Mamadou Banou Touré c/ l'arrêt n° 3 du 11 janvier 2001 de la Section administrative de la Cour suprême, *inéd.*

l'autorité administrative, en se conformant à une décision jurisprudentielle, ait respecté le principe du parallélisme des formes. Encore, faut-il répéter que ce sont les formes de l'acte, à l'élaboration de l'acte initial, dont il s'agit en matière de parallélisme des formes.

Pour le professeur René Chapus, « il est fréquent que les textes désignent l'autorité compétente pour prendre une décision et soient silencieux sur celles dont relèvent sa modification, son abrogation ou son retrait. Cette autorité est alors déterminée par la règle du parallélisme des compétences »[105]. Ainsi, contrairement au parallélisme des compétences, le principe du parallélisme des formes n'a pas une valeur absolue.

S'agissant de la motivation de l'acte administratif, elle ne résulte en principe que d'une obligation légale et consiste pour l'auteur de l'acte à expliquer de la manière la plus compréhensible possible, les différentes raisons pour lesquelles il a été pris. Comme le rappelle Madjiguène Diagne, « elle se distingue de l'obligation de fonder les actes administratifs sur des motifs qui ne figurent pas forcément sur l'instrumentum »[106].

Est-il alors nécessaire de rappeler que le principe est « pas de motivation sans texte » ? Ce qui est évident ici, c'est que l'Administration malienne est tenue de motiver ses décisions individuelles ou collectives défavorables[107]. Il reste alors le plus important, à savoir si le juge administratif national observe une fidélité stricte au principe ci-dessus rappelé en définissant limitativement sa jurisprudence dans le cadre de la loi.

L'une des décisions les plus explicites en la matière résulte de l'espèce Bani Mohamed Touré de 2014. En effet, dans cette affaire, le juge tranche le litige ainsi : « Considérant qu'aux termes (...) de la loi (...) régissant les relations entre l'administration et les usagers des services publics, les usagers des services publics ont le droit d'être informés des motifs des décisions administratives individuelles ou collectives défavorables qui les concernent ; (...) ; Considérant qu'en l'espèce, la décision de suspension attaquée est un acte administratif défavorable qui doit être motivé (...) ; Considérant qu'à l'examen de la copie de ladite décision versée au dossier, aucune motivation n'y est mentionnée (...) ; Qu'il échet dès lors de dire que la décision de suspension prise à l'égard de celui-ci n'est pas fondée ; Considérant tout ce qui précède, il y a lieu de conclure à l'illégalité de la décision de suspension (...) concernant Bani Mohamed Touré »[108]. Cette décision témoigne d'une

---

[105] R. Chapus, *Droit administratif général*, t. 1, *op. cit.*, p. 1094.

[106] M. Diagne, « Brèves réflexions sur le contrôle de la légalité des actes administratifs par le juge sénégalais », *op. cit.*, p. 528.

[107] Loi n° 98-012/AN-RM du 19 janvier 1998, régissant les relations entre l'administration et les usagers des services publics, art. 7.

[108] C.S.-S.A, Arrêt n° 282 du 20 novembre 2014, entre Bani Mohamed Touré et l'ordre des géomètres experts du Mali, *inéd.*

fidélité stricte du juge au principe selon lequel il ne peut y avoir de motivation sans texte.

Dans l'espèce Mohamed Rifai de 2017, le juge dit : « (...) selon une jurisprudence bien établie, les personnes physiques et morales doivent être informées sans délai des motifs des décisions individuelles défavorables qui les concernent directement, qu'il s'agisse des décisions qui retirent ou qui abrogent une décision créatrice de droits ou de celles qui refusent une autorisation »[109]. Avant cet arrêt, il s'est exprimé dans l'affaire Hamady K Bathily en ces termes : « Que la décision doit indiquer les considérations de droit et de fait qui en constituent le fondement ; que la motivation doit préciser suffisamment les faits »[110].

S'il nous faut une certaine interprétation des arrêts ci-dessus du juge administratif malien pour affirmer son attachement au principe « pas de motivation sans texte », le juge burkinabé le dit clairement dans l'affaire Fadoua Hema : « Attendu que le tribunal administratif a déclaré à bon droit qu'aucune disposition légale ou réglementaire ne faisant obligation à l'exécutif de motiver ses décisions relatives à la situation des chefs coutumiers (...) »[111].

On ne peut dire clairement la même chose du juge camerounais qui a une jurisprudence un peu insaisissable en la matière. Dans l'espèce Mbarga Raphaël, il dit : « que doivent être motivées les décisions à portée individuelle qui infligent une sanction, retirent ou abrogent une décision créatrice de droit »[112]. Il reprend cette jurisprudence en 2008 en ces termes : « (...) qu'un acte administratif individuel dépourvu de motif est entaché d'excès de pouvoir (...) »[113]. Aussi, en 2009, il reprend presque les mêmes mots : « (...) les actes administratifs doivent être motivés pour permettre tant à la personne intéressée de connaître les motifs qui soutiennent l'acte dont il s'agit, qu'à la juridiction en cas de contentieux d'en apprécier la légalité. »[114]

Cependant, à la lumière de ces décisions, au moment où on pensait avoir clairement situé la jurisprudence camerounaise en la matière et établir le lien entre elle et celles du Mali et du Burkina Faso en ce qui concerne le principe « pas de motivation sans texte », un arrêt nous a obligé à reconsidérer notre conclusion. En fait, dans une décision rendue en 2011, la Chambre

---

[109] C.S.-S.A, Arrêt n° 579 du 30/10/2017, entre Mohamed Rifai et le Directeur National des Domaines et du Cadastre, *inéd.*

[110] C.S.-S.A, Arrêt n°235 du 09 octobre 2015, entre Hamady K Bathily et le Directeur national des Domaines et du Cadastre, *inéd.*

[111] C.S, Ch. ad., 28 mai 1965, République de Haute-Volta c/ Fadoua Hema.

[112] C.S-C.A, jugement n° 73 du 29 juin 1989, Mbarga Raphaël, cité par Keutcha-Thapnga, *op. cit.*, p. 204.

[113] C.S-C.A, jugement n° 4 du 16 janvier 2008, Alola Dieudonné c/ État du Cameroun, Keutcha-Thapnga, *ibid.*

[114] C.S-C.A, jugement n° 5 du 11 mars 2009, Muma Zofunyui John c/ État du Cameroun, cité par Keutcha-Thapnga, *ibid.*

administrative de la Cour suprême camerounaise a adopté une position manifestant une conception extensive de la motivation obligatoire. Il fait savoir « qu'il est de principe que toute décision administrative doit être motivée ; qu'il en résulte que l'insuffisance de motif équivaut au défaut de motif ; que cette insuffisance de motif est un vice de forme constitutif d'excès de pouvoir »[115].

Pouvons-nous alors y voir un revirement jurisprudentiel ? Cette décision est vraiment troublante, car au lieu que « la non motivation » soit le principe, elle deviendrait l'exception et « la motivation » le principe. Il faut signaler ainsi que même le professeur Célestin Keutcha-Tchapnga s'étonne de cette nouvelle position du juge camerounais : « on peut dès lors et logiquement se demander s'il ne s'agit pas d'un simple débordement de langage ou alors s'il s'agit d'un revirement de jurisprudence, à notre sens assez problématique. »[116]

En ce qui concerne la jurisprudence sénégalaise, elle se rapproche des jurisprudences de tous ces pays en ce qu'elles appliquent le principe selon lequel il n'y a pas de motivation sans texte. Elle se détache cependant de la décision camerounaise du 13 avril 2011 ci-dessus évoquée, qui va jusqu'à considérer le principe comme l'exception, c'est-à-dire considérer la motivation comme le principe et la non-motivation comme l'exception. Elle se détache aussi de celles du Mali et du Burkina Faso en observant une certaine souplesse dans l'application des textes, qui se traduit par l'imposition de la motivation dans certaines affaires sans se baser sur un texte particulier.

Ce comportement du juge sénégalais est résumé par Ndèye Madjiguène F. Diagne en ces termes : « le juge peut imposer la motivation soit en se fondant sur un texte particulier, soit de son propre chef »[117]. Ainsi, il a rejeté dans l'affaire Charles Maurice Diop une demande d'annulation d'une décision basée sur le défaut de motivation[118]. Il le fait savoir aussi en ces termes : « en l'absence d'une disposition de la loi ou du règlement le prévoyant expressément, les décisions administratives ne mentionnent pas obligatoirement les motifs qui les ont inspirés »[119]. Par contre, dans l'affaire LD/MPT, le C.E sénégalais a considéré que l'arrêté préfectoral, non motivé, interdisant une manifestation est illégal au motif que toute décision d'interdiction doit être motivée pour lui permettre d'apprécier les motifs de l'interdiction, et ainsi être en mesure d'exercer un contrôle normal[120]. Dans l'espèce Bruno Batrel, le même CE décide ainsi : « considérant que s'agissant

---

[115] C.S-C.A, jugement n° 116 du 13 avril 2011, Nga Joséphine Ndzana Jeannette c/ État du Cameroun, *ibid.*

[116] Keutcha-Thapnga, *op. cit.*, p. 204.

[117] N. M. F. Diagne, thèse, *op. cit.*, p. 407.

[118] C.S sénégalais, 6 février 1989, Charles Maurice Diop, cité par N. M. F. Diagne, *ibid.*, p. 406.

[119] C.S, 4 janvier 1985, Gérant "Sénégal air", *ibid.* ; 6 février 1985, Société Enseme, *ibid* ; 1er mars 1989, Les Trefileries de Dakar, *ibid.* ; 6 juin 1990, S.I.P.A.O, *ibid.*

[120] C.E, 25 novembre 1999, LD/MPT, *Bulletin d'arrêt du C.E sénégalais*, 1999, p. 26 ; v. aussi O. Khouma, *op. cit.*, p. 32.

d'une mesure de police défavorable au requérant, le ministre est tenu d'indiquer les éléments de fait et de droit sur lesquels il s'est fondé »[121]. Le juge sénégalais a multiplié les cas où il impose la motivation des actes administratifs de son propre chef[122].

En fin de compte, il apparaît clairement que dans le fond, la solution du juge sénégalais en matière de l'élargissement du champ d'application de la motivation obligatoire, en ce qui concerne particulièrement les mesures de police défavorables, n'est pas aussi très détachée de celle du juge camerounais dans sa décision du 13 avril 2011. La seule différence est que ce dernier dit clairement que « le principe est que toute décision administrative doit être motivée ».

Il ne faut donc pas alors que le juge administratif se détache totalement du principe « pas de motivation sans texte », même si son inobservation maligne et proportionnelle est parfois nécessaire. L'obligation de motiver ne doit pas ainsi être érigée en principe. Cela ne doit pas empêcher le juge de manière intelligente, de corriger parfois certaines pratiques de nos administrateurs qui ne sont pas du tout motivées par la nécessité de satisfaire l'intérêt général. C'est là que l'évolution consistant à appliquer de manière souvent élastique ledit principe est une nécessité contribuant à lutter contre l'arbitraire et à protéger les administrés. Cette évolution constitue même une œuvre pédagogique à l'endroit des autorités administratives qui comprendront qu'il ne suffit pas aussi de se cacher derrière ledit principe pour prendre des décisions qui ne peuvent être raisonnablement motivées. Aussi, tout comme Madjiguène Diagne le constate, dans la jurisprudence administrative sénégalaise[123], l'analyse des arrêts ci-dessus nous fait remarquer que le juge national fait souvent la confusion entre le contrôle de la motivation de l'acte administratif et le contrôle des motifs de celui-ci alors que ce dernier relève de la légalité interne.

Ainsi, les paragraphes ci-dessus démontrent la rigueur avec laquelle le juge administratif national applique les règles relatives à la légalité externe des actes administratifs unilatéraux. Cependant, cette application stricte et globalement raisonnable connaît un peu de relâchement lorsqu'il s'agit d'appliquer les règles de la légalité interne.

---

[121] C.E sénégalais, 22 avril 2004, Bruno Batrel, v. O. Khouma, *ibid.*

[122] V. C.E, 27 avril 1994, Ousmane Kane Kamara, Boubacar Mboup, Ibrahima Sy c/ État du Sénégal, Bulletin d'arrêt, n° 1, p. 64 ; C.E, 25 mai 1994, Sarca, (Société africaine de Représentation, de Courtage et d'Assurance), *Bulletin annuel*, n° 1, juillet 1998, p. 76.

[123] M. Diagne, « Brèves réflexions sur le contrôle de la légalité des actes administratifs par le juge sénégalais », *op. cit.*, 530.